〈명주보월빙〉연작 3부작 중 제2부작

105책 본문에 원문 교정 한자 병기 광범한 주석을 갖춘

교주본

尹河鄭三門聚錄

교주본

尹河鄭三門聚錄

2

교주 최길용

學古房

이 저서는 2012년 정부(교육부)의 재원으로 한국연구재단의 지원을 받아 수행된 연구임 (NRF-2012S1A5A2A01016873)

This work was supported by the National Research Foundation of Korea Grant funded by the korean Government (NRF-2012S1A5A2A01016873)

서 문

최 길 용
(전북대학교 겸임교수)

〈윤하정삼문취록〉은 105권 105책으로 된 거질의 대장편소설로, 100권 100책의 〈명주보월빙〉과 30권 30책의 〈엄씨효문청행록〉 등과 함께, 235권 235책의 대장편서사체인 ≪명주보월빙 연작≫을 구성하고 있다. 그리하여 연작 전체가 배경・인물・사건・주제 등에 있어 일정한 연대성을 유지하면서 한편의 작품으로 통합되어진, 하나의 거대한 예술적 총체를 이루고 있다. 그 3부작을 합하면 원문 글자 수가 도합 334만4천여 자[1](〈보월빙〉1,485,000, 〈삼문취록〉1,455,000, 〈청행록〉404,000)에 이를 만큼 방대하여, 세계문학사에서도 그 유례를 찾아볼 수 없는 대장편소설인 동시에, 1700년대 말 내지 1800년대 초의 조선조 소설문단의 창작적 역량을 한눈에 보여주는 대작이자, 한국고소설사상 최장편소설로 꼽히고 있다.

양식 면에서, ≪명주보월빙 연작≫은 중국 송나라를 무대로 하여 윤・하・정 3가문의 인물들이 대를 이어 펼쳐가는 삶을 다룬 〈보월빙〉・〈삼문취록〉과, 윤문과 연혼가인 엄문의 인물들이 펼쳐가는 삶을 다룬 〈청행록〉으로 이루어져, 그 외적양식 면에서는 〈보월빙〉-〈삼문취록〉-〈청행록〉으로 이어지는 3부 연작소설이며, 내적양식 면에서는 윤・하・정・엄문이라는 네 가문의 가문사가 축이 되어 전개되는 가문소설이다.

내용면에서 보면, 이 연작에는 모두 787명(〈보월빙〉275, 〈삼문취록〉399, 〈청행록〉113)에 이르는 수많은 인물들이 등장하여, 군신・부자・부부・처첩・형제・친구 등 다양한 인간관계에서 벌어지는 수많은 사건들을 펼쳐가면서, 충・효・열・화목・우애・신의 등의 주제를 내세워, 인륜의 수호와 이상적인 인간 공동체의 유지, 발전을 위한 善的 價値들을 권장하고 있다. 아울러 주동인물군의 삶을 통해 고귀한 혈통・입신양명・전지전능한 인간・일부다처・오복향수・이상향의 건설 등과 같은 사대부귀족계급의 현세적 이상을 시현해놓고 있다.

---

1)<명주보월빙>교감본 서문에서 밝힌 글자 수와 2만1천자의 차이가 발생한 것은 <청행록>의 원문 실제 입력글자수 계산 결과와 <보월빙>의 오기정정(1,475,000→1,485,000)을 반영했기 때문이다.

이 책 『교주본 윤하정삼문취록』은 105권105책으로 필사되어 있으면서 현재까지 전국 유일본인 '낙선재본'을 원문교정, 즉 '원문 자체에 내재해 있는 오류들을 전후 문맥과 원작자 또는 필사자의 어휘사용이나 문체 등의 글쓰기관행, 속담・격언・고사성어・名句 등의 인용에 있어서의 오류 여부를 면밀히 살펴, 원문의 誤字・脫字・誤記・衍文・缺落・落張・錯寫들을 교정하는 작업'을 하고, 여기에 띄어쓰기와 한자병기 및 광범한 주석을 가해 편찬한 것이다.

그 목적은, 첫째로는 필사본 텍스트들이 갖고 있는 태생적 오류, 곧 작품의 창작 또는 전사가 手記로 이루어질 수밖에 없었던 한계 때문에, 마땅한 퇴고나 교정 수단이 없음으로 해서 불가피하게 방치해버린, 잘못 쓰고[誤字], 빠뜨리고[脫字], 거듭 쓴[衍字] 글자들과, 또 거듭 쓰고[衍文] 빠뜨린[缺落] 문장들, 그리고 문법이나 맞춤법・표준어 규정 같은 어문규범이 없었던 시대에, 글쓰기가 전적으로 필사자의 작문능력에 따라 달라질 수밖에 없음으로 해서 생겨난 무수한 비문들과 오기들, 이러한 것들을 텍스트의 원문교정, 즉 전후 문장이나 문맥, 필사자의 문투나 글씨체, 그리고 고사・성어・속담・격언・관용구・인용구 등을 비교・대조하여 바로잡음으로써, 정확한 원문을 구축하는 데 있다. 또 이러한 교정과정을 일정한 기호를 사용하여 원문에 병기함으로써, 원문을 원표기 그대로 보존하여 보여주는 한편으로, 독자가 그 교정・교주의 타당성을 판단할 수 있게 하는데 있다. 그 이유는, 이렇게 함으로써 텍스트의 불완전성을 극복할 수 있을 뿐만 아니라, 원문의 표기법을 원문 그대로 재현해 놓음으로써 원본이 갖고 있는 문학적・어학적 가치는 물론 그 밖의 여러 인문・사회학적 가치를 훼손함이 없이 보존하고 전승해 갈 수 있다고 믿기 때문이다.

둘째로는 이러한 원문교정 과정과 광범한 주석들을 제시함으로써 필사본 고소설들에 대한 해석학적 지평을 확장하고, 나아가 이 연구의 수행을 통해 '原文校訂'이라는 한・중의 오랜 학문적 전통의 하나인 텍스트 교감학[2)]의 유용성을 실증하여, 앞으로의 필사본 고소설들의 정리작업[데이터베이스(data base)구축과 출판]의 한 모델을 수립하는데 있다.

셋째로는 정확한 원문구축과 광범한 주석으로 작품의 可讀性을 높이고 해석적 불완전성을 제거하여, 일반 독자들이나 연구자들이 쉽게 원문 자료에 접근할 수 있게 하는데 있다.

넷째로는 이렇게 정리 구축한 교주본을 현대어본 편찬의 저본(底本)으로 활용하기 위함이

---

2) 고증학의 한 분파로, 경전이나 일반서적을 서로 다른 판본 또는 관련 있는 자료와 대조하여 내용이나 문자・문장의 異同을 밝히고 誤記・誤傳 따위를 찾아 바로잡는 학문이다. 중국 前漢 시대의 학자 劉向에 의해 창시되었으며, 청나라 때 가장 성하였다. 우리나라에서도 고려 때 한림원에 종 9품 校勘을 두었고, 조선시대에는 승문원에 종4품 校勘을 두어 경서 및 외교 문서를 조사하고 교정하는 일을 맡아보게 하였다.

다. 현대어본 편찬의 선결과제는 정확한 원문텍스트의 구축과 원문에 대한 정확한 주석이다. 이 책은 처음부터 이 현대어본의 저본 구축을 목표로 편찬된 것이기 때문에 이점 곧 정확한 원문텍스트의 구축과 원문에 대한 정확한 주석에 각별한 정성을 쏟았다.

컴퓨터 문서통계 프로그램이 계산해준 이 책의 파라텍스트(para-text)를 제외한 본문 총글자수는 3,470,132자다. 원문 1,415,328자(결권 15,33,39권 원문 제외)를 입력하고, 여기에 2,468개소의 오자·탈자·오기·연문·결락 등에 대한 원문교정과 278,168자의 한자병기, 그리고 11,565개의 주석이 더해지고, 또 643,075 곳의 띄어쓰기가 가해져서 이루어진 결과다. 앞서 언급한 것처럼 이 책은 현대어본 출판까지를 계획하고 편찬한 것이다. 현대어본 분량도 311만자에 이른다. 전자 교주본은 전문 연구자와 국문학도들을 위한 학술도서로, 후자 현대어본은 일반 독자들을 위한 교양도서로, 전자는 국배판(188×257㎜) 2,226쪽 5책1질[〈교감본 윤하정삼문취록〉1-5, 학고방, 2015.04]로, 후자는 신국판(152×225㎜) 3,491쪽 7책1질[〈현대어본 윤하정삼문취록〉1-7, 학고방, 2015.04]로 각각 간행을 눈앞에 두고 있다.

이에 앞서 필자는 지난해 100권100책의 낙선재본과 36권36책의 박순호본을 교감·주석한 〈교감본 명주보월빙〉 1-5권(학고방, 2014.02. 총 3,258쪽)과 두 이본 중 낙선재본을 현대어로 번역·주석한 〈현대어본 명주보월빙〉 1-10권(학고방, 2014.04. 총 3,457쪽)을, 전자는 전문학술도서 국배판 규격으로, 후자는 일반교양도서 신국판 규격으로 각각 출판한 바 있다.

또 내년 곧 2016년 4월말까지는 이 연작의 3부작인 〈엄씨효문청행록〉의 교감본과 현대어본이 간행될 예정이다. 이 연구는 2013년 한국연구재단의 지원을 받아 수행된 것으로, 현재 그 교감본과 현대어본의 편찬이 완료된 상태이며 교정과 인쇄과정을 남겨두고 있다. 〈청행록〉은 30권30책의 낙선재본과 16권16책의 고려대본이 전하고 있는데, 교감본은 이 두 본을 단락단위로 병치시켜 교감·주석한 것으로 그 원고분량이 1,994,000여자(낙선재본 1,026,000자, 고려대본 918,000자)가 되며, 현대어본은 낙선재본을 주해한 것을 현대어로 옮긴 것으로 그 원고분량은 989,000자가 된다. 이를 앞의 〈보월빙〉이나 〈삼문취록〉과 같은 형태로 출판한다면 전자는 전문학술도서 국배판 2책, 후자는 일반교양도서 신국판 3책이 될 것이다.

이 3부작을 모두 합하면 교감본 12책, 현대어본 20책이 되어, 20책1질의 현대어본을 단순히 책 수로만 비교한다면 우리 현대소설사상 최장편 소설로 평가되는 20책1질로 출판된 박경리 선생의 〈토지〉에 필적할 분량이다.

세상에 어디 인고 없이 이루어진 성취가 있으랴마는 5년이라는 긴 칩거 끝에 1부작 〈명주보월빙〉에 이어 2부작 〈윤하정삼문취록〉을 이렇게 큰 출판물로, 또 DB화된 기록물로 세상에 내

놓게 되니, 한국문학의 위대함을 또 한 자락 열어 보인 것 같아 여간 기쁜 마음이 아니다.

아무쪼록 이 책의 출판을 계기로 이 연작이 더 많은 독자들과 연구자, 문화계 인사들의 사랑과 관심을 받게 되고, 영화나 TV드라마 등으로 제작되어 민족의 삶과 문화가 더욱 풍성해지고 더 널리 전파되어 갈 수 있기를 기대한다. 이 작품들 속에 등장하는 앵혈・개용단・도봉잠・회면단・도술・부적・신몽・천경・참요검・신장・신병 등의 다양한 상상력을 장착한 소설적 도구들은 민족을 넘어 세계인들의 사랑과 흥미를 이끌어내기에 충분할 것이다. 또 세계문학사적 대작이자 한국고소설사상 최장편소설로 평가되는 이 작품들이 대중들의 더 높은 사랑과 관심을 받을 수 있도록 국가 보물로 지정되는 날이 쉬이 오기를 기대해 마지않는다.

끝으로 어려운 출판 여건 속에서도 인문학의 위기를 걱정하며 이 책의 출판을 흔쾌히 맡아주신 도서출판 학고방의 하운근 대표님과, 편집과 출판을 맡아 애써주신 직원 여러분의 후의를 잊을 수가 없다. 이 자리를 빌려 깊은 감사를 드린다.

2015년 4월 5일
청명절 아침

＊ 일러두기 ＊

이 책 『교주본 윤하정삼문취록』은 105권105책으로 필사된 '낙선재본' 을 원문교정, 즉 '원문 자체에 내재해 있는 오류들을 전후 문맥과 원작자 또는 필사자의 어휘사용이나 문체 등의 글쓰기관행, 속담·격언·고사성어·名句 등의 인용에 있어서의 오류 여부를 면밀히 살펴, 원문의 誤字·脫字·誤記·衍文·缺落·落張·錯寫들을 교정하는 작업'을 하고, 여기에 띄어쓰기와 한자병기 및 광범한 주석을 가해 편찬한 것이다.

이 때문에 이 책은 불가피하게 원문에 대한 많은 교정과 보완이 가해졌다. 따라서 이 책은 이처럼 원문에 가해진 많은 교정·보완 사항들을 일관성 있게 보여주고, 누구나 이를 원문과 쉽게 구별할 수 있게 하기 위해 다음 부호들을 사용하였다.

( ) : 한자병기를 나타내는 부호. ( )의 앞에 한글을 적고 속에 한자를 적는다.
예) 금슬종고(琴瑟鐘鼓). 만무일흠(萬無一欠).

[ ] : 원문의 잘못 쓴 글자를 바로잡거나 빠진 글자를 보충해 넣은 부호. 오자·탈자·결락·낙장·마멸자 등의 교정에서 바로잡거나 빠진 글자를 보충해 넣을 때 사용한다.
예) 번셩ᄒᆞ믄[믈], 번셩○[ᄒᆞ]믈, 번□□[셩ᄒᆞ]믈,

○ : 원문의 필사 과정에서 생긴 탈자를 표시하는 부호. 3어절 이내, 또는 8자 이내의 글자를 실수로 빠트리고 쓴 것을 교정하는 경우로, 빠진 글자 수만큼 '○'를 삽입하고 그 뒤에 '[ ]'를 붙여, '[ ]'안에 빠진 글자를 보완해 넣어 교정한다.
예) 넉넉ᄒᆞ○○○[미 이시]니, ᄋᆡ디○○○[ᄒᆞ기를] ᄌᆞ질곳치 ᄒᆞ라.

{ } : 중복된 글자나 불필요하게 들어간 말을 표시하는 부호. 衍字나 衍文을 교정하는 경우로, 중복해서 쓴 글자나 불필요한 말의 앞·뒤에 '{' 과 '}'를 삽입하여 연자나 연문을 '{ }'로 묶어 중복된 글자이거나 불필요한 말임을 표시한다.
예) 공이 청파의 희연히{희연히} 쇼왈, 셜우믄 {업}업ᄉᆞ리니.

《‖》 : 원문의 필사 과정에서 두 글자 이상의 단어나 구・절 등을 잘못 쓴 오기를 교정하는 부호. 이때 '‖'의 앞은 원문이고 뒤는 바로잡은 글자를 나타낸다.

예) 《잠비‖잠미》를 거ᄉᆞ리고. 상총이 일신의 《요젼‖온젼》 홀 ᄲᅮᆫ아니라

○…결락○자…○ : 원문에 3어절 이상의 말을 빠뜨리고 쓴 것을 보완하여 교정할 때 사용하는 부호. '○…결락○자…○' 뒤에 '[ ]'를 붙여 보완할 말을 넣고, 빠진 글자 수를 헤아려 결락 뒤의 '○'를 지우고 결락된 글자 수를 밝힌다.

예) 이의 ○…결락9자…○[제손의 혼인을 셔돌ᄉᆡ], 남평ᄇᆡᆨ 좌승상 셩닌의 장ᄌᆞ

○…낙장○자…○ : 원문에 본디 낙장이 있거나, 원본의 책장이 손상되어 떨어져 나간 것을 보완할 때 사용하는 부호. '○…낙장○자…○' 뒤에 '[ ]'를 붙여 보완할 말을 넣고, 빠진 글자 수를 헤아려 낙장 뒤의 '○'를 지우고 빠진 글자 수를 밝힌다.

예) 금평휘 황은을 감츅(感祝)ᄒᆞ여 ᄇᆡᆨ두(白頭)를 두다려 ᄉᆞ은 왈, "노신 뎡연은 항쥬의 ○…낙장15자…○[미쳔ᄒᆞᆫ 포의라." ᄒᆞ니, 하회를 분셕ᄒᆞ라] 윤하뎡삼문취록 권지일백ᄉᆞ

□ : 원본의 글자가 마멸되거나 汚損으로 인해 판독이 불가능한 글자를 표시하는 부호. 오손된 글자 수만큼 '□'를 삽입하고 그 뒤에 '[ ]'를 붙여, 오손된 글자를 보완해 넣는다.

예) 번□□[셩ᄒᆞ]믈,

▌①❨ ❩▐ : 원문에 필사자가 책장을 잘 못 넘기거나 착오로 쓰던 쪽이나 행을 잘못 인식하여 글의 순서가 뒤바뀐 착사(錯寫; 필사 착오)를 교정하는 부호. 필사착오가 일어난 처음과 끝에 '▌'를 넣어 착오가 일어난 경계를 표시한 후, 순서가 뒤바뀐 부분들을 '❨ ❩'로 묶어 순서에 맞게 옮긴 뒤, 각 부분들 곧 '❨ ❩'의 앞에 원문에 놓여 있던 순서를 밝혀 두어, 교정 전 원문의 순서를 알 수 있게 한다.

예) 원문의 글이 ▌①❨ ❩②❨ ❩③❨ ❩▐의 순서로 쓰여 있는 것이 ②❨ ❩-①❨ ❩-③❨ ❩의 순서로 써야 옳다면, 이를 옳은 순서대로 옮기고, 각 부분들의 앞에는 본래 순서에 해당하는 번호를 붙여 ▌②❨ ❩①❨ ❩③❨ ❩▐으로 교정한다.

목 차

윤하명삼문취록 권지이십일

ᄎᆞ시 월염쇼졔 오위(五位) 모비(母妃)긔 빈알(拜謁)ᄒᆞ고 츄연(惆然) 함구(緘口)ᄒᆞ니, 오위 부인이 ᄯᅩᄒᆞᆫ 반갑고 슬허 귀듕홈이, 금후와 복야(僕射)[1) 등이 방파(-婆)를 블너 쇼져의 만단풍샹(萬端風傷)을 무ᄅᆞ미, 방노패 젼후 《고샹‖고싱(苦生)》ᄒᆞ던 바를 일일히 고ᄒᆞ니, 만좌 졔인이 말마다 ᄎᆞ악경히(嗟愕驚駭)ᄒᆞ며, 츄연(惆然) 하루(下淚)ᄒᆞ더라.

공쥐 엄읍(淹泣)왈,

"연시 날과 ᄉᆞ촌간(四寸間)이나 그 질녀를 위ᄒᆞ여 여ᄎᆞ 극악ᄒᆞ니, 일후(日後)[2)의 져의 미말비예(微末婢隷)[3)로 쳔디ᄒᆞ여 참혹히 해홀지라. 약질이 허다 괴란(壞亂)의 석어시니[4) 능히 【1】오릭 사지 못ᄒᆞ리니, 출하리 심규(深閨)의 늙혀 폐륜(廢倫)홀지언뎡 하가의 쇽현(續絃)[5)치 아니미 편홀가 ᄒᆞᄂᆞ이다."

졔왕이 봉안(鳳眼)을 흘녀 왈,

"연시 부인이 투악(妬惡)ᄒᆞ나 젹인(敵人)[6)을 옥의 너헛다가 츄셩지 슈즁의 밀치ᄂᆞᆫ 슈단의 더으든 아닐 거시오, 군쥬의 셰엄(勢嚴)이 당당타 ᄒᆞ나 김귀비 ᄀᆞᆺ든 못ᄒᆞ리니, 사름의 사오나오미 ᄌᆞ식의게 유해(有害)홀지라. 하가의 속ᄒᆞ여 쳔만(千萬) 익화(厄禍)를 당ᄒᆞ나, 졔 ᄉᆞᄉᆞ로 셩명 거쥬 모로ᄂᆞᆫ 금슈(禽獸)ᄀᆞᆺ치 무지(無知)홈과 무한ᄒᆞᆫ 셜우믄 {업}업ᄉᆞ리니, 아모 모진 슈단이나 귀쥬의 ᄯᆞᆯ 해홈【2】만 ᄀᆞᆺ지 못홀지라. 최형의 더러온 ᄌᆞ식과 밧고와 가연이 모녀의 졍을 긋처실 젹은 무슴 ᄯᅳᆺ이오, 하가 화란 념녀ᄂᆞᆫ 무슴 ᄯᅳᆺ인고? 기심(其心)은 가히 모로리로다."

공쥐 텽파의 참황뉵니(慚惶忸怩)[7)ᄒᆞ여 욕ᄉᆞ무디(欲死無地)[8)ᄒᆞ니, 만면 통홍(通紅)홀

---

1)복야(僕射) : 고려 시대에, 상서성에 속한 정이품 벼슬. 좌우 두 사람이 있었으며, 조선 시대의 의정부 참찬에 해당한다.

2)일후(日後) : 뒷날. 훗날. 후일(後日).

3)미말비예(微末婢隷) : 보잘 것 없는 천(賤)한 종.

4)석다 : 썩다. 걱정이나 근심 따위로 마음이 몹시 괴로운 상태가 되다

5)쇽현(續絃) : '거문고 줄을 잇는다.' 는 뜻으로, '혼인(婚姻)'을 비유적으로 이르는 말.

6)젹인(敵人) : ①원수. ②남편의 자기 이외의 처(妻)나 첩(妾).

7)참황뉵니(慚惶忸怩) : 몹시 부끄럽고 창피하다.

8)욕ᄉᆞ무디(欲死無地) : 죽으려고 하여도 죽을 만한 곳이 없다는 뜻으로, 매우 분하고 원통함을 이르는 말.

쁜이오, 일언블기(一言不開)[9]ᄒᆞ니, 태부인이 공쥬의 슈괴(羞愧)ᄒᆞ믈 위로 왈,

"회과칙션(悔過責善)[10]은 셩인(聖人)이 허(許)ᄒᆞ신 ᄇᆡ니, 귀쥐(貴主) 초년 과실(過失)이 업지 아니시나, 당금(當今) 슉덕명ᄒᆡᆼ(淑德明行)이 고쟈(古者) 뇨됴슉녀(窈窕淑女)의 비홀 ᄇᆡ 아니니, 뎐흥은 셕ᄉᆞ(昔事)를 공(攻)치[11]치 말고 귀쥬는 안심물녀(安心勿慮)ᄒᆞ쇼셔."

공쥐 셩덕을 칭샤(稱謝)ᄒᆞ니, 월【3】염쇼제 부왕의 말ᄉᆞᆷ을 드르며 모후의 참황(慙惶) 슈괴(羞愧)ᄒᆞ믈 보ᄆᆡ, 비록 셕ᄉᆞ(昔事)를 아지 못ᄒᆞ나, ᄌᆞ긔 나가ᄆᆡ 모비(母妃)의 쟉식믈 ᄭᆡ다라 심한골경(心寒骨驚)ᄒᆞ나 ᄉᆞ식(辭色)지 아니터라.

졔왕의 부녜 단취(團聚)ᄒᆞᆫ 말이 윤상부와 진부의 니ᄅᆞᄆᆡ, 진왕 곤계(昆季) 즉시니ᄅᆞ러 졔왕을 ᄃᆡᄒᆞ여 뎐뉸의 여ᄒᆞᆫ(餘恨)이 업ᄉᆞ믈 하례ᄒᆞ니, 졔왕이 흔연ᄒᆞ더라.

시시의 하부의셔 북ᄇᆡᆨ휘 졔왕 부녀의 단취(團聚)ᄒᆞ여 도라가믈 존당의 고ᄒᆞ니, 뎡국공과 조태부인이 희열 왈,

"초(初)에 문양공쥐 일을 그릇ᄒᆞ여, 옥녀(玉女)[12]로 최가의 ᄌᆞ식을 밧고와 거죄【4】이샹터니, ᄀᆡ과쳔션(改過遷善)ᄒᆞ여 녀ᄋᆞ를 ᄉᆡᆼ각ᄒᆞᄆᆡ 병되엿다 ᄒᆞ더니, 뎡챵ᄇᆡᆨ의 젹션여음(積善餘蔭)으로 십ᄉᆞ년 일헛던 녀ᄋᆞ를 ᄎᆞᄌᆞ니, 엇지 ᄀᆡ특지 아니리요. 우리 ᄆᆡ양 몽셩의 ᄇᆡ위(配位) 만만부젹(萬萬不敵)[13]ᄒᆞ믈 ᄒᆞᆫ(恨)ᄒᆞ여 아ᄅᆞᆷ다온 녀ᄌᆞ를 ᄌᆡ취(再娶)코져 ᄒᆞ더니, 의외 관셔 미인이 졔왕지녜(齊王之女)니 《돈ᄋᆡ‖셩ᄋᆡ》 광증(狂症)이 업던들, 비록 외람ᄒᆞ나 《귀궁‖졔궁》 동샹을 참예홀 거ᄉᆞᆯ, 졔 박복ᄒᆞ여 셩녀(聖女) 졀염(絶艶)을 ᄇᆡ(配)치 못ᄒᆞ니 원통ᄒᆞ도다."

북휘 탄식 위로ᄒᆞ더라.

ᄎᆞ일 하태위 년ᄆᆡ뎡의셔 죰을 드럿다가, 셕양의 ᄭᆡ여 노고와 낭【5】셩의 오지 아니믈 고이ᄒᆞ여, 슉셩당의 가 연고를 뭇고져 ᄒᆞ더니, 몽현의 젼어(傳語)로 조ᄎᆞ 낭셩이 졔왕의 녀ᄋᆡ오, 문양의 소ᄉᆡᆼ으로 부녜 샹봉ᄒᆞ여 뎡가로 가믈 드르ᄆᆡ, 심듕(心中)의 환열(歡悅)ᄒᆞ여 쟉인의 헛되지 아니믈 ᄭᆡ쳐, ᄇᆡ위 빗날 일을 깃그나, 그으이 흠(欠)ᄒᆞ는 바는 양·니·경등 졔비의 친ᄉᆡᆼ만 못녁이니, ᄒᆞᆫ갓 공쥬의 불인(不仁)만 낫비 알미 아냐, 공쥐 김탁의 외손이오, 낭셩은 공쥬의 소ᄉᆡᆼ이니 역(逆) 탁의 증손이라.

ᄌᆞ긔 양뷔(養父) 초왕과 역탁의 함(陷)ᄒᆞ믈 닙어 쳥년 원ᄉᆞ(寃死)ᄒᆞ미[ᄆᆡ], 비록【6】부친이 우흐로 국가를 위ᄒᆞ고, ○○○[아ᄅᆡ로] ᄉᆞ슈(私讐))를 닛지 아녀 보구(報仇)를 쾌히 《홀‖ᄒᆞᆫ》 ᄇᆡ나, ᄌᆞ긔 원슈의 손을 취ᄒᆞᄆᆡ 비소원(非所願)이라. 일노ᄲᅧ 즐기미 감(減)홀 ᄇᆡ나, 임의 양광(佯狂)ᄒᆞ여 인심을 의혹지 아니려 ᄒᆞ므로, 몽현의 말

---

9)일언블기(一言不開) : 한 마디도 하지 못함.
10)회과칙션(悔過責善) : 잘못을 뉘우치고 좋은 일을 힘써 하는 것.
11)공(攻)치ᄒᆞ다 : 공격하다. 나무라다. 책(責)잡다.
12)옥녀(玉女) : =영애(令愛). 남의 딸을 높여 이르는 말.
13)만만부젹(萬萬不敵) ; 전혀 상대가 되지 못함.

을 몰나 듯ᄂᆞᆫ ᄃᆞᆺ, 가즁 시녀 즁 쇼안(素顔)이 결ᄇᆡᆨ(潔白)ᄒᆞ고 냥안(兩眼)이 ᄇᆞᆰ은 ᄂᆒ(類) 이시면, 짐ᄌᆞᆺ 어라만져 낭셩이라 ᄒᆞ며, 늙은 시녀ᄂᆞᆫ 방패(婆)라 ᄒᆞ여 광담망셜(狂談妄說)이 무수ᄒᆞ고, ᄒᆞᄂᆞᆫ 거동이 긔괴(奇怪) 이샹(異常)ᄒᆞ니, 죤당부모의 근심이 무궁ᄒᆞ여 눈섭을 펴지 못ᄒᆞ고, 연부인이 북후와 뎡부인을 일쟝 욕【7】ᄆᆡ(辱罵)ᄒᆞ여 셜분(雪憤)ᄒᆞ려 ᄒᆞ다가, 낭셩이 당당○[ᄒᆞᆫ] 쳔승지녀(千乘之女)로 황가지엽(皇家枝葉)이믈 드르ᄆᆡ, 존귀ᄒᆞ미 금달공쥬(禁闥公主)ᄅᆞᆯ 압두ᄒᆞᆯ지라. 몽셩의 광증이 나으면 반다시 뎡시○[ᄅᆞᆯ] 취(娶)ᄒᆞᆯ 바ᄅᆞᆯ 지긔ᄒᆞ고 만심 분분ᄒᆞᄃᆡ, 졔왕 셰엄은 ᄌᆞ긔 부형이 밋출 ᄇᆡ 아니니, 슉셩비와 북후ᄅᆞᆯ 즐욕ᄒᆞ나 몽셩과 뎡시 인연은 버히기 어려오니, 슉질이 다만 하늘긔 츅ᄒᆞ여 낭셩 죽기ᄅᆞᆯ 원ᄒᆞ더라.

태위 관셔의셔 도라와실 적, 연부인의 말을 역지 못ᄒᆞ여 쇼연시긔 왕ᄂᆡᄒᆞᄆᆡ, 밤을 당ᄒᆞᆫ즉 더럽고 분ᄒᆞ믈 【8】 참아 그 흉음(凶淫)ᄒᆞᆫ 경을 믈니치지 못ᄒᆞ여, 냥셩지친(兩性之親)을 일워 기다리지 아닌 ᄐᆡ긔(胎氣) 삼삭(三朔)이라. 복즁ᄋᆡ(腹中兒) 범연(凡然)ᄒᆞᆯ진ᄃᆡ ᄉᆡᆼ이 연시ᄅᆞᆯ 것구로 잡아 ᄌᆞᆺ두다리며 브ᄃᆡ이ᄌᆞᆯ 적, 일졈 혈긔(血氣) 낙ᄐᆡ(落胎)ᄒᆞᆯ 거시나, 연시 흉완(凶頑)ᄒᆞᆫ 긔질이 남다ᄅᆞ고 유ᄐᆡ(有胎) 등한치 아니므로 보젼ᄒᆞ여시니, 연시 잉ᄐᆡᄒᆞ므로 짐ᄌᆞᆺ 구토ᄒᆞ고, 팔진미찬(八珍美饌)과 긔이ᄒᆞᆫ 과실도 다 눅눅ᄒᆞ여 어리게 굴믈 마지 아니니, 우은 거동이 ᄉᆡᆼ의 광분질쥬(狂奔疾走)로 감치 아니니, 뎡국공으로 합문(闔門)이 연시의 잉신(孕身)을 깃거 아니ᄒᆞ믄, 혹 남녀 【9】 간 그 ᄌᆞ모ᄅᆞᆯ 품슈ᄒᆞᆯ가 만심 블열ᄒᆞ나, 굿ᄐᆞ여 언두의 낫토지 아니코, 연군쥐 질녀 잉신ᄒᆞ믈 봉인즉(逢人卽)[14] 쟈랑ᄒᆞ여 ᄀᆞ장 셰권(勢權)이 듕ᄒᆞᆫ 양ᄒᆞ며, 일문의 질녀ᄀᆞᆺ치 존귀ᄒᆞ니 업다ᄒᆞ여, ᄉᆡᆼᄌᆞ(生子)ᄒᆞ믈 듀야 원ᄒᆞ더라.

시시의 도위 몽닌이 혜션공쥬ᄅᆞᆯ 마ᄌᆞ 여러 일월이 되여시ᄃᆡ, 공쥬의 슉연ᄒᆞᆫ 사덕(四德)과 특이ᄒᆞᆫ 《우인∥위인(爲人)》이 도학군ᄌᆞ지풍(道學君子之風)이 이시니, 부매 그 어질고 긔이ᄒᆞ믈 알오ᄃᆡ, 우쇼져 폐륜을 참연(慘然)ᄒᆞ여 우쇼져로 인연을 일우지 못ᄒᆞ면, ᄌᆞ긔 부부 늉긔ᄅᆞᆯ 뎡치 아니【10】려 ᄒᆞ므로, 침셕(寢席)의 졍(情)이 진월(秦越) ᄀᆞᆺᄐᆞ니, 공쥬의 비홍(臂紅)이 완젼ᄒᆞᆫ지라. 유모 쥬시와 보모 뉴상궁이 ᄀᆞ장 ᄋᆡ둘나 함누(含淚)ᄒᆞ더라.

화셜. 션시의 셜왕이 하몽셩과 우쇼져의 인연을 희지어 우시로 하가ᄅᆞᆯ 단망(斷望)케 ᄒᆞᆫ 후, 일년이 지나ᄆᆡ, 다시 언변이 능활(能猾)ᄒᆞᆫ ᄆᆡ파로 구혼ᄒᆞᆫᄃᆡ, 우쳐ᄉᆡ 또ᄒᆞᆫ 허치 아니ᄒᆞᆫᄃᆡ, 왕이 대로ᄒᆞ여 우쳐ᄉᆞᄅᆞᆯ 죽이고져 ᄒᆞ더니, 우쳐ᄉᆞ 집 노ᄌᆞ 계학은 셜왕궁 비뷔(婢夫)라. ᄎᆞᄉᆞᄅᆞᆯ 알고 블승대경(不勝大驚)ᄒᆞ여 ᄀᆞ마니 우어ᄉᆞ긔 이 ᄯᅳᆺ을 고ᄒᆞ니, 어ᄉᆞ 등이 통완ᄒᆞ나 【11】 져의 싀험극악(猜險極惡)ᄒᆞ믈 아ᄂᆞᆫ 고로, 슈쥬 쇼져ᄅᆞᆯ ᄃᆡᄒᆞ여 묘칙을 의논ᄒᆞᆯᄉᆡ, 한님 협 왈,

"ᄆᆡ뎨ᄅᆞᆯ 죽다ᄒᆞ여 셜왕의 욕심을 긋ᄎᆞ미 올타."

---

14)봉인즉(逢人卽) : 사람을 만나면. 또는 만나는 사람마다.

혼딕 쇼제 왈,

"블가(不可)ᄒᆞ이다. 져 흉심이 발셔 대인긔 흔을 깁히 픔어시니, 가히 지혜로 속일지라. 쇼ᄆᆡ룰 가즁 비빅(婢輩)도 모로게 심쳐(深處)의 옴기고, 비ᄌᆞ 쇼옥으로 쇼ᄆᆡ의 나샹(羅裳)[15]을 주어 침소의 두엇다가 셜왕의게 여ᄎᆞ여ᄎᆞ 샤죄ᄒᆞ고 쳥혼혼즉, 념치(廉恥) 상진(喪盡)혼 녀식(女色)의 귓거시 속아 쇼옥을 침혹홀 즈음이면, 대인긔 원심(怨心)을 두지 아니리【12】이다."

우싱 등이 ᄆᆡᄃᆡ의 명견(明見)을 탄샹(歎賞)ᄒᆞ나 잔잉ᄒᆞ믈[16] 니긔지 못ᄒᆞ야, 이의 모친 뎡부인긔 고ᄒᆞ고, 쇼져룰 심원벽쳐(深園僻處)의 시녀 십여인과 유모룰 맛져 밧비 옴기고, 쇼옥으로 쇼져와 ᄀᆞᆺ치 단장ᄒᆞ여 두엇더니, 우쳐식 드러와 보고 대경 문지(問之)혼딕, 부인이 쇼녀(小女)의 계교룰 고ᄒᆞ니, 쳐식 블가히 넉이더니, ᄉᆞ셰(事勢) 그러ᄒᆞ믈 츄연히 넉여 잠잠ᄒᆞ니, 어ᄉᆞ 등이 깃거 즉시 셜왕의게 젼어 왈,

"초(初)의 대왕의 구혼ᄒᆞ시ᄂᆞᆫ 후의룰 감격지 아니미 아니로딕, 기시(其時)의 하가와 뎡혼 ᄆᆡᆼ약이 이시므로 블허【13】ᄒᆞ고, 져 셕 ᄯᅩ 구혼ᄒᆞ시딕, 쇼ᄆᆡ 하가의 ᄎᆡ례(采禮)룰 직히여 죽기룰 그음ᄒᆞ므로, 가친이 그 고집을 증분(憎憤)ᄒᆞ샤 ᄆᆡ파룰 즐퇴(叱退)ᄒᆞ여 계시나, 이 긋ᄐᆞ여 진심이 아니니, 대왕이 쇼싱의 집을 ᄂᆞᆺ게 넉이시고 쇼ᄆᆡ룰 더럽다 아니시면, 결승(結繩)[17]의 호연(好緣)을 일우샤이다."

셜왕이 환열(歡悅) 긔힝(奇幸)ᄒᆞ여 즉시 사례ᄒᆞ고 군관을 보ᄂᆡ여 길일을 직촉ᄒᆞ니, 길긔지격수일(吉期只隔數日)[18]이라. 당일에 친쳑도 모로게 쇼옥을 단장ᄒᆞ여 셜궁으로 보ᄂᆡ니, 왕이 친영(親迎)[19]ᄒᆞ여 궁즁의 니ᄅᆞ러 합환교빅(合歡交拜)[20]ᄒᆞ고, ᄎᆞ야(此夜)의 【14】왕이 신인을 딕ᄒᆞᄆᆡ 교염(嬌艶)혼 ᄉᆡᆨ광(色光)이 과연 소망(所望)의 지나니, 드딕여 침혹(沈惑)ᄒᆞ여 슈유블니(須臾不離)[21]ᄒᆞ더라.

시의 하시 부즁(府中)의셔 젼언(傳言)을 드ᄅᆞ니, 우쇼제 셜왕의 부빈(副嬪)이 되여 은춍이 궁ᄂᆡ의 읏듬이라 ᄒᆞᄂᆞᆫ지라. 뎡국공부뷔 분연 왈,

"우숑암은 학니군ᄌᆞ(學理君子)로 쳥고개결(淸高介潔)ᄒᆞ미 비쇽(非俗)ᄒᆞ믈 드럿더니, 기녀(其女) 셩혼(成婚)의ᄂᆞᆫ 부귀룰 탐(貪)ᄒᆞᄂᆞᆫ도다."

초공이 우숑암의 위인을 볽히 아ᄂᆞᆫ지라. 슈쥬쇼져로ᄡᅥ 셜왕 블인(不人)의 빅필(配匹)은 텬ᄌᆞ 됴셔(詔書)이셔도 죽기로 그음ᄒᆞ여 삼지 아닐 줄 혜아려, 쇼이고왈(笑而告

15)나샹(羅裳) : 비단치마. 여기서는 한 벌 '의상(衣裳)'을 뜻한다.
16)잔잉ᄒᆞ다 : 자닝하다. 애처롭고 불쌍하여 차마 보기 어렵다.
17)결승(結繩) : 월하노인이 청실홍실을 묶어 부부의 인연을 맺어준다는 전설에서 유래한 말로, 혼인을 맺는다는 뜻으로 쓰인다. 본뜻은 끈이나 새끼 따위로 매듭을 짓는다는 뜻이다.
18)길긔지격수일(吉期只隔數日) : 혼인 날짜가 불과 2·3일 밖에 남지 않음.
19)친영(親迎) : 혼인례의 육례(六禮)의 하나. 신랑이 신부의 집에 가서 신부를 직접 맞이하는 의식이다
20)합환교빅(合歡交拜) : 전통 혼례식에서 신랑 신부가 서로 잔을 바꾸어 마시는 합근례(合巹禮)와 서로에게 절을 하고 받는 교배례(交拜禮)를 함께 이르는 말.
21)슈유블니(須臾不離) : 잠시도 떨어져 있지 않음.

曰),

“우셥은 【15】 쳥고흔 고ᄉᆡ(高士)라. 부귀를 탐홀니 업술 거시오, 우시 쏘흔 명졀(名節)을 낫초와, ᄎᆡ례(采禮)[22] 두번 문에 드는 ᄒᆡ연(駭然)ᄒᆞ미 잇지 아니ᄒᆞ오리니, 그 즁의 별단(別段)[23] 묘믹(妙脈)이 이셔 텽문(聽聞)[24]의 ᄒᆡ연(駭然)ᄒᆞ믈 피치 아니 ᄒᆞ오미니, 종용히 숑암을 보고 뭇고져 ᄒᆞᄂᆞ이다.”

즁좌졔인(衆座諸人)이 의논이 분분ᄒᆞ여, 혹 우시 셜왕의 ᄎᆞ비 되엿다 ᄒᆞᄂᆞ 니도 잇고, 그러 홀니 업다는 니도 이셔, 의아(疑訝)ᄒᆞᄂᆞ니 만흐ᄃᆡ 홀노 부매 염슬단좌(斂膝端坐)ᄒᆞ여 말이 업ᄉᆞ니, 북휘 도라보고 쇼왈,

“네 ᄆᆞᄋᆞᆷ은 우숑암 부녀의 일을 엇더타ᄒᆞᄂᆞ뇨?”

부매 ᄃᆡ【16】왈,

“ᄉᆞ부는 녜즁군ᄌᆞ(禮重君子)라 비의블법(非義不法)을 권ᄒᆞ여도 듯지 아니며 취치 아닐 빅니, 셜왕을 사회 삼앗다 ᄒᆞ미 필유묘믹(必有妙脈)홀지언뎡, 진짓 쏠은 아닌가 ᄒᆞᄂᆞ이다.”

태부인 왈,

“너의 부ᄌᆞ 우쳐ᄉᆞ 알기를 이ᄀᆞᆺ치 ᄒᆞ니 학니군ᄌᆞ(學理君子) 그런 거죄 잇지 아닐듯ᄒᆞ거니와, 우시 타문을 ᄉᆡᆼ각지 아니ᄒᆞ고 빈 ᄎᆡ례(采禮)를 직힐ᄉᆞ록, 우리의 ᄆᆞᄋᆞᆷ은 참연(慘然)ᄒᆞ미 셜왕의게 도라감만 ᄀᆞᆺ지 못ᄒᆞ도다.”

졍언간에, 혜션공쥐 낫문안의 드러오니, 모다 우시의 말을 긋치는지라. 공쥐 장(帳) 뒤히셔 존당 슉당과 엄구의 ᄒᆞ시는 말【17】을 엷프시 드ᄅᆞ미, 우쳐ᄉᆞ의 녀ᄋᆡ 부마를 위ᄒᆞ여 슈졀ᄒᆞ믈 드ᄅᆞ믹, 비로소 도위 뎡혼·힝빙흔 곳이 잇던 줄 ᄭᆡ다라니, ᄌᆞ긔 그 인연을 희지어 ᄌᆞ긔 황녀의 존(尊)ᄒᆞ므로 하가하문(下嫁河門)[25]ᄒᆞ믈 혜아리니, 셩상의 실덕(失德)ᄒᆞ심과 우시의 폐륜(廢倫)을 그윽이 놀나고 한심(寒心)ᄒᆞᄃᆡ[26] ᄉᆞᄉᆡᆨ지 아니코, ᄂᆞ즉이 시좌(侍坐)ᄒᆞ니, 국공 부ᄌᆞ는 공쥬의 츌뉴긔이(出類奇異)흔 위인을 볼ᄉᆞ록 ᄋᆡ듕ᄒᆞ더라.

ᄋᆡᆨ일의 초공이 우쳐ᄉᆞ를 ᄎᆞᄌᆞ 보고 셜왕을 사회 삼앗노라 소문을 넓이 펴지온 연고를 무르니, 우쳐ᄉᆡ 쇼왈,

“아름답지 아닌 소문을 남이 【18】알가 참괴(慙愧)홀지언뎡 엇지 넓이 젼파ᄒᆞ미 이시리오. 쇼네 이륙(二六)이 넘지 못흔 나히 공연이 헛된 납폐문명(納幣問名)[27]을 직

22)ᄎᆡ례(采禮) : 납폐(納幣). 혼인할 때에, 사주단자의 교환이 끝난 후 정혼이 이루어진 증거로 신랑 집에서 신부 집으로 예물을 보냄. 또는 그 예물. 보통 푸른 비단과 붉은 비단을 혼서와 함께 함에 넣어 신부 집으로 보낸다.

23)별단(別段) : 보통과 다름. =별반(別般).

24)텽문(聽聞) : 들리는 소문.

25)하가하문(下嫁河門) : 하씨 가문에 하가(下嫁)함.

26)한심(寒心)ᄒᆞ다 : 정도에 너무 지나치거나 모자라서 딱하거나 기막히다.

27)납폐문명(納幣問名) : 중국 주례(周禮)에 규정하고 있는 혼례의 여섯 가지 절차인 육례(六禮) 중 두 번

희여 일싱을 폐륜(廢倫)ᄒᆞ미 참연(慘然) 잔잉ᄒᆞᆫ 고로, 마지 못ᄒᆞ여 셜왕의 은근이 구혼ᄒᆞᆷ과 후히 예폐(禮幣)ᄒᆞ믈 조ᄎᆞ 결승의 호연을 일웟ᄂᆞ니, 샹국이 ᄆᆡ양 아녀의 신셰를 슬피 넉이던 ᄇᆡ라, 셜왕의게 도라가믈 드르면 쳔만인(千萬人)이 다 쇼데를 《무상히 ‖ 무상(無狀)타》 ᄭᅮ지져도 샹국은 깃비 넉이실가 ᄒᆞ엿더니, 어이 도로혀 이샹이 무로시ᄂᆞ뇨?"

초공이 대쇼 왈,

"션싱이 쇼데로 더브러 말ᄒᆞ염즉【19】지 아니타 ᄒᆞ샤, 진졍을 닐오지 아니ᄒᆞ니, 쇼데 깁히 참괴ᄒᆞ거니와, 녕녀(令女)의 빙샹절개(氷霜節槪)[28]와 션싱의 고절쳥심(高節淸心)은 쇼데 모로지 아니ᄒᆞ니, 고이ᄒᆞᆫ 소문을 넓이 펴지오나 쇼데는 마ᄎᆞᆷᄂᆡ 곳이 듯지 아니리라."

우쳐식 좌우를 도라보아 여러 사ᄅᆞᆷ이 업고 ᄌᆞ긔 ᄋᆞᄌᆞ 등만 이시믈 보고, 비로소 녀ᄋᆞ의 계교로 셜왕의게 쇼옥을 보ᄂᆡ여시믈 닐ᄋᆞ고, 이런 말을 몽닌다려도 알게 말라 ᄒᆞ니, 초공이 텽파(聽罷)의 안식을 곳쳐 왈,

"하ᄂᆞᆯ이 녕녀의 빙상절개를 ᄉᆞᆲ피시미 이실진ᄃᆡ, 공규(空閨)의 일싱【20】을 폐륜치 아닐거시오, 혜션공쥬를 여러 일월을 지ᄂᆡ여 보ᄆᆡ 셩녀슉완(聖女淑婉)이니, 비록 부마(駙馬)의 두 안해 거ᄂᆞ리는 법귀 업ᄉᆞ나, 공쥐 하가젼(下嫁前) 뎡혼ᄒᆡᆼ빙(定婚行聘)[29] ᄒᆞᆫ 거시야 부실노 취ᄒᆞ미 무숨 죄괘 대단ᄒᆞ리오. 션싱은 물우(勿憂)ᄒᆞ쇼셔."

쳐식 쳑연 샤왈(謝曰),

"샹국의 쇼녀 일싱을 긔렴ᄒᆞ미[30] 여ᄎᆞ(如此)ᄒᆞ니 우리 부녜(婦女) 결초함호(結草銜環)[31]키를 원ᄒᆞ리이다."

째 절차인 문명(問名)과 네 번째 절차인 납폐(納幣)를 함께 이르는 말. 우선 '문명'은 신랑 측에서 신부 집에 납채(納采)를 행한 후, 다시 신부 집에 신부의 이름을 묻는 서간을 보내는데, 이를 문명(問名)이라 한다. 이때 신부 집에서는 당시 여자에게는 이름이 없기 때문에 신부의 어머니 성씨를 적어 보내 허혼의 뜻을 밝힌다. 따라서 문명은 양가가 정혼한 사이임을 뜻한다. 또한 '납폐'는 혼인할 때에, 사주단자의 교환이 끝난 후 정혼이 이루어진 증거로 신랑 집에서 신부 집으로 보낸 예물을 말하는데, 보통 밤에 푸른 비단과 붉은 비단을 혼서와 함께 함에 넣어 신부 집으로 보낸다. 따라서 본문에서 우수주가 납폐와 문명을 지켜 수절을 하는 것은, 신랑측에서 보낸 청혼(請婚)의 뜻을 밝힌 서간과 정혼(定婚)의 증빙인 혼서(婚書)를 간직하여 이를 지킴으로써 불경이부(不更二夫; 두 남편을 맞이하지 않음)의 절을 구체적으로 드러내고 있는 것이다.

28)빙샹절개(氷霜節槪) : 얼음과 서리처럼 차고 맑은 절개

29)뎡혼ᄒᆡᆼ빙(定婚行聘) : 정혼하고 납폐(納幣)를 행한 일.

30)긔렴ᄒᆞ다 : 기념(記念)하다. 잊지 않고 생각하다. 유의하다.

31)결초함호(結草銜環) : '남에게 입은 은혜를 꼭 갚는다' 의미를 가진 '결초보은(結草報恩)'과 '함환이보(銜環以報)'라는 두 개의 보은담(報恩譚)을 아울러 이르는 말로, '남에게 받은 은혜를 살아서는 물론 죽어서까지도 꼭 갚겠다'는 보다 강조된 의미가 담긴 뜻으로 쓰인다. 그런데 이 작품에서는 '함환'을 '함호'로 표기하고 있어 이것이 '함환'의 단순한 오기(誤記)인지, 아니면 다른 뜻을 갖는 말인지를 판단하기가 쉽지 않다. 우선 두 보은담의 유래를 보면, '결초보은'은 중국 춘추 시대에, 진나라의 위과(魏顆)가 아버지가 세상을 떠난 후에 서모를 개가시켜 순사(殉死)하지 않게 하였더니, 그 뒤 싸움터에서 그 서모 아버지의 혼이 적군의 앞길에 풀을 묶어 적을 넘어뜨려 위과가 공을 세울 수 있도록 하였다는

초공이 쳐ᄉᆞ의 말이 과도ᄒᆞ믈 닐ᄏᆞᆺ고, 종용이 담쇼ᄒᆞ다가 셕양의 도라와 부모긔 우시의 계교로 쇼옥 비ᄌᆞ(婢子)를 셜궁의 보ᄂᆡ여시믈 고ᄒᆞ며, 아직 이런 말을 몽【21】닌다려 닐오지 마르샤 공쥬를 온젼이 듕대ᄒᆞ고, 우시 ᄉᆡᆼ각ᄂᆞᆫ 뜻을 ᄉᆞᆺ게 ᄒᆞ믈 닐ᄏᆞ라니, 국공 부뷔 졈두(點頭)[32] 무언(無言)이나 우시의 신셰를 가련히 넉이더라.

션시(先時)의 경츄밀 부인 호시 츄밀공이 기셰(棄世)ᄒᆞ므로븟터, 본품(本稟)의 간험(姦險)흠과 셩졍(性情)의 싀포(猜暴)ᄒᆞ미 동셔(東西)의 것치며 두릴 것 업시 일시의 다 발ᄒᆞ미[ᄆᆡ], 만악(萬惡)이 구비(具備)ᄒᆞ여, 난ᄋᆞ로 더브러 ᄀᆞ마니 의논ᄒᆞᄂᆞᆫ 말과 힝ᄒᆞᄂᆞᆫ 일이 다 문원과 구쇼져를 다 해(害)ᄒᆞ여 업시코져 ᄒᆞᄂᆞᆫ지라. 일월이 뉴ᄆᆡ(流邁)[33] ᄒᆞ여 경공의 장월(葬月)이 다ᄃᆞ라니, 문원공ᄌᆡ 【22】부친의 관을 븟드러 션영 절강으로 ᄂᆞ려갈ᄉᆡ, 션인(先人)의 붕당(朋黨)이 지친(至親) ᄀᆞᆺ치 보호ᄒᆞ믈 힘닙어, 일노(一路)의 무ᄉᆞ히 득달ᄒᆞ니라.

구쇼져 슉ᄋᆡ 표슉(表叔)의 상귀(喪具) 절강으로 향ᄒᆞ믈 당ᄒᆞ여 과훼(過毁)ᄒᆞ미 ᄌᆞ모(慈母)의 관을 영결(永訣)ᄒᆞᄆᆡ 감치 아니코, 호시 모녀의 흉심을 혜아려 스ᄉᆞ로 옥장금심(玉腸金心)[34]을 살오더라. 호시 난ᄋᆞ로 더브러 ᄀᆞ마니 의논ᄒᆞ여 왈,

“문원의 작인이 비샹ᄒᆞ고 골격이 긔이ᄒᆞ여 쳔승지샹(千乘之相)이니, 이 ᄯᅢ의 서르저 업시치 아녀셔ᄂᆞᆫ 타일의 쳐치 더옥 어려울지라. 비록 쳔금이 앗가오나, 긔특ᄒᆞᆫ 【23】ᄌᆞᄀᆡᆨ(刺客)을 어더 절강(浙江)[35]으로 보ᄂᆡ여 문원을 살해ᄒᆞ고, 또 여ᄎᆞ여ᄎᆞ(如此如此)ᄒᆞ여 계교로 슉아를 업시ᄒᆞᆫ 후, 변용(變容)ᄒᆞᄂᆞᆫ 약을 어더 네 슉애되여 윤가로 도

『춘추좌전』 <선공(宣公)>15년 조(條))의 고사에서 유래하였고, ‘함환이보’는 중국 후한 때 양보(楊寶)라는 소년이 다친 꾀꼬리 한 마리를 잘 치료하여 살려 보낸 일이 있었는데, 후에 이 꾀꼬리가 양보에게 백옥환(白玉環)을 물어다 주어 보은했다는 남북조 시기 양(梁)나라 사람 오균(吳均)이 지은『續齊諧記』의 고사에서 유래하여 그 출처가 분명하다. 우리나라에서는 두 고사성어 가운데 ‘결초보은(줄여서 ‘결초’)’이 널리 쓰여왔고 ‘함환이보(줄여서 ’함환’)’는 활발히 쓰여온 말이 아니다. 고소설에서는 ‘결초보은’ 또는 ‘결초’라는 말이 널리 쓰이는 가운데 이 작품에서처럼 ‘결초함호’ 또는 ‘함호결초’라는 말이 <명주보월빙><완월회맹연><임화정연><효의정충예행록> 등 여러 작품들에서 많은 예가 검색되고 있는데, ‘함환이보’나 ‘함환’은 검색되지 않는다. 따라서 ‘함호’를 ‘함환’의 오기라고 단정할 수는 없다. 그렇다면 ‘함호’와 ‘함환’은 같은 말로 볼 수밖에 없는데, 이를 전제로 함호의 뜻을 밝혀보면, ‘함’은 두 말의 음이 같기 때문에 다같이 ‘銜(함)’자로 보고, ‘環(환옥 환)’자가 갖고 있는 ‘玉(옥)’의 뜻을 갖는 글자를 ‘호’음을 갖는 글자 가운데서 찾아보면 ‘琥(서옥 호)’자가 있어, 이 ‘함호’를 ‘銜琥(함호)’로 볼 수 있지 않을까 하는 추측을 해볼 수 있다. 그러나 이 ‘銜琥’ 또한 각종 사전이나 고문헌 DB자료들에서 검색되지 않는 말이어서 ‘함호’를 ‘銜琥’의 표음으로 단정할 수 없다. 이 때문에 교주자는 ’함호‘를 ’銜環‘과 같은 뜻을 갖는 말의 표음으로 보아 ’함호‘로 전사(轉寫)하고 그 본디 말인 한자어는 그 본뜻을 밝혀 ’銜環‘으로 병기하기로 한다

32)졈두(點頭) : 승낙하거나 옳다는 뜻으로 머리를 약간 끄덕임.

33)뉴ᄆᆡ(流邁) : 흘러 감.

34)옥장금심(玉腸金心) : 옥처럼 굳고 쇠처럼 단단한 마음

35)절강(浙江) : 중국 절강성(浙江省)에 있는 전당강(錢塘江) 및 그 상류의 총칭. *절강성(浙江省); 중국 동남부의 동중국해 연안에 있는 성. 고대 월나라의 땅이었으며, 주산군도(舟山群島)에는 불교의 4대 명산 중 하나인 보타산(普陀山)이 있고, 근해에 중국 최대의 어장(漁場)인 심가문(沈家門)이 있다. 성도(省都)는 항주(杭州).

라가는 거시 묘ᄒᆞ니, 구공이 혹ᄌᆞ 도라와도 녀ᄋᆞ의 얼골이 슉아로 다르미 업ᄉᆞ니, 일분 의심은 두지 아닐지라. 윤창닌이 쳘시를 몬져 취ᄒᆞ미 이시나, 우리 모녜 긔모비계(奇謀秘計)로 서ᄅᆞ져 업시ᄒᆞ미 어렵지 아니 ᄒᆞ니라.”

ᄒᆞ고, 난아의 유모 교란으로 ᄀᆞ마니 명셥이라 ᄒᆞᄂᆞᆫ ᄌᆞ긱을 어더, 쳔금을 주고 경공ᄌᆞ의 힝거를 ᄯᆞ라 무인심야(無人深夜)의 질너죽【24】이라 ᄒᆞ니, 셥이 응낙고 졀강으로 가니, 호시 모녜 ᄀᆞ마니 여의개용단(如意改容丹)36)을 엇고, 사ᄅᆞᆷ의 정신 흐리오ᄂᆞᆫ 암약(瘖藥)37)을 구ᄒᆞ여, 구쇼져와 그 유모 진파의 식찬(食饌)의 섯그니, 슉아 쇼제 비록 총명ᄒᆞ나 임의 대ᄋᆡᆨ(大厄)이 당젼(當前)ᄒᆞ고 음식 즁의 암약이 드러시믈 엇지 알니오. 무심히 진식(進食)ᄒᆞᆫ ᄇᆡ러니, 약의 독ᄒᆞᆷ과 요괴로오미 이상ᄒᆞ여, ᄒᆞᆫ번 후셜(後舌)을 넘으며[ᄆᆡ] 정신이 현난(眩亂)ᄒᆞ여 벙어리되여, 입을 움즉여 말을 ᄒᆞᆯ 길이 업ᄉᆞ니, 호시 모녜 이 거동을 보고 대열ᄒᆞ여 밤을 기다려 슉아 쇼져와 진파를 셰삭(細索)【25】으로 긴긴히 동혀 압ᄂᆡ의 드리치니, 노쉬(怒水) 창일(漲溢)ᄒᆞᆫ 바의 냇물이 남강을 통ᄒᆞ여시니, 구쇼져의 ᄉᆞᄉᆡᆼ(死生)이 위ᄐᆡ터라.

호시 모녜 교란으로 더브러 구쇼져와 진파를 물에 드리치고, 밧비 침실의 도라와 여의개용단(如意改容丹)을 가져 난아ᄂᆞᆫ 슉아 되기를 츅(祝)ᄒᆞ고, 교란은 진파(婆)되기를 츅(祝)ᄒᆞᆫ 후, 단약(丹藥)을 ᄉᆞᆷ키ᄆᆡ, 난ᄋᆞᄂᆞᆫ 슈려쇄락(秀麗灑落)ᄒᆞᆫ 슉애 되고, 교란은 튱근순직(忠勤純直)ᄒᆞᆫ 진패 되니, 호시 손벽 쳐 왈,

“이ᄂᆞᆫ 귀신의 명감(明鑑)이 이셔도 분변치 못ᄒᆞ리니, 일노 조ᄎᆞ 녀ᄋᆡ 윤가의 속현(續絃)ᄒᆞ여 무궁ᄒᆞᆫ 영복(永福)을 누리리로다.”【26】

난애 거울을 드러 얼골을 빗최여 ᄒᆞᆫ번 보고, 대쇼 왈,

“쇼녜 ᄆᆡ양 얼골이 슉아만 못ᄒᆞ믈 ᄋᆡ드라 ᄒᆞ더니, 금일 긔특ᄒᆞᆫ 약을 어더 슉아의 용뫼 되니, 즐겁고 쾌ᄒᆞ오ᄃᆡ 일노 조ᄎᆞ 모녀지졍(母女之情)이 밧고여 슉질노 칭ᄒᆞᆯ 바를 ᄋᆡ연(哀然)ᄒᆞᄂᆞ이다.”

호시 쇼왈,

“대ᄉᆞ를 도모ᄒᆞ며 쇼쇼(小小) 곡졀을 거리ᄭᅵᆯ 거시 아니라. 내 너를 일타ᄒᆞ고38) 피ᄎᆞ의 무ᄋᆡ(撫愛)ᄒᆞ믈 닐ᄏᆞ라, 슉질이 모녜 되고 졍이 친모친녀(親母親女)의 감치 아니타 ᄒᆞ면, 뉘 의심ᄒᆞᆯ 재 이시리오.”

이리 닐오며 노쥐(奴主) 환희ᄒᆞ여 ᄎᆞ야를 ᄒᆞᆫ가지로 지ᄂᆡ고, 명됴의 호시 하【27】ᄂᆞᆯ을 부르며, ᄶᆞ흘 두다리며, 가ᄉᆞᆷ을 쳐, 난아 교란이 어ᄃᆡ 간고 ᄒᆞ고, 슬피 울며 시녀를 흣터 두로 ᄎᆞᄌᆞ오라 ᄒᆞᄃᆡ, 그림ᄌᆞ도 볼 길히 업ᄉᆞ니, 헛도히 도라와 간곳이 업ᄉᆞ믈 고ᄒᆞ니, 호시 더옥 통곡ᄒᆞ더라.

ᄎᆞ시 옥화산 활인ᄉᆞ 명셩대ᄉᆡ 공쥐 취명ᄉᆞ의 단여 도라갈ᄉᆡ, 남강의 ᄇᆡ를 ᄯᅴ여 한

---

36)여의개용단(如意改容丹) : 자기 마음대로 얼굴을 바꿀 수 있다는 요약(妖藥).
37)암약(瘖藥) : 벙어리가 되게 하는 약.
38)일타ᄒᆞ고 : 잃다 하고.

가히 활인ᄉᆞ로 향ᄒᆞ더니, 홀연 ᄉᆡᆼ각ᄂᆞᆫ 일이 이셔, 몸을 니러 션창(船窓) 밧게 나와 강슈(江水)를 굽어 ᄉᆞᆲ피더니, 뎨ᄌᆞ 다려 왈,

“직녀셩(織女星)39)이 대화를 만나 닉슈(溺水)ᄒᆞ여시니 만일 더ᄃᆡ면 사지 못ᄒᆞ리라.”

ᄒᆞ더니, 문득 【28】ᄒᆞᆫ 널조각 우희셔 두 녀ᄎᆞ 시신이 언치여 살 ᄡᅩᆺ듯 ᄂᆞ려오니, 드ᄃᆡ여 건져, 션창의 드려 그 ᄆᆡᆫ 거ᄉᆞᆯ 그라고40), 회ᄉᆡᆼ쳥신단(回生淸新丹)41)을 쳥슈(淸水)의 화(和)ᄒᆞ여42) 구쇼져와 진파의 입의 드리오니, 이윽ᄒᆞᄆᆡ 쇼져와 진패 독ᄒᆞᆫ 물을 토ᄒᆞ고 졍신을 ᄎᆞᆯ혀 니러 안ᄌᆞ니, 대ᄉᆡ 합장(合掌) ᄇᆡ례(拜禮) 왈,

“직녀셩이 불가의 인연이 계시므로, 빈되 삼ᄉᆞ년 뫼시기를 바라더니, 금일 쇼져를 구ᄒᆞ니 지난 바 변ᄋᆡᆨ(變厄)과 호부인의 어지지 못ᄒᆞ믄 언두(言頭)의 닐ᄏᆞ라미 무익ᄒᆞ니, 쇼져ᄂᆞᆫ 만ᄉᆞ를 쳑탕(滌蕩)43)ᄒᆞ시고 빈도를 조ᄎᆞ 산문(山門)의 삼ᄉᆞ 춘츄(春秋)44)를 머므신【29】즉, 부녀남ᄆᆡ(父女男妹) 샹봉ᄒᆞ시리이다.”

쇼졔 눈을 드러 대ᄉᆞ의 비샹ᄒᆞᆫ 형모(形貌)를 보ᄆᆡ, 신긔히 넉여 함누 샤왈,

“쳡이 젼자(前者)의 법ᄉᆞ로 더브러 일면의 분이 업ᄉᆞᄃᆡ, 쳡의 닉슈지화(溺水之禍)를 구ᄒᆞ여 계시니, ᄉᆡᆼ아자(生我者)ᄂᆞᆫ 부모(父母)요 ᄌᆡᄉᆡᆼ자(再生者)ᄂᆞᆫ 법ᄉᆞ(法師)시어니와, 쳡의 부친이 만니(萬里)의 젹거(謫居)ᄒᆞ신 바로, ᄌᆞ모(慈母)의 삼긔(三忌)45)를 맛지 못ᄒᆞ여시니, ᄉᆞ세(事勢) 통원(痛寃)《ᄒᆞ리로소이다∥ᄒᆞ도소이다》.”

대ᄉᆡ 쇼왈,

“쇼졔 이제 몸을 산ᄉᆞ의 곰초지 아닌즉, 능히 ᄉᆞ디(死地)를 버서날 길히 업ᄉᆞ니, ᄒᆞᆫ갓 호부인 모녀의 어지지 아님도 아니라, 쇼져의 명되(命途) 초년의 갓초 고상(苦狀)을 【30】당ᄒᆞᆯ ᄇᆡ니, 남을 원(怨)치 못ᄒᆞᆯ 거시오, 져 경쇼졔 비록 태상진군(太上眞君)46)의 뎨ᄉᆞ 부빈 지위를 당ᄒᆞᆯ지언뎡, ᄆᆞᄋᆞᆷ인즉 윤가의 몬져 도라가랴 셔들ᄆᆡ, 허다 ᄒᆡ연(駭然) 요악(妖惡)ᄒᆞᆫ 거조를 ᄉᆡᆼ각지 못ᄒᆞᆯ 일이 업ᄂᆞ니, 엇지 쇼져를 무고히 일타ᄒᆞ고 놀나온 소식을 노야긔 젼ᄒᆞ리오. 경쇼졔 거줓 쇼졔를 ᄃᆡ(代)ᄒᆞᄆᆡ47) 션부인(先夫人) 졔향(祭享)을 밧들니니, 쇼져ᄂᆞᆫ 념녀 말고 빈도를 ᄯᆞ라 가샤이다. 빈되(貧道)48) 비록 아ᄂᆞᆫ 거시 업ᄉᆞ나 호부인 모녀의 심슐과 쇼져의 젼졍(前程) 길흉은 거의 다 ᄭᆡ닷

39)직녀셩(織女星) : 거문고자리에서 가장 밝은 별. 약 26광년 떨어진 일등성으로, 칠월 칠석날 밤에 견우성과 만난다는 전설이 있다. 이 작품에서는 구숙아의 주성(主星)으로 설정되어 있다.
40)그라다 : 끄르다. 맺은 것이나 맨 것을 풀다.
41)회ᄉᆡᆼ쳥신단(回生淸新丹) : 죽은 사람을 회생시켜 맑은 정신이 돌아오게 하는 약.
42)화(和)ᄒᆞ다 : 무엇을 타거나 섞다.
43)쳑탕(滌蕩) : 더러운 것이나 나쁜 것을 말끔히 없앰.
44)춘츄(春秋) : ‘해’를 문어적으로 이르는 말
45)삼긔(三忌) : ‘삼년상(三年喪)’을 달리 이르는 말.
46)태상진군(太上眞君) : 윤창린의 전생신분.
47)ᄃᆡ(代)ᄒᆞ다 : 대신(代身)하다.
48)빈되(貧道) : 도인이나 승려가, 덕(德)이 적다는 뜻으로, 자기를 낮추어 이르는 일인칭 대명사. ≒빈승(貧僧)

ᄂᆞ니, 쇼져의 초년이 셜ᄉᆞ 궁익(窮厄)ᄒᆞ나, 타일 영【31】광(榮光) 부귀(富貴) 속뉴(俗流)의 ᄇᆞ랄 ᄇᆡ 아니니, 쇼져ᄂᆞᆫ 텬수(天數)의 뎡ᄒᆞᆫ 바롤 안향(安享)케 ᄒᆞ쇼셔."

ᄒᆞ고, 이의 ᄇᆡ롤 저어 산ᄉᆞ의 니르러 안신(安身)ᄒᆞ고, 진패 일습(一襲)49) 남복을 기챡(改着)ᄒᆞ고 경부 근쳐의 나아가 소문을 알아오고져, 쇼져긔 고ᄒᆞ고 하산ᄒᆞ여, 경부 근쳐로 단니며 소식을 듯보니, 호시 ᄯᆞᆯ을 일코 듀야 통곡ᄒᆞᆫ다 ᄒᆞ니, 진패 즉시 도라와 쇼져롤 보고 호부인의 ᄒᆞᄂᆞᆫ 일이 대ᄉᆞ의 말과 ᄀᆞᄐᆞᆷ을 고ᄒᆞ니, 쇼졔 탄식ᄒᆞ더라.

어시의 경공ᄌᆞ 문원{문}이 부친의 관을 븟드러 션산(先山)의 안장(安葬)ᄒᆞ고 목쥬(木主)50)롤 뫼셔 경【32】ᄉᆞ로 도라올ᄉᆡ, 궁텬지통(窮天之痛)이 막블비ᄋᆡ(莫不悲哀)ᄒᆞ니, 보ᄂᆞᆫ 재 위ᄒᆞ야 뉴쳬(流涕)ᄒᆞ더라.

명셥이 호부인의 쳔금을 밧고 경공ᄌᆞ롤 해코져 뒤흘 조ᄎᆞ 그 위인을 ᄉᆞᆲ피건ᄃᆡ, 이 문득 현셩군ᄌᆡ(賢聖君子)라. 셥이 일견(一見)의 총명지식이 과인ᄒᆞᆫ 고로, 비록 사ᄅᆞᆷ의 쳔금을 밧으미 이셔도, 해ᄒᆞᆯ 자롤 보와 용이(容易)치 아닌 즉, 도로혀 보호ᄒᆞ고 갑ᄉᆞᆯ 가져 쳥쵹(請囑)던 곳에 환송ᄒᆞ여, 져의 힘이 밋지 못ᄒᆞ고 ᄌᆡ죄 업서 죽이지 못ᄒᆞ므로 ᄲᅧ 닐ᄋᆞ더니, 경공ᄌᆞ롤 보고 ᄉᆞᄉᆞ로 탄왈,

"타일 국가의 보필이 되여 셩명이 만ᄃᆡ의 민【33】멸치 아니리라."

ᄒᆞ고, 심야(深夜)롤 당ᄒᆞ여 공ᄌᆞ긔 현알(見謁)ᄒᆞ니, 공ᄌᆡ 젼쟈의 알아미 업던지라. 문기고(問其故) ᄒᆞᆫᄃᆡ, 셥이 다만 노복의 수롤 ᄎᆡ와 침좌간(寢坐間)의 셔동(書童)의 소임을 다ᄒᆞ여지라 쳥ᄒᆞ니, 경공ᄌᆡ 명셥의 샹뫼(相貌) 쥰슈ᄒᆞ고, 동지(動止) 영오ᄒᆞᆷ을 보ᄆᆡ 믈니치지 못ᄒᆞ여 그 원을 조ᄎᆞ니, 셥이 대열ᄒᆞ여 이날브터 경공ᄌᆞ롤 지셩(至誠) 보호ᄒᆞ여 ᄉᆞᄉᆡᆼ을 긔약ᄒᆞ나, ᄒᆡᆼ혀도 호부인이 금을 주고 공ᄌᆞ롤 죽이라 쳥ᄒᆞ던 바ᄂᆞᆫ 언두(言頭)의 닐ᄏᆞᆺ지 아니ᄒᆞ니, 일노조ᄎᆞ 경공ᄌᆡ 명ᄆᆡᆨ(命脈)을 보젼ᄒᆞ여 일【34】노(一路)의 무ᄉᆞ히 ᄒᆡᆼᄒᆞ여 경ᄉᆞ의 니르니, 호시 슉아롤 업시ᄒᆞ고 문원의 죽은 소식을 굴지계일(屈指計日)ᄒᆞ여 희망ᄒᆞ다가, 그 도라오믈 보ᄆᆡ 놀납고 분ᄒᆞ미 극ᄒᆞᄃᆡ, 방인(傍人)의 의심을 돕지 아니려 슬피 통곡ᄒᆞ니, 공ᄌᆡ 그 누의 업ᄉᆞᆷ을 더욱 경히차악(驚駭嗟愕)51)ᄒᆞ여 ᄎᆞᆺ고져 나아가려 ᄒᆞ니, 호시 비통 왈,

"네 비록 누의롤 위ᄒᆞᆫ 졍이 지극ᄒᆞ나, 나의 외로오믈 아니 도라보지 못ᄒᆞᆯ지라. 모로미 ᄎᆞᄌᆞ 나갈 의ᄉᆞ롤 긋치고, 슉아롤 친ᄆᆡ ᄀᆞᆺ치 ᄉᆞ랑ᄒᆞ여 나의 ᄯᅳᆺ을 밧고, 모ᄌᆞ 남ᄆᆡ 서로 의지ᄒᆞ여 삼상(三喪)52)을 지니라."

공ᄌᆡ 모친의 말을 드【35】르ᄆᆡ, 난아의 거쳐ᄂᆞᆫ 모친이 모르지 아니믈 혜아려,

"무ᄉᆞᆷ 변괴롤 지은고?"

놀나며 근심되미 만복(滿腹)ᄒᆞ나 묵연(默然) 슈명(受命)ᄒᆞ니, 부인이 ᄯᅩᄒᆞᆫ 눈믈을 거

49)일습(一襲) : 옷, 그릇, 기구 따위의 한 벌. 또는 그 전부.
50)목쥬(木主) : 위패(位牌). 단(壇), 묘(廟), 원(院), 절 따위에 모시는 신주(神主)의 이름을 적은 나무패.
51)경히차악(驚駭嗟愕) ; 몹시 놀람.
52)삼상(三喪) : 삼년상(三年喪). 초상(初喪), 소상(小祥), 대상(大祥)을 통틀어 이르는 말.

두고 슉아를 블너 슉질의 졍으로뻐 다시 모녀의 졍을 믹즈믈 닐너, 금일브터 친모 친녀를 뎡ᄒᆞᄌᆞ ᄒᆞ고, ᄀᆞ마니 명섭의게 교란을 ᄂᆡ여 보ᄂᆡ여 문원 죽이지 아닌 연고를 무르니, 셥이 ᄃᆡ왈,

“내 임의 존부인긔 쳔금을 밧아시니 엇지 부인의 청ᄒᆞ시ᄂᆞᆫ 바를 밧드지 아니리오마ᄂᆞᆫ, 경공ᄌᆞ의 위인이 비샹ᄒᆞ고, 용역(勇力)이 쳔인(千人)을 당ᄒᆞ므로, ᄀᆞ【36】ᄇᆡ야이 해치 못ᄒᆞᆯ지라. 고로 그 노ᄌᆞ 되기를 청ᄒᆞ여 공ᄌᆞ 겻흘 떠나지 아니 ᄒᆞ다가, 됴흔 긔회를 어더 아조 죽이고져 ᄒᆞᄂᆞ니, 마마ᄂᆞᆫ 이 말노뻐 부인긔 알외 오라.”

가(假) 진패 대열ᄒᆞ여 이ᄃᆡ로 호시긔 고ᄒᆞ니, 호시 또ᄒᆞᆫ 환희ᄒᆞ나, 난아ᄂᆞᆫ ᄀᆞ장 의심ᄒᆞ더라.

션시(先時)의 한님 윤셰린이 셜쇼져로 더브러 금슬이 흡연(洽然)ᄒᆞᆫ 즁, 텬품(天稟)이 호일(豪逸)ᄒᆞ고 번화를 즐겨, 종형 태우와 어ᄉᆞ의 쌍미슉완(雙美淑婉)으로 화락ᄒᆞ믈 ᄀᆞ장 블워ᄒᆞ더니, 급ᄉᆞ 녀방의 ᄎᆞ녀 슈졍이 노변(路邊) 누상(樓上)의셔 우연이 윤한님을 ᄒᆞᆫ 번 보ᄆᆡ, 그 옥모【37】영풍(玉貌英風)을 크게 긔이히 넉여, 인ᄒᆞ여 샹ᄉᆞ(相思)ᄒᆞᄂᆞᆫ 병을 일워 식음이 거ᄉᆞ려 ᄇᆡᆨ약(百藥)이 무효ᄒᆞ니, 녀급ᄉᆞ와 부인 취시 녀ᄋᆞ의 병이 위독ᄒᆞ믈 초민우려(焦悶憂慮)ᄒᆞ여 듀야로 구호ᄒᆞ며, 위연(偶然)ᄒᆞᆫ 질양(疾恙)이 이ᄃᆡ도록 듕ᄒᆞ믈 슬허ᄒᆞ니, 슈졍이 탄식고 ᄀᆞ마니 윤한님을 ᄉᆞ샹(思想)ᄒᆞ여 병을 일위믈 고ᄒᆞ니, 취시 원ᄂᆡ 슈졍을 잉ᄐᆡᄒᆞᆯ 적 고이ᄒᆞᆫ 몽됴(夢兆)이셔, 일개니괴(一介尼姑)[53] 몸에 피를 흘니고 취시긔 투ᄐᆡ(投胎)[54]ᄒᆞ여 윤・뎡 양문의 남은 ᄒᆞᆫ을 갑흐련노라 ᄒᆞ믈 듯고 놀나 ᄭᆡ여, 인ᄒᆞ여 유신(有娠)ᄒᆞ미 되여 슈졍을 나흔【38】ᄇᆡ라. 그 용뫼 긔묘ᄒᆞ고 ᄌᆞᄐᆡ 홀난(惚爛)ᄒᆞ며 ᄇᆡᆨᄒᆡᆼ(百行)이 민쳡ᄒᆞ니, 녀급ᄉᆞ의 ᄉᆞ랑이 병되여 ᄋᆞ둘의 지난지라.

ᄆᆡ양 장녀 소셩 쳐의 박용누질(薄容陋質)을 ᄒᆞᆫ(恨)ᄒᆞ여, ᄎᆞ녀의 교용미ᄐᆡ(嬌容美態)를 난호지 못ᄒᆞ믈 ᄋᆡ둘나, 옥인가랑(玉人佳郎)을 ᄐᆡᆨᄒᆞ여 슈졍의 일ᄉᆡᆼ을 쾌히 ᄒᆞ고져 ᄒᆞ더니, 긔약지 아닌 윤셰린을 ᄉᆞ상(思想)ᄒᆞ여 병이 위악(危惡)기의 니르믈 드ᄅᆞᄆᆡ, 탄왈,

“내 윤가 제인으로 더브러 면분(面分)이 익지 못ᄒᆞ고, 지어(至於) 윤웅닌 셰린 ᄒᆞ여ᄂᆞᆫ 뇽호긔습(龍虎氣習)[55]과 츙텬지긔(衝天之氣)로 우리ᄀᆞᄐᆞᆫ 미말낭관(微末郎官)[56] 보기를 져의 노ᄌᆞ(奴者)ᄀᆞᆺ치 ᄒᆞ니, 내 그윽이 통히(痛駭)ᄒᆞᄂᆞᆫ 【39】ᄇᆡ라. 화졍을 소가의 속현(續絃)ᄒᆞ나 져의 용모긔질이 비박누츄(鄙薄陋醜)ᄒᆞ야, 소셩으로 비기ᄆᆡ 텬션과 귀것 ᄀᆞᄐᆞ니, 소셩이 박ᄃᆡᄒᆞ미 실노 고이치 아니ᄒᆞ거니와, 슈졍은 ᄌᆞᄉᆡᆨ(姿色)이 비범

53)일개니괴(一介尼姑) : 보잘 것 없는 한 낱 여승.
54)투틔(投胎) : 이 세상에 다시 태어남.
55)뇽호긔습(龍虎氣習) : 용이나 호랑이와 같은 기질과 습성.
56)미말낭관(微末郎官) : 미관말직(微官末職)의 낭관(郎官). *낭관(郎官); 조선 시대에, 정오품 통덕랑 이하의 당하관을 통틀어 이르던 말.

ᄒᆞ니, 죵요로은 셔랑(壻郞)을 어더 ᄌᆞ미[57]를 보고져 ᄒᆞ엿더니, 이제 녀ᄋᆡ 윤셰린을 ᄉᆞ샹ᄒᆞ여 질(疾)을 일워니, 셰린이 발셔 취쳐(娶妻)ᄒᆞ엿고, 샹국 윤효문이 쳥고졀검(淸高節儉)ᄒᆞ여 번화(繁華)를 원슈ᄀᆞᆺ치 넉이니, 년쇼ᄒᆞᆫ ᄋᆞ들의 ᄌᆡ취를 허ᄒᆞᆯ니 업ᄉᆞ니, 쳥ᄒᆞᆫ키 어려온지라. ᄋᆞ히 엇지 ᄉᆡᆼ각기를 그리 잘못ᄒᆞ여, 셰간의 윤셰린 만ᄒᆞᆫ 옥인영【40】걸(玉人英傑)이 업술가 넉이ᄂᆞ뇨?"

슈졍이 함누 왈,

"ᄋᆞ히 윤ᄉᆡᆼ을 만나지 못ᄒᆞ면 사상일념(思想一念)[58]이 병이 깁허 셰상을 ᄇᆞ리리로소이다."

급ᄉᆡ ᄀᆞ장 근심ᄒᆞ여 구혼코져 ᄒᆞ니, 취시 쇼왈,

"그러면서 어히 쳥혼ᄒᆞ나. 윤승샹이 허치 아니리니, 출하리 여ᄎᆞ여ᄎᆞ ᄒᆞ여 셩혼케 ᄒᆞ미 엇더ᄒᆞ니잇고?"

녀급ᄉᆡ ᄀᆞ장 올히 넉여 문밧게 직히여 윤한님의 지나기를 기다리니, 원ᄂᆡ 녀뷔 십ᄌᆞ가(十字街)[59]의 이셔 궐뎡의 갓가오므로, 문무ᄇᆡᆨ관의 《됴희∥됴회(朝會)》길이 녀부를 지나ᄂᆞᆫ지라. 일일은 윤한님 셰린이 됴회를 파ᄒᆞ고 도라오다가, 【41】친우 셕셰진의 쳥ᄒᆞ므로 셕부의 드러가 셕학ᄉᆞ로 죵일 ᄇᆡ쟉(杯酌)을 놀여 진취(盡醉)ᄒᆞᄆᆡ, 날이 져믄지라, 급히 집으로 도라오더니, 문득 녀부로셔 녀급ᄉᆡ 급히 나와 ᄒᆞᆫ님의 ᄆᆞᆯ 압히셔 잠간 ᄂᆞ리믈 쳥ᄒᆞ니, 한님이 녀급ᄉᆞ의 위인을 ᄂᆞᆺ비 넉이나, 쟝유유셔(長幼有序)[60]를 아니 도라보지 못ᄒᆞ여 즉시 하마(下馬)ᄒᆞ니, 급ᄉᆡ 웃고 손을 닛그러 왈,

"족하(足下)[61]로 더브러 만ᄉᆡᆼ(晩生)이 교되(交道) 깁지 못ᄒᆞ나, 쳔ᄒᆞᆫ 나힌즉 족하의 세번을 당ᄒᆞ고, 어린 졍셩이 일가친쳑(一家親戚)의 더으미 이셔, 됴당(朝堂)의셔 잠간 보나 아름다오며 긔이(奇異)ᄒᆞ믈 결【42】을치[62] 못ᄒᆞ니, 엇지 귀부의 나아가 샹견(相見)코져 아니오리마ᄂᆞᆫ ᄆᆡ양 ᄯᅳᆺᄀᆞᆺ지 못ᄒᆞ더니, 금야ᄂᆞᆫ 월ᄉᆡᆨ을 ᄯᅴ여 힝ᄒᆞ니, 혜건ᄃᆡ 운산의 나아가지 못ᄒᆞᆯ지라. 불과 셩ᄂᆡ의셔 밤을 지ᄂᆡ리니, 폐실(弊室)이 누츄(陋醜)ᄒᆞ나 일야(一夜)를 슉침ᄒᆞ고 가라."

한님이 칭샤 왈,

"존공이 쇼ᄉᆡᆼ을 ᄉᆞ랑ᄒᆞ시ᄂᆞᆫ 후의 감ᄉᆞᄒᆞ니, 엇지 존의(尊意)를 밧드지 아니리잇고마ᄂᆞᆫ, 날이 느저시니, 동문(東門)을 닷기 젼 ᄲᆞᆯ니 나가고져 ᄒᆞᄂᆞ니, 후일 다시 오리이다."

---

57)ᄌᆞ미 : 재미. 아기자기하게 즐거운 기분이나 느낌.
58)사상일념(思想一念) : 오직 한 마음으로 누군가를 그리워하는 생각.
59)십ᄌᆞ가(十字街) : '十' 자 모양으로 교차하는 거리.
60)쟝유유셔(長幼有序) : 오륜(五倫)의 하나. 어른과 어린이 사이의 도리는 엄격한 차례가 있고 복종해야 할 질서가 있음.
61)족하(足下) : '(상대방의) 발아래' 라는 뜻으로, 같은 또래 사이에서, 상대편을 높여 이르는 말. 흔히 편지를 받아 보는 사람의 이름 아래에 쓴다.
62)결을치 : 결으지. 겨루지. 비교하지. *결으다; 겨루다. 다투다. 비교하다.

녀급ᄉᆡ 굿이 잡아 왈,

"동문을 발셔 닷칠 ᄯᅴ 되어시니, 이 곳의셔 밤을 지ᄂᆡ라."

한님이 엇【43】지 이곳의 머믈니오마ᄂᆞᆫ, 슐이 극취(極醉)ᄒᆞ여 누을 의ᄉᆡ 챡급(着急)63)ᄒᆞ니, 부득이 급ᄉᆡ를 조ᄎᆞ 녀부의 드러가니, 녀공이 즉시 쥬찬(酒饌)을 나와 한님을 권ᄒᆞ니, 한님이 ᄉᆞ양치 아니코 거후라니, 급ᄉᆡ 즉시 ᄂᆡ당으로 드러가며 왈,

"족해 이제 슐이 취ᄒᆞ여시니 보호ᄒᆞᆯ 사ᄅᆞᆷ을 ᄂᆡ여 보ᄂᆡ리니, 편히 쉬고 명됴의 도라가라."

ᄒᆞ고, 이의 슈경의 유모를 블너 침금을 포셜ᄒᆞ라 ᄒᆞ니, 한님이 그 긔ᄉᆡᆨ을 ᄉᆞᆲ피지 아니코 다만 상샹의 누어 취안(醉眼)이 몽농ᄒᆞ니, 급ᄉᆡ ᄂᆡ헌(內軒)의 드러가, 슈경을 보고 왈,

"내 윤셰린을 겨유 청ᄒᆞ여 【44】 와시니 나아가 보라."

슈경이 대희ᄒᆞ여 즉시 ᄂᆡ려 소셰(梳洗)ᄒᆞ고, 유모로 더브러 외헌(外軒)의 나오니, 한님이 취쉬(醉睡) 깁헛거ᄂᆞᆯ, 슈경이 상하(床下)의 안ᄌᆞ 그 슈족(手足)을 만지며 ᄭᆡ기를 기다리더니, 이윽고 ᄭᆡ여 ᄎᆞ(茶)를 구ᄒᆞ거ᄂᆞᆯ, 슈경이 즉시 ᄎᆞ를 ᄲᅡᆼ슈로 밧드러 올니니, 한님이 밧아 마시고, 취안이 몽농ᄒᆞ여 미인의 황홀ᄒᆞ믈 보고 호방지심(豪放之心)의 녀가 비ᄌᆞ(婢子)로 알아, 즉시 슈경의 손을 닛그러 상요(床褥)의 나아가나, 취긔미란(醉氣迷亂)ᄒᆞ여 아모란 상(相)64) 업시 ᄌᆞᆷ이 깁히 드니, 슈경이 저의 음악(淫惡)ᄒᆞᆫ 졍을 다 펴지 못ᄒᆞ야, ᄒᆞᆫᄀᆞᆺ 윤ᄉᆡᆼ의 뇽봉ᄌᆞ【45】질(龍鳳資質)과 옥모영풍(玉貌英風)을 흠ᄋᆡ(欽愛)ᄒᆞ더니, 옥쳠(屋簷)65)의 금계(金鷄)66) 새ᄇᆡ를 보ᄒᆞ니, 한님이 놀나 ᄭᆡ여 미인이 겻ᄒᆡ 누어시믈 보고, 비로소 ᄀᆞᆯ오ᄃᆡ,

"네 의상복ᄉᆡᆨ(衣裳服色)을 ᄉᆞᆲ피니 인가 ᄎᆞ환(叉鬟)67) 비ᄌᆞ(婢子)ᄂᆞᆫ 외람ᄒᆞᆫ지라. 아니 창누(娼樓) 기녀의 무리냐? 녀녀(女)의 넘치나 저의 무로미 이의 당ᄒᆞ여ᄂᆞᆫ ᄃᆡ답ᄒᆞᆯ 말이 업ᄂᆞᆫ 고로, 거즛 슈습ᄒᆞᄂᆞᆫ68) ᄐᆡ도를 지어 말을 아니 ᄒᆞ니, 한님이 심니(心裏)의 가소로오믈 니긔지 못ᄒᆞ여, 혜오ᄃᆡ,

"이거시 녀가의 쳔ᄒᆞᆫ 죵이 아니면 창누의 쳔만인을 겻근 기녜라. 엇지 도로혀 놉흔 쳬ᄒᆞ고 나의 뭇ᄂᆞᆫ 바를 답【46】지 아냐 ᄉᆞ족녀ᄌᆞ(士族女子)의 슈습ᄒᆞᄂᆞᆫ ᄐᆡ도를 짓ᄂᆞᆫ고? 가히 우읍도다."

ᄒᆞ고, 즉시 의ᄃᆡ(衣帶)를 슈습(收拾)ᄒᆞ여 몬져 ᄂᆡ러나니, 슈경이 능히 한님을 븟드러

63)착급(着急) : 몹시 급함.
64)상(相) : 그때그때 나타나는 얼굴 표정.
65)옥첨(屋簷) : 집의 처마.
66)금계(金鷄) : ①'닭'의 미칭(美稱). ②꿩과에 속한 새. 꿩과 비슷한데 수컷은 광택 있는 황금색 우관(羽冠)과 뒤 목에는 누런 갈색, 어두운 녹색의 장식깃이 있어 매우 아름답다. 암컷은 엷은 갈색 바탕에 검은 점이 있다. 번식이 쉽고 추위에 강하여 관상용으로 기르며 중국이 원산지이다.
67)ᄎᆞ환(叉鬟) : 주인을 가까이에서 모시는 젊은 계집종. ≒아환(丫鬟).
68)슈습ᄒᆞ다 : 수줍어하다. 수삽(羞澁)하다. 수줍은 태도나 기색을 하다.

누엇기를 청치 못ᄒᆞ고, 저를 블관(不關)이 넉이ᄂᆞᆫ ᄉᆞ식을 보ᄆᆡ, 출하리 절노 더브러 밤을 ᄒᆞᆫ가지로 지ᄂᆡ지 아님만 못ᄒᆞ여, 만심(滿心)이 분분ᄒᆞ고 흉장(胸臟)이 답답ᄒᆞ여 고ᄃᆡ 우름이 날 ᄃᆞᆺᄒᆞᄃᆡ, 윤싱의 고이히 넉이믈 어들가 ᄒᆞ여, 겨유 의상을 어더 몸에 걸고 미조ᄎᆞ[69] ᄂᆞ려나니, 윤싱이 ᄌᆞ긔 하리 노ᄌᆞ를 블너 셰슈를 드리라 ᄒᆞ여 쌜니 관소(盥梳)ᄒᆞ고, ᄌᆞ긔 일이나 녀【47】부의셔 밤을 지ᄂᆡ미 ᄀᆞ장 고이ᄒᆞ믈 ᄭᆡ다라, 미인을 도라보아 녀공긔 말을 젼ᄒᆞ여 왈,

"쇼싱이 작일 존공의 쳥뉴(請留)ᄒᆞ시ᄂᆞᆫ 후의(厚意)를 져ᄇᆞ리지 못ᄒᆞ여 귀부의셔 밤을 지ᄂᆡ나, 친젼의 고치 못ᄒᆞᆫ ᄇᆡ니, 쇼싱이 무고히 나가 자믈 가친이 고이히 넉이실지라. 밧비 도라가므로 ᄂᆞᆺᄎᆞ로ᄡᅥ 하직지 못ᄒᆞ고 귀부 비ᄌᆞ로 ᄒᆞ야금 도라가믈 고ᄒᆞᄂᆞ이다."

언필의 거름을 두루혀 ᄆᆞᆯ게 올으ᄆᆡ 하리 등이 옹호(擁護)ᄒᆞ여 ᄂᆞᄂᆞᆫ 다시 취운산으로 향ᄒᆞᄂᆞᆫ지라. 슈졍이 어린다시 서셔 먼니 가도록 ᄇᆞ라보다가, 그림재 【48】뵈지 아니키의 밋처ᄂᆞᆫ 문득 눈믈이 비ᄀᆞᆺ치 ᄯᅥ러지니, 취시 ᄯᅩᄒᆞᆫ 슈졍의 유모로 더브러 새도록 지게 밧게 서셔 규시ᄒᆞ던 ᄇᆡ라. 윤한님의 쥰ᄆᆡ(俊邁)ᄒᆞᆫ 긔상과 엄호(儼豪)[70]ᄒᆞᆫ 거동은 오히려 쟝셔(長壻) 쇼셩의 우히이시니, ᄀᆞ장 어려히 넉이나 그 ᄉᆞ랑ᄒᆞ믄 어든 셔랑(壻郎)ᄀᆞᆺ치 넉이더니, 훌훌이[71] 도라가믈 보고 아연 실망ᄒᆞ여, 드ᄃᆡ여 슈졍을 다리고 ᄂᆡ당의 드러와 공을 ᄒᆞ여ᄃᆡ 한님의 거동을 일일히 젼ᄒᆞ니, 공 왈,

"졔 아모리 그러ᄒᆞ여도 내 친히 가 쳥혼(請婚)ᄒᆞ면, 형셰 마지 못ᄒᆞ여 허혼ᄒᆞ리니, 부인은 염여(念慮)【49】말나."

인ᄒᆞ여 됴반을 파ᄒᆞ고 쌜니 윤부로 향ᄒᆞ니라.

ᄎᆞ일 한님이 부즁의 도라오ᄆᆡ, 승샹은 맛춤 족뎨(族弟) 윤츄밀의 병을 뭇고져 셔화문 밧그로 향ᄒᆞ고, 진왕이 존당 슉당을 뫼셧다가 한님을 보고, 작일 무고히 나가 잔바를 무로니, 한님이 피셕(避席) ᄃᆡ왈,

"유ᄌᆡ(猶子) 셕부의 가 졔셕 등으로 더브러 종일토록 담화ᄒᆞ다가 황혼의 도라오더니, 십ᄌᆞ가의셔 녀급ᄉᆞ를 만나 여ᄎᆞ여ᄎᆞ 다잡고 쳥ᄒᆞ믈 당ᄒᆞᄆᆡ, ᄲᅦ치지 못ᄒᆞ여 녀가의 가 밤을 지ᄂᆡ고 오나이다."

왕이 ᄇᆡᆼ연 왈,

"녀방은 우리 형뎨【50】일즉 면분(面分)이 ᄂᆡ지 못ᄒᆞᆯ 뿐 아니라, 그 위인이 블길(不吉) 쳠샤(諂邪)ᄒᆞ고 간악싀포(奸惡猜暴)ᄒᆞ니, 내 됴당의셔 보기를 아ᄂᆞᆺ소이 넉이ᄂᆞᆫ ᄇᆡ라. 네 ᄯᅩ 사름 아ᄂᆞᆫ 구술이 브희지[72] 아냐실진ᄃᆡ, 녀방의 샹뫼 블길ᄒᆞ여 반역(叛逆)이 곡쉬를 ᄢᅦ쳐시믈 거의 혜아릴지니, 하고로 녀가의 가 밤을 지ᄂᆡ며 친후(親厚)ᄒᆞᆫ

69)미조ᄎᆞ : 미좇아. 뒤미처 좇아. *미좇다 : 뒤미처 좇다.
70)엄호(儼豪) : 의젓하고 호기(豪氣)로움.
71)훌훌이 : 날짐승 따위가 날개를 치며 가볍게 날듯이.
72)브희다 : 부옇다. 연기나 안개가 낀 것처럼 선명하지 못하고 흐릿하다.

경을 ᄆᆡᄌᆞ리오. 너의 ᄒᆡᆼ식 이러틋 방탕ᄒᆞ야 츌입지졀(出入之節)을 다 임의로 ᄒᆞ여, 우희 존당이 계시믈 아지 못ᄒᆞ니, 엇지 한심치 아니리오. 졈졈 녀방 ᄀᆞᄐᆞᆫ 거ᄉᆞᆯ 두루 사괴여 망신지화(亡身之禍)ᄅᆞᆯ 취ᄒᆞᆯ진ᄃᆡ, 어이 욕이 조션(祖先)의 밋지 【51】 아니 ᄒᆞ리오."

한님이 ᄇᆡᆨ부의 말ᄉᆞᆷ이 여ᄎᆞ(如此)ᄒᆞ시믈 경황츅쳑(驚惶踧惕)ᄒᆞ여 면관쳥죄(免冠請罪) 왈,

"녀방의 쳥ᄒᆞ미 여ᄎᆞ여ᄎᆞᄒᆞ여 인졍(人情)의 믈니치지 못ᄒᆞ올ᄉᆡ, ᄇᆞ득이 그 곳의셔 밤을 지ᄂᆡ오나 엇지 범ᄉᆞᄅᆞᆯ 자ᄒᆡᆼᄌᆞ지(自行自止)코져 ᄒᆞ리잇고?"

왕이 진목(瞋目) 즐왈,

"녀방 아녀 군샹명(君上命)이라도 일이 가치 아닌 곳의ᄂᆞᆫ 인신(人身)이 죽기ᄅᆞᆯ 당ᄒᆞᆯ지언뎡 능히 밧드지 못ᄒᆞᄂᆞ니, 녀방의 쳥ᄒᆞ미 무ᄉᆞᆷ 대ᄉᆡ(大事)완ᄃᆡ, 존당의 현알ᄒᆞ며 아비 보기ᄅᆞᆯ 닛고 그 곳의셔 쟈리오."

위태부인이 년ᄋᆡ(憐愛)ᄒᆞᄂᆞᆫ 졍을 참지 못ᄒᆞ여 쇼왈,

"셰린이 녀【52】가의 가 쟈기ᄅᆞᆯ 비록 잘못 ᄒᆞ여시나, 남ᄌᆡ 여인과 달니 녀방의 ᄀᆞᆫ쳥ᄒᆞ믈 믈니치지 못ᄒᆞ여 슉침(宿寢)ᄒᆞ나 ᄒᆡᆼ실을 상해올 ᄇᆡ 아니라, 광텬은 엇지 ᄋᆞ희ᄅᆞᆯ 과도히 ᄎᆡᆨᄒᆞᄂᆞ뇨?"

호람휘 ᄯᅩᄒᆞᆫ 웃고 진왕을 도라보아 왈,

"셰린이 녀방의 집에 가 자기ᄅᆞᆯ 잘ᄒᆞ엿다 칭찬ᄒᆞᆯ 거ᄉᆞᆫ 업ᄉᆞ나, 이ᄃᆡ도록 ᄎᆡᆨᄒᆞᆯ 일은 아니니, 너ᄂᆞᆫ 스ᄉᆞ로 셩졍(性情)의 과격(過激)ᄒᆞ믈 ᄭᆡ닷고 브졀업시 수짓지 말나."

왕이 복슈(伏首) ᄃᆡ왈,

"대모와 계부(季父)의 말ᄉᆞᆷ이 맛당ᄒᆞ시나, 셰ᄋᆞ의 ᄒᆡᆼᄉᆡ 부형을 모로ᄂᆞᆫ 사ᄅᆞᆷ이 되어, 나며 들며 즘자기ᄅᆞᆯ 【53】 임의로 ᄒᆞᆯᄲᅮᆫ 아니라, 녀방의 블길ᄒᆞ믈 ᄭᆡ닷지 못ᄒᆞ오니, 이 반다시 취화(取禍)ᄒᆞᆯ 징되라. 엇지 놀납고 한심치 아니리오."

호람휘 웃고 다시 ᄎᆡᆨ지 말나 ᄒᆞ니, 왕이 슈명ᄒᆞᆫ ᄃᆡ, 이의 한님을 평신(平身)ᄒᆞ라 닐ᄋᆞ니, 한님이 슈명(受命) 승당(昇堂)ᄒᆞ니, 왕이 날호여 ᄌᆞ질을 거ᄂᆞ려 듁화헌의 나왓더니, 문득 하리 밧게 ᄀᆡᆨ이 니르러시믈 고ᄒᆞ며 명쳡을 드리니, 급ᄉᆞ 녀방이라 ᄒᆞ엿ᄂᆞᆫ지라. 왕이 마지 못ᄒᆞ여 드러오믈 쳥ᄒᆞᄃᆡ, 한님이 거야(去夜)ᄅᆞᆯ 녀부의 가 지ᄂᆡᆫ 바의, 녀급ᄉᆡ 와시미 필유ᄉᆞ고(必有事故)ᄒᆞ믈 지긔ᄒᆞ더니, 녀【54】급ᄉᆡ 드러와 쳥말(廳末)의셔 ᄇᆡ알ᄒᆞᄂᆞᆫ지라. 왕이 답녜ᄒᆞ고 방셕을 미러 좌뎡(坐定)ᄒᆞᄆᆡ 왕이 몬져 말을 펴 왈,

"괴(孤) 족하(足下)로 더브러 됴당 면의(面誼) 이시나, 서로 ᄎᆞᄌᆞ 반기미 업더니, 금일은 ᄒᆞ일(何日)이완ᄃᆡ, 존개(尊駕) 누쳐(陋處)의 욕님(辱臨)ᄒᆞ시뇨?"

언파의, 긔위 슉엄ᄒᆞ여 됴둔(趙盾)[73]의 하일지위(夏日之威)[74]ᄅᆞᆯ ᄂᆞᆺ게 넉이니, 녀급

---

73)됴둔(趙盾) : 중국 춘추시대 진(晉)나라 정치가. 당시 적(狄)나라 재상 풍서가 진나라에서 적(狄)에 도망온 가계(賈季)라는 사람에게 진나라의 두 정치인 조둔과 조쇠(趙衰) 중 누가 더 어진 사람인가를 묻자, 조쇠는 겨울날의 태양이고(冬日之日)이고, 조둔은 여름날의 태양(夏日之日)이라고 대답했는데, 이

식 ᄀᆞ장 국츅(跼縮)ᄒᆞ여 허리를 굽혀 왈,

"쇼관(小官)이 대왕(大王)과 샹국(相國) 합하(閤下)의 셩덕을 흠앙(欽仰)ᄒᆞ연지 오ᄅᆡ오ᄃᆡ, 비루ᄒᆞᆫ ᄌᆞ최 귀궁의 연고 업시 왕ᄂᆡ치 못ᄒᆞ와 일즉 쳠알(瞻謁)[75]ᄒᆞ미 업더니, 금일은 비록 외람ᄒᆞ나 샹국 합【55】하로 더브러 인아지의(姻婭之義)[76] 이시믈 고ᄒᆞ고, 서로 자녀를 난호는 깃브므로뻐 ᄇᆡ쟉(杯酌)을 밧들고져 니ᄅᆞ미러니, 샹국이 이의 아니 계시니 기다려 현알(見謁)코 도라 가고져 ᄒᆞᄂᆞ이다."

왕이 텽파(聽罷)의 ᄎᆞ게 웃고 왈,

"명공(明公)[77]이 아니 취(醉)ᄒᆞ엿ᄂᆞ냐? 엇지 의외지언(意外之言)으로뻐 발ᄒᆞᄂᆞ뇨? 피ᄎᆞ(彼此) ᄉᆞ문일ᄆᆡᆨ(士門一脈)이니 ᄌᆞ녀를 밧고와 호연(好緣)을 일우과져 ᄒᆞ믄 놀납지 아니ᄒᆞ나, 샤뎨(舍弟)의게 자란 ᄋᆞ들이 창닌 셰린으로 냥질(兩姪)이 다 취실(娶室)ᄒᆞ엿고, 기여(其餘)ᄂᆞᆫ 입장(入丈)ᄒᆞᆯ 년긔(年紀)[78] 아니라, 족하(足下)의 ᄌᆞ녀간 내 집에 들어올 재 잇지 아니니, 하고(何故)로 인친(姻親)이라 ᄒᆞᄂᆞ뇨?" 【56】

녀급식 진왕의 엄쥰ᄒᆞ믈 두리나, 임의 못된 계교(計巧)를 발ᄒᆞ야 윤셰린으로뻐 져의 서랑을 삼고져 ᄒᆞ므로, 또ᄒᆞᆫ 화연(和然) 쇼왈,

"쇼관이 샹국으로 더브러 인친(姻親)이라 ᄒᆞ믈 대왕이 고이히 넉이심도 올커니와, 원간[79] 연분(緣分)이니 대강 고ᄒᆞ리이다. 쇼관이 삼ᄀᆡ ᄌᆞ녀를 두어 장녀ᄂᆞᆫ 소셩의 쳐를 삼고, 일ᄌᆞᄂᆞᆫ ᄉᆞ오년 젼의 입쟝ᄒᆞ여시ᄃᆡ, ᄎᆞ녜 ᄇᆡ야흐로 '도요(桃夭)의 시(詩)'[80]를 읇게 되엿더니, 쟉일(昨日)의 녕질(令姪) 달징이 진취미란(盡醉迷亂)ᄒᆞ여 쇼관의 집의 드러와 ᄌᆡ취(再娶)를 구ᄒᆞ거ᄂᆞᆯ, 쇼관이 달징의 풍신ᄌᆡ화(風神才華)를 ᄉᆞ랑ᄒᆞᄂᆞᆫ 의ᄉᆡ 깁【57】ᄒᆞᆯ ᄲᅮᆫ 아니라, 젼자(前者)의 긔몽(奇夢)이 이셔 녀식(女息)으로뻐 존부(尊府)의 속현(續絃)ᄒᆞᆯ 징죄(徵兆) 잇ᄂᆞᆫ 고로, 녕질이 셜복야의 녀셰믈 모ᄅᆞ지 아니ᄃᆡ, 텬연(天緣)이 듕ᄒᆞ믈 혜아려 쇼관의[이] 일녀의 혼인을 쾌허(快許)ᄒᆞ고 ᄯᆞᆯ을 ᄂᆡ여 달징을 아조 뵈여, 피ᄎᆞ 화쵹지녜(華燭之禮)를 일우미 업ᄉᆞ나, 일실지ᄂᆡ(一室之內)의 얼골을 알아 뉸의(倫義)에 듕ᄒᆞᆫ 거ᄉᆞᆯ 져ᄇᆞ리지 아니케 ᄒᆞ엿ᄂᆞ니, 《쇼져‖쇼녀》로 달징의 ᄇᆡ우(配偶)를 삼으미 외람ᄒᆞ나, 저의 긔질(氣質) 용홰(容華)즉 하등(下等)이 아니니, 거의

말에 대하여 남북조시대 진(晉)나라 학자 두예(杜預)가 겨울 해는 사랑스럽지만(冬日之愛) 여름 해는 위엄[두려움]이 있다(夏日之威)라는 주석(註釋)을 붙여 두 사람의 인품을 나타냈다.

74)하일지위(夏日之威) : '여름날의 이글거리는 해와 같은 위엄'이라는 뜻으로, 위엄이 높은 것을 비유적으로 이르는 말. 남북조시대 진(晋)나라 학자 두예(杜預)가 『춘추』를 주석하면서 (晋)나라 조둔(趙盾)의 인품을 '하일지위(夏日之威)'라고 평한 데서 유래했다.

75)쳠알(瞻謁) : 존귀한 사람을 우러러 뵈옴.

76)인아지의(姻婭之義) : 사돈 사이의 의리.

77)명공(明公) : 듣는 이가 높은 벼슬아치일 때, 그 사람을 높여 이르던 이인칭 대명사

78)년긔(年紀) : 대강의 나이.

79)원간 : 워낙. 본디부터

80)도요(桃夭)의 시(詩) : 도요시(桃夭詩). 『시경(詩經)』 <주남(周南)> 편에 있는 시. 시집가는 아가씨의 아름다움과 행복을 노래하고 있다.

녀영(女英)[81]의 온순흔 덕을 ᄯᆞ라, 원비(元妃)를 존(尊)ᄒᆞ며 군ᄌᆞ를 승슌(承順)흘만 ᄒᆞ리니, 일노조ᄎᆞ 쇼【58】네 존부 사ᄅᆞᆷ이 되고, 달징이 쇼관의 녀셰(女壻)되믈 알아시과져 ᄒᆞ미니이다."

왕이 텽파(聽罷)의 녀방의 언ᄉᆡ 허무(虛無)ᄒᆞ여 셰린의 망측(罔測)ᄒᆞ미 그 지경의 밋지 아닐 줄을 거울 빗최듯 알오ᄃᆡ, 친히 보지 못흔 바로ᄡᅥ 질ᄋᆞ의 위인이 구ᄎᆞ치 아니믈 닐오미 ᄉᆞ졍(事情)의 갓가오므로, 이런 ᄒᆡ연망측(駭然罔測)흔 혼인은 듯지 아니ᄒᆞ며, 보지 아니코져 ᄒᆞ여, 이의 슉연이 ᄀᆞᆯ오ᄃᆡ,

"질ᄋᆞ의 거죄 공의 닐음과 ᄀᆞᆺ틀진ᄃᆡ 제 아비 오기를 기다려 쾌히 쳐치ᄒᆞ려니와, 몬져 다ᄉᆞ려 허실을 알니라."

한님이 블연이 소ᄅᆡ 질너 왈,

"내 평일의 【59】적츄(賊酋) 알오미 업ᄉᆞᄃᆡ, 그 인물의 츄비(麤鄙)무샹ᄒᆞ믈 거의 짐작ᄒᆞ엿더니, ᄇᆡᆨ일지하(白日之下)의 사ᄅᆞᆷ으로ᄡᅥ 망측(罔測) 고이(怪異)흔 ᄃᆡ 모라너흐미 이 ᄀᆞᆺᄐᆞ니, 엇지 분완통ᄒᆡ(憤惋痛駭)치 아니리오. 쟉일의 야ᄉᆡᆨ(夜色)을 ᄯᅴ여 밧비 집으로 도라오고져 ᄒᆞᄂᆞᆫ 거ᄉᆞᆯ, 적츄 길흘 막아 여ᄎᆞ여ᄎᆞ 청ᄒᆞ니, 내 그 흉계를 아지 못ᄒᆞ고 능히 ᄯᅦ치지 못ᄒᆞ여 ᄯᆞ라 니란즉, 적츄 나의 ᄎᆔᄒᆞ믈 보ᄃᆡ 흉인이 술을 과히 권ᄒᆞ여 미란키의 밋츤 후, 적츄 니러 드러가며 즉시 비ᄌᆞ를 ᄂᆡ여 보ᄂᆡ여시니, 내 녀가 비ᄌᆞ로 밤을 지ᄂᆡ여실지언뎡 【60】적츄지녀(賊酋之女)ᄂᆞᆫ 몽니(夢裏)의도 본 ᄇᆡ 업고, 내 ᄎᆞ(此)의 혼인을 청흔 ᄇᆡ 잇지 아닐 ᄲᅮᆫ더러, 적츄 날노ᄡᅥ 셔랑 삼으련다 말은 구두의 올닌 ᄇᆡ 업ᄉᆞ니, 무슴 흉계(凶計)와 간모(奸謀)로 나를 해ᄒᆞ미 이의 밋ᄂᆞ뇨? 적츄 나를 업수히 넉이미 여ᄎᆞᄒᆞ여 위력으로 동상(東床)을 삼고져 ᄒᆞ거니와, 셰린이 죽을지언뎡 적츄의 사회ᄂᆞᆫ 되지 못ᄒᆞ리라."

녀급ᄉᆡ 한님의 욕을 듯고 ᄯᅩ흔 ᄂᆞᆺ출 븕히고 소ᄅᆡ를 놉혀 왈,

"이러나 저러나 네 내 ᄯᆞᆯ노 더브러 거야(去夜)를 흔가지로 지ᄂᆡ미 되어시니, 내 비록 염치상진(廉恥喪盡)[82]ᄒᆞ나, 네 혼인을 청치 아냐【61】시면 내 공연이 ᄯᆞᆯ을 ᄂᆡ여 너를 뵌 ᄇᆡ 되지 아녀시리니, 녕존슉(令尊叔) 대왕 면젼의 발명코져ᄒᆞᄂᆞ뇨? 한님이 참욕(慘辱)고져 ᄒᆞ더니, 왕이 대즐(大叱) 왈,

"패ᄌᆡ(悖子) 음흉무상(淫凶無狀)ᄒᆞ여 몸 우히 큰 허믈과 죄를 싯고, 도로혀 녀급ᄉᆞ를 욕ᄒᆞ여 년치다쇼(年齒多少)를 도라보지 아니ᄒᆞ니, 일마다 엇지 통ᄒᆡ치 아니리오."

언흘(言訖)에 ᄉᆞ예(司隷)를 명ᄒᆞ여 한님을 잡아 ᄂᆞ리와,

"녀가의 청혼ᄒᆞ던 소유(所由)와 녀시를 상견(相見)흔 바를 고ᄒᆞ라."

한님이 부복 ᄃᆡ 왈,

"실노 혼인을 청흔 일이 업고, 녀시를 ᄯᅩ흔 본ᄇᆡ 업ᄉᆞ와, 녀급ᄉᆡ 유ᄌᆞ(猶子)의 ᄎᆔᄒᆞ

---

81)녀영(女英) : 요임금의 딸로 언니 황영(皇英)과 함께 순임금에게 시집가 서로 투기하지 않고 화목하게 잘 살았으며, 순임금이 창오(蒼梧)에서 죽자 함께 소상강(瀟湘江)에 빠져 죽었다.

82)염치상진(廉恥喪盡) ; 염치없음. 체면을 차릴 줄 알거나 부끄러움을 아는 마음이 없음.

믈 【62】 보고 드러가며, 즉시 일개 시ᄋᆞ를 ᄂᆡ여 보ᄂᆡ엿거ᄂᆞᆯ, 유ᄌᆞ(猶子) ᄒᆞᆫ가지로 밤을 지ᄂᆡ여시나 졍(情)을 머믈미 업ᄉᆞ오니, 다시 고ᄒᆞᆯ 말이 업도소이다."

왕이 한님의 위인이 호일방타(豪逸放惰)[83]ᄒᆞ나 구ᄎᆞ치 아니믄 아ᄂᆞᆫ 빅라. 한님을 엄히 다ᄉᆞ려 녀방으로 ᄒᆞ야금 무류(無聊)히 도라가 다시 쳥혼ᄒᆞᆯ 의ᄉᆞ를 못ᄒᆞ게 ᄭᆡ치려 ᄒᆞ므로, 소ᄅᆡ를 놉혀 즐왈,

"탕ᄌᆞ 거ᄌᆞᆺ 원민(冤悶)ᄒᆞ믈 발명(發明)ᄒᆞ나 녀급ᄉᆡ 엇지 거ᄌᆞᆺ 말을 ᄒᆞ시리오."

언흘에 ᄉᆞ예를 호령ᄒᆞ여 엄히 칠ᄉᆡ, 블하십여장(不下十餘杖)[84]의 피육(皮肉)이 후란(朽爛)ᄒᆞ고 뉴혈(流血)이 낭쟈(狼藉)ᄒᆞ니, 녀급ᄉᆡ ᄎᆞ경을 보 【63】 ᄆᆡ 무류(無聊)코[키] ᄀᆞ이업서, 이의 진왕을 향ᄒᆞ여 왈,

"달징이 쥬후(酒後) 광언(狂言)으로 혼인을 쳥ᄒᆞ미 이시나, 쇼관이 일어(一語)의 쾌허치 아니 ᄒᆞ고, ᄯᆞᆯ을 ᄂᆡ여 뵈미 업던들, 대왕의 그릇 넉이시미 이ᄃᆡ도록 ○[ᄒᆞ]기의 밋지 아녀실 거ᄉᆞᆯ, 쇼관이 만히 실녜(失禮)ᄒᆞ여 ᄯᆞᆯ을 ᄂᆡ여 뵈고 빅년언약(百年言約)[85]을 두미 이시니, 허믈이 쇼관의게 잇고 달징의게 잇지 아니니, 대왕은 쇼관의 참황블안(慙惶不安)ᄒᆞ믈 도라보샤, 달징을 그만ᄒᆞ여 사(赦)ᄒᆞ쇼셔."

왕이 늠연 졍ᄉᆡᆨ 왈,

"오슈블인(吾雖不仁)이나 셰린 ᄉᆞ랑ᄒᆞᄂᆞᆫ ᄯᅳᆺ이 공의 아ᄅᆡ 잇지 아닐 거시로ᄃᆡ, 져 【64】 의 무샹(無狀)ᄒᆞ믈 혜아리ᄆᆡ, 살오고져 ᄆᆞ음이 업ᄉᆞᆫ지라. 공이 ᄯᆞᆯ을 ᄂᆡ여 탕ᄌᆞ(蕩子)를 뵈미 스ᄉᆞ로 녕ᄋᆞ(令兒) 쇼져의 일ᄉᆡᆼ을 맛ᄎᆞ미니, 셰린의 ᄉᆡᆼᄉᆞ(生死)를 녀렴(慮念)치 마ᄅᆞ쇼셔."

ᄒᆞ고, 가지록 고찰ᄒᆞ여 ᄉᆞ십장의 밋ᄎᆞᆫᄃᆡ, 인졍업시 ᄒᆞ더니 승샹이 도라와 존당의 뵈옵고 믈너 듁헌의 나오ᄆᆡ, 진왕이 노긔(怒氣) 엄녈(嚴烈)ᄒᆞ여 ᄇᆞ야흐로 셰린을 결장(決杖)ᄒᆞ고 태우 등은 시립(侍立)ᄒᆞ엿더라.

승샹이 이의 승당ᄒᆞ여 녀급ᄉᆞ로 예필좌뎡(禮畢坐定)ᄒᆞᄆᆡ, 진왕이 승샹 다려 왈,

"셰린이 녀부의 가 여ᄎᆞ여ᄎᆞ 음ᄒᆡᆼ무례지ᄉᆡ(淫行無禮之事) 이시니, 우형(愚兄)이 통완(痛惋)ᄒᆞ믈 【65】 참지 못ᄒᆞ여 몬져 다ᄉᆞ리거니와, 저의 발명이 심ᄒᆞ여 죽을지언뎡 그런 일이 업ᄉᆞ믈 ᄃᆡᄒᆞ니, 그 위인을 ᄉᆡᆼ각ᄒᆞᆯ진ᄃᆡ 이ᄀᆞᆺ치 구ᄎᆞᄒᆞᆯ ᄂᆡ 업거니와, '지ᄌᆞ(知者)ᄂᆞᆫ 막여뷔(莫如父)'[86]니, 현뎨ᄂᆞᆫ 셰린의 허실(虛實)을 뭇지 아냐 ᄇᆞᆰ히 ᄭᆡ다라미 이시랴?"

승샹이 피셕 ᄃᆡ 왈,

"쇼뎨 교ᄌᆞ(敎子)를 무샹히 ᄒᆞ와 셰린이 여ᄎᆞ 음황지ᄉᆞ(淫荒之事)를 ᄒᆡᆼᄒᆞ오니, 웃듬

---

83)호일방타(豪逸放惰) : 예절이나 사소한 일에 매임이 없고 방심하여 게으름.
84)블하십여장(不下十餘杖) : 십여 장을 다 치지 못하여서.
85)빅년언약(百年言約) : 혼인을 말로 약속함. *백년(百年)은 사람의 한 평생을 이르는 말로, 평생을 함께 살아갈 혼인(婚姻)에 대한 비유로 쓰인다.
86)지ᄌᆞ(知者)ᄂᆞᆫ 막여뷔(莫如父) : 자식을 알기는 아버지만한 이가 없다.

은 쇼데의 허믈이라. 추시 비록 미셰(微細)혼듯 ᄒᆞ오나, 뉸긔(倫紀)의 젹지 아닌 변괴오, 셰린이 년쇼 유ᄋᆡ(幼兒)나, 일홈이 옥당한원(玉堂翰苑)[87]의 츙수(充數)ᄒᆞ오니 인신의 더러운 힝ᄉᆞ를 가져 텬문(天聞)을 드【66】레미[88] 비록 황공ᄒᆞ나, 이런 음비지ᄉᆞ(淫鄙之事)를 뭇어둘 ᄇᆡ 아니라. 녀급ᄉᆞ의 말숨이 헛되지 아니리니, 쇼데 텬뎡의 이 일을 주(奏)ᄒᆞ여 녀가 비ᄌᆞ를 다 잡아 져주어, 셰린의 무상(無狀)ᄒᆞ미 여츌일구(如出一口)[89]즉 방목(榜目)의 그 일홈을 쎄히고, 셩상이 셜ᄉᆞ 샤(赦)ᄒᆞ실지라도, 쇼데 ᄉᆞᄉᆞ로 죽여 져의 죄를 속ᄒᆞ리니, 형장은 젹은 장칙(杖責)을 날회시면 쇼데 명일 됴참의 드러가 쳐치하리이다.”

말을 맛고 몸을 두루혀 녀급ᄉᆞ의게 샤왈(謝曰),

“학싱이 부ᄌᆡ박덕(不才薄德)으로 외람이 삼공(三公)의 거ᄒᆞ나, 능히 미돈(微豚)을 졔어치 못ᄒᆞ여 음힝픽ᄉᆡ(淫行悖事) 여ᄎᆞᄒᆞ【67】며, 공이 ᄯᅩ혼 연과(年過) ᄉᆞ십의 셰ᄉᆞ를 만히 경역ᄒᆞ미 이실 거시어놀, 픽ᄌᆞ의 망측ᄒᆞ믈 ᄭᅮ짓지 아니ᄒᆞ고 녕ᄋᆞ 쇼져를 ᄀᆞ연이 허ᄒᆞ여, 빙치법귀(聘采法規) 업시 얼골을 너여 뵈미 삼쳑동(三尺童)도 곳이 듯지 아닐 ᄇᆡ라. 공이 ᄯᆞᆯ을 ᄉᆞᄉᆞ로 맛ᄎᆞ믈 블승의아(不勝疑訝)ᄒᆞᄂᆞ니, 셰린의 현블초(賢不肖)와 ᄉᆡᆼᄉᆞ유무(生死有無) 명공긔 간셥지 아니니, 공은 녕ᄋᆞ(令兒)로ᄡᅥ 픽ᄌᆞ의 부실(副室)을 ᄉᆡᆼ각지 마ᄅᆞ쇼셔.”

언파의 안ᄉᆡᆨ이 화평(和平)ᄒᆞᄃᆡ ᄌᆞ연 슉엄(肅嚴)ᄒᆞ니, 녀급ᄉᆡ 승샹의 엄위(嚴威)ᄂᆞᆫ 둘지오, 셰린의 죄를 텬뎡의 주(奏)ᄒᆞ고, 녀가 비ᄌᆞ를 잡아 허실을 알녓노라【68】말에 크게 겁ᄒᆞ고 근심ᄒᆞ여, 황망(遑忙)히 ᄀᆞᆯ오ᄃᆡ,

“달징이 미란과취(迷亂過醉)ᄒᆞ여 일시 발호지심(勃豪之心)으로 ᄌᆡ취(再娶)를 쳥ᄒᆞ미 이시나, 쇼관이 허혼ᄒᆞ고 ᄯᆞᆯ을 너여 뵈미 아니런들, 일이 이러틋 어ᄌᆞ럽지 아니ᄒᆞ리니, 허믈이 쇼관의게 잇고 녕윤의게 잇지 아닌지라. 쇼관이 감히 ᄯᆞᆯ을 가져 존문의 속현키를 ᄇᆞ라지 아니ᄒᆞ리니, 샹국 합하ᄂᆞᆫ 쇼관의 황민(惶憫)혼 심ᄉᆞ를 도라보샤 달징의 쇼쇼과실(小小過失)을 믈시ᄒᆞ쇼셔.”

승샹이 녀방의 허무밍낭홈과 셰린의 원민(冤悶)ᄒᆞ믈 ᄇᆞᆰ히 알오ᄃᆡ, 조금도 ᄉᆡᆨ쇠지 아니코 다홈[90] 셰린의 무【69】샹ᄒᆞ믈 닐ᄏᆞ라 그죄를 텬문의 알외고 녀부 비복을 잡아 져조련다[91] ᄒᆞᄂᆞᆫ지라. 진왕이 ᄯᅩ혼 승샹의 말을 올히 넉여, 비로소 한님을 샤ᄒᆞ여 치기를 날히니, 한님이 관ᄃᆡ(冠帶)를 거두워 당하(堂下)의셔 ᄌᆡᄇᆡ이퇴(再拜而退)홀ᄉᆡ, 샹

87)옥당한원(玉堂翰苑) : 조선시대 홍문관(弘文館)과 한림원(翰林院)을 아울러서 이르는 말. *옥당(玉堂); 조선 시대 홍문관의 별칭. 삼사(三司) 가운데 하나로 궁중의 경서, 문서 따위를 관리하고 임금의 자문에 응하는 일을 맡아보던 관아. *한원(翰苑); 한림원(翰林院). 조선시대 예문관의 별칭. 임금의 명을 짓는 일을 맡아보던 관아

88)드레다 : 더럽히다.

89)여츌일구(如出一口) : 한 입으로 말한 듯이 같음.

90)다홈 : 다만, 단지, 또한, 그저.

91)져조다 : 심문하다. 따지다.

이 ᄋᆞᄌᆞ의 과격ᄒᆞ믈 아ᄂᆞᆫ지라. 녀방을 즐욕ᄒᆞ미 대단ᄒᆞᆯ가 ᄒᆞ여, 짐즛 군관을 명ᄒᆞ여 한님을 하옥(下獄)ᄒᆞ라 ᄒᆞ니, 한님이 일언을 못ᄒᆞ고 군관을 ᄯᆞ라 옥으로 나아가니, 녀급ᄉᆡ 경ᄉᆡᆨ(景色)이 만분 블호(不好)ᄒᆞ믈 보ᄆᆡ 졀민ᄒᆞ며, 구겁(懼怯)ᄒᆞ믈 니긔지 못ᄒᆞ야, 문득 피셕ᄋᆡ걸(避席哀乞) 왈,

"쇼관이 녕윤의 취【70】ᄒᆞ믈 타 ᄯᆞᆯ을 ᄂᆡ여 뵈기를 잘못ᄒᆞ여시니, 대왕과 샹국은 쇼관의 허믈을 덥고져 ᄒᆞ시거든, 이 일을 믈시(勿視)ᄒᆞ샤 사ᄅᆞᆷ으로 ᄒᆞ야금 넓이 알게 마ᄅᆞ시고, 달징을 사ᄒᆞ쇼셔."

승샹은 ᄌᆡ삼 그만 믓어두지 못ᄒᆞ믈 닐오고, 진왕은 묵연이러니, 날호여 왈,

"녀급ᄉᆞ의 말ᄉᆞᆷ이 이 ᄀᆞᆺᄐᆞ니 현뎨ᄂᆞᆫ 그만 ᄒᆞ여 질ᄋᆞ를 사ᄒᆞ고 ᄎᆞᄉᆞ를 믈시ᄒᆞ여 인신의 아ᄅᆞᆷ답지 아니ᄒᆞᆫ 힝ᄉᆞ를 텬문의 드레지[92] 말나."

승샹이 비로소 믈시ᄒᆞᆯ ᄠᅳᆺ을 두워, 이의 ᄃᆡ왈,

"근슈교의(謹受敎意)려니와, ᄑᆡᄌᆡ 아비 인약(仁弱)ᄒᆞ믈 업수히 넉여, 져의 어린 긔운을 【71】길워 장유유셔를 아지 못ᄒᆞ니, 엇지 근심되지 아니리잇고? 실노 다남ᄌᆞ(多男子)의 다구(多咎)를 알려이다."

녀급ᄉᆡ 진왕과 승샹의 믈시ᄒᆞᆯ ᄠᅳᆺ이 이시믈 보고, 년망(連忙)이 칭샤ᄒᆞ고 날이 ᄂᆞᄌᆞ믈 인ᄒᆞ여 하직고 도라갈ᄉᆡ, 한님을 사ᄒᆞ여 면젼의 용납ᄒᆞ시믈 ᄌᆡ삼 쳥ᄒᆞ니, 왕과 승샹이 심니(心裏)의 우이 넉이ᄃᆡ, ᄉᆞᆡᆨ지 아니코 됴히 보ᄂᆡ니, 녀급ᄉᆡ 도라가니라.

왕이 녀방의 간 후 셰린을 브르라 ᄒᆞ니, 승샹 왈,

"ᄋᆞ히 비록 녀방을 보고 혼인을 쳥ᄒᆞᆫ ᄇᆡ 업ᄉᆞ나, 대개 ᄒᆞ로밤 녀가의 가 자고오ᄆᆡ 문득 일을 비져ᄂᆡ미 되니, 제 몸의 화【72】를 취ᄒᆞ며 부모의게 욕을 일워니, 쇼뎨 실노 통히ᄒᆞ오나 형장이 임의 ᄉᆞ십장을 더어 계시니, 그 우히 다시 장칙지 못ᄒᆞ나, 밧비 블너 보고 십지 아니니 아직 가도와 두사이다."

왕이 쇼왈,

"셰린이 국옥(國獄) 죄쉬 아니니 엇지 치고 ᄯᅩ 가도와 둘 일이 이시리오. 져의 압히 굽지 아니ᄒᆞ며, 저 존ᄇᆡ 업ᄉᆞ믈 년쇼지심의 녀방의 ᄆᆡᆼ낭지언을 흉히 넉이미라. 내 ᄯᅩ 녀방의 힝ᄉᆞ를 통완ᄒᆞ여 쳥혼ᄒᆞᆯ 의ᄉᆞ를 ᄂᆡ지 못ᄒᆞ게 셰린을 듕타ᄒᆞ나, 져의 원민ᄒᆞ믈 혜아리니 잔잉ᄒᆞᆫ ᄠᅳᆺ이 이시니 즉시 브르라."

승샹이 슈【73】명ᄒᆞ니, 왕이 즉시 브란ᄃᆡ, 한님이 사명을 엇고 환희ᄒᆞ여 ᄲᆞᆯ니 듁헌의 드러와 계하(階下)의셔 명을 기다리니, 왕이 올으믈 닐너 태우 등으로 좌를 주고, 다시 일장을 졀칙ᄒᆞ여 ᄒᆞ로밤 녀가의 가 자고 온 해 젹지 아님과, 술을 과취ᄒᆞ고 인ᄉᆞ를 일허 힝지 허랑 고이ᄒᆞᆷ과, 녀방을 참욕(慘辱)ᄒᆞ여 장유유셔(長幼有序)를 모ᄅᆞ믈 경계ᄒᆞ니, 한님이 황공츅쳑(惶恐踧惕)ᄒᆞ여 슌슌(恂恂) 사죄ᄒᆞ니, 승샹이 ᄯᅩᄒᆞᆫ 쥰칙(峻責) 경계(警戒)ᄒᆞ고 후일을 당부ᄒᆞ더라.

---

92)드레다 : 들레다. 큰 소리로 떠들다. 시그럽게 하다.

ᄎᆞ일 혼뎡의 진왕이 녀방의 허무뮝낭지셜(虛無孟浪之說)을 고ᄒᆞ니, 호람휘 놀【74】나 문왈,

“여등이 녀방을 ᄃᆡᄒᆞ여 무어시라 닐ᄋᆞ뇨?”

진왕이 셰린을 장칙ᄒᆞ여 쳥혼코져 ᄒᆞᄂᆞᆫ ᄯᅳᆺ을 막ᄌᆞ라므로ᄡᅥ 고ᄒᆞ니, 위태부인이 경녀(驚慮) 왈,

“광텬은 ᄌᆞ질의 다ᄃᆞ라ᄂᆞᆫ ᄒᆞᆫ낫 싀회(豺虎)되여 반졈 ᄌᆞᄋᆡᄒᆞ미 업ᄉᆞ니 엇지 졀박지 아니리오.”

왕이 함쇼 ᄃᆡ왈,

“쇼ᄌᆡ 비록 어지지 못ᄒᆞ오나 엇지 ᄌᆞ질을 조고만 죄에 다 장칙ᄒᆞ여 혈육이 상토록 ᄒᆞ리잇고? 셰린이 녀방의 집에 가 자기ᄅᆞᆯ 그릇ᄒᆞ여실ᄉᆡ, 약간 ᄐᆡ벌(笞罰)ᄒᆞ미 이시나 굿ᄐᆞ여 듕장튼 아니ᄒᆞ엿ᄂᆞ이다.”

조태비 왈,

“광텬은 ᄌᆞ질간 ᄒᆞᆫ 죠각 인졍【75】을 머믈미 업고, 희텬은 보ᄎᆡ미 심ᄒᆞ니, 사ᄅᆞᆷ이 ᄒᆞᆫ 허믈도 업ᄉᆞ면 셩인이라. 졔ᄋᆡ 셩닌 창닌 웅닌 ᄀᆞᆺᄐᆞ니ᄂᆞᆫ 흔치 아니코, 인ᄋᆡ(仁愛)치 아닌 부형의 장칙은 면ᄒᆞᆯ 날이 업ᄉᆞ리로다.”

왕이 쇼이ᄃᆡ왈(笑而對曰),

“그러ᄒᆞᆯ니 업ᄂᆞ이다.”

ᄒᆞ더라.

녀급ᄉᆡ 집의 도라와 진왕 곤계의 ᄒᆞ던 말을 일일히 닐오고, 왈,

“내 ᄒᆡᆼ년(行年) ᄉᆞ십의 금일ᄀᆞᆺ치 ᄉᆞᄅᆞᆷ의게 욕 밧으미 업ᄉᆞᆫ지라. 부인의 계괴 그릇되어시니, 슈졍의 일싱을 장ᄎᆞᆺ 엇지 ᄒᆞ리오.”

취시 놀나고 분연ᄒᆞ더라.【76】

윤하뎡삼문취록 권지이십이

ᄎᆞ시 취시 놀나고 분연(憤然) 왈,

"윤광텬의 형뎨와 셰린이 무슴 사ᄅᆞᆷ이완ᄃᆡ, 샹공을 《박멸∥박면(薄面)》즐욕(叱辱)ᄒᆞ미 여ᄎᆞ ᄒᆞᆫ고? 쳡이 슈졍의 일ᄉᆡᆼ을 도라보지 아닐진ᄃᆡ 엇지 이 분을 셜치 못ᄒᆞ리오마ᄂᆞᆫ, 셰브득(勢不得)이 슈졍으로ᄡᅥ 윤가의 도라보ᄂᆡᆯ 거시므로 통완ᄒᆞ믈 참거니와, 윤개 슈졍을 일분이나 박ᄃᆡᄒᆞ미 이신즉, ᄒᆞᆫ ᄯᆞᆯ의 젼졍을 맛ᄌᆞ ᄒᆞ고 윤가를 뭇지라리라."

녀급ᄉᆡ 문왈, "부인이 무슴 계교로ᄡᅥ ᄯᆞᆯ을 윤가의 사ᄅᆞᆷ을 ᄆᆡᆫ들녀 ᄒᆞᄂᆞ뇨?"

취시 쇼왈,

"표종형 셜【1】왕이 본ᄃᆡ 슈졍을 편ᄋᆡᄒᆞ미 친녀ᄀᆞᆺ치 ᄒᆞ니, 이제 슈졍을 셜궁으로 보ᄂᆡ여 셜왕의 ᄯᆞᆯ이라 칭ᄒᆞ고, 샹명을 쳥ᄒᆞ여 ᄉᆞ혼은지(賜婚恩旨)를 어드면, 윤희텬이 비록 번화를 원슈ᄀᆞᆺ치 녁이나 황명을 거역지 못ᄒᆞᆯ 거시오, 셰린이 녀ᄋᆞ의 화용월ᄐᆡ(花容月態)를 ᄒᆞᆫ번 보면 황홀과혹(恍惚過惑)ᄒᆞ여 슈유블니(須臾不離) ᄒᆞ리니, 이 계괴 가히 묘치 아니리잇가?"

녀급ᄉᆡ 깃거 밧비 ᄒᆡᆼ계(行計)ᄒᆞ라 ᄒᆞ니, 취시 즉시 거교를 출혀 셜궁의 나아가 셜왕 부부를 보고 슈졍을 이의 옴겨, 왕의 ᄯᆞᆯ을 삼고져 ᄒᆞᄂᆞᆫ 뜻을 닐ᄋᆞ니, 셜왕이 가【2】우시를 취ᄒᆞ여 인ᄉᆡ 흐리고 심졍이 황홀키를 면치 못ᄒᆞ나, 취시로 더브러 친남ᄆᆡ의 감치 아닌 뜻이 잇고, 슈졍을 본ᄃᆡ ᄉᆞ랑ᄒᆞᄂᆞᆫ지라. 일어(一語)의 쾌허ᄒᆞ고 금일이라도 다려오라 ᄒᆞ니, 취시 샤례ᄒᆞ고 밧비 도라와 녀ᄋᆞ를 셜궁으로 보ᄂᆡᆯ ᄉᆡ, 녀시 일분 사ᄅᆞᆷ의 념치 이실진ᄃᆡ, 취부(取夫)ᄒᆞ기를 위ᄒᆞ여 친ᄉᆡᆼ부모를 ᄇᆞ리고 셜궁 녀ᄌᆡ 되기를 즐기지 아닐 거시로ᄃᆡ, 셜왕의 ᄯᆞᆯ이 된 후ᄂᆞᆫ 윤셰린의 부실노 도라가미 손바닥 뒤혐 ᄀᆞᆺ틀 거시므로, 흔연이 부모를 ᄇᆡ별(拜別)ᄒᆞ고 셜궁의 니르러, 왕【3】과 비를 친부모의 더으게 셤기고, 가(假) 우시 쇼옥 ᄯᅩᄒᆞᆫ 칭지의모(稱之義母)ᄒᆞ여 지극히 공경ᄒᆞ니, 왕과 비 일마다 ᄉᆞ랑ᄒᆞ고 귀듕ᄒᆞ여 친녀ᄀᆞᆺ치 ᄒᆞ니, 슈졍이 윤가의 도라가고져ᄒᆞᄂᆞᆫ 뜻을 고ᄒᆞᆫᄃᆡ, 왕이 죵용히 황샹긔 쳥ᄒᆞ여 ᄉᆞ혼(賜婚)을 원ᄒᆞᄃᆡ, 슈졍이 져의 친녜라 ᄒᆞ여 힝혀도 양녀(養女)믈 고치 아니ᄒᆞ니, 샹이 즉시 군쥬위호(郡主位號)를 주시고, ᄉᆞ혼ᄒᆞ실 바를 허락ᄒᆞ시니, 셜왕이 깃거 ᄇᆡ샤(拜謝)ᄒᆞ고 퇴(退)ᄒᆞ다.

샹이 일일은 한님원 명뉴 십여인을 브르샤 편뎐(便殿)의셔 글을 지이여 보실ᄉᆡ, 윤셰린【4】의 문ᄎᆡ(文彩) 발월(發越)ᄒᆞ고 표격(表格)[93]이 놉흐믈 칭찬ᄒᆞ샤, 왈,

“시ᄉᆞ(詩詞)란 거ᄉᆞᆫ 만히 셩졍(性情)을 ᄯᅳᄅᆞ거ᄂᆞᆯ, 셰린의 문격(文格)[94]이 발월쳥쇄(發越淸灑)ᄒᆞ고 웅심긔이(雄深奇異)[95] ᄒᆞ여 결단코 일쳐(一妻)로 늙을 졸ᄉᆞ(拙士) 아니니, 딤이 특별이 슉녀를 쳔거ᄒᆞ여 셰린의 풍치를 빗ᄂᆡ리라.”

ᄒᆞ시고 셜왕의 쟝녀 녕능군쥬를 취ᄒᆞ여 ᄌᆡ실(再室)노 ᄉᆞ혼(賜婚)ᄒᆞ시며 여러 명뉴진신(名流縉紳)을 다 문방지믈(文房之物)노 샹ᄉᆞ(賞賜)ᄒᆞ시니, 졔인(諸人)이 ᄇᆡ샤(拜謝)ᄒᆞᄃᆡ, 홀노 셰린이 나히 어리고 만ᄉᆡ 과람(過濫)ᄒᆞ믈 닐ᄏᆞ라 ᄉᆞ혼(賜婚) 은지(恩旨)를 환슈ᄒᆞ시믈 쳥ᄒᆞ니, 샹이 셜왕의 ᄀᆞᆫ졀ᄒᆞᆫ 말ᄉᆞᆷ을 드러 【5】 계신 고로, 블윤(不允)ᄒᆞ샤 왈,

“고어의 님군 주ᄂᆞᆫ 거ᄉᆞᆫ 견마(犬馬)라도 ᄉᆞ양치 말나 ᄒᆞ엿ᄂᆞ니, 경이 유신(儒臣)[96] 쟝부(丈夫)로 엇지 쳔고졀염(千古絶艶)을 ᄉᆞ양ᄒᆞ여 딤의 ᄉᆞ혼(賜婚)ᄒᆞᄂᆞᆫ ᄯᅳᆺ을 져ᄇᆞ리리오.”

인ᄒᆞ여 셜왕과 윤승샹의게 듕ᄉᆞ를 보ᄂᆡ샤 ᄌᆞ녀를 밧고와 인친(姻親)의 됴흐믈 ᄆᆡᄌᆞ라 ᄒᆞ시고, 셰린을 믈너가라 ᄒᆞ시니, 윤한님이 다시 ᄉᆞ양치 못ᄒᆞ고 즉시 부즁의 도라오ᄆᆡ, 즁ᄉᆞ 발셔 니르러 ᄉᆞ혼ᄒᆞ시ᄂᆞᆫ 은지를 젼ᄒᆞ엿ᄂᆞᆫ지라. 합문(闔門)이 다 셜궁의 연인(連姻)ᄒᆞ믈 깃거 아냐 우환(憂患)을 만남 ᄀᆞᆺ더니, 한님이 드러와 존당부모긔 뵈오ᄆᆡ, 승 【6】 샹 왈,

“황샹이 픽ᄌᆞ(悖子)의 호신방일(豪身放逸)ᄒᆞ믈 알아샤 ᄉᆞ혼ᄒᆞ시니, 너의 소원을 다 ᄒᆞ엿거니와, 셜궁의 녀셰(女壻)되미 만히 깃브지 아니ᄒᆞ니, 모로미 너모 즐기지 말지어다.”

진왕 왈,

“현데 셜왕으로 더브러 인아지의(姻婭之誼) ᄆᆡᄌᆞ미 과연 괴로올진ᄃᆡ 엇지 텬문(天門)의 ᄉᆞ양ᄒᆞ지 아니 ᄒᆞᄂᆞ뇨.”

승샹이 탄식 왈,

“셰린이 녀가의 자온○[지] 일슌이 못ᄒᆞ여 녕능군쥬를 취케 되오니, 쇼뎨 의심되고 놀나온 밧쟈ᄂᆞᆫ 그 가온ᄃᆡ 별난 긔괴지ᄉᆞ(奇怪之事) 잇ᄂᆞᆫ가 ᄒᆞᄂᆞ이다.”

왕이 졈두ᄒᆞ고 다시 말을 아니 ᄒᆞ더라. 수일 후 셜궁의셔 턱일ᄒᆞ여 보ᄒᆞ 【7】 니 길긔 겨유 수슌(數旬)이 ᄀᆞ렷더라. 길일의 승샹이 마지 못ᄒᆞ여 즁당(中堂)의 돗글[97] 여러 강근지친(强近之親)만 쳥ᄒᆞ고, 신낭을 보ᄂᆡ며 신부 맛ᄂᆞᆫ 녜를 일울ᄉᆡ, 셜쇼졔 길의(吉衣)를 친집(親執)ᄒᆞ여 ᄎᆞᆺᄂᆞᆫ ᄊᆡ를 기다려, 진왕의 명으로 한님의 닙기를 셤길ᄉᆡ, ᄉᆞ긔 타연(泰然)ᄒᆞ고 동지(動止) 안샹(安常)ᄒᆞ여 화긔 ᄀᆞ득ᄒᆞ니, 존당구괴 블승ᄋᆡ경(不勝

93)표격(表格) : 겉으로 드러나는 격조.
94)문격(文格) : 글의 품격.
95)웅심긔이(雄深奇異) : 글이나 사람의 뜻이 크고 깊고 기이함.
96)유신(儒臣) : 홍문관 벼슬아치를 통틀어 이르는 말.
97)돗글 : 자리를, 잔치를. '돗긔+ㄹ'의 형태. *돗긔; 자리. 잔치. *돗; 돗자리.

愛敬)ᄒᆞ고 한님이 ᄯᅩᄒᆞᆫ ᄇᆡᆨ미인(百美人)을 모화도 원비를 존(尊)홀 ᄯᅳᆺ이 잇더라.

날이 느ᄌᆞ믈 인ᄒᆞ여 존당부모긔 하직ᄒᆞ고, 위의를 거ᄂᆞ려 셜궁의 나아가 젼안지녜(奠雁之禮)를 맛고 잠간 좌의 드니, 셜왕이 친셔(親壻) ᄀᆞᆺ【8】치 ᄉᆞ랑ᄒᆞ고, 졔빈이 쾌셔 어드믈 치하ᄒᆞ더라.

이윽고 녕능군쥬 슈졍이 상교(上轎)ᄒᆞᄆᆡ 윤한님이 금쇄(金鎖)를 가져 봉교(封轎)ᄒᆞ고 운산의 도라와 냥신인이 합증[근](合巹) 교ᄇᆡ(交配)홀ᄉᆡ, 녜파(禮罷)의 신낭은 외헌으로 나아가고 신뷔 폐ᄇᆡᆨ(幣帛)98)을 밧드러 존당구고긔 헌ᄒᆞ고, 팔ᄇᆡ대례(八拜大禮)를 일울ᄉᆡ, 홀난(焜爛)99)ᄒᆞᆫ ᄌᆞ틔와 고은 용홰 사ᄅᆞᆷ의 졍신을 흐리오니, ᄇᆡᆨ틔(百態) 긔묘ᄒᆞ고 쳔용(千容)100)이 졀세ᄒᆞ나, 지각이 ᄇᆞᆰ은 자로 볼진ᄃᆡ 그 ᄆᆞᆰ은 안ᄎᆡ 한업ᄉᆞᆫ 살긔(殺氣)를 겸ᄒᆞ며, 음악(淫惡)ᄒᆞᆫ 긔운이 ᄀᆞ득ᄒᆞ고, 미간(眉間)의 블길(不吉)ᄒᆞᆫ 빗치 ᄆᆡᆺ쳐, ᄉᆡ호(豺虎) ᄉᆞ갈(蛇蝎)의 흉심(胸心)【9】이 이시니, 승샹의 안광(眼光)과 하・쟝이부인의 고명ᄒᆞᆫ 지감(知鑑)으로ᄡᅥ, ᄒᆞᆫ번 보ᄆᆡ 놀나오믈 니긔지 못ᄒᆞᄃᆡ ᄉᆞᄉᆡᆨ(辭色)101)지 아니코, 위태부인과 뉴부인은 만심이 ᄎᆞ악ᄒᆞ며, 흉쟝(胸臟)102)이 벌덕이ᄂᆞᆫ 바ᄂᆞᆫ 다란 일이 아니라, 신부의 의형미목(儀形眉目)이 완연이 셕년 ᄒᆡ츈누 가온ᄃᆡ셔 진왕 형뎨 남ᄆᆡ 부부를 ᄇᆡᆨ단으로 해키를 도모ᄒᆞ여, 졍의 교밀ᄒᆞ미 칭지ᄉᆞ부(稱之師父)ᄒᆞ여 밧드던 신묘랑의 얼골이니, ᄌᆞ연이 놀납고 흉(胸)ᄒᆞ며 ᄆᆡ온 의ᄉᆡ 니러나믈 ᄭᆡ닷지 못ᄒᆞ니, 신ᄉᆡᆨ(身色)103)이 ᄌᆞ로 변ᄒᆞ고, 녕능공부인이 역시 경악(驚愕)【10】ᄒᆞ믈 니긔지 못ᄒᆞ니, 승샹이 ᄉᆞ지찬녜관(事知贊禮官)104)을 명ᄒᆞ여 셜쇼져의게 ᄒᆡᆼ녜(行禮)ᄒᆞ믈 닐ᄋᆞ니, 신뷔 공슌이 나아가 ᄌᆡᄇᆡᄒᆞᆫᄃᆡ, 셜시 좌의 나 답ᄇᆡ(答拜)ᄒᆞ니, 금분(金盆)의 모란이 니슬을 ᄯᅥᆯ친ᄃᆞᆺ, 화긔(和氣) 만면ᄒᆞ고 덕긔(德氣) 셩인(成仁)105)ᄒᆞ여 흡연이 ᄉᆞ군ᄌᆞ지풍(士君子之風)이 이시니, 존당구괴(尊堂舅姑) 새로이 ᄋᆡ듕ᄒᆞ더라.

죵일 진환(盡歡)ᄒᆞ고 일모(日暮) ᄀᆡᆨ산(客散)ᄒᆞᄆᆡ 신부 슉소를 녹년뎡의 뎡ᄒᆞ여 보ᄂᆡ고, 위태부인이 셰린의 손을 잡고 왈,

"네 금일 신부 녕능군쥬를 취ᄒᆞᄆᆡ 져의 용화긔질(容華氣質)이 츌인(出人)ᄒᆞ고 쳔승(千乘)의 존(尊)ᄒᆞ미 이시나, 셜시 몬져 【11】드러와 원비의 존ᄒᆞ믈 가져시니, 모로미 후(後)로ᄡᅥ 션(先)을 겸(兼)ᄒᆞᄂᆞᆫ 어ᄌᆞ러오미 잇게 말고, 가졔(家齊)를 공평이 ᄒᆞ야 규ᄂᆡ(閨內)의 ᄃᆡ접이 ᄋᆡ증을 두지 말나."

---

98)폐ᄇᆡᆨ(幣帛) : 신부가 처음으로 시부모를 뵐 때 큰절을 하고 올리는 물건으로 주로 대추나 포 따위를 말함.

99)홀난(焜爛) ; 어른어른하는 빛이 눈부시게 아름답다.

100)쳔용(千容) : 온 얼굴. *백태천용(百態千容) ; 온갖 자태와 온 얼굴.

101)ᄉᆞᄉᆡᆨ(辭色) : 말과 얼굴빛을 아울러 이르는 말.

102)흉쟝(胸臟) : 가슴.

103)신ᄉᆡᆨ(身色) ; 몸의 빛.

104)ᄉᆞ지찬녜관(事知贊禮官) : 일에 익숙한 찬례관(贊禮官). *찬례관; 각종 의례에서 의례의 주체를 인도하며 의식의 진행을 돕는 사람. =찬인(贊人).

105)셩인(成仁) : 인(仁)을 이룸. 또는 덕을 갖춤.

한님이 지빅 슈명ᄒᆞ니 승샹이 ᄯᅩᄒᆞᆫ 경계ᄒᆞ더라.

"이윽고 존당부뫼 각각 침뎐의 들믈 보고, 거롬의 두루혀 녹년뎡의 드러가 신인을 ᄃᆡᄒᆞᄆᆡ, 그 옥틱화질(玉態花質)이 쵹영지하(燭影之下)의 더욱 묘려ᄒᆞ야, 사ᄅᆞᆷ의 졍신을 요요케 ᄒᆞ니, ᄆᆞᆰ은 눈ᄡᅵ와 흰 살빗치며, 븕은 냥협(兩頰)이 식식이 긔이ᄒᆞ여, 옥을 공교히 삭여 치화ᄅᆞᆯ 취ᄒᆞᆫ듯, 연화밧 사ᄅᆞᆷ 갓ᄐᆞ니, 【12】 한님이 견파의 ᄌᆞ긔 녀부의 가밤을 지ᄂᆡ던 날, 나와 동침ᄒᆞ던 비ᄌᆞ와 엷프시 ᄀᆞᆺᄐᆞᆷ믈 고이히 넉이나, 그 ᄢᅴ의 ᄌᆞ긔 술을 극취(極醉)ᄒᆞ여 아모란줄 몰나시므로, 녀가의 가 쟈던 일의 다ᄃᆞ라ᄂᆞᆫ 졍신이 ᄒᆞ려 녕능이 그 녀지믈 ᄭᅢ닷지 못ᄒᆞ고, 날호여 야심ᄒᆞᆷ믈 닐ㅋ라 옥슈ᄅᆞᆯ 닛그러 원앙금니의 나아가니, 녕능이 셰린을 ᄉᆞ상(思想)ᄒᆞ던 졍을 펴ᄂᆞᆫ지라. 음비(淫鄙) 츄악(醜惡)ᄒᆞ미 쳔만인을 격근 창물(娼物)의 더으미 이시니, ᄒᆞᆫ님이 그윽이 더러이 넉여 혜오ᄃᆡ,

"내 셜시ᄅᆞᆯ 취ᄒᆞ연지 ᄒᆡᄅᆞᆯ 밧고와시나 조금도 남ᄌᆞᄅᆞᆯ 가【13】랍(加納)ᄒᆞ미 업더니, 지금 신부ᄂᆞᆫ 여ᄎᆞ 음비(淫鄙)ᄒᆞ니 심어(甚於) 창녀(娼女)로다."

ᄒᆞ고, 계명(鷄鳴)을 인ᄒᆞ여 외헌으로 나아가니, 녕능이 ᄀᆞ장 서운이 넉여, 이의 니러 ᄯᅩᄒᆞᆫ 단장ᄒᆞ고, 존당구고의 신셩ᄒᆞ고, 인ᄒᆞ여 머므러 요악(妖惡)ᄒᆞᆫ 의ᄉᆞ와 간특ᄒᆞᆫ ᄭᅬᄅᆞᆯ 운동ᄒᆞ니, 아니 밋촌 곳이 업더라.

시시의 참지졍ᄉᆞ 연셰운은 부마 연공의 ᄎᆞ지라. 위인이 관홍인후(寬弘仁厚)ᄒᆞ고 총명호학(聰明好學)ᄒᆞ여 일셰의 밀위ᄂᆞᆫ 문ᄉᆞ(文士) 명공(名公)이라. 일즉 부인 교시ᄅᆞᆯ 취ᄒᆞ여 ᄉᆞ남 이녀ᄅᆞᆯ 싱ᄒᆞ니, ᄋᆞ돌은 다 어렷고 쟝녀 슈벽이 시년이 십삼의 만【14】시숙셩(夙成) 춍명(聰明)ᄒᆞ고 용뫼(容貌) 졀셰ᄒᆞ여시니, 연공이 만분(萬分) ᄋᆡ듕ᄒᆞ고, 아모리 어려온 일이라도 슈벽이 입을 연즉 참졍이 아니 듯ᄂᆞᆫ ᄇᆡ 업더니, 일일은 슈벽이 ᄂᆡ셔헌의 나갓다가 우연이 녜부 뎡현긔 와시믈 듯고 협실의 몸을 ᄀᆞᆷ초와 잠간 보건ᄃᆡ, 뎡녜부의 션풍옥골이 츌어범뉴(出於凡類)ᄒᆞ니, ᄒᆞᆫ번 보ᄆᆡ ᄆᆞᄋᆞᆷ의 흠ᄋᆡ(欽愛)ᄒᆞ여 졍신업시 바라보다가, 이윽고 녜뷔 가고 공이 드러오니, 슈벽이 ᄀᆞᆯ오ᄃᆡ,

"앗가 왓던 ᄀᆡᆨ이 뉘니잇고?"

공 왈,

"뎡녜부 현긔어니와 어이 뭇ᄂᆞ뇨?"

슈벽 왈,

"협실의셔 잠【15】간 보니 옥모영풍(玉貌英風)이 그 ᄀᆞᆺᄐᆞᆫ 재 업술지니, 쇼녜 뎡가의 입승(入承)코져 ᄒᆞᄂᆞ이다."

공이 텽파의 ᄯᆞᆯ의 말이 규슈의 염치 아니믈 깃거 아냐, 평싱 처엄으로 졍식 왈,

"규녀(閨女)란 거ᄉᆞᆫ 안졍 ᄂᆞ죽ᄒᆞ여 혼ᄉᆞ의 간예치 아니미 올흐니, 희벽은 인식 되지 못ᄒᆞ므로 몽셩을 조찻거니와, 사ᄅᆞᆷ마다 그럴 거ᄉᆞᆫ 아니니 녀ᄋᆞᄂᆞᆫ 모로미 아비 이셔 틱셔ᄒᆞᆷ믈 싱각ᄒᆞ고, ᄉᆞᄉᆞ로 군ᄌᆞᄅᆞᆯ 갈히려 말지어다."

슈벽이 블연(勃然)이 니러 제침소로 드러가니, 공은 그 슈괴ᄒᆞᆷ민가 ᄒᆞ엿더니, 슈벽이 침소의 가 슈건을 가져 ᄉᆞᄉᆞ로 【16】목을 ᄆᆡ니, 좌우 시녜 대경ᄎᆞ악(大驚且愕)ᄒᆞ

여 밧비 졍당의 고ᄒᆞ니, 공과 부인이 대경ᄒᆞ여 급히 녀ᄋᆞ의 침소의 니르러, 그 민 거술 그르고 일쟝을 통읍ᄒᆞᆫ 후, 결항(結項)ᄒᆞᆫ 연고를 무르니, 슈벽이 읍(泣) 왈,

"싱셰 십삼년의 ᄒᆞᆫ번도 부모의 칙(責)ᄒᆞ시믈 밧ᄌᆞᆸ지 아냣더니, 금일 우연이 뎡현긔를 보니 ᄆᆞᄋᆞᆷ의 흠경(欽敬)ᄒᆞ여 뎡문의 입승코져 ᄒᆞ오니, 야애 엄칙ᄒᆞ시니, 쇼녀는 다시 타문을 싱각지 아니 ᄒᆞᄂᆞ이다."

교시 ᄯᅩᄒᆞᆫ 인약혼녈(仁弱昏劣)ᄒᆞᆫ지라. 녀ᄋᆞ의 여ᄎᆞ지언(如此之言)을 듯고 칙지 아니ᄒᆞ고, 도로혀 연공의게 청ᄒᆞ여 뎡【17】부의 청혼ᄒᆞ라 ᄒᆞ니, 연공이 비록 뎡현긔를 긔특이 넉이나 녀ᄋᆞ로ᄡᅧ 지실노 도라보닐 바를 깃거 아냐 묵연ᄒᆞ니, 교시 녀ᄋᆞ의 원(願)을 어긔오지 못ᄒᆞᆯ 줄 지삼 간걸(懇乞)ᄒᆞ니, 연공이 마지 못ᄒᆞ여 그 ᄉᆞ부 태ᄉᆞ 뎡유를 가 보고, 졔왕의게 구혼ᄒᆞ여 허락을 밧게ᄒᆞᆷ을 지삼 고ᄒᆞ니, 원ᄂᆡ 뎡태ᄉᆞᄂᆞᆫ 금평후의 족형(族兄)이오, 연참정의 ᄉᆞ뷔(師父)니, 위인이 대군ᄌᆞ의 틀이 이시므로 황샹(皇上)도 녜ᄃᆡ(禮待)ᄒᆞ시ᄂᆞᆫ지라. ᄎᆞ고로 뎡시 문즁의 태시 년긔(年紀) 웃듬이 되어, 일가 대ᄉᆞᄂᆞᆫ 태시 결ᄒᆞᄂᆞᆫ 빈러라.

뎨ᄌᆞ(弟子)의 근쳥(懇請)【18】ᄒᆞᆷ을 듯고, 즉시 취운산의 나아가 금평후 부ᄌᆞ를 보고 연셰운의 구혼ᄒᆞᄂᆞᆫ ᄯᅳᆺ을 닐ᄋᆞ고, 쇼왈,

"내 굿토여 현긔의 듕ᄆᆡ소임을 당ᄒᆞᆯ 빈 아니로ᄃᆡ, 연셰운이 날노ᄡᅧ 통ᄒᆞᆫ 즉 허락을 필득(必得)ᄒᆞ리라 ᄒᆞ야, 브ᄃᆡ 윤보와 텬흥을 보고 혼ᄉᆡ 셩젼(成典)토록ᄒᆞ라 ᄒᆞ니, 윤보의 부ᄌᆡ 날노 ᄒᆞ야금 무류히 도라가게 아니 ᄒᆞ랴?"

금평휘 부ᄌᆡ 본ᄃᆡ 번ᄉᆞ(繁事)를 원슈 ᄀᆞᆺ치 넉이고, 쟝시 싱ᄌᆞᄒᆞ여시니 만ᄉᆡ 흡연ᄒᆞᄃᆡ, 태ᄉᆞ를 공경ᄒᆞ미 친형 ᄀᆞᆺ고, 젼쥬(專主) 혼ᄉᆞᄒᆞ여 친히 니르러 이ᄀᆞᆺ치 ᄒᆞᄂᆞᆫ 바의, 믈니치미 공경ᄒᆞ【19】ᄂᆞᆫ 도리 아니므로, 마지 못ᄒᆞ여 ᄃᆡ왈,

"현긔 본ᄃᆡ 단정 침묵ᄒᆞ여 녀관(女款)[106]을 부운 ᄀᆞᆺ치 넉이고, ᄒᆞᆫ 안ᄒᆡ로 집을 직히려 ᄒᆞ니, 쇼뎨와 텬흥이 깃거 현긔ᄂᆞᆫ 평싱 일쳐 밧 다란 사ᄅᆞᆷ을 모ᄒᆞᆯ 일이 업슬가 ᄒᆞ더니, 연가의셔 청혼지ᄉᆡ(請婚之事) 이 ᄀᆞᆺ고, 형이 친히 니르러 계시니 엇지 밧드지 아니 ᄒᆞ리잇고? 셰운을 보시고 허혼(許婚)ᄒᆞᄂᆞᆫ ᄯᅳᆺ을 닐ᄋᆞ시려니와, 연셰운의 부귀로 사회를 갈히려 ᄒᆞ면 어ᄃᆡ 가 옥인군ᄌᆞ(玉人君子)를 못 갈히여, 현긔 ᄀᆞᆺᄐᆞᆫ 졸ᄉᆞ(卒士)를 어더 ᄌᆡ실(再室)을 ᄉᆞᄉᆞ로 구ᄒᆞ믄 의외로소이다."

틱시 웃고 이의 【20】ᄂᆡ루의 드러가 태부인긔 빈알ᄒᆞ고, 현긔의 ᄌᆡ실 쳥혼ᄒᆞ라 왓던 바를 고ᄒᆞ니, 태부인이,

"현긔 '하쥐(河洲)의 슉녀(淑女)'[107]로 금슬(琴瑟)[108]이 화락ᄒᆞ니 다시 번ᄉᆞ(繁事)를

---

106)녀관(女款) : 여성과의 육체적 관계를 맺는 행위. 또는 그 대상이 되는 여성.

107)하쥐(河洲)의 슉녀(淑女) : 강물 모래톱 가운데 있는 숙녀라는 뜻으로 주(周)나라 문왕(文王)의 비(妃)인 태사(太姒)를 말한다. 문왕과 태사 부부의 사랑을 노래한 『시경』 <관저(關雎)>장의 "관관저구 재하지주 요조숙녀 군자호구(關關雎鳩 在河.之洲 窈窕淑女 君子好逑)"의 '하주(河洲)' '숙녀(淑女)'서 온 말.

싱각지 아닐 뿐 아니라, 쟝시 싱이(生兒) 날노 긔이ᄒᆞ니 아름다온 졍이 층가(層加)ᄒᆞ여 다란 슉녀를 구치 아니 ᄒᆞ거늘, 현질(賢姪)이 쇠년(衰年)[109]의 듕미(中媒)되미 블가ᄒᆞ고, 연시 블미ᄒᆞᆫ 즉 긴날의 원망이 비샹(非常)ᄒᆞ리라."

태ᄉᆡ 쇼이고왈(笑而告曰),

"텬흥은 다ᄉᆞᆺ 안해와 십희(十姬)를 두어도 궁즁이 화평ᄒᆞ니, 연시를 부실(副室)노 두미 무숨 해 되리잇가? 연가 규슈의 현블초(賢不肖)ᄂᆞᆫ 쇼질됴 ᄌᆞ시 【21】 모로거니와, 그 아비를 달무미 이실진ᄃᆡ 어진 부인이 되리니, 무숨 쇼질이 긴 날의 원망을 드라리잇가?"

태부인이 쇼왈,

"하원광의 부인과 하몽셩의 쳬 셰간의 잇지 아닌 박ᄉᆡᆨ셩악(薄色性惡)이니 연셰운의 ᄯᆞᆯ이 그 슉모와 죵형(從兄)을 달무미 이실진ᄃᆡ, 듕미재(仲媒者) 엇지 원망을 면ᄒᆞ리오."

뎡태ᄉᆡ 연셰운지녜(之女) 용모긔질인즉 셰간의 희한(稀罕)ᄒᆞ여 긔이(奇異)ᄒᆞᄆᆞᆯ 고ᄒᆞ고, 이윽이 담화ᄒᆞ다가 날이 느즌 후 도라오니, 연참졍이 이의셔 기다리다가 태ᄉᆞ를 마ᄌᆞ 허혼ᄒᆞᄆᆞᆯ 듯고 대열(大悅)ᄒᆞ여, 즉시 집에 도라와 【22】 틱일(擇一)ᄒᆞ니 길긔(吉期) 지격수슌(只隔數旬)이라. 즉시 뎡부의 보ᄒᆞ고 혼구(婚具)를 셩비(盛備)ᄒᆞ니, 슈벽이 친ᄉᆡ 수히 되ᄆᆞᆯ 환힝쾌열(歡幸快悅)ᄒᆞ여 스ᄉᆞ로 일싱이 헛되지 아니ᄆᆞᆯ ᄒᆞ늘긔 샤례ᄒᆞ더라.

뎡부의셔 녜부의 직취 길일이 다ᄃᆞ라니, 졔왕이 비록 깃브지 아니나, 신부 보ᄂᆞᆫ 녜를 너모 초초(草草)히[110] 못ᄒᆞ여 즁당(中堂)의 돗글 열어 일가친쳑(一家親戚)을 졔회(齊會)[111]ᄒᆞ미, ᄂᆡ외 빈직(賓客)이 운집ᄒᆞᆫᄃᆡ, 윤・양・니・경 ᄉᆞ비 문양공쥬로 더브러 엇개를 년(連)ᄒᆞ야 슌태부인과 진태부인을 밧들며, 친척 졔부인ᄂᆡ를 마ᄌᆞ 좌뎡ᄒᆞ미, 금평휘 ᄌᆞ셔(子壻) 졔손을 【23】 거ᄂᆞ려 ᄂᆡ루(內樓)의 드러와 녜부(禮部)의 길복을 닙힐ᄉᆡ, 진왕이 쇼왈,

"신낭이 너모 유츙(幼沖)ᄒᆞ고 졸직(拙直)ᄒᆞ여 즁인회좌(衆人會座)의 길복 닙기를 븟그리니, 맛당히 쟝시를 명ᄒᆞ여 길의를 닙혀 보ᄂᆡ라 ᄒᆞ염즉 ᄒᆞ도소이다."

윤승샹 부인 하시 낭쇼(朗笑) 왈,

"현뎨ᄂᆞᆫ 엇지 사ᄅᆞᆷ을 보ᄎᆡ여 보고져 ᄒᆞ시ᄂᆞ뇨? 쟝시 임의 길복을 친집ᄒᆞ여 슉녀의 덕이 미진치 아니ᄒᆞ니, ᄯᅩ 닙혀 보ᄂᆡᄂᆞᆫ 슈고를 어이 마ᄌᆞ 당케 ᄒᆞ리오."

진공이 쇼왈,

"져져ᄂᆞᆫ 엇지 쟝시로 ᄒᆞ야금 현긔의 길복 닙혀 보ᄂᆡᄆᆞᆯ 슈고롭다 막ᄌᆞ라시ᄂᆞ뇨? 그

---

108)금슬(琴瑟) : 거문고와 비파를 함께 이르는 말로 부부간의 사랑을 뜻함.

109)쇠년(衰年) : 늙어서 점점 쇠약하여 가는 나이.

110)초초(草草)하다 ; ①몹시 간략하다. ②갖출 것을 다 갖추지 못하여 초라하다.

111)졔회(齊會) : 모든 사람을 일제히 모임.

가부【24】의 옷슬 안해 셤기미 당연훈 일이오, 쟝시의 덕을 더옥 빗닉미니, 질뷔 굿트여 괴로와 아니 훌리이다."

제왕이 잠쇼 왈,

"나의 인부(兒婦)는 대군진(大君子)라, 시속의 더러운 질투를 아니훈느니, 우형은 금일 새로이 칭찬치 아닛는 비라. 다만 현긔의 긔상이 여러 쳐실을 거느렴즉지 아니 훈거늘, 의외 진취훈는 거죄(擧措) 이시니 추녁 연분(緣分)이어니와, 우형은 진실노 깃거 아니 훈노라."

진공이 웃고 쟝시를 명훈여 네부의 길의를 닙혀 보닉라 훈니, 쟝시 슈명훈고 네부의 길복을 닙힐식, 亽긔(辭氣)[112] 화연(和然)【25】훈더라.

네뷔 존당 부모긔 하직훈고 위의를 거느려 연부의 니르러, 옥상(玉床)의 홍안(鴻雁)을 젼훈고 텬디긔 빅례를 맛추믹, 연참졍이 처엄 보는 빅 아니로딕, 그 용광신치(容光身彩)를 흡연(洽然) 과듕(過重)훈여, 손을 잡고 만좌의 쾌셔(快壻) 어드믈 쟈랑훈니, 졔긱이 일시의 칭하(稱賀)훈니, 연참졍이 흔연이 잔을 늘녀 즐기되딕, 네부는 음쥬치 못훈므로 칭탁(稱託)훈더라.

이윽고 신뷔 샹교(上轎)훈믹, 네뷔 금쇄(金鎖)를 가져 봉교(封轎)훈고 즉시 샹마훈여 부즁으로 도라와, 즁청(中廳)의셔 합증[근](合巹) 교빅(交拜)를 파훈고, 금쥬션(錦珠扇)[113]을 반기(半個)훈여, 신부 쟝소(粧梳)[114]【26】를 곳쳐 빅현존당구고(拜見尊堂舅姑)[115]홀식, 냥존당(兩尊堂)과 제왕 부부로브터 만목이 일시의 신부를 보니, 이 문득 경국지식(傾國之色)[116]으로 옥안화용(玉顔花容)이 긔긔묘묘(奇奇妙妙)훈나, 미간(眉間)의 ㄱ장 샤악(邪惡)훈 긔운이 어릭여시니, 존당구괴 ㄱ장 블힝이 넉이나 亽식지 아니코, 이의 쟝시의게 힝네(行禮)훈믈 명훈니 연쇼졔 느즉이 쟝시 압히 나아가 진빅훈니, 쟝시 좌의 나 답빅(答拜)훈믹 셔광(瑞光)이 보욱훈고[117] 덕긔 됴요(照耀) 훈지라.

연시 잠간 보믹 싀오지심(猜惡之心)이 만복(滿腹)[118]훈여, 심즁의 혜오딕,

"나 슈벽이 샹문지녀(相門之女)로 부모의 교익(嬌愛)를 씌여 싱쟝(生長)훈믹, 내 우희 올을【27】사룸이 업술가 훈엿더니, 금일 뎡문의 쇽현(續絃)[119]훈믹 존고(尊姑)와 제슉(諸叔)의 식(色)은 닐은도 말고, 금장(襟丈)[120]등과 쟝시의 옥틱월광(玉態月光)이 텬디의 슈츌(秀出)훈여시니, 나의 진용(才容)으로는 져 뉴(類)를 당훌 길이 업亽리니,

---

112)亽긔(辭氣) : 사색(辭色). 말과 얼굴빛을 아울러 이르는 말.

113)금쥬션(錦珠扇) : 비단으로 폭을 만들고 구슬을 달아 꾸민 부채.

114)쟝소(粧梳) : 화장을 하고 머리를 빗질함.

115)빅현존당구고(拜見尊堂舅姑) : 현구고례(見舅姑禮). 혼인례에서 대례(大禮)를 마친 신부가 폐백(幣帛)을 가지고 처음으로 시부모와 신랑가의 웃어른을 뵙는 예절.

116)경국지식(傾國之色) : 나라를 기울일 만한 아름다운 여인을 뜻함.

117)보욱훈다 : ①부드럽고 선명하다. ②따뜻한 기운이나 향기 따위가 우쩍 일어나거나 물씬 풍기다.

118)만복(滿腹) : 마음속이 어떤 생각으로 가득함.

119)쇽현(續絃) : '거문고 줄을 잇는다.'는 뜻으로, '혼인(婚姻)'을 비유적으로 이르는 말.

120)금장(襟丈) : 동서(同壻). 주로 남편 형제들의 아내들을 이르는 말로 쓰인다.

가부【24】의 옷슬 안해 셤기미 당연흔 일이오, 쟝시의 덕을 더옥 빗닉미니, 질뮈 굿
틔여 괴로와 아니 ᄒ리이다."

제왕이 잠쇼 왈,

"나의 ᄋ부(兒婦)ᄂᆞᆫ 대군지(大君子)라, 시속의 더러운 질투를 아니ᄒᆞᄂᆞ니, 우형은 금
일 새로이 칭찬치 아닛ᄂᆞᆫ 비라. 다만 현긔의 긔상이 여러 쳐실을 거느럼즉지 아니 ᄒ
거늘, 의외 지취ᄒᆞᄂᆞᆫ 거죄(擧措) 이시니 ᄎᆞ녁 연분(緣分)이어니와, 우형은 진실노 깃거
아니 ᄒ노라."

진공이 웃고 쟝시ᄅᆞᆯ 명ᄒᆞ여 녜부의 길의ᄅᆞᆯ 닙혀 보니라 ᄒᆞ니, 쟝시 슈명ᄒᆞ고 녜부
의 길복을 닙힐ᄉᆡ, ᄉᆞ긔(辭氣)112) 화연(和然)【25】ᄒᆞ더라.

녜뮈 존당 부모긔 하직ᄒᆞ고 위의ᄅᆞᆯ 거느려 연부의 니르러, 옥상(玉床)의 홍안(鴻雁)
을 뎐ᄒᆞ고 텬디긔 비례ᄅᆞᆯ 맛ᄎᆞ미, 연참졍이 처엄 보는 비 아니로ᄃᆡ, 그 용광신치(容光
身彩)ᄅᆞᆯ 흡연(洽然) 과듕(過重)ᄒᆞ여, 손을 잡고 만좌의 쾌셔(快婿) 어드믈 쟈랑ᄒᆞ니,
제긱이 일시의 칭하(稱賀)ᄒᆞ니, 연참졍이 흔연이 잔을 늘녀 즐기되, 녜부ᄂᆞᆫ 음쥬치
못ᄒᆞ므로 칭탁(稱託)ᄒᆞ더라.

이윽고 신뮈 샹교(上轎)ᄒᆞ미, 녜뮈 금쇄(金鎖)ᄅᆞᆯ 가져 봉교(封轎)ᄒᆞ고 즉시 샹마ᄒᆞ여
부듕으로 도라와, 듕쳥(中廳)의셔 합증[근](合巹) 교비(交拜)ᄅᆞᆯ 파ᄒᆞ고, 금쥬션(錦珠
扇)113)을 반기(半個)ᄒᆞ여, 신부 쟝소(粧梳)114)【26】ᄅᆞᆯ 곳쳐 비현존당구고(拜見尊堂舅
姑)115)ᄒᆞᆯᄉᆡ, 냥존당(兩尊堂)과 제왕 부부로브터 만목이 일시의 신부ᄅᆞᆯ 보니, 이 문득
경국지ᄉᆡᆨ(傾國之色)116)으로 옥안화용(玉顔花容)이 긔긔묘묘(奇奇妙妙)ᄒᆞ나, 미간(眉間)
의 ᄀᆞ장 샤악(邪惡)흔 긔운이 어릭여시니, 존당구괴 ᄀᆞ장 블힝이 넉이나 ᄉᆞᄉᆡᆨ지 아니
코, 이의 쟝시의게 힝녜(行禮)ᄒᆞ믈 명ᄒᆞ니 연쇼졔 ᄂᆞ죽이 쟝시 압히 나아가 지비ᄒᆞ니,
쟝시 좌의 나 답비(答拜)ᄒᆞ미 셔광(瑞光)이 보욱ᄒᆞ고117) 덕긔 됴요(照耀) 흔지라.

연시 잠간 보미 싀오지심(猜惡之心)이 만복(滿腹)118)ᄒᆞ여, 심듕의 혜오ᄃᆡ,

"나 슈벽이 샹문지녀(相門之女)로 부모의 교ᄋᆡ(嬌愛)ᄅᆞᆯ 씌여 싱쟝(生長)ᄒᆞ미, 내 우
히 올을 【27】사람이 업슬가 ᄒᆞ엿더니, 금일 뎡문의 쇽현(續絃)119)ᄒᆞ미 존고(尊姑)와
졔슉(諸叔)의 ᄉᆡᆨ(色)은 닐ᄋᆞ도 말고, 금쟝(襟丈)120)등과 쟝시의 옥ᄐᆡ월광(玉態月光)이
텬디의 슈츌(秀出)ᄒᆞ여시니, 나의 지용(才容)으로ᄂᆞᆫ 져 뉴(類)ᄅᆞᆯ 당홀 길이 업ᄉᆞ리니,

112) ᄉᆞ긔(辭氣) : 사색(辭色). 말과 얼굴빛을 아울러 이르는 말.
113) 금쥬션(錦珠扇) : 비단으로 폭을 만들고 구슬을 달아 꾸민 부채.
114) 쟝소(粧梳) : 화장을 하고 머리를 빗질함.
115) 비현존당구고(拜見尊堂舅姑) : 현구고례(見舅姑禮). 혼인례에서 대례(大禮)를 마친 신부가 폐백(幣帛)
 을 가지고 처음으로 시부모와 신랑가의 웃어른을 뵙는 예절.
116) 경국지ᄉᆡᆨ(傾國之色) : 나라를 기울일 만한 아름다운 여인을 뜻함.
117) 보욱ᄒᆞ다 : ①부드럽고 선명하다. ②따뜻한 기운이나 향기 따위가 우쩍 일어나거나 물씬 풍기다.
118) 만복(滿腹) : 마음속이 어떤 생각으로 가득함.
119) 쇽현(續絃) : '거문고 줄을 잇는다.'는 뜻으로, '혼인(婚姻)'을 비유적으로 이르는 말.
120) 금쟝(襟丈) : 동서(同婿). 주로 남편 형제들의 아내들을 이르는 말로 쓰인다.

존당과 구고의 나를 눛게 넉이믄 뭇지 아냐 알 빅라. 맛당히 쟝시를 해ᄒᆞ여 업시ᄒᆞ고 뎡군으로 ᄒᆞ야금 졍을 타쳐(他處)의 옴길딕 업시 나의게 온젼케 ᄒᆞ미 맛당홀지라."

의식 이의 밋ᄎᆞ믹, 면식(面色)이 ᄌᆞ로 변ᄒᆞ니, 존당구괴 그윽이 찰시(察視)ᄒᆞ고 쟝・연 냥인의 션악(善惡)이 닉도[121]ᄒᆞ믈 ᄎᆞ탄ᄒᆞ고, 쟝시의 익 【28】 운이 비샹ᄒᆞ여 여ᄎᆞ ᄒᆞᆫ 적국을 만나믈, 념녀ᄒᆞ고 블힝ᄒᆞ야 조금도 깃븐 ᄯᅳᆺ이 나지아냐, 셕양의 파연(罷宴)ᄒᆞ믹, 닉외 빈긱이 각산기가(各散其家)ᄒᆞ고, 신부슉소를 졔궁 셜현당의 뎡ᄒᆞ여 도라보닉고, 촉을 니어 담화ᄒᆞ다가, 야심(夜深)ᄒᆞ믹 태부인이 상요(床褥)의 나아가고 금평휘 슉침ᄒᆞ믹, 졔왕곤계 외헌의 나와 ᄯᅩᄒᆞᆫ 취침ᄒᆞ며, 진공이 녜부를 도라보아 왈,

"현질이 어린 신낭과 달니 신방을 븨오지 못홀지라. ᄲᆞᆯ니 셜현당의 가 밤을 지닉라."

녜뷔 슈명ᄒᆞ고 궁으로 향홀ᄉᆡ, 잠간 일현당의 니ᄅᆞ니 쟝쇼졔 죵일 존 【29】 당의셔 여러 빈긱을 졉응(接應)ᄒᆞ여 몸이 잇븐[122] 연고로, 야심ᄒᆞ믹 침금(枕衾)의 비겨 《조음롬∥조으롬》이 몽농ᄒᆞ니, 녜부의 족용(足容)이 요란치 아니므로, 쟝시 그 드러오믈 아지 못ᄒᆞ니, 녜뷔 부인으로 더브러 결발(結髮)[123] ᄉᆞ년의 그 잠들믈 금야의 처엄으로 본 빅라. 슈려ᄒᆞᆫ 용광이 더옥 긔이ᄒᆞ딕 녜부의 슈신셥힝(修身攝行)[124]ᄒᆞ미 부인을 공경듕딕(恭敬重待)ᄒᆞ니, 비록 무인심야(無人深夜)의도 경박(輕薄) 젼도(顚倒)ᄒᆞ미 업ᄉᆞ니, 안셔(安徐)히 나아가 촉하의○[셔] 유ᄌᆞ(孺子)의 ᄭᆡ기를 기다려 녜긔(禮記)를 보더니, 문득 샹시 등이 녜부를 ᄎᆞᄌᆞ 니르러 쇼왈,

"샹공이 ○○[엇디] 신방 【30】 의 나아가믈 닛고 일현당의셔 부인을 직희시ᄂᆞ니잇고?"

녜뷔 동신영지(動身迎之)ᄒᆞ여 잠쇼(潛笑) 왈,

"ᄌᆞ(子)의 일현당 직힘도 우읍거니와, 졔셔모(諸庶母)ᄂᆞᆫ 야심ᄒᆞ딕 슉침치 아니시고 분분(紛紛)이 단니시ᄂᆞ니잇고?"

샹시 쇼왈,

"신방을 규시(窺視)ᄒᆞ랴다가 샹공의 그림쟈도 보지 못ᄒᆞ니, 무미(無味)키 심ᄒᆞ야 신방으로 가시믈 ᄌᆡ촉고져 ᄒᆞ미로소이다."

쟝쇼졔 샹시 등의 소릭로 조ᄎᆞ ᄭᆡ여 니러 안ᄌᆞ니, 샹시 쇼왈,

"샹공이 연쇼져의 ᄭᅩᆺ ᄀᆞᆺᄐᆞ믈 보시딕, 부인의 옥(玉) ᄀᆞᆺᄐᆞ믈 닛지 못 ᄒᆞ시므로 이의 직희여 신방으로 아니 가시니 부인은 샹공을 권 【31】 ᄒᆞ여 나아가게 ᄒᆞ쇼셔."

쟝쇼졔 묵연(默然)ᄒᆞ니 녜뷔 함쇼 왈,

---

121)닉도ᄒᆞ다 : 매우 다르다. 판이(判異)하다.

122)잇브다 : 고단하다.

123)결발(結髮) : 예전에 관례를 할 때 상투를 틀거나 쪽을 찌던 일로, 성년(成年) 또는 혼인(婚姻)을 달리 이르는 말로 쓰인다.

124)슈신셥힝(修身攝行) : 몸과 행실을 가다듬어 바르게 함.

“ᄌᆡ(子) 엇지 셔모 말ᄉᆞᆷ을 ᄃᆡ치 아니시ᄂᆞ뇨?”

쇼제 ᄃᆡ왈,

“셔모의 닐ᄋᆞ시ᄂᆞᆫ ᄇᆡ 쳡의게 블감(不堪)ᄒᆞ미 만ᄒᆞ니, 능히 ᄃᆡ치 못ᄒᆞ리로소이다.”

녜뷔 왈,

“블감지언(不堪之言)[125]은 하유ᄉᆡ(何有事)[126]오?”

쇼제 왈,

“군ᄌᆞ의 왕ᄂᆡᄒᆡᆼ지(往來行止)[127]ᄂᆞᆫ 쳡의 감히 아지 못ᄒᆞᆯ ᄇᆡ어ᄂᆞᆯ, 셔뫼 군ᄌᆞᄅᆞᆯ 권ᄒᆞ여 신방으로 나아가ᄂᆞᆫ 바ᄅᆞᆯ 닐ᄋᆞ시니, 쳡이 엇지 블감(不堪)치 아니리잇고?”

녜뷔 쇼왈,

“쥬션왕(周宣王)[128]은 만승지쥬(萬乘之主)로ᄃᆡ 강후(姜后)[129]의 탈ᄌᆞᆷ규간(脫簪規諫)[130]을 조ᄎᆞ 《즁흥의 챵덕 ‖ 창덕(彰德) 중흥(中興)》ᄒᆞ여 샤직(社稷)[131]이 안낙(安樂)ᄒᆞ여시니, ᄉᆡᆼ ᄀᆞᆺᄐᆞᆫ ᄋᆡ【32】쳐ᄀᆡᆨ(愛妻客)이 부인의 ᄂᆡ조(內助)ᄒᆞᄂᆞᆫ 덕(德)으로 신방(新房) ᄇᆡ오미 가치 아니믈 닐ᄋᆞ면 듯지 아니리오.”

쟝시 문득 졍ᄉᆡᆨ(正色) 왈,

“군ᄌᆡ 임의 신방의 나아가믈 존당 명으로 ᄒᆞ실 ᄇᆡ니, 쳡의 블미(不美)ᄒᆞ므로써 강후(姜后)의 ᄂᆡ조ᄅᆞᆯ 임ᄂᆡᄂᆡ여[132], 탈ᄌᆞᆷ이하당《긔이 ‖ ᄃᆡ죄》(脫簪以下堂待罪)ᄒᆞ[133]며 읍텽이샤죄(泣請以賜罪)[134]ᄒᆞ미, 가히 교사(巧詐)ᄒᆞ며 우읍지 아니리잇가?”

네부의 희언(戲言)과 쟝시의 말ᄒᆞ미 금야(今夜) 처엄이라. 샹·현희 등이 희귀ᄒᆞᆫ 일

---

125)블감지언(不堪之言) : 감당하지 못할 말.

126)하유ᄉᆡ(何有事) : 무슨 일인가?

127)왕ᄂᆡᄒᆡᆼ지(往來行止) : 가고 오고 행하고 머물고 하는 모든 행위.

128)쥬션왕(周宣王) : 중국 춘추시대 주(周) 나라 왕. 성은 희씨(姬氏)이고 이름은 정(靜). 여왕(厲王)의 태자였는데, 여왕이 실정(失政)을 하다가 체(彘) 땅으로 쫓겨난 후, 주 나라는 주공(周公)·소공(召公) 두 재상에 의해 14년간 공화정(共和政)이 이루어졌다. 여왕이 죽자 그 뒤를 이은 선왕은 스스로 덕을 닦아 왕도정치(王道政治)를 펼쳐 주를 중흥(中興)시켰다.

129)강후(姜后) : 중국 춘추 때 주(周)나라 선왕(宣王)의 후(后)로 제나라 출신. 『열녀전(烈女傳)』「현명전(賢明傳)」<주선강후(周宣姜后)> 편에 의하면, 강후는 현숙하고 덕이 있어서, 예가 아니면 말하지 아니하고, 예가 아니면 움직이지 아니하였다. 선왕(宣王)이 일찍이 저녁에 일찍 자고 아침에 늦게 일어나자, 비녀를 뽑아 머리를 풀고 대죄(待罪)하면서, 유모를 시켜 왕에게 아뢰기를, "첩이 재덕이 없어서 군왕으로 하여금 예를 잃게 하여 조회에 늦게 하였고, 군왕을 색(色)에 빠지게 하여 나라를 어지럽게 하였으니, 첩에게 죄를 주시기를 청합니다." 하였다. 이에 왕이 이르기를, "과인(寡人)이 덕이 없어서 스스로 지은 허물이요, 부인의 죄가 아니오." 하고는, 드디어 정사(正事)에 힘을 써서 아침 일찍 조정에 나가고 저녁 늦게 물러나와, 문왕(文王)과 무왕(武王)의 공업(功業)을 계승하여 주(周)나라 왕실을 부흥시켰다.

130)탈ᄌᆞᆷ규간(脫簪規諫) : 비녀를 뽑아 머리를 풀고 대죄하며 옳은 도리나 이치로써 남편이나 웃어른에게 잘못을 고치도록 간함

131)샤직(社稷) : 나라 또는 조정을 이르는 말.

132)임ᄂᆡᄂᆡ다 : 흉내내다.

133)탈ᄌᆞᆷ이하당ᄃᆡ죄(脫簪以下堂待罪) : (죄인이) 비녀를 뽑아 머리를 풀고 뜰에 내려 처벌을 기다림.

134)읍텽이샤죄(泣請以賜罪) : (죄인이) 울면서 (자신에게) 죄를 내리기를 청함.

노 알아 쇼왈,

"사룸이 지실을 어드미 무음이 달아135) ᄒᆞ고, 뎍인(敵人)을 보미 묵묵던 ᄉᆞ네 말 만흐믈 일노 조ᄎᆞ 알니니, 샹공의 희【33】언(戲言)과 쟝부인의 슈작(酬酌)이 오늘 ᄀᆞᄐᆞᆫ 적이 엇지 이시리오."

녜뷔 함쇼(含笑) 왈,

"셔뫼(庶母) 젼자(前者)의ᄂᆞᆫ ᄌᆞ(子)136)와 쟝시로ᄡᅧ 돌사룸이며 벙어리라 ᄒᆞ시더니, 금야의ᄂᆞᆫ 우연이 두어 말을 슈쟉ᄒᆞ니 발양(發陽)137)ᄒᆞ고 말 만타 ᄒᆞ시니, 아모리 ᄒᆞ여 됴흘 줄 아지 못ᄒᆞ리소이다."

인ᄒᆞ여 영ᄌᆞ(嬰子)138)를 어라만져 신방으로 향홀 뜻이 업ᄉᆞ니, 샹·현희 등이 ᄌᆡ쵹ᄒᆞ니 녜뷔 마지 못ᄒᆞ야 신방으로 향ᄒᆞ니, 샹·현희 등은 일현당의셔 밤을 지ᄂᆡ니라.

뎡녜뷔 셜현당의 드러가 좌뎡ᄒᆞ고 연시를 보건ᄃᆡ 옥안화뫼(玉顔花貌) 긔묘(奇妙) 춍【34】명(聰明)ᄒᆞ나 간특샤악(姦慝邪惡)ᄒᆞᆫ 심지(心地) 외모의 나타나니, 일견(一見) 블힝ᄒᆞ고 놀나오믈 니긔지 못ᄒᆞ나, 묵연이 단좌ᄒᆞ엿다가 상요(床褥)의 나아갈ᄉᆡ, 가ᄂᆡ 화평키를 위쥬ᄒᆞ여 부득이 원비(猿臂)139)를 게얼니 느리혀 연시를 닛그러 상요를 ᄒᆞᆫ가지로 ᄒᆞᄃᆡ, 각침의 와(臥)ᄒᆞ여 고요히 쟈ᄂᆞᆫ 쳬ᄒᆞ니, 연시 크게 앙앙(怏怏)ᄒᆞ며 분울(憤鬱)ᄒᆞ여 능히 ᄒᆞᆫ 좀을 일우지 못ᄒᆞ고 진뎡치 못ᄒᆞ야, ᄉᆞᄉᆞ로 녜부의 자ᄂᆞᆫ 얼골을 드리와다 보아 교음(狡淫)ᄒᆞᆫ 졍틱를 억졔치 못ᄒᆞ니, 녜뷔 ᄒᆞᆫ갈ᄀᆞᆺ치 자ᄂᆞᆫ 톄ᄒᆞ고 누어시나 그 음비ᄒᆞ믈 니긔지 못ᄒᆞ더【35】니, 계명(鷄鳴)을 응ᄒᆞ여 즉시 니러나 관소(盥梳)ᄒᆞ고 밧그로 나아가니, 연시 졍욕을 펴지 못ᄒᆞ고 이돌ᄋᆞ며 분ᄒᆞ믈 니긔지 못ᄒᆞ여, 겨유 쇼셰ᄒᆞ고 존당구고긔 신셩(晨省)ᄒᆞ나, 쟝시를 업시코져 ᄆᆞ음이 쟉급ᄒᆞ여 간계(奸計) 빅츌(百出)ᄒᆞᄃᆡ, 뎡부 남ᄌᆞ 녀인이 져마다 ᄉᆞ광지춍(師曠之聰)140)이 이시니, 서어(齟齬)ᄒᆞᆫ 계교를 ᄡᅳ지 못ᄒᆞ므로 듀듀야야(晝晝夜夜)의 니를 갈며 칼을 결어141) 쟝시로 ᄒᆞ야금 강샹(綱常) 일죄인(一罪人)을 삼아 용납홀 ᄡᅡ히 업게 ᄒᆞ려 ᄒᆞ더라.

지셜 하태우 몽셩이 양광실셩(佯狂失性)ᄒᆞ연지 삼ᄉᆞ삭(三四朔)이 지나미 ᄉᆞᄉᆞ로 혜오ᄃᆡ,

"내 이ᄀᆞᆺ치 ᄒᆞ믄 【36】사룸이 다 칙망치 못ᄒᆞᄂᆞᆫ 지경이 된 후, 연가 흉물을 ᄉᆡ원이 즐타(叱打)ᄒᆞ고 샹가 냥 여ᄌᆞ로 ᄒᆞ야금 타문의 도라가지 못ᄒᆞ게 희142)를 지으려

---

135)달아ᄒᆞ다 : 달다. 애달다. 안타깝거나 조마조마하여 마음이 몹시 조급해지다.

136)ᄌᆞ(子) : 자식이 부모에 대해 자신을 지칭하는 1인칭 대명사.

137)발양(發陽) : 양기가 음기를 누르고 움직여 일어남.

138)영ᄌᆞ(嬰子) : 갓난아이.

139)원비(猿臂) : 원숭이의 팔이라는 뜻으로, 길고 힘이 있어 활쏘기에 좋은 팔을 이르는 말.

140)ᄉᆞ광지춍(師曠之聰) : '사광의 총명'이란 뜻으로, 중국 춘추(春秋) 때 사광이란 사람이 소리를 잘 분변하여 길흉을 점쳤다는 고사에서 유래한 말. *사광(師曠) : 춘추시대 진나라 음악가로, 소리를 들으면 이를 잘 분별하여 길흉을 점쳤다.

141)결다 : ①갈다. 날카롭게 날을 세우거나 표면을 매끄럽게 하기 위하여 다른 물건에 대고 문지르다. ②겨루다. 서로 버티어 승부를 다투다. ③짜다. 실이나 끈 따위를 씨와 날로 결어서 천 따위를 만들다

ᄒᆞᆫ ᄇᆡ니, 이제 소원을 일웟고 관셔미인의 근본을 알아시니, 광언망셜(狂言妄說)이 슬흔지라. 연이나 스ᄉᆞ로 진뎡(鎭定)ᄒᆞ여 낫ᄂᆞᆫ 쳬 ᄒᆞ기도 사ᄅᆞᆷ의 의심을 일월 ᄃᆞᆺᄒᆞ니, ᄎᆞᆯ하리 수슌(數旬)을 긔약ᄒᆞ고 고요히 알아 누엇다가 니러나리라.”

ᄒᆞ고, 홀연 ᄇᆡᆨ일뎡의 드리다라, 조부모 요금(褥衾)을 펴고 누으며, 혼혼이 인ᄉᆞᄅᆞᆯ 모로ᄂᆞᆫ 쳬ᄒᆞ니, 뎡국공이 그 쟉난을 능히 막지 못【37】ᄒᆞᆯ 거시므로 몸을 피ᄒᆞ여 ᄂᆡ루(內樓)로 드러오니, 수일이 지나ᄃᆡ ᄒᆞᆯ갈 ᄀᆞᆺ치 누어 움쟉이지 못ᄒᆞ고, 대쇼변(大小便)143)을 쟈리의 흘닌다 ᄒᆞ니, 국공 부뷔 참연 비상이 넉이니, 초공이 졀박ᄒᆞ여 됴흔 말ᄉᆞᆷ으로 위로ᄒᆞ고 삼뎨로 더브러 ᄇᆡᆨ일뎡의 와 태우ᄅᆞᆯ 본 ᄌᆞᆨ, 몸은 니블의 말니이고 머리ᄂᆞᆫ 벼개의 더진 ᄇᆡ 되여 눈을 ᄀᆞᆷ고 혼혼이 인ᄉᆞᄅᆞᆯ 모로니, 그 옥골화풍(玉骨和風)이 쵸췌돈감(憔悴頓減)ᄒᆞ여시니, 초공이 텬뉸ᄌᆞᄋᆡ(天倫慈愛)로ᄡᅧ 여ᄎᆞ 병독(病毒)ᄒᆞ믈 참연통졀(慘然痛切)ᄒᆞ여, 쳬뤼(涕淚) 산산(潸潸)ᄒᆞ여144) 왈,

“내 ᄋᆞ히 능히 지각이 이셔 아뷔 【38】참통(慘痛)ᄒᆞᄂᆞᆫ 심ᄉᆞᄅᆞᆯ ᄉᆡᆼ각ᄒᆞᆯ진ᄃᆡ, 듁물과 약음을 힘ᄡᅧ 나와 날노 ᄒᆞ야금 상명(喪明)의 셜우미145) 업게 ᄒᆞ라.”

태위 부친의 상도(傷悼)ᄒᆞ시믈 당ᄒᆞ여 ᄌᆞ긔 블효ᄅᆞᆯ 슬허 문득 부친의 ᄂᆞᆺ출 우희고146) 통읍(慟泣) 뉴톄(流涕)ᄒᆞ믈 마지 아니ᄒᆞ니, 삼슉뷔(三叔父) 어라만져 왈,

“네 이런 ᄊᆡ의ᄂᆞᆫ ᄆᆞ음이 엇더ᄒᆞ여 쳑쳑(戚戚) 비샹하ᄂᆞ뇨. 아니 스ᄉᆞ로 광심(狂心)을 진뎡ᄒᆞᄃᆡ, 긔운이 밋지 못ᄒᆞ야 능히 사지 못ᄒᆞᆯ가 슬허 ᄒᆞᄂᆞ냐?”

태위 말을 아니ᄒᆞ고 다만 입을 버려 ‘퍼 너키’147)ᄅᆞᆯ 구ᄒᆞᄂᆞᆫ 거시 잇ᄂᆞᆫ ᄃᆞᆺᄒᆞ니, 초공이 친히 듁음을 가져 일죵148)【39】을 ᄡᅥ 너흐ᄆᆡ, 후셜(後舌)을 잘 넘ᄂᆞᆫ ᄃᆞᆺᄒᆞ더니, 도로 토ᄒᆞ고 눈을 ᄠᅳ지 아냐 거동이 위ᄐᆡᄒᆞ니, 원간 누월을 양광ᄒᆞ여 도로의 분쥬ᄒᆞ므로 긔운이 지친ᄃᆡ, 광심(狂心)을 진뎡ᄒᆞ고 누우ᄆᆡ 일신이 플니고 ᄲᆞᆯ혀149) ᄉᆞ지ᄇᆡᆨ톄(四肢百體)150) 녹ᄂᆞᆫᄃᆞᆺ ᄒᆞ고, 구미(口味) 업ᄉᆞ니, 양병(佯病)151)이 실질(實疾)이 되어시니, 부슉은 그 ᄆᆞ음을 아지 못ᄒᆞ고 슬허ᄒᆞ니, 태위 존당부모의 쵸젼(焦煎) 우려(憂慮)ᄒᆞ시믈 ᄯᅩᄒᆞᆫ 졀민(切憫)ᄒᆞ여, 거ᄉᆞ리ᄂᆞᆫ 듁음과 약믈을 ᄌᆞ로 나오니, 거지(擧止) 당황ᄒᆞ여 광증을 발치 아니ᄒᆞᄆᆡ, 혼ᄇᆡᆨ(魂魄)을 다 일흔 사ᄅᆞᆷᄀᆞᆺ치 졔뎨(諸弟)의 젼도(顚倒)ᄒᆞᆫ 소ᄅᆡᄅᆞᆯ 【40】드르미 이셔도 놀나고 무셔히 넉이난 ᄃᆞᆺᄒᆞ니, 초공이 삼뎨와 부마만 다리

---

142)희 : 방해. *희짓다: 남의 일에 방해가 되게 하다.
143)대쇼변(大小便) : 대변과 소변을 아울러 이르는 말.
144)산산(潸潸)ᄒᆞ다 : 눈물이나 빗물이 줄줄 흐르다.
145)상명(喪明)의 셜움 : 상명디통(喪明之痛). 눈이 멀 정도로 슬프다는 뜻으로, 아들이 죽은 슬픔을 비유적으로 이르는 말. 옛날 중국의 자하(子夏)가 아들을 잃고 슬피 운 끝에 눈이 멀었다는 데서 유래한다.
146)우희다 : 움키다. 움켜잡다. 손가락을 우그리어 물건 따위를 놓치지 않도록 힘 있게 잡다.
147)퍼 너키 : 퍼 넣기. *퍼; ‘푸다['의 부사형. *푸다; 속에 들어 있는 액체, 가루, 낟알 따위를 떠내다.
148)일죵 : 한 종지. *종지; 간장·고추장 따위를 담아서 상에 놓는, 종발보다 작은 그릇..
149)ᄲᆞᆯ히다 : 쓰리다. 쑤시는 것같이 아프다.
150)ᄉᆞ지ᄇᆡᆨ톄(四肢百體) : 온 몸.
151)양병(佯病) : 꾀병.

고 태우의 겻희 이셔 친히 구혼홀식, 태위 외당졔인과 졔뎡의 븕은 지감을 괴로이 넉이므로, ᄌᆞ긔를 죵용히 와 본즉 양광이믈 더옥 ᄌᆞ셔히 알가 짐즛 부슉과 몽닌 밧근 다란 사룸이 드러오지 못ᄒᆞ게 막ᄌᆞ라고, ᄉᆞ지골졀(四肢骨節)을 ᄌᆞ통(自痛)ᄒᆞ여 씩씩 인ᄉᆞ를 모로다가 정신을 슈습ᄒᆞ미 이신 즉 연고 업시 비상쳑연(悲傷慽然)ᄒᆞ기를 마지 아니ᄒᆞ니, 초공과 참정 등이 그 슬허ᄒᆞᄂᆞᆫ 곡졀을 무란ᄃᆡ, 태위 읍ᄃᆡ(泣對)왈,

"ᄋᆞ희 블회 무궁ᄒᆞ믈 【41】 비로소 �다라, ᄋᆡ들고 슬허ᄒᆞ나 밋출 곳이 업도소이다."

초공 곤계 ᄎᆞ언을 드르ᄆᆡ 그 광심을 진뎡ᄒᆞ믈 만분환열(萬分歡悅)ᄒᆞ여, 엄부(嚴父)의 위의를 일코 강보젹ᄌᆞ(襁褓赤子)[152]ᄀᆞᆺ치 어라만져 왈,

"너의 광증이 날노 더으고 시로 고이ᄒᆞ야 아비와 어미를 모로고, 존당의 우려를 ᄉᆡᆼ각지 아니ᄒᆞ더니, 이제 블효 듕ᄒᆞ믈 ᄭᆡ닷고 광심을 진뎡홀 긔약이 이시니, 네 아비 깃브미 오늘날 ᄀᆞᆺᄐᆞᆫ 적이 업ᄉᆞ니, 네 만일 평샹여구(平常如舊)[153]홀진ᄃᆡ, 합문(闔門)이 다 ᄒᆞᆫ가지로 힝희ᄒᆞ리라."

태위 부친의 여ᄎᆞ ᄌᆞᄋᆡ(慈愛)를 당ᄒᆞ여 감격ᄒᆞ미 골졀【42】의 ᄉᆞᄆᆞᆺᄎᆞ니, 스ᄉᆞ로 누슈(淚水)를 거두고 왈,

"ᄋᆞ희 ᄆᆞ음이 ᄆᆡ양 이러홀진ᄃᆡ 여상평셕(如常平昔)[154]홀가 ᄒᆞᄋᆞᆸᄂᆞ니, 대인은 믈념쇼려(勿念消慮)[155]ᄒᆞ샤 ᄋᆞ희 블효를 더으지 마ᄅᆞ쇼셔."

초공이 ᄋᆞᄌᆞ의 화열ᄒᆞᆫ 셩음이 젼일 ᄀᆞᆺᄐᆞ믈 드르ᄆᆡ 환희ᄒᆞ여, 이의 태우의 인ᄉᆞ 출히ᄂᆞᆫ 말을 국공과 됴부인긔 고ᄒᆞ니, 공과 부인이 ᄯᅩᄒᆞᆫ 대희ᄒᆞ여 윤・경 이 부인을 다리고 빅일뎡의 나와 ᄉᆡᆼ을 볼ᄉᆡ, 태위 조부모와 두 모친의 니르시믈 보고 침금을 믈니쳐 맛고져 ᄒᆞ니, 공과 부인이 누어시믈 닐ᄋᆞ고 일시의 집슈(執手) 연ᄋᆡ(憐愛)ᄒᆞ니, 【43】 태위 함누(含淚) 왈,

"쇼손이 광병 근본을 ᄉᆡᆼ각ᄒᆞ온즉, 연가 흉믈(凶物)을 취ᄒᆞ여 심화로 밋치기의 니르오니, 이 ᄯᅩ 소손의 심정이 굿지 못ᄒᆞᆫ 연고어니와, 연시 흉녀를 일만 조각의 ᄲᅧ흐려 분을 플소이다."

국공과 됴부인이 위로 왈,

"너는 만ᄉᆞ를 쳑탕(滌蕩)ᄒᆞ여 심녀를 편히 ᄒᆞ면 ᄎᆞ셩(差成)ᄒᆞ믈 어들거시오, 완연 츙실ᄒᆞᆫ후ᄂᆞᆫ 옥 ᄀᆞᆺᄐᆞᆫ 슉녀를 가히 ᄡᅡᆼᄡᅡᆼ이 모호려 ᄒᆞ여도 어렵지 아니ᄒᆞ니, 져 박식누질(薄色陋質)노 동노(同老)홀 거시 아니니, 상가 규슈 냥인도 ᄌᆞ연 네 긔믈(奇物)[156]이 될지니, ᄋᆞ희ᄂᆞᆫ 연시 ᄀᆞᆺᄐᆞᆫ 《거술∥거ᄉᆞᆫ》 ᄒᆞᆫ 【44】구석의 드리치고, 네 ᄆᆞ음ᄃᆡ로

152)강보젹ᄌᆞ(襁褓赤子) : 포대기에 싸여 있는 갓난아이.
153)평샹여구(平常如舊) : 예전과 다름없이 특별하지 않고 평범함.
154)여상평셕(如常平昔) : 예전의 평상시와 같음.
155)믈념쇼려(勿念消慮) : 걱정을 털어버림.
156)긔믈(奇物) : 기이한 물건. 여기서는 아름다운 처첩(妻妾)의 비유로 쓰인 말.

졀식슉완(絶色淑婉)을 모화 기리 즐기라."

태위 존당부모로 ᄒᆞ야금 ᄌᆞ긔 양광을 맛춤ᄂᆡ 아지 못ᄒᆞ과져 ᄒᆞᄆᆞ로, 이의 ᄀᆞᆯ오ᄃᆡ,

"쇼손이 비록 《침은 ‖ 침음(沈吟157))》 졍대(正大)치 못ᄒᆞ오나, 야야의 명셩(明聖)ᄒᆞ신 계훈(戒訓)을 간폐(肝肺)의 삭이ᄋᆞᆸᄂᆞ니, 엇지 번화사치(繁華奢侈)ᄅᆞᆯ 구ᄒᆞ여 미녀셩식(美女聲色)을 집에 모ᄒᆞ리잇고? 다만 연가 흉물을 사ᄅᆞᆷ이 ᄒᆞ로도 안해라 닐ᄏᆞᆺ지 못ᄒᆞ올 비올ᄉᆡ, 동노(同老)치 못ᄒᆞ올 고로 알외오미어니와, 쇼손의 ᄌᆡ취(再娶)ᄅᆞᆯ 일즉 상가의 뎡ᄒᆞ다 ᄒᆞᄆᆞᆯ 듯잡지 못ᄒᆞ여ᄉᆞ오니, 이 엇진 말ᄉᆞᆷ이니잇고?"

뎡국【45】공과 됴부인이 그 젼연이 모로ᄂᆞᆫ 말을 듯고, 힝혀도 양광(佯狂)이런줄 ᄭᆡ닷지 못ᄒᆞ여 상가의 가 쟉난ᄒᆞᆫ 바ᄅᆞᆯ 잠간 닐ᄋᆞ니, 태위 문득 경히ᄒᆞᆫ 빗출 ᄯᅴ여 오ᄅᆡ 말을 못ᄒᆞ다가 날호여 왈,

"쇼손의 광증이 고이턴 바ᄅᆞᆯ 듯ᄌᆞ오니 한심 경히ᄒᆞ고 상가의 쟉난지ᄉᆞᄂᆞᆫ 블가ᄉᆞ문어타인(不可使聞於他人)158)이니, 쇼손이 무ᄉᆞᆷ 면목으로 사ᄅᆞᆷ을 ᄃᆡᄒᆞ리잇고? 공과 부인이 흠게 ᄀᆞᆯ오ᄃᆡ,

"네 음황무식(淫荒無識)ᄒᆞ여 상가 규슈ᄅᆞᆯ 보고 짐즛 가인(佳人)을 삼으려 심야의 그ᄀᆞᆺ치 돌입 쟉난ᄒᆞ미 이시면, 실노 사ᄅᆞᆷ 볼 ᄂᆞᆺ치 업고 듯ᄂᆞᆫ 쟤 다 너【46】ᄅᆞᆯ 무샹(無狀) 흉음(凶淫)이 넉이려니와, 너ᄂᆞᆫ 실노 실셩발광(失性發狂)ᄒᆞ여시니, 무ᄉᆞᆷ 신누(身累)ᄅᆞᆯ 삼아 두문샤ᄀᆡᆨ(杜門辭客)ᄒᆞ리오. 안심(安心) 됴호(調護)ᄒᆞ라."

태위 탄식ᄒᆞ니, 국공이 ᄌᆡ삼 위로ᄒᆞ고 친히 듁음(粥飮)을 가져 먹인 후, 날이 어두오ᄆᆞᆯ 인ᄒᆞ여 태우다려 편히 쟈기ᄅᆞᆯ 닐오고, ᄂᆡ헌으로 드러갈ᄉᆡ, 초공 곤계ᄂᆞᆫ 부친을 븟들고 윤·경 이부인은 존고ᄅᆞᆯ 븟드러 일취뎐의 니ᄅᆞᄆᆡ, 임·뎡·위·양 제부인과 연군쥐 밧비 마ᄌᆞ 태우의 병을 무란ᄃᆡ, 됴부인 왈,

"몽셩의 광증(狂症)은 젼혀 심화(心火)로 비로ᄉᆞ미오, 심화(心火)의 근본인즉, 쇼연시 쥐ᄒᆞᆫ【47】연괴라. 우리 비록 가ᄂᆡ 화평키ᄅᆞᆯ 위ᄒᆞ여 ᄆᆡ양 몽셩으로ᄡᅥ 쇼연시ᄅᆞᆯ 박ᄃᆡ치 말나 권턴 ᄇᆡ나, ᄋᆞ히 심졍이 상ᄒᆞ고 비위 그ᄅᆞᆺ되여 고이ᄒᆞᆫ 광증을 일위혀고159), 다시 위틱키의 밋ᄎᆞᄆᆞᆯ 보ᄆᆡ, ᄒᆞᆫ과 분이 쇼연시의게 도라가ᄂᆞᆫ지라. ᄋᆞ히 혹ᄌᆞ ᄎᆞ셩(差成)ᄒᆞᆯ진ᄃᆡ 졀등(絶等)160) 슉완(淑婉)을 갓쵸161) 비(配)ᄒᆞ야 져의 ᄌᆡ풍을 져바리지 아니ᄒᆞ리니, 연시ᄂᆞᆫ 쇼연시ᄅᆞᆯ 경계ᄒᆞ여 우픽(愚悖) 망측(罔測)기ᄅᆞᆯ ᄇᆞ리고 온슌(溫順) 화열(和悅)ᄒᆞ기ᄅᆞᆯ 닐ᄋᆞ라."

안식이 단엄ᄒᆞ고 위의 졍슉ᄒᆞ니, 이ᄂᆞᆫ 군쥬의 슉질노 ᄒᆞ야금 셩악을 발뵈【48】지 못ᄒᆞ게 짐즛 이리 닐ᄋᆞ미라. 군쥐 존고의 말ᄉᆞᆷ을 듯ᄌᆞ오ᄆᆡ 노흡고 분ᄒᆞᄆᆞᆯ 니긔지 못

---

157)침음(沈吟 ; 깊이 생각함. 또는 생각이 깊음.
158)블가ᄉᆞ문어타인(不可使聞於他人) : 남이 알게 할 수 없음.
159)일위혀다 : 이루다. 일으키다.
160)졀등(絶等) : 아주 두드러지게 뛰어남.
161)갓쵸 : 갖추어. 갖추. 고루 있는 대로. *갓쵸다; 갖추다. *갖초다; 갖추다.

ᄒᆞ나, 초공이 ᄌᆡ좌(在坐)ᄒᆞ니 감히 '한 셜(說)'[162]을 못ᄒᆞ고 ᄒᆞᆫ갓 분을 먹음어 프라락 븕으락 뎡치 못ᄒᆞ니, 초공이 져 거동을 보고 군쥬ᄅᆞᆯ 사ᄅᆞᆷ으로 ᄎᆡᆨ망ᄒᆞᄂᆞᆫ ᄇᆡ 잇지 아니므로 묵연(黙然)ᄒᆞ더라.

태우의 병이 일망(一望)이 지나ᄆᆡ 졈졈 ᄎᆞ셩(差成)ᄒᆞ여 완여평셕(完如平昔)[163]ᄒᆞ므로 비로소 관쇼(盥梳)ᄒᆞ고 존당의 문후(問候)ᄒᆞ니, 합문 샹하노쇼(上下老少) 다 ᄒᆞᆫ가지로 흔힝쾌열(欣幸快悅)ᄒᆞ미 하ᄂᆞᆯ의 올은 ᄃᆞᆺᄒᆞ여, 화긔 양츈 ᄀᆞᆺ더라. 태우의 광증이 【49】 거근(去根)[164]ᄒᆞ여 완연여구(完然如舊)ᄒᆞ믈 친우붕당(親友朋黨)과 일가졔족(一家諸族)이 서로 젼ᄒᆞ야 알고, 일시의 니르러 보기ᄅᆞᆯ 구ᄒᆞ니, 태위 마지 못ᄒᆞ야 외루(外樓)의 나오니, 친우족당(親友族黨)이 일시의 붓들고 광심을 진뎡ᄒᆞ여 여젼평셕(如前平昔)ᄒᆞ믈 치하ᄒᆞ니, 태위 탄왈,

"쇼뎨 스ᄉᆞ로 실셩발광(失性發狂)코져 ᄒᆞ미 아니나, 허다 망측ᄑᆡᄉᆞ(罔測悖事)ᄅᆞᆯ 드ᄅᆞᄆᆡ 실노 사ᄅᆞᆷ을 ᄃᆡᄒᆞᆯ 안면이 업ᄉᆞ니, 두문샤ᄀᆡᆨ(杜門辭客)고져 ᄒᆞ나, 봉친지하(奉親之下)의 범ᄉᆞ(凡事)ᄅᆞᆯ 임의치 못ᄒᆞ여, 졔우족당(諸友族黨)을 보나 참괴ᄒᆞ믈 니긔지 못ᄒᆞ리로소이다."

평쟝ᄉᆞ 뎡의쳥이 태양(太陽) ○○[ᄀᆞᆺᄒᆞᆫ] 냥【50】안(兩眼)을 기우려 태우ᄅᆞᆯ 이윽이 보다가, 미미히 쇼왈,

"텬뵈 밋치고 병들믈 스ᄉᆞ로 취(取)ᄒᆞ야 ᄉᆞ오월을 듀야(晝夜)로 헤지라ᄃᆡ[165] 홀노 우리 집의ᄂᆞᆫ ᄌᆞ최 님치 아니ᄒᆞ니, 졍인군ᄌᆞ(正人君子)의 곳에 니ᄆᆡ망냥(魑魅魍魎)[166]○[의] 요ᄉᆡ(妖邪) 발뵈지 못ᄒᆞ믈 가히 알 ᄇᆡ라. 이제 ᄆᆞ음을 잡아 젼일 ᄀᆞᆺ고져 ᄒᆞ니, 실셩발광(失性發狂)이 괴로오믈 아ᄂᆞᆫ 줄이 가히 치하ᄒᆞ염즉 ᄒᆞ도다."

태위 미쇼 답왈,

"쇼뎨 스ᄉᆞ로 밋치고 스ᄉᆞ로 나은 ᄇᆡ 아니라. 형의 위하지언(爲賀之言)이 슈샹(殊常)ᄒᆞ여 사ᄅᆞᆷ을 고이ᄒᆞᆫ 곳에 의심ᄒᆞ니, 쇼뎨의 위인이 친우의게 견신(見信)[167]을 못【51】ᄒᆞ미 참괴ᄒᆞ도다."

뎡녜부 의명이 쇼왈,

"사ᄅᆞᆷ이 밋치고 병드ᄂᆞᆫ 재 맛춤ᄂᆡ 그 안광(眼光)이 슈샹(殊常)ᄒᆞ며, 지쟈(知者)ᄂᆞᆫ 거의 짐쟉ᄒᆞᆯ ᄇᆡ라. 텬뵈 유시(幼時)로브터 긔운이 강ᄆᆡᆼ(强猛)ᄒᆞ고 졍명지긔(正明之氣) 남다라믈 스ᄉᆞ로 쟈랑ᄒᆞᄃᆡ, 나ᄂᆞᆫ 알ᄋᆞ미 너모 능활(能猾)ᄒᆞ고 방약(傍若)[168]ᄒᆞ니 ᄒᆞᆫ ᄎᆞ

162)한 셜(說) : 한 말. 한 마디.
163)완여평셕(完如平昔) : (병이) 예전과 다름없이 완쾌함. (사고가) 전과 다름없이 완전하게 복구됨.
164)거근(去根) ; 병이나 근심의 근원을 없앰.
165)헤지라다 : 헤집다. 헤집고 다니다. 이리저리 젖히거나 뒤적이고 다니다.
166)니ᄆᆡ망냥(魑魅魍魎) : 온갖 도깨비. 산천, 목석(木石)의 정령에서 생겨난다고 한다.
167)견신(見信) : 신뢰를 받음.
168)방약(傍若) : '방약무인(傍若無人)'의 줄임말. 곁에 사람이 없는 것처럼 아무 거리낌 없이 함부로 말하고 행동하는 태도가 있음.

례 남을 우이는 거죄 업지 아닐가 ᄒᆞ엿더니, 굿ᄐᆞ여 광증을 니ᄅᆞ혀니, 비록 진짓 병이 아니나 그 ᄆᆞ음을 잡지 못ᄒᆞᆫ 연괴라. 연이나 ᄲᅥᆯ듯기를 수히 ᄒᆞ니 ᄒᆞᆫ갓 텬보의 몸이 편ᄒᆞᆯ ᄲᅮᆫ 아니라, 녕존당과 슉시의 환열ᄒᆞ시믈 뭇잡지 【52】 아녀 알니니, 가히 효되라 닐ᄋᆞ리로다."

태위 쇼왈,

"현형이 쇼뎨의 허랑우픽(虛浪愚悖)ᄒᆞ믈 인ᄒᆞ여 밋친 병이 날 줄을 지긔(知機)ᄒᆞ여 계시니, 사ᄅᆞᆷ 아는 구술이 가히 ᄇᆰ다 ᄒᆞ려니와, 명초 형으로브터 현형의 말솜이 ᄀᆞ장 슈샹ᄒᆞ여, 밋치며 나으믈 쇼뎨 임의로 ᄒᆞᄂᆞᆫ가 넉이니, 의심이 샤곡(邪曲)기의 밋도소이다."

녜뷔 쇼왈,

"아등(我等)을 샤곡다 ᄒᆞᄂᆞ니는 텬보의게 처엄 듯거니와, 이러나 져러나 광심을 진졍ᄒᆞ미 만힝(萬幸)이라. ᄌᆞ금(自今) 이후로는 일만가지 난쳐ᄒᆞ미 이셔도 다시 광증을 발치말나."

태위 함쇼ᄒᆞ고, 다시 【53】 말을 아니 ᄒᆞ더니, 운・광・상 삼곤계 니르러 태우의 병 나으믈 칭하ᄒᆞ니, 태위 잠간 참괴(慙愧)ᄒᆞᆫ 빗출 쟉위ᄒᆞ여 왈,

"쇼뎨의 광분질쥬지시(狂奔疾走之時)의 허다 망측지ᄉᆞ(罔測之事)를 남이 닐ᄋᆞ지 아니ᄒᆞ면, 쇼뎨 아득히 모로는 빅 되엿더니, 근일의 실셩지거(失性之擧)를 드ᄅᆞᄆᆡ 히연슈괴ᄒᆞ미 ᄂᆞᆺ출 싹고져 시븐지라. 형등을 ᄃᆡᄒᆞᄆᆡ 더옥 참황(慙惶)ᄒᆞ니, 녕대인 합하긔 가싀를 져 죄를 쳥코져 ᄒᆞ나, 쏘ᄒᆞᆫ 밋친 ᄌᆞ최 귀틱(貴宅)의 나아가믈 능히 못ᄒᆞᄂᆞ니, 형등은 도라가 합하긔 나의 붓그리는 뜻을 고ᄒᆞ라."

샹시랑 등이 【54】 태우의 말을 드ᄅᆞᄆᆡ, 그 양광(佯狂)이믈 아지 못ᄒᆞ고, 도로혀 위로 왈,

"형이 광분질쥬(狂奔疾走)로 우리 집의 쟉난이 히연(駭然)ᄒᆞ믄 발셔 업친 믈이라. 형이 스ᄉᆞ로 알고 그리 ᄒᆞᆫ 빅 아니니, 엇지 슈치ᄉᆞ(羞恥事)로 알니오. 다만 냥ᄆᆡ(兩妹)의 일싱을 그릇 민다니 불힝ᄒᆞ거니와, 형은 심긔(心氣)를 안심ᄒᆞ여 다시 병을 일위지 말나."

한님 셰린이 쇼왈,

"종형(從兄)이 상부의 쟉난ᄒᆞ미 망측기의 밋첫던 빅나, 일시 광분질쥬(狂奔疾走)를 칙망ᄒᆞᆯ 일이 아니니, 이제 광심(狂心)을 진뎡ᄒᆞᄆᆡ 옥 ᄀᆞᆺ튼 군직오, 특이(特異)ᄒᆞᆫ 영준(英俊)이라. 상태ᄉᆞ 합해 텬하를 【55】 도라 넓이 구ᄒᆞ여도, 져ᄀᆞᆺ튼 동샹을 틱ᄒᆞ시미 어려오니, 종용히 초공 슉시(叔氏)로 샹의ᄒᆞ여 됴히 녜를 일우는 거시 맛당ᄒᆞᆫ지라. 엇지 상형 등이 말을 과히 ᄒᆞ여 영ᄆᆡ(令妹) 냥 쇼져의 일싱을 그릇 민다다ᄒᆞᄂᆞ뇨?"

상시랑 등이 미쇼 왈,

"달징이 텬보를 위ᄒᆞ여 번ᄉᆞ(繁事)를 권ᄒᆞ며, '쥬진(朱陳)의 호연(好緣)'[169]을 권ᄒᆞ고져 ᄒᆞ나, 사ᄅᆞᆷ의 소견이 다 각각이니, 옥 ᄀᆞᆺ튼 군직며 특이ᄒᆞᆫ 영쥰이믈 도로혀 일흠

업ᄂᆞᆫ 쇼서싱(小書生)만 넉일동[170] 어이 알니오.”

뎡도찰이 쇼왈,

“사ᄅᆞᆷ의 소견이 다 각각이나, 텬뵈 임의 【56】 광증을 거근(去根)ᄒᆞ여시니, 그 위인을 엇지 하ᄌᆞ(瑕疵)ᄒᆞᆯ 곳이 이시리오마ᄂᆞᆫ, 현형 등은 ᄆᆡ부 삼기ᄅᆞᆯ 즐겨 아니 ᄒᆞ니 이ᄂᆞᆫ 반다시 녕대인 합해 별의ᄉᆞ(別意思)[171]ᄅᆞᆯ ᄂᆡ시미라.”

ᄒᆞ고, 서로 희롱ᄒᆞ더니 졔왕곤계와 진공이 니르ᄆᆡ, 의쳥 등이 하당영지(下堂迎之)ᄒᆞ고 태위 ᄯᅩᄒᆞᆫ 공경ᄒᆞ여 좌뎡ᄒᆞᄆᆡ, 졔왕이 몬져 태우의 광증(狂症) 거근(去根)ᄒᆞᆫ 바ᄅᆞᆯ 치하ᄒᆞ고 인ᄒᆞ여 집슈(執手) 칭하(稱賀) 왈,

“텬뵈 우리 부녀의게 은혜 깃치미 산비히박(山卑海薄)[172]ᄒᆞᆫ 바의, 텬보의 광증(狂症)이 ᄒᆞᆫ ᄡᅥᄅᆞᆯ 진뎡(鎭定)ᄒᆞ며[여] 안졍치 못ᄒᆞ므로, 늉은대혜(隆恩大惠)ᄅᆞᆯ 말노ᄡᅥ 칭샤【57】치 못ᄒᆞ도다.”

태위 ᄉᆞ샤(謝辭) 왈,

“쇼질이 관셔 힝도의 우연이 쇼셩(小星)[173]을 어더 도라온 ᄇᆡ, 슉시(叔氏)의 일흔 녀ᄌᆞ믈 듯ᄉᆞ오니, 비록 쳔만 무심(無心)ᄒᆞᆫ 가온ᄃᆡ나 존부 귀녀(貴女)ᄅᆞᆯ 쇼질이 칭지쇼셩(稱之小星)[174]ᄒᆞ던 ᄇᆡ 크게 외람코 놀나온지라. 일마다 쇼질의 호방(豪放) 취ᄉᆡᆨ(取色)ᄒᆞᄂᆞᆫ 허믈이 듕ᄒᆞ믈 그으이 븟그리ᄂᆞᆫ ᄇᆡ어ᄂᆞᆯ, 슉시 도로혀 은혜ᄅᆞᆯ 닐ᄏᆞ라샤 쇼질의 블안ᄒᆞ믈 더으시니, 능히 ᄃᆡᄒᆞᆯ 바ᄅᆞᆯ 아지 못ᄒᆞ리로소이다. 왕이 지삼 은혜ᄅᆞᆯ 칭샤ᄒᆞ고 초공 곤계의 나오믈 쳥ᄒᆞ여 서로 볼ᄉᆡ, 졔진공과 졔왕형뎨 태【58】우의 광증 나으믈 칭하ᄒᆞᆫᄃᆡ, 초공이 미쇼 왈,

“ᄋᆞ히 ᄆᆞ음을 잡지 못ᄒᆞ고 호쥬탐ᄉᆡᆨ(好酒貪色)ᄒᆞᄂᆞᆫ 연고로 광병을 니르혀니, 웃듬은 쇼뎨의 엄히 잡죄지[175] 못ᄒᆞᆫ 타ᄉᆞ로 그릇 민달미러니, 근일의 잠간 나으미 이시니 다 힝이로소이다.”

졔왕이 잠쇼(潛笑) 왈,

“형이 암ᄆᆡ(暗昧)ᄒᆞ여 ᄋᆞᄃᆞᆯ의 셩졍(性情)을 모ᄅᆞ므로, 굿ᄐᆞ여 분광질쥬(奔狂疾走)키의 밋게ᄒᆞ니, 형의 탓시 아니라 못ᄒᆞ려니와, 이제 쾌소여샹(快蘇如常)[176]ᄒᆞ니 그 깃브미 처엄 업던 바의 세 번 더은지라. ᄒᆞ믈며 텬뵈 우리 부녀의게 은혜 깁흐니, 금일 서어(齟齬)ᄒᆞᆫ 말로ᄡᅥ 닐【59】ᄏᆞ라나, 엇지 범연(凡然)ᄒᆞ리오. 금일이라도 형이 허(許)ᄒᆞ

169)쥬진(朱陳)의 호연(好緣) : 주진(朱陳)은 중국 당(唐)나라 때에 주씨와 진씨 두 성씨가 함께 살아오던 마을 이름인데, 한 마을에 오직 주씨와 진씨만 대대로 살아오면서 서로 혼인을 하였다고 하여, 두 성씨간의 혼인을 일컬어 ‘주진(朱陳)의 호연(好緣)’이라 한다.

170)-ㄹ동 : ‘-ㄹ지’의 뜻을 나타내는 어미로 무지(無知), 미확인의 경우에 흔히 쓰인다.

171)별의ᄉᆞ(別意思) : 특별히 다른 생각.

172)산비히박(山卑海薄) : 정이나 은혜 따위가 산이 낮고 바다가 얕다고 생각될 만큼 높고 깊음.

173)쇼셩(小星) : ‘첩’을 달리 이르는 말.

174)칭지쇼셩(稱之小星) : 소성(小星)이라 칭함.

175)잡죄다 : 아주 엄하게 다잡다.

176)쾌소여샹(快蘇如常) : 병이 완쾌되어 평소와 다름이 없음.

고 텬뵈 뜻을 거두어 금ᄎᆞ지녈(金釵之列)177)을 츙수(充數)코져 ᄒᆞ여도, 감히 ᄉᆞ양치 아니ᄒᆞ며 욕되지 아니리라.”

초공이 블감(不堪)ᄒᆞ믈 칭샤ᄒᆞ고 죵용히 담화ᄒᆞᆯᄉᆡ, 초공 왈,

“미돈(迷豚)이 블초ᄒᆞ나 션형(先兄)의 계후(繼後)로 누ᄃᆡ봉ᄉᆞ(累代奉祀)를 녕(領)ᄒᆞᆯ178) 빈니, 종쟝(宗長)의 듕ᄒᆞ미 쇼뎨의 몸으로 비치 못ᄒᆞᆯ지라. 연시 블인(不人)으로뻐 종부(宗婦)라 닐ᄏᆞ라미 욕되며 측ᄒᆞ니179), 각별ᄒᆞᆫ 슉녀를 튁ᄒᆞ여 미돈으로 ᄒᆞ야금 ᄂᆡ조(內助)의 덕을 힘닙어, 우픽(愚悖)ᄒᆞᆫ 힝ᄉᆞ를 덜고 광망지긔(狂妄之氣)【60】를 진압고져 ᄒᆞᄃᆡ, 뜻 ᄀᆞᆺ지 못ᄒᆞ더니, 임의180) 형이 미돈을 나모라 바리지 아니ᄒᆞ니, 죵용히 냥가 존당의 고ᄒᆞ고, 뉵녜(六禮)181)를 구힝(具行)ᄒᆞ여 녀ᄋᆞ로뻐 오가 종부를 삼아 맛지고져 ᄒᆞᄂᆞ니, 형의 뜻은 엇더ᄒᆞ뇨?”

왕이 쇼이샤왈(笑而辭曰),

“블민(不敏)○[ᄒᆞᆫ] 쇼녀로 텬보의 정실을 삼고져 ᄒᆞ니 일마다 감샤ᄒᆞ거니와, 녀ᄋᆡ 엇지 감히 존부(尊府)의 총부(冢婦)182)를 당ᄒᆞ여 봉ᄉᆞ봉친(奉祀奉親)과 ᄃᆡ인졉믈지ᄉᆞ(待人接物之事)183)를 알니오.”

초공 왈,

“형은 너모 겸사(謙辭)치 말고 틱일ᄒᆞ여 보ᄂᆡ라.”

왕이 칭샤(稱謝)ᄒᆞ고 말숨ᄒᆞ다가 날이 느ᄌᆞᄆᆡ 도라가니, 태위 【61】 이의 윤한님 셰린으로 더브러 진궁의 가, 위・조 냥태비와 호람후 부부며, 슉당(叔堂)의 빈알ᄒᆞ니, 위태부인이 미양(微恙)이 이셔 ᄉᆞ오일을 신음ᄒᆞᄆᆡ, 호람후와 진왕 곤계 시탕의 골몰ᄒᆞ므로, 몽셩의 광증(狂症)이 나으믈 드러시ᄃᆡ 즉시 가 보지 못ᄒᆞ엿더니, 금일 완연여구(完然如舊)ᄒᆞ여 슬젼(膝前)의 빈알ᄒᆞ믈 당ᄒᆞ니, 깃브고 즐겨, 위태부인이 집슈무ᄋᆡ(執手撫愛) 왈,

“네 이제는 광심(狂心)을 진뎡(鎭定)ᄒᆞ여 평셕(平席) ᄀᆞᆺ트믈 깃거 ᄒᆞ노라.”

태위 병으로 인ᄒᆞ여 오릭 현알ᄒᆞ믈 폐ᄒᆞ고 셩녀 깃치오믈 샤죄ᄒᆞ니, 진왕이 봉【62】졍(鳳睛)을 흘녀 태우를 보며 기리 쇼왈,

“네 사ᄅᆞᆷ마다 어둡게 넉이기를 뎡국공 합하와 하형 ᄀᆞᆺ튼가 넉이거니와, 우리 형뎨는 너의 병이 진짓 병이 아니오, 가칭(假稱)인 줄 거울 ᄀᆞᆺ치 아ᄂᆞ니, 이제나 ᄆᆞᄋᆞᆷ을 잡아 망측ᄒᆞᆫ 힉거(駭擧)를 긋치고, 슈고로이 양광(佯狂)ᄒᆞ여 네 긔믈(奇物) 삼기를 도

177)금ᄎᆞ지녈(金釵之列) : 첩의 지위. *금차(金釵) : 첩(妾)을 달리 이르는 말.
178)녕(領)ᄒᆞ다 : 제사 따위를 이어 받아 모시다.
179)측ᄒᆞ다 : 께름칙하다. 언짢다. 마땅치 않다.
180)임의 : 이미.
181)뉵녜(六禮) : 우리나라 전통혼례의 여섯 가지 의례. 납채(納采), 문명(問名), 납길(納吉), 납폐(納幣), 청기(請期), 친영(親迎)을 이른다.
182)총부(冢婦) : 종부(宗婦). 맏며느리.
183)ᄃᆡ인졉믈지ᄉᆞ(待人接物之事) : 손님을 접대하는 일.

모호 샹·표 냥쇼져나 취(娶)ᄒᆞ여 화락ᄒᆞ라."

승샹이 또ᄒᆞᆫ 미쇼 왈,

"원간 실셩발광(失性發狂)ᄒᆞᄂᆞᆫ 뉴(類)의 픔슈(稟受)ᄂᆞᆫ 알아보기 쉽거니와, 형쟝이 엇지 몽셩의 심졍을 ᄉᆞ뭇치시며184), 그ᄃᆡ도록 명쾌ᄒᆞ신 양ᄒᆞ여, 져의 졀박ᄒᆞ게 넉이【63】ᄂᆞᆫ 말ᄉᆞᆷ을 만히 ᄒᆞ시ᄂᆞ니잇가?"

왕이 쇼왈,

"내 본ᄃᆡ ᄆᆞ음의 픔은 바ᄂᆞᆫ 참지 못ᄒᆞᄂᆞ니, 졔 비록 졀박히 넉이나 엇지 ᄒᆞ리오."

태위 진왕의 말ᄉᆞᆷ을 드ᄅᆞᄆᆡ ᄌᆞ긔 심폐(心肺)를 붉히 아니, 다만 화연(和然) 왈,

"쇼질이 블쵸무상(不肖無常)ᄒᆞ와 ᄒᆡᆼᄉᆡ(行事) 밋브지 아닌 고로, 당숙(堂叔)과 구시(舅氏)의 알아시미 여ᄎᆞ(如此)ᄒᆞ시니 경황슈괴(驚惶羞愧)토소이다."

진왕이 가연(可然) 쇼왈,

"네 귀신은 가히 속이려니와 우숙(愚叔)은 능히 속이지 못ᄒᆞ리니, 엇지 발명ᄒᆞ리오."

호람휘 쇼왈,

"여등은 궁극ᄒᆞ게 의심ᄒᆞᄂᆞᆫ도다. ᄌᆞ의185)의게ᄂᆞᆫ 그만 블ᄒᆡᆼᄒᆞ미 업ᄉᆞᆯ지니, 여등은 ᄌᆞ【64】의 듯ᄂᆞᆫᄃᆡ 광병지ᄉᆞ(狂病之事)를 닐ᄏᆞᆺ지 말나."

진왕이 ᄃᆡ왈,

"하ᄌᆞ의 위인이 평ᄉᆡᆼ 사ᄅᆞᆷ을 속이ᄂᆞᆫ 뜻이 업고, 사곡(邪曲)히 의심을 아니 ᄒᆞ므로, 몽셩의 양광(佯狂)을 ᄭᅮᆷ에도 ᄉᆡᆼ각지 아니 못ᄒᆞᄋᆞᆸᄂᆞ니, 그 ᄉᆞ광지총(師曠之聰)이 몽셩의게 다ᄃᆞ라ᄂᆞᆫ 칠야(漆夜) ᄀᆞᆺ치 어두오니, 이ᄂᆞᆫ ᄉᆞ졍(私情)이 듕(重)ᄒᆞ민가 ᄒᆞᄂᆞ이다."

호람휘 몽셩을 도라보아 쇼왈,

"광텬의 말이 이 ᄀᆞᆺᄐᆞ니 네 과연 양광(佯狂)ᄒᆞ미냐?

태위 ᄃᆡ왈,

"당숙(堂叔)의 말ᄉᆞᆷ이 쇼손(小孫)의 허랑블민(虛浪不敏)ᄒᆞ므로 양광으로 알아시니, 쇼손이 ᄌᆞ참황공(自慙惶恐)ᄒᆞ여 발명(發明)치 못ᄒᆞᄂᆞ이다."

ᄒᆞ더라. 이윽【65】고 셕반(夕飯)을 올니니 이의셔 진식(進食)ᄒᆞ고, 월ᄉᆡᆨ(月色)을 ᄯᅴ여 집에 도라와 존당의 혼뎡(昏定)홀ᄉᆡ, 연군쥐 태우를 ᄃᆡᄒᆞ여 질녀의 유신(有娠)ᄒᆞ믈 닐너 ᄉᆡᆼ남ᄒᆞ믈 죄오고, ᄒᆞ로도 셩홀 날이 업ᄉᆞ니 ᄌᆞ로 문병ᄒᆞ라 ᄒᆞᆫᄃᆡ, 태위 의모(義母)의 말ᄉᆞᆷ을 드ᄅᆞᄆᆡ 새로이 쇼연시를 염박(厭薄)ᄒᆞᄂᆞᆫ 의ᄉᆡ ᄀᆡᆼ가일층(更可一層)186)ᄒᆞ여 이의 ᄃᆡ왈,

"연가 흉믈(凶物)이 쇼ᄌᆞ를 타협(打頰)ᄒᆞ며 존당과 대인을 들먹여 흉언픿셜(凶言悖說)노 참욕ᄒᆞ던 ㅂㆎ 오히려 귀ᄀᆞ에 머므러ᄉᆞ오니, ᄌᆞ뎡이 비록 후ᄃᆡᄒᆞ믈 당부ᄒᆞ시나 쇼

---

184)ᄉᆞ뭇치다 : 사무치다. 통달하다.
185)ᄌᆞ의 : 하원광의 자(字).
186)ᄀᆡᆼ가일층(更可一層) : 어떤 정도 보다 한층 더함.

직 져를 딕치 아냐【66】셔 몬져 두골이 쌔리는 듯ᄒᆞ니, 졔 만일 사름의 념치(廉恥)이시면 쇼ᄌᆞ의 뜻을 알아 친측(親側)187)으로 츼오는 거시 올흐ᄃᆡ, 흉샹별믈(凶狀別物)이 녜의념치(禮義廉恥)는 싱각지 아니코, ᄌᆞ위의 위엄을 비러 쇼ᄌᆞ를 죽이고 긋치려 ᄒᆞ는 심슐(心術)이라. ᄋᆞ히(兒孩) ᄌᆞ뎡의 역졍(逆情)ᄒᆞᆫ 죄를 밧ᄌᆞ올지언뎡, 참아 흉인을 딕치 못ᄒᆞᆯ 줄을 고ᄒᆞ옵ᄂᆞ니, 복원 ᄌᆞ뎡은 ᄋᆞ히로쎠 져곳의 드러가라 닐ᄋᆞ지 마ᄅᆞ시고, 그 분산(分産)ᄒᆞ기를 기다려 남녀간(男女間) 싱ᄋᆞ는 쇼ᄌᆞ의 골육(骨肉)이니, 어믜 블인(不人)을 연좌(緣坐)188)치 아니 ᄒᆞ올지라. 연시의 신셰로 닐너도, 그 ᄀᆞᆺ튼【67】대악(大惡)이 능히 엇개 우희 머리를 보젼ᄒᆞ고, ᄐᆡ신(胎娠)189)의 경ᄉᆡ(慶事)이셔 '삼죵(三從)의 탁(託)'190)이 두렷ᄒᆞ미191) 젹지 아닌 복이라. 존당과 구고를 참욕(慘辱)ᄒᆞ며 가부를 타협(打頰)ᄒᆞᆫ 녀직 연시 쳐로 안한무ᄉᆞ(安閑無事)ᄒᆞᆫ 재 잇지 아니ᄒᆞ니, 이 쏘ᄒᆞᆫ ᄌᆞ뎡(慈庭)의 주시미라. 흉믈(凶物)이 《무어슬 ‖ 무어시》 부족ᄒᆞ여 쇼ᄌᆞ의 ᄌᆞ최를 기다려 서로 딕ᄒᆞ믈 원ᄒᆞ리잇가? 일마다 그 흉음(凶淫)ᄒᆞᆫ 욕홰(慾火) 고이토소이다."

국공 부뷔 혹ᄌᆞ 태우의 ᄆᆞ음을 블평ᄒᆞ여 다시 광증을 니르혈가 근심ᄒᆞ므로, 경식 왈,

"몽셩이 누월을 실셩발광(失性發狂)ᄒᆞ여 아모란 줄을【68】모로다가, 이제야 처엄으로 관소(盥梳)ᄒᆞ고 니러나니 가즁(家中)의 대경(大慶)이라. 일가친쳑과 닌니붕당(隣里朋黨)이 ᄒᆞᆫ가지로 하례ᄒᆞ니, 우리 즐거오미 싱셰의 오늘날ᄀᆞᆺ치 화연(和然)ᄒᆞᆯ 적이 업ᄉᆞ니, 원간 몽ᄋᆞ의 병근(病根)이 심화(心火)로 비로ᄉᆞ미니, 호령과 죄칙(罪責)을 밧으믈 수히 넉이지 말고, 우리의 이ᄀᆞᆺ치 넉이믈 거ᄉᆞ리지 말나."

연부인이 태우의 면목블견(面目不見)키로 결단ᄒᆞ는 말을 드르믹, 흉ᄒᆞᆫ 셩이 블 니러나듯 ᄒᆞ여, 고ᄃᆡ 태우를 숨킬듯 믜온 바의, 쏘 존고의 말솜이 여ᄎᆞᄒᆞ시니 익둛고 분ᄒᆞ믈 니긔지 못ᄒᆞ나, 초【69】공이 ᄌᆡ좌(在坐)ᄒᆞ고 구괴 엄졍(嚴正)ᄒᆞ니 셩악(性惡)을 발치 못ᄒᆞ고, 금영(金鈴)192)ᄀᆞᆺ튼 냥안(兩眼)의 눈믈을 흘니며 긴 입을 히로기다193)가, 문득 ᄀᆞᆯ오ᄃᆡ,

"몽셩이 관셔의 가 다려온 미인이 뎡듁쳥의 녀ᄋᆡ며 문양공쥬의 소싱이라 ᄒᆞ니[나], 임의 만나기를 네로 못ᄒᆞ여 ᄒᆞᆫ갓 쇼희(小姬)로 다려온 비니, 지위를 더 놉힐 거시 업

187)친측(親側) : 어버이의 곁. 친정.
188)연좌(緣坐) : 부자(父子), 형제(兄弟), 숙질(叔姪)의 죄로 무고하게 처벌을 당하는 일.
189)ᄐᆡ신(胎娠) : 아이를 뱀.
190)삼죵(三從)의 탁(託) : 삼종지도(三從之道). 예전에 여자가 따라야 할 세 가지 도리를 이르던 말. 결혼하기 전에는 아버지를, 결혼해서는 남편을, 남편이 죽은 후에는 자식을 따라야 하였다. ≪예기≫의 의례(儀禮) <상복전(喪服傳)>; 婦人有三從之義, 無專用道 故未嫁從父, 旣嫁從夫 夫死從子.
191)두렷ᄒᆞ다 : 뚜렷하다. 둥그렇다.
192)금영(金鈴) : 금방울. 금으로 만든 방울.
193)히로기다 : 실룩이다. 근육의 한 부분이 실그러지게 움직이다. 또는 그렇게 되게 하다

ᄉᆞ니, 이제 뎡시를 마ᄌᆞ미 별노 홀 거시 업ᄉᆞ니, 무ᄉᆞᆷ 대ᄉᆞ(大事)로오미194) 이시리오?"

초공이 ᄉᆞᆨ시냥구(熟視良久)의 왈,

"아지 못게라, 부인을 ᄂᆞ리와 나의 소셩지위(小星之位)로 두고, 몽징을 셔ᄌᆞ(庶子)로 닐ᄏᆞ라면 부인의 ᄆᆞᄋᆞᆷ이 엇덜【70】가 시브뇨?"

군쥐 초공을 ᄃᆡᄒᆞ여 언어슈작(言語酬酌)을 ᄒᆞᆫ 낙ᄉᆞ(樂事)로 알아, 분완(憤惋)ᄒᆞ던 ᄆᆞᄋᆞᆷ을 경긱의 프러, 흑면츄용(黑面醜容)195)의 청슌황치(青脣黃齒)196)를 빗최여, 우어 ᄀᆞᆯ오ᄃᆡ,

"쳡이 비록 샹공의 직실노 드러와시나 샹문ᄉᆡᆼ츌(相門生出)노 황가지엽(皇家枝葉)이라. 혁혁존귀(赫赫尊貴)ᄒᆞ미 윤부인 아ᄅᆡ 잇지 아니ᄒᆞ니, 하고(何故)로 소셩지위(小星地位)의 비쳔(卑賤)ᄒᆞᆷ믈 당ᄒᆞ리오. 혹ᄌᆞ(或者) 그런 변괴 이실진ᄃᆡ 쳡이 당당이 격고등문(擊鼓登聞)ᄒᆞ리이다."

초공이 이연(怡然) 쇼왈(笑曰),

"뎡시 신ᄉᆡᆼ지시(新生之時)의 부모를 니(離)ᄒᆞ여 누쳔니(累千里) 궁향(窮鄕)의 ᄡᅥ러져 쳔녀(賤女)의 휵양(慉養)을 밧으나, 금ᄎᆞ지시(今此之時) ᄒᆞ여ᄂᆞᆫ 【71】친ᄉᆡᆼ부모(親生父母)를 ᄎᆞᄌᆞ 도라오ᄆᆡ, 이 당당ᄒᆞᆫ 후ᄇᆡᆨ(侯伯)의 손이오, 왕공(王公)의 녀로, 션황뎨(先皇帝)의 외손(外孫)이오 금황뎨(今皇帝)의 ᄉᆡᆼ질(甥姪)이니, 가벌(家閥)이 송됴(宋朝)의 읏듬이라. 하고(何故)로 금ᄎᆞ지녈(金釵之列)을 몌오며, 져 뎡뷔 ᄯᅩ ᄯᆞᆯ을 가져 남의 소셩(小星)으로 도라 보ᄂᆡ랴? 이제 쇼연시를 츌(黜)ᄒᆞ고 뎡시를 존(尊)ᄒᆞ여 셩ᄋᆞ의 원비(元妃)라 칭ᄒᆞ면 부인이 원(怨)ᄒᆞᄂᆞᆫ ᄯᅳᆺ을 두려니와, 이ᄂᆞᆫ 그러치 아냐 쇼연시의 흉험극악(凶險極惡)ᄒᆞᆷ믈 믈시(勿視)ᄒᆞ야 ᄒᆞᆫ 구석197)의 두고, 뎡시로 ᄒᆞ야금 봉ᄉᆞ봉친(奉祀奉親)과 졉ᄃᆡ슈응(接待酬應)을 맛져, 몽셩으로 ᄒᆞ야금 환부(鰥夫)의 괴로오미 업고, 【72】종부(宗婦) 칙임이 다 뎡시의게 도라가, 일가의 ᄇᆞ라믈 슷지 말고져 ᄒᆞᄂᆞ니, 부인 ᄉᆞᆨ질이 쟝ᄎᆞᆺ 무어슬 ᄒᆞᆫ(恨)ᄒᆞ리오. ᄒᆞᆷ믈며 부부의 ᄉᆞ졍이란 거ᄉᆞᆫ 부귀와 위셰의 달니미 아니오, 인녁으로 못 홀 빅어ᄂᆞᆯ, 부인이 념치(廉恥) 인ᄉᆞ(人事) 업시 ᄋᆞ히를 즐타(叱打)ᄒᆞ여 호령ᄒᆞ니, 몽ᄋᆞ의 병이 드ᄃᆡ여 셩(盛)ᄒᆞ여시나, 부인이 스ᄉᆞ로 ᄭᆡ닷지 못ᄒᆞ고, 나의 심화를 도으미 만흐니, 아비ᄂᆞᆫ 아ᄃᆞᆯ 갓치 밋치든 아니 ᄒᆞ려니와, 비위를 뎡ᄒᆞ여 보지 못ᄒᆞᄂᆞᆫ 지경은, 내 몸이 그ᄃᆡ를 위ᄒᆞ여 《친뎡∥친뎐(親前)》을 ᄡᅥ날 길은 업ᄉᆞ니, 부【73】인이 셰(勢) 마지 못ᄒᆞ여 연부로 도라갈지라. 모로미 삼가고 조심ᄒᆞ여 년쟝삼십(年將三十)198)의 츌뷔(黜婦) 되지말나."

---

194)대ᄉᆞ(大事)롭다 ; 대수롭다.

195)흑면츄용(黑面醜容) : 검고 흉한 얼굴.

196)청슌황치(青脣黃齒) : 푸른 입술과 누런 이빨.

197)구석 : ①모퉁이의 안쪽. ②잘 드러나지 않는 치우친 곳을 속되게 이르는 말.

198)년쟝삼십(年將三十) ; 나이가 곧 삼십 세가 됨

셩음(聲音)이 화평(和平)ᄒᆞ고 ᄉᆡᆨ위(色威)[199] 유열(愉悅)ᄒᆞ여 친젼(親前)의 승안(承顔)[200]ᄒᆞ미 공슌(恭順)ᄒᆞ나, ᄌᆞ연ᄒᆞᆫ 긔운이 엄슉ᄒᆞ니, 연부인이 초공을 ᄃᆡᄒᆞᆯ 적마다 정혼(精魂)이 어리고, 긔이ᄒᆞ며 아름다오믈 니긔지 못ᄒᆞ니, 비록 몽징 등을 귀듕ᄒᆞ나, 맛ᄎᆞᆷᄂᆡ 초공의게 밋지 못ᄒᆞᆯ지라. 혹자 초공의 노ᄅᆞᆯ 만나 ᄉᆡᆼᄂᆡ(生來)의 서로 얼골의 ᄃᆡ치 못ᄒᆞᆯ가 그윽이 두리고 근심ᄒᆞ여, 눈믈을 흘니며 목이 몌여 왈,

"쳡이 샹공【74】을 우러ᄂᆞᆫ[201] 정셩이 슈유(須臾)ᄅᆞᆯ 블니(不離)코져 ᄒᆞ믄 신혼지시(新婚之時)로브터 여러 셰월의 ᄒᆞᆫ가지라. 샹공이 만일 관인(寬仁)ᄒᆞᆫ 덕이 이실진ᄃᆡ, 쳡의 졍을 혜아려 ᄉᆡᆼ젼의 기리 ᄯᅥ나지 말며, ᄉᆞ후(死後)의 동혈(同穴) 틧글이 되기ᄅᆞᆯ 긔약ᄒᆞᄂᆞᆫ 비어ᄂᆞᆯ, 엇지 참아 면목을 블견ᄒᆞᄂᆞᆫ 의ᄉᆞᄅᆞᆯ ᄂᆡ시ᄂᆞ뇨? 쳡이 질ᄋᆞ의 일ᄉᆡᆼ을 고렴(顧念)치 아니ᄒᆞ리니, 샹공은 놀나온 말ᄉᆞᆷ을 발치 마ᄅᆞ시고, 몽셩의 쳐쳡을 열히라도 모화 주쇼셔."

ᄒᆞ더라.

태위 ᄎᆞ일(此日)브터 조부와 부슉을 시침(侍寢)ᄒᆞ고, 인ᄒᆞ여 ᄒᆞᆫ ᄣᅢᄅᆞᆯ 믈너나지 【75】아냐, 부조(父祖) 면젼(面前)의셔 셔ᄉᆞᄃᆡ쟉(書寫代作)과 범ᄉᆞ슈응(凡事酬應)이 신능긔이(神能奇異)ᄒᆞ여, 아모 가찰(苛察)ᄒᆞᆫ 부형이라도 나모라 칙ᄒᆞᆯ 일이 업ᄉᆞ니, 츌텬(出天)ᄒᆞᆫ 셩회(誠孝) 지극ᄒᆞᆫ지라. 뉘 이ᄀᆞᆺ틋 위인으로ᄡᅥ 양광실셩(佯狂失性)을 의심ᄒᆞ리오.

국공의 과ᄋᆡ(過愛) 날노 더으고, 초공의 귀듕ᄒᆞ믄 텬눈 밧 자별(自別)ᄒᆞ며, 합문(闔門) 샹ᄒᆞ의 즐기미 ᄀᆞ득ᄒᆞᄃᆡ, 쇼연시 이ᄯᅢ ᄐᆡ신(胎娠) 칠삭(七朔)의 ᄇᆡᆨ병(百病)이 교침(交侵)[202]ᄒᆞ니, 흉쟝(凶壯)ᄒᆞᆫ 긔질이나 능히 쟈리ᄅᆞᆯ ᄯᅥ나지 못ᄒᆞ여, 듀야(晝夜)로 ᄌᆞ통(自痛)ᄒᆞ더라.【76】

---

199)ᄉᆡᆨ위(色威) : 기색(氣色)과 위엄(威嚴).
200)승안(承顔) : 웃어른의 얼굴빛을 살펴 섬김.
201)우러ᄂᆞᆫ : 우러르는. 우러러 받드는. *우러다; 우러르다. 마음속으로 공경하여 떠받들다
202)교침(交侵) : 잇달아 침노함.

윤하뎡삼문취록 권지이십삼

ᄎᆞ시 쇼연시 ᄐᆡ신(胎身) 칠삭(七朔)의 ᄇᆡᆨ병이 교침(交侵)ᄒᆞ니, 흉장(凶壯)ᄒᆞᆫ ᄀᆡ질이나, 능히 쟈리를 ᄯᅥ나지 못ᄒᆞ여 듀야(晝夜)로 ᄌᆞ통(自痛)ᄒᆞᄂᆞᆫ 즁, 태우의 ᄌᆞ최 님치 아니믈 ᄀᆞᆨ골분앙(刻骨憤怏)ᄒᆞ여, ᄆᆡ양(每樣) 황파의 손을 잡고 복향의 옷슬 다릐여[203], 눈물을 흘니고 졀치(切齒) 왈,

"이제 하군의 광증(狂症)이 나으ᄆᆡ, 존당구괴 그 ᄌᆡ취(再娶)를 밧비 넉인다 ᄒᆞ니, 반다시 뎡가 요녜 빙ᄎᆡ(聘采)[204] ᄇᆡᆨ냥(百輛)[205]으로ᄡᅥ 쳔승지녀(千乘之女)[206]의 부귀를 기우려 도라오리니, 용화긔질(容華氣質)이 고왕금ᄂᆡ(古往今來)의 독보(獨步)ᄒᆞ니, 취ᄉᆡᆨ경덕(取色輕德)ᄒᆞᄂᆞᆫ 무리, 뎡녀 밧【1】들기를 텬신(天神) ᄀᆞᆺ치 ᄒᆞ고, 날 박ᄃᆡᄒᆞ믄 더욱 참혹히 ᄒᆞ리라. 내 참아 그 거동을 보지 못ᄒᆞ리니 ᄒᆞᆫ 칼에 뎡녀를 질으며[207] 하군을 시험(試驗)ᄒᆞ여, 원(怨)을 풀고 ᄂᆡ 스ᄉᆞ로 죽으리라."

황패 간왈,

"쇼져ᄂᆞᆫ 슉녀의 덕을 빗ᄂᆡ샤 젼일을 ᄂᆔ웃ᄂᆞᆫ 다시 ᄒᆞ시고, ᄉᆞᄉᆡᆨ을 화평이 ᄒᆞ샤 ᄀᆞ만ᄒᆞᆫ 가온ᄃᆡ 긔모비계(奇謀秘計)를 운동ᄒᆞ샤, 뎡시를 함졍(陷穽)의 모라 너흐면 엇지 쾌치 아니리잇고?"

연시 뉴쳬ᄒᆞ여 ᄆᆞᄋᆞᆷ을 잠간 《징뎡∥진뎡(鎭定)》ᄒᆞ더라.

ᄎᆞ시 샹이 하몽셩의 병이 나으믈 드ᄅᆞ시고 젼직(前職)을 인임(仍任)[208]ᄒᆞ샤 ᄒᆡᆼ공찰직(行公察職)ᄒᆞ라 ᄒᆞ【2】시니, 태위 ᄉᆞ양치 못ᄒᆞ고 입궐 샤은(謝恩)ᄒᆞ니, 샹이 인견(引見)ᄒᆞ샤 그 병이 나으믈 크게 깃그샤, 옥ᄇᆡ(玉杯)의 향온(香醞)을 주시고 은총이 새

---

203)다릐다 : 당기다.

204)빙채(聘采) : 빙물(聘物). 납채(納采). 혼인례에서 정혼이 이루어진 증거로 신랑 집에서 신부집에 보내는 예물.

205)ᄇᆡᆨ냥(百輛) : '백대의 수레'라는 뜻으로, 『시경(詩經)』「소남(召南)」편, <작소(鵲巢)>시의 '우귀(于歸) 백량(百輛)'에서 유래한 말이다. 즉 옛날 중국의 제후가(諸侯家)에서 혼례를 치를 때, 신랑이 수레 백량에 달하는 많은 요객(繞客)들을 거느려 신부집에 가서, 신부을 신랑집으로 맞아와 혼례를 올렸는데, 이 시는 이처럼 혼례가 수레 백량이 운집할 만큼 성대하게 치러진 것을 노래하고 있다.

206)쳔승지녀(千乘之女) : 제후(諸侯)의 귀한 딸. *천승(千乘); '천 대의 병거(兵車)'라는 뜻으로, 제후를 이르는 말.

207)질으다 : 찌르다.

208)인임(仍任) : 재임용하는 관리를 전직(前職)에 그대로 임용하거나 기한이 다 된 관리를 그 자리에 그대로 남겨 둠.

로오니, 태위 돈슈(頓首) 샤은ᄒᆞ니라.

초공이 졔왕을 보고 튁일을 ᄌᆡ촉ᄒᆞ니 왕이 즉시 튁일ᄒᆞᄆᆡ 길긔 지격(只隔) 수슌(數旬)이라. 태위 됴당(朝堂)으로 도라와 튁일(擇日) 보(報)ᄒᆞ믈 알고, 이의 부젼(父前)의 고왈,

"ᄋᆞᄒᆡ 방일호신(放逸豪身)ᄒᆞᆫ 연고로 관셔힝도(關西行道)의 우연이 일쇼희(一小姬)를 다려온 ᄇᆡ 뎡부 녀ᄌᆡ니, 만일 니・양・경 삼비의 소ᄉᆡᆼ ᄀᆞᆺ틀진ᄃᆡ 거리ᄭᅵᆯ 거시 업ᄉᆞᄃᆡ, 이ᄂᆞᆫ 그와 달나 문양공쥬 소ᄉᆡᆼ이오, 문양은 역(逆)[209] 【3】 탁의 외손이니, 쇼ᄌᆡ 실노 이를 불힝이 넉이ᄂᆞᆫ ᄇᆡ라, 비록 대인이 흉적을 잡으샤 우흐로 국가의 위틱ᄒᆞ믈 덜고, 아ᄅᆡ로 원슈를 갑흐신 일이나. 쇼ᄌᆞ의 도린즉 션야야(先爺爺)의 지원극통(至冤極痛)이 조셰(早世) ᄒᆞ신 셜우믈 닛고, 흉적 원슈의 외증손(外曾孫)을 취ᄒᆞ미 크게 블가(不可)ᄒᆞᆫ지라. 쇼ᄌᆡ 존당과 대인의 명을 밧들 ᄲᅮᆫ이오, 간예(干預)치 아니미 맛당ᄒᆞ오ᄃᆡ, ᄎᆞ혼이 만분(萬分) 블힝ᄒᆞ오니 존당과 대인은 져 역탁의 외증손녀(外曾孫女)믈 ᄉᆡᆼ각지 못ᄒᆞ시ᄂᆞ니잇가?"

초공이 침음냥구(沈吟良久)의 왈,

"역탁이 비록 뎡 【4】 시의 외증죄(外曾祖)나, 듁쳥으로 더브러 혐극(嫌隙)이 우리 원슈로 알오미나 다라지 아닌지라. ᄎᆞ(此)에 뎡듁쳥이 김후를 할지흠 곳 아니러면, 삼위(三位) 션형(先兄)의 누셜(陋說) 즁 참망(慘亡)ᄒᆞ신 바를 신셜(伸雪)ᄒᆞᆯ 길히 업ᄉᆞᆫ지라. ᄒᆞ물며 흉적의 집이 문양의 외가로 뎡시의게 바로 외가됨과ᄂᆞᆫ 다ᄅᆞ나, 이를 범연이 닐을진ᄃᆡ 역탁의 외증손을 ᄋᆞ문의 속현ᄒᆞᆯ ᄇᆡ 아니로ᄃᆡ, 듁쳥지녀ᄋᆞ(之女兒)로 은인의 ᄉᆡᆼ지(生之)ᄒᆞᆫ ᄇᆡ오, 냥가 졍분이 지극ᄒᆞ므로 다시 인아(姻婭)의 의를 더으니, 이ᄂᆞᆫ 지극ᄒᆞᆫ 이ᄉᆡ(異事)오, 네 ᄯᅩ 관셔힝도의 쳔만 무심ᄒᆞ 【5】 고 쳔가의 ᄌᆞ식으로 알아 잉쳡(媵妾)[210]으로 다려오니, 비록 그 쥬표(朱表)[211]를 온젼이 ᄒᆞ미 이시나, 남녀 일실의 ᄃᆡᄒᆞ여 졍(情)을 통ᄒᆞᄆᆡ, 뎡시의 일ᄉᆡᆼ인즉 너의게 ᄆᆡ여 고락(苦樂)이 네 손에 이시니, 셜ᄉᆞ 듁쳥의 ᄯᆞᆯ이 아니오, 역탁의 바로 외손이라 ᄒᆞ여도, 영영 바리기ᄂᆞᆫ 젹블션(積不善)이 될 ᄃᆞᆺᄒᆞ니, ᄉᆞ셰(事勢) 이의 밋고 인연이 듕ᄒᆞᆫ 후ᄂᆞᆫ ᄒᆞᆯ일 업ᄂᆞ니, 네 아비 무지(無知) 블식(不識)ᄒᆞ나 ᄌᆞ식으로 ᄒᆞ야금 힝셰(行勢)키 어려온 일은 권치 아니ᄒᆞ리니, 오ᄋᆞᄂᆞᆫ 거리ᄭᅵ지 말나."

태위 ᄇᆡ샤(拜謝)ᄒᆞ고 다시 말을 아니터라.

---

209)역(逆) : 역적(逆賊). 자기 나라나 민족, 통치자를 반역한 사람

210)잉쳡(媵妾) : 예전에, 귀인에게 시집가는 여인이 데리고 가던 시첩(侍妾). 주로 신부의 질녀와 여동생으로 충당하였다. =잉희(媵姬).

211)쥬표(朱表) : 앵혈. 개용단・회면단・도봉잠 등과 함께 한국고소설 특유의 서사도구의 하나. 앵혈은 어려서 이것으로 여자의 팔에 점을 찍어두거나 출생신분을 기록해 두면, 남성과의 성적 결합을 갖기 전에는 지워지지 않는 효능을 갖고 있기 때문에, 주로 남녀의 동정(童貞) 여부를 감별하거나 부부의 성적 결합여부를 판별하는 징표로 사용되지만, 이에 못지않게 신분표지나 신원확인의 수단으로도 많이 활용되고 있다.

이러구러 길일이 다ᄃᆞ라【6】니, 왕이 큰 잔ᄎᆡ를 ᄀᆡ쟝ᄒᆞ여 일가친쳑을 졔회(齊會)ᄒᆞ고 신낭을 마ᄌᆞ며 신부를 보ᄂᆡᆯᄉᆡ, 비록 사치를 원슈ᄀᆞᆺ치 ᄒᆞ나 십ᄉᆞ년 아ᄃᆞᆨ히 일헛던 녀ᄋᆞ의 혼구(婚具)를 출히ᄆᆡ, 보화필ᄇᆡᆨ(寶貨疋帛)이 수를 알기 어렵더라. 궁인 등이 월염쇼져를 단장ᄒᆞ여 쳥즁(廳中)의 세우고 대례(大禮)212)를 습네(習禮)ᄒᆞᆯᄉᆡ, 남ᄌᆞ 녀인이 태원뎐의 모혀 관광(觀光)ᄒᆞᄆᆡ, 그 찬난ᄒᆞᆫ 광염(光艶)이 일실(一室)의 됴요(照耀)ᄒᆞ니, 어ᄃᆡ 고으며 무어시 빗치 나믈 창졸(倉卒)의 알니오. 다만 ᄒᆞᆫ업ᄉᆞᆫ 셔광(瑞光)이 됴요(照耀)ᄒᆞ야 쳥사(廳舍)를 ᄇᆞᆰ히니, 우연ᄒᆞᆫ 남의 ᄆᆞ음이라도 긔이(奇異)【7】ᄒᆞ믈 결을치213) 못ᄒᆞ거ᄂᆞᆯ, ᄒᆞ믈며 그 존당부모지심(尊堂父母之心)이리오.

금평후의 단엄침졍(端嚴沈靜)ᄒᆞᆷ과 졔왕의 슉엄(肅嚴)ᄒᆞ므로도 오ᄂᆞᆯ날 ᄯᆞᆯ의 용화긔질(容華氣質)을 보니, 만면 츈풍이 이연(怡然)이 삼츈뉴화(三春柳花)를 흔드ᄅᆡ여 아ᄅᆞᆷ다오며 두긋기믈 비길 곳이 업ᄉᆞᆫ지라, 평진왕 곤계와 하후 북ᄇᆡᆨ휘 다 이집 셔랑으로, 외연을 참예ᄒᆞ여 신부의 습의지네(習儀之禮)를 보고 협문(夾門)으로 도라가 신낭을 ᄉᆞ후(伺候)214)ᄒᆞ여 오려 ᄒᆞᄂᆞᆫ고로 ᄂᆡ헌의 드러왓ᄂᆞᆫ지라. 졔왕이 쥬슌(朱脣)의 호치(皓齒) 현츌(顯出)ᄒᆞ여 하후를 보아 왈,

"ᄌᆞ슌이 어룬다히 【8】네집의 안ᄌᆞ셔도 족히 나아가 슉당(叔堂)의 현알ᄒᆞᄂᆞᆫ 녜를 다ᄒᆞᆯ 거시어ᄂᆞᆯ, 두 곳으로 가로 헤질너215)몬져 습네(習禮)브터 본 ᄇᆡ 되니, 뭇건ᄃᆡ,

"아녜 져만ᄒᆞ여도 몽셩의 긔쳬(기체)216)를 소임ᄒᆞ미 외람치 아니ᄒᆞ랴?"

하휘 쇼이ᄃᆡ왈,

"쇼뎨 임의 녕녀(令女)의 비샹ᄒᆞ믈 알안지 오ᄅᆡᆫ지라. 엇지 오ᄂᆞᆯ날 새로이 무ᄅᆞ시ᄂᆞ뇨? 아질(我姪)이 ᄯᅩᄒᆞᆫ 범용 속뉴(俗流) 아니니, 대왕의 동상(東床)을 참예ᄒᆞ미 외람치 아니리이다."

왕이 웃고 진왕과 승샹을 도라보아 왈,

"ᄉᆞ원과 ᄉᆞ빈은 모로미 하부의 나아가 신낭을 위요(圍繞)217)ᄒᆞ여 도라오라."

진【9】왕이 쇼왈,

"ᄉᆞ이 지근(至近)ᄒᆞ니 요ᄀᆡᆨ(繞客)이 업서도, 신낭의 하리(下吏) 츄종만 ᄒᆞ여도 길흘 덥흘지라. 아등(我等)은 이의 이셔 신낭의 젼안(奠雁)ᄒᆞ고 신부를 마ᄌᆞ 가믈 본 후, 협문으로 조ᄎᆞ ᄇᆡᆨ일뎡의 드러가 연셕을 참예ᄒᆞ리라."

---

212)대례(大禮) : 혼례(婚禮)를 달리 이르는 말. 가문소설류에서 행해지는 사대부가의 혼례는, 신랑이 신부가에 가서 행하는 '전안례(奠雁禮)'와, 신랑이 신부를 친영(親迎)하여 돌아온 후, 신랑가에서 행하여지는 합근례(合巹禮)·교배례(交拜禮)·현구고례(見舅姑禮)로 이루어지는데, 대례는 주로 합근례와 교배례를 말한다.

213)결을치 : 결으지. 겨루지. 비교하지. *결으다; 겨루다. 다투다. 비교하다.

214)ᄉᆞ후(伺候) : 웃어른을 섬기는 일. 여기서는 상객(上客)이 되어 신랑을 데려오는 일.

215)헤지르다 : 헤집다. 헤집고 다니다. 이리저리 젖히거나 뒤적이고 다니다.

216)긔쳬(기체) :?

217)위요(圍繞) : 혼인 때에 가족 중에서 신랑이나 신부를 데리고 가는 사람. ≒상객(上客). 요객(繞客).

졔왕이 그러치 아니믈 닐너 ᄌᆡ촉ᄒᆞᄆᆡ, 진왕이 승샹과 북후로 더브러 협문으로 조ᄎᆞ 하부의 니ᄅᆞᄆᆡ, ᄎᆞ일 하승상이 대연(大宴)을 진셜(陳設)ᄒᆞ야 ᄂᆡ외 빈ᄀᆡᆨ을 대회(大會)ᄒᆞ고, 신낭을 보ᄂᆡ며 신부를 맛ᄂᆞᆫ 녜를 셩비(盛備)ᄒᆞ니, 긔구(器具)의 쟝녀홈과 믈ᄉᆡᆨ(物色)의 풍화ᄒᆞ믈 가히 다 닐ᄋᆞ지 못ᄒᆞᆯ너라. 【10】

ᄂᆡ외친권(內外親眷)218)과 닌니붕당(隣里朋黨)이 못기를 다ᄒᆞᄆᆡ, ᄇᆡᆨ일뎡 당즁의 쳥샤(廳舍)를 통ᄒᆞ여 금옥관면(金玉冠冕)219)과 ᄌᆞ포옥ᄃᆡ(紫布玉帶)220) 나열ᄒᆞᆫᄃᆡ, 일취던 넓은 당즁(堂中)의○[ᄂᆞᆫ] 웅쟝셩식(雄裝盛飾)221)으로 분면화안(粉面花顔)222)이 젼후좌우(前後左右)의 별 버ᄃᆞᆺᄒᆞ니223) 뉘 더 고으며 ᄆᆡ오믈 창졸의 아지 못ᄒᆞᆯ ᄇᆡ로ᄃᆡ, 윤부인이 텬연(天然)ᄒᆞᆫ 녜복(禮服)으로, 존고(尊姑)를 뫼시며 금장(襟丈)224)을 거ᄂᆞ려 빈ᄀᆡᆨ을 마ᄌᆞ 좌(坐)를 일우ᄆᆡ, 풍완호질(豊婉好質)이 션연쇄락(嬋娟灑落)ᄒᆞ여 츄공명월(秋空明月)이 만방의 광ᄎᆡ를 토ᄒᆞ고 츈텬양일(春天陽日)이 훈화(薰和)ᄒᆞᆫ 긔운을 ᄡᅳᆷᄂᆞᆫ ᄃᆞᆺ, 원산봉미(遠山鳳尾)225)ᄂᆞᆫ 텬ᄋᆡ졍ᄆᆡᆨ(天涯精脈)을 거두워 츄슈【11】졍신(秋水淨身)226)을 능만(凌慢)ᄒᆞ니, ᄒᆞ억ᄒᆞ고227) 슈려ᄒᆞ야 금분모란(金盆牡丹)이 동풍의 우ᄉᆞ며, 년지부용(蓮池芙蓉)이 향긔를 비왓ᄂᆞᆫ ᄃᆞᆺ, 녜듕(禮重)ᄒᆞ고 유법(有法)ᄒᆞ믄 견쟈(見者)로 ᄒᆞ야금 개용치경(改容致敬)ᄒᆞᆯ ᄇᆡ어ᄂᆞᆯ, 화(和)ᄒᆞᆫ 긔운은 ᄉᆞ좌(四座)를 감열(感悅)ᄒᆞ고, 어진 말솜은 인심을 진복(鎭服)ᄒᆞ야 쳔만인(千萬人)을 됴히 거ᄂᆞ릴 ᄃᆞᆺᄒᆞ니, 져마다 흠앙경복(欽仰敬服)ᄒᆞ야, 진짓 하상국의 ᄂᆡ샹(內相)이 되염즉다 ᄒᆞ거ᄂᆞᆯ, 경·임·위·양·진 등이 ᄉᆡᆨ염미질(色艶美質)이 서로 바ᄋᆡ여 228) 만좌 분면화ᄐᆡ(粉面花態)를 탈ᄉᆡᆨ(脫色)게 ᄒᆞ니, 뎡숙셩과 윤승샹부인은 뎡부의 가 신부를 다리고 오려 이의 잇지 【12】 아니ᄒᆞᄃᆡ, 즁ᄀᆡᆨ이 ᄎᆡᆨᄎᆡᆨ(嘖嘖) 칭션(稱善)ᄒᆞ여 절ᄉᆡᆨ묘염(絶色妙艶)은 하부의 다 모혓다 ᄒᆞᄂᆞᆫ 바의, 혜션공쥬 존고와 존당을 뫼셔 좌의 나ᄆᆡ, 휘황ᄒᆞᆫ 팔ᄎᆡ(八彩)229)와 찬난ᄒᆞᆫ 광염(光艶)이 태양승됴(太陽昇照)의 샹운(祥雲)을 멍에ᄒᆞᆫ ᄃᆞᆺ, 뇽풍옥골(龍風玉骨)230)이 뎨왕가(諸王家) 긔ᄆᆡᆨ(奇脈)을 니어 호호(皓皓)히 탈쇽(脫俗)ᄒᆞ며 의의(依依)히 청고(淸高)ᄒᆞ미 반졈 운무(雲霧) ᄀᆞ을 하ᄂᆞᆯ의 ᄡᅵ이지 아님 ᄀᆞᆺᄐᆞ니, 닐은 바, 화긔만면(和氣滿

---

218)ᄂᆡ외친권(內外親眷) : 아버지 쪽의 친척인 내친(內親)과 어머니 쪽의 친척인 외친(外親)을 아울러 이르는 말. =내외친(內外親).

219)금옥관면(金玉冠冕) : 금과 옥으로 장식한 갓과 면류관이란 말로 고위 관리를 비유적으로 이르는 말.

220)ᄌᆞ포옥ᄃᆡ(紫布玉帶) : 붉은 도포와 백옥 허리띠 차림의 고위관리를 이르는 말.

221)웅쟝셩식(雄裝盛飾) : 웅장하고 성대하게 치장한 장식(裝飾).

222)분면화안(粉面花顔) : 꽃처럼 화려하게 화장한 얼굴.

223)버다 : 벌다. 벌여있다. 늘어서다. *별 버ᄃᆞᆺᄒᆞ다: 밤하늘에 무수한 별들이 벌여있는 듯하다.

224)금장(襟丈) : =동서(同壻).

225)원산봉미(遠山鳳尾) : '먼 산의 봉황꼬리'라는 말로 '미인의 눈썹'을 형용한 말.

226)츄슈졍신(秋水淨身) : 가을 물과 같은 깨끗한 몸.

227)ᄒᆞ억ᄒᆞ다 : 흐벅지다. 탐스럽게 두툼하고 부드럽다.

228)바ᄋᆡ다 : 밤븨다. 빛나다. (눈이) 부시다.

229)팔ᄎᆡ(八彩) : '팔(八)'자 모양의 화장한 눈썹.

230)뇽풍옥골(龍風玉骨) : 용처럼 신비롭고 옥처럼 고결한 풍채.

面)이오 덕긔셩인(德氣聖人)이라.

만목이 공쥬 신샹(身上)의 어리여 칭도(稱道)ᄒᆞ며 경앙(敬仰)ᄒᆞ믈 마지아냐, 됴부인긔 놉흔 복경을 하례ᄒᆞ니, 됴부인이 사ᄅᆞᆷ이 복인이라 닐ᄏᆞᆷ 【13】곳 드ᄅᆞ면, 몬져 셕년 참변흉화(慘變凶禍)를 ᄉᆡᆼ각ᄒᆞ여 심쟝이 놀납고 또 뉼뉼췌췌(慄慄惴惴)231)ᄒᆞ여 두리온 의ᄉᆡ 니러나, 졔ᄀᆡᆨ의 하언(賀言)을 조ᄎᆞ 왈,

“쳡은 ᄒᆞᆫ낫 긔험(崎險)ᄒᆞᆫ 명되(命途)라. ᄒᆡᆼ혀 원광의 셩효를 의지ᄒᆞ고 윤현부의 귀히 밧드ᄂᆞᆫ 졍셩을 힘닙어, 지금 셰상을 뉴련(留連)ᄒᆞ나232) 영화부귀(榮華富貴) 소망(所望)의 과의(過矣)라. 몽셩이 내 집 큰 ᄋᆞᄒᆡ로 ᄉᆞ오삭을 광분질쥬(狂奔疾走)ᄒᆞ여, 필경 긔허(氣虛)ᄒᆞᄆᆡ 쟈리의 눕고 니지 못ᄒᆞ믈 보건ᄃᆡ, 또 엇지 오ᄂᆞᆯ이 이셔 ᄌᆡ취(再娶)ᄒᆞᄂᆞᆫ 경ᄉᆞ(慶事)를 쯧ᄒᆞ여시리오마ᄂᆞᆫ, 졔 부모의 심인혜턱(深仁惠澤)이 ᄋᆞ돌의게 밋처 ᄉᆞ병(死病) 【14】을 사라나니 233), ᄒᆡᆼ심극의(幸甚極矣)로ᄃᆡ, 사ᄅᆞᆷ이 쳡을 ᄃᆡᄒᆞ여 ‘유복(有福)’ 두 ᄌᆞ를 닐ᄏᆞ라면, 쳡의 심쟝이 놀납고 븟그러오믈 참지 못ᄒᆞᄂᆞ니, 제위(諸位) 친쳑은 쳡의 참연턴 흉화(凶禍)를 혜아려, 복인(福人)이라 닐ᄋᆞ지 마ᄅᆞ쇼셔.”

인ᄒᆞ여 쳑연(慽然) 하루(下淚)ᄒᆞ여 셕ᄉᆞ(昔事)를 늣기니, 윤・경・임・진・위・양 등 졔식뷔(諸息婦) 됴흔 말ᄉᆞᆷ으로 위로ᄒᆞ더니, 국공 부ᄌᆞ와 진왕과 윤승샹이 뎡부로 조ᄎᆞ 니르러 신낭 오기를 졔왕이 바얀다234) ᄒᆞ므로, 태우를 압세워 ᄂᆡ루(內樓)로 드러와 길의를 닙힐 ᄉᆡ, ᄎᆞ일 소연시ᄂᆞᆫ 병이 이셔 니러나지 못ᄒᆞ고 태우의 ᄌᆡ 【15】취(再娶)ᄒᆞ믈 듯고, ᄉᆞ실의셔 통읍뉴톄(慟泣流涕)ᄒᆞ고, 연군쥬ᄂᆞᆫ 윤부인으로 엇개를 년ᄒᆞ여 ᄌᆡ좌(在坐)러니, 태우의 길의 닙으믈 보고 면ᄉᆡᆨ(面色)이 블호(不好)ᄒᆞ여 눈믈이 비ᄀᆞᆺ치 ᄡᅥ러지니, 뎡국공 부부와 초공곤계 태우의 길복 가온ᄃᆡ 영풍옥골(英風玉骨)이 더옥 슈려(秀麗)ᄒᆞ믈 두굿겨, 화연(和然)이 웃다가 군쥬의 슬허ᄒᆞ믈 보고 만심(滿心)이 블열(不悅)ᄒᆞ여 말을 아니ᄒᆞ고, 다만 태우를 ᄌᆡ촉ᄒᆞ여 신부를 속히 마ᄌᆞ오라 ᄒᆞ니, 태위 존당부모긔 하직ᄒᆞ고 위의를 거ᄂᆞ려 뎡부로 향홀ᄉᆡ, ᄉᆞ이 너모 갓가온고로 잠간 도라 대로(大路)로 ᄒᆡᆼᄒᆞ 【16】여 뎡부의 니르러, 옥상(玉床)의 홍안(鴻雁)을 젼ᄒᆞ고, ‘텬디(天地)긔 녜ᄇᆡ(禮拜)’235)를 맛ᄎᆞᄆᆡ, 뎡녜부 등이 함쇼(含笑)ᄒᆞ고 ᄑᆞᆯ 미러 좌의 들ᄆᆡ, 졔왕곤계 희연 쇼왈,

“신낭이 이ᄀᆞᆺ치 발이 셜고, ᄉᆞ좌(四座)의 면목(面目)이 닉지 못ᄒᆞ려니와, 금일브터 옹셔지의(翁壻之義) 잇ᄂᆞᆫ지라. 모로미 서의(齟齬)ᄒᆞ여236) 말지어다.”

---

231)뉼뉼췌췌(慄慄惴惴) : 몹시 두려워 몸을 벌벌 떪.

232)뉴련(留連)ᄒᆞ다 : 차마 떠나지 못하고 머물러 있음.

233)사라나다 : 살려내다.

234)바야다 : 재촉하다. 서두르다.

235)텬디(天地)긔 녜ᄇᆡ(禮拜) : 서천지례(誓天地禮)라 한다. 신랑이 신부 집에 가 신부의 어머니에게 기러기를 드려 전안례를 행한 후, 천지신령에게 술을 올리고 배례(拜禮)하여 혼인을 서약(誓約)하는 의식을 말함.

236)서의(齟齬)ᄒᆞ다 : 서어(齟齬)하다. 익숙지 않아서 서먹하다. 낯이 설다.

태위 미미히 웃더라. 이의 신뷔 단장을 셩(盛)히 ᄒᆞ고 상교(上轎)ᄒᆞᄆᆡ, 태위 금쇄(金鎖)로 봉교(封轎)ᄒᆞ고 샹마(上馬)ᄒᆞ여 집의 도라와, 쳥즁의셔 합증[근]교ᄇᆡ(合卺交拜)를 파ᄒᆞᆫ 후, 조뉼(棗栗)을 밧드러 존당구고긔 팔ᄇᆡ대례(八拜大禮)[237]를 힝ᄒᆞᆯ ᄉᆡ, 존당구괴 만심환열(滿心歡悅)ᄒᆞ여 ᄋᆡ【17】듕(愛重)ᄒᆞᄂᆞᆫ ᄆᆞᄋᆞᆷ과 어엿븐 졍을 능히 결을[238]치 못ᄒᆞ니, 국공부뷔 겨유 팔ᄇᆡ대례(八拜大禮)를 파ᄒᆞ믈 기다려, 것히 나오혀 운환(雲鬟)[239]을 쓰다듬으며 옥슈(玉手)를 어라만져 왈,

“신부ᄂᆞᆫ 졔왕의 귀ᄒᆞᆫ 녀ᄌᆞ로 문양공쥬의 탄ᄉᆡᆼ이니, 황가지엽(皇家枝葉)과 명문ᄉᆡᆼ츌(名門生出)을 겸ᄒᆞ여 용화긔질(容華氣質)이 쳔ᄃᆡ(千代)의 무빵(無雙)ᄒᆞ고 셩힝녜뫼(聖行禮貌) 인뉴의 특이(特異)ᄒᆞ니, 엇지 몽셩의 외람ᄒᆞᆫ 쳐실이 아니리오. 일노 조ᄎᆞ 가되(家道) 챵셩(昌盛)ᄒᆞ믈 긔약ᄒᆞᄂᆞ니, 우리 무ᄉᆞᆷ 복으로 이ᄀᆞᄐᆞᆫ 셩녀슉완(聖女淑婉)을 슬하의 일위ᄂᆞ뇨?”

초공이 피셕 고왈, 【18】

“몽셩은 ᄒᆞᆫ낫 허랑(虛浪) 취ᄉᆡᆨ(取色)ᄒᆞᄂᆞᆫ 탕ᄌᆡ라. 쇼ᄌᆡ ᄆᆡ양 ᄇᆞ라ᄂᆞᆫ ᄇᆡ 특이ᄒᆞᆫ 슉완을 갈ᄒᆡ여, 누ᄃᆡ봉ᄉᆞ(累代奉祀)를 녕(領)ᄒᆞ며, 탕ᄌᆞ를 진압(鎭壓)ᄒᆞ여 가도(家道)를 슉연코져 ᄒᆞᄂᆞᆫ ᄇᆡ러니, 금일 신부를 보오니 쇼ᄌᆞ의 소망의 과의오, 몽셩의 외람ᄒᆞᆫ 쳐실이믈 ᄭᆡ닷ᄉᆞᆸᄂᆞ니, 부모의 젹덕여음(積德餘蔭)이 셩ᄋᆞ의게 밋처, 이 ᄀᆞᄐᆞᆫ 종부(宗婦)를 어드니, 이ᄂᆞᆫ 대인과 ᄌᆞ뎡의 주시미로소이다.”

국공이 긴 슈염을 어ᄅᆞ만져 희블ᄌᆞ승(喜不自勝) 왈,

“네 아비 비샹참화(非常慘禍)ᄒᆞ고 다쇼험ᄋᆡᆨ(多少險阨)ᄒᆞ여 사ᄅᆞᆷ의 견ᄃᆡ지 못ᄒᆞᆯ 지통(至痛)이 만흐므로, 오십여【19】년 셰간(世間)이 지리ᄒᆞ믈 ᄒᆞᆫᄒᆞᄂᆞᆫ ᄇᆡ러니, 오늘날 신부의 츌뉴긔이(出類奇異)ᄒᆞ믈 보ᄆᆡ, 사랏던 ᄇᆡ 실노 즐거온지라. 몽셩의 취쳐(娶妻) 잘ᄒᆞᆫ 효되(孝道) 크지 아니ᄒᆞ랴?”

초공이 ᄇᆡ샤(拜謝)ᄒᆞ니, 삼뎨와 윤승샹부인이 초공을 향ᄒᆞ여 몽셩의 샹젹(相敵)ᄒᆞᆫ ᄇᆡ우 만나믈 치하ᄒᆞ고, 만좌 듕빈이 눈으로ᄡᅥ 뎡쇼져를 ᄇᆞ라 황홀여취(恍惚如醉)ᄒᆞ믈 마지아녀, 입으로ᄡᅥ 뎡국공부부와 초국[공]부부긔 ᄒᆞ례ᄒᆞ니, 국공부부와 초공부뷔 좌슈우응(左酬右應)의 흔연 화답ᄒᆞ여, 쥬ᄀᆡᆨ(主客)의 즐기미 극ᄒᆞ니, 샹마다 호쥬셩찬(好酒盛饌)이 ᄀᆞ득ᄒᆞ【20】더라.

연부인이 신부를 보ᄆᆡ 믜오미 ᄀᆞᆨ골(刻骨)ᄒᆞ여 쥬찬의 ᄯᅳᆺ이 업시 블열(不悅)ᄒᆞ니, 윤부인이 그 심슐을 지긔(知機)ᄒᆞ나 ᄉᆞᄉᆡᆨ(辭色)지 아니코, 흔연이 연부인을 향ᄒᆞ여 쥬찬을 나오라 ᄒᆞᆫᄃᆡ, 연군쥐 마지 못ᄒᆞ나, 원간 식냥은 남다란 고로 임의 먹기를 시쟉ᄒᆞᄆᆡ 남기지 아니코 금은긔명(金銀器皿)[240]의 ᄀᆞ득ᄒᆞᆫ 화미진찬(華味珍饌)을 경ᄀᆡᆨ의 업시ᄒᆞ

---

237)팔ᄇᆡ대례(八拜大禮) : 혼례(婚禮)에서 신부가 신랑의 부모께 처음 뵙는 예(禮)인 현구고례(見舅姑禮)를 행할 때 여덟 번 큰절을 올렸다.

238)결을하다 : 생각이나 감정, 욕구 등을 억누르다

239)운환(雲鬟) : 여자의 구름처럼 탐스러운 쪽 찐 머리.

더라.

국공이 슉셩비를 도라보고 새로이 이경(愛慶)ᄒᆞ여 왈,

“현뷔 특이ᄒᆞᆫ 셩덕과 츌뉴ᄒᆞᆫ 긔질노 ᄋᆞ문의 쇽현(續絃)ᄒᆞ여, 방탕ᄒᆞᆫ 가부를 진압(鎭壓)ᄒᆞ고 위·양 이【21】부(二婦)와 칠창(七娼)을 은의(恩誼)로 거ᄂᆞ려, ‘쥬아(周雅)의 명풍(名風)’241)을 ᄯᅳ로니, 우리 부뷔 ᄆᆡ양 ᄋᆡ듕(愛重) 칭복(稱福)ᄒᆞᄂᆞᆫ 바의, 몽셩이 ᄯᅩ 뎡문 동상(東床)이 되여 신부의 특이ᄒᆞ미 현부의 아릭잇지 아니ᄒᆞ니, 은인(恩人)의 문(門)으로 조ᄎᆞ 셩녀명염(聖女名艶)이 ᄃᆡ를 년(連)ᄒᆞ여 우리 슬해 되니, 엇지 쳔고이ᄉᆡ(千古異事) 아니며, 몽셩이 신부를 긔특이 만나 금일 뉵녜(六禮)를 구힝(具行)ᄒᆞ미 ᄯᅩ ᄒᆞᆫ ᄒᆞᄂᆞᆯ이 뎡ᄒᆞᆫ 바 냥필(良匹)이 아니리오.”

슉셩비 피셕부복(避席俯伏)ᄒᆞ야 듯기를 다ᄒᆞᄆᆡ, ᄌᆡᄇᆡ(再拜) ᄉᆞ샤(謝辭)ᄒᆞ더라. 이러틋 즐기믈 다ᄒᆞᄆᆡ 일모도원(日暮途遠)ᄒᆞ니, 비로소 연파(軟派)ᄒᆞ【22】여 ᄂᆡ외빈ᄀᆡᆨ(內外賓客)이 취ᄒᆞᆫ 거술 븟들녀 각산기가(各散其家)ᄒᆞ고, 신부 슉소를 봉션뎡의 뎡ᄒᆞ여 도라보ᄂᆡ니, 윤승샹부인이 ᄒᆞᆫ가지로 봉뎡의 나아가 신부의 단장을 벗기며 편히 쉬기를 닐ᄋᆞ더라.

쵹(燭)을 년ᄒᆞ여 담화ᄒᆞ다가 뎡국공 부뷔 몬져 취침(就寢)ᄒᆞ니 초공 곤계 ᄯᅩᄒᆞᆫ 외헌의 나와 태우를 명ᄒᆞ여 신방(新房)으로 드려보ᄂᆡ니, 태위 이의 봉션뎡의 니르러 승당(昇堂) 입실(入室)ᄒᆞ니, 신뷔 긔이영지(起而迎之)ᄒᆞ여 동셔분좌(東西分坐)242)ᄒᆞᄆᆡ, 윤승샹 부인이 낭쇼(朗笑) 왈,

“연시의 힝ᄉᆡ 놀납고 너의 가ᄉᆡ 오히려 근심되미 만【23】흐니, 능히 념녀를 놋치 못ᄒᆞ리로다.”

태위 쇼이ᄃᆡ왈,

“뎡시 셜ᄉᆞ ᄋᆡᆨ(厄)이 ᄎᆞ악(嗟愕)ᄒᆞ나, 당시ᄒᆞ여 친당(親堂)을 ᄎᆞᄌᆞ 텬뉸(天倫)을 단원(團圓)ᄒᆞ고 쇼질의 쳐실노 도라와, ᄒᆞᄒᆞ며 낫븐 거시 업습ᄂᆞᆫ지라. 슉모ᄂᆞᆫ 일이 되여 가믈 보시고, 셩녀(聖慮)를 번거롭게 마ᄅᆞ쇼셔.”

부인이 역쇼왈(亦笑曰),

“모로미 가졔(家齊)를 잘ᄒᆞ여 어ᄌᆞ러온 일이 업게ᄒᆞ라.”

언흘(言訖)에 시ᄋᆞ 등으로 쵹을 잡히고 침쇼로 향ᄒᆞ니, 태위 긔이숑지(起而送之)ᄒᆞ고 쇼져를 ᄃᆡᄒᆞ여 희연(喜然) 쇼왈(笑曰),

---

240)금은긔명(金銀器皿) ; 금은으로 된 그릇.

241)쥬아(周雅)의 명풍(名風) : 중국 주(周)나라 문왕의 비(妃)인 태사(太姒)의 부덕(婦德)과 같은 훌륭한 가풍(家風)을 이르는 말. 곧 태사는 현모양처(賢母良妻)로 문왕을 잘 내조하여 성군(聖君)이 되게 하였는데, 특히 남편의 많은 후궁들을 덕으로 잘 거느려 화목한 가정을 이룬 일로, 후대의 무수한 글들에 그녀의 부덕이 칭송되고 있다.

242)동셔분좌(東西分坐) : 남자는 동쪽 여자는 서쪽으로 앉음(男東女西). 『예기』【상대기(喪大記) : 大夫之喪 主人坐于東方 主婦坐于西方(대부의 상례를 행할 때 상주[男]는 동쪽에 앉고 부인은 서쪽에 앉는다.)】

"관셔의셔 샹봉ᄒᆞ여 《남의녀졍‖남녀의 졍》을 ᄆᆡᄌᆞ미, 텬연(天緣)의 등한(等閑)치 아【24】니믈 ᄡᅵ다룰 ᄇᆡ어니와, 금일 뉵녜(六禮)룰 구힝(具行)ᄒᆞ여 당당ᄒᆞᆫ 졍실(正室)노 도라올 줄은 진실노 아지 못ᄒᆞ엿더니, 텬우신조(天佑神助)ᄒᆞ여 ᄌᆞ의 텬뉸을 단원ᄒᆞ고, 오문(吾門)의 ᄉᆞᆨ현ᄒᆞ여 법규룰 다ᄒᆞ니, 나의 깃브고 쾌ᄒᆞ믄 이밧게 나지 아니ᄒᆞᆫ지라. ᄌᆞ의 심시 ᄯᅩᄒᆞᆫ 즐거오며 쾌치 아니ᄒᆞ랴?"

쇼졔 묵연 브답ᄒᆞ니, 쵹영지하(燭影之下)의 그 광휘 더옥 찬난ᄒᆞ니, 태위 황홀(恍惚)ᄋᆡ듕(愛重)ᄒᆞ여 ᄲᅢ니 그 겻ᄒᆡ 나아 안ᄌᆞ, 옥비(玉臂) 셤슈(纖手)룰 어라만져 왈,

"사ᄅᆞᆷ이 부귀(富貴)ᄒᆞᆯᄉᆞ록 족ᄒᆞᆫ 줄을 아지 못ᄒᆞ여, 다흠[243] 영복(永福)을 ᄇᆞ란다 ᄒᆞ거니와, 당시【25】ᄒᆞ여 ᄌᆞ의 즐거오믄 데일○[을] 졈득(占得)ᄒᆞ여 만승지엽(萬乘枝葉)으로 쳔승지녜(千乘之女)라. 형뎨 번셩ᄒᆞ고 냥가 존당이 강건ᄒᆞ샤 슬하의 기리 뫼시기룰 긔약ᄒᆞᆯ ᄇᆡ니, 무어시 부족ᄒᆞ여 근심ᄒᆞᄂᆞᆫ ᄉᆡᆨ을 곰초지 못ᄒᆞ시ᄂᆞ뇨?"

쇼졔 ᄂᆞᄌᆞᆨ이 ᄃᆡ왈,

"쳡이 군ᄌᆞ의 거두워 도라오시믈 인ᄒᆞ여 텬뉸(天倫)이 단원(團圓)ᄒᆞ니, 가히 평ᄉᆡᆼ ᄒᆞᆫ이 업다 ᄒᆞ려니와, 십ᄉᆞ년을 아득히 모ᄅᆞ던 바룰 ᄉᆡᆼ각ᄒᆞᆯᄉᆞ록 쳡의 험흔명박(險釁命薄)[244]ᄒᆞ믈 놀나오니, 당시ᄒᆞ여도 깃브믈 아지 못ᄒᆞᄂᆞ이다."

태위 왈,

"쾌ᄒᆞ믈 ᄡᅵ닷지 못ᄒᆞ나 오ᄂᆞᆫ 복【26】을 기리 누려 ᄆᆞ음을 편히 ᄒᆞᆯ ᄲᅮᆫ이라. 엇지 단연(斷然)이 [245]지난 일을 ᄉᆡᆼ각ᄒᆞ여 슬프믈 삼으리오."

인ᄒᆞ여, 야심ᄒᆞ믈 닐ᄏᆞ라 쇼져의 옥슈(玉手)룰 닛그러 원앙금니(鴛鴦衾裏)[246]의 나아가 운우지졍(雲雨之情)을 일우니, 태우의 환흡(歡洽)ᄒᆞ미 산비히박(山卑海薄)ᄒᆞ더라. 북후의 졔희(諸姬) 신방을 규시(窺視)ᄒᆞ여 태우의 환흡(歡洽)ᄒᆞᆫ 졍ᄋᆡ(情愛)룰 혜아려, 영일뎡 가온ᄃᆡ 흉상박용(凶相薄容)을 ᄃᆡᄒᆞ여 비위룰 잡지 못ᄒᆞ던 거동으로 ᄂᆡ도ᄒᆞ믈 깃거ᄒᆞ더라.

계명의 신뷔 니러나 장소(粧梳)룰 잠간 일우고, 존당구고긔 ᄇᆡ알ᄒᆞᆯᄉᆡ, 존당구괴 새로이 【27】무ᄋᆡᄒᆞ니, 쇼졔 인ᄒᆞ여 머므러 효봉존당구고(孝奉尊堂舅姑)ᄒᆞ며 승슌군ᄌᆞ(承順君子)ᄒᆞ고 화우친쳑(和友親戚)ᄒᆞ니, 군쥐 영일뎡의 니ᄅᆞ러 질녀룰 붓들고 누쉬여우(淚水如雨) 왈,

"이제 뎡네 빙ᄎᆡ(聘采) ᄇᆡᆨ냥(百輛)으로 도라와, 존당의 ᄉᆞ랑을 엇고 몽셩의 은ᄋᆡ룰 낫고니, 너의 더러온 얼골과 져근 형셰(形勢)로 몽셩의 ᄆᆞ음을 두루혈[247] 길히 업ᄉᆞᆫ지라. 내 그윽이 황파로 더브러 호형과 의논ᄒᆞ고 뎡녀 업시ᄒᆞᆯ ᄭᅬ룰 일우고져 ᄒᆞ나, 능히

243)다흠 : 다만, 단지, 또한, 그저.
244)험흔명박(險釁命薄) : 운명이 얇고 험악하다.
245)단연(斷然)이 : 단연(斷然)히. 단정적으로.
246)원앙금니(鴛鴦衾裏) : 원앙을 수놓은 이불 속.
247)두루혀다 : 돌이키다.

견ᄃᆡ기 어렵도다."

쇼연시 뎡파의 햇블 ᄀᆞᆺ튼 냥안을 뒤룩이고248), 장ᄎᆞᆺ 대셩통곡(大聲痛哭)고져 ᄒᆞ니, 황【28】패 그 입을 ᄀᆞ리와 왈,

"노쳡이 듀야 ᄉᆡᆼ각ᄒᆞᄂᆞᆫ 바ᄂᆞᆫ 쇼져를 위ᄒᆞ여 젼졍을 영화롭고져 ᄒᆞ미니, 쇼져ᄂᆞᆫ 만ᄉᆞ를 파락(擺落)249)ᄒᆞ시고, 복ᄋᆞ(腹兒)를 보호ᄒᆞ샤 무ᄉᆞ히 분산(分産)ᄒᆞ기를 기다리시고, 아직 뎡쇼져의 춍셰와 권위를 결우려 마ᄅᆞ쇼셔. 노쳡과 복향이 이시니 본부 부인긔 의논ᄒᆞ여 긔모비계(奇謀秘計)250)로 뎡쇼져를 해ᄒᆞᆫ즉, 쥬군의 은졍이 ᄌᆞ연 셩긔고 존당 ᄉᆞ랑이 속졀업시 일흐미 되리니, 쇼져ᄂᆞᆫ 무익이 심ᄉᆞ를 번뇌치 마ᄅᆞ쇼셔."

쇼연시 눈물을 거두고 왈,

"어미와 복향의 말을 드ᄅᆞᆯ【29】ᄊᆡᄂᆞᆫ 흉금(胸襟)이 잠간 ᄉᆡ훤ᄒᆞᆫ 듯ᄒᆞ나, 뎡녀 요긔(妖氣) 년이 하군으로 더브러 은졍이 흔흡(欣洽)ᄒᆞ고 셰권(勢權)이 태산 ᄀᆞᆺᄐᆞᆷ을 ᄉᆡᆼ각ᄒᆞᄆᆡᄂᆞᆫ ᄋᆡ둘온 심쟝이 터질 듯ᄒᆞ니, ᄉᆞᄉᆞ로 발부투악(潑婦妬惡)의 일홈을 취ᄒᆞᆯ지라도 칼흘 빗기 ᄀᆞ라 뎡녀로브터 몽셩을 시험코져 ᄒᆞ노라."

황패 쳔만 위로ᄒᆞ니, 쇼연시 일노조ᄎᆞ 보치기를 긋치고, 연군쥬도 ᄯᅩᄒᆞᆫ 태우를 조로지 아니ᄒᆞ나, 뎡시를 본 적마다 믜워 ᄆᆡ달(妺妲)251)의 일뉴(一類)라 ᄭᅮ짓기를 마지 아니ᄒᆞᄃᆡ, 윤부인으로브터 졔인이 못 드ᄅᆞᆷ ᄀᆞᆺ치 칙망치 아니【30】ᄒᆞ고, 뎡쇼져의 인화관대(仁和寬大)홈과 효슌유열(孝順愉悅)ᄒᆞᆷ은 범용슉녀(凡庸淑女)252)와 ᄂᆡ도ᄒᆞᆫ 고로, 연부인의 흉험ᄒᆞᆫ ᄉᆞ식과 블초ᄒᆞᆫ 거동을 보며 드ᄅᆞᆯᄉᆞ록 온슌효우ᄒᆞ니, 연부인의 험악기로도 그 허물 잡을 도리 업ᄉᆞ니, 도로혀 긔특이 넉이더라.

하태위 뎡쇼져로 화락이 무흠ᄒᆞ나 번화(繁華)를 구ᄒᆞᄂᆞᆫ ᄆᆞ음으로 그윽이 샹·표 이 쇼져를 취코져 ᄒᆞᄃᆡ, 상태ᄉᆡ 아직 언두(言頭)의 셩네ᄒᆞᆷ을 닐오미 업고, 탕ᄌᆞ의 광질(狂疾)을 인ᄒᆞ여 냥녀의 혼네 일우미 쳣 ᄯᅳᆺ과 다ᄅᆞᆷ을 오히려 분완ᄒᆞ므로, 밧【31】비 셩혼코져 아니니, 상운광 등은 일월이 쳔연ᄒᆞ미 가치 아니ᄆᆞᆯ 고ᄒᆞᄃᆡ 응치 아니ᄒᆞᄂᆞᆫ지라. 하태위 상태ᄉᆞ의 ᄯᅳᆺ을 모ᄅᆞ고 굼거이 넉이나, 능히 혼인을 쳥치 못ᄒᆞ고 십분 참더라.

챠셜 경부의셔 호부인 모녜(母女) 구쇼져 슉아를 업시ᄒᆞ고 다시 문원을 죽이고져 ᄒᆞᄃᆡ, 능히 ᄯᅳᆺ을 일우지 못ᄒᆞ더니, 셰월이 여류(如流)ᄒᆞ여 구참졍부인 초긔(初忌)253) 머지 아니니 하시와 난아ᄂᆞᆫ 깃거ᄒᆞ나, 이ᄂᆞᆫ 윤샹국이 구참졍긔 셔찰을 브쳐 경부인 초긔 지난 후 권도로 셩네ᄒᆞᆷ을 의논ᄒᆞ니, 구참졍【32】이 경츄밀의 별셰ᄒᆞᆫ 흉음(凶

---

248)뒤룩이다 : 크고 둥그런 눈알이 힘 있게 움직이다. 또는 그렇게 되게 하다.

249)파락(擺落) : 털어 없앰.

250)긔모비계(奇謀秘計) : 기묘한 꾀와 비밀스러운 계책.

251)ᄆᆡ달(妺妲) : 중국 하(夏)의 마지막 황제 걸(桀)의 비(妃)인 매희(妺喜)와 주(周)의 마지막 황제 주(紂)의 비(妃) 달기(妲己)를 함께 이르는 말.

252)범용슉녀(凡庸淑女) : 평범한 여자. *여기서 숙녀는 보통 여자를 대접하여 이르는 말이다.

253)초긔(初忌) : 사람이 죽은 지 1년이 되는 날.

音)을 듯고 참통비졀(慘痛悲絶)ᄒᆞ미 ᄉᆞ랑ᄒᆞ던 아[254]을 상흠 ᄀᆞᆺ틀 ᄲᅮᆫ 아니라, 녀ᄋᆞ의 혈혈무탁(孑孑無託)[255]ᄒᆞᆫ 졍니를 더욱 슬허, 윤샹국의 권도(權道)로 셩녜(成禮)코져 ᄒᆞ미, 스ᄉᆞ로 쳥치 못ᄒᆞᆯ 지언뎡 ᄆᆞᄋᆞᆷ의 깃거, 회셔(回書)의 만구칭샤(滿口稱謝)ᄒᆞ여시니, 윤샹국이 드ᄃᆡ여 경부의 통혼ᄒᆞᆯ ᄉᆡ, 부인이 초벽을 보ᄂᆡ여 셩혼ᄒᆞᆯ 일을 통ᄒᆞ니, 초벽이 경부의 니ᄅᆞ러 윤샹국부인의 말ᄉᆞᆷ을 ᄀᆞᄌᆞᆨ히[256] 고ᄒᆞ니, 호시 쳑연(慽然) 함누(含淚) 왈,

“나의 죄앙(罪殃)이 미진ᄒᆞ여 일 녀식(女息)을 공연이 실니(失離)【33】ᄒᆞ여 ᄉᆡᆼ(死生)을 모ᄅᆞ니 참통ᄒᆞ미 극ᄒᆞ므로, 질ᄋᆞ를 친녀로 ᄆᆡᄌᆞ 슉질의 졍으로 모녀의 의를 겸ᄒᆞ여 여ᄉᆡᆼ(餘生)을 의탁고져 ᄒᆞ더니, 이제 존부의셔 셩네를 ᄌᆡ촉ᄒᆞ시니, 권도(權道)[257]로 ᄒᆡᆼᄒᆞ려니와, 이제 신의를 듕히 넉이샤 샹국이 브ᄃᆡ 질ᄋᆞ(姪兒)로ᄡᅥ 식부(息婦)로 츙수코져 ᄒᆞ시믜, 《져∥졍(情)》의 태산지의(泰山之意) 이실 ᄲᅮᆫ 아니라, 쇼괴(小姑) 쳔ᄃᆡ지하(泉臺之下)[258]의 함호결초(銜環結草)[259]ᄒᆞ리라.”

ᄒᆞ니, ᄒᆞᄅᆞᄂᆞᆫ ᄃᆞᆺᄒᆞᆫ 말ᄉᆞᆷ이 비졀(悲絶)ᄒᆞ고 위인이 요악(妖惡)ᄒᆞ니, 초벽이 춍명 특이ᄒᆞ므로 져 호시의 은악양션()隱惡佯善ᄒᆞ믈 거의 짐쟉ᄒᆞᄃᆡ, 【34】ᄉᆞᄉᆡᆨ(辭色)지 아니ᄒᆞ

254)아 : 아우. 동생.

255)혈혈무탁(孑孑無託) ; 의지(依支)할 곳 없는 외로운 처지.

256)ᄀᆞᄌᆞᆨ히 : 가지런히. (내용을) 잘 간추려서.

257)권도(權道) : 목적 달성을 위하여 그때그때의 형편에 따라 임기응변으로 일을 처리하는 방도.

258)쳔ᄃᆡ지하(泉臺之下) : 저승에서. *천대(泉臺); 저승.

259)함호결초(銜環結草) : ‘남에게 입은 은혜를 꼭 갚는다’ 의미를 가진 ‘함환이보(銜環以報)’와 ‘결초보은(結草報恩)’이라는 두 개의 보은담(報恩譚)을 아울러 이르는 말로, ‘남에게 받은 은혜를 살아서는 물론 죽어서까지도 꼭 갚겠다’는 보다 강조된 의미가 담긴 뜻으로 쓰인다. 그런데 이 작품에서는 ‘함환’을 ‘함호’로 표기하고 있어 이것이 ‘함환’의 단순한 오기(誤記)인지, 아니면 다른 뜻을 갖는 말인지를 판단하기가 쉽지 않다. 우선 두 보은담의 유래를 보면, ‘함환이보’는 중국 후한 때 양보(楊寶)라는 소년이 다친 꾀꼬리 한 마리를 잘 치료하여 살려 보낸 일이 있었는데, 후에 이 꾀꼬리가 양보에게 백옥환(白玉環)을 물어다 주어 보은했다는 남북조 시기 양(梁)나라 사람 오균(吳均)이 지은 『續齊諧記』의 고사에서 유래하였고, ‘결초보은’은 중국 춘추 시대에, 진나라의 위과(魏顆)가 아버지가 세상을 떠난 후에 서모를 개가시켜 순사(殉死)하지 않게 하였더니, 그 뒤 싸움터에서 그 서모 아버지의 혼이 적군의 앞길에 풀을 묶어 적을 넘어뜨려 위과가 공을 세울 수 있도록 하였다는 『춘추좌전』 <선공(宣公)>15년조(條))의 고사에서 유래하여, 그 출처가 분명하다. 우리나라에서는 두 고사성어 가운데 ‘결초보은(줄여서 ‘결초’)’이 널리 쓰여왔고 ‘함환이보(줄여서 ’함환’)’는 활발히 쓰여온 말이 아니다. 고소설에서는 ‘결초보은’ 또는 ‘결초’라는 말이 널리 쓰이는 가운데 이 작품에서처럼 ‘결초함호’ 또는 ‘함호결초’라는 말이 <명주보월빙><완월회맹연><임화정연><효의정충예행록> 등 여러 작품들에서 많은 예가 검색되고 있는데, ‘함환이보’나 ‘함환’은 검색되지 않는다. 따라서 ‘함호’를 ‘함환’의 오기라고 단정할 수는 없다. 그렇다면 ‘함호’와 ‘함환’은 같은 말로 볼 수밖에 없는데, 이를 전제로 함호의 뜻을 밝혀보면, ‘함’은 두 말의 음이 같기 때문에 다같이 ‘銜(함)’자로 보고, ‘環(환옥 환)’자가 갖고 있는 ‘玉(옥)’의 뜻을 갖는 글자를 ‘호’음을 갖는 글자 가운데서 찾아보면 ‘琥(서옥 호)’자가 있어, 이 ‘함호’를 ‘銜琥(함호)’로 볼 수 있지 않을까 하는 추측을 해볼 수 있다. 그러나 이 ‘銜琥’ 또한 각종 사전이나 고문헌 DB자료들에서 검색되지 않는 말이어서 ‘함호’를 ‘銜琥’의 표음으로 단정할 수 없다. 이 때문에 교주자는 ‘함호’를 ‘銜環’과 같은 뜻을 갖는 말의 표음으로 보아 ’함호‘로 전사(轉寫)하고 그 본디 말인 한자어는 그 본뜻을 밝혀 ’銜環‘으로 병기하기로 한다

고, 구쇼져○[를] 잠간 보고 가믈 청ᄒᆞ여, 왈,

"쳔쳡(賤妾)이 경부인 상츌시(喪出時)260)의 니ᄅᆞ러 쇼져를 수월을 븟드러 구호ᄒᆞ던 ᄇᆡ오니, 금일 잠간 뵈옵고져 ᄒᆞᄂᆞ이다."

호시 즉시 난아의 잇ᄂᆞᆫ 곳을 ᄀᆞᄅᆞ쳐, 친히 드러가 보라 ᄒᆞ니, 니유인(李孺人)261)이 즉시 가(假)구시의게 ᄇᆡ알ᄒᆞ니, 쇼져의 쳥아쇄락(淸雅灑落)ᄒᆞ며 빙쳥요라(氷淸姚娜)262) ᄒᆞᆫ 긔질은 젼자로 호리(毫釐)263) 다ᄅᆞ미 업ᄉᆞᄃᆡ, 슉아쇼져ᄂᆞᆫ 니유인의 지극ᄒᆞᆫ 졍셩을 깁히 갑흘 ᄯᅳᆺ이 이시ᄃᆡ, 언어를 ᄀᆞᄇᆡ야이 슈쟉ᄒᆞᄆᆡ 업고, 본적마다 윤부인 비ᄌᆡ오, 윤한님의 유랑이【35】라 ᄒᆞ여, 슈괴(羞愧)ᄒᆞ미 더으고, 힝혀도 눈 거듧ᄠᅥ 보미 업더니, 금일 당ᄒᆞ여 가구시를 보ᄆᆡ, 눈 두루기를264) 젼도(顚倒)히265) ᄒᆞ고, 동지(動止) 텬연(天然)치 못ᄒᆞ여 고은 빗출 나토고 븟그리ᄂᆞᆫ ᄉᆞᄉᆡᆨ을 짓ᄂᆞᆫ 형상이 현현(顯顯)ᄒᆞᆯ ᄲᅮᆫ 아니라, 젼일은 모상(貌相)266)의 ᄋᆡ훼(哀毁)ᄒᆞ고 빵안(雙眼)의 혈뉘(血淚) 어린 ᄃᆞᆺ ᄒᆞ더니, 당시ᄒᆞ여ᄂᆞᆫ 거ᄌᆞᆺ 비쳑(悲慽)ᄒᆞᆫ ᄉᆞᄉᆡᆨ(辭色)으로 뵈나 ᄀᆞᆨ골(刻骨) 셜우미 업ᄉᆞ니, 초벽이 그 달니 되여시믈 의아ᄒᆞ여 차셕ᄒᆞ나, 경시 구쇼져의 용모(容貌) 어음(語音)을 비러시믄 아지 못ᄒᆞ고, 이ᄃᆡ도록 고이히 되여시믈 탄ᄒᆞ여 사ᄅᆞᆷ이 ᄒᆞᆫ갈ᄀᆞᆺ기 어려【36】오나, 이ᄃᆡ도록 고이히 되여시믈 ᄋᆡ달나 ᄒᆞᄃᆡ, 감히 언두의 닐ᄋᆞ지 못ᄒᆞ고, 날호여 하직고 도라올 ᄉᆡ, 호시 니유인을 십분 관ᄃᆡ(寬待)ᄒᆞ며, ᄐᆡᆨ일ᄒᆞ여 윤부의 보ᄒᆞ니 지격수슌(只隔數旬)이라.

니유인이 도라와 길일이 수히 나믈 고ᄒᆞ고, 호부인과 구시를 보고온 바를 갓초267) 고ᄒᆞᄃᆡ 젼일(前日)ᄀᆞᆺ치 칭찬ᄒᆞ미 업ᄉᆞ니, 하부인이 문기고(問其故)ᄒᆞᆫ ᄃᆡ, 니유인이 ᄃᆡ왈,

"구쇼졔 젼일과 다ᄅᆞ미 만흐니 ᄀᆞ장 이샹ᄒᆞ더이다."

하부인이 초벽의 사ᄅᆞᆷ 보ᄂᆞᆫ 구슬268)이 ᄇᆞᆰ으믈 아ᄂᆞᆫ 고로, ᄎᆞ언을 드ᄅᆞᄆᆡ ᄀᆞ장 서운ᄒᆞᄃᆡ 강잉(强仍)269) 쇼【37】왈,

"다만 길긔 머지 아녀시니 우리 보면 알녀니와, 현블쵸간(賢不肖間) 바리지 못ᄒᆞ며 믈니치지 못ᄒᆞᆯ 혼ᄉᆡ니, 브졀업ᄉᆞᆫ 말을 다시 닐ᄋᆞ지 말나."

ᄒᆞ더라. ᄎᆞ일 호시와 난ᄋᆡ 즐거오믈 니긔지 못ᄒᆞ니, 교란이 빈미(嚬眉270)) 고왈,

---

260)상츌시(喪出時) : 상가(喪家)에서 상여가 떠나는 때.
261)유인(孺人) : 벼슬이 없는 사람의 아내를 이르는 말.
262)빙쳥요라(氷淸姚娜) : 얼음처럼 맑고 고움.
263)호리(毫釐) : 자나 저울눈의 호(毫)와 이(釐)를 뜻하는 말로, 매우 적은 분량을 비유적으로 이르는 말.
264)두루다 : 돌리다.
265)젼도(顚倒)히 : 넘어지듯이, 급하게. 다급히. *전도(顚倒) : 엎어져 넘어지거나 넘어뜨림. 또는 그러한 상태.
266)모상(貌相) : 모양(模樣).
267)갓초 : 빠지지 않게 갖추어. *갓초다; 갖추다.
268)구슬 : 구슬. 여기서는 '눈알'을 비유적으로 이르는 말.
269)강잉(强仍) : 억지로 참음. 또는 마지못하여 그대로 함.

“쇼비 그윽이 니유인의 긔쇡을 숣피건ᄃᆡ, 젼일은 구쇼져를 경앙(敬仰)ᄒᆞ더니 금일○[은] 쇼져를 닉이 보아 ᄀᆞ장 미안지쇡(未安之色)이 이시니, 이는 반다시 쇼져의 위의 긔샹이 구쇼져와 ᄀᆞᆺ지 못ᄒᆞᆫ 연괴라. 용모와 셩음은 구쇼져로 다ᄅᆞ미 업ᄉᆞ나, 픔질이 ᄂᆡ도이 다라믈 의려(疑慮)ᄒᆞ【38】미로소이다.”

호시 뎡파의 ᄀᆞ장 의려ᄒᆞ나, 길일이 갓가오므로 혼슈를 출히노라 타ᄉᆞ(他事)의 념(念)이 업ᄉᆞ니, 오회(嗚呼)라! 경츄밀의 지현지덕(至賢至德)으로뻐 호시 ᄀᆞᆺᄐᆞ니를 취ᄒᆞ여 난아 ᄀᆞᆺᄐᆞᆫ 녀ᄌᆞ를 나흐니, 엇지 이샹ᄒᆞᆫ 변괴 아니리오. ᄒᆞᆫ갓 경가의 변괴 ᄲᅮᆫ 아니라, 엄・쳘・구 등의 ᄋᆡᆨ회(厄會)로 인ᄒᆞ야 윤부를 어ᄌᆞ러이려 난 빈니, 텬의(天意)며 명쉬(命數)라.

이러구러 길일이 다ᄃᆞ라미, 호시 범구(凡具)를 경졔ᄒᆞᆯ지언뎡, 빈긱을 쳥치 아니ᄒᆞ고, 다만 ᄉᆞ지노ᄌᆞ(事知奴子)[271]를 명ᄒᆞ여, 젼안(奠雁)ᄒᆞᆯ 긔구(器具)를 출히라 ᄒᆞ더니, 구【39】공의 족질 구학ᄉᆡ 집을 직히여 봉ᄉᆞ(奉祀)를 밧들며 범ᄉᆞ(凡事)를 치찰(治察)ᄒᆞ여, 구참정긔 친ᄌᆞ질(親子姪) ᄀᆞᆺᄐᆞᆫ 경셩이 이시므로, 구쇼져의 형영(形影)이 묘연(杳然)ᄒᆞ고 경가 요믈(妖物)이 슉아의 얼골을 빌며 셩명을 곳쳐 윤가로 도라가믄 아지 못ᄒᆞ고, 당당이 구쇼져의 혼인으로 알아, 경부 외헌의 니르러 비복으로 ᄒᆞ야금 호시긔 말솜을 젼ᄒᆞ여, 혼슈를 비록 예셔 출히나, 상가의 신낭이 니ᄅᆞ러 젼안(奠雁)ᄒᆞ미 블안ᄒᆞ니, 쇼져를 구부로 다려가 셩네ᄒᆞ믈 쳥ᄒᆞ니, 호시 ᄉᆞ졍(私情)으로 닐을진ᄃᆡ ᄌᆞ긔 녀ᄋᆞ【40】로뻐 ᄂᆡ도ᄒᆞᆫ 구학ᄉᆞ를 맛져 길녜를 일우게 아닐 거시로ᄃᆡ, 영영(永永)이 사ᄅᆞᆷ의 의심을 일위지 아니려 ᄒᆞᄂᆞᆫ 고로, 일어(一語)의 쾌허ᄒᆞ야 길일의 난ᄋᆞ를 구부로 보닐ᄉᆡ, 귀에 다혀 밀밀ᄒᆞᆫ 셰에(細語) 다 음참극악지셜(淫僭極惡之說)[272]이라.

난ᄋᆡ ᄯᅩᄒᆞᆫ 모친의 외로오믈 슬허 아니코 다만 부탁ᄒᆞᄂᆞᆫ ᄇᆡ, 문원 죽이믈 당부ᄒᆞ더니, 문원공지 잠간 드러와 죵ᄆᆡ(從妹)를 볼 ᄉᆡ, 근ᄂᆡ 그 힝ᄉᆡ 그룻 되믈 크게 고이히 넉이며, 계모의 슉아 ᄉᆞ랑이 젼일 난아 귀듕홈과 ᄀᆞᆺᄐᆞ믈 더옥 이샹이 넉이나, 셰간(世間)의 변용(變容)ᄒᆞᄂᆞᆫ 【41】약이 이시믄 아지 못ᄒᆞ므로, 난ᄋᆡ 밧고여 슉ᄋᆡ 되고, 슉아ᄂᆞᆫ 그림ᄌᆞ도 업ᄉᆞ믈 ᄭᆡ닷지 못ᄒᆞ니, 오직 참연(慘然) 쳬루(涕淚) 왈,

“져져(姐姐)의 길셕(吉席)을 당ᄒᆞ여, 쇼뎨 더옥 심담(心膽)이 븡열(崩裂)ᄒᆞ믈 ᄭᆡ닷지 못ᄒᆞᄂᆞ니, 수년지ᄂᆡ(數年之內)의 냥가 인ᄉᆡ(人事) 이ᄃᆡ도록 변역(變易)ᄒᆞᆯ 줄 알아시리잇가? 죄뎨(罪弟) ᄆᆡ져(妹弟)를 실산(失散)ᄒᆞ여 거쳐존망(去處存亡)을 아지 못ᄒᆞ고, 죵ᄆᆡ 오늘날 윤부로 도라가시미, 편친(偏親)의 참졀(慘切)ᄒᆞ신 회포를 뉘 능히 위로ᄒᆞ리오.”

ᄒᆞ며 슬허ᄒᆞ니, 난ᄋᆡ ᄯᅩᄒᆞᆫ 함누(含淚) ᄂᆡ별ᄒᆞ고, 취교의 올나 구부로 나아가니, 구학ᄉᆞ부뷔 마ᄌᆞ 십분 【42】ᄋᆡᄃᆡ(愛待)ᄒᆞ고 빈긱을 모화 신낭을 마ᄌᆞ며 신부를 보닐 ᄉᆡ,

---

270)빈미(嚬眉 : 눈살을 찌푸림.
271)ᄉᆞ지노ᄌᆞ(事知奴子) : 일을 잘 아는 종.
272)음참극악지셜(淫僭極惡之說) : 음란하고 악랄한 말.

이늘 윤부의셔 승샹이 구시의 혈혈무탁(孑孑無託)흔 졍니(情理)를 슬피 넉여, 비록 권도로 밧비 거두워 슬하의 두고져 ᄒ나, 기실은 그 ᄌ모의 삼상을 맛고 도라옴만 ᄀ지 못ᄒ게 넉이므로, 크게 셜연ᄒ여 즐기미, 신부의 심ᄉ(心思)를 싱각지 아니미라. 다만 즁당(中堂)의 돗글 열어 화촉지녜(華燭之禮)만 출히고 일가 강근지친(强近之親)만 청ᄒ야 신부 보는 녜를 간냑히 ᄒ고, 날이 느ᄌ믈 인ᄒ야 호람휘 ᄌ질을 거ᄂ려 드러와 길복을 닙힐ᄉᆡ, 텰쇼졔 임의 길【43】의를 친집ᄒ야 ᄎᄌ믈 응ᄒ고, 진왕의 명으로 길복을 드러 한님을 닙힐ᄉᆡ, ᄉ긔(辭氣)273) 안뎡(安靜)ᄒ고 동지(動止) 화열(和悅)ᄒ니, 존당 슉당이 ᄋᆡ경(愛敬) 칭도(稱道)274)ᄒ고 듕빈(衆賓)이 흠션(欽羨) 탄복(歎服)ᄒ더라.

윤한님이 길복(吉服)을 ᄀ초고 존당의 하직흔 후, 위의를 거ᄂ려 구부로 향홀ᄉᆡ, 녈후군공(列侯郡公)275)이 ᄀ득히 요긱(繞客)이 되미, 쟝녀(壯麗)흔 위의(威儀) 대로의 덥혓고, 관시재(觀視者) 칭션ᄒ더라. 이의 구부의 니ᄅ러 젼안지녜(奠雁之禮)를 맛ᄎᆞ미, 구학ᄉ 풀 밀어 좌의 나아가미, 츄연(惆然)이 개용(改容) 왈,

"달평이 기러기를 이 문(門)의 젼ᄒᆞ듸 족슉【44】이 만니(萬里) ᄒᆡ외(海外)의 뉴찬(流竄)ᄒ시고, 경슉뫼 기셰ᄒ샤 이 ᄀ튼 쾌셔(快壻)를 보지 못ᄒ시니, 아심이 비창(悲愴)ᄒ믈 니긔○[지] 못ᄒᄂ니, 달평은 대현이라, 족슉(族叔)의 만니 ᄒᆡ외의셔 아으라이 ᄇ라시는 졍니를 슬피 넉여, 족ᄆᆡ(族妹)를 기리 안한(安閒)케 홀지어다."

한님이 ᄃᆡ왈,

"쇼뎨 비록 구합하의 지우를 감격ᄒ나, 구시 만일 칠거지악(七去之惡)이 업술진ᄃᆡ, 형의 당부를 기다리지 아냐셔 편히 ᄃᆡ졉고져ᄒᄂ니, 형은 사ᄅᆞᆷ의 길흉을 되여감만 보쇼셔."

즁빈이 신낭의 긔특흔 바를 하례홀ᄉᆡ, 구【45】학ᄉ를 향ᄒ여 족ᄆᆡ부(族妹夫) 어드미 쾌ᄒ믈 닐ᄋ고, 구공으로 교계(交契) 심후(深厚)ᄒ던 쟈는 칭하ᄒ는 글을 지어 구공의게 븟치니라.

이의 신뷔 샹교(上轎)홀ᄉᆡ, 구학ᄉ ᄂᆡ루의 드러와 난아를 보닐ᄉᆡ 진짓 ᄌ가의 족ᄆᆡ로 알아, 슬픈 심ᄉ를 위ᄒ여 츄연 왈,

"족ᄆᆡ 이제 경부를 써나미 경부인 목묘(木廟)를 경부의 머므르미 가치 아니니, 이의 뫼셔 도라와 젼일 ᄉ환(使喚)276)ᄒ던 비복(婢僕)으로 ᄒ야금 종상(終喪)을 가음알게 ᄒ미 편당(便當)타."

273)ᄉ긔(辭氣) : 말과 기색(氣色)을 아울러 이르는 말. =사색(辭色)

274)칭도(稱道) : 입으로 칭찬하여 말함.

275)녈후군공(列侯郡公) : 제후(諸侯)와 군공(郡公)을 아울러 이르는 말. *군공(郡公); 고려 문종 때에 둔, 오등작(五等爵)의 첫째 등급. 품계는 종이품으로 식읍(食邑) 2,000호(戶)를 주었다.

276)ᄉ환(使喚) : ①심부름을 함. 또는 심부름을 시킴. ②관청이나 회사, 가게 따위에서 잔심부름을 시키기 위하여 고용한 사람.

ᄒᆞ니, 난ᄋᆡ 거즛 츄연ᄒᆞ여 그리ᄒᆞ믈 말ᄒᆞ니, 학ᄉᆡ 위ᄅᆞᄒᆞ여 뎡의 올니ᄆᆡ, 【46】 윤한님이 슌금쇄약(純金鎖鑰)을 가져 봉교(封轎)ᄒᆞ고, 샹마(上馬)ᄒᆞ여 부즁(府中)으로 도라와 즁쳥(中廳)의셔 독좌(獨坐)를 파ᄒᆞ고, 한님이 츌외(出外)ᄒᆞᄆᆡ, 신뷔 잠간 단장을 곳쳐 존당구고긔 빈알코져 ᄒᆞ더니, 승샹이 초벽을 명ᄒᆞ야,

"구부 양낭(養娘) 시녀(侍女)의게 닐러 신부의 웅쟝셩식(雄裝盛飾)[277]을 덜고, 쳔연(天然)ᄒᆞᆫ[278] 녜복(禮服)으로 폐ᄇᆡᆨ(幣帛)을 믈니치고, 단ᄇᆡ(單拜)로 현알(見謁)ᄒᆞ라."

ᄒᆞ니, 난ᄋᆡ 져의 호화코져 ᄒᆞᄂᆞᆫ 뜻과 다ᄅᆞ믈 ᄋᆡ달나 ᄒᆞ나, 엄구의 명ᄒᆞ시믈 거역지 못ᄒᆞ야, 금샹취삼(錦裳翠衫)[279]으로 존당구고긔 단ᄇᆡ 현알ᄒᆞᄆᆡ, 용화긔질(容華氣質)과 뉴미셩안(柳眉聖顔)이 긔묘 【47】 ᄒᆞ여, 그림 가온ᄃᆡ 신션(神仙)이니 즁ᄀᆡᆨ(衆客)이 져마다 한님의 쳐궁이 유복ᄒᆞ믈 닐ᄏᆞ라 치하ᄒᆞ니, 위태부인과 뉴부인은 일견의 ᄉᆞ랑ᄒᆞᄂᆞᆫ 경을 동(動)ᄒᆞ나 승샹의 됴심경안광((照心鏡眼光)[280]과 하부인의 지인(知人)ᄒᆞᄂᆞᆫ 영감(靈感)으로ᄡᅥ 신부를 보ᄆᆡ 그 속이 어지지 아니믈 혜아려, 밧비 보고져 ᄒᆞ던 의ᄉᆡ 주러져 반졈 깃브지 아니나, ᄉᆞᄉᆡᆨ(辭色)지 아니코 무ᄋᆡ(撫愛)ᄒᆞ여 그 잔잉ᄒᆞᆫ[281] 졍니를 슬피 넉이고, 텰시를 블너 압히 니르ᄆᆡ, 년ᄋᆡ(憐愛) 왈,

"내 ᄋᆞ히 현부ᄂᆞᆫ 몬져 취ᄒᆞ고 구시ᄂᆞᆫ 몬져 빙(聘)ᄒᆞᆫ지라. 피ᄎᆞ 명문일ᄆᆡᆨ(名門一脈)이니 션후 【48】 를 의논ᄒᆞᆯ 거시 업고, 현부의 슉ᄌᆞ 인픔이 '쥬아(周雅)의 셩ᄉᆞ(盛事)'[282]를 ᄯᆞ롤 ᄇᆡ오, 신부ᄂᆞᆫ 총오혜일(聰悟慧逸)ᄒᆞ니 서로 화우(和友)ᄒᆞ여 가되(家道) 기리 챵ᄒᆞ믈 보게 ᄒᆞ라."

ᄒᆞ니, 승샹의 이 말ᄉᆞᆷ이 구시로ᄡᅥ 원비(元妃)라 아니코, 은은이 텰시로 ᄒᆞ야금 구시와 좌ᄎᆞ(座次)를 ᄀᆞᆺ게 ᄒᆞ야, 챵닌의 듕궤(中饋)[283]를 텰시로 가음알게 ᄒᆞ미 구시의 위인이 간힐(奸黠)ᄒᆞ믈 지ᄂᆡ여 보지 아니ᄒᆞ여시ᄃᆡ, 구공의 어질기로ᄡᅥ ᄯᆞᆯ을 그릇 나하 알아보지 못ᄒᆞ여, 챵닌의 ᄇᆡ우(配偶)를 청턴 바를 이샹이 넉이고, 첫 뜻은 구시를 취ᄒᆞ야 당당이 원 【49】 비로 닐ᄏᆞ라, 텰시 비록 긔특ᄒᆞ나 임의 ᄌᆡ실노 취ᄒᆞ믈 쳘후다려 닐너시니, 일개 다 텰시ᄂᆞᆫ 한님의 ᄌᆡ실(再室)노 알아미 되어시니, 새로이 위호(位號)를 ᄂᆞᆺ초ᄂᆞᆫ 일이 아닌 고로, 이의 구시를 셤기라 닐ᄋᆞ고져 ᄒᆞ엿다가, 금일 구시를 보ᄆᆡ, 참아 블인요녀(不人妖女)로ᄡᅥ ᄋᆞᄌᆞ의 원비를 존치 못ᄒᆞ고, 텰시로 ᄒᆞ야금 져의 졀졔를 밧지 못ᄒᆞ게 ᄒᆞ야, 짐즛 션후 ᄎᆞ례를 분명이 닐ᄋᆞ지 아니니, 호람휘 엇지 승샹의 뜻을

---

277)웅쟝셩식(雄裝盛飾) : 웅장하고 성대하게 치장한 장식(裝飾).

278)쳔연(天然)ᄒᆞ다 ; 수수하다. 물건의 품질이나 겉모양, 또는 사람의 옷차림 따위가 그리 좋지도 않고 나쁘지도 않고 제격에 어울리는 품이 어지간하다.

279)금샹취삼(錦裳翠衫) : 무색의 비단 치마와 비취색 적삼 차림.

280)됴심경안광(照心鏡眼光) : 상대방의 마음을 비추는 거울과 같은 눈빛.

281)잔잉ᄒᆞ다 : 자닝하다. 애처롭고 불쌍하여 차마 보기 어렵다.

282)쥬아(周雅)의 셩ᄉᆞ(盛事) : 중국 주(周)나라 문왕의 비(妃)인 태사(太姒)가 현모양처(賢母良妻)로 문왕을 잘 내조하여 성군(聖君)이 되게 하였는데, 특히 남편의 많은 후궁들을 덕으로 잘 거느려 화목한 가정을 이룬 일을 두고 이르는 말임.

283)듕궤(中饋) : 안살림 가운데 음식에 관한 일을 책임 맡은 여자. ≒주궤(主饋).

모로리오. 이의 뎔시와 신부를 다 압히 나아오라 ᄒᆞ여, 왈,

"너의 다 ᄉᆞ문녀【50】엽(士門餘葉)이오, 명가지츌(名家之出)노 ᄒᆞᆫ 사ᄅᆞᆷ을 셤겨 ᄇᆡᆨ년(百年)[284]의 거취(去就)를 일체로 ᄒᆞ고, 우락(憂樂)을 ᄀᆞᆺ치 ᄒᆞ리니, 엇지 그 졍이 동긔(同氣)의 더으지 아니리오. 모로미 션후 ᄎᆞ례를 의논치 말고 금일노브터 '황영(皇英)의 ᄌᆞᄆᆡ(姉妹)'[285]ᄀᆞᆺ치 ᄒᆞ라."

뎔시와 신뷔 ᄇᆡ샤슈명(拜謝受命)ᄒᆞ야, 몸을 두루혀 서로 녜ᄒᆞ니, 진왕이 함쇼(含笑) 고왈,

"챵닌의 쳐실이 굿트여 ᄎᆞ례를 뎡ᄒᆞᆯ 거시 업ᄉᆞᆸᄂᆞᆫ지라. 직실 아냐 아모 여럿ᄌᆡ 부실이라도 ᄉᆡᆼ남ᄒᆞ믈 보아 종ᄉᆞ(宗嗣)를 뎡ᄒᆞ염즉 ᄒᆞ오니, 엇지 몬져 빙(聘)ᄒᆞ며 취(娶)ᄒᆞᆫ 거ᄉᆞ로 션후를 닐ᄋᆞ리잇가? 【51】 구시ᄂᆞᆫ 츙년(沖年)의 그 ᄌᆞ모를 여히여 삼상(三喪)을 맛지 못ᄒᆞ여 니르러시니, 비록 져근 ᄉᆞ졍을 비최지 못ᄒᆞ나, 비ᄒᆞᆫ(悲恨)과 지통(至痛)이 남다ᄅᆞ미 이실 거시오니, 잔잉ᄒᆞᆫ 쟈ᄂᆞᆫ 고요히 두ᄂᆞᆫ 거시 맛당ᄒᆞ오니, 챵닌의 ᄃᆡᄀᆡᆨ지졀(待客之節)의 쥬찬(酒饌) ᄀᆞ음알기와 의복한셔(衣服寒暑)를 ᄉᆞᆲ피믄 ᄆᆞᄋᆞᆷ이 호화ᄒᆞᆫ 뎔시를 맛지미 올흐니, 구시란 범ᄉᆞ를 슈고롭게 마ᄅᆞ시고, 져의 서로 화우ᄒᆞᆯ지언뎡, 션후를 의논ᄒᆞ여 ᄂᆞᆺ쵸며 놉히ᄂᆞᆫ 일이 업게 ᄒᆞ쇼셔."

호람휘 졈두(點頭) 왈,

"이 졍히 아심(我心)이라."

ᄒᆞ니, 뎔쇼졔 존당 슉【52】당의 니르시므로조ᄎᆞ 구시 보ᄂᆞᆫ 녜를 쥬ᄀᆡᆨ(主客) ᄀᆞᆺ치 ᄒᆞ미 이시나, ᄎᆞ의 모든 의논이 ᄌᆞ긔 분명이 윤한님의 직실노 도라온 ᄇᆡ라, 금일 구시 보ᄂᆞᆫ 녜, ᄎᆞ례 업ᄉᆞ믈 고이히 넉이ᄂᆞᆫ 즁, 블안ᄒᆞᆫ 의ᄉᆞ도 업지 아니니 지극 겸손ᄒᆞᄃᆡ, 가구시ᄂᆞᆫ 뎔시의 명모아틔(明眸雅態)를 ᄉᆞᆲ히며 존당구괴 뎔시 ᄋᆡ듕ᄒᆞ믈 보ᄆᆡ, 더옥 ᄆᆡ오미 경긔의 삼킬 ᄃᆞᆺ, 안ᄉᆡᆨ이 변ᄒᆞ믈 ᄭᆡ닷지 못ᄒᆞ니, 조태비와 승샹의 부뷔 져 심ᄉᆞ를 슷치고, 크게 블힝ᄒᆞ여, 셰린의 녕능과 챵닌의 구시 가변(家變)을 니르혀미 무궁ᄒᆞᆯ 바를 지긔ᄒᆞ【53】ᄆᆡ, 쥬찬의 맛시 업고 연셕의 호흥(好興)이 업서 일즉 파연(罷宴)ᄒᆞᄆᆡ, 졔ᄀᆡᆨ이 각산(各散)ᄒᆞ고, 신부 슉소를 화취루의 뎡ᄒᆞ여 도라보ᄂᆡᄆᆡ, 촉을 니어 담화ᄒᆞ다가, 태부인이 취침ᄒᆞᄆᆡ, 승샹이 믈너나 외헌의 나와 한님을 명ᄒᆞ여 신방으로 가라 ᄒᆞ니, 한님이 슈명(受命)ᄒᆞ고 드ᄃᆡ여 화취루의 니르러 승당 입실ᄒᆞ여, 신부로 동셔분좌(東西分坐)ᄒᆞᄆᆡ, 한님이 잠간 눈 드러 ᄉᆞᆲ피건ᄃᆡ, 그 위인이 간흉극악(奸凶極惡)ᄒᆞ믈 지긔ᄒᆞ고, 이의 말ᄉᆞᆷᄒᆞ여 왈,

"녕대인(令大人)이 이제 만니의 계시고, 녕ᄌᆞ뎡(令慈庭)이 별셰ᄒᆞ신 지 삼상이 지나지 못ᄒᆞ【54】여시니, ᄌᆞ의 ᄆᆞᄋᆞᆷ이 비통(悲痛)ᄒᆞ믄 뭇지 아냐 알지니, 금일 신방을 ᄇᆡ오지 못ᄒᆞ나, 학ᄉᆡᆼ의 심ᄉᆡ ᄯᅩᄒᆞᆫ 쳑연(慽然)ᄒᆞ니, 맛당히 삼상(三喪) 후 종고지락(鍾鼓

284)ᄇᆡᆨ년(百年) : 일생(一生).

285)황영(皇英)의 ᄌᆞᄆᆡ(姉妹) : 중국 요(堯)임금의 두 딸인 아황(娥皇)과 여영(女英) 자매를 말함. 자매가 함께 순(舜)에게 시집 가, 서로 화목하며 순임금을 잘 섬겼다.

之樂)286)을 일우리라.”

ᄒᆞ고, 이의 편히 쉬오믈 닐ᄋᆞ고 스ᄉᆞ로 상샹(床上)의 나아가 의ᄃᆡ(衣帶)를 히탈(解脫)ᄒᆞ고 깁히 줌드니, 가구시 심신이 ᄎᆞ야의 환희ᄒᆞ미 무궁ᄒᆞ다가, 한님의 말과 거동을 보ᄆᆡ 서의(齟意)ᄒᆞ고287) 놀나오나, 신부의 념치로 공경ᄒᆞ여 드를 ᄯᆞᄅᆞᆷ이오, ᄃᆡ답이 업서 야심 후 잠간 쉬고, 계명(鷄鳴)을 응ᄒᆞ여 니러 장소(粧梳)ᄒᆞ고 존당구고긔 신셩(晨省)ᄒᆞ고, 인ᄒᆞ여 머므러 일【55】신이 안한ᄒᆞ나, 한님의 ᄌᆞ최 님치 아니믈 골돌이 ᄒᆞᆫ(恨)ᄒᆞ고, 비록 드러와 밤을 지ᄂᆡᄂᆞᆫ 날이라도 각침각와(各寢各臥)288)ᄒᆞ여 금슬은졍(琴瑟恩情)289)이 ᄆᆡᆨᄆᆡᆨᄒᆞ니290), 가구시 져의 블 ᄀᆞᄐᆞᆫ 음욕과 바다 ᄀᆞᄐᆞᆫ 은ᄋᆡ(恩愛)를 펼 길 업서 초조망극(焦燥罔極)ᄒᆞ야 촌쟝(寸腸)을 살오며 화용(花容)이 쵸췌(憔悴)ᄒᆞ더라.

녕능이 셰린의 ᄃᆡ졉이 오히려 셜시와 ᄀᆞᆺ지 못ᄒᆞ믈 앙앙분ᄆᆡ(怏怏憤罵)291)ᄒᆞᄆᆡ, 언어동지(言語動止) 만히 난ᄋᆞ로 흡ᄉᆞ(恰似)ᄒᆞᆫ지라. 고로 피ᄎᆞ 골육동긔(骨肉同氣)292)ᄀᆞᄐᆞ여 날마다 녕능이 화취루의 가지 아니면, 구시 스ᄉᆞ로 녕능을 ᄎᆞᄌᆞ 서로 회포(懷抱)를 열며 심ᄉᆞ를 닐【56】너 일심샹합(一心相合)293)ᄒᆞ고, 년치샹근(年齒相近)294)ᄒᆞ니, 난아ᄂᆞᆫ 십ᄉᆞ셰오 녕능은 십이셰로ᄃᆡ, ᄉᆞᄅᆞᆷ의 능히 ᄉᆡᆼ각지 못ᄒᆞᆯ 극악지ᄉᆞ(極惡之事)ᄂᆞᆫ 녕능이 열번 우흐로 더ᄒᆞ니, 가구시 녕능을 놉흔 스ᄉᆡᆼ으로 알아 범ᄉᆞ(凡事)의 의논ᄒᆞ고, ᄇᆡᆨᄒᆡᆼ(百行)을 우러라 ᄇᆡ호더라.

ᄎᆞ시 뎡녜부의 ᄌᆡ실 연시 듀야(晝夜)의 쟝부인 해ᄒᆞᆯ ᄭᅬ를 ᄉᆡᆼ각ᄒᆞᄃᆡ, 능히 됴흔 계교를 엇지 못ᄒᆞᆯ ᄲᅮᆫ 아니라, 쟝부인의 셩심혜ᄒᆡᆼ(聖心惠行)이 츌어범뉴(出於凡類)ᄒᆞ고, 존당구고의 ᄉᆞ랑과 일가의 츄앙경복(推仰敬服)ᄒᆞ미 ᄒᆞᆫ 몸에 온젼ᄒᆞ거ᄂᆞᆯ, 옥 ᄀᆞᄐᆞᆫ ᄋᆞᄌᆞ를 쎠 녜부의 듕대 산비ᄒᆡ박(山卑海薄)ᄒᆞ니, 형【57】셰 태산교악(泰山喬嶽)295)ᄀᆞᄐᆞ니 ᄀᆞᄇᆡ야이 해ᄒᆞᆯ 긔틀이 업고, 잇다감 진궁의 왕ᄂᆡᄒᆞ여 녀시와 난아로 두어 말 시쟉ᄒᆞᄆᆡ, ᄭᅬ 깁고 의ᄉᆡ 머러 궁흉극악(窮凶極惡)ᄒᆞ미 ᄌᆞ가의 ᄇᆞ랄 ᄇᆡ 아니라. 녕능의 비ᄒᆞᄆᆡ ᄀᆞ장 됴코 어지다 ᄒᆞᆯ 거시로ᄃᆡ, 블ᄒᆡᆼ이 져 무리로 더브러 일당(一黨)이 되ᄆᆡ, 서로 ‘도원(桃園)의 삼결(三結)’296)을 효측(效則)ᄒᆞ야 머리를 맛초고 ᄀᆞ만이 ᄭᅬ를 의논ᄒᆞᆯᄉᆡ, 녕능

286)종고지락(鍾鼓之樂) : 종과 북을 치며 즐긴다는 뜻으로, 부부 사이의 화목한 정을 이르는 말.
287)서의(齟意)ᄒᆞ다 : 서먹한 생각이 들다. 낯이 설거나 친하지 아니하여 어색하다는 생각이 들다.
288)각침각와(各寢各臥) : 각각 따로 누워 잠자리에 듦.
289)금슬은졍(琴瑟恩情) : 부부사이의 사랑하는 정.
290)ᄆᆡᆨᄆᆡᆨᄒᆞ다 : 생각이 잘 통하지 아니하여 답답하다.
291)앙앙분ᄆᆡ(怏怏憤罵) :?
292)골육동긔(骨肉同氣) : 친형제(親兄弟). 같은 부모에게서 태어난 형제.
293)일심샹합(一心相合) : 한 마음이 되어 서로 결합함.
294)년치샹근(年齒相近) : 나이가 서로 비슷함.
295)태산교악(泰山喬嶽) : 태산처럼 높고 큰 산.
296)도원(桃園)의 삼결(三結) ; 도원결의(桃園結義). 중국 삼국시대 유비(劉備)·관우(關羽)·장비(張飛) 세 사람이 복숭아나무 아래서 의형제를 맺고 죽을 때까지 형제의 의리를 지킬 것을 맹서한 고사(故事)를

은 셜시를 죽이고, 난아ᄂᆞᆫ 텰시를 죽이고, 연시ᄂᆞᆫ 장시를 해ᄒᆞᆯ ᄢᅬ라.

다만 연시 일턱(一宅)의 이심과 달나, 뎡부의 잇ᄂᆞᆫ 고로, 서로 만나 회포를 펴【58】지 못ᄒᆞᆯ ᄶᅥᆨ면, ᄀᆞ마니 협문을 통ᄒᆞ야 심야(深夜)의 반기고, 금ᄇᆡᆨ(金帛)을 믈 ᄀᆞᆺ치 흣터 변심(變心)ᄒᆞᄂᆞᆫ 《환슐‖환약(幻藥)》을 어더 대란(大亂)을 일워, 장시와 셜・텰을 업시ᄒᆞ기로 결단ᄒᆞᆯᄉᆡ, 셜궁 부귀를 기우리고, 연시ᄂᆞᆫ 본부의 뫼 ᄀᆞᆺᄐᆞᆫ 금ᄇᆡᆨ을 ᄊᆞ려ᄒᆞ며, 공교ᄒᆞᆫ ᄢᅬ를 획칙ᄒᆞ더라.

이적의 셔화문 밧 월봉산 하(下)의 새로 일운 도관이 이시니, 호왈(號曰) '청진관'이오, 관즁(觀中) 슈도쟈(修道者)의 셩명은 쟈슌위니, 텬태산 옥청진인의 뎨ᄌᆞ로 신ᄒᆡᆼ법슐(神行法術)이 무빵ᄒᆞᄃᆡ, ᄋᆞ시(兒時)로브터 ᄒᆞᆫ조각 심지(心志) 냥션(良善)치 못ᄒᆞ여, ᄀᆞ마니 요괴로온 승【59】니(僧尼)를 ᄉᆞ괴여 블인지ᄉᆞ(不忍之事)[297]를 만히 ᄒᆞ고, 요약(妖藥)을 넓이 모화 ᄌᆡ믈(財物)을 어드니, 옥청진인(玉淸眞人)은 결청(潔淸)ᄒᆞᆫ 도ᄉᆡ(道士)라.

쟈슌우의 블인간능(不仁奸能)ᄒᆞ믈 통ᄒᆡ(痛駭)ᄒᆞ여 두어 번 치ᄎᆡᆨ(治責)ᄒᆞᄃᆡ, ᄀᆡ과쳔션(改過遷善)을 못ᄒᆞᄂᆞᆫ 고로, 드ᄃᆡ여 먼니 ᄂᆡ처 잇지 말나 ᄒᆞ니, 쟈슌우ᄂᆞᆫ 도ᄅᆞ혀 다ᄒᆡᆼᄒᆞ여, 드ᄃᆡ여 경ᄉᆞ의 가 월봉산의 청진관을 새로이 일우고, 스ᄉᆞ로 호를 봉암진인이라 ᄒᆞ고, 또 근쳐의 ᄒᆞᆫ 암ᄌᆞ를 지어 호 왈 청월암이라 ᄒᆞ여, 그 가온ᄃᆡ 져의 젼일 사괴던 바 녀승을 다 블너 머믈게 ᄒᆞ니, 슈승(首僧) 묘화의 법호【60】ᄂᆞᆫ 청션니괴니, 셕년(昔年)에 진국공 뎡샹셔 듁암공의 계실(繼室) 셩난화 발뷔(潑婦) 뎡가로 인연을 ᄆᆡᆺ고, 부친 셩ᄇᆡᆨ이 단엄ᄒᆞ여 텬눈의 ᄌᆞ익를 거절ᄒᆞ고, ᄯᆞᆯ의 악악간흉(奸凶)을 분완(憤惋)ᄒᆞ여 깁히 가도ᄆᆡ, 난화 요인이 몸을 버서날 길히 업서 ᄀᆞ마니 묘화로 의논ᄒᆞ여, 소년녀ᄌᆞ 죽은 거ᄉᆞᆯ 옥즁의 두ᄃᆡ, 묘화의 요슐노 셩난화의 의형미목(儀形眉目)[298]을 민다라, 셩가 졔인이 난화의 시신으로 알게 ᄒᆞ고, 밧비 난화를 암ᄌᆞ의 다려와 졀도ᄉᆞ 표흠의게 ᄀᆡ뎍(改籍)ᄒᆞ여 보ᄂᆡ엿더니, 흠이 죽으【61】니 셩시 묘화의 도으믈 닙어, 양양태슈 됴영의 ᄯᆞᆯ이라 ᄒᆞ고 오왕의 양녜(養女)되여, 다시 하북후의게 ᄀᆡ뎍(改籍)ᄒᆞ여, 슉셩비를 해ᄒᆞ고 하가를 어ᄌᆞ러여, 일쟝 대변을 니르혓던 바ᄂᆞᆫ 임의 대셜(大說)[299]의 ᄒᆡ비(該備)ᄒᆞ니, 다시 올니지 아닌지라.

셩난화의 죄악이 발각ᄒᆞ야 오왕의 셰ᄌᆞ를 죽임도 일일히 나타나ᄆᆡ, 황샹이 블승비분(不勝悲憤)ᄒᆞ샤, 오왕이 셩난화의 간을 맛보고져 ᄒᆞ여, 오형(五刑)[300]을 갓초ᄆᆡ, 난화의 머리ᄂᆞᆫ 동시(東市)[301]의 달니고, 오쟝(五臟)[302]은 오궁의셔 낫낫치 ᄡᅧ흘미 된지

이르는 말.

297)블인지ᄉᆞ(不忍之事) : 사람으로서 차마 할 수 없는 일들.

298)의형미목(儀形眉目) : 몸의 외형과 얼굴 모습

299)대셜(大說) : 이 작품의 전편 <명주보월빙(明珠寶月聘)>을 말함.

300)오형(五刑) : 조선 시대에, 중국 대명률에 의거하여 죄인을 처벌하던 다섯 가지 형벌. 태형(笞刑), 장형(杖刑), 도형(徒刑), 유형(流刑), 사형(死刑)을 이른다.

301)동시(東市) : 동쪽에 있는 시장. 옛날 중국의 수도 장안(長安)에서 죄인을 처형(處刑)하던 장소. 이 때

라. 그 초ᄉᆞ(招辭)의 묘【62】화 요리(妖尼)303)의 죄상이 드러나니, 즉시 위ᄉᆞ(衛士)ᄅᆞᆯ 발ᄒᆞ야 나ᄅᆡ(拿來)ᄒᆞ라 ᄒᆞ시니, 《요쾌 ‖ 묘쾌》 요슐노 몸을 도망ᄒᆞ니, 위ᄉᆡ 잡지 못ᄒᆞ믈 알외오니, 텬심이 분히ᄒᆞ시나 위ᄉᆞ의 타시 아닌 고로 다만, 구쥬(九州)304)의 됴셔(詔書)ᄒᆞ샤 묘화 요리(妖尼)ᄅᆞᆯ 잡아드리면 쳔금을 상(賞)ᄒᆞ리라 ᄒᆞ시나, 묘쾌 얼골을 변ᄒᆞ여시므로 능히 잡지 못ᄒᆞ니라.

차후로 묘쾌 감히 경ᄉᆞ 갓가이 잇지 못ᄒᆞ고 심산궁곡(深山窮谷)305)으로 단니더니, 쟈순위 도관을 일위고 묘화ᄅᆞᆯ 다려오니, 묘쾌 또ᄒᆞᆫ 법호ᄅᆞᆯ 곳쳐 청션이라 ᄒᆞ며, 변용ᄒᆞ믈 방심ᄒᆞ여 《청【63】원암 ‖ 청월암》의 머므러 쟈슌우ᄅᆞᆯ 밧들며, 소문을 펴지워 청션관 도인의 신긔ᄒᆞ믄 태샹노군(太上老君)이 하강ᄒᆞ고, 그 데ᄌᆡ 다 신통ᄒᆞ여, 사ᄅᆞᆷ의 져란 명을 닛고, 복을 둣거이 ᄒᆞᆫ다 닐ᄋᆞ니, 가구시 유모 교란이 듯고 쇼져의게 고ᄒᆞ니, 삼인이 대열ᄒᆞ여 즉시 녜단을 갓초아 봉암도인의게 헌(獻)ᄒᆞ고, 일ᄉᆡᆼ 젼졍을 ᄇᆞᆰ히 알고져 ᄒᆞᄃᆡ, 엷픗ᄒᆞᆫ ᄉᆞ이의 셰환(歲換)306)ᄒᆞ여 신년을 당ᄒᆞᄆᆡ, 냥부의 셰알(歲謁)ᄒᆞᄂᆞᆫ 빈ᄀᆡᆨ이 쟉벌운집(作閥雲集)307)ᄒᆞ니, 잠간 죵용ᄒᆞ믈 엇지 못ᄒᆞ므로 타ᄉᆞ(他事)의 념이 업더니, 므【64】득 연샹셔 부인 호시 질녀의게 글을 부쳐시니,

"청진관도인이 사ᄅᆞᆷ의 화복길흉을 거의 임의로 ᄒᆞᆫ다 ᄒᆞ니, 현질이 모로미 귀령(歸寧)을 핑계ᄒᆞ고 도관으로 나아가 도인의게 복녹을 츅(祝)ᄒᆞ라. 내 또 녜단(禮緞)을 ᄀᆞᆺ초아 청진관의 나아가 희벽의 슈복을 빌니니, 현질도 ᄒᆞᆷ게 가게 ᄒᆞ라."

슈벽이 남파의 대희ᄒᆞ여 청진관으로 가려 ᄒᆞᆯ ᄉᆡ, 녕능으로 ᄒᆞᆷ게 가고져 ᄒᆞ여 야심후 녕능의 침소의 니ᄅᆞ러, 소ᄅᆡ 아니ᄒᆞ고 바로 지게ᄅᆞᆯ 연ᄌᆞᆨ, 윤학ᄉᆡ 슐을 미란(迷亂)이 취ᄒᆞ고 녕능의 무릅【65】흘 침ᄒᆞ여 누어 희롱ᄒᆞ여 왈,

"나 윤달징이 쳐쳡 복이 긔특ᄒᆞ여 조강(糟糠)308)이 셩녀쳘뷔(聖女哲婦)오, 부실(副室)이 ᄌᆡ녀가인(才女佳人)이어ᄂᆞᆯ, 곳곳이[의] 졀염미챵(絶艷美娼)이 청가묘무(淸歌妙舞)로 나의 풍치ᄅᆞᆯ 빗ᄂᆡ니, 인ᄉᆡᆼ 셰간의 즐거오미 이 밧게 또 이시리오. 그ᄃᆡ 고으미 오히려 졔챵(諸娼)의 우히니, 나의 ᄋᆡ경(愛敬)ᄒᆞᄂᆞᆫ 졍이 날노 더으도다."

녕능이 쳔(千)가지 사ᄉᆡᆨ(邪色)과 만(萬)가지 교ᄐᆡ(嬌態)로 학ᄉᆞ의 은ᄋᆡᄅᆞᆯ 더옥 낫고

문에 '형장(刑場)'의 뜻으로 쓰임

302)오장(五臟) : 간장, 심장, 비장, 폐장, 신장의 다섯 가지 내장을 통틀어 이르는 말. =오내(五內).

303)요리(妖尼) : 요사스러운 비구니(比丘尼 : 여승).

304)구쥬(九州) : 국 고대에 전국을 나눈 9개의 주. 요순시대(堯舜時代)와 하(夏)나라 때에는 기(冀)·연(兗)·청(靑)·서(徐)·형(荊)·양(揚)·예(豫)·양(梁)·옹(雍)이었다.

305)심산궁곡(深山窮谷) : 깊은 산속과 깊은 산골짜기.

306)셰환(歲換) : 해가 바뀜.

307)쟉벌운집(作閥雲集) : 떼를 지어 구름처럼 모여듦. *작벌(作閥); 떼를 지음. 집단을 이룸. *벌(閥); 특수한 세력이나 권력을 지닌 집단.

308)조강(糟糠) : 조강지처(糟糠之妻). 지게미와 쌀겨로 끼니를 이을 때의 아내라는 뜻으로, 몹시 가난하고 천할 때에 고생을 함께 겪어 온 아내를 이르는 말. ≪후한서≫의 <송홍전(宋弘傳)>에 나오는 말이다.

더니, 지게 열니믈 조ᄎᆞ, 학ᄉᆡ,

그 뉜고?

무른ᄃᆡ, 녕능이 연시를 보고 반다시 ᄉᆞ괴 이셔 니ᄅᆞ러시믈 짐쟉ᄒᆞᄃᆡ, 연시 학ᄉᆞ의 이시믈 대경【66】ᄒᆞ여 쏄니 몸을 피ᄒᆞ니, 학ᄉᆞ는 밋처 보지 못ᄒᆞᆫ 고로, 녕능이 거즛 본궁의셔 온 노유랑(老乳娘)이라 ᄒᆞ니, 학ᄉᆡ 그 버랏 업ᄉᆞ믈 ᄉᆞ지ᄌᆞᄃᆡ, 슐이 졈졈 취ᄒᆞ므로 졸드는지라. 녕능이 벼개를 가져 학ᄉᆞ의 머리를 괴오고, 잠간 몸을 쌔혀 청샤(廳舍)의 나오니, 연시는 업고 그 시ᄋᆡ ᄃᆡ후(待候)ᄒᆞ다가 고왈,

"쥬뫼 구쇼져 침소로 가시니이다."

녕능이 즉시 화취루의 니ᄅᆞ니, 연시 ᄇᆞ야흐로 가구시를 ᄃᆡᄒᆞ여 학ᄉᆞ의 녕능을 ᄋᆡ듕ᄒᆞ는 졍이 여산약ᄒᆡ(如山若海)ᄒᆞ믈 닐ᄋᆞ며, 블워ᄒᆞ는 의ᄉᆡ 근졀ᄒᆞ여 녜부의 박졍(薄情) ᄆᆡ몰ᄒᆞ믈309) 새【67】로이 ᄒᆞᆫ(恨)ᄒᆞ는지라. 녕능이 족용(足容)을 듕지ᄒᆞ여 연시ᄒᆞ는 말을 다 듯고, 알연(戞然)310)ᄒᆞᆫ 우음을 먹음어 ᄀᆡ호입실(開戶入室)311)ᄒᆞ여 왈,

"연부인은 엇진 고로 윤학ᄉᆞ의 밋친 말을 이의 와 젼ᄒᆞ며, 도로혀 져를 어질게 넉이ᄂᆞ뇨?"

가구시와 연시 탄식 왈,

"부인은 즐거온 흥(興)을 인ᄒᆞ여 학ᄉᆞ 샹공을 밋첫다 ᄒᆞ거니와, 우리 드르며 보ᄆᆡ는 관대(寬大)ᄒᆞᆫ 쟝뷔라. 뎡녜부의 괴로이 단졍(端正)ᄒᆞ며, 윤한님의 남달니 엄듕(嚴重)ᄒᆞ믄 잇지 아니니, 슈하(手下)312) 쳐ᄌᆡ(妻子) 편홈과 복되미 사ᄅᆞᆷ의 블워홀 ᄇᆡ라. 아등의 명박(命薄)ᄒᆞ【68】믈 어이 비길 ᄇᆡ리오."

인ᄒᆞ여, 연시 슉모의 셔간을 ᄂᆡ여 가구시와 녕능을 뵈고, 쳥진관의 친히 갈 ᄯᅳᆺ을 고ᄒᆞ니, 녕능이 크게 불가(不可)ᄒᆞ믈 닐너, 각각 유모를 보ᄂᆡ여 봉암의게 슈복(壽福)을 빌고 젼졍(前程)을 뭇기로 ᄐᆡᆨ일(擇日)ᄒᆞ믈 의논ᄒᆞ고, 밤이 깁흔 후 허여지니라.

명일 연시 답간을 친히 닷가 몸소 가지 못홀 ᄉᆞ괴 이시믈 고ᄒᆞ고, 윤한님 쳐 구시와 윤학ᄉᆞ 쳐 녕능군쥬 ᄯᅩᄒᆞᆫ 각각 녜폐(禮幣)313)를 후히ᄒᆞ여 유모를 보ᄂᆡ고져 ᄒᆞ는 ᄯᅳᆺ을 통ᄒᆞ니, 호시 ᄯᅩᄒᆞᆫ 깃거 가마니 녕능군쥬와 가【69】구시의게 심복 비ᄌᆞ를 보ᄂᆡ여, 서로 후히 ᄉᆞ괴믈 언약(言約)ᄒᆞ고, ᄌᆞ긔 쳥진관으로 가는 날 녜폐를 갓초아 봉암의게 헌ᄒᆞ고 슈복을 빌나ᄒᆞ니, 가구시와 녕능이 환희(歡喜)ᄒᆞ여 후의를 샤례ᄒᆞ고, 호부인이 쳥진관을 향ᄒᆞ는 날의 각각 유랑과 복심 비ᄌᆞ를 보ᄂᆡ여, 도인의게 슈복(壽福)을 빌고 젼졍길흉(前程吉凶)을 무른 ᄃᆡ, 진인(眞人)이 경안공쥬 총부(冢婦)314) 연샹셔

309)ᄆᆡ몰ᄒᆞ다 : 매몰차다. 인정이나 싹싹한 맛이 없고 쌀쌀맞다.
310)알연(戞然) : 소리가 맑고 은은하다.
311)ᄀᆡ호입실(開戶入室) : 지게문을 열고 방에 들어감.
312)슈하(手下) : 손아래. 또는 손아랫사람.
313)녜폐(禮幣) : 고마움과 공경의 뜻으로 보내는 물건
314)총부(冢婦) : 정실(正室) 맏아들의 아내. 특히, 망부(亡父)를 계승한 맏아들이 대를 이을 아들 없이 죽었을 때의 그 아내를 이른다. =종부(宗婦).

부인 횡취 문의 다ᄃᆞ라시믈 드ᄅᆞᄆᆡ, 스ᄉᆞ로 일홈이 놉고 법녁(法力)이 거룩ᄒᆞ믈 혜아려, ᄌᆡ보를 모흐미 그음[315] 업술 바를 환힝(歡幸)ᄒᆞ【70】ᄃᆡ, 남ᄌᆞ의 몸으ᄅᆞ뻐 샹셔 부인을 마ᄌᆞ미 블가ᄒᆞ여, 즉시 청원암 니고를 블너 호부인을 마ᄌᆞ라 ᄒᆞ니, 묘화 요리(妖尼) 마ᄌᆞ 죵용히 말숨홀ᄉᆡ, 호부인이 가구시와 녕능의 년월일시를 닐오고 녜단을 아오로 챠슌우의게 드리고, 또 녀ᄋᆞ의 ᄉᆡᆼ년일시를 뵈여 길흉화복을 츄졈(推占)코져 ᄒᆞᆫᄃᆡ, 슌위 금은보화를 욕심의 ᄎᆞ도록 어드ᄆᆡ 깃브믈 니긔지 못ᄒᆞ야, 즉시 청션을 명(命)ᄒᆞ여,

“뎨ᄌᆡ 맛당히 호부인을 뫼셔 연궁의 나아가 그 ᄆᆞ음의 ᄒᆞ시고져 ᄒᆞᄂᆞᆫ 바를 힘뻐 쥬션(周旋)ᄒᆞ여 후은(厚恩)을 【71】 갑고, 윤한님 부인과 윤학ᄉᆞ 부인이며 뎡샹셔 부인이라도 쳥ᄒᆞ시ᄂᆞᆫ 거술 ᄉᆞ양치 말고, 나아가 각각 그 원을 일우시게 ᄒᆞ라. 너의 힘이 밋지 못ᄒᆞᄂᆞᆫ 곳이 잇거든, 급히 나의게 고ᄒᆞ여 어려온 일이 업게 ᄒᆞ라.”

인ᄒᆞ여, 냥 연시와 가구시 녕능 등의 일ᄉᆡᆼ 화복길흉(禍福吉凶)을 뻐주ᄆᆡ, 이 가온ᄃᆡ 팔ᄌᆡ 궁흉악착(窮凶齷齪)ᄒᆞ니ᄂᆞᆫ 녕능이오, 슈를 누리지 못ᄒᆞ고 복이 열운 쟈ᄂᆞᆫ 연시 희벽이오, 평ᄉᆡᆼ 사름의 복녹을 블워ᄒᆞ며 가부의 박ᄃᆡ를 슬허홀 쟈ᄂᆞᆫ 가구시 난ᄋᆡ오, 쇼쇼 ᄋᆡᆨ경이 이시나 ᄌᆞ녀를 ᄀᆞᆺ초 【72】 두며 복녹이 온젼홀 쟈ᄂᆞᆫ 연시 슈벽이라. 호시 견파(見罷)의 면ᄉᆡᆨ이 변ᄒᆞ믈 �닷지 못ᄒᆞ여, 왈,

“쳡이 일만 시비(是非)를 피치 아니코 도관(道觀)의 니ᄅᆞ믄, 일녀의 슈복을 빌고져 ᄒᆞ미러니, 진인의 긔록ᄒᆞ여 주시ᄂᆞᆫ ᄇᆡ 여ᄎᆞ 험흔(險釁)ᄒᆞ니, 엇지 놀납고 차악(嗟愕)지 아니ᄒᆞ리잇고?”

청션이 쇼왈,

“부인은 놀나지 마ᄅᆞ시고 다만 졍셩을 다ᄒᆞ여 쇼져의 슈복을 돗겁게 ᄒᆞ쇼셔.”

호시 탄식 왈,

“졍셩을 다ᄒᆞ여 쇼녀의 슈복이 더을진ᄃᆡ, 쳡이 머리를 버히고 살이 헐지라도 무어시 앗가오리오.”

ᄒᆞ고, 드ᄃᆡ여 청션【73】으로 더브러 흠게 가듕의 도라와 협실에 곰초고, 듀야 모의ᄒᆞ야 뎡시를 업시코져 홀ᄉᆡ, 호시 왈,

“금월이 녀ᄋᆞ의 산월(産月)이니, 복듕ᄋᆡ 남ᄋᆡ(男兒)니잇가?”

청션 왈,

“복듕의 반다시 일개 셩녀(聖女) 드러시ᄃᆡ, 그 귀ᄒᆞ미 비샹ᄒᆞ여 범용슉녀(凡庸淑女)[316]와 만히 다라도소이다.”

호시 왈,

“남녀간 무ᄉᆞ히 분만ᄒᆞ믈 어드면 가히 깃브다 ᄒᆞ려니와, 져 하개 쇼져를 블관이 넉

---

315)그음 : 끝. 한정(限定).

316)범용슉녀(凡庸淑女) : 평범한 여자. *여기서 숙녀는 보통 여자를 대접하여 이르는 말이다.

이미 힝노(行路)317) ᄀᆞᆺᄐᆞ니, 아ᄉᆡ운 바 일개 영ᄌᆞ를 ᄉᆡᆼᄒᆞ면, 쇼네 오히려 태산의 의지를 어들가 ᄇᆞ라ᄂᆞ니, ᄉᆞ부ᄂᆞᆫ 쇼녀의 슬픈 신셰를 도라보【74】샤, 하몽셩의 은춍을 낫고며 뎡시를 졀졔(切除)ᄒᆞ야, 기리 안낙(安樂)게 ᄒᆞ쇼셔.”

청션이 침ᄉᆞ반향(沈思半晑)318) 왈,

“빈되 잠간 하부의 나아가 쇼져를 보옵고, 됴흔 계교를 ᄒᆞ리이다.”

호시 미급답의 윤부로 조ᄎᆞ 구시 유모 교란이 니ᄅᆞ러, 청션을 쳥ᄒᆞ미 ᄌᆞ못 ᄀᆞᆫ졀ᄒᆞ니, 청션이 교란을 조ᄎᆞ 윤부로 나아갈ᄉᆡ, 번거ᄒᆞ믈 피ᄒᆞ여 요슐노 몸을 변ᄒᆞ여 나ᄂᆞᆫ 새 되여 교란을 ᄯᅡ라가니, 날이 어둡지 아냐셔 윤부의 니ᄅᆞ니, 궁즁 남ᄌᆞ 녀인의 셩(盛)홈과 이목(耳目)의 번거ᄒᆞ미319) 져ᄌᆡ 거리 ᄀᆞᆺ더라.

교란이 니고(尼姑)를 가구시 협【75】실의 ᄀᆞᆷ초고, 밤이 되기를 기다려 녕능과 연시 다 가구시 침소의 모다, 요리(妖尼)를 볼 ᄉᆡ, 요괴 비로소 본형을 ᄂᆡ여, 연・구・됴 등의게 ᄇᆡ알ᄒᆞᄆᆡ, 그 상뫼(相貌) 묘려(妙麗)ᄒᆞ야 션풍옥골(仙風玉骨)이라.

삼인이 견파(見罷)의 공경ᄒᆞ여 누지(陋地)의 ᄂᆡ림(來臨)ᄒᆞ믈 칭사(稱謝)ᄒᆞ니, 청션이 ᄉᆞᆲ피건ᄃᆡ 가됴시 상뫼 극흉블길(極凶不吉)ᄒᆞ야, 곱고 빗난 즁 악착간험(齷齪姦險)ᄒᆞ미 만고무빵(萬古無雙)이오, 가구시의 블인요사(不人妖邪)ᄒᆞ미며, 연시의 조급간교(躁急奸巧)ᄒᆞ믈 낫낫치 아더라.【76】

317)힝노(行路) : 행로인(行路人). 길가는 사람. 남.
318)침ᄉᆞ반향(沈思半晑) : 시간이 반나절쯤이나 지나도록 깊이 생각함.
319)번거ᄒᆞ다 : 번거하다. 조용하지 못하고 어수선하다.

윤하뎡삼문취록 권지이십亽

츳시 청션이 숨피건딕, 가됴시 샹뫼 극흉블길(極凶不吉)ᄒ야 곱고 빗ᄂᆞᆫ 즁, 악착간험(齷齪姦險)ᄒ미 만고(萬古)의 무빵(無雙)이오, 가구시의 블인요사(不人妖邪)홈과 연시의 조급간교(躁急奸巧)ᄒᆞᆷ[믈] 낫낫치 알 ᄲᅮᆫ아니라, 가구시ᄂᆞᆫ 경가 쇼녜오, 녕능은 녀가 쇼녜믈 붉히 지긔ᄒ고, 함쇼(含笑) 고왈,

"세 부인의 심곡소회(心曲所懷)ᄅᆞᆯ 닐오지 아니시나, 빈되 거의 짐쟉ᄒ여 아ᄂᆞ니, 각각 구가의 오시기ᄅᆞᆯ 법다이 못 오신 ᄃᆞᆺᄒᆞᆫ지라. 이 가온딕 팔ᄌᆞ 더옥 험난 고이키ᄂᆞᆫ 셜궁군쥐 뎨일이 되오실 ᄃᆞᆺᄒᆞ니, 조【1】심ᄒ고 삼가믈 범연(凡然)이 못ᄒ시리이다."

난아ᄂᆞᆫ 청션의 말을 ᄎᆞ 듯지 못ᄒ야셔, 놀나온 가슴이 벌덕이믄 슉아ᄅᆞᆯ 업시코 이의 도라온 간모(奸謀)ᄅᆞᆯ 니괴(尼姑) 아ᄂᆞᆫ가 황황(惶惶)ᄒ고, 녕능은 녀시 밧고여 셜궁 양녜(養女) 되야 윤가의 속현(續絃)ᄒᆞᆷ믈 아ᄂᆞᆫ가 경희(驚駭)ᄒ미오, 연시ᄂᆞᆫ 뎡예부 풍치ᄅᆞᆯ 황홀ᄒ여 부모ᄅᆞᆯ 보치여 뎡가의 도라오믈, 니괴(尼姑) 아ᄂᆞᆫ가 스ᄉᆞ로 참괴ᄒᆞᆫ지라.

삼인이 다 ᄂᆞᆺ치 붉고 말이 막혀 오릭도록 묵묵ᄒ다가 녕능이 담을 크게 ᄒ고, 츄연(惆然) 하루(下淚) 왈,

"쳡의 명박(命薄)ᄒ미 졔뉴(諸類)의 ᄲᅱ여나 궁【2】험극악(窮險極惡)ᄒᆞᆫ 팔ᄌᆞ 되리라 ᄒ시니, 그 엇진 연괴니잇가? 亽부ᄂᆞᆫ 쳡의 젼졍을 기리 졔도(濟度)ᄒ쇼셔."

가구시 니어 탄왈,

"쳡 등은 가부의 박딕ᄅᆞᆯ 슬허ᄒ고, 일싱이 무광(無光)ᄒᆞᆷ믈 탄ᄒ되, 군쥬ᄂᆞᆫ 셜궁의 귀ᄒᆞᆫ 녀ᄌᆞ로 가부의 여텬듕대(如天重待)ᄅᆞᆯ 밧아 일홈이 남의 ᄌᆡ실(再室)이나 존귀홈과 영화로이 지닉미 셜시ᄅᆞᆯ 못 밋츨 빅 업ᄉᆞ니, 亽부의 명감(明鑑)으로ᄡᅥ 엇지 이ᄅᆞᆯ 아지 못ᄒ시고, 도로혀 군쥬의 팔ᄌᆞ(八字)320) 블길(不吉)타 ᄒ시ᄂᆞ니잇가?"

청션 왈,

"군쥐 일시 윤상공의 듕대ᄅᆞᆯ 밧으시나 텬뎡(天定)ᄒᆞᆫ 팔ᄌᆞ 고이【3】ᄒ여, 만일 남ᄌᆞ ᄀᆞᄐᆞᆯ진딕 여러 쳐쳡을 거ᄂᆞ릴 ᄃᆞᆺᄒ고, 녀ᄌᆞ로 쳔인(賤人) ᄀᆞᆺᄐᆞ면 바로 창누(娼樓)의 깃드려 귤(橘)을 더지며 호걸을 갈힐 ᄃᆞᆺᄒ되, 몸이 존귀ᄒᆞ신 연고로 능히 그러치 못ᄒ시고, 청한(淸閑)ᄒᆞᆫ 부녀의 도ᄅᆞᆯ 츌히고져 ᄒ시미, 지앙과 화얼(禍孽)이 긋칠 亽이 업

320) 팔ᄌᆞ(八字): 사람의 한평생의 운수. 사주팔자에서 유래한 말로, 사람이 태어난 해와 달과 날과 시간을 간지(干支)로 나타내면 여덟 글자가 되는데, 이 속에 일생의 운명이 정해져 있다고 본다.

술지라. 군쥐 정셩을 다ᄒᆞ여 보시고, 빈되 ᄆᆞ음과 힘을 다ᄒᆞ여 슈복(壽福)을 츅(祝)ᄒᆞ면, 혹ᄌᆞ 효험을 보실가 ᄒᆞᄂᆞ이다."

난아와 연시 ᄯᅩᄒᆞᆫ 절ᄒᆞ고, 뎍인을 쇼졔ᄒᆞ고 가부의 은춍을 당당이 온전코져 ᄒᆞ믈 무ᄅᆞ니, 【4】 청션이 네부와 한님의 싱년일시를 무러 츄졈(推占)ᄒᆞ다가, 난아를 향ᄒᆞ여 왈,

"부인은 뎍인(敵人)이 다만 텰쇼져만 녁이시ᄂᆞ니잇가? 윤한님이 슉치연분(宿債緣分)[321]으로 인ᄒᆞ여 텰쇼져와 부인 모히시기 젼의 졀식명염(絶色名艶)을 어더 금슬은졍(琴瑟恩情)을 니으미 잇ᄂᆞ니이다."

ᄒᆞ고, 픔ᄉᆞ이로 조ᄎᆞ 십여개 환약(丸藥)을 ᄂᆡ여, 삼인을 난화주어 왈,

"이 약을 음식의 화(和)ᄒᆞ여 샹공긔 나오면 금슬후박(琴瑟厚薄)[322]을 임의(任意)로 ᄒᆞᆯ지라. ᄒᆞᆫ번 후셜(喉舌)을 넘기면 삼년슈(三年壽)를 감(減)ᄒᆞ거니와, ᄉᆞ오일 알코《닌∥난》 후는 박졍(薄情)이 후(厚)ᄒᆞ【5】고, 후(厚)ᄒᆞ던 금슬은 소(疎)ᄒᆞ리니, ᄒᆞᆫ 환(丸)을 열 번의 타 나오면 효험을 보리이다."

삼인(三人)이 약을 밧고 빅빅 칭샤 왈,

"만일 약효를 볼진ᄃᆡ, 금빅(錦伯)으로ᄡᅥ 보은(報恩)ᄒᆞ고 사례ᄒᆞ리이다."

ᄒᆞ니, 청션이 명일의 ᄯᅩ 몸을 화(化)ᄒᆞ여 ᄂᆞᄂᆞᆫ 즘싱이 되어, 바로 하부 영일뎡의 드러가 비로소 본형을 ᄂᆡ고, 연시를 ᄌᆞ셔히 보ᄆᆡ 과연 단슈박복(短壽薄福)ᄒᆞᆫ지라. 비록 녕능의 흉참극악(凶慘極惡)ᄒᆞᆫ 팔ᄌᆞ와 다ᄅᆞ나, 텬뎡ᄒᆞᆫ 명수(命數)를 도망치 못ᄒᆞᆯ 줄을 모로지 아니 ᄒᆞᄃᆡ, 아직 금은을 탐ᄒᆞᄂᆞᆫ 욕화(慾火)로, 황파와 【6】 복향을 ᄃᆡᄒᆞ야 쇼져의 슈복을 빌니라 ᄒᆞ며, 황파의 귀에 다혀 왈,

"쇼져의 산졈(産漸)이 이시믈 가즁의 알게 말고, 고요ᄒᆞ여 밤든 후 분산(分産)ᄒᆞ실진ᄃᆡ, 내 일개 옥동(玉童)을 어더와 부인의 소싱(所生)이라 ᄒᆞ리라."

황픠 문왈,

"우리 쇼제 남ᄋᆞ를 싱치 못ᄒᆞ시고 녀ᄋᆞ를 싱ᄒᆞ시ᄂᆞ니잇가?"

청션 왈,

"쇼제 금일 ᄂᆡ로 분산(分産)ᄒᆞ시려니와 다만 긔화명월(奇花明月) ᄀᆞᆺ튼 녀ᄋᆞ를 나흐실 비오, ᄋᆞ들은 팔ᄌᆞ의 삼기지 아냐시니, 이 ᄡᅵ를 타 일개 영ᄌᆞ를 어더와 쇼제 빵싱(雙生)ᄒᆞ시다 ᄒᆞ면 뉘 의심ᄒᆞ리오."

ᄒᆞ니, 황파 복【7】향이 쳔만 샤례ᄒᆞ더라.

청션이 드ᄃᆡ여 몸을 화ᄒᆞ여 공즁으로 단니며 만셩인가(滿城人家)를 굽어 ᄉᆞᆲ펴 비샹ᄒᆞᆫ 남ᄋᆞ의 낫ᄂᆞᆫ 곳을 엿보더니, 이ᄣᅴ 니부총지 소문환의 총부 셜시 싱남(生男)ᄒᆞᄆᆡ, 신ᄋᆞ(新兒)의 쟉인(作人)이 비샹ᄒᆞ여 부조(父祖)의 세번 더으미 이시니, 소상셔와 텰부

---

321)슉치연분(宿債緣分) : 전세부터 맺어온 부부의 인연. =숙세연분(宿世緣分)
322)금슬후박(琴瑟厚薄) : 부부 사이 애정의 두텁고 엷음.

인이 황홀 탐ᄋᆡ(耽愛)ᄒᆞ여 깃거ᄒᆞᄃᆡ, 오직 녀태부인이 셜시의 ᄉᆡᆼ남ᄒᆞ믈 ᄋᆡ돌와ᄒᆞ며 믜이 넉이믈 심히 ᄒᆞ여, 소공 부부를 감히 산실(産室)의 가지 못ᄒᆞ게 ᄒᆞ니, 소니부와 텰부인이 쵸민졀박(焦悶切迫)ᄒᆞ여 셜시를 졍셩으로 구호【8】치 못ᄒᆞ고, 다만 시녀를 맛져 두엇더니, ᄎᆞ야(此夜)의 셜시ᄂᆞᆫ 졍신이 ○○○○[혼미ᄒᆞ여] 누엇ᄂᆞᆫᄃᆡ, 냥 시ᄋᆡ 뫼셧더니, 소시랑이 텬뉸의 졍으로ᄡᅥ 신ᄉᆡᆼ ᄋᆞᄌᆞ를 보고져 산실의 니ᄅᆞ러 신ᄋᆞ를 보니, 골격(骨格)이 비샹(非常)ᄒᆞ고 구각(軀殼)[323]이 셕대(碩大)ᄒᆞ여 미목(眉目)이 슈려(秀麗)ᄒᆞᆫᄃᆡ, 텬디졍화(天地精華)와 일월의 광ᄎᆡ를 습(襲)ᄒᆞ여시니, 소시랑이 대희(大喜) 과망(過望)ᄒᆞ여 이윽이 어라만져 귀듕ᄒᆞᆯᄉᆡ, 신ᄋᆞ(新兒)의 가슴 가온ᄃᆡ '쳔승국군(千乘國君)'이라 ᄡᅳᆫ 거시 금ᄌᆞ(金字)[324] 모양이라. 시랑이 더옥 긔특ᄒᆞ믈 결을치[325] 못ᄒᆞ여 셜시를 ᄭᆡ여 신ᄋᆞ의 비샹ᄒᆞ믈 닐오고져 【9】ᄒᆞ더니, 여태부인이 시랑을 밧비 브르니, 시랑이 조모의 용심(用心)을 혜아리ᄆᆡ, 산실의 밧비 드러와시믈 ᄎᆡᆨ(責)ᄒᆞᆯ가 두려, 년망(連忙)이 조모 침뎐의 나아가ᄆᆡ, 부인이 즐ᄆᆡ(叱罵)ᄒᆞ여 산실의 밧비 들어가 셜시 요긔(妖氣) 년과 ᄌᆞ긔를 원망ᄒᆞ다 ᄒᆞ여 보ᄎᆡ기를 마지 아니니, 시랑이 샤죄 왈,

"진실노 조모를 원망ᄒᆞ미 업ᄂᆞ이다."

녀부인이 노를 참지 못ᄒᆞ여 셜시의 유랑(乳娘) 시녀(侍女)를 다 잡아ᄂᆡ여, ᄉᆡᆼ이 드러가 셜시를 보고 무어시라 하던고 바로 알외라ᄒᆞ니, 이리ᄒᆞᆯ 즈음에 셜시ᄂᆞᆫ 혼혼(昏昏)ᄒᆞ여 【10】인ᄉᆞ를 모로고, 방듕의 다란 사ᄅᆞᆷ이 업ᄉᆞ니, 쳥션이 ᄣᆡ를 타 소가 신ᄋᆞ를 도적ᄒᆞ여 픔고 ᄂᆡ다라ᄃᆡ, 일인도 알 니 업ᄉᆞ며 보ᄂᆞᆫ 재 업ᄂᆞᆫ지라.

녀부인이 반야(半夜)나 되도록 시랑을 조로며, 유랑 시ᄋᆞ를 연고 업시 즐타(叱打)ᄒᆞ다가, 소공이 ᄌᆡ삼 취침(就寢)키를 청ᄒᆞᄆᆡ, 녀시 마지 못ᄒᆞ여 상요(床褥)의 나아가니 텰부인이 비로소 셜시의 유랑 시녀를 거ᄂᆞ려 산실(産室)의 나아가 식부(息婦)의 ᄀᆡᆼ반(羹飯)을 권코져 ᄒᆞ다가, 신ᄉᆡᆼᄋᆡ(新生兒) 간 곳이 업ᄉᆞ믈 보고, ᄀᆞ장 경동(驚動)ᄒᆞ여 쵹(燭)을 잡고 협실ᄁᆞ지 두로 보ᄃᆡ 그림ᄌᆞ도 업ᄉᆞ니, 대【11】경ᄒᆞ여 소공 부ᄌᆞ의게 신ᄉᆡᆼᄋᆡ 간 곳이 업ᄉᆞ믈 알게 ᄒᆞ고, 두로 ᄎᆞᄌᆞᄃᆡ 형영(形影)이 업ᄉᆞ니, 소공 부ᄌᆡ ᄯᅩᄒᆞᆫ 외뎡(外庭)으로브터 넓이 ᄎᆞᄌᆞᄃᆡ 보지 못ᄒᆞ니, 샹셰 참졀비도(慘絶悲悼)[326]ᄒᆞ거ᄂᆞᆯ, 소시랑이 부친의 과도히 슬허ᄒᆞ시믈 민박(憫迫)ᄒᆞ여 도로혀 화ᄉᆡᆨ(和色)으로 부친을 위로ᄒᆞ고 슬프믈 억제ᄒᆞ더니, 셜시 ᄀᆞ장 오린 후 인ᄉᆞ를 출혀 신ᄉᆡᆼᄋᆞ의 간곳 업ᄉᆞ믈 알고, 놀나며 슬프미 죽엄을 목젼의 노흔 ᄃᆞᆺᄒᆞ거ᄂᆞᆯ, 녀시ᄂᆞᆫ 신ᄋᆞ 일흐믈 만심환열(滿心歡悅)ᄒᆞ여, 셜시를 못 견ᄃᆡ도록 보ᄎᆡ려 ᄒᆞ여, 친히 셜【12】시 누은 곳에 나아가 신ᄋᆞ로ᄡᅥ

323)구각(軀殼) : 몸의 껍질이라는 뜻으로, 온몸의 형체 또는 몸뚱이의 윤곽을 정신에 상대하여 이르는 말.

324) 금ᄌᆞ(金字) : 금박을 올리거나 금빛 수실로 수를 놓거나 금물로 써서 금빛이 나는 글자. ≒금글자·금문(金文).

325)결을ᄒᆞ다 : 생각이나 감정, 욕구 등을 억제하다

326)참졀비도(慘絶悲悼) : 더할 나위 없이 비통하며 슬퍼함.

셜시의 간부지지(姦夫之子)라 ᄒᆞ여, 반다시 간뷔 ᄌᆞ식을 ᄎᆞᄌᆞ 갓ᄂᆞ니라 ᄒᆞ고, 소공을 ᄭᅮ지져, 져런 음부(淫婦)를 아지 못ᄒᆞ고, 총부(冢婦)로 존(尊)ᄒᆞ여 한갈ᄀᆞᆺ치 ᄉᆞ랑ᄒᆞ미 혼암블명(昏暗不明)타 ᄒᆞ니, 소공 부뷔 손ᄋᆞ를 일코 참졀비샹(慘絶悲傷)ᄒᆞᆫ 즁, 모친의 이ᄀᆞᆺ튼 말을 드르미 심골이 서늘ᄒᆞ믈 니긔지 못ᄒᆞ고, 셜시는 깅반(羹飯)의 ᄠᅳᆺ이 업서 머리를 벼개의 박아 잠연(潛然)이[327] 세상을 모로고져 ᄒᆞ니, 소샹셰 친히 식부를 위ᄒᆞ여 깅반(羹飯)[328]을 권ᄒᆞ며, 모친의 말ᄉᆞᆷ을 븟그릴 거시 아니믈 가초[329] 닐너 위로ᄒᆞ【13】니, 셜시 엄구의 지극ᄒᆞᆫ ᄌᆞ익와 존고의 무궁ᄒᆞᆫ 덕음을 져ᄇᆞ리지 못ᄒᆞ야, 깅반을 나오더라.

청션이 쇼ᄋᆞ를 픔고 취운산의 도라오ᄆᆡ, 연시 복통이 급ᄒᆞ여 통셩(痛聲)이 골 안이 터질 ᄃᆞᆺᄒᆞᄃᆡ, 합문(闔門) 샹해(上下) 즘이 혼침(昏沈)ᄒᆞᆫ 고로 아지 못ᄒᆞ엿더니, 청션이 쇼ᄋᆞ를 황파를 주어 여ᄎᆞ여ᄎᆞ(如此如此)ᄒᆞ라 ᄒᆞ니, 황패 대열ᄒᆞ여 쇼ᄋᆞ를 밧아 연시의 겻힉 누이고, 급히 취원각의 드러가 고ᄒᆞᄃᆡ, 쇼졔 ᄉᆡᆼ남(生男)ᄒᆞ여시나 복통이 ᄒᆞᆫ갈ᄀᆞᆺ치 급ᄒᆞ믈 알왼ᄃᆡ, 초공과 윤부인이 연시의 만삭(滿朔)ᄒᆞ여시믈 알아시나, 【14】 ᄉᆡᆼ남(生男)의 말은 몽니(夢裏)의도 ᄉᆡᆼ각지 아닌 ᄇᆡ라.

ᄀᆞ장 의아ᄒᆞ여 시녀로 복통이 엇더ᄒᆞᆫ고 알아오라 ᄒᆞ엿더니, 시녜 도라와 연시 ᄯᅩ ᄉᆡᆼ녀ᄒᆞ믈 고ᄒᆞᆫᄃᆡ, 초공부뷔 듯는 말마다 고이ᄒᆞ여 친히 영일뎡의 가, 공은 쳥샤(廳舍)의 머믈고 부인이 방즁의 드러가ᄆᆡ, 연시 임의 녀ᄋᆞ를 ᄉᆡᆼᄒᆞᆫ 고로 혼침ᄒᆞ엿는ᄃᆡ, 복향 등이 냥ᄋᆞ를 누이고 쇼졔를 구호ᄒᆞ거늘, 부인이 새로이 냥ᄋᆞ를 보ᄆᆡ 광ᄎᆡ(光彩) 됴요(照耀)ᄒᆞ여 일월이 ᄯᅥ러짐 ᄀᆞᆺᄐᆞ니, 텬디졍화(天地精華)를 거두워 골격이 비범커늘, 부인이 아름다오믈 결을치[330] 【15】 못ᄒᆞᆫ 즁, 연시 이 ᄀᆞᆺ튼 긔ᄌᆞ옥녀(奇子玉女) ᄉᆡᆼᄒᆞ믈 신긔히 넉여 혜오ᄃᆡ,

"군쥬의 박용누질(薄容陋質)이 그 질녀의게 낫지 못ᄒᆞ나, 복녹완젼지상(福祿完全之上)이므로 몽징 ᄀᆞᆺ튼 ᄋᆞ돌을 나핫거니와, 쇼연시는 복이 박ᄒᆞ고 ᄋᆞ돌을 두지 못ᄒᆞᆯ 상격(相格)[331]이러니, 이제 옥동화녀(玉童花女)를 ᄒᆞᆷ게 나하 골격의 비샹ᄒᆞ미 몽징 아ᄅᆡ잇지 아니니, 오ᄋᆞ를 픔습(稟襲)ᄒᆞᆫ 연괴어니와, 져 블인흉상(不人凶狀)이 무ᄉᆞᆷ 복으로 ᄌᆞ녀를 ○○[ᄀᆞᆺ초] 나핫는고?"

측냥치 못ᄒᆞ며[여], 놀나온 ᄃᆞᆺ 근심된 ᄃᆞᆺ ᄆᆞᄋᆞᆷ을 잡지 못ᄒᆞ더니, 날호여 깅반을 직촉ᄒᆞ여 연시를 먹【16】이고, 초공긔 신ᄉᆡᆼ익 긔이ᄒᆞ믈 고ᄒᆞ니, 공이 연시 유틱(有胎)ᄒᆞ여 ᄌᆞ식이 만일 모습(母襲)ᄒᆞᆯ진ᄃᆡ 무어시 ᄡᅳ리오, ᄒᆞ엿더니, 환힝(歡幸)ᄒᆞ믈 니긔지 못ᄒᆞ야, 병풍(屛風)으로 가리오라 ᄒᆞ고, 드러가 신손남ᄆᆡ(新孫男妹)를 보ᄆᆡ, 녀ᄋᆞ는 태

---

327)잠연(潛然)이 : 잠잠히. 말없이 가만히.
328)깅반(羹飯) : 국과 밥을 아울러 이르는 말.
329)가초 : 갖추어. 고루. 빠짐없이 잘 챙겨.
330)결을하다 : (생각이나 감정, 욕구 등을) 억누르다. 이기다. 억제하다.
331)상격(相格) : 관상에서, 얼굴의 생김새를 이르는 말.

우의 신싱지시(新生之時) ᄀᆞᄐᆞ여 영형발췌(英瑩拔萃)ᄒᆞ여 슉녀의 골격이 아니오, 아ᄌᆞ는 셕대(碩大)ᄒᆞ고 쥰미(俊邁)ᄒᆞ여 곱고 빗나ᄃᆡ, 태우를 달문 곳이 업ᄂᆞᆫ지라.

하부 졔인과 연부인 아오로[332] 힝혀도 ᄀᆞᄐᆞᆫ 일이 업ᄉᆞ니, 초공이 그윽이 이샹이 넉이ᄃᆡ, 다만 그 작인이 비샹ᄒᆞ여 늉쥰일각(隆準日角)[333]이 의연(依然)이[334] 쳔승지상(千乘之相)[335]이 【17】오, 미목(眉目)[336]의 강산녕긔(江山靈氣)를 거두워시믄 태우나 다르지 아니ᄒᆞ니, 이 조금도 ᄀᆞᄐᆞᆫ 거시 아니로ᄃᆡ, 원간 영쥰호걸이 픔셩이 ᄒᆞᆫ가지오, 골격이 상칭(相稱)ᄒᆞ미 이시니, 초공이 만심환열(滿心歡悅)ᄒᆞ믈 니긔지 못ᄒᆞ나, 쳔ᄉᆞ만상(千思萬想)ᄒᆞ여도 쇼연시 이 ᄀᆞᄐᆞᆫ ᄋᆞ돌 나흘 상격(相格)이 아니니, 그 가온ᄃᆡ 궁흉극악(窮凶極惡)ᄒᆞᆫ 계픠(計巧)이셔 소가 신싱ᄋᆞ를 도적ᄒᆞ야 와시믄 아지 못ᄒᆞᄃᆡ, 연시의 상격을 혜건ᄃᆡ 이 ᄋᆞ들을 나하시나, 순히 기르지 못ᄒᆞᆯ가 념녀ᄒᆞ여, 즉시 유모를 뎡ᄒᆞ여 ᄋᆞᄌᆞ를 삼칠일(三七日)[337]이나 기다려 윤부【18】인 침실의셔 기르기를 결단ᄒᆞ고, 황파 등을 당부ᄒᆞ여 깅반을 ᄡᅧ로 쇼져긔 나와 산후병(産後病)이 업게 ᄒᆞ라 ᄒᆞ고, 날호여 취원각으로 드러가니, 군쥐 질녀의 순산쌍틱(順産雙胎)ᄒᆞ믈 깃거, 영일뎡의 드러와 냥ᄋᆞ를 어라만져 환희ᄒᆞ며 ᄯᅱ놀더라.

ᄎᆞ시 쳥션 요리(妖尼) 쇼ᄋᆞ를 도적ᄒᆞ여 황파를 주고, 도로 가구시의 곳의 가 숨으니라. 명일 신셩의 초공이 뎡국공 부부긔 연시 남녀 빵싱ᄒᆞ믈 고ᄒᆞ고, 태우를 도라보아 왈,

"신싱 냥ᄋᆞ의 쟉인이 비샹ᄒᆞ여 승어부모(勝於父母)[338]ᄒᆞ니, 네 반다시 늎긔(倫紀)에 졍【19】이 업지 아니ᄒᆞ리니, 비록 연시를 블관(不關)이 넉이나 ᄌᆞ식은 곳 너의 골육이라, 모로미 귀듕ᄒᆞ여 그 어미를 믜이 넉이ᄂᆞᆫ ᄆᆞᄋᆞᆷ을 ᄌᆞ식의게 옴기지말나."

태위 ᄌᆡᄇᆡ(再拜) 슈명(受命)ᄒᆞ나 연시의 싱ᄌᆞ(生子)ᄒᆞ믈 대경(大驚)ᄒᆞ고 블힝(不幸)ᄒᆞ미 깁허 반졈 희식(喜色)이 잇지 아닌지라. 뎡국공이 ᄌᆞ손을 남달니 귀듕ᄒᆞᄂᆞᆫ ᄆᆞᄋᆞᆷ이라, 처엄으로 증손이 나 두굿기고, 연시 ᄀᆞᄐᆞᆫ 블인누질(不人陋質)이 긔특ᄒᆞᆫ ᄌᆞ녀를 빵싱(雙生)ᄒᆞ믈 신긔히 넉여, 태우를 권ᄒᆞ여 드러가 보믈 닐ᄋᆞ니, 태위 복슈(伏首) 고왈,

"쇼손이 비록 어지지 못ᄒᆞ【20】나 엇지 텬늎ᄌᆞᄋᆡ(天倫慈愛)를 아지 못ᄒᆞ며, ᄌᆞ식을 보고져 아니리잇고마ᄂᆞᆫ, 흉인이 쇼손을 망측히 참욕ᄒᆞ여 존당과 부모를 거들고, 쇼

---

332)아오로 : 아울러. 함께.
333)늉쥰일각(隆準日角) : '우뚝한 코'와 '이마 한가운데 불거져 있는 뼈'라는 말로, 관상에서 '귀인의 상'을 이른다. *융준(隆準); 우뚝한 코. =융비(隆鼻). *일각(日角); 관상에서, 이마 한가운데 뼈가 불거져 있는 일. 귀인의 상(相) 또는 천정(天庭)의 왼쪽 이마를 이르기도 한다.
334)의연(依然)이 : 전과 다름없이. 변함없이, 틀림없이,
335)쳔승지상(千乘之相) : 제후가 될 관상.
336)미목(眉目) : 눈썹과 눈을 아울러 이르는 말.
337)삼칠일(三七日) : 세이레. 아이가 태어난 후 스무하루 동안. 또는 스무하루가 되는 날. 대개는 이날 금줄을 거둔다.
338)승어부모(勝於父母) : 부모보다 뛰어나다.

손(小孫)을 타협(打頰)ᄒ여 극악ᄒᆫ 죄상이 그 머리를 엇개우히 두지 못ᄒᆯ 비로ᄃᆡ, 우리 존당과 부모의 셩덕이 아니면 흉인을 가닉의 머믈지 못ᄒᆯ 거시오, 쇼손의 용녈코 프러짐 곳 아니면 져를 살녀두지 못ᄒ오리니, 블힝이 져의게 ᄌ식을 끼쳐시나 엇지 다시 얼골을 ᄃᆡᄒᆫ 의ᄉᆡ 이시리잇고? 삼칠일(三七日)이 지나거든 다려다가 보미 무방ᄒ오리니, 이제 쇼손 【21】 이 다시 영일뎡 왕닉를 아니코져 ᄒᄂ이다."

뎡국공 부뷔 태우의 말이 과격ᄒ믈 닐너 덕이 아니라 ᄒ나, 영일뎡 왕닉를 권치 아니ᄒ니 태위 그윽이 깃거ᄒ더니, 신ᄋ의 일칠일(一七日)이 지나믹, 뎡국공부뷔 참지 못ᄒ야 ᄋ히를 근신ᄒᆫ 양낭으로 다려오라 ᄒ니, 일취뎐의셔 모다 볼ᄉᆡ, 녀ᄋ(女兒)ᄂᆞᆫ 부습(父襲)을 젼슈(專受)ᄒ여 완젼이 태우의 신ᄉᆡᆼ지시(新生之時) ᄀᆺ고, ᄋᄌᄂᆞᆫ 상뫼 당당ᄒ며 오악(五嶽)339)이 늉긔(隆起)ᄒ고 골격(骨格)이 슈앙(秀昻)ᄒᆯ지언뎡, 부조(父祖)와 제슉(諸叔)을 닉도ᄒ니, 태위 비록 모로ᄂᆞᆫ 가온ᄃᆡ나 혈믹(血脈)이 【22】 다릭이ᄂᆞᆫ340) 정과 텬눈○[지]셩(天倫之性)의 소ᄉ나ᄂᆞᆫ 친(親)이 ᄌ연 녀ᄋ를 ᄉ랑ᄒᄂᆞᆫ ᄆᆞ음이 ᄋ들의 세 번 더으고, 뎡국공부부와 초공부뷔 ᄯᅩᄒᆫ 그러ᄒ야, 비록 발셜치 아니나 진정으로 어엿브믄 손녀를 더 아ᄂᆞᆫ지라.

북빅후 등이 흔연이 부모와 초공부부긔 칭하ᄒ여 신ᄋ(新兒) 남미의 긔특ᄒ미 옥슈경지(玉樹瓊枝)341) ᄀᆺᄐᆞᆷ을 환ᄒᆡᆼ(歡幸)ᄒ니, 뎡국공이 냥아(兩兒)를 어라만져 우어 왈,

"대연시로브터 ᄌ녀ᄂᆞᆫ 남도곤 낫게 낫ᄂᆞᆫ 복인(福人)이어니와, 실노 몽셩이 아니면 쇼연시 엇지 이 ᄌ식을 나흐리오. ᄯᆞᆯ이 제 아비를 긔특이 픔습(稟襲)ᄒ 【23】 고, ᄋ들이 달믄 곳이 업시 잘 삼겨, 긔상이 셰ᄃᆡ의 무빵독보(無雙獨步)ᄒ니 엇지 오문(吾門)의 져근 경ᄉᆡ리오."

ᄒ여 환희ᄒ더라. ᄎ야의 태위 봉션뎡의 니르러 뎡쇼져를 ᄃᆡᄒ여 ᄋᆡ듕ᄒᄂᆞᆫ 졍을 니긔지 못ᄒ여 집슈 탄왈,

"나의 ᄇ라ᄂᆞᆫ 바ᄂᆞᆫ 그ᄃᆡ 몬져 ᄉᆡᆼ남(生男)ᄒᄂᆞᆫ 경ᄉᆡ 잇지 아니코, 져 흉물이 몬져 ᄉᆡᆼᄌᄒ니, 엇지 블힝치 아니리오. ᄒ믈며 빵틱남녀(雙胎男女)를 ᄉᆡᆼᄒ믄 실시의외(實是意外)342)라. 아모리 ᄉᆡᆼ각ᄒ여도 연시 그런 ᄋ들을 두지 못ᄒᆯ 비니, 날노 ᄒ야금 '상명(喪明)의 셔름'343)을 씻칠가 일단 념 【24】 녀도 업지 아니토다."

뎡시 일취뎐의셔 연시의 신ᄉᆡᆼ 빵ᄋ를 보믹 녀ᄋᄂᆞᆫ 태우를 일편도이344) 픔슈ᄒ여시

---

339)오악(五嶽) : 다섯 개의 큰 산을 뜻하는 말. 여기서는 얼굴의 두 눈과 두 콧구멍, 입을 말함.

340)다릭이다 : 당기다. 끌리다.

341)옥슈경지(玉樹瓊枝) : 재주가 빼어나게 뛰어난 사람을 비유해서 이르는 말. 옥수(玉樹)나 경지(瓊枝)는 다 같이 '재주가 뛰어난 사람'을 이르는 말이다.

342)실시의외(實是意外) : 정말로 뜻밖의 일임.

343)상명(喪明)의 셔름 : 상명지통(喪明之痛). '눈이 멀 정도의 큰 설움'이라는 뜻으로, 아들이 죽은 슬픔을 비유적으로 이르는 말. 옛날 공자의 제자 자하(子夏)가 아들을 잃고 슬피 운 끝에 눈이 멀었다는 데서 유래한다.

344)일편되다 : 편벽되다. 한쪽으로 치우치다.

디, 우주는 반분(半分) 달믄 곳이 업스믈 의아(疑訝)홀 쁜 아니라, 연시 상격(相格)이 맛춤닉 무주(無子)홀 줄 붉히 아는 고로, 닌봉(麟鳳) 굿튼 긔주(奇子)를 잘 기라지 못홀가 진심으로 념녀흐여, 스실(私室)의 도라와 밤이 깁고, 좌우의 타인이 업스믈 인흐여 잠간 건샹(乾象)[345]을 숣혀, 태우의 쥬셩(主星)의 주궁길흉(子宮吉凶)을 혜아리믹, 닉도흔[346] 셩신(星辰)[347]이 태우의 쥬셩(主星)을 의지흐여시나, 진짓 농쟝지경(弄璋之慶)[348]이 이시미 아니【25】오, 유명무실(有名無實)흐미 만흔지라.

의혹흐믈 마지 아냐 다시 연시의 팔주(八字)를 츄졈흐믹, 연시는 단명박복(短命薄福)홀 빅오, 태우는 금년의 우돌을 볼 빅로딕, 주긔 복우(腹兒)밧게 나지 아니흐니, 원닉 쇼제 틱신(胎娠) 삼삭(三朔)이로딕, 졔궁 모친닉도 모로는 빅라. 쇼제 텬샹(天象)을 앙관(仰觀)흐고 연시의 팔주를 혜아리믹, 그 싱남(生男)이 허무(虛無)흐믈 씨다라 한심흐믈 니긔지 못흐딕, 태위 드러오므로 스식(辭色)지 아니코 좌를 일윗더니, 태우의 말을 드르믹 그 총명이 오히려 연시의 흉심을 씨닷지 못흐여, 타인지주(他人之子)를 【26】어더와 텬눈이 난상(亂傷)흐믈 추악(嗟愕)히 넉이나, 추역명애(此亦命也)라 흐여, 묵연(黙然) 블어(不語)흐니, 태위 쇼져를 본 적마다 무궁흔 듕졍(重情)이 깅가일층(更可一層)[349]흐여 희연이 웃고 침금(寢衾)의 나아가믈 쳥흐여 왈,

"박용누질(薄容陋質)도 싱주(生子)흐믈 보건딕, 주의 지금 틱신(胎娠)의 경식 업스미 엇지 익둛지 아니리오."

언흘(言訖)에 옥슈(玉手)를 닛그러 나위(羅幃)에 나아가믹, 새로온 은익 산비히박(山卑海薄)흔지라. 흉상블인(凶狀不人)의 몬져 싱남흐믈 진졍으로 블열(不悅)흐딕, 타인지직(他人之子)믄 능히 씨닷지 못흐니, 신긔로온 총명이 오히려 뎡시를 밋지 못흐더【27】라.

명일의 연시 병신(病身)을 움죽여 존당의 드러가믹, 태우는 피(避)흐야 츌외(出外)흐고 뎡쇼제 하부의 니르런지 달포되여시딕, 서로 보지 못흐믄 존당구고의 명이 업스미오, 연시 태우의게 믹이 마주 병신이 되어시므로, 능히 움즉이지 못흐여 존당의 드러오미 업더니, 이날은 뎡시를 서로 보아 원비(元妃)와 계실(繼室)의 녜를 다흐고, 옥 굿튼 긔린(麒麟)을 써 뎡시를 후리잡고[350] 업눌너 하싱의 쳔쳡굿치 졔어흐려 흐므로, 웁픈 거술 강잉(强仍)흐여 겨유 븟들여 일취뎐의 니르믹, 뎡【28】국공과 됴부인이 신싱 냥우(兩兒)를 귀듕흐는 무음으로뻐 그 어미를 블관이 넉이미 가치 아니타 흐여, 흔

345)건샹(乾象) : 하늘의 현상이나 일월성신(日月星辰)이 돌아가는 이치.
346)닉도흐다 : 매우 다르다. 판이(判異)하다.
347)셩신(星辰) : 별.
348)농쟝지경(弄璋之慶) : 아들을 낳은 경사. 예전에, 중국에서 아들을 낳으면 구슬을 장난감으로 주었다는 데서 유래한 말.
349)깅가일층(更可一層) : 어떤 정도 보다 한층 더함.
350)후리잡다 : 후려잡다. ①후리어서 자기 손아귀에 넣다. ②(비유적으로) 사람이나 사물에 대하여 강력한 지배력을 가지다.

연이 좌를 주고 일칠일(一七日)이 계유 지나미 병신을 옴겨 드러오미 상(傷)홀 도리라 ᄒᆞ여, 념녀(念慮)홈도 업지 아니니, 연시 더욱 양양ᄌᆞ득(揚揚自得)351)ᄒᆞ여. 소릭를 가다듬아 왈,

“쳡이 비록 용우블민(庸愚不敏)ᄒᆞ나 당당이 하군의 조강(糟糠)이라. 뎡시 만일 인ᄉᆞ를 알진ᄃᆡ 쳡을 ᄎᆞᄌᆞ 동열(同列)352)의 경을 펴고, 션후의 녜를 홀 거시어놀, 지금의 서로 보는 일이 업ᄉᆞ니 엇지 고이치 아니리오. 금【29】일은 쳡이 이의 니르러시니 뎡시를 명ᄒᆞ야 처엄 보는 녜를 힝ᄒᆞ쇼셔.”

초공이 텽파의 늠연이 닐ᄋᆞᄃᆡ,

“식부를 비록 몽셩이 몬져 취ᄒᆞ고 뎡시를 잠간 후에 취ᄒᆞ미 되어시나, 다 ᄒᆞᆫ가지 명문싱츌(名門生出)노 뎨실지엽(帝室枝葉)이라. 피ᄎᆞ 년긔(年紀) 상젹(相敵)ᄒᆞ고 문회(門戶) 칭이○○[상당](稱以相當)353)ᄒᆞ니, 놉흠과 ᄂᆞ즘과 션·후 ᄎᆞ례를 의논홀 거시 업ᄉᆞ니, 식뷔 셩힝이 온슌홀진ᄃᆡ 우리 엇지 뎡시를 명(命)ᄒᆞ야, 영일뎡의 가 서로 보고 동녈(同列)의 정과 쳑의(戚誼)에 각별ᄒᆞ믈 닐ᄋᆞ라 아녀시리오마는, 식뷔 슉모【30】의 망측광픿(罔測狂妄)ᄒᆞ믈 ᄡᆞ라, 뎡시 년미뎡의 이실 ᄯᅴ 히거(駭擧)를 힝ᄒᆞ미 업지 아니니, 이제 서로 보미 ᄂᆞᆾ치 업술가 ᄒᆞ여, 여러 ᄃᆞᆯ이 되여도 닐ᄋᆞ지 못ᄒᆞ엿더니, 금일 식뷔 스ᄉᆞ로 니르러 뎡시 보기를 쳥ᄒᆞ니, 이는 젼일(前日)을 뉘웃는 ᄯᅳᆺ이니, 모로미 기리 화우(和友)ᄒᆞ야 몽ᄋᆞ의 화증(火症)을 다시 일위지 말나.”

인ᄒᆞ여, 뎡시를 도라보아 왈,

“연시는 경안공쥬 손녜니, 현부로 더브러 ᄌᆡ종지간(再從之間)354)이오. 피ᄎᆞ는 명문지엽(名門枝葉)이라, 겸손홀 일이 업ᄉᆞ니, 현부는 모로미 태ᄉᆞ(太姒)355)의 너란 덕을 가져, 오ᄋᆞ의 가【31】도(家道)를 챵(昌)ᄒᆞ고, 우리로 ᄒᆞ야금 ‘쥬아(周雅)의 명풍(名風)’356)을 다시 보게 ᄒᆞ라.”

뎡쇼졔 빅슈(拜受)ᄒᆞ고, 몸을 두루혀 연시를 향ᄒᆞ여 공슌(恭順)이 ᄌᆡᄇᆡ(再拜)ᄒᆞ미, 흉상누질이 언연이 돗 우히 안ᄌᆞ 답빅(答拜)홀 의ᄉᆞ를 아니ᄒᆞ니, 뎡국공이 ᄀᆞ장 블쾌히 넉여 왈,

“연쇼뷔 비록 몽셩의 조강(糟糠)이로라 ᄒᆞ나, 뎡시 ᄯᅩᄒᆞᆫ 연쇼부의 아리 거홀 일이 업고, 원간 윤현뷔 연·경 두 식부를 보던 늘의 규구(規矩)357)를 바려 좌(座)의 나 답

351)양양ᄌᆞ득(揚揚自得) : 뜻을 이루어 뽐내며 꺼드럭거림. 또는 그런 태도.

352)동열(同列) : 한 남자와 결혼하여 같은 아내의 지위를 갖고 함께 살아가는 여자들을 이르는 말.

353)칭이상당(稱以相當) : 서로 같다고 이를 만하다.

354)ᄌᆡ종지간(再從之間) : 육촌 형제 사이.

355)태ᄉᆞ(太姒) : 중국 주(周)나라 문왕(文王)의 비(妃). 부덕(婦德)이 높아 시어머니 태임(太姙)과 함께 성녀(聖女)로 추앙된다.

356)쥬아(周雅)의 명풍(名風) : 중국 주(周)나라 문왕의 비(妃)인 태사(太姒)의 부덕(婦德)과 같은 훌륭한 가풍(家風)을 이르는 말. 곧 태사는 현모양처(賢母良妻)로 문왕을 잘 내조하여 성군(聖君)이 되게 하였는데, 특히 남편의 많은 후궁들을 덕으로 잘 거느려 화목한 가정을 이룬 일로, 후대의 무수한 글들에 그녀의 부덕이 칭송되고 있다.

비ᄒᆞ니, 연쇼부ᄂᆞᆫ 별녜문(別禮文)[358]을 쓰지 말고, 고모의 덕힝을 비호미 올흐니, 엇지 뎡시 절【32】ᄒᆞᄂᆞᆫ 바의 연시 언연이 움즉이ᄂᆞᆫ 도리 업ᄉᆞ뇨?"

쇼연시 초공의 말ᄉᆞᆷ과 존당의 이ᄀᆞᆺ치 닐ᄋᆞ시믈 드ᄅᆞᆷ이, 분흠과 노호오미 부홰[359] 넘놀기를 면치 못ᄒᆞ고, 뎡시를 ᄒᆞᆫ번 ᄇᆞ라보ᄆᆡ, 용광ᄉᆡᆨᄐᆡ(容光色態) 이날 더옥 찬난비무(燦爛比無)[360]ᄒᆞ여, 입으로 형언(形言)치 못ᄒᆞᆯ 거시오, 그림으로 모ᄉᆞ(模寫)치 못ᄒᆞ리니, 져의 믜온 ᄆᆞᄋᆞᆷ이 삼키올 ᄃᆞᆺ, 고ᄃᆡ 질너 죽이고져 ᄒᆞᄃᆡ, 황파의 지극ᄒᆞᆫ 당부를 드러시므로, ᄀᆞ장 오린 후 답비ᄒᆞ고 두어 ᄌᆞ(尺) 동안을 격(隔)ᄒᆞ여 안ᄌᆞ니, 뎡시 연시를 ᄃᆡᄒᆞᆯᄉᆞ록 긔이(奇異)ᄒᆞ고, 연【33】시의 더러온 긔질과 흉험ᄒᆞᆫ 상모ᄂᆞᆫ 뎡쇼져를 ᄃᆡᄒᆞᆯᄉᆞ록 더옥 악착(齷齪)ᄒᆞ여, 셤궁항ᄋᆡ(蟾宮姮娥)[361] 우두나찰(牛頭羅刹)[362]노 더브러 엇게를 갈오미라.

존당구괴 연시의 여ᄎᆞᄒᆞᆫ 작인을 새로이 ᄎᆞ탄ᄒᆞ여, 뎡시 ᄀᆞᆺᄐᆞᆫ 셩녀명염(聖女名艶)으로써 태우의 원비되지 못ᄒᆞ고, 또 몬져 ᄉᆡᆼᄌᆞ(生子) 못ᄒᆞᆫ 바를 진졍으로 이ᄃᆞᆯ와 ᄒᆞ더라.

연시 뎡쇼져를 ᄃᆡᄒᆞ여 영일뎡으로 와 뵈지 아니믈 인ᄉᆞ 모로다 ᄎᆡᆨ(責)ᄒᆞ니, 뎡시 슉연이 압흘 볼 ᄲᅮᆫ이오, 말ᄉᆞᆷ이 업ᄉᆞ니, 연시 뎡시의 온슌ᄒᆞ믈 업수히 넉여 ᄭᅮ짓ᄂᆞᆫ【34】말을 ᄂᆡ엿다가, 다시 그 놉흔 긔상과 슉연ᄒᆞᆫ 위풍을 보ᄆᆡ, 간ᄃᆡ로 능멸치 못ᄒᆞ여 긋치고, 유ᄌᆞ를 어라만져 왈,

"그ᄃᆡ 아직 하군의 은ᄋᆡ를 쓰여 호화의 잠겨시니, ᄌᆞ식이 귀ᄒᆞ믈 오히려 아지 못ᄒᆞ려니와, 타일의 그ᄃᆡ 열 ᄋᆞᄃᆞᆯ을 두어도 조션봉ᄉᆞ(祖先奉祀)를 영(領)ᄒᆞᆯ 바와, 우리 후ᄉᆞ(後嗣)의 듕ᄒᆞᆷ은 ᄎᆞᄋᆞ만 ᄀᆞᆺ지 못ᄒᆞᆯ지라. ○[니]졔 유모를 뎡ᄒᆞ여 존고의 침뎐의셔 기ᄅᆞ고져 ᄒᆞ거니와, 쳔인(賤人)이 블민ᄒᆞ여 잘 보호치 못ᄒᆞᆯ가 근심ᄒᆞᄂᆞ니, 그ᄃᆡᄂᆞᆫ ᄒᆞᆫ가지로 조심ᄒᆞ여 길너낼진ᄃᆡ 가히 어지【35】다 일ᄏᆞᆯ음을 듯지 아니랴?"

뎡쇼졔 져 흉상누질이 ᄒᆞᄂᆞᆫ 말마다 긔괴망측(奇怪罔測)ᄒᆞ니 묵연블어(黙然不語)ᄒᆞᆫᄃᆡ, 존당구괴 연시의 망측ᄒᆞᆫ 언ᄉᆞ를 드ᄅᆞᆯᄉᆞ록 어리게 넉이나, 새로이 ᄎᆡᆨ망ᄒᆞᆯ 거시 업서, 오직 뎡시로 화우ᄒᆞ믈 당부ᄒᆞ야, 뎡시의 셩심슉덕(聖心淑德)을 빅의 ᄒᆞ나만 빅화도 거의 허물을 버서나리라 ᄒᆞ니, 연시 존당구고의 뎡쇼져 알오미 당ᄃᆡ의 뎨일(第一)노 닐ᄋᆞ믈 분ᄒᆞᆫ(憤恨)ᄒᆞ나, 다시 픠언(悖言)을 발치 아니코 어진 쳬ᄒᆞ더라.

연군쥐 죵용ᄒᆞᆫ ᄯᆡ를 타면, 뎡쇼져를 영일뎡으로 블너【36】압히 안치고, 수죄(數罪)ᄒᆞ며 만단(萬端) 즐ᄎᆡᆨ(叱責)ᄒᆞ여 태우의 은졍을 낫고며 질녀(姪女)의 업ᄉᆞᆫ 허물을

---

357)규구(規矩) : 일상생활에서 지켜야 할 법도.
358)별녜문(別禮文) : 특별한 예절.
359)부홰 : 부아. 노엽거나 분한 마음.
360)찬난비무(燦爛比無) : 아름답기가 비할 데 없음.
361)셤궁항ᄋᆡ(蟾宮姮娥) : 달 속에 있는 선녀 항아(姮娥).
362)우두나찰(牛頭羅刹) : 쇠머리 모양을 한 악한 귀신.

닐너, 태우의 ᄆᆞ음을 졈졈 그롯 민단다 ᄒᆞ여, 악착ᄒᆞᆫ 즐욕이 사ᄅᆞᆷ의 견ᄃᆡ여 듯지 못ᄒᆞᆯ ᄇᆡ로ᄃᆡ, 쇼졔 화열(和悅)ᄒᆞ며 완슌(婉順)ᄒᆞ여 ᄂᆞ즉이 샤죄ᄒᆞᆯ ᄯᆞᄅᆞᆷ이더라.

일일은 군쥬 슉질이 영일뎡의셔 뎡쇼져를 블너다가 압ᄒᆡ 안치고 흉언픽셜(凶言悖說)노ᄡᅧ 욕ᄒᆞ기를 시작ᄒᆞ여, 평졔왕으로브터 금평후 슌태부인ᄀᆞ지 젹츄역ᄌᆞ(賊雛逆子)라 ᄒᆞ고, 니를 갈며 폴을 ᄲᅩᆷᄂᆡ여, 무ᄉᆞᆷ 일노 조강(糟糠) 원비(元妃)를 ᄒᆞᆫ 구【37】셕의 박명기인(薄命棄人)363)을 삼고, 너 ᄆᆡ달(妹妲)364) ᄀᆞᄐᆞᆫ 요괴(妖怪) 년이 몽셩의 은익를 독당ᄒᆞᆫ다 ᄭᅮ짓고, ᄯᅩ 글오ᄃᆡ,

"몽셩으로 ᄒᆞ야금 질녀의 곳에 왕ᄂᆡ를 아니케 ᄒᆞᆯ진ᄃᆡ, 너 요긔(妖氣) 년을 ᄯᅳ져 쥭여 분을 플니라. 몽셩이 네 말인즉 쥭을 일이라도 아니 듯ᄂᆞᆫ 일이 업ᄉᆞ니, ᄎᆞ후ᄂᆞᆫ 영일뎡의도 난화 단니기를 닐ᄋᆞ라."

ᄒᆞ여, 허다 괴픽지셜(乖悖之說)이 참측(慘惻)ᄒᆞᆫ 즁, 분을 참지 못ᄒᆞ여 냥안을 놉히 ᄯᅳ고 칙상의 노흰 칼을 드러 쇼져의게 더지니, 싀포(猜暴)ᄒᆞᆫ 거동이 악호(惡虎)의셔 더ᄒᆞ니, 쇼졔 엇지 칼흘 피【38】코져 아니리오마ᄂᆞᆫ, 흉인의 노를 더어 급히 달녀드러 쥭이ᄂᆞᆫ 지경(地境)은 살기를 ᄇᆞ라지 못ᄒᆞᆯ 거시므로, 머리를 슉이고 ᄂᆞᆺ출 드지 아니ᄒᆞᄆᆡ, 칼이 머리의 박혀 븕은 피 돌지어365) 흐르니, 황파 복향이 급히 다라드러 칼을 ᄲᅢ히며, 왈,

"뎡쇼졔 비록 어지지 못ᄒᆞ시나, 우리 쇼졔 지셩으로 화우코져 ᄒᆞ시거늘, 부인이 엇지 쇼져의 됴흔 ᄠᅳᆺ을 모ᄅᆞ시고 뎡쇼져의 허물을 물시(勿視)치 아니샤 칼노ᄡᅧ 두골을 상해오시ᄂᆞ니잇고? 이런 일이 다 우리 쇼져의 투긔(妬忌)ᄒᆞᄂᆞᆫ 일흠이 되어, 졍당의셔 드ᄅᆞ【39】시미 되어도, 우리 쇼졔 부인을 도도아 이러 ᄒᆞ시ᄂᆞᆫ가 넉이실거시오, 뎡쇼져라도 우리 쇼져를 믜워ᄒᆞ시미 더ᄒᆞᆯ가 ᄒᆞᄂᆞ이다."

군쥐 분노를 잠간 참고, 황패 뎡쇼져를 븟드러 침소의 도라오니, 방노패 그 두골이 상ᄒᆞ믈 보고 ᄀᆞᆨ골분완(刻骨憤惋)ᄒᆞ여 뉴체(流涕) 왈,

"근간 연부인 슉질이 흉험극악ᄒᆞ니, 쇼졔 능히 보젼치 못ᄒᆞ시리니 출ᄒᆞ리 본부의 도라가 고요히 계시미 됴흘가 ᄒᆞᄂᆞ이다."

쇼졔 탄식 왈,

"나의 명도(命途)의 궁험(窮險)ᄒᆞ미 ᄋᆞ시로브터 이졔 니르히 안한(安閒)ᄒᆞ믈 엇지 못ᄒᆞ니, 어이 편ᄒᆞᆫ 곳【40】을 엇고져 ᄉᆡᆼ각ᄒᆞ며, 즐겁기를 구ᄒᆞ리오. 은뫼 나를 길너 됴흔 일은 보지 못ᄒᆞ고, 젼후의 심녀만 상해오니 이 ᄯᅩ 은모(恩母)의 ᄋᆡᆨ경이어니와,

363)박명기인(薄命棄人) : 복이 없고 팔자가 사나워 버림을 받은 사람.

364)ᄆᆡ달(妹妲) : 중국 하(夏)의 마지막 황제 걸(桀)의 비(妃)인 매희(妹喜)와 주(周)의 마지막 황제 주(紂)의 비(妃) 달기(妲己)를 함께 이르는 말. 둘 다 포악한 여성의 대표적 인물로 꼽힌다.

365)돌지다 : 솟아나다. 돌돌 흐르다. 똘[도랑]을 이루다. '돌'은 '똘[도랑]'의 옛말. '-지다'는 '여울지다' '방울지다' 따위의 말에서처럼, '그런 성질이 있음' 또는 '그런 모양임'의 뜻을 더하고 형용사를 만드는 접미사.

내 ᄆᆞ음이 어ᄂᆡ ᄶᅴ의 편ᄒᆞ리오. 그러나 이런 소식이 본부의 니ᄅᆞ면 나의 블효를 더으리니, 함구ᄒᆞ쇼셔."

졍언간의 태위 승당입실(昇堂入室)ᄒᆞᄆᆡ, 뎡시 긔이영지(起而迎之)ᄒᆞ여 좌뎡ᄒᆞᄆᆡ, 젼일은 쇼졔 무ᄉᆞ무려(無思無慮)ᄒᆞ여 타연(泰然)ᄒᆞ더니, 이날은 무숨 소회 잇ᄂᆞᆫ 듯ᄒᆞ여 말을 시쟉고져 ᄒᆞ다가 머믓거리ᄂᆞᆫ 형샹이니, 태위 슉시냥구(熟視良久)의 왈,

"ᄌᆞ의 ᄯᅳᆺ이 무어술 【41】 말ᄒᆞ고져 ᄒᆞᄂᆞ뇨?"

쇼졔 대왈,

"쳡이 즁심의 근졀ᄒᆞᆫ 소회 이셔 군ᄌᆞ긔 빌고져 ᄒᆞ옵ᄂᆞ니, 능히 쳥납(聽納)ᄒᆞ시리잇가?"

태위 왈,

"ᄌᆞ의 닐ᄋᆞᄂᆞᆫ 비 드럼즉 ᄒᆞ면 드를 거시오, 내 ᄆᆞ음에 합지 아니면 빅번 닐ᄋᆞ고 만번 쳥ᄒᆞ여도 능히 듯지 못ᄒᆞ리니, 아모커나 무숨 소흰(所懷)고 ᄒᆞᆫ번 드러보고져 ᄒᆞ노라."

쇼졔 왈,

"군ᄌᆡ 부부의 뉸(倫)이 듕(重)ᄒᆞᆷ과 텬셩지친(天性之親)을 도라[366] ᄉᆡᆼ각ᄒᆞ실진ᄃᆡ, ᄌᆞ녀의 아름다오미 옥슈신월(玉樹新月)[367] ᄀᆞᆺᄐᆞ니, 그 ᄌᆞ모(慈母)의 공이 등한치 아니믈 ᄭᆡ다라샤, 유ᄌᆞ식블거(有子息不去)[368]라 ᄒᆞ고, ᄒᆞ믈며 연부 【42】 인이 질양(疾恙)이 ᄯᅥ날 ᄶᅴ 업ᄉᆞ니 ᄒᆞᆫ번 문병(問病)ᄒᆞ시미 군ᄌᆞ지도(君子之道)의 올흐신가 ᄒᆞᄂᆞ이다."

태위 텽파의 ᄎᆞ게 우어 왈,

"부부뉸의(夫婦倫義) 듕(重)ᄒᆞᆷ과 텬셩지친(天性之親)을 도라 ᄉᆡᆼ각ᄒᆞ면 엇지 ᄒᆞ여야 올흐며, 연시 영일뎐의 외로이 이시니 ᄯᅩ 엇지 ᄒᆞ여 문병ᄒᆞ라 ᄒᆞᄂᆞ뇨? ᄌᆡ 임의 말을 시쟉ᄒᆞ엿ᄂᆞ니 젼후곡졀(前後曲折)과 나의 ᄒᆡᆼ지쳐변(行止處變)을 다 닐너, 날노 ᄒᆞ야금 슈신졔가를 평균이 ᄒᆞ게 ᄀᆞ라치라."

뎡시 져의 말이 예ᄉᆞ롭지 못ᄒᆞ믈 보ᄆᆡ 더옥 블안ᄒᆞ믈 니긔지 못ᄒᆞ야, ᄂᆞ죽이[369] ᄃᆡ왈,

"셩인도 초부지 【43】 언(樵夫之言)[370]을 션용(善用)ᄒᆞ시ᄂᆞ니, 군ᄌᆞᄂᆞᆫ 쳡의 약셕지언(藥石之言)[371]을 가랍(嘉納)[372]ᄒᆞ쇼셔."

---

366)도라 : 돌아가. 돌이켜, 다시.

367)옥슈신월(玉樹新月) : 옥으로 조각한 나무나 초승에 뜨는 달처럼 빛나고 아름답다는 뜻으로 재주가 뛰어나고 아름다운 사람을 이르는 말.

368)유ᄌᆞ식블거(有子息不去) : 자식을 둔 아내는 버릴 수 없다.

369)ᄂᆞ죽이 : 나직이. 낮게. *나직하다 : 소리나 위치가 꽤 낮다.

370)초부지언(樵夫之言) : 시골에서 나무하며 살아가는 사람의 평범한 말.

371)약셕지언(藥石之言) : 약으로 병을 고치는 것처럼 남의 잘못된 행동을 훈계하여 그것을 고치는 데에 도움이 되는 말.

372)가랍(嘉納) : 거납(嘉納). 옳지 못하거나 잘못한 일을 고치도록 권하는 말을 기꺼이 받아들임.

태위 닝쇼(冷笑) 왈,

"아지 못게라, 그디를 뉘라셔 ᄀᄅ치미냐? 스스로 싱각ᄒ미냐? 쳥컨디 바로 닐러 날노 ᄒ야금 의아ᄒᆞᆫ ᄆᄋᆞᆷ이 업게 ᄒ라."

이리 닐ᄋ며 보칙기를 긋치지 아니ᄒ니, 쇼졔 민망(憫惘)ᄒ여 디왈,

"쳡이 진졍 소회를 베플미니, 뉘 이런 말을 ᄒ여 군ᄌ긔 번득이라373) 닐너시리잇가?"

태위 텽파(聽罷)의 분연 녀셩(厲聲) 왈,

"그디 나를 ᄀᄅ치며, 관인슈덕(寬仁修德)이오, 동녈을 화우ᄒ미 쥬국셩비(周國聖妃)374) ᄀ다 닐을 지라도, 실노뻐 【44】 나의 ᄆᄋᆞᆷ을 아지 못ᄒ고, ᄇ졀업시 어진 덕을 낫토아 투긔 업ᄉ믈 쟈랑ᄒ거니와, 연(然)이나 그디 나의 안해오, 이곳이 ᄯ 내 집이니, 내 잇고시븐디 빅년을 이셔도 시비(是非)ᄒ리 업술 거시오, 녀직 쟝부를 ᄀ르쳐 예 이시라 졔 이시라 못ᄒᆞᆯ지라. 내 평싱의 빈계ᄉ신(牝鷄司晨)375)을 한심ᄒ고, 녀ᄌ의 슬긔로뻐 남ᄌ를 지휘ᄒ믈 우히 넉이ᄂ니, 싱이 용녈ᄒ여 그디의 말을 다 조출가 넉이ᄂ냐? 내 그디를 긔특이 넉이는 빅 업ᄉ디, 굿ᄐ여 념나지 아니코 말이 드므러 일을 ᄂ지 아니리라 ᄒ엿 【45】 더니, 의외로 나를 ᄀ르치는 거죄이시니 엇지 히연(駭然)치 아니며, 쟝뷔 된 거시 괴롭지 아니랴. 그디 비록 범ᄉ를 알녀 아녀도, 발셔 연가 흉물을 디치 못ᄒᆞᆯ 줄은 존당부모긔 고ᄒ믈 듯지 못ᄒ여시면 모르거니와, 일만 쇠376) ᄊ어도 영일뎡 가온디는 ᄌ최를 님치 못ᄒᆞᆯ 줄은[을] 아지 못ᄒ엿ᄂ냐? 두낫 자녀를 싱ᄒ기를 닐ᄋ지 말고 옥슈긔린을 열흘 포집어377) 나하도 내 결단ᄒ여 빅슈(白首)를 그음ᄒ고 디면치 아니리니, 그디 아모리 쥬실삼모(周室三母)378)의 국풍대아(國風大雅)379)를 본밧고져 【46】 ᄒ나, 이 하텬보를 젹게 넉이지 말지어다. 만일 ᄎ후

---

373)번득이다 : 일깨우다. 깨우치다.

374)쥬국셩비(周國聖妃) : 중국 주(周)나라 문왕의 비(妃)인 태사(太姒)를 이르는 말. 태사는 현모양처(賢母良妻)로 문왕을 잘 내조하여 성군(聖君)이 되게 하였는데, 특히 남편의 많은 후궁들을 덕으로 잘 거느려 화목한 가정을 이룬 일로, 후세의 칭송을 받고 있다.

375)빈계ᄉ신(牝鷄司晨) : 암탉이 새벽을 알리느라고 먼저 운다는 뜻으로, 부인이 남편을 젖혀 놓고 집안일을 마음대로 처리함을 이르는 말.

376)쇠 : 소가. '소[牛]+ ㅣ'의 형태.

377) 포집다 : 그릇 따위를 포개어 놓다. 거듭 집다.

378)쥬실삼모(周室三母) : 주나라 왕실의 세 어머니. 곧 태강(太姜), 태임(太妊), 태사(太似)를 말함. 태강(太姜)은 태왕(太王)의 아내이며 왕계(王季)의 어머니인데, 바르고 솔직하게 자식을 이끄니 과실이 있지 아니하였고, 태왕이 일을 계획할 때나 자리를 옮길 때는 꼭 태강과 의논하여 일을 처리하였다. 태임(太妊)은 왕계의 아내로 문왕을 낳았는데, 태임의 성품은 곧고 성실하여 오직 덕으로써 행동하였다. 태임이 문왕을 임신하였을 때 눈으로는 나쁜 것을 보지 않았고, 귀로는 음란한 소리를 듣지 않았으며, 입으로는 오만한 말을 하지 않았다. 이로써 문왕은 태어나면서부터 지덕(知德)이 뛰어났다. 태사(太似)는 문왕의 아내로 무왕(武王)을 낳았다. 태사는 어질고 도리에 밝았는데, 주왕실에 들어와 시할머니 태강과 시어머니 태임을 공경하였고, 아침저녁으로 힘써 부도(婦道)를 다하였다. 이들 <周室三母>는 『烈女傳』에 나온다.

379)국풍대아(國風大雅) : 『시경』 의 편명(編名). <국풍(國風)>은 『시경』 중에서 민요 부분을 통틀

다시 이런 말노 내 귀를 더러일진딕 됴치 못홀 거시니, 직 나의 관홍(寬弘)치 못ᄒᆞ믈 나모라거든 이제라도 졔궁으로 도라가고 머므지 말나. 싱이 그딕와 연시 아ᄋᆞ로 업서도 환부(鰥夫)로 늙지 아니리니, 일개 온냥(溫良)혼 녀ᄌᆞ를 어더 거취(去就)를 님(臨)케 ᄒᆞ리라."

쇼제 발셔 태우의 이굿치 닐을 줄 알앗던 비라. 다시 입을 열미 무익ᄒᆞ여 묵연ᄒᆞ니, 태위 쏘혼 뎡쇼제 연부인긔 보치여 마지못혼 말인 줄 모르지 아니ᄒᆞ딕, ᄎᆞ후 다시 【47】 그다히 말을 발치 못ᄒᆞ게 ᄒᆞ랴, 짐줏 엄녈(嚴烈)혼 ᄉᆞ식을 뵈여, 존당구고도 권치 아니시는 말숨을 뎡시 닐ᄋᆞ미 망측다 ᄒᆞ여, 야심토록 조르고 쑤짓기를 마지 아니ᄒᆞ딕, 뎡시 혼 말이 업시 안즌 거술 곳치지 아니ᄒᆞ니, 태위 드딕여 촉을 믈니고 옥슈를 닛그러 상상의 나아가나, 믹양 쇼져의 믹몰ᄒᆞ믈 혼ᄒᆞ더라.

연부인 시익 창외의셔 태우와 뎡쇼져의 문답ᄉᆞ(問答事)를 ᄌᆞ셔히 듯고 도라가 연부인긔 일일히 고ᄒᆞ니, 군쥐 쇼왈,

"낸들 엇지 몽셩의 위인이 쳐실의게 휘【48】올 빅 아니믈 모르리오마는, 짐줏 뎡녀의 ᄆᆞ음을 불평콰져 그러툿 닐ᄋᆞ미라. 내 젼일굿치 몽셩을 즐타(叱打)ᄒᆞ여 위력으로 현질(賢姪)의 곳에 두고져 ᄒᆞ나, 몽셩의 심홰(心火) 남달나, 제 쯧에 블합(不合)홀진딕 고이혼 광증이 다시 발홀가 두리오므로 젼쟈 쳐로[380] 보치지 못ᄒᆞ나, 뎡시만 ᄌᆞ진토록 조르고 보치여 보고져 ᄒᆞ노라."

쇼연시 타루 왈,

"이러나 져러나 하군의 ᄆᆞ음을 두루혈 길이 업ᄉᆞ니 쇼질의 브라미 긋처진지라. 옥동화녀(玉童花女)를 빵싱ᄒᆞ여 영형(英形)○[이] 특이ᄒᆞ미 셰월노 조ᄎᆞ 무【49】빵(無雙)ᄒᆞ딕, 쇼질을 믜워ᄒᆞ는 ᄆᆞ음을 ᄌᆞ녀의게 옴겨 조금도 년익(憐愛)ᄒᆞ는 빗치 업고, 뎡녀 요물(妖物)을 침혹(沈惑)ᄒᆞ여시니, 엇지 쇼질과 뎡녜 범연혼 원쉬리잇가?"

연부인이 위로 왈,

"몽셩이 요식(妖色)의 침익(沈溺)ᄒᆞ여 일시 너를 박딕ᄒᆞ나, 맛춤닉 그러치 아닐 거시오. 너의 ᄌᆞ녜 옥슈경화(玉樹瓊花) 굿ᄐᆞ니, 무어술 족히 두리며 근심ᄒᆞ리오. 임의 태산의 셰권(勢權)이 이시니 현질은 조빅야이[381] 심녀를 허비치 말나."

쇼연시 기리 슬허ᄒᆞ니, 군쥐 직삼 위로ᄒᆞ고 침뎐으로 도라가믹, 황패 ᄀᆞ마니 청션【50】을 청ᄒᆞ여 은혜를 칭샤ᄒᆞ고, 쇼연시 협ᄉᆞ(篋笥)의셔 금은보화(金銀寶貨)를 밧드러 청션을 주니, 청션이 연부 호시를 가보고 쇼ᄋᆞ(小兒)를 도적ᄒᆞ여와 쇼져의 분산시의 남녀를 빵싱ᄒᆞ다ᄒᆞ믈 고ᄒᆞ니, 호시 대열ᄒᆞ여 임의 황금필빅(黃金疋帛)으로 은혜를

어 이르는 말로 정풍과 변풍이 있으며 모두 160편이다. <대아(大雅)>는 <소아(小雅)>와 함께 주(周)나라 궁중음악인 아악을 말하는데, 모두 31편으로 되어 있다. 여기서 말하는 주실삼모(周室三母)와 관련된 이야기는 주로 이 <국풍>편과 <대아>편에 실려 있다.

380)쳐로 : 처럼.

381)조빅야이 : 속 좁게. *조빅얍다; 속 좁다. 마음 쓰는 것이 너그럽지 못하다.

샤례ᄒᆞ미 잇거늘, 또 이ᄀᆞᆺ튼 보화를 어드니, 즐거오믈 니긔지 못ᄒᆞ여 ᄀᆞᆯ오ᄃᆡ,

"쇼져의 슈한(壽限)이 부족ᄒᆞ시고 복이 ᄀᆞ장 열우시니, 빈되 위ᄒᆞ여 근심ᄒᆞᆫ ᄇᆡ나, 연부 호부인이 수일젼의 금빅을 주시거ᄂᆞᆯ 밧아 산ᄉᆞ의 도라가 ᄉᆞ부긔 드리고, 크게 블 【51】 ᄉᆞ를 위ᄒᆞ여 쇼져의 슈복을 츅ᄒᆞ여주쇼셔 ᄒᆞ여시니, ᄉᆞ부의 신긔ᄒᆞ시므로 반다시 쇼져의 져란 명을 니으며 열운 복을 두터이 ᄒᆞ실지라. 일노 조ᄎᆞ 쇼졔 어드신 공ᄌᆞ와 ᄋᆞ쇼졔 잘 쟈라시고 ᄌᆞ연ᄒᆞᆫ 가온ᄃᆡ 영복(榮福)을 누리시려니와, 이제ᄂᆞᆫ 블ᄉᆞ(佛事)를 예ᄉᆞ로이 못ᄒᆞ야 큰 졀을 지어 제불(諸佛)의 가사(家舍)를 ᄒᆞ여 졍셩이 극진이 ᄒᆞ실 거시니이다."

연시와 복향등이 흠긔 ᄀᆞᆯ오ᄃᆡ,

"슈복을 더ᄒᆞᆯ진ᄃᆡ 머리를 믜고 살을 헐어도 앗기지 아니리니, 다만 뎡시를 ᄀᆞ비야이 업시ᄒᆞᆯ 계괴 업ᄉᆞ니 【52】 어ᄂᆡ 시졀의 쾌ᄒᆞ믈 어드리오."

청션이 쇼왈,

"쇼져ᄂᆞᆫ 근심치 마ᄅᆞ쇼셔. 뎡쇼져의 ᄉᆡᆼ년월일시를 잠간 닐ᄋᆞ시면, 빈되 ᄌᆞ연이 쇼져의 강적(强敵)을 업시 ᄒᆞ리이다."

연시 즉시 닐ᄋᆞ니, 청션이 이윽이 츄졈ᄒᆞ다가 번연(翻然)[382] 블열(不悅) 왈,

"초년의 험익(險阨)ᄒᆞ미 남다라나, 하ᄂᆞᆯ긔 타난 복녹이 만코 희한ᄒᆞ니, 슈화(水火)의 드러도 위ᄐᆡᄒᆞᆯ ᄇᆡ 업ᄉᆞ니, 엇지 근심되지 아니리잇고? ᄒᆞ믈며 ᄐᆡ신(胎娠)의 경ᄉᆡ(慶事) 이셔 대귀(大貴)ᄒᆞᆯ 남ᄌᆞ를 필ᄉᆡᆼ(必生)[383]ᄒᆞ리니, 그 ᄉᆡᆼ남(生男)ᄒᆞᆯ 날이면, 뇽(龍)이 여의쥬(如意珠)를 엇ᄂᆞᆫ 즐거오미 되리니, 밧비 묘계(妙計)를 【53】 ᄒᆡᆼᄒᆞ여 뎡쇼져를 급히 업시ᄒᆞ미 올코, 복즁의 든 ᄋᆞ히를 타인지ᄌᆡ(他人之子)라 ᄒᆞ면 그 젼졍을 맛ᄂᆞᆫ 쟉시니이다."

연시 텽파의 대경(大驚) 왈,

"요녜(妖女) 엇진 연고로 ᄐᆡ신지경(胎娠之慶)[384]이 그ᄃᆡ도록 ᄲᆞ란고? 일마다 통완ᄒᆞ고 분연ᄒᆞᆫ지라. 쳡이 만ᄌᆡ(萬財)를 허비ᄒᆞ여도 뎡녀를 업시코 심ᄉᆡ 쾌활ᄒᆞ리니, ᄉᆞ부ᄂᆞᆫ 됴흔 계교를 ᄉᆡᆼ각ᄒᆞ쇼셔."

청션 왈,

"뎡쇼졔 관셔(關西) 쳔인의 휵양(慉養)ᄒᆞ믈 밧다ᄒᆞ니, 그 뉘게 의지ᄒᆞ며, 어ᄃᆡ 잇던고, 쇼졔 알아시ᄂᆞ니잇가?"

연시 왈,

"뎡시의 망측(罔測) 비쳔(鄙賤)이 쟈라믈 엇지 다 닐ᄋᆞ리오. 즉금ᄀᆞ 【54】 지 방노파란 쳔녜(賤女) 뎡시의 유모 쳐로 ᄯᆞ라 단니ᄂᆞ니, 그 늙은 년이 {뎡시의 유모 쳐로 ᄯᆞ라 단니ᄂᆞ니 그년이} 뎡시를 길너 노야긔 쇼셩(小星)으로 드리○○[다"

---

382)번연(翻然) : 깨달음이 갑작스러움.
383)필ᄉᆡᆼ(必生) : 틀림없이 낳다. 반드시 낳다.
384)ᄐᆡ신지경(胎娠之慶) : 임신을 한 경사.

흔]딕, 황픽 니어 왈,

"그읏이 제왕 뎐하와 슉셩비의 ᄒᆞ시ᄂᆞᆫ 말을 드르믹, 뎡쇼졔 관셔 마급ᄉᆞ 비지 되여 믈깃고 밥짓ᄂᆞᆫ 쳔역을 몸소 힝ᄒᆞ더라 ᄒᆞ니, 비록 졔왕지녜(之女)며 공쥬 소싱이나, 간고(艱苦) 쳔누(賤陋)이 지닉믄 우리 ᄀᆞᄐᆞᆫ 인가 양낭(養娘)만도 못흔지라. 졔 우리 쇼졔로 더브러 동녈(同列)ᄒᆞ미 엇지 분치 아니리잇가?"

쳥션이 텽파의 됴흔 계괴 잇다 ᄒᆞ여, 명일의 몸을 변ᄒᆞ여 문양궁 시ᄋᆞ【55】의 모양이 되여 봉션뎡의 드러가니, 쇼져ᄂᆞᆫ 존당의 드러가고 방노패 혼ᄌᆞ 잇ᄂᆞᆫ지라. 쳥션이 웃고 노파를 향ᄒᆞ여 공쥬의 말솜으로 근간의 쇼져의 식치지졀(食治之節)385)은 엇더ᄒᆞ며, 혹 ᄐᆡ신(胎娠)의 경ᄉᆡ 잇ᄂᆞᆫ가 무르니, 노패 쇼져의 ᄐᆡ휘(胎候) 이시믄 아지 못ᄒᆞ고 기리 탄식 왈,

"ᄐᆡ후ᄂᆞᆫ 아직 잇지 아니ᄒᆞ거니와, 근간의 쇼졔 흔 쩍도 편ᄒᆞ믈 엇지 못ᄒᆞ여 침식이 블안ᄒᆞ시니, 엇지 식치지졀(食治之節)이 예ᄉᆞ로 오리오."

쳥션이 ᄀᆞ장 놀나ᄂᆞᆫ 쳬ᄒᆞ고, 문왈,

"긔 엇진 일이며 이 엇진 말솜이니잇가? 옥쥐 드르시면 반다시 쵸조민박(焦燥憫迫)ᄒᆞ【56】시리이다."

노괴 탄왈,

"쇼져의 명되 고이ᄒᆞ시니 남을 원ᄒᆞ여도 브졀업거니와, 연군쥬 슉질의 악악ᄒᆞ미386) 시시로 층가ᄒᆞ니, 긴날에 엇지 보젼ᄒᆞ시○[기]를 ᄇᆞ라리오."

언파의 현연이 《빵노∥빵누(雙淚)》를 ᄂᆞ리와 슬허ᄒᆞ믈 마지 아니ᄒᆞ니, 쳥션이 우문왈(又問曰),

"쇼ᄋᆞ(小兒)ᄂᆞᆫ 부인의 젼후 고샹이 이상ᄒᆞ믈 드러시딕, 무솜 일노 그딕도록 곤궁ᄒᆞ시던고 곡졀을 아지 못ᄒᆞ니, 마마ᄂᆞᆫ 원컨딕 흔번 ᄌᆞ셔히 닐ᄋᆞ쇼셔."

방시ᄂᆞᆫ 텬연(天然)이 어진 인물이오, 조금도 간사ᄒᆞ미 업ᄂᆞᆫ 고로, 쇼져의 익경을 공쥬 궁의 잠간 알미 해로오랴 ᄒᆞ고, 이의 탄식고 초(初)【57】의 쇼져를 어더 기라던 말과, 채샹재 죽은 후 가식 탕진(蕩盡)ᄒᆞ여 뉴리표박(流離漂泊)387)ᄒᆞ던 일이며, 마가 의셔 지닉던 바를 ᄌᆞ셔히 닐ᄋᆞ며, 쏘 연군쥬의 참담이 보칙이믈 셜워ᄒᆞ니, 쳥션이 듯기를 다 ᄒᆞ믹 졀졀이 뎡쇼져 해흘 긔틀이 묘ᄒᆞ믈 암희(暗喜)ᄒᆞ야, 거즛 눈물을 흘녀 쇼져의 팔ᄌᆡ 순치 못ᄒᆞ믈 흔가지로 슬허ᄒᆞᄂᆞᆫ 쳬ᄒᆞ고, 이읏이 안잣다가 공쥐 기다리실 거시니 쇼져 나오믈 보지 못ᄒᆞ고 가노라 ᄒᆞ고, 협문으로 향ᄒᆞ여 문양궁으로 가ᄂᆞᆫ 쳬ᄒᆞ니, 방시 엇지 요리(妖尼)의 지ᄉᆞ간흉(至邪奸凶)ᄒᆞ믈 알니오.

날이 느즌 후 【58】쇼졔 ᄉᆞ실(私室)의 도라오니, 방시 다만 문양궁 시익(侍兒) 왓다가 가믈 고ᄒᆞ니, 쇼졔 심지(心志) 신녕(神靈)흔 고로, 문득 경동(驚動) 문왈,

---

385)식치지졀(食治之節) : 식사하는 일의 정도나 상태.

386)악악ᄒᆞ다 ; 악악거리다. 억지를 부리고 고함을 지르며 떠들썩거리다.

387)뉴리표박(流離漂泊) : 일정한 집과 직업이 없이 이곳저곳으로 떠돌아다님.

"엇던 궁인 왓더뇨?"

노패 왈,

"옥쥬 압히 스후(伺候)ᄒᆞ는 궁인(宮兒)러이다."

쇼졔 왈,

"아모 대시라도 모비 스후ᄒᆞ는 궁ᄋᆞ는 ᄀᆞ빙야이 즁문 밧글 나지 아니 ᄒᆞᄂᆞ니, 엇지 이의 올니 이시리오. 임의 와실진ᄃᆡ 어이 나를 아니 보고 그져 갈니 이시리오. 은뫼 보기를 그릇 ᄒᆞ엿도다. 그 궁인 무어시라 ᄒᆞ며, 은모ᄂᆞᆫ 무어시라 닐너보ᄂᆡ엿ᄂᆞ뇨?"

노패 왈,

"무숨 말을 ᄒᆞ여시리잇고? 옥쥐 쇼져의 식치지졀(食治之節)을 엇더ᄒᆞ신고 무러 계시거늘, 노쳡 【59】 이 근간 쇼졔 심지 젼일 ᄀᆞᆺ치 편치 못ᄒᆞ시므로 알외엿ᄂᆞ이다."

쇼졔 탄왈,

"은뫼 오히려 간당의 변ᄉᆡ(變事) 블측(不測)ᄒᆞ믈 아지 못ᄒᆞᆫ ᄇᆡ라. 내 아직 운익(運厄)이 머러시니 면코져○○○○[ᄒᆞ여도 면] ᄒᆞ리오."

노패 ᄎᆞ언을 드르ᄆᆡ 깁히 념녀ᄒᆞ고, 쇼져는 일월졍긔(日月精氣)로 안ᄌᆞ셔 쳔니를 쎄보는 총명이 잇ᄂᆞᆫ고로, 연시 흉인이라 ○[타]인지ᄌᆞ(他人之子)를 어더 졔 ᄯᆞᆯ과 ᄒᆞᆫ가지로 빵싱ᄒᆞ엿노라 칭ᄒᆞ고, 의식 졈졈 극악ᄒᆞ여 황파 복향으로 더브러 ᄌᆞ긔를 해ᄒᆞᆯ 긔틀을 여으며[388], ᄂᆡ도ᄒᆞᆫ 거술 궁ᄋᆞ 복식을 ᄒᆞ여 ᄌᆞ긔 침소의 나들게 ᄒᆞ믈 ᄇᆞᆰ히 지긔ᄒᆞᄆᆡ, 궁 【60】 흉(窮凶)ᄒᆞ믈 니긔지 못ᄒᆞ나, 굿ᄐᆞ여 문양궁의셔 시익 와시며 아니 와시믈 뭇지 아니나, 발셔 간인이 와 단녀가시니 궁인 아니믈 가히 알니러라.

요리(妖尼) 영일뎡의 도라가 쇼연시와 황파 복향을 ᄃᆡᄒᆞ여 방노파의게 드란 말을 다 닐ᄋᆞ고, 함쇼 왈,

"뎡쇼졔 ᄒᆞ늘긔 타난 바 귀복(貴福)이 당당ᄒᆞ거니와, 인듕승텬(人衆勝天)이라. 사ᄅᆞᆷ이 긔모비계(奇謀秘計)를 발ᄒᆞᄆᆡ 엇지 하늘인들 니긔지 못ᄒᆞ고, 귀신인들 속이지 못ᄒᆞ리오. 빈되 존부 남ᄌᆞ녀인(男子女人)을 엷프시 귀경ᄒᆞᄆᆡ, 초공노야와 윤부인은 텬디졍긔를 거두어시며, 북후 등 졔 샹공이 다 총명 【61】 ᄒᆞ시니, 감히 젹은 쇠를 힝치 못ᄒᆞ리니, 가히 신긔ᄒᆞᆫ 약으로ᄡᅥ 뎡국공 부부긔 시험ᄒᆞ리이다."

ᄒᆞ고 ᄒᆞᆫ봉 약을 ᄂᆡ여 황파를 주어 음식의 화(和)ᄒᆞᆯ 계교를 ᄀᆞ라치니, 황패 대희ᄒᆞ여 힝계ᄒᆞ니, 뎡국공 부뷔 ᄎᆞ를 나온지 반일이 못ᄒᆞ여셔 만신이 한츅(寒縮)ᄒᆞ며 쪌기를 오릭ᄒᆞ니, 승샹 ᄉᆞ곤계(四昆季)와 졔부 졔손이 황황ᄒᆞ여 일취뎐의 모다 공의 부부를 붓드러 구호ᄒᆞᄆᆡ, 이윽ᄒᆞᆫ 후, 공과 부인이 한젼(寒戰)[389]을 긋치나, 두골(頭骨)을 ᄯᆡ리ᄂᆞᆫ[390] ᄃᆞᆺᄒᆞ며 ᄉᆞ지 골졀(骨節)이 녹ᄂᆞᆫ ᄃᆞᆺᄒᆞ여 쇏프믈 참지 못ᄒᆞᄆᆡ, ᄌᆞ연이 통셩이 【62】 니러나니, 졔지 초민(焦悶)ᄒᆞ여 시탕(侍湯)의 졍셩을 다ᄒᆞ며 일시도 믈너나지

388)여으다 : 엿보다.
389)한젼(寒戰) : 오한이 심하여 몸이 떨림. 또는 그런 증상.
390)ᄯᆡ리다 : 쪼개다. 부수다, 때리다.

아냐, 각각 몸으로ᄡᅧ 부모의 ᄋᆞᆲ픈 거ᄉᆞᆯ ᄃᆡᄒᆞ고져 ᄒᆞ나, 능히 엇지 못ᄒᆞ고 ᄒᆞᆫ갓 심쟝이 타ᄂᆞᆫ ᄃᆞᆺᄒᆞ믈 면치 못ᄒᆞᄃᆡ, 공의 부뷔 약셕(藥石)[391]의 효험을 보지 못ᄒᆞ고 통세(痛勢) 일양(一樣)이니, 윤승샹 부인과 윤한님 등이 ᄯᅩᄒᆞᆫ 니르러 시병(侍病)ᄒᆞᄆᆡ, ᄀᆞ즉ᄒᆞᆫ 정셩이 침식(寢食)의 ᄯᅳᆺ이 업고, 초공 등은 ᄉᆞ오일을 듀야 블탈의ᄃᆡ(不脫衣帶)ᄒᆞ고 쵸조황민(焦燥惶憫)ᄒᆞ더니, 오뉵일이 지난 후 비로소 ᄎᆞ도(差度)ᄅᆞᆯ 어더 ᄉᆞ지ᄇᆡᆨ히(四肢百骸) 나으나, 신ᄉᆡᆨ(身色)이 수ᄑᆡ(瘦敗)ᄒᆞ여 쇠로(衰老)ᄒᆞ미 더옥 심ᄒᆞ니, 초공 오남ᄆᆡ 부모의 【63】 쇠안(衰顔)과 ᄇᆡᆨ발을 우러라 두리온 근심과 쳑연ᄒᆞᆫ 회푀 ᄀᆞᆫ절ᄒᆞ니, 환휘 수히 ᄎᆞ셩ᄒᆞ신 줄을 즐거오믈 아지 못ᄒᆞ여 쳑연ᄒᆞ믈 마지 아니니, 뎡국공부뷔 ᄌᆞ녀의 쵸민(焦悶)ᄒᆞ믈 ᄉᆞᆺ치고 ᄌᆞ긔, 부부의 여년이 부다(不多)ᄒᆞ여 ᄌᆞ녀로 ᄒᆞ야금 궁텬지통을 ᄭᅵ칠가, 스ᄉᆞ로 근심ᄒᆞ여 보긔ᄒᆞᆯ 둑음을 ᄌᆞ로 나오고, ᄌᆞ녀의 우황(憂惶)ᄒᆞ믈 위로ᄒᆞ더니, 슈일이 지나ᄆᆡ 허약ᄒᆞᆫ 심정(心情)의[을] 능히 쥬(主)ᄒᆞ여 것잡지 못ᄒᆞ여, 뎡쇼져ᄅᆞᆯ 본즉 노ᄉᆡᆨ이 표동(漂動)ᄒᆞ여 흘긔ᄂᆞᆫ 눈ᄡᆞᆯ과 《그리‖기리》 혀ᄎᆞ며 크게 미련[392]ᄒᆞᆫ 형상이오, 쇼연시ᄅᆞᆯ 본즉 젼일 뎡쇼져 【64】 ᄉᆞ랑과 ᄀᆞᆺ트여, 흔연이 웃ᄂᆞᆫ 용화(容華)ᄅᆞᆯ 열어 좌ᄅᆞᆯ 갓가이 주며 칭찬ᄒᆞ믈 마지 아니ᄒᆞ니, 뎡쇼졔 존당의 득죄ᄒᆞᆯ ᄉᆞ단이 업ᄉᆞᄃᆡ, 근간의 뎡국공부부의 미안ᄒᆞ시ᄂᆞᆫ ᄉᆞᄉᆡᆨ과 통완이 넉이시ᄂᆞᆫ 말ᄉᆞᆷ이 이의 밋ᄎᆞ니, 발셔 간인의 힝계(行計)ᄒᆞ민 줄 ᄊᆡ다라, ᄌᆞ긔 운ᄋᆡᆨ이 비샹ᄒᆞ믈 깁히 탄ᄒᆞ나 조금도 ᄉᆞᄉᆡᆨ지 아니코, 가지록 온슌화열ᄒᆞ여 셩ᄒᆈ 동쵹ᄒᆞ니, 초공 곤계와 윤부인이 부모의 변심ᄒᆞ시믈 보ᄆᆡ, 경악(驚愕)ᄒᆞ며 황민(惶憫)ᄒᆞ믈 형상치 못ᄒᆞᆯ ᄲᅮᆫ 아니라, 뎡쇼져의 신셰 여러가지로 블평ᄒᆞ믈 크게 잔잉 연셕(憐惜) 【65】 ᄒᆞ여 각별 긔렴(記念)ᄒᆞ며 음식지졀의 보호ᄒᆞ기ᄅᆞᆯ 강보유녀(襁褓乳女)ᄀᆞᆺ치 ᄒᆞ고, 좌위 고요ᄒᆞ여 ᄌᆞ뷔 다 업ᄉᆞᆫ ᄯᆡᄅᆞᆯ 타, 초공이 부모긔 고왈,

“뎡시ᄂᆞᆫ 녀즁군ᄌᆞ(女中君子)요 인즁셩인(人中聖人)이라. ᄇᆡᆨᄉᆞ쳔ᄒᆡᆼ(百事千行)이 츌뉴특이(出類特異)ᄒᆞ거ᄂᆞᆯ 엇지 대인과 ᄌᆞ뎡이 그 아ᄅᆞᆷ다오믈 ᄉᆞᆲ히지 아니시고, 젼일 지극히 ᄉᆞ랑ᄒᆞ시던 덕을 감(減)ᄒᆞ샤 근간의 ᄌᆞ로 미안ᄒᆞ신 ᄉᆞᄉᆡᆨ(辭色)을 뵈시고, 지은 죄 업시 ᄎᆡᆨᄒᆞ시기ᄅᆞᆯ 긋치지 아니시ᄂᆞ니잇가? 쇼ᄌᆡ ᄒᆞᆫ갓 식부의 잔잉ᄒᆞ믈 닛지 못ᄒᆞ올 ᄲᅮᆫ 아니라, 존의(尊意) 젼쟈와 다ᄅᆞ시믈 블승의혹(不勝疑惑)ᄒᆞ와 감문기고(敢問其故)[393]ᄒᆞᄂᆞ이다.”

참졍 【66】 과 북휘 ᄯᅩᄒᆞᆫ 말ᄉᆞᆷ을 니어 뎡시의 긔특ᄒᆞ믈 닐ᄏᆞ라,

“ᄒᆞᆫ 조각 허믈이 업시 미안지교(未安之敎)[394]ᄅᆞᆯ ᄂᆞ리시니, 쇼ᄌᆞ 등의 ᄆᆞ음의 ᄀᆞ장 쵸민(焦悶)ᄒᆞ오니, 다시 미편(未便)ᄒᆞ시ᄂᆞᆫ 빗출 뵈지 마라시고, 젼일 ᄀᆞᆺ치 ᄉᆞ랑ᄒᆞ샤 셩덕의 손상ᄒᆞ미 업게 ᄒᆞ쇼셔.”

---

391)약셕(藥石) : 약과 침이라는 뜻으로, 여러 가지 약을 통틀어 이르는 말. 또는 그것으로 치료하는 일.
392)미련 : 터무니없는 고집을 부릴 정도로 매우 어리석고 둔함.
393)감문기고(敢問其故) : 감히 그 까닭을 물음.
394)미안지교(未安之敎) : 남에 대한 불편한 말씀.

국공과 됴부인이 ᄌᆞ녀의 이ᄀᆞᆺᄐᆞᆫ 말을 드르미, 젼쟈의 뎡시ᄅᆞᆯ 편익ᄒᆞ던 빈나, 즉긔 ᄆᆞ음이나 아모리 싱각ᄒᆞ여도 연시 ᄉᆞ랑홉고 뎡시 미온 곡졀을 아지 못ᄒᆞ되, ᄌᆞ연 연 ·뎡 냥인이 압히 다ᄃᆞ라면 이증(愛憎)이 닉도ᄒᆞᆫ지라. 이의 웃고 왈,

"너히 이리 닐ᄋ지 아니ᄒᆞᆫ들 내 어이 뎡시ᄅᆞᆯ 보【67】치고져 ᄒᆞ며, ᄯᅩ 은인의 녀직ᄅᆞᆯ 도라보지 아니리오마ᄂᆞᆫ, 연시 몽셩의 조강으로 ᄲᅡᆼ틴 옥동(玉童)과 화녀(花女)ᄅᆞᆯ 나ᄒᆞ니, 인심일진딘 그 어미 허믈은 아모 곳에 미쳐셔도, ᄒᆞᆫ번 드러가 보ᄂᆞᆫ 거시 올커ᄂᆞᆯ, 몽셩이 뎡시의게 침혹(沈惑)ᄒᆞ여 연시ᄅᆞᆯ 힝노ᄀᆞᆺ치 ᄒᆞ고, ᄌᆞ녀도 ᄉᆞ랑치 아니ᄒᆞ니, 이 ᄯᅩ 뎡시의 젹인(敵人)을 해ᄒᆞᄂᆞᆫ 쟉시오395), 몽셩의 ᄆᆞ음을 그릇 믿ᄂᆞᆫ 쟉시{오}므로, 우리 공번된396) ᄆᆞ음의 져의 부부 삼인이 ᄒᆞᆫ가지로 화락고져 ᄒᆞ므로, 뎡시의 방ᄌᆞᄒᆞᆷ믈 금단(禁斷)ᄒᆞ고 연시의 신셰 잔잉ᄒᆞᆷ믈397) 위로ᄒᆞ여, 몽셩으로ᄡᅥ 냥쳐ᄅᆞᆯ 【68】편슌(便順)이 되졉기의 니르믈 보고져 ᄒᆞ엿더니, 너히 알기를 그릇ᄒᆞ여 우리가 뎡시 미워ᄒᆞᄂᆞᆫ가 넉이니, 이ᄂᆞᆫ 뎡시ᄅᆞᆯ 원망ᄒᆞ야 져ᄅᆞᆯ 보친다 챵셜ᄒᆞ미 낭쟈(狼藉)ᄒᆞᆫ 연괴로다."

초공 오남미 부모의 변심ᄒᆞ시믈 블승우민(不勝憂悶)ᄒᆞ되 일시의 말ᄉᆞᆷ으로ᄡᅥ 히셕(解釋)지 못ᄒᆞ고, 다만 뎡시의 현슉ᄒᆞᆷ믈 닐ᄏᆞᆺ고 ᄎᆞ후나 녜ᄀᆞᆺ치 ᄌᆞ익ᄒᆞ시믈 쳥ᄒᆞᆯ지언뎡, 변심ᄒᆞ시믈 여러번 간치 못ᄒᆞ니, ᄎᆞ후로 공의 부뷔 뎡시ᄅᆞᆯ 딕ᄒᆞ면 ᄭᅮ짓기를 긋치나 미편(未便)ᄒᆞᆫ 싴위(色威) 능히 금초지 못ᄒᆞ고, 연시ᄅᆞᆯ 본즉 황홀이 ᄉᆞ랑【69】ᄒᆞ기를 태우의 우히니, 연시 방ᄌᆞ무인(放恣無人)ᄒᆞ여 뎡시 알기를 ᄒᆞᆫ낫 비즈ᄀᆞᆺ치 ᄒᆞ고, 슉모ᄅᆞᆯ 도도와 뎡시ᄅᆞᆯ 조르고 보치여 못 견듸도록 ᄒᆞ라 ᄒᆞ니, 군줘 구고의 질녀 ᄉᆞ랑흠과 뎡시 미워ᄒᆞᆷ믈 보고, 틈을 타면 뎡시ᄅᆞᆯ 조르고 ᄭᅮ지져 욕ᄒᆞ기를 참혹히ᄒᆞ고, 간간이 민ᄅᆞᆯ 드러 죽도록 두라리며, '무슴 일노 태우ᄅᆞᆯ 영일뎡으로 아니 보닉ᄂᆞᆫ다?' ᄒᆞ며, 졔왕과 공쥬ᄅᆞᆯ 들먹여 즐욕ᄒᆞ나, 쇼졔 능히 참고 견듸기ᄅᆞᆯ 위쥬ᄒᆞ며 됴혼 다시 날을 보닉미 되어시나, 방노파와 시녀 등이 블승비분(不勝悲憤)ᄒᆞ여, 쇼져의 【70】고샹(苦狀)을 본부의 고ᄒᆞ여 도라가고져 ᄒᆞ더니, 시의 문양공줘 유질ᄒᆞ여 수삼일이 되여시딘 신음ᄒᆞ여 낫지 아니ᄒᆞ므로, 뎡도찰이 민져의 귀령을 쳥코져 하부의 나아와 초공긔 이ᄉᆞ연을 고ᄒᆞ니, 공이 쾌허ᄒᆞᆫ딘, 도찰이 흔연(欣然)ᄒᆞ여 거교ᄅᆞᆯ 보닉고 쇼져 침소ᄅᆞᆯ 슈리ᄒᆞ며, 우이지졍이 졔미 우히 지극ᄒᆞ더라.

뎡쇼졔 하부로 조ᄎᆞ 도라와 존당의 뵈올 ᄉᆡ, 졔왕은 하부의 가 슉셩비ᄅᆞᆯ 볼 ᄭᅥ면 녀ᄋᆞᄅᆞᆯ 블너 보ᄂᆞᆫ 빈로딘, 졔(諸) 모친과 존당은 셩혼 후 쳐엄으로 보ᄂᆞᆫ지라. 반기ᄂᆞᆫ 졍과 깃븐【71】 의식 황홀ᄒᆞ여 집슈무익(執手撫愛) 왈,

"내 ᄋᆞ히 용화긔질(容華氣質)노 사름이 편박(偏薄)398)ᄒᆞ미 되지 아니려니와, 너ᄅᆞᆯ

395) 쟉시다 : 일이다. 것이다. *쟉ᄉᆞ(作事) : 없는 일을 꾸며 냄.
396) 공번되다 : 공변되다.
397) 잔잉ᄒᆞ다 : ᄌᆞ닝하다. 애처롭고 불쌍하여 차마 보기 어렵다.
398) 편박(偏薄) : 성품이 편협하고 쌀쌀맞음.

츠즈완지 오릭지 아냐, 져 군즈의 권귀(捲歸)399)ᄒ미 되니, 집이 비록 지근(至近)ᄒ나 너히 왕ᄂ는 즈못 어려오니 ᄀ장 챵울(悵鬱)ᄒ더니, 금일 도라와 얼골을 반기며 공쥬의 병심(病心)을 위로ᄒ니 깃브미 극ᄒ거니와, 연군쥬 슉질이 온냥ᄒᆫ 사름이 아니니 너히 ᄆ음이 능히 편ᄒ믈 엇지 못ᄒᆯ가 넘녀ᄒ노라."

쇼졔 오직 머리룰 숙여 듯ᄌ올 ᄯ룬이오, 즈가의 괴로온 근심은 일졀 스싀지 아니니, 태부인【72】과 진부인이 그 심회룰 아지못ᄒ고, 흔갓 두굿기며 아룸다오믈 니긔지 못ᄒ고, 금평후와 졔왕은 굿ᄐ여 하부 졔인의 ᄃᆡ졉을 뭇지 아냐 셰쇄(細碎)흔 말이 업ᄉᆞᄃᆡ, 연군쥬 슉질이 반다시 녀ᄋᆞ룰 무러 너흘고져400) ᄒ믈 지긔(知機)ᄒ나, 오히려 하공 부부의 변심ᄒ여 녀ᄋᆞ룰 믜워ᄒ미 그ᄃᆡ도록 ᄒ믈 몽니(夢裏)의도 싱각지 못ᄒ더라.

쇼졔 문양궁의 나아가 공쥬긔 비알(拜謁)흔ᄃᆡ, 공쥐 반기는 졍이 탐탐(耽耽)ᄒ며 집슈하루(執手下淚)ᄒ며[여] 하부 남즈녀즈의 쇼져 ᄃᆡ졉을 무러, 'ᄆ음이 능히 편ᄒ믈 어덧ᄂ【73】냐?' 흔ᄃᆡ, 쇼졔 존당구고의 즈의ᄒ시는 덕음(德蔭)을 고ᄒ고 다란 말은 옴기지 아니니, 공쥐 역시 뎡국공 부부의 변심홈과 연군쥬 슉질의 그ᄃᆡ도록 극악즈심(極惡滋甚)ᄒᆫ 아득히 모로ᄂ지라. 방노파와 시녀 등이 쇼져의 고상(苦狀)을 밧비 고치 못ᄒ믈 이둘와 ᄒ나, 아직 잠잠ᄒ니라.

이늘 하태위 부명(父命)을 밧ᄌᆞ와 존당의 혼뎡을 맛고 협문으로 조츠 뎡부의 니ᄅ미, 도찰 등이 태우룰 보고 쇼왈,

"쥬을든401) 인ᄉᆡ(人士) 굿ᄐ여 미데룰 ᄯᆞ라 슉직고져 ᄒ니, 진실노 ᄋᆡ쳐(愛妻)의 ᄃᆡ신(大神)402)이로다."

태위 쇼왈,

"쇼뎨 녀관(女款)403)【74】의 무심치 아니 ᄒ거니와, 일즉 명초형쳐로404) 그림 그려 혼인을 도모흔 일은 업셰라."

도찰 왈,

"뎐뵈 엇지 우리 지인(知人)ᄒ는 안목을 어둡게 넉여, 병 업시 양광(佯狂)을 모로는가 ᄒᆞᄂ뇨?"

태위 쇼왈,

"쇼뎨의 병을 양광으로 치우니, 닐은 바, 흔 무리 ○[다] 말 못ᄒᆯ 거시로소이다."

졔뎡이 일시의 ᄭ짓고, 쇼졔 문양궁의셔 도라오지 아냣ᄂ지라. 태위 쇼왈,

399)권귀(捲歸) : 거두어 돌아가거나 돌아옴.
400)너흘다 : 물다. 물어뜯다. 씹다.
401)쥬을들다 : 주을 들다. 주접 들다. 잔병이 많아 잘 자라지 못하거나, 옷차림이나 몸치례가 초라하고 너절하다. *주접; 옷차림이나 몸치례가 초라하고 너절함.
402)대신(大神) : 무서운 귀신. 천동대신이나 지동대신 따위.
403)녀관(女款) : 여성과의 육체적 관계를 맺는 행위. 또는 그 대상이 되는 여성.
404)-쳐로 : -처럼. 체언 아래 붙어서 '-처럼', '-과 같이' 등의 뜻을 나타내는 조사.

“형 등이 날을 닛그러 쥬인 업순 방의 두믄 엇지오?”

뎡도찰이 답(答) 쇼왈(笑曰),

“우리 형뎨 군죵(群從)이 다 형을 위ᄒᆞ여 이의 안ᄌᆞ시니, 어이 쥬인 업ᄉᆞᆷ을 닐ᄋᆞᄂᆞ뇨?”

태위 쇼왈, 【75】

“형 등 ᄀᆞᆺᄐᆞ니ᄂᆞᆫ ᄇᆡᆨ이 이셔도 방 님재 아니라. 모로미 그만ᄒᆞ여 방 님쟈ᄅᆞᆯ 다려오고 형 등은 나아가라.”

졔뎡이 그 ᄋᆡ쳐(愛妻)의 념치(廉恥)ᄅᆞᆯ 일허시믈 크게 웃고, 시녀로 ᄒᆞ야금 쇼져ᄅᆞᆯ 다려오라 ᄒᆞ니, 이윽고 월염쇼졔 궁ᄋᆞ로 쵹을 ᄇᆞᆰ히고 나아오니, 평쟝 등 졔 거게(哥哥) 쇼왈,

“텬뵈 이의 와 현ᄆᆡᄅᆞᆯ 못 보와 ᄉᆞ상지질(思想之疾)이 일게 되어시니, 현ᄆᆡᄂᆞᆫ 모로미 그 졍을 위로ᄒᆞ라.”

쇼졔 묵연브답(默然不答)ᄒᆞ고, 날호여 좌ᄅᆞᆯ 일우니, 쇄락(灑落)ᄒᆞᆫ 광치 찬난ᄒᆞ더라. 【76】

윤하뎡삼문취록 권지이십오

ᄎᆞ시 월염쇼제 묵연 부답ᄒᆞ고 날호여 좌ᄅᆞᆯ 일우니, 쇄락(灑落)ᄒᆞᆫ 광ᄎᆡ 찬난ᄒᆞ여, 하ᄉᆡᆼ을 ᄃᆡᄒᆞᄆᆡ, 겸금냥옥(兼金良玉)405) ᄀᆞᆺᄐᆞ여 남풍녀뫼(男風女貌) 발월(發越) 특이(特異)ᄒᆞ니, 제뎡이 어린 다시 그 부부의 얼골을 쳠망(瞻望)ᄒᆞ다가, 짐즛 ᄀᆞᆯ오ᄃᆡ,

"쇼ᄆᆡ 이의 잇지 아닌 젼은 텬보의 긔상이 그ᄃᆡ도록 용우(庸愚)ᄒᆞ믈 아지 못ᄒᆞ리러니, 쇼ᄆᆡᄅᆞᆯ ᄃᆡᄒᆞᄆᆡ ᄒᆞᆫ낫 비루ᄒᆞᆫ 속골(俗骨)이 무산션ᄋᆞ(巫山仙娥)406)ᄅᆞᆯ ᄃᆡᄒᆞᆷ ᄀᆞᆺᄐᆞ여, 너의 쳐궁이 유복ᄒᆞ고, 쇼ᄆᆡ의 팔ᄌᆞ로 널을진ᄃᆡ 너 ᄀᆞᆺ튼 블인ᄑᆡᄌᆞ(不人悖子)의 쳐실이 되니 가히 앗갑지 아니랴?"

태 【1】 위 관ᄃᆡ(冠帶)ᄅᆞᆯ ᄒᆡ탈ᄒᆞ며 쇼왈,

"무산선녀(巫山仙女) 아냐 요지금뫼(瑤池金母)407)라도 이 하텬뵈 아니면 쇼향쇄옥지탄(燒香碎玉之嘆)408)이 이시리니, 은혜ᄅᆞᆯ 닛고 ᄆᆡ부(妹夫) 부족히 어든 말을 ᄒᆞᄂᆞ뇨? 이러나 져러나 임의 와시니 쟈고 가려 ᄒᆞ거ᄂᆞᆯ, 인ᄉᆞ 모ᄅᆞᄂᆞᆫ 것들은 안ᄌᆞ 어ᄌᆞ러이 닐ᄋᆞᄂᆞᆫ도다."

녜뷔 제뎨(諸弟)로 니러나며 왈,

"네 우리 잇ᄂᆞᆫ 거ᄉᆞᆯ 절박히 넉이니 사ᄅᆞᆷ의 고ᄀᆡᆨ(苦客)409)이 되지 못ᄒᆞ여 나아가거니와, 네 ᄌᆞ못410) 과취(過醉)ᄒᆞ여시니 밤을 편히 지ᄂᆡ라.

언파의 밧그로 나아가니, 태위 드ᄃᆡ여 상요의 누으며 쇼져의 손을 잡아 은근(慇懃) 위곡(委曲)ᄒᆞᆫ 졍이 산비ᄒᆡ박(山卑海薄)ᄒᆞᄃᆡ, 【2】 쇼제 가랍(嘉納)ᄒᆞ미 업서 ᄉᆞᆨ연ᄒᆞ니,

---

405)겸금냥옥(兼金良玉) : 겸금(兼金)은 품질이 뛰어나 값이 보통 금보다 갑절이 되는 좋은 황금을 이르고, 양옥(良玉) 또한 옥 가운데서 품질이 뛰어난 옥을 말한다. 여기서 겸금과 양옥은 '재주나 미모가 뛰어난 사람'에 대한 비유로 쓰였다.

406)무산션ᄋᆞ(巫山仙娥) : 무산선녀(巫山仙女)를 말함. 무산은 중국 사천성(四川省)에 있는 산으로 무산십이봉(巫山十二峯)이 솟아 있는데 기암과 절벽으로 이루어진 경치가 아름답기로 유명하다. 이곳에서 전국시대 초(楚) 나라 양왕이 꿈속에서 무산선녀를 만나 운우지락(雲雨之樂)을 나누었다는 이야기가 송옥(宋玉)의 <고당부(高唐賦)>에 전한다.

407)요지금뫼(瑤池金母) : 서왕모(西王母). 중국 신화에 나오는 신녀(神女)의 이름. 불사약을 가진 선녀라고 하며, 음양설에서는 일몰(日沒)의 여신이라고도 한다. 전설상의 선계(仙界)인 곤륜산(崑崙山) 요지(瑤池)라는 못에서 연회를 열어 신선들과 즐긴다고 한다.

408)쇼향쇄옥지탄(燒香碎玉之嘆) : 향을 살라 향기가 사라지고 옥을 깨트려 아름다움을 잃는 탄식.

409)고ᄀᆡᆨ(苦客) : 귀찮은 손님.

410)ᄌᆞ못 : 자못. 생각보다 매우.

태위 드듸여 측을 멸ᄒᆞ고 원앙금니(鴛鴦衾裏)411)의 나아가 환흡ᄒᆞᆫ 정을 일우믹, 샹·현희 등이 규시ᄒᆞ고 긔특ᄒᆞ믈 니긔지 못ᄒᆞ더라.

ᄎᆞ시 연시 희벽은 뎡쇼져의 귀령ᄒᆞ믈 더옥 믜이 넉여 황파를 듸ᄒᆞ여 왈,

"요네 졔집의 도라가나 하군이 ᄌᆞ로 왕닉ᄒᆞᆯ 거시니, 출하리 존당의 고ᄒᆞ여 수히 다려다가 보치ᄂᆞᆫ 거시 됴토다."

쳥션 왈,

"쇼져ᄂᆞᆫ 이 조각을 타 뎡시 젼정을 아조 맛ᄎᆞ 구구삼셜(九口三舌)이라도 누얼을 발명케 못ᄒᆞ고 죽게 ᄒᆞ오리니, 수히 도라올 의논을 마ᄅᆞ쇼셔."

ᄒᆞ고, 명일 승상곤계【3】와 태우형뎨 됴당의 간 ᄊᆡ를 타, 쳥션이 ᄒᆞᆫ쟝 흉셔(凶書)를 일워 낭즁(囊中)의 ᄀᆞᆷ초고, 몸을 화(化)ᄒᆞ여 비됴(飛鳥) 되여 취운산 곡즁(谷中)의 가 일개 표일(飄逸)412)ᄒᆞᆫ 남ᄌᆞ 되어, 하부 문의 다ᄃᆞ라 하리로 ᄒᆞ야금 대노야긔 관셔 마급ᄉᆞ의 뎨삼낭이 ᄇᆞ듸 ᄒᆞᆯ 일이 이셔 쳥알(請謁)ᄒᆞ믈 고ᄒᆞ라 ᄒᆞ니, 하리 즉시 뎡국공긔 고ᄒᆞ니, 하공이 관셔 마급ᄉᆡ란 거ᄉᆞᆯ 아ᄂᆞᆫ 일이 업ᄉᆞ듸, 그 ᄋᆞ들이 현알ᄒᆞ믈 쳥ᄒᆞᆫ다 ᄒᆞ니 부득이 드러오믈 명ᄒᆞ니, 쳥션이 드러와 뎡국공긔 녜(禮)ᄒᆞᆫ듸, 하공이 답녜ᄒᆞ고, 문왈,

"만ᄉᆡᆼ이 졍신이 혼혹(昏惑)ᄒᆞ여 젼일 보【4】던 사ᄅᆞᆷ이라도 능히 아지 못ᄒᆞ거니와, 원간 현ᄉᆞ로 더브러 일면(一面)의 분(分)413)이 업ᄉᆞᆫ지라. 이의 ᄎᆞᄌᆞ 니ᄅᆞ믄 하유ᄉᆡ(何有事)414)오?"

쳥션이 피셕궤슬(避席跪膝)415) 왈,

"쇼ᄉᆡᆼ이 원방(遠方) 한유(寒儒)416)로 년긔 오히려 이십을 넘지 못ᄒᆞ여시니, 엇지 젼쟈의 경ᄉᆞ 왕닉를 ᄒᆞ여시며 존하의 빗견ᄒᆞ여시리잇고마ᄂᆞᆫ, 외람ᄒᆞᆫ 의ᄉᆡ 존부 동상(東床)을 모쳠(冒添)코져 쳔니를 겻보ᄃᆺ 니ᄅᆞ러ᄉᆞᆸᄂᆞ니, 인연이 긔구ᄒᆞ믈 ᄇᆞᆰ히 알외리이다."

뎡국공이 텽필(聽畢)의 망측(罔測)ᄒᆞ여 왈,

"현ᄉᆞ의 닐ᄋᆞᄂᆞᆫ 비 블셩셜화(不成說話)417)ᄒᆞ니, 원간 이 집을 뉘 집이라 ᄎᆞᄌᆞ왓ᄂᆞ뇨?"

쳥션【5】이 슈샹히 좌우를 ᄉᆞᆲ히다가 문득 잠쇼 왈,

"쇼ᄉᆡᆼ이 비록 향촌졸ᄉᆡ(鄕村卒士)나 귀부를 엇지 범연이 ᄎᆞᄌᆞ와시리잇고? 임의 졔

411)원앙금니(鴛鴦衾裏) : 원앙을 수놓은 이불 속. 또는 부부가 함께 덮는 이불 속.
412)표일(飄逸) : 성품이나 기상 따위가 뛰어나게 훌륭하다.
413)분(分) : 교분(交分). 서로 사귄 정.
414)하유ᄉᆡ(何有事) : 무슨 일인가?
415)피셕궤슬(避席跪膝) : 공경의 뜻을 나타내기 위하여 웃어른을 모시던 자리에서 일어나 무릎을 꿇고 앉음.
416)한유(寒儒) ; 한미한 가문의 유생.
417)블셩셜화(不成說話) ; 하는 이야기가 말이 되지 않음.

궁과 샹뷔 각각 잇고, 쇼져 쳐소ᄀᆞ지 알아시니, 대인의 ᄋᆡ인후덕(愛人厚德)이 오히려 졔왕뎐ᄒᆞ의 더ᄒᆞ시믈 듯습고, 셰밀(細密)ᄒᆞᆫ ᄉᆞ졍을 가져 존하의 고코져 ᄒᆞ옵ᄂᆞ니, 대인은 쇼ᄉᆡᆼ의 번독(煩瀆)418)ᄒᆞᆫ 죄를 샤ᄒᆞ시고, '초공쥐(楚公主) ᄇᆡᆨ졍(白丁)의게 하가(下嫁)ᄒᆞ믈'419) ᄉᆡᆼ각ᄒᆞ샤 귀쇼져의 녈ᄒᆡᆼ(烈行)을 그르게 마ᄅᆞ쇼셔."

인ᄒᆞ여, 다시 고왈,

"소ᄉᆡᆼ 마셤은 마급ᄉᆞ의 뎨삼ᄌᆡ라. 집이 본ᄃᆡ 부요ᄒᆞ므로 잔잉ᄒᆞ고 슬픈 인ᄉᆡᆼ을 넓【6】이 구졔ᄒᆞ더니, 최 상쟈(相者)420)의 쳐와 ᄯᆞᆯ이 뉴리ᄒᆡᆼ걸(流離行乞)421)ᄒᆞ여 도로(道路)의 아ᄉᆞ(餓死)ᄒᆞ기 쉬오므로, 가친(家親)이 거두워 제도(濟度)ᄒᆞ시니, 방노패 ᄌᆞ원ᄒᆞ여 비ᄌᆡ(婢子) 된지라. 녕손(令孫) 귀쇼제 방노파의 휵양(慉養) 밧으믄 아지 못ᄒᆞ고 그 쟉인(作人)이 비샹ᄒᆞ믈 쇼ᄉᆡᆼ이 ᄉᆞ랑ᄒᆞ와 쇼셩(小星)으로 두고져 ᄒᆞᄆᆡ, 쇼제 굿ᄐᆞ여 쇼ᄉᆡᆼ을 나모라 ᄇᆞ리지 아냐 언약(言約)ᄒᆞᄃᆡ, 홀노 쥬표(朱標)422)를 흐리오지 말고 부모 ᄎᆞᆺ기를 기다려 이셩지합(二姓之合)423)을 일우고져 《ᄒᆞ오니‖ᄒᆞ기로》, 쇼ᄉᆡᆼ이 그 효심과 식견을 탄복ᄒᆞ여 위력으로 핍박(逼迫)ᄒᆞ미 업고, 다만 일실지ᄂᆡ(一室之內)의 좌와(坐臥)를 갓치 ᄒᆞᆫ 지 칠팔삭(七八朔)의 쇼ᄉᆡᆼ의 부ᄌᆡ 【7】정ᄇᆡ(定配)ᄒᆞᄂᆞᆫ ᄋᆡᆨ경(厄境)을 당ᄒᆞ니, 녕손녀(令孫女)를 젹소의 다려갈 거시로ᄃᆡ, 폐쳐(弊妻)424) 투악(妬惡)이 ᄌᆞ못 이심(已甚)ᄒᆞ니 님ᄒᆡᆼ(臨行)ᄒᆞ여 고이ᄒᆞᆫ 변을 지을가 념녀ᄒᆞ여 능히 다려가지 못ᄒᆞ고 집의 두엇더니, 쇼ᄉᆡᆼ이 미처 젹소의셔 도라오지 못ᄒᆞ여셔 귀쇼제 샹경ᄒᆞ시다 ᄒᆞᄆᆡ, 소문이 여러가지로 이셔, 방노파의 친쳑이 금은을 가져 노파를 주ᄆᆡ 노패 쇼ᄉᆡᆼ의 ᄌᆞ모긔 드려 속냥(贖良)425)ᄒᆞ믈 닐ᄏᆞᆺ고 ᄯᆞᆯ을 다려 경ᄉᆞ의 오다도 ᄒᆞ고, 그 ᄊᆡ 관셔안찰ᄉᆞ 하몽셩이라 ᄒᆞ리426) 존부의 슈은(受恩)ᄒᆞᆫ 일이 만하, 귀쇼져로ᄡᅧ 존부(尊府) 녀긴 줄 아ᄂᆞᆫ 고로 참연(慘然)이 넉【8】여 화교옥뉸(華轎玉輪)으로 다려오다도 ᄒᆞᄃᆡ, 쇼ᄉᆡᆼ은 녕손녀의 인물을 아옵ᄂᆞ니, 쳘부녈녀(哲婦聖女)의 풍이 이시니 이셩(二姓)을 셤길 사ᄅᆞᆷ이 아니오, 쇼ᄉᆡᆼ이 젹소로 갈ᄊᆡ 스ᄉᆞ로 ᄉᆡᆼ다려 닐ᄋᆞᄃᆡ, '쳡이 낭군을 위하여 절ᄒᆡᆼ을 더레이지 아닐지라, 심산궁곡(深山窮谷)의 블의지변(不意之變)이 두

418)번독(煩瀆) : 어지럽게 더럽힘.

419)초공쥐(楚公主) ᄇᆡᆨ졍(白丁)의게 하가(下嫁)함 :?

420)상쟈(相者) : 관상가(觀相家). 사람의 얼굴을 보고 그의 운명, 성격, 수명 따위를 판단하는 일을 업으로 하는 사람.

421)뉴리ᄒᆡᆼ걸(流離行乞) ; 일정한 집과 직업이 없이 이곳저곳으로 떠돌아다니며 빌어먹음.

422)쥬표(朱標) : =앵혈. 한국고소설 특유의 서사도구의 하나로, 어려서 이것으로 여자의 팔에 점을 찍어두거나 출생신분을 기록해 두면, 남성과의 성교를 하기 전에는 지워지지 않는 효능을 갖고 있기 때문에, 주로 남녀의 동정(童貞) 여부나 부부의 성적 결합여부를 판별하는 징표로 사용되며, 경우에 따라서는 신분표지나 신원확인의 수단으로도 활용된다.

423)이셩지합(二姓之合) : ①서로 다른 두 성이 합하였다는 뜻으로, 남녀의 혼인을 이르는 말. ②남녀가 성교함. 또는 그런 일. 특히 부부 사이의 성교를 이른다. =합궁(合宮). =합근(合根).

424)폐쳐(弊妻) ; 말하는 이가 자기 아내를 낮추어 이르는 말.

425)속냥(贖良) ; 몸값을 받고 노비의 신분을 풀어 주어서 양민이 되게 하던 일. =속신(贖身).

426)ᄒᆞ리 ; 'ᄒᆞᆯ+이(의존명사)'의 형태. 하는 이

리오니, 거즛 병인(病人)인 쳬ᄒᆞ야 사ᄅᆞᆷ의 욕을 면ᄒᆞ리라.' ᄒᆞ더니, 이제 샹경ᄒᆞ여시니, 쇼싱이 엇지 졔왕뎐하의 부군(父君) 금평휘시믈 아지 못ᄒᆞᆯ니 이시리잇고? 졔왕뎐하의 십ᄉᆞ년 일헛던 ᄯᅡᆯ 뎡ᄋᆞ(鄭兒) 낭셩(狼星)이니 ᄌᆞ셔ᄒᆞᆫ 소문을 알괘더러, 문양공쥬 탄싱이 【9】 신 줄 쇼연명지(昭然明知)ᄒᆞ오니, 쇼졔 쇼싱의 와시믈 드르시면 반기오리니, 대인의 셩덕으로ᄡᅥ 잠간 블너 뵈시리잇가?"

뎡국공이 드를ᄉᆞ록 골경신히(骨驚身駭)ᄒᆞ여 오ᄅᆡ도록 말을 아니 ᄒᆞ니, 쳥션이 오ᄅᆡ 안ᄌᆞᆺ다가 초공 곤계와 태우를 만난 즉, 져의 간상(奸狀)이 발각ᄒᆞᆯ가 두려, 이의 ᄉᆞᄆᆡ로 조ᄎᆞ 일 봉셔(一封書)를 ᄂᆡ여 뎡국공 압히 노흐며, 노ᄉᆡᆨ(怒色)을 ᄯᅴ여 표연(飄然)이 니러나며 왈,

"쇼싱이 대인긔 긴 셜화를 알외여 녕손녀를 근졀이 ᄉᆡᆼ각ᄒᆞ거ᄂᆞᆯ, 대인이 쇼싱의 비루ᄒᆞ믈 나모라 바리시고, 타쳐의 옥인군ᄌᆞ(玉人君子)를 갈희고져 ᄒᆞ샤 ᄒᆞᆫ 【10】 말숨 허락을 아니시니, 쇼싱이 여러 쳔니(千里)의 쇼져를 위ᄒᆞ여 간신이 올나오미러니, 대인의 ᄉᆡᆨ위(色威)를 보오ᄆᆡ ᄇᆞ라던 ᄇᆡ 다 ᄉᆞᆺ쳐진지라. 스ᄉᆞ로 참황(慙惶)ᄒᆞ여 물너가오나, 쇼져ᄂᆞᆫ 아모 텬샹낭(天上郎) ᄀᆞᆺᄐᆞᆫ 남ᄌᆞ를 만나도 쇼싱을 깁히 잇지 못ᄒᆞ시리니, 이 봉셔를 주쇼셔."

언파의 ᄂᆞᄂᆞᆫ 다시 나아가니, 노공이 요약(妖藥)의 심졍이 흐린 바의 여ᄎᆞ 《음측지언∥망측지언(罔測之言)[427]》과 봉셔(封書)를 ᄃᆡᄒᆞᄆᆡ 만심이 히연(駭然)ᄒᆞ여 뎡시의 음비(淫鄙)ᄒᆞ믈 ᄭᆡ짓더니, 이윽고 승샹 곤계와 태우 형뎨 면젼의 니르니 국공이 손으로 봉셔를 ᄀᆞᄅᆞ치고 왈,

"몽셩이 블힝ᄒᆞ여 ᄆᆡ【11】달(妺妲)[428]의 간녀(奸女)를 취ᄒᆞᄃᆡ 지금 ᄭᆡ닷지 못ᄒᆞ니, 엇지 블명치 아니리오."

ᄒᆞ고, 쳥션의 말을 일일히 젼ᄒᆞ니, 초공 곤계와 태위 ᄀᆞ장 경아ᄒᆞ여, 초공이 부친의 이ᄃᆡ도록 그릇 되여시믈 근심ᄒᆞ고, 뎡시의 악명(惡名)을 벗기 어려오믈 쳑연(慽然)ᄒᆞ며, 마가의 언ᄉᆞ를 고지 드를 ᄇᆡ 업ᄂᆞᆫ지라. 초공이 부복 고 왈,

"금일 쇼ᄌᆞ곤계 업슨 ᄯᅢ를 타 요인이 엄위(嚴威)를 현혹(眩惑)ᄒᆞ미니이다. ᄒᆞ믈며 뎡부ᄂᆞᆫ 만슈동의 잇고 우리 집은 쟝션동의 이셔시니, 동구(洞口)의셔 무ᄅᆞᄆᆡ 밧고아 닐을니 업고, 그런 은밀ᄒᆞᆫ 말과 셔간을 가져 니란 지 【12】 듯기를 범연이 아냐ᄉᆞ오리니, 만일 진짓 뎡시를 ᄎᆞᄌᆞ 니란 사ᄅᆞᆷ ᄀᆞᆺᄐᆞ면, 금후를 모로고 대인 면젼의 와 여ᄎᆞ지언(如此之言)을 ᄒᆞ리잇가? 셕년 윤시를 해ᄒᆞᄂᆞᆫ 간인이 쇼ᄌᆞ의 ᄆᆞ음을 놀ᄂᆡ여 금슬을 희짓고져 ᄒᆞᄆᆡ, 거즛 윤시의 간뷔(姦夫) 쳬ᄒᆞ고 칼을 빗겨 쇼ᄌᆞ를 지라려 ᄒᆞ다가 다라나고, 신혼초야의 여ᄎᆞ여ᄎᆞᄒᆞᆫ 변고와, 셩네후 수일이 못ᄒᆞ여 ᄯᅩ 고이ᄒᆞᆫ 흉셔(凶書)를 가져 스ᄉᆞ로 쇼ᄌᆞ를 주고 가던 재 잇던지라. 그ᄯᅢ 쇼ᄌᆞ도 셰ᄉᆞ를 경녁지 못ᄒᆞ여

427) 정상적인 상태에서 어그러져 어이가 없거나 차마 보기가 어렵게
428)ᄆᆡ달(妺妲) : 중국의 대표적인 악녀(惡女)인 하(夏)나라 걸(桀)의 비(妃)인 매희(妺喜)와 주(周)나라 주(紂)의 비(妃) 달기(妲己)를 함께 이르는 말.

시므로 윤시를 의심ᄒᆞ미 업지 아니ᄃᆡ, 대인은 윤시 해홀 재 이셔 그 ᄀᆞᆺᄐᆞᆷ을 거울 【13】 비최ᄃᆞᆺ 알아시고, 쇼ᄌᆞ를 경계ᄒᆞ여 조금도 의심치 말나 ᄒᆞ시던 ᄇᆡ, 쟉일지ᄉᆞ(昨日之事) ᄀᆞᆺᄐᆞᆫ지라. 식부의 긔특ᄒᆞᆷ은 그 싀어미 뉘 아니오니, 대인의 명셩(明聖)ᄒᆞ시므로 엇지 그런 일이 업ᄉᆞᆯ 줄 모로시리잇가마ᄂᆞᆫ, 뎡시 ᄋᆡᆨ회(厄會) 비상ᄒᆞ여 대인의 외오 넉이시믈 만나오니, 쇼ᄌᆡ ᄒᆞᆫ갓 식부를 위ᄒᆞ여 잔잉이 넉이올 ᄲᅮᆫ 아니라, 대인이 젼일 편ᄋᆡ(偏愛)ᄒᆞ시던 양츈은ᄐᆡᆨ(陽春恩澤)을 만히 감ᄒᆞ시믈 블승 ᄋᆡ달와 ᄒᆞᄋᆞᆸᄂᆞ니, 복망(伏望) 대인은 뎡시의 인물이 츌뉴긔이(出類奇異)ᄒᆞᆷ믈 ᄉᆡᆼ각ᄒᆞ샤, 그 누명(陋名)이 도시 ᄋᆡᆨ운의 비로ᄉᆞ미오, 진실노 음악비루(淫惡鄙陋)ᄒᆞ미 【14】 잇지 아니믈 세번 ᄉᆞᆲ피쇼셔."

북후와 샹셰 말ᄉᆞᆷ을 니어, 뎡시의 남달니 놉고 텬연(天然)이 어지람[429]과 긔특ᄒᆞ미 《셩쟈∥셩세(盛世)》의 슉완으로 셰ᄃᆡ의 독보(獨步)ᄒᆞᆷ믈 고ᄒᆞ여, 힘ᄡᅥ 간ᄒᆞᄃᆡ, 《초공∥국공》이 발셔 요약의 ᄆᆞ음이 그ᄅᆞᆺ 되어시므로, ᄉᆞᄌᆞ(四子)의 말을 올히 넉이지 아냐 왈,

"여등은 ᄒᆡᆼ혀 챵ᄇᆡᆨ의 은혜를 져ᄇᆞ릴가 두려 뎡시 허믈을 ᄀᆞ리오고져 ᄒᆞ나, 녀ᄌᆞ ᄒᆡᆼ실이 이셩(二姓)을 셤긴 후, 장ᄎᆞᆺ 그 심ᄉᆞ를 닐을 거시 이시리오. 나ᄂᆞᆫ 실노 ᄆᆡ달(妹妲)의셔 낫다 못ᄒᆞᄂᆞ니, 졈졈ᄒᆞ여 몽셩을 그ᄅᆞᆺ ᄆᆡᆫ들고 내 집을 업칠진ᄃᆡ, 그 블ᄒᆡᆼ이 엇더ᄒᆞ리오. 윤【15】 현부의 셕년(昔年) 누얼(陋孽)을 뎡시의 비ᄒᆞ나, 실노 윤현부와 뎡시ᄂᆞᆫ 위인이 현격ᄒᆞ니, 현부ᄂᆞᆫ ᄉᆡᆼ어부쟝어귀(生於富長於貴)[430]ᄒᆞ여 놉흔 경계와 슉연ᄒᆞᆫ 녜법(禮法) 즁, 평ᄉᆡᆼ 픔질이 초군츌범(超群出凡)[431]ᄒᆞ니 실노 셩녀슉완(聖女淑婉)이어니와, 뎡시ᄂᆞᆫ 그와 달나 신ᄉᆡᆼ지시(新生之時)의 집을 ᄯᅥ나, 누쳔니(累千里) 궁향(窮鄕)의 지우하쳔(至愚下賤)이 휵양(慉養)ᄒᆞ니, 그 눈의 본 ᄇᆡ 다 촌ᄆᆡᆼ(村氓)의 이젹지ᄒᆡᆼ(夷狄之行)이오, 듯ᄂᆞᆫ ᄇᆡ 무식지언(無識之言)이라. 녜의념치(禮義廉恥)를 모ᄅᆞ거니, 어이 스ᄉᆞ로 취부(取夫) ᄋᆡ휵(愛慉)ᄒᆞᄂᆞᆫ 일이 업ᄉᆞ리오. 마가놈의 외모풍치 ᄀᆞ장 표일(飄逸)ᄒᆞ니, 그만 하여도 촌민의 안견(眼見)인즉 텬샹낭(天上郎)이라 ᄒᆞᆯ지 【16】 라. 뎡시 그 희쳡되기로 ᄌᆞ원치 아냐실 줄 ᄉᆡᆼ각지 못ᄒᆞᄂᆞ니, 여등이 아모리 뎡시를 특이(特異)타 ᄒᆞ여도, 이제ᄂᆞᆫ 내 ᄆᆞ음의 측ᄒᆞᆷ믈[432] 플기 어렵도다."

인ᄒᆞ여, 그 봉셔를 ᄯᅦ혀 잠간 보ᄆᆡ 흉음(凶淫)ᄒᆞᆫ ᄉᆞ어(辭語)와 비아(卑阿)ᄒᆞᆫ 졍욕(情慾)을 ᄀᆞᆺ초 베퍼시니, 더럽고 측ᄒᆞ미 무궁ᄒᆞ거ᄂᆞᆯ, 국공이 보기를 다 못ᄒᆞ여셔 부매 간 왈,

"목블시비례(目不視非禮)[433]며 이블텽비례(耳不聽非禮)[434]ᄂᆞᆫ 셩교(聖敎)의 지극ᄒᆞᆫ

---

429)어지람 : 어짊. *어질다; 마음이 너그럽고 착하며 슬기롭고 덕행이 높다.
430)ᄉᆡᆼ어부쟝어귀(生於富長於貴) : 부잣집에서 태어나 귀한 집에서 자람.
431)초군츌범(超群出凡) : 무리 가운데서 특히 뛰어남.
432)측ᄒᆞ다 : 추악(醜惡)하다. 언짢다. 께름칙하다. 정도에서 벗어나다.
433)목블시비례(目不視非禮) : 눈으로는 예(禮)가 아닌 것을 보지 않음.
434)이블텽비례(耳不聽非禮) : 귀로는 예(禮)가 아닌 것을 듣지 않음.

말솜이라. 이제 간악흔 무리 뎡 수(嫂)를 깅지함졍(坑地陷穽)435)코져 이 셔간을 짓고, 당돌이 대부 면젼(面前)의 쳥알(請謁)ᄒ여 요황음비(妖荒淫鄙)436)ᄒᆞᆫ 말솜으로 존위를 현혹ᄒ오나, 임의 그 요인 【17】을 잡지 못ᄒ여시니, 뎡수(嫂)의 신원(伸寃)이 즉긱의 되지 못ᄒ오려니와, 그 위인의 긔특ᄒ므로쎠 음비지ᄉᆡ(淫鄙之事) 잇지 아닐 줄 츄이(推移)ᄒ여 싱각ᄒ올지라. 원컨딗 대부ᄂᆞᆫ 이 셔간을 소화ᄒ시고 마은셤이로라 ᄒ고 왓던 쟈의 고이ᄒᆞᆫ 말을 가즁의 닐ᄋ지 마ᄅ샤, 뎡수로 ᄒ야금 난안블평(赧顏不平)ᄒᆞᆫ 일이 업게 ᄒ시고, 비례요황지ᄉ(非禮妖荒之事)437)를 존의(尊意)에 거리ᄭ지 마ᄅ쇼셔."

국공이 부마의 말을 조ᄎ 즉시 블을 가져오라 ᄒ여 흉셔를 살오고 왈,

"너의 일언이 이 늙은 한아비 ᄆ옴을 붓그럽게 ᄒ고 녜의 당연ᄒ니, 엇지 아름답지 아니리오. 그러【18】나 뎡시의 힝실은 맛ᄎᆞᆷ닋 음비(淫鄙)키를 면치 못ᄒ여시니, 엇지 측ᄒ미 업ᄉ리오마ᄂᆞᆫ, 그 부조(父祖)의 안면을 보아 함구블언(緘口不言)ᄒᄂᆞᆫ 거시 올토다."

초공이 다시 고왈,

"대인이 문양공쥬의 초년 어지지 못ᄒᆞᆫ 거술 닐ᄋ샤 식부(息婦)로쎠 모풍(母風)이 잇ᄂᆞᆫ가 ᄒ시고, 윤시ᄂᆞᆫ 싱쟝부귀(生長富貴)ᄒ여 놉흔 녜법(禮法)이 잇다 닐ᄋ시나, 뉴부인의 궁흉극악(窮凶極惡)이 문양공쥬 우히 세번 더으미 잇던 빅나, 윤시 모습(母襲)438)이 업ᄉ니, 뎡시 ᄯ 모습이 업ᄉ미 고이ᄒ리잇가?"

공이 ᄋᄌ의 총명특달(聰明特達)ᄒ미 오히려 ᄌ긔의셔 더으믈 두굿겨 이의 ○○○○[틱우의게] 문왈,

"너ᄂᆞᆫ 관셔의 가 《식부‖뎡시》를 다려오믹 【19】마가의 비ᄌ 되엿던 거동을 다 보아시리니, 마은셤이로라 ᄒ고 왓던 쟈의 말이 올흔 ᄃᆞᆺᄒ여 의심이 동ᄒᄂᆞ냐?"

태위 부복 딗왈,

"쇼손이 ᄎ의 뎡시를 다려온 연유를 알외고져 ᄒ믹, 말솜이 번거ᄒ오므로 존젼의 황공ᄒ와 알외지 못ᄒ옵ᄂᆞ니, 다만 위인이 일단 비아(卑阿)를 면ᄒ여시니 음악지ᄉᆡ(淫惡之事) 잇지 아닐 ᄃᆞᆺᄒ딗, 대부의 마가쟈를 보심과 그 말을 드ᄅ시미 희미치 아니ᄒ오니 쇼손이 감히 원통타 신빅(伸白)ᄒ어리잇고?"

초공 왈,

"너희 도리 뎡시를 위ᄒ여 그 누명이 허무ᄒᆞᆫ 줄을 존젼의 요란이 닷토지 못ᄒ나, 그 【20】원억ᄒ믈 신빅ᄒᆞᆯ 도리 이시면 엇지 긴 셜화를 슈고로이 넉여 함구(緘口)ᄒ여 존교(尊敎)의 그릇 아시ᄂᆞᆫ 거술 간치 아니ᄒ리오. 모로미 득쳡(得妾)ᄒ여 다려오던 연유를 ᄌ시 알외오라."

---

435)깅지함졍(坑地陷穽) : 땅에 함정을 파고 묻음.
436)요황음비(妖荒淫鄙) : 요사하고 음란하며 더러움.
437)비례요황지ᄉ(非禮妖荒之事) : 예(禮)를 어지럽히는 요사스럽고 음란한 일.
438)모습(母襲) : 어머니를 닮음.

태위 드딕여 산의 가 악호(惡虎)를 업시ᄒᆞ고, 야ᄉᆡᆨ(夜色)을 ᄡᅴ여 인가를 ᄎᆞᆺ다가, 일간초옥(一間草屋) 즁의 쳐절ᄒᆞᆫ 곡셩(哭聲)이 이시믈 듯고, 심니(心裏)의 츄연(惆然)ᄒᆞ여 그 우ᄂᆞᆫ 연고를 알고져 ᄒᆞᄆᆡ, 허러진 벽틈으로 잠간 보더니, 마급ᄉᆞ의 집으로 조ᄎᆞ 뎡시 여ᄎᆞ여ᄎᆞ 참측(慘惻)ᄒᆞᆫ 병인(病人)의 모양으로 초옥의 니르러, 노고와 ᄒᆞ던 말을 드란 ᄃᆡ로 고ᄒᆞ고, 방노파의 슬허홈과 뎡시의 잔잉ᄒᆞᆫ 거동을 【21】보ᄆᆡ 구활(救活)홀 뜻을 뎡ᄒᆞ고, 짐ᄌᆞᆺ 마가의 ᄀᆡᆨ실의 가 밤을 지ᄂᆡ고, 방노파를 블너 그 ᄯᆞᆯ을 득쳡(得妾)ᄒᆞ여 다려가고져 ᄒᆞᄂᆞᆫ 뜻을 닐너, 은ᄌᆞ로ᄡᅥ 마가의게 속냥(贖良)을 식이고, 뎡시의게 빙믈(聘物)ᄒᆞ고 쇼셩(小星)으로 어드ᄃᆡ, 뎡시 친ᄉᆡᆼ부모(親生父母)를 모로므로ᄡᅥ 가삼의 쥬필(朱筆)을 흐리오지 말고져 ᄒᆞᄆᆡ, 그 원을 조ᄎᆞ 핍박지 아니ᄒᆞ고, 태운산 하(下)의 ᄉᆞ오 간 가샤(家舍)를 어더 뎡시와 노고를 머므ᄅᆞ고 니함으로 밧글 직희윗더니, 초운ᄉᆞ 니괴 뎡시의 유질ᄒᆞ여 인ᄉᆞ 모ᄅᆞᄂᆞᆫ ᄡᅵ를 타, 요슐(妖術)노 후려다가 삭발ᄒᆞ여 승니(僧尼)를 삼고져 ᄒᆞᄆᆡ, 뎡시 죽기로ᄡᅥ 다【22】토아 고이ᄒᆞᆫ 셕암(石巖) 누옥(陋屋)의 드럿던 바를 일일히 고ᄒᆞ고, 원간 마급ᄉᆡ란 거시 블의픽도(不義悖徒)로 사ᄅᆞᆷ의게 못홀 노ᄅᆞᄉᆞᆯ 만히 ᄒᆞ고, 탐욕이 무ᄒᆞᆫᄒᆞ여 쵀 샹쟈(相者)의게 약간 은ᄌᆞ를 주엇더니, 상재 죽으ᄆᆡ 방노픽 은ᄌᆞ의 수를 모로리라 ᄒᆞ여 수업시 믈녀[439] 밧기를 결단ᄒᆞ고, 마가의 뎨삼ᄌᆡ란 거시 방노파의 ○○[ᄯᆞᆯ이] ᄉᆡᆨ염이 졀셰ᄒᆞ믈 듯고 노파를 치며 보ᄎᆡ여 그 ᄯᆞᆯ을 비ᄌᆞ로 드리라 ᄒᆞᄃᆡ, 노패 죽기로 ᄒᆞᆫᄒᆞ여 마가의 비ᄌᆞ를 삼지 아냣다가, 마가 부ᄌᆡ 죄젹(罪謫)ᄒᆞᄆᆡ 낭셩으로ᄡᅥ 잠간 시녀를 삼앗던 연유를 일일히 알외니, 비록 뎡시를 긔특다 닐【23】ᄏᆞᆺ지 아니나, 반졈 의심ᄒᆞ미 머므지 아니ᄒᆞ니, 초공이 ᄋᆞᄌᆞ의 총명샹활(聰明爽闊)ᄒᆞ미 여ᄎᆞᄒᆞ믈 심니(心裏)의 크게 두굿기고, 국공이 변심ᄒᆞᆫ 가온ᄃᆡ나 태우의 말을 드ᄅᆞᄆᆡᄂᆞᆫ, 뎡시의 ᄒᆡᆼᄉᆡ 청슈(淸水) 옥결(玉-)[440] ᄀᆞᆺ고 긔특ᄒᆞ니, 참아 다시금 음악발부(淫惡潑婦)로 칙오지 못ᄒᆞ여, 도로혀 탄왈,

“너희 말을 드ᄅᆞᆯ진ᄃᆡ 음악지ᄉᆡ(淫惡之事) 잇다ᄒᆞ리오마ᄂᆞᆫ, 마가놈이 날다려 ᄒᆞᄂᆞᆫ 말이 ᄉᆡᆼ각홀ᄉᆞ록 골경신히(骨驚身駭)ᄒᆞ니, 셕년 윤현부ᄂᆞᆫ 구몽슉의 해ᄒᆞ믈 닙엇거니와, 금에 뎡시ᄂᆞᆫ 궁곡히 혜아려도 구몽슉 ᄀᆞᆺᄐᆞᆫ 거시 잇지 아니ᄒᆞ니, 뉘 그ᄃᆡ도록 믜워 해ᄒᆞᆫ다 ᄒᆞ리오.”

태위 관을 숙여 【24】말을 아니 ᄒᆞ나, 연시 흉인의 당이 뎡시를 함해ᄒᆞ믈 거울ᄀᆞᆺ치 혜아려 심니의 분ᄒᆞ믈 니긔지 못ᄒᆞᄃᆡ, 조금도 ᄉᆞᄉᆡᆨ지 아니ᄒᆞ더라.

ᄎᆞ일 태위 어둡도록 부친을 뫼셔시니 초공 왈,

“네 엇지 금야를 뎡부의 가 지ᄂᆡ지 아니려 ᄒᆞᄂᆞ뇨?”

태위 복슈(伏首) ᄃᆡ왈,

“쇼ᄌᆡ 비록 의심ᄒᆞ고 비아(卑阿)히 넉이ᄂᆞᆫ ᄇᆡ 잇지 아니나, 대뷔 쇼ᄌᆞ의 져를 듕히

439)믈리다 : 물리다. 물어내게 하다. 갚아야 할 것을 치르게 하다.
440)옥결(玉-) ; 옥돌의 결. 옥돌의 결이 깨끗하다는 데서 흔히 깨끗한 마음씨를 이르는 말.

ᄒᆞ믈 민망히 넉이샤, 혹ᄌᆞ 져의게 ᄌᆞ식을 ᄭᅵ치미 이실가 념녀ᄒᆞ시니, 쇼ᄌᆡ 블쵸ᄒᆞ오나 존당의 희열ᄒᆞ실 바ᄅᆞᆯ 일위지 못ᄒᆞ오나, 엇지 말과져 ᄒᆞ시ᄂᆞᆫ 일을 힝ᄒᆞ여, 구구히 져희 ᄌᆞ최ᄅᆞᆯ ᄯᆞ라 슉직ᄒᆞ【25】리잇고?"

승샹이 탄왈,

"뎡시의 음비ᄒᆞ미 진실노 마가의 닐음 ᄀᆞᆺᄐᆞ면, 존당의 념녀ᄒᆞ심과 너의 가지 아님도 올커니와, 대인이 근간 총명지감(聰明知鑑)441)이 젼일노 다ᄅᆞ미 만흐신지라. 나와 너의 도리 존젼의셔 블순ᄒᆞ믄 인ᄌᆞ의 ᄒᆞᆯ ᄇᆡ 아니어니와, 닐ᄋᆞ시ᄂᆞᆫ ᄇᆡ 일의 가ᄒᆞ면 봉승(奉承)ᄒᆞ고 그러치 아니ᄒᆞ면 ᄉᆞ리부당(事理不當)ᄒᆞ믈 알외여 간ᄒᆞ리니, 대인이 ᄀᆞᆺᄐᆞ여 뎡부의 ᄌᆞ최ᄅᆞᆯ ᄭᅳᆺᄎᆞ라 ᄒᆞ신 일 업ᄉᆞ니, 네 ᄒᆞᆫ갈ᄀᆞᆺ치 왕ᄂᆡᄒᆞ여 간인이 뎡시 해ᄒᆞᄂᆞᆫ 흉심을 맛치지 아니ᄒᆞ미 올흔가 ᄒᆞᄂᆞ라."

태위 마지 못ᄒᆞ여 슈명(受命)ᄒᆞ고, 부친의 【26】 취침ᄒᆞ시믈 기다려 협문(夾門)으로 조ᄎᆞ 뎡부의 니ᄅᆞ러, 뎡공ᄌᆞ 셩긔ᄅᆞᆯ 다리고 쇼져 침소의 드러오니, 뎡시 긔이영지(起而迎之)ᄒᆞ여 좌뎡ᄒᆞᄆᆡ, 태위 공쥬의 병후(病候)ᄅᆞᆯ 뭇ᄌᆞ오니, 쇼졔 금일은 져어기 나으시므로 ᄃᆡᄒᆞ니, 태위 잠쇼 왈,

"옥쥐 ᄌᆞᄅᆞᆯ 반기샤 환휘 나하계시닷다?"

셩긔 왈,

"형의 닐음도 고이치 아닌지라. 우리 남ᄆᆡ 비록 여러 사ᄅᆞᆷ이나 쇼데 ᄒᆞ여ᄂᆞᆫ 샹부의 잇기ᄅᆞᆯ 만히 ᄒᆞ고, 우흐로 오형(五兄)은 직ᄉᆞ(職事)의 총총(悤悤)ᄒᆞ며, 아ᄅᆡ로 ᄉᆞ형(四兄)과 뉵뎨(六弟)ᄂᆞᆫ ᄉᆞ부ᄅᆞᆯ 조ᄎᆞ 집에 든 ᄶᅵᆨ 젹으니, ᄌᆞ뎡좌ᄒᆞ(慈庭座下)ᄂᆞᆫ 듀야 뫼시리 잇지 아닌지라. 이러므로 졔형과 【27】 졔데 돌녀가며 ᄒᆞ나식 궁을 직희고, 졔쉬 ᄯᅩ 돌녀가며 낫인즉 일인식 뫼시나, 져져ᄅᆞᆯ 겨유 ᄎᆞᄌᆞ 즉시 존부의 보ᄂᆡ고, 여러 일월이 되ᄃᆡ 얼골을 반기지 못ᄒᆞ시니 어이 ᄉᆞ렴(思念)ᄒᆞ시ᄂᆞᆫ 졍이 범연ᄒᆞ시리오."

태위 잠쇼 왈,

"고인이 ᄯᆞᆯ을 가(嫁)ᄒᆞᆯ 제(際), 기뫼(其母) 즁문(中門)의셔 울며 니별ᄒᆞᄃᆡ 다시 도라오지 말기ᄅᆞᆯ 당부ᄒᆞ여시니, 비록 결연(缺然)442)ᄒᆞ나 츌가(出嫁)ᄒᆞᆫ 녀ᄌᆡ 다시 도라오ᄂᆞᆫ 거시 무어시 됴흐리오. 네 누의 팔ᄌᆡ 길ᄒᆞ면 이 당즁을 직희지 아니려니와, ᄋᆡ경이 듕ᄒᆞᆫ 후ᄂᆞᆫ 이곳을 ᄯᅥ나지 못ᄒᆞ리라."

뎡공ᄌᆞ도 총명이 과인(過人)【28】ᄒᆞᆫ지라. 태우의 말이 슈샹ᄒᆞ믈 고이히 넉여, 짐즛 골오ᄃᆡ,

"우리 슉셩 슉모(叔母)도 하부의 속현(續絃)ᄒᆞ신 ᄇᆡ로ᄃᆡ, 이곳의 됴왕모ᄅᆡ(朝往暮來)ᄒᆞ여 증조모와 조부모ᄅᆞᆯ 뫼셔 즐기시미 무궁ᄒᆞ시니, 고금(古今)이 다란지라. 녀ᄌᆡ ᄇᆡᆨ니블분상(百里不奔喪)443)과 ᄒᆞᆫ번 가(嫁)ᄒᆞ미 다시 도라오ᄂᆞᆫ 규례(規例) 업ᄉᆞ믈 직희지

---

441)총명지감(聰明知鑑) : 보거나 들은 것을 오래 기억하는 힘과 사람을 잘 알아보는 능력.
442)결연(缺然) : 무엇인가 모자라거나 빠진 것이 있는 것 같아 서운하거나 불만족스러움.
443)ᄇᆡᆨ니블분상(百里不奔喪) : 부모가 죽어도 백리 밖에서 달려와 조상(弔喪)할 수 없음.

못ᄒᆞ여, 저마다 친정 왕닉를 빈빈(頻頻)이 ᄒᆞ고, 또 ᄉᆡᆼ각ᄒᆞᆫ즉, 녀ᄌᆞ도 사ᄅᆞᆷ이라, 어이 부모를 향ᄒᆞ여 정이 업ᄉᆞ며, ᄆᆡ양 남의 집을 직희며 남의 부모도[를] 밧들게 삼겨시리오. 내 녀ᄌᆞ ᄀᆞᆺᄐᆞ면 비록 구고(舅姑)를 블슌이 ᄃᆡ졉지 못ᄒᆞ나 친부모와 ᄀᆞᆺ치 셤겨【29】일편도이 구가만 직흴 일이 업술가 시브더이다.”

하태위 쇼왈,

“너의 ᄯᅳᆺ이 이러ᄒᆞ니 너희 안해 소임은 쉬올지라. 일ᄉᆡᆼ을 친정의 이셔도 허믈치 아니려니와, 다만 너ᄂᆞᆫ 졔뎡 뉴(類)의 더옥 셤길 곳이 만하 츌계(出系)444)ᄒᆞᆫ 사ᄅᆞᆷ이니 여러가지 소임을 ᄡᅧ 곤노(困勞)ᄒᆞ미 되리로다.”

공ᄌᆡ 웃고 밧그로 나아가니, 원ᄂᆡ 셩긔 공ᄌᆞᄂᆞᆫ 문양공쥬 소ᄉᆡᆼ으로 샹셔령 듁운공긔 양ᄌᆡ 되엿더라.

뎡쇼졔 태우의 말을 듯고 필유ᄉᆞ고(必有事故)ᄒᆞ믈 짐작ᄒᆞᄃᆡ, ᄆᆞ음을 타연이 가져 일이 되여가믈 보고져 타연ᄒᆞ나, 야심토록 쟈리의 나아갈 의ᄉᆡ 업【30】ᄉᆞ니, 태위 또ᄒᆞᆫ 져를 위ᄒᆞ여 ᄎᆞ셕ᄒᆞ며 존당의 변심ᄒᆞ시믈 우려ᄒᆞ고, 간당의 삭시445) 필경 엇지 될 줄 아지 못ᄒᆞ니 울울블낙(鬱鬱不樂)ᄒᆞ여 ᄒᆞ나, ᄒᆡᆼ혀도 존당의 ᄌᆞᄋᆡ 젼일 ᄀᆞᆺ지 못ᄒᆞ믈 언두의 닐ᄋᆞ지 아니 ᄒᆞ고, 고요히 안ᄌᆞᆺ다가 야심후 부뷔 ᄒᆞᆫ가지로 상요의 나아가, 새로온 은졍이 여텬디무궁(如天地無窮)ᄒᆞ여 ‘ᄉᆡᆼ즉동쥬(生卽同住)ᄒᆞ고 ᄉᆞ즉동혈(死卽同穴)’446)키를 긔약ᄒᆞ니, 샹·현희 등이 밤마다 규시(窺視)키를 브ᄌᆞ런이 ᄒᆞ여, 그 부부의 금슬지졍(琴瑟之情)이 《산박히비‖산비히박(山卑海薄)》ᄒᆞ믈 알고, 태부인과 윤·양·니·경 ᄉᆞ비며 문양 공쥬긔 고ᄒᆞ니, 존당과 다ᄉᆞᆺ 모친이 ᄒᆞᆫ가지로 두굿길【31】ᄲᅮᆫ이오, 월염의 ᄋᆡᆨ회 ᄌᆞ염의 아ᄅᆡ 잇지 아닐 바를 아지 못ᄒᆞ더라.

이ᄯᅢ 쇼연시ᄂᆞᆫ 황파·북향으로 더브러 뎡시의 만니젼졍(萬里前程)을 쳥션법ᄉᆡ 아조 맛ᄎᆞ, 졀노 ᄒᆞ야금 일광텬하(一匡天下)447)를 ᄒᆞ려 ᄒᆞ므로 즐거오믈 니긔지 못ᄒᆞ고, 쳥션 요리ᄂᆞᆫ 뎡국공을 속이고 스ᄉᆞ로 법슐이 무량ᄒᆞ여 귀신을 브리며 ᄒᆞ늘도 니길 ᄃᆞ시 ᄒᆞ여, 사ᄅᆞᆷ의 길흉우락(吉凶憂樂)과 슈요쟝단(壽夭長短)을 졔 임의로 ᄒᆞᄂᆞᆫ가 넉이니, 연시 노쥬ᄂᆞᆫ 더옥 긔이히 넉여 밧들기를 텬션(天仙) ᄀᆞᆺ치 ᄒᆞᄂᆞᆫ지라. 뎡국공{부ᄌᆞ}다려 닐ᄋᆞ고 ○○[ᄂᆞᆫ 후] 뎡시의 음비ᄒᆞᆫ 죄를 다ᄉᆞ려 범연치 아니【32】《타‖리라 ᄒᆞ여》, 서로 그 말을 닐너 징그라오믈 니긔지 못ᄒᆞ니[여] ᄀᆞ장 즐기더니. 종일 아모란 소문도 잇지 아니ᄒᆞ고, 태위 야ᄉᆡᆨ(夜色)을 ᄢᅴ여 뎡부로 가다 ᄒᆞ니, 연시 흉쟝(胸臟)이 분분(紛紛)ᄒᆞ여 쳥션다려 닐ᄋᆞᄃᆡ,

“ᄉᆞ뷔 음참ᄒᆞᆫ 셔간을 국공긔 드리고, 거ᄌᆞᆺ 마ᄉᆡᆼ인 쳬ᄒᆞ여 의심된 형샹을 만히 뵈여시니, 뎡국공이 초공 부ᄌᆞ다려 닐ᄋᆞ고 뎡시를 고이 두지 아닐 ᄃᆞᆺᄒᆞᄃᆡ, 날이 맛도록 뎡

444)츌계(出系) ; 양자로 들어가서 그 집의 대를 이음.
445)삭시 ; 싹이. *싹; 움트기 시작하는 현상 따위의 시초를 비유적으로 이르는 말.
446)ᄉᆡᆼ즉동쥬(生卽同住) ᄉᆞ즉동혈(死卽同穴) : 살아서는 함께 살고 죽어서는 한곳에 묻힌다.
447)일광텬하(一匡天下) : 어지러운 천하를 다스려 하나로 바로잡음.

시 다히448) 말을 아니ᄒᆞ고 태위 ᄯᅩ 뎡부로 가더라 ᄒᆞ니, 긔 엇진 연괴뇨?"

청션이 쇼왈,

"부인은 근심치 마ᄅᆞ쇼셔 빈되 발셔 뎡국공을 그ᄌᆞᆺ치 속엿고, 초공과 태위라도 그셔【33】간을 보아 계실거시니, 비록 일됴(一朝)의 뎡시를 음참ᄒᆞᆫ 녀ᄌᆞ로 밀위지 아니 ᄒᆞ시니[나] 어이 의심ᄒᆞ시ᄂᆞᆫ ᄯᅳᆺ이야 젼혀 업ᄉᆞ리잇고? 그러나 태우 샹공은 뎡쇼져 곳에 왕ᄂᆡᄒᆞ시ᄂᆞᆫ 거시 오ᄅᆡ지 아냐 ᄭᅳᆺ쳐지리이다."

연시 올히 넉이더라.

ᄎᆞ시 녀시 녕능이 뎡네부 부인 슈벽으로 더브러 청션 요리(妖尼)의게 변심ᄒᆞᄂᆞᆫ 약을 어더 각각 가군(家君)을 먹여 황미침혹(慌迷沈惑)449)ᄒᆞᄂᆞᆫ 은ᄋᆡ를 당코져 ᄒᆞ나, 뎡네부ᄂᆞᆫ 일즉 ᄉᆞᆯ을 즐기지 아냐 겨유 두어 잔을 마시ᄂᆞᆫ 쥬량이오, ᄯᅩ ᄌᆞ로 ᄎᆞᆽ지 아니ᄒᆞ므로 부인의 곳에 드러와도 술을 구ᄒᆞᄂᆞᆫ 일이 업【34】슬 ᄲᅮᆫ 아니라, 원간 ᄂᆡ루의 침몰ᄒᆞ믈 괴로이 넉여, 일삭(一朔)의 두어 번 왕ᄂᆡ 이시ᄃᆡ 야심ᄒᆞᆫ 후 드러와 오ᄅᆡ도록 경뎐(經傳)을 보다가 ᄀᆞᆲ프시 상요(床褥)의 나아가 잠간 졉목ᄒᆞ고, 계셩을 드ᄅᆞ면 즉시 신셩(晨省)ᄒᆞ라 나가니, 연시 슈벽이 녜부로 더브러 언어슈쟉(言語酬酌)이 ᄉᆞ오 번의 넘지 아니ᄃᆡ, 신혼초야 밧근 ᄒᆞᆫ 번도 뎡네뷔 몬져 말을 시쟉ᄒᆞ미 업서, 슈벽이 젼도경망(顚倒輕妄)이 아모란 말이나 무ᄅᆞ미 이시면, 녜뷔 텽이블문(聽而不聞)ᄒᆞᆯ ᄯᅦ도 잇고 마지 못ᄒᆞ여 잠간 ᄃᆡ답ᄒᆞ고, ᄯᅩ 닐너 왈,

"나의 셩졍이 본ᄃᆡ 사ᄅᆞᆷ으로 더브러 흔연 다셜(多說)ᄒᆞ기를 못ᄒᆞᄂᆞ니, 쟝【35】시로 더브러 결발(結髮)450) 오ᄌᆡ(五載)의 피ᄎᆞ의 문답이 열아믄451) 번의 지나지 아니ᄒᆞ리니, ᄌᆞᄂᆞᆫ 나의 셩픔을 혜아려 브졀업ᄉᆞᆫ 말을 뭇지 말나."

이리 닐ᄋᆞ고, 연시 침소의셔ᄂᆞᆫ ᄒᆞᆫ번도 ᄎᆞ를 ᄎᆞᆽ지 아니 ᄒᆞ니, 연시 아모리 ᄉᆡᆼ각ᄒᆞ여도 네부를 속여 요약을 나올 도리 업ᄉᆞ믈 챡급쵸조(着急焦燥)ᄒᆞ여, 일일은 네뷔 드러온 ᄯᅴ의 슈벽이 친히 청샤의 나아가 술 가온ᄃᆡ 요약을 화ᄒᆞ고, 안쥬를 난만이 베퍼 녜부의 압히 나아와 왈,

"츈한(春寒)이 오히려 사ᄅᆞᆷ의 몸을 서늘케 ᄒᆞ고, 풍셜(風雪)이 어ᄌᆞ러오니 쳡의 방샤(房舍) 쇼링(蕭冷)ᄒᆞᆫ지라. 귀톄 한츅(寒縮)ᄒᆞ실【36】가 두리ᄂᆞ니, 청컨ᄃᆡ 두어 잔 온쥬(溫酒)를 나오시고 안쥬를 하져(下箸)ᄒᆞ샤 한긔(寒氣)를 면ᄒᆞ쇼셔."

네뷔 ᄇᆞ야흐로 고셔를 잠심묵도(潛心默睹)ᄒᆞ여 쥬찬이 압히 니르믈 ᄉᆞᆲ피지 아니ᄒᆞ더니, 연시의 권ᄒᆞᄂᆞᆫ 말을 듯고 ᄀᆞ장 우이 넉여 셩혼 처엄으로 냥안을 기우려 연시를 이윽이 보다가, 잠쇼 왈,

448)다히 : 편. 쪽. 방향을 가리키는 말.
449)황미침혹(慌迷沈惑) ; 황홀히 정신을 잃고 깊이 빠져듦.
450)결발(結髮) : 예전에 관례를 할 때 상투를 틀거나 쪽을 찌던 일로, 성년(成年) 또는 결혼, 본처(本妻) 등을 달리 이르는 말로 쓰인다.
451)열아믄 : 여남은. 열 남짓. 열이 조금 넘는 수. 또는 그런 수의.

"싱의 현상(賢相)452)이 그디도록 긔한(飢寒)의 빗치 근졀ᄒᆞ관딕, 직 쥬찬을 가져 권ᄒᆞᄂᆞᆫ 말이 이 ᄀᆞᆺᄐᆞ냐? 나ᄂᆞᆫ 평싱 술을 즐기지 아니ᄒᆞᄂᆞ니, 금일 ᄉᆞ부(師父)긔 현알ᄒᆞ미 졔위(諸位) 음쥬달난(飮酒團欒)ᄒᆞᄂᆞᆫ 쎄라, ᄉᆞ뷔 두어잔을 친히 권ᄒᆞ시니 감히 ᄉᆞ양치 못ᄒᆞ여 거후란 【37】 빈나, 취ᄒᆞᆫ 거시 오히려 ᄭᆡ지 못ᄒᆞ엿ᄂᆞᆫ지라, 엇지 다시 술을 먹으며 이곳의셔 밤을 지닉여, 쥬식(酒色)의 음황(淫荒)ᄒᆞ믈 겸ᄒᆞ리오. 그딕 하 먹고져 ᄒᆞ니 과실이나 맛보리라."

인ᄒᆞ여 두어낫 실과를 먹을지언뎡, 찬션과 술은 졉구(接口)치 아니ᄒᆞ니 굿ᄐᆞ여 약을 섯근가 의심ᄒᆞ미 아니라, 연시의 ᄉᆞᄉᆞ로이 쟝만ᄒᆞ여 권ᄒᆞᄂᆞᆫ 거술 블관(不關)히 넉이미라.

연시 샹셔의 위인을 ᄀᆞ비야이 넉이지 못ᄒᆞ므로 능히 술을 권치 못ᄒᆞ고, 변심ᄒᆞᄂᆞᆫ 약이 이시나 시험ᄒᆞᆯ 도리 업ᄉᆞ믈 분앙ᄒᆞ미, ᄉᆞ식이 다라믈 면치 못ᄒᆞ니, 녜부ᄂᆞᆫ ᄉᆞ 【38】 광지총(師曠之聰)453)이라,

"져 연시의 위인이 비록 한여후(漢呂后)454)와 당무측텬(唐武則天)455)의 뉴(類)ᄂᆞᆫ 아니나, 맛춤닉 어지지 못ᄒᆞ고 ᄯᅩ 투긔에 악착ᄒᆞᆯ ᄃᆞᆺᄒᆞ니, 내 허랑호일(虛浪豪逸) ᄒᆞᆫ진딕 져의 쟝니(掌裏)의 드러 조강(糟糠)을 박딕ᄒᆞ고 ᄋᆞᄌᆞ(兒子)를 블이(不愛)ᄒᆞᆷ도 고이치 아니 ᄒᆞᆯ지라. 셕년의 삼슉뷔 《셩강‖셩가(-家)》 요녀(妖女)의게 혹ᄒᆞ샤 양 슉모(叔母)를 박딕 차악(嗟愕)히 ᄒᆞ시고, 변심ᄒᆞᄂᆞᆫ 약을 년ᄒᆞ여 나오시므로 필경은 샹셩지인(喪性之人)이 되여 계시던 거시니, 내 그ᄯᅢ 비록 ᄋᆞ히 ᄆᆞ음이나 슉부의 허랑ᄒᆞ시믈 블복ᄒᆞ고, 양슉모의 괴로오신 신셰를 위ᄒᆞ여 슬허ᄒᆞ엿ᄂᆞ니, ᄎᆞ인이 셩가 요녀의 궁흉극 【39】 악(窮凶極惡)과 블길음참지상(不吉淫僭之相)으로 닉도ᄒᆞ나, 그 사오나오믈 의논ᄒᆞᆯ진딕 기(其) 즁(中)은 될 거시오, 투협지심(妬狹之心)도 뎨일은 못되나 말(末)ᄌᆡ456)ᄂᆞᆫ 되지 아니리니, 내 그 딕졉을 알아 ᄒᆞ여 간졍을 ᄉᆞᆯ히고 쟝시긔 화를 ᄭᅵ치지 아니리라."

의식 이의 밋ᄎᆞ미, 쥬찬 가온딕 요약이 섯겻ᄂᆞᆫ가 의심이 니러ᄂᆞ니, 어이 압ᄒᆡ 오릭 노하 두고져 시브리오마ᄂᆞᆫ, 사ᄅᆞᆷ 되오미 침엄단듕(沈嚴端重)ᄒᆞ고 화홍관대(和弘寬大)ᄒᆞ므로 속ᄆᆞ음의 픔은 바를 외모의 낫ᄐᆞ지 아니ᄒᆞᄂᆞᆫ지라. 굿ᄐᆞ여 화긔를 곳치지 아니

---

452)현상(賢相) ; '어진 내상(內相)'이라는 뜻으로 '어진 아내'를 달리 표현한 말.

453)ᄉᆞ광지총(師曠之聰) : 사광의 총명이란 뜻으로, 중국 춘추(春秋) 때 사광이란 사람이 소리를 잘 분변하여 길흉을 점쳤다는 고사에서 유래한 말.

454)한여후(漢呂后) : 중국 한고조의 황후. 성은 여(呂). 이름은 치(雉). 고조를 보좌하여 진(秦)나라 말기·한(漢)나라 초기의 국난을 수습하였으나, 고조가 죽은 뒤 실권을 장악하여 고조의 애첩인 척부인(戚夫人)과 척부인 소생 왕자 조왕(趙王)을 죽이는 등 포악을 일삼아, 측천무후(則天武后), 서태후(西太后)와 함께 중국의 3대 악녀로 꼽힌다.

455)당무측텬(唐武則天) : 중국 당나라 고종의 황후. 성은 무(武). 이름은 조(曌). 중국 역사에서 유일한 여제(女帝)로 고종을 대신하여 실권을 쥐고, 두 아들을 차례로 제왕의 자리에 오르게 하였으나, 이들을 폐하고 스스로 제왕의 자리에 올라 국호를 주(周)로 고치고 성신황제(聖神皇帝)라 칭하였다.

456)말(末)ᄌᆡ : 끝 번째. 마지막 번째. *ᄌᆡ; 째. '차례'의 뜻을 더하는 접미사..

ᄒᆞ고 날호여 시녀로 ᄒᆞ야금 상을 믈니라 ᄒᆞᆫ 후, 종용히 옷ᄉᆞᆯ 그ᄅᆞ고 【40】 침셕(寢席)의 나아갓더니, 옥쳠(屋簷)의 금계(金鷄) 새ᄇᆡ를 주(奏)ᄒᆞ니, 녜뷔 니러 즉시 관소(盥梳)ᄒᆞ고 존당으로 향ᄒᆞ니, 연시 ᄠᅳᆺ을 일우지 못ᄒᆞ고 분앙(憤怏)ᄒᆞ믈 니긔지 못ᄒᆞ여, ᄀᆞ마니 녜부의 나아가ᄂᆞᆫ 거ᄉᆞᆯ 즐ᄆᆡ왈(叱罵曰),

"남ᄌᆞᄂᆞᆫ 쾌쾌 상활(爽闊)ᄒᆞ여 만ᄉᆡ 슉연ᄒᆞ고, 술을 당ᄒᆞ면 즐겨 거후라고, ᄉᆡᆨ을 보면 흔흔이 ᄉᆞ랑ᄒᆞᄂᆞᆫ 거시 쟝부의 쾌활ᄒᆞ미어ᄂᆞᆯ, 져 괴믈은 날마다 공ᄆᆡᆼ(孔孟)을 뫼신 듯 뉘라셔 ᄭᅮ짓관ᄃᆡ 그ᄃᆡ도록 삼가며 조심ᄒᆞᄂᆞᆫ고. 모든 일이 다 나의 ᄆᆞᄋᆞᆷ에 합(合)치 아니토다."

ᄒᆞ며, 무수히 ᄭᅮ짓더라.

이적의 가구시 변심ᄒᆞᄂᆞᆫ 약을 두어시ᄃᆡ, 윤한 【41】 님긔 시험치 못ᄒᆞ고, 녕능은 학ᄉᆡ 취ᄒᆞ고 ᄯᅢ업시 드러오ᄂᆞᆫ 고로, 므릇 술과 ᄎᆞ의 변심ᄒᆞᄂᆞᆫ 약을 화(和)하여, 셜시를 듕ᄃᆡᄒᆞᄂᆞᆫ 은정을 베오고 제게 황홀침혹(恍惚沈惑)ᄒᆞ여 금슬은정(琴瑟恩情)이 여산약ᄒᆡ(如山若海)ᄒᆞ믈 닐ᄏᆞ라ᄃᆡ, 학ᄉᆡ 취ᄒᆞ여 ᄀᆞ마니 ᄒᆞᄂᆞᆫ 말을 알아듯지 못ᄒᆞ며, 술과 ᄎᆞ를 주ᄂᆞᆫ 족족 밧아 마시ᄆᆡ, 이 범연ᄒᆞᆫ 약뉘(藥類) 아니라 쥰ᄌᆡ(準材)[457]를 모화 지독히 ᄒᆞᆫ거시니, 사ᄅᆞᆷ이 ᄒᆞᆫ번 먹으ᄆᆡ 삼년슈(三年壽)를 감ᄒᆞ고 그 긔운이 허박(虛薄)ᄒᆞᆫ 자ᄂᆞᆫ ᄉᆞ지(四肢) 어ᄅᆡ며[458] 졍신이 혼ᄉᆡᆨ(混色)ᄒᆞ여 ᄒᆞᆫ낫 인ᄉᆞ블셩(人事不省)ᄒᆞᆯ ᄲᅮᆫ 아니라, 약이 후셜을 ᄒᆞᆫ번 넘으면 알 【42】 키를 죽을 다시 ᄒᆞ여, 거의 수슌(數旬)이나 머리를 드지 못ᄒᆞᄂᆞᆫ 재 만흐ᄃᆡ, 윤학ᄉᆞ 셰린은 츄슈졍신(秋水精神)이며, 일월졍광(日月精光)이오, 강산녕긔(江山靈氣)라. ᄋᆡᆨ운이 비상ᄒᆞᆫ ᄯᅢ를 만나 일시 셩졍을 그릇 ᄆᆡᆫ들고, 셜시로 은정이 셩긔미[459] 되나, 인ᄉᆞ블셩(人事不省)ᄐᆞᆫ 아닐지라. 약을 년ᄒᆞ여 과히 먹으ᄆᆡ 두통이 심ᄒᆞ고, 긔운을 슈습지 못ᄒᆞ여, 수삼일 듁셔당의 누어 괴로이 신음ᄒᆞ믈 마지 아니ᄒᆞ니, 원ᄂᆡ 윤부 졔ᄉᆡᆼ이 병이 이신즉 셔지의셔 됴리ᄒᆞ다가 유실지인(有室之人)[460]은 각각 부형이 명ᄒᆞ여 ᄂᆡ루의 가 됴셥ᄒᆞ라 ᄒᆞᆫ즉, 마지 못ᄒᆞ여 드러가ᄂᆞᆫ 【43】 ᄇᆡ로ᄃᆡ, 셰린은 유질(有疾)ᄒᆞ나 승샹이 굿ᄐᆡ여 ᄂᆡ당의 드러가라 명치 아니ᄒᆞ니, 학ᄉᆡ ᄆᆞᄋᆞᆷᄃᆡ로 녕능을 ᄉᆡᆼ각ᄂᆞᆫ 졍이 무궁ᄒᆞ더니, 삼ᄉᆞ일 후 통셰 나으ᄆᆡ 비로소 관소ᄒᆞ고 존당의 드러가 문후ᄒᆞ니, 모다 그 나으믈 깃거ᄒᆞᄃᆡ 굿ᄐᆡ여 그 얼골을 유심이 보지 아니ᄒᆞᄃᆡ, 진왕이 잠간 보다가 놀나, 승샹다려 왈,

"현데 셰린의 눈ᄊᆞᆯ이 그릇되여시믈 알아 보ᄂᆞ냐?"

승샹이 ᄃᆡ왈,

"엇지 몰나보리잇고? 그러나 등하블명(燈下不明)으로 져ᄂᆞᆫ ᄭᆡ닷지 못ᄒᆞ리이다."

왕이 좌우를 도라보다가 하부인이 업ᄉᆞ믈 보고 쇼왈,

---

457)쥰ᄌᆡ(準材) :?

458)어ᄅᆡ다 : 엉기어 되직해지다. 굳다.

459)셩긔다 ; 성기다. 관계가 깊지 않고 서먹하다.

460)유실지인(有室之人) : 아내가 있는 사람.

“근간의 뎡국공이 안광(眼光)【44】의 졍긔를 일코, 갓득 쇠로(衰老)ᄒᆞᆫ 얼골의 ᄒᆞᆫ 조각 춍명이 잇지 아냐, 만히 실혼(失魂)ᄒᆞᆫ 사ᄅᆞᆷᄀᆞᆺ치 되여시믈 우형이 고이히 녁이더니, 오ᄂᆞᆯ날 셰린을 보니 졍신이 업서 뵈미, 늙지 아닌 하공이라. 셰린은 하가의 외손도 아니어ᄂᆞᆯ 어이 하년슉의 병을 달맛ᄂᆞ뇨?”

승상이 ᄃᆡ왈,

“하공이 비록 쇠ᄇᆡᆨ(衰白)ᄒᆞ나 긔픔인즉 강쟝(强壯)ᄒᆞ고 졍신인즉 춍명ᄒᆞ여 쇼년을 압두ᄒᆞᆯ너니, 근간(近間)의ᄂᆞᆫ 안광의 졍긔를 일코 거지(擧止) 실혼(失魂)ᄒᆞᆫ 듯ᄒᆞ믄, 그 가온ᄃᆡ ᄉᆞ괴 이시미어니와, 셰ᄋᆞ의 이러ᄐᆞᆺ 되믄 젼혀 탐쥬호ᄉᆡᆨ(貪酒好色)ᄒᆞᄂᆞᆫ 연괴로소이다.”

진왕이 졍ᄉᆡᆨ 왈,

“ᄌᆞ식【45】의 남ᄉᆞ(濫事)를 아비 아지 못ᄒᆞᄂᆞᆫ 거ᄉᆞᆫ ᄒᆞᆯ 일 업거니와, 셰린이 쥬ᄉᆡᆨ(酒色)을 인ᄒᆞ여 병이 난 줄 알면, 현뎨 엇지 금단(禁斷)치 못ᄒᆞ고 도로혀 남의 말ᄒᆞ듯 ᄒᆞᄂᆞ뇨?”

승샹이 ᄃᆡ 왈,

“쇼뎨 엇지 금단치 말고져 ᄒᆞ리오마ᄂᆞᆫ, 졔 범ᄉᆞ의 아비를 속이고 ᄐᆞᆷ을 ᄐᆞ면 음쥬달난ᄒᆞ므로 인ᄉᆡ 그ᄅᆞᆺ된가 ᄒᆞ나이다.”

왕 왈,

“셰린의 긔픔은 우형이 거의 아ᄂᆞ니, 비록 술을 마시고 ᄉᆡᆨ을 탐ᄒᆞ여 몸의 병들미 이시나, 각별ᄒᆞᆫ 요졍(妖精)이 아니면 셰린을 져ᄃᆡ도록 그ᄅᆞᆺ 민다지 아닐지라. 금일 알코[461] 닐ᄆᆡ[462] ᄒᆞᆫ조각 졍신이 머므지 아녀시니, 비컨ᄃᆡ 니ᄆᆡ망냥(魑魅魍魎)[463]의게 ᄒᆞᆯ【46】녀 단니던 모양ᄀᆞᆺ도다.”

호람휘 쇼왈,

“현질은 말을 이심(已甚)[464]이 ᄒᆞ여 병드지 아닌 ᄋᆞ히를 안광이 그ᄅᆞᆺ 되엿다 ᄒᆞ거니와, 긔픔(氣稟)이 송ᄇᆡᆨ(松柏) ᄀᆞᆺ고 안ᄉᆡᆨ(顔色)이 도화(桃花) ᄀᆞᄐᆞ니, 념녀로온 거시 업ᄂᆞᆫ가 ᄒᆞ노라.”

진왕이 계부의 셰린 그ᄅᆞᆺ되여시믈 알아보시지 못ᄒᆞ믈 보ᄆᆡ, 비록 ᄌᆞ시 고ᄒᆞ나 그ᄅᆞᆺ 알므로 녁이실가, 다만 웃고, 승샹을 도라보아 왈,

“현뎨ᄂᆞᆫ ᄉᆡᆨ(色)의 상ᄒᆞ믈 아ᄂᆞᆫ 밧재(-者)[465] 일편도이 챵물(娼物)만 녁이ᄂᆞ냐? 녀ᄉᆡᆨ(女色)이란 거ᄉᆞᆫ 졍실(正室)이나 챵희(娼姬)나 다ᄅᆞ지 아니ᄒᆞ니, ᄋᆞ히 츙년(沖年)의 냥쳐(兩妻)를 ᄀᆞᆺ초아 화락ᄒᆞ믈 능히 쥬리잡지[466] 못ᄒᆞ미라. 위인이 셜시ᄀᆞᄐᆞᆫ【47】후ᄂᆞᆫ

---

461)알코 : 앓고.
462)닐ᄆᆡ : 일어나매.
463)니ᄆᆡ망냥(魑魅魍魎) : 온갖 도깨비. 산천, 목석의 정령에서 생겨난다고 한다. ≒망량.
464)이심(已甚) : 지나치게 심함.
465) 밧재(-者) : 바의 것. 바 그것, 所…者. *바; 앞에서 말한 내용 그 자체나 일 따위를 나타내는 말.

광부(狂夫)를 진압ᄒᆞ고 가도(家道)를 난(亂)치 아냐 춘풍화긔(春風和氣)를 온젼이 ᄒᆞ리니, 여ᄎᆞ즉(如此卽) 무ᄉᆞᆷ 근심이 이시리오."

승샹이 묵연ᄒᆞ니, 학ᄉᆡ ᄇᆡᆨ부와 부친의 말ᄉᆞᆷ을 드ᄅᆞᄆᆡ, 황연(惶然) 괴치(愧恥)ᄒᆞ여 무ᄉᆞᆷ 죄칙이 이실고 축쳑(踧惕)ᄒᆞᆯ지언뎡, 심니(心裏)의 녕능을 ᄋᆡ듕(愛重)ᄒᆞᆷ과 셜시를 증분(憎憤)ᄒᆞ미 크게 젼일과 다ᄅᆞ더라.

ᄎᆞ시 호람후의 ᄌᆡ종질(再從姪) 윤 쥬ᄉᆞ(州史)467)의 ᄋᆞᄌᆞ 문현이 시년 십칠세의 놉히 농방의 고등ᄒᆞ여, 갑과(甲科) 뎨일의 쟝원(壯元)이 되고, 수일후 한님 셔길ᄉᆞ(庶吉士)468)의 올으니, 즉시 항쥐(杭州)469) 고향의 소분(掃墳)470)ᄒᆞᆯᄉᆡ, 호람휘 ᄌᆞ질손(子姪孫) 등을 거ᄂᆞ려 유과(遊街)471) 시(時) 연셕【48】의 참예ᄒᆞ니, 쥬ᄉᆡ 소분시의 ᄒᆞᆫ가지로 하향(下鄕)ᄒᆞ기를 청ᄒᆞ니, 호람휘며 진왕 형뎨는 봉친시하(奉親侍下)의 관ᄉᆡ官事 다쳡(多疊)ᄒᆞ며, ᄯᅩ 거춘(去春)의 갓 단녀와시니, 이의 태우 셩닌을 보닐ᄉᆡ, 승샹이 부젼의 고왈,

"셰린이 부즁의 잇ᄉᆞ오ᄆᆡ 졈졈 병드러 인ᄉᆞ블셩(人事不省)ᄒᆞ기 쉽ᄉᆞ오니, ᄎᆞᆯ하리 말ᄆᆡ를 어더 셩닌과 ᄒᆞᆫ가지로 션산의 단녀오라 ᄒᆞ미 엇더ᄒᆞ니잇고?"

공이 졈두(點頭) 왈,

"ᄀᆞ장 맛당ᄒᆞ니라."

승샹이 슈명ᄒᆞ고 이의 학ᄉᆞ를 블너 왈,

"네 요ᄉᆞ이 ᄉᆞ직(辭職)ᄒᆞ여 관긴(關緊)ᄒᆞᆫ ᄉᆞ괴 업ᄉᆞ니 이제 쥬ᄉᆞ 종슉(從叔)과 여형을 조ᄎᆞ 션산(先山)의 단녀오라."【49】

"학ᄉᆡ 젼일 ᄀᆞᄐᆞ면 도로 풍경을 관답(觀踏)ᄒᆞᆯ 일이 깃거ᄒᆞᆯ ᄇᆡ로ᄃᆡ, 요약의 상ᄒᆞ여 크게 병드러시니, 부모존당의 니슬지회(離膝之懷)472)도 결연(缺然)ᄒᆞᆫ 바를 아지 못ᄒᆞ고, 다만 녕능을 ᄯᅥ날 ᄇᆡ 아연(啞然)ᄒᆞ니, 묵연 냥구의 ᄂᆞᆺ출 븕히고 ᄃᆡ왈,

"ᄒᆡᄋᆡ(孩兒) 근간의 미양(微恙)이 몸의 ᄯᅥ나지 아니ᄒᆞ오니, 집의 평안이 이셔도 블평(不平)ᄒᆞᆯ 적이 만삽거ᄂᆞᆯ, 엇지 능히 원노구치(遠路驅馳)의 도로왕반(道路往返)을 ᄒᆞ리잇고? 모든 군종형뎨 가온ᄃᆡ 감작(甘作)473)ᄒᆞ니로 보ᄂᆡ시미 가ᄒᆞ고, ᄒᆡᄋᆞ는 후일 가고져 ᄒᆞᄂᆞ이다."

승샹이 변ᄉᆡᆨ(變色) 노왈,

---

466)쥬리잡다 : '쥬리다[줄이다]'와 '잡다'가 합해진 말. 줄여 잡다. 누그러뜨리다.
467)쥬ᄉᆞ(州史) :? 자사(刺史)?
468)셔길ᄉᆞ(庶吉士) : 중국 明·淸나라 때 한림원(翰林院)에 둔 관명. 진사(進士) 가운데서 문학에 뛰어난 사람을 뽑아 임명했다. =서상(庶常).
469)항쥐(杭州) : 중국 절강성(浙江省) 북부에 있는 도시.
470)소분(掃墳) : 경사로운 일이 있을 때 조상의 산소를 찾아가 돌보고 제사를 지내는 일.
471)유과(遊街) : 삼일유가(三日遊街). 과거에 급제한 사람이 사흘 동안 풍악을 잡히고 거리를 돌며 시험관과 선배 급제자와 친척을 방문하던 일.
472)니슬지회(離膝之懷) : 어버이나 조부모의 슬하를 떠나는 마음.
473)감작(甘作) ; 어떤 일을 즐겨 맡아 하고자 함.

"네 병이 반다시 집을 써난 후야 나을 듯ᄒᆞ【50】고, 가ᄂᆡ의 이시ᄆᆡ 유익지 아니ᄒᆞ리니, 잡담 말고 가라."

학ᄉᆡ 황공송구ᄒᆞ여 감히 다시 말을 못ᄒᆞ고, 묵연이 퇴ᄒᆞ니라.

학ᄉᆡ 셜쇼져를 구타 이후로, 엄노를 만나 군종졔뎨 등이 계슈각의 모라너코 듀야로 구실삼아 돌녀가며 직희니, 능히 츌입을 임의치 못ᄒᆞ야 ᄂᆡ실의 ᄌᆞ최를 ᄭᅳᆫ헌지 장ᄌᆞᆺ 슌일(旬日)이 되니, 녕능의 교용아틱(嬌容雅態) 듀야 안뎌(眼底)의 버렷ᄂᆞᆫ 듯, 교연(嬌然)ᄒᆞᆫ 말소릐와 낭낭ᄒᆞᆫ 우음으로 쳔교만틱(千嬌萬態)ᄒᆞ여 춍(寵)을 낫고ᄆᆡ 졍을 도도ᄂᆞᆫ 거동이 눈압히 영(影)지니[474], 일틱지샹(一宅之上)의 이셔 신혼셩뎡(晨昏省定) 시의ᄌᆞ로 보아도 【51】오히려 ᄉᆞ실(私室)의 동쳐(同處)ᄒᆞ믈 ᄆᆞ음 ᄃᆡ로 못ᄒᆞ니, 졍히 ᄉᆞ모지심(思慕之心)이 상광셩질(喪狂性疾)[475]키의 밋출 듯ᄒᆞ고, 이런 일이 다 셜시의 잇ᄂᆞᆫ 연괴라 혜아려, 셜시 믜오믄 날노 더으고 시(時)로 층가(層加)ᄒᆞ거ᄂᆞᆯ, 이제 ᄯᅩ 부명이 먼니 보ᄂᆡ시니, 아모리 수이 온다 ᄒᆞ여도 왕반(往返)이 수삼 삭(朔)은 될 듯 시븐지라. 녕능으로 니별(離別)을 당ᄒᆞ니 새로이 일흔 거시 잇ᄂᆞᆫ 듯 거지 당황ᄒᆞ니, 듕·영·혜·봉·웅·홍 등 졔공ᄌᆡ 기형(其兄)의 거동을 그윽이 실쇼ᄒᆞ여 짐ᄌᆞᆺ 그 거동을 보고져, 밤드도록 독셔를 잠심ᄒᆞ고 침슈(寢睡)를 ᄎᆞᆺ지 아니 ᄒᆞ니, 학ᄉᆡ 괴로이 졔뎨(諸弟)의 잠들기【52】를 기다리나, 그 자지 아니믈 민망히 넉여 슈심(愁心)이 만쳡ᄒᆞ니, 봉닌 공ᄌᆡ 본ᄃᆡ ᄌᆡ릉다모(才能多謀)ᄒᆞᆫ지라, 쇼왈,

"종형이 무ᄉᆞᆷ 일노 슈한(愁恨)이 만면ᄒᆞ시니잇고?"

학ᄉᆡ ᄌᆞ긔 심폐(心肺)를 아ᄂᆞᆫ가 괴로이 넉여 ᄂᆡ젼져히[476] ᄭᆡ쳐 닐ᄋᆞᄃᆡ,

"ᄋᆞ희들은 너모 춍명ᄒᆞᆫ 체 말나. 우형이 무ᄉᆞᆷ 별(別) 심위(心憂) 이시리오. 근간은 신양(身恙)이 써나지 아닌ᄃᆡ, 먼니 왕반이 어려워 근심ᄒᆞ거니와, 연이나 츈쇼(春宵)[477] 심단(甚短)ᄒᆞ니 발셔 야심ᄒᆞ엿ᄂᆞᆫ지라. 여등은 아모리 독셔를 브ᄌᆞ런이 ᄒᆞᆫ들 수일 ᄂᆡ로 입과(入科)ᄒᆞᆯ ᄌᆡ목이 아니니, 너모 브ᄌᆞ런○[ᄒᆞᆫ] 양 말고, 그만ᄒᆞ여 단ᄌᆞᆷ[478]이나 폐치 말나. 【53】우형이 ᄯᅩ ᄌᆞ고져 ᄒᆞ나 불 보기 슬흐니, 그만 ᄒᆞ여 자게 ᄒᆞ라."

졔공ᄌᆡ 역쇼(亦笑)ᄒᆞ고, 드ᄃᆡ여 ᄎᆡᆨ을 덥고 쵹을 믈니ᄆᆡ 각각 침셕의 나아가니, 각각 ᄌᆞᆷ이 깁히 드ᄃᆡ 홀노 봉닌·듕닌 이 공ᄌᆡ 거ᄌᆞᆺ 자ᄂᆞᆫ 쳬ᄒᆞ고 학ᄉᆞ의 거동을 보더니, 학ᄉᆡ 처엄은 단의침건(單衣寢巾)으로 요금(褥衾)의 ᄡᅡ이여 자ᄂᆞᆫ 쳬ᄒᆞ나, 기실은 졔공ᄌᆞ의 ᄌᆞᆷ들기를 기다려 ᄀᆞ마니 니러나 후창으로 조ᄎᆞ 나아가니, 냥공ᄌᆡ ᄯᆞᆯ니 니러 문틈으로 여어보니, 학ᄉᆡ 완연이 녕능의 침소로 드러가니 냥공ᄌᆡ 기형(其兄)의 상셩외입

474)영(影)지다 : 그림자 지다. 어른거리다.
475)상광셩질(喪狂性疾) : 상성광질(喪性狂疾). 본성을 잃고 미쳐 날뜀.
476)ᄂᆡ젼져히 :? 내숭스럽게
477)츈쇼(春宵) : 봄밤.
478)단ᄌᆞᆷ : 아주 달게 곤히 자는 잠. =감면(甘眠).

(喪性外入)479)ᄒᆞ믈 ᄎᆞ탄ᄒᆞ더라.

학시 ᄲᅢᆯ니 녕능의 침소의 니르니, ᄎᆞ【54】시 녕능이 ᄯᅩᄒᆞᆫ 학시 션산 힝도ᄒᆞ믈 ᄆᆞ음의 망극(罔極) 쵸젼(焦煎)ᄒᆞ여, 침소의셔 봉관(鳳冠)을 버셔 바리고 운환(雲鬟)을 벽샹(壁上)의 브딋져 눈믈이 만면(滿面)ᄒᆞ야, 존당구고를 참욕즐ᄆᆡ(慘辱叱罵)ᄒᆞ니, 시녀 등이 위로ᄒᆞ나 야심토록 심시 번민ᄒᆞ여 학ᄉᆞ의 옥안영풍(玉顔英風)을 은근(慇懃) 권ᄋᆡ(眷愛)ᄒᆞ여 잠을 일우지 못ᄒᆞ고, 다만 시녀 등을 장외의 ᄂᆡ치고 홀노 잔등(殘燈)을 ᄃᆡᄒᆞ여 슈한(愁恨)이 만쳡(萬疊)ᄒᆞ여, 긴 탄식과 져란 한숨의 홍뉘(紅淚) 삼삼(滲滲)ᄒᆞ여480) 화싀(華腮)를 젹시더니 믄득 학시 단의침건(單衣寢巾)으로 힝뵈(行步)를 ᄀᆞᄇᆡ야이 ᄒᆞ여 드러오ᄂᆞᆫ지라. 녕능이 하 반갑고 깃브니 도로혀 누싂(淚水) 만【55】면(滿面)이라.

학시 년망(連忙)이 나아가 옥슈(玉樹)를 잡고 셤요(纖腰)를 븟드러 닐ᄋᆞᄃᆡ,

“임의 야심ᄒᆞᆫ지 오릐거ᄂᆞᆯ 엇지 지금 자지 아니 ᄒᆞ며, 무ᄉᆞ일 져ᄃᆡ도록 슬허 옥용(玉容)을 상해오ᄂᆞ뇨? 아니 근ᄂᆡ(近來)의 엄명을 인ᄒᆞ여 ᄉᆡᆼ의 ᄌᆞ최 희소(稀少)ᄒᆞ믈 슬허ᄒᆞ미냐?”

녕능이 함틔(含態)481) 탄식 왈,

“군ᄌᆞᄂᆞᆫ 이리 닐ᄋᆞ지 마ᄅᆞ쇼셔. 쳡의 블미누질(不美陋質)노ᄡᅥ 외람이 군ᄌᆞ의 가ᄎᆞ(假借)ᄒᆞ시믈 어더 금슬우지(琴瑟友之)ᄒᆞ니, 블과 일틱지샹(一宅之上)의 슌여일(旬餘日) 동거(同居)치 못ᄒᆞ믈 그ᄃᆡ도록 슬허, 즘 못ᄌᆞ도록 ᄒᆞᆯ 거시라 고이ᄒᆞᆫ 말솜을 ᄒᆞ시ᄂᆞ니잇가? 다만 슬허ᄒᆞᄂᆞᆫ 바ᄂᆞᆫ 그윽이 드ᄅᆞ니 군ᄌᆞ를 항쥐(杭州) 션【56】영(先塋)의 도모ᄒᆞ여 보ᄂᆡ믄, 셜부인이 여ᄎᆞ여ᄎᆞ 존당의 알외여, 만일 군ᄌᆡ 집에 계시면 실셩외입(失性外入)ᄒᆞ여 ᄌᆞ개 보젼치 못ᄒᆞᆯ 거시니, 비록 누월(累月) ᄉᆞ이나 먼니 보ᄂᆡ여 도로 풍경을 관답(觀踏)ᄒᆞ여 지긔(志氣)를 소챵(消暢)ᄒᆞ고 ᄆᆞ음잡기를 기다리게 ᄒᆞ쇼셔 ᄒᆞ니, 구괴 죵기언(從其言)482)ᄒᆞ신 비라 ᄒᆞ니, 이곳 근본이 군ᄌᆡ 져를 쇼(疎)히ᄒᆞ고 쳡을 춍ᄋᆡ(寵愛)ᄒᆞ신 근본이라. 만일 군ᄌᆡ 가즁(家中)을 ᄯᅥ나시ᄆᆡ[면] 쳡이 엇지 보젼ᄒᆞ리오. 이 연고로 슬허ᄒᆞ미로소이다.”

학시 텽파의 여디업시 곳이 드러, 셜시 통히(痛駭)ᄒᆞ미 ᄀᆡᆼ가일층(更可一層)ᄒᆞ니, 고ᄃᆡ 드러가 죽일 ᄯᅳᆺ이 급ᄒᆞ나, 도금(到今)【57】은 젼일 ᄀᆞᆺ치 셜시 혼ᄌᆞ 잇지 아냐, 구파 양희 등이 직희여 구완(救完)ᄒᆞ니 능히 져를 침범치 못ᄒᆞᆯ지라.

ᄎᆞ언을 듯고 대로 분ᄆᆡ(憤罵) 왈,

“ᄎᆞ인의 요악ᄒᆞ믄 오히려 한여후(漢呂后)483)의 지나니, 내 사라시나 창궐(猖獗)ᄒᆞ미

---

479)상셩외입(喪性外入) ; 본성을 잃고 여색에 빠져 듦.
480)삼삼(滲滲)ᄒᆞ다 : 눈물 따위가 고요히 흘러내리다.
481)함틔(含態) : 교태(嬌態)를 지음.
482)죵기언(從其言) : 그 말을 따름.
483)한여후(漢呂后) : 중국 한고조의 황후. 성은 여(呂). 이름은 치(雉). 고조를 보좌하여 진(秦)나라 말기

여ᄎᆞᄒᆞ니, 내 업ᄉᆞ면 그 쟉난이 녀후(呂后)의 더으지 아니리오. 존당부모의 인ᄌᆞᄒᆞ시므로 져의 요악ᄒᆞᆷ믈 ᄎᆞ 아지 못ᄒᆞ시고, ᄒᆞᆫ갓 교언녕ᄉᆡᆨ(巧言令色)을 과ᄋᆡ(過愛)ᄒᆞ샤 ᄉᆡᆼ을 그르다 ᄒᆞ시니, 요인이 더옥 승흥(乘興)ᄒᆞᆯ지라. 내 당당이 쟝검을 빗기 갈아 발부의 머리롤 버히고, 그ᄃᆡ로 더브러 죵요로이 화락ᄒᆞ야 평ᄉᆡᆼ 신셰의 거리ᄭᅵ미 업게 ᄒᆞ리라."

녕【58】능이 심니(心裏)의 암희ᄒᆞ나, 거즛 경동(驚動) 탄식 왈,

"셜부인은 군ᄌᆞ의 당당ᄒᆞᆫ 조강원비(糟糠元妃)오, 쳡의 녀군(女君)이라. 녀ᄌᆞ의 편협ᄒᆞᆫ 투졍은 샹ᄉᆡ(常事)니 이런 듕대ᄒᆞᆫ 말솜을 발ᄒᆞ여 인뉸(人倫) 강샹(綱常)을 난ᄒᆞ시리잇가?"

학ᄉᆡ 더옥 분연 왈,

"발부(潑婦)의 음악극흉(淫惡極凶)ᄒᆞᆫ 죄, 만편(萬片)의 바아 죽이고져 시븐지라. 그ᄃᆡᄂᆞᆫ 너모 겸손비약(謙遜卑弱)ᄒᆞᆫ 빗ᄎᆞ로ᄡᅥ 투부(妬婦)의 교앙(驕昂)ᄒᆞᆷ믈 도도아 업수히 넉이믈 밧지 말나. 져ᄂᆞᆫ ᄉᆞ문일ᄆᆡᆨ(士門一脈)이어니와 그ᄃᆡᄂᆞᆫ 황가지엽(皇家枝葉)이니 엇지 문미(門楣)484) 고해(高下) 져만 못ᄒᆞ리오."

녕능이 ᄉᆡᆼ의 말마다 져의 교심(驕心)을 맛치니 깃브고 즐거오믈 니긔지 못ᄒᆞ나, 거【59】즛 겸양이샤(敬讓以辭)ᄒᆞ니, ᄉᆡᆼ이 언언이 긔특이 넉이고 어엿븐 은졍이 더옥 황홀ᄒᆞ니, 옥슈롤 잇그러 상샹(床上)의 나아가며 왈,

"ᄉᆡᆼ이 우명일(又明日)485)이면 니가(離家)ᄒᆞ여 수삼삭(數三朔) 후 도라올 거시니, 졍히 그ᄃᆡ로 더브러 샹니(相離)ᄒᆞᆯ 일이 결울(結鬱)ᄒᆞ야486), 겨유 졔데 등의 좀자기롤 승간(乘間)ᄒᆞ야 드러오괘라."

셜파의 녕능의 셤요(纖腰)롤 ᄀᆞ비야이 븟드러 일금지하(一衾之下)487)의 나아가니, 학ᄉᆞ의 취광(醉狂)ᄒᆞᆫ 은ᄋᆡ와 요인(妖人)의 황홀ᄒᆞᄂᆞᆫ 음졍(淫情)이 밋츨 듯ᄒᆞ여 형용키 어렵더라.

이윽고 계셩(鷄聲)이 악악ᄒᆞᄆᆡ, 학ᄉᆡ 번신(翻身)ᄒᆞ여 밧그로 나아갈ᄉᆡ, 니별의 결연(缺然)ᄒᆞ믈 닐ᄏᆞ라니, 녕【60】능이 오읍(嗚泣)ᄒᆞ며 도로 왕반(往返)의 무ᄉᆞ히 득달ᄒᆞ여 수히 오기롤 닐ᄏᆞ라니, 학ᄉᆡ ᄯᅩᄒᆞᆫ 위로ᄒᆞ고 외당의 나오니, 졔공ᄌᆡ 오히려 ᄭᆡ지 아녓더라. 학ᄉᆡ 의구히 쟈리에 나아가 쟈ᄂᆞᆫ 쳬ᄒᆞ더니, 신셩(晨省) ᄯᅢ의 관소(盥梳)ᄒᆞ고 존당의 신셩ᄒᆞ니라.

이러구러 우명일(又明日)이 다ᄃᆞ라니, 태우 셩닌이 죵데 셰린으로 더브러 존당의 하

·한(漢)나라 초기의 국난을 수습하였으나, 고조가 죽은 뒤 실권을 장악하여 고조의 애첩인 척부인(戚夫人)과 척부인 소생 왕자 조왕(趙王)을 죽이는 등 포악을 일삼아, 측천무후(則天武后), 서태후(西太后)와 함께 중국의 3대 악녀로 꼽힌다.

484)문미(門楣) : ①문벌, 가문. ②창문 위에 가로 댄 나무. 그 윗부분 벽의 무게를 받쳐 준다.

485) 우명일(又明日) : 다음다음 날. 곧 모레.

486)결울(結鬱)ᄒᆞ다 : 답답하다. 보고 싶어 하다.

487)일금지하(一衾之下) ; 한 이불 아래.

직ᄒᆞ고, 윤쥬ᄉᆞ 부ᄌᆞ 삼인을 조ᄎᆞ 항쥐로 나아가니라.

녕능이 학ᄉᆞᄅᆞᆯ 니별ᄒᆞ고 청션으로 더브러 각별 묘계(妙計)ᄅᆞᆯ 《그어 ‖ 지어》 셜쇼져의 만니젼졍(萬里前程)을 맛져488) 업시코져 ᄒᆞ므로ᄡᅥ 근청ᄒᆞ니, 청션이 녕능의 심쳔(深淺)489)을 ᄇᆞᆰ히 알고, 모【61】든 찰부요녀(刹婦妖女)ᄅᆞᆯ ᄒᆞᆷ게 속여 만ᄒᆞᆫ ᄌᆡ보(財寶)ᄅᆞᆯ 수탐코져 ᄒᆞ여, 몬져 화루(華樓)의 나아가, 구시 난아ᄅᆞᆯ 보아 하직고 왈,

"빈되 이제 졔부인ᄂᆡ 보시(布施)490)ᄒᆞ신 ᄌᆡ보(財寶)ᄅᆞᆯ 만히 맛타 본취산의 가 거룩ᄒᆞᆫ 도장(道場)을 베퍼 셕가졔블(釋迦諸佛)을 공양(供養)ᄒᆞ여 모든 부인ᄂᆡ 슈복을 츅원ᄒᆞ라 가니, 아마도 수삼 월 후 도라올 거시니, 부인도 소원이 잇거든 ᄌᆡ보(財寶)ᄅᆞᆯ 앗기지 말고 빈도ᄅᆞᆯ 맛기쇼셔. 빈되 맛당히 진심갈녁(盡心竭力)ᄒᆞ여 부인의 달슈영복(達壽永福)을 츅원ᄒᆞ리이다."

난ᄋᆡ 텽파의 크게 ᄀᆞᆺ이 ᄃᆞᆺ고 대열(大悅)ᄒᆞ여, 교란으로 상의ᄒᆞ고 져의 협ᄉᆞᄅᆞᆯ 기우려 구부의 가 어【62】더온 금보옥빅(金寶玉帛)을 진수(盡數)491)히 거훌너492) 주며, ᄌᆡ삼 당부 왈,

"ᄎᆞ믈(此物)이 ᄉᆞ쇼(些少)ᄒᆞ다 말고 ᄉᆞ부ᄂᆞᆫ ᄇᆞᄃᆡ 블젼(佛前)의 지셩(至誠) 도츅(禱祝)ᄒᆞ여 나의 복녹이 ᄃᆞᆺ겁게 ᄒᆞ고, 윤한님의 은총이 젼일(專一)케 ᄒᆞ며, 텰녀와 영츈뎡 요녀(妖女)ᄅᆞᆯ 쇼졔ᄒᆞ여 날노ᄡᅥ 한고○[조](漢高祖)493)의 통일텬하(統一天下)ᄒᆞᄂᆞᆫ 즐거오믈 보게 ᄒᆞ면 엇지 ᄉᆞ부의 대은을 니ᄌᆞ리잇고?"

청션이 흔연이 허락ᄒᆞ고 하직ᄒᆞᆫ 후, ᄯᅩ 녕능의 침소의 니르니, 이ᄯᆡ 윤태위 군종 냥인이 비록 수삭(數朔) 니별이나, 가즁 샹하의 결연(缺然)ᄒᆞ미 비길ᄃᆡ 업고, 슌여일(旬餘日)이 지나ᄆᆡ, 셜쇼졔 양희 등의 지셩을 힘닙어 신【63】샹흠질(身上欠疾)이 쾌ᄎᆞ(快差)ᄒᆞ니, 존당구고의 셩우(聖憂) ᄭᅵ치믈 블안ᄒᆞ여 비로소 병장(屛帳)을 것고 소셰(梳洗)ᄅᆞᆯ 나와 존당의 문안ᄒᆞ고, 오ᄅᆡ 유질ᄒᆞ여 셩녀(聖慮) ᄭᅵ치오믈 청죄ᄒᆞ니, 존당구괴 더옥 ᄋᆡ련ᄒᆞ믈 니긔지 못ᄒᆞ여 새로온 ᄉᆞ랑이 강보유녀(襁褓乳女) ᄀᆞᆺᄐᆞ니, 쇼졔 존당혜ᄐᆡᆨ(尊堂惠澤)을 감은ᄒᆞ미 비길 ᄃᆡ 업ᄉᆞ나, 녕능은 더옥 ᄉᆡ심(猜心)이 만복(滿腹)ᄒᆞ여, 학ᄉᆞ의 니가(離家) 후ᄂᆞᆫ 칭병블츌(稱病不出)494)ᄒᆞ고 듀야로 ᄉᆞ침(私寢)의 언와(偃臥)ᄒᆞ여시니, 존당구괴 ᄯᅩᄒᆞᆫ 우히 녁여 각별 알은 체 아니터라.

녕능이 청션을 보고 각별 모계(謀計)ᄅᆞᆯ 운동ᄒᆞ여 셜시ᄅᆞᆯ 함지ᄀᆡᆼ참(陷地坑塹)495)ᄒᆞᆯ

---

488)맛지다 : 맡기다.
489)심천(深淺) : 마음이나 냇물 따위의 깊고 옅음.
490)보시(布施) : 불가에 재물을 연보함
491)진수(盡數) : 수량의 전부. =몰수(沒數).
492)거후르다 : ①거우르다. 속에 든 것이 쏟아지도록 기울이다. ②술 따위를 기울여 마시다.
493)한고조(漢高祖) : 중국 한(漢)나라의 제1대 황제(B.C.247~B.C.195). 성은 유(劉). 이름은 방(邦). 자는 계(季). 시호는 고황제(高皇帝). 고조(高祖)는 묘호. 진시황이 죽은 다음해 항우와 합세하여 진(秦)나라를 멸망시켰다. 그 뒤 해하(垓下)의 싸움에서 항우를 대파하여 중국을 통일하고 제위에 올랐다. 재위 기간은 기원전 206~기원전 195년이다.
494)칭병블츌(稱病不出) : 병을 핑계하고 누워 문밖을 나오지 않음.

바룰 닐우고, 【64】두어쟝 간부셔(姦夫書)룰 일워주며 쳔금으로 힝냥(行糧)496)을 도으니, 쳥션이 만흔 지믈을 보고 환희ᄒᆞ여 즉시 하직고 학ᄉᆞ의 뒤흘 조ᄎᆞ 나아가니라.

챠셜 윤태우 부인 소쇼졔 임의 웅비(雄飛)의 길시룰 졈득(占得)ᄒᆞ여 잉틱만월(孕胎滿月)ᄒᆞ엿더니, 태위 니가(離家) 수십일(數十日) 후의 홀연 산졈(産漸)이 급ᄒᆞ여, 옥으로 무으며497) 곳ᄎᆞ로 삭인 듯ᄒᆞᆫ 일개(一個) 형옥(荊玉)498)을 싱ᄒᆞ니, 화파 등이 ᄲᆞᆯ니 졍당의 고ᄒᆞ니, ᄉᆞ위(四位) 존고와 하·쟝 두 슉뫼 소쇼져의 잉신(孕身) 만월(滿月)ᄒᆞ믈 아득히 아지 못ᄒᆞ엿더니, 츠언을 드르미 환심(歡心) 대열(大悅)ᄒᆞ여 ᄲᆞᆯ니 산실의 니르러 산모룰 보며, 신ᄋᆞ(新兒)룰 【65】보미, 이 진짓 긔린(騏驎)499)이라. 텬디졍화(天地精華)로 각별 츌셰(出世)ᄒᆞᆫ 빈니, 뎡·진·남·화 ᄉᆞ비의 환힝(歡幸)홈과 하·쟝 냥부인의 깃거ᄒᆞ미 어늬500) 친손(親孫)이며 종손(從孫)이믈 씨닷지 못ᄒᆞ니, 신ᄋᆞ룰 칭찬ᄒᆞ여 귀듕ᄒᆞ며 쇼져룰 교무(交撫)ᄒᆞ미 강보영ᄋᆞ(襁褓嬰兒) ᄀᆞᆺ트니, 쇼져의 황공ᄒᆞᆷ믄 닐ᄋᆞ도 말고 화파 등의 영힝(榮幸) 쾌열(快悅)ᄒᆞ믈 ᄯᅩᆫ 형언키 어렵더라. 졔부인이 이윽이 쇼져룰 ᄋᆡ무(愛撫)ᄒᆞ다가 시ᄋᆞ 등을 《분분∥분부》ᄒᆞ여 깅반을 ᄌᆞ로 나오라 ᄒᆞ고 드러가니, 진왕곤계와 일가샹하(一家上下)의 환셩(歡聲)이 열열(熱烈)ᄒᆞ더라.

일칠일(一七日)이 지나니 쇼졔 신긔(身氣) 여샹(如常)ᄒᆞᆫ지라. 【66】가듕샹해 원셩뎐의 위·조 냥태비룰 뫼시고 녈좌(列坐)ᄒᆞ여 신ᄋᆞ룰 다려다가 볼ᄉᆡ, 화패 졔시녀로 더브러 신싱ᄋᆞ룰 금강보(錦襁褓)501)의 ᄡᅡ 원셩뎐의 드러가니, 구패 년망이 닉다라 밧아 좌듕의 노ᄒᆞ니, 모다 보건되 신이 블과 싱지 일칠일(一七日)이로되 냥안(兩眼)이 명낭(明朗)ᄒᆞ고 셔치(瑞彩) 영농(玲瓏)ᄒᆞ여 지각(知覺)이 잇ᄂᆞᆫ 듯, 톄형(體形)이 셕대(碩大)ᄒᆞ니, 좌듕이 일견첨망(一見瞻望)의 치하ᄒᆞ믈 마지 아니ᄒᆞ고, 태부인이 희허ᄎᆞ탄(噫噓嗟歎) 왈,

"츠ᄋᆞ의 텬셩긔질(天性氣質)이 완연이 기조여풍(其祖餘風)이니 더옥 흠ᄋᆡ(欽愛)ᄒᆞ도다."

조태비 존고 말ᄉᆞᆷ을 드르미 ᄯᅩᆫ 쳑연희허(慽然噫噓)ᄒᆞ여 셩언(聖言)의 유리(有利)【67】ᄒᆞ시믈 닐큿고, 진왕곤계 새로이 비쳑(悲慽)ᄒᆞ나 이셩(怡聲)으로 위로ᄒᆞ고, 호람후는 조태비긔 ᄒᆞ례(賀禮)ᄒᆞ여, 오늘날 증손(曾孫)의 특이ᄒᆞᆷ믄 션형쟝(先兄丈)의 졍튱(貞忠)ᄒᆞᆫ 의(義)와 현존수(賢尊嫂)의 셩덕(聖德)을 신명(神明)이 각별 묵우(黙祐)ᄒᆞ샤, 신싱 ᄋᆞ손(兒孫)이 여ᄎᆞ 긔이ᄒᆞ믈 하례ᄒᆞ니, 조태비 온유(溫柔)히 순샤(順辭)ᄒᆞ야,

495)함지깅참(陷地坑塹) : 함정을 파고 이에 빠지게 하여 죽임.

496)힝냥(行糧) : 여행 중 먹을 식량.

497)무으다 : 쌓다. 뭉치다. 만들다.

498)형옥(荊玉) : 중국 형산(荊山)에서 나는 백옥(白玉). 여기서는 형산 백옥처럼 아름다운 사내아이를 말함.

499)긔린(騏驎) : 하루에 천리를 달린다는 말. 어린 자식이나 손자를 귀엽게 이르는 말.

500)어늬 : 어느 사람의. '어느+이'의 형태.

501)금강보(錦襁褓) ; 비단 포대기.

"이는 다 존문(尊門) 유경(有慶)이오, 쳡의 공이 아니로소이다."

ᄒᆞ더라. 숙녈비 시녀 즁 유되(乳道)[502] 풍족ᄒᆞᆫ 쟈롤 ᄐᆡᆨᄒᆞ여 신손(新孫)을 보양(保養)ᄒᆞ게 ᄒᆞ고, 식부를 경계ᄒᆞ여 힝혀 실셥(失攝)[503]홀가 당부ᄒᆞ더라. 소쇼져의 슌산(順産) ᄉᆡᆼᄌᆞ(生子)ᄒᆞᆫ 긔별이 소부의 니르니, 소공부부며 삼소와 셜【68】시 등이 환힝ᄒᆞ미 비길ᄃᆡ 업ᄉᆞ니, 하셩(賀聲)이 여류(如流)ᄒᆞᄃᆡ, 홀노 녀태부인 년[504]과 쇼녀시 년의 극악흉괴(極惡凶怪)ᄒᆞᆫ 용심은 당치 아닌 일이라도 이 말을 드르ᄆᆡ ᄉᆡ심(猜心)이 만복(滿腹)ᄒᆞ니, 엇지 우읍지 아니리오.

일칠일(一七日) 후 소공이 삼ᄌᆞ로 더브러 진궁의 나아가, 닌친(姻親)이 서로 보고 녀ᄋᆞ의 침소의 드러가 녀ᄋᆞ와 신ᄋᆞ를 볼ᄉᆡ, 신ᄋᆞ의 츌셰비범(出世非凡)ᄒᆞ미 진실노 현셩긔질(賢聖氣質)이니 슈곡(邃谷)[505]의 난초요 ᄎᆡ시[506]의 명쥬(明珠)라. 소공부ᄌᆡ 막블경찬(莫不慶讚)ᄒᆞ고 이의 외각(外閣)의 나와 빈쥬(賓主) 쥬ᄇᆡ(酒杯)를 놀녀 진취(盡醉)ᄒᆞᄆᆡ, 소공이 도라가 부인을 ᄃᆡᄒᆞ여 녀ᄋᆡ 산긔여샹(神氣如常)홈【69】과 신손의 긔이ᄒᆞ던 줄 젼ᄒᆞ니, 텰부인이 깃브믈 니긔지 못ᄒᆞ나 수히 보지 못ᄒᆞ믈 깃거 아니터라.

일일은 소시랑이 두 아ᄋᆞ로 더브러 됴당으로셔 도라오는 길에 윤한님이 ᄌᆡ삼 쳥ᄒᆞ여 ᄒᆞᆫ가지로 진궁의 니르러는, 윤한님이 ᄂᆡ당으로 드러가며 왈,

"쇼뎨 존당의 드러가 단녀나올 거시니 현형(賢兄)은 셔ᄌᆡ(書齋)의셔 나를 기다리라."

소시랑 삼형뎨 ᄃᆡ답ᄒᆞ고 바로 독셔당의 니르니, 진궁 졔공ᄌᆡ 다 모혀 학낭쇼어(謔浪笑語)로 희학(戲謔)이 낭쟈(狼藉)ᄒᆞ거늘, 소시랑이 드러가니 졔공ᄌᆡ 벽샹(壁上)의 일복화도(一幅畫圖)를 걸고 서로 닷토아 보다가, 【70】소ᄉᆡᆼ 등을 보고 놀나 봉닌이 급히 니러나 화도를 거더 아ᄉᆞ며, 졔공ᄌᆡ ᄒᆞᆫ가지로 소ᄉᆡᆼ 등을 맛는지라. 소시랑과 소한님은 무심히 보고 다시 쳥치 아냐 좌의 나아가ᄃᆡ, 오직 학ᄉᆞ 소셩이 드러올적 눈을 드러 의연이 숣피니 두어ᄌᆞ ᄇᆡᆨ깁의 일복(一幅) 미인도(美人圖)를 그려시ᄃᆡ, 금슈ᄎᆡ장(錦繡綵帳)[507]이 찬난ᄒᆞ고 용홰(容華) 비무(比無)ᄒᆞ여 광ᄎᆡ 황홀ᄒᆞ니, 대경ᄒᆞ여 다시 보고져 ᄒᆞ더니, 봉닌이 밧비 거더 아ᄉᆞ니 굿ᄐᆡ여 유의홀 거시 업ᄉᆞᄃᆡ, 임의 텬연(天緣)이 지듕(至重)ᄒᆞ니 인녁의 밋출 ᄇᆡ아니라.

소학ᄉᆡ ᄌᆞ연 ᄆᆞ옴이 동ᄒᆞ니 엇지 그만ᄒᆞ여 긋치리오. 【71】좌의 나아가 몬져 화도를 누리와 펴보려 ᄒᆞ니, 봉닌이 놀나 급히 앗고져 ᄒᆞ거늘, 학ᄉᆡ ᄲᅮ리쳐 왈,

"이 블과 ᄒᆞᆫ 츅(軸)[508] 녯 그림이라. 내 잠간 보아든 무어시 유휘ᄒᆞ리오."

---

502)유되(乳道) : ①젖이 나는 분량. ②궁중에서, '젖'을 이르던 말.
503)실셥(失攝) : 몸조리를 잘 하지 못함.
504)년 : 여자를 낮잡아 이르는 말.
505)슈곡(邃谷) : 깊은 골짜기.
506)ᄎᆡ시 :?
507)금슈ᄎᆡ장(錦繡綵帳) : 수(繡)를 놓아 화려하게 꾸민 휘장.
508)츅(軸) : 두루마리. ①가로로 길게 이어 돌돌 둥글게 만 종이. ②글씨나 그림 등을 쓰거나 그린 것,

ᄒᆞ고, 주지 아니니 봉닌이 대경ᄒᆞ고 졔공ᄌᆡ 놀나나 임의 져의 슈즁의 드러시니 홀 일 업ᄂᆞᆫ지라. 다만 쇼왈,

“녯 그림이 아니라 아등이 위연(偶然)이 도화(圖畵)ᄒᆞᆫ 거시니 화톄(畵體) 졍묘(精妙)치 못ᄒᆞ믈 븟그려 남을 뵈지 말고져 ᄒᆞ미러니, 형이 굿ᄐᆞ여 보고져 ᄒᆞ니, 원간 일가지인(一家之人) 굿ᄐᆞ니 무어시 방해로오리오.”

비록 이리 닐ᄋᆞ나 심히 블평ᄒᆞ믈 니긔지 못ᄒᆞ니, 원ᄂᆡ 【72】이 화도ᄂᆞᆫ 다란 거시 아니라, 진왕의 쟝녀 션화쇼져의 화상(畵像)이니, 봉닌 공ᄌᆡ 본ᄃᆡ 화법이 졍묘(精妙)ᄒᆞᆫ 고로 이날 위연이 두어 ᄌᆞ ᄇᆡᆨ깁(白-)의 ᄎᆡ필(彩筆)을 ᄲᅥᆯ쳐 ᄆᆡ져(妹姐)의 화상을 일우니, 홍군ᄎᆡ삼(紅裙彩衫)의 옥골셜부(玉骨雪膚)와 뉴미셩안(柳眉星眼)509)이 염염교미(艶艶嬌媚)510)ᄒᆞ여, 션화 쇼져의 쳔틱만광(千態萬光)으로 반호블급(半毫不及)511)ᄒᆞ미 업ᄉᆞ니, 완연이 ‘말아 닛ᄂᆞᆫ’512) 션화 쇼졔라. 츈・영・혜・봉 등 졔공ᄌᆡ 손퍽쳐513) 처웃고514) 봉닌이 스ᄉᆞ로 ᄌᆡ조의 긔묘ᄒᆞ믈 ᄌᆞ부ᄒᆞ여 웃기를 마지 아니터니, 공교히 소ᄉᆡᆼ 등을 만나니, 시랑과 한님은 무심ᄒᆞᄃᆡ 소학ᄉᆞᄂᆞᆫ 임의 슉ᄎᆡ텬연(宿債天緣)515)【73】이 깁흐니, 평일 침은졍대(沈隱正大)516)ᄒᆞ므로○[도] 믄득 ᄆᆞ음이 닛글니고 ᄯᅳᆺ이 동(動)ᄒᆞ믈 ᄭᆡ닷지 못ᄒᆞ니, 역시 인심이 지령(至靈)ᄒᆞ미 아니리오.

소학ᄉᆡ 윤공ᄌᆞ 등의 방ᄎᆞ(防遮)517)ᄒᆞ믈 보고 더옥 의심ᄒᆞ여 위력으로 아ᄉᆞ 펴보니, 두어ᄌᆞ ᄇᆡᆨ깁의 ᄎᆡ화(彩畵)를 난만(爛漫)이 베퍼 ᄒᆞᆫ 미인도(美人圖)를 일워시니, 월익뉴미(月額柳眉)와 츄파명목(秋波明目)이 비연(飛燕)518) 황후의 경신(輕身)519)ᄒᆞ믈 나모라고, 태진(太眞520))의 완혜(緩鞋)521)ᄒᆞ믈 우으니, 셩ᄌᆞ광휘(聖姿光輝)와 복식졔되(服飾制度) 시쇽(時俗) 규슈의 모양이라. 소학ᄉᆡ 일쳠(一瞻)의 심신(心身)이 황홀ᄒᆞ고 ᄌᆡ시(再視)의 용약(庸弱)ᄒᆞ여, 약취여치(若醉如痴)히 어린다시 화도를 ᅀᆞᆲ피며 슈【74】

또는 이를 표구(表具)한 것을 이르는 단위.

509) 뉴미셩안(柳眉星眼) : 버들잎 같은 눈썹과 별 같이 빛나는 눈

510)염염교미(艶艶嬌媚) : 매우 아름다움.

511)반호블급(半毫不及) : 조금도 미치지 못하거나 같지 않음.

512)말아 닛ᄂᆞᆫ : 두루마리 속에 말려 있는

513)손퍽치다 : 손뼉치다. *손퍽; 손뼉.

514)처웃다 ; 깔깔거리며 마구 웃다. ‘처(접두사)+웃다’의 형태. *처-; ‘마구’, ‘많이’의 뜻을 더하는 접두사

515)슉ᄎᆡ텬연(宿債天緣) : 전세부터 하늘이 정해준 부부의 인연.

516)침은졍대(沈隱正大) : 언행이 침착하고 올바르며 당당함.

517)방ᄎᆞ(防遮) : 막아서 가리거나 차단함.

518)비연(飛燕) : 조비연(趙飛燕). 중국 전한(前漢) 성제(成帝)의 비(妃). 시호는 효성황후(孝成皇后). 가무(歌舞)에 뛰어났고 빼어난 미모로 성제의 총애를 받아 황후에까지 올랐다.

519)경신(輕身) : 몸이 가볍고 날씬함.

520)태진(太眞 : 양귀비(楊貴妃). 중국 당나라 현종(玄宗)의 비(妃)(719~756). 이름은 옥환(玉環). 도교에서는 태진(太眞)이라 부른다. 춤과 음악에 뛰어나고 총명하여 현종의 총애를 받았으나 안녹산의 난 때 죽었다.

521)완혜(緩鞋) : 느린 걸음걸이.

즁(手中)의 노치 못ᄒᆞ니, 봉닌 공지 소학ᄉᆞ의 긔쉭을 보ᄆᆡ 블열(不悅)ᄒᆞ믈 니긔지 못ᄒᆞ여, 졍쉭 왈,

"이곳 약ᄆᆡ(弱妹)522)의 화되라. 졔데 등이 쇼년 유희로 도화하여시니 족히 보암즉지 아니 ᄒᆞ거늘, 소형은 도학군ᄌᆞ(道學君子)로 엇지 삼강오륜(三綱五倫)523)의 남녀유별(男女有別)524)을 ᄉᆡᆼ각지 아니코, 거두워 볼 거시 무어시 이시리오."

소시랑이 ᄯᅩᄒᆞᆫ 이ᄀᆞᆺ치 닐ᄋᆞ니 학ᄉᆡ ᄭᆡ다라, 즉시 안ᄉᆡᆨ(顔色)을 곳치고 화도ᄅᆞᆯ 미러 노흐니 졔공지 거두워 장ᄒᆞ니라.

이윽고 한님이 나오니 졔공ᄌᆞ와 삼쇠(三蘇) 마ᄌᆞ 한담ᄒᆞ여 쥬찬을 나와 진음(進飮)홀ᄉᆡ, 냥소(兩蘇)ᄂᆞᆫ 무심무려(無心無慮)ᄒᆞ여 희쇠(喜笑) ᄌᆞ약(自若)ᄒᆞᄃᆡ, 【75】학ᄉᆞᄂᆞᆫ 심혼이 뇨양(嘹喨)ᄒᆞ여 젼혀 화즁미인(畵中美人)의게만 졍혼(精魂)이 도라가니, 아연(俄然) 져상(沮喪)ᄒᆞ여 희쇼의 ᄯᅳᆺ이 업ᄉᆞ나, 남이 고이히 넉일가 저허 강잉ᄒᆞ여 ᄆᆞ음의 업ᄉᆞᆫ 한담을 ᄒᆞ더니, 날이 느ᄌᆞᄆᆡ 냥형과 ᄒᆞᆫ가지로 ᄂᆡ실의 드러가 ᄆᆡᄌᆞᄅᆞᆯ 보고, 본부의 도라와 부모긔 뵈올ᄉᆡ, 날이 거의 셕양이라.

쇼녀시 셜부인 등과 ᄒᆞᆫ가지로 졍당(正堂)의 잇더니, 학ᄉᆞᄅᆞᆯ 보고 마조 ᄂᆡ다라 어ᄃᆡ가 더ᄃᆡ온 곡졀을 무르니, 그 소ᄅᆡ 쇠북525)을 울히ᄂᆞᆫ ᄃᆞᆺᄒᆞ더라.【76】

522) 약ᄆᆡ(弱妹) : 어린 누이.
523)삼강오륜(三綱五倫) : 유교의 도덕에서 기본이 되는 세 가지의 강령과 지켜야 할 다섯 가지의 도리. 군위신강, 부위자강, 부위부강과 부자유친, 군신유의, 부부유별, 장유유서, 붕우유신을 통틀어 이른다.
524)남녀유별(男女有別) : 유교 사상에서, 남자와 여자 사이에 분별이 있어야 함을 이르는 말.
525)쇠북 : 종(鐘).

윤하뎡삼문취록 권지이십뉵

ᄎᆞ시 쇼녀시 학ᄉᆞ를 보고 마조 ᄂᆡ다라 어ᄃᆡ 가 더ᄃᆡ온 곡졀을 무ᄅᆞ니, 쇠북을 울히ᄂᆞᆫ ᄃᆞᆺ 흉쟝ᄒᆞᆫ 소ᄅᆡ와 홰블 ᄀᆞᆺᄐᆞᆫ 눈망울을 뒤룩이며, 건슌노치(乾脣露齒)526)의 춤을 ᄀᆞ로 흘니고 ᄂᆡ닷ᄂᆞᆫ 거동이 볼ᄉᆞ록 흉괴망측ᄒᆞ여, 마치 명ᄉᆞ계(冥司界)527) 삼나뎐(森羅殿)528) 하(下)의 우두나찰(牛頭羅刹)529)이 ᄂᆡ닷ᄂᆞᆫ ᄃᆞᆺ, 져ᄀᆞ지ᄂᆞᆫ530) 무ᄉᆞᆫ 큰일이나 만난 다시 급히 ᄂᆡ다라니, 학ᄉᆡ ᄇᆞ야흐로 심신(心身)이 황난(慌亂)ᄒᆞ여 졍신이 취ᄒᆞ거ᄂᆞᆯ, 녀 녀(女)의 금즉531) 흉악ᄒᆞᆫ ᄭᆞᆯ을 보니, 새로이 흉ᄒᆡ(凶駭) ᄒᆞ믈 니긔지 못ᄒᆞ여 져상묵연(沮喪默然)ᄒᆞ니, 녀시 그 ᄶᅡᆫ의 【1】 셩이 급ᄒᆞᆫ지라 학ᄉᆡ의 ᄃᆡ답지 아니믈 갑갑ᄒᆞ여 다시 구두다려532) 왈,

"우리 낭군이 외모풍신과 ᄇᆡᆨᄒᆡᆼ쳐ᄉᆡ(百行處事) 다 긔특고 ᄉᆞ랑ᄒᆞ오니 어ᄃᆡ를 나모라 ᄒᆞ리오마ᄂᆞᆫ, 엇던 ᄶᅵᄂᆞᆫ 무ᄉᆞᆫ 사풍증(邪風症)533)을 들녓ᄂᆞᆫ지 뭇ᄂᆞᆫ 말을 수히 ᄃᆡ답지 아니니 답답ᄒᆞ다. 블시(不時)의 벙어리가 되엿ᄂᆞᆫ가, 그러치 아니면 엇지 져러 ᄒᆞ리오."

학ᄉᆡ 보ᄂᆞᆫ 일 듯ᄂᆞᆫ 말마다 한심통ᄒᆡ(寒心痛駭)ᄒᆞ나 사ᄅᆞᆷ의 인ᄉᆞ로 츄이(推移)ᄒᆞ여 논난ᄒᆞᆯ 거시 아닌 고로, 묵연냥구(默然良久)의 졍ᄉᆡᆨ 왈,

"ᄉᆡᆼ이 진실노 슉ᄆᆡᆨ블변(菽麥不變)534)은 아{아}니니, 그ᄃᆡ 일호(一毫)도 부도(婦道)의 ᄒᆡᆼ(行)을 아지 못ᄒᆞ고, 범ᄉᆞ(凡事) 【2】 의 너모 긔탄(忌憚)업시 빈계ᄉᆞ신(牝鷄司晨)535)

526)건슌노치(乾脣露齒) : 윗입술이 위로 들려서 이가 드러나 보임

527)명ᄉᆞ계(冥司界) : 명부(冥府), 곧 염라대왕이 관장하는 지옥을 이름.

528)삼나뎐(森羅殿) : 명부(冥府)를 다스리는 시왕[十大王]이 집무한다는 저승 궁전. *시왕; 저승에서 죽은 사람을 재판하는 열 명의 대왕. 진광왕, 초강대왕, 송제대왕, 오관대왕, 염라대왕, 변성대왕, 태산대왕, 평등왕, 도시대왕, 오도 전륜대왕이다. 죽은 날부터 49일까지는 7일마다, 그 뒤에는 백일・소상(小祥)・대상(大祥) 때에 차례로 이들에 의하여 심판을 받는다고 한다.

529)우두나찰(牛頭羅刹) : 쇠머리 모양을 한 악한 귀신.

530)져ᄀᆞ지ᄂᆞᆫ : 제까지는. 제 깐에는. *-ᄀᆞ지; -까지.

531)금즉ᄒᆞ다 : 끔찍하다. 정도가 지나쳐 놀랍다.

532)구두다리다 : 중얼거리다.

533)사풍증(邪風症) : 몹쓸 풍병(風病). 풍병(風病); ①풍사(風邪)를 받아 생기는 병을 통틀어 이르는 말. ②중추 신경 계통에서 일어나는 현기증, 졸도, 경련 따위의 병증을 통틀어 이르는 말.

534)슉ᄆᆡᆨ블변(菽麥不變) : 콩과 보리를 분별하지 못함. 사리 분별을 못하고 세상 물정을 모르는 사람.

535)빈계ᄉᆞ신(牝鷄司晨) : 암탉이 새벽을 알리느라고 먼저 운다는 뜻으로, 부인이 남편을 젖혀 놓고 집안 일을 마음대로 처리함을 이르는 말.

을 힝ᄒ더니 나즁은 가부의 츌입을 다 무러 가ᄂᆫ 곳을 알녀ᄒᆞᄂᆞ뇨? 자고이릭(自古以來)로 녀ᄌᆞ의 거취(去就)ᄂᆞᆫ 가쟝(家長)의게 취픔(取稟)ᄒᆞᆫ다 ᄒᆞ거니와, 남ᄌᆞ의 거취ᄂᆞᆫ 녀ᄌᆞ의게 취픔ᄒᆞᄆᆡ 업ᄂᆞ니, 그ᄃᆡ 싱의 간 곳을 그리 알아 무ᄉᆞᆷᄒᆞ려 ᄒᆞᄂᆞ뇨? 싱이 참아 비위 결증(潔症)이 됴홀ᄉᆡ 만뎡536), 그러치 아니면 무ᄉᆞᆷ 변이 날 ᄃᆺ○○[ᄒᆞ니], 실노 그ᄃᆡ의 복이 놉하 싱 ᄀᆞᄐᆞᆫ 용우졸ᄉᆞ(庸愚卒士)ᄅᆞᆯ 만나미로다.”

셜파의 ᄉᆞ쉭이 만분블열(萬分不悅)ᄒᆞ여, 다시 녀녀의 말을 기다리지 아니코 ᄉᆞ미ᄅᆞᆯ 썰쳐 밧그로 나가니, 녀녜 대로ᄒᆞ여 크게 발악고져 ᄒᆞ나 싱이 발셔 【3】 나갓고, 제 일이라도 도로혀 열업고 졈즉ᄒᆞ니537), 홀 말이 업서 ᄂᆞᆺ출 븕히고 혼ᄌᆞ 말노 듕어려 ᄒᆞᆯ,

“부부간 가부의 거취ᄅᆞᆯ 무러 알고져 ᄒᆞᄆᆡ 대단ᄒᆞᆫ 허믈이 아니어든, 남직 괴망괴독(怪妄怪毒)ᄒᆞᄆᆡ 여ᄎᆞᄒᆞ니, 나의 호걸 ᄀᆞᄐᆞᆫ 긔질노 셔방을 실노 잘못 마ᄌᆞ시니 이 뉘탓고? 젼혀 슉모의 타시로다. 옥(玉)얼 골의 숫538) ᄆᆞ음이로다 ᄒᆞᆫ 실노 소군 ᄀᆞᄐᆞᆫ 쟈ᄅᆞᆯ 닐오미로다.”

이러틋 뿌어리며 제 방의 드러가니, 구고와 셜부인 금쟝졔ᄉᆞ(襟丈娣姒)539)들이 히연(駭然)ᄒᆞᆷ을 니긔지 못ᄒᆞ며, 틸부인은 말을 아니나 필ᄌᆞ(畢子)의 옥슈경지(玉樹瓊枝)540) ᄀᆞᄐᆞᆫ 풍신ᄌᆡ모(風神才貌)로써 비체(配妻)의 블 【4】 합ᄒᆞᆷ믈 앗기고 ᄎᆞ석(嗟惜)ᄒᆞ야 기리 탄식ᄒᆞ더라.

ᄎᆞ시 소학ᄉᆞ 셩이 미인도ᄅᆞᆯ ᄒᆞᆫ번 보고 도라온 후로, 비록 심즁의 거리끼지 아냐 닛고져 ᄒᆞ나, 화즁미인(畫中美人)의 셜부화용(雪膚花容)이 안뎌(眼底)의 어란기니, 일노조ᄎᆞ 심ᄉᆞ 번다ᄒᆞ여 침식이 블안ᄒᆞᄆᆡ, 쟝ᄎᆞᆺ 질이 일위기의 밋ᄎᆞ니 ᄎᆞ혼(此婚)이 엇지 된고? 이(哀)라! 윤쇼져 션혜 윤쳥문의 일개 교와(嬌妲)로 계비 진시의 소싱애(所生也)니, 쳔고의 쌔혀난 ᄌᆡ용덕셩(才容德性)과 희셰ᄒᆞᆫ 지ᄌᆞ염광(至姿艶光)으로 조화옹(造化翁)이 흙셩굿고541) 조믈(造物)542)이 다ᄉᆞ(多事)ᄒᆞ여, 그릇 소셩의 눈에 걸녀, 녀녀 슉질의 보치이미 되여 궤샹육(机上肉)543)이 되니 텬의(天意)ᄅᆞᆯ 미지의(未知矣)로다. 【5】

익표(益表)544), 시시의 태우 셩닌이 죵뎨 학ᄉᆞ 셰린으로 더브러 윤쥬ᄉᆞ 부ᄌᆞ 형뎨

536)만뎡 : 망정. 괜찮거나 잘된 일이라는 뜻을 나타내는 말[의존명사]

537)졈즉ᄒᆞ다 ; 점직하다. 겸연쩍다, 멋쩍다, 부끄럽고 미안하다.

538)숫 : 숯. 나무를 숯가마에 넣어 구워 낸 검은 덩어리의 연료.

539)금쟝졔ᄉᆞ(襟丈娣姒) : 여러 동서(同壻)들. 금장(襟丈)이나 제사(娣姒) 모두 동서(同壻)를 뜻하는 말임.

540)옥슈경지(玉樹瓊枝) : 옥처럼 아름다운 나뭇가지라는 뜻으로, 번성하는 집안의 귀한 자손들을 이르는 말. ≒경지옥엽(瓊枝玉葉).

541)흙셩굿다 : 얄궂다. 야릇하고 짓궂다.

542)조믈(造物) : 조물주(造物主). 우주의 만물을 만들고 다스리는 신.

543)궤샹육(机上肉) : 조상육(俎上肉). 도마에 오른 고기라는 뜻으로, 어찌할 수 없게 된 운명을 이르는 말.

544)익표(益表) : 고소설에서 '화설(話說)' '익설(益說)' 등처럼 장면전환을 나타내는 화두사(話頭詞).

삼인의 소분(掃墳) 위의롤 ᄒᆞᆫ가지로 조ᄎᆞ 항줘 션산의 나아가니, 지나는 바의 각읍 쥬현(州縣) 이해(以下) 윤시 졔인의 풍의덕질(風儀德質)을 우러라 먼니 나와 마ᄌᆞ 연향ᄒᆞ며, 진금보픠(眞金寶貝)545)와 표리옥빅(豹璃玉帛)546)을 드리나, 윤시 졔인이 일믈도 밧지 아니코, 일노(一路)의 영화로이 힝ᄒᆞ여 션능(先陵)의 니르러 소분(掃墳)547) 비알(拜謁)ᄒᆞ기롤 맛고, 고틱(古宅)의셔 슌여일(旬餘日)을 안헐(安歇)ᄒᆞᄆᆡ ᄶᆡ 졍히 즁하즁슌(仲夏中旬)548)이라. 텬식(天色)이 명낭ᄒᆞ고 일긔 화챵ᄒᆞ여 빅믈(百物)이 보암즉 ᄒᆞ니, 쥬시 냥ᄌᆞ와 태우 곤계로 더브러 힝【6】니(行李)롤 출혀 션묘의 하직ᄒᆞ고 길히 올으ᄆᆡ, 화려ᄒᆞᆫ 풍경이 쳔고의 소담ᄒᆞ니, 윤시 졔인이 유흥이 도도ᄒᆞ여 혁(革)549)을 잡고 완완이 힝ᄒᆞ여 도쳐 경믈을 완샹ᄒᆞ여 오히려 귀심(歸心)을 니졋더니, 힝ᄒᆞ여 운슈산의 니르러는 고산졀협(高山絶峽)이 최외(崔嵬)ᄒᆞ여 프란 바회와 븕은 계슈(桂樹)며 챵울(蒼鬱)ᄒᆞᆫ 숑빅(松柏)이 뭇거550) 지란551) 듯ᄒᆞ고, ᄆᆞᆰ은 시ᄂᆡ 잔원(潺湲)552)ᄒᆞ여 빗졋ᄂᆞᆫᄃᆡ, 산하(山下)의 원학미록(猿鶴麋鹿)553)이 왕ᄂᆡ(往來)ᄒᆞ니, 쥬시 태우 등으로 더브러 쥬효(酒肴)롤 갓초와 종일 산경(山景)을 유완(遊玩)ᄒᆞ여 셕양의 니르니, 셔동이 쥬인의셔 셕반 출혀시믈 고ᄒᆞ니, 태위 쥬ᄉᆞ 부ᄌᆞ【7】와 학ᄉᆞ로 ᄂᆞ려올ᄉᆡ, 학ᄉᆡ 왈,

"쇼뎨는 오반(午飯)을 포복(飽腹)ᄒᆞ게 먹고 술이 취ᄒᆞ여시니 더 노다가 도라가리니, 형장은 완경ᄒᆞ기 슬커든 쥬ᄉᆞ 슉시와 ᄒᆞᆫ가지로 몬져 도라가쇼셔. 쇼뎨는 남은 경치롤 마ᄌᆞ 유완ᄒᆞ고 미조ᄎᆞ ᄂᆞ려 가리이다."

태위 종뎨(從弟)의 고집을 알므로 권치 아니코 다만 쥬ᄉᆞ 부ᄌᆞ로 더브러 몬져 쥬인의 도라오니라.

학ᄉᆡ 시흥(詩興)을 주리혀지 못ᄒᆞ여 종빅(從伯)의 말을 듯지 아님도 셜쇼져의 운익(運厄)이 긔구(崎嶇)ᄒᆞᄆᆡ오, 요인(妖人)의 득계(得計)ᄒᆞᄆᆡ러라. 학ᄉᆡ(學士) 오직 셔동 일인을 다리고 경치롤 완샹코져 ᄒᆞ더니, 믄득 보니 산샹 숑하(松下) 암셕의 【8】일개 쳥년(靑年) 쥰아(俊雅)ᄒᆞᆫ 미남ᄌᆞ가 유의유건(儒衣儒巾)554)으로 취안(醉顔)이 방타(放惰)555)ᄒᆞ고 의건(衣巾)556)이 부졍(不正)ᄒᆞ여시니, 일개 풍뉴협킥(風流俠客)이오, 무뢰

545)진금보픠(眞金寶貝) : 순금과 보배.
546)표리옥빅(豹璃玉帛) :? 표피(豹皮)·유리(琉璃)·옥(玉)·비단(緋緞) 등류(等類)의 귀한 물건들.
547)소분(掃墳) : 예전에 경사로운 일이 있을 때 조상의 산소를 찾아가 돌보고 제사를 지내는 일.
548)즁하즁슌(仲夏中旬) : 5월 중순. *중하(仲夏) : 여름이 한창인 때라는 뜻으로, 음력 5월을 달리 이르는 말.
549)혁(革) : 말혁. 말고삐. *고삐; 말이나 소를 몰거나 부리려고 재갈이나 코뚜레, 굴레에 잡아매는 줄.
550)뭇그다 : 묶다. *뭇거; 묶어. 여럿을 한데 합하여.
551)지라다 : 지르다. 찌르다.
552)잔원(潺湲) : 물이나 눈물 따위의 흐름이 잔잔하고 조용함.
553)원학미록(猿鶴麋鹿) : 원숭이, 학, 고라니, 사슴.
554)유의유건(儒衣儒巾) 선비의 옷과 두건(頭巾)을 쓴 차림.
555)방타(放惰) : 무르녹음. 방심하여 게을러짐.
556)의건(衣巾) : 의복과 두건을 아울러 이르는 말.

경박ᄌᆞ(無賴輕薄者)의 거동(擧動)이러라. 졀벽의 놉히 올나 숑근(松根)을 베고 무릅흘 쳐 노릐 브르니, 소릭 극히 쳥아ᄒᆞ나 비원비졀(悲怨悲絶)ᄒᆞ여 의히(依稀)557)이 쯧이 잇고 ᄆᆞᄋᆞᆷ이 깁흐니, 기가(其歌)의 왈,

“텬디를 블분(不分)ᄒᆞ미여, 고고쳑신(孤孤隻身)이 ᄉᆞ히(四海)의 표령(飄零)ᄒᆞ니 무가긱(無家客)이로다. 부훈모교(父訓母敎)를 아지 못ᄒᆞ니 스싱558)이 쏘ᄒᆞᆫ 이실소냐? 엄ᄉᆞ(嚴師)를 아지 못ᄒᆞ거니 빅혼 ᄌᆡ죄 이실소냐? 글을 못 빅화 공문(孔門)559)의 뎨ᄌᆞ(弟子)ᄂᆞᆫ 되지 못ᄒᆞᆫ들, ᄉᆞ쳐(四處)의 방낭ᄒᆞ여 검슐이야 못 빅 【9】 호랴. 임의 이인(異人)을 만나 산간의 표류(漂流)ᄒᆞ니 항젹(項籍)560)의 만인젹(萬人敵)561)은 못 밋츤들, 형가(荊軻)562)·셥졍(聶政)563)의 놀닌 슈단이야 블워ᄒᆞ랴. 칠팔년 숙습(熟習)ᄒᆞ야 ᄌᆡ조를 다 빅화시니 족히 호풍환우(呼風喚雨)564)ᄒᆞ고 등운《감우 ‖ 가무》(登雲駕霧)565)ᄒᆞ믹, 빅만진즁(百萬陣中)의 ᄂᆞ라드러 능히 샹쟝(上將)의 머리 취ᄒᆞ미 낭즁취물(囊中取物)566) ᄀᆞᆺ도다. 삼싱(三生)567)의 연업(緣業)이 ᄀᆞᆺ으미여! 하방텬익(遐方天涯)568)의 평초(萍草)569) ᄀᆞᆺᄐᆞᆫ ᄌᆞ최, 쟝안(長安)570) 갑뎨쥬문(甲第朱門)571)을 ᄒᆞᆫ번 들믹, 십쥬리(십주리)572) 규문(閨門)의 금옥(金玉) 귀쇼져(貴小姐)로 월하(月下)의 밍약(盟約)이 금셕(金石)ᄀᆞᆺ더니, 가인(佳人)의 다졍ᄒᆞ믄 빅년(百年)573)의 깁흔 신(信)이 ‘쳥산(靑山)과 쟝

557)의히(依稀) : 의희(依稀). 거의 비슷함.

558)스싱 : 스승.

559)공문(孔門) : 공자(孔子)의 문하(門下).

560)항젹(項籍) : 항우(項羽). B.C.232~B.C.202. 중국 진(秦)나라 말기의 무장. 이름은 적(籍). 우(羽)는 자(字)이다. 숙부 항량(項梁)과 함께 군사를 일으켜 유방(劉邦)과 협력하여 진나라를 멸망시키고 스스로 서초(西楚)의 패왕(霸王)이 되었다. 그 후 유방과 패권을 다투다가 해하(垓下)에서 포위되어 자살하였다

561)만인젹(萬人敵) : 혼자서 만인(萬人)의 적(敵)과 대항(對抗)할 만한 지혜와 용기를 갖춘 사람

562)형가(荊軻) : ?-B.C.227. 중국 전국 시대의 자객. 위나라 사람으로, 연나라 태자인 단(丹)의 부탁을 받고 진시황제를 암살하려 하였으나 실패하고 죽임을 당하였다.

563)셥졍(聶政) : 중국 전국시대의 자객. 제나라 사람으로 복양(濮陽) 사람 엄중자(嚴仲子)의 사주를 받고 한나라 재상 협루(俠累)를 죽인 후, 주인을 누설치 않기 위해 자결했다.

564)호풍환우(呼風喚雨) : 요술로 바람과 비를 불러일으킴.

565)등운가무(登雲駕霧) : 구름을 타고 안개를 멍에 삼아 하늘을 날아다님.

566)낭즁취물(囊中取物) : 주머니 속에서 물건을 꺼내듯이 아주 손쉽게 얻을 수 있음을 이르는 말.

567)삼싱(三生) : 전생(前生), 현생(現生), 내생(來生)인 과거세, 현재세, 미래세를 통틀어 이르는 말.

568)하방텬익(遐方天涯) : 서울에서 까마득하게 아주 멀리 떨어져 있는 지방(地方).

569)평초(萍草) : 부평초(浮萍草). ① 『식물』 =개구리밥. ②물 위에 떠 있는 풀이라는 뜻으로, 정처 없이 떠돌아다니는 신세를 이르는 말.

570)쟝안(長安) : ①중국 섬서성(陝西省) 서안시(西安市)의 옛 이름. 한(漢)나라·당나라 때의 도읍지. ② 수도라는 뜻으로, ‘서울’을 이르는 말.

571)갑뎨쥬문(甲第朱門) : 붉은 대문을 단, 크게 잘 지은 집이란 뜻으로, 높은 벼슬아치가 사는 집을 이르는 말.

572)십쥬리(십주리) :? 十柱裏 十周裏 열 기둥 안

573)빅년(百年) : 빅년동쥬(百年同住)의 줄임말로, 결혼을 의미함.

하(長河)'574)의 잇더니, ᄎᆞ직(嗟哉)575)라! 뉘 도로혀 셰틔(世態) 인심(人心) 【10】 의 악착(齷齪)ᄒᆞ미 여ᄎᆞ(如此)ᄒᆞ여, 셜 쇼ᄋᆡ(小兒) 날 ᄇᆞ리미 ○○○○○○[이시며. 또 기뷔(其父)] 빈쳔(貧賤)을 염고(厭苦)ᄒᆞ고 부귀권셰를 븟조ᄎᆞ 나의 쳔금가인(千金佳人)을 아ᄉᆞ 샹부후문(相府侯門)576) 귀ᄌᆞ(貴子)의게 가(嫁)ᄒᆞᆯ 줄 알니오. 대쟝뷔 되여 엇지 참아 이 분ᄒᆞᆫ 거ᄉᆞᆯ 참으리오. 슈인(讎人)의 ᄌᆞ최를 기리 심방(尋訪)ᄒᆞ미여, 오ᄂᆞᆯ날 일쳑쟝검(一尺長劍)을 빗겨 위엄을 빗ᄂᆡ리로다."

셜파의 호호(浩浩)히 박쇼(拍笑)ᄒᆞ다가, 홀연 닓써나 ᄑᆞᆯ흘 쏨ᄂᆡ며 분연 왈,

"윤셰린 쇼츅(小畜)이 쳔승군ᄌᆞ지질(千乘君子之質)노 ᄌᆡ샹지ᄌᆞ(宰相之子)라. 그 ᄀᆞᄐᆞᆫ 문지(門地) 가벌(家閥)노 어ᄃᆡ 가 ᄒᆞᆫ낫 미인을 엇지 못ᄒᆞ여, 굿ᄐᆞ여 나의 미망졍인(未忘情人)577)을 아ᄉᆞ간고."

또 손벽 쳐 대쇼 왈,

"에 【11】 엿블샤 셜시여! 아름다올샤 셜낭아! 긔이ᄒᆞᆯ샤 셜쇼져여! 긔ᄌᆞ염향(奇姿厭香)578)의 쳔교ᄇᆡᆨ미(千嬌百美) 혈육지신(血肉之身)이 엇지 가초가초579) 삼겻던고. 옥부향신(玉膚香身)의 텬향(天香)이 만신(滿身)ᄒᆞ여 동금운우(同衾雲雨)580)의 낙ᄉᆞ(樂事) 환열(歡悅)ᄒᆞᆯ 적, 쟝부의 쳘셕간쟝(鐵石肝腸)을 농술(弄術)ᄒᆞ니, 날 ᄀᆞᄐᆞᆫ 영웅호걸도 ᄋᆡ듕ᄒᆞ믈 결을581)치 못ᄒᆞ니, 아모조록 윤셰린 적츄(賊酋)를 죽여 업시ᄒᆞ고 옥인을 다시 ᄎᆞᄌᆞ 먼니 향니(鄕里)의 도라가 흠 업시 화락○○[코자] ᄒᆞ거든, 셰린 ᄀᆞᄐᆞᆫ 녹녹쇽ᄋᆡ(碌碌俗兒) 엇지 셜낭의 용ᄉᆡᆨ(容色)을 ᄋᆡ(愛)치 아니리오. 내 만일 적츄(賊酋)를 못 죽이고 미망옥인(未忘玉人)을 ᄎᆞᆽ지 못ᄒᆞ면 대쟝뷔 【12】 아니라."

ᄒᆞ고, 언흘(言訖)에 ᄒᆞᆫ번 몸을 근두(筋頭)쳐582) ᄇᆞ람을 타니, ᄌᆞ최 표홀(飄忽)ᄒᆞ여 경긱의 간 바를 아지 못ᄒᆞᄂᆞᆫ지라. 학ᄉᆡ 기인의 시종(始終)과 거동(擧動)을 다 보고 그 말을 분명이 드ᄅᆞᆫ지라. 분긔 엄ᄋᆡ(奄碍)583)ᄒᆞ나 졔 발셔 신슐(神術)노 다라낫고, ᄌᆞ긔 무망(無妄)584)의 방비(防備)치 아냐시니, 챵졸(倉卒)의 엇지 ᄯᆞ라 잡으리오. ᄒᆞᆫ갓 분뇌 츙결(充結)585)ᄒᆞ여 어린 다시 그 가ᄂᆞᆫ 바를 보더니, 홀연 보니 기인의 머므럿던 곳에 일봉문셰(一封文書) 긴긴히 봉ᄒᆞ여 ᄲᅥ러젓거ᄂᆞᆯ, 학ᄉᆡ 시쟈(侍者)를 명ᄒᆞ여 가져오라

---

574)쳥산(靑山)과 쟝하(長河) : 쉽게 변하는 것에 대해 '변하지 않는 것'을 상징하는 말.
575)ᄎᆞ직(嗟哉) : 슬프다.
576)샹부후문(相府侯門) : 재상(宰相)·제후(諸侯)의 가문.
577)미망졍인(未忘情人) : 아무리 잊으려 해도 잊을 수가 없는 사랑하는 사람.
578)긔ᄌᆞ염향(奇姿厭香) : 기이한 자태와 가득한 향기.
579)가초가초 : 고루고루 잘 갖춰져 있는 모양.
580)동금운우(同衾雲雨) : 한 이불 속에서 운우(雲雨)의 정을 나눔.
581)결을 : 생각이나 감정, 욕구 등을 억제함.
582)근두(筋頭)치다 : 곤두박질치다. 몸을 번드쳐 갑자기 거꾸로 내리박히다.
583)엄ᄋᆡ(奄碍) : 갑자기 숨이 막혀 답답함.
584)무망(無妄) : 무망중(無妄中). 별 생각이 없이 있는 상태.
585)츙결(充結) : 어떤 감정이나 화 따위가 마음속에 가득히 뭉쳐 있음.

ᄒᆞ여 펴보니, ᄀᆞ장 비밀이 봉ᄒᆞ엿거ᄂᆞᆯ 봉피ᄅᆞᆯ 써히니, 비봉(秘封)586)의 ᄀᆞᆯ와시ᄃᆡ, 【13】

"박명(薄命) 쳡 셜시ᄂᆞᆫ 삼가 위낭군 좌하(座下)의 붓치노라."

ᄒᆞ엿고, 대강 ᄉᆞ의(辭意) ᄌᆞ못 음일투악(淫佚妬惡)ᄒᆞ여 만편(滿篇)의 ᄀᆞ득이 베픈 거시 음악투비(淫惡妬鄙)ᄒᆞ여 분명ᄒᆞᆫ 셜시의 친필(親筆)이라. 간부의게 보닐시587) 분명ᄒᆞ고, 아릐 ᄀᆞᄂᆞ리 ᄎᆞ운(次韻)ᄒᆞᆫ 글의 ᄀᆞᆯ와시ᄃᆡ,

"오ᄂᆞᆯ날 가인(佳人)의 다졍ᄒᆞᆫ 글월을 밧으니, 옥인(玉人)의 방용(芳容)이 글 우희 버럿도다. 하일하시(何日何時)의 윤희텬 부ᄌᆞᄅᆞᆯ 죽이고, 쳔금옥인(千金玉人)으로 위쇼588)의 '슷쳐진 거문고'589)ᄅᆞᆯ 니을고."

ᄒᆞ엿더라. 학ᄉᆡ 견파(見罷)의 대경대로(大驚大怒)ᄒᆞ나 ᄒᆞᆯ일업서, 즉ᄀᆡᆨ의 셜시ᄅᆞᆯ 죽이지 못ᄒᆞᆷ을 ᄒᆞᆫᄒᆞ니, 심즁의 통(痛)히590) 왈, 【14】

"존당과 부슉이 ᄒᆞᆫ갓 셜가 음부의 ᄆᆡ달(妹妲) ᄀᆞᆺᄐᆞᆷ을 ᄉᆞ랑ᄒᆞ시고, 기힝(其行)이 측텬지뉴(則天之類)591)ᆷ을 아지 못ᄒᆞ시고, 날만 그ᄅᆞ다 ᄒᆞ샤 음부(淫婦)ᄅᆞᆯ 슉녀(淑女)로 밀위시니 엇지 익ᄃᆞᆲ지 아니리오. 내 맛당히 이 셔간을 업시치 말고 가져가, 음부ᄅᆞᆯ 쾌히 뵈여 간음ᄒᆞᆫ 졍젹(情跡)을 탄누(綻漏)ᄒᆞ고, 음부로 ᄒᆞ야금 감히 발명치 못ᄒᆞ게 ᄒᆞ고, 존당 부뫼시라도 이 셔ᄉᆞ(書辭)ᄅᆞᆯ 보시면 엇지 나ᄅᆞᆯ 그ᄅᆞ다 ᄒᆞ시리오."

쥬의ᄅᆞᆯ 뎡ᄒᆞ고 쥬인의 ○○[집의] 도라오니 날이 발셔 져므럿더라. 셕반을 ᄎᆞᄌᆞ 먹고 밤을 지ᄂᆡ니라.

어시의 쳥션이 녕능의 금보(金寶)와 밀셔(密書)ᄅᆞᆯ 밧아 가지고 항쥐【15】로 나아가 셜계(設計)할ᄉᆡ, 윤태우 일힝이 환가ᄒᆞᆯ 지쇽(遲速)을 기다려, 일삭 남아592) ᄉᆞ암(寺庵)의 가 편히 지나다가, 운슈산의 가 윤학ᄉᆞ 일힝을 만나니, 여러 사ᄅᆞᆷ이 다 미복(微

---

586)비봉(秘封) : 남이 보지 못하게 단단히 봉함. 또는 그렇게 한 것.

587)-ㄹ시 : -ㄹ시. 추측한 내용을 나타내는 말 뒤에 붙어, '분명하다' 따위의 말의 주어가 되게 하는 연결 어미. '-ㄹ 것이', '-ㄴ 것이'에 가까운 뜻이다.

588)위쇼 : 작중(作中)에서 청선 요리(妖尼)가 요술을 부려 변신한 후 사용한 가명(假名)

589)슷쳐진 거문고 : '속현(續絃)' 곧 '거문고 줄을 잇는 것'이 '혼인'의 비유로 쓰이는 것처럼, '절현(絶絃)' 곧 '거문고 줄을 끊는 것'은 '파혼'의 비유로 쓰인다. 여기서 '슷쳐진 거문고'는 '깨져버린 혼인' 정도의 의미이다.

590)통(痛)ᄒᆞ다 : 원통하다. 분(憤)하다. 몹시 마음이 아프다.

591)측텬지뉴(則天之類) : 측천무후(則天武后)와 같은 사람. *측천무후(則天武后); 당 고종의 황후(皇后). 정궁(正宮) 왕씨(王氏)을 모살(謀殺)하고 황후가 되었다. 이후 태자 이충(李忠)을 폐위시켜 죽였고, 친자 이홍(李弘)·이현(李賢)을 차례로 태자로 책봉하였다가 둘 다 독살 한 후, 다시 친자 이철(李哲)로 태자를 삼았다, 고종이 죽자 태자 이철이 황위를 계승하여 중종에 즉위 하였으나 곧 폐위시키고 또 친자 이단(李旦)을 세워 예종(睿宗)에 즉위시켰으나 1년도 못되어 다시 폐위시켰다. 그후 스스로 제위에 올라 국호를 '주(周)'라 하고 자칭 성신황제(聖神皇帝)라 하였다. 이후 15년간 재위하면서 많은 사람을 살육하는 폭정을 일삼았으나, 과거제도를 통해 신진관료를 대거 등용하여 인사의 혁신을 기한 점과 농업을 발전시킨 점 등은 높이 평가되기도 한다. 중국 역사상 유일한 여제(女帝)이다.

592)남아 : 남짓. 넘게. 나머지.

服)으로 완보(緩步)ᄒᆞ여 산경(山景)○[을] 유완(遊玩)ᄒᆞᆷ믈 보고, 쳥션이 졍히 힝계코져 ᄒᆞ나 여러 사ᄅᆞᆷ의 이목을 두려 쥬져(躊躇)ᄒᆞ더니, 윤학ᄉᆡ 홀노 낙후(落後)ᄒᆞᆷ믈 용약(踊躍) 환희(歡喜)ᄒᆞ여, 이의 몸을 변ᄒᆞ여 쥰아(俊雅)ᄒᆞᆫ 미남ᄌᆡ 되어, 취ᄒᆞᆫ 얼골과 부졍(不正)ᄒᆞᆫ 경ᄉᆡᆨ(景色)으로 음픽낭셜(淫悖浪說)을 뿌어려, 셜쇼져의 빙옥방신(氷玉芳身)을 함지깅참(陷地坑塹)ᄒᆞ여 허다 의심된 거동을 다ᄒᆞ고, 몸을 반공(半空)의 곰촌 후 흉셔【16】ᄅᆞᆯ ᄂᆞ리쳐, 짐줏 학ᄉᆞᄅᆞᆯ 보게 ᄒᆞᄆᆡ, 학ᄉᆡ 일견의 업시치 아니ᄒᆞ고 낭즁(囊中)의 장(藏)ᄒᆞᆷ믈 보ᄆᆡ, 크게 깃거 야심 후 햐쳐(下處)593)의 ᄂᆞ려와 비슈ᄅᆞᆯ ᄡᅳᆯ고 창외의 어란기며, ᄀᆞ마니 탄식 왈,

“슈인(讎人)이 ᄌᆞᄂᆞᆫ가 ᄭᆡ엿ᄂᆞᆫ가. 내 오ᄂᆞᆯ날 쳔금가인(千金佳人)의 소청(所請)을 헛도이 아니ᄒᆞ여 셰린 적츄(賊酋)ᄅᆞᆯ 죽이리라.”

ᄎᆞ시 학ᄉᆡ 홀노 ᄌᆞᆷ이 업서 고요히 누엇더니, 믄득 ᄎᆞ언을 듯고 분긔 츙관(衝冠)ᄒᆞ여, 혜오ᄃᆡ,

“내 대쟝뷔니 엇지 도적을 져허ᄒᆞ리오. 내 몬져 나아가 흉적을 잡아 엄형츄문(嚴刑推問)ᄒᆞ여 음녀 간부의 실경(實情)을 ᄉᆞ힉(査覈)ᄒᆞ리라.”

드ᄃᆡ여 부지블각(不知不覺)의 크게 【17】소ᄅᆡ 질너,

“도적을 잡으라.”

ᄒᆞ고, 문을 박ᄎᆞ고 ᄂᆡ다라니, 쳥션이 짐짓 이일을 비ᄌᆞᄂᆡ미니 어이 잡히리오. 앙연(昂然)이 칼흘 두루며 녀셩대규(勵聲大呌)594) 왈,

“윤셰린 적츄ᄂᆞᆫ 나 위쵸로 더브러 블공ᄃᆡ텬지슈(不共戴天之讎)니, 너와 내 일면(一面)의 분(分)이 업고 쳑촌(尺寸)595)의 원(怨)이 업ᄉᆞ니, 엇지 공연이 너ᄅᆞᆯ 죽이고져 ᄒᆞ리오마ᄂᆞᆫ, 네 쳥텬ᄇᆡᆨ일지하(靑天白日之下)의 남의 옥인가녀(玉人佳女)ᄅᆞᆯ 아ᄉᆞ시니, 적츄돈견(賊酋豚犬)ᄀᆞᆺᄐᆞᆫ 너ᄅᆞᆯ 죽이고, 나의 미망옥인(未忘玉人)을 다려가려 ᄒᆞ노라. 네 진실노 셩명을 앗기거든, 나의 옥인을 밧드러 보ᄂᆡ라.”

이러ᄐᆞᆺ 요란이 굴적, 태우와 쥬ᄉᆞ 부ᄌᆡ 임【18】의 ᄌᆞᆷ결의 놀나 ᄭᆡ엿ᄂᆞᆫ지라. 쥬ᄉᆞ 부ᄌᆞᄂᆞᆫ 비록 지친(至親)이나 각거ᄐᆡᆨ샹(各居宅上)ᄒᆞ여, 이런 흉히지ᄉᆞ(凶害之事)ᄅᆞᆯ 처엄으로 보ᄆᆡ, 그 아모 곡졀이믈 몰나 두미(頭尾)ᄅᆞᆯ 아지 못ᄒᆞ나, ᄒᆞᆫ갓 흉변(凶變)을 ᄎᆞ악ᄒᆞ여 급히 니러나고, 태위 역경대로(亦驚大怒)ᄒᆞ여 ᄲᆞᆯ니 니러나 ᄂᆡ다라 흉인을 챡금ᄒᆞ려 ᄒᆞ나, 요인이 엇지 힘힘이596) 잡힐 니 이시리오. 적이 여러 사ᄅᆞᆷ이 ᄂᆡ다라믈 보고 다시 말을 아니 ᄒᆞ고 급히 칼을 드러 학ᄉᆞ의 가슴을 지라고, ᄒᆞᆫ번 쇼쇼쳐 공즁의 치다라니 경긱의 간 바ᄅᆞᆯ 아지 못ᄒᆞᆯ너라. 학ᄉᆡ 분두(忿頭)의 ᄂᆡ다라 적을 잡으려 ᄒᆞ다가 잡지 【19】못ᄒᆞ고, 무심즁 도적의 칼흘 마ᄌᆞ 가슴이 상ᄒᆞ니, 단삼단의(單衫短衣)ᄅᆞᆯ

---

593)햐쳐(下處) : 사처. 손님이 길을 가다가 묵음. 또는 묵고 있는 그 집.
594)녀셩대규(勵聲大呌) : 큰 소리로 외침.
595)쳑촌(尺寸) : 한 자 한 치라는 뜻으로, 얼마 되지 않는 조그마한 것을 이르는 말
596)힘힘히 : 부질없이. 헛되이.

닙엇ᄂᆞᆫ 고로, 요리(妖尼) 비록 상치 아닐 만치 질으노라 ᄒᆞ나 옷시 엷고 빗질니ᄆᆡ, 깁히 범치 아냐시나 가죽이 무더나고 옥골셜뷔(玉骨雪膚) 듕상(重傷)ᄒᆞ니 젹혈(赤血)이 돌츌(突出)ᄒᆞ거ᄂᆞᆯ, 학ᄉᆡ 크게 놀나 소ᄅᆡ 질으고 ᄶᅡ히 것구러지니, 태위 무망즁 도적은 임의 간ᄃᆡ 업고 학ᄉᆡ 적의 비검(匕劍)을 마ᄌᆞ 피를 흘니고 업더지니, 엇지 놀납지 아니리오. 임의 실포(失捕)ᄒᆞᆫ 도적은 ᄒᆞᆯ 일 업거니와 아이 듕상ᄒᆞᆫ가 놀나, 급히 나아가 학ᄉᆞ를 붓드러 니ᄅᆞ혀 방즁의 드러가 촉하의【20】셔 검흔(劍痕)을 보니, 비록 깁히 상치 아냐시니 ᄉᆞᄉᆡᆼ(死生)의 념녀ᄂᆞᆫ 업ᄉᆞ나 보기의 놀납고, 학ᄉᆞᄂᆞᆫ 분뇌(忿怒) 츙ᄉᆡᆨ(充塞)ᄒᆞ여 엄ᄉᆡᆨ(奄塞)ᄒᆞ여시니, 모다 경녀(驚慮)ᄒᆞ여 눈믈을 먹음고 급히 쳥슈(淸水)의 약을 ᄀᆞ라 입의 드리오고 슈족을 쥐무라더니, 식경후 학ᄉᆡ 비로소 졍신을 출혀 태우를 보고 분연 왈,

"쇼뎨 명운(命運)이 긔구(崎嶇)ᄒᆞ고 쳐궁(妻宮)이 묘복(眇福)597) ᄒᆞ여 대악대음(大惡大淫)의 요악찰녀(妖惡刹女)를 만난 연고로, 금야의 ᄎᆞ경을 당ᄒᆞ니 간부와 음녀를 일검(一劍)의 참ᄒᆞ여 녜의(禮義) 풍교(風敎)를 ᄇᆞᆰ히고져 ᄒᆞᄂᆞ이다."

인ᄒᆞ여 운슈산의셔 지ᄂᆡ던 일과 셔간을 【21】어든 바를 일일히 셜파ᄒᆞ고,

"쇼뎨 당당이 경ᄉᆞ(京師)의 도라가 이 글노ᄡᅧ 증표(證票)를 삼아 존당의 알외오고 음녀를 쳐치ᄒᆞ려 ᄒᆞᄂᆞ이다."

태위 텽파의 죵뎨(從弟)의 외입실셩(外入失性)ᄒᆞ여 여ᄎᆞ 참언(讒言)을 신지(信之)ᄒᆞ여 슉인(淑人) 현쳐(賢妻)를 의심ᄒᆞ믈 크게 한심(寒心)ᄒᆞ여, 다만 상쳐의 약을 ᄆᆡ고 졍ᄉᆡᆨ 칙왈,

"셜 수(嫂)ᄂᆞᆫ 가히 닐은 바 당셰의 슉인(淑人) 《셩ᄉᆡ‖셩녀(聖女)》라. ᄉᆡᆨ덕(色德)이 겸비ᄒᆞ시니, 네 광망무식(狂妄無識)ᄒᆞ므로 ᄇᆞ랄 ᄇᆡ 아니라. 현뎨 엇지 이 ᄀᆞᆺ치 의심ᄒᆞᄂᆞ뇨? 모로미 다시 닐ᄏᆞᆺ지 말고 심즁의 거리ᄭᅵ지 마라 ᄡᅧ 셩인의 훈(訓)ᄒᆞ신 바 비례블【22】텽(非禮不聽)을 셥심(攝心)ᄒᆞ여 ᄎᆞᄉᆞ를 아는 쳬 말고, 셔간을 소화(燒火)ᄒᆞ여 업시ᄒᆞ면, 반다시 간당(奸黨)이 굼거워 간인은 ᄌᆞ연 풍진(風塵)598)의 ᄡᅥ러지고, 현인은 악명(惡名)을 신셜(伸雪)ᄒᆞ미 쾌ᄒᆞ리니, 현뎨ᄂᆞᆫ 아직 잉분(忍忿)ᄒᆞ여599) 가옹(家翁)600)의 눈 어둡고 귀 먹으믈 효측ᄒᆞ라."

학ᄉᆡ 텽파의 분연 왈,

"형쟝은 너모 눅고 프러지시니 쇼뎨 ᄀᆞᆺ튼 결증쟤(潔症者) 엇지 가슴이 답답지 아니리잇가? 진실노 셜시 형쟝지언(兄丈之言)과 ᄀᆞᆺ치 ᄋᆡᄆᆡ(曖昧)ᄒᆞ량이면, 쇼뎨 ᄯᅩᄒᆞᆫ 유시로브터 부모 슉당의 덕셩을 닙ᄉᆞ와 부귀편ᄋᆡ(富貴偏愛) 즁 ᄉᆡᆼ쟝ᄒᆞ여, 사ᄅᆞᆷ의게 일즉 쳑촌(尺寸)의 원(怨)도 ᄆᆡ즌 일이 업ᄉᆞ니, 뉘 무고【23】히 쇼뎨를 죽이려 ᄒᆞ며, 셜시

597)묘복(眇福) : 복력(福力)이 변변하지 못함. 또는 극히 적은 복.
598)풍진(風塵) : 바람에 날리는 티끌.
599)잉분(忍忿)ᄒᆞ다 : 인분(忍憤)하다.
600)가옹(家翁) : ①'옛 시대의 남편'을 뜻하는 보통명사. ②예전에, 나이 든 자기 남편을 이르던 말.

롤 해ᄒᆞ리잇가?"

태위 다만 탄식고 다시 말이 업더라

ᄎᆞ시 쳥션이 거즛 위쵸○[라] 칭명(稱名)ᄒᆞ여 학ᄉᆞ롤 속이고 ᄯᅩᄒᆞᆫ 샹경ᄒᆞ니라.

ᄎᆞ시 윤부의셔 태우와 학ᄉᆡ 집을 ᄠᅥ나미 훌훌이[601] 수삼삭(數三朔)이 되니, 존당샹해(尊堂上下) 그리ᄂᆞᆫ 회포롤 니긔지 못ᄒᆞ고, 위태부인은 소쇼져의 신ᄉᆡᆼ ᄋᆞᄌᆞ의 슈츌긔이(秀出奇異)ᄒᆞ미 삼칠일이 겨유 지난 강보히뎨(襁褓孩提)[602]로ᄃᆡ, ᄉᆡᆼ이지지(生而知之)[603]ᄒᆞᆫ 녕긔(靈氣) 날노 교연(皎然)ᄒᆞ믈 볼적마다, 태우의 보지 못ᄒᆞ믈 굼거워 신ᄋᆞ롤 ᄶᅴᄶᅴ 어라만져 왈,

"이 가즁 샹하노쇼(上下老少) 진실노 범연(凡然)ᄒᆞ도다. 소쇼뷔 유ᄐᆡ(有胎) 【24】 만삭(滿朔)ᄒᆞᄃᆡ 가인이 젼혀 아지 못ᄒᆞ니, 셩닌이 먼니 가 업던 ᄌᆞ식이 츌셰(出世)ᄒᆞ여 ᄉᆡᆼ지일이삭(生之一二朔)의 져러틋 에엿브ᄃᆡ, 졔 아비 수이 보지 못ᄒᆞ니 엇지 굼겁지 아니리오. 셕쟈(昔者)의 임ᄉᆞ(姙似)[604]의 ᄐᆡ교(胎敎)ᄂᆞᆫ 문뮈(文武)[605]시러니, 금쟈(今者)의 셩닌의 긔특ᄒᆞ믄 뎡현부의 빗ᄂᆡ ᄐᆡ교(胎敎)ᄒᆞ미오, 신ᄋᆞ(新兒)의 쵸셰이범(超世異凡)[606]ᄒᆞ믄 소쇼부의 긔특ᄒᆞᆫ ᄐᆡ교의 비로ᄉᆞ미로다."

남후ᄂᆞᆫ ᄌᆞ당(慈堂) 셩언(聖言)이 유리(有理)ᄒᆞ시믈 샤례ᄒᆞ고, 진왕이 왕모(王母)와 태태(太太)[607] 희우(喜祐)롤 돕숩고져 ᄒᆞ여, 화셩유어(和聲柔語)로 쇼이주왈(笑而奏曰),

"뎡시의 무릉(無能)ᄒᆞ오므로 무숨 ᄐᆡ교지ᄒᆡᆼ(胎敎之行)이 고인(古人)을 본밧으리잇고? 셩닌의 텬ᄉᆡᆼ쟉인(天生作人)의 긔특【25】ᄒᆞ오믄 진실노 쇼손의 공이오, 금에 ᄋᆞ손의 특쵸(特超)ᄒᆞ믄 소 식부(息婦)의 슉셩ᄌᆞ인(淑性慈仁)ᄒᆞᆫ ᄐᆡ교(胎敎)의 비로ᄉᆞ미오니, 가히 며ᄂᆞ리 싀어미의셔 낫다 ᄒᆞ리로소이다."

태부인이 미쇼 왈,

"고어의 운ᄒᆞᄃᆡ 기뎨(其弟)롤 승어형(勝於兄)이라 ᄒᆞᆫ즉 기형(其兄)이 노지(怒之)ᄒᆞ고, 기ᄌᆞ(其子)롤 승어뷔(勝於父)라 ᄒᆞᆫ즉 기뷔(其父) 열지(悅之)라 ᄒᆞ거ᄂᆞᆯ, 이제 광텬은 안해와 ᄋᆞ돌을 남이 닐ᄏᆞ라면, 은은(隱隱)이 블평지심(不平之心)을 두니, 년긔(年紀) 노셩(老成)ᄒᆞ고 지위 군왕이로ᄃᆡ, 오히려 쇼년지심을 ᄇᆞ리지 못ᄒᆞ미냐?"

왕이 복슈(伏首) 유유(儒儒)ᄒᆞ니, 하승샹 부인이 쇼왈,

---

601)훌훌이 : 날짐승 따위가 날개를 치며 가볍게 날듯이.

602)강보히뎨(襁褓孩提) : 포대기에 싸여 있는 어린아이. *해제(孩提); 어린아이.

603)ᄉᆡᆼ이지지(生而知之) : 삼지(三知)의 하나. 타고난 지혜. 또는 도(道)를 스스로 깨달음을 이른다

604)임ᄉᆞ(姙似) : 중국 주(周)나라 현모양처(賢母良妻)인 문왕의 어머니 태임(太姙)과 무왕(武王)의 어머니 태사(太姒)를 함께 일컫는 말.

605)문뮈(文武) : 중국 주나라 문왕(文王)과 그 아들 무왕(武王)을 함께 이르는 말. 주나라의 건국기반을 다진 성군(聖君)들로, 고대 중국의 이상적인 성인 군주의 전형으로 꼽힌다.

606)쵸셰이범(超世異凡) : 더할 나위 없이 뛰어나 범류(凡類)와 다름.

607)태태(太太) : ①예전에 '어머니'를 이르는 말. ②부인에 대한 존칭(중국어 간접차용어)

"광뎨 미양 스ᄉ로 챡ᄒᆞᄂᆞᆫ[608] 양ᄒᆞ여 수다 ᄌᆞ녀의 긔특ᄒᆞ미 다 【26】 저의 공이라 쟈랑ᄒᆞ옵고, 뎡・진・남・화 등의 셩덕(聖德) 규힝(閨行)[609]으로 어지리 틱교ᄒᆞ믄 몽니(夢裏)의도 닐ᄏᆞᆺ지 아니 ᄒᆞ오니, 뎡・진・남・화 등이 녀ᄌᆞ 되온 타ᄉᆞ로 굴○[ᄒᆞ]사, 소텬(所天)이라 과도히 져허 원민ᄒᆞ믈 서리 담고 말을 못ᄒᆞ니, 식쟈(識者)의 가연(可憐)홀 빈라. 손녜 위ᄒᆞ여 이돌ᄋᆞ믈 니긔지 못ᄒᆞ오나, 남의 말이 식은 듁먹기 ᄀᆞᆺ다 ᄒᆞ오니, 내 옷 닙고 내 밥 먹으며 남 슬희여 ᄒᆞᄂᆞᆫ 말ᄒᆞ기 브졀업ᄉᆞ와 ᄒᆞᆫᄀᆞᆺ ᄀᆞᆺ만 볼 ᄯᆞᄅᆞᆷ이옵더니, 금일 대뫼 지극○○[ᄒᆞ신] 셩언(聖言)을 ᄒᆞ시니, 광뎨 홀 말ᄉᆞᆷ이 업서 잠잠ᄒᆞ니, 손녀의 ᄆᆞᄋᆞᆷ의 ᄀᆞ장 싱그라와 ᄀᆞ려온 딕롤 긁ᄂᆞᆫ 듯 ᄒᆞ오 【27】 니, 손녀지심(孫女之心)이 이러홀 적, 뎡・진・남・화 ᄉᆞ뎨 쟉히 싱그라이 넉이며, 존당 은혜롤 감격지 아니리잇가?"

좌위 기쇼(皆笑)ᄒᆞ고, 뎡・진・남・화 ᄉᆞ비 봉관(鳳冠)을 숙여 쇼안(笑顔)이 미미(微微)ᄒᆞ니, 진왕이 대쇼왈,

"고어의 운(云)ᄒᆞ딕, '아챵지가(我唱之歌)롤 군이화(君以和)ᄒᆞ다'[610] ᄒᆞ고, '이오지심(以吾之心)으로 탁타인지심(度他人之心)이라'[611] ᄒᆞ니, 원닉 몰낫더니, 하형이 졔ᄌᆞ녀의 긔특ᄒᆞ미 ᄌᆞ긔 잘 나흔 공이라 요공(要功)ᄒᆞ고 져져롤 나모라니, 져졔 ᄀᆞ장 원통ᄒᆞ시던가 ᄒᆞ여, 가부의 일이 이둛던 셜치(雪恥)롤 홀 곳이 업서 민민(憫憫)ᄒᆞ시다가, 만만ᄒᆞᆫ 쇼뎨 부부롤 보칙여 보고져 ᄒᆞ시니, 용심(用心)이 【28】 ᄀᆞ장 무던ᄒᆞ셔이다. 시고(是故)로 몽셩 ᄀᆞᄐᆞᆫ 긔ᄌᆞ롤 두시고 연시 ᄀᆞᄐᆞᆫ 누용둔질(陋容鈍質)의 며ᄂᆞ리롤 어더시니, 그러ᄒᆞ실ᄉᆞ록 슈심슈덕(修心修德)ᄒᆞ여 슉녀미부(淑女美婦)나 ᄇᆞ라지 아니코, 남의 아ᄅᆞᆷ다온 며ᄂᆞ리롤 보고 져러ᄐᆞᆺ 복통(腹痛)홀 거시 무어시리잇고?"

좌즁이 대쇼ᄒᆞ고, 하부인이 익노분믹(益怒憤罵) 왈,

"우져(愚姐)의 말이 금옥졍논(金玉正論)이어늘 현뎨 감히 어룬 누의롤 아지 못ᄒᆞ고, 말이 나ᄂᆞᆫ 딕로 ᄒᆞ미 가ᄒᆞ리오?"

이러ᄐᆞᆺ 담쇼ᄒᆞ여 즐기더니, 오릭지 아냐 태우 등의 환가(還家)ᄒᆞᄂᆞᆫ 소식이 니ᄅᆞ니 일개 환희ᄒᆞ더라.

ᄎᆞ시 소학ᄉᆞ 셩이 진궁의 가 미인도롤 보고 도라온 【29】 후로, 심신이 황홀ᄒᆞ여 능히 ᄉᆞ샹(思想)ᄒᆞᄂᆞᆫ 졍을 억졔치 못ᄒᆞ니, 식음을 나오지 못ᄒᆞ고 의형(儀形)이 환탈(換脫)ᄒᆞ니, 부모와 이형(二兄)이 ᄀᆞ장 념녀ᄒᆞ여, 신샹(身上)의 병이 이셔 그러ᄒᆞᆫ가 넉일지언뎡, 평싱의 녜듕단엄(禮重端嚴)ᄒᆞ므로ᄡᅥ, 남의 집 규슈롤 ᄉᆞ모ᄒᆞ여 병이 되여시믄 몽니의도 ᄭᆡ닷지 못ᄒᆞ더니, 오릭지 아냐 싱이 자리의 누으미 혼혼(昏昏)이 인ᄉᆞ롤 ᄇᆞ

608)챡ᄒᆞᄂᆞᆫ : 착한.
609)규힝(閨行) : 부녀자의 행실. =여행(女行).
610)아챵지가(我唱之歌) 군이화(君以和) : '내가 부를 노래를 그대가 부른다'는 뜻으로, 내가 할 말을 상대방이 하는 경우를 이르는 말.
611)이오지심(以吾之心) 탁타인지심(度他人之心) : 내 마음으로 남의 마음을 헤아린다는 말.

리고 듁음(粥飮)도 먹지 못ᄒᆞ니, 소니부와 텰부인이 본ᄃᆡ 필ᄌᆞ(畢子)를 편ᄋᆡᄒᆞᄂᆞᆫ 바로ᄡᅥ, 그 병이 여ᄎᆞ(如此) 위악(危惡)ᄒᆞ믈 쵸조우려(焦燥憂慮)ᄒᆞ여, 역시 슉식(宿食)을 폐ᄒᆞ고 듀야(晝夜) 구호ᄒᆞ니, 시랑 슌과 한님 영이 【30】 아의 병을 근심ᄒᆞ여, 태원명의(太院名醫)612) 송여악을 브르니, 송여악이 학ᄉᆞ를 진ᄆᆡᆨᄒᆞ고 관형찰ᄉᆡᆨ(觀形察色)ᄒᆞ여 말이 업ᄉᆞ니, 한님이 문기고(問其故)ᄒᆞᆫᄃᆡ, 태의(太醫) 왈,

"쇼의(小醫) 이십이 넘지 못ᄒᆞ여셔 태의원(太醫院)의 츙수(充數)ᄒᆞ와 이제 오십이 되어시니, 사ᄅᆞᆷ의 ᄆᆡᆨ후를 숣피면 거의 병의 근위(根位)를 ᄭᆡ닷ᄂᆞ니, 이제 학ᄉᆞ 샹공의 환휘 범연ᄒᆞᆫ 질양이 아니라, 바로 고코져 ᄒᆞᆫ즉 칙ᄒᆞ실 ᄇᆡ오, ᄭᅮ며 알외고져 ᄒᆞᆫ즉 학ᄉᆞ의 병을 ᄎᆞ셩(差成)케 ᄒᆞᆯ 도리 업ᄉᆞᆯ가 우민ᄒᆞᄂᆞ이다."

시랑 왈,

"아모커나 그ᄃᆡ 아ᄂᆞᆫ 거ᄉᆞᆯ 은닉(隱匿)지 말고 바로 닐ᄋᆞ라."

태의 날호여 왈,

"이ᄂᆞᆫ 일심의 【31】 ᄀᆞ득히 ᄉᆡᆼ각ᄂᆞᆫ 샤(事)를 일위지 못ᄒᆞ면, 복즁의 셩괴(成塊)ᄒᆞ여 ᄉᆞ경(死境)의 밋출지라. 일즉 약을 ᄡᅳ미 브졀업고, 학ᄉᆞ의 ᄉᆡᆼ각ᄒᆞ시ᄂᆞᆫ 사ᄅᆞᆷ을 일위면 ᄇᆡᆨ병이 안개 것돗 수히 ᄎᆞ셩ᄒᆞ믈 어들가 ᄒᆞᄂᆞ니, 냥 샹공은 학ᄉᆞ를 ᄃᆡᄒᆞ샤 ᄉᆞ렴(思念)ᄒᆞᄂᆞᆫ 사ᄅᆞᆷ을 무르시고 쇼의(小醫)의 말ᄉᆞᆷ을 고이히 넉이지 마ᄅᆞ쇼셔."

시랑과 한님이 텽파(聽罷)의 미우(眉宇)를 ᄉᆡᆼ[찡]긔여 왈,

"샤뎨(舍弟)ᄂᆞᆫ 도학군ᄌᆞ라, 월궁항ᄋᆡ(月宮姮娥)613) 하강ᄒᆞ여도 제 ᄆᆞ음의 ᄉᆞ샹ᄒᆞᆯ 니 업ᄉᆞ리니, 그ᄃᆡ 의ᄉᆞᆯ이 고명(高明)키로 ᄌᆞ허(自許)ᄒᆞ나 그릇 알아 보ᄂᆞᆫ가 ᄒᆞ노라."

태의 복슈(伏首) 왈,

"쇼의(小醫) 소견이 그릇 들민가 ᄒᆞ시 【32】 거니와, 학ᄉᆞ의 환후ᄂᆞᆫ 예ᄉᆞ(例事) 질양으로 다ᄅᆞ니, 의약으로ᄂᆞᆫ 곳치기 어렵도소이다."

언흘(言訖)에 도라가니, 소공이 냥ᄌᆞ를 블너 태의의 ᄒᆞ던 말을 무르니, 냥쇠(兩蘇) 긔이지614) 못ᄒᆞ여 올흔 ᄃᆡ로 고ᄒᆞ니, 공이 경히(驚駭) 왈,

"여악은 당셰 명의(名醫)라. 일즉 병든 쟈를 본 바의 그릇 닐ᄋᆞ미 업ᄂᆞ니, 반다시 눌을 ᄉᆞ샹(思想)ᄒᆞ여 병을 일윈고 ○○○○[무러보라]."

냥쇠 고왈,

"아이 녀ᄉᆡᆨ(女色) ᄉᆞ모ᄒᆞᄂᆞᆫ 음비ᄒᆞ믄 결단ᄒᆞ여 잇지 아니 ᄒᆞ오려니와, 그 만난 ᄇᆡ 실노 고이ᄒᆞ여, 쟝셩(長成) 남ᄌᆡ 금슬의 정을 아지 못ᄒᆞ고, 환부(鰥夫)의 괴로옴 ᄀᆞᆺᄐᆞ니, ᄌᆞ연 의ᄉᆡ 요요(擾擾)ᄒᆞ여 병을 일위기의 밋첫ᄂᆞᆫ가 ᄒᆞᄂᆞ이 【33】 다."

소공이 묵연ᄒᆞ니, 냥쇠 학ᄉᆞ의 누은 곳의 나와 학ᄉᆞ를 브ᄅᆞ니, 학시 혼혼(昏昏)ᄒᆞ여

---

612)태원명의(太院名醫) : 태의원(太醫院)의 이름난 의원(醫員). *태의원(太醫院); 내의원(內醫院). 조선 시대에 둔 삼의원(三醫院)의 하나. 궁중의 의약(醫藥)을 맡아보던 관아이다.

613)월궁항ᄋᆡ(月宮姮娥) : 전설에서 달에 있는 궁에 산다는 선녀.

614)긔이다 : 기이다. 어떤 일을 숨기고 바른대로 말하지 않다.

눈을 쓰지 아니 ᄒᆞ거ᄂᆞᆯ, 냥형이 ᄂᆞᆺ출 다히고 손을 어라만져 왈,

"셩아 네 나히 이팔쳥츈(二八靑春)615)이라. 긔픔(氣稟)이 견고(堅固) 쟝ᄆᆡᆼ(壯猛)ᄒᆞ여 허약ᄒᆞᆫ 무리ᄂᆞᆫ 아니러니, 무ᄉᆞᆫ 병이 이ᄃᆡ도록 고이ᄒᆞ여 인ᄉᆞ를 ᄇᆞ렷ᄂᆞ뇨? 네 심즁의 픔은 일이 이시리니, 쳥컨ᄃᆡ 잠간 닐너, 우형으로 ᄒᆞ야금 쵸민(焦悶)ᄒᆞᆫ 근심이 업게 ᄒᆞ라."

학ᄉᆡ 정신이 어득ᄒᆞᆫ 즁이나, 냥형이 ᄌᆞ긔다려 픔은 ᄯᅳᆺ이 잇ᄂᆞᆫ가 무ᄅᆞᆷ을 보ᄆᆡ, 반가온 ᄃᆞᆺ 깃븐 ᄃᆞᆺ ᄒᆞᄃᆡ, 진궁의 가 미인도를 보고 ᄉᆞ샹(思想)ᄒᆞᄂᆞᆫ 정을 【34】 참지 못ᄒᆞ여 셩병(成病)ᄒᆞ다 닐ᄋᆞᆷ을, 깁히 참괴홀 ᄲᅮᆫ 아니라, 이형이 비록 지셩으로 윤쇼져를 구ᄒᆞ여 ᄌᆞ긔 ᄇᆡ우를 삼고져 ᄒᆞ여도, 조모의 험악ᄒᆞ미 친ᄉᆞ를 슌히 일우게 홀니 업고, 윤부의셔 ᄯᅩ 녀태부인의 궁흉극악(窮凶極惡)을 모ᄅᆞ지 아니ᄒᆞ니, ᄯᆞᆯ을 가져 공연이 호구(虎口)의 너치 아닐 줄은[을] ᄇᆞᆰ히 알ᄆᆡ, ᄎᆞ혼을 일우기 어려오니, 소회를 베퍼 유익지 아니코, ᄯᅩ 부친의 단엄(端嚴) 녜듕(禮重)ᄒᆞ시므로 이런 말ᄉᆞᆷ을 드르면 결단코 ᄌᆞ긔를 어엿비 넉이지 아닐지라. 도로혀 해로올 바를 ᄭᆡ다라, 츄연 탄식 왈,

"쇼뎨 부명(賦命)616)이 긔구ᄒᆞ【35】여 나히 삼오(三五)617)의 우두나찰(牛頭羅刹) ᄀᆞᆺ튼 흉녀악인(凶女惡人)을 만나, 괴롭고 분ᄒᆞᆷ을 니긔지 못ᄒᆞ여 졈졈 심긔(心氣) 상(傷)ᄒᆞ여, 고이ᄒᆞᆫ 병이 니러나 황양(黃壤)의 길흘 ᄇᆞ야니, 셰샹이 오ᄅᆡ지 아닌지라. 이친(二親)긔 블회(不孝) 비샹홀 바를 슬허ᄒᆞᄂᆞ이다."

이형이 ᄎᆞ언을 듯고 뉴톄 왈,

"셩아, 이 엇진 말고! ᄉᆞᄅᆞᆷ이 ᄒᆞᆫ번 병들기로 인ᄒᆞ여 다시 니지 못ᄒᆞ리오. 녀쉬(嫂) 위인용모(爲人容貌)ᄂᆞᆫ 닐을 거시 업ᄉᆞ나, 이제 병든 거ᄉᆞᆫ 녀수의 타시 아니니, 네 ᄆᆞ음의 녀수를 증통(憎痛)홀진ᄃᆡ, ᄒᆞᆫ 구셕의 드리치고 졀염슉완(絶艷淑婉)을 구ᄒᆞ여 관져(關雎)618)의 노ᄅᆡ를 화(和)ᄒᆞ리니, 무어ᄉᆞᆯ 거리ᄶᅧ 【36】 ᄌᆡ취를 어려히 넉이리오. 네 ᄯᅳᆺ에 ᄉᆡᆼ각ᄒᆞᄂᆞᆫ 일이 잇거든, ᄒᆞᆫ번 닐너 쾌히 취(醉)케 ᄒᆞ고, 괴로이 ᄉᆞ모(思慕)ᄒᆞ여 병을 더으지 말나."

학ᄉᆡ 이형의 말을 드ᄅᆞ나, 오직 탄식ᄒᆞ고 말이 업ᄉᆞ니, 그 거동이 ᄌᆞ못 슈샹ᄒᆞ여 픔은 ᄯᅳᆺ이 범연치 아닌지라. 이형이 더옥 고이히 《넉겨‖너겨》619) 집슈ᄒᆞ고 온가지620)로 무러 근졀ᄒᆞᆫ 언ᄉᆡ 셕목(石木)을 동(動)ᄒᆞ며, ᄉᆡᆼ쳘(生鐵)을 녹일ᄃᆞᆺ 홀 ᄲᅮᆫ 아냐, ᄉᆡᆼ각ᄂᆞᆫ ᄇᆡ 텬샹 월녜(月女)621)면 홀일업거니와, 금셰샹(今世上) 녀ᄌᆡ면 죽을 힘을 다

615)이팔쳥츈(二八靑春) : 열여섯의 젊은 나이. 또는 열여섯 살의 젊음.
616)부명(賦命) : 천명(天命). 타고난 운명.
617)삼오(三五) : 열다섯 살.
618)관져(關雎) : 『시경(詩經)』 '주남(周南)'편에 실린 노래 이름. 문왕(文王)과 태사(太姒)의 사랑을 주제로 한 노래.
619)너기다 : 여기다.
620)온가지 : 온갖 종류. 또는 온갖 방법.
621)월녀(月女) : 달 속에 있다고 하는 전설 속의 선녀. 항아(姮娥)[=상아(嫦娥)]

드려 직취(再娶)를 도모ᄒᆞ련노라 ᄒᆞ니, 학ᄉᆡ 이형의 지셩지우(至誠至友)를 감골(感骨)[622]ᄒᆞ고, 본ᄃᆡ ᄂᆡ외를 달【37】니ᄒᆞ여 ᄉᆞ름을 속이지 못ᄒᆞᄂᆞᆫ 픔셩인 고로, 마지못ᄒᆞ여 ᄂᆞᆺ출 븕히고 겨유 소ᄅᆡ를 일워 왈,

"쇼뎨 과연 모일(某日)의 진궁의 가 여ᄎᆞ여ᄎᆞ 화도(畵圖)를 보고 온 후로, 의ᄉᆡ 황홀ᄒᆞ여 침좌간(寢坐間) 잇지 못ᄒᆞ니, 굿트여 ᄉᆞ샹ᄒᆞᄂᆞᆫ 병이 아니라, 녀가 흉믈(凶物)을 어더 심긔 깁히 병든 연괴니, 쇼뎨 사지 못ᄒᆞᆫ즉 엇지 녀시의 타시 아니리잇고? 그러나 부뫼 이 말숨을 드르시면 쇼뎨로ᄡᅥ 음황경박ᄌᆞ(淫荒輕薄子)로 알아시리니, 냥위 형쟝은 블츌구외(不出口外)ᄒᆞ쇼셔."

시랑과 학ᄉᆡ 텽파의 블승경히(不勝驚駭)ᄒᆞ고, 학ᄉᆞ의 ᄆᆞᄋᆞᆷ이 그릇되여 평일 정대ᄒᆞ믈 닛고, 남【38】의 집 규슈의 화도(畵圖)를 보고 셩병(性病)ᄒᆞ믈 히연(駭然)이 넉이나, 쇼ᄆᆡ를 보고 화도즁(畵圖中) 쇼졔(小姐) 뉘던고 무러 혼인을 도모ᄒᆞ여, 학ᄉᆞ의 위틱ᄒᆞ믈 구코져 ᄒᆞ여 왈,

"우형이 현뎨로ᄡᅥ 녜듕(禮重)○[ᄒᆞᆫ] 군ᄌᆞ(君子)가 ᄒᆞ엿더니, 여ᄎᆞ지병(如此之病)은 의외(意外)라. 연이나 우형도 그ᄂᆞᆯ 화도(畵圖)를 잠간 보고 진왕의 녀ᄌᆞ 줄 드럿거니와, 아직 진궁규ᄉᆔ{라} 연유(年幼)ᄒᆞ여 혼취(婚娶)ᄒᆞᆯ ᄶᅵ 아니라 ᄒᆞ던 거시니, 쇼ᄆᆡ다려 무ᄅᆞ면 알 거시오, 진왕은 화홍관대(和弘寬大)ᄒᆞᆫ 쟝뷔(丈夫)요, 남다란 덕냥(德量)이 이시니, 쇼쇼(小小)ᄒᆞᆫ 블안(不安)ᄒᆞᆫ 형셰를 혐의ᄒᆞ야, 너의 ᄉᆞᄉᆡᆼ(死生)이 위틱ᄒᆞᆫ 거ᄉᆞᆯ 념녀치 아닐 니【39】업ᄉᆞ리니, 비록 말이 쾌치 아니나, 쇼ᄆᆡ로 의논ᄒᆞ고 바로 쳥혼ᄒᆞ리니, 현뎨ᄂᆞᆫ 쳔ᄉᆞ만녀(千思萬慮)를 쳑탕(滌蕩)ᄒᆞ고 식음(食飮)을 나와 병을 됴리(調理)ᄒᆞ라."

학ᄉᆡ 더옥 참괴(慙愧)ᄒᆞ여 왈,

"쇼뎨 실노 그러치 아니터니 이제 망측ᄒᆞᆫ 병을 일워니 블회 막대(莫大)ᄒᆞᆫ지라. 금일 냥위 형쟝의 무ᄅᆞ시ᄂᆞᆫ 바의 숨기지 못ᄒᆞ여 알외여시나, 다시 닐ᄏᆞ라미 블가(不可)ᄒᆞ고, 진왕이 비록 관인화홍ᄒᆞᆫ 도량이 남다ᄅᆞ나, 우리집 형셰와 녀흉의 악착ᄒᆞ믈 거의 아오리니, 결단코 ᄯᆞᆯ을 호구(虎口)의 너치 아니리니, 냥위 형쟝이 비록 구혼코져 ᄒᆞ시나 허락을 엇기【40】어려오리니, 쳥컨ᄃᆡ ᄎᆞᄉᆞ를 블츌구외(不出口外)ᄒᆞ쇼셔."

냥쇠 위로ᄒᆞ더니, 녀시 나와 ᄉᆡᆼ의 병을 보련노라 ᄒᆞ니, 학ᄉᆡ 향벽잠와(向壁潛臥)ᄒᆞ고 냥ᄉᆡᆼ이 외헌으로 나아가니, 녀시 학ᄉᆞ의 겻ᄒᆡ 나아가 그 머리를 집흐며 어라만지다가, 아조 인ᄉᆞ 모ᄅᆞᄂᆞᆫ 줄노 알아 제 검프란 흉ᄒᆞᆫ ᄂᆞᆺ출 학ᄉᆞ의 옥면(玉面)의 다히며 누싂(淚水) 연낙(連落)ᄒᆞ여, 용화(容華)를 칭찬ᄒᆞ여, 예[623]도 다히며 잘 삼기○○[다ᄒᆞ]고, 졔[624]도 ○○○[ᄆᆞᄅᆞ쳐] 견고쳥명(堅固淸明)ᄒᆞ여 조요박복(照耀薄福)ᄒᆞᆯ 상(相)이 아니라 ᄒᆞ여, 혼ᄌᆞ 말노 즁어리다가, 드ᄃᆡ여 벼개를 ᄀᆞᆺ치 ᄒᆞ고 누으니, ᄉᆡᆼ이 분(憤)

622)감골(感骨) ; 감동이 뼛속 깊이까지 사무침.
623)예 : 여기. 말하는 이에게 가까운 곳을 가리키는 지시 대명사.
624)졔 : 저기. 말하는 이나 듣는 이로부터 멀리 있는 곳을 가리키는 지시 대명사.

을 서리담고 츄기를 위쥬ᄒᆞᄂᆞᆫ 고로, 모로ᄂᆞᆫ 쳬ᄒᆞ【41】고 누어시니, 녀시 ᄉᆡᆼ의 위틱ᄒᆞ믈 볼ᄉᆞ록, 참아625) ᄶᅵ날 ᄯᅳᆺ이 업서 ᄒᆞᆫ가지로 누엇더니, 텰부인이 나아오니 흉네게얼니 니러 안ᄌᆞ나, 음일(淫佚)ᄒᆞᆫ 졍욕을 니긔지 못ᄒᆞ니, 텰부인이 ᄋᆞᄌᆞ의 병을 쵸민(焦悶)ᄒᆞᄂᆞᆫ 즁, 녀시의 파측(叵測)626)ᄒᆞᆫ 거동을 보고 ᄒᆡ연ᄒᆞ믈 니긔지 못ᄒᆞ더라.

냥쇠(兩蘇) 부젼의 나아가 좌위(左右) 고요ᄒᆞ믈 인ᄒᆞ여 셩의 소답(所答)627)을 낫낫치 고ᄒᆞ고, 진왕긔 쳥혼ᄒᆞ믈 고ᄒᆞ니, 소공이 텽파(聽罷)의 ᄒᆡ연 왈,

"내 셩의 위인이 여등의셔 나은가 ᄒᆞ엿더니, 이제 규슈의 화도(畵圖)를 보고 셩병(成病)ᄒᆞ니 사ᄅᆞᆷ을 ᄃᆡᄒᆞ기 크게 참괴(慙愧)ᄒᆞᆫ지라. ᄒᆞ믈며 윤【42】ᄉᆞ원은 엄듕ᄒᆞᆫ 쟝뷔라. 달문 ᄀᆞᆺᄐᆞᆫ ᄋᆞ돌도 오히려 존졀(撙節)628)ᄒᆞ여 ᄌᆞᄋᆡ 젹거ᄂᆞᆯ, 내 셩의 병을 닐ᄏᆞ라 쳥혼(請婚)ᄒᆞᆫ죽 마지 못ᄒᆞ야 허혼(許婚)ᄒᆞ려니와, 나의 암잔(暗孱)ᄒᆞ고 망측(罔測)ᄒᆞ믈629) 엇더케 넉이리오. 여등이 감히 셩의 병을 닐너 구혼키를 도모ᄒᆞ니, 엇지 ᄒᆡ연(駭然)치 아니리오. ᄎᆞ후ᄂᆞᆫ ᄉᆞᄉᆡᆼ간(死生間) 다시 닐ᄋᆞ지 말나."

냥쇠 블승뉼젼(不勝戰栗)ᄒᆞ야 샤죄ᄒᆞ고, 다시 쳥(請)ᄒᆞᆯ 의ᄉᆞ를 못ᄒᆞ나 쵸민졀박(焦悶切迫)ᄒᆞ믈 니긔지 못ᄒᆞ더니, 홀연 영필이 ᄇᆡ례복알(拜禮伏謁)ᄒᆞ거ᄂᆞᆯ, 시랑이 반겨 문왈,

네 태우를 ᄯᆞ라 항쥐 가더니 언졔 올나오뇨? 필이 ᄃᆡ왈,

"쇼복(小僕)은 샹공【43】을 뫼셔 비로소 경ᄉᆞ를 드ᄃᆡᄂᆞᆫ 날이라. 샹공은 남문의 니ᄅᆞ러 계시ᄃᆡ, 쇼복은 몬져 와 현알(見謁)ᄒᆞᄂᆞ이다."

시랑이 한님을 도라보아 왈,

"네 달녀가 달문을 보아 미처 취운산으로 향치 아냐셔, 잠간 이의 와 아의 위틱ᄒᆞᆫ 병을 보고 가게 ᄒᆞ라."

한님이 즉시 ᄆᆞᆯ을 달녀 남문을 ᄇᆞ라고 가더니, 즁노(中路)의셔 태우를 만나니, 태위 하마ᄒᆞ거ᄂᆞᆯ, 한님이 역시 하마ᄒᆞ여 항쥐 왕반(往返)을 칭희(稱喜)ᄒᆞ고, 누의 옥동을 싱ᄒᆞ여 ᄀᆞᆺ쵸 비샹ᄒᆞ믈 닐ᄋᆞ니, 태위 ᄯᅩᄒᆞᆫ 희열ᄒᆞ여 소공 부부의 존후를 무란ᄃᆡ, 한님 왈,

"이친은 안강(安康)ᄒᆞ시ᄃᆡ, 셩의 병이 【44】ᄉᆞᄉᆡᆼ(死生)이 가례(可慮)630)라. 달문이 잠간 와 보아든 나을 거ᄉᆞᆫ 아니로ᄃᆡ, 달문이 졍셩으로 도모ᄒᆞ면 셩의 병이 나으미 이시리니, 달문이 녕당(令堂)631)의 봉ᄇᆡ(奉拜)ᄒᆞᆯ ᄆᆞ음이 급ᄒᆞ나 아의 명ᄌᆡ됴셕(命在朝夕)

---

625)참아 : 차마. 부끄럽거나 안타까워서 감히.
626)파측(叵測) : 헤아릴 수 없음.
627)소답(所答) : 대답한 바. 곧 대답한 말.
628)존졀(撙節) : 알맞게 절제함.
629)망측(罔測)ᄒᆞ다 : 정상적인 상태에서 어그러져 어이가 없거나 차마 보기가 어렵다.
630)가례(可慮) : 많이 염려스러움.
631)녕당(令堂) : ①남의 부모와 그 웃어른을 높여 이르는 말. ②남의 어머니를 높여 이르는 말. =자당(慈堂).

ᄒᆞ믈 츄연(惆然)ᄒᆞ여 잠간 와 보고 가라.”

태위 본ᄃᆡ 소공 부부를 친부모와 ᄀᆞᆺ치 ᄒᆞ고, 삼소(三蘇)로 골육동긔(骨肉同氣) ᄀᆞᆺ치 ᄒᆞ여 극진ᄒᆞᆫ지라, 소 삼낭(三郎)의 병 듕ᄒᆞ믈 드ᄅᆞᄆᆡ 놀납고 근심ᄒᆞ여, 셰린을 도라보아 왈,

“내 잠간 소삼형의 병을 보고 운산으로 가리니, 현데는 몬져 도라가라.”

셰린이 길흘 난화 윤쥬ᄉᆞ 부ᄌᆞ 슉질은 고틱으로 도라가고, 셰린은 동문(東門)으로 취【45】운산으로 향ᄒᆞᆫ 후, 태위 소부의 니ᄅᆞ러 소공긔 빗현ᄒᆞ니, 공이 흔연 집슈ᄒᆞ야 무ᄉᆞ왕반ᄒᆞ믈 깃거ᄒᆞ니, 태위 학ᄉᆞ의 병이 위틱ᄒᆞ믈 처엄 듯는 바를 닐ᄏᆞ라 념녀ᄒᆞ니, 소공 왈,

“ᄉᆞᄉᆡᆼ(死生)이 유명(有命)ᄒᆞ고 화복이 관수(關數)ᄒᆞ니, 셩의 병이 위악(危惡)ᄒᆞ나 나는 심녀를 허비치 아닛노라.”

태위 소공의 말을 의아(疑訝)ᄒᆞ나 블감문기고(不敢問其故)[632]ᄒᆞ고, 날호여 병소의 니르러 학ᄉᆞ를 보니, 상셕(床席)《으로‖의》 몸을 바렷ᄂᆞᆫᄃᆡ, 화풍(華風)이 소삭(消索)ᄒᆞ여 형히(形骸)만 걸녀시니, 크게 경녀(驚慮)ᄒᆞ여 급문기고(急問其故)ᄒᆞᆫᄃᆡ, 시랑 왈,

“샤데(舍弟) 당황실조(唐惶失措)[633]ᄒᆞ연지 누일(累日)의 몸져 누어, 인【46】ᄉᆞ를 바련지 슌일이나 되엿ᄂᆞᆫ지라. 달문다려 닐ᄋᆞ미 참괴(慙愧)ᄒᆞ나 ᄉᆞᄉᆡᆼ이 관듕(款重)ᄒᆞ니, 만일 달문이 도모ᄒᆞ면 아을 구ᄒᆞᆯ 곡졀이 이시니, 아지 못게라, 난안(難顔)ᄒᆞᆫ ᄉᆞ졍을 도라보지 말고, 셩을 구ᄒᆞᆯ 도리를 ᄉᆡᆼ각ᄒᆞ랴?”

태위 소공의 말솜을 의아ᄒᆞ더니, ᄎᆞ언을 드라ᄆᆡ 필유ᄉᆞ고(必有事故)ᄒᆞ믈 짐작고, 이의 문왈,

“쇼데 사ᄅᆞᆷ의 슈요쟝단(壽夭長短)을 가음아는 신인(神人)이 아니니, 삼형의 명을 니을 길흔 업거니와, ᄎᆞ셩(差成)ᄒᆞ믈 어들진ᄃᆡ 어이 바려둘니 이시리잇고?”

냥쇠 희동안식(喜動顔色) 왈,

“달문의 말을 드ᄅᆞ니 이제ᄂᆞᆫ 삼데를 살올지라. 즐거오미 범【47】연타 ᄒᆞ리오.”

인ᄒᆞ여, 학식 진궁의 갓다가 미인도를 보고 ᄉᆞ샹지심(思想之心)을 억제치 못ᄒᆞ여 셩질(成疾)ᄒᆞ여시믈 닐ᄋᆞ고, 송여악의 말을 닐너 ᄉᆞ샹지인(思想之人)을 일위지 못ᄒᆞ면 살기 어려오믈 젼ᄒᆞ고, 진왕의 ᄯᆞᆯ이믈 아는 다시 아냐, 왈,

“그늘 영데(令弟) 등이 가졋거ᄂᆞᆯ 아등도 잠간 보니 규슈의 복식일 ᄲᅮᆫ 아니라, 샹부귀쇼졔믈 알지라. 달문 등과 일틱지샹(一宅之上)의 잇지 아니나 졀친(切親)인가 시브니, 그 쇼졔 아모ᄃᆡ나 계시거든 월노(月老)[634]를 ᄌᆞ임(自任)ᄒᆞ여 호연(好緣)을 일우게 ᄒᆞ라.”

---

632)블감문기고(不敢問其故) : 감히 그 까닭을 묻지 못함.

633)당황실조(唐惶失措) : 갑작스러운 일로 어찌할 줄을 몰라, 몸가짐을 잘 못함.

634)월노(月老) : 월하노인(月下老人). 부부의 인연을 맺어 준다는 전설상의 늙은이. 여기서는 ‘중매(中媒)’를 뜻한다.

태위 텽파의 블승히연(不勝駭然)ᄒᆞ나. 'ᄉᆞ비인녁(事非人力)이오 막비텬뎡(莫非天定)'635)이믈 ᄭᆡ다라, 이연(怡然) 【48】 ᄃᆡ왈,

"삼형의 녜의(禮儀)를 심ᄉᆞ(深思)ᄒᆞ므로ᄡᅧ ᄎᆞ병(此病)은 실시녀외(實是慮外)나, 괴괴ᄒᆞᆫ 가온ᄃᆡ 인연이 듕ᄒᆞ야 그런 일도 이시니, 쇼뎨 도라가 졔뎨를 보고 그림 출쳐를 무러, 만일 규슈로 이실진ᄃᆡ 스ᄉᆞ로 듕ᄆᆡ(仲媒) 되기를 ᄉᆞ양치 아니리니, 이형은 삼형을 구호ᄒᆞ고 병심(病心)을 편토록 ᄒᆞ쇼셔."

인ᄒᆞ여, 학ᄉᆞ의 손을 잡고 됴리ᄒᆞ믈 당부ᄒᆞ니, 학ᄉᆡ ᄎᆞ시를 당ᄒᆞ여ᄂᆞᆫ 부모도 아지 못ᄒᆞᄂᆞᆫ 사람 ᄀᆞᆺᄐᆞ여, 심신이 어득ᄒᆞ여636) 온갓 말을 ᄭᅮᆷᄀᆞᆺ치 넉이나, 윤태우의 지극ᄒᆞᆫ 말을 드ᄅᆞᄆᆡ ᄀᆞ장 깃거ᄒᆞ나 ᄉᆞᄉᆡᆨ지 아니코, 오직 신음ᄒᆞᄂᆞᆫ 소ᄅᆡ를 긋치지 아니 【49】 ᄒᆞ니, 태위 도라가미 밧븐고로 텰부인긔 잠간 현알ᄒᆞ고, 냥소를 향ᄒᆞ여 왈,

"쇼뎨 그림 곡졀을 알아 만일 규슈의 화상이오, 친쳑일진ᄃᆡ 도모ᄒᆞ여 되도록 ᄒᆞ고, 명일 다시 오리이다."

냥쇠 희연 졈두ᄒᆞ더라. 태위 소공부부긔 하직고 운산으로 도라가니라.

ᄎᆞ일 셰린이 취운산의 도라와 존당부모와 슉당의 뵈알ᄒᆞ니, 위·조 이 태비와 호람휘 부뷔 《밧기믈∥반기믈》 니긔지 못ᄒᆞ여, ᄲᆞᆯ니 집슈 환희ᄒᆞ며 셩닌의 오지 아니믈 무ᄅᆞ니, 학ᄉᆡ 죵형은 소이랑이 밧비 쳥ᄒᆞ여 가믈 알외여, 그 ᄉᆞ이 존당부모의 톄후 안강ᄒᆞ시믈 【50】 뭇ᄌᆞ온 후, 믄득 피셕 고왈,

"쇼ᄌᆡ 금번 힝도의 흉측ᄒᆞᆫ ᄌᆞᄀᆡᆨ을 만나, 《님하∥검하(劍下)》 경혼(驚魂)이 될 번ᄒᆞ오니, 경히분앙(驚駭憤怏)ᄒᆞ믈 엇지 다 알외오리잇가?"

호람휘 텽파의 악연 왈,

"네 나히 삼오(三五)를 넘지 못ᄒᆞ여시니, 사ᄅᆞᆷ의게 믜인637) 일이 업ᄉᆞᆯ 거시오. 우리 집이 젹블션(積不善)의 거조 잇지 아니니, 너를 해ᄒᆞ리 업ᄉᆞᆯ 거시어ᄂᆞᆯ, 엇진 연고로 ᄌᆞᄀᆡᆨ의 변을 만나, 무ᄉᆞᆷ 용녁으로 사라ᄂᆞᆫ고?"

학ᄉᆡ 분연 ᄃᆡ왈,

"블힝ᄒᆞᆫ 운수(運數)로ᄡᅧ 쳔고(千古)의 무ᄲᅡᆼ(無雙)ᄒᆞᆫ 간음발부(姦淫悖婦)를 만나오니, 지금의 살미 오히려 쟝슈(長壽)ᄒᆞ온 연괴라. 셜가 요녀(妖女)의 음비지ᄉᆞ(淫鄙之事)ᄂᆞᆫ 【51】 능히 치아(齒牙)의 올니지 못ᄒᆞ오리니, 비록 녜(禮)답지 아닌 셔간(書簡)을 존젼(尊前)의 하람(下覽)ᄒᆞ시기 황공ᄒᆞ오나, 이 셔간을 보시면 셜가 음부의 죄악을 알아시리니, 이 일을 맛ᄎᆞᆷᄂᆡ 무더두지 못ᄒᆞᆯ 거시오니, 요녀를 집의 두어ᄂᆞᆫ 쇼손이 ᄯᅩ ᄌᆞᄀᆡᆨ의 독슈를 만나기 쉬오니, 존당부모ᄂᆞᆫ 음부의 궁흉대악(窮凶大惡)을 ᄉᆞᆲ피샤 명졍기죄(明正基罪) ᄒᆞ쇼셔."

---

635)ᄉᆞ비인녁(事非人力) 막비텬뎡(莫非天定) : 일은 사람의 힘에 의해 이루어지는 것이 아니라, 하늘이 정한 바에 따라 이루어진다.
636)어득ᄒᆞ다 : 보이는 것이나 들리는 것이 매우 희미하고 멀다.
637)믜이다 : 미움을 받다. 미움을 사다. '믜다'의 피동형. *믜다; 미워하다.

말을 맛고 낭즁으로 조ᄎᆞ ᄒᆞᆫ 쟝 셔간을 ᄂᆡ여 호람후 압ᄒᆡ 노흐니, 호람휘 경아ᄒᆞ여 셔간을 친히 보니 음악비루(淫惡鄙陋)ᄒᆞ기 극(極)ᄒᆞ더라.

승샹과 진왕이 셰린의 말을 드르ᄆᆡ, 만심(滿心)【52】이 ᄒᆡ연ᄎᆞ악(駭然嗟愕)ᄒᆞ여 셰린의 실셩이 더으믈 념녀ᄒᆞ고, 셜시의 ᄋᆡ회 고이ᄒᆞ믈 잔잉·비졀(悲絶)ᄒᆞᄃᆡ, 호람후 말ᄉᆞᆷ을 기다리므로 ᄀᆡ구치 아니ᄒᆞ더니, 호람휘 진왕곤계를 도라 보와 왈,

"셜시 알기를 슉녀쳘부(淑女哲婦)로 밀위여 ᄉᆞ랑이 친녀의 감치 아니므로, 조믈이 다싀(多猜)ᄒᆞ여 참참(慘慘)ᄒᆞᆫ 누얼(陋孼)을 ᄭᅵ치니, 셰ᄋᆞ의 그릇 알믈 ᄋᆡ달와ᄒᆞ나, 누셜(陋說)을 신ᄇᆡᆨ(伸白)ᄒᆞᆯ 도리 업ᄉᆞ니, 엇지 참(慘然)연치 아니리오."

승샹이 피셕(避席) 고왈,

"ᄌᆞ고(自古)로 현인군ᄌᆞ(賢人君子)와 쳘부슉완(哲婦淑婉)이 명되(命途) ᄀᆡ구(崎嶇)ᄒᆞ니 ᄒᆞ나 둘히 아니라. 셜 현부(賢婦)를 보던 날브터 그 츌인특이(出人特異)ᄒᆞ【53】믈 년ᄋᆡ(憐愛)ᄒᆞ나 탕ᄌᆞ의 쳐실이 되어, 일신이 괴롭고 슬플 바를 거의 혜아려ᄉᆞᆸ던지라. 오ᄂᆞᆯ날 ᄑᆡᄌᆡ(悖子) 셜시를 함지깅참(陷地坑塹)ᄒᆞ미 굿ᄐᆞ여 놀나온 일이 아니오, 더러온 셔ᄉᆞ(書辭)를 가져 엄젼의 하감(下鑑)ᄒᆞ시믈 쳥ᄒᆞᆷ과, ᄉᆡ험(猜險)ᄒᆞᆫ ᄉᆞᄉᆡᆨ(辭色)으로 셜시를 ᄉᆞᆺ고져 ᄒᆞᄂᆞᆫ 거동이 참아 보지 못ᄒᆞᆯ ᄇᆡ라. 대인이 비록 ᄎᆞᄋᆞ(此兒)를 ᄉᆞ랑ᄒᆞ시미 특별ᄒᆞ시나, 이런 곳여 다ᄃᆞ라ᄂᆞᆫ 엄ᄎᆡᆨ(嚴責)ᄒᆞ샤 인도(人道)의 나아가게 ᄒᆞ시믈 ᄇᆞ라ᄂᆞ이다."

진왕 왈,

"셰린의 실셩외입(失性外入)ᄒᆞ미 현쳐를 음비ᄒᆞᆫ곳에 모라너코, 더러온 셔간을 낭즁의 ᄀᆞᆷ초왓다가 【54】존하의 보시기를 쳥ᄒᆞᄂᆞᆫ 언ᄉᆡ, 사ᄅᆞᆷ이 되지 못ᄒᆞ여시니, 복원(伏願) 계부ᄂᆞᆫ 그 셔간을 소화(燒火)ᄒᆞ시고 져를 엄치(嚴治)ᄒᆞ샤 셜시를 텬히 두게 ᄒᆞ시면, 슉녀의 빙심(氷心)·《옥결‖옥졀(玉節)638)》을 완젼ᄒᆞ리이다."

호람휘 즉시 좌우로 블을 가져오라 ᄒᆞ여 그 셔간을 소화ᄒᆞ니, 학ᄉᆡ 이의 다ᄃᆞ라ᄂᆞᆫ 분완(憤惋)ᄒᆞ믈 니긔지 못ᄒᆞ여 왈,

"쇼손이 비록 블쵸ᄒᆞ오나 셜시를 공연이 해코져 ᄒᆞᄂᆞᆫ 일이 업고, 셜가 요믈이 위쵸흉적으로 졍을 통치 아냐시면, 위가의게 요인의 필젹이 가올 일이 업ᄉᆞ올지라. ᄌᆞᄀᆡᆨ을 드려 쇼손을 죽이고져 ᄒᆞᄂᆞᆫ 흉심이 금【55】고(今古)의 잇지 아니ᄒᆞ고, 쇼손이 칼흘 당ᄒᆞ여 가ᄉᆞᆷ을 상해올 ᄲᅮᆫ이오, 깁히 복부를 질니인 일이 업ᄉᆞ므로 죽기를 면ᄒᆞ여ᄉᆞᆸ거니와, ᄌᆞᄀᆡᆨ이 다시 니르오면 쇼손이 ᄉᆞ지 못ᄒᆞ오리니, 복원 대부ᄂᆞᆫ 쇼손의 쳥춘을 앗기오샤, 셜가 음부를 엄치ᄒᆞ쇼셔."

호람휘 졍ᄉᆡᆨ 왈,

"일이 너모 ᄡᅡ라면 반다시 ᄲᅱ웃브미 잇ᄂᆞ니, 허탄(虛誕)ᄒᆞᆫ 셔ᄉᆞ와 요괴로온 ᄌᆞᄀᆡᆨ의 일노ᄡᅧ 슉녀명염(淑女名艶)을 누셜(縲絏)639)의 모라너치 못ᄒᆞᆯ지라. 네 아ᄌᆞ비와 아비

638)옥졀(玉節) : 옥처럼 맑은 절개.

쇼년 시 로브터 지인명감(知人明鑑)640)이 남다라니, 셜시 만일 음비(淫鄙)흔 녀지면, 익듕칭션(愛重稱善)치 아닐【56】지라. 너는 다만 아비 말을 조ᄎᆞ 현쳐를 의심치 말미 올흐니라."

위태부인과 뉴부인이 학ᄉᆞ의 가슴이 ᄌᆞ긱의 칼긋히 상ᄒᆞ믈 경악(驚愕)ᄒᆞ여 약을 붓치고 조심ᄒᆞ라 ᄒᆞ며, 셜시의 슉뇨(淑窈)ᄒᆞ믈 닐ᄏᆞ라 힝실이 완젼ᄒᆞ니 결단코 음비지ᄉᆞ(淫鄙之事) 잇지 아닐 줄 닐ᄋᆞ오니, 학ᄉᆞ 존당 부뫼 셜시를 익듕ᄒᆞ시미 ᄌᆞ긔 우히 이시믈 더옥 분연ᄒᆞ여,

"어이 흉음발부(凶淫潑婦)를 가만이 두리오. 무지모야(無知暮夜)641)의 쟝검을 빗겨 음부의 머리를 버히고, 스ᄉᆞ로 살쳐(殺妻)흔 박힝(薄行)으로 엄젼(嚴前)의 칙죄(責罪)ᄒᆞ시믈 밧ᄌᆞ오리라."

의ᄉᆞ 이의 밋ᄎᆞᄆᆡ, 잠간 분을 참【57】아 묵연ᄒᆞ니, 승샹의 됴심경(照心鏡) 안광(眼光)으로ᄡᅥ 엇지 ᄋᆞᄌᆞ의 뜻을 아지 못ᄒᆞ리오. 블승통완(不勝痛惋)ᄒᆞᄃᆡ, 일시의 그 외입실셩(外入失性)흔 거술 급히 히유(解諭)홀 길이 업고, ᄌᆞ긱의 칼긋히 가슴이 상ᄒᆞ여 혈츌(血出)키의 밋쳣던 바를 드ᄅᆞᄆᆡ, 앗기는 의ᄉᆞ 니러나믈 ᄭᆡ닷지 못ᄒᆞ여 한님을 도라보아 왈,

"셰린이 실셩ᄒᆞ여 사ᄅᆞᆷ의 ᄆᆞ음이 되지 못ᄒᆞ여시니, 경계치칙(警戒治責)홀 거시 업는지라. 네 모로미 아을 다리고 계슈각의 나아가 존당(尊堂) 신혼셩뎡시(晨昏省定時)라도 브ᄅᆞ지 아냐서는 드러오게 말고, 아모ᄃᆡ도 움ᄌᆞᆨ이지 못ᄒᆞ게 ᄒᆞ여 부졍난잡(不正亂雜)【58】흔 거동을 내 눈에 뵈지 말나."

챵닌이 슈명ᄒᆞᄆᆡ, 호람휘 셰린을 명ᄒᆞ여,

"상쳐를 됴리ᄒᆞ고 ᄆᆞ음을 잡아 광망핀ᄌᆞ(狂妄悖子)의 무리 되지 말나."

ᄒᆞ니, 학ᄉᆞ 존당과 부슉이 다 ᄌᆞ긔를 광망(狂妄)키로 칙오기도, 셜시 요괴로온 참쇠(讒訴)라 ᄒᆞ여, 셜시 믜오미 고ᄃᆡ 삼키고져 ᄒᆞ나, 감히 ᄉᆞ식지 못ᄒᆞ고 형을 ᄯᆞ라 계슈각으로 퇴ᄒᆞ니, 승샹이 탄 왈,

"핀ᄌᆞ(悖子)의 변심상셩(變心喪性)ᄒᆞ미 흔갓 져의 허믈이 될 ᄲᅮᆫ 아니라, 셜시의 익회(厄會) 참잔(慘殘)흔 연괴니 엇지 블힝치 아니리오."

진왕 왈,

"셰린의 거동이 취광핀려(醉狂悖戾)ᄒᆞ여 무ᄉᆞ 일을 저즐고 날 듯ᄒᆞ니, 셜시를 부용각의 혼ᄌᆞ 두어셔는 결단코 해ᄒᆞ고 날지라. 우형의 뜻인즉 셜시【59】를 옴겨 쟝 수(嫂) 협실(夾室)의 두미 올흘가 ᄒᆞ노라."

승샹이 ᄃᆡ왈,

"형쟝의 말ᄉᆞᆷ이 졍합뎨의(正合弟意)라. 셜시를 믹월뎡 협실의 옴기샤이다."

639)누셜(縲絏) : 죄인을 묶는 포승줄. 죄를 씌워 감옥에 가둠..
640)지인명감(知人明鑑) : 사람의 됨됨이를 잘 알아볼 줄 아는 맑은 거울과 같은 눈..
641)무지모야(無知暮夜) : 어두운 밤에 남이 모르게.

녕능공 부인이 쇼왈,

“현뎨 등이 다ᄃᆞᆺ지 아닌 일을 근심치 못ᄒᆞ노라 ᄒᆞ더니, 셜시ᄅᆞᆯ 위ᄒᆞ여ᄂᆞᆫ 셰린이 히거픽ᄉᆞ(駭擧悖事)로 상히오ᄂᆞᆫ 일이 이실가 원녀(遠慮)ᄅᆞᆯ 두어 쟝 뎨(弟)의 협실노 옴기고져 ᄒᆞ니, 며ᄂᆞ리ᄅᆞᆯ ᄉᆞ랑ᄒᆞᄂᆞᆫ 졍이 과도ᄒᆞ여 그러ᄒᆞ미냐? ᄋᆞᄃᆞᆯ의 힝ᄉᆞᄅᆞᆯ 근심ᄒᆞ여 광픽지ᄉᆡ(狂悖之事) 이실가 방ᄎᆞ(防遮)642)ᄒᆞ미냐?”

승【60】샹이 ᄃᆡ왈,

“쇼뎨 비록 셜시ᄅᆞᆯ ᄉᆞ랑ᄒᆞ나 엇지 ᄋᆞᄃᆞᆯ의 지나리잇고마ᄂᆞᆫ, 셩녀슉완(聖女淑婉)의 명되 박ᄒᆞ여 경박탕ᄌᆞ(輕薄蕩子)ᄅᆞᆯ ᄲᆞᆼ지으미 지졍(至情)으로 슬피 넉이ᄂᆞᆫ ᄇᆡ라. 젼일 셰린이 셜시ᄅᆞᆯ ᄃᆡ대ᄒᆞᆯ 적도 그 부뷔 상젹(相敵)지 못ᄒᆞᆷ을 앗기미, 셰린의 풍치ᄅᆞᆯ 브족ᄒᆞ미 아니라, 셜시로 의논ᄒᆞᆫ즉, 며ᄂᆞ리 남ᄌᆞ(男子)진ᄃᆡ 광구기악(匡救其惡)643)ᄒᆞᄂᆞᆫ 군ᄌᆡ 될 거시어ᄂᆞᆯ, 셰린은 허랑호일(虛浪豪逸)ᄒᆞ고 즁무소쥬(中無所主)ᄒᆞ여 제 ᄠᅳᆺ의 블합(不合)ᄒᆞᆫ 쟈ᄅᆞᆯ 본ᄌᆞᆨ 죽일 ○[ᄃᆞᆺ] ᄆᆡ워ᄒᆞ미 ᄯᅩᄒᆞᆫ 화홍(和弘)ᄒᆞᆫ ᄀᆡ량(器量)이 아니라. ᄀᆞ장 슌편ᄒᆞᆫ ᄯᆡ라도 영걸현인(英傑賢人)은 아니러니, 당ᄎᆞ지시(當此之時)ᄒᆞ여ᄂᆞᆫ 실셩【61】외입(失性外入)ᄒᆞ여 그 인믈이 닐을 거시니 업ᄉᆞ니, 녀ᄌᆡ 아모리 ᄀᆡ특ᄒᆞ여도 그 가뷔 블인ᄒᆞᆫ즉 평ᄉᆡᆼ(平生)이 볼 거시 업고, 신해 아모리 튱현(忠賢)ᄒᆞ여도 님군이 음황무도(淫荒無道)ᄒᆞᆫ즉, 《뇽방‖뇽봉(龍逢)644)》 비간(比干)645)의 원통ᄒᆞ미 잇ᄂᆞ니, 시고(是故)로 쇼뎨 셜시ᄅᆞᆯ 잔잉, ᄋᆡ련이 넉이ᄂᆞ이다.”

호람휘 탄식 왈,

“셰ᄋᆞ의 외입(外入)ᄒᆞ미 셜쇼부의 젹지 아닌 익이라. ᄒᆞᆷ을○[며] 그 셔간 ᄉᆞ어와 ᄌᆞᄀᆡᆨ의 변괴 갓초 한심ᄒᆞ나, 셰ᄉᆞᄅᆞᆯ 만히 경녁지 못ᄒᆞᆫ ᄋᆞᄒᆡ 놀나고 분흡도 고이치 아닌지라. 우리 진졍으로 셜시ᄅᆞᆯ 원억히 넉이나, 그 누얼을 벗길 도리 업ᄉᆞ니 셰린의 ᄆᆞᄋᆞᆷ을 어ᄂᆡ【62】마ᄃᆡ의 도로혀리오.”

위・조 이태비 쟝부인을 도라보아 셜시ᄅᆞᆯ 금일ᄂᆡ로 ᄆᆡ월뎡 협실노 옴기라 ᄒᆞ니, 쟝부인이 슈명ᄒᆞ고 ᄲᆞᆼ셤으로 ᄒᆞ야금 셜쇼져의 침구ᄅᆞᆯ 옴기며, 쇼져ᄅᆞᆯ 븟드러 협실노 다려오라 ᄒᆞ니, 진왕 왈,

“셜시 총명상쾌(聰明爽快)ᄒᆞ니 남이 닐ᄋᆞ지 아냐도 협실노 옴기면 고이히 넉이려니와, 금번 셰린이 운슈산의셔 ᄌᆞᄀᆡᆨ 만남과 흉셔 어더 도라오믈 드ᄅᆞ면, 반다시 원억(冤抑) 비분(悲憤)ᄒᆞᆷ을 니긔지 못ᄒᆞ리니, ᄎᆞ언을 블츌구외(不出口外)ᄒᆞ라.”

ᄒᆞ더니, 이윽고 셩닌이 도라와 존당【63】부모와 슉당의 ᄇᆡ알ᄒᆞ니, 존당부뫼 새로

---

642)방ᄎᆞ(防遮) : 막아서 가리거나 차단함.

643)광구기악(匡救其惡) : 잘못된 것을 바로잡음.

644)뇽봉(龍逢) : 중국 하(夏)나라 마지막 왕인 걸왕(桀王) 때의 충신. 이름은 관용봉(冠龍逢). 걸왕의 폭정을 직간하다가 주살(誅殺) 당했다.

645)비간(比干); 중국 은(殷)나라 마지막 왕 주왕(紂王)의 숙부(叔父). 현인(賢人). 주왕의 폭정을 직간하던 중, 대로한 주왕이 ‘옛부터 성인은 심장에 구멍이 7개가 있다는데 정말 그러한가 보자’며 그의 심장을 도려내어 죽였다 함,

이 두굿겨 흔연이 집슈ᄒᆞ여 쳔니힝도(千里行途)를 무ᄉᆞ히 ᄒᆞ믈 깃거ᄒᆞ며, 소 이랑(二郎)이 급히 청ᄒᆞ여 가던 연고를 무르니, 태위 소 삼낭(三郎)의 병이 ᄇᆡᆨ분위악(百分危惡)ᄒᆞ여 살기 어려오믈 고ᄒᆞ여, 소이랑이 약 ᄲᅳᆯ 일을 의논코져 쳥턴 바를 알외고, 미인도(美人圖)를 ᄉᆞ샹(思想)ᄒᆞ여 셩질ᄒᆞ믄 닐ᄏᆞᆺ지 아니ᄒᆞ니, 소부인도 오히려 그 거거(哥哥)의 병을 아지 못ᄒᆞ더라.

위태부인이 소시의 신ᄉᆡᆼᄋᆞ(新生兒)를 다려오라 ᄒᆞ여 친히 안아 태우를 뵈며, 두굿겨 왈,

"우리ᄂᆞᆫ 소시의 유신(有娠)홈도 아지 못ᄒᆞ엿더니, 의외에 이 ᄀᆞᆺ튼 긔린(騏驎)646)을 ᄉᆡᆼᄒᆞ니, 깃브며 【64】 아름다오믈 엇지 다 닐ᄋᆞ리오. 네 ᄯᅩ 연긔(年紀) 사ᄅᆞᆷ의 아비 소임ᄒᆞ미 고이치 아니ᄒᆞ나, 노모ᄂᆞᆫ 너 알미 쇼ᄋᆞ로 알앗더니, 이제 옥동을 두어 어룬의 소임이 머지 아니니, 어이 긔특지 아니며, 노모의 셰샹이 지리ᄒᆞ미 현손(玄孫)647)을 보니 미망(未亡)648)의 명완(命頑)ᄒᆞ믈 ᄭᆡ닷고, 일변 희귀ᄒᆞᆫ 경ᄉᆞ를 보ᄂᆞᆫ ᄇᆡ 다힝ᄒᆞ도다."

태위 증조모의 말숨으로 조ᄎᆞ 신ᄋᆞ를 보ᄆᆡ, 샹뫼 당당ᄒᆞ고 골격이 슈앙(秀昂)ᄒᆞ여 농닌(龍鱗)의 톄형(體形)이라. 셰샹을 난지 일삭이 겨유 지나시ᄃᆡ 구각(軀殼)이 셕대(碩大)ᄒᆞ고 영긔(靈氣) 동인(動人)ᄒᆞ여 범ᄋᆞ(凡兒)와 다ᄅᆞ니, 만히 부왕을 픔습(稟襲)ᄒᆞ여시믈 희열ᄒᆞ【65】고, 텬눈의 졍이 ᄒᆡ음업시 귀듕ᄒᆞ나, 유ᄋᆞ(乳兒)를 친히 안으시미 가치 아니믈 닐ᄏᆞ라,

"졔 유모를 맛지쇼셔."

ᄒᆞ니, 하승샹 부인이 쇼왈,

"네 부친의 말이 여ᄎᆞ여ᄎᆞ(如此如此)ᄒᆞ여 너를 나키ᄂᆞᆫ 뎡 뎨(弟)의 원ᄒᆞᆫ ᄇᆡ오, 네 옥동 두기ᄂᆞᆫ 소시의 슉셩(夙成)ᄒᆞ미라 ᄒᆞ니, 아지 못게라, 네 그ᄃᆡ도록 오졸(迂拙)ᄒᆞ여 ᄉᆡᆼᄉᆡᆼ(生生)의 길흘 여지 못ᄒᆞ게 미거(未擧)ᄒᆞ더냐?"

태위 블감응ᄃᆡ(不敢應對)ᄒᆞ고 시좌(侍坐)ᄒᆞ엿다가, 날호여 뎡부의 가 존당과 슉당의 ᄇᆡ견ᄒᆞ니, 금평후 부부와 슌태부인의 반기미 현긔 등이 먼니 갓다가 도라오나 다라지 아니터라. 태위 셕반을 뎡부의【66】셔 나오고 밤든 후 부즁의 도라와, 제뎨로 혼뎡(昏定)의 참예코져 홀ᄉᆡ, 이의 문 왈,

"너희 져 즈음게 미인도를 가져 외인(外人)을 뵈엿다 ᄒᆞ니, 아지 못게라, 엇던 사ᄅᆞᆷ의 화상(畫像)이러뇨?"

웅닌이 ᄃᆡ왈,

---

646)긔린(騏驎) : 하루에 천리를 간다는 말[馬]로, 뛰어나게 잘난 자손을 칭찬하여 이르는 말. =천리마(千里馬)

647)현손(玄孫) : 증손자의 아들. 또는 손자의 손자.

648)미망(未亡) : 미망인(未亡人). 아직 따라 죽지 못한 사람이란 뜻으로, 남편이 죽고 홀로 남은 여자를 이르는 말. ≪춘추좌씨전≫의 <장공편(莊公篇)>에 나오는 말이다.

"봉닌이 화법이 신긔(神奇)컨 톄ᄒᆞ고, 션 ᄆᆡ(妹)의 얼골을 그려 형뎨 군죵의게 쟈랑ᄒᆞ다가, 소원ᄇᆡᆨ이 맛다라649) 보고 황홀이 넉여 그림을 앗고 주지 아니ᄒᆞ니, 영닌 경망ᄒᆞᆫ 거ᄉᆞᆫ 쳬 업ᄉᆞᆫ 말을 발ᄒᆞ여 쇼ᄆᆡ 화상(畵像)이믈 소원ᄇᆡᆨ다려 닐오니, 그런 ᄒᆡ연(駭然)ᄒᆞᆫ 일이 어ᄃᆡ 이시리잇고?"

태위 발셔 짐쟉ᄒᆞᆫ 일이라. 블힝ᄒᆞ믈 니긔지 못ᄒᆞ야 다만 거름을 두【67】루혀 존당의 혼뎡(昏定)ᄒᆞ고 부슉(父叔)을 뫼셔 듁셔헌의 나오며[ᄆᆡ] 왕이 비로소 문왈,

"셰린이 운슈산의 유완(遊玩)ᄒᆞ다가 광인(狂人)을 만나 가ᄉᆞᆷ을 상ᄒᆡ오ᄂᆞᆫ 지경의 밋첫더라 ᄒᆞ니, 엇지 그 ᄌᆞ긱을 잡지 못ᄒᆞ여 일흔고?"

태위 ᄃᆡ왈,

"쇼뎨 운슈산 풍경 볼ᄶᅵᄂᆞᆫ 쇼ᄌᆡ 쥬ᄉᆞ 슉시로 더브러 말ᄉᆞᆷᄒᆞ고 산경(山景)을 보지 아냐시니, 광인을 만나믈 아지 못ᄒᆞ여ᄉᆞ오ᄃᆡ, ᄌᆞ긱이 셰린을 해코져 ᄒᆞ믄 십분요란(十分搖亂)650)ᄒᆞ여 창외의셔 십분 슈샹ᄒᆞᆫ 소ᄅᆡ 들니ᄂᆞᆫ 바의, 셰린이 문을 열고 ᄂᆡ닷다가 가ᄉᆞᆷ을 상해(傷害)오미 되어시니, 놀납고 분ᄒᆞ나 적이 공즁으로 치다라 ᄌᆞ최【68】를 곰초니, 잡을 길히 업서 힘힘이 도라오이다."

승샹 왈,

"요인이 간계(奸計)를 발ᄒᆞ여 셰린의 광심(狂心)을 놀ᄂᆡ고, 셜시를 깅지함뎡(坑之陷穽)651)ᄒᆞᄆᆡ 일을 쥬밀(周密)케 ᄒᆞ니 셰린이 엇지 잡으리오. 연(然)이나, 셜시 맛ᄎᆞᆷᄂᆡ 누얼(陋孼)가온ᄃᆡ 홍원(紅寃)652)을 무릅ᄡᅳᆫ 혼ᄇᆡᆨ(魂魄)이 되지 아니리이다."

태위 왈,

"셰 뎨(弟)의 상셩(喪性)ᄒᆞᆷ과 셜수의 누명(陋名)도 우환(憂患) 되거니와, 쳔만의외(千萬意外) 근심이 또 이시니 블힝ᄒᆞ믈 니긔지 못ᄒᆞ리로소이다."

부슉이 문기고(問其故)ᄒᆞᆫᄃᆡ, 태위 쇼셩의 병이 위악(危惡)ᄒᆞᄆᆡ 니ᄅᆞ미 다른 일이 아니라, 이의 와 미인도를 보고, ᄉᆞ샹일념(思相一念)653)이 경경(耿耿)654)ᄒᆞ여 살【69】기 어려오믈 갓초 고ᄒᆞ고, 그림 가온ᄃᆡ 미인은 다ᄅᆞ니 아니라 션화 ᄆᆡ뎨믈 닐ᄏᆞ라, 졔뎨 션화의 얼골을 그렷다가 무심(無心)655)ᄒᆞᆫ 바의, 소ᄉᆡᆼ이 그림을 보고 그 사ᄅᆞᆷ을 ᄉᆞ샹(思想)ᄒᆞᄆᆡ 근졀ᄒᆞ여 듀듀야야(晝晝夜夜)의 미인도 밧근 ᄉᆡᆼ각ᄂᆞᆫ 거시 업ᄉᆞ믈 알외여, 소슌 등의 쵸민(焦悶)ᄒᆞ던 말과 소공의 단연(斷然)이 념녀치 아니턴 바를 일일히 고ᄒᆞ니, 왕과 승샹이 문필(聞畢)656)의 경ᄒᆡ(驚駭)ᄒᆞ믈 니긔지 못ᄒᆞ나, 이 본ᄃᆡ 듕산지

649)맛달다 : =맛닿다. 맞닥치다. 마주치다. *맞닥치다; 어떠한 일이나 물건이 서로 마주 다다르다.
650)십분요란(十分搖亂) : 매우 요란함.
651)깅지함뎡(坑之陷穽) : 함정에 빠트림.
652)홍원(紅寃) : 홍상지원(紅裳之冤). 곧 젊은 여인의 원한을 이르는 말.
653)ᄉᆞ샹일념(思相一念) : 상대를 그리는 오롯한 마음. 한 마음으로 짝사랑함.
654)경경(耿耿) : 마음에서 사라지지 않고 염려가 됨.
655)무심(無心) : 방심(放心). 마음을 두지 않고 있거나 놓고 있음.
656)문필(聞畢) : 듣기를 마침.

듕(重山之重)657)과 하히지량(河海之量)658)이라. 과도히 놀나는 빗출 낫토지 아니코, 왕 왈,

"녀익 겨유 십셰를 넘엇고, 제 우히 듕·영·혜·봉 ᄉ익(四兒) 이시나 취실(娶室)치 못【70】ᄒ여시니, 아직 튁셔(擇壻)의 념녜 밋지 못ᄒ엿더니, 뜻밧게 얼골 그린 거술 소ᄌ의 눈의 거러시니, ᄉ셰 마지 못ᄒ여 션화는 소가의 속현(續絃)홀지라. 소ᄌ(蘇子)와 녀익 년긔 부젹(不適)ᄒ고 그 가되(家道) 어려온 일이 만흐니, 대모(大母)와 ᄌ뎡(慈庭)이 드르시면 션화의 일싱을 념녀ᄒ샤 우환을 숨으시려니와, 만ᄉ를 인녁으로 못홀 빅니 현마659) 엇지 ᄒ리오. 소ᄌ의 그림 보고 셩병ᄒ미 ᄀ장 아룸답지 아니ᄒ나, 이런 말을 말고 다만 소ᄌ의게 허ᄒ는 뜻을 통ᄒ여, 그 병을 낫게 ᄒᆫ 후, 죵용히 뉵녜(六禮)를 구힝(具行)ᄒ미 올흘가 ᄒ노라."

승샹 왈,

"형쟝 말숨이 비【71】록 올흐시나, 다만 년쇼ᄒᆫ ᄋ히들이 부졀업순 희롱으로 질녀의 ᄌ용을 도화(圖畵)ᄒ여 그룻 소ᄌ(蘇子) 보미 되니, 일이 비록 미안ᄒ나, 위인(爲人)인즉 현명군ᄌ(賢明君子)로 문한ᄌ덕(文翰才德)이 출뉴(出類)ᄒ니 형쟝이 텬하를 광구(廣求)ᄒ나, 소셩의셔 나은 셔랑을 못 어드리니, 쏘ᄒᆫ 피ᄎ 상젹홀가 ᄒᄂ이다."

왕이 쇼왈,

"화도로 말믹암아 ᄉ샹(思相)ᄒ미 되어시면, ᄉ셰 마지 못ᄒ여 친ᄉ를 일울 빅니, ᄒ믈며 신낭이 특이타 ᄒ미 현데의 말과 ᄀᆺᄐ나, 나의 본읜(本意)즉 사회를 갈히믹 뎡운긔와 하몽셩 ᄀᆺᄐᆫ 자를 구ᄒ미러니, 소원의 어긔도다."

승샹이 잠【72】쇼(潛笑) 왈,

"ᄎ 냥인은 영걸지풍(英傑之風)이나, 각각 쳐실의 슌편치 아닐 듯ᄒ니, 형쟝이 호방ᄒᆫ 사회를 엇고져 ᄒ시미 고이ᄒ이다."

왕이 쇼왈,

"쇼년의 호일ᄒᆫ 긔운은 나히 ᄎ면 ᄌ연 졍도의 나아가 군ᄌ대현(君子大賢)이 되ᄂ니, 엇지 쇼쇼학힝(小小學行)의 비길 빅리오. ᄎ(此) 션화는 소가의 사름이 될 밧 홀일업고, 소샹셔 부부의 셩닌 익휵(愛慉)ᄒ믈 싱각건딕, 은심하히(恩深河海)660)라. 일녀로 그 집 비ᄌ(婢子)를 삼아도 다 갑지 못홀지라. 소랑의 병을 셩닌을 보닉여 위로ᄒ고, 허혼(許婚)ᄒ믈 알게 ᄒ리라."

ᄒ며, 션화의 얼골을 그려 소셩을 뵌 쟈를【73】뭇지 아니니, 이는 왕이 제ᄌ 즁 봉닌의 화법을 아는 고로, 이의 짐쟉ᄒ고 쏘 무심히 져의 ᄀ지 보다가 소ᄌ(蘇子) 보기도 텬연(天然)이라 ᄒ여, 요란이 알은 쳬 아니려 ᄒ고, 소셩의 샹ᄉ(相思)ᄒ여 병을

657)듕산지듕(重山之重) : 큰 산과 같은 무거움.
658)하히지량(河海之量) : 큰 강과 바다처럼 넓은 도량.
659)현마 : 설마. 차마.
660)은심하히(恩深河海) : 은혜가 하해(河海)처럼 깊음.

일위믈 낫비 넉이나, 타연이 션화를 소가의 속현키를 허락ᄒᆞ고, 침금(枕衾)을 취ᄒᆞ여 쾌히 ᄌᆞᆷ들ᄆᆡ, 쟝부의 긔샹이 웅녈(雄烈)ᄒᆞ고 군ᄌᆞ의 도량이 관대ᄒᆞ믈 볼지라.

태위 부왕의 허락이 쾌ᄒᆞ믈 ᄒᆡᆼ심(幸心)ᄒᆞᄃᆡ, 녀시 슉질의 흉ᄑᆡ(凶悖)ᄒᆞ믈 아ᄂᆞᆫ 고로 쳔금쇼ᄆᆡ의 신셰 블안ᄒᆞᆫ[ᄒᆞᆯ] 바를 깁히 근심ᄒᆞ나, ᄯᅩᄒᆞᆫ ᄒᆞᆯ일업더라.

ᄎᆞ시 셜쇼제 신【74】병(身病)이 대단ᄒᆞ여 침소의 잇더니, 존당 명을 니어 침구를 옴겨 ᄆᆡ월뎡 협실의 니르나, 영민ᄒᆞᆫ 심졍이 반다시 별단(別段) ᄉᆞ괴 이시믈 혜아려, 가부(家夫)의 블명무식(不明無識)ᄒᆞᆷ과 동녈(同列)의 악착ᄒᆞ미 ᄌᆞ긔를 업시ᄒᆞ고 긋칠 바를 짐쟉ᄒᆞᄆᆡ, 심식ᄌᆞ못 요란ᄒᆞᄃᆡ, ᄉᆞ식(辭色)지 아니코 병톄(病體)를 움죽여 존고 협실노 올무니, 쟝부인이 년ᄋᆡ(憐愛) 귀듕(貴重)ᄒᆞ미 친녀의 더으니, ᄋᆞᄌᆞ의 박졍(薄情)을 통완ᄒᆞ여 슉녀의 평ᄉᆡᆼ을 져바릴가 각별 슬허ᄒᆞ니, 셜시 존고를 우러라 친뫼 아니믈 ᄭᆡ닷지 못ᄒᆞ고, 존당과 구고의 후은을 감골ᄒᆞ【75】더라.

ᄎᆞ시 쳥션이 ᄀᆞ마니 윤부의 니ᄅᆞ러 몬져 녕능을 보고 셜시를 ᄀᆡᆼ참(坑塹)의 함닉(陷溺)ᄒᆞ여 구구삼셜(九口三舌)[661]이라도 누얼(陋孼)이 실니게 ᄒᆞ며, 학ᄉᆞ의 가ᄉᆞᆷ을 잠간 상(傷)ᄒᆞᆯ지언뎡 대단치 아니믈 갓초 닐너 말ᄒᆞ니, 녕능이 쾌열(快悅)ᄒᆞ믈 니긔지 못ᄒᆞ여, 년망(連忙)이 니러 사례 왈,

"ᄉᆞ부의 대은은 함호결초(銜環結草)[662]ᄒᆞ여 갑흐리이다."

ᄒᆞ더라.

---

661)구구삼셜(九口三舌) : '아홉 입과 세 혀'라는 뜻으로 많은 말을 늘어놓는 것을 말함.

662)함호결초(銜環結草) : '남에게 입은 은혜를 꼭 갚는다' 의미를 가진 '함환이보(銜環以報)'와 '결초보은(結草報恩)'이라는 두 개의 보은담(報恩譚)을 아울러 이르는 말로, '남에게 받은 은혜를 살아서는 물론 죽어서까지도 꼭 갚겠다'는 보다 강조된 의미가 담긴 뜻으로 쓰인다. 그런데 이 작품에서는 '함환'을 '함호'로 표기하고 있어 이것이 '함환'의 단순한 오기(誤記)인지, 아니면 다른 뜻을 갖는 말인지를 판단하기가 쉽지 않다. 우선 두 보은담의 유래를 보면, '함환이보'는 중국 후한 때 양보(楊寶)라는 소년이 다친 꾀꼬리 한 마리를 잘 치료하여 살려 보낸 일이 있었는데, 후에 이 꾀꼬리가 양보에게 백옥환(白玉環)을 물어다 주어 보은했다는 남북조 시기 양(梁)나라 사람 오균(吳均)이 지은『續齊諧記』의 고사에서 유래하였고, '결초보은'은 중국 춘추 시대에, 진나라의 위과(魏顆)가 아버지가 세상을 떠난 후에 서모를 개가시켜 순사(殉死)하지 않게 하였더니, 그 뒤 싸움터에서 그 서모 아버지의 혼이 적군의 앞길에 풀을 묶어 적을 넘어뜨려 위과가 공을 세울 수 있도록 하였다는 『춘추좌전』<선공(宣公)>15년 조(條))의 고사에서 유래하여, 그 출처가 분명하다. 우리나라에서는 두 고사성어 가운데 '결초보은(줄여서 '결초')'이 널리 쓰여왔으나 '함환이보(줄여서 '함환')'는 활발히 쓰여온 말이 아니다. 고소설에서는 '결초보은' 또는 '결초'라는 말이 널리 쓰이는 가운데 이 작품에서처럼 '결초함호' 또는 '함호결초'라는 말이 <명주보월빙><완월회맹연><임화정연><효의정충예행록> 등 여러 작품들에서 많은 예가 검색되고 있는데, '함환이보'나 '함환'은 검색되지 않는다. 따라서 '함호'를 '함환'의 오기라고 단정할 수는 없다. 그렇다면 '함호'와 '함환'은 같은 말로 볼 수밖에 없는데, 이를 전제로 함호의 뜻을 밝혀 보면, '함'은 두 말의 음이 같기 때문에 다같이 '銜(함)'자로 보고, '環(환옥 환)'자가 갖고 있는 '玉(옥)'의 뜻을 갖는 글자를 '호'음을 갖는 글자 가운데서 찾아보면 '琥(서옥 호)'자가 있어, 이 '함호'를 '銜琥(함호)'로 볼 수 있지 않을까 하는 추측을 해볼 수 있다. 그러나 이 '銜琥' 또한 각종 사전이나 고문헌 DB자료들에서 검색되지 않는 말이어서 '함호'를 '銜琥'의 표음으로 단정할 수 없다. 이 때문에 교주자는 '함호'를 '銜環'과 같은 뜻을 갖는 말의 표음으로 보아 '함호'로 전사(轉寫)하고 그 본디 말인 한자어는 그 본뜻을 밝혀 '銜環'으로 병기하기로 한다

청션 왈,

"이제 학ᄉᆞ의 ᄆᆞ음을 변ᄒᆞ여 셜시를 죽일 듯 믜워ᄒᆞ게 ᄆᆡᆫ다라시니, 졍당 샹공과 부인의 ᄆᆞ음은 변치 아냐도, 셜시ᄂᆞᆫ 보젼치 못ᄒᆞ리이다."

ᄒᆞ더라. 【76】

윤하뎡삼문취록 권지이십칠

ᄎᆞ시 쳥션 왈,

"졍당 샹공과 부인의 ᄆᆞ음은 변치 아냐도, 셜쇼져ᄂᆞᆫ 보젼키 어려오니, 부인은 이슈가익(以手加額)663)ᄒᆞ여 ᄯᅢ를 기다리라."

ᄒᆞ고, 구시를 잠간 볼 일이 잇다 ᄒᆞ여 화취루의 니르니, 가구시 쳥션의 블ᄉᆞ(佛事)를 밧드러 져의 슈복을 빌고 도라오기를 희망ᄒᆞᄂᆞᆫ 눈이 ᄯᅮ러질 듯 ᄒᆞᆫ 바의, 쳥션이 드러오니 구시 반겨 ᄂᆡ다라 왈,

"ᄉᆞ뷔 산ᄉᆞ로 가션지 수삼월의 쳡이 훌연ᄒᆞ믈 니긔지 못ᄒᆞ여, 원텬(遠天)을 ᄇᆞ라고 그윽이 츅원ᄒᆞ더니, 금일 ᄉᆞ뷔 도라와 반가온 소식【1】을 젼ᄒᆞ시기를 고ᄃᆡᄒᆞ{시}더니, 이제 니르시니 슈복을 빌어 도라오시니잇가?"

쳥션이 요두(搖頭) 왈,

"부인아, 빈되 무슴 죄를 지엇관ᄃᆡ 하마 죽을 번 ᄒᆞ괘이다. 빈되 금번 산ᄉᆞ의 가 쇼져를 위ᄒᆞ여 졍셩을 드리더니, 셕가졔블(釋迦諸佛)664)이 현셩(顯聖)665)ᄒᆞ샤 빈도를 ᄭᅳ어 업지르고 쳘편으로 두다려, 왈, '블ᄉᆞ(佛事)를 밧드ᄂᆞᆫ 거ᄉᆞᆫ 반다시 쳥념졍결(淸廉淨潔)ᄒᆞ고 졍셩이 극진ᄒᆞᆫ 후의야 소원을 셩취ᄒᆞᄂᆞ니, 이제 너ᄂᆞᆫ 블의에 ᄌᆡ믈노ᄡᅥ ᄌᆡ식(齋食)을 베프니, 엇지 벌을 ᄡᅳ지 아니리오. 구녀의 무샹(無狀)ᄒᆞ미 여ᄎᆞᄒᆞ니, 이제 가져온 ᄌᆡ믈은 강슈(江水)의 ᄯᅳ【2】러 바리고, 새로 졍결ᄒᆞᆫ 거ᄉᆞ로 공양ᄒᆞ면, 오히려 죄를 샤ᄒᆞ려니와, 블연즉 구녀의 변셩(變成)ᄒᆞᆫ 죄와 너의 부졍ᄒᆞᆫ 죄를 ᄒᆞᆫᄃᆡ 다ᄉᆞ리리라.' ᄒᆞ시니, 빈되 쳔만 ᄋᆡ걸ᄒᆞ여 겨유 사라 부인의 주시던 ᄌᆡ보ᄂᆞᆫ 진수(盡數)히 강슈(江水)의 ᄯᅴ오고 지셩ᄌᆡ계(至誠齋戒)ᄒᆞ여 헌공(獻供) 샤죄(謝罪)ᄒᆞ믈 ᄆᆡᆼ셰ᄒᆞ고 오니이다."

난ᄋᆡ 텽파(聽罷)의 가ᄉᆞᆷ이 벌ᄯᅥᆨ이고, ᄋᆡ돌은 ᄒᆞᆫ이 ᄀᆞ득ᄒᆞ여, 뉴톄(流涕) 왈,

"부텨님도 야쇽홀샤, 그 ᄌᆡ믈이 굿ᄐᆡ여 블의로 어든 거ᄉᆞᆫ 아니러니, 내 팔ᄌᆡ 험흔(險釁)ᄒᆞ여 여ᄎᆞᄒᆞ미어니와, 쳡의 죄로 ᄉᆞ뷔 벌을 밧으시니 블안ᄒᆞ고 놀나오니, 엇【3】지 ᄒᆞ리오?"

---

663)이슈가익(以手加額) : 손을 이마에 대거나 얹고 생각함.
664)셕가졔블(釋迦諸佛) : 석가모니 부처를 위시한 여러 부처들.
665)현셩(顯聖) : 높고 귀한 사람이 죽은 후에 신령이 되어 나타남.

청션이 잠간 위로 왈,

"금번 졔블(諸佛)의 닐우시는 말솜으로 조ᄎ, 부인이 탁셩(託姓)666) 구시(具氏) ᄒ시던 니력을 ᄭ|다라니, 쇼졔 원니 윤가의 도라오시믈 졍도(正道)로 못ᄒ샤, 발셔 텬신이 외오667) 넉이시미 되니, 다시 졍셩을 극진이 ᄒ샤 그런 일이 발각지 아니케 ᄒ쇼셔."

난이 비록 대간대악(大奸大惡)이나 ᄎ언의 다드라는 놀나오미 쳥텬(靑天)의 벽녁(霹靂)이 만신(滿身)을 분쇄(粉碎)ᄒ는 듯, 눈을 모(模)668) 업시 쓰고 말을 못ᄒ니, 이 ᄶ 교란이 경부의 가 호시를 보칙여 쇼졔 블ᄉ(佛事)를 밧들녀 ᄒ믈 젼ᄒ고, 노복(奴僕)을 풀며, 긔명(器皿)669)을 화미(和賣)ᄒ여 도라완 지 수삼일 【4】 이 되엿더니, 쳥션의 말을 듯고 쇼왈,

"ᄉ뷔 우리 쇼져의 니력을 이제야 알았노라 ᄒ시미, 오히려 속이시는 말이니 쇼져는 놀나시나 나는 놀납지 아닌지라. ᄌ고(自古)로 현금(賢禽)670)도 틱목(擇木)671)ᄒᄂ니 ᄒ믈며 사ᄅᆷ이냐? 쟝강(莊姜)672) · 반비(班妃)673)의 힝실이 ᄂᄌ미 아니로ᄃᆡ, 명되(命途) 궁ᄒ여 후세의 ᄎ셕(嗟惜)ᄒ는 비 되어시니, 녀ᄌ의 일싱이 지타인(在他人)이라674). 죵신대ᄉ(終身大事)675)를 그릇ᄒ여 블인쟈(不仁者)의게 속ᄒ면 가히 밋ᄎ리잇고? 시고(是故)로 쇼졔 윤문의 도라오시기를 졍도로 못ᄒ여 계시나, 이 ᄯ 인연이 긔특ᄒ신 빈니 새로이 닐ᄏ라실 거시 아니니, ᄉ부는 쇼져의 블의(不意) 【5】 로 엇다 ᄒᆫ 지보를 다 믈에 플고, 노쳡이 경부로 조ᄎ 수빅금을 졍도로 어더와시니, 새로이 졍결(淨潔)케 블젼의 만복을 츅ᄒ쇼셔."

쳥션이 지보를 욕심의 ᄎ도록 어들 일을 환힝(歡幸)ᄒ여, 교란의 손을 잡고 칭션 왈,

"유랑(乳娘)은 진실노 쳥의(靑衣)676) 가온ᄃᆡ 냥평(良平)677)이로다. 부인이 이 ᄀ튼

---

666)탁셩(託姓) : 성씨를 다른 성씨로 바꾸어 행세함.
667)외오 : 그릇. 잘못되게.
668)모(模) : 모양(模樣). 외모에 부리는 멋.
669)긔명(器皿) : 그릇. 살림살이에 쓰는 그릇을 통틀어 이르는 말.
670)현금(賢禽) : 영리한 새.
671)틱목(擇木) : 나무를 고름. 여기서는 (영리한 새는) '나무를 골라 앉는다.'는 말.
672)쟝강(莊姜) : 중국 춘추시대 위(衛)나라 장공(莊公)의 처. 아름답고 덕이 높았고 시를 잘하였다.
673)반비(班妃) : 중국 한(漢)나라 성제(成帝)의 후궁. 시가(詩歌)를 잘하여 성제의 총애를 받았으나 조비연(趙飛燕)에게 참소를 당하여 장신궁(長信宮)에 있으면서 부(賦)를 지어 상심을 노래하였다.
674)녀ᄌ의 일싱이 지타인(在他人)이라 : 여자의 일생이 다른 사람에게 달려 있다.
675)죵신대ᄉ(終身大事) : 평생에 관계되는 큰일이라는 뜻으로, '결혼'을 이르는 말.
676)쳥의(靑衣) : 푸른 빛깔의 옷. 예전에 천한 사람이 입었던 옷으로, '천인(賤人)'을 상징한다.
677)냥평(良平) : 중국 한(漢)나라 때의 책사(策士) 장량(張良)과 진평(陳平)을 함께 이르는 말. *장량(張良); BC ?-189. 중국 한나라의 정치가, 건국공신. 자는 자방(子房). 유방의 책사로 홍문연에서 유방을 구하고 한신을 천거하는 등, 유방이 한나라를 세우고 천하를 통일할 수 있도록 도왔다. 소하·한신과 함께 한나라 건국 3걸로 불린다. *진평(陳平); 중국 전한(前漢) 때 정치가. 한 고조 유방(劉邦)를 도와 여섯 번이나 기발한 꾀를 내, 천하를 평정케 하였다.

모ᄉᆞ(謀士)를 두시고 파적(破敵)을 못ᄒᆞ시리잇가?"

교란이 이의 난ᄋᆞ를 권ᄒᆞ여 협ᄉᆞ(篋笥)의 잇ᄂᆞᆫ 직보를 일일히 ᄂᆡ여 쳥션을 주어 강슈(江水)의 씌오고 경부의셔 가져온 수빅금(數百金)678) 은(銀)을 주어 블ᄉᆞ(佛事)를 시작ᄒᆞ라 ᄒᆞ니, 난ᄋᆡ 비록 직보를 앗기나, ᄌᆞ긔 간졍(奸情) 【6】 이 발각홀가 두려, 원셩뎐의셔 도적ᄒᆞ여 온 금은필빅(金銀疋帛)이며 야명쥬(夜明珠)를 모도 ᄂᆡ여주고, 또 모친긔셔 온 수빅금(數百金) 은(銀)을 ᄡᅡ로 주어 블ᄉᆞ를 위ᄒᆞ라 ᄒᆞ니, 쳥션이 수업ᄉᆞᆫ 직보를 어드ᄆᆡ ᄆᆞ음의 흐뭇ᄒᆞ여,

"다시 졍셩것 블젼의 슈복을 츅원ᄒᆞ리이다."

ᄒᆞ니, 난ᄋᆡ 수히 단녀오믈 《닐을지∥닐은ᄃᆡ》, 쳥션 왈,

"블의(不義)로 어든 보화를 강슈의 씌오고, 칠일 직계(齋戒)ᄒᆞ고 삼일 츅원(祝願)ᄒᆞ여 졍셩을 다ᄒᆞᆫ 후면, 일순ᄂᆡ(一旬內)의 오지 못ᄒᆞ리로소이다."

교란 왈,

"날이 오릴지라도 ,쇼져의 슈복을 졔도ᄒᆞ쇼셔."

쳥션이 허락ᄒᆞ고 도라 【7】 가니라.

명일 윤태위 존당의 신셩(晨省)ᄒᆞ고 셔지의 믈너오ᄆᆡ, 진왕이 태우다려 소부의 가 소삼낭을 보고 허혼ᄒᆞᄂᆞᆫ 뜻을 닐ᄋᆞ라 ᄒᆞ니, 태위 슈명ᄒᆞ고 소부의 니르니, 소공이 흔연 왈,

"네 쟉일 항쥐셔 도라와 쉬지 아니ᄒᆞ고 엇지 닐ᄋᆞ뇨?"

태위 ᄃᆡ왈,

"삼형의 병을 뭇고져 니르라ᄂᆞ이다."

공 왈,

"그 알ᄂᆞᆫ 거동이 부졍(不正)ᄒᆞ여 보고시브지 아니니, 내 부ᄌᆞ의 졍이로ᄃᆡ 쟉일브터 그 얼골을 보지 말고져 ᄒᆞᄂᆞ니, 너ᄂᆞᆫ 보고가라."

태위 피좌(避座) 왈,

"대인이 비록 삼형을 미안(未安)ᄒᆞ시나, 그 ᄉᆞ싱(死生)이 위틱ᄒᆞ믈 아니 도라보시면, 부ᄋᆡᄌᆞ은(父愛子恩)679)ᄒᆞᄂᆞᆫ 덕이 【8】 아닌가 ᄒᆞᄋᆞᆸᄂᆞ니, 병든 곡졀을 임의 알아계신지라, ᄋᆞ히 쟉일 가친(家親)긔 고ᄒᆞ니, 그림 가온ᄃᆡ 사ᄅᆞᆷ이 다ᄅᆞ니 아니라 쇼ᄌᆞ의 어린 누의라. 년긔 겨유 십셰를 넘어시니, 혼인을 의논ᄒᆞ미 가치 아니코, 졔 우히 듕·영·혜·봉 ᄉᆞᄋᆡ(四兒) 취실(娶室)치 못ᄒᆞ여시니, 역혼(逆婚)이 블가ᄒᆞᄃᆡ, 삼형의 병나을 도리를 ᄉᆡᆼ각ᄒᆞᄆᆡ 셩친(成親)밧게 나지 아닛ᄂᆞᆫ 고로, 대인이 믈니치지 아니신즉, 가친 뜻은 혼네를 수이 일우고져 ᄒᆞ시ᄂᆞ니이다."

소공이 텽파의 진왕의 쾌허(快許)ᄒᆞᄂᆞᆫ 뜻을 감격ᄒᆞ여 왈,

---

678)-금(金); '돈'의 뜻을 더하는 접미사.
679)부ᄋᆡᄌᆞ은(父愛子恩) : 어버이는 자식을 사랑하고 자식은 어버이의 은혜에 보답함.

“나ᄂᆞᆫ 부ᄌᆞ의 졍과 텬뉸(天倫)의 ᄌᆞᄋᆡ(慈愛)로ᄃᆡ, 져의 소【9】ᄒᆡᆼ(所行)이 무샹(無狀) 음일(淫佚)ᄒᆞ여 미인도ᄅᆞᆯ ᄉᆞ샹(思想)ᄒᆞ여 셩질(成疾)ᄒᆞ믈 쟉일(昨日)의야 드ᄅᆞᄆᆡ, 만심(滿心)이 경ᄒᆡ(驚駭)ᄒᆞ여 목젼의 죽으믈 당ᄒᆞ여도 앗길 ᄯᅳᆺ이 업거ᄂᆞᆯ, 녕엄(令嚴)이 블쵸ᄌᆞ(不肖子)의 ᄉᆞᄉᆡᆼ(死生)을 념녀ᄒᆞ샤, 쳔금교와(千金嬌婉)로ᄡᅧ 블인탕ᄌᆞ(不仁蕩子)와 ᄡᅡᆼ지으믈 허ᄒᆞ시니, 쳡쳡(疊疊) 닌친(姻親)[680]의 졍의(情誼)ᄂᆞᆫ 닐ᄋᆞ도 말고, 쳔금 귀쇼졔 미문(微門)의 속현(續絃)ᄒᆞ미 희귀(稀貴)ᄒᆞᆫ 일이라. 셩의 무샹(無狀)ᄒᆞ믈 ᄉᆡᆼ각건ᄃᆡ, ᄎᆞ혼을 엇지 셩젼(成全)코져 시브오리마ᄂᆞᆫ, 녕엄의 ᄂᆞ지 허(許)ᄒᆞ신 덕의ᄅᆞᆯ 혜아리ᄆᆡ, 감은각골(感恩刻骨)ᄒᆞᆫ지라. 져의 ᄎᆞ셩(次星)ᄒᆞ기ᄅᆞᆯ 기다려 뉵녜(六禮)ᄅᆞᆯ 구ᄒᆡᆼ(具行)ᄒᆞ려니와, 셩의 망측(罔測)【10】ᄒᆞᆫ 인물이 슉녀의 평ᄉᆡᆼ을 져바릴 거시니, 쟝ᄂᆡᄉᆞ(將來事)ᄅᆞᆯ 보ᄂᆞᆫ ᄃᆞᆺ ᄒᆞ도다.”

ᄉᆡᆼ이 소공의 말을 드ᄅᆞᄆᆡ, ᄒᆞᆫ갓 셩을 나모랄 ᄲᅮᆫ 아니라, 가ᄉᆞ의 어ᄌᆞ러올 바ᄅᆞᆯ 미리 념녀ᄒᆞ여 ᄌᆞ긔 누의의 일ᄉᆡᆼ을 근심ᄒᆞᄂᆞᆫ 줄 알오ᄃᆡ, 굿ᄐᆞ여 ᄉᆞᄉᆡᆨ(辭色)지 아니ᄒᆞ고, 다만 닐ᄋᆞᄃᆡ,

“ᄋᆞᄒᆡ 존부 동상(東床)을 모쳠(冒添)ᄒᆞ엿고, 피ᄎᆞ 가벌이 샹당(相當)ᄒᆞ니 대인이 ᄎᆞ혼의 겸ᄉᆞ(謙辭)ᄒᆞ실 ᄇᆡ 아니라. 삼형이 쇼ᄆᆡ(小妹)ᄅᆞᆯ 취ᄒᆞ미 무어시 외람(猥濫)ᄒᆞ리잇가? 가친이 대인을 지심(知心)ᄒᆞ샤 범ᄉᆞ의 동긔 ᄀᆞᆺ치 넉이시ᄂᆞ니, 삼형의 병이 화도로 인ᄒᆞ여 위듕ᄒᆞᄃᆡ 즉시 【11】 쳥혼치 아닌 바ᄅᆞᆯ ᄒᆞᆫᄒᆞ시ᄂᆞᆫ지라. 복망(伏望) 대인은 삼형을 위로ᄒᆞ샤, 그 병심을 편케ᄒᆞ시고, 은혜ᄅᆞᆯ 닐ᄏᆞᆺ지 마ᄅᆞ쇼셔.”

소공이 태우의 등을 어라만져 왈,

“내집 뇽(龍)이 변ᄒᆞ여 윤가의 가니, 일월이 오릴ᄉᆞ록 훌연ᄒᆞᆫ[681] 즁, 문난(門欄)의 광치ᄂᆞᆫ 도로혀 젹은 일노 아ᄂᆞ니, 열은 복으로ᄡᅧ 너 ᄀᆞᆺᄐᆞᆫ 쾌셔(快壻)ᄅᆞᆯ 어드나 외람ᄒᆞ믈 ᄭᆡ닷지 못ᄒᆞ믄, 녀ᄋᆡ 거의 덕요(德曜)[682]의 어질믈 효측ᄒᆞᆯ만 ᄒᆞ니, 너의 ᄇᆡ위(配位)되미 그ᄃᆡ도록 블ᄉᆞ(不似)치 아니ᄒᆞ미어니와, 지어(至於) 셩ᄒᆞ여ᄂᆞᆫ, 그 위인이 무샹(無狀) 괴거(怪擧)ᄒᆞ니, 녕ᄆᆡ(令妹)의 가부(家夫)되미 외【12】람ᄒᆞᆫ지라. 내 녕ᄆᆡᄅᆞᆯ 위ᄒᆞ여 미리 근심ᄒᆞ믄 셩의 편협(偏狹)ᄒᆞ므로ᄡᅧ 냥쳐(兩妻)ᄅᆞᆯ 거ᄂᆞ리지 못ᄒᆞ리니, 녀시 예ᄉᆞ 인물도 못되ᄂᆞᆫ지라, 엇지 녕ᄆᆡᄅᆞᆯ 고이 둘니 이시리오. 반다시 일쟝괴란(一場壞亂)을 니르혀리니, 내 이부(吏部)[683]ᄒᆞ여 ᄋᆞ들을 졍도(正道)로 경계치 못ᄒᆞ고 가변(家變)이 샹ᄉᆡᆼ(相生)ᄒᆞᄂᆞᆫ 즈음이면, 사ᄅᆞᆷ을 ᄃᆡᄒᆞᆯ 안면이 업ᄉᆞᆯ지라. 일마다 셩의 인물이 통ᄒᆡ(痛駭)치 아니리오.”

---

680)닌친(姻親) : 사돈(査頓). 혼인으로 맺어진 관계. 또는 혼인 관계로 척분(戚分)이 있는 사람.

681)훌연ᄒᆞ다 : 서운하다. 마음에 모자라 아쉽거나 섭섭한 느낌이 있다.

682)덕요(德曜) : 맹덕요(孟德曜). 중국 후한 때 사람 양홍(梁鴻)의 아내. 이름은 맹광(孟光), 자(字)는 덕요(德曜). 추녀였으나 남편의 뜻을 잘 섬겨 현처로 이름이 알려졌고, 고사 거안제미(擧案齊眉)로 유명하다.

683)이부(吏部) : 이부상서(吏部尙書)

태위 ᄃᆡ왈,

"만식 명(命)이니 쇼ᄆᆡ 존부의 속현(續絃)ᄒᆞ여 그 화란이 이시며 업기는 제 팔ᄌᆞ(八字)니, 인녁으로 못ᄒᆞ올지라. 대인은 셩녀를 허비치 마ᄅᆞ시고, 【13】삼형의 질셰(疾勢) 수히 ᄎᆞ셩ᄒᆞ여 네를 일우기만 두굿기쇼셔."

공이 쇼왈,

"셩의 힝ᄉᆞ를 혜아린즉 통히ᄒᆞ기 극ᄒᆞ고, 녕ᄆᆡ의 일싱이 헛 곳에 도라 가리니, 어ᄂᆡ 결을에 즐거오미 이시리오."

태위 이윽고 퇴ᄒᆞ여 학ᄉᆞ의 병소의 니르니, 텰부인이 좌(坐)어늘 존후(尊候)를 뭇ᄌᆞ온ᄃᆡ, 부인이 츄연(惆然) 왈,

"셩의 병이 여ᄎᆞ 위악(危惡)ᄒᆞ니, 심쟝이 쵸갈(焦渴)ᄒᆞᄂᆞᆫ지라. 내 몸의야 무숨 병이 이시리오. 다만 현셰(賢壻) 원노 왕반의 구치(驅馳)ᄒᆞ여 ᄒᆞ로도 쉬지 아니코 이의 오믄 엇지오?"

태위 ᄃᆡ왈,

"쇼직 쟉일의 삼형의 병이 위악ᄒᆞ믈 【14】보오ᄆᆡ, 놀나오믈 니긔지 못ᄒᆞ와 냥형의 닐ᄋᆞ시는 말숨을 듯줍고, 월노(月老)[684]를 ᄌᆞ임코져 오과이다."

텰부인은 학ᄉᆞ의 미인도를 샹ᄉᆞᄒᆞ여 셩질ᄒᆞ믈 몰낫던지라. ᄎᆞ언을 듯고 어히 업시 녁여 슌과 영을 도라보아 왈,

"윤낭의 말이 엇지 닐음고?"

냥싱이 비로소 셩의 병 일원 곡졀을 알왼ᄃᆡ, 부인이 문필(聞畢)의 경히(驚駭) 왈,

"셩의 단듕ᄒᆞ므로 이런 병을 일위믄 실시녀외(實是慮外)[685]라. ᄋᆞ히 상셩(喪性)홈 곳 아니면 그러치 아니리니, 엇지 히연ᄎᆞ악(駭然嗟愕)지 아니리오."

태위 쇼왈,

"삼형이 도학군ᄌᆞ믈 ᄌᆞ허(自許)ᄒᆞᄃᆡ, 마【15】춤ᄂᆡ ᄒᆞᆫ쟝 그림을 보고 ᄆᆞ음을 요동ᄒᆞ여 병을 일위여ᄉᆞ오니, 이는 샤데(舍弟) 등의 허믈이오ᄃᆡ, 그 가온ᄃᆡ 텬연(天緣)이 듕(重)ᄒᆞ온 연고로 삼형의 쯧이 동(動)ᄒᆞ여ᄉᆞ오니, 병이 ᄎᆞ셩키를 기다려 네를 일우미 맛당ᄒᆞ도소이다."

부인이 화도인(畵圖人)이 뉘런고 무른ᄃᆡ, 태위 ᄌᆞ긔의 누의믈 고ᄒᆞ고, 나히 겨유 십일셰니 혼인이 밧브지 아니 ᄒᆞ오ᄃᆡ, ᄉᆞ셰(事勢) 마지 못ᄒᆞ여 셩네(成禮)코져 ᄒᆞ믈 닐ᄏᆞ라니, 텰부인이 션화 쇼져의 긔특ᄒᆞ믈 닉이 드럿ᄂᆞᆫ지라. ᄋᆞ직(兒子) 샹젹(相適)ᄒᆞᆫ ᄇᆡ우를 만나게 되믈 환힝(歡幸)ᄒᆞ고, 진왕의 허【16】혼(許婚)ᄒᆞ믈 감격ᄒᆞ나, 태부인의 싀험극악(恃險極惡)홈과 쇼녀시의 궁흉포악(窮凶暴惡)ᄒᆞ믈 싱각건ᄃᆡ, 윤시 쳘옥(鐵玉)의 견고ᄒᆞ미 이셔도 보젼키 어려올지라. 깃븐 즁 근심ᄒᆞ믈 니긔지 못ᄒᆞ야 탄식 왈,

---

684)월노(月老) : 월하노인(月下老人). 부부의 인연을 맺어 준다는 전설상의 늙은이. 여기서는 '중매(中媒)'를 뜻한다.

685)실시녀외(實是慮外) : 매우 뜻밖의 일임.

"녕엄(令嚴) 대왕이 《삼형∥삼ᄋᆞ(三兒)》의 용우(庸愚)ᄒᆞ믈 바리지 아니시고, 쳔금교ᄋᆞ(千金嬌兒)를 가연(可然)이 허(許)ᄒᆞ샤, 블쵸ᄋᆞ(不肖兒)의 ᄉᆞᄉᆡᆼ(死生)이 위틱ᄒᆞ믈 관념(關念)ᄒᆞ시니, 져의 인ᄉᆞᄂᆞᆫ 죽어 앗갑지 아니나, 어믜 ᄉᆞ졍(私情)의ᄂᆞᆫ 사ᄂᆞᆫ 거시 만힝(萬幸)이니, 미인도를 보고 ᄉᆞ샹(思相)ᄒᆞᄂᆞᆫ 병이 그 사ᄅᆞᆷ을 일워지 아니면 살 도리 업거ᄂᆞᆯ, 셩의 ᄯᅳᆺ처지ᄂᆞᆫ 명(命)을 녕당(令堂)이 니으시니, 금일 【17】 지후(今日之後)ᄂᆞᆫ 셩의 살미 존부의셔 주시미라. 오직 함호결초(銜環結草)ᄒᆞ기를 긔약ᄒᆞ되, 셩이 임의 녀시를 취ᄒᆞ여 금슬이 화합ᄒᆞ미 업ᄉᆞ니, 녕미의 신셰 편ᄒᆞ믈 ᄇᆞ라지 못ᄒᆞᆯ 거시오, 존괴(尊姑) 셩의 ᄌᆡ취(再娶)를 허ᄒᆞ실 니 업ᄉᆞ니, 길ᄉᆞ(吉事)를 슌히 일우지 못ᄒᆞᆯ가 근심ᄒᆞ노라."

태위 ᄃᆡ왈,

"혼인은 냥가의 호ᄉᆡ(好事)니, 가친의 허혼ᄒᆞ신 바를 은혜로 닐ᄏᆞ라실 ᄇᆡ 아니니, 부인은 이런 말ᄉᆞᆷ으로 쇼ᄌᆞ의 블안ᄒᆞ믈 더으지 마라시고, 존당이 삼형의 ᄌᆡ취를 허치 아니시면, 마지 못ᄒᆞ며 텬위(天威)를 비러 혼녜(婚禮)를 【18】 일우리니, 부인은 길ᄉᆡ(吉事) 더딜가 념녀치 마라쇼셔."

뎔부인과 냥쇠(兩蘇) 환힝ᄒᆞ며, 학ᄉᆡ 비록 혼혼즁(昏昏中)이나 진왕의 쾌ᄒᆞᆫ 허락을 어더 친ᄉᆞ를 슌히 일우게 되믈 대열(大悅)ᄒᆞ여 즐거오미 빗기 흔득이니, ᄇᆡᆨ병(百病)이 경ᄀᆡᆨ(頃刻)의 ᄎᆞ셩(差成)ᄒᆞᆯ ᄃᆞᆺ, ᄉᆞ지(四肢) 경쾌ᄒᆞ여 흉복간(胸腹間)에 돌ᄀᆞᆺ치 ᄆᆡ치며 두골이 울히ᄂᆞᆫ ᄃᆞᆺ ᄒᆞ던 ᄇᆡ 일시의 나으나, 깃븐 ᄉᆡᆨ(辭色)으로 알ᄂᆞᆫ 소ᄅᆡ를 긋치기 고이ᄒᆞ여 신음ᄒᆞᄂᆞᆫ 거동을 쟉위ᄒᆞ더니, 뎔부인이 좌우로 ᄒᆞ야금 일긔(一器) 미듁(糜粥)686)을 가져오라 ᄒᆞ여, ᄋᆞᄌᆞ를 븟드러 권ᄒᆞ여 왈,

"나 【19】 의 《인약∥잔약(孱弱)》ᄒᆞ미 아니면, 엇지 듁음을 권ᄒᆞ여 수히 ᄎᆞ셩키를 닐ᄋᆞ리오마ᄂᆞᆫ, 목젼의 죽으믈 참아 보지 못ᄒᆞ여, 너의 무식블인(無識不仁)ᄒᆞ믈 닛고 밧비 니러나고져 ᄒᆞᄂᆞᆫ ᄯᅳᆺ이 젼혀 ᄉᆞ졍(私情)이라. 이제ᄂᆞᆫ ᄆᆡᆺ친 원을 일우게 되여시니 부모의 우려ᄒᆞ믈 ᄉᆡᆼ각고, 진왕의 허혼ᄒᆞ시ᄂᆞᆫ 은혜를 ᄉᆡᆼ각ᄒᆞ여, 오ᄅᆡ 누엇지 말고 수히 니러나게 ᄒᆞ라."

학ᄉᆡ 듯기를 다 못ᄒᆞ여 블안 황공ᄒᆞ믈 니긔지 못ᄒᆞ여, 머리를 두다려 쳥죄 왈,

"블쵸ᄋᆞ의 무샹(無狀) 음일(淫佚)ᄒᆞᆫ 죄 만ᄉᆞ무셕(萬死無惜)이라. 대인과 ᄌᆞ위 다ᄉᆞ리시믈 ᄇᆞ랄 【20】 ᄲᅮᆫ이오, ᄒᆡᄋᆞ의 ᄆᆞᄋᆞᆷ이라도 능히 ᄎᆞᆨ냥치 못ᄒᆞ와, ᄒᆞᆫ갓 부모긔 블효를 슬허ᄒᆞᄂᆞ이다."

냥형이 일시의 닐ᄋᆞ되,

"이제 블미지ᄉᆞ(不美之事)로 셩병(成病)ᄒᆞ믈 다시 닐ᄏᆞᆺ지 말고, 힘ᄲᅥ 됴리ᄒᆞ여 수히 나으믈 엇게 ᄒᆞ라."

학ᄉᆡ 샤례ᄒᆞ고 일긔(一器) 듁을 마시되, 비위(脾胃) 거ᄉᆞ리지 아니 ᄒᆞ니, 모친과 이

---

686)미듁(糜粥) : 미음이나 죽 따위를 통틀어 이르는 말.

형이 경긱의 이 굿치 나으믈 힝열ᄒᆞ고, 그 인물이 젼일 혜아린 바와 다라믈 이ᄃᆞᆯ니 넉이더라.

윤태위 시랑 등으로 담화ᄒᆞ다가 취운산으로 도라오니, 진왕이 소니부의 ᄒᆞ던 말을 뭇고 잠쇼 왈,

“소공은 가히 잔 념【21】녀 만흔 남ᄌᆡ로다.”

태위 고왈,

“소대인의 념녀ᄒᆞ심도 고이치 아닌 일이라. ᄉᆞ셰 부득이 누의로ᄡᅥ 소부의 속현ᄒᆞ기로 결단ᄒᆞ오나, 녀태부인 슉질의 어지지 못ᄒᆞ미 쇼ᄆᆡ 일싱이 편키를 ᄇᆞ라지 못ᄒᆞ리이다.”

왕 왈,

“만ᄉᆡ 텬쉬(天數)니 현마 엇지 ᄒᆞ리오.”

엄부의 ᄌᆡ촉ᄒᆞ여 즁닌이나 몬져 취실(娶室)코져 길긔를 ᄌᆡ촉ᄒᆞ니, 엄츄밀이 틱일ᄒᆞ여 윤부의 보ᄒᆞ미 길긔 수슌(數旬)이 ᄀᆞ렷ᄂᆞᆫ지라. 왕이 원셩뎐의 드러가 엄부 틱일을 보ᄒᆞ니, 태부인 왈,

“즁닌의 길긔도 갓가오니 두굿겁거【22】니와, 영닌이 ᄯᅩᄒᆞᆫ 즁닌과 동년(同年)이라 엇지 슉녀를 갈ᄒᆡ지 아니ᄒᆞᄂᆞ뇨?”

왕이 ᄃᆡ왈,

“영ᄋᆡ 이뉵을 지나시나 인ᄉᆡ(人士) 치 되지 못ᄒᆞ여, 셜ᄉᆞ 취쳐ᄒᆞ여도 가쟝(家長) 소임을 못ᄒᆞᆯ가 ᄒᆞ옵ᄂᆞ니, 경망젼도(輕妄顚倒)○[ᄒᆞᆫ] 쇼ᄌᆞ(小子)를 보옵고 어ᄃᆡ로셔 슉녀 삼기리잇가?”

태부인이 쇼왈,

“네 ᄆᆡ양 영ᄋᆞ를 젼도(顚倒)687)타 ᄒᆞ나, 사ᄅᆞᆷ 되오미 쳥슈(淸水)·옥결(玉-)688) ᄀᆞᆺᄐᆞ여 총명호학(聰明好學)ᄒᆞ니 셰간의 그만ᄒᆞᆫ 옥인가랑(玉人佳郞)도 업슬가 ᄒᆞ노라.”

왕이 ᄃᆡ왈,

“영ᄋᆡ 둔탁(鈍濁) 용우(庸愚)키ᄂᆞᆫ 버서나오ᄃᆡ, 침듕화홍(沈重和弘)키ᄂᆞᆫ ᄂᆡ도ᄒᆞ여 ᄒᆞᆫ낫 망녕된 ᄋᆞᄒᆡ라. 그 쳐실은 ᄇᆞᄃᆡ 침【23】듕ᄒᆞᆫ 녀ᄌᆞ를 어더야 가되(家道) 화열(和悅)ᄒᆞ리이다.”

태부인이 당부ᄒᆞ여 영닌의 실가(室家)689)도 넓이 구ᄒᆞ라 ᄒᆞ니, 왕이 슈명ᄒᆞ고 퇴ᄒᆞ여 비로소 영닌의 혼쳐를 구ᄒᆞᆯᄉᆡ, 이 당당ᄒᆞᆫ 쳔승의 ᄌᆞ뎨로 튱효녜의지문(忠孝禮義之門)의 훈츌(訓出)690)ᄒᆞ여 년미약관(年未弱冠)691)의 슉셩(夙成) 영호(英豪)ᄒᆞ니, 유녀쟈

687)젼도(顚倒) : 갈팡질팡하며 침착하지 못함.
688)옥결(玉-) : 옥돌의 결이 깨끗하다는 데서 흔히 깨끗한 마음씨를 이르는 말.
689)실가(室家) : 가실(家室). 남 앞에서 ‘아내’를 점잖게 이르는 말.
690)훈츌(訓出) : 훈육(訓育)하여 배출(輩出)함.
691)년미약관(年未弱冠) : 나이가 아직 관례(冠禮)를 행할 때에 이르지 못함.

(有女子)는 닷토아 동상(東床) 삼기를 원ᄒᆞᄃᆡ, 진왕이 각별이 듯보아 쳐ᄉᆞ 두윤의 녀와 뎡혼ᄒᆞ여 두부의셔 튁일을 보ᄒᆞ니, 즁닌의 길일과 ᄒᆞᆫ날이라. 태부인이 엄·두 냥신부를 ᄒᆞᆫ날의 보게 되믈 두굿겨 길일을 고ᄃᆡᄒᆞ더라.

원【24】ᄂᆡ ᄉᆞ공ᄌᆞ(四公子) 영닌의 ᄌᆞ는 달협이니, 진비 소싱이라. 《듕닌 ‖ 즁닌》으로 더브러 동년이로ᄃᆡ 삭수(朔數)로 즁닌이 몬져 난 고로 형이라 ᄒᆞᄂᆞᆫ지라. 공ᄌᆞ 시년 십삼의 표치풍광(標致風光)이 부형을 픔습(稟襲)ᄒᆞ고 총명다ᄌᆡ(聰明多才)ᄒᆞ여 효우돈묵ᄒᆞ니, 존당이 ᄉᆞ랑ᄒᆞ고 일개 친ᄋᆡᄒᆞᄃᆡ, 공ᄌᆞ 언에(言語) 젼도(顚倒)ᄒᆞ여 ᄆᆞ옴의 픔은 바를 참는 일이 적고, 과도히 직빅(直白)[692]ᄒᆞ여 사ᄅᆞᆷ의 구ᄎᆞ(苟且) 비아(卑阿)ᄒᆞ믈 보면 참지 못ᄒᆞᄂᆞᆫ 셩졍(性情)이니, 왕이 ᄆᆡ양 ᄉᆞᄌᆞ의 긔상이 관인쟝뷔(寬仁丈夫) 아니믈 부족ᄒᆞ여, 쵸강(超强)[693]ᄒᆞᆫ 녀ᄌᆞ의 모양이라 닐ᄋᆞ고 관대키를 경계ᄒᆞ더라.

이러구【25】러 길일이 다ᄃᆞ라ᄆᆡ, 진왕이 연셕을 베퍼 친쳑을 모ᄒᆞ고, 이ᄌᆞ를 원셩뎐 가온ᄃᆡ셔 길의를 닙혀 젼안지네(奠雁之禮)를 습의(習儀)ᄒᆞ여 엄·두 이부로 보닐ᄉᆡ, 이 공ᄌᆡ 옥면영풍(玉面英風)의 길복을 갓초아 존당부모긔 하직ᄒᆞᄆᆡ, 각각 위의를 거ᄂᆞ려 빙가(聘家)의 나아가 젼안지네를 맛고 신부를 마ᄌᆞ, 도라와 즁청의셔 합증[근]교빅(合巹交拜)를 파ᄒᆞ고, 신뷔 존당구고긔 폐빅(幣帛)을 밧드러 드리니, 즁닌 쳐 엄시 화모월틔(花貌月態) 특츌ᄒᆞ여 완연이 월뎐(月殿) ᄒᆞᆼᄋᆡ(姮娥)[694] 진토(塵土)의 ᄂᆞ린돗ᄒᆞ고, 영닌 쳐 두시는 식뫼 평평ᄒᆞ여 ᄉᆞ덕이 겸【26】구(兼具)ᄒᆞ니, 다남ᄌᆞ(多男子) 영복지상(永福之相)이 미우(眉宇)의 빗최엿ᄂᆞᆫ지라.

존당구괴 엄가 신부는 임의 소문을 본다시 알오미 이시니, 오ᄂᆞᆯ날 처엄 보아 아ᄂᆞᆫ 비 아니로ᄃᆡ, 지어(至於) 두시 ᄒᆞ여는 쳥빙(淸氷)ᄒᆞᆫ 션비의 녀ᄌᆞ로 외면의 놉흐미 엄시만 못ᄒᆞ리라 알앗다가, 그 동용녜모(動容禮貌)와 복덕지상(福德之相)을 보ᄆᆡ, ᄉᆡᆨ염(色艷)이 졀미(絶美)치 못ᄒᆞᆫ 거ᄉᆞᆯ 조금도 낫비 넉이지 아냐, 과듕 년ᄋᆡ(憐愛)ᄒᆞ미 ᄋᆞ돌의 지날 돗ᄒᆞ니, 즁빈이 만구 칭하ᄒᆞ고 진왕의 깃거 ᄒᆞ미 며ᄂᆞ리를 처엄으로 어드나 다라지 아니터라.

일모도원(日暮途遠)ᄒᆞ니 졔긱이 각산(各散)ᄒᆞ고, 냥 신부의 쳐【27】소를 뎡ᄒᆞ여 도라보ᄂᆡᄆᆡ, 왕이 삼져져와 윤부인을 도라보아 왈,

"내 금일 두시의 슉녀 ᄉᆞ덕(四德)[695]과 복녹지상(福祿之相)이 가ᄌᆞ믈[696] 보니, 만심이 쾌열ᄒᆞ믈 니긔지 못ᄒᆞᄂᆞ니, 영닌이 너모 경쳥(輕淸)[697]ᄒᆞ여 슈복(壽福)의 흠이 될가 ᄒᆞ엿더니, 두시 ᄀᆞᄐᆞᆫ 안해를 어드ᄆᆡ 가도(家道)의 챵흠과 ᄌᆞ손의 션션(詵詵)[698]ᄒᆞ

692)직빅(直白) : 곧고 결백함.
693)쵸강(超强) : 지나치게 강함.
694)ᄒᆞᆼᄋᆡ(姮娥) : 달 속에 있다고 하는 전설 속의 선녀. =상아(嫦娥)
695)ᄉᆞ덕(四德) : 부녀자가 갖추어야 할 네 가지 덕목. 마음씨[婦德], 말씨[婦言], 맵시[婦容], 솜씨[婦功]를 이른다.
696)가ᄌᆞ다 :고루 갖추다.
697)경쳥(輕淸) : 가볍고 욕심이 없음.

믈 보지 아냐 긔약(期約)ᄒᆞᆯ지라. 환심ᄒᆞ믈 니긔지 못ᄒᆞ리로소이다.”

녕능공부인이 쇼왈,

“두시의 동용녜졀(動容禮節)이 유도쟈(儒道者)의 풍(風)이 잇거니와, ᄉᆡᆨ뫼(色貌) 녀ᄌᆞ 즁 하말(下末)이 되니, 영닌의 눈이 놉하 월궁(月宮)[699] 요지(瑤池)[700]ᄅᆞᆯ 본 바로져 두시의 【28】 평샹ᄒᆞᆫ 용모ᄅᆞᆯ 깃거 아닐가 ᄒᆞ노라.”

왕 왈,

“져져의 영닌을 알아시미 붉거니와, 두쇼뷔 결단ᄒᆞ여 단쟝지탄(斷腸之嘆)[701]이 업ᄉᆞᆯ 거시오, 영닌이 블관(不關)이 넉이다가도 그 어질믈 알면, 송홍(宋弘)[702]의 죄인이 되지 아닐 거시오니 이ᄂᆞᆫ 근심되미 업ᄂᆞ니이다.”

하승샹 부인이 쇼왈,

“텬뉸의 경과 부ᄌᆞ지심(父子之心)은 다 ᄒᆞᆫ가질 거시어ᄂᆞᆯ, 영닌은 무ᄉᆞᆫ ᄌᆞᄉᆡᆨ이완ᄃᆡ 일개 냥션(良善)ᄒᆞᆫ 녀ᄌᆞᄅᆞᆯ 어더주고 져ᄃᆡ도록 과ᄒᆞᆫ가 넉이고, 봉닌은 ᄯᅩ 엇던 ᄋᆞᄃᆞᆯ이완ᄃᆡ 나히 이뉵도 넘지 못ᄒᆞᆫ 거ᄉᆞᆯ 두고 뎡소ᄉᆞ의 쳔금교와(千金嬌妮)로 미리 혼인 【29】을 뎡타가 아름답지 아닌 녯일만 들추고 허혼ᄒᆞ믈 엇지 못ᄒᆞ뇨?”

왕이 쇼이ᄃᆡ왈,

“쇼뎨의 십오ᄌᆞ의 웅닌 봉닌이 난뎨쟈(難題子)[703]요, 웃듬으로 사오납기ᄂᆞᆫ[704] 경닌이라. 이러므로 ᄐᆡᆨ부의 념네 한가치 못ᄒᆞ여, 뎡후ᄇᆡᆨ의 ᄯᆞᆯ이 십세도 넘지 못ᄒᆞ여시니 혼인 의논이 블가ᄒᆞᄃᆡ 미리 뎡ᄒᆞ엿다가, 나희 ᄎᆞ거든 셩녜ᄒᆞᄌᆞ ᄒᆞ엿더니, 후ᄇᆡᆨ이 나모라 바리니 다시 쳥치 아냐시나, 원간 무ᄉᆞᆫ 일을 들츄어 허혼치 아니터라 ᄒᆞ며, 져제 엇지 알아시ᄂᆞ니잇가?”

하부인 왈,

“내 슉셩 비ᄌᆞ 벽옥의 젼 【30】ᄒᆞ므로 조ᄎᆞ 드ᄅᆞ니, 뎡쇼뷔 봉닌을 나모라 ᄒᆞ며, ᄯᆞᆯ노ᄡᅧ ‘대도즁(大道中)의 술위[705] ᄭᆡ치ᄂᆞᆫ 욕’[706]을 엇지 보게 ᄒᆞ리오, ᄒᆞ더라 ᄒᆞ니,

---

698)션션(詵詵) : 수가 많은 모양.

699)월궁(月宮) : 전설에서, 달 속에 있다는 궁전. 여기서는 월궁에 살고 있다는 선녀인 상아(嫦娥)를 뜻한다.

700)요지(瑤池) : 중국 곤륜산에 있다고 하는 연못으로, 주나라 목왕(穆王)이 서왕모(西王母)를 만났다는 이야기로 유명하다. 신선들의 연회가 이 못에서 열린다고 한다.

701)단쟝지탄(斷腸之嘆) : 창자가 끊어지는 듯한 슬픔.

702)송홍(宋弘) : 중국 후한(後漢) 광무제(光武帝) 때 사람. 『후한서(後漢書)』 <송홍전>에 그가 광무제에게 한 말 곧, “가난할 때 친하였던 친구는 잊어서는 안 되고(貧賤之交不可忘), 지게미와 쌀겨를 먹으며 고생한 아내는 집에서 내보내서는 안 된다(糟糠之妻不下堂)"는 말이 널리 전해지고 있다.

703)난뎨쟈(難題子) : 문제아(問題兒). 문제가 있는 아들.

704)사오납다 : 사납다. ①성질이나 행동이 모질고 억세다. ②상황이나 사정 따위가 순탄하지 못하고 나쁘다.

705)술위 : 수레.

706)대도즁(大道中)의 술위 ᄭᆡ치ᄂᆞᆫ 욕 : 전편 <명주보월빙> 권78(박순호본 권28 중에서 복원)에서 있었던 윤광천의 둘째부인 진성염이 친정에서 와병하여 수년(數年)을 돌아오지 않고 있는 있자, 윤부에서

듁헌공의 말이 실노 올흔지라. 봉닌이 현데를 마치[707] 달믄 줄 알면, 초부(樵夫)라도 사회를 삼고져 아니리라."

왕이 쇼왈,

"져제 쇼데를 일편되이 나모라 ᄒᆞ시니, 여러 ᄋᆞᄒᆡ를 셩혼ᄒᆞᄂᆞᆫ 바의 쟉희(作戲)ᄒᆞ실가 근심되거니와, 져제 험피(險詖)[708]ᄒᆞᆫ 말ᄉᆞᆷ을 ᄒᆞ시다, 봉ᄋᆞ를 입쟝(入丈)치 못ᄒᆞ리잇가? 뎡후ᄇᆡᆨ이 봉ᄋᆞ를 달맛다 나모라 바리고 혼인을 허치 아니나, 후ᄇᆡᆨ의 대인은 지금【31】의 나를 ᄉᆞ랑ᄒᆞ여 본 적마다 칭지(稱之) 열복(悅服)ᄒᆞ여 하ᄌᆞ(瑕疵)ᄒᆞ미 업ᄉᆞ니, 금평후의 네듕(禮重)ᄒᆞ미 후ᄇᆡᆨ만 못ᄒᆞ지 아니ᄃᆡ, 사ᄅᆞᆷ을 괴망(怪妄)이 나모라ᄂᆞᆫ 일이 업ᄂᆞᆫ지라. 쇼데 어ᄃᆡ 가 후ᄇᆡᆨ만 ᄒᆞᆫ 친옹과 뎡ᄋᆞ만 ᄒᆞᆫ 며ᄂᆞ리를 ○[못] 어들 거시라, 혼인을 블허ᄒᆞᄂᆞᆫ 거ᄉᆞᆯ ᄋᆡ달나 ᄒᆞ리잇가?"

남ᄆᆡ 형뎨 이ᄀᆞᆺ치 희쇼(喜笑) 담화(談話)ᄒᆞ여 즐기니, 태부인이 두굿기믈 니긔지 못ᄒᆞ더니, 이윽고 승샹이 드러와 공슈(拱手)[709] 정좌(定座)ᄒᆞ니, 구패 왈,

"진왕과 하승샹 부인이 닷토와 즐기ᄂᆞᆫ 흥이 놉핫ᄂᆞ니, 승샹도 이번이나 환쇼(歡笑)ᄒᆞ야 【32】희힉(戲謔)의 참예(參預)ᄒᆞ쇼셔."

승샹 왈,

"손(孫)이 언단(言端)이 서어(齟齬)ᄒᆞ나, 형쟝과 져져의 말ᄉᆞᆷ을 찬조ᄒᆞ여 존당의 즐기시믈 돕ᄉᆞ올 일이야 엇지 입우[의] 가ᄌᆞᆨ이기를 게얼니 ᄒᆞ리잇고,"

윤의녈 왈,

"원간 광뎨 하뎨와 맛다라[710]면 발셔 말 닷토기를 결단ᄒᆞ여 언쇠(言笑) 긋칠 ᄉᆞ이 업ᄉᆞᄃᆡ, 희뎨와 나는 ᄆᆡ양 언쇼의 ᄲᅡ져 희롱의 참예치 못ᄒᆞᄂᆞ니, 이ᄂᆞᆫ 번화(繁華)치 못ᄒᆞ미라."

ᄒᆞ더니, 호람휘 졔손을 거ᄂᆞ려 드러오ᄆᆡ, 왕의 곤계 하당영지(下堂迎之)ᄒᆞᄆᆡ, 호람휘 태부인긔 취침ᄒᆞ시믈 쳥ᄒᆞ니 태부인이 드ᄃᆡ여 취침ᄒᆞ니, 왕이 호【33】람후를 뫼셔 셔헌의 나오고, 승샹은 두 모친의 취침ᄒᆞ시믈 보고 셔지의 도라오ᄆᆡ, 호람후ᄂᆞᆫ 취상와셕(就床臥席)[711] ᄒᆞ여시ᄃᆡ, 진왕은 ᄌᆞ질노 더브러 쵹하(燭下)의 좌를 일웟ᄂᆞᆫ지라. 승샹이 야심ᄒᆞ믈 닐ᄏᆞ라 형쟝의 취침ᄒᆞ시믈 쳥ᄒᆞ며, 즁・영 냥공ᄌᆞ를 명ᄒᆞ여 신방을 븨오지 말나 ᄒᆞ니, 이공ᄌᆡ 부슉의 취침ᄒᆞ시믈 기다려 각각 신방으를 드러와, 신부를 샹

거교(車轎)를 보내 돌아오기를 명하였는데, 오빠 진평장 등이 이 사실을 성염에게 알리지 않고 빈 수레로 돌려보내온 것을 보고, 광천이 분노하여 뒤에 사실을 알고 구가로 돌아오는 성염의 수레를 노복들을 시켜 도중에서 박살을 내게 한 사건을 말함.

707)마치 : 거의 비슷하게. 흡사(恰似)히.

708)험피(險詖) : 지나치게 편파적임.

709)공슈(拱手) : 절을 하거나 웃어른을 모실 때, 두 손을 앞으로 모아 포개어 잡음. 또는 그런 자세. 남자는 왼손을 오른손 위에 놓고, 여자는 오른손을 왼손 위에 놓는다. 흉사(凶事)가 있을 때에는 반대로 한다.

710)맛달다 : =맛닫다. 맞닥치다. 마주치다. *맞닥치다; 어떠한 일이나 물건이 서로 마주 다다르다.

711)취상와셕(就床臥席) ; 침상(寢床)에 나아가 자리에 누움.

딕ᄒᆞ미 즁닌은 ᄆᆞ음의 ᄎᆞ고 ᄯᅳᆺ의 족ᄒᆞᆯᄲᅮᆫ 아니라, 본딕 녀ᄌᆞ의 교미ᄒᆞᆫ 싀틱ᄅᆞᆯ 깃거 아니ᄒᆞᄂᆞᆫ 고로, 엄시의 션풍아틱(仙風雅態)와 교염(嬌艶)ᄒᆞᆫ 용화(容華)ᄅᆞᆯ 황연(恍然) 【34】 치 아니코, 다만 현부형(賢父兄) 녀ᄌᆞ로 습어인(習於仁)[712]ᄒᆞ고 학어녜(學於禮)[713]ᄒᆞ믈 흔힝(欣幸)ᄒᆞ여, 은ᄋᆡ(恩愛) 최듕(最重)ᄒᆞ고, 영닌은 녕능공부인의 닐은 바 ᄀᆞᆺᄐᆞ여, 안고(眼高)ᄒᆞ미 태산(泰山) ᄀᆞᆺ다가, 두시의 평샹ᄒᆞᆫ 용모ᄅᆞᆯ 딕ᄒᆞᄆᆡ, ᄀᆞ장 ᄂᆞᄌᆞ로이 넉여, 혜오딕,

"사ᄅᆞᆷ이 안해 긔특ᄒᆞ면 밧기 ᄌᆞ연 ᄇᆞᆰ고 빗ᄂᆞᆫ지라. 우리 ᄉᆞ위(四位) ᄌᆞ뎡(慈庭)과 슉당(叔堂) 졔ᄆᆡ(弟妹)며 졔쉬(弟嫂) 다 셩녀명염(聖女名艶)으로 덕용(德容)이 겸젼(兼全)ᄒᆞ샤 어질믈 보앗더니, 오ᄂᆞᆯ날 나의 취ᄒᆞᆫ 빈 십분 용우(庸愚)ᄒᆞ니 져 거ᄉᆞᆯ 무어시라 안해라 ᄒᆞ여 금슬은졍(琴瑟恩情)을 동ᄒᆞ여 죵고지락(鐘鼓之樂)[714]이 이시리오."

의ᄉᆡ 이의 밋처ᄂᆞᆫ 강잉ᄒᆞ여 【35】 신부의 편히 쉬기ᄅᆞᆯ 닐ᄋᆞ고, 즉시 향벽(向壁)ᄒᆞ여 옷ᄉᆞᆯ 그ᄅᆞ지 아니니, 유랑 시ᄋᆡ 싱의 ᄆᆡ몰ᄒᆞ미 쇼져의 ᄉᆡᆨ용이 아ᄅᆞᆷ답지 못ᄒᆞ여 나모라 ᄒᆞᄆᆡᆫ 줄 지긔ᄒᆞ고 그ᄋᆞᆨ이 슬허ᄒᆞ더라.

명일 진왕이 태우ᄅᆞᆯ 블너 좌위(左右) 고요ᄒᆞ믈 보고, 미우ᄅᆞᆯ ᄡᅵᆼ긔여 왈,

"내 평ᄉᆡᆼ 인신(人臣)의 미쳔ᄒᆞᆫ ᄌᆞ식을 가져 텬문(天門)의 ᄉᆞ혼(賜婚)을 도모ᄒᆞᄂᆞᆫ 거ᄉᆞᆯ 블ᄉᆞ(不似)히 넉엿더니, 션화의 친ᄉᆞ(親事)의 다ᄃᆞ라ᄂᆞᆫ 마지 못ᄒᆞᆯ지라. 져 소개(蘇家) 예ᄉᆞ로온가되(家道) 아니니 쳥혼을 명졍언슌(名正言順)[715]이 ᄒᆞ면, 소공이 임의로 못ᄒᆞ리니, 오ᄅᆡ 걸쎠[716] 소ᄌᆞ(蘇子)의 ᄉᆞ샹지 【36】 심(思相之心)을 더으지 못ᄒᆞᆯ지라. 네 모로미 ᄉᆞ혼을 도모ᄒᆞ라."

태위 슈명ᄒᆞ고 믈너나, 뎡운긔ᄅᆞᆯ 보고 션화로ᄡᅥ 소셩과 친을 일우고져 ᄒᆞ믈 닐ᄋᆞ고, 텬뎡의 ᄉᆞ혼은지ᄅᆞᆯ 엇고져 ᄒᆞ믈 쳥ᄒᆞ니, 평쟝이 놀나 왈,

"슉시(叔氏)의 틱셔ᄒᆞ시미 엇지 ᄉᆡᆼ각 밧기뇨? 소셩의 ᄌᆡ화(才華)ᄅᆞᆯ 나모랄 거시 아니오, 문벌이 샹당ᄒᆞ나 임의 녀가의 사회 되엿거ᄂᆞᆯ, 슉시 만금교와(萬金嬌婉)ᄅᆞᆯ 가져 그 ᄌᆡ실(再室)을 유의ᄒᆞ시믄 하ᄉᆞ오?"

태위 왈,

"일이 마지 못ᄒᆞᆯ 형셰 이시니, 어이 ᄇᆞ딕 구혼ᄒᆞ신 ᄇᆡ리오마ᄂᆞᆫ, 연분이 듕ᄒᆞᆫ 타신가 ᄒᆞᄂᆞ 【37】 이다."

평쟝이 유연(幽然)이 ᄉᆞ고(事故)ᄒᆞ믈 짐쟉고, 다시 곡졀을 뭇고져 ᄒᆞ다가 빈ᄀᆡᆨ이 니르므로 긋치고, 명일 텬뎡(天廷)의 근시(近侍)ᄒᆞ엿다가, 니부총ᄌᆡ 소문환의 뎨삼ᄌᆞ 학ᄉᆞ 소셩으로ᄡᅥ 평진왕 윤광텬 녀의게 ᄉᆞ혼ᄒᆞ시믈 쳥ᄒᆞ니, 샹이 즉시 조ᄎᆞ샤 윤·소

---

712)습어인(習於仁) : 인(仁; 어진 덕)을 익힘
713)학어녜(學於禮) : 예(禮)를 배움.
714)죵고지락(鐘鼓之樂) : 종과 북을 치며 즐긴다는 뜻으로, 부부 사이의 화목한 정을 이르는 말.
715)명졍언슌(名正言順) : 명분이 바르고 말이 사리에 맞음.
716)걸쎠 : 거리껴. 얽매여. *걸씌다; 거리끼다. 얽매이다.

냥가의 ᄉᆞ혼ᄒᆞ시ᄂᆞᆫ 은명(恩命)을 ᄂᆞ리오시니, 소공 부부 부ᄌᆞᄂᆞᆫ 임의 아ᄂᆞᆫ 일이라, 새로이 깃블 거시 업ᄉᆞ되, 학ᄉᆞ의 질양이 쾌소(快蘇)ᄒᆞᆯ 바를 힝열(幸悅)ᄒᆞ여 수히 혼네를 일우려 ᄒᆞ되, 녀태부인 슉질이 ᄉᆞ혼ᄒᆞ시ᄂᆞᆫ 명을 듯고 가슴을 두다리며 흉언픽【38】셜(凶言悖說)노 황상의 다ᄉᆞ(多事)ᄒᆞ시믈 원망ᄒᆞ고, 셩이 권문세가(權門勢家)의 미달(妹妲)717) ᄀᆞᆺ튼 요녀(妖女)를 어더와, 더옥 조강(糟糠)을 박ᄃᆡᄒᆞ고 한미를 업수히 넉이미 아니 밋촌 곳이 업ᄉᆞ리라 ᄒᆞ여, 무순 흉변(凶變)을 만난 집 ᄀᆞᆺ치 곡셩이 진동ᄒᆞ고, 욕셜이 참측(慘惻)ᄒᆞ니, 소공이 어득ᄒᆞᆫ 심신을 뎡(定)ᄒᆞ고 모친을 위로ᄒᆞ며 쇼녀시의 우롬을 금지ᄒᆞ여, 셩이 비록 윤시를 취ᄒᆞ나 젼일과 다ᄅᆞ미 업술 바를 닐ᄋᆞ되, 태부인이 어ᄌᆞ러이 브ᄃᆡ잇고 욕ᄒᆞ며, 쇼녀시 우롬을 긋치지 아냐, 경샹(景狀)이 히연(駭然)ᄒᆞ니, 가즁이 분분황황(紛紛遑遑)【39】ᄒᆞ미 학ᄉᆞ의 병이 위악ᄒᆞᆯ ᄣᅵ의셔 더은지라.

이ᄣᅵ 학ᄉᆡ 음식(飮食)ᄒᆞ기를 여샹이 ᄒᆞ고, ᄀᆡ운이 ᄉᆡᆨᄉᆡᆨᄒᆞ여 병셰 쾌소(快蘇)ᄒᆞ되 부젼의 뵈기를 황공ᄒᆞ여 아모리 ᄒᆞᆯ 줄을 모ᄅᆞ더니, 조모와 쇼녀시의 욕ᄆᆡ(辱罵) 통곡(痛哭)ᄒᆞᄂᆞᆫ 소ᄅᆡ 들니니, ᄉᆞᄉᆞ로 부명(賦命)의 ᄀᆡ구(崎嶇)ᄒᆞᆷ을 탄ᄒᆞ고, 가즁이 이ᄀᆞᆺ치 요란ᄒᆞ미 ᄌᆞᄀᆡ로 비로ᄉᆞ미나, 쇼녀시를 통완분히(痛惋憤駭)ᄒᆞ미 고ᄃᆡ 칼노 질을 ᄃᆞᆺ ᄒᆞ나, ᄆᆡ오믈 서리담고 이 ᄀᆞᆺ치 요란이 구ᄂᆞᆫ ᄣᅵ의 드러가 부친을 뵈옵지 아니ᄒᆞ면, 고요ᄒᆞᆫ ᄣᅵ 더더옥 어려올지라. 관소(盥梳)ᄒᆞ고 ᄲᆞᆯ니 【40】존당의 드러가니, 소공이 ᄇᆞ야흐로 모친을 븟드러 간(諫)ᄒᆞ고, 쇼녀시의 우롬을 긋치라 닐ᄋᆞ다가, 학ᄉᆞ를 보ᄆᆡ 심니(心裏)의 히분(駭憤)718)ᄒᆞ여 냥안을 ᄂᆞᆺ초고 화열ᄒᆞᆫ 안ᄉᆡᆨ이 변ᄒᆞ여 늠연ᄒᆞᆫ슉(凜然寒肅)719)ᄒᆞ니, 학ᄉᆡ 부안을 쳠망(瞻望)ᄒᆞᄆᆡ 한츌쳠ᄇᆡ(汗出沾背)ᄒᆞ여 감히 좌셕의 나아가지 못ᄒᆞ고, 굴슬부복(屈膝俯伏)ᄒᆞ여, 오ᄅᆡ 유질(有疾)ᄒᆞ므로 존당부모긔 셩녀(聖慮) ᄭᅵ치오믈 쳥죄ᄒᆞ니, 소공이 말이 업고, 녀태부인은 셩샹의 ᄉᆞ혼ᄒᆞ시ᄂᆞᆫ 친ᄉᆞ(親事)를 싱의 타술 삼지 못ᄒᆞ여, 다만 눈물이 비 ᄀᆞᆺᄐᆞ여 왈,

"네 ᄆᆡ양 질녀의 얼골이 염미(艶美)치 못ᄒᆞᆫ 거술 나모【41】라 ᄒᆞ더니, 이제 귀ᄒᆞᆫ 가문의 고은 녀ᄌᆞ를 취케 되여시니 쳐복(妻福)의 장(壯)ᄒᆞ믈 치하(致賀)ᄒᆞ거니와, 질녀를 ᄒᆞᆫ갈ᄀᆞᆺ치 박ᄃᆡᄒᆞ여 조강의 듕ᄒᆞ믈 아지 못ᄒᆞᆯ진ᄃᆡ, 노뫼 너의 부ᄌᆞ 보ᄂᆞᆫᄃᆡ 쾌히 죽어 분을 플니라."

ᄒᆞ니, 공이 모친의 말숨을 드ᄅᆞᄆᆡ 더옥 심긔 어ᄌᆞ러워, 날호여 셔헌(書軒)으로 나오ᄆᆡ, 학ᄉᆡ ᄯᆞ라나와 면관 쳥죄ᄒᆞᆫᄃᆡ, 소공이 블연 대로 왈,

"욕ᄌᆡ 아비를 모ᄅᆞ고 아ᄂᆞᆫ 거시 미ᄉᆡᆨ(美色)이나, 이제ᄂᆞᆫ 너의 소욕(所欲)을 다ᄒᆞᆫ지라. 엇지 나를 아비라 ᄒᆞ여 거즛 죄를 닐ㅋ라 다ᄉᆞ리믈 쳥ᄒᆞ리오. 나의 지각이 블【42】명ᄒᆞ여 너를 단즁(端重)타 ᄉᆞ랑ᄒᆞ던 일이 심히 붓그러온지라. 너를 ᄃᆡᄒᆞᄆᆡ 내

717)ᄆᆡ달(妹妲) : 중국 하(夏)의 마지막 황제 걸(桀)의 비(妃)인 매희(妹喜)와 주(周)의 마지막 황제 주(紂)의 비(妃) 달기(妲己)를 함께 이르는 말.
718)히분(駭憤) : 몹시 분함.
719)늠연ᄒᆞᆫ슉(凜然寒肅) : 위엄이 있고 차고 엄숙함.

눗치 달호이고, 너의 허믈을 닐ᄋᆞ고져 ᄒᆞᄆᆡ 치아(齒牙)의 올니기 더러오니, ᄎᆞ후ᄂᆞᆫ 동셔남북의 네 ᄆᆞ옴 ᄃᆡ로 단니고, 미녀셩ᄉᆡᆨ(美女聲色)을 빅이라도 모화 즐기라."

언흘(言訖)에 노긔 열화 ᄀᆞᆺᄐᆞ여 좌우로 ᄒᆞ야금 학ᄉᆞ를 밀어ᄂᆡ치라 ᄒᆞ니, ᄉᆡᆼ이 망극ᄒᆞ여 눈물을 흘니고 복디쳥죄(伏地請罪)ᄒᆞ여 믈너나지 아니ᄒᆞ니, 공이 더옥 대로(大老)ᄒᆞ여 대즐 왈,

"욕ᄌᆡ(辱子) 내 압흘 써나지 아니ᄒᆞ면 내 참아 욕ᄌᆞ를 보지 못ᄒᆞ여 집을 ᄯᅥ나리니, 네 무슴 념치【43】로 이의 이시리오."

말을 맛고 시노(侍奴) 셔동(書童)을 호령ᄒᆞ여 학ᄉᆞ를 ᄭᅳ어 ᄂᆡ치라 ᄒᆞ니, 학ᄉᆡ 부친의 엄노(嚴怒)를 보ᄆᆡ ᄋᆡ걸ᄒᆞ여 효험이 업술 줄 알고, 오직 ᄶᅩ치여 문외의 나오ᄆᆡ, 냥형이 아직 군관쳥의 잇다가 부친의 노긔 잠간 플니기를 기다려 드러와 다시 쳥죄ᄒᆞ라 ᄒᆞ니, 학ᄉᆡ 함누ᄒᆞ고 죄인의 모양으로 나아가니, 이형이 ᄀᆞ장 우민블낙(憂悶不樂)ᄒᆞ여 다시 병을 일위지 말나 당부ᄒᆞ고 듁음을 권ᄒᆞ니, ᄉᆡᆼ이 마지 못ᄒᆞ여 두어번 마시더라.

진궁의셔ᄂᆞᆫ ᄉᆞ혼ᄒᆞ시ᄂᆞᆫ 은지 ᄂᆞ리ᄆᆡ, 왕의 곤계와 태우ᄂᆞᆫ 임【44】의 아ᄂᆞᆫ 일이어니와, 그밧 졔인은 다 아지 못ᄒᆞ엿다가 놀나며 블힝ᄒᆞ믈 니긔지 못ᄒᆞ여, 위태부인 왈,

"소ᄌᆞ의 나히 션화와 부젹(不適)ᄒᆞ고 임의 녀가의 동상(東床)이어ᄂᆞᆯ, 엇지 참아 나의 쟝니(掌裏) 구술노뼈 남의 직실을 삼아, '하풍(下風)의 시(視)'720)를 감심(甘心)ᄒᆞ며 그 솔편(率便)721)치 못ᄒᆞᆫ 집의 보ᄂᆡ여, 태부인 슉질의 보ᄎᆡᄂᆞᆫ 죵이 되게 ᄒᆞ리오. 텬은이 호셩(豪盛)ᄒᆞ샤 ᄉᆞ혼ᄒᆞ시ᄂᆞᆫ 영광은 엇지 못ᄒᆞᆯ 영홰나, 이ᄂᆞᆫ 능히 밧드지 못ᄒᆞᆯ지니, 광텬은 모로미 텬뎡(天廷)의 나아가 ᄯᆞᆯ의 유츙미약(幼沖微弱)ᄒᆞ믈 알외여 아직 혼인을 의논치 못ᄒᆞᆯ 【45】바를 주(奏)ᄒᆞ고 소가의 친ᄉᆞ를 일우지 못ᄒᆞᆫ 줄노 결단ᄒᆞ고 나오라."

진왕이 ᄃᆡ왈,

"하괴(下敎) 션화를 지극히 ᄉᆞ랑ᄒᆞ시므로 비로ᄉᆞ시미나, 인신(人臣)의 미쳔ᄒᆞᆫ 일네 무ᄉᆞᆫ 대ᄉᆡ라 ᄉᆞ혼ᄒᆞ시ᄂᆞᆫ 은광을 거ᄉᆞ려, 소가를 나모라 퇴혼ᄒᆞ리잇가? ᄒᆞ믈며 소셩이 쇼년 명ᄉᆞ로 옥당(玉堂)722) 한원(翰苑)723)의 믈망(物望)이 혁연(赫然)ᄒᆞ고, 피ᄎᆞ 문벌이 샹당ᄒᆞ니 겸손ᄒᆞ올 거시 업ᄉᆞ오니, 엇지 녀태부인의 부ᄌᆞ(不慈)ᄒᆞᆫ 거술 미리 념녀ᄒᆞ며, 심ᄉᆞ를 번거롭게 ᄒᆞ리오. 쇼손이 임의 ᄉᆞ(使)를 ᄃᆡᄒᆞ여 셩은의 늉셩(隆盛)ᄒᆞ시믈 닐ᄏᆞᆺ고, 수이 셩네ᄒᆞᆯ 바를 【46】회주(回奏)ᄒᆞ여숩ᄂᆞ니, 이제 엇지 말숨을 변ᄒᆞ리잇고? 길일을 턱ᄒᆞ여 소부의 통ᄒᆞ려 ᄒᆞᄂᆞ이다."

조태비 탄왈,

---

720)하풍(下風)의 시(視) : 사람이나 사물의 수준 또는 질을 일정 수준보다 낮게 여김.

721)솔편(率便) : 무리를 편히 거느림. 또는 거느리는 바의 무리가 두루 편안함.

722)옥당(玉堂) : 조선 시대 홍문관의 별칭. 삼사(三司) 가운데 하나로 궁중의 경서, 문서 따위를 관리하고 임금의 자문에 응하는 일을 맡아보던 관아.

723)한원(翰苑) : 한림원(翰林院). 조선시대 예문관의 별칭. 임금의 명을 짓는 일을 맡아보던 관아.

"텬연(天緣)이 듕(重)ᄒᆞᆫ즉 면키 어려오니, 엇지 ᄉᆞ혼(賜婚)ᄒᆞ시ᄂᆞᆫ 은명(恩命)을 거ᄉᆞ려 소가를 믈니치리잇고마ᄂᆞᆫ, 션화로ᄡᅥ 소가의 속현ᄒᆞᆯ 바ᄂᆞᆫ 실시녀외(實是慮外)[724]오, 져의 유츙연약(幼沖軟弱)ᄒᆞ미 군ᄌᆞ를 밧드러 거취(去就)를 소임치 못ᄒᆞ리니, 비록 네를 일우나 임의 우히 조강(糟糠)이 이시니 아직 구가의 도라보ᄂᆡ기ᄂᆞᆫ 어려오리소이다."

승샹 왈,

"녀필종뷔(女必從夫)[725]라. 션홰 비록 연약ᄒᆞ나 셩네 후야 엇지 ᄆᆡ양 친졍의 이셔 부【47】도(父道)를 어긔게 ᄒᆞ리잇고? 연(然)이나 형쟝이 틱셔ᄒᆞ시ᄂᆞᆫ 슈고로오미 업시 옥인군ᄌᆞ(玉人君子)로 동상을 빗ᄂᆡ시게 되어시니, 션화의 일ᄉᆡᆼ이 영화롭고 문난(門欄)의 광치 극(極)ᄒᆞ도소이다."

호람휘 쇼왈,

"광텬의 부귀(富貴)로 사회를 갈ᄒᆡᆷᄋᆡ 어ᄃᆡ가 소셩만 ᄒᆞ니를 못 어드리잇고마ᄂᆞᆫ, 발셔 ᄉᆞ혼ᄒᆞ시ᄂᆞᆫ 은명(恩命)을 밧ᄌᆞ와시니, 이제 소가를 나모라 퇴혼(退婚)ᄒᆞ믄 인신(人臣)의 도리 아니라. 이 ᄯᅩ 연분이 듕ᄒᆞ미니, 현마 엇지 ᄒᆞ리오. 수이 틱일ᄒᆞ여 뉵녜(六禮)를 구ᄒᆡᆼ(具行)ᄒᆞ미 올흘가 ᄒᆞ노라."

진왕이 ᄇᆡ슈(拜受) 왈,

"하괴(下敎) 맛당ᄒᆞ시나 유ᄌᆞ(猶子)[726]의 부운(浮雲) ᄀᆞᆺ【48】ᄐᆞᆫ 왕쟉으로ᄡᅥ 엇지 부귀를 쟈랑ᄒᆞ며, 사회 갈ᄒᆡ기의 놉흔 체 ᄒᆞ리잇고? 서로 고관대쟉(高官大爵)을 닐ᄏᆞ라 ᄌᆞ녀의 교앙(驕昻)ᄒᆞᆫ ᄆᆞᄋᆞᆷ을 길울 ᄇᆡ 아니오, 소셩이 ᄯᅩ 니부텬관(吏部天官)[727]의 귀ᄌᆡ(貴子)라, 유ᄌᆞ의 사회되미 무ᄉᆞᆷ 외람ᄒᆞ미 이시며, 션홰 소공의 며ᄂᆞ리 되며 소셩의 계실(繼室) 되미 무어시 ᄯᅳᆺ ᄀᆞᆺ지 못ᄒᆞ리잇가?"

ᄒᆞ니, 태부인이 다시 퇴혼ᄒᆞ믈 닐ᄋᆞ지 못ᄒᆞ나 블힝ᄒᆞ믈 니긔지 못ᄒᆞ더니, 셕문안(夕問安)의 소부인이 드러오ᄆᆡ 태부인이 녀시의 인믈을 무러 왈,

"이제 션화의 친ᄉᆞ를 소학ᄉᆞ와 지ᄂᆡ게 되어시니, 져의 【49】약ᄒᆞ므로ᄡᅥ 년쟝ᄒᆞᆫ 쟝부와 세촌 젹인을 밧드지 못ᄒᆞᆯ가 근심ᄒᆞᄂᆞ니, 녀시 원간 극악(極惡)기나 아니냐?"

소부인이 거거(哥哥)의 유질(有疾)ᄒᆞ믈 드ᄅᆞ나, 미인도로 인ᄒᆞ여 샹ᄉᆞ지질(相思之疾)이○[루]믈 아지 못ᄒᆞ고, 태위 항쥐(杭州)로셔 도라온 후, 두어번 ᄉᆞ실의 모드미 이시나, 본ᄃᆡ 말ᄉᆞᆷ이 무거온 고로 소학ᄉᆞ의 병이 닐ᄏᆞ람 즉지 아니믈 인ᄒᆞ여 묵연ᄒᆞ고, 텰부인○[과] 냥쇠(兩蘇) 셔간의도 통ᄒᆞ미 업ᄉᆞ니, 션화와 《의논‖의혼(議婚)》ᄒᆞ믄 몽니(夢裏)의도 ᄉᆡᆼ각지 못ᄒᆞ엿더니, 금일 ᄉᆞ혼ᄒᆞ시ᄂᆞᆫ 은명이 이시믈 화파의 젼어로 잠간

---

724)실시녀외(實是慮外) : 매우 뜻밖의 일임.

725)녀필종뷔(女必從夫) : 아내는 반드시 남편을 따라야 한다는 말.

726)유ᄌᆞ(猶子) : 조카. ①자식과 같다는 뜻으로, '조카'를 달리 이르는 말. ②편지글에서, 글 쓰는 이가 나이 많은 삼촌에게 자기를 이르는 일인칭 대명사.

727)니부텬관(吏部天官) : 이부상서(吏部尙書).

드러시나, 실노 근심 【50】 되미 만코 깃브미 젹은지라. 태부인의 무ᄅᆞ시믈 당ᄒᆞ니 더옥 블안ᄒᆞ여, 피셕(避席) ᄃᆡ왈,

"가형(家兄)이 취실(娶室)ᄒᆞ연지 미급수월(未及數月)[728]의 쇼쳡이 셩문(聖門)의 도라오오니, 녀시의 위인을 지ᄂᆡ여 보지 아냐ᄉᆞ오ᄃᆡ, 냥션(良善)타 못ᄒᆞᆷ믈 드럿ᄂᆞ이다."

태부인이 빈미(顰眉) 왈,

"녀시의 어지지 못ᄒᆞᆷ믈 새로이 무러 유익지 아니ᄃᆡ, 노뫼 ᄉᆞ정의 졀박ᄒᆞ여 현부다려 무ᄅᆞ미라. 녀시 반다시 젹인(敵人)을 못견ᄃᆡ도록 ᄒᆞ리니, 져 연연약질(軟軟弱質)이 어이 보젼ᄒᆞ리오."

언파의 츄연ᄒᆞ니, 진비 냥안의 츄쉬(秋水) 동(動)ᄒᆞ며 슈운(愁雲)이 니러나 옥뉘(玉淚) 써러 【51】 지니, 왕이 슉시(熟視) 냥구(良久)의 문왈,

"아지 못게라. 현비 친쳑의 참졀(慘絶)ᄒᆞᆫ 문부(聞訃)[729]를 ᄒᆞ여 계시냐? 엇지 항뉘(行淚) 비비(霏霏)[730]ᄒᆞ시뇨?"

진비 쟉위(作爲)[731] 왈,

"쳡이 본ᄃᆡ 화긔(和氣) 젹으믄 대왕의 알아시ᄂᆞᆫ ᄇᆡ라. 다만 션화의 친ᄉᆞ를 소가의 일우게 되니, 텬연의 듕ᄒᆞᆷ믈 어긔오지 못ᄒᆞ나, 쳡의 남은 젹악이 션ᄋᆞ의게 밋처 일싱이 안한(安閒)치 못ᄒᆞᆯ 바를 혜아리ᄆᆡ, 모녀의 팔ᄌᆡ 서로 ᄀᆞᆺᄐᆞᆷ믈 더옥 이샹이 넉이ᄂᆞ이다."

왕이 묵연이 화긔(和氣)를 거두니, 그 긔샹이 한엄(寒嚴)ᄒᆞ여 북풍이 녈녈(烈烈)ᄒᆞᆷ ᄀᆞᆺᄐᆞ니, 진비 녀ᄋᆞ의 계활(契活)을 앗기고 소부 가【52】환(家患)의 빌믜 젹지 아닐 바를 념녀ᄒᆞᄆᆡ, 위연(偶然)이 당년 ᄌᆞ가의 비고간ᄋᆡᆨ(悲苦艱厄)을 ᄉᆡᆼ각ᄒᆞ여 상심(傷心)ᄒᆞᄆᆡ, 위연(偶然)이 발어외ᄉᆡᆨ(發於外色)이러니, 왕의 노ᄉᆡᆨ(怒色)을 보ᄆᆡ 블승참황(不勝慙惶)ᄒᆞ여 봉관(鳳冠)[732]을 숙이고 면홍(面紅)이 ᄌᆞ져(自著)ᄒᆞ니, 왕 왈,

"ᄌᆞ고(自古)로 부인 녀ᄌᆡ 출가(出嫁)ᄒᆞᄆᆡ 져마다 쇼쇼ᄌᆡ앙(小小災殃)이 업기 쉬오리오마ᄂᆞᆫ 부인 ᄀᆞᆺ치 셰구년심(歲久年深)[733]ᄒᆞ도록 치부(置簿)[734]ᄒᆞ여 원망을 픔ᄂᆞᆫ 재 이시리오."

태위 고두읍간(叩頭泣諫)ᄒᆞ여 ᄌᆞ모의 말ᄉᆞᆷ이 션ᄆᆡ의 젼졍을 념녀ᄒᆞ미오, 존당의 원ᄒᆞᆫ을 픔으시미 아니라 ᄒᆞ고, 프러 주(奏)ᄒᆞᄃᆡ, 왕이 진노ᄒᆞ여 웅닌을 기모의 죄로 티벌(笞罰)ᄒᆞ려 【53】 ᄒᆞ니, 슉녈비 즘이(簪珥)[735]를 싸히고 돗글[736] 피ᄒᆞ여 ᄉᆞᄉᆞ로 허

---

728)미급수월(未及數月) : 두세 달이 못 되어. 몇 달이 못 되어.
729)문부(聞訃) : 사람의 죽음을 알리는 말을 들음
730)비비(霏霏) : ①비나 눈이 부슬부슬 내리는 모양. ②눈물이 소리 없이 흘러내리는 모양
731)쟉위(作爲) : 얼굴에 엄정한 빛을 지음.
732)봉관(鳳冠) ; 옛날 부인들이 썼던 봉황 문양의 장식이 되어 있는 관.
733)셰구년심(歲久年深) : 세월이 매우 오래됨. =연구세심(年久歲深).
734)치부(置簿) : ①금전이나 물건 따위가 들어오고 나감을 기록함. 또는 그런 장부. ②마음속으로 그러하다고 보거나 여김.

믈이 크믈 닐ᄏᆞᆺ고, 진비의 실언ᄒᆞᆷ도 ᄌᆞ긔 블민ᄒᆞ믈 인ᄒᆞ여 동녈을 규졍(糾正)치 못ᄒᆞᆫ 타시믈 닐ᄏᆞ라, ᄉᆞᄉᆞ로 진비와 ᄒᆞᆫ가지로 ᄎᆡᆨ을 밧으믈 쳥ᄒᆞ고, 웅닌이 무죄ᄒᆞ믈 베프니, 왕이 뎡비의 손슌화열(遜順和悅)ᄒᆞ미 가지록[737] 이 ᄀᆞᆺᄐᆞ믈 열복ᄒᆞ고, 그 담연(淡然)ᄒᆞᆫ 심졍과 광달(曠達)[738]ᄒᆞᆫ 금회(襟懷)[739]ᄅᆞᆯ 흠앙(欽仰)ᄒᆞ여, 실노 비의 텬연(天緣)ᄒᆞᆫ 셩덕을 ᄯᆞ르기 어려오니, ᄃᆡᄒᆞᆯ 적마다 그 몸이 녀ᄌᆡ 되여 덕을 베플 곳이 업고 법을 젼ᄒᆞᆯ ᄃᆡ 업ᄉᆞ믈 ᄋᆡ돌나 ᄒᆞᄂᆞ니라.

이의 비의 탈즘쳥【54】죄(脫簪請罪)ᄒᆞ믈 보고 돗글 미러 올으믈 쳥ᄒᆞ여 왈,

“웅닌이 ᄌᆞ모(慈母)ᄅᆞᆯ 간(諫)치 못ᄒᆞ미 통완(痛惋)ᄒᆞᆯᄉᆡ, 잠간 다ᄉᆡ리고져 ᄒᆞ미러니, 비 ᄉᆞᄉᆞ로 허믈을 ᄌᆞ당(自當)ᄒᆞ니 고(孤)의 ᄆᆞ음이 ᄀᆞ장 블안ᄒᆞᆫ지라. 엇지 위의ᄅᆞᆯ ᄀᆞᄇᆡ야이 변ᄒᆞ시ᄂᆞ뇨? 모로미 평신ᄒᆞ쇼셔.”

인ᄒᆞ여, 어ᄉᆞᄅᆞᆯ 샤ᄒᆞ여 승당ᄒᆞ라 ᄒᆞ니, 어ᄉᆡ 비록 강ᄆᆡᆼᄒᆞ나 부왕의 호령의 당ᄒᆞ여ᄂᆞᆫ 삼혼(三魂)[740]이 니톄(離體)ᄒᆞ여 거지(擧止) 실도(失度)[741]ᄒᆞ니, 금일 모친의 실언ᄒᆞ시기의 부왕의 노ᄅᆞᆯ 요동(搖動)ᄒᆞ여 ᄌᆞ긔 쟝ᄎᆡᆨ 밧으미 당연터니, 슉녈비의 탈즘쳥죄ᄒᆞ믈 인ᄒᆞ여 부왕의 샤ᄒᆞ시믈 어【55】드니 환심(歡心) 만ᄒᆡᆼ(萬幸)ᄒᆞ여 계하(階下)의셔 샤죄ᄒᆞ고 형으로 승당ᄒᆞ니, 왕이 진비ᄅᆞᆯ 향ᄒᆞ여 대ᄎᆡᆨᄒᆞ니, 이ᄂᆞᆫ 소부 녀태부인의 부ᄌᆞ(不慈) 험악(險惡)ᄒᆞ믈 위태부인긔 비기ᄂᆞᆫ가 블열(不悅) 대로(大怒)ᄒᆞ미러라.

진비 왕의 노긔ᄅᆞᆯ 보고 ᄎᆡᆨ언을 드ᄅᆞᄆᆡ, 셰월이 오릴ᄉᆞ록 초년 변고ᄅᆞᆯ 녁녁(歷歷)ᄒᆞ고, 일마다 녀ᄌᆞ 되오미 괴롭고 분ᄒᆞ믈 깁히 슬허ᄒᆞ나 ᄉᆞᄉᆡᆨ(辭色)지 아니코, 다만 실언(失言)ᄒᆞ믈 샤죄ᄒᆞᆯ ᄯᆞᄅᆞᆷ이라.

왕이 엇지 진비의 ᄠᅳᆺ을 아지 못ᄒᆞ리오. 비록 쳥고개결(淸高介潔)[742]ᄒᆞ여 어지나 뎡비의 어위ᄎᆞᆫ[743] 규모와 넓은 도량과 어진 덕을 밋지 못ᄒᆞ고, ᄯᅩ 쟝【56】어부귀(長於富貴)ᄒᆞ여 만ᄉᆡ여의(萬事如意)ᄒᆞ고 부뫼 과도히 교ᄋᆡ(嬌愛)ᄒᆞ여 ᄇᆡᆨᄒᆡᆼ(百行)이 일무소흠(一無所欠)ᄒᆞ믈 두굿기고, 온슌유열(溫順愉悅)ᄒᆞ믈 닐ᄋᆞ지 아냐시므로, ᄌᆞ긔ᄀᆞᆺ치 세촌쟝부ᄅᆞᆯ 만나지 아냣던들, 비록 속으로 ᄋᆡ돌은 ᄠᅳᆺ을 두어도 밧기 비약온슌(卑弱溫順)ᄒᆞ믄 이러치 못ᄒᆞᆯ 바ᄅᆞᆯ ᄭᆡ닷고, 뎡・진 이비의 인픔이 다ᄅᆞ믈 알오ᄃᆡ, 원간 뎡비 잇지 아니면 진비 당ᄃᆡ의 뎨일인믈(第一人物)이라. 만흔 일월의 지ᄂᆡ여 볼ᄉᆞ록 놉고 ᄆᆞᆰ으며 됴코 고와, 반졈(半點) 진쇽(塵俗)의 무드지 아니니, 도로혀 그림 가온ᄃᆡ 신션(神仙)이

735)즘이(簪珥) : 비녀와 귀고리를 함께 이르는 말.
736)돗글 : 자리를, 잔치를. '돗긔+ㄹ'의 형태. *돗긔; 자리. 잔치. *돗; 돗자리.
737)가지록 : 갈수록.
738)광달(曠達) : 활달(豁達). 도량이 넓고 큼.
739)금회(襟懷) : 마음속에 깊이 품은 회포.
740)삼혼(三魂) : 『불교』 대승기신론에 나오는 세 가지 미세한 정신 작용. 업상(業相), 전상(轉相), 현상(現相)이다.
741)실도(失度) : 법도를 잃음.
742)청고개결(淸高介潔) : 성품이 맑고 높고 곧고 깨끗함.
743)어위ᄎᆞ다 : 넓고 크다. 너그럽거나 넉넉하다. =어위다.

믈 익듕경권(愛重敬眷)ᄒᆞ여 은졍(恩情)이 산비히박(山卑海薄)ᄒᆞ【57】ᄃᆡ, 텬픔(天稟)이 엄녈(嚴烈)ᄒᆞ여 《잇다가∥잇다감744)》 비의 녯일을 드노키의 다ᄃᆞ라ᄂᆞᆫ 노긔롤 요동ᄒᆞ미라.

야심(夜深)ᄒᆞᄆᆡ 진비 계월뎐으로 도라올ᄉᆡ, 왕은 인ᄒᆞ여 광월뎐의 슉침ᄒᆞ니, 태우 등이 진비롤 뫼셔 방즁의 드러가 취침ᄒᆞ시믈 쳥ᄒᆞ니, 비 심히 블낙ᄒᆞ여 탄왈,

"모녀의 졍이 닌닌(嶙嶙)745)ᄒᆞ여 실노뼈 참기어려온지라. 션화의 신셰롤 장ᄎᆞᆺ 위틱ᄒᆞᆫ 곳에 더지게 되니, 혼인은 냥가의 됴흔 일이라 ᄒᆞᄃᆡ, 내 ᄆᆞ음은 실노 차악ᄒᆞᆫ 지라. 나의 당ᄒᆞ엿던 변고여셔 더으도다."

태우와 어ᄉᆡ 모비의 울울블낙(鬱鬱不樂)【58】ᄒᆞ시믈 민박(悶迫)ᄒᆞ여 이셩화긔(怡聲和氣)로 위로 왈,

"쇼ᄆᆡ의 친ᄉᆞ롤 소가의 일울 줄은 실시녀외(實是慮外)오나, 임의 텬연(天緣)이 듕ᄒᆞᆫ 거ᄉᆞᆯ 어긔오지 못ᄒᆞᆯ지라. 소ᄉᆡᆼ이 년긔(年紀) 쇼ᄆᆡ로 브젹(不適)ᄒᆞ고, 녀태부인의 싀포(猜暴)ᄒᆞ며 험악ᄒᆞ미 쇼ᄆᆡ(小妹)의 어린 거ᄉᆞᆯ 더옥 ᄇᆡ쳑ᄒᆞ여 업시코져 ᄒᆞ려니와, 슈한(壽限)의 장단과 팔ᄌᆞ의 길흉은 녀시 임의로 못ᄒᆞᆯ 거시오, 원간 소ᄉᆡᆼ과 쇼ᄆᆡ 상격(相格)이 복녹은 완젼ᄒᆞᆫ ᄇᆡ니, 지극ᄒᆞᆫ 길인(吉人)은 요졍(妖精)이 감히 해치 못ᄒᆞ며, 악인이 간ᄃᆡ로 업시치 못ᄒᆞ올지라. ᄌᆞ뎡은 물우ᄒᆞ쇼셔."

진비 쳑연 왈,

"상격【59】의 복녹은 닐ᄋᆞ지 말나. 지란 ᄀᆞᄐᆞᆫ 약녀(弱女) 만일 싀랑(豺狼)746)의 사오나옴과 독ᄉᆞ의 모질기로뼈, 참독(慘毒)히 보치면 엇지 보젼ᄒᆞᆯ 길히 이시리오. 텬문의 ᄉᆞ혼ᄒᆞ시ᄂᆞᆫ 은광이 인신의 구ᄒᆞ여 엇지 못ᄒᆞᆯ ᄇᆡ나, 내 ᄆᆞ음의 놀나오믄 범연ᄒᆞᆫ 곳에 비치 못ᄒᆞᆯ지라. ᄉᆞ졍의 참연ᄒᆞ여 부졀업ᄉᆞᆫ 말을 ᄒᆞ엿다가, 어미 블민ᄒᆞᆫ 허믈이 ᄌᆞ식의게 밋처 웅닌이 하마 쟝칙의 나아갈 번 ᄒᆞ니, 너희롤 ᄃᆡᄒᆞ여 깃브지 아니믈 닐ᄋᆞ기도 나의 집심(執心)이 업ᄉᆞᆫ 연괴어니와, 모녀의 구구ᄒᆞᆫ 졍을 버혀 이뉵(二六)도 ᄎᆞ지 못ᄒᆞᆫ 거【60】ᄉᆞᆯ 호혈(虎穴)의 보ᄂᆡᆯ 일이 가히 잔잉치 아니랴?"

태위 직삼 위로하고, 소ᄉᆡᆼ이 쇼ᄆᆡ의 화상을 보고 ᄉᆞ샹지질(思相之疾)을 일위여시므로 ᄉᆞ셰(事勢) 마지 못ᄒᆞ여 ᄌᆞ긔 도모ᄒᆞ여 ᄉᆞ혼을 쳥ᄒᆞᆫ 줄 고ᄒᆞ여, 모비의 셩녀(聖慮)롤 ᄉᆡᆼ각지 못ᄒᆞ믈 쳥죄ᄒᆞ니, 부인이 듯ᄂᆞᆫ 말마다 모녀의 팔ᄌᆡ ᄀᆞᄐᆞ믈747) 더옥 깃

---

744)잇다감 : 이따금. 얼마쯤씩 있다가 가끔.

745)닌닌(嶙嶙) : 높기도 하고 낮기도 하여 평평하지 않은 모양.

746) 싀랑(豺狼) : 승냥이와 이리를 아울러 이르는 말.

747)모녀의 팔ᄌᆡ ᄀᆞᄐᆞ믈 : 진비는 전편 <명주보월빙> 권16에서 윤광천이 오빠인 진한림이 자신을 그린 미인도를 보고 사모하게 됨으로써 어쩔 수 없이 그의 재취로 혼인을 하여 포악한 시조모 위태부인과 시숙모 유부인으로부터 극도의 고통을 겪었는데, 또 자신의 딸인 선화가 봉린이 그린 미인도로 인해 이를 본 소성이 선화를 사모하게 됨으로써, 결국 소성과 혼인할 수밖에 없게 되고 또 포악한 시조모 여태부인과 원비 여화정으로부터 핍박을 받게 될 처지에 직면하였는데, 이렇게 된 처지가 운명적으로 서로 같다는 말.

거 아니ᄒᆞ나, 태우의 블안ᄒᆞ믈 더으지 못ᄒᆞ여 왈,

“ᄉᆞ이지ᄎᆞ(事已至此)748)ᄒᆞ니, 혼인을 믈니칠 도리 업ᄉᆞᆫ지라. 엇지 쳥죄ᄒᆞᆯ ᄉᆞ단(事端)이 이시리오.”

어ᄉᆡ 왈,

“ᄌᆞ뎡이 ᄆᆡ양 셕일(昔日)을 닐ᄏᆞ라 화긔(和氣)를 일흐시므로 부왕의 미온(未穩)ᄒᆞ시믈 당ᄒᆞ【61】고, 쇼ᄌᆞ로 ᄒᆞ야금 쟝칙(杖責)을 당ᄒᆞᆯ 번 ○○[ᄒᆞ게]ᄒᆞ오니 무어시 유익ᄒᆞ더니잇고? ᄌᆞ위 ᄒᆞᆫ 곳에 ᄉᆞ랑을 뽀드시면 도로혀지 못ᄒᆞ시ᄂᆞᆫ 픔되시라, 영닌과 쇼ᄆᆡ를 나흐시며 쇼ᄌᆞ를 ᄉᆞ랑치 아니시더니, 경・쥬749)를 어드시며 더옥 ᄋᆞ휘를 증염ᄒᆞ샤 ᄒᆞᆫ번도 ᄌᆞᄋᆡᄒᆞ실 적이 업ᄉᆞ니, ᄯᆞᆯ이 아모리 존듕ᄒᆞ다 ᄋᆞ돌ᄀᆞᆺ치 듕ᄒᆞ오며, 며ᄂᆞ리 아모리 에엿브다 친ᄉᆡᆼ ᄀᆞᆺᄐᆞ리잇가? ᄌᆞ뎡이 셩의(聖意)에 션화를 업ᄉᆞ니로 알아샤 ᄉᆞᄉᆡᆼ(死生) 우락(憂樂)을 념녀치 마ᄅᆞ시고, 쇼ᄌᆞ나 귀듕ᄒᆞ샤 별눈ᄌᆞᄋᆡ(別倫慈愛)를 ᄉᆡᆼ각ᄒᆞ쇼셔.”

진비 어ᄉᆞ의 이리ᄒᆞ믈750) 보【62】고, 텬픔이 강열ᄒᆞ나 그 화슌ᄒᆞᆫ 안ᄉᆡᆨ을 어엿비 넉여, 팔ᄌᆞ아황(八字蛾黃)751)의 혜풍(蕙風)이 동(動)ᄒᆞ며 미쇼 왈,

“네 어믜 인약(仁弱)ᄒᆞ믈 타 이리코져 ᄒᆞ나 팔쳑쟝신(八尺長身)을 보면 일분도 아릿다온 ᄃᆡ 업ᄉᆞ니, ᄒᆞ믈며 어ᄃᆡ로셔 ᄉᆞ랑ᄒᆞ온 졍이 나리오.”

태위 ᄯᅩᄒᆞᆫ 아의 미거(未擧)ᄒᆞ믈752) 우으며, 모친의 근심ᄒᆞ시믈 위로ᄒᆞ여 취침ᄒᆞ시믈 쳥ᄒᆞ고, 각각 ᄉᆞ실노 도라와 밤을 지ᄂᆡ니, 소부인이 촉하의셔 션화 쇼져의 신세 위란ᄒᆞᆯ 바를 혜아려, 만일 변고를 당ᄒᆞ미 이시면 존당의 참연ᄒᆞ시믈 엇지 뵈오리오 ᄒᆞ여 장ᄂᆡ를 우려ᄒᆞ더【63】니, 태위 입ᄂᆡ(入內)ᄒᆞ니 긔이영지(起而迎之)ᄒᆞ여 동셔 분좌ᄒᆞᄆᆡ, 태위 이윽이 안ᄌᆞᆺ다가 상요(床褥)의 나아갈ᄉᆡ, 부인을 향ᄒᆞ여 왈,

“복이 부인으로 결발ᄉᆞ년(結髮四年)753)이라. 이제 ᄌᆞ식이 잇고 서의(齟齬)ᄒᆞ미 업거ᄂᆞᆯ, ᄆᆡ양 슈습ᄒᆞ믈 더으며 취침키를 ᄉᆡᆼ각지 아니ᄒᆞᄂᆞ뇨?”

쇼제 공경ᄒᆞ여 듯다가 상요(床褥)의 나아가니, 태위 비록 녀ᄉᆡᆨ의 범연(凡然)ᄒᆞ나 이 ᄀᆞᆺᄐᆞᆫ 용화긔질(容華氣質)을 ᄃᆡᄒᆞ여 ᄋᆡ듕ᄒᆞᄂᆞᆫ 졍을 니긔지 못ᄒᆞ여, 부인의 셤슈(纖手)를 쥐고 향ᄉᆡ(香顋)754)를 졉ᄒᆞᄆᆡ, 은ᄋᆡ(恩愛) 산비히박ᄒᆞ더라. 계명(鷄鳴)의 태위 니러나며 왈,

“부인이 삼형의 유질ᄒᆞᆫ 【64】곡졀을 아ᄂᆞ냐? 쇼제 모ᄅᆞ므로써 ᄃᆡᄒᆞ니, 태위 잠쇼

748)ᄉᆞ이지ᄎᆞ(事已至此) : 일이 이미 이 지경에까지 이르러 어찌할 수 없다는 말..

749)경・쥬 : 윤웅린의 두 아내인 경벽주와 주옥계.

750)이릐 : 아양. 귀염을 받으려고 알랑거리는 말. 또는 그런 짓. *이릐ᄒᆞ다; 아양 떨다.

751)팔ᄌᆞ아황(八字蛾黃) : 눈썹을 그리고 분을 바른 얼굴. 팔자(八字)와 아황(蛾黃)은 각각 눈썹과 얼굴에 바르는 분(粉)을 말함.

752)미거(未擧)ᄒᆞ다 : 철이 없고 사리에 어둡다.

753)결발ᄉᆞ년(結髮四年) ; 결혼한 지 4년이 되었다는 말. *결발(結髮) : ‘혼인(婚姻)’을 달리 이르는 말.

754)향ᄉᆡ(香顋) ; 향기로운 뺨.

왈,

“그 병이 ᄀ장 닐ᄏ람ᄌ 아니ᄒ니, 글노 인ᄒ야 ᄌ취지ᄉ(再娶之事) 되엿ᄂ지라. 계월뎐 ᄌ위 우려ᄒ시미 근졀ᄒ시니 민박(悶迫)ᄒ미 범연타 ᄒ리잇가?”

언파의 관소ᄒ고 나아가니, 쇼제 비로소 ᄭ다라 한심ᄒ믈 니긔지 못ᄒ더라. 진왕이 길일을 퇵ᄒᄆ 지격수월(只隔數月)이라. 친히 소부의 나아가 서로 볼ᄉ, 빈쥐(賓主) 녜필한훤(禮畢寒喧) 파(罷)의 왕이 희연(喜然) 쇼왈,

“현형이 셩닌 미돈을 길너 우리 부ᄌ로 ᄒ야금 텬늪을 단원ᄒ고, 셩녀슉완(聖女淑婉)을 보ᄂ여 ‘쥬종(周宗)의 챵셩(昌盛)’755)ᄒ믈 【65】긔약ᄒ니, 은혜 크미 언어로 다 ᄒᆯ ᄇ 아니러니, 의외에 연분이 듕ᄒ여 원ᄇ이 문난(門欄)의 광ᄎ를 일워, 겹겹 인아(姻婭)의 됴흐믈 ᄆᄌ니 두밋거오믈 니긔지 못ᄒᆯ지라. 시고(是故)로 길일을 퇵ᄒ여 고(告)코져 니르미로소이다.”

인ᄒ여 냥소를 도라보아 학ᄉ를 ᄎᄌ니, 소공이 진왕의 관인대량(寬仁大量)을 흠복(欽服) 샤례 왈,

“셩의 무샹(無狀) 음일(淫佚)ᄒ미 질(疾)을 일윈 바ᄂ 치아의 올니미 욕된지라. 녕ᄋ 쇼져의 일싱이 헷 곳에 ᄆ이니 ᄎ셕(嗟惜)ᄒ믈 마지 아니ᄒ더니, 형이 돈ᄋ(豚兒)의 블관(不關)ᄒᆫ 목숨을 앗기시니, 쇼뎨 감은ᄀ골(感恩刻骨)【66】ᄒ나 미돈(迷豚)756)을 통히ᄒ여 문 밧게 ᄂ쳐시니 아직 블인(不人)을 브ᄅ지 마ᄅ쇼셔.”

왕이 쇼왈,

“형이 쇼뎨와 연혼(連婚)ᄒ믈 은혜로 닐ᄏ라니 블안ᄒ미 극ᄒᆫ지라. 형이 쇼녀를 보ᄂ 날이면 미약(微弱)ᄒ믈 ᄒᆫᄒ여 ᄒ려니와, 연(然)이나 녕낭(令郎)이 일시 삼가지 못ᄒ여 셩질(成疾)키의 밋처시나, 이 ᄯ 월쟝규벽(越牆窺壁)757)의 음황무례(淫荒無禮)ᄒ미 아니라, 깁히 ᄎ망ᄒᆯ ᄇ 아니니 형은 모로미 샤(赦)ᄒ여 쇼뎨로 ᄒ야금 반기게 ᄒ라.”

인ᄒ여 길일을 닐ᄋ고 ᄉ을 보와지라 ᄌ삼 청ᄒ니, 소공이 ᄋᄌ를 샤ᄒᆯ 쓰이 업ᄉ나, 진왕이 근청ᄒ므로 한【67】님을 도라보아 학ᄉ를 브르라 ᄒ니, 냥쇠 밧비 나와 진왕이 니르러 청ᄒ므로 부친의 샤명을 젼ᄒ니, 학ᄉ 힝심(幸心) 환열(歡悅)ᄒ여 즐거오나, 진왕을 ᄃᄒ미 참괴(慙愧)ᄒ여 탄왈,

“쇼뎨 ᄋ시로 셩경현뎐(誠敬賢傳758))을 셥녑(涉獵)ᄒ더니 금번 셩질(成疾)ᄒ믄 실노 쇼뎨의 ᄆ음이 아니라. 능히 엄하(嚴下)의 이제 나아가 녜ᄀ치 ᄌᄋᄒ시믈 ᄇ라지 못

755)쥬종(周宗)의 챵셩(昌盛) : 중국 주(周)나라 문왕(文王)이 태임(太姙)이라는 어진 부인과 3천 후궁을 두어, 주나라 왕실을 창성케 한 일을 말함. *쥬종(周宗); 주나라 종실(宗室).

756)미돈(迷豚) : 어리석은 돼지라는 뜻으로, ‘가아(家兒)’를 달리 이르는 말

757)월쟝규벽(越牆窺壁) : 몰래 담을 넘어 들어가 벽에 구멍을 뚫고 방안을 훔쳐봄.

758)셩경현뎐(誠敬賢傳 : =경전(經傳). 유학의 성현(聖賢)이 남긴 글. 성인(聖人)의 글을 ‘경(經)’이라고 하고, 현인(賢人)의 글을 ‘전(傳)’이라고 한다.

ᄒᆞ고, 진왕을 보나 ᄂᆞᆺ치 업ᄉᆞᆯ가 ᄒᆞ나이다."

냥쇠(兩蘇) 왈,

"너의 소욕(所欲)을 다ᄒᆞ여시니 무ᄉᆞᆷ ᄒᆞᆫ홀거시 이시리오. 밧비 나아가 명을 ᄃᆡᄒᆞ라."

학시 드ᄃᆡ여 부젼(父前)의 니르러 부복 쳥【68】죄ᄒᆞᆫᄃᆡ, 소공이 올으믈 명ᄒᆞᆫᄃᆡ, 학시 승당ᄒᆞ여 진왕을 향ᄒᆞ야 녜ᄒᆞᆫᄃᆡ, 왕이 흔연이 병나으믈 깃거 ᄒᆞᆯ ᄲᅮᆫ이오, 동상(東床) 될 바를 닐ᄏᆞᆺ지 아니니, ᄉᆡᆼ이 경황(驚惶)ᄒᆞ여 츈빙(春氷)759)을 님ᄒᆞᆫ 듯ᄒᆞ더라.

진왕이 담화ᄒᆞ다가 셕양의 도라올ᄉᆡ, 소공이 치ᄉᆞ(致謝)760)ᄒᆞ믈 닐ᄋᆞ고, 삼쇠(三蘇) 하당(下堂) ᄇᆡ송(拜送)ᄒᆞ더라.

왕이 도라와 위・조 이(二) 태비긔 ᄇᆡ옵고 소ᄉᆡᆼ이 아ᄅᆞᆷ다오믈 ᄀᆞᆺ초 주(奏)ᄒᆞ니, 이 태비 환열ᄒᆞ더라.

이 적의 쳥션 요졍(妖精)이 난ᄋᆞ의 금은을 만히 알혀ᄂᆡ여761) 거ᄌᆞᆺ 강슈(江水)의 ᄶᅴ오며 블ᄉᆞ(佛事)762)를 위ᄒᆞ노라 ᄒᆞ고, 암ᄌᆞ의 도라와 금ᄇᆡᆨ을 【69】간ᄉᆞᄒᆞ고763), 일망(一望)이나 잇다가 윤부의 니르러, 난ᄋᆞ를 보아 왈,

"빈되 지셩으로 쇼져의 슈복을 빌고 젹인(敵人)을 쇼졔코져 ᄒᆞᄃᆡ, 쇼져 남달니 명되(命途) 궁수(窮數)764)ᄒᆞ시니 실노 익돌와 ᄒᆞᄂᆞ이다. 쇼져ᄂᆞᆫ ᄲᆞᆯ니 영츈뎡 미인을 블너 젹쳡(嫡妾)의 존비(尊卑)를 출히게 ᄒᆞ고 밧그로 은혜를 베플면, 가즁이 쇼져의 투심(妬心)을 모ᄅᆞ리니, 계교를 운동ᄒᆞ여 요녀의 모ᄌᆞ를 업시ᄒᆞ미 올흘가 ᄒᆞ나이다."

난ᄋᆡ 젼후의 금은(金銀)을 업시ᄒᆞ미 무수ᄒᆞ거늘, 반가온 소식을 듯지 못ᄒᆞ니 명도의 무샹(無狀)ᄒᆞ믈 ᄒᆞᆫ(恨)ᄒᆞ고, 하루(下淚) 왈,

"셕가졔【70】블(釋迦諸佛)이 거의 쳡의 졍셩을 감동ᄒᆞ실듯 ᄒᆞᄃᆡ, 오히려 복녹을 졔도(濟度)치 아니ᄒᆞ시니, 엇지 ᄋᆡ돏지 아니리오. 이제 영츈뎡 요ᄉᆡᆨ(妖色)을 브ᄅᆞ고져 ᄒᆞ나, 윤군의 ᄯᅳᆺ을 아지 못ᄒᆞ고, 내 임의로 오라 ᄒᆞ미 어려오니, ᄎᆞᆯ하리 여ᄎᆞ여ᄎᆞᄒᆞ여 존당의 명으로 브ᄅᆞ미 올흘가 ᄒᆞ노라."

쳥션 왈,

"부인은 모로미 금일이라도 그 미인을 갓가이 두믈 쳥ᄒᆞ쇼셔."

난ᄋᆡ 죵기언(從其言) ᄒᆞ여 즉시 원셩뎐의 드러가니, 태부인이 조・뉴 이부인과 녕능공 부인 형뎨로 죵용히 한화(閑話)ᄒᆞ고, 진왕곤계와 태우 등이 다 됴참의 드러【71】ᄀᆞᆺᄂᆞᆫ지라. 난ᄋᆡ 하셕(下席)의 입시(入侍)ᄒᆞ니, 태부인이 난ᄋᆞ의 위인을 소・엄 등만치

759)츈빙(春氷) : 봄철의 얼음. 깨지기 쉬워 '불안한 마음'을 상징한다.
760)치ᄉᆞ(致謝): 고맙고 감사하다는 뜻을 표시함.
761)알혀ᄂᆡ다 : 우려내다. 꾀거나 위협하거나 하여서 자신에게 필요한 돈이나 물품을 빼내다.
762)블ᄉᆞ(佛事) : 부처 앞에 공양을 드림. 또는 그런 일. =불공(佛供).
763)간ᄉᆞᄒᆞ다 : 간수하다. 물건 따위를 잘 거두어 보호하거나 보관함.
764) 궁수(窮數) : 곤궁한 운수.

못 넉이나, 용뫼 졀셰ᄒᆞ고 영오(穎悟) 총민(聰敏)ᄒᆞ믈 ᄉᆞ랑ᄒᆞᄂᆞᆫ 고로, 본 적마다 흔연 가ᄎᆞ(假借)ᄒᆞ고765), 조태비ᄂᆞᆫ 가구시의 블인요악(不人妖惡)ᄒᆞ믈 거울 ᄀᆞᆺ치 알아 처엄 브터 챵닌의 ᄇᆡ우 그ᄅᆞᆺ 만나믈 탄ᄒᆞ나, 부족ᄒᆞ믈 나타ᄂᆡ지 아니코 무ᄋᆡ(撫愛)ᄒᆞ미 제 ᄌᆞ부(諸子婦)로 일양이오, 뉴부인이 ᄀᆡ과ᄎᆡᆨ션(改過責善) 후로 녯날 모진 ᄆᆞᄋᆞᆷ이 업서 인ᄌᆞᄒᆞ미 과도ᄒᆞᆫ 고로, 가구시의 인믈을 ᄀᆡ특이 넉이미 아니로ᄃᆡ, 부녜 만니(萬里)의 난호여 슬픈 졍ᄉᆡ 남다ᄅᆞ믈 년셕(憐惜)ᄒᆞ여 【72】 각별(各別) 무휼(撫恤)ᄒᆞᄂᆞᆫ지라. 가구시 구괴 이의 계시지 아니믈 깃거 문득 ᄌᆡᄇᆡ 주 왈,

"쳡이 소회(所懷)이셔 존젼의 진달(陳達)코져 ᄒᆞᄋᆞᆸᄂᆞ니 용납ᄒᆞ시믈 어드리잇가?"

위태부인 왈,

"ᄋᆞ뷔 ᄆᆡ양 서의(齟意)766)ᄒᆞᆯ 거시 아니라 픔은 소회 이실진ᄃᆡ 엇지 토셜(吐說)치 아니리오."

난ᄋᆡ 이의 아미(蛾眉)ᄅᆞᆯ ᄂᆞ족이 ᄒᆞ고 화셩유어(和聲柔語)로 고왈,

"쇼쳡이 한문쳔가(寒門賤家)의 ᄉᆡᆼ쟝(生長)ᄒᆞ와 ᄆᆡ양 녀공(女工)과 부ᄒᆡᆼ(婦行)의 합도(合道)치 못ᄒᆞ믈 븟그리ᄂᆞᆫ ᄯᅳᆺ이 깁ᄉᆞ온지라. 비록 텰부인이 계샤 듕궤(中饋)ᄅᆞᆯ 님ᄒᆞ시나, 쳡이 녀영(女英)767)의 온슌ᄒᆞᆷ과 번월(樊越)768)의 어질미 업ᄉᆞ니 감히 군 【73】 ᄌᆞ의 실개(室家)769)라 ᄒᆞ오미 참괴(慚愧)ᄒᆞ온지라. 이제 영츈뎡 미인이 희한(稀罕)ᄒᆞᆫ ᄌᆡ질과 만고무비(萬古無比)ᄒᆞᆫ ᄌᆡ덕(才德)으로 블ᄒᆡᆼ이 쳔누(賤陋)ᄒᆞ여 군ᄌᆞ의 소셩지녈(小星之列)이 되야 빵개(雙個) 영ᄌᆞ(英子)ᄅᆞᆯ 두어 그 아름다오미 닌ᄋᆞ난봉(驎兒鸞鳳)770) ᄀᆞᆺ다 ᄒᆞ오니, 텬뉸지졍(天倫之情)은 귀쳔(貴賤)이 업고 ᄌᆡ조와 덕은 녜로브터 초야(草野)의 즘기이니, 쇼쳡이 암용블민(暗庸不敏)ᄒᆞ므로ᄡᅥ 영츈뎡 미인을 일위여 젹셔(嫡庶)의 존비(尊卑)ᄅᆞᆯ 의논치 말고, 스싱으로 ᄃᆡ졉ᄒᆞ여 덕셩을 ᄇᆡ호고 빵ᄋᆞᄅᆞᆯ 압ᄒᆡ 두어 비샹ᄒᆞ믈 긴 날의 완경(玩景)코져 ᄒᆞᄋᆞᆸᄂᆞ니, 스ᄉᆞ로 몸을 ᄂᆞᆺ초아 영츈 【74】 뎡의 나아가고져 ᄒᆞ오ᄃᆡ, 존당의 고치 아니코 ᄌᆞᄒᆡᆼ(自行)ᄒᆞ믄 외월(猥越)ᄒᆞᆫ 허믈은[을] 면치 못ᄒᆞ올 고로, 감히 알외ᄋᆞᆸᄂᆞ니 어린 녀ᄌᆞᄅᆞᆯ 브르샤 ᄒᆞᆫ가지로 은혜ᄅᆞᆯ 닙게 ᄒᆞ시미 지원(至願)이로소이다."

위·조 이태비와 뉴부인 모녜 듯기ᄅᆞᆯ 다ᄒᆞᄆᆡ, 경의(驚疑)771)ᄒᆞ믈 니긔지 못ᄒᆞ여 그 곡졀(曲切)을 ᄌᆞ시 알고져 문왈,

---

765)가ᄎᆞ(假借)ᄒᆞ다 : 잠시 빌리거나 빌려주다. 편하고 너그럽게 대하다.

766)서의(齟意) : 서먹하게 생각함. 또는 그러한 생각.

767)녀영(女英) : 요임금의 딸로 언니 아황(娥皇)과 함께 순임금에게 시집가 서로 투기하지 않고 화목하게 잘 살았으며, 순임금이 창오(蒼梧)에서 죽자 함께 소상강(瀟湘江)에 빠져 죽었다.

768)번월(樊越) : 중국 초나라 장왕(莊王)의 비(妃)인 번희(樊姬)와 소왕(昭王)의 비 월희(越姬). 둘 다 어진 마음으로 남편의 정사를 간(諫)해 덕행으로 유명하다.

769)실개(室家) : =가실(家室). 아내.

770)닌ᄋᆞ난봉(驎兒鸞鳳) : 천리마의 새끼와 난새, 봉새 등을 함께 이르는 말로, 뛰어나게 잘난 자손을 칭찬하여 이르는 말.

771)경의(驚疑) : 놀라고 의심함.

"영춘뎡 미인이라 ᄒᆞ믄 눌을 닐음고? 모로미 슈미곡졀(首尾曲切)을 ᄇᆞᆰ히 닐ᄋᆞ라."

가구시 태부인 말솜을 듯고 븟그리는 ᄉᆞ식(辭色)으로 ᄇᆡ슈계슈(拜手稽首)[772] 왈,

"영춘뎡 미인○[은] 쇼쳡 등이 못기 젼의 군ᄌᆡ 유졍(有情)ᄒᆞ오미[미] 셰월이 포[773] 되엿다 ᄒᆞ오니, 쇼쳡 【75】 의 블민(不敏)ᄒᆞ오미 존당이 모로시믈 아지 못ᄒᆞ옵고, ᄒᆞᆫ가지로 못고져 ᄯᅳᆺ이 급ᄒᆞ와 미졍(微情)을 앙달(仰達)ᄒᆞ오미러니, 존당이 처엄으로 알아시미 되여 군ᄌᆞ의 긔망(欺罔)ᄒᆞ던 일이, 쳡의 입으로 조ᄎᆞ 나타나오미 블안졀민(不安切憫)ᄒᆞ오니 경셜(輕說)ᄒᆞ오미 츄회(追悔)ᄒᆞ와 욕ᄉᆞ무디(欲死無地)로소이다."

언파의 도화냥협(桃花兩頰)의 븕은 빗치 통홍(通紅)ᄒᆞ니, 태부인이 본ᄃᆡ 지감(知鑑)이 업고 츈취(春秋) 고심(高甚)ᄒᆞ니 엇지 노혼(老昏)치 아니리오. 가구시의 졀셰교안(絶世嬌顔)과 묘려ᄌᆡ질(妙麗才質)을 어엿비 넉이더라. 【76】

772)ᄇᆡ슈계슈(拜手稽首) : 두 손을 맞잡고 머리가 바닥에 닿도록 몸을 굽혀 공손히 절함.
773)포 : '거듭'의 옛말.

윤하뎡삼문취록 권지이십팔

ᄎᆞ시 태부인이 본ᄃᆡ 지감이 업고 츈취 고심(高甚)ᄒᆞ니 엇지 노혼(老昏)치 아니리오. 가구시의 졀셰교안(絶世嬌顔)과 묘려ᄌᆡ질(妙麗才質)을 ᄀᆞ장 어엿비 넉이고, 블안민츅(不安憫蹙)ᄒᆞ믈 위ᄒᆞ여 갓가이 나호여 집슈(執手) 칭션(稱善) 왈,

“ᄋᆞ부(兒婦)ᄂᆞᆫ 족히 태ᄉᆞ(太姒)[774]의 덕냥(德量)을 가져 쥬람(周南)[775]의 셩ᄉᆞ(聖事)를 일윌 슉완(淑婉)이라. 과연 챵닌의 유졍미녀(有情美女) 영츈뎡의 이시믈 처엄 듯거니와, ᄋᆞ뷔 엇지 블안ᄒᆞᆫ 일이 이시리오. 만일 그 인현(仁賢)ᄒᆞ믈 흠모(欽慕)ᄒᆞ여 갓가이 두고져 ᄒᆞᆯ진ᄃᆡ, 블너 복시(服侍)케 ᄒᆞ리니, 엇지 져를 보라 가리오. 노뫼 챵닌 【1】 다려 닐ᄋᆞ고 기녀(其女)를 현부의 시위(侍衛)ᄒᆞᄂᆞᆫ 비ᄌᆞ와 일쳬로 잇게 ᄒᆞ리라.”

가구시 덕음(德蔭)을 샤례ᄒᆞ고 다시 말을 발코져 ᄒᆞ거ᄂᆞᆯ, 조태비 태부인긔 고왈,

“가즁(家中)이 챵닌 알오믈 졔 아비 단듕(端重) 침묵(沈黙)ᄒᆞ미 잇ᄂᆞᆫ가 넉이고, 일즉 셩ᄉᆡᆨ(聲色) 연희(宴戱)를 유의(留意)치 아니니, 져를 셩쟈의 틀이 이시믈 칭찬ᄒᆞ더니, ᄉᆡᆼ각지 아닌 남ᄉᆞ(濫事)를 듯ᄉᆞ오니, ‘지쟈(知子)ᄂᆞᆫ 막여뷔(莫如父)’[776]라. 졔 아비 ᄆᆡ양 셩닌만 못ᄒᆞ다 닐ᄋᆞ고 ᄂᆡ외 다ᄅᆞ다 ᄒᆞ미 여ᄎᆞ(如此) 거죄(擧措)이실 줄 아도소이다. 영츈뎡 미녀의 유무를 아직 슉슉(叔叔)이 모ᄅᆞ시고, 광ᄋᆞ 등이 모로오니, 구시로 ᄒᆞ야금 몬져 블 【2】 너보라 ᄒᆞ오미 블가ᄒᆞ온지라. 종용히 슉슉긔 고ᄒᆞ고 희ᄋᆞ다려 닐ᄋᆞ샤, 챵닌의 남ᄉᆞ(濫事)를 물시(勿視)케 마ᄅᆞ시고, 임의 어든 빈오 골육을 깃치다 ᄒᆞ오니, 영영 거졀튼 못ᄒᆞ리니, 비록 쇼셩지위(小星之位)의 두나, 젹셔명분(嫡庶名分)을 엄히 ᄒᆞ야 가법(家法)을 난(亂)치 아니미 올흐니이다.”

도라가 구시다려 닐너 왈,

“ᄋᆞ뷔(兒婦) 비록 년쇼ᄒᆞ나 입어오문수ᄌᆡ(入於吾門數載)[777]의 가법과 규구(規矩)를 보아실지라. 슉녈 현뷔 진・남・화 세 동녈(同列)과 빅파 등 십쇼희(十小姬)를 거ᄂᆞ리ᄃᆡ, 은위(恩威) 병힝ᄒᆞ야 녯 셩비(聖妃)의 풍(風)이 이시니 사ᄅᆞᆷ마다 본밧기 어렵고, 지어ᄋᆞ부(至於兒婦)ᄒᆞ여ᄂᆞᆫ 【3】 텰시 이셔 동녈(同列)의 ○[의]와 안항(雁行)의 친ᄒᆞ

---

774)태ᄉᆞ(太姒) : 중국 주(周)나라 문왕의 비. 현모양처(賢母良妻)로 추앙되는 인물.

775)쥬람(周南) : 『시경』의 편명. 주로 주(周)나라 문왕과 문왕의 비(妃) 태사(太姒)의 덕을 칭송하는 노래들로 이루어져 있다.

776)지쟈(知子) 막여뷔(莫如父) : 자식을 알기는 그 아버지만큼 잘 아는 사람이 없다.

777)입어오문수ᄌᆡ(入於吾門數載) : 우리 가문에 시집온 지 여러 해가 되었음.

미 이시니, ᄒᆞᆫ가지로 ᄂᆡᄉᆞ를 빗ᄂᆡ여 서로 그란 거ᄉᆞᆯ ᄀᆞᆷ초고, 긴[778] 거ᄉᆞᆯ 나토아 화우(和友)ᄒᆞ면 손ᄋᆞ의 가되 챵(昌)ᄒᆞ리니, 아직 션후를 뎡치 못ᄒᆞ믄 타일 ᄉᆡᆼ남(生男)ᄒᆞᄂᆞ니로 뎡코져ᄒᆞ미니, 챵ᄋᆞ의 가되 미뎡(未定)ᄒᆞ여시나, 텰쇼부와 ᄋᆞ뷔 ᄉᆞ문일ᄆᆡᆨ(士門一脈)으로 년긔 샹젹(相敵)ᄒᆞ니 피ᄎᆞ 화우ᄒᆞ려니와, 엇지 미말쇼셩(微末小星)이 현슉다ᄒᆞ여 당당 졍실이 친히 보ᄂᆞᆫ 규귀 이시리오. 모로미 챵닌를[올] ᄉᆞ실의 ᄃᆡᄒᆞ나 ᄎᆞ언을 닐너 들니지 말나."

언파의 안ᄉᆡᆨ이 화열ᄒᆞ나 ᄉᆞ긔(辭氣) 정슉ᄒᆞ니, 가구【4】시 참안(慙安)ᄒᆞ여 블민(不敏)ᄒᆞ믈 샤죄ᄒᆞ니, 부인 왈,

"ᄋᆞ부의 실언ᄒᆞ믈 경계ᄒᆞ미오, 죄를 닐ᄏᆞᆺ지 아냐ᄂᆞ니, ᄋᆞ부의 졍ᄉᆡ(情私) 구가 밧게 ᄇᆞ랄 곳이 업ᄉᆞ니, 우리 ᄋᆞ부의 현우()賢愚를 분변(分辨)치 아니면 뉘 능히 허믈을 닐너 긋치게 ᄒᆞ리오. 모로미 블안ᄒᆞᆫ 뜻을 두지 말나."

구시 퇴ᄒᆞᄆᆡ, 뉴시 조태비를 향ᄒᆞ여 왈,

"챵닌이 쇼셩을 두어 골육을 깃치미 이시면, 남ᄋᆞ의 능활(能猾)ᄒᆞ미 여ᄎᆞᄒᆞᆫ지라, 졔 아비 드ᄅᆞ면 미온(未穩)ᄒᆞ미 대단ᄒᆞ리이다."

태비 왈,

"챵닌의 지감(知鑑)이 여신(如神)ᄒᆞ니 영츈뎡 미인이 반다시 용속(庸俗)든 아니려니와, 【5】졔 아비 ᄉᆞ광지총(師曠之聰)[779]으로도 ᄭᆡ닷지 못ᄒᆞ니 신능(神能)ᄒᆞ믈 알지라. 져의 긔샹이 영위쥰ᄆᆡ(英偉俊邁)ᄒᆞ여 뇽닌(龍麟)의 톄격(體格)이라. 동치지년(童穉之年)의 쇼셩을 두니 뜻이 젹지 아니토다."

졍언간(停言間)에 진왕 곤계 파됴ᄒᆞ여 드러오니, 위태부인이 ᄎᆞ언을 승샹다려 닐ᄋᆞ지 말나 ᄒᆞ니, 조・뉴 냥부인이 챵닌의 쇼셩 말을 닐ᄋᆞ지 못ᄒᆞ더라. 진왕이 퇴ᄒᆞ고 호람휘 드러오ᄆᆡ, 태부인이 비로소 챵닌의 남ᄋᆞ를 닐ᄋᆞ고, 비록 쳔산(賤産)이나 쌍ᄋᆞ를 두어 바리지 못ᄒᆞᆯ 형셰믈 닐ᄋᆞ니, 남휘 면모의 화긔(和氣) 현츌(顯出)ᄒᆞ여 고왈,

"ᄌᆞ뎡은 아직 【6】발셜치 마ᄅᆞ쇼셔. ᄌᆡ하쟈(在下者)의 남ᄋᆞ를 두ᄀᆞᆺ길 거시 아니오ᄃᆡ, ᄋᆞ히 긔상이 잔졸(孱拙)치 아냐 취실(娶室)젼 쇼셩을 두오미라. 이제 ᄌᆞ식을 두어 텬뉸의 졍을 통ᄒᆞ옵ᄂᆞᆫ 바를 ᄉᆡᆼ각ᄒᆞ오니, 어엿븐 뜻이 ᄉᆡ음 솟돗 ᄒᆞ오나, 고톄(固滯)ᄒᆞᆫ[780] 졔 아비다려 닐ᄋᆞ지 못ᄒᆞ올 거시니, 다만 챵닌을 경계ᄒᆞ샤 다시 남활(濫闊)ᄒᆞᆫ 뜻을 두지 말고 졍실을 녜ᄃᆡ(禮待)ᄒᆞ여 뉸긔(倫紀) 일듕(一重)[781]ᄒᆞ믈 져바리지 말나 ᄒᆞ쇼셔."

녕능공 부인 왈,

---

778)기다 : '그것이다'가 줄어든 말. '아니다'에 대응되는 말로 '맞다' '옳다'의 뜻으로 쓰임.

779)ᄉᆞ광지총(師曠之聰) : 사광(師曠)의 총명이란 뜻으로, 중국 춘추(春秋) 때 사광이란 사람이 소리를 잘 분변하여 길흉을 점쳤다는 고사에서 유래한 말.

780)고톄(固滯)ᄒᆞ다 : 성질이 편협하고 고집스러워 너그럽지 못하다.

781)일듕(一重) : 제일 중요함. 가장 중요함. 무엇보다도 중요함

"대인이 챵 질(姪)을 블너 경계ᄒᆞ시미 올흘가 ᄒᆞᄂᆞ이다."

호람휘 왈,

"ᄋᆞᄒᆡ 만일 셰린의 허랑광핑(虛浪狂悖)ᄒᆞ【7】미 이실진ᄃᆡ, 졔 아비다려 닐너 다ᄉᆞ리게 ᄒᆞᆯ 거시로ᄃᆡ, 픔격이 긔이ᄒᆞ여 비록 믹달(妹妲)과 포ᄉᆞ(褒姒)[782] ᄀᆞᆺ튼 계집을 맛져도 셩졍을 상히오지 아니리니, 즈레 알은 쳬ᄒᆞ여 위의ᄅᆞᆯ 일코 슈고로이 경계ᄒᆞ리오. 오ᄋᆞᄂᆞᆫ 챵ᄋᆞ다려 나의 알아시믈 닐ᄋᆞ지 말나."

셕부인이 빅샤 슈명이러라.

"ᄎᆞ일 혼뎡을 치 밋지 못ᄒᆞ여셔 태부인이 한님을 브르ᄆᆡ 한님이 공슈 시립ᄒᆞ니, 태부인 왈,

"너의 냥ᄌᆡ(娘子) 용이(容易)치 아니타 ᄒᆞ니 원간 엇더ᄒᆞ뇨?"

한님이 ᄃᆡ 왈,

"쇼손이 아득ᄒᆞ야 왕대모의 하교ᄅᆞᆯ ᄭᆡ닷지 못ᄒᆞ【8】ᄂᆞ이다."

태부인이 쇼왈,

"네 엇지 모로ᄂᆞᆫ 쳬ᄒᆞᄂᆞ뇨."

한님이 문파(聞罷)의 츅쳑(踧惕) 황공ᄒᆞ여 면관(免冠) 청죄 왈,

"블쵸ᄋᆡ 엄훈ᄅᆞᆯ[을] 져바려 남ᄉᆞᄅᆞᆯ 힝ᄒᆞᆫ 죄 여러 일월이라. 발셔 존당의 고ᄒᆞ고 다ᄉᆞ리시믈 밧ᄌᆞ올 거시로ᄃᆡ, 일개 쳔녀(賤女) 유졍ᄒᆞ오미 셰쇄ᄒᆞ온 고로 감히 번득지 못ᄒᆞ여ᄉᆞᆸ더니, 대뫼 이ᄀᆞᆺ치 하문ᄒᆞ시니 엇지 긔망(欺罔)ᄒᆞ리잇고? 쳔녀의 소ᄉᆡᆼ이 비샹ᄒᆞ온즉 도로혀 길되(吉兆) 아니오, 쇼손이 지금 보지 아냐ᄉᆞ오니 그 쟉인을 아지 못ᄒᆞᄂᆞ이다."

구패 왈,

"남ᄌᆞ의 발양(發陽)ᄒᆞ기ᄂᆞᆫ 침잠(沈潛)ᄒᆞᆫ 가온ᄃᆡ 더옥 심ᄒᆞᆫ지라. 우【9】리 엇지 그ᄃᆡᄅᆞᆯ 취실젼(娶室前) 미ᄉᆡᆨ(美色)을 유졍ᄒᆞ리라 알아시리오. 그ᄃᆡ 부친은 쇼년 시로브터 두 부인 ᄲᅮᆫ이오, 가외(加外)[783] 남ᄉᆞ 업ᄉᆞ니 군의 호방을 드르ᄆᆡ 엇더케 넉이시리오."

한님이 ᄃᆡ왈,

"챵닌이 무샹(無狀)ᄒᆞ와 엄훈을 직희지 못ᄒᆞ엿거니와, 쇼셩을 두믄 조모의 잉혈[784]

---

782)포ᄉᆞ(褒姒) : 중국 주(周)나라 유왕의 총희(寵姬)로 웃음이 없었다. 유왕이 그녀를 웃게 하기 위해 거짓 봉화를 올려 제후들을 소집하였다가, 뒤에 외침(外侵)을 받고 봉화를 올렸으나 제후들이 모이지 않아 왕은 죽고 포사는 사로잡혔다고 한다.

783)가외(加外) : 일정한 기준이나 정도의 밖. '표준 밖', '필요 밖', '한도 밖'.

784)잉혈 : 개용단・회면단・도봉잠 등과 함께 한국고소설 특유의 서사도구의 하나. 앵혈은 어려서 이것으로 여자의 팔에 점을 찍어두거나 출생신분을 기록해 두면, 남성과의 성적 결합을 갖기 전에는 지워지지 않는 효능을 갖고 있기 때문에, 주로 남녀의 동정(童貞) 여부를 감별하거나 부부의 성적 결합여부를 판별하는 징표로 사용되지만, 이에 못지않게 신분표지나 신원확인의 수단으로도 많이 활용되고 있다. =주점(朱點), 주표(朱標), 비홍(臂紅),

직으신 연괴라. 쟝뷔 풀 우히 쥬졈(朱點)을 일시도 머므르지 못ᄒᆞ와 부득이 화벽을 취ᄒᆞ여 잉혈을 업시ᄒᆞ엿ᄂᆞ이다.”

구픽 쇼왈,

“그ᄃᆡ 일년만 견ᄃᆡ면 비홍(臂紅)이 흔젹도 업ᄉᆞ려든, 그 ᄉᆞ이를 참지 못ᄒᆞ여 미녀를 유졍ᄒᆞ미 가ᄒᆞ냐?”

태부인이 【10】 쇼왈,

“네 구파의 희롱을 인ᄒᆞ여 미녀를 유졍ᄒᆞᆫ 거시 굿ᄐᆞ여 탐음방일지ᄉᆡ(貪淫放逸之事)785) 아니나, 네 아비 번ᄉᆞ(繁事)를 원슈ᄀᆞᆺ치 넉이ᄂᆞ니 너의 득쳡(得妾)ᄒᆞ믈 드르면 깁히 미온(未穩)ᄒᆞ리니, 내 아직 닐ᄋᆞ지 못ᄒᆞᄂᆞ니 네 삼가고 조심ᄒᆞ야 ᄎᆞ후나 남ᄉᆞ를 두지 말나.”

한님이 황공(惶恐) 츅쳑(踧惕)ᄒᆞ니, 뉴부인이 집슈 무ᄋᆡ 왈,

“너의 슈신셥힝(修身攝行)이 ᄋᆞ시로브터 아비 뒤흘 ᄯᆞ르고, 일쳐일쳡(一妻一妾)은 유식도 두ᄂᆞᆫ 비니, 네 이제 뎡·구 등과 일희(一姬)를 둔들 무슴 힝실의 유해 ᄒᆞ리오마ᄂᆞᆫ, 여뷔 번화를 용납홀니 업ᄉᆞ니 ᄀᆞ장 깃거 아니려니와, 【11】 아직 모로ᄂᆞᆫ 비오, 어든 비 블냥치 아니면, 가ᄂᆡ 요란치 아닐지라. 모로미 과도히 근심치 말나.”

한님이 ᄌᆡ비(再拜) 계슈(稽首) 왈,

“쇼손이 이러므로 여좌침샹(如坐針上)786)ᄒᆞ고 여림박빙(如臨薄氷)787)ᄒᆞ여 ᄒᆞᄂᆞ이다.”

조태비 왈,

“비록 남ᄋᆞ의 몸인들 이뉵츙년(二六沖年)788)의 비샹쥬표(臂上朱標)789)를 잠간 머므로미 무어시 힝어셰(行於世) 못홀 븟그러오미 되리오마ᄂᆞᆫ, 본심이 남활ᄒᆞ야 아비 속이믈 능ᄉᆞ(能事)로 알고, ᄉᆡᆨ욕(色慾)이 조동(早動)ᄒᆞ야 음황(淫荒)ᄒᆞ믈 피치 아니ᄒᆞ니, 졈졈 ᄆᆞ음이 기러 셰린의 외입(外入)ᄒᆞ미 업ᄉᆞ리오. 한님이 듯기를 맛ᄎᆞᄆᆡ ᄇᆡ한(背汗)이 쳠의(沾衣)라. 오직 ᄉᆞ죄를 【12】 닐ㅋ라 감히 ᄂᆞᆺ출 드지 못ᄒᆞ더니, 진왕 곤계 호람후를 뫼셔 드러오니 한님이 하당영지(下堂迎之)ᄒᆞ고, 위태부인과 조·뉴 냥부인이 다시 챵닌의 말을 닐ᄋᆞ지 아니ᄒᆞ니, 승샹이 비록 총명ᄒᆞ나 후뎡(後庭)의 화벽이 냥 긔린(騏驎)을 쎠 ᄋᆞᄌᆞ의 ᄋᆡ듕ᄒᆞ고 견권(繾綣)ᄒᆞᄂᆞᆫ 은ᄋᆡ(恩愛) 텰시 우히 이시믈 ᄭᆡ닷지 못ᄒᆞ고, 다만 쥬픠(朱標) 취실젼(娶室前) 업ᄉᆞ믈 의아ᄒᆞᄃᆡ 혹 가즁 홍장 시녀비를 유졍(有情)ᄒᆞ민가 넉이ᄃᆡ, 한님의 특이ᄒᆞᆫ 위인을 깁히 취듕(取重)ᄒᆞᄂᆞᆫ 고로 다시 뭇지 아니ᄒᆞ더라.

---

785)탐음방일지ᄉᆡ(貪淫放逸之事) : 지나치게 여색을 탐하고 방탕하게 노는 일.
786)여좌침상(如坐針上) : 바늘 위에 앉은 것처럼 불안함.
787)여림박빙(如臨薄氷) : 살얼음 밟듯 조심함.
788)이뉵츙년(二六沖年) : 열두 살의 어린 나이.
789)비샹쥬표(臂上朱標) : 팔뚝에 있는 앵혈.

진왕곤계 태부인 취침(就寢)ᄒᆞ시믈 보고, 호람후를 【13】 뫼셔 나올ᄉᆡ, 승샹은 냥모친을 븟드러 각각 취상(就床)ᄒᆞ시믈 보고, 졔ᄌᆞ를 거ᄂᆞ려 퇴ᄒᆞ니 승샹이 웅·챵 냥(兩)닌을 도라보아 왈,

"여등은 존당 셩졍(省定)[790]과 직ᄉᆞ 밧근 외뎡을 직희여 그 힝지(行止)를 등한이 ᄒᆞ지 말나."

한님은 슈명ᄒᆞ고 어ᄉᆞ는 고왈,

"졔 임의 심졍(心情)이 상ᄒᆞ여 쳔만 번 당부ᄒᆞ여 직희고져 ᄒᆞ오나 몸울 빠혀 녕능군쥬 침소로 드러가니, 능히 잡지 못ᄒᆞ고 일노뻐 우환을 삼ᄂᆞ이다."

승샹이 탄왈,

"직희여 유익지 아니믈 모로지 아니나, 요ᄉᆡᆨ(妖色)의 침몰(沈沒)ᄒᆞᆫ즉 목숨이 가려(可沴)[791]ᄒᆞᆯ가 념녀ᄒᆞ미라. 여등이 갈ᄉᆞ록 직【14】희기를 범연이 말나."

냥인이 슈명ᄒᆞ고 승샹을 뫼셔 침뎐의 드르시믈 보고, 믈너 계슈각의 나오ᄆᆡ, 학ᄉᆡ 이의 잇지 아닌지라. 셔동다려 무ᄅᆞ니 ᄂᆡ헌으로 드러가다 ᄒᆞ는지라. 어ᄉᆡ 한님다려 왈,

"셰린을 브르지 아니면 존교(尊敎)를 져바리미라. 현뎨 드러가 블너오미 하여오?

한님 왈,

"다란 곳에 잇지 아냐 녕능의 침소의 잠겨시니, 그 네답지 아닌 거술 참아 보지 못ᄒᆞᆯ지라, 시동으로 브르사이다."

이의 셔동으로 ᄂᆡ당 시녀를 죵용히 블너 학ᄉᆞ의 나오믈 ᄌᆡ촉ᄒᆞ라 ᄒᆞ니, ᄎᆞ일 학ᄉᆡ 제형이 【15】혼뎡을 참예ᄒᆞ라 드러가믈 보고, 녕능 ᄉᆡᆼ각이 근졀ᄒᆞ여 이의 녕능의 곳의 드러와 집슈년슌(執手連脣)[792]ᄒᆞ여 귀듕ᄒᆞ미 비길ᄃᆡ 업ᄉᆞ니, 녕능이 ᄯᅩᄒᆞᆫ 학ᄉᆞ의 옥안호풍(玉顔豪風)을 ᄃᆡᄒᆞ야 은의 듕ᄒᆞ고, 역시 음악ᄒᆞᆫ 심졍이 무루녹아 학ᄉᆞ의 ᄊᆞ으는 ᄃᆡ로 져의 ᄋᆡᆼ슌화용(櫻脣花容)을 학ᄉᆞ의 옥면화협(玉面花頰)의 졉ᄒᆞ야 쳔가지 교ᄐᆡ와 만가지 샤ᄉᆡᆨ(邪色)으로 졍을 낫고더니, 한님이 학ᄉᆞ 브르믈 듯고 번신(翻身)ᄒᆞ여 니러 안ᄌᆞ 의상을 슈습ᄒᆞ니, 가히 놀난 기럭이 구름으로 조ᄎᆞ ᄡᅥ러진 둣ᄒᆞ니, 학ᄉᆡ 밧비 원비(猿臂)를 느리혀 셤요(纖腰)【16】를 븟드러 왈,

"ᄉᆡᆼ이 임의 드러와시니 밤을 지ᄂᆡ고 나가고져 ᄒᆞ거늘, 그ᄃᆡ 엇지 여ᄎᆞ 비통ᄒᆞᄂᆞ뇨?"

녕능이 아미를 축합(縮合)ᄒᆞ고 옥슈로 ᄉᆡᆼ의 손을 밀치며, ᄒᆞᆫ 소ᄅᆡ 탄식의 냥안(兩眼)의 징패(澄波) 년낙(連落)ᄒᆞ여 왈,

---

790)셩졍(省定) : 신성혼정(晨昏省定). 신성(晨省)과 혼정(昏定)을 아울러 이르는 말. 곧 밤에는 부모의 잠자리를 보아 드리고 이른 아침에는 부모의 밤새 안부를 묻는다는 뜻으로, 부모를 잘 섬기고 효성을 다함을 이르는 말.

791)가려(可沴) : 해로움. 해(害)가 됨.

792)집슈년슌(執手連脣) : 손을 잡고 입술을 맞춤.

“쳡이 비록 미암혼일(迷暗混釰)[793]ᄒᆞ나 망극ᄒᆞᆫ ᄆᆡ명(罵名)이 일신의 다 못기고[794] 군ᄌᆞ로 ᄒᆞ야금 외입실셩(外入失性)ᄒᆞᆫ 허믈을 엇게 ᄒᆞ니, ᄉᆞᄉᆞ로 몸을 죽여 죄를 속고져 ᄒᆞ나, 부모의 ᄉᆡᆼ휵(生慉)ᄒᆞ신 은혜를 져바려 칼과 노흘 가져 명ᄆᆡᆨ을 긋지 못ᄒᆞ고, 됴흔다시 셰월을 보ᄂᆡ나, 요ᄉᆞ(妖邪)ᄒᆞᆫ 일흠을 어드니 엇지 비분원억(悲憤冤抑)지 【17】 아니리잇가?”

학ᄉᆡ 텽파의 경문(驚問) 왈,

“우리 집이 본ᄃᆡ 남ᄌᆞ(男子) 녀인(女人)이 다만 녜듕(禮重)키를 힘쓰고 말ᄉᆞᆷ이 흔치 아니며, 일즉 사ᄅᆞᆷ의 흔단(釁端) 닐ᄋᆞ기를 즐겨 아닛ᄂᆞ니, 뉘 그ᄃᆡ를 그럿틋 비쇼(誹笑)ᄒᆞ관ᄃᆡ 고이ᄒᆞᆫ 말을 ᄒᆞᄂᆞ뇨? 셜ᄉᆞ 남이 그ᄃᆡ를 사오납다 ᄒᆞᆫ들, ᄉᆡᆼ은 일즉 그르다ᄒᆞᆫ 일이 업거ᄂᆞᆯ, 엇지 ᄉᆡᆼ의 손을 밀쳐 부도(婦道)를 일코 부부의 졍을 베오고져 ᄒᆞᄂᆞ뇨?”

녕능이 ᄂᆞᆺ출 숙이고 하루(下淚)ᄒᆞ더니 이윽고 왈,

“쳡이 블민무식(不敏無識)ᄒᆞ나 녀ᄌᆞ의게 가뷔(家夫) 소텬(所天)이니 엇지 공경ᄒᆞ믈 모로며, 듕대치 아니리오마 【18】 ᄂᆞᆫ, 군ᄌᆡ 잔학음황지ᄉᆡ(殘虐淫荒之事) 업ᄉᆞᄃᆡ, 쳡이 군ᄌᆞ를 그릇 ᄆᆞᆫ들고, 셜부인을 아조 업시ᄒᆞᆫ 후 긋치련다, 흉언이 일가의 ᄀᆞ득ᄒᆞ니, 쳡이 감히 군ᄌᆞᄒᆡᆼ신(君子行身)을 시비ᄒᆞ미 아니로ᄃᆡ, 즁심의 ᄋᆡ돌ᄋᆞ오미 극ᄒᆞᄆᆡ, 능히 참지 못ᄒᆞ여 미졍(微情)을 베프ᄂᆞ니, 군ᄌᆞᄂᆞᆫ 관인셩덕(寬仁聖德)으로ᄡᅥ ᄋᆞ녀ᄌᆞ의 구구ᄒᆞᆫ ᄉᆞ졍을 도라보아 가졔(家齊)를 공평화열(公平和悅)ᄒᆞ믈 쥐ᄒᆞ야 규ᄂᆡ(閨內)의 원망이 업게 ᄒᆞ시미 올커ᄂᆞᆯ, 어이 일편도이 쳡의 침실의만 왕ᄂᆡᄒᆞ여, 쳡으로 ᄒᆞ야금 군ᄌᆞ를 쟝악(掌握)의 잡은다 ᄒᆞ며, 군ᄌᆞ의 ᄒᆡᆼ지 그릇되다 【19】 ᄒᆞ믈 ᄌᆞ취(自取)ᄒᆞ시ᄂᆞ니잇가? 근일(近日)의 셜부인이 존고 협실의 올맛다 ᄒᆞ거니와, 그 유틔지즁(有胎之中)의 약질이 ᄌᆞ로 유병ᄒᆞ믈 념(念)치 아니시고 단연(斷然)이 염박(厭薄)ᄒᆞ시니, 셜부인을 ᄆᆡ워ᄒᆞ시미 쳡을 해ᄒᆞ미라. 가즁이 다 쳡이 군ᄌᆞᄭᅴ 참언(讒言)을 일워여 셜부인을 해ᄒᆞ므로 밀위니, 감히 발명치 못ᄒᆞ고 다만 신명(神明)의 질뎡(質正)ᄒᆞᆯ ᄯᆞᄅᆞᆷ이라. 원컨ᄃᆡ 군ᄌᆞᄂᆞᆫ 쳡을 도라보ᄂᆡ고 셜부인을 듕대ᄒᆞ샤 조강결발(糟糠結髮)[795]을 ᄀᆡ빈야이 녁이지 마ᄅᆞ쇼셔.”

언파의 쳬루비읍(涕淚悲泣)ᄒᆞ니, 학ᄉᆡ 상셩(喪性)ᄒᆞᆫ 즁이나 녕능의 공교(工巧) 【20】 히 슬허ᄒᆞ믈 깃거 아니 ᄒᆞ더니, ᄌᆞ긔로ᄡᅥ 걸쥬(桀紂)[796]의 견조며 녕능을 ᄆᆡ달(妹妲)[797]의 비ᄒᆞ미, 셜시 밧 나지 아니리라 의심이 니러나니, 새로이 셜시를 통히ᄒᆞ야 고ᄃᆡ 죽이고져 시븐지라. 존당 명을 거역지 못ᄒᆞ야 한님 등의 듀야 직희ᄂᆞᆫ 거ᄉᆞᆯ 버서

793)미암혼일(迷暗混釰) : 미혹하고 둔함.
794)못기다 : 모이다.
795)조강결발(糟糠結髮) : 조강지처(糟糠之妻). 원비(元妃). 원비로 맞아 결혼함.
796)걸쥬(桀紂) : 중국 하(夏) 나라의 걸왕(桀王)과 은(殷) 나라의 임금 주왕(紂王)을 이름. 둘 다 학정(虐政)으로 망국(亡國)에 이르게 한 폭군(暴君)임.
797)ᄆᆡ달(妹妲) : 중국 하(夏)의 마지막 황제 걸(桀)의 비(妃)인 매희(妹喜)와 주(周)의 마지막 황제 주(紂)의 비(妃) 달기(妲己)를 함께 이르는 말. 둘 다 포악한 여성의 대표적 인물로 꼽힌다.

나지 못ᄒᆞ야, 항쥐(杭州)셔 도라온 후 함분잉노(含憤忍怒)ᄒᆞ여 셜시 위가의게 부치다 ᄒᆞᄂᆞᆫ 음셔(淫書)와 ᄌᆞᄀᆡᆨ지셜(刺客之說)을 다시 드노치 못ᄒᆞ나, 그윽이 칼흘 어라만져 혼ᄌᆞ말노 음부의 머리를 버히지 못ᄒᆞ믈 탄ᄒᆞ던 비라. 이의 분연이 옷술 슈습ᄒᆞ여 왈,

"쳔인(千人)이 그ᄃᆡ를 【21】 달긔(妲己)[798]라 ᄒᆞ고 만인이 포ᄉᆡ(褒姒)[799]라 닐ᄋᆞ나, 내 그ᄃᆡ를 ᄆᆡ달(妹妲)의 비기지 아니코, 존당부뫼 믈너가라 아니신 젼은 도라가믈 쳥치 못홀 거시오, 연고 업시 우룸을 발치 못ᄒᆞ리니, 모로미 비ᄉᆞ고어(悲辭苦語)로 나의 심회를 돕지 말나. ᄯᅩ 뭇ᄂᆞ니 셜시 무ᄉᆞᆷ 일노 쳐소를 옴다 ᄒᆞ더뇨?"

녕능 왈,

"군ᄌᆞ의 말ᄉᆞᆷ이 여ᄎᆞᄒᆞ니 엇지 젹은 회포를 펼 ᄇᆡ리오. 다만 셜부인 슉소 ᄡᅥ나믄 잠간 드르니 샹공이 무지모야(無知暮夜)의 쟉난ᄒᆞ미 이실가 념녀ᄒᆞ샤 옴기시다 ᄒᆞᄂᆞᆫ 지라. 금야ᄂᆞᆫ 두 존괴 향월뎐의셔 셕슉모와 하슉모로 더브러 【22】 담화ᄒᆞ시니, 반다시 ᄆᆡ월뎐이 뷔워실지라. 잠간 셜부인을 위로ᄒᆞ샤 원을 프러바리게 ᄒᆞ시면, 쳡이 ᄯᅩᄒᆞᆫ 깃브믈 먹음으리로소이다."

학ᄉᆡ ᄎᆞ언을 드르ᄆᆡ 그 혼ᄌᆞ 잇ᄂᆞᆫ ᄯᅢ의 음황극악지죄(淫荒極惡之罪)를 닐너 흉격의 ᄲᅡ힌 분을 플고져 ᄒᆞ야 블연이 지게를 열고 ᄆᆡ월뎐으로 향ᄒᆞ니, 녕능이 착급ᄒᆞ야 샐니 쳥션을 브ᄅᆞ고져 홀 즈음에 쳥션이 발셔 합장 뒤히 와시ᄃᆡ, 학ᄉᆡ 잇ᄂᆞᆫ 고로 드러오지 못ᄒᆞ다가, ᄉᆡᆼ이 나아가ᄆᆡ 드러오니,영능이 환희 왈,

"이런 ᄯᅢ를 만나 힘힘이 안줏지 못【23】ᄒᆞ리니, ᄉᆞ부ᄂᆞᆫ 큰 ᄌᆡ죄를 발ᄒᆞ야 셜시를 아조 업시ᄒᆞ라."

쳥션이 즉시 공즁의 치다라 몬져 ᄆᆡ월뎐의 니르니, ᄎᆞ야의 하부인이 녕능공 부인과 한상셔 부인을 쳥ᄒᆞ야 향월뎐의셔 죵용히 말ᄉᆞᆷᄒᆞ며, 쵹하의셔 호람후의 관복을 일워 옥비셤슈(玉臂纖手)를 한가히 놀니니, 우부인이 쇼왈,

"하・쟝 이 져제(姐姐) 비록 년노ᄒᆞ신 ᄯᅢ 아니나, 텰・셜・구・됴 등이 바야흐로 삼츈(三春)[800]이 졍셩(正盛)[801]ᄒᆞ니, 하고로 며ᄂᆞ리를 식이지 아니코 쵹하(燭下)의 ᄉᆡᆨᄉᆞ(色絲)를 희롱ᄒᆞ여 슈고로오믈 ᄉᆡᆼ각지 아니시ᄂᆞ뇨?"

이부인 왈, 【24】

"쳡 등이 아직 침션슈치(針線繡-)[802] 갓븐 줄을 아지 못ᄒᆞ니, 엇지 ᄋᆞ부 등을 식이

---

798)달긔(妲己) : 중국 은나라 주왕의 비(妃). 왕의 총애를 믿어 음탕하고 포악하게 행동하였는데, 뒤에 주나라 무왕에게 살해되었다. 하걸(夏桀)의 비 매희(妹喜)와 함께 망국의 악녀로 불린다.

799)포ᄉᆡ(褒姒) : 중국 주(周)나라 유왕의 총희(寵姬)로 웃음이 없었다. 유왕이 그녀를 웃게 하기 위해 거짓 봉화를 올려 제후들을 소집하였다가, 뒤에 외침(外侵)을 받고 봉화를 올렸으나 제후들이 모이지 않아 왕은 죽고 포사는 사로잡혔다고 한다.

800)삼츈(三春) : ①봄의 석 달. 맹춘(孟春), 중춘(仲春), 계춘(季春)을 이른다. ②음력 3월을 이르는 말. 여기서는 봄이 절정에 이른 음력 3월을 말함.

801)졍셩(正盛) : 기운이나 세력이 한창 왕성하다.

802)침션슈치(針線繡-) : '바늘・실・수붙이'라는 말로 바느질하고 수놓는 일을 말함. *-치; ((일부 명사 또는 명사형 뒤에 붙어)) '물건'의 뜻을 더하는 접미사

고 아니 오는 줌을 취ᄒᆞ리오. ᄒᆞ믈며 대인이 관복 ᄎᆞᄌᆞ시미 밧븐 거시 아니라, ᄉᆞ절(四節)○[의] 의(依)ᄒᆞᆫ 빗치 변치 말고져 ᄒᆞ시니, 여벌을 일워 두고져 ᄒᆞ미로소이다."

셕부인이 쇼왈,

"우리 엇지 하·쟝 이 데(弟)의 브ᄌᆞ런을 게어라기로 칭ᄒᆞ리오."

인ᄒᆞ여 침션을 돕고 야심토록 담화ᄒᆞ여 도라가지 아니ᄒᆞ니, 셜쇼제 존고 침금을 포셜(鋪設)ᄒᆞ여 도라오시기를 기다리고, ᄌᆞ긔는 측을 ᄃᆡᄒᆞ여 학ᄉᆞ의 ᄇᆡᆨ나광포(白羅廣袍)[803]를 일울ᄉᆡ, 원ᄂᆡ 쇼졔 낫인즉 협【25】실의 잇고 밤인즉 쟝부인 상하(床下)의 시침ᄒᆞ여 고부의 정이 모녀의 감치 아니터라.

학ᄉᆡ 바야흐로 분노를 ᄡᅴ여, ᄆᆡ월뎐 즁계의 다ᄃᆞ라 승당(昇堂)코져 홀 즈음에, 쳥션이 언건(偃蹇)ᄒᆞᆫ 남ᄌᆡ되여 지게를 열치고 나오는 다시, 짐즛 문을 ᄀᆡ폐(開閉)ᄒᆞ는 소ᄅᆡ를 ᄉᆡᆼ이 듯게 ᄒᆞ고, 무심히 윤ᄉᆡᆼ을 맛다란[804] 다시 학ᄉᆞ의 올으려 ᄒᆞ는 쳥사(廳舍) 기동을 잡고 ᄂᆞ리려 ᄒᆞ다가, 학ᄉᆞ를 마조쳐 보고 놀나며 요하(腰下)로 조ᄎᆞ 보검(寶劍)을 ᄂᆡ여 손에 드니, 검광(劍光)이 서리 ᄀᆞᆺ튼지라. 학ᄉᆡ 잠간 눈을 들ᄆᆡ 분명이 운슈산샹의셔 맛낫던 흉적(凶賊) 위【26】최라. 놀나고 분ᄒᆞ믈 니긔지 못ᄒᆞ야 역시 찬칼흘 ᄲᅢ혀 햐슈(下手)코져 ᄒᆞ니, 적이 조금도 구겁(懼怯)지 아냐 학ᄉᆞ의게 달녀드는 쳬ᄒᆞ다가, 문득 몸을 소소아 공즁의 치다르니 간 바를 모를러라.

학ᄉᆡ 놉흔 셩이 쳘골(徹骨)ᄒᆞ고 분긔 츙격ᄒᆞ야, 이의 적ᄌᆞ(賊者)의 ᄉᆞᄆᆡ의셔 ᄲᅡ지는 거시 잇거늘 거두워보니 ᄌᆞ긔 ᄇᆡᆨ옥건즘(白玉巾簪)[805]과 슌금셔징(純金書鎭)[806]이라. 이는 어ᄉᆞ 웅닌이 셰린으로 엇개를 년ᄒᆞ여 좌ᄒᆞ엿더니, 셔동이 맛츰 ᄃᆡ답이 더ᄃᆡ다ᄒᆞ여 슌금셔징을 드러 셔동의 ᄃᆡ골을 치려 ᄒᆞ거늘, 웅닌이 셔징을 앗고 쇼왈,

"노【27】복을 다ᄉᆞ리ᄆᆡ 법다이 쟝칙(杖責)홀지니 엇지 네 외조 쟝ᄉᆞ마 대인이 주신 바 슌금셔징을 가져 치려 ᄒᆞᄂᆞ뇨? 모로미 미친 거동을 긋치라."

학ᄉᆡ 비록 변심ᄒᆞ여시나 효우지심은 잇는 고로, 노를 거두고 날호여 눕거늘, 어ᄉᆡ 그 옷시 참혹히 되여시믈 보고 쇼왈,

"사ᄅᆞᆷ이 쇼검(素儉)[807]ᄒᆞ미 웃듬이나, 쟝취블셩(長醉不醒)[808]ᄒᆞ여 의복조ᄎᆞ 츄잡(醜雜)ᄒᆞᆫ 거동이 더러오믈 돕는지라, 엇지 ᄀᆞ라닙지 아니 ᄒᆞᄂᆞ뇨?"

학ᄉᆡ 역쇼 왈,

---

803)ᄇᆡᆨ나광포(白羅廣袍) : 하얀 비단으로 지은 도포(道袍). *도포(道袍); 예전에, 통상예복으로 입던 남자의 겉옷. 소매가 넓고 등 뒤에는 딴 폭을 댄다.

804)맛달다 : 맞닥치다. 마주치다.

805)ᄇᆡᆨ옥건즘(白玉巾簪) : 백옥으로 만든 건잠. *건잠(巾簪); 망건에 달아 당줄을 꿰는 작은 단추 모양의 고리로 신분에 따라 금(金), 옥(玉), 호박(琥珀), 마노, 대모(玳瑁), 뿔, 뼈 따위의 재료를 사용하였음.

806)슌금셔징(純金書鎭) : 순금으로 만든 서진(書鎭). *서진(書鎭); 책장이나 종이쪽이 바람에 날리지 아니하도록 눌러두는 물건. 쇠나 돌로 만든다.

807)쇼검(素儉) : =검소(儉素). 사치하지 않고 꾸밈없이 수수함.

808)쟝취블셩(長醉不醒) : 늘 술에 취하여 깨어나지 아니함.

“셜가 음부는 위가를 밧들기의 쇼데 이시믈 아지 못ᄒᆞ니, 의복의 한셔(寒暑)를 맛출 길 업고, 녕능은 겸【28】손ᄒᆞ미 과도ᄒᆞ여 의복 지졀을 가음아지 아니ᄒᆞ니, 환뷔(鰥夫)나 다르지 아니토소이다.”

어시 정식 왈,

“네 비록 실셩변심(失性變心)ᄒᆞ여시나 엇지 참아 슉녀를 아지 못ᄒᆞ고 누욕(累辱)ᄒᆞ리오. 내 아모커나 너의 낡은 옷슬 셜수긔 보ᄂᆡ고 새오시 잇거든 ᄂᆡ여오는가 보리라.”

학식 웃고 건즙(巾簪)을 ᄲᅢ혀 소ᄆᆡ의 너허 왈,

“쇼데 황옥즙(黃玉簪) ᄒᆞ나흘 셜왕이 보ᄂᆡ여시ᄃᆡ 곳지 아냣더니, 형쟝이 옷슬 밧고아 닙고져 ᄒᆞ시니 즙을 밧고아 신신(新新)ᄒᆞ믈 돕ᄉᆞ이다.”

어식 미쇼 왈,

“내 보ᄆᆡ는 즉금 쇠준 ᄇᆡᆨ옥즙의 졔되 됴토{소}다.”

이리 닐ᄋᆞ며 셔징을 ᄉᆞᄆᆡ의 너【29】허 왈,

“네 셩식(性息)[809]이 이 셔징을 맛고[810] 날거시니 출하리 수수(嫂嫂)긔나 보ᄂᆡ여 두리라.”

학식 쇼왈,

“왕부대인이 주신 거시니 바으든 아닐소이다커니와 형쟝이 간ᄉᆞ코져[811] ᄒᆞ시니 아모리나 ᄒᆞ쇼셔.”

어식 셔동으로 학ᄉᆞ의 옷슬 미월뎐의 드려 보ᄂᆡ고 셜쇼져긔 드리라 ᄒᆞ니, 일이 고이ᄒᆞ여 셜쇼져는 협실의 이셔 싱의 낡은 옷시 드러온 줄을 모로고, 쟝부인이 무심히 밧아 지게의 걸고 시녀로ᄡᅧ 쇼져의게 무러 일벌 신의(新衣)를 ᄂᆡ여 보ᄂᆡ니, 어식 새로이 학ᄉᆞ의 무샹(無狀)ᄒᆞ믈 닐너 현처 즐욕ᄒᆞ믈 칙ᄒᆞ니, 학식 【30】쇼왈,

“형쟝은 경 수(嫂)ᄀᆞᄐᆞᆫ 슉완도 난타구욕(亂打驅辱)ᄒᆞ믈 참혹히 ᄒᆞ야 계시니, 셜시 유죄무죄간(有罪無罪間) 누명(陋名)이 머리를 보젼치 못홀 거시로ᄃᆡ, 쇼데 용녈ᄒᆞ므로 지금의 무ᄉᆞᄒᆞ미 되엿ᄂᆞ니, 감히 형쟝 위풍을 ᄯᆞ르지 못ᄒᆞ나, 덕냥(德量)인즉 형쟝의셔 나은가 ᄒᆞᄂᆞ이다.”

어식 어이업셔 쇼왈,

“경시 만일 셜시의 화열온슌(和悅溫順)홈과 ᄀᆞᄐᆞ면 엇지 일쟝분난(一場紛亂)을 {일쟝분난을}일위여시리오. 경시 청경(淸淨)ᄒᆞ미 도로혀 교우(驕傲) ᄂᆡᆼ담(冷淡)ᄒᆞ야 쟝부를 만모(慢侮)ᄒᆞ기의 갓가온 고로, 짐즛 그 교긔(驕氣)를 썩고져 ᄒᆞ미어니와, 너의 셜부인【31】은 덕셩이 온유ᄒᆞ여 강녈ᄒᆞᆫ 안히 잇고 화슌ᄒᆞᆫ 가온ᄃᆡ 이셔, 태ᄉᆞ(太姒)의 유한(幽閑)ᄒᆞ믈 가져시니, 진실노 ᄇᆡᆨ무소흠(百無所欠)[812]이라. 네 무ᄉᆞ 거ᄉᆞᆯ 부

---

809)셩식(性息) : 성정(性情). 성질과 심정. 또는 타고난 본성.

810)맛다 : 마치다. 끝나다. 끝장나다.

811)간ᄉᆞᄒᆞ다 : 간수하다. 물건 따위를 잘 보호하거나 보관하다.

812)ᄇᆡᆨ무소흠(百無所欠) : 전혀 흠(欠)잡을 것이 없음.

족ᄒᆞ여 ᄒᆞᄂᆞ뇨? 내 수슉지간(嫂叔之間)[813]의 시비ᄒᆞ미 녜(禮)의 블가ᄒᆞᄃᆡ, 네 몽혼(曚昏)ᄒᆞ여 ᄭᆡ닷지 못ᄒᆞᄆᆡ ᄋᆡ돌나 능히 아는 바를 숨기지 못ᄒᆞ노라."

학ᄉᆡ 요두(搖頭) 왈,

"쇼뎨 비록 용우ᄒᆞ나 셜가 음부는 거의 알오미 잇ᄂᆞ니, 형쟝은 오히려 쇼뎨만 못ᄒᆞ시리이다."

어ᄉᆡ 슌셜(脣舌)이 무익ᄒᆞ야 말을 아니코 묵연ᄒᆞ더니, 이의 다ᄃᆞ라 흉적 위초란 거시 쳥션 요린(妖尼) 줄 ᄭᆡ닷지 못ᄒᆞ고, ᄌᆞ긔 쟉일 【32】 버슨 옷과 금옥(金玉)이 아오로 적슈(賊手)의 도라간ᄇᆡ 되믈 분뇌(忿怒) 츙텬(衝天)ᄒᆞ여 소ᄅᆡ 질너 왈,

"음부를 죽이지 아니면 쟝뷔 아니라."

ᄒᆞ고, 이윽이 난간의 업ᄃᆡ여 긔운을 뎡ᄒᆞᆫ 후 방즁으로 드러오니, 셜시 바야흐로 침션(針線)의 ᄆᆞ옴을 브칫더니, 쳥샤(廳舍)의셔 사름의 소ᄅᆡ 어ᄌᆞ러오믈 듯고 ᄀᆞ장 놀나 문굼그로 잠간 보건ᄃᆡ, 학ᄉᆡ 고이ᄒᆞᆫ 남ᄌᆞ로 더브러 서로 칼을 가져 햐슈(下手)코져 ᄒᆞ다가 그 남ᄌᆞ로 더브러 졍히 교봉(交鋒)홀ᄉᆡ, 그 남ᄌᆡ 문득 옷슬 버서 후리치고 몸을 소소와 공즁의 올으며 간ᄃᆡ 업ᄉᆞ니, 발셔 ᄌᆞ긔의게 참뉘(慘累) 도라가믈 【33】 지긔(知機)ᄒᆞᄆᆡ, 차악(嗟愕)ᄒᆞ믈 니긔지 못ᄒᆞ나, 녜답지 아닌 거동을 보고져 ᄯᅳᆺ이 업서 다시 침션ᄒᆞ더니, 학ᄉᆡ ᄲᆞᆯ니 드러와 셜시를 보건ᄃᆡ 좌측(座側)이 졍돈(整頓)ᄒᆞ고 냥안이 ᄂᆞ죽ᄒᆞ여 침션(針線)의 잠심(潛心)ᄒᆞ니 쇼쇄(瀟灑)[814]ᄒᆞᆫ 긔질과 온유ᄒᆞᆫ 덕셩이 홍진(紅塵)의 무드지 아니홈 ᄀᆞᄐᆞ니, ᄉᆡᆼ이 그 용화를 보ᄆᆡ 만심의 고이ᄒᆞ믈 결을치 못ᄒᆞ야, 참아 칼을 드지 못ᄒᆞ고 오직 보기를 ᄯᅮ러질 다시 ᄒᆞ니, 쇼졔 놀나오미 악ᄒᆞᆫ 독ᄉᆞ를 ᄃᆡᄒᆞᆫ 둣, 심신이 서늘ᄒᆞᄃᆡ 안ᄌᆞ시미 블가ᄒᆞ여 긔이영지(起而迎之)ᄒᆞ니, 학ᄉᆡ 이의 칼을 셜시의 【34】 게 더져 왈,

"발부(潑婦)의 음흉간악ᄒᆞᆫ 죄는 다 닐ᄋᆞ고져 ᄒᆞᄆᆡ, 나의 입이 욕되어 닐ᄋᆞ지 아니ᄒᆞᄂᆞ니, 위초 흉적을 운슈산의셔 만나 나를 죽이려 ᄒᆞ던 바는 닐ᄋᆞ지 말고, 이곳이 엇더ᄒᆞᆫ 존엄지디완ᄃᆡ 발뷔 흉적을 블너드려 비루ᄒᆞᆫ 졍을 통ᄒᆞᄂᆞ뇨? 졀졀이 발부의 죄악을 ᄉᆡᆼ각홀진ᄃᆡ 머리를 보젼지 못홀 거시로ᄃᆡ, 내 참아 손으로 버히기를 못ᄒᆞᄂᆞ니, 모로미 이 칼노 ᄌᆞ결ᄒᆞ여 셜가의 붓그러옴과 윤문의 욕된 거술 업시ᄒᆞ라."

인ᄒᆞ여 후창을 열쳐 왈,

"발뷔 ᄌᆞ뎡 침뎐의셔 죽 【35】 지 못ᄒᆞ리니 모로미 비실의 ᄂᆞ려가 죽으라."

셩음이 ᄆᆡᆼ열ᄒᆞ고 안광(眼光)이 진열(震裂)ᄒᆞ니, 셜쇼졔 ᄌᆞ긔로ᄡᅥ 존고 협실의 옴기미 필유ᄉᆞ고ᄒᆞ믈 혜아려 옥쟝금심(玉腸金心)이 ᄌᆞ로 놀나오믈 면치 못ᄒᆞ나, 망극ᄒᆞᆫ 누얼이 그곳에 밋ᄎᆞ믈 아지 못ᄒᆞ엿다가, 학ᄉᆞ의 말노 조ᄎᆞ 졀졀이 참측(慘惻) 흉ᄒᆡ(凶駭)ᄒᆞ니 스ᄉᆞ로 죽으미 맛당ᄒᆞ나, 그윽이 ᄉᆡᆼ각건ᄃᆡ,

813)수슉지간(嫂叔之間) : 형제의 아내와 남편의 형제 사이.
814)쇼쇄(瀟灑) : 기운이 맑고 깨끗함.

"ᄌᆞ긔 ᄉᆡᆼ셰(生世) 십오년의 반졈 비법지ᄒᆡᆼ(非法之行)이 업고, 셩ᄒᆡᆼ(性行) 녈졀(烈節) 인즉 신명(神明)의 질(質)ᄒᆞ여 븟그럽지 아니 ᄒᆞ나, 광부(狂夫)의 ᄌᆡ촉ᄒᆞᄂᆞᆫ 욕을 참지 못ᄒᆞ여 스ᄉᆞ로 죽으면, 복【36】ᄋᆞ(腹兒)를 분산치 못ᄒᆞ고, 윤ᄉᆡᆼ으로 ᄒᆞ여금 박ᄒᆡᆼ블인(薄行不仁)이 오긔(吳起)815)의 지날지라."

ᄉᆡᆼ각이 이의 밋ᄎᆞᄆᆡ, 단연(斷然)이 죽을 ᄯᅳᆺ은 동(動)치 아니코 머리를 숙여 ᄉᆡᆼ의 흉픽ᄒᆞᆫ 거동을 못 보ᄂᆞᆫ ᄃᆞᆺ, 무ᄉᆞ무려(無思無慮)히 입을 여지 아니ᄒᆞ니, 유죄무죄(有罪無罪)를 발명ᄒᆞᄆᆡ 업고, 원억(冤抑)ᄒᆞ믈 변ᄇᆡᆨ(辨白)지 아냐, 안연(晏然)ᄒᆞᆫ 거동이 남의 병고(病苦)를 귀경ᄒᆞ나 이러치 아닐지라. ᄒᆞᆨᄉᆡᆼ 죽기를 ᄌᆡ촉ᄒᆞ나 셜시 일언 ᄃᆡ답이 업서 고요히 섯기를 곳치지 아니 ᄒᆞ니, 더옥 흉히 넉여 죽일 ᄯᅳᆺ이 ᄀᆡᆼ가일층(更可一層)ᄒᆞ니, 녀셩대ᄆᆡ(厲聲大罵) 왈,

"발뷔(潑婦) 위초 흉적【37】으로 나를 해ᄒᆞᆫ 후, 도망ᄒᆞ여 살기를 ᄇᆞ라ᄂᆞᆫ 의ᄉᆡᆨ 흉극ᄒᆞᄆᆡ 더은지라. 윤달ᄌᆡᆼ의 명이 음부(淫婦)의 손에 잇지 아니 ᄒᆞ고, ᄌᆞᄀᆡᆨ의 용녁이 군ᄌᆞ를 해치 못ᄒᆞ리니, 이제 나의 칼주ᄂᆞᆫ 바의 슌(順)히 ᄌᆞ결(自決)ᄒᆞ라. 블연즉 결단코 육장을 ᄆᆡᆫ들고 말니라."

언파의 쇼져를 ᄭᅳᆺ그러 비실(鄙室)노 가기를 ᄌᆡ촉ᄒᆞ니, 쇼졔 ᄉᆡᆼ의 손이 닷ᄂᆞᆫ 바의 무쇠로 울히ᄂᆞᆫ816) ᄃᆞᆺ, 앏프며 흉ᄒᆞᄆᆡ 녕원817)이 요요(搖搖)ᄒᆞ믈 니긔지 못ᄒᆞ고, ᄂᆡᆼ히 버날 조각이 업ᄂᆞᆫ지라. 년보(蓮步)818)를 움즉이며 탄 왈,

"ᄉᆞᄉᆡᆼ(死生)이 유명(有命)ᄒᆞ고 화복(禍福)이 ᄌᆡ텬(在天)【38】ᄒᆞ니 나의 험흔궁ᄋᆡᆨ(險釁窮厄)819)이 이의 밋ᄎᆞ니, 죽으미 어이 올흔 줄 모로리오마ᄂᆞᆫ 몬져 ᄂᆡᆼ가 부모긔 블효를 슬허ᄒᆞ고, 버거 군ᄌᆞ의 블인박ᄒᆡᆼ(不仁薄行)ᄒᆞᆫ 일흠을 취ᄒᆞᄂᆞᆫ 바를 ᄋᆡ달와 ᄒᆞᄂᆞ니, 나의 죄명은 아모ᄃᆡ 밋쳐실지라도 우흐로 존당부모긔 고ᄒᆞ고, 가온ᄃᆡ로 곤계(昆季) 의논ᄒᆞ샤 맛당이 ᄉᆞ(死)ᄒᆞ리라 ᄒᆞ신 후ᄂᆞᆫ, 분골쇄신(粉骨碎身)ᄒᆞ여도 ᄒᆞᆫ이 업슬지라. 내 스ᄉᆞ로 누명을 븟그리고 죽기를 슬허ᄒᆞᄂᆞᆫ ᄇᆡ 아니라, 군ᄌᆡ 셩문학뎨(聖門學弟)820)의 일흠을 븟그리고, 몸이 상ᄒᆞᄃᆡ 아지 못ᄒᆞ믈 ᄎᆞ탄ᄒᆞᄂᆞ이다."

말노 조ᄎᆞ 빵안(雙眼)의 징【39】패(澄波) 동ᄒᆞ니, 그 청졍(淸貞)ᄒᆞᄆᆡ 님하ᄉᆞ군ᄌᆡ(林

815)오긔(吳起) : 중국 전국 시대(戰國時代)의 병법가(B.C.440~B.C.381). '오기살처(吳起殺妻)'의 고사로 유명하다. 즉, 오기가 노(魯)나라에서 관직생활을 하던 때, 제(齊)나라가 침공해오자, 노나라가 그를 장수로 임명하여 제를 막게 하려다가, 그의 처(妻)가 제나라 사람인 것을 알고 임명을 주저하자, 처를 죽이고 노나라 장수가 되어 제를 무찌른 일이 있다. 저서에 병법서 ≪오자(吳子)≫가 있다.

816)울히다 : 우리다. 후리다. 휘둘러서 때리거나 치다.

817)녕원 : 영원. '염통' 또는 '심장(心臟)'을 달리 이르는 말. '영원(嶺猿; 산등성이에서 뛰노는 원숭이)' 또는 '영원(蠑螈; 도롱뇽목 영원과의 동물을 통틀어 이르는 말)' 등으로 주해(註解)하는 예도 있다. 그러나 이 주해들이 '원숭이'나 '영원'의 '잘 뛰는 속성'을 '심장'에 비유한 것으로 해석한 데서 온 것이겠지만, 본 주석자는 아직 그 근거를 확인하지 못하였다.

818)년보(蓮步) : 금련보(金蓮步). 미인의 정숙하고 아름다운 걸음걸이를 비유적으로 이르는 말.

819)험흔궁익(險釁窮厄) : 험악하고 궁극한 재앙.

820)셩문학뎨(聖門學弟) ; 공문(孔門)의 제자. 성인의 문하에서 배운 제자

下士君子)[821]라.

싱이 ᄎᆞ언을 드ᄅᆞᄆᆡ 블우히 기름을 더음 ᄀᆞᆺᄐᆞ여, 밧비 칼을 드러 쇼져의 가슴을 질너 명ᄆᆡᆨ을 ᄭᅳᆫ고져 ᄒᆞᆯ 즈음에, 장외(帳外)의 시녀 등이 싱의 싀험(猜險)ᄒᆞᆫ 거동이 쇼져를 죽으라 셔도ᄂᆞᆫ 경샹(景狀)을 보고 대경실ᄉᆡᆨ(大驚失色)ᄒᆞ여 창황(蒼黃)이[822] 향월뎐의 니르러 학ᄉᆞ의 거조(擧措)를 고ᄒᆞᆯᄉᆡ, 놀난 빗치 ᄂᆞᆺ치 ᄀᆞ득ᄒᆞ고 쳔식(喘息)을 뎡(靜)치 못ᄒᆞᄂᆞᆫ지라.

이ᄯᅢ 윤・우・하・쟝 ᄉᆞ부인이 졍히 ᄎᆞᆨ하의셔 침션(針線)을 다ᄉᆞ리고[며] 옥음낭셩(玉音朗聲)이 바야히러니, ᄎᆞ언을 듯고 경히ᄎᆞ악(驚駭嗟愕)ᄒᆞ여 시녀로 ᄎᆞᆨ을 잡【40】히고 급히 ᄆᆡ월뎐의 니르니, 셰린이 바야흐로 셜시를 후창 하의 ᄂᆡ여 것구로치고, 졍히 칼을 드러 질으고져 ᄒᆞᄂᆞᆫ지라. 쟝부인이 몸을 놀녀 ᄋᆞᄌᆞ의 쥔 칼흘 아술ᄉᆡ, 안ᄉᆡᆨ이 여회(如灰)ᄒᆞ여 놀난 심신이 ᄲᅧᆯ기를 면치 못ᄒᆞ니, 능히 말을 일우지 못ᄒᆞ고, 하부인과 녕능공 부인은 싱을 ᄡᅳ어ᄂᆡ며, 한상셔부인은 셜시를 븟드러 방즁의 드리고져 ᄒᆞᆯᄉᆡ, 모다 셜시를 보니 칼의ᄂᆞᆫ 상치 아냐시나 광부(狂夫)의 큰힘을 다ᄒᆞ여 박ᄎᆞ기를 ᄆᆡ이 ᄒᆞ여시니, 두골이 ᄭᆡ여지고 젹혈(赤血)이 님니(淋漓)ᄒᆞᆫ지【41】라.

윤・우・하・쟝 ᄉᆞ부인이 ᄎᆞ경(此景)을 보고 눈물이 비ᄀᆞᆺ치 ᄯᅥ러져 말을 못ᄒᆞ니, 학ᄉᆡ 이의 소ᄅᆡᄒᆞ여 왈,

“냥위 ᄌᆞ뎡과 이 슉뫼 반다시 쇼ᄌᆞ를 싀험블인(猜險不人)인가 녁이시고, 음부(淫婦)의 간흉극악지죄(奸凶極惡之罪)를 오히려 모로시나, 쇼ᄌᆡ 공연이 살쳐(殺妻)ᄒᆞᄂᆞᆫ 용심(用心)이 아니라, 본ᄃᆡ 은○[악]양션(隱惡佯善)ᄒᆞ여 존당 ᄉᆞ랑을 요구ᄒᆞ믈 통히(痛駭)ᄒᆞᆯ지언뎡, 음흉대악의 죄상(罪狀) 이시믄 아지 못ᄒᆞ옵더니, 금번 항쥐 회환시(回還時)의 위초 광적(狂賊)을 만나 하마 죽을 번ᄒᆞ믄 번득지 말고, 이곳이 ᄌᆞ뎡 침뎐(寢殿)이어ᄂᆞᆯ 흉적을 블너 드리오니, 【42】비루ᄒᆞᆫ 졍ᄐᆡ와 극악ᄒᆞᆫ ᄆᆞ음은 녀무(呂武)[823]의 더은지라. 쇼ᄌᆞ의 옷옷ᄉᆞ로ᄡᅧ 간부를 닙히며, 셔징(書鎭)과 건즘(巾簪)을 주어 보ᄂᆡ믄 오히려 녹녹(碌碌)ᄒᆞᆫ ᄉᆞ졍(私情)이라. 쇼ᄌᆞ의 드러오ᄂᆞᆫ 바의 흉적의 칼날이 쇼ᄌᆞ를 질을 번 ᄒᆞ니, 쇼ᄌᆡ 다ᄒᆡᆼ이 독슈를 면ᄒᆞ오나, 발부의 흉음ᄒᆞᆫ 죄악을 ᄆᆡ양 믈시(勿視)치 못ᄒᆞ올지라. ᄯᅳᆺ을 결(決)ᄒᆞ여 죽이고 말녀 ᄒᆞ옵ᄂᆞ니, 냥 ᄌᆞ위와 슉모ᄂᆞᆫ 음부의 관영(貫盈)ᄒᆞᆫ 죄를 혜아리샤 그 목숨을 앗기지 마ᄅᆞ쇼셔.”

쟝부인이 녀셩대즐(厲聲大叱) 왈,

“블초(不肖) ᄑᆡᄌᆞ(悖子) 가뎡(家庭)의 훈교(訓敎)를 져바려 광망(狂妄) 【43】극악(極惡)ᄒᆞ미 이 지경의 밋ᄎᆞ니, 내 쇼년의 만상ᄉᆞ변(萬狀事變)을 경녁(經歷)ᄒᆞᆯ 즈음에

821)님하ᄉᆞ군ᄌᆞ(林下士君子) : 산간에 은거하여 살거나, 벼슬을 그만두고 산간에 은퇴하여 지내는 선비. 곧 재야(在野)의 선비.

822)창황(蒼黃)이 : 창황히. 미처 어찌할 사이도 없이 매우 급작스럽게.

823)녀무(呂武) : 중국의 대표적인 여성권력자인 한(漢)나라 고조(高祖)의 황후 여후(呂后) 여치(呂雉?-BC108)와 당(唐)나라 고종의 황후 측천무후(則天武后) 무조(武曌 : 624-705).

너ᄀᆞᆺ튼 픽ᄌᆞ(悖子)를 나하 여ᄎᆞ(如此)ᄒᆞ니 이는 나의 허믈이라. 엇지 한심치 아니리오."

이의 쇼져의 운발(雲髮)을 쓰다 담아 탄식 왈,

"현부의 ᄌᆡ용긔질(才容氣質)과 셩ᄒᆡᆼᄉᆞ덕(性行四德)이 독보(獨步)ᄒᆞᄃᆡ, 명도의 험흔(險舋)ᄒᆞ미 광부(狂夫)를 빅필ᄒᆞ여 참누(慘累)를 무릅쓰니, 현부를 위ᄒᆞ여 누얼을 잔잉홀 ᄲᅮᆫ이오, 셰린의 실셩광망(失性狂妄)ᄒᆞ믈 골돌 통히ᄒᆞᄂᆞ니, 현부는 모로미 분을 서리 담고 원통ᄒᆞ믈 ᄡᅳ리쳐 광부의 회과(悔過)ᄒᆞ믈 기다리고 브졀【44】업시 죄인으로 ᄌᆞ쳐(自處)ᄒᆞ여 옥질(玉質)을 상해오지 말나."

녕능공 부인과 한샹셔 부인이 위로 왈,

"현질부(賢姪婦)의 션심혜ᄒᆡᆼ(善心惠行)은 신명(神明)의 질(質)홀 ᄇᆡ니, 엇지 광부를 감동치 못홀가 근심ᄒᆞ며, 일시 누얼을 슬허ᄒᆞ리오. 타일 셰 질(姪)의 ᄂᆔ우ᄎᆞ며 븟그리믈 볼지니, 모로미 안심ᄒᆞ여 상쳐를 됴리ᄒᆞ고, 구고의 지극ᄒᆞᆫ 졍을 져바리지 말나."

쇼졔 존고와 슉당의 이ᄀᆞᆺ치 닐ᄋᆞ시믈 황감(惶感)ᄒᆞ나 참측(慘惻)ᄒᆞᆫ 누명(陋名)을 무릅써 안연(晏然) 치못홀 바를 고ᄒᆞ야, 비실(鄙室)의 ᄃᆡ명(待命)ᄒᆞ믈 쳥ᄒᆞ니, 하·쟝 이부인【45】이 함누(含淚) 왈,

"엇지 셰린 ᄀᆞᆺ튼 패ᄌᆡ(悖子) 이셔 슉녀로 ᄒᆞ야금 이ᄃᆡ도록 곤익(困厄)게 홀 줄 엇지 ᄯᅳᆺᄒᆞ여시리오. 우리 현부의 빙옥무하(氷玉無瑕)ᄒᆞᆫ ᄒᆡᆼᄉᆞ를 모로지 아니ᄒᆞᄃᆡ, 현뷔 고집ᄒᆞ여 쇼당(小堂)의 ᄂᆞ리고져 ᄒᆞ니, 그 ᄆᆞ음이 편키를 위ᄒᆞ야 비실을 서ᄅᆞ져 주고져 ᄒᆞ나, 현부를 내 침소의 옴기기도 슉슉(叔叔)과 샹공의 명이니 임의로 못홀지니, 명일 존당의 고ᄒᆞ려니와 현부는 안심ᄒᆞ고 금야를 내 침소의셔 지ᄂᆡ라."

쇼졔 비사(拜謝)ᄒᆞ니, 우부인 왈,

"쇼뎨 질부를 다려 부용각의 가 상쳐나 구호ᄒᆞ고 명됴(明朝)의 【46】거거(哥哥)의 쳐치를 보고져 ᄒᆞᄂᆞ니, 져져는 다란 ᄃᆡ 비실(鄙室)을 서룻지 말고 질부로 ᄒᆞ야금 침소로 도라가게 ᄒᆞ쇼셔."

하·쟝 이부인이 죵기언(從其言)ᄒᆞ여 쇼져를 부용각으로 가라 ᄒᆞ니, 학시 분연 왈,

"발뷔(潑婦) 비실(鄙室)의 거쳐ᄒᆞ믈 쳥ᄒᆞ믄, 간부(奸婦)를 블너 낭쟈(狼藉)히 음졍(淫情)을 통ᄒᆞ고 나를 죽이믈 꾀ᄒᆞ려 ᄒᆞ미어늘, ᄌᆞ뎡의 ᄇᆞᆰ으시므로 그 ᄯᅳᆺ을 모로시고 더옥 연ᄋᆡ(憐愛) 교무(交撫)ᄒᆞ샤 됴히 부용각으로 도라 보ᄂᆡ시니, 발뷔 블감쳥(不敢請)이언뎡 고소원(固所願)애라. 이제 ᄆᆡ월뎐을 ᄡᅥ나ᄆᆡ 더옥 방ᄌᆞ(放恣) 무긔(無忌)ᄒᆞ야 흉적을 부용각의 곰【47】초아 두리니, 엇지 참아 더러온 계집의 음비(淫鄙)ᄒᆞ믈 견ᄃᆡ여 보리오. 금야(今夜)로셔 위초를 ᄊᆞ라 나가라. 블연(不然)즉 칼놀을 빗ᄂᆡ여 머리를 버히고 ᄉᆞ지(四肢)를 갈으리라."

ᄉᆡᆼ의 말이 맛지 못ᄒᆞ여셔, 하부인이 귀를 막고 소ᄅᆡ를 졍히 ᄒᆞ여 ᄉᆔ지ᄌᆞᄃᆡ,

"픽ᄌᆡ 가뎡(家庭)의 명훈(明訓)을 삼가지 아니 ᄒᆞ고, 요ᄉᆡᆨ(妖色)의 침닉(沈溺)ᄒᆞ여 실셩외입(失性外入)ᄒᆞ여시나, 참아 이런 더러온 말노ᄡᅧ 우리 압히셔 ᄒᆞᄂᆞ뇨? 부ᄌᆡ(夫

子) 본딕 젹상(積傷)흔 질환이 심긔 블평ᄒ신죽 토혈(吐血)이 더ᄒ고 그윽이 ᄌ통신음(刺痛呻吟)ᄒ시믈 마지 아니시고, 텬뉸ᄌ이(天倫慈愛) 과도ᄒ샤 【48】블쵸(不肖)흔 ᄌ녀의 미양(微恙)만 보아도 스스로 ᄆᆞᄋᆞᆷ을 알하 잔잉ᄒ믈 마지 아니시니, 너 ᄀᆞᆺ튼 블쵸의 무상흔 광긔ᄅᆞᆯ 드르시면, 마지 못ᄒ야 다스리실지라. 스스로 교훈이 지극지 못ᄒ여 ᄌ식이 상셩(喪性) 외입(外入)기의 밋춘가 익달나, 심긔ᄅᆞᆯ 편히 못ᄒ실 빈니, 위인ᄌ재(爲人子者) 반의질츄(班衣跌隊)824)로 부모ᄅᆞᆯ 깃기지 못ᄒ고, 션침(扇枕)825) 부미(負米)826)로 효도ᄅᆞᆯ 갈(竭)ᄒ지 못흔들, 어렵지 아닌 일의 블효ᄅᆞᆯ 씨쳐 부모의게 니우(貽憂)ᄒᄂᆞᆫ ᄌ식이 되니, 《인뉴∥인뉸(人倫)》의 죄인이 아니리오. 네 비록 외입(外入) 실셩(失性) ᄒ여시나, 일단 부모 위흔 효심은 이실 듯 【49】ᄒ고, 고셔(古書)의 운(云)ᄒ딕, '부뫼 왈(曰), 여쳬(汝妻) 나ᄅᆞᆯ 잘 셤기다 ᄒ면 기ᄌ(其子) 몰신경지(歿身敬之)ᄒ야 쇠(衰)치 아닛ᄂᆞᆫ다.'827) ᄒ니, 셜시 미달(妹妲) 녀무(呂武)의 흉교(凶狡) 음악(淫惡)ᄒ미 이실지라도, 존당 부뫼 현부슉완(賢婦淑婉)이라 ᄒ시니, 종용히 죄ᄅᆞᆯ 알외여 명졍긔죄(明正基罪)828)ᄒ미 올커늘, ᄉᆞ류(士類)의 몸이 되여 믄득 심야의 칼흘 드러 현쳐ᄅᆞᆯ 살해코져 ᄒ니, 그 ᄀᆞᆺ튼 흉픽흔 버르술 어딕 가 비홧ᄂᆞ뇨?"

학ᄉᆡ 모친의 말솜을 듯ᄌᆞ오미, 비록 실셩 쥼이나 평싱 흉억의 플니지 못ᄒ게 슬허ᄒᄂᆞᆫ 바ᄂᆞᆫ 부모의 초년 간난(艱難)이라. 부뫼 젹상흔 병이 깁허 ᄌ 【50】로 홍혈을 토ᄒ여 그ᄅᆞ시 넘ᄢᅵ믈 보면, 심간(心肝)이 마르기ᄅᆞᆯ 면치 못ᄒ던 비라. 능히 형의 텬셩대효ᄅᆞᆯ ᄇᆞ라지 못ᄒ나, 요약(妖藥)의 심졍이 그릇 되지 아냐실 적은, 효위동쵹(孝友洞屬)829)ᄒ야 한님의 효의(孝義)ᄅᆞᆯ 십분지 칠팔이나 ᄯᅳ르던지라. 황연(惶然)이 경동(驚動)ᄒ고 씨다라, 쳑연(慽然)이 ᄌᆞ비 쳥죄 왈,

"쳐실(妻室)노 인ᄒ여 부모긔 이우(貽憂)ᄒ미 되오니 슈ᄉᆞ난속(雖死難贖)830)이라. ᄌ

824)반의질츄(班衣跌趨) : '색동옷을 입고 넘어져 뒹굴다.'는 뜻으로 '반의지희(班衣之戱)'라고도 한다. 중국 춘추시대 노(魯)나라 효자 노래자(老萊子)가, 부모가 자신이 늙었다는 사실을 알지 못하게 하기 위해 늘 알록달록한 색동저고리를 입고 어린아이처럼 재롱을 피웠으며, 때로는 물을 들고 마루로 올라가다가 일부러 자빠져 마룻바닥에 뒹굴면서 앙앙 우는 모습을 보여드려 부모님을 즐겁게 하였다는 고사를 이른 말임.

825)션침(扇枕) : 황향(黃香)의 선침(扇枕)을 말함. 선침(扇枕)은 베개에 부채질한다는 뜻으로, 중국 후한(後漢) 때의 효자 황향은 효성이 지극했는데, 9세 때에 어머니를 여의자, 아버지를 잘 받들어 여름이면 아버지의 베개에 부채질을 하여 시원하게 하였다는 고사를 이른 말임.

826)부미(負米) : 자로부미(子路負米). 또는 백리부미(百里負米). 중국 춘추시대 공자의 제자인 자로(子路)가 쌀을 백리까지 운반하여 그 운임으로 어버이를 봉양한 고사를 이르는 말로, 가난하게 살면서도 지극한 효성으로 부모를 잘 봉양하는 것을 뜻한다. 『공자가어(孔子家語)』에 나온다.

827)부뫼 왈(曰), 여쳬(汝妻) 나ᄅᆞᆯ 잘 셤기다 ᄒ면 기ᄌ(其子) 몰신경지(歿身敬之)ᄒ야 쇠(衰)치 아닛ᄂᆞᆫ다 : 어버이께서 말씀하시기를, '네 아내가 나를 잘 섬기는 구나.' 하면, 그 자식은 죽을 때까지 그 아내를 공경하기를 변치 않는다 고 한다. *몰신경지(歿身敬之); 죽을 때까지 공경함. *쇠(衰)하다; 쇠퇴하다. 줄다. 약해지다.

828)명졍긔죄(明正基罪) : 명백하게 죄목을 지적하여 바로잡음.

829)효위동쵹(孝友洞屬) : 어버이에 대한 효성과 형제간의 우애를 공경하고 조심하며 지극히 함.

830)슈ᄉᆞ난속(雖死難贖) : 죽도록 갚아도 다 갚지 못함.

위 붉히 ᄀᆞ라치시고 다ᄉᆞ리시믈 바라ᄋᆞᆸᄂᆞ니, 대인이 만일 드르시고 질(疾)을 일위시면 엇지 형뎨뉴(兄弟類)의 츙수(充數)ᄒᆞ리잇고? 즈뎡은 이 말ᄉᆞᆷ을 대인긔 고치 마ᄅᆞ쇼셔. 쇼지 【51】음부를 다시 흔연 샹디튼 못ᄒᆞ나 박살(撲殺)ᄒᆞᆯ 뜻은 두지 아니리이다."

하부인이 탄왈,

"네 아직 사름의 ᄆᆞ음이 되지 못ᄒᆞ여시니 경계ᄒᆞ미 슈고로올 ᄯᆞᆫ이오, 존당부뫼 계시니 어믜 약ᄒᆞᄆᆞ로써 엇지 다ᄉᆞ리리오. 모로미 믈너 가 밤을 지니라."

인ᄒᆞ여 쇼져를 붓드러 부용각으로 보니니, 셜시 학ᄉᆞ의 픽악광망(悖惡狂妄)ᄒᆞ믈 흔치 아니나, 블의에 참누를 무릅쓰니, 텬디를 부앙(俯仰)831)ᄒᆞ야 원통ᄒᆞ믈 ○[고]할 곳이 업ᄉᆞ니, 요졍을 잡지 못ᄒᆞᆫ 젼은 신셜(伸雪)이 아득ᄒᆞ니 심회 비월(飛越)832)ᄒᆞᆫ지라. 부용각의 도라와 취침【52】ᄒᆞᆯ 뜻이 업ᄉᆞ니 우부인이 위로 왈,

"엇지 너모 겸손ᄒᆞᄂᆞ뇨?"

ᄒᆞ고 ᄒᆞᆫ가지로 눕기를 권ᄒᆞ니, 쇼졔 마지 못ᄒᆞ여 쟈리의 나아가니, 우부인이 친히 그 의상을 글너주며 와상(臥床)을 편히ᄒᆞ여 틱동(胎動)ᄒᆞ미 업게 ᄒᆞ라 ᄒᆞ니, 쇼졔 더옥 황공 슈괴ᄒᆞ더라.

하·쟝 이부인이 셜쇼져를 부용각으로 보닌 후, 각각 침소로 도라가 상요의 나아가나, 식부의 누얼을 참담ᄒᆞ여 줌을 일우지 못ᄒᆞ고, 녕능공 부인이 ᄯᅩ흔 잔잉ᄒᆞ믈 마지 아니터라.

학식 냥모친이 침뎐으로 드르시믈 보고 거름을 두루혀 녕능의 침소로 오더니, 그 ᄉᆞ이의 【53】한님의 브르미 ᄉᆞ오번 밋첫다 ᄒᆞ니, 즁계의셔 녕능을 블너닉여 외당으로 가믈 닐ᄋᆞ고 표연(飄然)이 나아가니, 녕능이 ᄇᆞ야흐로 쳥션을 디ᄒᆞ야 학ᄉᆞ를 신묘히 속여, 이제ᄂᆞᆫ 셜시ᄂᆞᆫ 아조 셔릇괘라 ᄒᆞ여, 쳥션의 늄덕(隆德)을 칭샤(稱謝)ᄒᆞ고 깃거ᄒᆞ니, 요리(妖尼) 온가지로 악챡흔 일을 ᄀᆞ라쳐 긔특ᄒᆞ믈 쟈랑ᄒᆞ더니, 학식 셔당으로 나아가믈 닐ᄋᆞ고 드러오지 아니니, 녕능이 악연ᄒᆞ거ᄂᆞᆯ, 쳥션이 쇼왈,

"샹공이 바로 나아가시미 됴흐니, 이의셔 밤을 지니면 졍당 부인닉 쇼졔 셜시를 참소ᄒᆞᆷ인가 넉이시 【54】 리니, 샹공이 바로 나아가신 거시 도로혀 깃브지 아니리잇가?"

졍언간에 가구시 교란으로 쵹을 잡히고 드러오니, 녕능이 긔이영지(起而迎之)ᄒᆞᆫ디, 가구시 집슈(執手) 치하 왈,

"부인이 요란이 병혁(兵革)을 니르혀미 업시 적국을 파(破)ᄒᆞ여 쾌ᄒᆞ미 이시니, 아지 못게라, 부인의 긔관(奇觀)이 이의 잇ᄂᆞᆫ냐?"

녕능이 냥쇼 왈,

"과연 쾌열(快悅)ᄒᆞ더이다.

가구시 쳑연(慽然) 왈,

831)부앙(俯仰) : 아래를 굽어보고 위를 우러러봄. =면앙(俛仰)·앙부(仰俯).
832)비월(飛越) : 정신이 아뜩하도록 날아감.

"부인은 슉슉ᄀᆞᆺᄐᆞᆫ 옥인영걸(玉人英傑)을 만나 금슬지락(琴瑟之樂)이 여텬디무궁(如天地無窮)[833]ᄒᆞ미 잇거니와, 오히려 셜시 일인을 ᄭᅥ려 계교ᄅᆞᆯ 발ᄒᆞᄆᆡ, 귀신이 돕고 하ᄂᆞᆯ이 식이ᄂᆞᆫ ᄃᆞᆺᄒᆞ야 강적을 【55】 파ᄒᆞ엿거니와, 쳡은 팔ᄌᆡ 긔박(奇薄)ᄒᆞ고 명되 험흔(險釁)ᄒᆞ여 나히 이뉵(二六)이 ᄎᆞ지 못ᄒᆞ여 ᄌᆞ모ᄅᆞᆯ 여히여, 뉵아지통(蓼莪之痛)[834]이 구곡(九曲)이 촌단(寸斷)ᄒᆞ거ᄂᆞᆯ, 가뎡(家庭)[835]을 만니 ᄉᆡ외(塞外)의 원별(遠別)ᄒᆞ야 ᄉᆡᆼ니(生離)[836]의 슬프미 잇거ᄂᆞᆯ, 윤문의 드러와 한님의 박졍ᄒᆞ미 나날 더ᄒᆞ야, 여시노인(如是路人)[837]ᄒᆞ니, 녀ᄌᆞ 일ᄉᆡᆼ이 ᄌᆡ타인(在他人)[838]이라. 이제 가부(家夫)의 박ᄃᆡ 태심(太甚)ᄒᆞ고 강적(强敵)이 좌우의 버러시니, 구구(區區)ᄒᆞᆫ 졍니(情理)의 ᄇᆞ라ᄂᆞᆫ ᄇᆡ 부인으로 금쟝(襟丈)[839]의 졍이 골육의 지나미 이시니, 쳡의 궁측(窮惻)ᄒᆞᆫ 신셰ᄅᆞᆯ 어엿비 넉여 됴흔 계교ᄅᆞᆯ ᄀᆞᄅᆞ칠가 밋ᄂᆞᆫ 가온ᄃᆡ, ᄉᆞ뷔 신통 【56】 만믈(神通萬物)[840]ᄒᆞ니, 텰녀 등도 셜시ᄀᆞᆺ치 소제(掃除)ᄒᆞ며, 윤군의 ᄆᆞ음도 변ᄒᆞ고 존당구고의 ᄉᆞ랑도 변ᄒᆞ여 원슈ᄀᆞᆺ치 ᄆᆡ워ᄒᆞ믈 보고져 ᄒᆞᄂᆞ니, 원컨ᄃᆡ 부인은 쳡의 잔잉ᄒᆞ믈 고렴(顧念)ᄒᆞ라."

○[ᄯᅩ], 존당의 영츈뎡 미인 다려오믈 쳥ᄒᆞᄆᆡ, 조태비의 말숨이 여ᄎᆞᄒᆞ믈 닐ᄏᆞᆺ고, 쳥션다려 왈,

"윤가 별믈(別物)들은 빵광(雙光)[841]이 됴심경(照心鏡)[842] ᄀᆞᆺᄐᆞ여 졀졀이 괴롭고 셜울 ᄯᆞᄅᆞᆷ이라. 금일 모든 긔ᄉᆡᆨ(氣色)을 ᄉᆞᆲ피니 한님이 셔ᄌᆞ(庶子)ᄅᆞᆯ 빵ᄉᆡᆼᄒᆞ믈 관긴(關緊)ᄒᆞ여 아니나, 태부인과 뉴부인과 구파랑은 두굿기ᄂᆞᆫ 빗치 이시니, 그 모ᄌᆞ 【57】 ᄅᆞᆯ 보ᄂᆞᆫ 날이면 반다시 ᄉᆞ랑ᄒᆞᆯ지라. 출하리 져 모ᄌᆞᄅᆞᆯ 후뎡의 둔 ᄊᆡ의 서ᄅᆞ즐 쐬ᄅᆞᆯ ᄉᆡᆼ각ᄒᆞᄃᆡ, 모ᄎᆡᆨ(謀策)을 엇지 못ᄒᆞ니 금야의 ᄉᆞ뷔 신슐(神術)을 발ᄒᆞ여 편ᄀᆡᆨ(片刻)[843]의 요녀 모ᄌᆞᄅᆞᆯ 쇼멸(消滅)ᄒᆞ여 주쇼셔."

녕능이 탄왈,

"져제 쇼뎨로ᄡᅥ 학ᄉᆞ ᄀᆞᆺᄐᆞᆫ 옥인영걸(玉人英傑)을 만나시니 팔ᄌᆡ 유복다 ᄒᆞ시거니와, 실노 져져의 만나신 군ᄌᆞᄂᆞᆫ 쳔고무젹(千古無敵)이며, 금셰일인(今世一人)이라 져져ᄂᆞᆫ

---

833)여텬디무궁(如天地無窮) : 하늘처럼 끝이 없음.
834)뉵아지통(蓼莪之痛) : 어버이가 이미 돌아가시어 봉양할 길이 없는 효자의 슬픔. 『시경(詩經)』《소아(小雅)》 편 <곡풍(谷風)>장 가운데 있는 '륙아(蓼莪)'시에서 온 말.
835)가뎡(家庭) : ①한 가족이 생활하는 집. ②'아버지'를 달리 이르는 말.=엄정(嚴庭). *정훈(庭訓); 아버지의 가르침. 『논어』의 <계씨편(季氏篇)>에서 공자가 아들 이(鯉)가 뜰을 달려갈 때 불러 세우고 시(詩)와 예(禮)를 배워야 한다고 가르친 데서 유래한다.
836)ᄉᆡᆼ니(生離) ; 생이별(生離別). 살아 있는 혈육이나 부부간에 어쩔 수 없는 사정으로 헤어짐. ≒생결(生訣)·생별(生別).
837)여시노인(如是路人) : 길에 오가는 사람을 보듯 함.
838)ᄌᆡ타인(在他人) : 삶이나 운명 따위가 다른 사람의 손에 달려 있다.
839)금쟝(襟丈) : 동서(同壻). 주로 남편 형제들의 아내들을 이르는 말로 쓰인다.
840)신통만믈(神通萬物) : 만물의 이치를 신기할 정도로 꿰뚫어 앎.
841)빵광(雙光) : '눈빛'을 달리 이른 말.
842)됴심경(照心鏡) : 속마음까지를 비춰보는 거울.
843)편ᄀᆡᆨ(片刻) : 삽시간.

셔셔히 도모하고 급거(急遽)히 구지 마ᄅᆞ쇼셔. 쇼뎬(小弟)들 어이 단쟝박명(斷腸薄命)을 근심치 아니리잇고?"

쳥션이 가구시의 금은보옥(金銀寶玉)을 만히 【58】 알혀844) 가지고 ᄒᆞᆫ 일도 소원을 일우미 업ᄉᆞ니, 도로혀 윤한님의 비상ᄒᆞᆫ 위인을 흠ᄒᆞ고, 됴흔 쇠를 싱각지 못ᄒᆞ여 민울(悶鬱)ᄒᆞ더니, 난이 후뎡(後庭)의 블을 노코져 ᄒᆞᆷ을 노코져, 화벽의 쟉인이 화즁몰ᄉᆞ(火中沒死)845)치 아닐줄 알오ᄃᆡ, 짐줏 쇼왈,

"윤한님이 아모리 여신(如神)ᄒᆞᆫ들 부인이 후뎡(後庭)〇[의] 미인이시믈 아지 못ᄒᆞ거ᄂᆞᆯ, 금야의 블노 그 집을 ᄉᆞ희나 어이 부인의 쟉용으로 알니오. 빈되 아모커나 후뎡의 가 ᄉᆞ긔(事機)를 보아 츙화(衝火)846)ᄒᆞ고 오리이다".

난이 대열ᄒᆞ여 ᄌᆡ삼(再三) 요녀(妖女)의 모ᄌᆞ를 블가온ᄃᆡ 튀와 빅골이 지【59】되게 ᄒᆞ라 ᄒᆞ니, 쳥션이 쇼왈,

"모ᄉᆞ(謀事)ᄂᆞᆫ 사ᄅᆞᆷ의게 이시나, 셩ᄉᆞ(成事)ᄂᆞᆫ ᄌᆡ텬(在天)이니, 빈되 금번의 비록 미인 모ᄌᆞ를 죽이지 못ᄒᆞ나, 여러가지 계괴 이시니 ᄎᆞᄎᆞ 베플니이다."

난이 쳥션의 말을 듯고 ᄇᆡ샤(拜謝) 왈,

"ᄉᆞ위 요녀의 모ᄌᆞ를 업시ᄒᆞ고 텰녀를 쇼졔(掃除)ᄒᆞ여 주시면 즐거오미 무한이로소이다."

쳥션이 ᄉᆞ샤ᄒᆞ더라.

이의 뉴황(硫黃) 염초(焰硝)를 몸가온ᄃᆡ 진이고, 몸을 금초아 영츈뎡의 드러가니, ᄎᆞ시 임의 밤이 깁고 만뇌구젹(萬籟俱寂)847)ᄒᆞ여시나, 화벽이 지통이 지심ᄒᆞ니, 듀듀야야(晝晝夜夜)의 슬허ᄒᆞᄂᆞᆫ 즁 명명텬【60】의(明明天意)와 텬뎡슉치(天定宿債)848)를 벙으리왓지849) 못ᄒᆞ야 기다리지 아닌 ᄌᆞ식조ᄎᆞ 냥개(兩個) 긔린(騏驎)을 싱ᄒᆞ미, 비상특츌ᄒᆞ미 셰ᄃᆡ의 무젹(無敵)ᄒᆞ니, 가히 인졍텬니(人情天理)의 ᄉᆞ랑ᄒᆞ올 거시로ᄃᆡ, 화벽의 일촌간쟝(一寸肝腸)850)은 부모를 아지 못ᄒᆞᄂᆞᆫ 지통이 ᄌᆡ심(在心)ᄒᆞ니 어ᄂᆡ 결을의 유졍낭군(有情郎君)의 은총을 깃거ᄒᆞ며, 냥ᄋᆞ(兩兒)의 교연(嬌然)ᄒᆞᆷ을 ᄉᆞ랑ᄒᆞ리오. 시고(是故)로 슬프미 층가(層加)ᄒᆞ니, 능히 쟈지 못ᄒᆞ고 먹지 못ᄒᆞ며 일야(日夜)로 원산(遠山)851)을 츅합(顣合)852)ᄒᆞ고 보험(酺臉)853)이 젹요(寂寥)ᄒᆞ여 슬허ᄒᆞ더니, 금야의

844) 알혀 ; 우려. 꾀거나 위협하거나 하여 물품 따위를 취하여.
845) 화즁몰ᄉᆞ(火中沒死) ; 불길 속에서 타죽음.
846) 츙화(衝火) : 일부러 불을 지름.
847) 만뇌구젹(萬籟俱寂) : 밤이 깊어 아무 소리도 없이 아주 고요함.
848) 텬뎡슉치(天定宿債) : 전세로부터 하늘이 정한 인연.
849) 벙으리왓다 : 막다. 맞서 버티다. 대적(對敵)하다. 거스르다. 반대하다. 거절(拒絶)하다.
850) 일촌간쟝(一寸肝腸) : 일촌(一寸)밖에 안 되는 작은 마음.
851) 원산(遠山) : '먼 산'을 뜻하는 말이지만, 여기서는 '눈썹'을 비유적으로 이르는 말.
852) 츅합(顣合) ; 얼굴의 근육이나 눈살을 찡그리다.
853) 보험(酺臉) : 보검(酺臉). 뺨.

심시 번뇌ᄒᆞ야 능히 졉목(接目)지 못ᄒᆞ더니, 야심【61】후 문득 양희 쇼시ᄋᆞ(小侍兒)로 쵹을 잡히고 족용(足容)을 ᄀᆞ비야이 ᄒᆞ여 니르러, 벽의 자지 아니믈 보고 왈,

"내 한님의 명을 밧아 벽낭을 보려 왓더니라."

ᄒᆞ고, 이의 벽의 귀에 다혀 두어 말을 닐ᄋᆞ니, 벽이 대경ᄒᆞ여 바야흐로 문을 열고 텬긔(天氣)를 ᄉᆞᆲ피니, 과연 ᄌᆞ긔 쥬셩(主星)이 흑긔 미만(彌滿)ᄒᆞ고, 요셩(妖星)이 침노ᄒᆞ야 살긔츙텬(殺氣衝天)ᄒᆞ니, 반다시 블측지홰(不測之禍) 금야의 잇ᄂᆞᆫ지라. 벽이 비록 텬뉸(天倫)을 실셔(失緖)[854]ᄒᆞ고 죄인의 ᄌᆞ쳐(自處)ᄒᆞ여, 만ᄉᆞ를 좌탁(坐度)ᄒᆞ여 쳘마지셩(鐵馬之聲)[855]과 비고ᄋᆡ락(悲苦哀樂)을 심셔(心緖)의 거리ᄶᅵ미 업서, 지통(至痛)이 익심(益甚)ᄒᆞ【62】니, 념네(念慮) 타ᄉᆞ(他事)의 밋지 아닛ᄂᆞᆫ 고로, 길흉을 ᄉᆞᆲ펴 알녀 ᄒᆞ미 업ᄉᆞᄃᆡ, 본ᄃᆡ ᄉᆡᆼ이지지(生而知之)[856]ᄒᆞᄂᆞᆫ 셩명지질(聖明之質)이 결비범인(決非凡人)이라. 텬문디리(天文地理)를 무블통지(無不通知)[857]ᄒᆞᄂᆞᆫ 고로, 양희의 니ᄅᆞ믈 조ᄎᆞ 경아(驚訝)ᄒᆞ여 이의 텬문을 보ᄆᆡ, 엇지 화ᄋᆡᆨ(禍厄)이 급ᄒᆞ믈 아지 못ᄒᆞ리오. ᄌᆞ긔 신셰 긔궁(饑窮)ᄒᆞ미 ᄉᆞᄉᆞ(事事)의 여ᄎᆞ(如此)ᄒᆞ믈 블승비도(不勝悲悼)ᄒᆞ나, 하ᄒᆡ지심(河海之心)을 가젓ᄂᆞᆫ 고로 가연(可然) 탄식홀 ᄯᆞ름이오, 말이 업ᄉᆞ나, 심니(心裏)의 한님의 명쳘원하(明哲遠遐)[858]ᄒᆞᆫ 식견을 항복ᄒᆞ미 업지 아니터라.

양희 후창을 열고 ᄒᆞᆫ낫 초인(草人)을 잇그러 드리와 의구히 화벽의 【63】침즁(枕中)의 누이고 쵹을 먼니 등도라 노하, 희미히 방즁이 ᄌᆞ셔치 아닐만치 ᄒᆞ여 노흔 후, 양희 친히 벽을 닛그러 후창으로 나와 ᄎᆞᄎᆞ 곡난(曲欄)을 말ᄆᆡ암아 층층ᄒᆞᆫ 뎐각을 둘너 월봉뎐 협실노 드러오니, 능히 알니 업더라.

이 ᄶᅴ 쳥션이 바로 영춘뎡의 나아가 ᄀᆞ마니 창틈으로 여어 보니, 쵹영이 명미(明微)ᄒᆞᆫᄃᆡ, 완연이 사ᄅᆞᆷ이 침금의 누은 형상이라. 요리(妖尼) 일변 깃거ᄒᆞ며 일변 의심ᄒᆞ야 ᄉᆡᆼ각ᄒᆞᄃᆡ, "벽낭의 긔이ᄒᆞ므로 힘힘이 독슈의 맛출 빈 아니라, 금야 경식이 어이 고【64】이ᄒᆞᆫ고? 이 아니 경시의 지원(至冤)이 궁극ᄒᆞᄆᆡ 인듕승텬(人衆勝天)인가?

드러가 보고져 ᄒᆞ더니, 믄득 ᄉᆞ곡(邪曲)ᄒᆞᆫ 의심이 니러나니, 스ᄉᆞ로 경동(警動)ᄒᆞ여 혜ᄋᆞᄃᆡ, "아니 이 가온ᄃᆡ 무ᄉᆞᆫ 계괴 잇ᄂᆞᆫ가? 아모커나 블을 노하 경시의 ᄆᆞ옴이나 플게 ᄒᆞ리라."

ᄒᆞ고, ᄒᆞᆫ ᄌᆞ로 화약염초(火藥焰硝)를 가져 블을 노흐니, 시각이 넘지 못ᄒᆞ여셔 화셰 ᄆᆡᆼ녈ᄒᆞ야 ᄉᆞ오간 쇼당이 경긱의 ᄌᆡ 되나, 본ᄃᆡ 이곳이 은벽ᄒᆞ여 후원 동산 밋치니, ᄂᆡ당과 동안[859] ᄯᅳᆫ지라. 화셰(火勢) 급ᄒᆞ나 밤이 깁흐니 ᄂᆡ각 다ᄒᆡ셔 알 길히 업ᄉᆞ니 뉘

854)실셔(失緖) : 단초(端初) 잃음.
855)쳘마지셩(鐵馬之聲) : 쇠붙이를 단 말이나 수레 따위에서 나는 요란한 소리. 곧 세상의 온갖 시끄러운 소리를 비유로 이르는 말.
856)ᄉᆡᆼ이지지(生而知之) : 삼지(三知)의 하나. 도(道)를 스스로 깨달음을 이른다.
857)무블통지(無不通知) : 무슨 일이든지 환히 통하여 모르는 것이 없음. ≒무불통달.
858)명쳘원하(明哲遠遐) : 밝고 원대함.
859)동안 : 사이. 두 지점 사이의 거리

블을 구ᄒᆞ리오. 쳥션이 【65】임의 영츈뎡을 쇼화(燒火)ᄒᆞ기를 맛고 ᄌᆞ약(自若)히 도라오니, 이러구러 날이 효명(曉明)의 갓가왓고, 난ᄋᆡ 오히려 녕능의 침소의 그져 잇다가, 쳥션을 보고 년망(連忙)히 마ᄌᆞ 득실(得失)을 무란ᄃᆡ, 쳥션이 웃고 수말을 다 닐ᄋᆞ고 쇼져의 지셩(至誠)이 감텬(感天)ᄒᆞ여 벽낭 ᄀᆞᄐᆞᆫ 만고셩녀(萬古聖女)를 서릇괘라 홀지언뎡, 쏘 감히 져의 공뇌(功勞)를 요공(要功)860)치 못ᄒᆞ믄, 화벽이 벅벅이 죽지 아니믈 지긔ᄒᆞ미러라. 난ᄋᆡ 깃거 칭션(稱善) 왈,

"묘ᄌᆡ긔ᄌᆡ(妙才奇才)라! ᄉᆞ부의 신긔묘산(神技妙算)이여! 쳡이 장ᄎᆞᆺ 무어ᄉᆞ로뻐 갑흐리오."

ᄒᆞ며 깃거ᄒᆞ더니, 동방이 긔뵉【66】ᄒᆞ니 녕능과 난ᄋᆡ 아ᄎᆞᆷ 단장을 일우고 ᄒᆞᆫ가지로 원셩뎐의 문안ᄒᆞ니라.

어시의 윤한님이 앙관텬샹(仰觀天象)ᄒᆞ니, 태음셩(太陰星)이 ᄉᆞ면으로 요셩(妖星)○[의] 살긔 침노ᄒᆞ여 대홰(大禍) 목젼(目前)의 박두(迫頭)ᄒᆞ엿ᄂᆞᆫ지라. 태음셩은 이곳 화벽의 쥬셩(主星)861)이니, 한님이 엇지 아지 못ᄒᆞ리오. 미견일관(未見一觀)862)의 심동ᄉᆡᆨ긔(心動色起)ᄒᆞ여 급히 양희당의 니르니, 양희 아직 자지 아니커ᄂᆞᆯ, 한님이 ᄀᆞ마니 닐ᄋᆞᄃᆡ,

"화벽이 비록 일흠이 ᄂᆞᄌᆞ나 골육을 ᄡᅵ칫고, 그 부모친쳑이 업서 의앙(依仰)ᄒᆞᄂᆞᆫ 비 질(姪)이라. 그 ᄉᆞᆼ싱이 위틱ᄒᆞᆫᄃᆡ 고렴(顧念)ᄒᆞ미 업ᄉᆞ면, 혈혈무탁(孑孑無託)【67】ᄒᆞᆫ 일 쇼네(小女) 뉘게 앙지(仰支)863)ᄒᆞ리오. 질(姪)이 아쟈(俄者)864)의 벽의 쥬셩을 우연이 ᄉᆞᆲ피ᄆᆡ 블측(不測)○[ᄒᆞᆫ] 홰(禍) 금야의 잇ᄂᆞᆫ지라. 사ᄅᆞᆷ의 급ᄒᆞᆫ 거ᄉᆞᆯ 알고 구치 아니믄 군ᄌᆞ의 덕이 아니라, 아ᄌᆞ미 맛당이 져 곳의 나아가 벽의 삼모ᄌᆞ(三母子)를 구ᄒᆞ여, 여ᄎᆞ여ᄎᆞ(如此如此) 월봉뎐 왕모긔 알외여 벽의 보젼ᄒᆞᆯ 도리를 ᄉᆡᆼ각ᄒᆞ쇼셔."

양희 텽파의 대경실ᄉᆡᆨ(大驚失色)ᄒᆞ여 왈,

"벽낭이 본ᄃᆡ 텬픔이 인ᄌᆞᄒᆞ고 쏘 가즁의 번거히 샹졉(相接)ᄒᆞ미 업ᄉᆞ니 뉘라셔 해ᄒᆞ리오. 샹공의 의심이 너모 요원(遙遠)ᄒᆞ신가 시브이다."

한님이 잠쇼 왈,

"챵닌이 본ᄃᆡ 거ᄌᆞᆺ말을 【68】못ᄒᆞ노니, 다만 피화(避禍)케 ᄒᆞ쇼셔. 질은 도로 나가ᄂᆞ이다."

셜파의 밧글 나아가니, 양희 급히 쇼시ᄋᆞ로 더브로 영츈뎡의 가니, 화벽이 오히려 쟈지 아니커ᄂᆞᆯ 양희 수말(首末)을 젼ᄒᆞ고 벽을 다리고 바로 월봉뎐의 드러가 뉴부인긔 뵈옵고 말ᄉᆞᆷᄒᆞ니, 원ᄂᆡ 뉴부인이 쇼시로브터 즘이 업서 손녀 등을 모화 박혁ᄒᆞ다

860)요공(要功) : 자기의 공을 스스로 드러내어 남이 칭찬해 주기를 바람. 또는 공의 대가를 요구함.
861)쥬셩(主星) : 점성술에서, 어떤 사람의 운명을 맡고 있는 별.
862)미견일관(未見一觀) : 한 번 바라보기를 다하기 전에.
863)앙지(仰支) : 우러러 의지함.
864)아쟈(俄者) : 아까. 조금 전, 지난 번. 갑자기.

가 ᄇᆡ야흐로 ᄋᆞ쇼져등을 믈너가라 ᄒᆞ고, 경히 와상(臥床)의 나아가고져 ᄒᆞ더니, 믄득 양희 드러와 ᄇᆡ알ᄒᆞ고 알외ᄂᆞᆫ ᄉᆞ의 여ᄎᆞᄒᆞ니, 부인이 대경ᄒᆞ고 구시의 말노 조ᄎᆞ 화벽의 이시믈 안 후, 그 긔질이 비 【69】 샹타 ᄒᆞ믈 긔특이 넉여 블너보고져 ᄒᆞ나, 승샹이 깃거 아니ᄒᆞ니 비록 ᄌᆡ하쟈(在下者)의 말이나 욱이지 못ᄒᆞ엿던지라. 양희의 말을 듯고 날호여 왈,

"네 모로미 화벽모ᄌᆞ를 인도ᄒᆞ여 후창으로 조ᄎᆞ 협실의 머므르게 ᄒᆞ라."

내 명일 블너보리라. 양희 슈명ᄒᆞ여 화벽으로 더브러 협실의셔 밤을 지ᄂᆡ니라.

명일 뉴부인이 원셩뎐의 문안ᄒᆞ니, 가즁상해(家中上下) 다 모다 남풍녀ᄎᆡ(男風女彩) 분벽(粉壁)865)의 됴요(照耀)ᄒᆞ니, 태부인이 좌우고면(左右顧眄)ᄒᆞ여 두굿기더니, 문득 원즁(園中) 직흰 노ᄌᆞ(奴子) 계학의 누의 계ᄆᆡ 드러와 고왈, 【70】

"쳔비(賤婢) 오라비 계학이 원즁을 직희엿솝더니, 거야의 홀연 난ᄃᆡ 업슨 불이 영츈뎡을 소화ᄒᆞ여ᄉᆞ오ᄃᆡ, 밤의 블을 구치 못ᄒᆞ옵고, 블븟튼 터흘 보오니 영츈뎡의 머므럿던 벽낭의 형영(形影)도 업습고 화ᄉᆞ(火死)하여ᄉᆞ오니 놀나와 알외ᄂᆞ이다."

좌위 경히(驚駭)ᄒᆞ고 태부인이 대경ᄎᆞ악(大驚且愕) 왈,

"벽낭이 비록 무명쳔녀(無明賤女)나 임의 챵ᄋᆞ의 유정(有情)ᄒᆞ므로 골육을 ᄭᅵ칫더라 ᄒᆞ니, 노뫼 ᄒᆞᆫ번 블너보고져 ᄒᆞ엿더니, 뉘 이런 악ᄉᆞ로 져 삼모ᄌᆞ의 ᄉᆞᄉᆡᆼ(死生)을 판단ᄒᆞ미 되뇨?"

진왕과 승샹이 ᄎᆞ악ᄒᆞ믈 니긔지 못ᄒᆞ고, 호람 【71】 휘 역경(亦驚) 왈,

"사ᄅᆞᆷ이 존비귀쳔(尊卑貴賤)이 다르나 ᄉᆞᄉᆡᆼ이 관듕(款重)ᄒᆞ니, 화벽이 손ᄋᆞ의 간셥지 아닌바 당하(堂下) 차환(叉鬟)이라도 졈은 나히 화즁참ᄉᆞ(火中慘死)ᄒᆞ미 인졍의 참비(慘悲)ᄒᆞ려든, 비록 쳔ᄒᆞ나 손ᄋᆞ의 시인(侍人)이 되여 골육을 ᄭᅵ칫더라 ᄒᆞ니, 그 강보냥ᄋᆡ(襁褓兩兒) 더욱 하죄야(何罪也)오. 이ᄂᆞᆫ 벅벅이 가간(家間)의 요인이 은복(隱伏)ᄒᆞ여 작ᄉᆞ(作事)ᄒᆞ미라. 그러치 아닌 즉 엇진 연괴(然故)리오."

뉴부인이 존고(尊姑)와 가군(家君)의 경동(驚動)ᄒᆞ믈 보고 의의 ᄀᆞᆯ오ᄃᆡ,

"과연 작야의 영츈뎡 화변(火變)이 잇더라 ᄒᆞ옵고, 양네 여ᄎᆞ여ᄎᆞ 벽의 삼모ᄌᆞ를 다려와ᄉᆞ오니, 임의 밤 【72】 이 깁흔 고로 블너보지 못ᄒᆞ고 머므러ᄉᆞ오니, 작야 화즁(火中)의 빈집만 소산(燒散)ᄒᆞᆯ ᄯᆞᄅᆞᆷ이오, 벽의 삼모ᄌᆞᄂᆞᆫ 상ᄒᆞ미 업ᄂᆞ니이다."

언파(言罷)의 아니 깃거ᄒᆞ리 업ᄉᆞᄃᆡ, 홀노 놀나ᄂᆞᆫ 쟈ᄂᆞᆫ 난ᄋᆞ와 녕능이라. 녕능은 의괴(疑怪)ᄒᆞᆫ ᄉᆞᄉᆡᆨ(辭色)이 ᄀᆞ득ᄒᆞ고, 난ᄋᆞᄂᆞᆫ 쳥션의 긔특ᄒᆞᆫ ᄌᆡ조로 의심업시 화벽 모ᄌᆞ 삼인을 화즁소산(火中燒散)ᄒᆞᆫ가 혜아려, 다시 근심치 아니ᄒᆞ고 텰시를 마ᄌᆞ 쇼제(掃除)ᄒᆞ여 업시코져 ᄒᆞ엿더니, 깃븐 졍신이 시긱(時刻)이 넘지 못ᄒᆞ여셔, 져 모ᄌᆞ 삼인이 ᄉᆡᆼ존ᄒᆞ여 뉴부인 협실의 머므러시믈 드르니, 놀납고 금쟉ᄒᆞ미866) 쳥텬 【73】 ᄇᆡᆨ일

865)분벽(粉壁) : 하얗게 꾸민 벽.
866)금쟉ᄒᆞ다 : 끔직하다.

(靑天白日)의 급훈 벽녁셩(霹靂聲)이 일신을 분쇄(粉碎)ᄒᆞᄂᆞᆫ 둧, 히음업시[867] 면식(面色)이 여토(如土)ᄒᆞ여 봉관(鳳冠)[868]을 숙이고 신식(神色)이 져상(沮喪)ᄒᆞ니, 좌위(左右) 투목시지(偸目視之)[869]ᄒᆞ여 고이히 넉이ᄂᆞᆫ지라. 난ᄋᆞᄂᆞᆫ 졍혼(精魂)이 니톄(離體)ᄒᆞ여 가즁긔식(家中氣色)을 ᄉᆞᆲ피지 못ᄒᆞ딕, 녕능이 구시의 고이훈 ᄂᆞᆺ빗출 즁목소시(衆目所視)의 의심을 일윌가 ᄒᆞ여, 손을 ᄀᆞ마니 치몌(彩袂)[870]룰 잡아 다리고 눈주니, 난이 ᄯᅩ훈 영오(穎悟)훈지라. 즉시 ᄂᆞᆺ빗출 곳치나 스ᄉᆞ로 흉쟝(胸臟)이 분분(紛紛)ᄒᆞ니 ᄉᆞ식(邪色)이 편치 아냐, 즉시 믈너 침소로 도라가니, 녕능은 좌즁긔식(座中氣色)을 알고져 ᄒᆞ여 이의 써지니, 좌즁이 다【74】시 영츈뎡 화벽의 모ᄌᆞ롤 거론치 아니ᄒᆞ고, 호람휘 ᄌᆞ질을 거ᄂᆞ려 퇴ᄒᆞ거늘, 녕능이 ᄯᅩ훈 믈너 화취루의 니르러ᄂᆞᆫ 난이 졍히 금병(錦屛)을 의지ᄒᆞ여 눈물이 홍협(紅頰)의 방타(滂沱)ᄒᆞ니, 스ᄉᆞ로 팔ᄌᆞ롤 탄ᄒᆞ고,

"구가졔인(舅家諸人)은 일마다 특쵸(特超)ᄒᆞ여, 뉘라셔 져의 획계간모(劃計奸謀)롤 알아 벽의 모ᄌᆞ롤 구훈고?"

절치교아(切齒咬牙)ᄒᆞ믈 마지 아니 ᄒᆞ더니, 녕능이 이의 니르믈 보고 슬픠 눈믈을 흘녀 탄식 왈,

"쳡의 팔ᄌᆞ(八字) 험흔(險釁)ᄒᆞ여 싱셰 십ᄉᆞ년의 대륜(大倫)의 음양호합(陰陽好合)을 아지 못ᄒᆞ고, 일가듕망(一家重望)과 가부(家夫)의 듕【75】졍(重情)은 텰녀의게 ᄉᆞ양ᄒᆞ고, 가부의 죵요롭고 ᄌᆞ미ᄂᆞᆫ 화벽의게 아이니, 이칠쳥츈(二七靑春)[871]의 지은 죄 업시 쳥승[872] 박명(薄命)이 반비(班妃)[873]의 쟝문부(長門賦)[874]롤 됴문(弔問)ᄒᆞ니 녀ᄌᆞ의 일싱이 이러ᄒᆞ고 젼졍만니(前程萬里)의 무어술 다시 ᄇᆞ랄 거시 이시리오."

졍언간(停言間)에 쳥션이 드러와 위로 왈,

"벽낭이 싱존면화(生存免禍)ᄒᆞ믈 드르니, 빈도(貧道)ᄂᆞᆫ 거의 짐쟉훈 빅라. 쇼져롤 위ᄒᆞ여 놀나오믈 니긔지 못ᄒᆞᄂᆞ니, 쇼졔 엇지 근심만 ᄒᆞ시ᄂᆞ니잇고?"

ᄒᆞ더라.【76】

---

867)히음업다 : 하염없다. 속절없다. 시름에 싸여 멍하니 이렇다 할 만한 아무 생각이 없다. 또는, 단념할 수밖에 달리 어찌할 도리가 없다

868)봉관(鳳冠) : 봉관(鳳冠) : 옛날 부인들이 썼던 봉황 문양의 장식이 되어 있는 관.

869)투목시지(偸目視之) ; 곁눈질하여 봄.

870)치몌(彩袂) : 채의(彩衣)의 옷소매. *소매; 윗옷의 좌우에 있는 두 팔을 꿰는 부분. ≒옷소매·의메·팔소매.

871)이칠쳥츈(二七靑春) : 열네 살의 젊은 나이.

872)쳥승 : 궁상스럽고 처량하여 보기에 언짢은 태도나 행동.

873)반비(班妃) : 중국 한(漢)나라 성제(成帝)의 후궁. 시가(詩歌)를 잘하여 성제의 총애를 받았으나 조비연(趙飛燕)에게 참소를 당하여 장신궁(長信宮)에 있으면서 부(賦)를 지어 상심을 노래하였다.

874)쟝문부(長門賦) : 중국 한(漢)나라 무제(武帝) 때의 시인 사마상여(司馬相如)가, 무제의 비(妃)인 진아교(陳阿嬌)가 장문궁(長門宮)에 유폐되어 있을 때, 그녀가 다시 무제의 총애를 얻기 위해, 자신의 처지를 형상화한 노래를 지어 무제의 마음을 돌이키게 해 달라는 청을 받고, 지어준 시.

윤하뎡삼문취록 권지이십구

추시 청션이 드러와 위로 왈,

"벽낭의 싱존면화(生存免禍)ᄒ믈 드ᄅ니 빈도ᄂᆞᆫ 거의 짐쟉ᄒᆞᆫ 비라. 쇼져를 위ᄒᆞ야 놀나오믈 니기지 못ᄒᆞᄂᆞ니, 쇼졔 엇지 근심ᄒᆞ시ᄂᆞ니잇고? 청션이 아조 죽어 셰샹의 업ᄉᆞ면 모로거니와, 싱젼은 아모조록 남북젹(南北敵)을 진멸(盡滅)ᄒᆞ여, 안ᄌᆞ셔 태평을 긔약(期約)ᄒᆞ시게 ᄒᆞ리이다."

난이 타루(墮淚) 왈,

"ᄉᆞ뷔신들 현마 쳡의 신셰를 어엿비 아니 넉이시리잇가마ᄂᆞᆫ, ᄉᆞᄉᆞ의 하늘이 돕지 아니시니, 쳡의 젼셰과악(前世過惡)이 심대(甚大)치 아니면 【1】이러 ᄒᆞ리오. 능히 인듕승텬(人衆勝天)875)을 긔약지 못ᄒᆞᄂᆞ니, 쟝ᄂᆡ(將來)ᄂᆞᆫ 엇더ᄒᆞᆯ런지 모로거니와, 지금은 젼졍(前程)이 아득ᄒᆞ이다."

청션이 난ᄋᆡ의 슬허ᄒᆞ믈 보니 ᄯᅩᄒᆞᆫ 무류흠도 업지 아냐, 지삼 호언(好言)으로 위로ᄒᆞ여 져의 흉듕(胸中)의 긔모비계(奇謀秘計) 이시믈 만만(萬萬) 닐쿳고, 녕능은 것흐로조ᄎᆞ 위로ᄒᆞ니, 난이 졈두(點頭) 묵연(黙然)ᄒᆞ더라.

추시 원셩뎐의셔 태부인이 졔쇼년의 믈너나믈 기다려 좌위 고요ᄒᆞᆫ 후, 뉴부인을 도라보아 화벽을 브르라 ᄒᆞ니, 조태비ᄂᆞᆫ 깃거 아니나 존괴 보고져 ᄒᆞ시고 뉴시 임의 허 【2】ᄒᆞ여 협실의 두엇다 ᄒᆞ니, ᄌᆞ긔 일체(一體) 어룬으로 너모 닝연(冷然)ᄒᆞ미 블가ᄒᆞ여, 각별 말이 업ᄉᆞ니 녕능공 부인이 ᄯᅩᄒᆞᆫ 깃거 양희로 화벽 모즈를 다려오라 ᄒᆞ니, 양희 슈명ᄒᆞ여 이의 벽의게 젼ᄒᆞᆫᄃᆡ, 벽이 마지 못ᄒᆞ여 치삼쳥의(彩衫靑衣)를 졍히ᄒᆞ여 양희·ᄲᅡᆼ셤을 조ᄎᆞ 원셩뎐의 드러가 계하(階下)의셔 명을 기다리고 감히 승당치 못ᄒᆞ니, 태부인이 쳥말(廳末)의 올으라 ᄒᆞ시니, 벽이 듕계(中階)의셔 위·조 냥부인과 뉴부인긔 팔비고두(八拜叩頭)876)ᄒᆞ고, 녕능공 부인과 하·쟝 냥부인이며 뎡·진·남·화 등 ᄉᆞ 【3】 비긔 ᄉᆞ비(四拜) 현알(見謁)ᄒᆞ기를 맛고 쳥말(廳末)의 부복(仆伏)ᄒᆞ니, 존당 상하 졔부인ᄂᆡ ᄒᆞᆫ가지로 관시(觀視)ᄒᆞ니, 처엄 알기ᄂᆞᆫ 블과 셔ᄌᆞ(西子)877) 옥진(玉

875) 인듕승텬(人衆勝天) : '여러 사람이 힘을 합치면 하늘도 이길 수 있다'는 뜻으로 '사람의 힘이 큼'을 이르는 말.

876) 팔비고두(八拜叩頭) : 8번 절을 하고 마지막 절의 끝에 머리를 땅에 다시 한 번 조아려 공경하는 예(禮)를 표하는 절의 방식.

877) 셔ᄌᆞ(西子) : 중국 춘추시대의 월(越)나라의 미인 서시(西施). 오나라에 패한 월나라 왕 구천이 서시

眞)[878]의 경셩경국(傾城傾國)[879]ᄒᆞᆯ 졀염(絶艶)만 넉엿더니, 믄득 듯던 바의 세번 지나고 열번 승(勝)ᄒᆞ니, 셰간 범범미ᄉᆡᆨ(凡凡美色)[880]의 비기리오.

찬찬(燦燦) 아라[881]ᄒᆞᆫ 광휘(光輝) 어ᄃᆡ 고으며 어ᄃᆡ ᄆᆡ오믈 분간ᄒᆞ리오. 옥으로 무은 살빗과 ᄭᅩᆺᄎᆞ로 삭인 냥협(兩頰)[882]이며, 찬연ᄒᆞᆫ 셩덕(聖德) 광휘(光輝) 발어면모(發於面貌)ᄒᆞ야 당당ᄒᆞᆫ 영복존귀지상(榮福尊貴之相)[883]과 무ᄉᆡᆨ(無色)ᄒᆞᆫ 단장(丹粧)의 긔긔(奇奇)ᄒᆞᆫ 풍광덕질(風光德質)이 더옥 빗나고 긔이ᄒᆞ니, ᄎᆞᆫ 눈이 연지산(燕支山)[884]의 ᄉᆡ리 【4】 고 ‘ᄆᆡ신(梅神)이 나부텬(羅浮泉)의 도라온 듯’[885], 아미(蛾眉)의 일만 시름을 ᄆᆡᄌᆞ시니, ‘약(若) 소월(素月)이 운니명(雲裏明)이오, ᄉᆞ(似) 한빙(寒氷)이 동일ᄆᆡ(冬日梅)라.’[886] 인간만믈(人間萬物)[887]의 견조와 비유ᄒᆞᆯ 곳이 업ᄉᆞ니, 관시쟈(觀視者) 눈이 현황(炫煌)ᄒᆞᆫ지라. 입으로 형언(形言)치 못ᄒᆞ며 그림으로 모ᄉᆞ(模寫)치 못ᄒᆞᆯ지니, 그 슈츌(秀出)ᄒᆞᆫ 쟉픔(作稟)이 의연이 태우 셩닌의 쳐 소쇼져와 오공쥬 엄시로 의연이 방블ᄒᆞ나, 기여(其餘)ᄂᆞᆫ 졔낭ᄌᆞ(諸娘子)의 ᄌᆡ용ᄉᆡᆨ광(才容色光)으로ᄂᆞᆫ ᄎᆞ인을 ᄇᆞ라도 못ᄒᆞ리니, 털쇼져의 쟉ᄐᆡ션염(綽態鮮艶)[888]과 옥모화ᄐᆡ(玉貌花態)로도 화벽의 비기ᄆᆡ 오히려 예ᄉᆞ롭고, 더옥 가구시 난ᄋᆞ의 교용 【5】 아ᄐᆡ(巧容阿態)로 지예(摯譽)[889]ᄒᆞᄂᆞᆫ 힝동과 셩덕지완(聖德之婉)을 입ᄂᆡᄂᆡ고져 ᄒᆞᄂᆞᆫ 비아(卑阿)ᄒᆞᆫ 체지동용(體肢動容)의 비기리오. 존당샹해(尊堂上下) 일견(一見)의 대경ᄒᆞ고 ᄌᆡ시(再視)의 ᄋᆡ련(愛憐)ᄒᆞᄂᆞᆫ 마음이 아모 곳으로 조ᄎᆞ 나믈 ᄭᆡ닷지 못ᄒᆞ거ᄂᆞᆯ, 더옥 일빵 긔린(騏驎)이 ᄉᆡᆼ지일삭(生之一朔)

를 부차에게 보내어 부차가 그 용모에 빠져 있는 사이에 오나라를 멸망시켰다.

878)옥진(玉眞) : 양귀비(楊貴妃). 본명은 옥환(玉環). 도교에서는 태진(太眞)이라 부름. 또 당(唐)나라 시인 백거이(白居易 : 772-846)는 <장한가(長恨歌)>에서 양귀비가 죽어 ‘옥진(玉眞)’이라는 선녀가 되었다고 하였다. 양귀비는 중국 당나라 현종(玄宗)의 비(妃)(719~756)로 춤과 음악에 뛰어나고 총명하여 현종의 총애를 받았으나 안녹산의 난 때 죽었다.

879)경셩경국(傾城傾國) : 성(城)을 기울게 하고 나라를 기울게 할 미인(美人). 경성지색(傾城之色), 경국지색(傾國之色)에서 유래한 말.

880)범범미ᄉᆡᆨ(凡凡美色) ; 매우 평범한 미모.

881)아라ᄒᆞ다 : 아득하다. 정신을 잃을 지경이다.

882)냥협(兩頰) : 두 뺨.

883)영복존귀지상(榮福尊貴之相) : 영화와 복과 높음과 귀함을 두루 다 누릴 관상.

884)연지산(燕支山) : 중국 감숙성(甘肅省) 난주(蘭州)의 북쪽, 장액(張掖)의 동남쪽에 있는 산

885)ᄆᆡ신(梅神)이 나부텬(羅浮泉)의 도라온 듯 : ‘매화꽃이 나부천에 다시 핀 듯하다’는 말로, 중국 수(隋)나라 때 조사웅(趙師雄)이 나부산(羅浮山)의 한 샘가에서 소복(素服)을 한 한 미인의 영접을 받고 함께 술집에 가서 즐겁게 노는데 푸른 옷을 입은 동자가 노래를 불렀고 사웅이 취하여 자다가 새벽에 깨어보니 매화나무에 푸른 새가 지저귀고 있었다는 나부지몽(羅浮之夢)을 이른 말. 여기서 소복미인은 화신(花神) 곧 매신(梅神)이다. *나부산(羅浮山) : 중국 광동성(廣東省) 혜주부(惠州府)에 있는 명산으로, 진(晉)나라 때 갈홍(葛洪)이 이 산에서 선술(仙術)을 얻었다고 한다.

886)약(若) 소월(素月)이 운니명(雲裏明)이오, ᄉᆞ(似) 한빙(寒氷)이 동일ᄆᆡ(冬日梅)라 : 하얀 달이 구름 속에서 빛나는 것 같고, 찬 얼음이 겨울날 눈 속에 핀 매화꽃과 같다는 말.

887)인간만믈(人間萬物) ; 인간 세계의 온갖 사물.

888)쟉ᄐᆡ션염(綽態鮮艶) : 얌전한 태도와 고운 미모.

889)지예(摯譽) : 남의 칭찬만을 잡고자 함.

이로ᄃᆡ 톄형이 셕대ᄒᆞ고 긔골(氣骨)이 늠쥰호상(凜俊豪爽)ᄒᆞ미 완연(完然)이 농닌(龍驎)의 톄격(體格)과 닌봉(麟鳳)의 ᄌᆞ질(資質)이니, 일빵냥옥(一雙良玉)이오 닌ᄋᆞ봉취(驎兒鳳雛)[890]라. 당당이 쟝셩ᄒᆞᄆᆡ 현달영귀(顯達榮貴)ᄒᆞ미 부슉의 뒤흘 니어, 쥬종(周宗)[891]을 챵(昌)ᄒᆞ고 방실(邦室)[892]을 보좌(補佐)홀 현샹냥ᄌᆡ(賢相良材)[893] 되리니, 엇지 가히 챵닌의 【6】 일쇼셩지ᄌᆞ(一小星之子)로 쳔산(賤産)이라 ᄒᆞ리오.

좌우 견시재(見視者) 아니 놀나리 업고, 조태비의 침듕(沈重)홈과 뎡슉녈의 단엄(端嚴)ᄒᆞ므로도, 져 모ᄌᆞ(母子)의 긔특ᄒᆞ믈 보ᄆᆡ는 경동안ᄉᆡᆨ(驚動顏色)ᄒᆞ여 화벽의 소ᄉᆡᆼ지디(所生之地) 결비쳔인(決非賤人)인 줄 쇼연명각(昭然明覺)ᄒᆞ니 더옥 기여(其餘)를 닐ᄋᆞ리오. 더옥 위태부인 노안(老眼) 혼모(昏暮)ᄒᆞᆫ 졍신의 긔특(奇特) 비샹(非常)ᄒᆞ믈 엇지 결을ᄒᆞ리오. 안모(顔貌)의 희연(喜然)이 ᄉᆞ랑ᄒᆞ는 빗치 ᄀᆞ득ᄒᆞ여, 흔연(欣然)이 평신ᄒᆞ라 ᄒᆞ고, 이의 위로 왈,

"가간(家間)의 인원이 수다(數多)ᄒᆞ나 각각 숣피미 무솜ᄒᆞᆫ지라[894]. 네 빵셤의 어더 기란바로 쟉인(作人) 【7】 이 져러틋 아롬다오니, 손ᄋᆡ 년쇼지심(年少之心)의 너의 ᄌᆡ용(才容)을 과○[ᄋᆡ](過愛)ᄒᆞ여 부조(父祖)를 긔망ᄒᆞ고 ᄉᆞᄉᆞ로이 유졍ᄒᆞ미 되어, 후뎡의 깁히 두어 골육ᄭᆞ지 ᄡᅵ쳐 빵득ᄉᆡᆼ남(雙得生男)ᄒᆞᄆᆡ 냥ᄋᆞ의 쟉인의 긔이ᄒᆞ미 여ᄎᆞᄒᆞ나, 우리 다 손ᄋᆞ의 능대능쇼(能大能小)ᄒᆞᆫ 슈단으로 ᄉᆞᄉᆡᆨ(辭色)지 아니니 젼연부지(全然不知) 고(故)로, 너의 이시믈 아지 못ᄒᆞ엿더니, 어제 양녀와 손ᄋᆞ(孫兒)의 실고(實告)ᄒᆞ므로 조ᄎᆞ 너의 이시믈 ᄭᆡ닷고 블너 보고져 ᄒᆞ엿더니, 쟉야의 네 블의(不意)에 화ᄋᆡᆨ(禍厄)을 당ᄒᆞ여, 양녀로 더브러 면화ᄒᆞ여 월봉각 협실의 머므럿다 ᄒᆞ니 【8】 이제 보고져 브르미러니, 밋 너의 쟉인을 보ᄆᆡ 결비샹한쳔뉴(決非常漢賤流)로소니, 네 나히 어려 부모의 소거근챡(所居根着)과 가향(家鄉)을 아지 못ᄒᆞᆫ다 ᄒᆞ니, 아지 못게라, ᄎᆞ언(此言)이 젹실ᄒᆞ냐?"

화벽이 념용(斂容) ᄃᆡ왈,

"쇼쳡은 텬디간궁민(天地間窮民)이라. 일즉 젼셰죄악(前世罪惡)이 심대ᄒᆞ와 ᄉᆡᆼ지강보초(生之襁褓初)[895]의 부모를 실니(失離)ᄒᆞ와 소ᄉᆡᆼ지디(所生之地)를 부지(不知)ᄒᆞᄋᆞᆸ고, 흉인의 폴닌 ᄇᆡ 되어, 귀부 비ᄌᆞ 빵낭의 의긔로 거두워 휵양ᄒᆞ믈 닙ᄉᆞᆸ고, 다시 양희빈의 ᄉᆞ랑ᄒᆞ시믈 닙ᄉᆞ와 잔쳔(殘喘)이 보명투ᄉᆡᆼ(保命偸生)ᄒᆞ오나, 일즉 텬뉸을 실셔(失緖)ᄒᆞᆫ 셜우미 즁 【9】 니(中裏)[896]의 얽힌 지통(至痛)이 되여ᄉᆞᆸ는 고로, 소ᄉᆡᆼ지디를

---

890)닌ᄋᆞ봉취(驎兒鳳雛) : 천리마의 새끼와 봉황의 새끼라는 말로 뛰어나게 잘난 자손을 칭찬하여 이르는 말.

891)쥬종(周宗) ; 주나리 왕실.

892)방실(邦室) : 국가(國家). 나라.

893)현샹냥ᄌᆡ(賢相良材) : 어진 재상과 훌륭한 인재.

894)무솜ᄒᆞ다 : 무엇하다. 딱히 무엇이라 말하기 어렵다. 일정하지 않다.

895)ᄉᆡᆼ지강보초(生之襁褓初) : 나서 처음 포대기 속에 있던 갓난아기 때에.

896)즁니(中裏) : 중심 가운데에. 중심 속에.

ᄎᆞᆺ지 못ᄒᆞ온 젼은 셰ᄉᆞ를 참예치 말고져 ᄒᆞ여ᄉᆞᆸ더니, ᄉᆞᄉᆡ(事事) ᄯᅳᆺᄀᆞᆺ지 못ᄒᆞᄋᆞᆸ고, 쳡의 명되 긔구ᄒᆞ오며, ᄯᅩᄒᆞᆫ 지신(持身)ᄒᆞ믈 엄밀(嚴密)히 못ᄒᆞ와, 의외에 한님 샹공의 그믈에 걸니믈 면치 못ᄒᆞ오니, 혈혈(孑孑) ᄋᆞ녀ᄌᆞ(兒女子) 졍심(貞心)을 세오지 못ᄒᆞᄋᆞᆸ고, 한님의 위엄(威嚴)을 면치 못ᄒᆞ와 원치 아닛ᄂᆞᆫ 인뉸을 츌히와, 지어ᄌᆞ식(至於子息)을 낫ᄉᆞ오ᄃᆡ 오히려 무셩명(無姓名)ᄒᆞᆫ 죄인이라, ᄒᆞᆫᄀᆞᆺ ᄉᆡᆼᄂᆡ(生來)의 부모를 ᄎᆞᆺ지 못ᄒᆞ고, 몬져 인뉸 츌히믈 셜워ᄒᆞ올 ᄯᆞ름이오, 귀【10】부 심원벽쳐(深園僻處)의 고요히 숨어 일죽 부즁ᄎᆞ환(府中叉鬟)도 쇼쳡의 유무를 아지 못ᄒᆞᄂᆞ니 만ᄉᆞ오니, 엇지 사ᄅᆞᆷ으로 은원(恩怨)이 이시리잇고마ᄂᆞᆫ, 하ᄂᆞᆯ과 신기(神祇)897) 쳔쳡(賤妾)의 이완(弛緩)ᄒᆞ믈 믜이 넉이샤, 사ᄅᆞᆷ이 모로ᄂᆞᆫ 가운ᄃᆡ 텬화(天禍)를 ᄂᆞ리와 죽게 되엿더니, 양희빈의 두 번 구ᄉᆡᆼ지은(求生之恩)으로 요ᄒᆡᆼ 화즁소산(花中燒散)ᄒᆞ기를 면ᄒᆞ여ᄉᆞ오나, 금일 셩은(聖恩)의 관유(寬宥)ᄒᆞ심과 우로(雨露)의 혜턱(惠澤)이 쇼쳡 일신의 빗기 더으시니, 쇼쳡의 묘복(眇福)898) 누질(陋質)이 능히 당치 못ᄒᆞᆯ가 두리ᄂᆞ이다.”

언파(言罷)의 옥안(玉顔)이 ᄌᆞ상(仔詳)ᄒᆞ고 두 졈 단사(丹砂)899)를 움ᄌᆞᆨ이【11】ᄂᆞᆫ 바의 쳥낭쇄락(晴朗灑落)ᄒᆞᆫ 옥셩(玉聲)이 뇨뇨(嘹嘹)900)ᄒᆞ여 단소(丹霄)901)의 유봉(有鳳)이 브ᄅᆞ지지고 금반(金盤)의 대쥬쇼쥬(大珠小珠)902)를 구을니ᄂᆞᆫ ᄃᆞᆺ, 드ᄅᆞᆯᄉᆞ록 황홀ᄒᆞ여 ᄉᆞ랑이 취(醉)ᄒᆞ이ᄂᆞᆫ지라. 좌위 텽파의 블승ᄋᆡ련(不勝哀憐)ᄒᆞ여 태부인이 위로왈,

“너의 비원(悲怨)ᄒᆞᆫ ᄉᆞ졍을 드ᄅᆞ니 인심이 셕목(石木)이나 감동치 아니랴. 너의 픔되(稟度) 져러틋 아ᄅᆞᆷ다오나, 홀노 명박다험(命薄多險)ᄒᆞ미 이 ᄀᆞᆺᄐᆞ냐? 텬뉸을 아지 못ᄒᆞ고 어린 나히 지통(至痛)이 ᄌᆡ심(再甚)ᄒᆞ믈 위지감읍(爲之感泣)ᄒᆞᄂᆞ니, ᄌᆞ고로 가인ᄌᆡ녀(佳人才女) 명박(命薄)ᄒᆞ여시니, 현마 엇지 ᄒᆞ리오.”

뉴부인과 녕능공 부인이 【12】ᄯᅩᄒᆞᆫ 츄연년셕(惆然憐惜)ᄒᆞ여, 말ᄉᆞᆷ을 니어 위로ᄒᆞ믈 마지 아니ᄒᆞ니, 화벽이 감격ᄒᆞ여 감누(感淚)를 먹음어 샤은(謝恩)ᄒᆞ니, 녕능공 부인이 탄왈,

“화벽의 텬ᄉᆡᆼ쟉인(天生作人)903)이 결비쳔츌(決非賤出)904)이라. 만일 부모를 ᄎᆞᄌᆞ ᄉᆞ문교옥(士門嬌玉)으로 가벌(家閥)이 샹당ᄒᆞ면, 엇지 굿ᄐᆞ여 ᄋᆞ질의 금ᄎᆞ지녈(金釵之列)905)의 두리오. 맛당히 다시 ᄇᆡᆨ냥(百輛)906)으로 뉵녜(六禮)907)를 갓초아 졍실(正室)

---

897)신기(神祇) : 천신(天神)과 지신(地神)을 함께 이르는 말.
898)묘복(眇福) : 복력(福力)이 변변하지 못함. 또는 극히 적은 복.
899)단사(丹砂) : 붉은 입술을 달리 표현한 말.
900)뇨뇨(嘹嘹) ; 소리가 맑게 울리는 모양
901)단소(丹霄) : 저녁놀과 같이 붉은 하늘.
902)대쥬쇼쥬(大珠小珠) : 크고 작은 구슬들.
903)텬ᄉᆡᆼ쟉인(天生作人) : 타고난 사람 됨됨이.
904)결비쳔츌(決非賤出) : 결코 천한 신분의 출생이 아니다.
905)금ᄎᆞ지녈(金釵之列) : 첩(妾)의 반열(班列). *금차(金釵); 금비녀를 뜻하는 말로 첩(妾)을 달리 이르는 말. 형포(荊布)나 조강(糟糠) 등으로 정실부인을 이르는 것과 비슷한 조어법이라 할 수 있다.

을 존ᄒᆞ염즉 ᄒᆞ도다.”

화벽이 텽파의 블안ᄒᆞ믈 니긔지 못ᄒᆞ니, 좌위 녕능공 부인 말솜을 올히 넉이리 만흐ᄃᆡ, 흉인은 더옥 미워ᄒᆞ더라. 위태부인이 진찬화미(珍饌華味)로 【13】 화벽을 먹이고 치단필빅(綵緞疋帛)을 샹ᄉᆞ(賞賜)ᄒᆞ니, 화벽이 비록 블관(不關)이 넉이나, 존당이 별은(別恩)을 ᄂᆞ리오니 엇지 황공감격(惶恐感激)지 아니리오. 마지 못ᄒᆞ여 밧ᄌᆞ와 셩ᄌᆞ(聖慈)를 샤례ᄒᆞ고 이윽이 뫼셧다가 믈너나니, 뉴부인이 분부ᄒᆞ여 아직 협실의 머믈나 ᄒᆞ니, 화벽이 협실노 가니라.

가구시 난ᄋᆡ 츈옥의 뎐어(傳語)로 조ᄎᆞ 셕부인 언ᄂᆡ의 화벽을 존당상해(尊堂上下) 긔특이 넉임과, 다시 냥개 옥닌(玉驎)의 셰(勢)를 ᄶᅧ, 만일 소ᄉᆡᆼ지디(所生之地)를 ᄎᆞᄌᆞ 근본이 쳔누(賤陋)치 아니면, 당당이 한님 졍실(正室) 삼을 줄을 드르ᄆᆡ, 더옥 만【14】 복의 싀오지심(猜惡之心)이 대발(大發)ᄒᆞ니, 엇지 그만 두리오. 쳥션의 눈츼 분명이 ᄌᆡ믈을 징식(徵索)ᄒᆞᄂᆞᆫ 줄 알ᄆᆡ, 또 능히 은보(銀寶)를 어더 져의 욕화(慾火)를 ᄎᆡ올 길히 업ᄂᆞᆫ지라.

비록 난ᄋᆡ 가칭 구시ᄒᆞ여시나 구뷔 본ᄃᆡ 쳥한(淸閑)ᄒᆞ던ᄃᆡ, 경부인이 망ᄒᆞ고 구샹셔 죄젹(罪謫)ᄒᆞᆫ 후, 난ᄋᆡ 거즛 구신 체ᄒᆞ고 약간 ᄭᅵ친 ᄌᆡ믈을 다 거두워 도라와, 되도 못ᄒᆞᄂᆞᆫ 좀 ᄭᅬ로 다 쳥션의게 일흐미 되고, 또 ᄀᆞ마니 본부의 가 호부인을 보ᄎᆡ여 어더오고져 ᄒᆞ나, 녯날 경츄밀이 ᄌᆡ셰ᄒᆞ여 됴뎡의 ᄉᆞ환ᄒᆞᆯ 적도 조션(祖先)의 뎐가지믈(傳家之物)이 업【15】ᄂᆞᆫᄃᆡ, 경공이 극히 쳥념(淸廉)ᄒᆞ여 나라히 주시ᄂᆞᆫ 녹봉(祿俸) 밧근 일미일젼(一米一錢)도 탐ᄌᆡ(貪財)ᄒᆞ미 업ᄉᆞ니, 가계 극히 쳥빈ᄒᆞ여 동ᄒᆡ슈(東海水)로 ᄲᅵ슨 듯ᄒᆞ니, 호시 아모리 ᄌᆡ믈을 드려 됴흐리라 ᄒᆞᆫ들, 어ᄃᆡ 가 은화금보(銀貨金寶)를 만히 어더 쳥션의 탐욕이 ᄎᆞ도록 ᄒᆞ리오. 난ᄋᆡ 가연 탄식ᄒᆞ며 ᄋᆡᄲᆞᆯ ᄯᆞ롬이니, 교란이 듀ᄉᆞ야탁(晝思夜度)ᄒᆞ여 궁모곡계(窮謀曲計) 아니 밋츤 곳이 업ᄉᆞ니, 그윽이 가즁(家中)을 ᄉᆞᆲ피ᄆᆡ 원셩뎐 협실의 금뵈 만코, 쥬옥진금(珠玉眞金)이 갓초 이시믈 알고, ᄀᆞ마니 난ᄋᆞ로 용ᄉᆞ(用事)ᄒᆞ여 도적ᄒᆞ여 ᄂᆡ기를 계교ᄒᆞ더라.

난ᄋᆡ 【16】 쳥션을 ᄃᆡᄒᆞ여 ᄋᆡ걸 왈,

“원컨ᄃᆡ ᄉᆞ부ᄂᆞᆫ 텰녀와 화벽의 모ᄌᆞ를 업시ᄒᆞᆫ 즉(卽), 쳡이 셰셰ᄉᆡᆼᄉᆡᆼ(世世生生)의 ᄉᆞ부의 대은을 엇지 니ᄌᆞ리오.”

쳥션 왈,

“부인은 근심마ᄅᆞ쇼셔. 빈되 일계(一計)이시니, 텰시와 벽낭을 아오로 서라져 쾌락

906)빅냥(百輛) : ‘백대의 수레’라는 뜻으로, 『시경(詩經)』 「소남(召南)」 편, <작소(鵲巢)>시의 ‘우귀(于歸) 백량(百輛)’에서 유래한 말이다. 즉 옛날 중국의 제후가(諸侯家)에서 혼례를 치를 때, 신랑이 수레 백량에 달하는 많은 요객(繞客)들을 거느려 신부집에 가서, 신부을 신랑집으로 맞아와 혼례를 올렸는데, 이 시는 이처럼 혼례가 수레 백량이 운집할 만큼 성대하게 치러진 것을 노래하고 있다.

907)뉵녜(六禮) : 우리나라 전통혼례의 여섯 가지 의례. 납채(納采), 문명(問名), 납길(納吉), 납폐(納幣), 청기(請期), 친영(親迎)을 이른다.

게 ᄒᆞ리이다."

ᄒᆞ고, 귀에 다혀 계교를 닐온ᄃᆡ, 난ᄋᆞ 녕능이 대열ᄒᆞ여 칭샤(稱謝)ᄒᆞ기를 마지 아니터라.

일일은 난ᄋᆡ 교란으로 더브러 원셩뎐 낫 문안의 드러갓더니, 이윽ᄒᆞ여 모다 문안을 파ᄒᆞ고 흣터지ᄆᆡ, 위태부인이 소·엄·경·쥬·텰 등 졔쇼져와 션화·월화·옥화 등 【17】 여러 쇼져를 압히 두워 투호(投壺)를 치이며 ᄌᆡ조를 보ᄂᆞᆫ지라. 난ᄋᆡ ᄯᅩᄒᆞᆫ 귀경ᄒᆞ더니, 졔쇼졔 긔국(碁局) 승부를 닷토ᄆᆡ, 신능ᄒᆞᆫ ᄌᆡ죄 막샹막하(莫上莫下)ᄒᆞ여 승부 고해(高下) 업ᄉᆞ니, 태부인이 두굿겨 왈,

"ᄆᆡ양 비교○[의] 참치(參差)[908]ᄒᆞ믄 박혁(博奕)[909]의 낙이[910] 업ᄉᆞ니 ᄆᆞ음이 프러지미라. 노뫼 ᄒᆞᆫ 낙이를 뎡ᄒᆞᄂᆞ니, 여등이 만일 니긔ᄂᆞ니 잇거든, 노뫼 쥬옥금보(珠玉金寶)를 샹ᄉᆞ(賞賜)ᄒᆞ여 승공(勝功)을 치하ᄒᆞ고, 만일 니긔지 못ᄒᆞᄂᆞ니ᄂᆞᆫ 일긔(一器) 쳥슈(淸水)로 벌ᄒᆞ리라."

이윽고 졔쇼졔 승부의 고ᄒᆞ(高下)를 고ᄒᆞ니, 쇼·쥬 냥쇼졔 년ᄒᆞ여 대쳡(大捷)ᄒᆞ엿ᄂᆞᆫ지라. 【18】 태부인이 우어 왈,

"비록 일시 유희나 노뫼 엇지 여등(汝等)을 속이리오."

ᄒᆞ고, ᄉᆞ지시녀(事知侍女)[911] 계란을 명ᄒᆞ여 원셩뎐 협실의 드러가 큰 상ᄌᆞ를 가져오라 ᄒᆞ여, 열고 명쥬(明珠) 십 ᄆᆡ(枚)[912]와 슌금지환(純金指環) 두ᄡᅡᆼ을 ᄂᆡ여 냥쇼져를 샹주고, ᄯᅩ 빗난 ᄑᆡ산지뉴(貝珊之類)[913]를 ᄂᆡ여 각각 졔쇼져를 ᄎᆞ례로 주니, 졔쇼졔 밧ᄌᆞ와 샤례ᄒᆞ니 난ᄋᆞ의 압히도 ᄯᅩᄒᆞᆫ 옥난ᄑᆡ(玉鸞佩)[914] ᄒᆞᆫ 줄이 니르니, 난ᄋᆡ 밧고 ᄀᆞ장 깃거ᄒᆞ며, 녕능은 좌즁의 업ᄉᆞ므로 ᄎᆞ믈의 참예치 못ᄒᆞ니라.

난ᄋᆡ 그윽이 보건ᄃᆡ, 태부인 샹ᄌᆞ의 금ᄇᆡᆨ은ᄌᆡ(金帛銀財) ᄀᆞ득이 담겻ᄂᆞᆫ지 【19】 라. ᄒᆞᆫ번 보ᄆᆡ 욕화(慾火)를 니긔지 못ᄒᆞ여, 도로 협실의 가져다가 간ᄉᆞᄒᆞᄂᆞᆫ 양을 ᄀᆞ장 눈ᄂᆡᆨ게 보고 ᄀᆞ마니 도적ᄒᆞ여 ᄂᆡ기를 샹냥(商量)ᄒᆞ더라. 션화·월화 등 ᄋᆞ쇼졔 가구시의 두루ᄂᆞᆫ 눈ᄰᆞᆯ[915]과 ᄒᆡᆼ지(行止) ᄀᆞ장 고이ᄒᆞ믈 의괴망측(疑怪罔測)ᄒᆞ여 셩안(星眼)이 ᄌᆞ로 구시 신샹의 빗최니[나], 난ᄋᆞᄂᆞᆫ 졍히 적심(賊心)이 발작(發作)ᄒᆞ여 아모란 줄 모르고, 샹(常)업시[916] 눈츼를 아지 못ᄒᆞᄃᆡ, 교란이 난ᄋᆞ의 당황(唐慌)ᄒᆞᆫ 거지와 졔쇼져의 긔ᄉᆡᆨ을 민망ᄒᆞ야, 아모리 눈으로 ᄯᅳᆺ을 보ᄂᆡ나 난ᄋᆡ 죵시 아지 못ᄒᆞ니, 교란이 믄득

---

908)참치(參差) : 참치부제(參差不齊). 길고 짧고 들쭉날쭉하여 가지런하지 아니함.
909)박혁(博奕) : 기국(碁局). 바둑.
910)낙이 : 내기. 금품을 거는 등 일정한 약속 아래에서 승부를 다툼. 이긴 사람이 걸어 놓은 물품이나 돈을 차지한다.
911)ᄉᆞ지시녀(事知侍女) : 일에 익숙한 시녀. 어떤 일을 맡아 하여 잘 아는 시녀.
912)ᄆᆡ(枚) : ①종이나 널빤지 따위를 세는 단위. ②한방에서, 열매를 세는 단위.
913)ᄑᆡ산지뉴(貝珊之類) : 조개껍질이나 산호(珊瑚) 따위의 장신구(裝身具)들.
914)옥난ᄑᆡ(玉鸞佩) : 옥으로 만든 난(鸞)새 모양의 패물.
915)눈ᄰᆞᆯ : 눈꼴. 눈의 생김새나 움직이는 모양을 낮잡아 이르는 말.
916)샹(常)업다 : 보통의 이치에서 벗어나 막되고 상스럽다.

일계를 싱각고 급히 여측(如厠)ᄒᆞ【20】믈 핑계ᄒᆞ고 나가더니, 즉시 드러와 고왈,

"경부의셔 시비 왓더이다."

난ᄋᆡ 곳이 듯고 급히 침소의 도라오니, 아모도 업ᄂᆞᆫ지라. 난ᄋᆡ 고이히 넉여 연고를 무란ᄃᆡ, 교란이 빈미(顰眉) 왈,

"이 부즁 샹하(上下)의 ᄋᆞ쇼져 ᄋᆞ공ᄌᆞ 등의 니르히 엇더ᄒᆞᆫ 총명이라 ᄒᆞ고, 쇼졔 바히 눈츼를 모로시니, 비ᄌᆡ(婢子) 민망ᄒᆞ여 눈으로 ᄯᅳᆺ을 보ᄂᆡ다가 못ᄒᆞ여, 거즛말노 본부 시ᄋᆡ 왓다 ᄒᆞ니이다."

난ᄋᆡ 텽미○[파](聽未罷)의 탄식 왈,

"어미ᄂᆞᆫ 일마다 심밀심침(深密深沈)917)ᄒᆞ니 진짓 나의 ᄌᆞ방(子房)918)이라. ᄆᆡᄉᆞ의 이ᄀᆞᆺ치 신능(神能)ᄒᆞ여 나의 죵신계활(終身契活)이 즐【21】겹도록 졔도(濟度)ᄒᆞ라."

이러구러 여러날이 지낫더니, 태부인이 홀연 슉환으로 신긔 블평ᄒᆞ여 신음ᄒᆞ니, 조태비와 호람후 부부며 졔손 등이 황황ᄒᆞ여 듀야(晝夜) 블탈의ᄃᆡ(不脫衣帶)ᄒᆞ고 시약(侍藥)의 분쥬ᄒᆞ더니, 슌여일(旬餘日) 만의 비로소 ᄎᆞ셩(差成)ᄒᆞ니, 태부인이 ᄌᆞ손의 우황ᄒᆞ믈 역시 민망ᄒᆞ여 병장(屛帳)을 거드며 소셰(梳洗)를 나와 긔톄여샹(氣體如常)ᄒᆞ니 ᄌᆞ부졔손(子婦諸孫)이 깃거, 이 날 ᄇᆡ야흐로 각각 ᄉᆞ실(私室)의 믈너나고, 션월각○[의] 옥·난 등 졔쇼졔 시침(侍寢)ᄒᆞ니, 난ᄋᆞ 교란이 ᄎᆞ야의 션화 월화 옥화 난화 등 모든 ᄋᆞ쇼졔 원【22】셩뎐의 시침홈과, 태부인이 신음 슌여(旬餘)의 신샹소환(身上所患)이 쾌복(快服)ᄒᆞ니, 필연 침싊(寢睡) 깁흐리라 ᄒᆞ여, ᄎᆞ야의 밤이 깁고 만뇌구적(萬籟俱寂)919)기를 기다려, 몽농ᄒᆞᆫ ᄃᆞᆯ빗ᄎᆞᆯ 인ᄒᆞ여 노쥐 ᄀᆞᄇᆡ야온 옷ᄉᆞᆯ 닙고 힝보를 신속히 ᄒᆞ여 원셩뎐 협실 후창하(後窓下)의 니르러 속 골흠920)의 ᄎᆞ인 바 젹은 옥장도(玉粧刀)를 ᄲᅢ혀 문굼글 ᄯᅮᆲ고 손을 너허 골희를 여니, 바야흐로 돌입ᄒᆞ여 상협(箱篋)과 협ᄉᆞ(篋笥)를 낫낫치 열고 뒤여 허다ᄒᆞᆫ 금보옥ᄇᆡᆨ(金銀玉帛)을 다 수험(搜驗)ᄒᆞ니921), ᄇᆡ야흐로 깃브믈 니긔지 못ᄒᆞ여 거두워 밧게 나와 【23】창호(窓戶)를 녜ᄃᆡ로 닷고, 이의 침소로 도라올ᄉᆡ, 교란은 ᄌᆡ보(財寶)를 운젼ᄒᆞ여 다 안고 압셔 도라오고, 난ᄋᆞᄂᆞᆫ 뒤흘 조ᄎᆞ 올ᄉᆡ, 믄득 쥬방의셔 식찬 가음아ᄂᆞᆫ 차환복예(叉鬟僕隷) 등이 흔ᄒᆞᆫ 밥의 ᄇᆡᆨ구(白狗)를 먹여 기르니, 견구(犬狗)922)의 무리 크게 쟈랏ᄂᆞᆫ지라. ᄒᆞᆫ가지로 무리지어 뎡즁(庭中)의 왕ᄂᆡᄒᆞ더니, 홀연 인적이 홀홀ᄒᆞ믈923) 보고 구견(狗犬)의 무리

917)심밀심침(深密深沈) ; 매우 세밀하고 침착함.

918)ᄌᆞ방(子房) : 중국 한나라의 건국공신 장량(張良)의 자(字). *장량(張良); BC ?-189. 중국 한나라의 정치가, 건국공신. 자는 자방(子房). 유방의 책사로 홍문연에서 유방을 구하고 한신을 천거하는 등, 유방이 한나라를 세우고 천하를 통일할 수 있도록 도왔다. 소하·한신과 함께 한나라 건국 3걸로 불린다.

919)만뇌구뎍(萬籟俱寂) : 자연계에서 나는 온갖 소리가 다 잠잠하여 고요함.

920)골흠 : 옷고름. 저고리나 두루마기의 깃 끝과 그 맞은편에 하나씩 달아 양편 옷깃을 여밀 수 있도록 한 헝겊 끈.

921)수험(搜驗)ᄒᆞ다 : 수색하여 찾아냄. 수색하여 검사함.

922)견구(犬狗) : 큰 개와 강아지.

힝혀 적인(賊人)의 ᄌᆞ취가 ᄒᆞ여, 세 개 일시의 소ᄅᆡ질너 즈ᄌᆞ며 왈학 ᄂᆡ다라, 교란의 왼녁 다리와 난ᄋᆞ의 올흔편 발목을 무러 ᄣᅦ치니, 다리 듕상(重傷)ᄒᆞ여 홍혈이 돌【24】츌ᄒᆞ니 엇지 그 ᄋᆞᆲ프기ᄅᆞᆯ 측냥ᄒᆞ리오마ᄂᆞᆫ, 교란 대간대흉(大奸大凶)이 힝혀 소ᄅᆡᄒᆞ다가 사ᄅᆞᆷ의 들니미[924] 될가, 더옥 놀나 감히 ᄒᆞᆫ마ᄃᆡ ᄋᆡ고 소ᄅᆡ도 못ᄒᆞ고 급히 도라오니, 난ᄋᆞᄂᆞᆫ 요힝 치마ᄅᆞᆯ 느리쳐시므로 ᄇᆡ구의 무러 ᄣᅦ치ᄃᆡ 두거온 능나군(綾羅裙)이 니발의 박혀 굼기 뚜러질 ᄲᅮᆫ이오, 발목은 대단이 상치 아냐, 다만 피뷔(皮膚) 버서져시나, 엇지 ᄋᆞᆲ프지 아니리오.

난ᄋᆡ 크게 놀나 일셩(一聲) 'ᄋᆡ호!'ᄅᆞᆯ 면치 못ᄒᆞ니, 교란이 소ᄅᆡᄅᆞᆯ ᄀᆞ마니 하여 사ᄅᆞᆷ의게 들니지 말나 ᄒᆞ니, 난ᄋᆡ 대겁(大怯)ᄒᆞ여 니러나 침【25】소의 도라와 촉을 ᄇᆞᆰ히고 상쳐ᄅᆞᆯ 보니, 교란은 다리 살졈이 ᄶᅥ러지고 홍혈이 돌츌ᄒᆞ여 보기의 ᄀᆞ장 놀납더라. 이의 빠ᄆᆡ고 은ᄌᆞᄅᆞᆯ ᄉᆞᆲ피건ᄃᆡ 수쳔금(數千金)이나 되ᄂᆞᆫᄃᆞᆺ ᄒᆞ니, 환희ᄒᆞ미 무량ᄒᆞ여 일노ᄡᅧ 두루 인심을 사괴ᄆᆡ 뇌믈이 넉넉ᄒᆞ더라.

난ᄋᆞᄂᆞᆫ 상흔이 대단치 아니 ᄒᆞ니 츌입이 여샹(如常)ᄒᆞ나, 교란은 상쳬 ᄀᆞ장 듕ᄒᆞ여 신음ᄒᆞ니 즁목(衆目)이 힝혀 의심ᄒᆞᆯ가 져허, 거즛 달니 칭병(稱病)ᄒᆞ고 화쥐루 협실의 깁히 드러 됴리ᄒᆞ나, 안흐로 셩농(成膿)ᄒᆞ여 고통ᄒᆞ더라.

이【26】러구러 원셩뎐의셔 ᄌᆡ보(財寶) 일흐미 여러 날이로ᄃᆡ, 태부인이 각별 ᄉᆞ용(私用)의 쁠곳이 업ᄉᆞ므로 ᄎᆞᄌᆞ미 업고, 좌우 신임시ᄋᆞ(信任侍兒)의 무리 다 무심히 ᄎᆞᆺ지 아니므로, 역시 망연부지(茫然不知)러니 일슌(一旬)이 지난 후의, 태부인의 의복 ᄎᆞ지(次知)ᄒᆞᄂᆞᆫ[925] 시녀 계란이 위연이 태부인 절복(節服)을 졈화(點化)[926]ᄒᆞ랴 협실의 드러가 보니, 후창의 굼글 뚜렷고, 긔용즙믈(器用什物)○[과] 상협(箱篋)부치 빠흔 거시 어ᄌᆞ러워, 제 빠흔 거시 아니어ᄂᆞᆯ, 계란이 고이히 넉여 간검(看檢)ᄒᆞ여 본즉, 비록 의복 필빅(疋帛)부치ᄂᆞᆫ 업지 아니나, 금은옥보(金銀玉寶) 너흔 상【27】ᄌᆞᄂᆞᆫ 다 뽀다ᄂᆡ고 황연(荒然)이 븨워시니, 계란이 대경실ᄉᆡᆨ(大驚失色)ᄒᆞ여 급히 태부인긔 고왈,

"협실 상협즁(箱篋中)의 간ᄉᆞᄒᆞ여ᄉᆞᆸ던 금보쥬옥(金寶珠玉)이 다 간ᄃᆡ 업ᄉᆞ오니, 엇지 고이치 아니리잇고?"

태부인이 대경 왈,

"ᄌᆡ믈은 죡히 앗갑지 아니나, 이리 심슈(深邃)ᄒᆞᆫ ᄃᆡ, 타적(他賊)이 엇지 돌입ᄒᆞ야 ᄌᆡ믈을 가져갈니 이시리오. ᄀᆞ장 이샹ᄒᆞ니 반다시 귀신의 희롱이 아니면, 니ᄆᆡ망냥(魑魅魍魎)[927]의 변쾌라."

---

923)훌훌ᄒᆞ다 : ①훌훌(忽忽)하다. 빠르다. 급작스럽다. ②술렁이다. 어수선하게 소란이 일다.

924)들니다 ; 들키다. 몰래 하려던 것을 남이 알게 되다.

925)ᄎᆞ지(次知)ᄒᆞ다 : (어떤 일을) 맡아보다. 담당하다. *차지(次知); 담당자. 예전에 관청이나 벼슬아치의 집안일을 맡아보던 사람

926)졈화(點化) : ①점검하여 새로 고침. ②도가(道家)에서, 이전의 사물을 고쳐서 새롭게 함을 이르는 말. ③옛사람이 지은 시문의 격식을 취하되 그것을 새로이 고쳐 더 훌륭한 시문을 지음.

927)니ᄆᆡ망냥(魑魅魍魎) : 온갖 도깨비. 산천, 목석의 정령에서 생겨난다고 한다. ≒망량

이쩍 아츰문안 쎡 겨웟고 낫문안은 일너시니, 가즁 졔인은 밋처 모히지 아냣고, 계란과 졔시비 블승황공ᄒᆞ여 두려【28】ᄒᆞ니, 태부인이 시ᄋᆞ 등의 개개히 튱직ᄒᆞ믈 아ᄂᆞᆫ 고로, 그 두려ᄒᆞ며 조심ᄒᆞ믈 보고 도로혀 위로 왈,

"여등의 튱직ᄒᆞ믈 내 아ᄂᆞ니, 이 쇼쇼(小小)ᄒᆞᆫ 지믈을 일허든 무슴 죄 되리오."

졔녀 등이 황공감은ᄒᆞ여 ᄌᆡ삼 잘 직희지 못ᄒᆞ믈 고두 샤죄ᄒᆞ더라.

이윽고 낫문안의 호람휘 진왕곤계와 졔손을 거ᄂᆞ려 드러와 시좌ᄒᆞ고, 조태비와 뉴부인이 ᄌᆞ부 졔손을 거ᄂᆞ려 드러와 남좌녀우(男左女右)를 분ᄒᆞ여 뫼시니, 태부인이 드ᄃᆡ여 실ᄌᆡ실믈(實在失物)928)ᄒᆞ여시니, 이ᄂᆞᆫ 반다시 니ᄆᆡ망냥(魑魅魍魎)의 쟉용이지, 사ᄅᆞᆷ의 ᄒᆞᆫ 【29】바ᄂᆞᆫ 아니라 ᄒᆞ니, 좌위 텽파의 블승경히(不勝驚駭)ᄒᆞ믈 마지 아니ᄒᆞ고, 호람휘 주왈(奏曰),

"지믈은 족히 귀치 아니ᄒᆞ오나, ᄌᆞ뎡 침뎐의 이런 요괴로은 ᄌᆡ홰(災禍)이ᄉᆞ오니 엇지 한심치 아니리잇고? 맛당히 ᄌᆡ고ᄎᆞ지(在庫次知)929)ᄒᆞ옵던 시비를 져주워 적뉴(賊類)를 사획(查覈)ᄒᆞ미 맛당ᄒᆞ도소이다."

태부인 왈,

"노모의 좌우 신임재(信任者) 극히 튱슌질박(忠順質朴)ᄒᆞ니 다란 의심은 업ᄉᆞ니, 여언(汝言)이 만만블가(萬萬不可)ᄒᆞ도다."

진왕이 주왈,

"이ᄂᆞᆫ 비ᄇᆡ(婢輩)의 쟉용도 아니옵고 귀ᄆᆡ(鬼魅)의 희롱도 아니라, 벅벅이 가변(家變)의 쟝본(張本)930)을 니르혀고져 ᄒᆞᄂᆞᆫ 요인(妖人)【30】의 쟉용이라. 임의 짐쟉ᄒᆞ온 후ᄂᆞᆫ ᄉᆞ긔(事機) 분요(紛擾)ᄒᆞ미 블가ᄒᆞ오니, 대모의 셩의(聖意) ᄃᆡ로 믈시 ᄒᆞ미 올흔가 ᄒᆞᄂᆞ이다."

난ᄋᆡ 좌간의 이셔 ᄎᆞ어(此語)를 참텽(參聽)ᄒᆞ고, 놀나 ᄌᆞ연 ᄉᆡᆨ이 다르믈 ᄭᆡ닷지 못ᄒᆞ더라. 대강 윤샹부 샹하노쇼남녀(上下老少男女)의 니르히 침듕졍대(沈重正大)ᄒᆞ믄 타류와 다란지라. ᄒᆞᆫ번 니르ᄆᆡ 두번 놀나ᄂᆞᆫ 일이 업ᄂᆞᆫ 고로, ᄌᆡ보 일흐믈 샹하노쇠(上下老少) 거드지 아니 ᄒᆞ니, 난ᄋᆡ 다ᄒᆡᆼᄒᆞ믈 니긔지 못ᄒᆞ고, 져의 계괴 묘ᄒᆞ믈 ᄌᆞ득(自得)ᄒᆞ여 ᄎᆞ후 ᄒᆡᆼ계ᄒᆞᄆᆡ ᄆᆡ양 이긋기를 원ᄒᆞ더라.

이쩍 녕능이 학ᄉᆞ의 다시 드러오【31】지 아니믈 보ᄆᆡ, 쳥션을 보치여 어셔 셜시를 소졔ᄒᆞ고 학ᄉᆞ의 은춍이 젼일(專一)ᄒᆞ게 ᄒᆞ기를 보치니, 쳥션이 역시 민망ᄒᆞ여, 아모조록 다시 학ᄉᆞ의 ᄌᆞ최를 일워여 녕능의 음심이나 슬컷 치오고져 ᄒᆞ나, 한님 챵닌이 부명을 밧ᄌᆞ와 제데로 더브러 돌녀가며 직희여 게어라지 아니니, 학ᄉᆡ 쏘ᄒᆞᆫ 녕능을 ᄉᆞ모ᄒᆞᄂᆞᆫ 졍이 헐ᄒᆞ미 아니로ᄃᆡ, 능히 ᄯᅴ를 어더 나아오지 못ᄒᆞᄂᆞᆫ지라.

일일은 태우와 한님과 어ᄉᆞ 등은 됴당의셔 밋처 도라오지 못ᄒᆞ고, 즁·영·혜·봉

---

928)실ᄌᆡ실믈(實在失物) : 재물을 잃음.

929)ᄌᆡ고ᄎᆞ지(在庫次知) : 창고의 재고품을 관리하는 사람. 창고 재고담당자.

930)쟝본(張本) : 어떤 일이 크게 벌어지게 되는 근원.

등은 다 각각 유고(有故)ᄒᆞ니, 계슈【32】각 가온ᄃᆡ 학ᄉᆡ 홀노 잇ᄂᆞᆫ 줄 알고, 청션이 급히 ᄉᆞ후ᄒᆞᄂᆞᆫ 셔동 영지의 얼골이 되여 창외의 셔시니, 영지 본ᄃᆡ 어리고 미련ᄒᆞ며 말이 ᄎᆞ셰 업고 분명치 아니 ᄒᆞ더라. 청션이 그 인믈을 붉히 아ᄂᆞᆫ 고로, 셜ᄉᆞ 일이 발각ᄒᆞ여도 졔 몸만 피ᄒᆞ고[면] 영지 발명이 변변치 못홀 줄 혜아려 영지의 의형(儀形)이 되미러라.

가(假) 영지 정히 난간 밧게 섯더니, 학ᄉᆡ 홀연 ᄎᆞ를 구ᄒᆞᆫᄃᆡ, 영지 ᄲᆞᆯ니 일긔 향다(香茶)를 올니니, 학ᄉᆡ 정히 밧아먹고져 ᄒᆞ더니, 문득 한님이 됴당(朝堂)으로셔 도라와 존당의 뵈옵【33】고 이의 나아오니, 가영지 발셔 종적을 곰초고 진짓 영지 ᄉᆞ후(伺候)ᄒᆞ니, 한님이 됴심경(照心鏡) 안광(眼光)의 ᄒᆞᆫ번 ᄎᆞ완(茶碗)을 ᄉᆞᆲ피ᄆᆡ, 믄득 경히(驚駭)ᄒᆞ여 급히 나아가 학ᄉᆞ의 먹으려 ᄒᆞᄂᆞᆫ ᄎᆞ를 아ᄉᆞ 왈,

"우형이 초갈(焦渴)ᄒᆞ미 급ᄒᆞ니 이 ᄎᆞ를 우형이 먹을 거시니, 현뎨ᄂᆞᆫ 곳쳐 가져오라 ᄒᆞ여 먹으라."

ᄒᆞ고, 마셔보니 빗치 다를 ᄲᅮᆫ 아니라 맛시 ᄯᅩᄒᆞᆫ 다란지라. 한님이 그ᄅᆞ슬 들고 문왈,

"이 ᄎᆞ를 뉘 가져왓ᄂᆞ뇨?"

학ᄉᆡ ᄃᆡ왈,

"영지 가져오니이다."

한님이 영지다려 무란ᄃᆡ, 영지 변변치 아닌 인ᄉᆞ(人事)의도 져ᄂᆞᆫ 아도 못ᄒᆞᄂᆞᆫᄃᆡ, 학【34】ᄉᆡ 분명이 졔 가져왓다 ᄒᆞ니, 제깐의도 하 어히업서 발명(發明)도 나지 아니○[니], 이리 두렷 져리 두렷 ᄂᆞ치 벌거ᄒᆞ여 말을 못ᄒᆞᄂᆞᆫ지라. 한님이 ᄎᆞ노(此奴)의 용녈미거(庸劣未擧)ᄒᆞ믈 아ᄂᆞᆫ 고로 실쇼(失笑)ᄒᆞ여 다시 말을 뭇지 아니ᄒᆞ고, 다란 ᄎᆞ를 가져오라 ᄒᆞ여 먹어보니 마시 극히 감열ᄒᆞᆫ지라. 학ᄉᆞ를 주어 먹으라 ᄒᆞ고 문왈,

"몬져 먹던 ᄎᆞ와 엇더 ᄒᆞ뇨?

학ᄉᆞᄂᆞᆫ 임의 혼쥬(混酒)를 여러번 먹어 구미(口味) 상ᄒᆞ여 진짓 맛슬 모로ᄂᆞᆫ 고로, 그 마시 다르지 아니믈 ᄃᆡᄒᆞ니, 한님이 아이 이ᄃᆡ도록 변심 실셩ᄒᆞ여시믈 개탄ᄒᆞ고【35】말을 아니나, 일노ᄡᅧ 아이 다시 실셩ᄒᆞ여 요약을 먹어 심졍이 더 상홀가 념녀ᄒᆞᄆᆡ, 가지록 직희기를 브ᄌᆞ런이 ᄒᆞ여 ᄎᆞ후ᄂᆞᆫ 일졀 혼ᄌᆞ 두지 아니ᄒᆞ니, 청션이 별물요악(別物妖惡)이나 능히 셜계(設計)홀 길히 업고, 학ᄉᆞ의 ᄌᆞ최ᄂᆞᆫ 영영이 ᄂᆡ각(內閣)을 돈졀(頓絶)ᄒᆞ니, 녕능의 뉴춘지심(遊春之心)[931]과 다다(多多)ᄒᆞᆫ 음심(淫心)이 날노 더ᄒᆞ여 단장(斷腸)ᄒᆞᄂᆞᆫ 눈믈이 쟈라금(紫羅衾)[932]을 젹시니, 청션이 녕능의 만흔 금보(金寶)를 밧아 욕심이 족ᄒᆞ니, 녕능의 소원인즉 ᄉᆞᄉᆞ언텽(事事言聽)ᄒᆞ더니, 일일은 윤학ᄉᆡ 홀노 오뎨(五弟) 봉닌 공ᄌᆞ와 죵뎨(從弟) 명닌 공【36】ᄌᆞ만 다리고 계슈각의

931)뉴춘지심(遊春之心) : 춘정(春情)을 즐기고자 하는 마음.
932)쟈라금(紫羅衾) : 붉은 비단 이불.

잇ᄂᆞᆫ ᄊᆡᄅᆞᆯ 타, 냥 공ᄌᆞ의 유츙ᄒᆞ믈 업수히 녁여, 청션이 스ᄉᆞ로 변ᄒᆞ여 나히 십삼ᄉᆞ(十三四)ᄂᆞᆫ ᄒᆞᆫ 인가(隣家) 시동(侍童)이 되여, 손에 ᄒᆞᆫ 봉 글월을 쥐고 큰 문으로 드러오ᄂᆞᆫ 체ᄒᆞ고 즁문의 들며, 감히 안문을 넘지 못ᄒᆞ여 셔간을 녑ᄒᆡ ᄭᅵ고 합쟝(閤牆)933) 밋ᄒᆡ 서셔 급히 규ᄉᆞ(窺伺)ᄒᆞ여, 안 다히ᄅᆞᆯ ᄇᆞ라보며 마치 사ᄅᆞᆷ을 기다리ᄂᆞᆫ 형상을 ᄒᆞᄃᆡ 반다시 사ᄅᆞᆷ이 보도록 ᄒᆞ니, 모ᄃᆞᆫ 셔동의 무리 얼골 모로ᄂᆞᆫ ᄋᆞᄒᆡ 안흘 엿보고져 ᄒᆞ믈 슈샹이 녁여, 일시의 잡아 힐ᄂᆞᆫ(詰難)ᄒᆞ며 무ᄅᆞᄃᆡ,

"네 엇던 도적놈의 ᄌᆡ 【37】《아리‖이》완ᄃᆡ, 이곳이 엇더ᄒᆞᆫ 곳이라 ᄒᆞ고 감히 방ᄌᆞ히 드러와 안문을 넘고져 ᄒᆞᄂᆞᆫ다? 곡졀을 바로 닐ᄋᆞ지 아니ᄒᆞ면 반다시 너ᄅᆞᆯ 잡아 우리 진왕뎐하긔 알외여 듕치ᄒᆞ리라."

기ᄋᆡ 거즛 ᄯᅥᆯ며 닐ᄋᆞᄃᆡ,

"쇼동(小童))은 녀가 쳔복(賤僕)이라. 쥬인이 가난ᄒᆞ니 남의 삭술 밧고 ᄉᆞ환(使喚)934)도ᄒᆞ며 젼갈(傳喝)935)도 단니더니, 오ᄂᆞᆯ 아ᄎᆞᆷ의 엇던 션ᄇᆡ 복식을 《ᄒᆞ고‖ᄒᆞ니》 날다려 닐ᄋᆞᄃᆡ, 하방(遐方) 션ᄇᆡ 위 거인(擧人)936)이로라 ᄒᆞ고, 당신 원족(遠族)이 이 부즁의 잇다 ᄒᆞ고, ᄒᆞᆫ 비밀ᄒᆞᆫ셔간을 드려달나 ᄒᆞ고, 만일 글을 드리고 답셔(答書)ᄅᆞᆯ 맛타 오나든937), 돈을 만히 【38】주마 ᄒᆞ거ᄂᆞᆯ, ᄌᆡ믈에 탐ᄒᆞ여 그ᄅᆞᆺ 귀문의 드러온가 시브니, 원컨ᄃᆡ 녈위(列位)ᄂᆞᆫ 관셔(寬恕)ᄒᆞ쇼셔."

셔동 가온ᄃᆡ 셰튱이란 놈이 나히 열둘이오, 긔신(氣神)938)이 세ᄎᆞ고 용녁(勇力)이 사오나온지라. 대로(大怒)ᄒᆞ여 두 손을 버려 ᄲᅣᆷ을 ᄂᆞ라나게 치며, ᄭᅮ지져 왈,

"이 토미939) 무샹(無狀)ᄒᆞ고 먀련940)ᄒᆞ기 ᄯᅩᆼ을 먹엄즉 ᄒᆞᆫ 놈아! 네 모양을 보아ᄒᆞ니 궁향하읍(窮鄕遐邑)941) 토민(土民)은 아니로소니, 아모리 미련ᄒᆞᆫ들 이목이 업관ᄃᆡ, 이 취운산 진왕궁 윤샹부ᄅᆞᆯ 엇더ᄒᆞᆫ 귀ᄐᆡᆨ(貴宅)이완ᄃᆡ, 모로고 드러왓노란 말이 나ᄂᆞ뇨? 미련ᄒᆞᆫ 톄ᄒᆞᄂᆞᆫ 양이 더옥 【39】음흉극악(陰凶極惡)ᄒᆞ도다."

기ᄋᆡ(其兒) 울며 힐난ᄒᆞ니, ᄌᆞ연 요란ᄒᆞᆫ지라. 학ᄉᆡ 문을 열치고 요란이 구ᄂᆞᆫ ᄋᆞᄒᆡ들을 ᄭᅮ지ᄌᆞ니, 《계튱‖셰튱》이 황망이 복디 왈,

"져놈이 녀가 쳔복(賤僕)이로라 ᄒᆞ고, 합문(閤門) 밋ᄒᆡ 드러와 여ᄎᆞ여ᄎᆞ ᄒᆞ오니, 쇼복 등이 힐난ᄒᆞᄂᆞ이다."

학ᄉᆡ 미급답(未及答)의 그 ᄋᆞᄒᆡ ᄲᆞᆯ니 도라가니, ᄒᆡᆼ뵈(行步) ᄂᆞᄂᆞᆫ ᄃᆞᆺᄒᆞ여 경ᄀᆡᆨ(頃刻)

---

933)합장(閤牆) : 건물 출입문과 연결되어 있는 담장.
934)ᄉᆞ환(使喚) : 관청이나 회사, 가게 따위에서 잔심부름을 시키기 위하여 고용한 사람.
935)젼갈(傳喝) : 사람을 시켜 말을 전하거나 안부를 물음. 또는 전하는 말이나 안부.
936)거인(擧人) : 고려・조선 시대에, 각종 크고 작은 과거 시험에 응시하던 사람을 이르던 말. =거자(擧子).
937)오나든 : 오거든.
938)긔신(氣神) : 기력과 정신을 아울러 이르는 말.
939)토미 : 투미. 어리석고 둔함.
940)먀련 : 매련. 터무니없는 고집을 부릴 정도로 어리석고 둔함.
941)궁향하읍(窮鄕遐邑) : 서울에서 매우 멀리 떨어져 있는 지방의 읍(邑).

의 큰문을 닉다르니 간딕 업스딕, 흔봉 셔간을 바리고 갓ᄂᆞᆫ지라. 졔복(諸僕)이 거두워 드리니 봉·명 냥공지 몬져 《바아∥바다》 보니, 피봉(皮封)의 '셜쇼져 쟝딕하(粧臺下) 기탁(開坼)이라' ᄒᆞ엿거늘, 냥공ᄌᆞᄂᆞᆫ 본딕 총명ᄒᆞᆫ지라, 일 【40】 안(一眼)의 쾌히 짐쟉 ᄒᆞ고, 학시 볼가 저허ᄒᆞ며 셜쇼져 신샹의 유해홀가 겁ᄒᆞ여, 믄득 봉피(封皮)를 ᄶᅥ히지 아니ᄒᆞ고, 금노(金爐)의 약 달히ᄂᆞᆫ 블에 드리쳐 왈,

"남의 편지 무어신고 보아 부졀업스니 소화ᄒᆞ여 바리리라."

학시 말녀 왈,

"졔 도로 ᄎᆞᄌᆞ오거든 주ᄂᆞᆫ 거시 올흐니, 엇지 남의 글을 소산(燒散)ᄒᆞᄂᆞ뇨?"

공지 딕왈,

"형쟝 말슴이 연ᄒᆞ시나, 쇼뎨 임의 싱각을 그릇ᄒᆞ여 블에 드리쳐 다 탓고, ᄯᅩ 인가 쳔ᄋᆞ(賤兒)를 세틍 등이 위엄으로 져혀 ᄯᅩᄎᆞ시니, 다시 올니 업ᄂᆞ니이다."

학시 냥공ᄌᆞ의 말을 올히 녀겨 졈두(點頭)ᄒᆞ더라. 【41】

쳥션이 그윽ᄒᆞᆫ 벽간(壁間)의 몸을 금초아, 시죵(始終)을 다 보민, 홀일업서 무류(無聊)히 도라와, 녕능을 보고 이 ᄉᆞ연을 닐ᄋᆞ며 봉·명 냥공지 흉셔(凶書)를 소화ᄒᆞ미 아니런들, 학시 보앗더면, ᄯᅩ 무슨 소란이 니러나 셜시를 더옥 함지킹참(陷地坑塹)ᄒᆞ여 아조 죽일 거술, 이들나ᄒᆞᆷ믈 마지 아니ᄒᆞ니, 녕능이 텽파(聽罷)의 분에(憤恚)ᄒᆞᆷ믈 니기지 못ᄒᆞ여, 희음업시 발 굴너 왈,

"요괴로온 젹츄(賊酋)들이 어린 것ᄀᆞ지 이 엇지 그리 ᄌᆞ샹(仔詳)ᄒᆞ고? 내 만일 죵시 ᄯᅳᆺ을 일우지 못ᄒᆞ면, 밍셰코 졔윤을 뭇질너 업시ᄒᆞ리라."

쳥션이 역탄(亦嘆) 【42】 위로 왈,

"빈되 진실노 부인을 위ᄒᆞ여ᄂᆞᆫ 죽어 갑흘 ᄯᅳᆺ을 두엇ᄂᆞᆫ 고로, 진심갈역(盡心竭力)ᄒᆞ미 아니 밋ᄎᆞᆫ 곳이 업사딕, 윤부 졔인의 이심(已甚)ᄒᆞᆫ 총명을 ᄀᆞ리오지 못ᄒᆞ니, 죵시 셜쇼져를 쇼졔(掃除)키 어렵고, 윤학ᄉᆞ의 듕졍(重情)을 오롯기[942] 어려오니, 쳔ᄉᆞ만상(千思萬想)ᄒᆞ나 부인의 계활(契活)이 안졍홀 방냑(方略)이 극난토소이다."

녕능이 츄연 왈,

"윤학ᄉᆞ의 은졍이 쳡의게 온젼치 아니면, 본궁의 도라 《와∥가》 부모 싱젼 반의(班衣)[943]로 즐기믈 다ᄒᆞ고, 부모 ᄉᆞ후의 단발위리(斷髮爲尼)[944]ᄒᆞ여 ᄉᆞ부를 뫼셔 도를 닥가 극낙으로 도라가리니, 이제 【43】 셜녀를 함졍(陷穽)의 너허 분을 플고 윤가를 하직ᄒᆞᆫ 후ᄂᆞᆫ, 부부와 구고(舅姑)의 졍이 다 업ᄉᆞ리니, 셜녀 믜오미 엇더 ᄒᆞ리잇고?"

쳥션이 녕능의 졀ᄒᆡᆼ(節行) 업ᄉᆞ믈 붉히 알므로, 흔연 쇼왈,

942)오롯기 : 오롯이 하기. 온전하게 독차지하기.
943)반의(班衣) : '색동옷을 입는다.'는 뜻으로, 부모를 기쁘게 하여 효도를 다함을 이르는 말. 중국 춘 추 시대 초(楚)나라 사람 노래자(老萊子)가 일흔 살에도 색동옷을 입고 부모 앞에서 어린아이 짓 을 하여 부모를 기쁘게 하였다는 고사(故事)에서 유래하였다.
944)단발위리(斷髮爲尼) : 여자가 머리를 깎고 비구니가 됨.

"이런 일은 죵ᄎᆞ(從次) 의논ᄒᆞ려니와 몬져 셜시 업시ᄒᆞ믈 의논ᄒᆞ샤이다."

ᄒᆞ고 일계(一計)를 헌ᄒᆞ니, 녕능이 대희ᄒᆞ더라.

일일야(一日夜)ᄂᆞᆫ 학식 부친이 향월뎐의 취침ᄒᆞ시고 형이 조부를 뫼셔 만슈뎐의셔 밤을 지ᄂᆡ니, ᄌᆞ긔ᄂᆞᆫ 독셔당의 나가 졔뎨(諸弟)로 더브러 쟈고져 ᄒᆞ나, 월ᄉᆡᆨ(月色)의 여듀(如晝)ᄒᆞ믈 당ᄒᆞ여 즘이 오지 아니니, 내 【44】 쳥하(內廳下)의 ᄇᆡ회ᄒᆞ여 이윽ᄒᆞᆫ 후, 위연이 눈을 들ᄆᆡ 동녁 쟝원(牆垣)945)으로 조ᄎᆞ 일위 남ᄌᆡ 언연이 넘어 드러오니, 또 화림(花林) ᄉᆞ이의셔 낭낭ᄒᆞᆫ 소ᄅᆡ○[로] 쳥ᄒᆞ리 잇거ᄂᆞᆯ, 귀를 기우려 드르니 분명ᄒᆞᆫ 셜쇼져의 셩음이라. 학식 이 거동을 보ᄆᆡ 만심이 ᄎᆞ악ᄒᆞ고 흉히ᄒᆞ미 새로오나, 임의 부형의 계칙(戒責)을 밧아 ᄆᆞ음을 굿게 잡고, 셜시를 ᄌᆞ긔 쳐실노 아지 아냐 부부 뉸의(夫婦倫義)를 영영이 모로미 되려 ᄒᆞ므로, 존당과 부친이 놀나실가 소ᄅᆡ를 아니며 고요히 서셔 그 형샹을 ᄎᆡ946) 볼ᄉᆡ, 월쟝ᄒᆞ던 남ᄌᆞᄂᆞᆫ 다르니 아【45】니오, 젼일 ᄌᆞ긔를 죽이려 ᄒᆞ던 위쵸 흉적이라. 화림 ᄉᆞ이의셔 브르ᄂᆞᆫ 소ᄅᆡ를 드르ᄃᆡ, 옥인이 어ᄃᆡ 잇ᄂᆞᆫ 줄 아지 못ᄒᆞᄃᆡ[고] 고개를 기웃거리더니, 셜시 문득 몸을 쾌히 화림 밧게 ᄂᆡ여 위쵸의 손을 잇그러 왈,

"쟝뷔 텬하를 광거(廣居)947)ᄒᆞ여 만니강산(萬里江山)을 손가온ᄃᆡ 두고져 ᄒᆞᄂᆞ니도 잇거ᄂᆞᆯ, 군은 몸이 비됴(飛鳥)의 놀ᄂᆡ미 이셔, 구름을 ᄐᆞ고 안개를 ᄌᆞ아ᄂᆡ여948) 반공(半空)의 등비(騰飛)ᄒᆞᄂᆞᆫ ᄌᆡ조를 두엇노라, 스ᄉᆞ로 쟈랑ᄒᆞ며, 엇지 쳡의 소ᄅᆡ를 드르며 이곳 수풀의 이시믈 아지 못ᄒᆞᄂᆞ뇨?"

위쵸 가(假) 셜시의 【46】 잉슌(櫻脣)을 졉ᄒᆞ며 셤요(纖腰)를 붓드러, 흉음ᄒᆞᆫ 졍을 니긔지 못ᄒᆞ여 왈,

"부용각 ᄆᆡ월뎐의 이셔 쳥홀 제ᄂᆞᆫ 발이 닉어 왕ᄂᆡ 어렵지 아니터니, 금야ᄂᆞᆫ 젼일의 아니 단니던 곳으로 쳥ᄒᆞ니 아모란 줄 아지 못ᄒᆞ여 겨유 와시니, 이곳의 와 나를 마ᄌᆞ믄 엇진 ᄯᅳᆺ이뇨?"

셜시 손을 저어 왈,

"윤 태부(太傅) 괴믈의 거시 제 ᄋᆞ들의 핏광(悖狂)은 졔어치 못ᄒᆞ고, 일단 인심이라 나의 참혹히 상ᄒᆞ믈 앗기ᄂᆞᆫ 고로, 진왕의 졔희로 ᄒᆞ야금 내방을 직희오니, 기실은 셰린 흉적의 쟉난을 방비코져 ᄒᆞ미어니와, 【47】 눈치 모로ᄂᆞᆫ ᄇᆡᆨ녀 등이 좌우의 ᄢᅥ나지 아니니 괴로오믈 니긔지 못ᄒᆞᄂᆞᆫ 가온ᄃᆡ, 군을 부용각으로 쳥ᄒᆞ여 죵용히 말홀 길이 업ᄂᆞᆫ 고로, 엄시 날노 더브러 ᄉᆞ친(私親)으로 죵형뎨의 졍이 친동긔의 감치 아닌 고로, 나의 회포를 닐너 일야만 방샤(房舍)를 빌니라 ᄒᆞ고, 내 잠간 몸을 ᄲᅢ혀 ᄇᆡᆨ시 등

---

945)쟝원(牆垣) : 담장.

946)ᄎᆡ : 채. 마저. 아직. 미처, 계속하여. 이미 있는 상태가 그대로 지속되고 있음을 나타내는 말

947)광거(廣居) : 넓은 처소.

948)ᄌᆞ아ᄂᆡ다 : 자아내다. ①물레 따위로 실을 뽑아내다. ②기계로 물 따위를 흘러나오게 하다. ③어떤 감정이나 생각, 웃음, 눈물 따위가 저절로 생기거나 나오도록 일으켜 내다.

의 주는 쇠를 타 이 곳의셔 기다련노니, 군은 모로미 쳡의 잇그는 뒤로 나아가 쳡의 잇는 곳에셔 밤을 지닉게 ᄒᆞ쇼셔.”

위쇠 블승흔열(不勝欣悅)ᄒᆞ여 가셜시의 손을 붓들며 풀을 어라만져 엄쇼【48】져 침소로 향ᄒᆞ니, 학식 비록 ᄆᆞ음 잡기를 공부ᄒᆞ고 쥬식(酒色)의 뜻을 두지 아냐, 힝실 닥그미 심산고승(深山高僧) ᄀᆞᆺᄐᆞ나, 셜시의 원억ᄒᆞᆷ은 ᄭᆡ닷지 못ᄒᆞ고, 또

“죵뵉(宗伯)이 엄시를 취ᄒᆞ여 일가의 칭도(稱道)949)홈과 죵뵉(宗伯)의 ᄃᆡ졉이 소 수(嫂)의 아릭 잇지 아니니, 져마다 태우 형의 쳐궁이 유복ᄒᆞ믈 넓이 닐너, 쌍미슉완(雙美淑婉)을 두엇다 ᄒᆞ더니, 오늘날 셜가 음부를 ᄉᆞ친이라 귀히 넉여, 간부와 동침코져 ᄒᆞ는 줄을 알며, 방을 빌녀 음참비루(淫僭鄙陋)ᄒᆞᆫ 형적을 됴흔 뎡즁(庭中)의 용납ᄒᆞ니, 음부와 ᄀᆞᆺ치 대악만살(大惡萬殺)950)이 《되리라 【49】 홀∥될》 거ᄉᆞᆫ 아니로ᄃᆡ, 그 지개(志概) 쳔비(賤卑)ᄒᆞ여 죵뵉(宗伯)의 부인되기 블ᄉᆞ(不似)ᄒᆞᆫ지라. 형쟝이 만일 《알아시는∥알아실》 바 ᄀᆞᆺᄐᆞ면 엇지 눅눅ᄒᆞ고 더러이 아니 넉이시리오. 일노 조ᄎᆞ 셰간의 슉녀졀뷔(淑女節婦) 흔치 아니믈 ᄭᆡ다라리로소니, 사ᄅᆞᆷ이 ᄒᆞᆫ갓 안식이 염미(艶美)ᄒᆞ고 동지쳐신(動止處身)이 영오혜일(穎悟慧逸)타 ᄒᆞ여 슉완(淑婉)이라 ᄀᆞ빅야이 허ᄒᆞ실 거시 아니라. 원간 우리 형뎨 군죵(群從)951)이 무ᄉᆞᆷ 복으로 져마다 ᄉᆡᆨ덕(色德)이 ᄀᆞ즉ᄒᆞᆫ 녀ᄌᆞ를 취ᄒᆞ여, 금슬(琴瑟)의 낙(樂)이 죵고(鐘鼓)의 소ᄅᆡ를 화(和)ᄒᆞ는 무흠(無欠)ᄒᆞ미 이시리오. ᄌᆞ연 셜녀 악인이 드러와 여ᄎᆞᄒᆞ니, 이는 명【50】애(命也)며 연분(緣分)이라. 연(然)이나, 우리 슉당의 지인지감(知人之鑑)으로 셜녀의 음악홈과 오공쥬의 비아ᄒᆞ믈 아지 못ᄒᆞ시니, 어이 고이치 아니리오. 이러나 져러나 셜가음부를 내 임의 안해로 아지 아니코, 그 음힝이 아모 지경의 밋쳐도 내 뜻을 결ᄒᆞ여 존당과 부뫼 쳐치ᄒᆞ시믈 기다리고, 알은 체ᄒᆞ여 다시 부흔(父恨)을 역(逆)ᄒᆞ는 죄를 엇지 말고져 ᄒᆞᄂᆞ니, 져 음흉ᄒᆞᆫ 거동을 알은 체ᄒᆞ미 내 도려혀 욕되도다.”

ᄒᆞ고, 가연이 기츰ᄒᆞ고 거름을 옴기니, ᄎᆞ시 녕능과 쳥션이 긔특이 ᄭᅵ를 맛초아 각각 기용단(改容丹)952)을 ᄉᆞᆷ켜, 녕【51】능은 셜시되고 쳥션은 위쇼되여 흉음극악(凶淫極惡)ᄒᆞᆫ 졍틱(情態)와 망측ᄒᆞᆫ 말을 짐즛 학ᄉᆞ의 쳠지(瞻知)953)ᄒᆞ미 되도록 ᄒᆞᄃᆡ, ᄉᆡᆼ이 젼일ᄀᆞᆺ치 분(憤)을 발치 아니코, 못본 다시 밧그로 나가려 ᄒᆞ믈 보믹, 녕능이 학ᄉᆞ를 ᄉᆞ샹(思想)ᄒᆞ는 뜻이 장ᄎᆞᆺ 밋치기의 갓가왓거늘, 금야의 임의 셜시의 얼골을 비럿거니 엇지 삼갈 일이 이시리오. 위ᄉᆡᆼ 쟈를 다리고 엄쇼져 침소로 가다가, 학ᄉᆞ의 나가

949)칭도(稱道) ; 칭찬하여 말함.

950)대악만살(大惡萬殺) : 큰 죄로 인해 만 번이나 죽임을 당함.

951)군죵(群從) ; 여러 사촌 형제들.

952)기용단(改容丹) : 잉혈・회면단・도봉잠 등과 함께 한국고소설 특유의 서사도구의 하나. 이 약을 먹으면 자기가 되고자 하는 사람과 얼굴을 비롯해서 온몸이 똑같은 모습으로 둔갑(遁甲)하게 된다. 한국고소설에서는 악격인물(惡格人物)들이 이 약을 선격인물(善格人物)을 모해하는 도구로 사용하여 다양한 사건들을 만들어낸다,

953)쳠지(瞻知) : 직접 눈으로 보고 알게 됨.

믈 거즛 무심히 마조친 톄ᄒᆞ고 처엄은 몸이 소소라져954) 놀나더니, 홀연 위쇼를 노하 바리고 학ᄉᆞ의게 다라드러 ᄉᆞᄆᆡ를 【52】 트러잡고, 기리 우어 왈,

“셕(昔)의 녀후(呂后)955)는 만승지쥬(萬乘之主)를 ᄇᆡ(配)ᄒᆞᄃᆡ 힝실이 음악(淫惡)기를 면치 못ᄒᆞ고, 진샹국쳐(陳相國妻)956)는 다ᄉᆞᆺ번 ᄀᆡ가(改嫁)ᄒᆞᄃᆡ 진평(陳平)의 후ᄃᆡᄒᆞ는 부인이 되엿ᄂᆞ니, 쳡이 비록 무샹ᄒᆞ나 진국부인(陳國夫人)의 더은 음힝은 업고, 군ᄌᆡ 아모리 긔특ᄒᆞ여도, 진평의셔 더으든 못ᄒᆞ리니, 쳡은 위가 아냐 세샹 남ᄌᆞ를 다 유정(有情)ᄒᆞ엿다 ᄒᆞ여도, 허믈이 나의게 잇고 그ᄃᆡ를 그르다 ᄒᆞ리 업ᄉᆞ리니, 하고로 나를 본 적마다 죽이고져 ᄒᆞ며, ᄇᆡ필의 은졍은 몽니(夢裏)의도 ᄉᆡᆼ각지 아닛ᄂᆞ뇨? 야텬(夜天)이 됴림(照臨)ᄒᆞ고 신명(神明)이 ᄌᆡ방(在傍)ᄒᆞ【53】니, 쳡이 말과 ᄆᆞ음을 달니 아니ᄒᆞᄂᆞ니, 그ᄃᆡ 처엄의 녕능을 침혹(沈惑)ᄒᆞ여 나를 박ᄃᆡᄒᆞ미 이심(已甚)키의 밋지 아니턴들, 내 실노 위ᄉᆡᆼ을 ᄉᆡᆼ각ᄒᆞ여 고졍(故情)을 니을ᄇᆡ 이시리오.”

ᄒᆞ니, 학ᄉᆡ 하 어이업시 넉여, 발노 ᄒᆞᆫ번 ᄎᆞ바리고 가연(可然)이 독셔당으로 나가니, ᄎᆞ회라. 셜쇼져의 참누(慘累) 죄얼(罪孽)은 일노 조ᄎᆞ 더으니, 비록 구괴 ᄉᆞ랑ᄒᆞ고 존당이 의심치 아니나, 녀ᄌᆞ의 일ᄉᆡᆼ이 가부의게 ᄆᆡ이여 화복길흉(禍福吉凶)이 윤학ᄉᆞ의 쟝니의 잇거놀, 학ᄉᆞ의 알오미 ᄆᆡ달(妹妲)957) 녀무(呂武)958)의 지난 요믈(妖物)노 밀위여 부부눈의(附簿倫義)를 【54】 몽니(夢裏)의도 ᄉᆡᆼ각지 아니니, 어ᄃᆡ로 조ᄎᆞ 샹경샹화(相敬相和)ᄒᆞ야 여고(如故)959) 금슬(琴瑟)의 졍(情)을 의논ᄒᆞ리오. 이 ᄒᆞᆫ갓 녕능과 요리(妖尼)의 쟉악이 비샹ᄒᆞ여, 쇼져를 함지ᄉᆞ경(陷地死境)ᄒᆞᄆᆡ, 계교를 힝ᄒᆞ미 은밀ᄒᆞ고, ᄊᆡ를 타미 샹득ᄒᆞᆯ ᄲᅮᆫ 아니라, 쇼져의 ᄋᆡᆨ회(厄會) ᄎᆞ악ᄒᆞᆫ 고로, 학ᄉᆞ의 총명영긔(聰明靈氣)로도 쇼져의게 다ᄃᆞ라는 일졀 막혀 틔일 길히 업ᄉᆞ니, 엇지 ᄒᆞᆫ(恨)흡지 아니리오.

학ᄉᆡ 만일 그 부형의 신명ᄒᆞ믈 픔습(稟襲)ᄒᆞ여 안ᄌᆞ셔 쳔니를 ᄉᆞ못는 총명이 이실진ᄃᆡ, 금야라도 가(假) 셜시를 잇그러 부용각의 가, 진가(眞假)를 분【55】변ᄒᆞᆯ진ᄃᆡ, 옥인(玉人)의 빙쳥지힝(氷淸之行)과 셩여지덕(聖女之德)을 ᄊᆡ다를 ᄇᆡ로ᄃᆡ, 오히려 춘몽

954)소소라지다 : 소스라치다. 깜짝 놀라 몸을 갑자기 떠는 듯이 움직이다.

955)녀후(呂后) : 중국 한고조의 황후. 성은 여(呂). 이름은 치(雉). 고조를 보좌하여 진(秦)나라 말기·한(漢)나라 초기의 국난을 수습하였으나, 고조가 죽은 뒤 실권을 장악하여 유씨 일족을 압박하여 그의 사후에 여씨(呂氏)의 난을 초래하였다.

956)진샹국쳐(陳相國妻) : 중국 전한(前漢) 혜제(惠帝) 때의 좌승상(左丞相) 진평(陳平)의 아내 장씨(張氏). 그녀는 부잣집 딸이었으나 박복하여 다섯 번이나 시집을 갔지만, 그때마다 남편이 갑자기 죽어 아무도 그녀에게 장가들려 하지 않았다. 당시 가난한 총각이었던 진평이 그녀를 아내로 맞아, 부(富)를 얻고 출세하여 벼슬이 상국(相國)에 이르렀다.

957)ᄆᆡ달(妹妲) : 중국 하(夏)의 마지막 황제 걸(桀)의 비(妃)인 매희(妹喜)와 주(周)의 마지막 황제 주(紂)의 비(妃) 달기(妲己)를 함께 이르는 말.

958)녀무(呂武) : 중국의 대표적인 여성권력자인 한(漢)나라 고조(高祖)의 황후 여후(呂后) 여치(呂雉?-BC108)와 당(唐)나라 고종의 황후 측천무후(則天武后) 무조(武曌 : 624-705).

959)여고(如故) : 예전과 같은. 예전처럼.

이 치 씨닷지 못ᄒᆞ고, 쳐ᄉᆡ(處事) ᄒᆞ리며 용널키의 갓가오니, 이 또 하늘과 귀신이 셰린의 총명 샹냥ᄒᆞᆫ ᄆᆞ음을 몽농 블민히 ᄆᆡᆫ단 ᄃᆞᆺ, 그 셩되 ᄌᆞ로 변ᄒᆞ여 처엄은 요약의 그릇되여 무식 과급(過急)기를 쥬(主)ᄒᆞ여 셜쇼져를 즛밟아 죽이지 못ᄒᆞ믈 ᄒᆞᆫ(恨)ᄒᆞ고, 위쇼 흉적이란 거술 브ᄃᆡ 잡아 셜시의 죄루(罪累)를 ᄋᆡᄆᆡ타 닐으려 ᄒᆞ리 업게 ᄒᆞ려 ᄯᅳᆺ이러니, 문득 부젼(父前)의 계칙(戒責)을 밧으므로브터는, 졍신(精神) 의ᄉᆡ(意思) 다란 ᄃᆡ 잇지 아【56】냐, 힝혀 틈효를 일흘가 두리고 우ᄋᆡ 돗탑지 못홀가 근심홀지언뎡, 쥬ᄉᆡᆨ(酒色)의 ᄯᅳᆺ이 업서, 단연 무려(無慮)ᄒᆞ미 슈도고승(修道高僧) ᄀᆞᆺᄐᆞ니, 셜시나 녕능이나 다 내게 남이라, 그 현블쵸(賢不肖)를 거리ᄭᅵᆯ ᄇᆡ 아니로다 ᄒᆞ니, 허랑턴 ᄆᆞ음을 안뎡(安定)이 잡으믄 긔특ᄒᆞ거니와, 당시ᄒᆞ야 간졍(奸情)을 발각지 못ᄒᆞ니 참연(慘然)터라.

ᄎᆞ시 녕능이 학ᄉᆞ의게 ᄆᆡ이 ᄎᆞ이여 머리 상ᄒᆞ고 허리 읏쳐져시니, 스ᄉᆞ로 혜오ᄃᆡ,

“근간 윤군의 ᄆᆞ음이 변ᄒᆞ여 영영(永永)이 ᄂᆡ당 슉침(宿寢)을 폐ᄒᆞ고, 지나는 길히라도 입실치 아냐, ᄆᆡ몰 박졍【57】ᄒᆞ미 부용각 기인(棄人)을 블관이 녁임과 일반이니, 내 본ᄃᆡ 구고의 ᄉᆞ랑을 엇지 못ᄒᆞ엿고, 금쟝쇼고(襟丈小姑)[960]로 졍의 각별치 못ᄒᆞ야, 다만 구시 일인으로 심회를 닐ᄋᆞ며 힝지(行止)를 ᄀᆞᆺ치 ᄒᆞᆯ ᄲᅮᆫ이니, 내 가부의 은졍을 마ᄌᆞ 일흐면 이곳의 머믈 도리 업ᄉᆞ니, 거취(去就)를 엇지ᄒᆞ여 즐기리오. 셜시를 해ᄒᆞ는 ᄇᆡ, 스ᄉᆞ로 내몸을 해ᄒᆞ미 되어, 윤군이 나의 블미지ᄉᆞ(不美之事)를 알오미 잇는가 의ᄉᆡ 분분ᄒᆞ더니, 쳥션이 학ᄉᆞ의 나가믈 보고 비로소 본형을 ᄂᆡ여, 녕능을 붓드러 그 두골이 상ᄒᆞ여시믈 놀【58】나며, 학ᄉᆞ의 거동이 젼쟈와 다르믈 닐너,

“약 먹언지 오ᄅᆡ고 승샹 안젼의 이시ᄆᆡ 슈련(修鍊) 경근(敬謹)ᄒᆞ야 발월(發越)ᄒᆞᆫ ᄯᅳᆺ을 장축(藏縮)ᄒᆞ미 되여 그러ᄒᆞ미라.

ᄒᆞ니, 녕능이 탄왈,

“이는 도시 셜시 흉믈이 잇는 연괴라. 이제는 우리 부뷔 다시 화락ᄒᆞ믈 ᄇᆞ라지 못ᄒᆞ리니, 셜녀를 업시ᄒᆞ고 여적을 다 진멸(盡滅)ᄒᆞ리라.”

쳥션이 위로 왈,

“만ᄉᆡ 인녁으로 홀 ᄇᆡ 아니니, 부인의 ᄌᆡ용(才容)으로 가부의게 실졀(失節)홀가 념녀홀 ᄇᆡ 아니니, 죵용이 계교를 ᄉᆡᆼ각ᄒᆞ샤이다.”

녕능이 드ᄃᆡ여 침소로 도라오니라. 학ᄉᆡ 셔【59】직의 나오니 태위 졔뎨(諸弟)를 다리고 잇거ᄂᆞᆯ, 학ᄉᆡ 문왈,

“형쟝이 금야의 만슈뎐의 시침(侍寢)ᄒᆞ시는가 ᄒᆞ엿더니, 이의 계시니잇가?”

태위 왈,

“야애 ᄒᆞᆫ가지로 왕부를 시침ᄒᆞ시는 고로, 누울 쟈리 좁아 이리 왓노라.”

학ᄉᆡ 태우의 거동을 보ᄆᆡ, 엄시의 무심(無心) 암용(暗庸)ᄒᆞ믈 ᄉᆡᆼ각홀ᄉᆞ록 히연ᄒᆞ여,

---

960)금장쇼고(襟丈小姑) : 동서와 시누이를 함께 이르는 말.

안식이 블호ᄒᆞ니, 태위 문왈,

"달징이 엇지 노식(怒色)이 잇ᄂᆞ뇨?"

학식 왈,

"그윽이 ᄉᆡᆼ각건ᄃᆡ 인가(人家) 대쇼변고(大小變故)와 다언분난(多言紛亂)ᄒᆞ믄 녀ᄌᆞ의 게로 만히 비롯ᄂᆞᆫ가 ᄒᆞᄂᆞ니, ᄯᅩ 감히 뭇ᄌᆞᆸᄂᆞ니 소수 ᄀᆞᆺᄐᆞᆫ 슉완을 취【60】ᄒᆞ샤, 쥬종(主宗)[961]의 챵셩ᄒᆞ믈 긔약ᄒᆞ시니, 기여(其餘) 부인은 셜ᄉᆞ 망측ᄒᆞ여도 블힝ᄒᆞᆫ ᄯᅳᆺ이 업ᄉᆞ시리잇가?" 태위 뎡파의 필유ᄉᆞ고(必有事故)ᄒᆞ믈 알오ᄃᆡ, 굿ᄐᆞ여 뭇지 아냐 왈,

"우형의 취ᄒᆞᆫ 소·엄은 다 은인의 ᄯᆞᆯ이라. '십악(十惡)의 대죄(大罪)'[962]를 범치 아닌 후ᄂᆞᆫ, 우형은 쇼쇼(小小) 허믈을 보아도 깁히 칙망치 아니랴 뎡ᄒᆞ엿ᄂᆞ니, 소시 셩녀슉완(聖女淑婉)이 될 줄은 모로나, 셩힝(性行)이 괴악(怪惡)든 아니코 엄시 ᄯᅩᄒᆞᆫ 온냥(溫良)ᄒᆞᆫ 녀지니 우형은 가변을 근심치 아니 ᄒᆞ노라."

학식 쇼왈,

"쇼데 비록 니ᄆᆡ망냥(魑魅魍魎)의 진(陣) 가온ᄃᆡ 들미 이셔도, ᄆᆡ양 보【61】ᄂᆞᆫ 빈 다 귀신이 아닐 거시로ᄃᆡ, 셜시의 음힝은 《누쳐∥누추(陋醜)》ᄒᆞ여 곰쵸 길이 업ᄉᆞ니, 형쟝의 알아시미 이의 다ᄃᆞ라ᄂᆞᆫ 잠간 그란가 ᄒᆞᄂᆞ이다."

태위 미쇼 왈,

"내 비록 ᄉᆞ광(師曠)[963]의총(聰)이 업ᄉᆞ나, 너보다{가}ᄂᆞᆫ 지감(知鑑)이 나을가 ᄒᆞ노라."

학식 왈,

"셜시로 이제ᄂᆞᆫ 부부뉸의(夫婦倫義)를 긋ᄎᆞ려 ᄒᆞ므로, 무죄ᄒᆞᆫ 됴시도 다시 보고 시브지 아니터이다."

태위 왈,

"공연이 부부뉸의를 긋ᄎᆞ리오."

ᄒᆞ고, 학식 명일 부모긔 신셩(晨省)ᄒᆞ나 굿ᄐᆞ여 이런 말을 고치 아니니, 존당이 모로미 된지라, 녕능이 몸이 앏프므로 신셩을 블참ᄒᆞ고, ᄀᆞ【62】마니 탐지ᄒᆞ여 학ᄉᆞ의 타연[964] 무심ᄒᆞ믈 드르ᄆᆡ 분ᄒᆞ믈 니긔지 못ᄒᆞ여, 쳥션을 ᄀᆞᄅᆞ쳐 궁즁 ᄋᆞ시비의 모양이 되여 셜시 그 유모 시ᄋᆞ만 다리고 잇ᄂᆞᆫ ᄯᅢ면, 창외의셔 학ᄉᆞ의 말을 젼ᄒᆞ여,

961)쥬종(主宗) : 종가(宗家). 족보로 보아 한 문중에서 맏이로만 이어 온 큰집.

962)십악대죄(十惡大罪) : 조선 시대에, 대명률(大明律)에 정한 열 가지 큰 죄. 모반죄(謀反罪), 모대역죄(謀大逆罪), 모반죄(謀叛罪), 악역죄(惡逆罪), 부도죄(不道罪), 대불경죄(大不敬罪), 불효죄(不孝罪), 불목죄(不睦罪), 불의죄(不義罪), 내란죄(內亂罪)를 이른다

963)ᄉᆞ광(師曠) : 춘추시대 진나라 음악가로, 소리를 들으면 이를 잘 분별하여 길흉을 점쳤다. 따라서 소리를 잘 분별하는 것을 '사광의 총명'이라 함

964)타연 : 태연(泰然). 마땅히 머뭇거리거나 두려워할 상황에서 태도나 기색이 아무렇지도 않은 듯이 예사로움.

"간부를 어서 ᄯᅡ라거나 셜부로 가거나 ᄆᆞ음ᄃᆡ로 ᄒᆞ고, 됴흔 가즁의 더러온 ᄌᆞ최를 머므지 말나."

ᄒᆞ여, 쳔가지 즐욕과 만가지 흉언이 사ᄅᆞᆷ의 참고 견ᄃᆡ지 못ᄒᆞᆯ 거시로ᄃᆡ, 셜시 드란 쳬 아니코 이런 일을 ᄯᅩᄒᆞᆫ 본부의 고치 말나 ᄒᆞ더라.

ᄎᆞ시 진왕의 쟝녀 션화쇼져의 방년이 십일셰라. 옥골이 빙【63】졍(氷晶) 쇄락(灑落)ᄒᆞ여 톄형이 슉셩긔이(夙成奇異)ᄒᆞ니 만ᄉᆞ의 진션진미(盡善盡美)ᄒᆞᆫ지라. 부모존당의 귀듕(貴重) 년ᄋᆡ(憐愛)ᄒᆞ미 '년셩(連城)의 보벽(寶璧)'965)ᄀᆞᆺ치 넉이니, 진○[왕]의 침위녈슉(沈威烈肅)ᄒᆞ므로도 녀ᄋᆞ 등 ᄉᆞ랑은 ᄋᆞ들의 세번 더으므로, 녀ᄋᆞ 등을 ᄃᆡᄒᆞ면 춘풍의 유열ᄒᆞᆫ 빗출 ᄯᅴ여 슬샹(膝上)의 교무(交撫)ᄒᆞ믈 강보유녀(襁褓乳女)ᄀᆞᆺ치 ᄒᆞ니, 쇼져 등이 블안ᄒᆞ여 ᄆᆡ양 슬하(膝下)의 시좌(侍坐)ᄒᆞ믈 쳥ᄒᆞ고, 감히 무릅헤 올으고져 아니니, 왕이 ᄯᅩᄒᆞᆫ 녀ᄋᆞ 등의 쟈라시믈 ᄭᆡ다라 겨유 무릅헤 올니기를 면ᄒᆞ나, 언언이 ᄉᆞ랑ᄒᆞ고 본 적마니 친ᄋᆡᄒᆞ며, 나의 오녀(五女)ᄂᆞᆫ 【64】개개히 화월지ᄉᆡᆨ(花月之色)과 셩녀지덕(聖女之德)이 완젼타 ᄒᆞ니, 하승샹부인이 쇼왈,

"사ᄅᆞᆷ이 ᄯᆞᆯ을 두미 각별ᄒᆞᆫ 추용누질(醜容陋質)이 아닌 후ᄂᆞᆫ 션화 등만 ᄒᆞ기 어렵지 아니니, 광뎨의 ᄉᆞ랑이 너모 우읍지 아니랴?"

왕이 대쇼 왈,

"져져ᄂᆞᆫ 본ᄃᆡ 지감이 ᄇᆞᆰ지 못ᄒᆞ시니 아녀 등의 긔특ᄒᆞ믈 아지 못ᄒᆞ시리이다."

하부인이 낭쇼(朗笑) 왈,

"비록 명총(明聰)이 업ᄉᆞ나 ᄆᆡ양 보ᄂᆞᆫ 션화 등은 거의 아ᄂᆞ니, 우리 친쳑 졔녀의 뉘 션화 등만 못ᄒᆞ더뇨? 나ᄂᆞᆫ 실노 현뎨의 오녀를 긔특ᄒᆞ여 아닛노라."

왕이 오녀의 현미(賢美)ᄒᆞ믈 갓초 닐ᄏᆞ라 ᄉᆞᄉᆞ【65】로 쟈랑ᄒᆞ니, 조태비 쇼왈,

"ᄌᆞ식 찬양ᄒᆞ미 우쟈(愚者)롭기의 밋ᄎᆞ니 이 ᄯᅩ 광텬의 셩되 일편된 연괴라. 열다ᄉᆞᆺ ᄋᆞ들의 비치 못ᄒᆞ게 귀듕ᄒᆞ고, 봉인(逢人)즉 쟈랑ᄒᆞ여 남의 칭찬ᄒᆞᆯ 나외966) 업ᄉᆞ니 엇지 고이치 아니리오."

왕 왈,

"ᄌᆞ뎡이 쇼ᄌᆞ의 ᄯᆞᆯ ᄉᆞ랑이 과도ᄒᆞ믈 병도이 넉이시나, 그 위인이 츌뉴ᄒᆞ믈 귀듕ᄒᆞ옵ᄂᆞ니, 셩닌은 비록 호일경박(豪逸輕薄)ᄒᆞᆫ 무리 아니나 그 어ᄆᆡ 무심무려(無心無慮)ᄒᆞ믈 습(襲)ᄒᆞ여 우암(愚暗)키의 갓갑고, 기여(其餘) 졔ᄋᆞ(諸兒)ᄂᆞᆫ 더옥 허믈이 만흐니 ᄒᆞ나토 닐ᄏᆞᆯ람 즉ᄒᆞᆫ ᄋᆞ히 업ᄉᆞᄃᆡ, 션화 등 오녀ᄂᆞᆫ 개【66】개히 어ᄆᆡ의셔 ᄇᆡᆨ승(百勝)

---

965)년셩보벽(連城寶璧) : 연성지벽(連城之璧). 화씨지벽(和氏之璧)을 달리 이르는 말. 화씨지벽은 전국 때 변화씨(卞和氏)라는 사람이 형산(荊山)에서 돌 위에 봉황이 깃들이는 것을 보고 얻었다는 천하의 이름난 옥을 말하는데, 후대에 진(秦)나라 소양왕(昭襄王)이 이 옥을 탐내, 당시 이 옥을 가지고 있던 조(趙)나라 혜문왕(惠文王)에게 진나라 15개의 성(城)과 바꾸자는 제안을 했다는 데서, '연성지벽(連城之璧)'이라는 이름이 붙게 되었다고 한다.

966)나외 : 나위. 더 할 수 있는 여유나 더 해야 할 필요.

ᄒᆞ고 아비도곤 나으니, 만일 남ᄌᆞ질진ᄃᆡ 승당입실(承當入室)967)의 대군ᄌᆞ(大君子) 될 거술, 불힝이 녀ᄌᆞ 《된 거술 ‖ 되어》 타문을 챵셩(昌盛)홀 ᄯᆞ름이니 엇지 ᄋᆡ돏지 아니리잇가?"

ᄒᆞ더라. 왕이 임의 빙폐(聘幣)를 밧으며 신부를 보ᄂᆡ여 녜를 졍졔(整齊)ᄒᆞ실ᄉᆡ, 원근 친쳑이 취회(聚會)ᄒᆞ여 왈,

"황명이 비록 ᄉᆞ혼(賜婚)ᄒᆞ시ᄂᆞᆫ 은지를 ᄂᆞ리오시나, 쇼져 우ᄒᆡ 혜·봉 냥인이 잇거늘, 엇지 몬져 취실치 아니코 쇼져의 길녜(吉禮)를 일우시ᄂᆞ니잇가?

왕 왈,

"혜·봉 냥ᄋᆡ 아직 십수세를 넘지 못ᄒᆞ여시니 취실홀 년긔 아니라. 황【67】명이 ᄉᆞ혼ᄒᆞ시믈 인ᄒᆞ여 쇼녀의 혼녜를 브득이 일우나, 그 나히 유하(乳下)를 면ᄒᆞ연지 오ᄅᆡ지 아니니, 실노 군ᄌᆞ 마ᄌᆞ미 블평ᄒᆞᆫ지라. 비록 ᄎᆞ례를 어그롯ᄎᆞ나 ᄒᆞᆫ ᄯᆞᆯ의 혼녜를 인ᄒᆞ여 두 ᄋᆞ들의 츙년(沖年)968) 취실(娶室)이 만만블ᄉᆞ(萬萬不似)ᄒᆞ믈 더으지 못ᄒᆞ여, 녀식을 몬져 셩녜ᄒᆞᄂᆞ이다."

졔친쳑이 혜·봉 냥인의 슉셩쟝대(夙成長大)ᄒᆞ미 노셩쟝ᄌᆞ(老成長子)의 틀이 이시믈 닐ᄏᆞ라, 왕의 녀혼을 이 부ᄃᆡ 몬져 일우미 고집ᄒᆞ믈 닐캇더라.

일쉭이 반오의 션화쇼져를 단장ᄒᆞ여 쳥즁의 세우고 대례(大禮)969)를 습의(習儀)【68】홀ᄉᆡ, 풍염일쉭(豊艶一色)970)이 이날 더옥 찬난ᄒᆞ여 텬디긔ᄆᆡᆨ(天地氣脈)과 일월광휘(日月光輝)를 아ᄉᆞ시니, 팔ᄎᆡ샹운(八彩祥雲)이 미우(眉宇)를 두루고 오ᄉᆡᆨ염광(五色艶光)이 안모(顔貌)를 ᄀᆞ리와 ᄇᆡᆨ틔만광(百態萬光)이 찬난ᄒᆞ니, 냥존당과 부모 슉당이 새로이 두굿기며, 즁목(衆目)이 아연 관시(觀視)ᄒᆞ여 옥경션ᄋᆞ(玉京仙娥)971)를 귀경홈 ᄀᆞᆺ치 칭찬 왈,

"진왕과 진비의 ᄉᆡᆼ휵(生慉)이 엇지 범연ᄒᆞ리오."

ᄒᆞ며, 다만 져 ᄀᆞᆺᄐᆞᆫ 염모ᄉᆡᆨ틔(艶貌色態)의 쳔승지녀(千乘之女)의 존귀로ᄡᅥ 남의 ᄌᆡ실이 되ᄂᆞᆫ 바의, 녀태부인 손 가온ᄃᆡ 보ᄎᆡ이ᄂᆞᆫ 죵이 되미 앗갑다 ᄒᆞ여, 져마다 ᄀᆞ마니 ᄋᆡ돌나 ᄒᆞ믈 마지 【69】아니니, 원ᄂᆡ 녀부인의 악악흉교(惡惡凶狡)ᄒᆞ미 의ᄌᆞ(義子) 부부 부ᄌᆞ를 므러녀흘고져 ᄒᆞ믄 만셩(萬姓)이 다 아ᄂᆞᆫ 고로, 쇼뎨(小姐) 소가의 속현ᄒᆞ미 호구(虎口)의 나아가나 다르지 아니믈 위ᄒᆞ여 ᄎᆞ셕ᄒᆞ니, 범연ᄒᆞᆫ ᄆᆞ음도 이러커든 ᄒᆞ믈며 그 부모 존당의 ᄌᆞᄋᆡ지심(慈愛之心)을 닐ᄋᆞ리오.

위태부인은 두굿기ᄂᆞᆫ 가온ᄃᆡ나 ᄌᆞ로 혀ᄎᆞ고 탄식ᄒᆞ여 근심되믈 니긔지 못ᄒᆞ고, 진

---

967)승당입실(承當入室) : ①마루에 오른 다음 방으로 들어간다는 뜻으로, 일에는 차례가 있음을 이르는 말. ②학문이 점점 깊어짐을 비유적으로 이르는 말.

968)츙년(沖年) : 열 살 안팎의 어린 나이.

969)대례(大禮) : 혼례(婚禮).

970)풍염일쉭(豊艶一色) : 탐스럽고 고우면서 빼어난 미모.

971)옥경션ᄋᆞ(玉京仙娥) : 천상의 옥황상제가 산다고 하는 옥경(玉京)에 사는 선녀.

비는 쳔만 쟉위(作爲)ᄒᆞ여 식을 변치 아니나, 슈즁 보빅로써 호구의 도라보닉는 빅 참담ᄒᆞ여, ᄀᆞ만ᄒᆞᆫ 가온딕 눈믈이 써러지고, 조태비와 뎡·남·화 삼【70】비는 길셕을 당ᄒᆞ여 안식이 여샹(如常)ᄒᆞ나 심니(心裏)의 블평ᄒᆞ믈 니긔지 못ᄒᆞ더라.

이윽고 신낭이 허다 위의로 니르러 옥상의 홍안(鴻雁)을 젼ᄒᆞ고 텬디긔 빅례ᄒᆞ기를 맛ᄎᆞ믹, 윤태우 곤계 옥면셩모(玉面盛貌)의 함쇼(含笑)ᄒᆞ고 풀미러 좌의 들식, 진왕이 호람후를 뫼시고 승샹으로 더브러 빈긱을 졉딕ᄒᆞ여 츈풍화긔 무루녹앗더니, 신낭이 좌의 들믹 두굿기며 아람다오믈 니긔지 못ᄒᆞ니, 소싱의 영풍옥골(英風玉骨)을 처엄 보미 아니로딕, 슈앙(秀昂)ᄒᆞᆫ 격됴(格調)와 쇄락(灑落)ᄒᆞᆫ 신광(身光)이 디샹션긱(地上仙客)이믈 익【71】듕ᄒᆞ여, 흔연이 집슈ᄒᆞ여 왈,

“젼일 통가슉질지의(通家叔姪之義)972)로 볼 씨의도 긔특고 익모(哀慕)ᄒᆞ더니 오늘날 슬하동상(膝下東床)으로 보믹 더옥 과듕경익(過重敬愛)ᄒᆞᄂᆞ니, 그윽이 쇼녀(小女)의 유약(幼弱)ᄒᆞ믈 혜아려 군ᄌᆞ를 셤기지 못ᄒᆞᆯ가 두리는 빅라. 우히 원비 계시니 져의 칙임이 듕대튼 아니려니와, 원빅은 화홍쟝뷔(和弘丈夫)라 ‘가옹(家翁)973)의 눈 어두오며 귀 먹으믈 능히 본밧을다974)?

소학식 몸으로써 굽혀 듯기를 다ᄒᆞ믹, 긔이빅샤(起而拜辭)ᄒᆞ여 블감(不敢)ᄒᆞ믈 닐ᄏᆞ라니, 만좌빈긱(滿座賓客)이 닷토아 치하(致賀)ᄒᆞ여 쾌셔(快壻) 어드믈 닐ᄏᆞ라니, 진왕이 좌슈【72】우답(左酬右答)975)의 굿ᄐᆞ여 ᄉᆞ양치 아니코, 호람후와 낙양후의 두굿기믹 일양(一樣)이오 승샹의 ᄉᆞ랑이 쏘ᄒᆞᆫ 일반이니, 쥬인의 쾌열ᄒᆞ믈 인ᄒᆞ여 손의 하에(賀語) 빗치 잇고, 빅쟉(杯酌)이 분분ᄒᆞ여 연셕의 번화ᄒᆞ미 이목(耳目)이 현황(炫煌)ᄒᆞ니, 실노 셩연(盛宴) 이러라.

날이 느ᄌᆞ므로 신부의 상교(上轎)를 직촉ᄒᆞ니 호람휘 졔 ᄌᆞ손을 거ᄂᆞ려 닉루의 드러와 션화를 보닐식, 졔왕은 션화를 ᄒᆞᆫ갓 쳐질(妻姪)노 아지 못ᄒᆞ여, 진비의 소싱인 고로 뉵촌지의(六寸之義)로 샹(常)해 ᄌᆞ로 보던 빅오, 녕능공과 하승샹은 호람휘 청ᄒᆞ여 닉루(內樓)의 드【73】러와 왈,

“셕ᄌᆞ한과 ᄒᆞᄌᆞ의 광텬으로 더브러 골육 ᄀᆞᆺᄐᆞᆫ 졍이 이시니, 범연ᄒᆞᆫ 외긱으로 알 빅 아니라. 엇지 광텬의 어린 ᄯᆞᆯ을 못보리오.”

진왕이 쏘ᄒᆞᆫ 셕·하 이공을 닉외ᄒᆞᆯ 빅 아니라. 졔왕과 ᄒᆞᆫ가지로 좌를 쳥ᄒᆞ고 녀ᄋᆞ의 샹교(上轎)ᄒᆞ믈 직촉ᄒᆞ니, 쇼졔 유모 시녀빅의 븟들믈 인ᄒᆞ여 존당부모와 슉당의 ᄒᆞ직(下直)ᄒᆞᆯ식, 니친(離親)이 평싱 처엄인 고로 냥안의 츄패(秋波) 동ᄒᆞ니, 진왕이 늠

972)통가슉질지의(通家叔姪之義) : 인척(姻戚) 숙질의 의리. *통가(通家); 인척(姻戚). 혼인에 의하여 맺어진 친척.

973)가옹(家翁) : ①‘옛 시대의 남편’을 뜻하는 보통명사. ②예전에, 나이 든 자기 남편을 이르던 말.

974)가옹(家翁) … 본밧을다 : 옛 시대의 남편들이 아내의 행실이나 말을, 보고도 못 본 듯이 하고, 듣고도 못들은 듯이 했던 것을 본받으라는 말로, 아내의 행동과 말에 시시콜콜 참견하지 말라는 뜻.

975)좌슈우답(左酬右答) : 이쪽저쪽으로 부산하게 응접하며 말을 주고받음.

연(凜然) 왈,

“녀ᄌ유힝(女子有行)이 원부모형뎨(遠父母兄弟)[976]라. 이 니별은 져마다 예ᄉ(例事)니 결연타 닐을 거시 아니라. 녀ᄋ 비록 【74】 나히 어리나 부도(婦道)를 모로지 아니리니, 구가의 나아가 효봉구고(孝奉舅姑)ᄒ고 승슌군ᄌ(承順君子)ᄒ여 ᄉᆡᆼ흑(生慉)ᄒᆫ 어버이로 ᄒ야금 욕을 면케 ᄒ라.”

쇼제 ᄇᆡ샤슈명(拜謝受命)ᄒ니, 태부인이 션화의 옥슈를 어라만지며 눈물을 금치 못ᄒ여 왈,

“녀필종부(女必從夫)의 이 니별이 사ᄅᆞᆷ마다 면치 못ᄒᄂᆞᆫ ᄇᆡ니, 엇지 길셕(吉席)을 당ᄒ여 슬허ᄒ리오마ᄂᆞᆫ, 난안(難安)ᄒᆫ 경계(境界) 만흘 바를 혜아리니, 엇지 ᄆᆞ음이 편ᄒ리오. 소셩이 임의 녀시를 취ᄒ야 듕궤(中饋)를 님찰(臨察)ᄒ니, 션화의 유무ᄂᆞᆫ 관긴(關緊)치 아닌지라, 광텬은 친옹(親翁)의게 쳥ᄒ【75】야, 현구고(見舅姑)[977] ᄇᆡᄉᆞ당(拜祠堂)[978]ᄒᄂᆞᆫ 녜를 일운 후 즉시 도라보ᄂᆡ라 ᄒ라.”

진왕이 쇼이ᄃᆡ왈,

“하괴 맛당ᄒ시나 녀ᄌ되여 ᄒᆫ번 지아비를 조ᄎᆞᄆᆡ, 나히 어리므로ᄡᅥ 부도를 폐ᄒ고 친졍의 편키를 ᄉᆡᆼ각ᄒᆯ ᄇᆡ 아니오니, 쇼ᄌ의 ᄉᆞ졍을 참지 못ᄒ여, 금일 녜를 겨유 일워 도라보ᄂᆡ며, 친옹의게 ᄯᆞᆯ의 귀령을 쳥ᄒ오미 인ᄉᆞ의 고이ᄒ온지라, ᄯᅩᄒᆫ ᄉᆡᆼ각컨ᄃᆡ, 사ᄅᆞᆷ의 길흉(吉凶)과 우락(憂樂)이 명수(命數)의 ᄆᆡ인 거시오니, 인녁으로 ᄒᆯ ᄇᆡ 아니니이다.”

ᄒ더라. 【76】

---

976)녀ᄌ유힝(女子有行) 원부모형뎨(遠父母兄弟) : 여자는 한 번 떠나면(시집가면) 친부모형제를 멀리해야(생각지 말아야) 한다는 말.

977)현구고(見舅姑) : 신부가 예물을 가지고 처음으로 시부모를 뵙는 예절.

978)ᄇᆡᄉᆞ당(拜祠堂) : 조상의 신위를 모셔둔 사당(祠堂)에 절함.

윤하명삼문취록 권지삼십

ᄎ시 진왕이 쇼이딕왈(笑而對曰),

"사름의 길흉(吉凶)과 우락(憂樂)이 명수(命數)의 다 ᄆᆡ인 거시오니, 인녁으로 홀 빅 아니오니, 대모ᄂᆞ 져의 팔ᄌᆞ(八字) 길흉(吉凶)이 되여가믈 보시고, 다닷지 아닌 일의 셩녀(聖慮)를 허비치 마ᄅᆞ쇼셔."

인ᄒᆞ여 쇼져의 승교(乘轎)ᄒᆞ믈 지쵹ᄒᆞ고, 소시를 도라보아 쇼왈(笑曰),

"녕당(令堂)이 셩빅으로뼈 젼어(傳語)ᄒᆞ여 신부의 덩979) 가온딕 쏠을 ᄒᆞᆫ가지로 보닉고 신낭의 위요(圍繞)980)의 사회981)를 보닉여 동방(洞房)982)의 ᄢᅡᆼ유(雙遊)ᄒᆞᄂᆞ 즈미를 보게 ᄒᆞ라 쳥ᄒᆞ여시나, 유ᄋᆞ(幼兒)ᄂᆞ 더욱 존당이 【1】 일시 쩌나믈 어려히 넉이시고, 엄시 즈모의 소임을 다ᄒᆞ여 현뷔 이시나 다로지 아닐 빅니 머므라고, 현부ᄂᆞ 녀ᄋᆞ로 더브러 옥셕교로 향ᄒᆞ라."

위·조 이태부인과 뉴부인 왈,

"금일 션홰 집을 쩌남도 우리 ᄆᆞ음이 듕보를 일흔 듯 ᄒᆞ거늘 엇지 소시를 마ᄌᆞ 보닉여 훌연ᄒᆞ미 더으게 ᄒᆞᄂᆞ뇨?"

왕이 딕왈,

"식뷔 이의 완지 ᄉᆞ년의 소공이 처엄으로 귀령을 쳥ᄒᆞ고, 금일 연셕의 범연ᄒᆞᆫ 친쳑도 ᄎᆔ회(聚會)ᄒᆞᄂᆞ 바의 식뷔 블참ᄒᆞ면 소공의 결울(結鬱)ᄒᆞ미983) 극ᄒᆞ리니, 비록 훌연ᄒᆞ나 대모와 즈위ᄂᆞ 【2】 식부의 ᄉᆞ졍을 막지 마ᄅᆞ쇼셔."

태부인 왈,

"너의 말이 졍니(情理)의 당연ᄒᆞ니 능히 머므르지 못ᄒᆞ리라. 소현부ᄂᆞ 유ᄋᆞ를 이의 두고 노모의 기다리믈 싱각ᄒᆞ여 수히 도라오라."

소쇼졔 빅샤슈명(拜謝受命)ᄒᆞ고 인ᄒᆞ여 존당구고긔 하직ᄒᆞᆯ시, 진비 우슈로 션화의 운환을 쓰다듬고, 좌슈로 소시의 손을 잡아 츄연 왈,

"녀ᄋᆞ의 유츙미약(幼沖微弱)ᄒᆞᆷ믄 현뷔 붉히 아ᄂᆞ니, 능히 구고 셤기ᄂᆞ 녜를 아지 못

979) 덩 : 가마. 예전에 공주나 옹주가 타던 가마.
980) 위요(圍繞) : 혼인 때에 가족 중에서 신랑이나 신부를 데리고 가는 사람. 늑상객(上客). 요객(繞客).
981) 사회 : 사위.
982) 동방(洞房) : 신방(新房). 신랑, 신부가 첫날밤을 치르도록 새로 차린 방.
983) 결울(結鬱)ᄒᆞ다 : 답답해하다. 보고 싶어 하다.

【3】 ᄒᆞ리니, 현뷔 가 머므ᄂᆞᆫ ᄉᆞ이ᄂᆞᆫ 대단ᄒᆞᆫ 허믈을 ᄀᆞ리오려니와 그ᄃᆡ 도라온 후ᄂᆞᆫ, 동셔(東西)를 모로ᄂᆞᆫ 인ᄉᆡ 아모리ᄒᆞᆯ 바를 아지 못ᄒᆞ리니, 녕당의 고ᄒᆞ고 현뷔 올 ᄯᅢ 다리고오미 엇더ᄒᆞ뇨?”

소시 미급답(未及答)의 진왕이 진비를 향ᄒᆞ여 왈,

“사ᄅᆞᆷ이 며ᄂᆞ리를 어더, 년긔 유츙ᄒᆞ고 ᄌᆡ실이니 유뮈(有無) 블관타 ᄎᆞᆺ지 아니랴이면, 셰간의 며ᄂᆞ리를 다리고 이실 재 드믈고, 조강(糟糠)이 아닌 후ᄂᆞᆫ 구가의 머믈 녀ᄌᆡ 업ᄉᆞ리니, ᄒᆞᆫ갓 ᄉᆞ졍(私情)으로 엇지 션왕의 법을 곳치고져 ᄒᆞᄂᆞ뇨? 비의 ᄯᅳᆺ이 미양 ᄌᆡ실이 조강만 ᄀᆞᆺ지 못ᄒᆞᆫ가 넉이나, 비(妃) ᄀᆞᆺ튼 계실(繼室)은 조금도 조강의 못ᄒᆞ미 업ᄂᆞ니, 뎡비로 더브러 죵형뎨의 졍으로ᄡᅧ 동녈의 의를 겸 【4】 ᄒᆞ여, 휘젹(后籍)의 존귀를 누리고, 나의 ᄃᆡ졉이 더ᄒᆞ며 덜ᄒᆞᆯ 거시 업ᄂᆞ니, 비 등 ᄉᆞ인이 명위젹인(名爲敵人)이나 실위동긔(實爲同氣)라. 서로 거리ᄭᅵᆯ 거시 업고 위ᄎᆡ(位次) 놉흐며 ᄂᆞᄌᆞ미 업ᄂᆞ니이다.”

진비 ᄲᅡᆼ미를 ᄂᆞᆺ초아 말이 업ᄉᆞ니, 하승샹 부인이 냥쇼 왈,

“진뎨ᄂᆞᆫ 입이 이시나 말을 못ᄒᆞ믄 벙어리나 다르지 아니니, 실노 녀ᄌᆞ된 팔ᄌᆡ ᄒᆞᆫ홉지 아니랴. 션홰 진뎨의 인ᄌᆞ(仁慈) 쳥졍(淸靜)ᄒᆞ믈 달마실ᄉᆡ 만뎡[984] 그 아비를 달마실진ᄃᆡ 소셩이 아모리 강ᄆᆡᆼᄒᆞ여도 쟝부의 위의를 발뵈지 못ᄒᆞ고, 쳐실의 손 가온ᄃᆡ 휘잡혀 【5】 어린[985] 남ᄌᆡ 되기를 면치 못ᄒᆞᆯ 거시오, 타일 위ᄎᆡ 경샹(卿相)의 니르러 술위를 ᄐᆞ게 되면, 션홰 쇼블여의(所不如意) 즉 쳘퇴로 가부의 거륜(車輪)을 ᄭᆡ치리니, 숙녀 못거지[986]의 참예치 못ᄒᆞ여, 셩악(性惡)이 괴픽(乖敗)ᄒᆞᆫ 발부(潑婦)의 들니니, 져소개 며ᄂᆞ리가 친옹(親翁) 달마시면 놀나이 넉이지 아니랴?”

왕이 쇼왈,

“져져ᄂᆞᆫ 쇼뎨로ᄡᅧ 무서온 인믈노 알아시거니와, 쇼뎨의 화홍ᄒᆞᆫ 덕이 아니면 네 안해와 열 쇼희를 거ᄂᆞ려 가닉 이ᄀᆞᆺ치 화평치 못ᄒᆞ리니, ᄉᆞᄉᆞ로 칭찬ᄒᆞ미 우으나, 녀ᄌᆞ되여도 태ᄉᆞ(太姒)[987] 이후의 ᄒᆞᆫ 사ᄅᆞᆷ 【6】 이 될지라. 뎡시의 무심히 완(頑)ᄒᆞᆷ[988]과 진시의 강협편익(强脅偏阨)[989]ᄒᆞ며, 화시의 경도교우(傾倒驕傲)ᄒᆞ므로 쇼뎨와 ᄎᆡ를 잡아 다톨 ᄇᆡ리잇가?”

하승샹부인과 의녈비 일시의 쇼왈,

“광뎨 맛ᄎᆞᆷ 남ᄌᆡ 될ᄉᆡ 만뎡 녀ᄌᆡ 되던들 셩악(性惡)이 녀후(呂后)의 더으리니, 엇지 태ᄉᆞ(太姒) ᄀᆞᆺ튼 숙네되리오. 왕이 쇼왈,

---

984)만뎡 : 망정. 괜찮거나 잘된 일이라는 뜻을 나타내는 말.
985)어리다 : 어리석다.
986)못거지 : 모꼬지. 놀이나 잔치 또는 그 밖의 일로 여러 사람이 모이는 일.
987)태ᄉᆞ(太姒) : 중국 주(周)나라 문왕의 비. 현모양처(賢母良妻)로 추앙되는 인물.
988)완(頑)ᄒᆞ다 : 완고(頑固)하다. 융통성이 없이 올곧고 고집이 세다.
989)강협편익(强脅偏阨) : 지나치게 세차고 편협함.

"녀ᄌᆞ 되여도 세 ᄆᆡ져와 ᄉᆞ 부인의 지나리라."

ᄒᆞ고, 소쇼져와 션화쇼져를 밧비 뎡의 올으게 ᄒᆞ니, 존당과 뎡·진·남·화 ᄉᆞ비 흘연ᄒᆞᆫ 가온ᄃᆡ 또ᄒᆞᆫ 션화의 신셰를 우려ᄒᆞ야 녀시 슉질의 작악(作惡)이 범연치 아닐 바 【7】를 혜아리ᄆᆡ, 참연 잔잉ᄒᆞ믈 니긔지 못ᄒᆞᄃᆡ, 진왕은 반졈 근심ᄒᆞᄂᆞᆫ 빗치 업ᄉᆞ니, 태부인이 ᄌᆞ로 혀ᄎᆞ고 탄식ᄒᆞ야 왕의 무려ᄒᆞ믈 ᄒᆞᆫᄒᆞ더라.

소학ᄉᆡ 금쇄(金鎖)를 가져 봉교(封轎) 샹마(上馬)ᄒᆞ야 부즁의 도라갈ᄉᆡ, ᄉᆡᆼ쇼고악(笙簫鼓樂)990)이 훤텬(喧天)ᄒᆞ고, 위의(威儀) 대로를 덥헛ᄂᆞᆫᄃᆡ, 신낭의 화풍옥뫼(華風玉貌) 학우션ᄀᆡᆨ(鶴羽仙客)이라. 관재(觀者) 칭찬블니(稱讚不已)러라. 이날 소부의셔 즁당(中堂)의 돗글 열어 친쳑을 모호고 신부를 마즐ᄉᆡ, 녀태부인이 칼 ᄀᆞᆺ튼 ᄆᆞ음의 소공부부와 셩을 아ᄋᆞ로 삼키고져 ᄒᆞ고, 쇼녀시 침소의셔 통곡ᄒᆞ며 황샹의 ᄉᆞ【8】혼ᄒᆞ믈 원ᄒᆞᆫᄒᆞ믈 마지 아니ᄒᆞ니, 소공 부뷔 통분ᄒᆞ믈 니긔지 못ᄒᆞ나, 녀부인을 두려 말을 아니ᄒᆞ더라. 대녀시 쇼녀시를 위로 왈,

"윤녜 비록 너를 경멸ᄒᆞ여도, 내 사라신 즉 윤녀를 서라ᄌᆞ리니, 엇지 이ᄀᆞᆺ치 심녀(心慮)를 ᄒᆞᄂᆞ뇨? 능히 연셕의 나아가지 못ᄒᆞ량이면 출하리 칭질(稱疾)ᄒᆞ고 누어실지언뎡 통곡을 긋치라."

쇼녀시 손을 드러 가ᄉᆞᆷ을 쳐 왈,

"쇼질이 윤녀의 고기를 맛보지 못ᄒᆞ량이면, 쾌히 죽어 소군과 요녀(妖女)의 화락ᄒᆞ믈 보지 말고져 ᄒᆞᄂᆞ니, 비록 참고져 ᄒᆞ나 능히 【9】못ᄒᆞᄂᆞ니, 슉모ᄂᆞᆫ 쇼질을 살과져 ᄒᆞ시거든, 윤녀를 수히 업시ᄒᆞ쇼셔."

녀부인 왈,

"네 이리 닐ᄋᆞ지 아니나, 내 너 위ᄒᆞᆫ ᄯᅳᆺ이 범연ᄒᆞ리오. 극진이 도모ᄒᆞ여 윤녀를 업시ᄒᆞ고, 널노 ᄒᆞ야금 일통(一統)ᄒᆞᄂᆞᆫ 쾌ᄒᆞ미 잇게 ᄒᆞ리니, 만ᄉᆞ를 타락(打落)991)ᄒᆞ고 ᄆᆞ음을 잡아 단명(短命)ᄒᆞᆯ 징됴를 짓지 말나."

쇼녀시 겨유 눈물을 거두나 분분ᄒᆞ믈 니긔지 못ᄒᆞ더라. 녀부인이 듕ᄀᆡᆨ(衆客)을 ᄃᆡᄒᆞ야 질녜 맛참 유질(有疾)ᄒᆞ다 ᄒᆞ나, 뉘 그 투악으로ᄡᅧ 눕고 니지 아니믈 모로리오. 강근지친(强近之親)은 윤시를 보지 아냐【10】셔 그 신셰를 위ᄐᆡᆨ히 넉이고, 학ᄉᆞ의 가되(家道) 온젼치 못ᄒᆞᆯ 바를 념녀ᄒᆞ니, ᄒᆞ믈며 소니부와 텰부인의 ᄆᆞ음이리오. 것ᄎᆞ로 화긔를 쟉위(作爲)ᄒᆞ나 즁니(中裏)의 근심이 ᄀᆞᆫ졀ᄒᆞ더라.

학ᄉᆡ 윤쇼져를 친영ᄒᆞ여 도라와 뎡문을 열ᄆᆡ, 윤태우 부인이 몬져 나와 조모와 부모긔 ᄇᆡ현ᄒᆞ고 졔부인ᄂᆡ로 서로 볼ᄉᆡ, 소시의 셩ᄌᆞ광염(聖姿光艶)과 풍용긔질(豊容氣質)이 오ᄅᆡ 보지 못ᄒᆞ엿던 눈을 놀ᄂᆡ니, 좌샹이 아연 관시(觀視)ᄒᆞ여 여취여치(如醉如痴)ᄒᆞ니, 텰부인의 흐믓거이 밧기ᄂᆞᆫ 졍과 셜·오 냥인의 ᄀᆞ득히 반기ᄂᆞᆫ ᄯᅳᆺ을 【11】

---

990)ᄉᆡᆼ쇼고악(笙簫鼓樂) : 생황, 퉁소, 북 등으로 연주하는 음악.
991)타락(打落) : 염려나 슬픔 따위를 털어버리다.

엇지 모양(模樣)ᄒᆞ야 닐을 거시 이시리오마ᄂᆞᆫ, 대녀시 쇼져의 손을 잡고 흔흔이 두굿기ᄂᆞᆫ 듯ᄒᆞᆫ 가온ᄃᆡ, ᄌᆞ연 칼 ᄀᆞᆺᄐᆞᆫ ᄆᆞ음이 이시믈 셜・오 냥쇼져와 뎔부인 모녀ᄂᆞᆫ 엇지 모로리오.

흥황(興況)이 ᄉᆞ연(索然)ᄒᆞ야[992] 반기ᄂᆞᆫ 졍도 닐ᄋᆞ지 못ᄒᆞ고, 신낭신부의 합증[근]교ᄇᆡ(합근交拜)[993]ᄒᆞ믈 관경(觀景)ᄒᆞᆯᄉᆡ. 뇽문ᄎᆡ화셕(龍紋彩畵席)[994]이 졍졔(整齊)ᄒᆞ고 긔린쵹(麒麟燭)[995]이 명휘(明輝)ᄒᆞᆫᄃᆡ, 냥 신인(新人)이 독좌(獨坐)[996]ᄒᆞᄆᆡ 남풍(男風)이 슈앙발월(秀昂發越)ᄒᆞ고 녀뫼(女貌) 찬난 특이ᄒᆞ여, 일월병명(日月竝明)ᄒᆞ며 금옥징광(金玉爭光)ᄒᆞ니, 텬뎡일ᄃᆡ(天定一對)[997]오 ᄇᆡᆨ셰냥필(百世良匹)[998]이라.

신낭이 녕녕(玲玲)[999]ᄒᆞᆫ 미우의 희긔(喜氣)【12】를 ᄯᅴ워, 녜파(禮罷)의 외헌(外軒)으로 나가니, 신뷔 단장을 곳쳐 ᄉᆞ당(祠堂)의 ᄇᆡ(拜)ᄒᆞ며, 구고(舅姑)의 현(見)ᄒᆞ고 존당긔 녜를 일울ᄉᆡ, 이 본ᄃᆡ 쳔승교아(千乘嬌兒)로 법문계츌(法門繼出)[1000]이니, 그 아름다오미 옥을 다듬고 금을 단연(鍛鍊)ᄒᆞᆷ ᄀᆞᆺᄐᆞ며, ᄆᆞᆰ고 됴흐며 쇄연(灑然)이 놉고 긔묘히 고으미 화월(花月)이 빗출토ᄒᆞ고 명쥬보벽(明珠寶璧)이 아름다오미 이러치 못ᄒᆞᆯ지라. 연연(軟軟)ᄒᆞᆫ[1001] 긔부(肌膚)ᄂᆞᆫ ᄇᆡᆨ셜(白雪)이 무담(無淡)ᄒᆞ믈[1002] 아연(啞然)[1003]이 나모라고, 표연(飄然)ᄒᆞᆫ 냥익(兩翼)은 봉뫼(鳳鳥) ᄂᆞᄂᆞᆫ 듯, 셤약(纖弱)ᄒᆞᆫ ᄐᆡ되 긴 단장(丹粧)을 니긔지 못ᄒᆞᆯ 듯, ᄌᆞ약긔려(自若奇麗)ᄒᆞ여 셩심ᄉᆞ덕(聖心四德)이 츌어외모(出於外貌)ᄒᆞ니, 뇨됴슉【13】녜(窈窕淑女)오, 뎔부명염(哲婦名艶)이라. 좌샹(座上)이 칙칙(嘖嘖) 칭예(稱譽)ᄒᆞ믈 결을치 못ᄒᆞ니, 소니부와 뎔부인이 만심(滿心)이 환열(歡悅)ᄒᆞ여 삼ᄌᆞ의 ᄇᆡ항(配行)이 비로소 샹젹(相敵)ᄒᆞ믈 보고 과망(過望) 대희(大喜)ᄒᆞ나, 녀부인이 신부의 여ᄎᆞ(如此)ᄒᆞ믈 보ᄆᆡ 놀나오미 무궁ᄒᆞ고 통흔(痛恨)ᄒᆞ미 극ᄒᆞ나, 즁좌(衆座)의 수플 ᄀᆞᆺᄐᆞᆫ 이목을 ᄀᆞ리오려, 신부의 옥슈(玉手)를 잡아 겻히 안쳐 왈,

---

992)ᄉᆞ연(索然) : ①흥미가 없음 ②흥미 따위가 싹 가심. 또는 마음 속에 있던 생각이나 감정이 사라져 전혀 없어짐.

993)합근교배(合巹交拜) : 전통 혼례식에서 신랑 신부가 서로 잔을 바꾸어 마시는 합근례(合巹禮)와 서로에게 절을 하고 받는 교배례(交拜禮)를 함께 이르는 말.

994)뇽문ᄎᆡ화셕(龍紋彩畵席) : 용의 무늬와 여러 가지 색깔의 꽃무늬를 놓아서 짠 돗자리

995)긔린쵹(麒麟燭) : 기린의 목처럼 굽은 막대기에 매단 등촉(燈燭).

996)독좌(獨坐) : 독좌례(獨坐禮). 혼인례에서 대례(大禮)를 달리 이른 말. 즉 신랑과 신부가 대례를 행할 때 각각의 앞에 음식을 차려 놓은 독좌상(獨坐床)을 놓고 교배(交拜)・합근(合巹) 등의 의례를 행하는 것을 이르는 말이다.

997)텬뎡일ᄃᆡ(天定一對) : 하늘이 정하여 준 한 쌍.

998)ᄇᆡᆨ셰냥필(百世良匹) : 길이 함께할 어진 배필.

999)녕녕(玲玲) : 광채가 영롱하게 빛나는 모양.

1000)법문계츌(法門繼出) : 법도 있는 가문의 후손(後孫).

1001)연연(軟軟)ᄒᆞ다 : 부드럽다. 말랑말랑하다.

1002)무담(無淡)ᄒᆞ다 : 담담하지 못하다. 차분하고 평온하지 못하다.

1003)아연(啞然) : 너무 놀라거나 어이가 없어서 또는 기가 막혀서 입을 딱 벌리고 말을 못하는 모양.

“신부는 진왕의 만금농쥐(萬金弄珠)[1004]라. 싱어부 쟝어귀(生於富 長於貴)[1005]ᄒᆞ여 존듕ᄒᆞ미 금달공쥬(禁闥公主)[1006]를 블워 아닐 빅어늘, 용화긔질(容華氣質)이 셔ᄌᆞ(西子)[1007] 왕쟝(王嬙)[1008]의 지나니, 셩의 ᄌᆡ풍(才風)을 빗닐지라. 노뫼 두굿거오믈 니【14】긔지 못ᄒᆞᄂᆞ니, 원비 비록 의용(儀容)이 무염(無艶) ᄀᆞᄐᆞ나 셩힝(性行)이 엄슉(嚴肅)ᄒᆞ니 공경(恭敬)ᄒᆞ고 화슌(和順)ᄒᆞ여 손ᄋᆞ의 가도를 난(亂)치 말나.”

이리 닐ᄋᆞ며, ᄂᆞᆺ가족이 히룩이며 분ᄒᆞᆫ 눈이 요란이 뒤룩이여 믜온 ᄆᆞ음을 금억(禁抑)지 못ᄒᆞ니, 소니부(吏部) 부녜 녀부인 긔쉭을 보미 심두(心頭)의 졀민(切憫)ᄒᆞᆫ 우례(憂慮) ᄀᆞ득ᄒᆞ여 즐기는 ᄯᅳᆺ이 감ᄒᆞ나, 신부와 녀ᄋᆞ를 보미는 만념이 사라지고 두굿거오며 귀듕ᄒᆞ미 모양 업기의 밋ᄎᆞ니, ᄉᆞ좌듕빈(四座衆賓)이 비로소 현난ᄒᆞᆫ 정신을 모호고, 관경(觀景)ᄒᆞ는 눈을 뎡ᄒᆞ여 치하(致賀)ᄒᆞ니, 녀부인은 강【15】잉(强忍) 화담(和談)ᄒᆞ고 소공부부는 좌슈우응(左酬右應)의 흔연(欣然) 대열(大悅)ᄒᆞ여 셩의 외람(猥濫)ᄒᆞᆫ 안해라 ᄒᆞ더라.

낙극달난(樂極團欒)ᄒᆞ여 졔긱(諸客)이 각산기가(各散其家)ᄒᆞ고 신부 슉소를 뎡ᄒᆞ여 보ᄂᆡ니, 소부인이 쇼고를 븟드러 긴 단장을 벗기고 편히 쉬기를 닐ᄋᆞ더니, 학식 조모와 부모긔 혼뎡지녜(昏定之禮)를 파ᄒᆞ고, 밤이 ᄌᆞ연 신방의 다ᄃᆞ라 신연(新然)이 ᄀᆡᄒᆞ입실(開戶入室)ᄒᆞ니, 신뷔 긔이영지(起而迎之)ᄒᆞ야 동셔분좌ᄒᆞ미(東西分坐)ᄒᆞ미, 학식 함쇼 왈,

“현미 윤문의 도라간 ᄉᆞ년 만의 비로소 오늘날 귀령(歸寧)[1009]ᄒᆞ미, ᄌᆞ위(慈闈)를 뫼셔 누년 니측(離側)ᄒᆞ엿던 회포를 고ᄒᆞ미 올【16】커늘, 엇지 이의 와 미양 보던 사ᄅᆞᆷ을 븟들고 안ᄌᆞᆺᄂᆞ뇨?”

쇼제 함쇼 ᄃᆡ왈,

“쇼민들 엇지 ᄌᆞ뎡(慈庭)의 니측ᄒᆞ엿던 졍회를 고코져 아니리잇고마는, 쇼고(小故)[1010]의 년유약질(年幼弱質)이 대례를 힝ᄒᆞ고 몸을 편히 쉬지 못ᄒᆞᆫ즉, 질(疾)이 닐기 쉬오니, 븟드러 이의 드러와 거거(哥哥)의 니르시믈 기다려, 쥬인을 맛지고 태태(太太)[1011] 침뎐으로 가고져 ᄒᆞ더니이다.”

1004)만금농쥐(萬金弄珠) : 아주 귀한 딸. *농주(弄珠); 구슬을 다루듯 소중하고 사랑스럽게 기른 ‘딸’을 비유적으로 이르는 말.

1005)싱어부 쟝어귀(生於富 長於貴) : 부잣집에서 태어나 귀한 집에서 자람. 즉 부유하고 귀한 환경에서 태어나 자람

1006)금달공쥐(禁闥公主) : 궁궐에서 사는 공주. 임금의 딸.

1007)셔ᄌᆞ(西子) : 중국 춘추시대의 월(越)나라의 미인 서시(西施). 오나라에 패한 월나라 왕 구천이 서시를 부차에게 보내어 부차가 그 용모에 빠져 있는 사이에 오나라를 멸망시켰다.

1008)왕쟝(王嬙) : 왕소군(王昭君). 중국 전한 원제(元帝)의 후궁. 이름은 장(嬙). 자는 소군(昭君). 기원전 33년 흉노와의 화친 정책으로 흉노의 호한야선우(呼韓邪單于)와 정략결혼을 하였으나 자살하였다. 후세의 많은 문학 작품에 애화(哀話)로 윤색되었다

1009)귀령(歸寧) : 늑근친(覲親). 시집간 딸이 친정에 가서 부모를 뵘.

1010)쇼고(小故) ; 시누이.

학식 웃고, 쇼져를 볼신 젼일 흔댱 그림 가온딕 엷프시 션풍이질(仙風異質)을 귀경ᄒᆞ민, 믄득 ᄉᆞ상(思相)ᄒᆞᄂᆞᆫ 질(疾)을 일위여 옥인(玉人)의 비위(配位) 되지 못ᄒᆞᆯ가 심댱을 녹이【17】다가, 오늘날 그 진짓 사름을 만나 텬향미틱(天香美態)를 딕ᄒᆞ민, 졍흥(情興)이 비양(飛揚)ᄒᆞ야 요지금뫼(瑤池金母)1012) 하강(下降)ᄒᆞ며 월뎐쇼익(月殿素娥)1013) ᄂᆞ려온 듯, 만분(萬分) 과망(過望)ᄒᆞ고 빅분(百分) 흔열(欣悅)ᄒᆞ니 만면(滿面)의 춘풍이 니ᄂᆞᆫ 바의, 신부의 뇨라ᄌᆞ약(姚娜自若)ᄒᆞᆫ 구츄(九秋)의 옥노(玉露)를 무릅쓴 계화(桂花) 흔 가지 서리ᄇᆞ람을 아쳐ᄒᆞ며1014) 난쵸(蘭草) 광풍의 썩거질 듯, 평싱 처엄으로 대빈(大賓)을 일실지닉(一室之內)의 딕ᄒᆞ민, 참황(慙惶)ᄒᆞ여 치신무지(置身無地)ᄒᆞ니, 에엿븐 거동의 붓그리ᄂᆞᆫ 모양이 우힐1015) 듯 ᄉᆞ랑ᄒᆞ오니, 소시 그 거거의 션풍옥골(仙風玉骨)노뼈 쇼고를 딕ᄒᆞ민 일월【18】이 샹딕ᄒᆞ며 금옥이 징광(爭光)흔 듯, 만심 환희ᄒᆞ여 이의 쇼왈,

"신뷔 처엄으로 니르러 ᄉᆞ좌(四座)의 친ᄒᆞ니 쇼민 흔 사름이러니, 밤이 깁고 거게 드러와 계시니 쇼민ᄂᆞᆫ 도라가ᄂᆞ니, 거거ᄂᆞᆫ 쥬인 노릇을 잘ᄒᆞ샤 지란(芝蘭) ᄀᆞᆺ튼 약질노 ᄒᆞ야금 편히 쉬게 ᄒᆞ쇼셔."

언파의 촉을 잡히고 모부인 침소로 향ᄒᆞ니, 학식 이의 윤시를 향ᄒᆞ여 왈,

"학싱은 흔낫 용우(庸愚)흔 인믈이어늘, 악댱(岳丈) 대왕의 지우(知遇)를 닙ᄉᆞ와 모쳠 동상ᄒᆞ니, ᄉᆞ심(私心)이 만힝(萬幸)이로딕, 힝혀 슉녀의 평싱을 져바릴가 두리ᄂᆞ이다."

쇼졔 ᄡᅡᆼ【19】안(雙眼)이 미미(微微)ᄒᆞ고 홍슌(紅脣)이 믹믹ᄒᆞ니1016), 단듕(端重)흔 위의 엷프시 윤태우 셩닌의 모양이오, 붓그리ᄂᆞᆫ 틱되 더옥 졀승ᄒᆞ더라.

학식 무궁흔 졍을 금치 못ᄒᆞ야 촉을 믈니고 쇼져를 붓드러 나위(羅幃)1017)에 나아갈신, 응지셜부(凝脂雪膚)의 이향(異香)이 ᄀᆞ득ᄒᆞ고, 명월 ᄀᆞᆺ튼 용안(容顔)의 속틱(俗態) 머므지 아냐, 연약ᄒᆞ미 보기의 편치 아니코, 《남의여졍∥남녀의 졍》이 합ᄒᆞᆯ 길히 업ᄉᆞ믈 혜아리미, 다만 일침지하(一寢之下)의 익지경지(愛之敬之)ᄒᆞ여 은졍이 여산약ᄒᆡ(如山若海)ᄒᆞᆯ ᄲᅮᆫ이니, 샹샹(床上)의 ᄡᅡᆼ옥(雙玉)이 완젼(完全)ᄒᆞ여 빅년동쥬(百年同住)의 낫븐 ᄯᅳᆺ이 잇거【20】늘, 녀가 슉질의 흉심대악(凶心大惡)이 빅계(百計)로 ᄒᆡ(害)키를 도모ᄒᆞ니, 엇지 흔흡지 아니리오.

초야의 텰부인이 녀ᄋᆞ를 겻ᄒᆡ 누여 옥부빙심(玉膚氷心)1018)을 어라만져 기리 늦겨

1011)태태(太太) : ①'어머니'에 대한 존칭. ②'부인'에 대한 존칭.
1012)요지금뫼(瑤池金母) : 서왕모(西王母). 중국 신화에 나오는 신녀(神女)의 이름. 곤륜산(崑崙山) 요지(瑤池)에 살며, 불사약을 가진 선녀라고 하며, 음양설에서는 일몰(日沒)의 여신이라고도 한다.
1013)월뎐쇼익(月殿素娥) : ①달 속에 있다고 하는 흰옷을 입은 선녀. 곧 상아(嫦娥). ②달의 이칭(異稱).
1014)아쳐ᄒᆞ다 : 싫어하다. 미워하다.
1015)우히다 : 움켜쥐다. 손안에 꽉 잡고 놓지 아니하다.
1016)믹믹ᄒᆞ다 : ①코가 막혀 숨쉬기가 갑갑하다. ②생각이 잘 돌지 아니하여 답답하다.
1017)나위(羅幃) : 얇은 비단으로 만든 장막.

왈,

"네 윤가의 속현(續絃) ᄉᆞ직(四載)의 ᄌᆞ식을 두어시ᄃᆡ 내 능히 손ᄋᆞ의 얼골 보기를 구치 못ᄒᆞ고, 오늘날 처엄으로 귀령ᄒᆞ나 공구ᄒᆞᆫ 뜻이 극ᄒᆞ야 반가오믈 아지 못ᄒᆞ니, 녀ᄋᆞᄂᆞᆫ 블과 슌망지간(旬望之間)의 도라가면 평안ᄒᆞᆫ 곳에 근심 업시 머믈녀니와, 신부ᄂᆞᆫ 이제 위틱ᄒᆞᆫ ᄃᆡ 드러와 간ᄋᆡᆨ(艱厄)이 비샹(非常)ᄒᆞ리니, 네 어미 긴 날의 잔잉ᄒᆞ믈 엇지 견【21】ᄃᆡ여 보리오."

ᄒᆞ여, 탄식ᄒᆞ고 이의 ᄋᆞᄌᆞ의 ᄉᆞ샹(思相)ᄒᆞᄂᆞᆫ 병을 어더 만분 위악ᄒᆞ던 바를 닐ᄋᆞ며, 또ᄒᆞᆫ 쇼녀시의 투악이 극심ᄒᆞ야 칼 ᄀᆞᆺᄐᆞᆫ ᄆᆞᄋᆞᆷ이 비ᄒᆞᆯ ᄃᆡ 업ᄉᆞᆫ 고로, 신부 ᄀᆞᆺᄐᆞᆫ 약질을 맛ᄎᆞᆷᄂᆡ 업시코져 ᄒᆞ야, 이의 맛고 긋칠 줄 근심하믈 마지 아니ᄒᆞ니, 쇼졔 태우의 말ᄉᆞᆷ이 이ᄀᆞᆺ치 슈샹ᄒᆞ믈 인ᄒᆞ여 삼거거(哥哥)의 쇼고를 취ᄒᆞ미 또ᄒᆞᆫ 필유묘ᄆᆡᆨᄒᆞ믈 알오ᄃᆡ, 향ᄒᆞ여 곡졀을 무를 곳이 업더니, 모친의 니르시믈 조ᄎᆞ 쾌히 ᄶᆡ다라 경ᄒᆡ(驚駭)ᄒᆞ믈 니긔지 못ᄒᆞ여 왈,

"삼형의 침묵(沈默)ᄒᆞᆫ 위【22】인으로ᄡᅥ, 텬샹 요지션(瑤池仙)1019) ᄀᆞᆺᄐᆞ나, ᄒᆞᆫ장 그림의 ᄆᆞᄋᆞᆷ을 동ᄒᆞ여 샹ᄉᆞ(想思)ᄒᆞᄂᆞᆫ 병을 일윌 줄 실노 ᄉᆡᆼ각지 아닌 ᄇᆡ오나, 이 또 인연이 듕ᄒᆞ여 곡경(曲境)으로 모든 ᄇᆡ오, 믄득 텬문의 ᄉᆞ혼(賜婚)ᄒᆞ시ᄂᆞᆫ 은영을 ᄡᅵ워, 빙ᄎᆡ(聘采)1020) ᄇᆡᆨ냥(百輛)1021)의 뉵녜(六禮)를 구ᄒᆡᆼ(具行)ᄒᆞ니, 처엄 유질(有疾)ᄒᆞ던 ᄶᅵ의 비ᄒᆞ미 오늘날 깃브미 범연ᄒᆞᆯ[ᄒᆞᆫ] 곳에 비치 못ᄒᆞ올지라. 다만 쇼고의 년유셤약(年幼纖弱)ᄒᆞ미 지란(芝蘭) ᄀᆞᆺᄐᆞᆫ 긔질이어ᄂᆞᆯ, 녀 형(兄)의 보ᄎᆡ미 심상치 아닐 ᄇᆡ오, 대뫼 인덕(仁德)을 베프지 아니실진ᄃᆡ, 약질이 보젼키를 ᄇᆞ라지 못ᄒᆞ오리니, 쇼녜 존당구괴 귀령【23】을 ᄌᆞ로 허(許)치 아니시고, 듀ᄉᆞ모탁(晝思暮度)1022)ᄒᆞ나 됴ᄒᆞᆫ 계괴 업도소이다."

부인이 타루(墮淚)ᄒᆞ믈 마지 아니코, 근심이 쳡다(疊多)ᄒᆞ니, 쇼졔 모친의 근심ᄒᆞ시믈 민망ᄒᆞ여 도로혀 ᄌᆞ긔 유ᄌᆞ(幼子)의 쟉인(作人)이 용속(庸俗)지 아니믈 고ᄒᆞ며, ᄒᆡ포1023) 니친(離親)ᄒᆞ엿던 졍회(情懷)를 베프ᄆᆡ, 말이 만치 아니ᄃᆡ, 효셩이 동쵹(洞屬)ᄒᆞ고 온유화열(溫柔和悅)ᄒᆞ여 부인의 일만 근심을 믈니치니, 부인이 무익ᄒᆞᆫ 념녀를 긋치고 모녜 ᄂᆞᆺ출 다혀 밤을 지ᄂᆡ더라.

명됴의 소공부뷔 ᄌᆞ부 녀ᄋᆞ를 거ᄂᆞ려 녀태부인긔 문후ᄒᆞ고, 인ᄒᆞ여 좌를 일울ᄉᆡ 공

1018)옥부빙심(玉膚氷心) : 옥같이 아름답고 고운 피부와 얼음같이 맑고 깨끗한 마음.

1019)요지션(瑤池仙) : 요지(瑤池)의 선녀(仙女). 곧 서왕모(西王母).

1020)빙ᄎᆡ(聘采) : 빙물(聘物). 납채(納采). 혼인례에서 정혼이 이루어진 증거로 신랑 집에서 신부집에 보내는 예물.

1021)ᄇᆡᆨ냥(百輛) : '백대의 수레'라는 뜻으로, 『시경(詩經)』「소남(召南)」편, <작소(鵲巢)>시의 '우귀(于歸) 백량(百輛)'에서 유래한 말이다. 즉 옛날 중국의 제후가(諸侯家)에서 혼례를 치를 때, 신랑이 수레 백량에 달하는 많은 요객(繞客)들을 거느려 신부집에 가서, 신부을 신랑집으로 맞아와 혼례를 올렸는데, 이 시는 이처럼 혼례가 수레 백량이 운집할 만큼 성대하게 치러진 것을 노래하고 있다.

1022)듀ᄉᆞ모탁(晝思暮度) : =주사야탁(晝思夜度). 밤낮으로 깊이 생각하고 헤아림.

1023)ᄒᆡ포 : 해포. 한 해가 조금 넘는 동안. ≒세여(歲餘).

과 텰부인【24】이 신부의 션연옥모(嬋姸玉貌)와 빙ᄌᆞ아질(氷姿雅質)을 새로이 두굿기고 아름다이 넉이나, 녀부인의 싀포(猜暴)ᄒᆞᆫ ᄉᆞ식과 험악ᄒᆞᆫ 눈골이 소공부부로브터 소슌 등 삼인과 신부를 고ᄃᆡ 무러 너흘 ᄃᆞᆺᄒᆞ니, 소공부뷔 공구츅쳑(恐懼踧惕)ᄒᆞ여 감히 신부를 ᄉᆞ랑ᄒᆞᄂᆞᆫ 빗출 낫토지 못ᄒᆞ고, 송연(悚然)이 좌를 일윗더니, 녀부인이 신부를 도라보아 왈,

"ᄋᆞ뷔(兒婦) 비록 쳔승지녀(千乘之女)나 임의 손ᄋᆞ의 지실노 도라오ᄆᆡ, 원비 우히이시니 현알ᄒᆞᄂᆞᆫ 녜를 폐치 못ᄒᆞᆯ지라. 모로미 질ᄋᆞ(姪兒)의 침소의 나아가 처엄 보ᄂᆞᆫ 녜를 일우고, 그 병이 이시【25】니 ᄌᆞ로 문병ᄒᆞ여 겻히셔 구호ᄒᆞ믈 틱만치 말나."

윤쇼제 ᄌᆡᄇᆡ(再拜) 슈명(受命)ᄒᆞ니, 소공이 모친의 윤시 알오미 셩의 쳔쳡(賤妾)ᄀᆞᆺ치 ᄒᆞ믈 졀민(切憫) 분연(憤然)ᄒᆞᆫ 즁, 녀시의 우픽망측(愚愎罔測)ᄒᆞ미 태부인 셰를 쪄, 윤시를 져의 시ᄋᆞᄀᆞᆺ치 ᄒᆞᆯ 바를 블승통히(不勝痛駭)ᄒᆞ나, 작일 대단ᄒᆞᆫ 변괴 업시 길네를 무ᄉᆞ히 지ᄂᆡ게 ᄒᆞ미 ᄇᆞ란[람] 밧긴 고로, 능히 말을 못ᄒᆞ고, 녀ᄋᆞ를 명ᄒᆞ여 윤시로 더브러 녀시의 곳에 가 그 병을 보라 ᄒᆞ니, 소시 픠셕 ᄃᆡ왈,

"하괴(下敎) 맛당ᄒᆞ시나 녀형이 즉금 유질ᄒᆞᆫ즉 신인을 보지 못ᄒᆞᆯ지【26】라. 쇼녜 몬져 가 그 얼골을 반기고 ᄎᆞ셩(差成)키를 기다려 쇼고와 서로 보미 가ᄒᆞᆯ가 ᄒᆞᄂᆞ니, 쇼괴 신쟝톄지(身長體肢) 슉셩ᄒᆞ나 나흔즉 십셰를 겨유 지난 바로, 긔질이 연약ᄒᆞ미 《풍경‖풍셩(風聲)》의○[도] 븟치일[1024] ᄃᆞᆺᄒᆞ니, 녀형의 질환 구호ᄒᆞ믄 블가ᄒᆞ니, 대모ᄂᆞᆫ 관인셩덕(寬仁聖德)으로ᄡᅥ 새로 슬하의 뫼신 사ᄅᆞᆷ이 양춘은튁(陽春恩澤)을 밧ᄌᆞ와 무양(無恙)ᄒᆞ믈 엇게 ᄒᆞ쇼셔."

녀시 변ᄉᆡᆨ(變色) 왈,

"윤시 비록 연약ᄒᆞ나 작일 합환대례(合歡大禮)[1025]와 현구고ᄇᆡᄉᆞ당녜(見舅姑拜祠堂禮)[1026]를 일워시니, 금일 부빈(副嬪)이 원비(元妃)긔 뵈ᄂᆞᆫ 녜로 두번 졀ᄒᆞ미 무어시 어려【27】오며, 그 병이 이시ᄆᆡ 겻히셔 구호ᄒᆞ미 ᄯᅩ 무어시 어려오리오. 이제 내 질ᄋᆞ의 병을 보고져 ᄒᆞᄂᆞ니 네 모로미 윤시를 다리고 뒤흘 조ᄎᆞ라."

소공이 모친의 흉픽(凶愎)ᄒᆞᆫ 셩악(性惡)을 두려, 만ᄉᆞ(萬事)의 그 명을 조ᄎᆞᄆᆡ ᄠᅳᆺ을 슌ᄒᆞ야 어그릇지 못ᄒᆞᄂᆞᆫ지라. 혹ᄌᆞ 녀ᄋᆡ ᄉᆞ의(私意)를 여러번 욱여 히연(駭然)ᄒᆞᆫ 변을 일워미 이실가 념녀ᄒᆞ여, 녀ᄋᆞ다려 왈,

"신뷔 유츙ᄒᆞ여 사ᄅᆞᆷ의 병을 구호튼 못ᄒᆞ려니와, 녀시 굿ᄐᆞ여 신부의게 존(尊)ᄒᆞᆫ 재 아니오, 동녈의 졍이 합ᄒᆞᆫ즉 골육의 감치 아니니, 서로 친ᄋᆡᄒᆞ기를 힘【28】ᄡᅳ고, 그

1024)븟치이다 : 부치이다. 부쳐져서 나부끼다.

1025)합환대례(合歡大禮) : 전통 혼례에서 대례(大禮)는 신랑 신부가 서로 잔을 바꾸어 마시는 합근례(合卺禮)와 서로에게 절을 하고 받는 교배례(交拜禮)를 말한다. 따라서 합환대례는 합근례와 교배례를 아울러서 이르는 말로, 합환(合歡)은 신랑신부가 서로 술잔과 절을 주고받는 기쁨을 뜻한다.

1026)현구고빅ᄉᆞ당네(見舅姑拜祠堂禮) : 신부가 대례(大禮) 후 시부모와 시집 조상의 신위를 모신 사당에 절하는 의 의례.

곳에 가 굿ᄐᆞ여 조심 젼뉼ᄒᆞᆯ ᄇᆡ 아니니, 네 태태(太太) 명을 밧드러 ᄋᆞ부와 ᄒᆞᆫ가지로 녀시ᄅᆞᆯ 가보라."

소시 부친의 민민(憫憫)ᄒᆞᆫ ᄀᆡ식을 ᄉᆞᆺ치ᄆᆡ, 가즁 형세 졈졈 괴란(壞亂)ᄒᆞ기의 밋ᄎᆞ니, 오직 조모 명을 슌ᄒᆞᆯ 밧 다란 모ᄎᆡᆨ이 업ᄂᆞᆫ지라. 유유히 말을 아니니, 녀부인이 윤쇼져로 ᄒᆞ야금 녀시의 위ᄎᆞ(位次) 존듕ᄒᆞ믈 알과져[1027] ᄒᆞ여, 즉시 질녀의 침실노 향ᄒᆞ며 신부ᄅᆞᆯ ᄲᆞᆯ니 오라 ᄒᆞ니, 소시 윤쇼져의 손을 잇그러 녀시 곳의 니르니, 녀부인이 몬져 와 질녀ᄅᆞᆯ ᄃᆡᄒᆞ여 신뷔 ᄇᆡ견(拜見)ᄒᆞ려 오ᄂᆞᆫ 뜻을 닐ᄋᆞ니, 녀【29】시 무쇠 ᄀᆞᆺᄐᆞᆫ 손을 드러 벽을 쳐 왈,

"《요긔‖요괴(妖怪)》 년을 ᄭᅮᆷ의도 보고져 아니커ᄂᆞᆯ, 슉모ᄂᆞᆫ 무ᄉᆞᆷ 연고로 그리 급히 불너 뵈려 ᄒᆞ시ᄂᆞ니잇고?"

부인이 손을 저어 왈,

"내 엇지 모로리오. 윤녜 ᄆᆡ올ᄉᆞ록 너의 시녀 ᄎᆞ환ᄇᆡ(叉鬟輩)쳐로 압히셔 보ᄎᆡ여 신임(信任)케 ᄒᆞᄂᆞᆫ 거시 올흐니, 네 모로미 범ᄉᆞᄅᆞᆯ 내 ᄀᆞ라치ᄂᆞᆫ ᄃᆡ로 ᄒᆞ라."

녀시 분노 왈,

"슉모 말ᄉᆞᆷ도 맛당ᄒᆞᄃᆡ 쟉일 시녀 등의 젼언을 드르니, 《요긔‖요괴(妖怪)》 년의 얼골이 봉난의 ᄂᆞ리지 아니터라 ᄒᆞ니, 쇼질이 그 ᄆᆡ달(妹妲) ᄀᆞᆺᄐᆞᆫ 거동을 참아 어이 보리잇가?"

녀부인 왈,

"굿ᄐᆞ여 바로 볼 거시 아【30】니라, ᄆᆡ워 볼지라도 원위(元位)의 존ᄒᆞ믈 윤녀로 ᄒᆞ야금 알게 ᄒᆞᄂᆞᆫ 거시 올흐니, 너ᄂᆞᆫ 아직 잠잠ᄒᆞ여시라."

인ᄒᆞ여, 사창(紗窓)을 열고 윤쇼져다려 왈,

"질녜 아직 ᄌᆞᆷ드러시니 신뷔 즁계(中階)의셔 그 ᄭᆡ기ᄅᆞᆯ 기다려 현ᄇᆡ(見拜)ᄒᆞ라."

소쇼졔 ᄂᆞ죽이 고왈,

"녀형이 비록 ᄭᆡ지 못ᄒᆞ시나 신뷔 그 양낭(養娘) 시비(侍婢) 아니라, 즁계의셔 괴로이 ᄭᆡ기ᄅᆞᆯ 기다리미 가치 아니코, 녀형의 도리도 동녈을 ᄃᆡ졉ᄒᆞᄂᆞᆫ 네 아니라. ᄒᆞᆫ갓 신부의 잇브믈 앗기미 아니오니, 대모ᄂᆞᆫ 녀형의 년쇼무지(年少無知)ᄒᆞ믈 ᄇᆞᆰ히 경계ᄒᆞ샤, 먼니 쥬아(周雅)의 명풍(名風)[1028]을 【31】 닛게 ᄒᆞ쇼셔."

녀시 ᄂᆡᆼ쇼 왈,

"손녀ᄂᆞᆫ 아ᄂᆞᆫ 거시 구가요, 부귀(富貴) 존듕(尊重)ᄒᆞ미 진왕궁 제인(諸人) 밧 다시

1027)알과져 : 알게 하고자.

1028)쥬아(周雅)의 명풍(名風) : 중국 주(周)나라 문왕의 비(妃)인 태사(太姒)의 부덕(婦德)과 같은 부인의 아름다운 덕을 이르는 말. 곧 태사는 현모양처(賢母良妻)로 문왕을 잘 내조하여 성군(聖君)이 되게 하였는데, 특히 남편의 많은 후궁들을 덕으로 잘 거느려 화목한 가정을 이룬 일로, 후대의 칭송을 받았다. *쥬아(周雅); 『시경(詩經)』의 <소아(小雅)>편과 <대아(大雅)>편을 합하여 이르는 말. 소아와 대아는 주나라의 궁중음악 곧 아악(雅樂)을 정리해 놓은 것으로 주나라 왕실의 덕을 찬미한 것이 많다.

업는가 넉이나, 초공쥬(楚公主) 빅졍(白丁)의게 하가[1029]ᄒᆞ미 이시니, 진왕 녀ᄌᆞ 비록 존귀ᄒᆞ미 극ᄒᆞ나, 임의 셩의 안해 된 후는 그 부귀와 권셰를 쟈랑치 못ᄒᆞᆯ지라. 시속(時俗)의 경박탕ᄌᆞ(輕薄蕩子) 여러 쳐쳡○[을] 모호리 이시나, 소문은 조션(祖先)으로브터 두 안해 두는 규귀(規矩) 업ᄂᆞ니, 너의 션죄 샹부인을 상(喪)ᄒᆞᆫ 후 나를 취(娶)ᄒᆞ고 샹(常)히[1030] 유언(遺言) 왈,

"여러 안해를 두는 거시 난가(亂家)ᄒᆞᆯ 쟝본(張本)이오, 맛츰ᄂᆡ 일이 블가(不可)타 ᄒᆞ야, 네 아비는 쇼년의 ᄌᆡ모풍신(才貌風神) 【32】이 셰샹의 뛰여나고, ᄯᅩ 둔 재 구혼ᄒᆞ리 ᄒᆞᆫ두리 아니로ᄃᆡ, 션군이 마츰ᄂᆡ 허치 아니신 고로 여뷔(汝父) 일쳐(一妻)로 늙으미 되엿ᄂᆞᆫ지라. 가법은 당당이 션조를 ᄯᆞᆯ을 거시오, 남의 집을 빅ᄒᆞᆯ 일이 아니니, 신뷔 만일 황샹의 ᄉᆞ혼ᄒᆞ신 바 곳 아니면, 아모리 진왕공쥬나 셩의 쇼희(小姬) 되기를 면치 못ᄒᆞᆯ 거시니, 엇지 원비 보는 네 타문의 ᄌᆡ실이 조강 봄과 ᄀᆞᆺᄐᆞ리오. 노뫼 아는 거시 업ᄉᆞ나 션조의 유풍(遺風)은 낫낫치 ᄭᆡ닷ᄂᆞ니, 신뷔 겸손ᄒᆞ고 힝ᄉᆞ를 나톨진ᄃᆡ 당하(堂下)의셔 ᄌᆡᄇᆡ(再拜) 현알(見謁)ᄒᆞ미 올치 아니 【33】랴?"

소시 져의 흉언픽셜(凶言悖說)을 분노ᄒᆞ나 져 호랑 ᄀᆞᆺᄐᆞᆫ 노고(老姑)[1031]와 결울 길이 업ᄉᆞ니, 다만 미미히 우어 왈,

"녀ᄌᆞ의게 구가ᄀᆞᆺ치 두리온 거시 업ᄉᆞ니, 쇼손이 진궁 졔인을 존엄이 넉이긴들 고이ᄒᆞ리잇가? 다만 쇼괴 삼 거거(哥哥)의 ᄌᆡ실 되믄 진궁의셔 원통이 넉이는 ᄇᆡ오, 우리 집의셔 션후 ᄎᆞ례를 닐ᄏᆞ라 비쳔(卑賤)ᄒᆞᆫ 시쳡(侍妾)ᄀᆞᆺ치 ᄃᆡ졉ᄒᆞᆯ ᄇᆡ 아니라. ᄉᆞ혼(賜婚) 곳 아니면 쇼고(小姑)로ᄡᅥ 삼거거의 ᄌᆡ실을 허ᄒᆞᆯ니 이시리오. ᄉᆞ혼ᄒᆞ시기 특은(特恩)이나, 쇼괴 거거의 ᄌᆡ실 되기는 실노 뜻 밧기라. 션죄 비록 【34】냥쳐 두는 거시 난가(亂家)ᄒᆞᆯ 쟝본(張本)이라 ᄒᆞ여 계시나, ᄯᅩᄒᆞᆫ ᄌᆞ손의게 유셔(遺書)ᄒᆞ신 일이 업ᄉᆞ오니, 현마 엇지 ᄒᆞ리잇고? 글노 드ᄃᆡ여 쇼괴 하당 ᄇᆡ례ᄒᆞᆯ 네는 업ᄉᆞ오리니, 대모는 슌네(順禮)로온 법으로ᄡᅥ 신인의 쳐신이 난안치 아니케 ᄒᆞ쇼셔."

부인이 선우음[1032]ᄒᆞ여 왈,

"노뫼 우연이 녯말을 닐녓더니, 네 쇼고를 위ᄒᆞ여 도도ᄒᆞᆫ 정셩이 션조의 법규를 흔ᄒᆞ고, 혹ᄌᆞ 오라비 쇼셩(小星) 될가 겁ᄒᆞ니, 구개 어려온 줄 알니로다. 노뫼 네 ᄂᆞᆺ출 본들 신부의 쳐신이 난안(難安)케 ᄒᆞ리오. 질네 아직 ᄐᆡ신지경(胎娠之慶)이 【35】업거니와, 타일 유ᄌᆞᄉᆡᆼ녀(有子生女)ᄒᆞᆫ즉, 윤시의게 당당ᄒᆞᆫ 젹ᄌᆞ(嫡子)니, 목강(穆姜)[1033]의 인ᄌᆞ(仁慈)ᄒᆞ믈 본밧으면 ᄒᆡᆼ(幸)이어니와, 혹ᄌᆞ 녀희(麗姬)[1034] 신ᄉᆡᆼ(申生)[1035] 해

1029)초공쥬(楚公主) 빅졍(白丁)의게 하가 :?

1030)샹(常)히 : 항상, 늘. *-히; '-ᄒᆞ여'의 준말. 동사를 만드는 접미사 '-ᄒᆞ다'의 부사형.

1031)노고(老姑) : 노파(老婆). 늙은 여자.

1032)선우음 : 선웃음. 우습지도 않은데 꾸며서 웃는 웃음.

1033)목강(穆姜) : 중국 진(晉)나라 정문구(程文矩)의 아내. 성은 이(李)씨, 자(字)는 목강(穆姜). 전처 소생의 네 아들을 자신이 낳은 두 아들보다 더 사랑하여 훌륭하게 키웠다.

1034)녀희(麗姬) : 중국 진(晉)나라 헌공(獻供)의 총비(寵妃). 자신의 아들을 태자로 삼기 위하여, 태자 신

(害)ᄒᆞ듯 ᄒᆞ면, 망가(亡家)ᄒᆞ믈 면ᄒᆞ랴?"

소시 조모의 말마다 쇼고로써 거거의 쇼셩(小星)으로 밀위믈 분ᄒᆞ나, 어ᄃᆡ 가 ᄉᆞᄉᆡᆨ(辭色)ᄒᆞ리오. ᄋᆡ랑ᄒᆞᆫ[1036] 단슌(丹脣)의 호치(皓齒) 빗최여 미미(微微)히 웃고 날호여 승당ᄒᆞᄆᆡ, 신부의 거동이 무ᄉᆞ무려(無思無慮)ᄒᆞ여 셰샹ᄉᆞᄅᆞᆯ 모로ᄂᆞᆫ ᄃᆞᆺ, 온슌유{여}열(溫順愉悅)ᄒᆞ미 삼셰쇼ᄋᆞ(三歲小兒)의 말이라도 능히 욱이지 못ᄒᆞᆯ ᄃᆞᆺ, 사ᄅᆞᆷ이 셔기ᄅᆞᆯ 명ᄒᆞ면 감히 안지 못ᄒᆞ며, 안기ᄅᆞᆯ 명ᄒᆞ면 셜 긔【36】운이 업ᄉᆞᆯ ᄃᆞᆺᄒᆞᄃᆡ, 즁계(中階)의 셔 졀ᄒᆞ여 뵈라 ᄒᆞᄆᆡ 밋처ᄂᆞᆫ, 긔괴(奇怪)히 넉이미 업지 아냐, 셔연(徐然)이 년보(蓮步)[1037]ᄅᆞᆯ 움족여 소부인 뒤흘 조ᄎᆞ 당의 올으니, 녀시 신뷔 ᄌᆞ긔 명을 밧지 아니믈 대로ᄒᆞ나, 즐ᄆᆡ(叱罵) 욕셜(辱說)도 너모 급ᄒᆞ여 말을 아니코, 거ᄌᆞᆺ 녀시ᄅᆞᆯ 씌오ᄂᆞᆫ 체 ᄒᆞ여 왈,

"봉난과 셩의 부빈이 와시니 잠간 니러 안ᄌᆞ보라. 쇼녀시 노ᄅᆞᆯ 니긔지 못ᄒᆞ여 분연이 닓써 안ᄌᆞ니, 흑면흉샹(黑面凶狀)의 싀험픽악(猜險悖惡)ᄒᆞᆫ 거동이 보기의 무서오ᄃᆡ, 소부인이 흔연ᄒᆞᆫ ᄉᆞᄉᆡᆨ으로 그 유질(有疾)ᄒᆞ믈 념녀ᄒᆞ고, 오ᄅᆡ 써나던 졍을 【37】닐너 신긔롭고 화열ᄒᆞᆫ 거동이 무루녹아, 신연(神然)ᄒᆞ고 놉흔 긔상이 쳥텬ᄇᆡᆨ일(青天白日) ᄀᆞᆺᄐᆞ니, 셰속의 부졍흉음(不正凶淫)ᄒᆞᆫ 뜻 가진 쟈로 ᄒᆞ야금, 소시ᄅᆞᆯ ᄃᆡᄒᆞᄆᆡ ᄉᆞᄉᆞ로 슈괴(羞愧)ᄒᆞ여 돗ᄀᆞ에 뫼시지 못ᄒᆞᆯ ᄃᆞᆺᄒᆞ니, 녀시 비록 대악(大樂)이나 간ᄃᆡ로 흉험(凶險)을 발뵈지 못ᄒᆞ여, 어린 다시 우러라 보ᄂᆞᆫ지라. 소시 눈으로써 윤시ᄅᆞᆯ ᄀᆞ라쳐 왈,

"이곳 거거의 신취(新娶)ᄒᆞ신 윤쇼졔니, 현형으로 더브러 ᄇᆡᆨ년안항(百年雁行)의 길흉우락(吉凶憂樂)을 ᄀᆞᆺ치 ᄒᆞ실 ᄇᆡ니, 쟉일 연셕의 졔져(姐姐) 블참ᄒᆞ여 계실ᄉᆡ, 금됴의 대뫼 명ᄒᆞ샤 동【38】녈샹회지녜(同列相會之禮)ᄅᆞᆯ 식이시니, 신인의 나히 십일셰라, 아직 셰샹ᄉᆞᄅᆞᆯ 아지 못ᄒᆞ거니와, 져져ᄂᆞᆫ 신인 보다가○[ᄂᆞᆫ] 노슉(老宿)ᄒᆞᆫ 년긔니, 동녈의 현미(賢美)ᄒᆞ미 져져의 덕셩을 베퍼 욕되지 아닌 줄 씌다라시나냐?"

생(申生)을 참소하여 자살케 하였다.

1035)신싱(申生) : 진(晉) 나라 헌공(獻公)의 태자로, 헌공의 총비(寵妃)인 여희(麗姬)가 자신의 아들을 태자로 삼기 위하여 그를 참소하자, 이를 변백(辨白)하지도 않고 자살해 버렸다. 이로써 후세에 '융통성 없는 우직한 사람'의 전형으로 일컬어졌다.

1036)ᄋᆡ랑ᄒᆞ다 : 사랑스럽다. 탐스럽다. *'ᄋᆡ랑'의 정확한 의미는 알 수 없다. 다만 그 용례를 보면, 이 작품의 위 1곳과 <완월회맹연>의 여러 곳에 그 어례(語例)가 나타나는데, 모두 '단순(丹脣; 붉은 입술)'을 형용하는 말로만 쓰이고 있다. 그 뜻을 'ᄋᆡ(愛)+랑'의 형태, 곧 '사랑하다'라는 뜻의 '애(愛)'에 조음소 '랑'이 붙은 꼴로 보아, 앞의 뜻으로 해석하였다. ¶ 화슌ᄒᆞᆫ 거동은 ᄋᆡᄋᆡ히 삼츈 도홰 츈풍을 쓰엿고 ᄋᆡ랑ᄒᆞᆫ 단슌과 ᄂᆡ션ᄒᆞᆫ 호치며(<완월>권6:41쪽), 효슌ᄒᆞᆫ 거동이 ᄋᆡᄋᆡ히 숨츈 화향이 동군을 마ᄌᆞᆫ ᄃᆞᆺ ᄋᆡ랑ᄒᆞᆫ 단슌과 ᄂᆡ션ᄒᆞᆫ 호치며 졔졔ᄒᆞᆫ 아미와 미미ᄒᆞᆫ 봉안이(<완월>20:49) , 소부인이 교연ᄒᆞᆫ 안화의 알연ᄒᆞᆫ 희긔을 동ᄒᆞ여 ᄉᆞ월 아황의 긔ᄉᆡᆨ이 춍농ᄒᆞ고 ᄋᆡ랑ᄒᆞᆫ 단슌의 호치 ᄂᆡ션ᄒᆞ여 두긋기며 아름다오미 ᄌᆞ모의 도리와 인졍의 지극ᄒᆞ니(<완월>34:68). 홍협은 도홰 작작 ᄒᆞᄃᆡ 쥬슌이 ᄋᆡ랑ᄒᆞ며 호치 ᄀᆡ견ᄒᆞ니 졀셰ᄒᆞᆫ 풍모의(<완월>42:21), ᄋᆡ랑ᄒᆞᆫ 단슌과 ᄀᆡ결ᄒᆞᆫ 호치와 졔졔ᄒᆞᆫ 아미의(<완월>42:65), ᄋᆡ랑ᄒᆞᆫ 단슌과 낭셩이 쇄락ᄒᆞᆯ ᄲᆞᆫ 아니라(<완월>96:33).

1037)년보(蓮步) : 금련보(金蓮步). 미인의 정숙하고 아름다운 걸음걸이를 비유적으로 이르는 말.

쇼녀시 윤쇼져의 쳔틱만광(千態萬光)의 쇄연찬난(灑然燦爛)ᄒᆞ믈 대경통ᄒᆞᆫ(大驚痛恨)ᄒᆞ여 면식(面色)이 여토(如土)ᄒᆞ딕, 쇼고의 슉연 엄듕ᄒᆞᆫ 위의와 신부의 녈일단묵(烈日端默)ᄒᆞᆫ 거동이 곡졀(曲折)업시 즐욕지 못ᄒᆞ여, 오직 금방울 ᄀᆞᄐᆞᆫ 눈으로 윤시의 형용톄지(形容體肢)를 찰시(察視)ᄒᆞ고 말을 아니니, 부인이 신부를 향ᄒᆞ여 원비(元妃) 보ᄂᆞᆫ 녜를 【39】 폐치 말나 ᄒᆞᄂᆞᆫ지라. 쇼졔 혜오딕,

"져 노부인이 날노ᄡᅥ 당하의셔 빅알ᄒᆞ라 ᄒᆞ믄 쳔블ᄉᆞ만블가(千不似萬不可)1038) ᄒᆞᆫ 고로, 내 도로혀 인ᄉᆞ 모로ᄂᆞᆫ 다시 소형을 조ᄎᆞ 승당ᄒᆞ여 노부인 명을 좃지 아냣거니와, 임의 당샹의 님ᄒᆞ야시니 져 녀시와 내 쥬긱(主客)의 쟈리의 안줄지니, 내 졀ᄒᆞ여 졔 알은 체 아니믄 허믈이 져의게 이시니, 다시 존명을 역지 못ᄒᆞᆯ지라, 빅례(拜禮)ᄒᆞ기 무어시 어려오리오."

ᄒᆞ고, 텬연(天然)이 쇼녀시를 향ᄒᆞ여 두번 졀ᄒᆞ니, 흉상누질(凶狀陋質)이 금금(錦衾)으로 몸을 두루고 안ᄌᆞ, 언연(偃然)이1039) 윤【40】시의 빅례를 밧고 날호여 졈두(點頭)ᄒᆞ니, 소시 통한ᄒᆞ나 조모의 긔식을 보미 눈망울이 ᄉᆞ모1040)흐로 뒤룩이니, 횃블이 어ᄌᆞ로온 듯 ᄂᆞᆺ갓출 찡긔고, 입을 읆무러1041) 싀포(猜暴)ᄒᆞᆫ 거동이 고딕1042) 무러 먹을듯 ᄒᆞ니, 유익지 아닌 말을 닉엿다가 일쟝괴란(一場壞亂)을 니르혈가 두려, 잉슌(櫻脣)이 함홍(緘紅)1043)이더니, 쇼녀시 도로 누으며 왈,

"윤시 셔ᄌᆞ(西子)1044) 왕쟝(王嬙)1045)의 식모(色貌)로ᄡᅥ 포ᄉᆞ(褒姒)1046)의 닝담(冷淡)ᄒᆞ믈 겸ᄒᆞ여시니, 소혜(蘇惠)1047)ᄂᆞᆫ 비단을 ᄧᅡ 그 됴히 넉이믈 일위엿거니와, '내 무ᄉᆞᆷ 위엄으로 졔후(諸侯)를 모호리오'1048)."

1038)쳔블ᄉᆞ만블가(千不似萬不可) : 전혀 격에 맞지도 않고 할 수도 없음.

1039)언연(偃然)이 : 거드름을 피우며 거만하게.

1040)ᄉᆞ모 : 네 모서리. 네 귀퉁이. 사방(四方).

1041)읆물다 : 옭 물다. 꽉 움켜잡고 물어뜯다. *옭다; 움켜잡다.

1042)고딕 : 곧.

1043)함홍(緘紅) : 붉은 입술을 굳게 다묾. 말을 하지 아니함

1044)셔ᄌᆞ(西子) : 중국 춘추시대의 월(越)나라의 미인 서시(西施). 오나라에 패한 월나라 왕 구천이 서시를 부차에게 보내어 부차가 그 용모에 빠져 있는 사이에 오나라를 멸망시켰다.

1045)왕쟝(王嬙) : 왕소군(王昭君). 중국 전한 원제(元帝)의 후궁. 이름은 장(嬙). 자는 소군(昭君). 기원전 33년 흉노와의 화친 정책으로 흉노의 호한야선우(呼韓邪單于)와 정략결혼을 하였으나 자살하였다. 후세의 많은 문학 작품에 애화(哀話)로 윤색되었다.

1046)포ᄉᆞ(褒姒) : 중국 주(周)나라 유왕의 총희(寵姬)로 웃음이 없었다. 유왕이 그녀를 웃게 하기 위해 거짓 봉화를 올려 제후들을 소집하였다가, 뒤에 외침(外侵)을 받고 봉화를 올렸으나 제후들이 모이지 않아 왕은 죽고 포사는 사로잡혔다고 한다.

1047)소혜(蘇惠) : 중국 동진 때 진주자사(秦州刺史) 두도(竇滔)의 아내. 자(字)는 약란(若蘭). 남편이 진주자사로 있다가 유사(流沙)라는 곳으로 유배를 갔는데, 남편을 그리워하여 비단을 짜고 그 위에다 840자로 된 회문시(回文詩)를 수놓아 보내, 남편을 감동케 한 이야기로 유명하다. 『진서(晉書)』에 이야기가 전한다. *회문시(回文詩); 머리에서부터 내리읽으나 아래에서부터 올려 읽으나 뜻이 통하고, 평측(平仄)과 운(韻)이 맞는 한시(漢詩).

1048)내 무ᄉᆞᆷ 위엄으로 졔후(諸侯)를 모호리오 : 중국 주(周)나라 유왕(幽王)이 총희(寵姬)인 포사(褒姒)를

언파의 믜옴과 분ᄒᆞᆷ을 참노【41】라ᄒᆞ니, 금방울 ᄀᆞᆺ튼 눈의 누쉬(淚水) ᄒᆞ르니, 녀부인이 위로ᄒᆞ며 윤시를 경계ᄒᆞᄂᆞᆫ 말이 히분(駭憤)ᄒᆞᆷ을 참지 못ᄒᆞᆯ ᄇᆡ로ᄃᆡ, 힝혀 션화쇼졔 부풍모습(父風母襲)ᄒᆞ여 녀슈(麗水)1049)의 누란 금(金)이 단연(鍛鍊)ᄒᆞ여, 존당부모의 만금ᄌᆞᄋᆡ(萬金慈愛)와 슉당의 칭션ᄋᆡ듕(稱善愛重)ᄒᆞᆷ을 밧아 쥬루화당(朱樓華堂)의 부귀호치(富貴豪侈)ᄒᆞᄆᆡ, 셰샹ᄉᆞ를 아지 못ᄒᆞ던 바로, 작일(昨日) 군ᄌᆞ를 마ᄌᆞ금됴(今朝)의 욕되고 참분(慙憤)ᄒᆞᆫ 셜홰 이의 밋ᄎᆞ니, 타일 그 고샹(苦狀)은 측냥치 못ᄒᆞᆯ 줄 짐작ᄒᆞ나, 옥면의 화긔 ᄀᆞ득ᄒᆞ여 반졈 수ᄉᆡᆨ(愁色)을 낫타ᄂᆡ지 아냐 셰샹ᄉᆞ를 모로ᄂᆞᆫ 둧ᄒᆞ【42】니, 소부인이 쇼고(小姑)의 화홍(和弘)ᄒᆞᆫ 위인을 흠ᄋᆡ(欽愛)ᄒᆞ나, 그 신셰를 위로ᄒᆞᆯ 모칙(謀策)이 업ᄉᆞ니 울울블낙ᄒᆞ더라.

녀부인이 날호여 침뎐으로 도라가며, 윤시를 당부ᄒᆞ여 질녀의 겻희셔 병을 구호ᄒᆞ라 ᄒᆞ니, 윤시 공경ᄒᆞ여 드를 ᄲᅮᆫ이오, 그 거동이 무ᄉᆞ무려(無思無慮)ᄒᆞ여 아모 일도 모로ᄂᆞᆫ 둧ᄒᆞ니, 부인이 그 심지(心志)를 탁냥(度量)치 못ᄒᆞ여, 아직 나히 어리니 비희ᄋᆡ락(悲喜哀樂)을 모로ᄂᆞᆫ가 넉이더라.

소시 윤시로 더브러 이윽이 안ᄌᆞᆺ다가 날이 느즌 후 모친 침소의 도라오니, 소공이 신부와 녀ᄋᆞ의 손을 잡고 두굿거오며 귀듕ᄒᆞ【43】믈 니긔지 못ᄒᆞ여, 우으며 부인을 도라보아 왈,

"내 진왕긔 쳥ᄒᆞ여 달문을 십여일을 와 잇게 ᄒᆞ여시ᄃᆡ, 부인은 그 ᄡᅡᆼ유(雙遊)ᄒᆞᄂᆞᆫ ᄌᆞ미를 보고져 ᄆᆞ음이 업관ᄃᆡ, 엇지 녀ᄋᆞ의 침소를 슈쇄(收刷)1050)ᄒᆞ여 셔랑의 머믈기를 구치 아닛ᄂᆞ뇨?"

부인이 존고의 심솨을 혀아리ᄆᆡ 근심이 무궁ᄒᆞ나, 공의 흔화(欣和)ᄒᆞᆫ 빗출 근간 처엄으로 ᄃᆡᄒᆞᄆᆡ, 블호(不好)ᄒᆞᆫ 말노ᄡᅥ 즐기믈 감ᄒᆞ게 ᄒᆞ미 블가ᄒᆞ여, 쇼이ᄃᆡ왈,

"쳡인들 엇지 녀ᄋᆞ 부뷔 ᄡᅡᆼ유ᄒᆞᆷ을 보고져 아니 ᄒᆞ리잇고마ᄂᆞᆫ, 작일 신부를 보ᄆᆡ, 미쳐 윤【44】낭과 녀ᄋᆞ의 머믈 곳 ○○[쇄쇼(刷掃)]을 결을치 못ᄒᆞ과이다."

인ᄒᆞ여 시녀를 명ᄒᆞ야 쇼져 침소를 슈리ᄒᆞ고, 요금(褥衾)을 옴겨가라 ᄒᆞ니, 소시 누년니측(累年離側)ᄒᆞ엿던 졍니(情理)로ᄡᅥ 모친 상하(床下)의셔 밤을 지ᄂᆡ미 원이오, ᄉᆞ실의 믈너갈 ᄯᅳᆺ이 업ᄉᆞ나, 부뫼 ᄌᆞ가 부부의 ᄡᅡᆼ유ᄒᆞᆷ을 지극히 보고져 ᄒᆞ시므로, 능히 별(別) 의견을 ᄂᆡ지 못ᄒᆞ여 묵묵ᄒᆞ더라.

소시랑이 ᄆᆡ져 셩혼 ᄉᆞᄌᆡ(四載)의 그 부뷔 동방(洞房)의 깃드리믈 보지 못ᄒᆞ엿ᄂᆞᆫ 고로, 태우와 쇼져의 ᄒᆞᆫ가지로 머믈녀 ᄒᆞᆷ을 희귀ᄒᆞᆫ 일노 알아, 시녀 등을 지휘ᄒᆞ여 《ᄆᆡ【45】ᄆᆡ‖ᄆᆡ져(妹姐)》의 슉소를 슈리ᄒᆞ고, 그 부부의 침구를 옴겨 완연이 신방을 ᄇᆡ셜(排設)ᄒᆞ니, 텰부인이 쇼왈,

---

웃게 하기 위해 거짓으로 봉화를 올려 제후들을 불러 모은 일을 말함.

1049)녀슈(麗水) : 중국 양자강(揚子江) 상류인 운남성(雲南省)의 금사강(金砂江)을 이름. <천자문> '금생여수(金生麗水)'에서 말한 금(金)의 산지(產地)로 유명.

1050)슈쇄(收刷) : 흩어진 재산이나 물건을 거두어 정돈함. 늑수습(收拾).

“내집 뇽(龍)이 변ᄒᆞ여 윤가의 닌(麟)이 되여1051) 다시 동상(東床)을 빗닉ᄃᆡ, 우리 ᄋᆡ듕ᄒᆞᆫ 정이 젼쟈(前者)의 더으미 업서, 오히려 집을 ᄯᅥ나믈 훌연(欻然)ᄒᆞ고 그 부부의 ᄡᅡᆼ유ᄒᆞ믈 보지 못ᄒᆞ미 결울ᄒᆞ더니, 이제 셩혼 ᄉᆞ직의 비로소 신낭 모양을 일워 쟉소(鵲巢)1052)의 깃드리믈 구ᄒᆞ니, 빙가(聘家)의 셔랑 영졉이 뒤늣지 아니랴?”

소시랑 등이 쇼이ᄃᆡ왈(笑而對曰),

“달문이 이의 오ᄂᆞᆫ 날이 드므오나, 오ᄂᆞᆫ ᄯᅴᄂᆞᆫ 쇼ᄌᆞ 등으로 【46】 더브러 밤을 쟈고 갈 적이 만흐니, 져를 위ᄒᆞ여 방샤를 슈리ᄒᆞ미 아니라, 쇼ᄆᆡ 귀령ᄒᆞ미 쉽지 아닌 고로 츈광(春光)이 쇠치 아닌 ᄯᅴ의 그 부뷔 ᄡᅡᆼ유ᄒᆞ믈 보고져 ᄒᆞᄂᆞ이다.”

공이 만심 환희ᄒᆞ여, 겨유 어둡기를 기다려 친히 외루의 나와 태우를 블너 왈,

“너의 부뷔 샹봉 ᄉᆞ직로ᄃᆡ 쟉소의 깃드리ᄂᆞᆫ ᄌᆞ미를 보지 못ᄒᆞ엿ᄂᆞ니, 모로미 나를 조ᄎᆞ 녀ᄋᆞ의 쳐소로 드러가미 됴토다.”

태위 쇼왈,

“ᄋᆞ히 신ᄉᆡᆼ지초(新生之初)로브터 대인과 부인의 은ᄋᆡ를 밧ᄌᆞ와, 십삼년을 존문(尊門)의셔 ᄌᆞ라오니, 셩명이 【47】 다로오나 위인을 알아심과 졍ᄋᆡ(情愛)를 ᄡᅩ드시미 삼형의 아ᄅᆡ 아니온지라, 실인(室人)이 칠거지악(七去之惡)1053)이 업ᄉᆞᆫ 후ᄂᆞᆫ ᄋᆞ히 기리 동쥬(同住)ᄒᆞ오리니, 이제 셩혼 ᄉᆞ직의 ᄌᆞ식을 두고 피ᄎᆞ 신인의 서어(齟齬)1054)ᄒᆞ미 업ᄉᆞ니, 새로이 동방의 샹ᄃᆡᄒᆞ미 무어시 유익ᄒᆞ리잇고? 실인의 졍니(情理)로 ᄒᆞ여도, 대인긔ᄂᆞᆫ ᄌᆞ로 현알ᄒᆞ거니와 부인긔ᄂᆞᆫ 누년 니측(離側)ᄒᆞ엿던 회푀(懷抱) 쳡○[쳡](疊疊)ᄒᆞ오리니, ᄆᆡ양 보던 쇼ᄌᆞ로 동쳐(同處)코져 ᄒᆞ미 이샹토소이다.”

소공이 더옥 희연 쇼왈,

“녀ᄋᆡ 널노 더브러 동쳐ᄒᆞ믈 원ᄒᆞᄂᆞᆫ 거시 아니【48】라, 우리 너희 부부의 ᄡᅡᆼ유ᄒᆞ믈 보고져 ᄒᆞᄂᆞ니 굿ᄐᆞ여 ᄉᆞ양치 말나.”

ᄉᆡᆼ이 샤왈,

“비록 난안지ᄉᆡ(赧顔之事)라도 존명이면 역(逆)지 못ᄒᆞ오리니, 엇지 두번 닐ᄋᆞ시게 ᄒᆞ리잇가?”

언파의, 거름을 옴겨 소공을 조ᄎᆞ 쇼져 침소의 니르니, 텰부인이 녀ᄋᆞ를 다리고 이의 왓ᄂᆞᆫ지라. 소공이 호호(皓皓)히 우어 왈,

“달문이 신방 빅셜ᄒᆞ여 져 영졉ᄒᆞ미 녀ᄋᆞ의 쇼쳥인가 넉이ᄂᆞᆫ ᄃᆡ, 부인은 엇지 ᄯᆞᆯ을 다리고 미리 와 안ᄌᆞᆺᄂᆞ뇨?”

1051)내집 뇽(龍)이 변ᄒᆞ여 윤가의 닌(麟)이 되여 : 소봉란의 남편 윤성린이 소부에서 양육될 때의 이름이 ‘몽룡’이었는데, 부모를 찾고 윤부로 돌아간 뒤 이름이 ‘성린’으로 바뀐 것을 두고 이른 말.

1052)쟉소(鵲巢) : 까치 집. ‘신방(新房)’을 비유적으로 표현한 말.

1053)칠거지악(七去之惡) : 예전에, 아내를 내쫓을 수 있는 이유가 되었던 일곱 가지 허물. 시부모에게 불손함(不順舅姑), 자식이 없음(無子), 행실이 음탕함(淫行), 투기함(嫉妬), 몹쓸 병을 지님(惡疾), 말이 지나치게 많음(多言), 도둑질을 함(竊盜) 따위이다.

1054)서어(齟齬) : 익숙하지 아니하여 서름서름함. 낯이 설거나 친하지 아니하여 어색함.

부인이 역시 함쇼(含笑) 왈,

"녀ᄋᆞ의 소청이 그러ᄒᆞ면 위인이 쳥경타ᄂᆞᆫ 못ᄒᆞ【49】려니와, 또ᄒᆞᆫ 블법(不法)이 아니라, 굿ᄐᆞ여 발명ᄒᆞ리잇가?"

인ᄒᆞ여 녀와 셔를 좌우로 안쳐, 그 풍용덕질(風容德質)을 볼ᄉᆞ록 일빵젹쉬(一雙敵手)믈 두굿겨ᄒᆞ며, 부인이 손ᄋᆞ 보지 못ᄒᆞ믈 ᄋᆡ달나 ᄒᆞ니, 태위 악모를 취운산으로 쳥ᄒᆞ여 유ᄋᆞ를 와 보시믈 닐ᄏᆞ란ᄃᆡ, 부인이 탄식고 움ᄌᆞ이지 못ᄒᆞᆯ ᄉᆞ괴 만흐믈 ᄃᆡ답ᄒᆞ나, 윤부의셔 ᄋᆞ손을 보ᄂᆡ지 아니미 녀부인 독슈를 두리민줄 짐쟉ᄒᆞ더라.

이윽고 소공부뷔 침뎐으로 도라가니, 태우와 소시 하당송지(下堂送之)러니, 삼쇠(三蘇) 니르러 져【50】의 ᄂᆞ려셔시믈 보고, 우어 왈,

"너의 무ᄉᆞ 일○[로] 야월(夜月)을 우럴고 뎡즁(庭中)의 섯ᄂᆞ뇨? 아니 부부의 동거지락(同居之樂)이 셰상의 무비(無比)ᄒᆞ믈 뎐디긔 샤례ᄒᆞᄂᆞ냐?"

쇼져ᄂᆞᆫ 묵연(默然)이오, 태우ᄂᆞᆫ 대인과 부인이 단녀 가시므로 송지(送之)ᄒᆞ고 밋처 입실치 못ᄒᆞ여시믈 ᄃᆡ답ᄒᆞ며, ᄒᆞᆫ가지로 월하(月下)의 ᄇᆡ회ᄒᆞ니, 쇼져ᄂᆞᆫ 즉시 입실ᄒᆞ더라. 삼쇠 또ᄒᆞᆫ 방즁의 드러와 담화ᄒᆞ더니, 텰부인이 쥬찬(酒饌)을 보ᄂᆡ여시니, 태우ᄂᆞᆫ 술을 즐기지 아닛ᄂᆞᆫ 고로 겨유 두어잔을 거후르고, 소시랑과 소한님은 유쥬무량(有酒無量)[1055]이라. 호쥬(壺酒)를 다 【51】거훌너 대취(大醉)ᄒᆞᄆᆡ, 흔열(欣悅)ᄒᆞᆫ 담쇠 더옥 슷지 아니니, 학ᄉᆡ 왈,

"냥형이 져ᄀᆞᆺ치 취ᄒᆞ시고 대모긔 혼뎡ᄒᆞ려 ᄒᆞ시ᄂᆞ니잇가?"

한님 왈,

"너ᄂᆞᆫ 어ᄃᆡ 가 잇건ᄃᆡ 녀시랑 ᄂᆡ권(內眷)[1056]온 줄 모로ᄂᆞ냐? 현데ᄂᆞᆫ 쳐슉뫼(妻叔母)니 현알(見謁)ᄒᆞ여도 무방(無妨)ᄒᆞ거니와, 대모 침뎐의 우리ᄂᆞᆫ 못보올 ᄂᆡᄀᆡᆨ(內客)이 계시거ᄂᆞᆯ 엇지 드러가리오."

학ᄉᆡ 빈미(顰眉) 왈,

"블긴(不緊)ᄒᆞᆫ ᄒᆡᆼ치(行次) 또 무슴 일을 ᄂᆡ라 왓ᄂᆞ뇨?

쇼졔 날호여 왈,

"녀시랑 부인이 ᄒᆞᆫ갓 거거의 쳐슉모 ᄲᅮᆫ 아니라 대모 동긔시니, 대모의 동긔를 공경치 아니미 그르시이다."

학【52】ᄉᆡ 쇼왈,

"우형이 공경치 아니믄 그르거니와, 져 녀가의 무리 집의 온즉 필유ᄉᆡᆼᄉᆞ(必有生事)[1057]ᄒᆞ니, 이번인들 엇지 심샹(尋常)이 도라가리오. 악모(岳母)[1058] 녀급ᄉᆞ 부인이란 거ᄉᆞᆯ 셰알(歲謁)[1059]밧근 보ᄂᆞᆫ 일이 업ᄂᆞ니, 무슴 졍셩으로 쳐슉뫼라 ᄒᆞ고, 이젼

1055) 유쥬무량(有酒無量) : 주량이 커 끝이 없음.

1056)ᄂᆡ권(內眷) : 아내.

1057)필유ᄉᆡᆼᄉᆞ(必有生事) : 반드시 일을 빚어냄.

1058)악모(岳母) : 장모(丈母). 처모(妻母).

아니 보던 부인을 보리오."

쇼제 함쇼무언(含笑無言)이나, 녀옥지뫼(之母) 거즛 피우(避憂)로 일홈ᄒᆞ고 급급히 대모 침뎐으로 오믈 ᄀᆞ장 경아(驚訝)ᄒᆞ고 의려(疑慮)ᄒᆞ야 ᄯᅩ 무슴 변을 저을가 념녀ᄒᆞ더라.

야심토록 담화ᄒᆞ다가 각각 흣터지니, 태위 의관을 히탈ᄒᆞ고 상의 올으며, 쇼【53】져를 향ᄒᆞ여 우어 왈,

"병장지의(屛帳之儀) 의연ᄒᆞᆫ 신방이나 사ᄅᆞᆷ은 거의 고인이니 무슴 서어(齟齬)ᄒᆞ미 이시리오."

드ᄃᆡ어 옥슈를 닛그러 취침ᄒᆞ니 은졍이 《어옥‖더옥》 진듕(鎭重)ᄒᆞ더라.

ᄎᆞ시 녀옥이 쳐실을 어더시ᄃᆡ ᄒᆞᆫ 미친 사ᄅᆞᆷ이 되여 듀듀야야(晝晝夜夜)의 윤태우를 업시ᄒᆞ고 소시를 탈취코져 ᄒᆞ나, 더브러 일을 ᄭᅬᄒᆞᆯ 사ᄅᆞᆷ이 업서 ᄉᆞ년 츈츄를 뒤이ᄌᆞ미1060) 되엿더니, 소셩의 지취ᄒᆞᄂᆞᆫ 연셕의 소시 귀근(歸覲)ᄒᆞ여 참예ᄒᆞ믈 듯고, 새로이 식음을 믈니쳐 어미를 보ᄎᆡ며, 슉모를 보【54】고 소시를 져의 긔믈을 삼을 계교를 무르라 ᄒᆞ니, 김시 ᄌᆞ녀의 말인즉 위거(委去)1061)를 못ᄒᆞᄂᆞᆫ 고로, 마지못ᄒᆞ야 소부로 향ᄒᆞᆯᄉᆡ, 녀시 혜졍이 거거의 소시 칭찬ᄒᆞ미 '쇼ᄆᆡ(小妹)의셔 더으더라' ᄒᆞ믈 고이히 넉여, ᄒᆞᆫ번 귀경1062)코져 ᄒᆞᄂᆞᆫ 고로 모친을 ᄯᆞ라 소부의 니르니, 녀부인이 김시 모녀를 반기미 과도ᄒᆞ여 손을 잡고 졍회 탐탐(耽耽)ᄒᆞ더니1063), 김시 소쇼져 귀경ᄒᆞ믈 쳥ᄒᆞᆫᄃᆡ 녀부인 왈,

"문환 부뷔 ᄯᆞᆯ을 셩혼 ᄉᆞᄌᆡ(四載)의 처엄으로 귀령ᄒᆞᄆᆡ, 사회를 쳥ᄒᆞ여 다리고 두굿기ᄂᆞᆫ 흥【55】이 놉하시니, 현데 와시믈 닐너 브란즉, ᄀᆞ장 긴급지 아니케 넉이리니, ᄇᆞᆰᄂᆞᆫ 날 보아도 늣지 아닐가 ᄒᆞ노라."

김시 맛당ᄒᆞ믈 닐ᄏᆞᆺ고, 옥의 소시 탈취코져 ᄒᆞᄂᆞᆫ ᄯᅳᆺ을 젼ᄒᆞ니, 녀시 탄왈,

"내 봉난으로ᄡᅥ 옥의 빅우를 삼지 못ᄒᆞ고 분완통히(憤惋痛駭)ᄒᆞ미 지금 플니지 아니 ᄒᆞᄃᆡ, 됴흔 모칙이 업ᄉᆞ니, 오직 칼을 결워 윤가의 픽망키를 기다리나, 흉종(凶種)이 셩강(盛彊)ᄒᆞ야 부귀총권(富貴總權)이 일셰의 결우리 업ᄉᆞ며, 봉난이 심상ᄒᆞᆫ ᄋᆞ녀ᄌᆞ와 달나 춍명지혜(聰明智慧) 녀즁(女中) 졔갈(諸葛)1064)이니, 젹은 【56】ᄭᅬ와 약ᄒᆞᆫ 지조로ᄂᆞᆫ 거울1065) 사ᄅᆞᆷ이 업ᄉᆞᆯ지라. 녀옥의게 졍이 부족ᄒᆞ미 아니로ᄃᆡ, 묘계(妙計)

1059)셰알(歲謁) : 세배(歲拜). 섣달그믐이나 정초에 웃어른께 인사로 하는 절
1060)뒤이ᄌᆞ다 : 뒤집히다. 바뀌다. *뒤이다 : 뒤집다.
1061)위거(委去) : 버리거나 버리고 감.
1062)귀경 : 구경. 흥미나 관심을 가지고 봄.
1063)탐탐(耽耽) : ①마음이 들어 몹시 즐거워하거나 즐기는 모양 ②매우 그리워하는 모양.
1064)졔갈(諸葛) : 제갈량(諸葛亮). 181-234. 중국 삼국시대 촉한(蜀漢)의 정치가. 자 공명(孔明). 시호 충무(忠武). 뛰어난 군사 전략가로, 유비를 도와 오(吳)나라와 연합하여 조조(曹操)의 위(魏)나라 를 대파하고 파촉(巴蜀)을 얻어 촉한을 세웠다
1065)거우다 : 거스르다. 대적하다.

업서 민울(悶鬱)ᄒᆞ노라."

혜경이 낭쇼 왈,

"거게 소시로써 무빵(無雙)ᄒᆞᆫ 무가뵈(無價寶)라 ᄒᆞ니, 쇼질이 ᄇᆞ딕 귀경코져 규녀의 ᄌᆞ최 번거ᄒᆞ믈 피치 아니코 니르럿ᄂᆞ니, 요지금모(瑤池金母)[1066]와 옥경션ᄋᆞ(玉京仙娥)[1067]ᄂᆞᆫ 승텬(昇天)치 아니면 어더 볼 길히 업거니와, 소시ᄂᆞᆫ 슉모 침뎐의만 와도 볼 거시므로 이의 니르과이다."

녀부인이 쇼왈,

"봉난의 쳔틱별츌(千態別出)[1068]의 만고무비(萬古無比)ᄒᆞ믄 현질의 우히 잇ᄂᆞ니, 붉ᄂᆞᆫ 날 보라."

혜경이 【57】 슉모와 옥의 말이 다 소시를 져의셔 낫다 ᄒᆞ믈 밋지 아냐, 일쟝(一場)을 실쇼(失笑)ᄒᆞ고, 소시 볼 ᄯᅳᆺ이 ᄲᅡ란지라. 원닉 녀시 혜경이 녀슉의 귀ᄒᆞᆫ ᄯᆞᆯ노 호사극부(豪奢極富)ᄒᆞ믹, 《한명뎨(漢明帝)[1069] ‖ 한셩뎨(漢成帝)[1070]》의 비연후(飛燕后)[1071]를 장심(藏心)[1072]《홈과 ‖ ᄒᆞ고》 당의종(唐懿宗)[1073]의 동챵녀(同昌女)[1074]의 호사(豪奢)ᄒᆞ믈 ᄯᆞᆯ오니, ᄆᆞᄋᆞᆷ이 교만(驕慢)ᄒᆞ미 극ᄒᆞᆯ ᄲᅮᆫ 아니라, ᄌᆞ질(資質)의 특이ᄒᆞ며 긔픔의 온화(穩和)ᄒᆞ미 진실노 예쥬뎐(蘂珠殿)[1075]의 뎨일 션ᄌᆞ(仙子) 하강(下降)ᄒᆞ미라.

아미(蛾眉) 셤농(纖濃)[1076]ᄒᆞ며 잉슌(櫻脣)이 묘염(妙艷)ᄒᆞ며 찬연(燦然)ᄒᆞ니, 교일(驕逸)[1077]ᄒᆞᆫ 의ᄉᆞ와 방약(傍若)[1078]ᄒᆞᆫ ᄆᆞᄋᆞᆷ이 내 우히 뉘 이시리오 ᄒᆞᆯ 【58】 ᄲᅮᆫ 아

1066)요지금모(瑤池金母) : 서왕모(西王母).
1067)옥경션ᄋᆞ(玉京仙娥) : 천상의 옥황상제가 산다고 하는 옥경(玉京)에 사는 선녀.
1068)쳔틱별츌(千態別出) : 특별하게 빼어난 온갖 자태
1069)한명뎨(漢明帝) : 중국 후한(後漢)의 황제(28~ 75). 성은 유(劉). 이름은 장(莊). 재위 기간 중에 불교가 유입된 것으로 추정되며, 흉노족을 평정하여 북방 지역에 대한 지배력을 재확립하였다.
1070)한셩뎨(漢成帝) : 중국 전한(前漢)의 제9대 황제(BC 33~7 재위). 이름은 유오(劉驁). 원제(元帝)의 아들이다. 사치스러운 생활을 했으며, 술과 여자에 빠져 조비연(趙飛燕)과 조합조합덕(趙合德)을 총애했다..
1071)비연후(飛燕后) : 조비연(趙飛燕), 중국 전한(前漢) 성제(成帝)의 비(妃). 시호는 효성황후(孝成皇后). 가무(歌舞)에 뛰어났고 빼어난 미모로 성제의 총애를 받아 황후에까지 올랐다.
1072)장심(藏心) : 밖으로 드러내지 않고 마음속에 품어 간직하거나 따르고자 함.
1073)당의종(唐懿宗) : 중국 당나라 제17대 황제(859년 - 873년)이다. 휘는 최(漼), 연호는 함통(咸通)이다. 의종은 묘호이며, 불교를 신봉했고 주색에 빠져서 놀고 즐기는 데에 절도가 없었다.
1074)동챵녀(同昌女) : 동창공주(同昌公主). 당나라 제17대 의종(懿宗) 황제의 장녀. 자수에 능했고, 예쁘고 총명하여 예종의 총애를 받았다. 위보형(韋保衡)에게 시집가 사치한 생활을 하다 혼인 4년만에 죽었다.
1075)예쥬뎐(蘂珠殿) : 도교에서 옥황상제가 산다고 하는 천상계의 백옥경(白玉京)에 있다는 궁전.
1076)셤농(纖濃) : 눈썹 따위가 가늘고 짙어 아름다움.
1077)교일(驕逸) : 교만하고 일탈함.
1078)방약(傍若) : '방약무인(傍若無人)'의 줄임말. 곁에 사람이 없는 것처럼 아무 거리낌 없이 함부로 말하고 행동함.

니라, 견자의 칭션(稱善)이 분분(紛紛)ᄒᆞ여, 종데(從弟) 셜왕의 양녀(養女) 슈졍과 그 밧 녀시 제족의 쟈라ᄂᆞᆫ 쇼제(小姐) 무수ᄒᆞ나, 다 혜졍의게 비ᄒᆞ면 밋ᄎᆞ리 업ᄉᆞ니, 녀슉 부뷔 '이 ᄯᆞᆯ이 어ᄃᆡ로셔 삼겻ᄂᆞᆫ고' ○○[ᄒᆞ여] 귀듕ᄒᆞ미 아ᄃᆞᆯ의셔 더으더라.

이날 혜졍이 소시 귀경ᄒᆞᆯ ᄯᅳᆺ이 날이 ᄇᆞᆰ기를 기다리지 못ᄒᆞ여, 여측ᄒᆞ기를 핑계ᄒᆞ고 두어 시녀로 더브러 ᄀᆞ마니 소쇼져 침뎐(寢殿)을 규시ᄒᆞᄃᆡ, 사ᄅᆞᆷ 되오미 간능교활(奸能狡猾)ᄒᆞ고 ᄒᆡᆼ뵈(行步) 비됴(飛鳥) ᄀᆞᄐᆞᆫ 고로, 빙낭 ᄀᆞᄐᆞᆫ 시네 쳥샤(廳舍)의 이시ᄃᆡ 젼혀 아지 못【59】ᄒᆞ더라.

혜졍이 안ᄎᆡ(眼彩)를 졍히 ᄒᆞ여 방즁을 여으ᄆᆡ, 난촉(蘭燭)1079)이 명휘(明輝)ᄒᆞ여 ᄉᆞ벽이 됴요(照耀)ᄒᆞᆫᄃᆡ 삼소(三蘇)의 옥면뉴풍(玉面柳風)이 학우션ᄀᆡᆨ(鶴羽仙客)1080)이어늘, 윤싱○[의] 만고무젹(萬古無敵)ᄒᆞᆫ 풍도긔상(風度氣像)과 쇼져의 션ᄌᆞ난질(仙姿蘭質)이 텬뎡긔연(天定奇緣)이며 일ᄡᅡᆼ호귀(一雙好逑)라. 부부의 광휘 찬난ᄒᆞ야 '망여운(望如雲)이오 취여일(就如日)'1081)ᄒᆞ니, ᄒᆞᆫ 번 보아 눈이 어리고 두 번 보아 졍신이 황홀ᄒᆞ여, 의ᄉᆡ(意思) 젼도(顚倒)ᄒᆞ고 ᄆᆞ음이 ᄉᆞᄉᆞ로 국츅(跼縮)ᄒᆞᆫ 밧쟈ᄂᆞᆫ, 태우의 하일(夏日)이 의의(猗猗)ᄒᆞ며, 쇼져의 츄텬(秋天)이 상연(爽然)ᄒᆞᆫ 긔샹(氣像)이, 진속(塵俗)의 암밀(暗密)ᄒᆞᆫ 긔운이 갓가이 비【60】최지 못ᄒᆞᆯ ᄇᆡ라.

혜졍이 다리 저리도록 관경(觀景)ᄒᆞ여 삼쇠 도라가고, 태우 부뷔 상요(床褥)의 나아가믈 일일히 규시(窺視)ᄒᆞᆫ 후, 사ᄅᆞᆷ이 알가 두려 도라오ᄃᆡ, 만심(滿心)이 요요낙낙(擾擾落落)1082)ᄒᆞ고 여치여취(如痴如醉)1083)ᄒᆞ여 흠모(欽慕)ᄒᆞ며 앙앙(怏怏)ᄒᆞ믄, 소시의 션풍이질(仙風異質)이 져으셔 만ᄇᆡ승(萬倍勝)이믈 통탄ᄒᆞ여, ᄉᆞᄉᆞ로 무러 먹어 제 우ᄒᆡ 올으ᄂᆞᆫ 사ᄅᆞᆷ이 업과져 ᄒᆞ고, 흠모ᄒᆞ믄 윤태우의 풍모긔상(風貌氣像)이 져의 본 바 처엄이라. 일즉이 져ᄀᆞᄐᆞᆫ 긔군ᄌᆞ(奇君子)의 ᄇᆡ위(配位) 되지 못ᄒᆞ믈 ᄒᆞᆫᄒᆞ고, 풍의(風儀)를 ᄉᆞ모ᄒᆞ여 공교ᄒᆞᆫ 의ᄉᆡ 소시를 서【61】릇고, 그 쟈리를 아ᄉᆞ ᄇᆡᆨ년동쥬(百年同住)의 ᄒᆞᆫ 흠이 업과져 ᄒᆞ니, 발양(發揚)ᄒᆞᆫ ᄯᅳᆺ과 음탕(淫蕩)ᄒᆞᆫ 의ᄉᆡ ᄇᆡᆨ츌(百出)ᄒᆞ미 소시 업시ᄒᆞᆯ ᄆᆞ음이 착급(着急)ᄒᆞᆫ지라.

녀부인이 질녀의 ᄉᆞᄉᆡᆨ(辭色)이 고이ᄒᆞ믈 보고 문왈,

"질이 측간(厠間)의 단녀오며 형샹이 향ᄀᆡᆨ(向刻)1084)과 다르니, 아지 못게라 어ᄃᆡ 블평ᄒᆞ냐?"

혜졍이 함누(含淚) 탄식 왈,

"부뫼 블쵸(不肖) 질(姪) 남ᄆᆡ를 두시고, ᄉᆞ랑ᄒᆞ시미 텬뉸 밧게 ᄌᆞ별(自別)ᄒᆞ거늘,

1079)난촉(蘭燭) : 아름다운 촛불.
1080)학우션ᄀᆡᆨ(鶴羽仙客) : 학의 깃으로 만든 옷을 입은 신선.
1081)망여운(望如雲) 취여일(就如日) : 멀리 바라보면 찬연한 구름(노을 속에 빛나는 구름) 같고 다가가 가까이 보면 태양처럼 휘황함.
1082)요요낙낙(擾擾落落) : 몹시 어지럽고 낙담함.
1083)여치여취(如痴如醉) : 미친 듯 취한 듯 정신을 잃은 모양.
1084)향ᄀᆡᆨ(向刻) : 아까, 조금 전.

거게(哥哥) 뜻 잡기를 그릇ᄒᆞ고 슉뫼 브졀업시 인연을 짓고져 ᄒᆞ샤, 소시의 얼골을 거거를 보게 ᄒᆞ신 고로, 거게 여러 셰월【62】의 ᄆᆞ옴을 뎡치 못ᄒᆞ니, 윤가 형셰 태산(泰山) ᄀᆞᆺ고 소시 신명(神明)ᄒᆞ미 녀즁(女中) 졔갈(諸葛)이라 ᄒᆞ시니, 소시로ᄡᅥ 거거의 가인(佳人) 삼을 모칙(謀策)이 업ᄉᆞ니, 혹ᄌᆞ 거거를 참혹히 맛출가 ᄉᆡᆨ위(色威) 다라도 소이다."

녀시 왈,

"노뫼 너히 등을 위ᄒᆞᆫ 졍이 힘을 다ᄒᆞ여 범ᄇᆡᆨ(凡百)이 남의셔 낫과져 ᄒᆞᄃᆡ, 뜻 ᄀᆞᆺ지 못ᄒᆞ여 화졍을 손부를 삼아 그 부뷔 됴히 화락ᄒᆞ미 업고, 이졔 젹인(敵人)을 보미 되니, 그 셜워ᄒᆞ미 질(疾)을 일워 능히 눕지 못ᄒᆞ고 니지 못ᄒᆞ며, 옥으로ᄡᅥ 봉난의 �을 짓고져 ᄒᆞ다가 일이 그릇 되미, ᄉᆞᆺᄉᆞᆺ치[1085] 나【63】의 픽덕(悖德)만 나타나고, 심녁을 허비ᄒᆞ던 보람이 업ᄉᆞ니 엇지 ᄒᆞᆫ홉지 아니리오. 옥이 죽은즉 샤뎨(舍弟) 부부를 다 죽이ᄂᆞᆫ 쟉시니[1086], 노뫼 죽기를 ᄒᆞᆫᄒᆞ여 봉난을 옥의게 도라보○[닉]고져 아니리오마ᄂᆞᆫ, 실노 묘칙이 업ᄉᆞᆫ지라. 현질은 아름다온 계교로ᄡᅥ 노혼ᄒᆞᆫ 아ᄌᆞ미를 ᄀᆞᄅᆞ쳐, 오라비 원을 좃고 네 부모의 ᄇᆞ라ᄂᆞᆫ 거ᄉᆞᆯ ᄉᆞᆺ지 말나."

혜졍이 흉교간음(凶狡姦淫)ᄒᆞᆫ 의ᄉᆡᆨ 니러나ᄆᆡ 능히 함묵(含默)지 못ᄒᆞ고, 발언코져 ᄒᆞ나 오히려 규녀의 념치라. ᄂᆞᆺ치 몬져 븕ᄂᆞᆫ 줄 ᄭᆡ닷지 못ᄒᆞ니, 잠간 머리를 숙여 ᄉᆞ량(思量)ᄒᆞ다가, 탄【64】식 왈,

"거거ᄂᆞᆫ 부모의 만금듕탁(萬金重託)이라. ᄉᆡᆼ젼(生前) ᄉᆞ후(死後)의 ᄇᆞ라고 밋으미 거거 일인이니, 쇼질 ᄀᆞᆺ튼 일신은 열흘 주어 거거 일인을 밧고지 못ᄒᆞᆯ지라. 쇼질의 ᄯᅳᆺ인즉 거거로ᄡᅥ 쵸조(焦燥)ᄒᆞᄂᆞᆫ 심쟝(心臟)을 화열(和悅)케 ᄒᆞ고, 단명(短命)ᄒᆞᆯ 징상(症狀)을 도로혀 쟝슈(長壽)ᄒᆞᆯ 근졔(根際)[1087]를 삼은 후, 쇼질은 일ᄉᆡᆼ을 맛ᄎᆞ미 되여도 슬프지 아닐지라. 윤ᄌᆡ(者) 소시 곳의 드러온 ᄯᆡ를 타, 슉뫼 소시를 블너 말솜ᄒᆞ샤 죵야(終夜)토록 ᄂᆡ여 보ᄂᆡ지 마ᄅᆞ시면, 쇼질이 잠간 변용(變容)ᄒᆞ야 소시의 얼골을 비러 윤ᄌᆞ를 보고, 가즁 형셰 셔랑을 오ᄅᆡ【65】머믈오미 비편ᄒᆞᆫ 일이 만흐믈 닐오면, 윤ᄌᆡ 마지 못ᄒᆞ여 도라갈 거시니, 그 갈 ᄯᆡ를 타 거거로ᄡᅥ 변용ᄒᆞ여, 윤ᄌᆞ의 형뫼(形貌) 되여 소시로 의법(依法)히 일야(一夜)를 지ᄂᆡ고, 취운산의 급ᄒᆞᆫ ᄉᆞ괴 이시믈 닐너, 명됴(明朝)의 거쟝(車帳)을 출혀 오라 ᄒᆞ여 도라가믈 ᄌᆡ촉ᄒᆞᆫ즉, 소시 비록 총명ᄒᆞ나 쳔만 ᄉᆡᆼ각지 아닌 바로, ᄌᆞ연 속으미 되여 밧비 도라가미 되리니, 거게 거즛 윤진 쳬ᄒᆞ고 호ᄒᆡᆼ(護行)ᄒᆞ여 깁은 곳에 가 본젹(本迹)을 닐ᄋᆞ고, 그 형셰 고단ᄒᆞ믈 인ᄒᆞ여 졍을 태산ᄀᆞᆺ치 ᄆᆡᄌᆞ면, 소시 졀(節)을 보젼치 못ᄒᆞ나 살【66】기를 위ᄒᆞᄂᆞᆫ 인믈이면 죽지 아닐 거시오, 혹ᄌᆞ 강녈ᄒᆞ여 죽으미 되여도 거게 일시 참졀(慘絶)ᄒᆞᆯ지언뎡, 그 시신을 목견ᄒᆞᆫ 후ᄂᆞᆫ, 다시 ᄆᆞ옴의 걸닐 거시 업ᄉᆞ리니, 일이 속졀업ᄉᆞᆫ[1088] 후ᄂᆞᆫ 도로혀 타연

1085)ᄉᆞᆺᄉᆞᆺ치 : 끝끝내. 끝까지 내내. .
1086)쟉시다 : 꼴이다. 작(作); 작품. 꼴. 모양새.
1087)근졔(根際) : 근본적인 기회. 또는 때.

(泰然)ᄒᆞᆯ지라. 스ᄉᆞ로 ᄆᆞ음을 잡을 거시오, 윤가의셔 며ᄂᆞ리 도라오지 아니믈 굼거이 넉이미 이셔도, 쇼질이 져 집 ᄌᆡ촉을 기다리지 아냐셔 소시 얼골이 되여 진궁으로 나아가면, 귀신이라도 능히 ᄭᆡ닷지 못ᄒᆞ리니, 수히 도라오믈 뭇거든 유ᄋᆞ(幼兒)ᄅᆞᆯ 못 니저 수히 도라오라 ᄒᆞ야, ᄉᆞ오삭 머므다가 일이 진뎡【67】ᄒᆞᆫ 후, 청의차환(靑衣叉鬟)의 얼골이 되여 본부로 도라온즉, 쇼질의 일ᄉᆡᆼ은 다시 도라볼 거시 업ᄉᆞ나, 거거의 소원인즉 극진이 마치고1089), 윤가의셔도 며ᄂᆞ리ᄅᆞᆯ 다리고 잇다가 일코 통도(痛悼)ᄒᆞᆯ ᄲᅮᆫ이오, 소가의셔도 ᄯᆞᆯ이 구가로셔 간 곳이 업ᄉᆞ믈 슬허ᄒᆞᆯ지언뎡, 사ᄅᆞᆷ을 탓ᄒᆞᆯ 거시 업ᄉᆞ니, 쳔ᄉᆞ만샹(千思萬想)ᄒᆞ여도 계교(計巧) 이밧게 업도소이다.”

녀시 텽파의 신연(新然)이 ᄂᆞᆺ빗출 곳치고, 칭션 왈,

“현ᄌᆡ(賢哉)며 대ᄌᆡ(大哉)라! ᄋᆞ질의 지모(才謀)여! 냥평(良平)1090)이 환ᄉᆡᆼᄒᆞ여도 이의 더으지 못ᄒᆞ리니, 윤ᄌᆡ 시년(時年) 십뉵의 문【68】쟝(文章) 도덕(道德)과 풍용골격(風容骨格)이 만고무빵(萬古無雙)이니, 네 봉난의 셩명을 비러 됴히 부귀ᄅᆞᆯ 누리미 만젼지계(萬全之計)오, 샤데(舍弟) 부부도 비록 옹셔지졍(翁壻之情)을 ᄇᆞᆰ히지 못ᄒᆞ나, 대현군ᄌᆞ(大賢君子)로ᄡᅥ 너의 일ᄉᆡᆼ을 의탁ᄒᆞ여 ᄐᆡᆨ셔(擇壻)의 슈괴1091) 업ᄉᆞ믈 가히 쾌히 넉이지 아니랴?”

김시ᄂᆞᆫ 문득 미우(眉宇)ᄅᆞᆯ ᄡᅵᆼ긔고 왈,

“녀ᄋᆡ 비록 츌인(出人)ᄒᆞᆫ 우ᄋᆡ로 오라비ᄅᆞᆯ 위ᄒᆞ여 《쇼ᄉᆞ로∥스ᄉᆞ로》 몸을 도라보지 아니나, 부모의 텬뉸ᄌᆞᄋᆡ(天倫慈愛)즉 ᄌᆞ(子)와 네(女) 다ᄅᆞ미 업ᄂᆞ니, 부녀(父女)○[와] 모녀(母女)의 의(義)ᄅᆞᆯ ᄭᅳᆺ고, 소시 셩명을 가탁(假託)ᄒᆞ여 도라보ᄂᆡ고, 긴날의 통【69】원(痛冤)ᄒᆞ믈 엇지 견ᄃᆡ리오. 이 말을 참아 닐ᄋᆞ지 못ᄒᆞᆯ ᄇᆡ어니와, 옥이 소시ᄅᆞᆯ 취(娶)치 못ᄒᆞ여 죽ᄂᆞᆫ 지경(地境)이 되어도, 이일은 결단코 ᄒᆡᆼ치 못ᄒᆞ리로다.”

혜졍이 규녀(閨女)의 념치로 참아 구두(口頭)의 형언(形言)ᄒᆞ믈 ᄉᆡᆼ의(生意)치 못ᄒᆞᆯ 말이로ᄃᆡ, 거즛 오라비ᄅᆞᆯ 위ᄒᆞᄂᆞᆫ 쳬ᄒᆞ야 슉모의 말을 ᄡᅥ보미러니, 슉모의 말이 제 ᄯᅳᆺ의 암합(暗合)ᄒᆞ니 만심이 다 깃브거ᄂᆞᆯ, 눈치 모로ᄂᆞᆫ 모친의 언ᄉᆡ ᄀᆞ장 우직(愚直)ᄒᆞ니 분ᄒᆞ고 통ᄒᆞᆫᄒᆞ여 혀ᄎᆞ왈,

“모친의 거동이 아마도 거거(哥哥)ᄅᆞᆯ 목젼의 맛ᄎᆞ실소【70】이다. 쇼녜 셰샹 기인(棄人)이 될지언뎡, 거게(哥哥) 향슈다복(享壽多福)ᄒᆞ믈 보면 즐거오미 그 밧 업술가 ᄒᆞᄂᆞ니, 모친은 거거의 쵸고(憔枯)ᄒᆞᆫ 형용과 수쳑(瘦瘠)ᄒᆞᆫ 거동이 위ᄐᆡ치 아니터니잇

1088)속졀업다 : 속절없다. 단념할 수밖에 달리 어찌할 도리가 없다.

1089)마치다 : 맞추다. 다른 사람의 의도나 의향 따위에 맞게 행동하다

1090)냥평(良平) : 중국 한(漢)나라 때의 책사(策士) 장량(張良)과 진평(陳平)을 함께 이르는 말. *장량(張良); BC ?-189. 중국 한나라의 정치가, 건국공신. 자는 자방(子房). 유방의 책사로 홍문연에서 유방을 구하고 한신을 천거하는 등, 유방이 한나라를 세우고 천하를 통일할 수 있도록 도왔다. 소하·한신과 함께 한나라 건국 3걸로 불린다. *진평(陳平); 중국 전한(前漢) 때 정치가. 한 고조 유방(劉邦)를 도와 여섯 번이나 기발한 꾀를 내, 천하를 평정케 하였다.

1091)슈괴 : 수고. 일을 하느라고 힘을 들이고 애를 씀.

가?"

김시 미급답(未及答)의, 녀시 쇼왈,

"대ᄉᆞ롤 도모ᄒᆞᄂᆞᆫ 재 블구쇼졀(不拘小節)ᄒᆞᄂᆞ니, 더옥 셰속 연약ᄒᆞᆫ 부인으로 의논ᄒᆞᆯ ᄇᆡ 아니라. 현질이 비록 쇼녀ᄌᆡ(小女子)나 침원(沈遠)[1092]ᄒᆞᆫ 도량이 녀즁영걸(女中英傑)이니, 우리 슉질이 ᄯᅳᆺ을 합ᄒᆞ여 서로 응(應)ᄒᆞᆯ ᄲᅮᆫ이지, 너의 모친다려 다시 무러 무엇ᄒᆞ리오. 명일이라도 힝계ᄒᆞ라."

김시는 【71】ᄌᆞ녀의게 다ᄃᆞ라 눅고 슌ᄒᆞ고 무란 ᄶᅥᆨ ᄀᆞᆺᄐᆞ여, 비록 ᄯᅳᆺ에 합(合)지 아닌 일이라도, 닐너 듯지 아니면 두번 욱이지 못ᄒᆞ고, ᄯᆞᆯ의 독ᄒᆞᆫ 말이 ᄋᆞᄌᆞ를 목젼의 업시ᄒᆞ리라 ᄒᆞ미 가ᄉᆞᆷ이 덜헉[1093]ᄒᆞ니, 다만 머리롤 숙여 말을 못ᄒᆞ니, 녀시 다시음[1094] 질녀의 긔특ᄒᆞᆷ을 칭ᄋᆡᆨᄒᆞ여,

"노뫼 이제 죽으나 무ᄉᆞᆷ ᄒᆞᆫ이 이시리오. 연이나 화졍이 우픽(愚悖)ᄒᆞᆫ 셩악(性惡)ᄲᅮᆫ이오, 지모와 계괴 업ᄉᆞ니 노뫼 그 일싱을 위ᄒᆞ여 즐겁게 ᄒᆞᆯ 모칙이 업노라."

김시 왈,

"화졍의 박용누질(薄容陋質)이 인뉴(人類)의 말ᄌᆡ오, 【72】우픽지ᄒᆡᆼ(愚悖之行)이 조금도 녀ᄌᆞ의 온유비박(溫柔非薄)[1095]ᄒᆞ미 업ᄉᆞ니, 우리 알기ᄂᆞᆫ 부가(夫家)의 도라가ᄂᆞᆫ 날이라도 벅벅이 ᄯᅩ치여 가는 거죄 이실가 ᄒᆞ엿더니, 져져의 졔도(濟度)ᄒᆞᄂᆞᆫ 은덕으로ᄡᅥ 소셩 ᄀᆞᆺᄐᆞᆫ 긔남ᄌᆞ(奇男子)롤 마ᄌᆞ 셩혼 ᄉᆞᄌᆡ의 대단ᄒᆞᆫ 변고롤 만나지 아니ᄒᆞ미, 다 져의 큰 복이라. 엇지 윤시 ᄒᆞᆫ 사ᄅᆞᆷ으로ᄡᅥ 거리ᄭᅵ리잇가?"

녀부인이 쇼왈,

"현뎨의 텬연(天然)ᄒᆞ고 슌ᄒᆞᆫ ᄆᆞ음은 평ᄉᆡᆼ의 고요ᄂᆞ죽ᄒᆞ여 온슌ᄒᆞ건마ᄂᆞᆫ, 사ᄅᆞᆷ이 다 ᄒᆞᆫ갈ᄀᆞᆺ기 어려오니, 가뷔 남의셔 나을ᄉᆞ록 녀ᄌᆞ의 ᄯᅳᆺ이 타인의게 【73】도라 보ᄂᆡ기롤 깃거 ᄒᆞ리 업ᄉᆞ니, 화졍이 져의 ᄉᆡᆨ용(色容)이 누츄(陋醜)ᄒᆞ믄 ᄉᆡᆼ각지 못ᄒᆞ고, ᄒᆞᆫ갓 조강(糟糠)의 듕ᄒᆞᆫ 의(義)와 원비의 존엄ᄒᆞᆷ만 헤아려, 윤녀롤 셩의 쳔쳡ᄀᆞᆺ치 넉이며, 너모 픽악ᄒᆞ여 투부(妬婦)의 일흠을 어드미 유해무익(有害無益)ᄒᆞᆷ을 닐ᄋᆞᄃᆡ, 텬셩을 곳치지 못ᄒᆞ고 잉분[1096]ᄒᆞᆯ 줄 모로니, 우형의 근심이 등한ᄒᆞᆫ 곳에 잇지 아니ᄒᆞ도다."

혜졍이 쇼왈,

"향쟈(向者) 쇼질도 종형(從兄)의 ᄉᆡᆨ뫼 블미ᄒᆞᆷ을 닐넛거니와, 원간 홍안(紅顔)이 박명(薄命)[1097]이오, 흉상(凶相)이 무해(無害)ᄒᆞ니, 종형이 타【74】일의 만복을 누릴동어이 알니잇고? 슉모는 다닷지 아닌 근심을 과히 마ᄅᆞ쇼셔. 소셩이 종형을 참혹히 염

1092)침원(沈遠) : 심원(深遠). 헤아리기 어려울 만큼 깊음.
1093)덜헉 : 덜컥. 갑자기 놀라거나 겁에 질려 가슴이 내려앉는 모양.
1094)다시음 : 다시금. '다시'를 강조하여 이르는 말
1095)온유비박(溫柔非薄) : 온유하고 박색이 아님.
1096)잉분ᄒᆞ다 : 인분(忍憤)하다. 분을 참다.
1097)홍안(紅顔) 박명(薄命) : 얼굴이 예쁜 여자는 팔자가 사나운 경우가 많음을 이르는 말.

박(厭薄)ᄒᆞ여 츌거(黜去)코○[자] ᄒᆞ거든, 일이 그러치 아니믈 엄히 닐ᄋᆞ실지언뎡, 몬져 모의(謀議)ᄒᆞ실 ᄇᆡ 아니니, 거거의 소시 ᄉᆞ샹(思想)ᄒᆞ시믈 몬져 위로ᄒᆞ셤즉 ᄒᆞ니, 종형은 투긔를 과히 ᄒᆞ나 긔질이 확실ᄒᆞ니 죽을가 념녀는 업ᄉᆞ려니와, 거거는 소시를 위ᄒᆞ야 심쟝을 상히오미 무궁ᄒᆞ고, 긔품이 쳥슈(淸秀)ᄒᆞ여 장ᄆᆡᆼ(壯猛)ᄒᆞ미 업ᄉᆞ니, ᄒᆞᆫ 번 쟈리의 누은즉 니지 못ᄒᆞᆯ가 두【75】리ᄂᆞ이다."

녀부인 왈,

"노뫼 옥을 위ᄒᆞᆫ 졍이 범연ᄒᆞᆫ 거시 아니로ᄃᆡ 됴혼 계괴 업ᄉᆞ니, 다만 현질(賢姪)의 모칙(謀策)으로ᄡᅥ 옥의 소원을 일워, 명염(名艶)을 만나고 현질이 ᄀᆞ만ᄒᆞᆫ 가온ᄃᆡ 옥인군ᄌᆞ(玉人君子)를 ᄇᆡ(配)ᄒᆞ여 ᄇᆡᆨ두종시(白頭終時)의 영화부귀(榮華富貴) 환혁(煥赫)ᄒᆞ믈 원ᄒᆞ노라."

슉질이 이ᄀᆞᆺ치 밀밀모계(密密謀計)ᄒᆞ여, 혜졍이 소시의 형용(形容) 셩시(姓氏)를 비러 윤태우의 건즐(巾櫛)을 ○[찰]님(察任)ᄒᆞ고, 진궁 춍뷔(冢婦) 되여 온젼ᄒᆞᆫ 부귀를 누릴가 ᄇᆞ라더라. 【76】

윤하뎡삼문취록 권지삼십일

ᄎᆞ시 혜졍이 소시의 형용(形容) 셩시(姓氏)를 비러 윤태우의 건즐(巾櫛)을 찰임(察任)ᄒᆞ고 진궁 총뷔(冢婦)되여, 온젼ᄒᆞᆫ 부귀를 누릴가 ᄇᆞ라ᄂᆞᆫ ᄆᆞᄋᆞᆷ이 모양 업기의 밋ᄎᆞ니, 그윽이 텬디 신명의 비러 져의 지원(至願)을 일우믈 원ᄒᆞ니, 공교음악(工狡淫惡)ᄒᆞ미 녕능군쥬(郡主) 슈졍의 아릭 아니라. ᄌᆡ학(才學)과 문식(文識)이 죵뎨(從弟)의 십승빅(十勝倍)이므로 녀ᄌᆞ의 통치 못ᄒᆞᆯ 일을 능히 다 ᄭᆡ다라미 되어시니, 교일간악(驕逸奸惡)ᄒᆞᆷ과 궁흉(窮凶)ᄒᆞ미 남ᄌᆞ를 압두(壓頭)ᄒᆞ리러라.

명일의 녀부인이 혜졍을 협【1】실(夾室)의 ᄀᆞᆷ초고, 김부인만 머므러 뎔부인 모녀와 셜・오・윤 등 졔쇼져(諸小姐)로 서로 보게 ᄒᆞᆯᄉᆡ, 김시 뎔부인과 셜・오 이쇼져ᄂᆞᆫ 두어번 보미 잇ᄂᆞᆫ 고로, 새로이 황홀(恍惚) 경복(敬服)ᄒᆞᆯ ᄇᆡ 아니로ᄃᆡ, 소쇼져의 태양 ᄀᆞᄐᆞᆫ 광ᄎᆡ와 신부의 명월긔화(明月奇花)ᄀᆞᄐᆞᆫ 용ᄎᆡ(容彩)를 귀경ᄒᆞᄆᆡ, 눈이 아즐아즐ᄒᆞ고 경신이 황홀ᄒᆞ여, 넉시 요지(瑤池)를 엿보며 월궁(月宮)을 향(向)ᄒᆞ여 금모(金母)1098) 와 쇼ᄋᆞ(素娥)1099)를 ᄃᆡᄒᆞᆫ 듯, 오ᄅᆡ도록 말을 못ᄒᆞ더니, 날호여 츈광(春光)을 무ᄅᆞ며 두어 말을 슈작(酬酌)ᄒᆞᄆᆡ, 김시 경앙탄칭(景仰嘆稱)ᄒᆞ여 그 ᄋᆞ들의 ᄉᆞᄉᆡᆼ(死生)을 도【2】라보지 아니ᄒᆞ고 ᄇᆞᄃᆡ 소시를 취(娶)코져 ᄒᆞ미 남ᄋᆞ(男兒)의 고이치 아닌 일이믈 ᄭᆡ닷더라.

소시를 좌(左)로 ᄉᆞᆲ피며 신부를 우(右)로 쳠시(瞻視)ᄒᆞ여 엇지 져ᄃᆡ도록 가초1100) 긔이히 작셩ᄒᆞᆫ고? 도로혀 측냥치 못ᄒᆞᆯ 조화(造化)로 알고, 그 녀ᄋᆞ의 ᄉᆡᆨ모 긔질이 소・윤 등의 비기ᄆᆡ 만히 ᄢᅥ러지믈 혜아려, 스ᄉᆞ로 두 쇼져를 우흴1101) 듯 ᄉᆞ랑ᄒᆞ오나, 간ᄃᆡ로 친익ᄒᆞ여 공경ᄒᆞᆯ 녜절을 닐치 못ᄒᆞᆯ 바ᄂᆞᆫ, 소시 일개 쇼녀ᄌᆞ나 슉슉(肅肅)ᄒᆞᆫ 녜모와 싁싁ᄒᆞ고 엄졍ᄒᆞ여 불감앙시(不敢仰視)ᄒᆞᆯ 위의(威儀) 이시니, 능히 잡된 말과 녜도롭지 못ᄒᆞᆫ 거동【3】을 뵈지 못ᄒᆞᆯ ᄇᆡ어ᄂᆞᆯ, 신부의 온슌겸공(溫順謙恭)ᄒᆞᆫ 가온ᄃᆡ 또ᄒᆞᆫ 경대ᄒᆞ니, 어ᄃᆡ가 용이(庸人) 쇽녀(俗女)의 비루ᄒᆞᆫ 긔질노ᄡᅥ 사괴믈 닐ᄏᆞ라리오.

1098)금모(金母) : 서왕모(西王母). 옛날에 주(周) 나라 목왕(穆王)이 선계(仙界)인 곤륜산(崑崙山) 요지(瑤池)에서 만났다고 하는 선녀 이름. 불사약을 가진 선녀라고 하며, 음양설에서는 일몰(日沒)의 여신이라고도 한다.

1099)쇼ᄋᆞ(素娥) : 달 속에 있다고 하는 전설 속의 선녀. 상아(嫦娥).

1100)가초 : 갖추. 고루. 두루 빼놓지 않고. *갖추다; 있어야 할 것을 가지거나 차리다.

1101)우희다 : 움키다. 움켜잡다. 손가락을 우그리어 물건 따위를 놓치지 않도록 힘 있게 잡다.

김시 해연변식(駭然變色)ᄒᆞ여 긔운이 져상(沮喪)ᄒᆞ여 온 가지로 ᄉᆞ량ᄒᆞ나, ᄋᆞ들이 소시를 탈취ᄒᆞ여 기리 동노(同老)홀 복이 업술가 시브니, 녀ᄋᆞ의 계교 비록 묘ᄒᆞ나 능히 득(得)기를 ᄇᆞ라지 못ᄒᆞ니, 심신이 ᄀᆞ장 요요(擾擾)ᄒᆞ여 면식이 ᄌᆞ로 변ᄒᆞ믈 ᄭᆡ닷지 못ᄒᆞ더라. 소공이 삼ᄌᆞ(三子)로 더브러 모부인 침뎐(寢殿)을 ᄇᆞ라고, 즁문(中門)의 셔 시녀로 긔운을 뭇고 감히 드러올 의ᄉᆞ를 【4】 못ᄒᆞᄃᆡ, 김시 그 비편(非便)ᄒᆞ믈 모ᄅᆞ고 어린 다시 녀ᄋᆞ의 힝계(行計)ᄒᆞ야 결단1102)나기를 기다리니, 혜정의 계교 엇지 될고?

ᄎᆞ시 소쇼졔 녀시랑 부인의 면식이 ᄌᆞ로 변ᄒᆞ믈 보ᄆᆡ, 그 심니(心裏)의 됴흔 의ᄉᆡ(意思) 업ᄉᆞ믈 붉히 지긔ᄒᆞ고, 쇼쇼 비편ᄒᆞᆫ 형셰를 피치 아니ᄒᆞ고, 이의 와 안ᄌᆞᆫ 거시 각별ᄒᆞᆫ 흉음지ᄉᆞ(凶陰之事)를 도모코져 ᄒᆞ민 줄 거울 {ᄀᆞᆺ치} 비최 다시 알오ᄃᆡ, 굿ᄐᆡ여 우민(憂憫)ᄒᆞᆫ ᄉᆡᆨ을 낫토지 아니터니, ᄎᆞ일이 소시랑 슌의 진일(辰日)이라.

그 빙가(聘家) 셜부로 조ᄎᆞ 호쥬셩찬(壺酒盛饌)을 ᄀᆞ초아 니ᄅᆞ니, 셜쇼졔 구고존당(舅姑尊堂)긔 【5】 나온 후, 시랑(侍郎) 삼곤계(三昆季)와 윤태우긔 보ᄂᆡ고, 금장쇼고(襟丈小姑)1103)로 더브러 진슈미찬(珍羞美饌)1104)을 맛보며 화열ᄒᆞᆫ 담쇠(談笑) 긋지 아니ᄒᆞ나, 쇼녀시 원독(寃毒)을 품어 그 ᄉᆞᆨ뫼 와시ᄃᆡ 니러나지 아니ᄒᆞ고, 셜시 쥬찬을 보ᄂᆡ나 구고긔 드리ᄂᆞᆫ 바와 ᄒᆞᆷ게 주지 아니ᄒᆞ고 나죵의 보ᄂᆡ믈 노ᄒᆞ여, 그ᄅᆞ슬 ᄭᆡ치고 쥬찬을 업쳐 바리니, 셜시 그 인물을 족가(足枷)치1105) 아니며, 또 감히 결우지 못홀 바로 알아 칙망치 아니나, 윤시를 무러 먹고져 ᄒᆞᄂᆞᆫ 흉독이 금장(襟丈)1106)ᄀᆞ지 밋ᄎᆞ믈 불평(不平)ᄒᆞ고, 윤쇼져를 위ᄒᆞ야 근심ᄒᆞᄃᆡ, 윤쇼져ᄂᆞᆫ ᄉᆞ긔(辭氣) 타【6】연(泰然)ᄒᆞ고 거지(擧止) 온슌ᄒᆞ여 녀부인 슉질의 싀포(猜暴)ᄒᆞᆫ ᄉᆡᆨ과 흉험ᄒᆞᆫ 말솜을 듯지 못ᄒᆞ며 보지 못ᄒᆞᄂᆞᆫ 둣 무ᄉᆞ무려(無思無慮)ᄒᆞ니, 뉘 그 ᄆᆞ음 가온ᄃᆡ ᄀᆞ득ᄒᆞᆫ 두리옴과 다쳡(多疊)ᄒᆞᆫ 우레(憂慮) 이시믈 알니오. 져마다 그 년긔(年紀) 유츙(幼沖)ᄒᆞ므로 여ᄎᆞ(如此)ᄒᆞᆫ가 ᄋᆡ련ᄒᆞ며 신셰를 위틱히 넉이더라.

이날 윤태위 삼소의 븟들고 권ᄒᆞ믈 인ᄒᆞ여 ᄆᆡ몰이 ᄲᅦ치지 못ᄒᆞ여, 평ᄉᆡᆼ 처엄으로 칠팔 ᄇᆡ를 거후로ᄆᆡ, 대취(大醉)ᄒᆞ야 셕반을 나오지 못ᄒᆞ고, 어둡기를 기다려 쇼져 침당(寢堂)으로 드러가 벼개의 지혓더니, 삼쇠 드러 【7】 와 보고 쇼왈,

"달문이 실노 남ᄌᆡ 아니로다. 칠팔 ᄇᆡ 술에 져ᄃᆡ도록 과취ᄒᆞ리오."

태위 쇼왈,

1102)결단 : 결딴. 어떤 일이나 물건 따위가 아주 망가져서 도무지 손을 쓸 수 없게 된 상태. *결단나다; 결딴나다.

1103)금장쇼고(襟丈小姑) : 동서와 시누이를 함께 이르는 말.

1104)진슈미찬(珍羞美饌) : 진귀한 음식과 맛있는 반찬.

1105)족가(足枷)하다 : 족쇄를 채우다. 다그쳐 따지다. 간섭하다. 참견하다. *족가(足枷); =차꼬. 예전에 죄수를 가두어 둘 때 쓰던 형구(刑具). 두 개의 기다란 나무토막을 맞대어 그 사이에 구멍을 파서 죄인의 두 발목을 넣고 자물쇠를 채우게 되어 있다.

1106)금장(襟丈) : 동서(同壻). 주로 남편 형제들의 아내들을 이르는 말로 쓰인다.

"쇼뎨 형 등의 권ᄒᆞ므로 여ᄎᆞ 대취ᄒᆞ니 ᄇᆞ야흐로 그ᄅᆞ믈 ᄌᆞ칙ᄒᆞ고, 형 등의 권ᄒᆞ던 바를 원망ᄒᆞᄂᆞ이다."

소학ᄉᆡ 이형(二兄)을 도라보아 왈,

"대인(大人)이 표슉(表叔)과 야화(夜話)코져 가 계시니 구시(舅氏)[1107] 반다시 ᄒᆞᆫ가지로 밤을 지ᄂᆡ고져 ᄒᆞ실지라. 우리 잠간 가 취침ᄒᆞ시믈 보ᄋᆸ고 도라올 거시니, 달문은 누어시라."

윤태위 왈,

"형 등이 텰부의 대인 취침ᄒᆞ시믈 알고져 ᄒᆞ시니 쇼뎨 ᄒᆞᆫ가지로 가ᄉᆞ이다."

소영이 잠쇼 왈, 【8】

"우리 달문을 ᄃᆡᄒᆞ여 닐을 말이 아니어니와 악공(岳公)긔 혼뎡(昏定)을 못ᄒᆞ다 ᄋᆡ셔(愛婿)를 간ᄃᆡ로 죄ᄒᆞ시랴?"

태위 쥬슌(朱脣)의 호치(皓齒) 찬연ᄒᆞ여 기리 우을 ᄯᆞᆫ이오, 말이 업거ᄂᆞᆯ, 소시랑 왈,

"달문이 엇지 말을 아니ᄒᆞᄂᆞ뇨?"

태위 왈,

"세상 사ᄅᆞᆷ을 두고 보ᄆᆡ 져마다 빙개(聘家)라 하면 압두ᄒᆞ며 능경(陵輕)ᄒᆞᆯ 의ᄉᆡ 이셔, 져의 위인이 빙가(聘家) 졔인(諸人)만 못ᄒᆞ여도 낫건 톄를 ᄒᆞ며, 안해를 슈해(手下)라 ᄒᆞ여 쇼불여의(少不如意) 즉 ᄎᆡᆨ(責)ᄒᆞ고 욕ᄆᆡ(辱罵)ᄒᆞ여 우ᄑᆡ(愚悖)ᄒᆞ믈 면치 못ᄒᆞ여도, 그 허물되ᄂᆞᆫ 줄 모로믈 쇼뎨 고이히 넉이ᄂᆞᆫ ᄇᆡ오, 지어(至於) 존부(尊府)【9】 ᄃᆡ인과 부인을 우러오ᄆᆡ 밋처ᄂᆞᆫ, 쇼뎨의 ᄆᆞ음이 ᄉᆡᆼ부모(生父母)의 구로지혜(劬勞之惠)[1108]와 ᄉᆡᆼ지지은(生之之恩)[1109]으로 달니 알오미 업ᄂᆞ니, 인연이 고이ᄒᆞ여 영ᄆᆡ(令妹) 쇼져 긔췌(箕帚)[1110]를 님ᄒᆞ므로 칭부칭ᄌᆞ(稱父稱子)ᄒᆞ믈 엇지 못ᄒᆞ나, 죵신 의앙(依仰)ᄒᆞᄂᆞᆫ 졍셩이 범연ᄒᆞ랴? 시고(是故)로 대인 셤기오믈 가친(家親)과 간격이 업과져 ᄒᆞ미어ᄂᆞᆯ, 이형이 ᄆᆞ득 범연ᄒᆞᆫ 옹셔지간(翁婿之間)으로 밀우시니, 그 문지(問之)ᄒᆞ미 더브러 말ᄒᆞ염 즉지 아니ᄒᆞ니, 심ᄉᆞ를 닐오지 못ᄒᆞ리로다. 쇼뎨 형 등을 예ᄉᆞ 쳐남(妻男)으로 알진ᄃᆡ 감히 호ᄌᆞ(呼字)[1111]치 못ᄒᆞ랴?"

소【10】시랑 등이 윤태우의 ᄯᅳᆺ을 모로미 아니로ᄃᆡ, 더옥 ᄋᆡ복(愛服)ᄒᆞ여 쇼왈,

"이러나 져러나 우리ᄂᆞᆫ 너보다가 년긔(年紀) 더ᄒᆞ니, 어이 호ᄌᆞ(呼字)야 ᄒᆞ랴? 우리

1107)구시(舅氏) : ①외삼촌. ②시아버지.

1108)구로지혜(劬勞之惠) : 수고하며 애써 길러준 은혜

1109)ᄉᆡᆼ지지은(生之之恩) : 낳아준 은혜.

1110)긔췌(箕帚) : 기추(箕帚). '키'와 '비'를 이르는 말로, 본래 키로 곡식을 까불고 비질하여 청소하는 등의 가사(家事)를 뜻하는 말이었으나, 뒤에 아내를 지칭하는 말로 쓰였다. *키(箕); 곡식 따위를 까불러 쭉정이나 티끌을 골라내는 도구.

1111)호ᄌᆞ(呼字) : 상대방을 부르는 말로 그 사람의 자(字)를 부름. *자(字) : 본이름 외에 부르는 이름. 예전에, 이름을 소중히 여겨 함부로 부르지 않았던 관습이 있어서 흔히 관례(冠禮) 뒤에 본이름 대신으로 불렀다.

대인을 예ᄉ 빙악(聘岳) 곳○[치] ᄒ엿다가는 텬앙(天殃)이 두립지 아니랴?"

태위 쇼왈,

"삼형의 년긔 쇼뎨로 더브러 듁마(竹馬)를 잇글며 조니(棗梨)1112)를 다토미 이시니, 불감(不堪)ᄒ여 호ᄌ(呼字)치 못ᄒ랴?"

삼쇠 웃고 니러셔며 왈,

"네 우리 호ᄌ를 못ᄒ여 앙앙(怏怏)ᄒ거든 소ᄅ를 크게ᄒ여 슬토록 ᄌ(字)를 브ᄅ라. 임의 취ᄒ미 과ᄒ여 네 모양이 아모 ᄃ도 움즉이지 못ᄒ게 되어시【11】니, ᄀ마니 누어시라. 우리 누의를 불너ᄂ여 보ᄂ리라."

태위 굿ᄐ여 욱여 니러나지 아니ᄒ고, 침구의 비겨 셔집(書集)을 상고ᄒ며 쇼져의 나오기를 기다리더라.

녀태부인이 이 밤의 계교를 힝코져 ᄒ여, 텰부인과 셜・오・윤・소 등이 혼뎡지예(昏定之禮)를 파ᄒ고 각각 슉소로 향홀 ᄊᆡ를 타, 소시를 ᄲᅳᆯ니 블너 나아오라 ᄒ니, 쇼졔 승명진알(承命進謁)ᄒᆫᄃ, 여부인이 화열ᄒᆫ 소ᄅ와 흔연(欣然)ᄒᆫ ᄉ식으로 ᄀᆯ오ᄃ,

"노뫼 홀연 심ᄉ 번민ᄒ여 좀을 못잘가 시브니, 널노 더브러 밤을 새오고져 ᄒᄂ니, 네 능히 【12】윤태우를 ᄯᅥ나 이의 이실가 시브냐?"

쇼져의 신총(神聰)과 명감(明鑑)으로ᄡᅥ 엇지 져 노모의 흉휼블측(凶譎不測)ᄒᆫ ᄭᅬ를 모로리오. 반다시 무슨 계교를 힝코져 ᄒ민 줄 지긔ᄒᄃ, 일이 되여가믈 보고져 ᄒ여 의심ᄒ는 빗출 나타ᄂ지 아니ᄒ고, ᄂ즉이 ᄃ왈,

"손네 셩회(誠孝) 쳔박ᄒ와 이슌위열(怡順慰悅)ᄒ는 도리를 아지 못ᄒ오나, 엇지 일야 시침(侍寢)을 어려히 넉이미 이시리잇가?"

부인이 깃거 겻히 안치고 안상(案上) 녈녀젼(烈女傳)을 주어 쇼져로 ᄒ야금 ᄂ리 닑으라 ᄒ며, 빙낭을 명ᄒ여 쇼져 침누(寢樓)의 가 ᄡᅡᆼ금(雙衾)을 【13】포셜(鋪設)ᄒ고 도라오라 ᄒ니, 빙낭이 녀부인 심슐(心術)을 측냥치 못ᄒ니 이의 고왈,

"쇼졔 태부인을 시침(侍寢)ᄒ시니 ᄡᅡᆼ금(雙衾) 포셜(鋪設)은 브졀업ᄉ오니 쥬군(主君)의 침금만 포셜ᄒ미 올흘가 ᄒᄂ이다."

태부인 왈.

"혹ᄌ 내 좀의 취ᄒ미 이시면 네 쇼져를 도라 보ᄂ리니 굿ᄐ여 이 곳의셔 밤을 새올 줄 어이 알니오. 너는 모로미 도라가 침금을 베플나."

낭이 즉시 침누(寢樓)로 향ᄒ더니, 청하(廳下)의셔 녀부인 심복 시ᄋ(侍兒) 취환이 진과(珍果)를 난만이 갓다가 먹으며, 일개를 낭을 주어 왈,

"맛시 감열(甘悅)ᄒ미 【14】극ᄒ니 너는 먹어 보라."

빙낭이 비록 총명ᄒ나 엇지 져 진과(珍果) 속을 그러ᄂ고1113) 암약(闇藥)을 너허 ᄡᅵ

1112)조니(棗梨) : 대추와 배. 달고 맛이 좋아 우리나라 사람들이 즐겨먹던 과일들로 밤・감・사과와 함께 제사상에도 오르며 5대 토산(土産) 과일에 든다.

1113)그러ᄂ다 : 끌어내다. 파내다.

롤 마초아 져롤 주는 줄이야 엇지 알니오.

일긔(日氣) 증울(蒸鬱)ᄒᆞ고 후간(喉間)이 ᄀᆞ장 답답ᄒᆞ므로, 흔연이 밧아 먹기롤 다ᄒᆞᄆᆡ, 정신이 아득ᄒᆞ고 ᄉᆞ지 져려오니 견디지 못홀 ᄲᅮᆫ아냐, 말을 닉써[1114] 홀 길히 업ᄉᆞ니, 현난(眩亂)ᄒᆞᆫ 심신 가온ᄃᆡ도 창황망극(蒼黃罔極)ᄒᆞ믈 니긔지 못ᄒᆞ여, 가ᄉᆞᆷ을 쥐여 ᄯᅳᆺ고 눈물이 비 ᄀᆞᆺᄐᆞ니, 쉬환이 임의 혜졍의 당부롤 드러 간계롤 ᄒᆞᆫ가지로 힝ᄒᆞᄂᆞᆫ지라, 냥이 즉ᄀᆡᆨ의 말 못ᄒᆞ고 병【15】인이 되믈 환희ᄒᆞ여, ᄀᆞᄇᆡ야이 드러 후뎡 누옥(陋屋)의 드리치고, 혜졍을 보아 빙낭의 병인됨과 쳐치ᄒᆞᆫ 말을 닐으니, 원간 혜졍이 녀시 협실(夾室)의 드러 안ᄌᆞ시나, 협실 뒤문이 쇼져 침당으로 가기 더옥 갓가온지라. 즉시 여의ᄀᆡ용단(如意改容丹)[1115]을 숨켜 소쇼져 되기롤 원ᄒᆞᄆᆡ, 경ᄀᆡᆨ의 홀난긔묘(惚爛奇妙)ᄒᆞ던 혜졍이 변ᄒᆞ여 쳔ᄐᆡ별츌(千態別出)의 찬난(燦爛) 쇄락(灑落)ᄒᆞᆫ 소쇼져 되어, 만광(萬光)이 됴요(照耀)ᄒᆞ고 ᄇᆡᆨ염(百艶)이 겸비ᄒᆞ니, 의상을 졍히ᄒᆞ고 윤태우롤 ᄃᆡ홀 ᄯᅳᆺ이 착급ᄒᆞ여 음탕ᄒᆞᆫ ᄆᆞᄋᆞᆷ을 형상치 못ᄒᆞ니, 거【16】즛 눈물을 흘니고 기리 탄왈,

"거거(哥哥)롤 위ᄒᆞ여 내 일ᄉᆡᆼ을 ᄉᆞᄉᆞ로 맛기롤 쥐ᄒᆞ니, 지셩우ᄋᆡ(至誠友愛)롤 아지 못ᄒᆞᄂᆞᆫ 사ᄅᆞᆷ은 날노ᄡᅧ 음비(淫鄙)ᄒᆞᆫ 곳에 밀위려니와, 이 ᄆᆞᄋᆞᆷ을 신명(神明)이 질뎡(質正)ᄒᆞ리니, 만일 거거의 몸이 부모의 독ᄌᆡ(獨子) 아니면 엇지 참아 이 노로ᄉᆞᆯ ᄒᆞ리오. 만ᄉᆡ 다 유수(有數)ᄒᆞ거니와, 우리 거거의 그ᄅᆞᆺ되믄 소시로 비로ᄉᆞ미니, 진실노 소시의 ᄉᆡᆨ뫼(色貌) 원망되지 아니랴."

쉬환이 됴흔 말노 위로ᄒᆞ며, 혜졍의[이] 복심(腹心) 비ᄌᆞ로 ᄯᅩ 변용ᄒᆞᄂᆞᆫ 약을 먹여, 빙낭의 얼골을 비러 압히 쵹을 잡【17】히고, 혜졍이 연보(蓮步)롤 ᄌᆞ약히 옴겨 소시 침소로 나아가니, 뉘 요녀의 간모(奸謀)롤 알니오. 김시ᄂᆞᆫ 소쇼져의 풍염(豊艶)○[ᄒᆞᆫ] 일ᄉᆡᆨ(一色)을 흠ᄋᆡ홀 ᄲᅮᆫ아니라, ᄯᆞᆯ이 비록 변용ᄒᆞ여 윤태우롤 ᄃᆡᄒᆞ련노라 ᄒᆞ여시나, 엇지 어미다려 닐으도 아니코 쉬환을 ᄭᅬᄒᆞ여 빙낭을 급급히 병인이 되게ᄒᆞ고, 져의 복심(腹心) 비ᄌᆞ로 빙낭의 얼골이 되게ᄒᆞ야, 태우 잇ᄂᆞᆫ 곳에 나아갈 줄 ᄯᅳᆺᄒᆞ여시리오.

태위 밤이 깁흐ᄃᆡ 쇼져의 나오지 아니믈 고이히 넉이나, 쳥ᄒᆞ기 슬히여 홀노 쵹(燭)을 ᄃᆡᄒᆞ엿더니, 화유랑【18】이 드러와 침금을 포셜ᄒᆞ거늘, 취ᄒᆞᆫ 몸이 ᄌᆞ연 곤뇌(困惱)ᄒᆞ믈 니긔지 못ᄒᆞ여 웃옷과 ᄯᅴ롤 그ᄅᆞ고, 단의(單衣)○[로] 상(床)의 나아가 누엇더니, 취쉬(醉睡) 깁흔지라.

혜졍이 쉬환으로 더브러 니ᄅᆞ러 언연이 방의 드러와 그 자ᄂᆞᆫ 거동을 보고 갓가이 나아가니, ᄆᆞᄋᆞᆷ이 황난(遑亂)ᄒᆞ고 의ᄉᆡ 호탕(浩蕩)ᄒᆞ여 은졍(恩情)이 ᄉᆡ암 솟 듯ᄒᆞ니, 그 향벽(向壁)ᄒᆞ여 누으믈 ᄋᆡ달나 ᄒᆞ여 일즉 져ᄀᆞᆺᄐᆞᆫ 긔군ᄌᆞ(奇君子)롤 셤기지 못ᄒᆞ믈 ᄒᆞᆫᄒᆞ니, 명도(命途)롤 탄ᄒᆞ고 눈물 ᄲᅮ려 쳔음만졍(千淫萬情)을 니긔지 못ᄒᆞ니, 이의 담을 크게 ᄒᆞ고 당돌이 침상(寢床) ᄀᆞ에 나아가 태우【19】의 옥비(玉臂)롤 어라만져

1114)닉써 : 냅다. 몹시 빠르고 세찬 모양.

1115)여의ᄀᆡ용단(如意改容丹) : 한국고소설 특유의 서사도구의 하나. 이 약을 먹으면 자기가 되고자 하는 사람과 얼굴을 비롯해서 온몸이 똑같은 모습으로 둔갑(遁甲)하게 된다.

졈졈 일압(昵狎)ᄒᆞ여 요음ᄒᆞᆫ 뜻을 펴고져 ᄒᆞ더니, 태위 홀연 ᄭᆡ여 도라보고 번연(翻然) 긔신(起身)ᄒᆞ여 듁침(竹枕) 우희 관(冠)을 드러 머리의 언ᄌᆞ며, 렴슬단좌(斂膝端坐)ᄒᆞ여 침연묵ᄉᆡᆨ(沈然默色)ᄒᆞ니, 위의 북풍ᄒᆞᆫ상(北風寒霜) ᄀᆞᆺᄐᆞ여 츄텬(秋天)이 뇌락(磊落)ᄒᆞ니, 혜졍이 그 수이 ᄭᆡᄂᆞᆫ 줄 통한ᄒᆞ나 오히려 소시 형용을 비러시믈 밋어, 놀나믈 ᄉᆞᆨ익지 아니코 안연이 니러 먼니 창을 의지ᄒᆞ여 니러셔ᄂᆞᆫ지라. 태위 봉졍(鳳睛)을 흘녀 소시를 볼ᄉᆡ, 등한ᄒᆞᆫ 총명이 범연ᄒᆞᆫ 신긔(神氣)로ᄂᆞᆫ 능히 아지 못ᄒᆞ려니와, 군ᄌᆞ【20】의 졍명지긔(正明之氣)로 ᄒᆞᆫ 번 요사(妖邪)를 빗최ᄆᆡ 엇지 본형을 곰초리오.

처엄 몽농ᄒᆞᆫ 즁 소시 ᄌᆞ긔를 일압(昵狎)기의 밋ᄎᆞ니, 만심이 경히(驚駭)ᄒᆞ여 소쇼져의 위인이 이런 곳의 버서날 ᄲᅮᆫ아니라, 셩ᄌᆞ긔ᄆᆡᆨ(聖者氣脈)과 ᄉᆞ군ᄌᆞ(士君子)의 틀이 미흡ᄒᆞ미 업ᄉᆞ믈 혜아리ᄆᆡ 신긔(神氣) ᄌᆞ동(自動)ᄒᆞ여, 셰상 요음간교(妖淫奸巧)ᄒᆞᆫ 쥐무리 심산의 도슐ᄒᆞᄂᆞᆫ 뉴(類) 변용ᄒᆞᄂᆞᆫ 약을 가져 악악불인(惡惡不仁)ᄒᆞᆫ 곳에 ᄑᆞ라 갑술 취ᄒᆞᄂᆞᆫ 무리 이시믈 ᄉᆡᆼ각ᄒᆞᄆᆡ, 결연이 소시 아니믈 ᄭᆡ다라 슉시냥구(熟視良久)의 왈,

"ᄌᆡ(者) 나와실진ᄃᆡ 어이 부좌졍닙(不坐正立)ᄒᆞ엿ᄂᆞ뇨?"

혜졍【21】이 비로소 좌를 일우며 ᄆᆞᄋᆞᆷ을 완완이 ᄒᆞ여 ᄃᆡ왈,

"쳡이 조모를 뫼셧다가 갓 물너오ᄆᆡ, 군ᄌᆞ의 취침ᄒᆞ신 ᄇᆡ 귀톄를 안와(安臥)치 못ᄒᆞ샤 젼일과 다ᄅᆞ미 이시니, 쳡이 놀나오믈 니긔지 못ᄒᆞ여 혹ᄌᆞ 신긔(身氣) 불평ᄒᆞ신가 잠간 관형찰ᄉᆡᆨ(觀形察色)ᄒᆞ고 ᄆᆡᆨ후(脈候)를 보고져 ᄒᆞ엿더니, 능히 긔좌(起坐)ᄒᆞ시니 대단치 아니시믈 알니로소이다."

어셩(語聲)이 범연이 드ᄅᆞᄆᆡ 낭낭쳥화(朗朗清和)ᄒᆞᆫ 듯ᄒᆞ나 태우의 귀에ᄂᆞᆫ 살셩(殺聲)[1116]을 머므러 음탕ᄒᆞ고 교활ᄒᆞ여 ᄆᆡ달(妹妲)[1117]의 요사(妖邪)와 측텬(則天)[1118]의 흉교(凶狡)ᄒᆞ미 ᄀᆞ즌지라. 침졍위좌(沈靜危坐)【22】의 그윽이 혜오ᄃᆡ,

"실인(室人)의 귀령(歸寧)을 스ᄉᆞ로 위틱히 넉이ᄃᆡ, 셩혼ᄉᆞᄌᆡ(成婚四載)의 모녜 얼골을 반기지 못ᄒᆞ미 ᄀᆞ장 인졍이 아닌 고로, 내 능히 막지 못ᄒᆞ고 소대인이 우리 부부의 쌍유(雙遊)ᄒᆞ믈 브ᄃᆡ 보고져 ᄒᆞ시니, 내 ᄯᅩ 그 뜻을 아니 슌(順)치 못ᄒᆞ여 이의 머믄 비러니, 져 요물이 소시의 형모(形貌)를 비러 나를 ᄃᆡᄒᆞ니, 음악간교(淫惡奸巧)ᄒᆞ미 등한ᄒᆞᆫ 곳에 잇지 아닐지라. 내 암연(暗然)이 모로ᄂᆞᆫ 톄ᄒᆞ고 안ᄌᆞ시미 후환을 졔방(制防)치 못ᄒᆞᆯ 마ᄃᆡ오, 내 임의 뎡ᄒᆞᆫ ᄆᆞᄋᆞᆷ이 소·엄 냥인 밧게ᄂᆞᆫ 텬상 옥녀(玉女) 하강ᄒᆞ여도 뜻을 【23】동치 아니랴 ᄒᆞ엿ᄂᆞ니, 교음(狡淫)ᄒᆞᆫ 녀ᄌᆞ 소시를 해ᄒᆞᆯ ᄲᅮᆫ아니라, 나

1116)살셩(殺聲) : 소름이 끼치는 소리.

1117)ᄆᆡ달(妹妲) : 중국 하(夏)의 마지막 황제 걸(桀)의 비(妃)인 매희(妹喜)와 주(周)의 마지막 황제 주(紂)의 비(妃) 달기(妲己)를 함께 이르는 말. 둘 다 포악한 여성의 대표적 인물로 꼽힌다.

1118)측텬(則天) : 624-705. 당(唐)나라 고종의 황후 측천무후(則天武后). 이름 무조(武曌). 중국의 대표적인 여성권력자의 한 사람으로, 아들 중종(中宗)을 폐위하고 스스로 황위에 올라 국호를 '주(周)'로 고치고 성신황제(聖神皇帝)라 칭했다.

의 풍도(風度)ᄅᆞᆯ 혹(惑)ᄒᆞ여 변을 지으미 이실진ᄃᆡ, 불문근파(不問根派)ᄒᆞ고 아조 업시ᄒᆞᄂᆞᆫ 거시 올흐니, 비록 인명을 상해오ᄂᆞᆫ 거시 군ᄌᆞ의 덕이 아니오, 그 근본을 뭇지 아니미 쳐ᄉᆡ 또ᄒᆞᆫ ᄀᆞ박(刻薄)ᄒᆞ기의 밋ᄎᆞ나, 근본을 무ᄅᆞᆯ 즈음이면 일이 요란ᄒᆞᄆᆡ 밋ᄎᆞ{미}리니, 소형 등을 청ᄒᆞ여 ᄎᆞ녀ᄅᆞᆯ 업시ᄒᆞ리라."

쥬의ᄅᆞᆯ 뎡ᄒᆞ고 잠간 소ᄅᆡᄒᆞ여 화유랑을 브ᄅᆞ니, 유랑이 즉시 니ᄅᆞ러 웅명ᄒᆞᆫᄃᆡ, 태위 왈,

"외루(外樓)의 나가 삼상공(三相公)이 텰부로【24】셔 도라왓거든 드러오시믈 청ᄒᆞ라."

ᄒᆞ고, 혜정을 향ᄒᆞ여 쇼왈,

"《년형∥녕형(令兄)》 등이 ᄉᆡᆼ의 쥬량이 젹은 줄 알오ᄃᆡ 괴로이 권ᄒᆞᄆᆞ로 극취(極醉)ᄒᆞ여시니, 술은 과시(果是) 광약(狂藥)이라. 의ᄉᆡ(意思) 호탕ᄒᆞ여 ᄌᆞᄅᆞᆯ 기다리미 ᄀᆞᆫ졀키의 밋ᄎᆞ롸."

언파의 몸을 움죽여 그 겻히 나아가 흔연(欣然) 집슈(執手)ᄒᆞ니, 혜정이 처엄 태우의 ᄂᆡᆼ연ᄒᆞᆫ ᄀᆡ상을 보ᄆᆡ, 외구츅쳑(畏懼踧踖)ᄒᆞ여 옥상나금(玉牀羅衾)의 남의녀졍(男意女情)이 합ᄒᆞ여 은ᄋᆡᄅᆞᆯ 펴지 못ᄒᆞᆯ가 악연(愕然) 실망ᄒᆞ더니, 믄득 화평ᄒᆞᆫ ᄉᆞᄉᆡᆨ과 유열ᄒᆞᆫ 셩음으로 친ᄋᆡ(親愛)ᄒᆞ믈 보ᄆᆡ, 즐겁고 깃브미【25】ᄉᆡᆼ셰(生世)의 오늘날 ᄀᆞᆺ튼 젹이 업ᄂᆞᆫ지라. 은졍이 황황(遑遑)ᄒᆞ고 의ᄉᆡ 쾌활ᄒᆞ여 고ᄃᆡ 태우ᄅᆞᆯ 닛그러 일침지하(一枕之下)의 나아갈 ᄃᆞᆺᄒᆞ니, 진짓 ᄀᆡ운(氣運)을 아지 못ᄒᆞ여 흔열ᄒᆞ거ᄂᆞᆯ, 태위 그 손을 잡아 폴흘 보ᄆᆡ ᄇᆡᆨ옥을 싹근 폴 우히 ᄋᆡᆼ도1119) 일ᄆᆡ(一枚) 찬연ᄒᆞ여 규슈(閨秀)시 젹실ᄒᆞ니, 만심이 ᄎᆞ악ᄒᆞ고 집슈연비(執手連臂)1120)ᄒᆞᆫ 바ᄅᆞᆯ 크게 뉘웃쳐 삼가지 못ᄒᆞ믈 ᄌᆞ칙ᄒᆞ고, 그 진면(眞面)이 도라오고져 ᄒᆞ믈 보ᄆᆡ 더옥 깃거 아냐, 그윽이 ᄉᆡᆼ각ᄒᆞᄃᆡ,

"ᄎᆞ인이 본상(本相)을 회복ᄒᆞᆯ 지경이면 그 근본을 알오미 쉽고,【26】근본을 안즉 죽이기 어려온지라. 죽이지 못ᄒᆞᄂᆞᆫ 날은 후환이 블측(不測)ᄒᆞ리니 내 출하리 정긔(精氣)ᄅᆞᆯ 거두워 요인(妖人)으로 ᄒᆞ야금 본상을 드러ᄂᆡ미 업게 ᄒᆞ리라."

ᄒᆞ고, 즉시 냥안(兩眼)을 ᄂᆞ초고 정긔ᄅᆞᆯ 거두워 슈족(手足)이 저리믈 닐ᄏᆞ라 슐연이1121) 혜정의 손을 노하 바리고 아모란 상이 업시 느러져 누으니, 혜정이 져의 취ᄒᆞ미 젹실ᄒᆞᆫ가 쳔가지 깃브미 뉵쳑심(六尺心)을 좀으고, 져ᄅᆞᆯ 소시로 알아 ᄋᆡ듕ᄒᆞᄂᆞᆫ가, 만가지 즐거오미 심경영ᄃᆡ(心境靈臺)1122)ᄅᆞᆯ 요동ᄒᆞ미 창ᄒᆡ(蒼海)의 믈결을 ᄌᆞ아ᄂᆡᄂᆞᆫ ᄃᆞᆺ, 환【27】열ᄒᆞ여 그 인ᄉᆞ 모ᄅᆞᆯ ᄯᆡ의 다시 나아가 일압고져 ᄒᆞ더니, 삼쇠 태우의 청ᄒᆞ믈 조ᄎᆞ 즉시 드러오니, 혜정이 엇지 놀납지 아니리오마ᄂᆞᆫ 조금도 블안ᄒᆞᆫ ᄉᆞᄉᆡᆨ을

1119)ᄋᆡᆼ도 : 앵두. 앵두나무 열매.
1120)집슈연비(執手連臂) : 손을 잡고 팔을 벌려 끌어안음.
1121)슐연 : 홀연. 뜻하지 아니하게 갑자기.
1122)심경영ᄃᆡ(心境靈臺) ; 마음. *심경(心境); 마음. *영대(靈臺); '신령스러운 곳'이라는 뜻으로, '마음'을 이르는 말.

나토지 아냐, 웃는 얼골과 안상(安詳)훈 거동으로 삼소를 니러 마즈 왈,

"삼위(三位) 거거(哥哥)는 본디 호쥬(好酒)호시는 빅니 스양치 아니시려니와, 엇지 못먹는 술을 지리히 권호여 병을 일위과져 호시느뇨?"

냥소는 무심히 듯고 우술 쑨이오, 학스는 쇼미(小妹)의 말숨이 젼일과 다르믈 고이히 넉이고, 즈긔도 혼가지로 술을 즐기는 편으【28】로 닐오믈 가쇼로와, 날호여 왈,

"달문이 과취(過醉)호미 너의게 괴로온 일이 잇더냐? 엇지 권호여 먹인 우리를 원망호느뇨? 그러나 우형(愚兄)은 쥬량(酒量)이 젹으미 달문이나 다라지 아니호니, 엇지 취호미 이시리오."

태위 날호여 니러 안즈 삼소를 보미, 요인을 져의 미데로 알아 반졈 의심이 업스믈 보고 이윽도록 말이 업스니, 소시랑 왈,

"달문이 무숨 긴급훈 일이 잇관디 청호엿느뇨?"

태위 답지 아니코 니러나 좌우 문호(門戶)를 친이 봉쇄(封鎖)호니, 소싱 왈,

"달문이 무순 사스망념(邪思妄念)[1123]이 나【29】느냐? 엇지 우리를 블너 드리고 좌우 창호를 봉쇄호느뇨?"

이리훌 즈음에 가(假)소시 스식이 황황호여 니러 가고져 호디, 지게를 씌치지 못호여 졀민호는 거동이라. 시랑과 학식 태우의 스미를 잡아 왈,

"무숨 일노 문을 줌으느뇨? 모로미 곡졀을 붉히 닐으라."

태위 비로소 굴오디,

"쇼뎨 삼형을 청호미 다란 일이 아니라. 사룸의 얼골을 비러 눈상(倫常)의 대변을 짓는 요물(妖物)을 업시코져 호느니, 실인(室人)이 분신법(分身法)이 업시 훈 사룸이 두 몸이 되는 빅 이시리오. 쇼뎨 다만 븟그러【30】온 밧 자는 '요블승덕(妖不勝德)이오 사블범정(邪不犯正)'[1124]이라. 쇼뎨의 위인이 군즈의 자리를 참예(參預)치 못훌 고로, 니미(魑魅)[1125]의 여츠 더러온 거시 믄득 쇼뎨를 믹밧고 뜻을 엿보아 흉음훈 경틱를 낭즈히 빗최니, 군즈의 곳의 여츠지식(如此之事) 이시니 엇지 참괴치 아니리오."

삼쇠 텽파의 대경대히(大驚大駭) 왈,

"달문아! 이 엇진 말이며, 이 무숨 일이요[뇨]? 아니, 누의 굿튼 재 또 어디잇느뇨?"

태위 손을 드러 혜경을 구라쳐 왈,

"져거시 영미(令妹)의 미골[1126]을 쁜 요물이니 삼형은 불문곡직(不問曲直)호고 요녀의 머리를 버혀 후【31】환(後患)을 제방(制防)호라."

1123)사스망념(邪思妄念) : 요사스럽고 망령된 생각.

1124)요블승덕(妖不勝德) 사블범정(邪不犯正) : 요괴로운 것은 바르고 어진 것을 이기지 못하고, 사악(邪惡)한 것은 정대(正大)한 것을 범(犯)하지 못함.

1125)니미(魑魅) : =이매망량(魑魅魍魎). 온갖 도깨비. 산천, 목석(木石)의 정령에서 생겨난다고 한다.

1126)미골 : 매골. 축이 나서 못쓰게 된 사람의 모습.

삼쇠 놀난 눈이 둥글고 ᄎᆞ악ᄒᆞᆫ ᄉᆞ식이 분분ᄒᆞ여 미급발언(未及發言)의, 혜정이 일이 그릇되믈 창황망극(惝恍罔極)ᄒᆞ나, 오히려 경동(驚動)ᄒᆞ는 빗출 금초고 쌍졍(雙睛)을 흘려 삼소를 보며, 아연이 ᄀᆞᆯ오ᄃᆡ,

"술이 광약(狂藥)이라ᄒᆞᆫ들 사ᄅᆞᆷ이 엇지 일시의 져ᄃᆡ도록 되엿ᄂᆞ뇨? 히연(駭然)ᄒᆞ믈 니긔지 못ᄒᆞ리로 소이다."

유열(愉悅)ᄒᆞᆫ 셩음과 쳔미빅염(千美百艶)의 찬난ᄒᆞᆫ 광휘(光輝) 소쇼져 봉난이 아니라 못ᄒᆞᆯ지라. 삼쇠 어린ᄃᆞᆺ 심신을 뎡치 못ᄒᆞ여 왈,

"달문의 말이 쥬후광언(酒後狂言)이나 원간 【32】 취(醉)ᄒᆞᄆᆡ 아모 지경의 밋처도 이런 말을 발(發)ᄒᆞᆯ 인ᄉᆡ 아니리니, 이 엇진 일이뇨? 반다시 묘ᄆᆡᆨ(苗脈)이 이시미로다."

태위 정ᄉᆡᆨ 왈,

"삼형이 엇지 져 요물노써 누의로 알아 쇼뎨의 말을 밋지 아니미 잇ᄂᆞ뇨? 사ᄅᆞᆷ의 ᄉᆞ졍(邪正)이 텬ᄉᆡᆼ의 타나, 오장(五臟)[1127]이 니러 칠규(七竅)[1128]의 비최ᄂᆞ니 어질고 ᄇᆞᆰ으면 졍화(精華)를 일위 긔운이 츈양(春陽)ᄀᆞᆺ고 졍신이 징쳥(澄淸)ᄒᆞᄂᆞ니 져 요녜 녕ᄆᆡ(令妹)와 ᄀᆞᆺᄐᆞ나 톄지(體肢) 젼후의 다ᄅᆞ믈 ᄭᆡ닷지 못ᄒᆞ시ᄂᆞ냐?"

삼쇠 오히려 ᄭᆡ닷지 못ᄒᆞ거ᄂᆞᆯ 태우 왈,

"삼형이 져러ᄐᆞᆺ ᄭᆡ닷지 못ᄒᆞ시니 그 ᄑᆞᆯ 우희 【33】 잉혈(櫻血)이 이시믈 ᄌᆞ시 보라."

삼인이 갓가이 나가 학ᄉᆡ 그 ᄑᆞᆯ을 잡고 녹삼(綠衫)을 밀어 보니 과연 잉도 일ᄆᆡ 찬난ᄒᆞ니, 삼쇠 경히대각(驚駭大覺)이라. 혜정이 황망(遑忙)ᄒᆞ여 공교히 ᄀᆞᆯ오ᄃᆡ,

"쇼ᄆᆡ(小妹) 본ᄃᆡ ᄑᆞᆯ 우희 졈이 잇거ᄂᆞᆯ 거게(哥哥) 엇지 져의 취담(醉談)을 곳이 드ᄅᆞ시ᄂᆞ잇가?"

냥소ᄂᆞᆫ 묵연ᄒᆞ여 말이 업ᄉᆞᄃᆡ, 학ᄉᆡ ᄆᆡ져(妹姐)의 ᄑᆞᆯ 우희 아모 졈도 업ᄉᆞ믈 ᄇᆞᆰ히 아ᄂᆞᆫ지라. 요인의 말이 이 ᄀᆞᆺᄐᆞᄆᆡ 밋처ᄂᆞᆫ, 윤태우의 신명ᄒᆞ믈 탄복ᄒᆞ고, ᄌᆞ긔 등의 혼암(昏闇)ᄒᆞ믈 ᄭᆡ다라, 봉안(鳳眼)을 부릅ᄯᅥ 여셩(厲聲) 즐왈(叱曰),

"대담대【34】악(大膽大惡)의 요음간녜(妖淫奸女) 아등의 블명ᄒᆞ믈 업수히 넉여 말을 ᄭᅮ미미 이ᄀᆞᆺᄐᆞ냐? ᄂᆡ ᄆᆡ뎌의 ᄑᆞᆯ 가온ᄃᆡ ᄇᆞᆰ은 졈이 잇지 아니믈 ᄇᆞᆰ히 알거ᄂᆞᆯ, 요녜 쥬표(朱標)를 본ᄃᆡ 잇ᄂᆞᆫ 졈이라 ᄒᆞ고 진짓 잉혈은 업ᄂᆞᆫ 체ᄒᆞ니, 이ᄂᆞᆫ 블과 우리 시비뉴(侍婢類)의 달문의 풍치를 흠앙ᄒᆞᄂᆞᆫ 재 이셔, 변용(變容)ᄒᆞ고 드러와 달문을 속이려 ᄒᆞ미니, 그 흉교(凶狡)ᄒᆞᆫ 의ᄉᆞ 간험극악(姦險極惡)ᄒᆞᆫ 형상이 만살무셕(萬殺無惜)이라. 엇지 ᄒᆞᆫ ᄯᅥᆫ들 목숨을 빌니리오. 바로 이제 ᄂᆡ여 버혀 간악ᄒᆞᆫ 비ᄌᆞ의 무리를 경계ᄒᆞ리라."

1127)오장(五臟) : 간장, 심장, 비장, 폐장, 신장의 다섯 가지 내장을 통틀어 이르는 말. ≒오내.

1128)칠규(七竅) : 사람의 얼굴에 있는 일곱 개의 구멍. 귀, 눈, 코에 각 두 개씩 있으며 입에 하나가 있다.

원닉 소공【35】의 가법이 엄ᄒᆞ여 시비의 무리 감히 잡(雜)되지 못ᄒᆞ더라. 학ᄉᆞ의 말노 조ᄎᆞ 시랑(侍郎)과 한님(翰林)이 셕연(釋然)이 ᄭᆡ닷고, 혜경이 이의 다ᄃᆞ라는 말이 막혀 면ᄉᆡᆨ이 여토(如土)ᄒᆞ여시니, 태위 왈,

"삼형이 이제는 요물노ᄡᅧ 누의 아니믈 ᄭᆡ다라미 이시니, 다쇼 한셜(閑說)을 덜고 불문곡직(不問曲直)ᄒᆞ고 요물을 급히 버히라."

삼쇠 태우의 곡직(曲直)을 뭇지 말나 ᄒᆞ미 그 혜아리미 깁고, ᄯᅩ 요물의 죄상을 져준즉 그 입으로 조ᄎᆞ 나는 말이 드럼즉지 아닐 거시오, 놉히 걸쳐 조모를 들먹이미 판연(判然)ᄒᆞᆯ지라. 소영이 태【36】우를 향ᄒᆞ여 왈,

"시비 가온ᄃᆡ 요악ᄒᆞᆫ 무리 흉교ᄒᆞᆫ ᄭᅬ를 발ᄒᆞ여, 변용(變容)ᄒᆞ는 약을 마셔 이의 드러오미 심샹치 아닌 간음대독(姦淫大毒)이라. 허수히 잡다가는 일흐미 쉬오니 달문이 잡고 안ᄌᆞ 실포(失捕)ᄒᆞ미 업게 ᄒᆞ라. 우리 이제 나아가 노복을 블너 요녀를 ᄭᅳ어 ᄂᆡ리라."

태위 셰승(細繩)을 어더 소싱 등의게 더져 왈,

"쇼데 그 더러온 거슬 참아 븟잡고 안지 못ᄒᆞ리니, 이 노흐로ᄡᅧ 요물의 만신을 옭아 슈족을 놀지 못ᄒᆞ게 ᄒᆞᆫ 후, 형 등이 나아가 노복을 부로는 거시 올흘가 ᄒᆞᄂᆞ이다."

소학【37】ᄉᆡ 그 노흘 밧아 혜경의 몸을 옭으ᄃᆡ, 손가락 ᄒᆞ나도 놀니지 못ᄒᆞ게 동힌 후, 좌우 창호(窓戶) 봉쇄(封鎖)ᄒᆞᆫ 거슬 쾌히 열고 외루의 나와 노ᄌᆞ(奴者) 등을 부를ᄉᆡ, 화유랑이 이 경상을 보고 함누(含淚) 왈,

"상공(相公)이 무ᄉᆞ 일노 쇼져를 옭아 죽을[일] 형상을 ᄒᆞ시ᄂᆞ니잇가?"

윤태우 왈,

"져 셰승(細繩)의 옭혀 안잣는 거시 소시 아니오, 어ᄃᆡ로셔 각별ᄒᆞᆫ 요졍이 부인의 얼골을 비러 나를 속이고져 ᄒᆞᆯᄉᆡ, 내 삼소형으로 의논ᄒᆞ고 동혀 안쳣ᄂᆞ니, 유모는 놀나지 말고 져 요물을 다리고 오던 비ᄌᆡ ᄯᅩᄒᆞᆫ 부인의 좌위(左右) 아니리【38】니, 요물을 쳐치ᄒᆞᆯ ᄉᆞ이의 그 비ᄌᆞ를 단단이 잡아 우리 ᄎᆞᆺ기를 기다리라."

화유랑이 놀난 심신을 뎡치 못ᄒᆞ나, 태위 ᄋᆞ시로브터 희롱된 일이 업고 혯말을 아니ᄒᆞ던 바로, ᄒᆞ믈며 태산(泰山)ᄀᆞᆺ치 듕대ᄒᆞ고 빈ᄀᆡᆨ(賓客)ᄀᆞᆺ치 존경ᄒᆞ던 부인을 공연이 이리ᄒᆞ여 안칠니는 업ᄉᆞ니, 능히 측냥치 못ᄒᆞ여 왈,

"원간 요졍(妖精)이란 거시 도슐(道術)이 블측(不測)다 ᄒᆞ믈 드럿거니와, 부인은 어ᄃᆡ 가시고 져 거시 뉘완ᄃᆡ 부인의 얼골이 되여 안잣ᄂᆞ니잇가?"

태위 답왈,

"요란이 드레지 말고 부인을 다려나온 비ᄌᆞ【39】를 단단이 잡아 실슈(失手)ᄒᆞ미 업게 ᄒᆞ라."

유랑이 ᄃᆡ왈,

"《학ᄀᆡᆨ‖향ᄀᆡᆨ(向刻)》부인을 뫼셔온 비ᄌᆡ 빙낭이니, 단단이 잡지 아니타 어ᄃᆡ로 가리잇가?"

태위 왈,

"그 거시 쏘 진짓 빙낭이 아니리니, 유모는 잡고 이시라."

유랑이 아모란 상이 업시 퇴ᄒᆞ여 빙낭의 누은 곳의 니ᄅᆞ니, 초진이 빙낭이 되여시믈 ᄆᆞ음노하 졈을 익이 드러시니, 화패 쏘ᄒᆞᆫ 묵연이 그 곳의 나아가 겻히 누으니라. 삼쇠 나아가 노ᄌᆞ(奴者)를 압셰워 드러와, 소시랑이 친히 혜졍의 운발(雲髮)을 ᄭᅳ드러 계(階)의 ᄂᆞ리와 노ᄌᆞ를 주고, 소한님 왈,

"아모【40】커나 ᄆᆡᄌᆡ(妹子) 침소의 도라오지 아니미 고이ᄒᆞ니, 내 ᄌᆞ뎐(慈殿) 침소로브터 두루 잠간 보고 오리라."

태위 미쇼 왈,

"형이 오히려 진가(眞假)를 아지 못ᄒᆞ여 이 말을 발ᄒᆞᄂᆞ냐?"

소학ᄉᆡ 왈,

"엇지 진가를 아지 못ᄒᆞᆯ니 이시리오마는 ᄆᆡ져의 거쳐를 ᄎᆞᄌᆞ 이 말을 닐으고 졔 본상(本相)을 드러ᄂᆡᆫ 후 죽임도 늣지 아닐가 《ᄒᆞᄂᆞ이다‖ᄒᆞ노라》."

태위 왈,

"형의 말도 올커니와 다만 요물의 본형을 드러ᄂᆡ는 날이면, 말이 만코 일이 요란ᄒᆞ여 ᄆᆞ음ᄀᆞᆺ치 죽이지 못ᄒᆞᆯ가 ᄒᆞ노라."

소시랑 등이 본ᄃᆡ 관ᄌᆞ돈후(寬慈敦厚)ᄒᆞ기를 힘ᄡᅳ【41】나, '요녀를 변용ᄒᆞ여 누의 침소의 드려보ᄂᆡ여 윤태우를 속이고져 ᄒᆞᆫ 조모의 작악이며, 녀가의셔 난 변괴가 전혀 의심이 도라지ᄆᆡ[1129], 비록 녀시랑의 만금농쥬(萬金弄珠)줄 아지 못ᄒᆞ나, 급히 서ᄅᆞ져 업시ᄒᆞ는 거시 조모의 픽덕(悖德)도 ᄀᆞ리오고, 아름답지 아닌 소문도 채 나지 아니ᄒᆞ리라.' ᄒᆞ여, 윤태우의 닐오는 ᄇᆡ 다 올흐믈 ᄭᆡ다라, 요물의 본형도 드러닐 의ᄉᆞ를 못ᄒᆞ고, 셸니 셔지로 나올ᄉᆡ, 쇼져 잇는 곳을 알고져 ᄒᆞ여, 소한님이 ᄂᆞ는 다시 조모 침뎐○○○[으로 가] 합장(閤牆) 뒤히셔 여어보ᄆᆡ, 쵹【42】광이 명휘(明輝)ᄒᆞ고 향연(香煙)이 농ᄇᆡᆨ(濃白)ᄒᆞᆫᄃᆡ, 소쇼제 조모를 뫼셔 녈녀전(烈女傳)을 ᄂᆞᆰ게 닑으니, 쏘ᄒᆞᆫ 그 겻히 즁년의 부인이 안ᄌᆞ 소쇼져를 ᄇᆞ라보는 눈이 졍혼(精魂)을 일흔 거동이라.

소한님이 보기를 다ᄒᆞᄆᆡ ᄆᆡ졔 이의 이시ᄆᆡ ᄆᆞ음을 노코, 요물 쳐치ᄒᆞ미 급ᄒᆞ여 모친긔도 이 변을 고치 못ᄒᆞ고 죵젹을 ᄀᆞ마니 ᄒᆞ여 셔헌(書軒)으로 나아오니, 임의 시랑이 학ᄉᆞ와 태우로 더브러 쳥상(廳上)의 좌ᄒᆞ고 요물(妖物)을 뎐하(殿下)의 ᄭᅮᆯ니ᄆᆡ, 노복이 홰불을 잡고 십쳑(十尺) 오운(五雲)이 층층ᄒᆞᆫ 두발(頭髮)[1130]을 감쥐고 삭총[1131] ᄀᆞᆺᄐᆞᆫ 셤【43】슈(纖手)를 뒤흐로 져쳐 모도잡아[1132] 명을 기다리니, 혜졍이 간음(姦

1129)도라지다 : 돌아서다. 생각이나 태도가 다른 쪽으로 바뀌다.

1130)십쳑(十尺) 오운(五雲)이 층층ᄒᆞᆫ 두발(頭髮) ; 열자나 되고 오색구름처럼 아름다운 빛이 층층이 둘러 있는 머리.

1131)삭총 : 삵총. '삵+총'의 형태. 곧 살쾡이의 꼬리털. *총; 말의 갈기와 꼬리의 털.

1132)모도잡다 : 모아 잡다. 포괄하다.

淫) 별물(別物)노 도시(都是) 담이나, ᄎᆞ변(此變)을 당ᄒᆞ여ᄂᆞᆫ 버히지 아냐셔 반죽엄이 되여 숨 소릐도 놉지 아니ᄒᆞ니, 시랑이 이의 학ᄉᆞ를 도라보아 쇼져의 잇ᄂᆞᆫ 곳을 무ᄅᆞ니, 한님이 ᄃᆡ왈,

“쇼뎨 대모(大母) 침뎐의 가 여어보니 ᄆᆡ뎨 과연 져 곳에 잇더이다.”

ᄎᆞ시 요녀(妖女) 텬디 망망ᄒᆞ여 두 눈을 공교히 곰아시니, 눈물이 귀 밋ᄎᆞᆯ 연ᄒᆞ여 쳐량ᄒᆞᆫ 형상이 참담ᄒᆞ믈 더으고, 졀묘ᄒᆞᆫ 얼골을 숙여시니, 요요ᄒᆞᆫ ᄐᆡ되 븕은 빗ᄎᆞᆯ 침노【44】ᄒᆞ니, 오직 그 머리 ᄣᅥ러지기를 기다리ᄂᆞᆫ 형상이 ᄋᆡ원(哀怨)ᄒᆞ니, 보ᄂᆞᆫ 재 참아 칼흘 드지 못ᄒᆞ여 ᄑᆞᆯ이 져리며 손 ᄉᆞᆺ치 플니믈 면치 못ᄒᆞ더니, 홀연 셔헌(書軒)의셔 우레 ᄀᆞᆺ튼 소릐 이셔 크게 드레더니, 믄득 시녀비 ᄲᅡ란 거름과 급ᄒᆞᆫ 소릐로 웨여 ᄀᆞᆯ오ᄃᆡ,

“시랑노야(侍郎老爺)긔 알외ᄂᆞ니, 아직 그 녀ᄌᆞ 버히기를 날회고, 도로 《드려와‖ᄃᆞ려와》 ᄉᆞ옥(舍獄)의 ᄂᆞ리오라 ᄒᆞ신다.”

ᄒᆞ니, 도필니(刀筆吏)1133) 즉시 혜경을 넛그러 시랑 면젼의 분부 허실(虛實)을 알아 옥으로 향코져 셔현으로 드러오니, 이리ᄒᆞᆯ 즈음에 혜경은 분ᄒᆞᆫ 긔【45】운이 발ᄒᆞ여 막혓더라. 　취환 흉물(凶物)이 혜경이 변용(變容)ᄒᆞ여 소시(蘇氏) 침누(寢樓)로 드러가믈 보고, 졔 유ᄌᆡ(幼子) 씨여 우ᄅᆞ믈 인ᄒᆞ여 ᄒᆡᆼ각(行閣)의 나와 젓ᄉᆞᆯ 물려 좀드릴ᄉᆡ, 셔헌 뎡하(庭下)의 홰불이 됴요ᄒᆞ고 노ᄌᆞᄇᆡ(奴者輩) 분분이 덤벙이믈 고이히 넉여, ᄲᆡᆯ니 나아가 본즉, 시랑 등이 놉히 좌를 일워 혜경을 뎡하의 ᄭᅮᆯ니고 수죄(數罪)ᄒᆞ니, 놀나오미 쳥텬의 급ᄒᆞᆫ 벽녁이 만신을 분쇄ᄒᆞᄂᆞᆫ ᄃᆞᆺᄒᆞ니, 태부인이 아니면 혜경을 살오지 못ᄒᆞ리라 혜아려, 젼지도지(顚之倒之)ᄒᆞ여 드러와 긔급(氣急)ᄒᆞᆯ ᄃᆞᆺ 황황(遑遑)【46】ᄒᆞᆫ 소릐로 녀부인긔 고ᄒᆞᄃᆡ,

“가변이 크게 이시ᄃᆡ 부인은 아지 못ᄒᆞ시ᄂᆞ뇨? 엇지 한만(閑漫)ᄒᆞᆫ 녈녀젼(烈女傳)1134)을 드ᄅᆞ시ᄂᆞ잇가?”

녀부인이 텽파의 대경ᄒᆞ여 문기고(問其故)ᄒᆞᆫᄃᆡ, 취환이 수말을 고ᄒᆞᆫᄃᆡ, 녀부인이 발을 벗고 급히 셔헌의 나와, 삼소를 보고 엉동ᄒᆞᆫ 말노 ᄭᅮ며 왈,

“셕년(昔年)의 운슈ᄉᆞ 승(僧) 금안이 닐오ᄃᆡ, 소상공은 불가(佛家)의 비러 나흐신 ᄇᆡ니 부인이 비록 친ᄉᆡᆼ(親生)이 아니시나, 지셩(至誠)을 범연이 ᄒᆞ여ᄂᆞᆫ 상공이 오ᄅᆡ 셰상의 머므지 못ᄒᆞᆯ ᄲᅮᆫ 아니라, 혈ᄆᆡᆨ(血脈)을 니을 ᄌᆞ식이 업시 몰ᄉᆞ(沒死)ᄒᆞ리【47】라 ᄒᆞ던 거시니, 금안의 신통이 만고의 ᄒᆞ나히라. 내 듀야의 츈빙(春氷)을 드ᄃᆡ며 침상(針上)의 님ᄒᆞᆫ ᄃᆞᆺᄒᆞ니, ᄒᆡᆼ혀 금안의 니ᄅᆞ던 바를 어길가 근심ᄒᆞ고 두려ᄒᆞᄂᆞ니, 네 어미 소활(疎豁)ᄒᆞ여 가부(家夫)의 슈복(壽福)을 비지 아니ᄒᆞ고, 늙은 몸이 진(盡)키를

1133)도필니(刀筆吏) : ‘구실아치’를 낮잡아 이르던 말. 아전이 죽간(竹簡)에 잘못 기록된 글자를 늘 칼로 긁고 고치는 일을 했던 데서 유래한다.

1134)녈녀젼(烈女傳) : 중국 한(漢)나라의 유향(劉向)이 지은 책. 고대로부터 한대(漢代)에 이르는, 중국의 현모·열녀들의 약전(略傳), 송(頌), 도설(圖說)을 엮었다.

그음ᄒᆞ여 불가의 공을 드리미 여일(如一)코져 ᄒᆞᄆᆡ, 겨울날이 차고 풍셜(風雪)이 빈빈(頻頻)ᄒᆞ여 골졀(骨節)이 서늘ᄒᆞᆫ ᄯᅢ라도 어름물에 목욕감기를 폐치 아니코, 녀름날이 ᄧᅵᄂᆞᆫ듯ᄒᆞ여 속으로 불이 닐 적이라도 지계(齋戒)를 시작ᄒᆞ면 듀야로 골홈[1135]을 그ᄅᆞ지 【48】 아니ᄒᆞ고 먼니 운슈ᄉᆞ를 ᄇᆞ라고 고두빈츅(叩頭頻祝)ᄒᆞᄂᆞ니, 네 비록 부모를 죽이려 ᄒᆞᄂᆞᆫ 원슈를 잡아실지라도 종용이 다ᄉᆞ리미 올커놀, 무솜 연고로 아비 도라오기를 기다리지 아니ᄒᆞ고 지듕(至重)ᄒᆞᆫ 인명을 쳐살(處殺)ᄒᆞ여 부텨의 외오녁이믈 어더, 아비 목숨을 손(損)ᄒᆞ며 복녹을 ᄉᆞᆺ고져 ᄒᆞᄂᆞ뇨? 촐하리 노모를 죽이고 그 죄인의 근본을 쾌히 알아 쳐치를 명빅히 ᄒᆞ라.”

삼쇠 조모의 친히 나와 황황급급(遑遑急急)히 닐오ᄂᆞᆫ 말이 다 무거밍낭(無據孟浪)ᄒᆞ여 쳔만 ᄉᆡᆼ각지 아닌 허언(虛言)이라. 요물을 싀훤이 죽여 업【49】시치 못ᄒᆞᆯ ᄇᆡ 통한분히(痛恨憤駭)ᄒᆞ나, 조모의 부친 위ᄒᆞ여 불가의 경셩드리노라 말이, 가쇼롭고 망측ᄒᆞ여 쇼년지심(少年之心)의 우읍기를 면치 못ᄒᆞ고, 《윤태위‖소슌 등이》 조모의 위인을 모로ᄂᆞᆫ 거시 아니로ᄃᆡ, 그 흉험괴픽(凶險乖悖)ᄒᆞᆫ 거동을 ᄯᅩ 뵈ᄂᆞᆫ 거시 참괴ᄒᆞ야, 년망이 계(階)의 ᄂᆞ려 조모를 븟드러 왈,

“요악ᄒᆞᆫ 시녀의 흉음극악(凶淫極惡)ᄒᆞᆫ 죄를 발ᄒᆞ여 쇼ᄆᆡ의 얼골이 되여 달문을 속이고져 여ᄎᆞ여ᄎᆞ 변괴를 지을ᄉᆡ, 쇼손(小孫) 등이 통히분완(痛駭憤惋)ᄒᆞ여 밧비 버혀 후일을 징계ᄒᆞ고, 가즁의 흉교(凶狡)ᄒᆞᆫ 음물(淫物)노 ᄒᆞ야금 【50】 다시 요사(妖邪)ᄒᆞᆫ ᄯᅳᆺ을 발치 말게 ᄒᆞ고져 ᄒᆞ오미러니, 대뫼(大母) 엇지 친히 외루(外樓)의 나오샤 놀나믈 과히 ᄒᆞ시고, 간녀의 목숨 앗기믈 이ᄀᆞᆺ치 ᄒᆞ시ᄂᆞ니 잇고? 이제 불공(佛供)으로ᄡᅥ ᄌᆞ계(自戒)ᄒᆞ믈 닐ᄋᆞ시나, 원간 셕가(釋家)의 허무(虛無)ᄒᆞ미 이단(異端)의 무리라. 군ᄌᆡ(君子) 그 허무ᄒᆞ믈 취신(取信)ᄒᆞᆯ ᄇᆡ 아니오, 슈요장단(壽夭長短)과 화복길흉(禍福吉凶)이 다 ᄉᆡᆼ시지초(生時之初)의 뎡ᄒᆞᆫ ᄇᆡ라. 대뫼 허탄(虛誕)ᄒᆞᆫ 요승(妖僧)의 말솜을 밋으샤 년광(年光)이 고심(高深)ᄒᆞ신ᄃᆡ, 셩톄(聖體)를 닛비ᄒᆞ샤미 실노 ᄉᆡᆼ각지 못ᄒᆞ온 일이라. 소손 등이 비록 불쵸ᄒᆞ와 야야(爺爺)를 위ᄒᆞ여 경셩을 드【51】리지 못ᄒᆞ오나, 대모의 말솜은 금시초문(今時初聞)이로소이다.”

ᄒᆞ니, 태부인이 소슌 등의 셩효(誠孝)를 아ᄂᆞᆫ 고로 짐즛 소공을 위ᄒᆞ야 불가의 공드리믈 닐너, 아직 살벌(殺罰)을 금ᄒᆞᆫ즉 결단ᄒᆞ여 슌히 드를가 ᄒᆞ엿더니, ᄃᆡ답이 이ᄀᆞᆺ치 ᄂᆡ도ᄒᆞ믈[1136] 드ᄅᆞᄆᆡ, 흉ᄒᆞᆫ 셩이 불니듯ᄒᆞ고 밉고 분ᄒᆞ미 병발(竝發)ᄒᆞᄆᆡ, 즉긱의 삼소(三蘇)를 솜킬 듯ᄒᆞᆫ지라. 엇지 됴흔 ᄉᆞᄉᆡᆨ으로 온용(溫容)히 혜경의 목숨을 도모ᄒᆞᆯ니 이시리오. 불연(勃然)이 ᄂᆞᆯᄯᅱ나 소슌의 관을 벗겨 더지고, 상토를 플쳐 손에 감쥐며 소영 등을 어【52】ᄌᆞ러이 두다려 수죄(數罪)ᄒᆞᄆᆡ, 별학[1137]이 ᄂᆞ리ᄂᆞᆫ 듯ᄒᆞᆫ 쇼ᄅᆡ

1135)골홈 : 고름. 옷고름. 저고리나 두루마기의 깃 끝과 그 맞은편에 하나씩 달아 양편 옷깃을 여밀 수 있도록 한 헝겊 끈.

1136)ᄂᆡ도ᄒᆞ다 : 판이(判異)하다. 엉뚱하다.

1137)별학 : 벼락.

와 흉픽(凶悖)ᄒ 상뫼 갈호(蝎虎)의 무셔오믈 겸ᄒ여 고딕 사ᄅᆷ을 죽일 듯ᄒ지라. 소
시랑이 ᄌᆨ긔 등 ᄒ나히 죽을지언뎡 그 요녀를 샤치 못ᄒ량으로 ᄒ더니, 텰부인이 이
변을 듯고 존고(尊姑)의 작변(作變)과 흉심으로 ᄌᆨ긔 쳔금 ᄀᆞᆺ튼 삼ᄌᆞ를 듕히 상히오미
이실가 놀나, 시녀로 ᄒ야곰 삼ᄌᆞ의게 말을 젼ᄒ여 왈,

"너희 등의 버히고져 ᄒᄂᆞᆫ 요물이 비록 만번 죽어 앗갑지 아닌 죄를 지엇다 홀지라
도, 존고의 굿이 살오고져 ᄒᄉᆞᆫ 후【53】ᄂᆞᆫ, ᄯᅩᄒ ᄌᆞ손되ᄂᆞᆫ 자의 도린즉 당당이 위열
(慰悅)ᄒ여 감히 명을 거역지 못ᄒ리니, 엇지 ᄉᆞᄉᆞ 의견을 세오미 가ᄒ리오. ᄒᄆᆞᆯ며
부ᄌᆞ(父子) 나가신 ᄯᆡ니 도라오시기를 기다려 쳐치ᄒ미 올흐니, 존고의 명ᄒ시믈 밧ᄌᆞ
오라."

시랑 등이 모친 젼어를 듯ᄌᆞ오미, 일이 과연 그러ᄒᄆᆞᆯ 처엄브터 모로미 아니로딕,
요녀(妖女)의 변용ᄒ미 심상치 아니코, 혼ᄌᆞ 쇠ᄒ 비 아니면 필경이 됴치 아니므로 버
혀 업시코져 ᄒᄋᆞᆺ더니, 조모의 흉픽히 날뛰ᄂᆞᆫ 거동과 모친의 젼에(傳語) 여ᄎᆞᄒ니, ᄉᆞ
ᄉᆞ(私私) 의견【54】을 세울 길히 업서, 요물의 머리 버히기를 날회여 도필니(刀筆吏)
로 ᄒ야금 ᄉᆔ옥(舍屋)의 ᄂᆞ리오믈 명ᄒ니, 녀부인이 비로소 시랑의 두발(頭髮)을 노ᄒ
나, 분ᄒ 눈망울이 ᄉᆞ모[1138]ᄒ로 뒤룩여 흉심을 측냥치 못ᄒ고, 혜졍을 가도ᄂᆞᆫ 곳에
닐월 도리를 혜아려, 필경이 ᄡᅳᆫ[1139] 듯 브싄[1140] 듯 녀가 규슈(閨秀) 줄을 아조 모
ᄅᆞ게 홀 쇠를 싱각ᄒ나, 됴ᄒ 계피 업스니, 익둛고 슬프미 일쳔(一千) 진납이 가슴의
뛰노라 졍히 통곡고져홀 즈음에, 도필니 혜졍을 다리고 ᄉᆔ옥으로 향ᄒᄆᆞᆯ 품달(稟達)ᄒ
니, 혜졍은 【55】반싱반ᄉᆞ(半生半死)ᄒ여 슉모의 나와시믈 아지 못ᄒ딕, 녀부인은 이
거동을 보미 잔잉[1141] 통졀(痛切)ᄒ며 경참비도(驚慘悲悼)ᄒ미 목젼(目前)의 죽엄을
노흠만 ᄀᆞᆺ지 못ᄒ니, 부지불각(不知不覺)의 도필니를 물니치고 혜졍을 붓드러 산쳔이
울히게 방셩통곡(放聲痛哭)ᄒ니, 삼쇠 밧비 조모를 붓드러 슬허ᄒ시ᄂᆞᆫ 연고를 무란딕,
녀시 혜졍 살올 의ᄉᆞ를 발ᄒ여 삼소의 뭇ᄂᆞᆫ 말을 답지 아니ᄒ고, 가슴을 두다려 울기
를 이시(移時)히[1142] ᄒ다가, 졈졈 목안의 소릭로 닐오딕,

"내 셔뎨(庶弟)를 져바렷다."

ᄒ더니, 인ᄒ야 【56】ᄯᅡ히 것구러져 엄홀(奄忽)ᄒ 체ᄒ니, 이의 다ᄃᆞ라ᄂᆞᆫ 삼쇠 황
황(遑遑)ᄒ고 닉외(內外) 진경(震驚)ᄒ여, 텰부인이 신을 벗고 나와 존고를 붓드러 구
호홀시, 닉당(內堂)으로 드러가미 머다ᄒ여 잠간 셔직의셔 씌기를 기다리니, 흉심이
니를 옹물고 죽을 상을 민다라시니, 삼쇠 초황졀민(焦遑切憫)ᄒᄂᆞᆫ 즁 요녀를 실슈(失

1138) ᄉᆞ모 : 네 모서리. 네 귀퉁이. 사방(四方).
1139) ᄡᅳ다 : 씻다. 쓸다. 씻어내다. 쓸어버리다. 지우다.
1140) 브싀다 : ① 부수다. 단단한 물체를 여러 조각이 나게 두드려 깨뜨리다. ② 부시다. 그릇 따위를 씻어
깨끗하게 하다. ③ 부시다. 빛이나 색채가 강렬하여 마주 보기가 어려운 상태에 있다
1141) 잔잉 : 불쌍함. 가엾음. 안쓰러움.
1142) 이시(移時)히 : 이윽히. 한참 동안. 시간이 상당히 지나는 동안.

手)홀가 념녀ᄒᆞ야 착실이 직희라 ᄒᆞ고, 텰부인이 존고(尊姑)의 심슐을 슷치ᄆᆡ 거ᄌᆞᆺ 엄홀ᄒᆞᆫ 거동이믈 모ᄅᆞ지 아니ᄒᆞ듸, 소공으로 ᄒᆞ야금 모ᄅᆞ게 통치 아니미 인ᄌᆞ(人子)의 불가ᄒᆞᆫ 고로, 쏠니 태부인 【57】긔후(氣候) 불평ᄒᆞ시믈 텰부의 가 고ᄒᆞ라 ᄒᆞ니, 시녜 승명(承命), 젼도(顚倒)ᄒᆞ여 텰부의 나아가 소공긔 태부인의 불평ᄒᆞ믈 고ᄒᆞ니, 소공이 모친의 엄홀(奄忽)ᄒᆞ믄 오히려 아지 못ᄒᆞ나 불평ᄒᆞ믈 드ᄅᆞᄆᆡ, 심신이 경황ᄒᆞ여 쏠니 의ᄃᆡ(衣帶)를 어더 몸의 걸치고 보보급급(步步急急)ᄒᆞ여 부즁(府中)의 다ᄃᆞ라ᄂᆞᆫ, 윤태위 한가히 외뎐(外殿)의셔 빅회(徘徊)ᄒᆞ다가 소공을 만ᄂᆞᆫ지라. 공이 창황이 문왈,

"네 우리 존당 환후(患候) 경듕(輕重)을 드럿ᄂᆞ냐?"

태위 ᄃᆡ왈,

"즉금 셔직의셔 부인과 삼형이 구호ᄒᆞ오니, 바로 셔직로 드러가 뵈오면 【58】알아시리이다. 연이나 일시 긔운이 막히신 ᄃᆞᆺᄒᆞ오나, 근위(根位) 듕ᄒᆞᆫ 병휘(病候) 아니오니 물우(勿憂)ᄒᆞ쇼셔."

소공이 즉시 드러가 모친을 본즉, 엄홀(奄忽)ᄒᆞᆫ 거동이 ᄀᆞ장 위틱ᄒᆞ여, 옹그리믄1143) 니발1144)과 산(算)1145)밧게 비여진 눈쏠이○[며], ᄉᆡ퍼러ᄒᆞᆫ ᄂᆞᆺ빗치 급히 뒤여져가ᄂᆞᆫ1146) 모양이라. 소공이 하 놀납고 망극ᄒᆞ니 급히 찬 칼흘 쌔혀 슈지(手指)를 단ᄒᆞ고져 ᄒᆞ니, 삼쇠 조모의 혼졀(昏絶)ᄒᆞ믈 보고 처엄은 경황ᄒᆞ더니, ᄆᆡᆨ후를 슯피{오}니 진짓 엄홀이 아니믈 ᄡᅵ다라 ᄆᆞ음을 뎡ᄒᆞ나,

"져리코 오ᄅᆡ 누어 ᄡᅵ지 아니면 야야(爺爺)의 【59】망극 초황(焦遑)ᄒᆞ시믈 엇지 보리오."

ᄒᆞ야 절민ᄒᆞ다가, 공이 슈지(手指)를 숫고져 ᄒᆞ믈 크게 경황ᄒᆞ야, 학ᄉᆡ 연망이 칼을 앗고 시랑과 한님이 간왈(諫曰),

"쇼ᄌᆞ 등이 불쵸무상(不肖無狀)ᄒᆞᆫ ○[연]고(然故)로 인ᄒᆞ와, 존명을 슌슈(順受)치 못ᄒᆞᆫ {연}고로 과히 진노ᄒᆞ샤, 셩톄(聖體)를 잇비ᄒᆞ시ᄆᆡ 잠간 정신을 출히지 못ᄒᆞ시나, 슈혈(手血)을 드리올 환휘 아니오니, 원(願) 대인은 죵용히 간ᄆᆡᆨ(看脈)ᄒᆞ시고 약의 당제(唐劑)를 일위쇼셔."

공이 이의 녀부인의 손을 밧드러 간ᄆᆡᆨᄒᆞᄆᆡ 장실(壯實)ᄒᆞᆫ 긔운이 남ᄌᆞ와 쇼년의 경셩(鼎盛)ᄒᆞᆫ 긔운을 묘시(藐視)ᄒᆞ니, 【60】밧그로 형ᄉᆡᆨ이 위급홀지언뎡 안흐로 병들미 업ᄉᆞ니, ᄆᆡᆨ휘(脈候) 평온ᄒᆞᆫ지라. 일노 ᄃᆞᄃᆡ여 소공이 잠간 ᄆᆞ음을 뎡ᄒᆞ나 반야지간(半夜之間)의 무숨 변괴(變故) 이셔 모친의 노긔 엄홀키의 밋첫ᄂᆞᆫ고? 불힝ᄒᆞ며 근심되믈 니긔지 못ᄒᆞ고, 어셔 인ᄉᆞ 출히기를 ᄇᆞ라며, 겻히셔 구호ᄒᆞᄂᆞᆫ 정셩과 동촉(洞燭)ᄒᆞᆫ 효셩이 싱철(生鐵)을 녹이며 셕목(石木)을 감동홀 ᄃᆞᆺᄒᆞ니, 녀시 흉물이 미련1147) 무지

1143)믈다 : 물다.

1144)니발 : 이빨.

1145)산(算) : 셈. 헤아림. 생각.

1146)뒤여지다 : 뒤어지다. 뒈지다. '죽다'를 속되게 이르는 말.

(無知)ᄒᆞ야 아모란 줄도 모로ᄂᆞᆫ 인ᄉᆞ(人士)1148)도 아니로ᄃᆡ, 심용(心用)이 부졍ᄒᆞ미 비록 소ᄉᆡᆼ(所生)의 일골육(一骨肉)이 업ᄉᆞ나, 소공이 젼【61】츌(前出)이라 ᄒᆞ여 믜워ᄒᆞ미 ᄇᆡᆨ년ᄃᆡ쳑(百年大隻)1149)과, 삼ᄃᆡ원슈(三代怨讐)의 더으미 잇ᄂᆞᆫ지라. 공의 인효(仁孝)ᄒᆞ고 화슌관대(和順寬大)ᄒᆞ미 볼ᄉᆞ록 ᄌᆞ긔 사오나온 거시 나타나고, 소공의 긔특ᄒᆞ미 일개(一家) 칭찬ᄒᆞᄂᆞᆫ 고로, ᄉᆡ긔ᄒᆞ고 통한ᄒᆞ야 ᄇᆞᄃᆡ 업시코 긋치려ᄒᆞ나, 금야 소공의 쵸황(焦遑)ᄒᆞᆫ 거동과 온슌ᄒᆞᆫ 형상을 보ᄆᆡ, 아모 어려온 일이라도 ᄌᆞ긔 닐오면 공슌(恭順)ᄒᆞᆯ ᄃᆞᆺᄒᆞ고, 또 오ᄅᆡ 엄홀ᄒᆞ고 누어시미 답답ᄒᆞ여, 비로소 숨을 ᄂᆡ쉬며 셔뎨(庶弟)를 ᄇᆞᄅᆞ기를 마지 아니ᄒᆞ니, 소공이 밧비 모친 손을 븟들고 긔【62】운을 뭇ᄌᆞ온ᄃᆡ, 부인이 눈물이 비 ᄀᆞᆺᄐᆞ니, 소공이 태부인긔 슬허ᄒᆞ시ᄂᆞᆫ 연고를 뭇ᄌᆞ오니, 녀부인이 ᄒᆞᆫ숨지고 비읍(悲泣) 왈,

"내 팔ᄌᆡ 긔험(奇險)ᄒᆞ여 남녀간 일 골육을 두지 못ᄒᆞ고, 다만 너의게 의지ᄒᆞ여 ᄉᆡᆼ젼ᄉᆞ후(生前死後)의 태산지망(泰山之望)과 북두지탁(北斗之託)이 네 ᄒᆞᆫ 몸에 온젼ᄒᆞ니, 듀듀야야(晝晝夜夜)의 텬디신명(天地神明)의 츅슈(祝壽)ᄒᆞᄂᆞᆫ ᄇᆡ 너의 슈복(壽福)이 장원(長遠)ᄒᆞ미라. 션비(先妣) 운슈ᄉᆞ의 츅ᄒᆞ여 너를 ᄉᆡᆼᄒᆞ시믈 드란 고로, 기리 불가의 졍셩을 드려 널노 ᄒᆞ야금 만복이 완젼코져 ᄇᆞ라더니, 슌·영·셩 삼ᄋᆡ 노모의 여ᄎᆞ【63】여ᄎᆞ 닐오믈 듯지 아니코, 불공(不恭)ᄒᆞᆫ 말이 ᄲᆡ의 박이ᄂᆞᆫ ᄃᆞᆺᄒᆞ니, 노뫼 슬프고 노호오믈 니긔지 못ᄒᆞᆯ ᄲᅮᆫ아니라, 봉난의 형모(形貌)를 비러 윤낭을 속이고 변을 지으랴 ᄒᆞ던 녀ᄌᆞᄂᆞᆫ 그윽이 ᄉᆡᆼ각건ᄃᆡ, 시녀 복쳡(僕妾)의 무리 아니오, 나의 셔뎨(庶弟) 뉴유인(孺人)1150)이 일즉 죽고 ᄒᆞᆫ낫 ᄯᆞᆯ을 두어 ᄒᆡᆼ혀 ᄌᆡ용이 비루키를 면ᄒᆞ엿더니, 작셕의 김뎨를 조ᄎᆞ 나를 보고져 니ᄅᆞ럿더니, 우연이 윤낭의 풍신용ᄎᆡ(風神容彩)를 보고 규슈(閨秀)의 염치를 바려 비쳡지녈(婢妾之列)의나 츙수(充數)키를 원ᄒᆞ거ᄂᆞᆯ, 내 ᄉᆞ리(事理)의 불가ᄒᆞ【64】믈 닐넛더니, 맛ᄎᆞᆷᄂᆡ 흠모ᄒᆞᄂᆞᆫ 졍을 억졔치 못ᄒᆞ여 무ᄉᆞᆫ 변용(變容)ᄒᆞᄂᆞᆫ 약을 마셔 윤ᄌᆞ를 ᄃᆡᄒᆞᆫ가 시브니, 져의 ᄒᆡᆼᄉᆞᄂᆞᆫ 가살(可殺)이나 내 졍을 닐을진ᄃᆡ, 졔 어미 비쳔ᄒᆞ나 동긔(同氣)의 혈ᄆᆡᆨ이오, 또 다란 ᄌᆞ녜 업시 일녀식(一女息) ᄲᅳᆫ롬이라. 만일 슌·영·셩 삼ᄋᆡ 뉴ᄋᆞ를 죽일진ᄃᆡ, 졔 어미 혈식(血食)을 긋ᄂᆞᆫ 작시라. 노인의 약ᄒᆞᆫ 심졍의 셔뎨를 위ᄒᆞ여 참연 잔잉ᄒᆞ믈 니긔지 못ᄒᆞᄂᆞ니, 너의 인효(仁孝)ᄒᆞ미 노모의 심ᄉᆞ를 ᄇᆞᆰ히 혜아려, 뉴가 쳔ᄋᆞ(賤兒)의 잔쳔(殘喘)을 빌녀 호ᄉᆡᆼ지덕(好生之德)을 드리오고, 노모로 ᄒᆞ야【65】금 불가(佛家)를 위ᄒᆞ여 졍셩을 드리ᄂᆞᆫ 바의, ᄒᆞᆫ 죠각 거리ᄭᅵᆷ미 업게ᄒᆞ며, 셔뎨의 일골육이 내 곳에 왓다가 죽ᄂᆞᆫ 환(患)이 업게ᄒᆞ면, ᄎᆞ악ᄒᆞᆫ ᄆᆞᄋᆞᆷ을 진뎡ᄒᆞᆯ가 ᄇᆞ라노라."

1147)미련 : 터무니없는 고집을 부릴 정도로 매우 어리석고 둔함.

1148)인ᄉᆞ(人士) : 인사(人士). '사람'을 낮잡아 이르는 말.

1149)ᄇᆡᆨ년ᄃᆡ쳑(百年大隻) : 그게 척(隻)을 진 사이. 곧 서로 크게 원한을 품어 반목하는 사이.

1150)유인(孺人) : ①조선 시대에, 구품 문무관의 아내에게 주던 외명부(外命婦)의 품계. ②생전에 벼슬하지 못한 사람의 아내의 신주나 명정(銘旌)에 쓰던 존칭.

소공이 텽파(聽罷)의 엇지 모친의 흉괴흔 심슐을 아지 못흘 니 이시리오마는, 이러틋 죵용히 닐오는 바의 듯지 아니흐고, 녀ᄋ의 형모를 비러 셩닌의 은졍을 낙고려 흐던 요인을 죽이려 흐여셔는 대변이 니러날지라. 출하리 후환(後患)을 졔방(制防)치 못흐미 될지언뎡, 모친의 뜻을 슌(順)흐여 만ᄉ의 어긔오미 업【66】과져 흐는지라. 이의 고왈,

"슌·영·셩 삼ᄋ의 불공흐믈 듯ᄌ오니 통완흐믈 니긔지 못흐오나, 이거시 져의 무상홈만 아니라, 쇼ᄌ의 인효치 못흐믈 져희 눈으로 보고 빅혼 빅 불쵸무상(不肖無狀)흐오미니, 젼혀 쇼ᄌ의 사오나온 죄로소이다. 녀ᄋ의 얼골이 되여 변을 짓고져 흐는 요인(妖人)은 경상이 히괴(駭怪) 분완(憤惋)흐오나, ᄌ위(慈闈) 브딕 살오고져 흐시고 그 근본이 시녀 양낭(養娘)의 무리 아니올진딕, 됴히 사(赦)흐여 보닉오리니, 셩후(聖侯)를 안보흐소셔."

녀부인이 문파의 대열 환희흐여 평싱 처엄으로 됴흔 안식을 지어, 소【67】공의 손을 잡고 풀흘 어라만져, '내 ᄋ들이 과연 효슌흐고 관인(寬仁)흐다' 칭션흐기를 마지 아니흐니, 복즁(腹中)의 칼흘 겻고1151) 것ᄎ로 칭이(稱愛)흐는 거동이 더옥 흉휼능측(凶譎能測)1152)흘 섄아냐, 어리고 우어뵈여 가작(假作)흐는 ᄂᆞ빗치 볼ᄉ록 슌편치 아니흐니, 텰부인은 임의 존고(尊姑)의 ᄆᆞ음을 거울 비쵬 듯 아는 빅라. 새로이 놀나며 고이히 넉일 거시 업ᄉ나, 삼소는 그 변용흐는 요인(妖人)이 조모의 셔질(庶姪)이라 흐믈 드ᄅ니, 놀납고 히연(駭然)흐미 더어 그윽이 후환(後患)을 념녀흐나, 부친이 임의 살오기로 뎡【68】흐니 다시 죽일 의논을 못흐고, 조모의 거동이 그 요인을 죽인즉 무슨 변을 닐지라. 이러므로 묵묵히 입을 여지 아니나 후환을 근심흐고, 소한님은 친히 버혀 소문 업시 서릇지 못흔 줄 이달나 흐더라.

녀부인이 소공을 권흐여 ᄉ옥의 ᄂ리온 녀인을 닉여 노흐라 흐니, 태부인이 시녀 등을 명흐여 뉴유인의 일녀(一女)가 근파(根派)를 알아오라 흐며, 침뎐으로 드리라 흐고, 인흐여 닉당으로 드러가믈 닐ᄋ니, 소공이 삼ᄌ와 일시의 븟드러 닉청(內廳)의 다ᄃ라는, 녀부인이 ᄉᄉ로 ᄂ리며 소【69】공 부ᄌ를 도라보아 왈,

"방즁의 김뎨 이시니 너의 부지 드러오지 못흘지라, 물너가 편히 쉬라."

소공이 텰부인을 도라보아 모친을 븟드러 실의 안둔흐시믈 청흐고, 날호여 삼ᄌ로 더브러 나가니, 텰부인이 존고를 븟드러 입실홀식, 시녀 등이 옥즁의 나아가 혜졍을 보고 녀부인 말솜으로 뉴가 녀진가 무ᄅ라 흐신다 흐니, 처엄은 혼졀흐엿더니 여러 옥니(獄吏)의 쥐물너 씨오믈 힘닙어, 잠간 인ᄉ를 출혀 시녀 등의 젼흐믈 듯고 슉모의 계괴 무던흐믈 혜아려, 짐즛 【70】뉴유인의 일녜로라 흐니, 시녜 사명(赦命)이 이시믈 닐오고 슈족(手足) 즘은 거슬 글너 바로 태부인 침뎐으로 드러오믹, 태부인이 지게

1151)겻다 : 끼다. 무엇에 걸려 있도록 꿰거나 꽂다.
1152)흉휼능측(凶譎能測) : 흉하고 간사스러우며 잘 헤아림.

압히셔 혜경을 븟들고 일장을 통곡ᄒᆞᄃᆡ, 맛촘ᄂᆡ 뉴유인의 ᄯᆞᆯ이라 ᄒᆞ여, 혜경의 근본을 남이 알게 아니ᄒᆞ나, 텰부인이 ᄇᆞᆰ히 지긔ᄒᆞ고 소쇼져ᄂᆞᆫ 임의 혜아린 일이라 새로이 놀날 거시 업ᄉᆞᄃᆡ, 일노 조ᄎᆞ 괴란(怪亂)이 층츌(層出)ᄒᆞᆯ가 념네 깁더라.

텰부인이 존고의 흉의(凶意)를 아나 위로ᄒᆞ여 우롬을 긋치고 안침(安寢)ᄒᆞ시믈 청ᄒᆞ나, 녀부인이 경악(驚愕)ᄒᆞᆫ 심신【71】을 오히려 뎡치 못ᄒᆞ고, 김시ᄂᆞᆫ 비록 우암불민(愚闇不敏)ᄒᆞ나 ᄯᅩᄒᆞᆫ 사ᄅᆞᆷ의 념치(廉恥)라, 계집의 간음인(奸淫) 고로 소쇼져의 침실의 변용ᄒᆞ고 드러간 재 녀ᄋᆞ 밧게 나지 아니니 참측(慙惻)ᄒᆞ고, 소ᄉᆡᆼ이 잡아 죽이련다 말의 녕원1153)이 ᄯᅱ놀고 ᄋᆡ들음과 놀나오미, 역시 인ᄉᆞ(人事)를 바려 자리의 구러져시니, 녀부인이 일변 시녀 등으로 ᄒᆞ야금 김시를 구호ᄒᆞ여 정신을 ᄎᆞᆯ히게 ᄒᆞ며, 일변 혜경을 ᄭᅮ짓ᄂᆞᆫ 쳬ᄒᆞ여 거즛 닐오ᄃᆡ,

"네 비록 셔패(庶派)나 오히려 규슈의 념치어ᄂᆞᆯ, 윤ᄉᆡᆼ의 풍신용화(風神容華)를 혹【72】ᄒᆞ여, 구ᄎᆞ히 변용ᄒᆞ여 규문(閨門)을 어ᄌᆞ러이고져 ᄒᆞ니, 내 만일 ᄉᆞ정을 도라보아 ᄉᆡᆼ각지 아니ᄒᆞ면 슌 등의 죽이려 ᄒᆞᄂᆞᆫ 거ᄉᆞᆯ 구ᄒᆞᆯ ᄆᆞᄋᆞᆷ이 이시리오마ᄂᆞᆫ, 참아 여모(汝母)를 져바리지 못ᄒᆞ미라. 모로미 음일고이(淫佚怪異)ᄒᆞᆫ ᄯᅳᆺ을 다시 머므ᄅᆞ지 말고 ᄇᆞᆰᄂᆞᆫ 날 김뎨로 더브러 도라가라."

혜경이 진짓 뉴가 쳔녀(賤女)쳬ᄒᆞ고 머리를 두다려,

"쳔ᄒᆞᆫ ᄋᆞᄒᆡ 규문 쳥정ᄒᆞᆫ 녜법을 일허 윤태우의 풍신용화를 보고 음황(淫荒)ᄒᆞᆫ ᄯᅳᆺ을 주리잡지 못ᄒᆞ여, 변용ᄒᆞᄂᆞᆫ 약을 마셔 군ᄌᆞ를 속이고져 ᄒᆞ믄 죄당만ᄉᆞ(罪當萬死)오나,【73】임의 태부인이 호ᄉᆡᆼ지덕(好生之德)을 드리오샤 일누(一縷)를 보젼ᄒᆞ게 ᄒᆞ시니, ᄋᆞᄒᆡ 비ᄌᆞ를 마ᄌᆞ ᄎᆞᄌᆞ 주시면 더옥 덕음(德陰) 일가ᄒᆞᄂᆞ니, 소쇼져 시녀 빙낭은 어ᄃᆡ 가고 업ᄉᆞᆫ ᄉᆞ이, 녀쇼져 시녀 초진을 비러 변용ᄒᆞᄂᆞᆫ 약을 먹여 빙낭이 되게 ᄒᆞ여ᄉᆞᆸ더니, 즉금 화유랑의 겻ᄒᆡ 이실지라, 원컨ᄃᆡ 초진을 부ᄅᆞ쇼셔."

김시 녀부인의 ᄃᆡ답 젼의 ᄯᆞᆯ이 아닌 줄을 ᄇᆞᆰ혀 혜경의 젼졍(前程)을 앗지 말고져 ᄒᆞᄆᆞ로, 우미(愚迷)ᄒᆞᆫ ᄆᆞᄋᆞᆷ의 좀 ᄭᅬ를 ᄂᆡ여 거즛 셔질(庶姪) ᄭᅮ짓ᄂᆞᆫ 쳬ᄒᆞ고, 녀ᄋᆞ의 시녀를 요괴로온 약【74】을 먹여 못ᄡᅳᆯ ᄒᆡᆼ실을 ᄀᆞ라친다 ᄒᆞ여 ᄂᆞᆺ출 븕히고, ᄀᆞ장 대ᄉᆞ(大事)저이1154) 덤벙이니, 텰부인 모녀ᄂᆞᆫ 도로혀 비위 아닛ᄭᅩ오믈 참지 못ᄒᆞ고, 녀부인은 어미 업시 쳔누(賤陋)히 자란 거ᄉᆞᆯ 칙망ᄒᆞ여 ᄲᅮᆯᄃᆡ업다 ᄒᆞ여, 협실노 드러가 본형이나 ᄂᆡ고 잇다가 명일 가라 ᄒᆞ고, 즉시 가(假) 빙낭을 부ᄅᆞ니, 초진이 처엄은 좀을 익이 드럿다가, 혜경이 잡혀갈 ᄯᅢᄂᆞᆫ 요란ᄒᆞ믈 인ᄒᆞ여 ᄭᆡ여 드ᄅᆞ니 쥬인이 참혹히 잡혀 나갓다 ᄒᆞ거ᄂᆞᆯ, 놀나오믈 니긔지 못ᄒᆞ여 밧비 도망코져 ᄒᆞ더니, 태부인 명으로 '유랑【75】의 다리고 잇ᄂᆞᆫ 빙낭이 진짓 빙낭이 아니오 녀부 초진이믈 닐너 브ᄅᆞ신다' ᄒᆞ니, 화유랑이 ᄯᅳᆯ의 거쳐를 몰나 가(假) 빙낭을 븟들고 녀부인 침뎐을 오니, 녀부인

1153)녕원 : 영원. '염통' 또는 '심장(心臟)'을 달리 이르는 말.
1154)대ᄉᆞ(大事)저이 : 대사(大事)롭다. 대수롭다. *-저이; -스럽게. 부사를 만드는 접미사.

이 혜졍다려 외면회단(外面回丹)을 ᄂᆡ라 ᄒᆞ여 초진을 먹여 경ᄀᆡᆨ의 빙낭의 형모를 변ᄒᆞ고 졔 본 얼골을 ᄆᆡᆫ다니, 화유랑이 ᄯᆞᆯ의 간 곳을 몰나 망극ᄒᆞ여, 초진을 트러잡고 빙낭이 어ᄃᆡ 갓ᄂᆞᆫ고 어더ᄂᆡ라 ᄒᆞ며 보ᄎᆡ더라. 【76】

윤하뎡삼문취록 권지삼십이

ᄎᆞ시 화유랑이 ᄯᆞᆯ의 간 곳을 몰나 망극ᄒᆞ여, 초진을 트러잡고 '빙낭이 어ᄃᆡ 갓ᄂᆞᆫ고 어더ᄂᆡ라' 보ᄎᆡ니, 녀부인이 요란ᄒᆞ믈 즐퇴(叱退)ᄒᆞ고, 혜경과 초진을 다 협실노 드려 보ᄂᆡ니, 텰부인 모녜 흉히참측(凶駭慘惻)ᄒᆞ믈 니긔지 못ᄒᆞ고 슌셜(唇舌)이 무익ᄒᆞ여 다만 안침(安寢)ᄒᆞ시믈 쳥ᄒᆞ고, 침누(寢樓)의 도라와 졔시녀를 명ᄒᆞ여 일시의 화심(火心)1155)을 ᄎᆞᄌᆞ 잡고 방방곡곡(坊坊谷谷)이 빙낭의 ᄌᆞ최를 《조ᄎᆞ‖ᄎᆞᄌᆞ》보라 ᄒᆞ니, 화유랑이 눈물을 흘리고 빙낭이 사지 못ᄒᆞᆫ가 참통(慘痛)【1】ᄒᆞ니, 쇼졔 왈,

"빙낭이 밋처 흉인의 ᄭᅬ를 ᄉᆡᆼ각지 못ᄒᆞ여 속으미 되어시나, 흉ᄒᆞᆫ 무리 낭을 결을ᄒᆞ여 죽일 ᄉᆞ이 업ᄉᆞ○[시]리니, 유랑은 그윽ᄒᆞᆫ 곳을 두루 ᄉᆞᆲ펴 무심치 말고 밧비 어드라."

유랑이 울며 넓이 ᄎᆞᄌᆞ 후뎡(後庭) 누옥(陋屋)의 가 본즉, ᄒᆞᆫ낫 벙어리 되여 잇거ᄂᆞᆯ, 즉시 업어 도라와 쇼져긔 낭을 어더 와시나 병인이 되믈 고ᄒᆞ니, 쇼졔 발셔 암약(闇藥)1156)을 먹여시믈 ᄭᆡ다라 됴ᄒᆞᆫ 약을 주어 각별이 구호케 ᄒᆞ고, 모녜 서로 ᄃᆡᄒᆞ야 가즁 형셰 졈졈 위ᄐᆡᄒᆞ믈 근심ᄒᆞ고 두리나, 원언(怨言)이 녀부【2】인긔 밋지아냐 각각 명도(命途)를 탄ᄒᆞᆯ ᄲᅮᆫ이러라.

소공 부ᄌᆡ 모친을 ᄂᆡ당의 뫼시고, 거름을 두루혀 나와 윤태우를 불너 쵹하(燭下)의셔 말ᄉᆞᆷᄒᆞᆯᄉᆡ 태위 왈,

"존당(尊堂) 명(命)이 비록 그 요녀를 살오라 ᄒᆞ시나, 오ᄂᆞᆯ날 죽이지 아냐셔ᄂᆞᆫ 후환이 층츌(層出)ᄒᆞ리이다."

소공이 빈미(顰眉) 왈,

"노친이 심식 약ᄒᆞ샤 비록 미말(微末)시녀의 목숨이라도 급히 ᄭᅳᆫᄂᆞᆫ 거ᄉᆞᆯ 측은이 넉이시니, 내 도리 친의(親義)를 거ᄉᆞ릴 ᄇᆡ 아니라. 마지 못ᄒᆞ여 죽이지 아니키로 결단ᄒᆞ여시나, 구ᄐᆞ여 후환이 층츌ᄒᆞᆯ ᄇᆡ 이시【3】리오. 이 불과 간교ᄒᆞᆫ 쳔인(賤人)이 너의 풍치를 황홀과듕(恍惚過重)ᄒᆞ여 침변(枕邊)의 졍을 ᄆᆡᆺ고져 ᄒᆞ미라. 긔 무ᄉᆞᆷ 대ᄉᆡ리오."

태위 잠쇼(潛笑) 왈,

1155)화심(火心) : 횃불.
1156)암약(瘖藥) : 말 못하는 벙어리가 되게 하는 약.

“하괴(下教) 맛당ᄒᆞ시나, 그 요녀의 음악(淫惡)ᄒᆞᆫ 거동이 남활(濫闊)ᄒᆞ며 능측(能測)ᄒᆞᆫ 거술 아올나, ᄒᆞᆫ낫 계집의 음졍(淫情)만 잇지 아니ᄒᆞ오니, 다란 날 ᄌᆞ연 알 도리 이시려니와, 변을 지으미 심상치 아니ᄒᆞ오리니 가히 근심되다 닐을 빅오ᄃᆡ, 만ᄉᆡ(萬事) 다 막비명애(莫非命也)1157)오, ᄋᆞ히 잔졸(孱拙)ᄒᆞ여 소문 업시 죽여 멸구(滅口)치 못ᄒᆞ믈 ᄋᆡ돌나 ᄒᆞ오나, 다시 닐ᄏᆞ라 ᄲᅳᆯᄃᆡ 업도소이【4】다.”

소공이 모친의 심슐과 요녀의 간음흉ᄒᆡ(姦淫凶駭)ᄒᆞ믈 깁히 우려ᄒᆞ나, 조금도 ᄉᆞᄉᆡᆨ지 아니코, 다만 닐오ᄃᆡ,

“길흉우락(吉凶憂樂)이 다 유수(有數)ᄒᆞ니 현마 엇지ᄒᆞ리오. 음교(淫狡)ᄒᆞᆫ 일개 쳔녜 잔명을 보젼ᄒᆞ나, 그 해롤 지으미 대단치 아니리니, 이런 곳의 우려(憂慮)롤 통(通)치 말나.”

태위 묵연이 깃거 아니ᄒᆞ더라.

명됴(明朝)의 김시 녀부인을 ᄃᆡᄒᆞ여 골오ᄃᆡ,

“쇼뎨 녀ᄋᆞ롤 귀듕(貴重)ᄒᆞᄂᆞᆫ 졍이 ᄋᆞ돌의 더으미 잇더니, 혜졍이 그릇 옥을 위ᄒᆞ여 져의 몸을 쳔누(賤陋)히 바릴 번ᄒᆞᄃᆡ, 그 앗기며 슬픈 줄을 아지 못ᄒᆞ니[고], 동긔【5】롤 위ᄒᆞᆫ 졍이 목숨을 맛출 번ᄒᆞ니, 쇼뎨 참아 작야 변을 보고 져롤 이의 머믈지 못ᄒᆞᆯ 쑨아니라, 온가지로 ᄉᆞ량(思量)ᄒᆞ여도 소시 윤가의 총뷔(冢婦)되여 구고(舅姑)의 ᄉᆞ랑과 가부(家夫)의 듕ᄃᆡ(重待)롤 밧아 옥 ᄀᆞᆺ튼 긔린을 쎠시니, 그 형셰 태악(泰岳)의 ᄀᆞᆺ으미 잇ᄂᆞᆫ지라. 옥이 쇽졀업시 소시롤 위ᄒᆞ여 심간(心肝)을 살올 ᄯᆞ롬이오, 취(娶)ᄒᆞ믄 죽기도곤 어려오니 쇼뎨 녀ᄋᆞ로 더브러 도라가, 옥을 보고 ᄎᆞ후란 ᄇᆞ졀업ᄉᆞᆫ ᄯᅳᆺ을 두지 말나 닐으려 ᄒᆞᄂᆞ이다. 연이나 혜ᄋᆞ의 참변을 당ᄒᆞ엿던 바ᄂᆞᆫ 미ᄉᆞ지젼(未死之前)의 니【6】줄 길히 업도소이다.”

녀부인이 탄왈,

“이제ᄂᆞᆫ 좀{과} 젹은 계교로 봉난을 후려ᄂᆡ며 셩닌을 속이지 못ᄒᆞ리니, 옥의 졀ᄉᆡᆨ(絶色) 구ᄒᆞᄂᆞᆫ ᄆᆞ옴은 긋치기 어려온지라. 그윽이 ᄉᆡᆼ각건ᄃᆡ, 신부 윤시 침어낙안지용(沈魚落雁之容)1158)과 폐월슈화지틱(蔽月羞花之態)1159) 봉난의게 만히 ᄂᆞ리지 아니ᄒᆞ고, 겸ᄒᆞ여 년긔 유츙(幼冲)ᄒᆞ여 봉난의 신셩특이(神聖特異)ᄒᆞᆫ 지략(智略)이 업술 빅오, 나의 호령과 위엄의 ᄢᅴ이여1160) 나오며 물너가믈 졔 임의로 못ᄒᆞᆯ 거시니, 일이 되여가믈 보아 윤녀로 ᄒᆞ야금 옥의 긔물(奇物)을 삼게 ᄒᆞ리니, 현뎨(賢弟)ᄂᆞᆫ 도라가 이【7】말을 질ᄌᆞ(姪子)의게 젼ᄒᆞ라. 혜졍의 쳔금빙신(千金氷身)의 참욕(慘辱)이 밋첫던

1157)막비명애(莫非命也) : 운명 아닌 것이 없음.

1158)침어낙안지용(沈魚落雁之容) : 미인을 보고 물 위에서 놀던 물고기가 부끄러워서 물속 깊이 숨고 하늘 높이 날던 기러기가 부끄러워서 땅으로 떨어질 만큼, 아름다운 여인의 용모를 비유적으로 이르는 말. ≪장자≫ <제물론(齊物論)>에 나온다.

1159)폐월슈화지틱(閉月羞花之態) : 달이 숨고 꽃도 부끄러워할 만큼 여인의 얼굴과 맵시가 매우 아름답다는 것을 비유적으로 이르는 말.

1160)ᄢᅴ이여 : 띠여. 매여. 묶여. *ᄢᅴ이다: ‘ᄢᅴ다’의 피동형. *ᄢᅴ다; 매다. 두르다, 묶다. 가지다. 지니다.

바를 ᄉᆡᆼ각ᄒᆞᆯᄉᆞ록, 경심(驚心) ᄎᆞ악(嗟愕)[illegible]니[여] 능히 진뎡치 못ᄒᆞᄂᆞ니, 질ᄋᆞ 남ᄆᆡᄂᆞᆫ 봉난의게 원슈 갑기를 혜아려, 다시 [illegible]가 ᄉᆞᄅᆞᆷ ᄆᆡᆫ들기를 구치 말나.”

김시 함누(含淚) 왈,

“쇼뎨 ᄌᆞ녀의 그ᄅᆞᆷ도 모로지 아[illegible]ᄒᆞᄃᆡ, 나의 ᄌᆞ네 소시곳[1161] 아니면 이러치 아니리이다.”

녀시 왈,

“현뎨의 ᄯᅳᆺ은 우형(愚兄)ᄀᆞ지 원[illegible]ᄒᆞ거니와, 낸들 엇지 질ᄋᆞ 남ᄆᆡ를 위ᄒᆞᆫ 정이 범연ᄒᆞ리오. 혜경은 옥을 위ᄒᆞ여 규슈[illegible] 청경ᄒᆞᆫ ᄆᆞᄋᆞᆷ이라, 부【8】부의 정욕을 아지 못ᄒᆞᄃᆡ, 우형은 그윽ᄒᆞᆫ 먼 ᄯᅳᆺ이 윤ᄌᆞ[illegible] 풍용덕질(風容德質)이 통쳔고궁만셰(通千古窮萬歲)[1162]ᄒᆞ여 ᄒᆞᆫ ᄉᆞᄅᆞᆷ이니, 혜경으[illegible] ᄒᆞ야금 인연을 일워, 비록 소ᄉᆡᆼ지디(所生之地)와 셩명을 은휘(隱諱)ᄒᆞ나 봉난의 자[illegible]를 웅거ᄒᆞ여, 늉셩ᄒᆞᆫ 복경(福慶)을 누릴가 ᄇᆞ란 ᄇᆡ ○○[어늘], 어이 일이 그ᄃᆡ도록 [illegible]히 될 줄 알아시리오.”

김시 다시 말을 못ᄒᆞ여셔, 혜경[illegible] 숙모과[와] 모친을 ‘협실(夾室)노 드러오쇼셔’ ᄒᆞ여, 손을 밧들고 뉴쳬(流涕) 왈,

“쇼네 부모의 구로ᄉᆡᆼ지(劬[illegible])[1163]ᄒᆞ신 호텬대은(昊天大恩)[1164]을 닙ᄉᆞ와 ᄌᆡ용(才容)이 비루(鄙陋)키를 면[illegible]고[illegible]눈으로 【9】고셔(古書)를 ᄉᆞᆯ혀 식견(識見)이 쳔박(淺薄)기를 면ᄒᆞ여시ᄃᆡ, 거[illegible](鄙[illegible])를 위ᄒᆞᆫ ᄯᅳᆺ이 쇼녀의 젼졍(前程)을 도라보지 못ᄒᆞ미러니, 작야의 참변을 당ᄒᆞ[illegible] 스ᄉᆞ로 칼과 노[1165]희 명을 결치 못ᄒᆞ미 ᄒᆞᆫ이오나, 실노 일이란 거시 처엄과 [illegible]이 ᄀᆞᆺ기 어려오니, 쇼녀ᄂᆞᆫ 임의 의논ᄒᆞᆯ 거시 업거니와, 거거의 소시 향ᄒᆞᆫ ᄆᆞᄋᆞᆷ은 [illegible]기 어려온지라. 쇼네 출하리 죽기를 한ᄒᆞ여 윤ᄌᆞ를 조ᄎᆞ 거거로 ᄒᆞ야금 소시를 [illegible] 평ᄉᆡᆼ 원을 일우고, 소셩 요적(妖敵)의게 거야(去夜) 여ᄎᆞ여ᄎᆞ(如此如此)ᄒᆞᆫ 분[illegible] 풀고[illegible] 말니니, 슉모와 모친은 【10】엇더타 ᄒᆞ시ᄂᆞ니잇고?”

김시 머리를 [illegible]드러 왈,

“다시 닐[illegible]지 말며, 닐ᄋᆞ[illegible] 말나. 네 어믜 너의 위ᄐᆡᄒᆞ믈 듯고 놀나 죽지 아니미 명되(命途) [illegible]지완(遲緩)ᄒᆞᆫ 연괴[illegible] 참아 엇지 그다히 말을 다시 거들니오. 너를 다려 이의 온 줄 [illegible]웃브고 ᄋᆡ둘나 내 몸[illegible] 형벌ᄒᆞ여 허물을 속고져 ᄒᆞ노라.”

녀부[illegible]이 질녀의 봉난을 해[illegible]져 ᄒᆞᄂᆞᆫ ᄆᆞᄋᆞᆷ과 윤ᄌᆞ를 졷고져 ᄒᆞᄂᆞᆫ 말을 드ᄅᆞ니, 깃브믈 나[illegible]지 못ᄒᆞ여 왈,

“ᄌᆞ고로[illegible]영웅 호걸이 [illegible]만나지 못ᄒᆞ야 운건ᄒᆞ미 잇ᄂᆞ니, 네 어이 녹녹(碌碌)ᄒᆞᆫ 모훈(母訓)만 [illegible]【11】ᄒᆞ리오. 윤ᄌᆞ의 셩덕(聖德) 문명(文名)과 풍광 긔질이

1161)곳 : 곧. 주로 명사에 붙어 앞말을 강조하는 뜻을 나타내는 보조사.
1162)통쳔고궁만셰(通千古窮萬歲) : 아주 먼 옛적으로부터 영원한 세월에 이르기까지를 다하여 보아도..
1163)구로ᄉᆡᆼ지(劬勞生之) : 자식을 낳아서 기르느라고 힘을 들이고 애를 씀.
1164)호텬대은(昊天大恩) : 하늘처럼 큰 은혜.
1165)노 : 실, 삼, 종이 따위를 가늘게 비비거나 꼬아 만든 줄.

사름의 원호여 셤겸 즈흔 빈라 호려니와, 져 윤지 '스광(師曠)의 총(聰)'1166)과 '니루(離婁)의 명(明)'1167)이 이시니, 혹즈 이후의 계교를 힝호여 뜻깃지 못호미 이셔도, 텬하의 옥인걸스(玉人傑士)를 틱호여 현질(賢姪)의 평싱을 쾌락호고, 윤즈와 봉난 남미를 아올르 뭇질너 분(憤)을 셜(雪)호미 맛당호니, 현질은 긔특흔 계교와 신묘흔 쇠로뻐 우슉(愚叔)을 지휘호여 흉금(胸襟)이 상활(爽闊)호게 호라."

혜졍이 몸을 니러 두 번 졀호고, 골오디,

"슉모의 하괴(下教) 쇼질(小姪)의 어두【12】온 심장을 붉히시니, 쇼질이 엇지 쾌열(快悅)치 아니리잇고마는, 쇼질이 거야(去夜) 참변(慘變)은 몽니(夢裡)의도 혜아리지 아닌 빈오, 지금의 븟그러온 눗출 드러 텬일(天日)을 볼 뜻이 업스오나, 임의 젼졍을 의논치 아니랴 뎡흔 빈라. 진심갈녁(盡心竭力)호여 소시로뻐 거거(哥哥)의 긔물(奇物)을 삼기를 도모호고, 쇼질이 홀니1168)라도 소시의 자리를 아스 뜻을 펴면, 브졀업시 여러 사름을 해치 아니려니와, 추후 계교를 일우지 못흔즉, 출하리 인눈셰스(人倫世事)를 쓴허 뉵쳑신(六尺身)이 화(化)호여 유악지즁(帷幄之中)1169)의 경눈(經綸)1170)호는 지【13】조를 품고, 일습(一襲) 건복(巾服)1171)으로 흔낫 명쥬(明主)를 갈히여, 창업대공(創業大功)을 일워 뎨일공신(第一功臣)이 될 시졀의, 소윤(小尹)1172)을 탕멸(蕩滅)호는 슈괴 업시, 위상(魏相) 위졔(魏齊)1173)의 도쥬이스(逃走而死)1174)호믈 효측(效則)게 호리니, 슉모는 쇼질을 우암(愚闇)흔 일녀즈로 아지 마라시고, 타쳐(他處)의 군즈를 셤기기란 힝혀도 닐오지 마르쇼셔."

녀부인의 대악(大惡)이나, 혜졍의 '명쥬(明主)를 도으련노라' 말의 다드라는, 즐겨 듯지 아냐 왈,

"남녀의 쳐신이 다르니, 현질이 비록 곡역후(曲逆侯)1175)의 뉵츌긔계(六出奇計)1176)

1166)스광(師曠)의 총(聰) : 사광(師曠)의 총명함. 중국 춘추(春秋) 때 사광이란 사람이 소리를 잘 분변하여 길흉을 점쳤다는 고사에서 유래한 말.

1167)니루(離婁)의 명(明) : 이루(離婁)의 밝음. 중국 황제(黃帝) 때 사람인 이루가 눈이 밝았다는 데서 나온 말.

1168)홀니 : 하루.

1169)유악지즁(帷幄之中) : '장막 가운데'라는 말로, 전장에서 작전회의를 하는 장소나, 조정에서 회의 또는 경연을 하는 장소를 비유적으로 이르는 말.

1170)경눈(經綸) : 천하를 다스림.

1171)건복(巾服) : 느옷갓. 남복(男服). 웃옷과 갓을 아울러 이르는 말. 흔히 예전에 남자가 정식으로 갖추던 옷차림을 이른다.

1172)소윤(小尹) : 소소(小小)한 윤씨 일족. 곧 윤성린 일가를 말함.

1173)위졔(魏齊) : 중국 전국시대 위나라 재상(宰相). 무고(誣告)를 믿고 범저(范雎)를 가혹하게 형벌하였다가 뒤에 진나라로 도망가 재상이 된 범수가 옛 원한을 갚기 위해 군사를 보내 그를 잡으려 하자 도망 다니다가 끝내 자살하였다.

1174)도쥬이스(逃走而死) : 도망가서 죽음. 중국 위(魏)나라 재상 위제(魏齊)가 그에게 원한을 품은 진(晉)나라 재상 범저(范雎)의 복수를 피해 도망하였다가 자살한 일을 말함.

1175)곡역후(曲逆侯) : 중국 한(漢)나라 초기 공신 진평(陳平)의 봉호(封號). 빈농 출신으로 항우(項羽)의 군에서 도위(都尉)를 지냈고 그 뒤 유방(劉邦)의 호군중위(護軍中尉)가 되어, 여섯 번이나 기발한 꾀를

ᄒᆞᄂᆞᆫ 지모(智謀)와 졔갈무후(諸葛武侯)1177)의 칠죵칠금(七縱七擒)1178)ᄒᆞᄂᆞᆫ 지죄 이신 【14】들 그 ᄡᅳᆯ 곳이 업ᄉᆞ니 어ᄃᆡ로 조ᄎᆞ 명쥬(明主)를 갈히렷노라 말이뇨? 우리 집이 부졀관면(不絶冠冕)1179)ᄒᆞ여 션ᄃᆡ의 국은(國恩)을 닙으미 늉듕(隆重)ᄒᆞ니 인신(人臣)이 되여 무식ᄒᆞᆫ 말을 입 밧게 ᄂᆡ미 가치 아닌가 ᄒᆞ노라.”

혜정 왈,

“슉모 명훈(明訓)이 여ᄎᆞᄒᆞ시니 쇼질이 비록 불쵸무상(不肖無狀)ᄒᆞ오나 어이 밧드지 아니리잇고. 다만 쇼질의 뎡ᄒᆞᆫ 뜻이 이시니 윤ᄌᆞ의 풍광긔질(風光氣質)을 흠앙ᄒᆞᄂᆞᆫ 거시 아니오라, 쇼질이 당당ᄒᆞᆫ 법가지녀(法家之女)로 일즉 규방이 졍녈(貞烈)ᄒᆞ야 발ᄌᆞ최 무고히 계하(階下)의 ᄂᆞ리미 업다가, 거거를 위ᄒᆞᆫ 졍【15】이 졀박ᄒᆞ믈 인ᄒᆞ여 간ᄉᆞᄒᆞᆫ 계교로ᄡᅥ, 윤ᄌᆞ를 속이고 소녀를 아ᄉᆞ 거거긔 도라 보ᄂᆡ고져 ᄒᆞ다가, 일이 니지1180) 아냐 참익(慘厄)을 당ᄒᆞ니, 슉모의 구ᄒᆞ심 곳 아니면 쇼녀의 머리를 보젼치 못ᄒᆞᆯ 번ᄒᆞ니, ᄉᆡᆼ각ᄒᆞᆯᄉᆞ록 엇지 참분통원(慙憤痛怨)치 아니리잇고마ᄂᆞᆫ, 져 윤지 모로ᄂᆞᆫ 가온ᄃᆡ 쇼질의 일ᄉᆡᆼ은 윤ᄌᆞ를 우럴지라. 젹션(謫仙)1181)이 ᄉᆡᆼ환(生還)ᄒᆞ고, 반악(潘岳)1182)이 ᄌᆡ셰(在世)ᄒᆞ나 쇼질의 ᄆᆞ음은 다란 곳에 옴기지 못ᄒᆞ미, 계집의 졀의(節義)를 도라보미라. 슉뫼 쇼질의 근본을 나타ᄂᆡ지 아니샤 죽은 【16】아ᄌᆞ미 ᄯᆞᆯ이라 ᄒᆞ시고, 모친이 피우(避憂)로 일홈ᄒᆞ고 이의 오신 ᄇᆡ니 수삼일이 넘지 못ᄒᆞ여 도라가신죽, 소부 합문(閤門) 샹해(上下) 의심을 동(動)ᄒᆞ리니, 쇼녀의 소견인죽 슌망(旬望)1183)을 더 머므러, 긔모비계(奇謀秘計)를 발ᄒᆞ여 소시를 해ᄒᆞ고 윤ᄌᆞ의 총명을 ᄀᆞ

내, 한나라 건국에 큰 공을 세웠다. 건국후 곡역후(曲逆侯)에 봉해졌고, 혜제(惠帝)때 승상이 되었다, 여후(呂后) 집정 아래에서 어려움을 겪었으나 여후가 죽은 뒤 주발(周勃)과 함께 여씨 일족을 주멸(誅滅)하고 문제(文帝)를 옹립했다.

1176)뉵츌긔계(六出奇計) : 신기한 꾀를 여섯 번이나 냄. 진평(陳平)의 기계(奇計)에서 유래한 말.

1177)제갈무후(諸葛武侯) : 제갈량(諸葛亮). 181-234. 중국 삼국시대 촉한(蜀漢)의 정치가. 자 공명(孔明). 시호 충무(忠武). 뛰어난 군사 전략가로, 유비를 도와 오(吳)나라와 연합하여 조조(曹操)의 위(魏)나라 를 대파하고 파촉(巴蜀)을 얻어 촉한을 세웠다.

1178)칠죵칠금(七縱七擒) : 마음대로 잡았다 놓아주었다 함을 이르는 말. 중국 촉나라의 제갈량이 맹획(孟獲)을 일곱 번이나 사로잡았다가 일곱 번 놓아주었다는 데서 유래한다.

1179)부졀관면(不絶冠冕) : 관면(冠冕; 갓과 면류관)이 끊어지지 않았다는 말로, 대대로 높은 벼슬아치가 나와 가문을 빛냈다는 뜻.

1180)니다 : ①일어나다. ②이루다. 이뤄지다. ③가다.

1181)젹션(謫仙) : 중국 당나라의 시인 ‘이백(李白)’을 달리 이르는 말. *이백(李白); 중국 당나라의 시인(701~762). 자는 태백(太白). 호는 청련거사(靑蓮居士). 젊어서 여러 나라에 만유(漫遊)하고, 뒤에 출사(出仕)하였으나 안녹산의 난으로 유배되는 등 불우한 만년을 보냈다. 칠언 절구에 특히 뛰어났으며, 이별과 자연을 제재로 한 작품을 많이 남겼다. 현종과 양귀비의 모란연(牧丹宴)에서 취중에 <청평조(淸平調)> 3수를 지은 이야기가 유명하다. 시성(詩聖) 두보(杜甫)에 대하여 시선(詩仙)으로 칭하여진다. 시문집에 ≪이태백시집≫ 30권이 있다.

1182)반악(潘岳) : 247~300. 중국 서진(西晉)의 문인(文人). 자는 안인(安仁). 권세가인 가밀(賈謐)에게 아첨하다 주살(誅殺)되었다. 미남이었으므로 미남의 대명사로도 쓰인다.

1183)슌망(旬望) ; 열흘에서 보름쯤.

리와 보고져 ᄒᆞᄂᆞ이다."

김시 손을 드러 가숨을 쳐 왈,

"녀ᄋᆡ 오히려 참분슈괴(慙憤羞愧)ᄒᆞ믈 ᄭᆡ닷지 못ᄒᆞ고 다시 불인(不仁)의 ᄡᅬ를 ᄉᆡᆼ각ᄒᆞ니, 내 엇지 참아 너의 젼졍(前程)을 맛ᄎᆞ 쇼향쇄옥지탄(燒香碎玉之歎)[1184]이 이시믈 보고 견ᄃᆡ리오. 네 출하리 나를 죽이고 윤ᄌᆞ를 조ᄎᆞ 변(變)【17】을 지으라."

셜파(說罷)의 실셩뉴톄(失性流涕)ᄒᆞ니, 혜졍이 모친의 ᄒᆞ리눅고 쥬견 업ᄉᆞᆫ 가온ᄃᆡ도 져의 흉음악ᄉᆞ(凶陰惡事)를 막ᄌᆞ라믄 죽기를 그음키의 밋ᄎᆞ니, 괴롭고 증ᄒᆞᆫ(憎恨)ᄒᆞ나 이거시 졔집도 아니오, 요란이 닷토다가 소부 졔인이 알 니 이실가 두릴 ᄲᅮᆫ 아니라, 공교로온 의ᄉᆡ 쳔만니를 그음ᄒᆞ여 윤ᄌᆞ를 브ᄃᆡ ᄯᆞ라 조ᄎᆞ 셤길 ᄆᆞ음이 니러나니, '아직 모친의 놀난 ᄯᅳᆺ을 위로ᄒᆞ고 틈을 타 져의 원을 일우ᄂᆞᆫ 거시 올타.' ᄒᆞ여 강작(强作)ᄒᆞ여 화어(和語)로 져의 그ᄅᆞ믈 사례(謝禮)ᄒᆞ고 즉일의 도라【18】가믈 닐ᄏᆞ라니, 김시 환열(歡悅)ᄒᆞ고 녀부인이 훌연ᄒᆞ여 왈,

"현데와 현질이 이의 온 ᄯᅳᆺ이 젼혀 봉난을 후려ᄂᆡ고져[1185] ᄒᆞ미어놀, 일이 그릇되미 현질이 쳔ᄃᆡ(千代)의 잇지 아닌 참변을 지ᄂᆡ고 헛도이 도라간즉, 옥의 ᄇᆞ라ᄂᆞᆫ 거시 ᄉᆞᆺ처지ᄂᆞᆫ지라. 쳔방빅계(千方百計)로 우형(愚兄)이 도모ᄒᆞ여도 봉난으로ᄡᅥ 옥의 ᄇᆡ우(配偶)를 삼지 못ᄒᆞ면, 윤녀를 후려[1186] 질ᄋᆞ(姪兒)의 긔물(奇物)을 삼아도, 옥의 졀ᄉᆡᆨ ᄇᆞ라ᄂᆞᆫ ᄆᆞ음을 맛치리니, 현데와 현질은 도라가 이 ᄯᅳᆺ을 젼ᄒᆞ고, ᄯᅩ 현질은 힘ᄡᅥ 작야 참욕(慘辱)【19】받은 원수 갑기를 ᄉᆡᆼ각ᄒᆞ라."

김시와 혜졍이 ᄇᆡ샤(拜辭)ᄒᆞ고 인ᄒᆞ여 도라가기를 결단ᄒᆞ미, 녀부인이 옥의게 셔간을 븟쳐, '소시를 후려ᄂᆡ지 못ᄒᆞ면 윤시를 무지모야(無知暮夜)의 잡아 도라보ᄂᆡ마' ᄒᆞ니, 김시 빈미(顰眉)ᄒᆞ여 왈,

"쇼데도 인심이라. 독ᄌᆞ(獨子)의 현부(賢婦) ᄇᆞ라ᄂᆞᆫ ᄯᅳᆺ이 범연ᄒᆞ리잇가마ᄂᆞᆫ, 져 소·윤 등을 잠간 보오ᄃᆡ, 힘힘히 사ᄅᆞᆷ의 계교의 ᄲᅡ져 절힝을 일흘 재 아니니, ᄯᅩ ᄯᅳᆺ ᄀᆞᆺ지 못ᄒᆞ면 옥의 간담이 바아져, 실(實)노 살기를 ᄇᆞ라지 못ᄒᆞ오리니, 이졔ᄂᆞᆫ ᄇᆞ라미 업시, 빅계【20】무칙(百計無策)[1187]ᄒᆞ믈 닐오ᄂᆞᆫ 거시 올흘가 ᄒᆞᄂᆞ이다."

녀네 탄식고, 혜졍을 도라보아 왈,

"계교를 베퍼 ᄯᅳᆺ을 일운 ᄇᆡ 업ᄉᆞ니, 현데ᄂᆞᆫ 이리 닐오기도 고이치 아니ᄒᆞ거니와, 연작(燕雀)[1188]이 홍곡(鴻鵠)[1189]의 ᄯᅳᆺ을 아지 못ᄒᆞᄂᆞ니, 네 모친은 텬연(天然)이 어질 ᄲᅮᆫ이오, 대ᄉᆞ를 ᄒᆞᆫ가지로 도모ᄒᆞᆯ 사ᄅᆞᆷ이 아니라. 우리 슉질이 ᄣᆡ를 타 계교를 운동ᄒᆞᆯ

1184)쇼향쇄옥지탄(燒香碎玉之嘆) : 향을 살라 향기가 사라지고 옥을 깨트려 아름다움을 잃는 탄식.
1185)후려ᄂᆡ다 : 후려내다. 매력이나 그럴듯한 수단으로 남의 정신을 흐리게 하여 꾀어내다.
1186)후리다 ; ①휘몰아 채거나 쫓다. ②휘둘러서 때리거나 치다. ③그럴듯한 말로 속여 넘기다.
1187)빅계무칙(百計無策) : 어려운 일을 당하여 온갖 계교를 다 써도 해결할 방도를 찾지 못함.
1188)연작(燕雀) : 제비와 참새를 아울러 이르는 말로, '도량이 좁은 사람'을 비유적으로 이르는 말.
1189)홍곡(鴻鵠) : 큰 기러기와 고니라는 뜻으로, 포부가 원대하고 큰 인물을 이르는 말.

쓴이니, 현질은 도라가 옥의게 이 뜻을 젼ᄒᆞ라."

혜경이 빅샤슈명(拜謝受命)ᄒᆞ고, 인ᄒᆞ여 하직ᄒᆞ미, 모네 ᄒᆞᆫ가지로 교즁(轎中)의 올ᄋᆞ니, 녀부인이 모다 듯ᄂᆞᆫᄃᆡ 거줏 닐오ᄃᆡ,

"김데 피우(避憂) 【21】 로 이의 왓다가, 셔질(庶姪)의 요음(妖淫)ᄒᆞᆫ 힝ᄉᆞ를 보고 경심(驚心)ᄒᆞ여 즉시 도라가 쳐치홀 도리를 샤데(舍弟)와 의논ᄒᆞᆫ다."

ᄒᆞ니, 텰부인과 쇼졔 흉인의 심폐(心肺)를 거울 비최듯 혜아려 후환을 근심ᄒᆞ나, 힝혀도 ᄉᆞ식지 아니ᄒᆞ더라. 소공이 녀ᄋᆞ와 셔랑(婿郞)을 여러날 머므러 작소(雀巢)의 깃드리ᄂᆞᆫ ᄌᆞ미를 두굿기고져 ᄒᆞ다가, 모친의 심슐에 궁흉악ᄉᆞ(窮凶惡事)를 ᄀᆞ초 ○○○[격그믈] ᄉᆡᆼ각ᄒᆞ미, 새로온 근심이 몰낫던 일 ᄀᆞᆺᄐᆞ여 슈미(愁眉)를 펴지 못ᄒᆞᄂᆞᆫ 바의, 윤부의셔 위태부인이 소시와 션화를 닛지 못ᄒᆞᄂᆞᆫ 졍이 근졀ᄒᆞ고, 소시 【22】 의 유ᄌᆞ(幼子) 마ᄎᆞᆷ 병이 이시니, 진왕이 거륜(車輪)을 미러 소부의 니ᄅᆞ러 녀부(女婦)를 보고, 소공을 향ᄒᆞ여 왈,

"쇼데 식부(息婦)의 귀근(歸覲)을 허홀 ᄶᅦ 십여일을 머물나 ᄒᆞ엿더니, ᄉᆞ오일이 넘지 못ᄒᆞ여셔 존당(尊堂)이 훌연ᄒᆞ믈 니긔지 못ᄒᆞ시고, 손ᄋᆡ(孫兒) 유질(有疾)ᄒᆞ니 ᄉᆞ셰(事勢) 브득이 식부를 금명간 다려가고져 ᄒᆞᄂᆞ니, 현형(賢兄)의 관인ᄒᆞᆫ 덕냥(德量)이 녀식의 유약유츙(柔弱幼沖)ᄒᆞ믈 도라보아 그 나히 이칠(二七) 삼오(三五)나 츨 동안은 쇼데의 집에 바려 두시믈 어드리잇가?"

소공이 윤시를 위틱ᄒᆞᆫ 곳에 머므를 뜻이 업ᄉᆞᄃᆡ, 녀부인의 ᄆᆞ음 【23】 인즉 집에 두고 긴 날에 조로고 보칙고져 ᄒᆞ리니, 도라 보ᄂᆡ기를 ᄌᆞ긔 ᄆᆞ음으로 못ᄒᆞ여 쇼왈,

"여식은 존문(尊門) 사ᄅᆞᆷ이니 대왕이 금일 다려가도 쇼데 져근 ᄉᆞ졍을 닐너 머믈기를 쳥치 못ᄒᆞ려니와, 식부ᄂᆞᆫ 년유(軟柔) 셤약(纖弱)ᄒᆞ나 톄형(體形)이 슉셩ᄒᆞ고 만ᄉᆡ 완젼 츌뉴(出類)ᄒᆞ니, 구고(舅姑)와 가부(家夫) 셤기ᄂᆞᆫ 도리를 모를 ᄋᆞ히 아니라. 당(堂)의 편친(片親)이 덧업시 도라 보ᄂᆡ고져 아니실 거시오, 우리 졍니(情理)도 결연(缺然)ᄒᆞ니 잠간 머므러 죵용이 도라보ᄂᆡ고져 ᄒᆞᄂᆞ이다."

진왕이 소공의 ᄆᆞ음을 빗최미 범빅(凡百)의 녀부인의 명 【24】 으로 조ᄎᆞ 일ᄉᆞ(一事)를 임의로 못ᄒᆞᄂᆞᆫ 줄 아ᄂᆞᆫ 고로, 희연이 웃고 녀ᄋᆞ와 식부를 도라보아 왈,

"존옹(尊翁)이 현부(賢婦)ᄂᆞᆫ 내 집 사ᄅᆞᆷ이라 ᄒᆞ여 보ᄂᆡ기를 듕난(重難)ᄒᆞ여 아니ᄃᆡ, 녀ᄋᆞ의 귀령(歸寧)은 쾌허(快許)치 아니ᄒᆞ니, 녀ᄋᆡ 비록 유츙미약(幼沖微弱)ᄒᆞ나 구괴(舅姑) 존(尊)ᄒᆞ며 가뷔(家夫) 듕(重)ᄒᆞ믈 모ᄅᆞ지 아니리니, 녀ᄋᆞᄂᆞᆫ 효봉(孝奉)의 미셩(微誠)을 다ᄒᆞ고, 식부ᄂᆞᆫ 굿ᄐᆞ여 녀ᄋᆞ와 ᄒᆞᆫ가지로 오려 말고, 명됴(明朝)의 도라와 존당을 시봉(侍奉)ᄒᆞ고 유ᄋᆞ의 병을 보라."

냥쇼제 피셕ᄌᆡ빅(避席再拜)홀 ᄯᆞᆫ이오, 말ᄉᆞᆷ이 업ᄉᆞ니, 소시의 일월광휘(日月光輝)와 션풍옥골(仙風玉骨)은 닐오도 말고, 【25】 션화쇼져의 향염이질(香艷異質)은 볼ᄉᆞ록 더옥 황홀ᄒᆞ니, 왕이 ᄋᆡ듕ᄒᆞ믈 니긔지 못ᄒᆞ니, 소공이 진왕의 며ᄂᆞ리를 ᄋᆡ듕홈과 ᄯᆞᆯ을 ᄌᆞᄋᆡᄒᆞᄂᆞᆫ 거동을 보니 더옥 심회 불안ᄒᆞ여, 져ᄂᆞᆫ 만흔 ᄌᆞ녀의도 보니마다 됴히 거ᄂᆞ

리고 지닉거놀, 즈긔 집은 평정지시(平靜之時)의 난니(亂離)를 만남 ᄀᆞᄐᆞ여, 사름마다 슈우(愁憂)ᄒᆞᆫ 빗ᄎᆞ로 평안ᄒᆞ믈 ᄇᆞ라지 못ᄒᆞ니, 즁니(中裏)의 깁히 탄식ᄒᆞ고, 명도(命途)의 괴로오믈 슬허ᄒᆞᆯ지언뎡, 계모(繼母)의 흉퓌(凶悖) 불인(不仁)ᄒᆞ믈 조금도 원망ᄒᆞᄂᆞᆫ 뜻이 업더라.

진왕이 셕양의 도라가니 이【26】쇼졔 ᄇᆡ별(拜別)ᄒᆞ고 드러와, 소시 명일 도라갈 바를 모친긔 고ᄒᆞ니, 뎡부인이 처엄 귀령(歸寧)을 쳥ᄒᆞᆫ 줄이 불힝ᄒᆞ니, 엇지 명일 도라가려 ᄒᆞ믈 막으리오마ᄂᆞᆫ, ᄉᆞ졍(私情)이 참연(慘然)ᄒᆞ여 이제 니별ᄒᆞᄆᆡ 또 수히 반길 시졀이 묘망(渺茫)ᄒᆞ믈 슬허ᄒᆞ니, 쇼졔 화셩유어(和聲柔語)로 모친을 위로ᄒᆞ고, '쇼고(小姑)의 몸이 위틱케 마ᄅᆞ쇼셔.' ᄒᆞ더라.

ᄎᆞ일(此日) 윤태우ᄂᆞᆫ 악모(岳母)긔 하직ᄒᆞ고 몬져 도라가고, 쇼져ᄂᆞᆫ 명일 신됴(晨朝)의 취운산으로 향ᄒᆞᆯᄉᆡ, 녀부인긔 하직 왈,

"손녜 슬하를 니측(離側)ᄒᆞᆫ ᄉᆞ년의 비로소 귀령(歸寧)ᄒᆞ니 하졍(下情)이 무궁【27】ᄒᆞ오ᄃᆡ, 유ᄋᆡ(乳兒) 병이 이시믈 인ᄒᆞ여 도라오믈 ᄌᆡ촉ᄒᆞ시니, 마지못ᄒᆞ여 운산으로 향ᄒᆞ오나 울울ᄒᆞᆫ 심ᄉᆡ 처엄 아니옴만 ᄀᆞᆺ지 못ᄒᆞ도소이다."

녀부인이 소시를 구가(舅家)로 보닉지 말고져 ᄒᆞ나, 진왕의 브ᄅᆞᄂᆞᆫ 명이 잇고 거교(車轎)를 출혀시니, 험악을 브려 그 가ᄂᆞᆫ 거슬 져희ᄒᆞ여도, 윤부의셔 ᄉᆞ랑ᄒᆞᄂᆞᆫ 며ᄂᆞ리를 힘힘이 바려두지 아닐 거시니, 봉난으로 녀옥의게 도라보닐 계괴 업ᄉᆞ니, 됴히 보닉여 ᄀᆞ만ᄒᆞᆫ 가온ᄃᆡ 긔모비계(奇謀秘計)로 그 부부를 해ᄒᆞᆫ 후의 ᄆᆞᄋᆞᆷ을 펴리라 ᄒᆞ고, 흑석져이1190) 손을 잡고 눈【28】물을 흘니며 덧업시 도라가믈 결연ᄒᆞ여 ᄒᆞᄂᆞᆫ 쳬ᄒᆞ니, 쇼졔 다시 고왈,

"쇼괴(小姑) 연유질약(年幼質弱)ᄒᆞ여 아직 부도(婦道)를 출히지 못ᄒᆞᆯ지라. ᄒᆞ믈며 거거(哥哥)의 듕궤(中饋)ᄂᆞᆫ 녀형이 님ᄒᆞ니, 쇼고의 유뮈 관긴(關緊)치 아니ᄒᆞ올지라. 구고와 존당이 그 나히 이칠(二七) 삼오(三五)나 찰 동안 친졍의 바려 두시고져 ᄒᆞᄂᆞ니, 대모(大母)ᄂᆞᆫ ᄉᆞ오년을 허ᄒᆞ쇼셔."

녀부인이 머리를 흔드러 왈,

"불가ᄒᆞ다. 윤시 비록 나히 어리나 그 부뫼 임의 상명(上命)을 슌(順)ᄒᆞ여 셩의게 도라보닌 후ᄂᆞᆫ, 나히 어린 핑계ᄒᆞ여 친졍의 믈너 잇지 못ᄒᆞᆯ【29】지라. 셩의 듕궤(中饋)1191)ᄂᆞᆫ 질녜 님ᄒᆞ나, 윤시 또 소임이 업술 거시 아니오. 셜시 유ᄌᆞ(幼子)를 일흔 후ᄂᆞᆫ 병폐지인(病廢之人)이 되어 친졍의 도라가기를 즐기고, 오시 또ᄒᆞᆫ 제 집의 갈 적이 만흐니, 네 어미 비록 나의 좌하를 써나지 아닛노라 ᄒᆞ나, 팔좌(八座)의 존(尊)으로뻐 명ᄉᆞ(名士)의 ᄌᆞ부인(慈夫人)1192)이로라 ᄒᆞ여, 톄위(體位) ᄀᆞᄇᆡ압지 아니ᄒᆞ니, 노모

1190)흑석져이 : 미상. 위 문맥에서는 '청승맞게'의 의미로 쓰였다. *청승맞다; 궁상스럽고 처량하여 보기에 몹시 언짢다.

1191)듕궤(中饋) : ≒주궤(主饋). 안살림 가운데 음식에 관한 일. 또는 '안살림' 전체를 주재하는 여자.

1192)ᄌᆞ부인(慈夫人) : 모부인(母夫人). 남의 어머니를 높여 이르는 말.

의 압히 죵용이 신임ᄒᆞᄂᆞᆫ 재 업ᄉᆞ니, 윤ᄋᆡ 유츙ᄒᆞ나 노모의 겻히 잇기도 어려온 일이 아니오, 셰경(世情)을 아지 못홀ᄉᆞ록 부부의 동실지락(同室之樂)은 붓그리나, 노모의 경을 부치ᄂᆞᆫ 거시 【30】 올흐니, 너ᄂᆞᆫ 브졀업시 도라보ᄂᆡ믈 쳥치 말나. 네 구개(舅家) 너를 셩혼 ᄉᆞᄌᆡ(四載)의 처엄으로 귀근(歸覲)을 허ᄒᆞ여 겨유 ᄉᆞ오일의 다려가니, 노뫼 또 윤ᄋᆞ의 귀근을 또 그 ᄀᆞᆺ치 ᄒᆞ리라.”

소시 조모의 말을 드를ᄉᆞ록 근심되믈 니긔지 못ᄒᆞ나, ᄉᆡᆨ지 아니ᄒᆞ고 ᄇᆡ례 하직ᄒᆞᆫ 후, 즁당(中堂)의 나와 모녀 형뎨 니별홀ᄉᆡ, 수히 못기 어려오믈 닐너 결울(缺鬱)ᄒᆞ믈 니긔지 못ᄒᆞ니, ᄒᆞ물며 텰부인의 이 ᄯᆞᆯ을 보ᄂᆡᄂᆞᆫ ᄆᆞ음과, 윤쇼져의 져져(姐姐)의 니별ᄒᆞ믈 엇지 닐을 거시 이시리오. 쥬뤼(珠淚) 빵빵ᄒᆞ여 연함(燕頷)[1193]을 젹시 【31】 고, 소ᄅᆡ 쳐졀ᄒᆞ여 말을 일우지 못ᄒᆞ니, 소시 모친을 위로ᄒᆞ며 윤시의 손을 잡아 기리 무양(無恙)ᄒᆞ믈 당부ᄒᆞ고, 부친과 삼거거(三哥哥)긔 하직ᄒᆞᄆᆡ 셜・오・윤 등으로 분슈(分手)ᄒᆞ여 교즁(轎中)의 올으니, 교뷔(轎夫) ᄂᆞᄂᆞᆫ 다시 ᄒᆡᆼᄒᆞ여 운산으로 도라오니라.

녀부인이 봉난 쇼져를 보ᄂᆡ고 고요히 ᄉᆡᆼ각ᄒᆞ나 됴흔 계괴 업서, 혹ᄌᆞ 옥의 ᄇᆞ라믈 슛출가 통ᄒᆞᆫᄒᆞ고 분히ᄒᆞ며, 윤시 ᄀᆞᆺᄐᆞᆫ 졀ᄉᆡᆨ명염(絶色名艶)이 학ᄉᆞ의 ᄂᆡ상(內相)이 되여 그 부부의 긔질이 겸금냥옥(兼金良玉)[1194]ᄀᆞᆺᄐᆞ니, 화졍 ᄀᆞᆺᄐᆞᆫ 츄물박ᄉᆡᆨ(醜物薄色)은 셩의 압히 어란겨 보기도 어려오믈 혜 【32】 아리ᄆᆡ, 윤시 믜오미 더옥 심킬 ᄃᆞᆺᄒᆞ여, 온가지로 조로고 보ᄎᆡ여 지란(芝蘭) ᄀᆞᆺᄐᆞᆫ 약질이 ᄌᆞ진(自盡)치 아니면, ᄒᆡᆼ실(行實)을 ᄂᆞᆽ초고 졀(節)을 일허 녀옥의 부실(副室)이라도 감심홀 지경이 되과져 ᄒᆞ여, 윤시를 불너 닐오ᄃᆡ,

“신부(新婦)의 년긔 실노 ᄌᆞ모(慈母)의 회즁(懷中)을 ᄯᅥ나지 못홀 ᄶᅵ니, 부부의 ᄉᆞᄉᆞ은졍(私私恩情)을 아지 못홀 ᄶᅵ라. 노뫼 듀야 젹뇨(寂寥)이 이셔 더브러 말ᄒᆞ 리 업ᄉᆞ니, 쇽담의 ‘늙은 재 ᄋᆞ히 ᄆᆞ음 난다.’ ᄒᆞᄆᆡ 올흔지라. 신부의 ᄋᆡ용미질(愛容美質)과 텬향아ᄐᆡ(天香雅態)를 신연긔이(新然奇異)ᄒᆞ여 ᄯᅥ나기 앗가온지라. 명위고손(名爲姑孫)[1195]이오, 년치(年齒) 다쇠(多少) ᄂᆡ도ᄒᆞ나, 의 【33】 연이 벗ᄀᆞᆺ치 머믈기를 원ᄒᆞᄂᆞ니, 신부ᄂᆞᆫ 노모의 졍을 ᄉᆡᆼ각ᄒᆞ여 ᄉᆞ침(私寢)의 물너가지 말고, 듀야 이의 이셔 침식(寢食)을 다 노모와 ᄀᆞᆺ치ᄒᆞ라.”

윤시 ᄇᆡ슈(拜受)ᄒᆞ여 공경ᄒᆞᄂᆞᆫ 녜를 다홀 ᄲᅮᆫ이오, 굿ᄐᆞ여 말이 업ᄉᆞ니, 부인이 춰환으로 ᄒᆞ야금 윤쇼져의 침구를 옴겨 오라ᄒᆞ여 ᄡᅡ코[1196], 소공과 텰부인을 불너 ᄌᆞ긔 겻히 두믈 닐오니, 소공과 텰부인이 불안ᄒᆞ고 근심되믈 니긔지 못ᄒᆞ나, ‘신부를 ᄉᆞ침

1193)연함(燕頷) : 제비의 턱과 비슷한 아름다운 턱을 이르는 말.

1194)겸금냥옥(兼金良玉) : 겸금(兼金)은 품질이 뛰어나 값이 보통 금보다 갑절이 되는 좋은 황금을 이르고, 양옥(良玉) 또한 옥 가운데서 품질이 뛰어난 옥을 말한다. 흔히 ‘재주나 미모가 뛰어난 사람’에 대한 비유로 쓰인다.

1195)명위고손(名爲姑孫) : 이름은 할미와 손자 사이임.

1196)ᄡᅡ코 : 쌓아놓고. *ᄡᅡ다; 쌓다.

으로 도라보ᄂᆡ쇼셔.' 감히 청치 못ᄒᆞ고, 다만 주(奏)ᄒᆞᄃᆡ,

"ᄌᆞ위(慈闈) 요적(寥寂)ᄒᆞ믈 인ᄒᆞ여 신부를 듀야 시봉(侍奉)케 ᄒᆞ【34】시니, 제 ᄯᅩ 의앙(依仰)ᄒᆞᄂᆞᆫ ᄆᆞᄋᆞᆷ이 날노 더을 ᄃᆞᆺᄒᆞ옵고, 본ᄃᆡ 덕문지츌(德門之出)이오, 인효지휘(仁孝之後)[1197]니 엇지 구가(舅家) 존당(尊堂)ᄒᆞ여 조금이나 서어(齟齬)히 넉이리잇고 마ᄂᆞᆫ, 오히려 새로이 드러와 동셔(東西)의 친ᄒᆞ니 업ᄉᆞ니, 좌와(坐臥)의 편치 아닐 ᄃᆞᆺ ᄒᆞ오니, 《잇다가‖잇다감[1198]》 ᄉᆞ실(私室)의 도라보ᄂᆡ샤 몸을 쉬게 ᄒᆞ쇼셔."

부인이 흔연 왈,

"이ᄂᆞᆫ 너의 닐ᄋᆞ지 아냐도, 노뫼 신부로 ᄒᆞ야금 편치 아니케 ᄒᆞᆯ 니 업ᄉᆞ니, 구괴(舅姑)로라 ᄒᆞ여 정이 더 잇건 쳬ᄒᆞ고, 노뫼 신부의게 부ᄌᆞ(不慈)ᄒᆞᆯ가 념녀치 말나."

소공 부뷔 다시 말을 못ᄒᆞ고 오직 ᄇᆡ샤(拜謝)ᄒᆞᆯ ᄯᆞᄅᆞᆷ이라. 녀유약【35】질의 신뷔 호랑 ᄀᆞᆺ튼 노고(老姑)가 듀야로 다리고 이시려ᄒᆞ미, 못견ᄃᆡ게 보칙려 ᄒᆞᄂᆞᆫ 계괴(計巧)를 깁히 근심ᄒᆞ고 념녀ᄒᆞ더라.

윤쇼졔 인ᄒᆞ여 녀부인을 듀야(晝夜)로 봉시(奉侍)ᄒᆞᄆᆡ, 정셩이 동촉(洞燭)ᄒᆞ고 녜절이 삼엄ᄒᆞ여, ᄇᆡᆨ힝이 초츌탁아(超出卓峨)ᄒᆞ니, 녀공(女工)과 부덕(婦德)의 흠ᄒᆞᆯ 거시 업술 ᄲᅮᆫ 아니라, 창ᄒᆡ(蒼海)의 깁흠과 츄텬(秋天)의 ᄆᆞᆰ음을 알올나, ᄀᆞ득히 두리며 지극히 조심ᄒᆞ여, 계초명(鷄初鳴)의 니러나 소세(梳洗)ᄒᆞ고, ᄂᆞ즉이 부인 상하(牀下)의 시좌(侍坐)ᄒᆞ야 ᄭᅢ시믈 기다려, 니불을 안으며 돗츨 집ᄶᅵ오며[1199] 존고의 【36】슈고를 난화 젓[1200]과 ᄀᆡᆼ(羹)을 도아 버려[1201] 감지(甘旨)를 ᄀᆞ초며, ᄯᅢ를 타 침션(針線)과 방적(紡績)을 다ᄉᆞ리고, 밤이 되여 부인이 자리의 나아가 ᄌᆞᆷ이 깁흔 후 잠간 졉목(接目)ᄒᆞ나, 옷술 그ᄅᆞ지 아냐 긍긍업업(兢兢業業)ᄒᆞ미 ᄒᆞᆫ ᄯᅢ를 방심치 못ᄒᆞ니, 엇지 쳔승지녀(千乘之女)의 부귀를 쟈랑ᄒᆞ여 만홀(漫忽)ᄒᆞ미 《업서‖잇스리오》. 츈산(春山)[1202]이 졔졔(濟濟)ᄒᆞ고 단순(丹脣)이 젹젹(寂寂)ᄒᆞ니, 이 닐은 ○[바] 향(香)을 맛트며 얼골 보기 어렵고 얼골을 보나 소ᄅᆡ 듯기 어려온지라.

녀부인이 만악(萬惡)이 구비ᄒᆞ고 쳔흉(千凶)이 남다ᄅᆞ나, 윤쇼져의게 다ᄃᆞ라ᄂᆞᆫ 그 ᄒᆡᆼ신 쳐ᄉᆞ를 나모라 ᄡᅮᆯ지【37】줄 모히 업고, 난타ᄒᆞ며 호령ᄒᆞᆯ 조각이 업ᄉᆞ니, 죄를 얽어 잡지 못ᄒᆞ고, 즐ᄆᆡ(叱罵)ᄒᆞᆯ 곡졀을 못어든 후, 무슨 말노 그ᄅᆞ다 ᄒᆞ리오. 다만 음식을 ᄣᅵᆨᄣᅵᆨ 주지 아니ᄒᆞ며, 약질을 이심(已甚)이 보칙여 ᄌᆞ진(自盡)키를 죄오ᄂᆞᆫ 고로, 연고 업시 입을 옭물며 ᄂᆞᆺ빗출 ᄉᆡ프려[1203] 화평ᄒᆞᆫ ᄉᆞᄉᆡᆨ(辭色)을 빌니지 아니ᄒᆞ고, 침

1197)인효지휘(仁孝之後) : 어질고 효성스런 가문의 후예(後裔).
1198)잇다감 : 이따금.
1199)집ᄶᅵ오다 : 집어 끼우다. 무엇을 집어 옆구리에 끼다. '집다+ᄶᅵ오다'의 형태. *집다; 손으로 물건을 잡아서 들다. *ᄶᅵ오다; 끼우다. 벌어진 사이에 무엇을 넣고 죄어서 빠지지 않게 하다.
1200)젓 : 새우·조기·멸치 따위의 생선이나, 조개·생선의 알·창자 따위를 소금에 짜게 절이어 삭힌 음식. 양념을 넣어서 만들기도 하고 먹기 전에 양념을 하기도 한다.
1201)버리다 : 벌이다. 여러 가지 물건을 늘어놓다.
1202)츈산(春山) : 화장한 눈썹을 비유한 말..

션슈치(針線繡-)[1204]ᄅᆞᆯ 쳡쳡히 맛져 밋쳐 ᄒᆞᆯ ᄉᆞ이 업시 ᄌᆡ촉ᄒᆞ며, 쇼여시 침소의 날마다 왕ᄂᆡᄒᆞ야 문후(問候)ᄅᆞᆯ 폐치 말나 ᄒᆞ고, ᄉᆞ실(私室)의ᄂᆞᆫ 일시도 머물지 못ᄒᆞ게 ᄒᆞ며, 됴셕 식음을 간간이 아【38】니 주며, 죄ᄅᆞᆯ 일워ᄂᆡ고져 ᄒᆞᄃᆡ, 윤시 텬연유일(天然唯逸)ᄒᆞ여 무심무려(無心無慮)ᄒᆞᆫ 가온ᄃᆡ 녀부인의 흉심을 ᄇᆞᆰ히 지긔(知機)ᄒᆞ여, 호령이 발치 아냐셔 녕을 쥰봉(遵奉)ᄒᆞ고, ᄌᆡ촉이 나지 아냐셔 범ᄉᆞᄅᆞᆯ 신긔히 《밧으니∥밧드니》 그 효슌ᄒᆞᆫ ᄂᆞᆺ빗과 정셩된 거동이 싀호(豺狐)도 감동ᄒᆞ며 ᄉᆡᆼ쳘(生鐵)도 녹일 듯ᄒᆞ나, 녀부인이 ᄆᆡ양 ᄌᆞᆺ씹어 삼키며 ᄊᆡ므러 먹을 듯ᄒᆞᆫ ᄆᆞᄋᆞᆷ의도, 그 어린 나흘 ᄉᆡᆼ각고 ᄒᆡᆼᄉᆞ의 긔이ᄒᆞ믈 혜아려 도로혀 고이ᄒᆞ믈 니긔지 못ᄒᆞ니, 더옥 싀ᄋᆡ(猜睚)ᄒᆞ여 져 윤녀ᄅᆞᆯ 업시치 아냐셔ᄂᆞᆫ 질녀의 평ᄉᆡᆼ이 더옥 【39】볼 거시 업ᄉᆞ리라 혜아려, 무거ᄆᆡᆼ낭지언(無據孟浪之言)이, 쇼져의 업ᄉᆞᆫ 허물과 아닌 말로ᄡᅧ ᄌᆞ긔ᄅᆞᆯ 원망ᄒᆞᆫ다 수죄(數罪)ᄒᆞ며 ᄭᅮ지ᄌᆞ니, 쇼졔 ᄉᆡᆼ셰(生歲) 십일셰의 교ᄋᆡ호치(嬌愛豪侈) 즁에 ᄉᆡᆼ장(生長)ᄒᆞ야 괴로온 근심을 아지 못ᄒᆞ엿다가, 쇽현소문(續絃蘇門)ᄒᆞᆫ 후 즐욕을 밧으미 날노 더으니, 아모리 ᄒᆞ여 됴흔 줄을 아지 못ᄒᆞ고 더옥 동촉(洞屬)[1205]ᄒᆞ니, 구고ᄂᆞᆫ 볼 적마다 귀즁연ᄋᆡ(貴重憐愛)ᄒᆞᄂᆞᆫ ᄯᅳᆺ이 ᄌᆞ녀의 더으ᄃᆡ, 녀부인의 보ᄎᆡ고 조ᄅᆞᄂᆞᆫ 거ᄉᆞᆯ 능히 간(諫)치 못ᄒᆞ고 막지 못ᄒᆞ니, 그 주리ᄂᆞᆫ 거ᄉᆞᆯ 능히 구치 못ᄒᆞ여 ᄒᆞᆫ가지로 ᄆᆡ온 다시 바려 두어시【40】나, 잔잉ᄒᆞ미 스ᄉᆞ로 ᄆᆞᄋᆞᆷ이 ᄋᆞᆲ프고 속의 칼이 결닌[1206] 듯ᄒᆞᄃᆡ, 소공이 평ᄉᆡᆼ 두리고 ᄀᆞ득히 조심ᄒᆞ믄, 혹ᄌᆞ 모친의 흉ᄒᆞᆫ 셩을 도도아 칼과 노희 목숨을 맛ᄎᆞ오실가 톄ᄉᆞ모골(涕泗毛骨)[1207]ᄒᆞ고, ᄌᆞ긔 부뷔 맛ᄎᆞᆷᄂᆡ 계모ᄅᆞᆯ 감화치 못ᄒᆞ여 불효죄인(不孝罪人)이 될가 슬허ᄒᆞ므로, 녀부인 ᄒᆞᄂᆞᆫ 일을 가여불가(可與不可)[1208]의 니러타 ᄒᆞ기ᄅᆞᆯ 못ᄒᆞ고, ᄇᆡᆨ만ᄉᆞ(百萬事)의 효슌(孝順)을 ᄋᆞᆺ듬ᄒᆞ니, 윤시ᄅᆞᆯ ᄉᆞ랑ᄒᆞ미 부족ᄒᆞᆫ 거시 아니로ᄃᆡ, 계모의 싀포(猜暴)ᄒᆞᆫ 셩악(性惡)을 덧닐가 두려, 잔잉ᄒᆞ고 참연(慘然)ᄒᆞᆫ 거ᄉᆞᆯ 됴흔 일ᄀᆞᆺ치 견ᄃᆡ니, 텰부인이야 무ᄉᆞᆷ 말을 【41】ᄒᆞ리오.

ᄆᆡ양 윤시ᄅᆞᆯ 위ᄒᆞ여 보젼치 못ᄒᆞᆯ가 슬허 그윽ᄒᆞᆫ 눈물이 침변(枕邊)의 ᄲᅮ리믈 면치 못ᄒᆞᄃᆡ, 녀부인 안젼(眼前)은 유열(愉悅)ᄒᆞᆫ 빗출 지어 감히 슬허ᄒᆞᄂᆞᆫ ᄉᆞᄉᆡᆨ을 뵈지 못ᄒᆞ고, 소학ᄉᆞ 셩은 신혼 초일야(初日夜)의 옥인(玉人)으로 더브러 일실의 ᄃᆡᄒᆞ미 이신 후ᄂᆞᆫ, ᄌᆞ연이 신방(新房)을 ᄎᆞᆺ지 못ᄒᆞ엿다가, 뉵칠일이 못ᄒᆞ여 조뫼 침뎐(寢殿)의 슉직(宿直)ᄒᆞᄂᆞᆫ 시ᄋᆞ(侍兒)ᄀᆞᆺ치 머므러, ᄉᆞ실(私室)의 가지 못ᄒᆞ게 험악을 위쥬(爲主)ᄒᆞ니,

---

1203)싀푸리다 : 찌푸리다. 얼굴의 근육이나 눈살 따위를 몹시 찡그리다

1204)침션슈치(針線繡-) : 바느질하고 수놓을 물건. *-치; '물건'의 뜻을 더하는 접미사.

1205)동촉(洞屬) : 동동촉촉(洞洞屬屬). 공경하고 조심함. 부모를 섬기고 공경하는 마음이 지극함. 『예기(禮記)』 <제의(祭義)>편의 "洞洞乎屬屬乎如弗勝 如將失之. 其孝敬之心至也與(공경하고 조심하는 태도가 마치 이기지 못하는 것 같고 잃지 않을까 조심하는 것 같아, 그 효경하는 마음이 지극하기 그지없다.)"에서 온 말.

1206)결니다 : 결리다. 끼거나 걸려 있다. *겯다; 풀어지거나 자빠지지 않도록 서로 어긋매끼게 끼거나 걸치다.

1207)톄ᄉᆞ모골(涕泗毛骨) : 눈물이 흘러 털끝과 뼛속까지 스며듦.

1208)가여불가(可與不可) : 옳음과 옳지 않음.

윤시 약질이 조모의 모진 셩도(性度)를 당ᄒᆞ여 보젼키 어려오믈 참연이 앗길 ᄲᅮᆫ아니라, 소녀시의 【42】흉상누질(凶相陋質)의 흉언픽셜(凶言悖說)을 드ᄅᆞᄆᆡ, 역시 믜오미 극ᄒᆞ고 더러오미 졈졈 비위 거ᄉᆞ려, ᄒᆞᆫ 번 ᄃᆡᄒᆞ미 두골이 ᄧᅢ리ᄂᆞᆫ 돗ᄒᆞ나, 조모의 호령이 나, '드러가 자라' ᄒᆞ면 됴흔 다시 명을 밧들고, 흉상(凶相)을 ᄃᆡᄒᆞ여 악착○[ᄒᆞᆫ] 픽언(悖言)을 드ᄅᆞᄃᆡ 언ᄉᆞ로 닷토지 아니ᄒᆞ니, 쇼녀시의 어리고 픽악ᄒᆞᆫ 인ᄉᆡ(人士) 소싱의 말이 업고 화열ᄒᆞ믈 더옥 수이 너겨, 졈졈 졀졔(切除)ᄒᆞᆯ 의ᄉᆡ 니러나, 간간이 슉모의 위엄을 드노흐며 ᄌᆡ취(再娶)ᄒᆞᆫ 바를 수죄(數罪)ᄒᆞ여 요물의 젹인(敵人)을 업시ᄒᆞ렷노라 벼ᄅᆞ고, 혹 제 스ᄉᆞ로 죽어 윤녀 요물의 해를 【43】밧지 아니렷노라, 쳔흉만괴(千凶萬怪)로 참혹ᄒᆞᆫ 원언(怨言)이 브지기쉬(不知其數)로ᄃᆡ, 소학ᄉᆡ 뜻을 결ᄒᆞ여 우두나찰(牛頭羅刹)ᄀᆞᆺ튼 흉인과 언어 슈작을 아니려 ᄒᆞᄂᆞᆫ 고로, 닐오면 드를 만ᄒᆞ여 이러니 져러니 시비를 아니ᄒᆞ고, 일심이 윤시의 괴로오믈 잔잉ᄒᆞ여 즁야(中夜)의 칼흘 어라만져 믄득 흉인을 질너 죽이고, 셩녀명염(聖女名艶)의 슉뇨현혜(淑窈賢慧)ᄒᆞ믈 ᄃᆡᄒᆞ여, '관져(關雎)의 낙(樂)'1209)과 '금슬(琴瑟)의 졍(情)'1210)을 ᄆᆞᄋᆞᆷ ᄃᆡ로 ᄒᆞ여, 즐기믈 다ᄒᆞ고져 ᄒᆞ나, 웃듬은 조모를 두리며 가변을 근심ᄒᆞ고, 이자(二者)ᄂᆞᆫ 셩문효뎨(聖門孝弟)의 슈힝군ᄌᆞ(修行君子) 참아 칼을 가져 안【44】해를 죽이지 못ᄒᆞ미오, 삼자(三者)ᄂᆞᆫ 윤쇼져의 연긔(年紀) 유츙(幼沖)ᄒᆞ여 동실지락(同室之樂)을 흡연이 일울 ᄣᆡ 아니므로, 만히 참고 깁히 ᄇᆞ라ᄂᆞᆫ ᄇᆡ 이셔, 흉상누인(凶狀陋人)이 비록 험악포려(險惡暴戾)ᄒᆞ나 죵시 장원(長遠)ᄒᆞᆯ 길상(吉相)이 아니오, 윤쇼져ᄂᆞᆫ 만복이 완젼ᄒᆞᆯ 상뫼(相貌)니, 힝혀 조모의 ᄆᆞᄋᆞᆷ을 감화ᄒᆞ여 평상 화열ᄒᆞᆫ ᄣᆡ를 만나, 부모의 근심이 업고, ᄌᆞ긔 부뷔 ᄯᅩᄒᆞᆫ 금슬(琴瑟)의 낙(樂)과 관져(關雎)의 노ᄅᆡ를 화(和)ᄒᆞᆯ가 밋으미 되여시나, 망망(茫茫)ᄒᆞᆫ 텬수(天壽)를 오히려 아지 못ᄒᆞ고, 당금ᄎᆞ시(當今此時)1211)의 가즁 형셰 아모리 ᄒᆞ여도 됴흘 줄【45】을 ᄉᆡᆼ각지 못ᄒᆞ니, 장부의 활냥(豁量)1212)과 군ᄌᆞ의 명식(明識)이나 념녜 번난(煩亂)ᄒᆞ여 화우(和友)를 펴지 못ᄒᆞ니, 냥형(兩兄)이 일변 근심ᄒᆞ고 일변 우어 왈,

"원ᄇᆡᆨ이 구ᄎᆞ히 ᄉᆞ상지질(思想之疾)을 일위여 윤수를 취ᄒᆞ나, 하ᄂᆞᆯ이 그 원(願)을 맛치지 아니ᄒᆞ여, 일튁지상(一宅之上)의 됴모(朝暮)의 상면(相面)ᄒᆞ나 ᄉᆞ실(私室)의 못기 어려오미 약슈삼쳔니(弱水三千里)1213)를 격(隔)ᄒᆞ나 다ᄅᆞ미 업ᄉᆞ니, 실노 명운(命

1209)관져(關雎)의 낙(樂) : 남녀 또는 부부 사이의 사랑. 관저(關雎)는 『시경(詩經)』 '주남(周南)'편에 실린 노래 이름. 문왕(文王)과 태사(太姒)의 사랑을 주제로 한 노래.

1210)금슬(琴瑟)의 졍(情) : 거문고와 비파의 소리가 서로 어우러져 내는 정(情)이라는 뜻으로, 부부간의 사랑을 이르는 말.

1211)당금ᄎᆞ시(當今此時) ; 지금 바로 이때.

1212)활냥(豁量) ; 넓고 큰 도량.

1213)약슈삼쳔니(弱水三千里) : 사람이 건널 수 없는 강. 신선이 살았다는 중국 서쪽의 전설 속의 강. 길이가 3,000리나 되며 부력이 매우 약하여 기러기의 털도 가라앉는다고 하여, 속인(俗人)은 건너지 못한다고 한다.

運)이 고이ᄒᆞ고, 졀식(絶色)을 ᄉᆞ모(思慕)ᄒᆞᄆᆡ 박식(薄色)을 만나 일마다 ᄯᅳᆺ과 다ᄅᆞ니, 이 ᄯᅩ 《빅원 ‖ 원빅1214)》의 운쉬 고이ᄒᆞ민가 ᄒᆞ노라.”

학ᄉᆡ 쇼이ᄃᆡ왈(笑而對曰),

“쇼뎨 녀시를 【46】 취ᄒᆞ던 날의 발셔 빈쳐(配妻)의 불힝ᄒᆞ믈 혜아려 부명(婦命)의 긔박ᄒᆞ믈 ᄭᆡ다라시나, ᄉᆞᄉᆞ로 일단 위로ᄒᆞ여 ᄉᆡᆼ각ᄂᆞᆫ 밧재 비금쥬쉬(飛禽走獸)1215)라도 ᄌᆞ웅(雌雄)이 삼겨 상젹(相適)ᄒᆞ미 이시니, ᄒᆞ믈며 사ᄅᆞᆷ이니잇가? 쇼뎨 결단ᄒᆞ여 녀시로 죵신(終身)치 아니려 ᄒᆞᄆᆡ, 인연의 듕ᄒᆞᆫ 거ᄉᆞᆯ 베우지1216) 못ᄒᆞ여 윤시를 취ᄒᆞ여[니], ○○[비록] 쇼뎨의 병을 일원 근본이 아ᄅᆞᆷ답지 아니하나, 이 ᄯᅩᄒᆞᆫ 담을 넘어 져를 엿보미 아니니, 현마 엇지ᄒᆞ리잇가? ᄎᆞᆫ광(春光)이 졍셩(鼎盛)ᄒᆞ고 녹발(綠髮)이 쇠ᄒᆞᆯ 날이 머러시니, 부부의 화락이 만리라. 임의 취ᄒᆞᆫ 【47】 후야 ᄉᆞ실의 ᄆᆞ음 ᄃᆡ로 머므지 못ᄒᆞᄂᆞᆫ 거ᄉᆞᆯ ᄋᆡ돌나 ᄒᆞ며, ᄯᅩᄒᆞᆫ 집의 잇ᄂᆞᆫ 우두나찰(牛頭羅刹) 보기를 어려히 넉이리잇가? ᄌᆞ연이 냥ᄋᆡᆨ(兩厄)1217)이 진ᄒᆞ면, 진짓 거시 쇼연ᄒᆞ여 흉귀(凶鬼)ᄂᆞᆫ 소혈(巢穴)노 드러가고, 쇼뎨부부ᄂᆞᆫ 화락이 무흠(無欠)ᄒᆞ리이다.”

ᄎᆞ형(次兄) 한님(翰林)이 쇼왈,

“네 비록 녀수(嫂)의 셰상 바리기를 졀박히 ᄇᆞ라나, 장실(壯實)ᄒᆞᆫ 거동이 인간 팔십년(八十年)을 덜ᄒᆞ지 아닐 거시오, 너와 윤수의 쳥슈(淸秀)ᄒᆞ미 칠십도 넘기지 못ᄒᆞᆯ가 시브니, 네 머리 희기를 그음ᄒᆞ여 우리 집을 ᄯᅥ나지 아니리라.”

학ᄉᆡ 왈,

“형장(兄丈)이 오히려 모ᄅᆞ시ᄂᆞ【48】이다. 츄죵누질(醜種陋質)이 혼탁ᄒᆞᆫ 긔운을 일편되이 타나 거동이 장실ᄒᆞ나, ᄒᆞᆫ 조각 쳥명지긔(淸明之氣) 머므지 아니ᄒᆞ고, 상격(相格)의 불길ᄒᆞᆫ 거시 만흐니, ᄒᆞᆫ갓 장원(長遠)치 못ᄒᆞᆯ ᄲᅮᆫ 아니라, 완젼 죵결(終訣)ᄒᆞᆯ 거시 못되니, 쇼뎨ᄂᆞᆫ 경니(鏡裡)1218)의 얼골을 비최여 보아도, 완젼ᄒᆞᆫ 복녹지상(福祿之相)으로 슈부다남(壽富多男)1219)을 긔약ᄒᆞᆯ지니, 우두나찰의 그릇되믈 보지 못ᄒᆞᆯ 니 이시리잇가? 윤시로 동노(同老)ᄒᆞ믄 벅벅이 알거니와, 흉귀(凶鬼) 악인(惡人)으로 녹발(綠髮)이 쇠ᄇᆡᆨ(衰白)도록 부부지졍을 츌히지○[ᄂᆞᆫ] 아니ᄒᆞ리이다.”

시랑(侍郎)이 웃고 손을 저어 왈,

“언비쳔니(言飛千里)1220) 【49】 라 ᄒᆞ니, 이런 말이 녀수의 귀에 도라간죽, 유해ᄒᆞᆯ ᄲᅮᆫ 아냐, 조뫼 대로ᄒᆞ시리니, 현뎨ᄂᆞᆫ ᄆᆞ음의 ᄆᆡᆸ다ᄒᆞ고 간ᄃᆡ로 험괴히 닐ᄋᆞ지 말고, 됴

1214)학사 소성의 자(字)는 ‘원빅’이다.

1215)비금쥬쉬(飛禽走獸) : 날 짐승과 길짐승을 통틀어 이르는 말.

1216)베우다 : 베다. 날이 있는 연장 따위로 무엇을 끊거나 자르거나 가르다.

1217)냥ᄋᆡᆨ(兩厄) : 두 가지의 액. 여기서는 두 사람 곧 소성・윤선화 부부의 액.

1218)경니(鏡裡) : 거울 속.

1219)슈부다남(壽富多男) : 옛 사람들이 바라던 복(福)으로, “오래살고, 부자로 살며, 아들을 많이 낳음”을 말함.

1220)언비쳔니(言飛千里) : (발 없는) 말이 천리를 날아간다.

히 ᄃᆡ졉ᄒᆞ여 어셔 골육을 ᄭᅵ치라.”

학ᄉᆡ 왈,

“형장이 오히려 녀방의 상모(相貌)를 모ᄅᆞ시관ᄃᆡ, 이 말숨을 ᄒᆞ시ᄂᆞ니잇가? 쇼뎨 녀방의 불길흉참(不吉凶慘)ᄒᆞᆫ 상격(相格)을 볼 적마다 심골(心骨)이 경한(驚寒)ᄒᆞ니, 힝혀 나를 제 사회라 ᄒᆞ고 친이ᄒᆞᄂᆞᆫ 일이 이실가 두리고, 녀녀의게 골육의 ᄭᅵ치ᄂᆞᆫ 불힝이 이실가 근심ᄒᆞᄂᆞ니, 현마 우리 소문 청덕(淸德)으로ᄡᅥ 녀가의 흉【50】ᄒᆞᆫ 속으로 조ᄎᆞ ᄌᆞ식을 나흐리잇가?”

ᄒᆞᆫ님 왈,

“여언(汝言)이 그ᄅᆞ다 못ᄒᆞ려니와, 혹ᄌᆞ 불힝ᄒᆞ여 녀ᄉᆔ ᄐᆡ신지경(胎身之慶)이 이신들, 져를 어이 ᄒᆞᆯ 거시라 과도ᄒᆞᆫ 말을 ᄒᆞᄂᆞ뇨?”

학ᄉᆡ 쇼왈,

“녀녀의 상모를 아모리 보아도 산흌(產畜)도 ᄒᆞᆯ 거시 못 되니, 쇼뎨 그ᄂᆞᆫ 다힝ᄒᆞ여 ᄒᆞᄂᆞ이다.”

형뎨 이러ᄐᆞᆺ 담화ᄒᆞ여 낫이면 엇개를 연ᄒᆞ고, 밤이면 광금장침(廣衾長枕)을 ᄒᆞᆫ가지로 ᄒᆞ더라.

어시의 김시 모녜 헛도이 도라가 녀옥을 보고 일이 그릇되여 계괴 ᄑᆡ(敗)ᄒᆞ믈 닐을 ᄉᆡ, 김시ᄂᆞᆫ 혜경이 ᄉᆞ화(死禍)를 지닌 바의 다ᄃᆞ라ᄂᆞᆫ 가숨이 막【51】히고 목이 메여 말을 일우지 못ᄒᆞ니, 녀옥이 비록 불인(不仁)ᄒᆞ나 누의 참변의 다ᄃᆞ라ᄂᆞᆫ 놀납고 ᄒᆡ연(駭然)ᄒᆞ믈 니긔지 못ᄒᆞ여, ᄂᆞᆺ빗출 변ᄒᆞ여 왈,

“우형(愚兄)이 소시를 ᄎᆔ코져 ᄯᅳᆺ이 날노 더어 발분망식(發憤忘食)기의 밋ᄎᆺ거니와, 현ᄆᆡ(賢妹)ᄂᆞᆫ 당당ᄒᆞᆫ 규녜(閨女)라, 남녀의 쳐신이 다ᄅᆞ거ᄂᆞᆯ, 비록 동긔를 위ᄒᆞ나 엇지 만니젼졍(萬里前程)을 도라보지 아니코, 계교를 오활(迂闊)이 ᄒᆞᄂᆞ뇨? 만일 소향쇄옥지탄(燒香碎玉之嘆)[1221]이 잇던들 부모의 상도(傷悼)ᄒᆞ시미 엇더ᄒᆞ시며, 우형이 더옥 죄인이 되지 아니랴? ᄎᆞ후란 그런 ᄯᅳᆺ을 ᄂᆡ지 말나.”

혜경【52】이 낙누(落淚) 왈,

“쇼ᄆᆡ 임의 녜힝(禮行)과 부도(婦道)를 어긔워 규법(閨法)을 난(亂)ᄒᆞᆫ ᄇᆡ 되어시니, 이제ᄂᆞᆫ ᄯᅳᆺ을 결ᄒᆞ여 계ᄎᆞ결군(笄叉結裙)[1222]을 탈(脫)ᄒᆞ고 일습(一襲) 건복(巾服)[1223]을 착(着)ᄒᆞ여 거거(哥哥)의 그림ᄌᆞ를 ᄯᆞ라 부모를 효봉ᄒᆞ고, '훈지(壎篪)의 낙(樂)'[1224]을 다ᄒᆞ야, 셰쇽 부녀의 눈섭을 ᄂᆞᆽ초아 구고(舅姑)를 셤기며 장부를 두리ᄂᆞᆫ 녹

1221)쇼향쇄옥지탄(燒香碎玉之嘆) : 향을 살라 향기가 사라지고 옥을 깨트려 아름다움을 잃는 탄식.

1222)계ᄎᆞ결군(笄叉結裙) : 비녀를 꽂고 치마를 입음. '여자의 옷차림'를 이르는 말.

1223)건복(巾服) : ᄂᆞ옷갓. 남복(男服). 웃옷과 갓을 아울러 이르는 말. 흔히 예전에 남자가 정식으로 갖추던 옷차림을 이른다.

1224)훈지(壎篪)의 낙(樂) : 훈지상화(壎篪相和), 곧 형제가 서로 우애하며 사는 즐거움. *훈지상화(壎篪相和); 형이 '훈'이라는 악기를 불면 아우는 '지'라는 악기를 불어 화답한다는 뜻으로, 형제간의 화목함을 비유적으로 이르는 말

녹(碌碌)ᄒᆞ미 업고져 ᄒᆞᄂᆞ니, 쇼ᄆᆡ의 문장ᄌᆡ화(文章才華)로 건의(巾衣)1225)를 착홀진ᄃᆡ 조만(早晩)의 쳥운(靑雲)을 더위잡아 경악(經幄)의 근시(近侍)되리니, 출ᄒᆞ리 ᄌᆞ포오사(紫袍烏紗)1226)와 옥ᄃᆡ아홀(玉帶牙笏)1227)노 지존(至尊)을 시위(侍衛)ᄒᆞ여, 보과습유(補過拾遺)1228)의 면졀뎡징(面折廷爭)1229)ᄒᆞᄂᆞᆫ 명【53】신(名臣)이 되고져 ᄒᆞᄂᆞ이다."

녀옥이 쳐엄은 불가ᄒᆞ믈 닐오더니, 혜졍이 년ᄒᆞ여 욱이믈 마지 아니니 옥이 능히 말니지 못ᄒᆞ고, 김시ᄂᆞᆫ 녀ᄌᆞ의 쳐신이 그러치 아니믈 누누히 닐너, 그 ᄯᆞᆫ에도 ᄯᆞᆯ을 졀칙(切責)ᄒᆞ야 말니ᄃᆡ, 혜졍 요물이 임의 ᄆᆞ음을 그릇 먹어, 발셔 녀화위남(女化爲男)1230)ᄒᆞ려 뎡ᄒᆞᆫ ᄯᅳᆺ이 젼혀 음탕ᄒᆞ여, 윤태우 셤기믈 위ᄒᆞᄂᆞᆫ 음악지심(淫惡之心)이라. 흉ᄒᆞᆫ 욕홰(欲火) 착급ᄒᆞ니 엇지 긋칠 니 이시리오. 그 부친 녀시랑을 죵용히 보고, 거거의 그림ᄌᆡ 외로오믈 닐ᄏᆞ라 제 ᄉᆞᄉᆞ로 녀화위남ᄒᆞ【54】여, 기리 부모를 뫼셔 '노ᄅᆡᄌᆞ(老萊子)의 ᄎᆡ무ᄋᆞ희(彩舞兒戲)'1231)로 즐기믈 법(法)밧으렷노라 ᄒᆞ며,

"녹녹ᄒᆞᆫ 일쇼녀(一少女)로 사ᄅᆞᆷ의 며ᄂᆞ리 되며 안해 되ᄂᆞ니, ᄒᆞᆫ 번 복ᄉᆡᆨ(服色)을 밧고아 엄연ᄒᆞᆫ 남ᄌᆡ 되어, '셤궁(蟾宮)의 단계(丹桂)'1232)를 밧드러 농방(龍榜)1233)의 비등(飛騰)ᄒᆞ여, 옥당(玉堂)1234) 한원(翰院)1235)의 명환(名宦)을 ᄌᆞ임(自在)ᄒᆞ고, ᄇᆡᆨ만(百萬) ᄌᆡ조1236)를 겸(兼)ᄒᆞ여, 태공망(太公望)1237)의 병셔(兵書)1238)를 ᄉᆞᆲ피고 손오(孫

1225)건의(巾衣) : =건복(巾服). 웃갓. 남복(男服). 웃옷과 갓을 아울러 이르는 말. 흔히 예전에 남자가 정식으로 갖추던 옷차림을 이른다.

1226)ᄌᆞ포오사(紫袍烏紗) : 자포(紫袍)와 오사모(烏紗帽). '자포'는 조선시대 관원들이 관복을 입을 때 입던 자색(紫色) 도포를 말하고, '오사모'는 관복을 입을 때 머리에 쓰던 검은 사(紗)로 만든 모자를 말한다.

1227)옥ᄃᆡ아홀(玉帶牙笏) : 옥으로 장식한 띠를 두르고 상아로 만든 홀(笏)을 든 조정의 높은 벼슬아치의 차림.

1228)보과습유(補過拾遺) : 임금의 잘못을 바로잡아 고치게 함.

1229)면졀뎡징(面折廷爭) : 임금의 면전에서 허물을 기탄없이 직간하고 쟁론함.

1230)녀화위남(女化爲男) : 여자로서 남자로 변장하여 남자행세를 함.

1231)노ᄅᆡᄌᆞ(老萊子)의 ᄎᆡ무ᄋᆞ희(彩舞兒戲) : 중국 춘추 시대 초나라의 효자(孝子)인 노래자(老萊子)가 70세에 어린아이의 색동옷을 입고 춤을 추고 어린애 장난을 하여 늙은 부모를 즐겁게 하였다는 고사를 말함.

1232)셤궁(蟾宮)의 단계(丹桂) : '달 속에 있는 붉은 계수나무'라는 뜻으로, 조선시대에 임금이 과거 급제자에게 종이로 만든 계수나무 꽃을 하사하였는데, 이 어사화(御賜花)를 가리키는 말임. 곧 '과거급제'를 비유적으로 이르는 말. *섬궁(蟾宮); 달. 전설에서 달 속에는 계수나무가 있다고 한다.

1233)농방(龍榜) : 과거급제자 명단을 써 붙인 글.

1234)옥당(玉堂) : 조선 시대 홍문관의 별칭. 삼사(三司) 가운데 하나로 궁중의 경서, 문서 따위를 관리하고 임금의 자문에 응하는 일을 맡아보던 관아.

1235)한원(翰苑) : 한림원(翰林院). 조선시대 예문관의 별칭. 임금의 명을 짓는 일을 맡아보던 관아.

1236)ᄌᆡ조 : 재주. 무엇을 잘할 수 있는 타고난 능력과 슬기.

1237)태공망(太公望) : 여상(呂尙). 중국 주나라 무왕(武王) 때의 정치가로 무왕을 도와 은나라를 멸하고 천하를 평정하였다. 여(呂)는 그에게 봉해진 영지(領地)이며, 상(尙)은 그의 이름이고, 성은 강(姜)이다. 강태공(姜太公). 여망(呂望) 등의 다른 이름으로도 불린다. 위수(渭水)에서 10년 동안이나 낚시를 하며 때를 기다려 주 문왕을 만났다는 고사가 전하며, 저서에 ≪육도(六韜)≫가 있다.

1238)병셔(兵書) : ≪육도(六韜)≫.

吳)[1239]의 모략(謀略)을 아오라, 츌장입상(出將入相)의 이현부모(以顯父母)ᄒᆞ고 명슈듁빅(名垂竹帛)[1240]ᄒᆞ리니, 남ᄌᆡ 될진ᄃᆡ 부귀를 손에 춤밧타 긔약홀 빈니, 엇지 조조(曹操)[1241]와 님보(林甫)[1242]의 아릭 되리오,"

ᄒᆞ니, 녀슉{이} 궁흉극악【55】지인(窮凶極惡之人)이 평ᄉᆡᆼ 부귀를 탐ᄒᆞᄂᆞᆫ 욕홰(慾火) 긋칠 줄을 아지 못ᄒᆞᄂᆞᆫ지라. 제 집이 호사극부(豪奢極富)ᄒᆞ여 공ᄌᆞ왕손(公子王孫)의 쳔승지귀(千乘之貴)를 블워 아닐 빅로ᄃᆡ, ᄆᆡ양 부족히 넉여 탄ᄒᆞᄂᆞᆫ 밧재 ᄌᆞ녀의 션쇼(鮮少)홈과, 제 벼슬이 존듕(尊重)치 못ᄒᆞ여 겨유 츈경(春卿)[1243]의 이시믈 ᄋᆡ돌나ᄒᆞᄂᆞᆫ지라. 녀ᄋᆞ의 말을 드ᄅᆞᄆᆡ ᄀᆞ장 신긔(神奇)로와 긔특이 넉여 왈,

"셕자(昔者)의 '목난(木蘭)의 죵군(從軍)'[1244]홈과 '뎨영(緹縈)의 예궐(詣闕)'[1245]ᄒᆞ미 계집의 ᄒᆞ기 어려온 일이라 ᄒᆞ엿더니, 아녀(兒女)ᄂᆞᆫ 청평세계(淸平世界)의 남ᄌᆞ되믈 청ᄒᆞ여, 가경(家慶)을 진긔(振起)ᄒᆞ고 셩명을【56】ᄒᆡᄂᆡ(海內)의 진동코져 ᄒᆞ니, 이 반다시 상고(上古)의 시작ᄉᆡᆼ황(始作笙簧)[1246]ᄒᆞ시던 녀와(女媧)[1247]의 후신이라. 내 《제‖네》 아비 되여 녹녹지 아니랴."

ᄒᆞ야, 일어(一語)의 쾌허ᄒᆞ고, 혜졍의 손을 잡고 등을 두다려 칭션경ᄋᆡ(稱善敬愛)

1239)손오(孫吳) : 중국 전국시대의 대표적 병법가인 제(齊)의 손무(孫武)와 오(吳)의 오기(吳起), 손무는 『손자(孫子)』, 오기는 『오자(吳子)』라는 병서(兵書)를 각각 남겼다.

1240)명슈듁빅(名垂竹帛) : 이름이 죽간(竹簡)과 비단에 드리운다는 뜻으로, 이름이 역사에 기록되어 길이 빛남을 이르는 말

1241)조조(曹操) : 중국 삼국 시대 위나라의 시조(始祖)(155~220). 자는 맹덕(孟德). 황건적의 난을 평정하여 공을 세우고 동탁(董卓)을 벤 후 실권을 장악하였다. 208년에 적벽(赤壁) 대전에서 유비와 손권의 연합군에게 크게 패하여 중국이 삼분된 후 216년에 위왕(魏王)이 되었다. 권모에 능하고 시문을 잘 하였다.

1242)님보(林甫) : 이림보(李林甫). 중국 당나라 현종(玄宗) 때의 정치가. 아첨을 잘하여 재상에까지 올랐고, 현종의 유흥을 부추기며, 바른말을 하는 신하는 가차 없이 제거하는 등으로 조정을 탁란(濁亂)하여 간신(奸臣)의 전형으로 꼽힌다. 그가 정적을 제거할 때는 먼저 상대방을 한껏 칭찬하여 방심하게 만들고 뒤통수를 쳤기 때문에, 당시 사람들이 그를 일러 구밀복검(口蜜腹劍)한 사람이라 하였다.

1243)츈경(春卿) : 예조(禮曹)의 판서. *춘조(春曹); 예조(禮曹)를 달리 이르는 말. *경(卿); ①조선 시대에, 정이품 벼슬을 이르던 말. ②중국 청(淸)나라 때는 3품-5품의 영직(影職)을 이르는 말로 쓰이기도 했다. 위 본문에서 춘경은 예조의 당하관 관직을 이르는 말이다. 곧 작품에서 여숙의 관명은 시랑(侍郞)이고 시랑은 작품에서 당하관(종3품이하)의 하급관리에 속한다.

1244)목난(木蘭)의 죵군(從軍) : 목란(木蘭)은 중국 양(梁)나라 효녀로, 남자 옷을 입고 아버지를 대신하여 전장에 나가 싸움에 이기고 열두 해만에 돌아왔다.

1245)뎨영(緹縈)의 예궐(詣闕) : 제영(緹縈)은 중국 한 나라 문제(文帝) 때의 효녀다. 그녀의 아버지 순우의(淳于意)가 죄가 있어 사형을 당하게 되자, 대궐에 가, 임금에게 상소하여 자신이 관비(官婢)가 되어 아버지 죄를 속(贖)하겠다고 하니, 문제가 그 뜻을 동정하여 사형을 감해 주었다는 고사가 있다.

1246)시작ᄉᆡᆼ황(始作笙簧) : 처음으로 생황(笙篁)이라는 악기를 만듦.

1247)녀와(女媧) : 중국의 천지 창조 신화에 나오는 여신으로 사람의 얼굴과 뱀의 몸을 하고 있다고 한다. 천지 조판시(肇判時) 하늘에 구멍이 뚫리고 큰 비가 내려 홍수가 나자 오색 돌을 빚어서 하늘의 구멍을 메우고 큰 거북의 네 다리를 잘라 하늘을 떠받치게 한 후, 갈대를 태워 그 재로 물을 빨아들이게 하여 대홍수를 막았다고 한다. 또 사람들이 즐거움을 누릴 수 있도록 '생황(生篁)'이라는 악기를 처음 만들기도 하였다 한다.

왈,

"대직(大哉)며, 현직(賢哉)라, 내 ᄋᆞ히여! 쓰이 족히 텬하를 광거(廣居)ᄒᆞ고 팔황(八荒)도 진복(震服)ᄒᆞ리니, 여뷔(汝父) 참아 엇지 너의 큰 쓰을 져바리며, 원을 좃지 아니리오. 그러나 텬의(天意)를 탄ᄒᆞᄂᆞᆫ 바ᄂᆞᆫ, 건복(巾服)으로뻐 이목(耳目)을 가리오나, 음양을 밧고지 못ᄒᆞ니, 처엄의 무ᄉᆞ일 녀직 되게ᄒᆞᆫ고? 조물(造物)의 고이ᄒᆞ미 이 ᄀᆞᆺ도다. 만일 남ᄋᆞ로 삼겻던들 【57】 발셔 청운(青雲)을 더위잡아[1248] 농비쳔인(龍飛千仞)을 묘시(藐視)ᄒᆞ고 봉각(鳳閣)의 청현명신(淸顯名臣)이 되지 아니ᄒᆞ여시랴."

혜정이 부친의 허락을 어드니 대락(大樂)ᄒᆞ여, 다시 ᄀᆞᆯ오ᄃᆡ,

"우리 일가 친쳑과 대인(大人)의 졔우붕당(諸友朋黨)이 발셔 야야(爺爺)긔ᄂᆞᆫ ᄋᆞ들이 거거(哥哥)만 잇ᄂᆞᆫ 줄 ᄇᆞᆰ히 아ᄂᆞ니, 쇼네 불의에 건복(巾服)으로뻐 야야 좌하(座下)의 뫼시면, 혹ᄌᆞ 고이히 넉이 리 《이셔도‖이시리니》, 말을 ᄂᆡᄃᆡ, '직종데(再從弟) 녀효렴의 일직(一子) 조상부모(早喪父母)ᄒᆞ고 죵션형뎨(終鮮兄弟)ᄒᆞ기로, 내 거두워 도라와 슬하의 두워 부ᄌᆞ의 친을 ᄆᆡᄌᆞᆺ노라' ᄒᆞ고, 시비(侍婢) 복쳡(僕妾)이라도 이런 【58】 소문을 ᄂᆡ지 못ᄒᆞ게, 영을 ᄂᆡ시미 맛당ᄒᆞ니이다."

녀슉이 언언(言言)이 과ᄋᆡ(過愛)ᄒᆞ여, 슌슌이 그리ᄒᆞᄌᆞ ᄒᆞ니, 원ᄂᆡ 녀슉의 직죵데 효렴이란 거시, 녀슉 형뎨의게 님망(臨亡)에 글을 브쳐, 져의 일골육(一骨肉)을 의탁ᄒᆞ여 혈식(血食)을 닛게 쳥ᄒᆞ고 수년 젼에 죽어시ᄃᆡ, 녀방 녀슉이 다 직물을 허비ᄒᆞᆯ가 브졀업시 넉여, 직죵(再從)의 님망(臨亡) 부탁ᄒᆞᆫ 셔간을 본 쳬도 아니코, 고ᄋᆞ를 됴위(弔慰)치 아녓더니, 고ᄋᆞ(孤兒) 녀쳠이 아비를 장ᄒᆞ고 심산의 은자(隱者)를 ᄎᆞᄌᆞ 학문을 힘쁘ᄂᆞᆫ 고로, 옛집의 도라오지 아니ᄒᆞ니, 녀방 형뎨 【59】 ᄂᆞᆫ 반다시 죽엇ᄂᆞ니라 ᄒᆞ여 도로혀 무던이 넉이더니, 혜정 공교ᄒᆞᆫ 거시 사ᄅᆞᆷ의 의심을 업시코져 ᄒᆞ여, 제 진짓 녀효렴의 일진 쳬를 ᄒᆞ려 ᄒᆞ미라.

김시ᄂᆞᆫ 우암(愚闇)ᄒᆞ고 불민(不敏)ᄒᆞᄃᆡ ᄯᆞᆯ의 건복(巾服)ᄒᆞ랴 ᄒᆞ믈 크게 깃거 아니ᄒᆞ나, 텬셩이 흐리눅어 우길 셩이 업고, 비록 ᄌᆞ식이라 닐너도 듯지 아니면 ᄆᆡᆼ녈이 ᄉᆞ짓기도 못ᄒᆞ므로, 깁히 염녀ᄒᆞ여 ᄯᆞᆯ의 젼졍이 엇지 될고 ᄒᆞᆯ지언뎡, 다시 말을 아니ᄒᆞ니, 혜정이 일습 건복 일워 음양(陰陽)을 변톄(變體)ᄒᆞᆯᄉᆡ, 옥(玉) 무은[1249] ᄂᆡ마의 흑사당건(黑紗唐巾)[1250] 【60】 을 숙이고, 봉되(鳳鳥) ᄂᆞᄂᆞᆫ ᄃᆞᆺᄒᆞᆫ 엇개의 쳥사포(青紗袍)[1251]를 가ᄒᆞ고, 살ᄃᆡ ᄀᆞᄐᆞᆫ 허리의 셰초ᄃᆡ(細綃帶)[1252]를 두루고, 앙연(仰然)이 옥을 ᄡᆞ라 셔직로 나올ᄉᆡ, 일홈을 곳쳐 셩이라 ᄒᆞ고, 시녀 초진으로 건복을 닙혀 인가(人家) 셔

1248)더위잡다 : ①높은 곳에 오르려고 무엇을 끌어 잡다. ②의지가 될 수 있는 든든하고 굳은 지반을 잡다.

1249)무으다 : 쌓다. 만들다.

1250)흑사당건(黑紗唐巾) : 검은 비단으로 만든 당건. 당건은 예전에 중국에서 쓰던 관(冠)의 하나로, 당나라 때에는 임금이 많이 썼으나, 뒤에는 사대부들이 사용하였다.

1251)청사포(青紗袍) : 푸른 비단으로 지은 도포(道袍). 도포는 예전에 예복으로 입던 남자의 겉옷.

1252)셰초ᄃᆡ(細綃帶) : 가는 생사(生絲)로 만든 띠.

동(書童)의 모양을 민다니, 녀슉과 김시는 어린 다시 안즈 쏠의 변복(變服)ᄒᄆᆯ 보ᄆᆡ 그 남복 가온ᄃᆡ 표일(飄逸)ᄒᆞᆫ 신치(身彩)와 미려ᄒᆞᆫ 얼골이 적강션ᄌᆞ(謫降仙子)1253)오, 승난ᄌᆞ진(乘鸞子晋)1254)이라.

덩긔(精氣) 동인(動人)ᄒᆞ고 ᄌᆡ긔(才氣) 츌뉴(出類)ᄒᆞ니, 그 녀위화남(女化爲男)이 집을 업치고 종(宗)을 멸ᄒᆞᆯ 화근이ᄆᆞᆯ 오히려 아지 못ᄒᆞ고, 용화골격(容華骨格)의 비상ᄒᆞ【61】ᄆᆡ 옥의게 세번 더으ᄆᆞᆯ 두굿기니, ᄒᆞᆫ갓 무지불식ᄒᆞᄆᆡ 남다ᄅᆞᆯ ᄲᅮᆫ아니라, 텬뉸(天倫)의 ᄌᆞ의와 부녀의 졍이 그 허물이 듕대ᄒᆞᆫ 《곳∥것》을 ᄭᆡ닷지 못ᄒᆞ고, 겸ᄒᆞ여 혜졍의 작인(作人)이 녀ᄌᆞ로 닐너도 태진비ᄌᆞ(太眞妃子)1255)와 비연황후(飛燕皇后)1256)의 세 번 더으고, 남ᄌᆞ로 닐너도 족하겸공(足下謙恭)1257)ᄒᆞᄂᆞᆫ 니림보(李林甫)ᄅᆞᆯ 법밧아, 안으로 흉의(凶意)ᄅᆞᆯ 품고 밧그로 겸약(謙弱)ᄒᆞᆫ 덕을 길워, 인심을 취합ᄒᆞ여 크게 현혹ᄒᆞᆫ 후 무ᄉᆞᆷ 변을 지을 ᄌᆡ니, 군ᄌᆞ와 쇼인이 길히 다ᄅᆞ고 쳘부셩녀(哲婦聖女)와 ᄌᆡ녀가인(才女佳人)이 되(道) 다ᄅᆞᄆᆞᆯ 알지라.

ᄎᆞ후로 녀슉【62】이 혜졍을 겻ᄒᆡ 두워 져의 졔우붕비(諸友朋輩)ᄅᆞᆯ 다 뵈고, ᄌᆞ종뎨의 ᄋᆞ둘을 다려다가 부ᄌᆞ의 의ᄅᆞᆯ 미ᄌᆞ 친ᄌᆞ ᄀᆞᆺ치 길너 십ᄉᆞ셰 되엿다 ᄒᆞ니, 져마다 혜졍의 옥인뉴풍(玉人遺風)으로 슈앙표일(秀仰飄逸)ᄒᆞᄆᆡ 신션(神仙)의 골격이 잇고, 더브러 말ᄉᆞᆷᄒᆞᄆᆡ 담논이 창ᄒᆡ(蒼海) 장강(長江)의 막힐 곳이 업슨 ᄃᆞᆺ, 박고통금(博古通今)ᄒᆞᄂᆞᆫ 문식(聞識)이 만복(滿腹)의 금슈(錦繡)ᄅᆞᆯ 서려시니, 일신 빅톄(百體)와 동용(動容) 네졀이며 언어 풍위(風威)ᄅᆞᆯ 보고 듯ᄂᆞᆫ ᄌᆡ, 아연(俄然) 경ᄎᆞ(驚嗟)ᄒᆞ여 홀홀 칭션(稱善)ᄒᆞᄆᆡ 톄면을 도라보지 못ᄒᆞ고, 깁히 ᄉᆞ랑을 ᄲᆞ다 이 ᄀᆞᆺᄐᆞᆫ 션낭(仙郞)을 귀【63】경ᄒᆞᄆᆡ 인싱이 헛되지 아니ᄆᆞᆯ 닐ᄏᆞ라니, 녀슉은 제 ᄯᆞᆯ을 잘 나하 남의 ᄋᆞ둘의셔 빅승(百勝)이ᄆᆞᆯ 희불ᄌᆞ승(喜不自勝)ᄒᆞ여, 규녀(閨女)로ᄡᅥ 외인을 아니 뵈ᄂᆡ 업시 닉여 뵈여 닉외ᄒᆞᄂᆞᆫ 법톄ᄅᆞᆯ 문허바려, 연고 업시 음양을 변톄ᄒᆞ여 텬디ᄅᆞᆯ 속이고 귀신을 어긔여, 친츌(親出)노ᄡᅥ 삼죵질(三從姪)이라 ᄒᆞ며 혹 부ᄌᆞ(父子) 되엿노라 ᄒᆞ여 언시 호란(胡亂)1258)ᄒᆞ되, 참측(慘測)히 허물 되ᄆᆞᆯ 아지 못ᄒᆞ니, 엇지 인면슈심(人面獸心)이 아니리오.

ᄯᆞᆯ노ᄡᅥ 임의 ᄋᆞ둘의 모양을 츌ᄒᆞᄆᆡ, 친척이라도 혹ᄌᆞ 혜졍의 유무(有無)ᄅᆞᆯ 알니 이

1253)적강션ᄌᆞ(謫降仙子) : 천상계에서 죄를 짓고 인간 세상에 귀양 와 사람으로 태어난 신선.
1254)승난ᄌᆞ진(乘鸞子晋) : 난(鸞)새를 탄 자진(子晋). *자진(子晋); 왕자진(王子晋). 중국 주(周)나라 영왕(靈王)의 태자. 이름 교(喬). 생황(笙簧)을 잘 불었는데 봉황의 소리를 본떠 봉황곡(鳳凰曲)을 지었다. 도인(道人) 부구생(浮丘生)의 인도로 선학(仙學)을 배워 신선이 되어 갔다고 한다.
1255)태진비ᄌᆞ(太眞妃子) : 양귀비(楊貴妃). 중국 당나라 현종(玄宗)의 비(妃)(719~756). 이름은 옥환(玉環). 도교에서는 태진(太眞)이라 부른다. 춤과 음악에 뛰어나고 총명하여 현종의 총애를 받았으나 안녹산의 난 때 죽었다.
1256)비연황후(飛燕皇后) : 조비연(趙飛燕). 중국 전한(前漢) 성제(成帝)의 비(妃). 시호는 효성황후(孝成皇后). 가무(歌舞)에 뛰어났고 빼어난 미모로 성제의 총애를 받아 황후에까지 올랐다.
1257)족하겸공(足下謙恭) : 비루하게 자신을 낮추고 남을 높임.
1258)호란(胡亂) : 한데 뒤섞여 어수선하고 분간하기 어렵다.

【64】실가 ᄒᆞ여, 공연이 관곽(棺槨)을 ᄆᆡᆫ다라 녀ᄋᆡ 유질(有疾)ᄒᆞ여 죽다ᄒᆞ고, 빈 관을 션영지하(先塋之下)의 믓으니, 혜경이 망명ᄌᆡ쉬(亡命罪囚)아니오, 질지이심(疾之已甚)이 죽어시믈 핑계ᄒᆞ고, 남ᄌᆞ될 일이 업ᄉᆞᄃᆡ 녀슉은 혜경으로ᄡᅧ 녀화위남(女化爲男)ᄒᆞᆫ즉, 공후(公侯)의 부귀와 호치(豪侈)ᄒᆞ믈 기리 ᄒᆞ량으로 욕화(慾火)를 발ᄒᆞ여시며, 혜경은 윤태우의 풍신용화를 황홀ᄒᆞ여 ᄒᆞᆫ번 침변(枕邊)의 용납ᄒᆞᄂᆞᆫ 경을 어드면, 그날 죽어도 무ᄒᆞᆫ(無恨)이라 ᄒᆞ여, 제 몸이 남ᄌᆡ되여 그 ᄌᆞ최를 궁극히 ᄡᅩ로며, 계교를 넓이 힝ᄒᆞ여 소시를 업시ᄒᆞᆯ 지【65】경이면, 제 다시 남화위녀(男化爲女)ᄒᆞ여 윤ᄌᆞ의 ᄂᆡ상(內相)을 모쳠(冒添)코져 ᄇᆞ라미 이시니, 부녀의 극악ᄒᆞ미 막상막하(莫上莫下)ᄒᆞᄃᆡ, 녀옥의 ᄠᅳᆺ인즉 소시를 취코져 ᄆᆞ음이 병을 삼아 듀야로 닛지 못ᄒᆞ니, 혜경이 아비를 시봉(侍奉)ᄒᆞ여 괴로오미 업술 ᄃᆞᆺᄒᆞᄃᆡ, 사ᄅᆞᆷ마다 혜경을 칭찬ᄒᆞ미 져의 쳔만ᄇᆡ승(千萬倍勝)이라 ᄒᆞ니, 도로혀 누의 녀화위남이 져의 명예를 구ᄒᆞᄂᆞᆫ 바로 승ᄒᆞ다 ᄒᆞ믈 근심ᄒᆞ고, 소시를 탈취치 못ᄒᆞ나 소학ᄉᆞ 부인 윤시의 괴이ᄒᆞ미 소시 아ᄅᆡ 만히 ᄂᆞ리지 아니믈 듯고, ᄆᆡ양 슉모긔 상셔ᄒᆞ【66】여, '져의 미인 ᄇᆞ라ᄂᆞᆫ ᄆᆞ음을 ᄉᆞᆺ지 마ᄅᆞ쇼셔' ᄒᆞᆫ즉, 녀부인이 답간(答簡)의 극진이 쥬션ᄒᆞ믈 닐ᄏᆞ라, '윤시의 반죽엄이 될 ᄢᆡ를 기다려 잡아다가 구호ᄒᆞ여 부실(副室)을 삼으라' ᄒᆞ엿더라.

화셜. 녀태부인이 ᄌᆞ긔 슉질의 신고(辛苦)히 경영(經營)ᄒᆞᆫ 계괴 일ᄀᆡᆨ(一刻)의 픽루(敗戾)ᄒᆞ여시니, 흉포(凶暴)ᄒᆞᆫ 셩악(性惡)을 니긔지 못ᄒᆞ여 흉장ᄒᆞᆫ 소ᄅᆡ를 골앗[1259]히 터지게 질을 적은, 가즁 상해 진경(震驚)ᄒᆞ여 쳥텬뇌우(靑天雷雨)의 급ᄒᆞᆫ 벽녁셩(霹靂聲)이 드레ᄂᆞᆫ ᄃᆞᆺᄒᆞ니, 소공 부부의 민텬지읍(旻天之泣)[1260]은 셰월노 조ᄎᆞ 깁흐니, 당금ᄎᆞ시(當今此時)ᄒᆞ여ᄂᆞᆫ ᄌᆞ【67】긔 부부ᄂᆞᆫ ᄇᆡᆨ우(百憂)로ᄡᅧ 늙어시니, 새로이 두리며 저흘 거시 업ᄉᆞᄃᆡ, ᄀᆞ득히 ᄋᆡ련ᄒᆞᄂᆞᆫ 바ᄂᆞᆫ ᄌᆞ긔 부부의 여홰(餘禍) 지어ᄌᆞ부녀(至於子婦女)의게 밋ᄎᆞ미라. ᄒᆞ믈며 학ᄉᆞᄂᆞᆫ 필ᄌᆞ(畢子)로 풍신 ᄌᆡ홰 냥ᄌᆞ의 우히 이시므로, 부뫼 취즁닉ᄋᆡ(就中溺愛)ᄒᆞ여 부ᄃᆡ 졀ᄃᆡ슉녀(絶代淑女)로 ᄡᅡᆼ을 일위고져 ᄒᆞ더니, 계모의 호심낭슐(虎心狼術)[1261]노 녀시를 취ᄒᆞ미 ᄇᆡ항(配行)의 ᄎᆞᄋᆞ(嵯峨)ᄒᆞ믈[1262] ᄎᆞ셕ᄒᆞ더니, 텬연(天緣)이 지듕(至重)ᄒᆞ므로 윤쇼져를 취ᄒᆞ여시나, 녀태부인과 쇼녀시 윤쇼져를 쳔ᄃᆡ능멸(賤待凌蔑)ᄒᆞ미 당하(堂下) 쳔쳡(賤妾)ᄀᆞᆺ치 ᄒᆞ니, 소공과 텰부인이 만심 ᄋᆡ련ᄒᆞ【68】여 녀시를 통히(痛駭)ᄒᆞ나, 녀부인을 두려 감히 말을 못ᄒᆞ고, 다만 가옹(家翁)의 눈이 어둡고 귀먹으믈 효측ᄒᆞ여 시이불견(視而不見)이오, 소학ᄉᆡ ᄯᅩᄒᆞᆫ 간예ᄒᆞ미 업ᄉᆞ나 엇지 아지 못ᄒᆞ리오.

윤쇼져의 초군탁셰(超群卓世)[1263]ᄒᆞᆫ ᄌᆡ용셩덕(才容聖德)은 '하쥐(河洲)의 구ᄒᆞ나 엇

1259)골앗 : 고샅. 시골 마을의 좁은 골목길. 또는 골목 사이.

1260)민텬지읍(旻天之泣) : 하늘을 부르짖어 욺. 옛날 순임금이 부모의 사랑을 얻지 못하여 하늘을 부르짖어 울었던 고사를 이른 말. *민천(旻天); 하늘을 신격화한 데서 나온 말로, '어진 하늘'을 이르는 말.

1261)호심낭슐(虎心狼術) : 범과 늑대의 심술. 또는 범의 사나움과 늑대의 교활함.

1262)ᄎᆞᄋᆞ(嵯峨)ᄒᆞ다 : 산이 높고 험하다.

기 어려온 슉네(淑女)'1264)어늘, 텬연(天緣)이 긔구(崎嶇)ᄒᆞ여 ᄌᆞ가의 ᄌᆡ취(再娶)ᄒᆞᆫ 비 되여, 녀시 슉질의 보ᄎᆡ이ᄂᆞᆫ 죵이 되믈 ᄉᆡᆼ각ᄒᆞ니 엇지 통완치 아니리오마ᄂᆞᆫ, 알은 체 ᄒᆞ미 ᄉᆞ긔(事機) 요란ᄒᆞ고, 윤쇼져 신상의 더옥 유해ᄒᆞᆯ ᄲᅮᆫ아니라, 부모긔 불평(不平)ᄒᆞ미 이실가, ᄀᆞ득이 통완ᄒᆞ믈 잉분(忍憤)【69】ᄒᆞ고, 윤쇼져의 셩ᄌᆞ광휘(聖姿光輝)를 볼ᄉᆞ록 ᄋᆡ경(愛敬)ᄒᆞ고, 그 위란ᄒᆞᆫ 신셰를 연셕ᄎᆞ탄(憐惜嗟歎)ᄒᆞ나 감히 ᄉᆞᄉᆡᆨ지 못ᄒᆞ고, 심하(心下)의 연ᄋᆡ(憐愛)ᄒᆞ믈 니긔지 못ᄒᆞ나, 본ᄃᆡ 텬하 대량(大量)을 가져시므로, 아직 져의 유츙(幼沖)ᄒᆞ미 ᄭᅩᆺ봉오리 벙으지 못ᄒᆞ고, 모츈(暮春)의 셰류(細柳) ᄀᆞᆺᄐᆞ믈 불안ᄒᆞ여, 그 장셩ᄒᆞ기를 기다리며, 이자(二者)ᄂᆞᆫ 조모의 험난을 두려 여산(如山)ᄒᆞᆫ 듕졍(重情)을 서리담아 조모의 험상(險狀)과 녀시의 능경(陵輕)을 전혀 아지 못ᄒᆞᄂᆞᆫ 듯ᄒᆞ여, ᄒᆞᆫ갓 녀녀의 슉소의 ᄌᆞ최를 ᄉᆞᆺᄎᆞ니, 녀시 슉질이 더옥 분원ᄒᆞ여 태부인이 말【70】ᄉᆞᆺ마다, '셩이 질녀로 갓득 금슬이 소원(疎遠)ᄒᆞ거ᄂᆞᆯ 윤시 ᄀᆞᆺᄐᆞᆫ 별물을 만나시니, 질녀의 계활(契活)은 이제ᄂᆞᆫ 아조 볼 거시 업ᄉᆞ니, 이ᄂᆞᆫ 황상(皇上)의 다ᄉᆞ(多事)ᄒᆞ신 타시라.' ᄒᆞ며, 쇼녀시ᄂᆞᆫ 윤쇼져를 볼적마다 두 아귀에 춤을 흘니며 금방울 ᄀᆞᆺᄐᆞᆫ 냥목(兩目)을 모업시 뒤룩이며, 검프란 입시욹의 코춤을 ᄀᆞ로 흘니며 폴흘 ᄲᅩᆷᄂᆡ며 윤쇼져다려 닐오ᄃᆡ,

"그ᄃᆡ 상모를 보건ᄃᆡ 하걸(夏桀)1265)을 농낙ᄒᆞ던 ᄆᆡ희(妹喜)1266)와 은쥬(殷紂)1267)를 농낙ᄒᆞ던 달긔(妲己)1268)의 모질미라. 만일 텬ᄌᆞ(天子)와 졔왕의 후비(后妃) 되던들 반다시 나라흘 엎치고, 【71】상젹(相適)ᄒᆞᆫ 낭군을 만난즉 그ᄃᆡ 용ᄉᆡᆨ(容色)의 ᄒᆞᆫ번 침혹(沈惑)ᄒᆞ면 삼일이 못ᄒᆞ여 가뷔(家夫) 죽고, 쳥등야우(靑燈夜雨)의 혈누(血淚)가 마의소복(麻衣素服)의 마를 ᄉᆞ이 업다가, 나죵은 '장낭부(張郎婦) 니랑쳐(李郎妻)'1269)ᄒᆞᄂᆞᆫ ᄒᆡᆼᄉᆞ(行事) 이시리니, 우리 군ᄌᆞ 본ᄃᆡ 쳥슈약질(淸秀弱質)이라. 그ᄃᆡ 길ᄂᆡ1270) 이

1263)초군탁셰(超群卓世) : 무리 가운데 뛰어날 뿐 아니라 세상에 내놓고 견주어도 더할 나위 없이 빼어남.

1264)하쥬(河洲) 슉녀(淑女) : 강물 모래톱 가운데 있는 숙녀라는 뜻으로 주(周)나라 문왕(文王)의 비(妃)인 태사(太姒)를 말한다. 문왕과 태사 부부의 사랑을 노래한 『시경』<관저(關雎)>장의 "관관저구 재하지주 요조숙녀 군자호구(關關雎鳩 在河.之洲 窈窕淑女 君子好逑)"의 '하주(河洲)' '숙녀(淑女)'서 온 말.

1265)하걸(夏桀) : 중국 하(夏)나라의 걸왕(桀王). *걸왕; 중국 하나라의 마지막 왕. 성은 사(姒). 이름은 이계(履癸). 은나라의 탕왕에게 멸망하였다. 은나라의 주왕과 더불어 동양 폭군의 전형으로 불린다.

1266)ᄆᆡ희(妹喜) : 중국 하(夏)나라 마지막 황제 걸(桀)의 비(妃). 절세미녀로 걸을 농락하여 주지육림(酒池肉林)을 만들어 쾌락에 빠지게 하고 이를 간하는 현신(賢臣)을 참형에 처하게 하는 등 난행(亂行)을 일삼아 하나라를 멸망에 이르게 했다.

1267)은쥬(殷紂) : 중국 은(殷)나라의 마지막 왕인 주왕(紂王). 이름은 제신(帝辛). 주(紂)는 시호(諡號). 지혜와 체력이 뛰어났으나, 주색을 일삼고 포학한 정치를 하여 인심을 잃어 주나라 무왕에게 살해되었다.

1268)달긔(妲己) : 중국 은나라 주왕의 비(妃). 왕의 총애를 믿어 음탕하고 포악하게 행동하였는데, 뒤에 주나라 무왕에게 살해되었다. 하걸(夏桀)의 비 매희(妹喜)와 함께 망국의 악녀로 불린다.

1269)장낭부(張郎婦) 니랑쳐(李郎妻) ; 장씨의 아내 이씨의 처라는 말로 이 남자 저 남자에게 정을 주는 여자를 이르는 말.

문(門)의 죵신(終身)ᄒᆞᆯ진ᄃᆡ, 군ᄌᆡ 날이 ᄆᆞᆺ지 못ᄒᆞ여 죽을지라. 이러므로 존당이 미리 짐작ᄒᆞ고 우리ᄅᆞᆯ 좌우의 두어 학ᄉᆞ의 츅슈(祝壽)ᄒᆞᄂᆞᆫ 경상(景狀)을 일위지 아니려 ᄒᆞ시ᄂᆞ니, 그ᄃᆡ ᄉᆡᆼᄂᆡ(生來)의ᄂᆞᆫ 학ᄉᆞ의 은졍을 ᄇᆞ라도 말나. 그ᄃᆡᄂᆞᆫ 진국군의 교ᄋᆡ(嬌兒)라. 져만ᄒᆞᆫ 용ᄉᆡᆨ을 가지【72】고 진궁 부귀로ᄡᅥ 어ᄂᆡ 곳의 가 ᄒᆞᆫ낫 군ᄌᆞ영걸(君子英傑)이 업서, 굿ᄐᆞ여 년긔(年紀) 부젹(不適)ᄒᆞᆫ 소학ᄉᆞ의 부실이 《되기ᄂᆞᆫ ‖ 되뇨?》 황상(皇上)이 ᄀᆞ장 다ᄉᆞ(多事)ᄒᆞ시도다. 그ᄃᆡ 홍안박명(紅顔薄命)을 슬허ᄒᆞ거든, 친당의 도라가 맛당ᄒᆞᆫ 장부ᄅᆞᆯ 마ᄌᆞ 평ᄉᆡᆼ을 동노(同老)ᄒᆞ고, ᄉᆡᆼ심도 소학ᄉᆞ의 은졍을 ᄇᆞ라지 말나."

쇼졔 텽파(聽罷)의 하슈(河水) 머러 냥이(兩耳)ᄅᆞᆯ 씻지 못ᄒᆞ믈 ᄒᆞᆫᄒᆞ나, 임의 녀시ᄅᆞᆯ 금슈계견(禽獸鷄犬)으로 아ᄂᆞᆫ지라, 엇지 그 말을 칙망ᄒᆞ리오. 텬연(天然)이 시텽(視聽)이 업ᄉᆞᆫ 듯ᄒᆞ야 단공졍좌(端恭正坐)ᄒᆞᆯ ᄯᆞᄅᆞᆷ이니, 옥면셩모(玉面星眸)1271)의 화긔ᄅᆞᆯ 곳치미 업ᄉᆞ나, 져기 븕【73】은 빗치 셜산(雪山)을 침노ᄒᆞ니, 홍모란(紅牡丹) 일지(一枝) 광풍취우(狂風驟雨)의 ᄲᅳᆯ녓ᄂᆞᆫ 듯, 단슌(丹脣)이 ᄆᆡᆨᄆᆡᆨᄒᆞ고1272), 보험(黼臉)1273)이 젹젹(寂寂)ᄒᆞ며, 취산(翠山)1274)이 ᄂᆞ족ᄒᆞ니, 모운(暮雲)의 져믄 빗치 초텬(迢天)1275)의 담담ᄒᆞ니, 겻흐로 ᄌᆞᄎᆞ ᄌᆞ연 ᄎᆞᆫ 긔운이 강ᄉᆡ(絳腮)1276)ᄅᆞᆯ 침노ᄒᆞ여, 납ᄆᆡ(臘梅)1277) 상셜(霜雪)을 무릅ᄡᅳᆫ 듯ᄒᆞ니, 녀태부인의 싀포(猜暴)ᄒᆞᆷ과 쇼녀시의 음악(淫惡)ᄒᆞ므로도 ᄌᆞ연 긔탄(忌憚)ᄒᆞ여, 쇼녀시 묵연냥구(默然良久)의 션우음ᄒᆞ여 왈,

"내 실노 투긔(妬忌)ᄒᆞ미 아니라, 그ᄃᆡ 향염미질(香艶美質)노 ᄇᆡ필을 그ᄅᆞᆺ 만나며, 진국군의 부귀로 사회 못어드믈 진졍 ᄋᆡ달와 닐ᄋᆞ【74】미니, 그ᄃᆡ 엇지 말이 업ᄂᆞ뇨? 만승텬ᄌᆞ(萬乘天子)라도 필부(匹夫)의 말을 션용(善用)ᄒᆞ시ᄂᆞ니, 내 그ᄃᆡ와 군신지분(君臣之分)이 업ᄉᆞ니, 그ᄃᆡ 교긍(驕矜)ᄒᆞ믄 셩인(聖人)의 더으냐? 엇지 내 말을 ᄃᆡ치 아니ᄒᆞᄂᆞ뇨?"

쇼졔 ᄯᅩ 져두부답(低頭不答)ᄒᆞ니, 녀시 믄득 노왈,

"내 말이 가(可)ᄒᆞ나 가(可)치 아니나, ᄒᆞᆫ번 가부(可否)ᄅᆞᆯ 닐으라. 무어시 가치 아니뇨?"

녀태부인이 ᄯᅩᄒᆞᆫ 졍ᄉᆡᆨ(正色)고 ᄭᅮ지져 왈,

"쇼뷔(小婦) 진왕의 교ᄋᆞ(嬌兒) 아냐 황녀(皇女) 공쥬(公主)라도 셩ᄋᆞ의 부실(副室)노 드러오고, 질ᄋᆡ(姪兒) 슈광(雖狂)이나 당당이 손ᄋᆞ(孫兒)의 조강(糟糠)이라. 쇼셩(小

1270)길ᄂᆡ : 길이. 오랜 세월이 지나도록.
1271)옥면셩모(玉面星眸) : 옥처럼 고운 얼굴과 별처럼 빛나는 눈동자.
1272)ᄆᆡᆨᄆᆡᆨᄒᆞ다 : 맥맥하다. 어떠한 움직임이 없이 고요하다.
1273)보험(黼臉) ; 뺨.
1274)취산(翠山) : 비취색 산. 곧 화장한 눈썹을 이르는 말.
1275)초텬(迢天) : 먼 하늘.
1276)강ᄉᆡ(絳腮) : 붉은 뺨.
1277)납ᄆᆡ(臘梅) : 음력 섣달에 핀 매화꽃.

星)이 되여 감히 존대(尊大) 방조(放恣)ᄒᆞ여 녀군(汝君)을 항거ᄒᆞ리오. 연이나, 질ᄋᆞ의 쇼【75】셩(所聲)도 무던ᄒᆞ니 답지 아닛ᄂᆞᆫ 쥬의(主義)ᄅᆞᆯ 뒷고져 ᄒᆞ노라."

쇼제 쳥파의 쇼녀시의 말은 ᄃᆡ치 아니나 죄 되지 아니려니와, 존당(尊堂)의 말ᄉᆞᆷ을 ᄃᆡ치 아니면 고ᄃᆡ 병이 날 둧ᄒᆞ고, 져 슉질의 ᄌᆞ가 보ᄂᆞᆫ 눈쌀과 입 속의 흉언난셜(凶言亂說)이 무ᄉᆞᆫ 일을 ᄂᆡᆯ 둧ᄒᆞᆫ지라. 아니 ᄃᆡ치 못ᄒᆞᆯ 고로, 마지 못ᄒᆞ여 념용피셕(斂容避席) ᄃᆡ왈,

"쇼쳡은 유연약녜(柔軟弱女)라. 다만 존당 부모의 회리(懷裡) 가온ᄃᆡ 유양(乳養)[1278]과 어미 유도(乳道)[1279]ᄅᆞᆯ ᄉᆡᆼ각ᄒᆞ옵ᄂᆞᆫ 미거(未擧)ᄒᆞᆫ ᄒᆡᆼᄉᆞ ᄯᆞᄅᆞᆷ이니, 엇지 셰쇽 투졍(妬情)과 부부지락(夫婦之樂)을 알니잇고."

ᄒᆞ더라. 【76】

1278)유양(乳養) : 젖을 먹고 자람.
1279)유도(乳道) : 궁중에서, '젖'을 이르던 말.

윤하명삼문취록 권지삼십삼

(결권)

윤하뎡삼문취록 권지삼십스

추시 한님(翰林)이 슈명(受命)호고 심원(深園)의 니ᄅ나, 각별 말이 업고 일셤으로 옥문을 잠으라 ᄒ니, 양희 참지 못ᄒ여 왈,

"상공(相公)이 사ᄅᆷ을 이 지경의 밋게 ᄒᄃᆡ, 측은지심(惻隱之心)을 두지 아니ᄒ고, 혹ᄌ 월옥(越獄)ᄒᆯ가 념녀ᄒ니, 아등이 사라셔도 진궁 소쇽이오, 죽어도 진궁 귀신이니, 어ᄃᆡ로 갈 거시라 궁극ᄒᆫ 념녀ᄅᆯ ᄒ시ᄂ뇨? 쳡은 죽어도 앗갑지 아니ᄒ거니와, 벽낭의 이칠청츈(二七青春)1280)이 앗갑지 아니며, 상공의 무신ᄒ미 원망되지 아니리잇가?"

한님 왈,

"창닌이 벽을 유【1】졍(有情)ᄒᆫ 연고로 아ᄌ미 옥니(獄裡)의 ᄂ리시니, 엇지 창닌의 허물이 업다 ᄒ리잇고마는, 츈옥의 쵸ᄉᆡ(招辭) 그러ᄒᆫ 후는 질(姪)의 인ᄉᆡ(人事) 죄인을 두호(斗護)치 못ᄒᆯ 거시오, 이거시 창닌의 쳐쳡 ᄉ이로셔 난 변이니, 놀나온 심신을 뎡키 어려온지라. 무ᄉᆷ ᄆ옴의 긴 셜화ᄅᆯ 시작ᄒ리잇고? 벽의 죄는 아모 곳에 밋처도 아ᄌ미 원억(寃抑) ᄒᆷ을 신ᄇᆡᆨ(伸白)ᄒ리니, 아ᄌ미는 물우(勿憂)ᄒ고, 옥즁 괴로오믈 즐거온 다시 지ᄂᆡ쇼셔."

셜파(說罷)의 신을 ᄭᅳ어 도라갈ᄉᆡ, 원문(轅門) 직흰 군ᄉᄅᆯ 당부ᄒ고 나가니, 양희 기리 탄식ᄒ고 벽을 위로 왈,

"한님【2】이 벽낭을 알아시미 ᄌ못 붉을 ᄲᅮᆫ아니라, 뎐ᄒ(殿下)로브터 승상노애(丞相老爺) 벽낭을 ᄒᆫ번 보아 원억ᄒᆷ을 ᄉᆡ다ᄅ시니, 누얼(陋孼) 즁에 맛지 아니리니, 벽낭은 모로미 심녀ᄅᆯ 요동치 말나."

화벽이 탄왈,

"부모ᄅᆯ 모로는 인ᄉᆡᆼ이 인눈세ᄉ(人倫世事)ᄅᆯ 챡의(着意)1281)ᄒᄆᆡ, 신명(神明)이 벌을 ᄂ리와 망극ᄒᆫ 죄명이 일신의 다 못기니, 이는 쳡의 무상(無狀)ᄒ미라. 엇지 무심이 원통ᄒᆷ을 발명ᄒ리잇고? 은뫼(恩母) 쳡을 양휵(養畜)ᄒ샤 됴흔 일은 보지 못ᄒ고, 이제 옥니(獄裏)의 곤(困)ᄒ시니, 쳡의 죄 만ᄉ무셕(萬死無惜)이라. 은모ᄅᆯ 위ᄒ여 갑지 못ᄒᆷ을 셜워ᄒᆯ【3】지언뎡, 누얼은 새로이 놀나지 아니ᄒᄂ이다."

1280)이칠청츈(二七青春) : 14살의 젊은 나이.

1281)챡의(着意) : 뜻을 둠.

일셤이 옥문을 잠으고 오믈 알외니, 왕과 승샹이 골오ᄃ,

“죄인이 ᄇᆡᆨ듀(白晝)의는 도망치 못ᄒᆞ리니, 나직는 문을 잠으지 말나.”

일셤이 슈명ᄒᆞ더라.

왕의 곤계(昆季) ᄌᆞ질(子姪)을 거ᄂᆞ려 만슈뎐의 나와 호람후긔 뵈옵고, 야ᄅᆡ(夜來) 존후(尊候)를 뭇ᄌᆞ오니, 호람휘 의ᄃᆡ(衣帶)를 정히ᄒᆞ고 ᄒᆞᆫ가지로 원셩뎐의 드러가 신셩(晨省)ᄒᆞ미, 태부인이 녕능공 부인의 업ᄉᆞ믈 고이히 넉여 연고를 무란ᄃᆡ, 승상이 비로소 작야 ᄆᆡ져(妹姐)의 독ᄎᆞ(毒茶)를 마셔 막혓던 줄을 고ᄒᆞ고, 츈옥【4】의 쵸ᄉᆞ(招辭)를 뵈온 후, 부젼(父前)의 ᄭᅮ러 주 왈,

“형장(兄丈)이 양희를 옥의 ᄂᆞ리오시고, 쇼직 화벽을 ᄒᆞᆫ가지로 가도왓ᄉᆞ오나, 양희의 냥션(良善)ᄒᆞ미 궁흉극악(窮凶極惡)ᄒᆞᆫ 사ᄅᆞᆷ이 권ᄒᆞ여도 능히 못ᄒᆞᆯ 듯ᄒᆞ니, 역비(逆婢)를 다시 져주어 간졍(奸情)을 알고져 ᄒᆞ옵ᄂᆞ니, 대인존의(大人尊意) 엇더ᄒᆞ시니잇가?”

태부인 모ᄌᆞ(母子) 텽파의 경히(驚駭) 왈,

“거야(去夜)의 가즁(家中)이 쇼요(騷擾)ᄒᆞᄃᆡ 우리는 아지 못ᄒᆞ여시니, 엇지 잠이 편치 아니리오. 그러나 광뫼(母)1282) 독을 마시ᄃᆡ 위ᄐᆡ키를 면ᄒᆞ미 대ᄒᆡᆼ(大幸)이라. 간비(奸婢)의 쵸ᄉᆡ 요악(妖惡)ᄒᆞ야 창ᄋᆞ의 쳐쳡을 다 해ᄒᆞ려 ᄒᆞ니, 이는 반【5】다시 집을 난(亂)코져 ᄒᆞ는 요계(妖計)라. 우리 ᄯᅳᆺ은 간비를 져주어 다시 쵸ᄉᆞ를 밧으미 올흘가 ᄒᆞ노라.”

승상이 ᄇᆡ샤(拜謝)ᄒᆞ고 다시 봉원뎐의 나아가 셕부인 긔운을 뭇줍고, 손을 밧드러 죵용히 간ᄆᆡᆨ(看脈)ᄒᆞᆫ 후,

“약음(藥飮)과 미듁(糜粥)을 나오쇼셔.”

ᄒᆞ고, 외당의 나와 하리궁노(下吏宮奴)로 ᄒᆞ야금 형벌긔구(刑罰器具)를 베프고 츈옥을 올니라 ᄒᆞ니, 간인이 발셔 츈옥을 죽여 그 삼촌셜(三寸舌) 놀니는 거ᄉᆞᆯ 막으니, 무ᄉᆞᆷ 길노 화벽의 죄루(罪累)를 버ᄉᆞᆯ 길이 이시리오. 셩녀명염(聖女名艶)이 쇽졀업시 악착(齷齪)ᄒᆞᆫ 죄명을 무릅ᄡᅥ 누월(累月) 후당(後堂)의 곤ᄒᆞ미 되【6】나, 윤한님 ᄀᆞᄐᆞᆫ 대현(大賢)을 ᄲᆞ지으며 윤승상 ᄀᆞᄐᆞᆫ 구뷔(舅父) 그 원억ᄒᆞ믈 ᄇᆞᆰ히 지긔(知機)ᄒᆞ니, 그 신ᄇᆡᆨ(申白)이 오리지 아닐지라.

ᄶᅴ에 가(假) 구시 난익 구고(舅姑) 존당(尊堂)과 슉당(叔堂)이 화벽을 조금도 의심치 아니코, 츈옥을 다시 져주려ᄒᆞ는 긔ᄉᆡᆨ(氣色)을 ᄉᆞᆺ치고, 옥의 입으로 조ᄎᆞ ᄯᅩ 무ᄉᆞᆷ 말을 ᄒᆞᆯ 줄 아지 못ᄒᆞ여, 그윽이 경황ᄒᆞ믈 니긔지 못ᄒᆞᆯ ᄲᅮᆫ아니라, 죄는 지은 자의게 도라가믈 ᄉᆡᆼ각ᄒᆞ미, 깁흔 념네 ᄀᆞ득ᄒᆞ여 총총이 신셩(晨省)을 파ᄒᆞ고 도라와, 쳥션을 보아 왈,

“화벽 요괴년이 과연 얼골이 폐월슈화지ᄐᆡ(閉月羞花之態)1283)와 침어【7】낙안지용

1282)광뫼(母) : ‘석세광의 모(母)’를 줄여 쓴 말. 석세광은 윤경아의 아들이다.

(沈魚落雁之容)[1284]이라. 존당 구괴 그 용식의 황홀ᄒᆞ여 죄에 경듕을 의논치 아니코 원억ᄒᆞᆫ 편으로 밀위여, 만일 츈옥을 살나두어ᄂᆞᆫ 요녀의 죄를 벗기고 말지라. ᄉᆞ부(師父)의 법슐(法術) 곳 아니면 옥을 업시치 못ᄒᆞ리니, ᄉᆞ부ᄂᆞᆫ 쳡을 위ᄒᆞ여 옥을 여ᄎᆞ여ᄎᆞ 업시ᄒᆞ라."

청션이 함쇼(含笑) 왈,

"부인의 닐ᄋᆞ시ᄂᆞᆫ 빅 쏘ᄒᆞᆫ 빈도(貧道)의 ᄆᆞᄋᆞᆷ과 ᄀᆞᆺ도소이다."

언파(言罷)의 품 가온ᄃᆡ로셔 환약 일환(一丸)을 ᄂᆡ여 가지고, 몸이 화ᄒᆞ여 ᄂᆞᄂᆞᆫ 즘싱이 되여 바로 츈옥의 가도인 옥즁의 드러가, 옥의 머리 우희 안ᄌᆞ ᄀᆞ마니 닐ᄋᆞᄃᆡ,

"츈낭아! 【8】 교유랑이 나 청션법ᄉᆞ로 ᄒᆞ야금 츈낭의 위ᄐᆡᄒᆞᆷ을 벗겨ᄂᆡ라 ᄒᆞ니, 내 입 가온ᄃᆡ ᄒᆞᆫ 환약을 무러왓ᄂᆞ니, 낭은 입을 버려 약을 밧으라."

츈옥이 ᄇᆞ야흐로 교랑의 구ᄒᆞ기를 ᄇᆞ라더니, 이 말을 드ᄅᆞᄆᆡ 눈을 드러 보건ᄃᆡ 제 머리 우희 비듥이 ᄀᆞᆺ튼 거시 입으로셔 단약(丹藥)을 츈옥의 입에 드리치니, 츈옥이 썔니 삼키ᄆᆡ, 원간 그 약이 후셜(喉舌)을 넘긴즉 즉ᄉᆞ(卽死)ᄒᆞᄂᆞᆫ 약이라. 시각이 넘지 못ᄒᆞ야 ᄒᆞᆫ 소ᄅᆡ를 질으고 칠규(七竅)로 피를 흘니고 것구러지ᄆᆡ, ᄂᆞᆺ빗치 청화(靑華) ᄀᆞᆺᄐᆞ니, 옥니(獄吏) 등이 창황이 븟들고 약 【9】 으로써 회싱키를 ᄇᆞ라나, 발셔 뉵ᄆᆡᆨ(六脈)이 긋처져 ᄒᆞᆫ낫 시신(屍身)이 되어시니, 옥니 ᄎᆞ악경히(嗟愕驚駭)ᄒᆞᆷ을 니긔지 못ᄒᆞᆯ 즈음에, 상국(相國)의 명이 이셔 츈옥을 올니라 ᄒᆞ니, ᄒᆞᆯ 말이 업서 옥을 ᄡᅥ어ᄂᆡ여 하리(下吏)로 그 시신을 보게ᄒᆞ고, 불의에 죽으믈 고ᄒᆞ고 ᄃᆡ죄(待罪)ᄒᆞ니, 승상이 어이업서 왕을 향ᄒᆞ여 왈,

"쇼뎨 소활(疎豁)ᄒᆞ여 역비(逆婢)를 ᄂᆞ리와 가돌 ᄯᅢ의 부작(符作)[1285]을 그 몸에 부치지 못ᄒᆞᆫ 연고로, 발셔 간비 요슐의 죽이믈 밧아시니, 이제ᄂᆞᆫ 직쵸(直招)를 밧을 길이 업ᄂᆞᆫ지라. 일노조ᄎᆞ 양희와 화벽의 신원(伸寃)길이 막 【10】 히도소이다."

왕이 탄왈,

"원간 사ᄅᆞᆷ이 작셩(作性)[1286]ᄒᆞ기를 너모 비상이 ᄒᆞᆫ즉 곡경(曲境)을 당ᄒᆞᄂᆞᆫ지라. 우형(愚兄)이 화벽을 보ᄆᆡ 결단ᄒᆞ여 쇼셩위(小星位)에 무용ᄒᆞᆫ 몸이 되지 아닐지라. 아직 운건(運蹇)ᄒᆞ여 누얼(陋孼)을 신셜치 못ᄒᆞ고, 옥니(獄裏)의 곤ᄒᆞ나 그 상뫼(相貌) 힘힘이 맛지 아닐 비로ᄃᆡ, 다만 화벽을 해ᄒᆞᄂᆞᆫ 간인이 풀을 버히고 불희[1287]를 업시ᄒᆞ려

1283)폐월슈화지틱(閉月羞花之態) : 꽃도 부끄러워하고 달도 숨을 만큼 여인의 얼굴과 맵시가 매우 아름답다는 것을 비유적으로 이르는 말.

1284)침어낙안지용(沈魚落雁之容) : 미인을 보고 물 위에서 놀던 물고기가 부끄러워서 물속 깊이 숨고 하늘 높이 날던 기러기가 부끄러워서 땅으로 떨어질 만큼, 아름다운 여인의 용모를 비유적으로 이르는 말. ≪장자≫ <제물론(齊物論)>에 나온다.

1285)부작(符作) : =부적(符籍). 잡귀를 쫓고 재앙을 물리치기 위하여 붉은색으로 글씨를 쓰거나 그림을 그려 몸에 지니거나 집에 붙이는 종이.

1286)작셩(作性) : 본성의 특성이나 됨됨이. 또는 타고난 본성.

1287)불희 : 뿌리.

ᄒ리니, 일흠이 쳔산(賤産)이나 창ᄋ의 ᄉᆡᆼ애(生也)요, 화벽의 ᄐᆡ휵(胎畜)인즉 용이(容易)치 아닐지라. 초벽 등을 맛져 각별이 무휼(撫恤)ᄒ고, 간인의 요계(妖計) 졈졈 기러 현착(現着)[1288]홀 시 【11】 졀을 기다려, 벽을 신셜(伸雪)ᄒ미 올흘가 ᄒ노라."

승상이 맛당ᄒ믈 닐ᄏ라나, 츈옥의 죽으믈 통흔(痛恨)ᄒ고 흔님의 쳐쳡으로 조ᄎ 변이 나믈 크게 불힝ᄒ더라. 왕이 승상을 권ᄒ여 츈옥의 머리롤 버혀 효시(梟示)ᄒ여 다란 비복을 징계케 ᄒ라 ᄒ니, 승상이 빈미(顰眉) 왈,

"옥의 죄는 만ᄉ무셕(萬死無惜)이오나 임의 죽으미 더을 거시 업ᄉ니, 버히미 무익홀가 ᄒᄂ이다."

왕이 쇼왈,

"아이 너모 인약(仁弱)ᄒ여 장부의 엄위(嚴威) 아니라. 옥을 식이는 간인이 웃듬으로 사오납거니와, 츈옥이 아니면 거야 변을 힝치 아니리 【12】 니, 역비의 요심(妖心)이 어이 통히치 아니리오."

승상이 잠소 묵연ᄒ니, 진왕이 굿트여 욱여 옥을 버혀 그 머리롤 문 밧게 달고, 날호여 존당의 드러가, 옥이 발셔 죽어시니 다시 무롤 곳이 업ᄉ믈 주ᄒ고, 승상이 친히 초벽을 불너 계하의 다ᄃ라미, 화벽의 빵ᄌ롤 경낭과 ᄒ가지로 보호ᄒ라 ᄒ니, 초벽이 쥰슌슈명(遵順受命)ᄒᄃᆡ, 태부인 왈,

"화벽이 비록 유죄ᄒ고 쳔츌(賤出)이 불관(不關)ᄒ나, 희ᄋ의 손ᄋᆡ(孫兒) 쳐엄이라. 그 작셩(作性)이 하 비상타 ᄒ니 잠간 다려다가 볼 거시라."

ᄒ고, 초벽으로 ᄒ야금 다려오라 ᄒ니, 초벽이 즉 【13】 시 빵ᄋ(雙兒)롤 다려 존당의 니ᄅ니 모다 보건ᄃᆡ, 이 진실노 셩ᄃᆡ(聖代)의 긔린(騏驎)이오 명셰(明世)의 봉황(鳳凰)이라. 늉쥰일각(隆準日角)[1289]과 농미봉안(龍眉鳳眼)[1290]이 윤시의 영풍문ᄆᆡᆨ(英風門脈)을 온젼이 거두워, 효문공의 셩ᄌ유풍(聖姿遺風)과 한님의 텬향[양]경일지상(天壤擎日之相)[1291]을 ᄒ 판의 박은 ᄃᆺᄒ믄 닐ᄋ지 말고, 윤명쳔 《튱문공‖튱무공》의 됴코 ᄆᆰ은 안화(顔華)와 션풍(仙風)이 ᄎ(此) 냥ᄋ(兩兒)의게 머므러시니, 만균지심(萬鈞之心)[1292]이나 이 냥ᄋ의 거동을 보미 쇄연역ᄉᆡᆨ(灑然易色)ᄒ여 칭션(稱善)ᄒ믈 ᄭᆡ닷지 못홀지라.

위태부인과 뉴부인이 톄면을 일허 연망(連忙)이 무릅히 올니기롤 면치 못ᄒ 【14】 고, 호람휘 손으로 냥ᄋ의 ᄂᆞᆺ출 어라만져, 탄식 왈,

"이 진실노 농죵봉취(龍種鳳雛)[1293]라. 이 ᄯᅩᄒ 텬의롤 아지 못ᄒ며 ᄭᆡ닷지 못ᄒ리

1288)현착(現着) : 눈으로 볼 수 있을 정도로 드러남.

1289)늉쥰일각(隆準日角) : 코가 우뚝하여 높고 이마의 중앙의 뼈가 태양처럼 둥글고 두두룩함. 관상(觀相)에서 귀인의 상(相)을 이르는 말. *일각(日角); 관상에서, 이마 한가운데 뼈가 불거져 있는 일. 귀인이 될 관상(觀相)이라 함.

1290)농미봉안(龍眉鳳眼) : '용의 눈썹'과 '봉황의 눈'이란 뜻으로, 아름다운 눈 모양을 표현한 말.

1291)텬양경일지상(天壤擎日之相) : 하늘과 땅 사이에 높이 솟아 있는 태양과 같은 얼굴.

1292)만균지심(萬鈞之心) : 마음가짐이 만균(萬鈞)이나 될 만큼 무거움. *균(鈞); 30근을 1균이라 함.

로다. 엇지 쳔산(賤産)의 이 거시 나, 나의 종손(宗孫)이 되지 못ᄒᆞ뇨? 우리 션형장(先兄丈) 놉흔 격됴(格調)와 묽은 튱의(忠義)를 담ᄉᆞ오미 만ᄒᆞ니, 어이 아름답지 아니리오. 화벽이 십악대죄(十惡大罪)를 지어셔도 이 ᄌᆞ식을 두어시니 족히 샤(赦)ᄒᆞᆯ 거시오, 겸ᄒᆞ여 양희 근본이 쳔창(賤娼)이나 졀힝(節行)이 놉고, 위인이 슌양(順良)ᄒᆞ여 뎡질부의 명풍(明風)을 우러라 네의를 심ᄉᆞ(深思)ᄒᆞ고, 흉교간계(凶狡奸計)ᄂᆞᆫ 참예치 아닐 빈니, 화벽이 셜ᄉᆞ 간【15】계(奸計)를 의논ᄒᆞ여도 양희 듯지 아닐지라. 역비의 현인(賢人) 해ᄒᆞ미 통히(痛駭)ᄒᆞᆯ지언뎡, 양희 슉질은 호발(毫髮)도 지은 죄 업ᄉᆞ믈 뭇지 아냐 알 빈니, 광텬과 희텬이 양희 슉질을 가도아시나 닉여노흐려 ᄒᆞ면 노치 못ᄒᆞ리오. 화벽을 ᄋᆞ들 잘 나흔 공으로 특별이 쳐소를 주어 편케ᄒᆞ리라."

진왕 곤계(昆季) 태양 ᄀᆞᆺᄐᆞᆫ 냥안을 흘니ᄂᆞᆫ 바의, 남녀장유(男女長幼) 업이 그 상모를 보ᄆᆡ 화복궁달(禍福窮達)과 슈요장단(壽夭長短)을 아ᄂᆞᆫ 빈라. 빵ᄋᆞ의 골격이 결비쳔산(決非賤産)이오, 대귀인(大貴人)이믈 일견의 ᄭᆡ다ᄅᆞᄆᆡ 경동(驚動) 연ᄋᆡ(憐愛)ᄒᆞ믈 참지 못ᄒᆞᄃᆡ, 화【16】벽의 죄명이 ᄀᆞ븨압지 아니ᄒᆞ고, ᄯᅩ 근본 셩시를 아지 못ᄒᆞᄂᆞᆫ 바로, ᄒᆞᆫ낫 쳔희(賤姬)의 일흠을 면치 못ᄒᆞ엿거ᄂᆞᆯ, ᄌᆞ식을 보고 과도히 ᄉᆞ랑ᄒᆞ미 톄위를 일ᄂᆞᆫ 고로, 눈으로 빵ᄋᆞ를 ᄉᆞᆲ피고, 호람후의 말숨을 ᄃᆡᄒᆞ여 왈,

"창닌의 ᄲᅳᆯᄃᆡ 업ᄉᆞᆫ 풍신(風神)으로 화벽의 용뫼 누츄키를 버서나시니, 비록 쳔츌(賤出)이나, ᄌᆞ연 부풍모습(父風母襲)ᄒᆞ미니, 져를 보시고 과도히 년ᄋᆡ(憐愛)ᄒᆞ시믄 존위(尊威)를 도라보지 아니시미라. ᄒᆞ믈며 벽의 죄뤼(罪累) 등한치 아니ᄒᆞ오니, ᄋᆞ들을 이의셔 더 긔특이 나핫다 닐너도, 신셜(伸雪)치 못ᄒᆞᆫ 젼은 평안【17】이 두지 못ᄒᆞ올지라, 복원(伏願) 대인은 두 낫 미ᄋᆞ(迷兒)1294)로ᄡᅥ 그 어미 죄를 물시치 마ᄅᆞ쇼셔."

조태비 날호여 빵ᄋᆞ를 어라만져 왈,

"ᄎᆞ 냥ᄋᆞᄂᆞᆫ 쇽틱범골(俗態凡骨)이 아니니, 어미 쳔(賤)ᄒᆞᆫ 후ᄂᆞᆫ 작셩(作性)이 이럴 니 업ᄉᆞᆯ지라. 반다시 ᄉᆞ문녀ᄌᆞ(士門女子) 강보(襁褓)의 부모를 실니(失離)ᄒᆞ고, 빵셤의게 길니여 창ᄋᆞ의게 유졍(有情)ᄒᆞ미 되엿ᄂᆞᆫ가 ᄒᆞᄂᆞ니, 화벽을 예ᄉᆞ 쇼희(小姬)와 달니 ᄃᆡ졉고져 ᄒᆞᆯᄉᆞ록, 그 죄를 신빅(申白)지 못ᄒᆞᆫ 젼은 평상이 두기 어려온지라. 나의 ᄯᅳᆺ은 후당(後堂) 심쳐(深處)를 갈히여 양희와 화벽을 아오로 머므라고, 냥미(糧米)와 의ᄎᆞ(衣次)1295)를 주며 슉【18】식을 졔 임의로 ᄒᆞ게 ᄒᆞ미 올흘가 ᄒᆞ노라."

진왕이 주 왈,

"ᄌᆞ괴(慈敎) 맛당ᄒᆞ시니 아이 ᄉᆞᄉᆞ 의견을 세우지 말미 올토소이다."

호람휘 조태비 말숨이 맛당ᄒᆞ믈 닐ᄏᆞ라, 화벽과 양희를 후당 벽한뎡으로 옴기라 ᄒᆞ고, 신싱 빵ᄋᆞ를 ᄯᅩ 벽한뎡으로 보ᄂᆡ여 그 어미 다리고 잇게ᄒᆞ니, 힝혀 화벽을 해코져

1293)뇽죵봉취(龍種鳳雛) : 용의 씨요 봉의 새끼라.

1294)미ᄋᆞ(迷兒) : ①길이나 집을 잃고 헤매는 아이. ②못난 아이라는 뜻으로, '가아(家兒)'를 달리 이르는 말

1295)의ᄎᆞ(衣次) : 옷감.

ᄒᆞᄂᆞᆫ 간인이 빵ᄋᆞ를 업시홀가 근심ᄒᆞ여, 벽의 위인이 녀즁 셩ᄌᆞ(聖者)며 현인(賢人)이믈 지닉여 보지 아니나, 그 외모긔질(外貌氣質)노 조ᄎᆞ 붉히 지긔ᄒᆞ고, 요인의 ᄀᆞ마니 해ᄒᆞᄂᆞᆫ 거ᄉᆞᆯ 잘 졔방ᄒᆞ리라 ᄒᆞ여, 빵ᄋᆞ를 즉【19】시 그 어미 겻ᄒᆞ로 보닉고, 초벽을 분부ᄒᆞ여 빵ᄋᆞ를 잘 보호ᄒᆞ라 ᄒᆞ나, 승상은 단연(端然)이 ᄉᆞ랑ᄒᆞᄂᆞᆫ 빗출 나타닉지 아니ᄒᆞ고, 태부인과 뉴부인은 ᄉᆞ랑ᄒᆞᄂᆞᆫ 졍을 참지 못ᄒᆞ고, 하・장 이부인과 조태비 시쳠(視瞻)이 오롯ᄒᆞ더니, 벽한뎡으로 보닉미 슈즁(手中)의 긔화(奇花)를 일흔 듯ᄒᆞ더라.

초벽이 벽한뎡을 슈리ᄒᆞ고 양희와 화벽을 보아 벽뎡의 안치(安置)ᄒᆞ라 ᄒᆞᄂᆞᆫ 명을 젼ᄒᆞ고,빵ᄋᆞ를 다려와시믈 닐ᄋᆞ니, 양희와 빵셤은 깃브믈 니긔지 못ᄒᆞ딕, 화벽은 우락(憂樂)을 아지 못ᄒᆞᄂᆞᆫ 사ᄅᆞᆷ굿치 묵묵고, 금년(金蓮)1296)을 【20】옴겨 벽실의 니ᄅᆞ니, 실즁이 졍결ᄒᆞ고 침셕이 예ᄉᆞ롭거ᄂᆞᆯ, 벽이 탄왈,

"나의 죄명이 망극ᄒᆞ니 비록 셩은으로 옥즁을 면ᄒᆞ나, 심당(深堂)의 안치(安置)ᄒᆞ여 소싱지지(所生之地)를 모ᄅᆞᄂᆞᆫ 죄인이 망측ᄒᆞᆫ 누얼(陋孼)을 무릅쓰고, 엇지 평상이 거쳐ᄒᆞ리오. 빵ᄋᆞᄂᆞᆫ 어미 겻히 두기를 명ᄒᆞ시미 더옥 하ᄂᆞᆯ 굿튼 은튁(恩澤)이라. 은뫼(恩母) 보호ᄒᆞ시고 《경낭‖셤낭1297)》이 이시니 나의 근심이 되지 아니리로다."

초벽 왈,

"존당과 졔부인닉 다 낭ᄌᆞ의 원억ᄒᆞ믈 붉히 알아시니, 낭ᄌᆞᄂᆞᆫ 물우(勿憂) 소려(消慮)ᄒᆞ시고, 냥동(兩童)을 보호ᄒᆞ샤 태운(太運)을 기다리쇼셔."【21】

화벽이 졍당(正堂) 덕음(德音)을 닐ᄏᆞ라나, 몸 우히 죄명이 원셩뎐 협실(夾室)의 은보(銀寶)를 도젹ᄒᆞ며, 독약으로 셕부인을 시험ᄒᆞ고, 죄를 구・텰의게 밀우고져 ᄒᆞ미 흉히차악(凶駭嗟愕)ᄒᆞ여 신셰를 ᄎᆞ탄ᄒᆞ더라.

ᄎᆞ시 경화쇼졔 위태부인긔 고왈,

"태모 침뎐은 날이 붉으면 조부모와 부뫼 시좌ᄒᆞ시고 슉당(叔堂) 졔형이 시측(侍側)ᄒᆞ니, 빅듀(白晝)의 은화(銀貨)를 도젹ᄒᆞ여 닐니 업고, 밤인즉 쇼녀 등이 시침ᄒᆞ와 일즉 좀을 깁히 든 ᄶᅴ 업ᄉᆞᆸᄂᆞ니, 이 반다시 적심(賊心)을 두지 아냠즉ᄒᆞᆫ 재(者) 은화를 ᄀᆞ마니 도젹ᄒᆞ오미라. 【22】ᄒᆞ믈며 빅형의 쇼희(小姬)ᄂᆞᆫ 이 곳에 발 드딕미 업고, 졔시녀ᄂᆞᆫ 튱근(忠謹)ᄒᆞ여 쇼ᄉᆞ(少些)1298)도 긔망(欺罔)홀 빅 업ᄉᆞ니, 이제ᄂᆞᆫ 츈옥이 죽엇고 벽낭이 심당의 슈계(囚繫)ᄒᆞ여 죄루(罪累)를 원억(冤抑)홀 ᄯᅢᄅᆞᆷ이니, 무를 곳이 업고 ᄎᆞ즐 길히 업ᄉᆞᆸᄂᆞᆫ지라. 태모ᄂᆞᆫ 졔시ᄋᆞ(諸侍兒)를 의심치 마ᄅᆞ시고, 손녀 등의 불화불찰(不和不察)ᄒᆞ믈 칙ᄒᆞ시고 다시 은화(銀貨)를 닐ᄏᆞᆺ지 마ᄅᆞ쇼셔."

태부인이 쇼왈,

1296)금년(金蓮) : 금으로 만든 연꽃이라는 뜻으로, '미인의 예쁜 걸음걸이'를 비유적으로 이르는 말. 중국 남조(南朝) 때 동혼후(東昏侯)가 금으로 만든 연꽃을 땅에 깔아 놓고 반비(潘妃)에게 그 위를 걷게 하였다는 고사에서 유래한다.

1297)셤낭 : 작중의 '빵셤'을 말함.

1298)쇼ᄉᆞ(少些) : 사소(些少). 보잘것없이 작거나 적음.

“너희ᄂᆞᆫ 시녀도 의심치 말고 화벽도 원억다 ᄒᆞ고, 뉘 가져갓다 ᄒᆞ고 그다히 말도 말나 ᄒᆞᄂᆞ뇨?”

쇼졔 ᄃᆡ왈,

“손녜 가져간 사ᄅᆞᆷ을 알진ᄃᆡ, 엇지 고치 아니며, 그 ᄊᆡ 잡【23】지 아냐시리잇고마ᄂᆞᆫ, 벽낭과 졔시ᄋᆡ 다 원통ᄒᆞ미 극ᄒᆞ믄, ᄌᆞ연이 인ᄉᆞᄅᆞᆯ 츄이ᄒᆞ여 그리 못ᄒᆞᆯ 바ᄅᆞᆯ 아오미니, 임의 실물(失物)ᄒᆞ여 ᄎᆞ줄 길히 업ᄉᆞᆫ 후ᄂᆞᆫ, 다시 닐ᄏᆞ라 무익ᄒᆞ믈 알외미로소이다.”

태부인이 쇼왈,

“네 말이 그ᄅᆞ지 아니ᄒᆞ거니와, 내 협실의 둔 거ᄉᆞᆯ 도적ᄒᆞ여 ᄂᆡᆫ 슈단이, 아모 고이ᄒᆞᆫ 노라시라도 못ᄒᆞᆯ 일이 업ᄉᆞᆯ가 ᄒᆞ노라.”

쇼졔 함쇼(含笑) 주왈,

“은화ᄅᆞᆯ 도적ᄒᆞᆫ 슈단이 벽낭을 업시코져 독약을 존당이 진음(進飮)ᄒᆞ시게 ᄒᆞ여ᄉᆞᆸᄂᆞ니, 츈옥 밧게 뉘 알니잇고?”

태부인이 셕년(昔年) 금【24】은 귀듕ᄒᆞ던 욕심이 힝혀도 업섯거니와, 엇지 금은필빅(金銀疋帛) 일흔 거ᄉᆞᆯ 족히 거리씨리오마ᄂᆞᆫ, 가ᄂᆡ 슉쳥(淑淸)치 못ᄒᆞ믈 ᄀᆞ장 깃거 아니ᄒᆞ고, 화벽을 비록 지ᄂᆡ여 보지 아녀시나, 그 냥ᄋᆞ(兩兒)ᄅᆞᆯ ᄉᆞ랑ᄒᆞᄂᆞᆫ ᄆᆞ음이 어미게 밋처, 심당의 슈계(囚繫)ᄒᆞ믈 ᄀᆞ장 깃거 아니ᄒᆞ고 측은ᄒᆞ여, ᄌᆞ로 향긔로온 과품(果品)과 시절음식을 보ᄂᆡ여 잇지 못ᄒᆞᄂᆞᆫ 뜻을 뵈고, 태우 등이 냥셔모(庶母)ᄅᆞᆯ 보라 당(堂)의 왕ᄂᆡ 니어시나, 한님은 벽의 누얼을 쾌히 신셜ᄒᆞᆫ 후 ᄃᆡ코져ᄒᆞ여, 후뎡의 ᄌᆞ최 님치 아니ᄒᆞ더라.

이러구러 ᄉᆞ오일【25】이 지나ᄆᆡ 녕능공 부인이 ᄎᆞ셩ᄒᆞ여 니러나니, 승상이 힝열(幸悅)ᄒᆞ믈 니긔지 못ᄒᆞ고, 가즁이 다 깃거ᄒᆞᄃᆡ, 홀노 가(假) 구시 난ᄋᆡ 요계(妖計)ᄅᆞᆯ 베퍼 악ᄉᆞᄅᆞᆯ 힝ᄒᆞ나, 화벽은 죽이지 못ᄒᆞ고 도로혀 옥슈긔린(玉樹麒麟) ᄀᆞᆺ튼 ᄡᆞᆼᄋᆞᄅᆞᆯ 존당 구괴 무심히 후리쳐 두엇다가, 금번 변난 후 처엄 보고 년ᄋᆡ(憐愛) 귀듕ᄒᆞ미 쳔산(賤産)으로 아지 아냐 화벽을 더옥 듕히 넉이고, 슉당이 비록 말을 아니나 진왕 ᄀᆞᆺ튼 ᄉᆞ광지총(師曠之聰)[1299]과 일월지명(日月之明)이 져의 심장(心腸)[1300]을 셰셰히 ᄉᆞᆲ피ᄂᆞᆫ ᄃᆞᆺ, 불쾌히 넉이ᄂᆞᆫ 긔ᄉᆡᆨ이 날노 더으고, 한님이 털【26】시 ᄀᆞᆺ튼 뇨됴슉완(窈窕淑婉)도 츈옥의 일이 난 후, 여시힝노인(如視行路人)ᄒᆞ여 ᄉᆞ실(私室)의 모드미 업ᄉᆞ니, 조모와 모친이 괴거(怪擧)ᄒᆞ믈 닐은즉, ᄂᆞ족이 주 왈,

“쇼ᄌᆡ 역비(逆婢)ᄅᆞᆯ 식여 변을 지은 자ᄅᆞᆯ 쾌히 아옵ᄂᆞ니, 엇지 일녀ᄌᆞ의 한악(悍惡)ᄒᆞᆫ 년좌(連坐)ᄅᆞᆯ 그 젹인의게 쁠 도리 이시리잇고마ᄂᆞᆫ, 근본이 쇼ᄌᆞ의 가졔(家弟) 불엄(不嚴)ᄒᆞ여 규ᄂᆡ(閨內)ᄅᆞᆯ ᄃᆡ졉ᄒᆞᄂᆞᆫ 덕이 힝치 못ᄒᆞ미니, 이제 새로이 인의(仁義)ᄅᆞᆯ

1299)ᄉᆞ광지총(師曠之聰) : 사광의 총명이란 뜻으로, 중국 춘추(春秋) 때 사광이란 사람이 소리를 잘 분변하여 길흉을 점쳤다는 고사에서 유래한 말.

1300)심장(心腸) : 마음의 속내.

베퍼 감화홀 재 아니라. 출하리 다 흔가지로 박티흐다가, 요인의 악식 졈졈 현누(現
漏)흐믈 기다려, 죄자(罪者)를 거(去)흐고 현자를 슌녜(順禮)로 【27】 티졉고져 흐느이
다."

조모와 모친이 불통(不通) 고이흐믈[1301] 닐오티, 한님이 셜믹뎡 왕닉를 긋치니, 화
취루야 더옥 드리미러나 보리오.

난아의 귀에 즈연 이 말이 도라가니, 그 신녕(神靈)흐믈 더옥 어려히 넉이고, 다시
악스를 힝흐다가 대군지 아모 싯히나 발각홀가 겁흐야, 능히 흉계를 베푸지 못흐고
다만 화벽의 삼모즈나 업시코져 흐여, 쳥션을 쳥흐여 날마다 벽한뎡의 보닉즉, 쳥션의
요슐신힝(妖術神行)으로도 화벽의 졍긔(精氣)의는 감히 범치 못홀 쑨 아니라, 졔요츅
스(除妖逐邪)흐는 부작(符作)을 【28】 두루 부쳐시니, 터럭이 슷그러흐여 늘즘싱이 되
여 드러가려 흐다가도, 놀개 쩌러질듯 의식 젼긍(戰兢)흐여 도라오니, 쌍으를 쏘 어이
해홀 의식 나리오. 난이 듀듀야야(晝晝夜夜)의 츅슈(祝壽)흐야, 윤한님 은졍(恩情)을
엇지 못홀가 원부(寃婦)의 슬픈 눈물이 벼개를 젹시니, 깁장이 쳐량흐고 나금(羅衾)이
외로와 쌍침(雙枕)이 병셜(幷設)흐미 업스믈 골돌이 흔흐더라.

윤태위 일야는 오공쥬 엄시 슉소의 드러가니, 엄쇼졔 화벽을 본 후로 여러 날에, 므
음이 쳑연비상(慽然悲傷)흐여 그 익원(哀怨)흐던 거동이 닛고져 흐나 능히 닛지 못
【29】 홀 쑨 아니라, 빗난 안화(顔華)의 찬연흔 염틱(艶態)와 무궁이 신긔로오미, 모
비(母妃)와 방불턴 바를 더옥 반기고 고이히 넉이니, 의식 요요(遙遙)흐여 더옥 스친
지회(思親之懷) 근졀흐나, 만니 이국의 텬이(天涯)를 격흐니, 싱젼의 모친 슬하의 졀홀
긔약이 업는지라. 고요히 싱각흐미 셰즈(世子)의 인효치 못흐믈 혜아리고, 모후(母后)
의 즈긔를 스렴흐시미 심즁의 은결(隱結)흔 병이 되여시믈 싱각건티, 비스(悲思) 쳡쳡
흐여 스스로 사창(紗窓)의 빗쵠 돌을 티흐야 기리 탄식 왈,

"우리 모비 오국 즈졍던의셔 교연(皎然)흔 월식을 【30】 씌여 고국 동긔 친쳑을 싱
각흐실 쑨 아니라, 창뎨의 두렷흔 얼골이 일월의 광치를 거두웟다[1302] 흐샤, 그 자라
믈 보지 못흐시는 졍니와, 아(兒)을 일허 춫지 못흐시미 평싱 지통지흔(至痛至恨)이시
러니, 금추지시(今此之時)흐여는 불효(不肖)를 마즈 만니의 보닉시고 층층이 스렴(思
念)흐심과 졀졀이 슬허흐시미, 됴운셕월(朝雲夕月)의 톄루(涕淚)를 금치 못흐실 비라.
텬의(天意) 엇지 그딕도록 고이흐여, 불효로 흐야금 녀지 되게 흐야 만니의 니측(離
側)흐며, 창뎨를 쏘 빅부(伯父)의 도라보닉여, 우리 모비의 비회를 위로치 못흐며, 부
왕(父王) 【31】 의 좌측의 뫼시지 못흐게 흐느뇨? 내 모비의 회즁(懷中)을 써나며 부
왕을 빈별(拜別)흐연지 발셔 졀(節)이 여러번 뒤이졋는지라. 초에 이의 머물제 친안(親
顔)을 영모(永慕)흐는 뜻이 효셩잔월(曉星殘月)[1303]의 구장(九腸)[1304]이 소삭(銷鑠)흐

1301) 고이흐다 : 괴이(怪異)하다. 매우 이상하다.
1302) 거두다 : 수확하다. 한데 모으다.
1303) 효셩잔월(曉星殘月) : 새벽별과 지는 달.

고[1305] 모텬야우(暮天夜雨)[1306]의 오닉(五內)[1307] 여할(如割)ᄒᆞ여, 듁님ᄌᆞ오(竹林慈烏)[1308]의 농류(弄類)[1309]ᄒᆞ믈 참지 못ᄒᆞ더니, 졈졈ᄒᆞ여 슬ᄒᆞ롤 닛고 구가(舅家)의 번화롤 즐겨, 친안(親顔)을 ᄉᆡᆼ각지 아니ᄒᆞ니, 엇지 불효무상치 아니ᄒᆞ리오. 아지못게라, 부왕이 금츈(今春)의 입됴(入朝)치 못ᄒᆞ여 계시니, 츄간(秋間)이나 됴알(朝謁)코져 ᄒᆞ시ᄂᆞᆫ가? 만니의 음신(音信)이 돈졀(頓絶)ᄒᆞ니 어ᄃᆡ로 조【32】ᄎᆞ 존문(尊問)을 알니오. 져 ᄇᆞᆰ은 ᄃᆞᆯ이 만국의 ᄒᆞ르고, 져 창망(蒼茫)ᄒᆞᆫ 하ᄂᆞᆯ이 빗최지 아닐 곳이 업ᄉᆞ나, 나의 ᄉᆞ친ᄒᆞᄂᆞᆫ 회포롤·젼ᄒᆞᆯ 길이 업ᄉᆞ니, 쇽졀업시 관산(關山)[1310]의 ᄂᆞᄂᆞᆫ 새롤 ᄯᆞ로고 태ᄒᆡᆼ(太行)[1311]의 가ᄂᆞᆫ 구롬을 블워, 넉시 졀(絶)ᄒᆞᆯ ᄲᅮᆫ이로다."

말노조ᄎᆞ 쌍안의 누쉬(淚水) 구ᄉᆞᆯ 구으ᄃᆞᆺᄒᆞ여 옥면(玉面) 보험(輔臉)을 적시고, 취미(翠眉)의 슈운(愁雲)이 어릭여 ᄀᆞ득ᄒᆞᆫ 슬프미[믈] 억졔치 못ᄒᆞ더니, 믄득 태우의 신소릭 완듕(緩重)ᄒᆞ여 난간의 다ᄃᆞ라 ᄒᆞᆫ번 기츰ᄒᆞ고 ᄀᆡ호입실(開戶入室)ᄒᆞ니, 엄시 누슈롤 능히 거두지 못ᄒᆞ여 ᄀᆞ장 슈괴(羞愧)ᄒᆞ고 민【33】민ᄒᆞ여 운환(雲鬟)을 숙이고, 옥면을 굽어 ᄂᆞ죽이 니러 마ᄌᆞ니, 태위 묵연 경좌ᄒᆞ고 거슈(擧手) 쳥좌(請坐)ᄒᆞ니, 엄시 부득이 먼니 좌ᄒᆞ나 태위 긔위(氣威) 쥰엄ᄒᆞ고, 거지(擧止) 단슉(端肅)ᄒᆞ여 평ᄉᆡᆼ 언쇼(言笑)롤 즐기지 아니며, 희롱된 거죄(擧措) 힝혀도 잇지 아니므로, 엄시 ᄉᆡᆼ을 ᄃᆡᄒᆞᆫ 적마다 슈습ᄒᆞ고 공경ᄒᆞᄂᆞᆫ 녜뫼(禮貌) 빈빈(彬彬)ᄒᆞ여, 쇼년 부부의 은근(慇懃) 상ᄋᆡ(相愛)ᄒᆞ미 업ᄂᆞᆫ지라.

태위 엄시의 ᄉᆞ친비회(思親悲懷)롤 혜아려, 약ᄒᆞᆫ 심장의 능히 참지 못ᄒᆞᄂᆞᆫ 비회로 눈물이 고이치 아니믈 모로지 아니ᄒᆞᄃᆡ, 긴 셰월의 화열ᄒᆞᆯ 적이 업ᄉᆞ믈 깃【34】거아냐, 침음냥구(沈吟良久)의 왈,

"ᄌᆞ의 니친(離親)ᄒᆞᆫ 졍니 남달나 참기 어려오나, 녀ᄌᆞ유ᄒᆡᆼ(女子有行)이 원부모형뎨(遠父母兄弟)롤 ᄉᆡᆼ각지 못ᄒᆞ미 통달치 못ᄒᆞᆫ 연괸가 ᄒᆞᄂᆞ니, ᄆᆡ양 쳐연(凄然) 여우(如憂)ᄒᆞ야 화긔롤 일ᄒᆞ시ᄂᆞ뇨? 쳥컨ᄃᆡ 슬프믈 금억(禁抑)ᄒᆞ고 화열ᄒᆞ믈 위쥬ᄒᆞ여, 시하(侍下) 인ᄉᆡ(人事) 그러치 아니믈 삼가쇼셔."

엄시 쳑연 ᄃᆡ왈,

"쳡이 인ᄉᆡ 불미ᄒᆞ여 대의(大義)롤 아지 못ᄒᆞ고 ᄉᆞ졍을 참지 못ᄒᆞ여, 강보(襁褓)의 ᄌᆞ모 브ᄅᆞᄂᆞᆫ 거ᄉᆞᆯ 효측ᄒᆞ미, 쇽졀업시 만니롤 ᄌᆞ음쳐 친측(親側)을 ᄉᆞ모ᄒᆞ미 심곡(心

1304)구장(九腸) : 모든 창자를 통틀어 이르는 말.
1305)소삭(銷鑠)ᄒᆞ다 : 녹아 없어지다.
1306)모텬야우(暮天夜雨) : 저녁 어스름이 내리는 때나 밤비가 내리는 때.
1307)오닉(五內) : 오장(五臟). 간장, 심장, 비장, 폐장, 신장의 다섯 가지 내장을 통틀어 이르는 말.
1308)듁님ᄌᆞ오(竹林慈烏) ; 대숲의 어미 까마귀.
1309)농류(弄類) ; 무리지어 놂.
1310)관산(關山) : 국경이나 주요 지점 주변에 있는 산.
1311)태ᄒᆡᆼ(太行) : 태ᄒᆡᆼ산(太行山). 중국 동북부에 위치하여 산서성(山西省), 하북성(河北省), 하남성(河南省) 3개 성(省)에 걸쳐 있으며, 중심의 대협곡(大峽谷)은 빼어난 경치를 자랑하고 있다. 해발 1840m.

曲)의 밋친 질(疾)이 되어, 밧그로 화긔ᄅᆞᆯ 일【35】위지 못ᄒᆞᄂᆞᆫ 고로, 부ᄌᆞ(夫子)의 이 ᄀᆞᆺ치 닐ᄋᆞ시믈 당ᄒᆞ니 불승황괴(不勝惶愧)ᄒᆞ여 ᄒᆞᄂᆞ이다."

언파의 쥬루(珠淚)ᄅᆞᆯ 거두나, 미우(眉宇)의 몽몽(濛濛)ᄒᆞᆫ 안개ᄅᆞᆯ 거두지 못ᄒᆞ여, 셜뷔(雪膚) 은연이 홍예(紅霓)ᄒᆞ고, 호치(皓齒) 교려(皎麗)히 비최ᄂᆞᆫ 곳에 옥음(玉音)이 뇨뇨(嫋嫋)ᄒᆞ여 ᄭᅬᄭᅩ리 아릿다이 우ᄂᆞᆫ ᄃᆞᆺ, 슈졍(水晶) ᄀᆞᆺ튼 골슈(骨髓)와 도화(桃花) ᄀᆞᆺ튼 보조개 소쇄(瀟灑)ᄒᆞ고 향미(香味)ᄒᆞ여 미우(眉宇) 빵안(雙眼)의 덕긔(德氣)ᄅᆞᆯ 장츅(藏畜)ᄒᆞᆫᄃᆡ, 문ᄎᆡ(文彩) 녕농(玲瓏)ᄒᆞ고 셩ᄒᆡᆼ이 온유ᄒᆞ여 뇨됴안졍(窈窕安靜)ᄒᆞ며, 단일셩장(單一誠莊)[1312]ᄒᆞ미 '지국(摯國) 임시(任氏)의 버금 ᄯᆞᆯ'[1313]이 아니면, '완혜년혜(婉兮孌兮)의 계녀(季女)'[1314] ᄉᆞ시(姒氏)[1315]라. 비록 소부인의 만니쟝텬(萬里長天)이아【36】으라히 훤출ᄒᆞ여, 편운(片雲)이 업ᄉᆞᆫ 바의 츄월(秋月)이 명광(明光)을 토(吐)ᄒᆞᄂᆞᆫ 긔상과, 북ᄒᆡ 아으라ᄒᆞ여 깁희ᄅᆞᆯ 모로ᄂᆞᆫ 도량(度量)의 밋지 못ᄒᆞ나, 이 ᄯᅩᄒᆞᆫ 규합(閨閤)의 셩인(聖人)이라.

태위 비록 녀ᄉᆡᆨ(女色)의 진월(秦越)[1316]ᄀᆞᆺ고, ᄇᆡᆨᄒᆡᆼ을 슈련ᄒᆞ여 셩니(性理)와 듕효ᄅᆞᆯ 위본(爲本)ᄒᆞ고, 동긔 우ᄋᆡ와 친쳑 돈목의 ᄆᆞ음을 머므ᄅᆞᄆᆡ, 규방(閨房)의 침몰ᄒᆞᆯ 뜻이 업ᄉᆞ나, ᄇᆡ쳬(配妻)의 아ᄅᆞᆷ다오미 이 ᄀᆞᆺ고, 그 졍ᄉᆡ(情事) ᄯᅩ 비편(非便)ᄒᆞ니, 은인의 ᄌᆞ식을 위곡(委曲)히 ᄃᆡ졉지 아닌즉, 그ᄅᆞ미 ᄌᆞ가의게 잇ᄂᆞᆫ지라. 이의 슈앙(秀仰)ᄒᆞᆫ 안모(顔貌)의 유화ᄒᆞᆫ 빗출 동ᄒᆞ여, 근(近)이 좌(坐)ᄒᆞ여 왈,【37】

"고인(故人)이 ᄯᆞᆯ을 가(嫁)ᄒᆞᆯᄉᆡ ᄌᆞ뫼 읍별문뎡(泣別門庭)[1317]의 기리 당부 왈, '네 다시 도라오지 말나.' ᄒᆞ니, 이ᄂᆞᆫ '거(去)ᄒᆞᄂᆞᆫ 화(禍)'[1318]ᄅᆞᆯ 두리미라. 시풍(時風)이 션왕(先王)의 녜제(禮制)ᄅᆞᆯ 져바려 취부(取夫)ᄒᆞᆫ 녀ᄌᆡ 근친(覲親)이 빈빈(頻頻)이 ᄒᆞ고,

---

1312)단일셩장(單一誠莊) : 단정하고 한결같으며 성실하고 엄숙함.

1313)지국(摯國) 임시(任氏)의 버금 ᄯᆞᆯ : 중국 주나라 문왕의 어머니 태임(太姙)을 말함. *태임(太姙); 중국 지(摯)나라 임씨(任氏)의 둘째 딸로 왕계(王季)에게 시집가 문왕(文王)을 낳았다. 문왕을 임신하였을 때, 눈으로 사악(邪惡)한 빛을 보지 않고, 귀로 음란한 소리를 듣지 않으며, 입으로 오만한 말을 내지 않으면서 태교에 힘써 문왕과 같은 총명한 아들을 낳았다. 또 문왕을 잘 가르쳐 마침내 주나라의 시조가 되게 하였다.

1314)완혜년혜(婉兮孌兮)의 계녀(季女) : 순하고 아리따운 어린 딸(또는 막내딸). 『시경』 <曹風> 候人편의 "婉兮孌兮 季女斯飢(순하고 아리따운 어린 딸이 굶주리네)"에서 따온 말.

1315)ᄉᆞ시(姒氏) : 사시(姒氏) : 중국 주(周)나라 문왕(文王)의 비(妃) 태사(太姒)의 성씨. 주나라의 창건자인 무왕(武王)의 어머니로, 정숙한 덕성을 가져 성녀(聖女)로 추앙된다.

1316)진월(秦越) : '진(秦)나라와 월(越)나라'라는 뜻으로, 둘 사이가 너무 멀어 서로 아무런 관심도 갖지 않는, '전혀 무관심한 관계'를 비유적으로 이르는 말. 즉 중국 춘추(春秋) 시대 진(秦) 나라는 지금의 섬서성(陝西省)에 있고 월(越) 나라는 지금의 강소성(江蘇省)·절강성(浙江省) 일대에 있었는데 두 나라 사이가 너무 멀어서 서로 전혀 관계치 않았고 관심도 갖지 않았다는 데서 나온 말. =소 닭 보듯 하는 사이.

1317)읍별문뎡(泣別門庭) : 안 뜰에서 울며 이별함. *문정(門庭); 대문이나 중문 안에 있는 뜰.

1318)거(去)ᄒᆞᄂᆞᆫ 화(禍) : 내쫓김을 당하는 화. =출화(黜禍). *칠거(七去); 예전에, 아내를 내쫓을 수 있는 이유가 되었던 일곱 가지 허물. 시부모에게 불손함, 자식이 없음, 행실이 음탕함, 투기함, 몹쓸 병을 지님, 말이 지나치게 많음, 도둑질을 함 따위이다.

ᄌᆞ(子)[1319] ᄀᆞᆺᄐᆞ니ᄂᆞᆫ 만니 이국의 귀령(歸寧)이 평싱의 어려오믈 통탄ᄒᆞ여, 여러 셰월의 상쳑(喪慽)을 당ᄒᆞᆫ 사ᄅᆞᆷ ᄀᆞᆺᄐᆞ니, 녀ᄌᆞ유힝(女子有行)[1320]이 부모형뎨ᄅᆞᆯ 먼니ᄒᆞ믈 아지 못ᄒᆞ고, 가부(家夫) 조ᄎᆞ믈 도로혀 원망되여 ᄒᆞ니, 윤달문이 슈용우암(雖庸愚暗)[1321]이나, 악장(岳丈) 대왕의 늉산대은(隆山大恩)과 활히지덕(闊海之德)을 밧ᄌᆞᆸ지 아냐시면, ᄌᆞᄅᆞᆯ 도라보ᄂᆡ여 츌화【38】의 두리오믈 알게 아니ᄒᆞ리오마ᄂᆞᆫ, 달문이 두 안해ᄅᆞᆯ 두어시ᄃᆡ 빙가(聘家)의ᄂᆞᆫ ᄇᆡᆨ년ᄀᆡᆨ(百年客)에 어려옴과, 장부의 위풍을 발뵈지 못ᄒᆞᆯ 형셰 고로, 일양 부인의 유슌ᄒᆞ믈 효측ᄒᆞ여, 부인 등의 녀힝(女行)에 모손(耗損)ᄒᆞ믈 ᄎᆡᆨ망(責望)치 아니ᄒᆞᄂᆞ니, ᄌᆡ 비록 이친(離親)ᄒᆞᆫ 슬프미 남달나, 우리 존당 부뫼 친ᄉᆡᆼ(親生)ᄀᆞᆺ치 무휼(撫恤)ᄒᆞ시고, 졔수(諸嫂) 졔ᄆᆡ(弟妹) 등이 골육ᄀᆞᆺ치 우ᄋᆡᄒᆞ며, 소시 일흠이 젹인(敵人)이나 기실(其實)은 동긔의 감치 아닌 졍이 이시니, 일신이 안한(安閑)ᄒᆞ여 괴로온 시름이 업ᄂᆞᆫ지라. 무ᄉᆞ일 그ᄃᆡ도록 우우쳑쳑(憂憂慽慽)ᄒᆞ리오. ᄒᆞ【39】믈며 악장(岳丈)과 취뫼(娶母)[1322] 츈취(春秋) 불노(不老)ᄒᆞ시고, 긔력이 졍셩(鼎盛)ᄒᆞᆫ 쇼년의 지나실 ᄲᅮᆫ아니라, 일국 군왕의 존ᄒᆞ믈 누리샤 복녹(福祿)이 흠ᄒᆞᆯ 거시 업고, 팔ᄌᆞ의 부족ᄒᆞ미 아니 계신지라, ᄌᆞᄂᆞᆫ 엇지 젹은 니별노 지통을 삼ᄂᆞ뇨? 악장이 아모 제(際)도 삼년일됴(三年一朝)[1323]ᄂᆞᆫ 폐치 아니시니, 금츈(今春)의 됴알(朝謁)치 아냐 계시나, 츄간(秋間)의ᄂᆞᆫ 반다시 입됴(入朝)ᄒᆞ시리니, 모로미 비쳑(悲慽)ᄒᆞ믈 긋치쇼셔."

엄시 태우ᄅᆞᆯ 상봉 삼ᄌᆡ(三載)의, 이 ᄀᆞᆺᄐᆞᆫ 긴 말ᄉᆞᆷ 드ᄅᆞ미 처엄이라. 녈졍(烈貞)ᄒᆞᆫ ᄆᆞ옴의 은졍이 듕ᄒᆞ믈 깃거ᄒᆞ미 아니로ᄃᆡ, 그 부왕의 덕음(德陰)을 닐【40】ᄏᆞᆺᄂᆞᆫ 바의 다ᄃᆞ라ᄂᆞᆫ ᄇᆡ은망덕(背恩忘德)지 아니믈 감복ᄒᆞ고, ᄌᆞ긔 위인이 부족ᄒᆞ여 장부로 ᄒᆞ야금 다언(多言)키의 니ᄅᆞ게 ᄒᆞ믈 슈치(羞恥)ᄒᆞ여, 안ᄉᆡᆨ을 졍히ᄒᆞ고 죵용히 좌ᄅᆞᆯ ᄯᅥ나 봉관(鳳冠)을 숙이고 오ᄅᆡ 말이 업더니, 날호여 진졍으로ᄡᅧ ᄃᆡ왈,

"가엄(家嚴)이 오국의 님ᄌᆡ되샤 쳔승(千乘)의 존귀ᄅᆞᆯ 누리시니, 쳡이 부모의 신셰 곤궁ᄒᆞᆯ가 슬허ᄒᆞ미 아니오, 션왕(先王)의 녜졔(禮制)ᄅᆞᆯ 원망 되여 ᄒᆞᆷ도 아니라. 이친(二親)의 슬해(膝下) 젹막ᄒᆞ여 가형(家兄) 일인 ᄲᅮᆫ이오, 불쵸ᄒᆞᆫ 녀식(女息)도 다시 잇지 아니믈 통탄ᄒᆞᄂᆞᆫ ᄇᆡ라. 미신(微身)이 존당 구고의 양【41】츈은ᄐᆡᆨ(陽春恩澤)을 닙ᄉᆞᆸ고, 졔ᄉᆞ슉ᄆᆡ(娣姒叔妹)[1324]의 친ᄋᆡᄒᆞᄂᆞᆫ 후의ᄅᆞᆯ 밧아 일신이 안한(安閒)ᄒᆞ미 극ᄒᆞ나, 다만 존문의 번화ᄅᆞᆯ 불워ᄒᆞ고, 그ᄋᆞᆨ이 이친(二親)의 수쇼ᄌᆞ녀(雖少子女)[1325]의 실니지

1319)ᄌᆞ(子) : 문어체에서, 2인칭 대명사 '그대'를 이르는 말.
1320)녀ᄌᆞ유힝(女子有行) : 여자의 행실.
1321)슈용우암(雖庸愚暗) : 비록 생각이 변변치 못하여 어리석고 어둡다 하더라도.
1322)취뫼(娶母) : 장모(丈母). 처모(妻母). 아내의 어머니를 이르는 말.
1323)삼년일됴(三年一朝) : 제후가 3년에 한 번씩 황제에게 조회(朝會)던 일.
1324)졔ᄉᆞ슉ᄆᆡ(娣姒叔妹) : 동서와 시누이를 아울러 이르는 말. *제사(娣姒); 남편 형제들의 아내. 동서. *숙매(叔妹); 시누이.
1325)수쇼ᄌᆞ녀(雖少子女) : 비록 어린 자녀라 할지라도.

탄(失離之嘆)이 이시믈 이달나 텬도(天道)를 혼(恨)ᄒᆞᄂᆞ니, 엇지 ᄒᆞᆫ갓 쳡이 됴셕의 시봉(侍奉)치 못ᄒᆞᆷ믈 지혼(至恨)을 삼으리잇가마ᄂᆞᆫ, 향일(向日)의 한님 존슉(尊叔)의 미희(美姬)를 보ᄆᆡ 용ᄐᆡ 긔질이 ᄆᆞᄋᆞᆷ의 반갑고, ᄋᆡ원비졀(哀怨悲絶)턴 거동이 실노 잇기 어려오니, 홀연 심ᄉᆡ 요동(搖動)ᄒᆞ여 쳡의 일흔 아이 어ᄃᆡ 가 그ᄀᆞᆺ치 ᄉᆡᆼ존ᄒᆞ미 되엿ᄂᆞᆫ가, 념네 번난(煩亂)ᄒᆞ여 져 벽낭【42】을 다시 보아 유익ᄒᆞᆯ ᄇᆡ 아니나, 만일 무고히 잇ᄂᆞᆫ 사ᄅᆞᆷ ᄀᆞᆺᄐᆞ면 얼골을 반기고져 ᄒᆞᄃᆡ, 벽쳐(僻處)의 안치(安置)ᄒᆞ여 머리를 ᄂᆡ왓지 못ᄒᆞᄂᆞᆫ 죄인이 되엿고, ᄂᆡ 유인(孺人)과 월봉던 비ᄌᆞ 일인 밧근 타인이 그 곳에 왕ᄂᆡ치 못ᄒᆞᆫ다 ᄒᆞ니, 쳡이 유모(乳母) 아보[1326] 등도 보ᄂᆡ여 안부를 뭇지 못ᄒᆞ나, 일념이 경경(耿耿)ᄒᆞ여 ᄉᆡᆼ각ᄒᆞ미 되니, 쳡심(妾心)이나 실노 측냥치 못ᄒᆞ리로소이다.”

태위 듯기를 다ᄒᆞᄆᆡ, 이윽이 찰시(察視)ᄒᆞ다가 왈,

“ᄌᆡ 굿ᄐᆞ여 다언(多言)ᄒᆞ믈 즐기ᄂᆞᆫ 사ᄅᆞᆷ이 아니러니, 죵뎨(從弟)의 미희 못 닛ᄂᆞᆫ 바의 다ᄃᆞ라ᄂᆞᆫ, ᄀᆞ【43】장 이상(異常)키의 밋ᄎᆞ니, ᄒᆞᆫ갓 ᄆᆞᄋᆞᆷ이 어지러 사ᄅᆞᆷ의 잔잉ᄒᆞ믈 측은ᄒᆞᆷ만 아니라, 혈셩(血誠)의 비롯ᄂᆞᆫ 듯ᄒᆞ미 이시니, 모ᄅᆞ미 져 녀ᄌᆡ 부인으로 더브러 각별ᄒᆞ미 잇ᄂᆞᆫ가 죵용이 알아보고, 그 ᄀᆞᆺᄐᆞᆫ 미셰지ᄉᆞ(微細之事)의 심녀를 허비치 마ᄅᆞ쇼셔.”

언파의 침금(寢衾)의 나아갈ᄉᆡ, 엄시를 븟드러 상요(床褥)의 안침케 ᄒᆞ나, 병톄(病體)의 합근(合根)ᄒᆞᄂᆞᆫ 교밀(巧密)ᄒᆞ미 좃지아냐, 스ᄉᆞ로 음낙(淫樂)을 삼가니 부부의 되 평슌화열(平順和悅)ᄒᆞ더라.

엄시 틈을 타 ᄌᆞ긔 유모로 ᄒᆞ야금 벽뎡의 보ᄂᆡ여 벽의 안부를 뭇고, 양희 빵셤을 보아 벽의 어더【44】기란 곡졀을 뭇고져 ᄒᆞ나, 사ᄅᆞᆷ이 ᄌᆞ긔 회푀(懷抱)이시믄 아지 못ᄒᆞ고 도로혀 슈상히 넉일가 ᄌᆞ져(趑趄)ᄒᆞᆯ ᄲᅮᆫ아니라, 벽의 죄명이 듕ᄒᆞ므로ᄡᅥ ᄌᆞ긔 유모를 그 곳에 ᄌᆞ로 보ᄂᆡ미 무ᄉᆞᆫ 시비 이실가 능히 ᄯᅳᆺᄀᆞᆺ지 못ᄒᆞ니, 원간 엄시 위인이 겸공비약(謙恭卑弱)ᄒᆞ며, 아ᄂᆞᆫ 일이라도 장자(長者)의게 무러 어룬의 명을 기다려, 스ᄉᆞ로 ᄌᆡ조와 덕을 자랑치 아니ᄒᆞ며, 범ᄇᆡᆨ(凡百)의 조심이 태과(太過)ᄒᆞᆫ 고로, 몽니(夢裡)의도 ᄉᆡᆼ각지 아닌 ᄇᆡ나, 일ᄐᆡᆨ지상(一宅之上)의 동츌골육(同出骨肉)이 이셔 삼셰(三歲)의 니ᄅᆞ도록 서로 동긔믈 ᄭᆡ닷지 못ᄒᆞ니, 츈옥【45】의 변이 아닌 젼은, 엄시 한님의 쳡이 이숌과 업ᄉᆞ믈 아지 못ᄒᆞ엿거니와, 화벽이 봉변(逢變)ᄒᆞ여 계뎡(階庭)의 ᄃᆡ죄(待罪)ᄒᆞ믈 조ᄎᆞ, 그 얼골을 보고 흐믓거이 반가오믈, 모로ᄂᆞᆫ 가온ᄃᆡ 듕보(重寶)를 어든 듯ᄒᆞ다가, 훌훌이 후뎡으로 나아간 후 여러날에 닛지 못ᄒᆞᄃᆡ, 능히 근본을 알 길히 업서 의황(意遑)ᄒᆞ고 ᄯᅩᄒᆞᆫ 심ᄉᆞ를 베플 곳이 업다가, 우연이 태우를 ᄃᆡᄒᆞ야 심ᄉᆞ(心思)를 베플ᄆᆡ, 죵용히 근본을 알아 보라 ᄒᆞ니 그윽이 다힝ᄒᆞᄃᆡ, 벽이 누월(累月)안

1326)아보 : 미상(未詳). 용례가 유모・유랑・상궁 등과 함께 쓰이고 있고, 또 신분 면에서 천인(賤人) 신분의 여자를 이르는 말로 쓰이고 있어, ‘아환(丫鬟)’. ‘차환(叉鬟)’ ‘시아(侍兒)’ 등과 같은 부류에 속하는 ‘여종’으로 추측된다. 말뜻을 좀 더 유추해보면 ‘丫鬟(아환)’과 ‘保姆(보모)’를 합성한 말, 곧 ‘丫保(아보)’로 보아, 천인의 신분으로 ‘아이를 돌보는 일을 하는 계집아이’를 이르는 말이 아닐까 한다.

치흔 찍라.

엄시 그 빅부 엄태스 진일(辰日)의 갓다가 우연이 【46】 유질ᄒᆞ여 본부의셔 됴리ᄒᆞ미 되니, 존당 구괴 후리쳐 두고져 ᄒᆞ미 아니로ᄃᆡ, 그 병세 비경(非輕)ᄒᆞᆫ 고로, 왕닉의 쳠가(添加)ᄒᆞᆯ가 두려 의약으로 구호ᄒᆞ여, 왕이 ᄌᆞ로 가보고 쾌히 나아 소복(蘇復)ᄒᆞᆷ을 어든 후 다려오려 ᄒᆞ더라.

션시(先時)의 하부의셔 뎡국공과 됴부인이 변심ᄒᆞᄂᆞᆫ 약을 진음ᄒᆞᆫ 후로브터, 연시 희벽을 ᄉᆞ랑ᄒᆞ미 병되고, 그 가온ᄃᆡ 응윤과 녀ᄋᆞ 셩ᄋᆞ를 슈즁의 긔이ᄒᆞᆫ 듕보(重寶)로 알아 ᄆᆡ양 슬상(膝上)의 교무(交撫)ᄒᆞ며, 응윤을 ᄯᅩᄒᆞᆫ 자랑ᄒᆞ여 왈,

"일셰(一歲)도 ᄎᆞ지 못ᄒᆞᆫ ᄒᆡᄌᆡ(孩子), 골격이 쥰상(俊爽)ᄒᆞ【47】고 구각(軀殼)이 셕대(碩大)ᄒᆞ여, 시속 범ᄋᆞ(凡兒)의 삼ᄉᆞ세(三四歲)를 당ᄒᆞ니, 졔 아비 쥰호장연(俊豪壯然)ᄒᆞᆷ을 픔습ᄒᆞᆯ ᄲᅮᆫ아니라, 일월(日月)의 졍화(精華)를 거두며, 복녹을 타난 오악(五嶽)[1327]이 우리집 노쇼 아오로 밋ᄎᆞ리 업ᄉᆞ니, 연쇼뷔 비록 십악대죄(十惡大罪)[1328]를 지어셔도, 이 ᄋᆞ들을 두어 종통(宗統)을 밧들게 ᄒᆞ니, 우리 부ᄌᆞ 조손이 범연이 ᄃᆡ졉지 못ᄒᆞᆯ 빅어늘, ᄒᆞᆷ을며 유덕유ᄒᆡᆼ(有德有行)ᄒᆞ여 가부를 위ᄒᆞᆫ 졍셩이 '밧 가온ᄃᆡ 상을 밧들기를 염(厭)치 아닐 빅오,'[1329] 냥홍(梁鴻)[1330]의 단난(團欒)ᄒᆞᆷ을 깃거ᄒᆞᄂᆞᆫ 덕이 이시니, 엇지 셰속미ᄉᆡᆨ(世俗美色)의 간사ᄒᆞᆫ 녀ᄌᆞ ᄀᆞᆺᄐᆞ리오. 【48】 원광이 무식ᄒᆞ여 며ᄂᆞ리 어질믈 아지 못ᄒᆞ고, 몽셩이 불명(不明)ᄒᆞ여 셔ᄌᆞ(西子)[1331] 왕장(王嬙)[1332]의 미ᄉᆡᆨ(美色)을 취ᄒᆞ고, 무염(無鹽)의 덕 되믈 아지 못ᄒᆞ니, 연쇼부의 가부(家夫) 박ᄃᆡ(薄待)를 ᄒᆞᆫ치 아닛ᄂᆞᆫ 덕을 장ᄎᆞᆺ 무어ᄉᆞ로 갑흐리오."

ᄒᆞ며, 뎡시ᄂᆞᆫ 은연이 분ᄒᆡ(憤駭)ᄒᆞ며, 혀ᄎᆞ 닐ᄋᆞᄃᆡ,

"그 얼골이 완ᄉᆞ(浣紗)ᄒᆞᄂᆞᆫ[1333] 셔시(西施)로 방불ᄒᆞ니, 엇지 어지다 ᄒᆞ리오."

ᄒᆞ나, ᄉᆡᆼ은 텬눈이 소ᄉᆞ나ᄂᆞᆫ 친이 잇지 아니므로, 극ᄒᆞᆫ ᄉᆞ랑이 밋지 아냐, 그윽이 작

1327)오악(五嶽) : 얼굴의 두 눈과 두 콧구멍, 입을 말함.

1328)십악대죄(十惡大罪) : 조선 시대에, 대명률(大明律)에 정한 열 가지 큰 죄. 모반죄(謀反罪), 모대역죄(謀大逆罪), 모반죄(謀叛罪), 악역죄(惡逆罪), 부도죄(不道罪), 대불경죄(大不敬罪), 불효죄(不孝罪), 불목죄(不睦罪), 불의죄(不義罪), 내란죄(內亂罪)를 이른다.

1329)밧 가온ᄃᆡ 상을 밧들기를 염치 아닐 빅오 : 맹광(孟光)의 거안제미(擧案齊眉)를 말함. 곧 중국 후한 때 사람 양홍(梁鴻)의 처 맹광(孟光)은 추녀(醜女)였으나, 남편을 잘 섬겨 현처로 이름이 알려졌다. 그녀는 남편이 밭에 나가 일을 하면, 들밥을 해 가지고 가서도, 반드시 밥상에 음식을 차려 눈썹 높이까지 밥상을 들어 올려, 남편에게 공경하여 바쳤다고 한다.

1330)냥홍(梁鴻) : 중국 후한(後漢) 때의 은사(隱士). 처 맹광(孟光)의 고사(故事) '거안제미(擧案齊眉)'의 당사자로 유명하다.

1331)셔ᄌᆞ(西子) : 중국 춘추시대의 월(越)나라의 미인 서시(西施). 오나라에 패한 월나라 왕 구천이 서시를 오왕(吳王) 부차(夫差)에게 보내어 부차가 그 미모에 빠져 있는 사이에 오나라를 멸망시켰다.

1332)왕장(王嬙) : 왕소군(王昭君). 중국 전한 원제(元帝)의 후궁. 이름은 장(嬙). 자는 소군(昭君). 기원전 33년 흉노와의 화친 정책으로 흉노의 호한야선우(呼韓邪單于)와 정략결혼을 하였으나 자살하였다. 후세의 많은 문학 작품에 애화(哀話)로 윤색되었다.

1333)완ᄉᆞ(浣紗)ᄒᆞ다 : 마전이나 빨래를 함. *마전; 생피륙을 삶거나 빨아 볕에 바래는 일.

셩의 쵸준(超俊)ᄒᆞ믈 긔특이 넉일지언뎡, 뎡쇼졔 ᄋᆞ들 나치 못ᄒᆞᆫ 젼, 연가 흉물이 몬져 싱ᄌᆞᄒᆞ믈 ᄀᆞ【49】장 불쾌ᄒᆞ여, 귀듕ᄒᆞᆫ 뜻이 머므지 아니ᄃᆡ, 셩ᄋᆞ의 다ᄃᆞ라ᄂᆞᆫ 실노 버히지 못ᄒᆞᄂᆞᆫ 거시 텬눈ᄌᆞᄋᆡ(天倫慈愛)라. 그 어미 흉픽ᄒᆞ므로 싱각지 아닌 규측(閨側)의 셩범(聖範)이 될 ᄯᆞᆯ 나흐믈 흔ᄒᆡᆼ(欣幸)ᄒᆞ여, 스ᄉᆞ로 칭찬ᄒᆞ여 궁만고통쳔ᄃᆡ(窮萬古通千代)1334)의 무빵(無雙)이라 ᄒᆞ니, 슉모 윤승상 부인이 쇼왈,

“사ᄅᆞᆷ이 모ᄋᆡᄌᆞ회(母愛子孝)라 닐ᄋᆞᄃᆡ, 현질은 셩ᄋᆞ의 모ᄅᆞᆯ 증염(憎厭)ᄒᆞᄃᆡ, ᄌᆞ식 ᄉᆞ랑ᄒᆞ믄 텬눈 밧게 ᄌᆞ별ᄒᆞ니, 부ᄌᆞ지졍이 그음 업ᄉᆞ믈 알니로다.”

ᄉᆡᆼ이 쇼이ᄃᆡ왈(笑而對曰),

“연가 흉물은 만단(萬斷)의 죽여도 앗갑지 아니ᄃᆡ, 녀ᄋᆞᄂᆞᆫ 쇼질(小姪)의 골육(骨肉)이라. 【50】그 어미 믜올ᄉᆞ록 ᄌᆞ식의 졍ᄉᆡ(情事) 가련ᄒᆞ온지라. 엇지 불ᄋᆡ(不愛)ᄒᆞᆯ니 이시리잇고? 응윤은 ᄉᆞ랑홉지 아냐 지듕(至重)ᄒᆞᆫ 뜻이 업ᄉᆞ니, 실노 고이ᄒᆞ여 ᄒᆞᄂᆞ이다.”

부인이 쇼왈,

“응ᄋᆞᄂᆞᆫ 존당이 너의 ᄉᆞ랑ᄒᆞᆯ 나외 업시 귀듕ᄒᆞ시거니와, 원간 거거(哥哥) ᄂᆡ외와 현질의 거동이 셩ᄋᆞ를 응윤의셔 더 연ᄋᆡ(憐愛)ᄒᆞ니, 우슉이 고이ᄒᆞ여 ᄒᆞ노라.”

ᄒᆞ더라.

연시 청션의 요슐 간계로 존당의 ᄉᆞ랑을 엇고, 가(假) ᄋᆞᄌᆞ의 슉셩긔이(夙成奇異)ᄒᆞ미 날노 새로오니, 일흠이 태우의 조강원비(糟糠元妃)로 옥동(玉童) 화녀(花女)를 빵득(雙得)ᄒᆞ여, 셰권(勢權)이 태산 ᄀᆞᆺᄐᆞᄃᆡ, 하ᄉᆡᆼ의 박ᄃᆡ 【51】여시ᄒᆡᆼ노(如視行路)1335)ᄒᆞ여, ᄆᆡ양 칼흘 어라만져 죽이지 못ᄒᆞ믈 ᄒᆞᆫᄒᆞ니, 어ᄃᆡ로 죠ᄎᆞ 부부의 졍이 발ᄒᆞ리오.

연시 착급ᄒᆞ여 날마다 그 모친을 보치ᄂᆞᆫ 셔ᄉᆡᆨ(書辭) 뎡시를 업시ᄒᆞ고, 하ᄉᆡᆼ의 ᄆᆞ음을 변토록 ᄒᆞ여 부뷔 화락ᄒᆞᄂᆞᆫ 즐거오믈 엇게 ᄒᆞ고, 그러치 못ᄒᆞᆫ즉 심홰 발ᄒᆞ야 ᄒᆞᆫ 칼에 뎡시와 태우를 죽이고, 제 ᄯᅩ 죽으련노라 ᄒᆞ여, 불인지셜(不仁之說)을 ᄒᆞ여, 청션을 다린즉 못ᄒᆞᆯ 일이 업ᄉᆞ리라 ᄒᆞ니, 연상셔 부인 호시 역시 뎡쇼져 업시ᄒᆞᆯ 계교를 발분망ᄉᆡᆨ(發憤忘食)ᄒᆞ나, 녀ᄋᆞ를 당부ᄒᆞ여 【52】일이 되여가믈 보라 ᄒᆞ고, 뎡녜부 계실 연시 슈벽을 청ᄒᆞ고 청션 요리(妖尼)를 ᄒᆞᆫ가지로 블너, 그윽ᄒᆞᆫ 곳에셔 ᄀᆞ만ᄒᆞᆫ 악ᄉᆞ를 의논ᄒᆞᆯᄉᆡ, 슈벽이 처엄은 ᄀᆞ장 어려히 넉이ᄂᆞᆫ 빗치 잇더니, 호시 쳔만가지로 다릭고, 만일 뎡시로 ᄒᆞ야금 하태우의 견박(見薄)을 밧게ᄒᆞ면, 진심 합녁ᄒᆞ여 뎡녜부의 원비 장시를 업시ᄒᆞ도록 ᄒᆞ마 ᄒᆞ여, 흐ᄅᆞᄂᆞᆫ 말이 술 ᄀᆞᆺᄐᆞ니, 슈벽이 ᄯᅩᄒᆞᆫ 슉모의 청을 조ᄎᆞ 져의 젹인도 해ᄒᆞ고 죵형의 지원(至願)을 일운즉, 슉뫼 반다시 져의 젹인도 쇼졔(掃除)ᄒᆞ야 안즁뎡(眼中釘)1336)을 【53】업시ᄒᆞᆯ가, ᄇᆞ라ᄂᆞᆫ 의ᄉᆡ ᄀᆞ득ᄒᆞ여 왈,

---

1334)궁만고통쳔ᄃᆡ(窮萬古通千代) : 만고(萬古)를 다하고 천대(千代)를 통하여. 곧 ‘영원한 세월 동안’을 말함.

1335)여시ᄒᆡᆼ노(如視行路) : 길가는 사람 보듯 무관심함.

1336)안즁뎡(眼中釘) : =눈엣가시. ①남편의 첩을 이르는 말. ②몹시 밉거나 싫어 늘 눈에 거슬리는 사람

“쇼질이 죵형의 젼졍을 안일(安逸)키를 위ᄒᆞ여, 쇼고(小姑)를 해코져 ᄒᆞ미 사ᄅᆞᆷ의 ᄒᆞᆯ ᄇᆡ 아니나, ᄇᆡᆨ모ᄂᆞᆫ 쇼질의 ᄌᆞ모로 다ᄅᆞ미 업ᄉᆞ니 엇지 명ᄒᆞ시믈 거역ᄒᆞ리잇고? 진심힝계(盡心行計)ᄒᆞ리이다.”

호시 왈,

“현질(賢姪)과 쳥션ᄉᆞᄇᆡ(師父) 나의 닐ᄋᆞ믈 조ᄎᆞ 일을 힝ᄒᆞᆯ진ᄃᆡ, 셩공ᄒᆞ믄 념녀ᄒᆞᆯ ᄇᆡ 아니나, 셜ᄉᆞ 공을 일우지 못ᄒᆞ여도 현질은 유해ᄒᆞ미 업ᄉᆞ리니, 형셰를 보아 우슉(愚叔)이 ᄯᅩ 현질의 은혜를 갑흐리라.”

슈벽이 낭쇼(朗笑) 왈,

“슉뫼 이ᄃᆡ도록 닐오지 아니시【54】나, 쇼질이 죵형을 위ᄒᆞ여 졍셩을 갈진(竭盡)치 아니리잇고?”

쳥션이 쇼왈,

“뎡쇼졔 당진지계(當秦之計)[1337]를 당ᄒᆞ미 업시 냥 연부인이 됴초(趙楚)의 합녁격진(合力擊秦)[1338]ᄒᆞ믈 효측(效則)ᄒᆞ시나, 텬수(天壽)의 당당ᄒᆞᆷ과 팔ᄌᆞ(八字)의 길흉은 인녁으로 곳치기 어려오니, 져컨ᄃᆡ 뎡쇼져의 오복(五福)이 완비ᄒᆞᆷ과 슈골(壽骨)의 장원(長遠)ᄒᆞᆫ 거ᄉᆞᆯ 셕시(釋氏)의 조홰 아니면 그릇 ᄆᆡᆫ들기 어렵고, 대쇼져의 슈단(壽短) 박복(薄福)ᄒᆞ시므로 고루ᄎᆡ당(高樓彩堂)의 명부지위(命婦之威)를 누리지 못ᄒᆞ시리니, 부인은 졔불(諸佛)을 승ᄉᆞ(承事)하쇼셔.”

호시 믄득 몸을 니러, 쳥션의게 졀ᄒᆞ여 왈,

“ᄉᆞ【55】부의 하ᄂᆞᆯ ᄀᆞᆺᄐᆞᆫ 대은을 쳡의 모녜 슈심명골(守心銘骨)[1339]ᄒᆞ고, 졍셩을 드려 불ᄉᆞ(佛事)를 봉승(奉承)ᄒᆞ리니, 복원(伏願) ᄉᆞ부ᄂᆞᆫ 쇼녀의 슈복을 니어, 쳡으로 ᄒᆞ야금 ‘ᄌᆞ하(子夏)의 우ᄅᆞᆷ’[1340]을 업게 ᄒᆞ소셔.”

인ᄒᆞ여, 협ᄉᆞ(夾舍)를 ᄡᅧ러 금보(金寶)를 쳥션의 욕심의 ᄎᆞ도록 주니, 쳥션이 희벽의 져란 명을 결단ᄒᆞ여 길게 ᄒᆞᆯ 슐(術)이 업고, 뎡쇼져의 당당ᄒᆞᆫ 귀복을 쳔박(淺薄)ᄒᆞ게 일월 도리 업ᄉᆞ믈 모로지 아니ᄃᆡ, 아직 호시를 다리여 져의 신긔법슐(神奇法術)을 닐ᄏᆞ라, 금ᄇᆡᆨ(金帛)을 무수히 취코져 ᄒᆞᆷ이, 뎡시 해ᄒᆞ믈 발분망식(發憤忘食)ᄒᆞ여 【56】요계(妖計) 아니 밋ᄎᆞᆫ 곳이 업ᄉᆞ니, 이 ᄯᅩ 슉녀의 ᄋᆡᆨ회(厄會) 비상ᄒᆞ여, 요리(妖尼)의 작난이 비상ᄒᆞ나, 뎡쇼져의 복녹이 무궁ᄒᆞ여 귀ᄒᆞ미 휘젹(后籍)을 긔필(期必)ᄒᆞᆯ ᄇᆡ니, 엇지 초년(初年) 쇼쇼 화란(禍亂)을 가져 ᄡᅥ 슈복의 해 되리오마ᄂᆞᆫ, 텬니(天理) 보복

1337)당진지계(當秦之計) : 중국 전국시대 때 서쪽지방의 강대국이었던 진(秦)나라가 동방의 조(趙)·초(楚) 등 여러 나라를 복속시켜 천하를 통일하려던 계획.

1338)됴초(趙楚)의 합녁격진(合力擊秦) : 중국 전국시대 때 진(秦)나라의 침략을 받은 조(趙)나라가 변설가(辯舌家) 모수(毛遂)의 활약으로 초(楚)나라를 설득하여 동맹을 맺고 양국이 합력하여 진(秦)나라의 침략을 물리친 일을 말함.

1339)슈심명골(守心銘骨) : 마음속에 지키고 뼈에 새겨 잊지 않음.

1340)ᄌᆞ하(子夏)의 우ᄅᆞᆷ : 자하(子夏)의 상명지통(喪明之痛)을 이르는 말. 즉 옛날 중국의 공자의 제자 자하가 아들을 잃고 슬피 운 끝에 눈이 멀었다는 고사에서 유래한다.

(報復)과 인亽뉸회(人事輪廻)ᄒᆞ미 문양공쥬 초년의 젹인을 쳔방빅계(千方百計)로 함해
ᄒᆞ미, 윤·양·○[니]·경 亽비(四妃)로브터 운영 등 십희(十姬)를 아오로 업시코져홀
시졀의, 엇지 그 녀의 간고(艱苦) 풍상을 비상(備嘗)[1341]ᄒᆞ고, 젹인(敵人)[1342]의 해를
밧아 화란이 니음츠믈[1343] 몽니(夢裏)의나 싱각ᄒᆞ여시리오.

원간 장현유의 쳐 ᄌᆞ염 ᄀᆞᆺᄐᆞ 니ᄂᆞᆫ 간인【57】의 해를 인연ᄒᆞ여 만상亽변(萬狀事變)
을 지닉엿거니와, 월염 쇼져의 신싱지시(新生之時) 부모를 실니(失離)ᄒᆞ여 장어간고(長
於艱苦)홈과 화익(禍厄)의 참참(慘慘)ᄒᆞᆷ믄 공쥬의 젹악(積惡)이러라.

연시와 쳥션이 호부인의 당부를 드러, 간모(奸謀)를 동심ᄒᆞ여 뎡시를 해코져 ᄒᆞ미,
즉시 제궁(諸宮)으로 도라와 틈을 여을시, 일일은 태부인이 긔운이 불평ᄒᆞ여 식되(食
度) 만히 감ᄒᆞ니, 금평휘 초황(焦惶)ᄒᆞ여 죵야토록 시탕(侍湯)의 골몰ᄒᆞ니, 졔왕 곤계
(昆季) 쏘흔 믈너나지 못ᄒᆞ고 합문(閤門)이 헐슉(歇宿)기를 싱각지 못ᄒᆞ니, 장·조·화
·니·엄 등 제쇼졔 진부【58】인과 의렬비를 뫼셔 태부인 진음ᄒᆞ실 듁음을 맛보며
찬션(饌膳)을 도으되, 연시 ᄀᆞᆺᄐᆞᄂᆞᆫ 감히 온닝 맛초ᄂᆞᆫ 되도 츙수(充數)치 못ᄒᆞ니, 연
시 우용(愚庸)ᄒᆞ여 그런 거시 아니라, 의뎔비 만시 신셩(神聖) 《이이ǁ기이(奇異)》ᄒᆞ
여 ᄌᆞ연흔 가온되 귀신이 돕ᄂᆞᆫ 듯, 장시의 만시 즁도의 합홈과, 조시의 빅ᄒᆡᆼ(百行)이
쵸쥰탁아(超俊卓峨)[1344]ᄒᆞ므로 고모(姑母)[1345]의 소임을 쏘라 슈고를 난호니, 양·니
·경 삼비(三妃)와 니·양·한·소·쥬·화 등이 의녈비의 ᄒᆞᄂᆞᆫ 바에 도을 스이 업시,
그 고식(姑媳)의 신통이 ᄒᆡᆼᄒᆞᄂᆞᆫ 바를 칭복(稱福)홀 ᄯᆞ름이오, 연시 능히 시쥬작깅(釃酒
作羹)[1346]의【59】참예치 못ᄒᆞ미라.

이러므로 연시 한가ᄒᆞ여 공교로이 싱각ᄂᆞᆫ 거시 불인지亽(不仁之事)라. 이날도 거즛
셔증(暑症)이 복발(復發)ᄒᆞ여 흉복(胸腹)이 쓸ᄂᆞᆫ듯 ᄒᆞ믈 핑계ᄒᆞ여 亽실(私室)의 믈너
와, ᄀᆞ마니 심복 츈향으로 ᄒᆞ야금 일습 명부지복(命婦之服)을 갓촌 후, 변용ᄒᆞᄂᆞᆫ 약을
먹여 하부인 월념의 얼골이 되어, 쳥션을 직쵹ᄒᆞ여 흔가지로 미당의 보닉여 변을 지
으라 ᄒᆞ니, 쳥션이 쇼 왈,

"빈도(貧道)ᄂᆞᆫ ᄌᆞ최 업시 가리니 몬져 츈향을 보닉쇼셔."

연시 올히 넉여 츈향을 직삼 당부ᄒᆞ여 공을 일운죽, 호부인의 상亽(賞賜)【60】를
후히 밧으리라 ᄒᆞ니, 츈향이 흔낫 요물(妖物)노 간모(奸謀)를 응시(應時)ᄒᆞ여 난 거시
라. 의연이 하부인의 형모(形貌)를 비러 미현당의 드러가니, 방노파ᄂᆞᆫ 문양궁의 갓고
다란 시ᄋᆞ는 쥬인의 거동이 표홀(飄忽)ᄒᆞᆷ믈 고이히 넉이나, 침금을 포셜ᄒᆞ고 퇴코져홀

1341)비상(備嘗) : 여러 가지 어려움을 두루 맛보아 겪음.
1342)젹인(敵人) : 남편의 다른 아내.
1343)니음츠다 : 잇따르다. 연속하다.
1344)쵸쥰탁아(超俊卓峨) : 매우 뛰어나고 높음.
1345)고모(姑母) : ①시어머니. ②아버지의 누이.
1346)시쥬작깅(釃酒作羹) : 술을 빚고 국을 끓이고 하는 일.

즈음에, 쳥션이 하싱의 얼골이 되여 침실노 드러오니, 시익 엇지 이거시 졔 쥬인과 쥬군(主君)이 아닌줄 몽니(夢裏)의도 씨다라미 이시리오. 불감앙시(不敢仰視)ᄒᆞ고 퇴ᄒᆞ니, 쳥션이 졔시녀의 물너나믈 보고 몸을 다시 흔드러 광삼박ᄃᆡ(廣衫博帶)1347)의 일개 유싱(儒生)이 되어, 바로 하태우 침【61】금 베픈 상 우히 츈향으로 더브러 졉톄합신(接體合身)ᄒᆞ여, 음참(淫僭)ᄒᆞᆫ 졍틱 교칠(膠漆)의 지난 졍이 잇ᄂᆞᆫ 다시 환환침침(歡歡沈沈)1348)이 누어시니, 그 더러온 모양이 불가형언이라.

하싱이 존당 부모의 안침(安寢)ᄒᆞ시믈 보고 야심ᄒᆞᆫ 후 협문(夾門)으로 ᄆᆡ당의 니ᄅᆞ니, 미월(微月)이 몽농(朦朧)ᄒᆞ여 사창(紗窓)의 혼흑(昏黑)ᄒᆞ고, 촉홰(燭火) 명멸(明滅)ᄒᆞ여 실즁이 암연(暗然)ᄒᆞᆫ지라. 지게 안히 발을 드ᄃᆡ고져 ᄒᆞ더니, 일개 미용(美容)의 남ᄌᆡ ᄌᆞ긔 침셕(寢席)의셔 뎡시로 더브러 만단음풍(萬端淫風)과 쳔단졍욕(千端情慾)을 능불ᄌᆞ승(能不自勝)이라. 태우의 드러오믈 보고 그 남ᄌᆡ 황망이 젹신(赤身)으로 후【62】창(後窓)을 박ᄎᆞ고 나가며, 뎡시ᄂᆞᆫ 겨유 나상(羅裳)만 두루치고 그 남ᄌᆞ롤 조ᄎᆞ ᄒᆞᆫ가지로 나아가ᄃᆡ, 거동이 비됴(飛鳥) ᄀᆞᄐᆞ여 엷픗 ᄉᆞ이 형젹(形迹)을 ᄀᆞᆷ초니, 하싱이 평일 뎡쇼져 알믈 등한(等閑)이 알아실진ᄃᆡ, 이 경상이 도로혀 예신 ᄃᆞᆺᄒᆞᆯ 거시로ᄃᆡ, 그 셩덕긔질(聖德氣質)을 놉히 밀위여 심니(心裏)의 놉은 스싱으로 알앗다가, 오늘날 측냥치 못ᄒᆞᆯ 흉음지형(凶淫之形)과 악착지당(齷齪之黨)의 긔변괴ᄉᆞ(奇變怪事)롤 보ᄆᆡ, 만심이 쩔니고 흉히(凶駭)ᄒᆞ여 미처 손을 놀녀 젹과 쇼져롤 잡을 ᄉᆞ이 업ᄉᆞ니, 오ᄅᆡ도록 말을 일우지 못ᄒᆞ나, 뇽미(龍眉)롤 거ᄉᆞ리고 【63】봉안(鳳眼)이 둥근 바의 분노롤 서려시니, 늉동한텬(隆冬寒天)의 삭풍(朔風)이 늠녈(凜烈)ᄒᆞᆫ ᄃᆞᆺ, 견재(見者) 일안(一眼)의 골(骨)이 저리고 의식 젼긍(戰兢)ᄒᆞ여 ᄇᆞ라보기 어려온지라.

졔시ᄋᆞᄂᆞᆫ 태우와 쇼졔 발셔 침슉(寢宿)ᄒᆞ므로 알아 각각 퇴ᄒᆞ여 조음람이 몽농ᄒᆞ니, 진짓 태우의 드러오ᄂᆞᆫ 줄도 아지 못ᄒᆞ더니, 병부시랑(兵部侍郎) 뎡션긔 셔증(暑症)으로 신긔 불안ᄒᆞ여 능히 부모롤 뫼셔 증조모의 환후롤 구호치 못ᄒᆞ고, 나가 쉬라 ᄒᆞ시므로 셔지로 나아가려 ᄒᆞ다가, 길이 ᄆᆡ당을 지나ᄂᆞᆫ 고로 하태우의 와시믈 보고 ᄀᆞ장 반겨, 거롬을 두루혀 【64】ᄆᆡ당의 올으며 왈,

"왕뫼(王母) 미령(靡寧)ᄒᆞ신 고로 조부모와 부슉(父叔)이 다 시병(侍病)ᄒᆞ샤 초황(焦遑)ᄒᆞ시니, 합문 남녜 다 태원뎐을 써나지 못ᄒᆞ니, 네 아모리 죵ᄆᆡ(從妹) 잇ᄂᆞᆫ가 와셔도 방즁의 그림자도 업ᄉᆞ리니, 그 ᄉᆞ이 참지 못ᄒᆞ량이어든 태원뎐의 가 보고, 일긔 증울(蒸鬱)ᄒᆞ니 날노 더브러 쳥사(聽舍)의셔 밤을 지ᄂᆡ미 엇더ᄒᆞ뇨?"

이리 닐ᄋᆞ며 웃옷슬 버서 머리롤 괴오고, 부치롤 드러 ᄇᆞ람을 ᄂᆡ고져 ᄒᆞ다가, 하싱의 ᄉᆡᆨ위(色威) 불예ᄒᆞ믈 보고, 고이히 넉여 왈,

"텬뵈 무ᄉᆞᆷ 불평ᄒᆞᆫ 일을 보앗ᄂᆞ냐? 엇지 즐기지 아낫ᄂᆞ뇨? 죵ᄆᆡ 나오【65】지 아

1347)광삼박ᄃᆡ(廣衫博帶) : 소매가 너른 도포를 입고 넓은 띠를 두른 차림.
1348)환환침침(歡歡沈沈) : 환락에 도취한 모양.

니믈 미안(未安)ᄒᆞ미냐?"

태위 뎡시랑의 탁셰(卓世)ᄒᆞᆫ 긔질을 허심이복(虛心愛服)ᄒᆞ미 관포(管鮑)의 지긔라. 금야 흉음지ᄉᆞ(凶陰之事)ᄂᆞᆫ 즉시 닐을 말이 나지아냐, 다만 빈미(顰眉) 왈,

"신긔 불안ᄒᆞ여 이의 니르러 밤을 지닉고져 ᄒᆞ엿더니, 븬 방이 젹뇨ᄒᆞ고 쥬인이 업ᄉᆞ니 졍히 도라가고져 ᄒᆞ더니, 의최 쳥사(廳舍)의셔 밤을 지닉고져 ᄒᆞ니, 야긔(夜氣)ᄅᆞᆯ 뽀이미 브졀업ᄂᆞᆫ지라. 셔실(書室)의 나아가 년침(連枕)ᄒᆞ야 밤을 지닉미 맛당ᄒᆞ도다."

뎡시랑이 올히 넉여 싱의 ᄉᆞ미ᄅᆞᆯ 닛그러 셔루(書樓)의 나와 잘ᄉᆡ, 뎡싱이 죵일 시병ᄒᆞ여 몸【66】이 갓븐 고로 즉시 좀들고, 하싱은 음참흉히지변(淫僭凶駭之變)을 보고 더러오미 비위ᄅᆞᆯ 뎡치 못ᄒᆞᄂᆞᆫ 즁, 뎡쇼져의 단엄침졍(端嚴沈靜)홈과 녈녈셩장(烈烈盛壯)ᄒᆞ미, 고쟈(古者) 녈부졍녀(烈婦貞女)의 더으던 바로 혜건ᄃᆡ, 비례불법(非禮不法)은 빅인(百人)이 권ᄒᆞ고 부뫼 명ᄒᆞ여도 힝치 아닐 ᄲᅮᆫ아니라, 평싱의 사벽지심(邪辟之心)이 업고 비례지언(非禮之言)을 구두(口頭)의 올니미 업ᄉᆞ니, 《할연∥활연(豁然)》ᄒᆞᄃᆡ 온침(穩沈)ᄒᆞ여 녜의로 심ᄉᆞ(深思)ᄒᆞ고, 영달(榮達)ᄒᆞᄃᆡ 손슌(遜順)ᄒᆞ여, 송빅(松柏)의 쳥창(靑蒼)을 압두(壓頭)ᄒᆞ고 빅옥(白玉)을 유하(有瑕)ᄒᆞ니[1349], 쳔고셩녜(千古聖女)어ᄂᆞᆯ, 향쟈(向者) 흉음지ᄉᆞ(凶淫之事)ᄂᆞᆫ 하류쳔인(下流賤人)의【67】도 남쟝(南墻)으로 마ᄌᆞ드리며 셔쟝(西墻)을 닉여보닉ᄂᆞᆫ 거동이 업ᄉᆞᆯ지라. 옥상(玉床) 난금(鸞衾)을 베픈 가온ᄃᆡ 뎡시 그 남ᄌᆞ로 졉톄합ᄉᆡ(接體合腮)[1350]ᄒᆞ여시니, 진짓 음힝(淫行)이 아니면 그러치 못ᄒᆞᆯ 거시오, 이 곳이 ᄯᅩ 뎡시의 집이라, 뎡시ᄅᆞᆯ 믜워ᄒᆞ리 업ᄉᆞᆯ ᄲᅮᆫ 아니라, 뎡문 가법(家法)이 일월 ᄀᆞᆺᄐᆞ여 말지 비복도 그런 일이 업ᄉᆞᆯ 비니, 뎡시 몸소 ᄒᆞᆯ 일이 아니라 못ᄒᆞᆯ지라.

쳔ᄉᆞ만상(千思萬想)의 불측흉히(不測凶駭)ᄒᆞ여 심신(心身)이 요요(擾擾)ᄒᆞ고 부명(婦命)이 긔구(崎嶇)ᄒᆞ여, 초에 비쳬(配妻)ᄅᆞᆯ 만나미 우두나찰(牛頭羅刹)[1351]과 흑살흉신(黑煞凶神)[1352]의 ᄒᆞ낫 투악발【68】뷔(妬惡悖婦)니, 나의 《비위∥비위(脾胃)[1353]》 결증(潔症)이 연가 흉녀로 녹발(綠髮)이 호빅(皓白)기 니르도록 동쥬(同住)홀 길히 업ᄉᆞ므로, 뎡시의 근본이 명문대족(名門大族)이믈 모ᄅᆞᆯ 쩌에 ᄒᆞᆫ 희쳡(姬妾)이 효봉이친(孝奉二親)과 션〇[셰]봉졔ᄉᆞ(先世奉祭祀)ᄅᆞᆯ 소임치 못ᄒᆞ리라 ᄒᆞ여, 상가(常家) 두 규슈(閨秀)ᄅᆞᆯ 취홀 의ᄉᆞ 궁극ᄒᆞ여, 양광실셩(佯狂失性)ᄒᆞ여 망측히거(罔測駭擧)ᄅᆞᆯ 《죄∥피》치 아냐, 부모존당이 누월(累月) 심녀ᄅᆞᆯ 허비ᄒᆞ샤 슉식(宿食)을 편히 못ᄒᆞ시미, 나의 불효지죄(不孝之罪)니, 몸을 형벌ᄒᆞ여도 다 속(贖)지 못ᄒᆞᆯ지라. 스스로 불효ᄅᆞᆯ 슬허

1349)유하(有瑕)ᄒᆞ다 : 티가 있게 하다.
1350)졉톄합ᄉᆡ(接體合腮) : 몸을 껴안고 뺨을 마주 댐.
1351)우두나찰(牛頭羅刹) : 쇠머리 모양을 한 악한 귀신.
1352)흑살흉신(黑煞凶神) : 검은 살기를 띤 흉한 모습의 귀신.
1353)비위(脾胃) : 지라와 위를 통틀어 이르는 말로, 음식물을 삭여 내거나 아니꼽고 싫은 것을 견디어 내는 성미.

ᄒᆞ나, 임의 지난 일이니 ᄎᆞ후나 ᄀᆡ심슈ᄒᆡᆼ(改心修行)ᄒᆞ여 ᄑᆡ【69】ᄉᆞ(悖事)ᄅᆞᆯ 범치 말고, 연가 흉인은 온 가지로 작난ᄒᆞ나, 뎡시로 더브러 ᄇᆡᆨ년동쥬(百年同住)ᄒᆞ고, 표・상냥인을 취ᄒᆞ여 뎡시의 쥬아명풍(周雅名風)[1354]을 우러ᄅᆞᄆᆡ, 나의 화락이 관관(關關)[1355]ᄒᆞ야 '참치ᄒᆡᆼᄎᆡ(參差荇菜)ᄅᆞᆯ 좌우유지(左右流之)'[1356]코져 ᄯᅳᆺ이러니, 금일 셰상의 업ᄉᆞᆫ 음험비루지ᄉᆞ(陰險鄙陋之事)ᄅᆞᆯ 목도ᄒᆞ니, 젼자의 뎡시ᄅᆞᆯ 규곤(閨閫)[1357]의 셩ᄌᆞ(聖者)로 밀위여 ᄉᆞᄉᆡᆼ(死生)을 동결(同決)ᄒᆞ고, 우흐로 형션제ᄉᆞ(享先祭祀)며 효봉부모(孝奉父母)와 형뎨우공(兄弟友恭)과 친쳑돈목(親戚敦睦)의 빈ᄀᆡᆨ졉ᄃᆡ(賓客接待)ᄅᆞᆯ 근심치 아니ᄒᆞ엿더니, 이제 ᄯᅩ 여ᄎᆞ하믈 당ᄒᆞ니, 부모의 원쉬 불공ᄃᆡ텬지쉬(不共戴天之讎)[1358]을 니ᄌᆞᆫ 【70】고로, '져라(苧羅)의 계집'[1359]이 고소ᄃᆡ(姑蘇臺)[1360]의 ᄌᆞᆷ으니, 'ᄎᆞᆨ노(屬鏤)의 칼'[1361]이 튱냥(忠良)[1362]을 해ᄒᆞ고, 월병(越兵)[1363]이 동문(東門)의 드니, ᄌᆞ고(自古)의 가국흥망(家國興亡)이 님군과 가부(家夫)의게 ᄃᆞᆯ녓고, 녀ᄌᆞ의게 잇지 아닌지라.

뎡시ᄅᆞᆯ 알아 ᄃᆡ졉ᄒᆞ여, 아직 음비지ᄉᆞ(淫鄙之事)ᄅᆞᆯ 불츌구외(不出口外)ᄒᆞ고, '곳비 드ᄃᆡ이ᄂᆞᆫ 화(禍)'[1364]ᄅᆞᆯ 보게ᄒᆞ리니, 졔뎡이 만일 알오미 이시면, 내 죽이기ᄅᆞᆯ 권치 아냐도, 졔왕이 쾌히 죽여 업시ᄒᆞ리니, 일시 분ᄒᆞᆫ 거ᄉᆞᆯ 견ᄃᆡ여 종ᄂᆡ(從來)ᄅᆞᆯ 보미 가ᄒᆞ도다. 쥬의 이의 밋ᄎᆞᄆᆡ 뎡쇼져의 음ᄒᆡᆼ을 ᄆᆞ음의 거리씨지 아니코, 고요히 ᄌᆞᆷ들기ᄅᆞᆯ

1354)쥬아명풍(周雅名風) : 주아(周雅)의 아름다운 기풍. *주아(周雅) : 『시경(詩經)』의 <소아(小雅)>편과 <대아(大雅)>편을 합하여 이르는 말. 소아와 대아는 주나라의 궁중음악 곧 아악(雅樂)을 정리해 놓은 것으로 주나라 왕실의 덕을 찬미한 것이 많다.

1355)관관(關關) : 관저지락(關雎之樂). 『시경』 <주남(周南)> '관저(關雎)'장의 군자・숙녀가 정답게 서로 사랑하는 즐거움을 말함.

1356)참치ᄒᆡᆼᄎᆡ(參差荇菜) 좌우유지(左右流之) : '들쑥날쑥 마름 풀을 이리저리 흔드네.'의 뜻.

1357)규곤(閨閫) : 규방(閨房). 부녀자가 거처하는 방.

1358)불공ᄃᆡ텬지쉬(不共戴天之讎) : 세상에서 함께 살 수 없는 큰 원수. *대천(戴天); 하늘을 머리에 이었다는 뜻으로, 세상에 살아 있음을 비유적으로 이르는 말.

1359)져라(苧羅)의 계집 : 중국 절강성(浙江省)에 있는 '저라산(苧羅山) 밑에 사는 계집'이라는 말로 서시(西施)를 말한다, 월왕(越王) 구천(句踐)은 저라산에서 나무꾼의 딸인 서시라는 미인을 얻어 원수 사이인 오왕(吳王) 부차(夫差)에게 바쳐 왕비가 되게 하고, 부차를 미혹하여 오나라의 국정을 어지럽히게 하는 한편, 자신은 와신상담(臥薪嘗膽)하며 군비를 증강하여 오나라를 쳐 부차를 자살하게 함으로써 복수를 하고 패왕(霸王)이 되었다.

1360)고소ᄃᆡ(姑蘇臺) : 춘추 시대에 오왕(吳王) 부차(夫差)가 越나라에서 얻은 미인 서시(西施)를 거처하게 하기 위해, 지금의 중국 강소성(江蘇省) 오현(吳懸) 고소산(姑蘇山)에 지은 대(臺)의 이름.

1361)ᄎᆞᆨ노(屬鏤)의 칼 : 촉루검(屬鏤劍). 중국 춘추시대 오(吳)나라 왕 부차(夫差)가 자신에게 충간(忠諫)을 하는 신하 오자서(伍子胥)의 충언을 듣지 않고, 도리어 그에게 자결을 명하며 내린 칼의 이름.

1362)튱냥(忠良) ; 오자서(伍子胥)를 말한다. *오자서(伍子胥); 중국 춘추 시대의 초나라 사람(?~B.C.484). 이름은 원(員). 아버지와 형이 초나라 평왕(平王)에게 피살되자 오나라를 도와 초나라를 쳐서 원수를 갚았다. 이후 오나라를 도와 당대의 패자(覇者)가 되게 하였고, 또 왕자 부차(夫差)가 왕위에 오르는데 결정적인 역할을 하였다. 그러나 오왕 부차가 간신의 말을 믿고 그에게 촉루검(屬鏤劍)을 보내 자결을 명하자, 이를 따라 자결하였다.

1363)월병(越兵) : 월나라 왕 구천(句踐)이 이끄는 군대.

1364)곳비 드ᄃᆡ이ᄂᆞᆫ 화(禍) : 고삐가 길면 밟히기 마련인 화.

취ᄒᆞ【71】더니, 홀연 닉루(內樓)로 조ᄎᆞ 진공의 장ᄌᆞ 윤긔 나와, 하싱의 볘엿ᄂᆞᆫ 목침을 빠히며 왈,

“빅뷔(伯父) 쇼뎨로 ᄒᆞ야금 믹현당의 가 하형이 왓ᄂᆞᆫ가 보라 ᄒᆞ시거ᄂᆞᆯ, 믹현당의 니ᄅᆞ니 형의 그림ᄌᆞ도 업ᄂᆞᆫ지라, 아니 와시므로 회주(回奏)ᄒᆞ니, 대인이 닐ᄋᆞ시ᄃᆡ, 그 귀신이 아니 와실 니 업ᄉᆞ니 셔직의 가 보라 ᄒᆞ시고, 져져로 ᄒᆞ야금 믹현당으로 가라 ᄒᆞ여 계시니, 형이 이제 쇼뎨로 더브러 믹현당으로 가미 엇더ᄒᆞ뇨?”

태위 뎡시를 ᄃᆡ코져 ᄯᅳᆺ이 업ᄉᆞ니, 엇지 윤긔의 말을 조ᄎᆞ 믹현당의 다시 가리오마ᄂᆞᆫ, 뎡시 【72】향쟈(向者) 간부(間夫)로 더브러 음낙(淫樂)ᄒᆞᆫ 바로, ᄌᆞ긔를 참아 ᄂᆞᆺ드러 보지 못ᄒᆞᆯ지라. 그 긔식을 숣피며 동지(動止)를 치1365) 보려, 희미히 웃고 니러 안ᄌᆞ며 왈,

“금일이 칠월 칠일1366)이 아니오, 은하(銀河)의 격ᄒᆞ미 업시 오작(烏鵲)이 다리 되기를 슈고치 아냐셔, 너의 죵ᄆᆡ 고졍(故情)을 펴미 환흡(歡洽)ᄒᆞᆫ지라. 쇼동이 하고로 나를 청ᄒᆞᄂᆞ뇨?”

윤긔 아모 곡졀도 모로고, 하싱의 말이 ᄎᆞ셔(次序)업서 예 ᄉᆞ롭지 아니믈 불복ᄒᆞ여 정식 왈,

“형이 취ᄒᆞ엿ᄂᆞ냐? 엇지 언ᄉᆡ 평일과 다ᄅᆞ시뇨? 져져와 형이 됴셕으로 상ᄃᆡᄒᆞ시니 하고로 약슈(弱水)1367)의 길이 이【73】시며, 작교(鵲橋)1368)의 상봉ᄒᆞ미 되리오? 직녀(織女)1369)ᄂᆞᆫ 칠월 칠셕(七夕)의 견우(牽牛)1370)를 ᄒᆞᆫ 번식 상봉ᄒᆞᄃᆡ 잡의ᄉᆞ를 머믈지 아니ᄒᆞ니, ᄀᆞ장 졍녈(貞烈)ᄒᆞᆫ 션ᄋᆡ(仙娥)라. 나의 죵ᄆᆡ를 그런ᄃᆡ 비ᄒᆞ미 불가치 아니랴? 연(然)이나 셰상의 녀ᄌᆞ 되오미 욕되고 통ᄒᆞᆫᄒᆞᆯ ᄲᅮᆫ이니, 그 밧 무ᄉᆞᆫ 말을 ᄒᆞ리오.”

태위 쇼왈,

“네 말이 과연 가(可)ᄒᆞᆫ뎌! 너의 죵져(從姐) ᄀᆞᄐᆞ니ᄂᆞᆫ 남ᄌᆡ 되엿던들, 비록 승당입실(升堂入室)의 군ᄌᆡ(君子)되지 못ᄒᆞ나, 동누(東樓)의 취(醉)ᄒᆞ고 셔루(西樓)의 즘자, 창가묘무(唱歌妙舞)의 초요졔미(楚腰齊美)1371)를 혹ᄒᆞ여 무궁ᄒᆞᆫ 셰월의 즐길 거ᄉᆞᆯ, 녀ᄌᆞ

1365)치 : 채. 마저. 아직. 미처, 계속하여. 이미 있는 상태가 그대로 지속되고 있음을 나타내는 말.

1366)칠월 칠일 : 칠석날. 음력으로 칠월 초이렛날의 밤. 이때에 은하의 서쪽에 있는 직녀와 동쪽에 있는 견우가 오작교에서 일 년에 한 번 만난다는 전설이 있다.

1367)약슈(弱水) : 신선이 살았다는 중국 서쪽의 전설 속의 강. 길이가 3,000리나 되며 부력이 매우 약하여 기러기의 털도 가라앉아 속인(俗人)은 건널 수 없다고 한다.

1368)작교(鵲橋) : 오작교(烏鵲橋). 까마귀와 까치가 은하수에 놓는다는 다리. 칠월 칠석날 저녁에, 견우와 직녀를 만나게 하기 위하여 이 다리를 놓는다고 한다.

1369)직녀(織女) : 견우직녀 설화에 나오는 여자 주인공.

1370)견우(牽牛) : 견우직녀 설화에 나오는 남자 주인공.

1371)초요졔미(楚腰齊美) : 초나라의 가는 허리와 제나라 미인. *초요(楚腰)는 초나라 영왕(靈王)이 허리가 가는 미인을 좋아했다는 고사에서 유래한 것으로, '가는 허리' 또는 '초나라 미인'을 뜻하는 말로 쓰인다. *제미(齊美); '월녀제희(越女齊姬)'라는 성어(成語)가 생겼을 정도로 제나라에는 미인이 많았기

된 타ᄉᆞ로 힝낙(行樂)을 【74】 쾌히 못ᄒᆞ고, 규방의○[셔] 투귤(投橘)1372)을 당치 못ᄒᆞ니, 내 위ᄒᆞ여 ᄋᆡ달니 넉이노라."

윤긔 경식 왈,

"형언이 군ᄌᆞ의 경실(正室)다려 홀 ᄇᆡ 아니라. 비례불텽(非禮不聽)과 비례불시(非禮不視)1373)를 닐ᄋᆞ시미 셩교(聖敎)의 지극ᄒᆞᆫ 경계(警戒)어ᄂᆞᆯ, 쇼뎨 년유미셰(年幼微細)ᄒᆞ여 형의 녜(禮) 아닌 언어를 슈작(酬酌)ᄒᆞ믈 뉘웃고 븟그리노라."

셜파의 안ᄉᆡᆨ이 ᄒᆞᆫ엄(寒嚴)ᄒᆞ고 ᄉᆞ긔(辭氣) 슉연ᄒᆞ니, ᄉᆡᆼ이 뎡가 ᄋᆞ쇼(兒少)들을 볼ᄉᆞ록 ᄋᆡ둘온 의ᄉᆡ ᄀᆞ득ᄒᆞ여, 남ᄌᆞ 녀인이 다 셩ᄌᆞ여ᄆᆡᆨ(聖者餘脈)과 명가여풍(名家餘風)이어ᄂᆞᆯ, 뎡쇼졔 홀노 그러틋 음황(淫荒)ᄒᆞ미 ᄌᆞ긔 쳥궁(妻宮)이 박ᄒᆞ미라 ᄒᆞ여, 평일 뎡 【75】 쇼져를 경복ᄒᆞ더[던] 거시 ᄌᆞ긔 불명(不明)ᄒᆞᆫ 허물인가 넉이다가, 다시 ᄉᆡᆼ각ᄒᆞᄃᆡ,

"뎡시 호말(毫末)이나 불민(不敏)ᄒᆞ면 우리 부모의 명감이 일월 ᄀᆞᄐᆞ시므로 그ᄃᆡ도록 칭ᄋᆡ(稱愛)치 아니시리니, 나의 아쟈(俄者) 본 바ᄂᆞᆫ 무ᄉᆞᆫ 요괴 흉신이런고. 아모커나 드러가 그 거동을 ᄉᆞᆲ피리라."

ᄒᆞ여, 윤긔의 ᄉᆞᄆᆡ를 잇그러 왈,

"어린 ᄋᆞᄒᆡ 삼촌셜(三寸舌)을 놀녀 어룬을 ᄭᅮ짓지 말고 나를 뫼셔 여져(汝姐)의 침소로 인도ᄒᆞ라."

윤긔 미쇼 왈,

"오슈년유미셰(吾雖年幼微細)1374)나 그ᄃᆡ ᄀᆞᄐᆞᆫ 자ᄂᆞᆫ 효측(效則)고져 ᄯᅳᆺ이 업ᄉᆞ니, 우은 말을 말지어다."

언필(言畢)에 몸을 니러 하ᄉᆡᆼ 【76】 을 ᄆᆡ현당으로 인도ᄒᆞ니, 태위 입실ᄒᆞᄆᆡ 쇼졔 오히려 도라오지 아냣고, ᄲᅡᆼ금(雙衾)은 포셜(鋪設)ᄒᆞᆫ 채 잇더라. 【77】

때문에 쓴 말로 보인다.

1372)투귤(投橘) : 여성이 좋아하는 남성을 향해 그 표시로 귤을 던지는 행위. 중국 서진(西晉)의 미남자 반악(潘岳)이 젊었을 때 용모가 아름다워, 그가 낙양의 거리에 나타나면 여자들이 몰려와 그의 관심을 끌기 위해 그를 향해 귤을 던졌다는 고사에서 유래한 말.

1373)비례불텽(非禮不聽) 비례불시(非禮不視) : 예(禮)가 아닌 말은 듣지를 않고 예(禮)가 아닌 것은 보지를 않음.

1374)오슈년유미셰(吾雖年幼微細) : 내 비록 나이 어리고 몸이 미세하지만.

윤하뎡삼문취록 권지삼십오

ᄎᆞ시 태위 입실ᄒᆞᄆᆡ, 쇼제 오히려 도라오지 아냣고 빵금(雙衾)은 포셜ᄒᆞᆫ 치 잇고, 그 남ᄌᆞ의 버ᄉᆞᆫ 옷과 쇼져의 나삼(羅衫)이 간ᄃᆡ 업ᄉᆞ니, 발셔 거두워 가시믈 더옥 ᄆᆡ이녁여 ᄒᆞ더라.　윤긔ᄂᆞᆫ 즉시 존당으로 드러가고 태우ᄂᆞᆫ 혼ᄌᆞ 안ᄌᆞ, 뎡시의 음비지ᄉᆞ만[를] 측냥치 못ᄒᆞ여 ᄆᆞ음이 십분 요요ᄒᆞ{거}니, 굿ᄐᆞ여 몽셩이 부족ᄒᆞ미 아니라, 오히려 년쇼ᄒᆞ여 셰ᄉᆞᄅᆞᆯ 경녁지 못ᄒᆞᆫ 바로, 참흉음비지ᄉᆞ(慘凶淫鄙之事)ᄅᆞᆯ 목도ᄒᆞᄆᆡ 골경신히(骨驚身駭)ᄒᆞ여 밋처 손을 놀니지 못ᄒᆞ【1】여, 져 요리(妖尼)와 츈향이 ᄃᆞ라나니 인심의 측ᄒᆞ고1375) 분ᄒᆞ미 고이ᄒᆞ리오. 연이나 과격ᄒᆞᆫ 노(怒)ᄅᆞᆯ 발치 아니코, 의ᄉᆡᆨ 원대ᄒᆞ여 만균(萬鈞)의 듕(重)과 구뎡(九鼎)의 심(心)이 말쇽(末俗) 범뉴(凡類)의 ᄂᆡ도(來倒)ᄒᆞᆫ 연괴(緣故)러라.

청션 요리 츈향으로 더브러 도망ᄒᆞᄂᆞᆫ 체ᄒᆞ고, 다시 화ᄒᆞ여 비됴(飛鳥)되여 ᄆᆡ현당의 니ᄅᆞ러 하태우의 나아가믈 보고, 급히 건복(巾服)과 션삼닌ᄃᆡ(蟬衫麟帶)1376)ᄅᆞᆯ 가져 쇼연시 침소의 와 하태우 속이믈 일일히 닐ᄋᆞ고, 건복(巾服)과 녀의(女衣)ᄅᆞᆯ 협ᄉᆞ(篋笥)의 너흐라 ᄒᆞ여 왈,

"이 거시 츈향과 빈되(貧道) 버서 후리친 ᄌᆡ 두면, 뎡시 총오(聰悟)ᄒᆞ니 하【2】태우의 흔연치 못ᄒᆞᆫ 긔ᄉᆡᆨ으로ᄡᅥ, 참누(慘累) 실으믈 ᄭᆡ다라 스ᄉᆞ로 죄명을 신ᄇᆡᆨ(伸白)고져 ᄒᆞᄆᆡ, 이 건복과 션삼닌ᄃᆡᄅᆞᆯ ᄆᆡ현당의 바린 자ᄅᆞᆯ ᄎᆞᄌᆞᆯ ᄲᅮᆫ아니라, 부인이 하부인과 죵뎨간(從弟間)인 줄 알ᄆᆡ 의심이 도라질 ᄃᆞᆺᄒᆞᆫ 고로 ᄎᆞ물을 ᄀᆞᆷ초쇼셔 ᄒᆞ미로소이다."

연시 이의 ᄀᆞᆷ초고, ᄯᅩ 젼졍이 쾌락게 ᄒᆞ믈 청ᄒᆞ더라.

뎡쇼제 부슉이 직삼 ᄉᆞ침(私寢)으로 가믈 닐ᄋᆞ니, 쇼제 이의 ᄆᆡ현당의 니ᄅᆞ니, ᄉᆡᆼ이 셔칙을 보거ᄂᆞᆯ 쇼제 먼니 좌ᄒᆞᆫᄃᆡ ᄉᆡᆼ이 슉시냥구(熟視良久)러니, 비로소 벼개의 ᄡᅳ러져 자다가 계셩(鷄聲)이 【3】동ᄒᆞᄆᆡ 긔신(氣神)ᄒᆞ여 관셰(盥洗)ᄒᆞᆯᄉᆡ, 쇼제 ᄯᅩᄒᆞᆫ 니러 옥면을 정제(整齊)ᄒᆞ고 년보(蓮步)ᄅᆞᆯ 옴겨 존당으로 향ᄒᆞᄃᆡ, 츄홍 등이 뫼셔 녜뫼 ᄒᆞᆫ갈ᄀᆞᆺ치 진슉(振肅)ᄒᆞ니 ᄉᆡᆼ이 볼ᄉᆞ록 측냥치 못ᄒᆞ여 즉시 도라와, ᄎᆞ후 제뎨로 더브러 외

1375)측ᄒᆞ다 : 께름칙하다. 언짢다. 마땅치 않다.

1376)션삼닌ᄃᆡ(蟬衫麟帶) : 매미 날개 같은 옷과 기린의 문채가 있는 허리띠. 아름답고 화려한 복장을 말함.

당의셔 밤을 지닉고 다시 믹현당의 왕닉치 아니니, 부믹(駙馬) 고이히 넉이나 뭇지 못ᄒᆞ엿더니, 일일은 뎡은긔 니ᄅᆞ러 태우의 일졀 오지 아닛ᄂᆞᆫ 연고ᄅᆞᆯ 무ᄅᆞ니, ᄉᆡᆼ이 미쇼 왈,

"오슈용위(吾雖庸愚)나 몸이 팔쳑장부(八尺丈夫)로 엇지 탐츈(探春)ᄒᆞᄂᆞᆫ 음풍(淫風)의 숙직ᄒᆞ리오. 쇼뎨 아니라타 반악(潘岳)1377)의 【4】 미용(美容)과 니두(李杜)1378)의 호풍(豪風)이 업ᄉᆞ랴"

은긔 텽파의 변ᄉᆡᆨ 노왈(怒曰),

"내 평일 너ᄅᆞᆯ 사ᄅᆞᆷ만 넉여 '관포(管鮑)의 지긔(知己)'1379)ᄅᆞᆯ ᄡᆞ로고져 ᄒᆞ던 일이 한심ᄒᆞ도다. 텬뵈 눈을 탐츈(貪春)ᄒᆞᆫ다 ᄒᆞ며, 음풍의 숙직ᄒᆞ믈 괴로와라 ᄒᆞᄂᆞ뇨? 네 집 법은 반악(潘岳)의 미용과 니두(李杜)의 호풍인즉 비록 젹인(適人)ᄒᆞᆫ 녀ᄌᆡ라도 다시 의혼(議婚)ᄒᆞ미 잇ᄂᆞ냐?"

태위 왈,

"엇지 일시 희언을 과도히 노ᄒᆞᄂᆞ뇨? 영믹(令妹) 남ᄌᆡ면 예초의 니부인 ᄉᆞ상ᄒᆞᄂᆞᆫ 힝ᄉᆡ 이실넌동 어이 알니오."

도헌이 더옥 노왈,

"너의 ᄒᆞᄂᆞᆫ 말이 심상(尋常)ᄒᆞᆫ 말이 아니오, 무례ᄒᆞ미 극ᄒᆞ니 엇지 분(憤)【5】치 아니리오. 내 무상ᄒᆞ여 가훈(家訓)을 져바려 니시ᄅᆞᆯ 취ᄒᆞ나, 또 월장규벽(越墻窺壁)의 은밀지ᄉᆡ(隱密之事) 아니라. 쳔만인이 닐너도 음힝은 아니거니와, 지어(至於) 쇼믹(小妹)ᄒᆞ여ᄂᆞᆫ 남ᄌᆡ 되여도 승당입실(升堂入室)의 공밍(孔孟)1380)의 후셕(後席)을 니으리니, 너 ᄀᆞᆺᄐᆞᆫ 불인의게 일ᄉᆡᆼ을 ᄆᆡ여실니 이시리오마ᄂᆞᆫ, 명되(命途) 험혼(險昏)ᄒᆞ여 녀ᄌᆞ된 타ᄉᆞ로 너의 실가(室家)의 쳐(處)ᄒᆞ니, 가히 ᄒᆞᆫ(恨)홉지 아니랴?"

태위 쇼왈,

"너의 노ᄒᆞᄂᆞᆫ 거동이 부인의 협조(狹躁)ᄒᆞ미라."

도헌이 춍명 영달ᄒᆞᆫ 고로 하ᄉᆡᆼ의 말이 희언이 아니믈 ᄀᆞ장 고이히 넉이더라. 이윽고 도【6】헌이 도라간 후, 부매(駙馬) 형을 ᄃᆡᄒᆞ여, 도헌다려 ᄒᆞᄂᆞᆫ 말이 고이홈과 근간의 믹현당 왕닉 긋ᄂᆞᆫ 연고ᄅᆞᆯ 무란ᄃᆡ, 태위 한가히 웃고 답지 아니터니, 날호여 닐오ᄃᆡ,

"셰ᄉᆞᄅᆞᆯ 난측(難測)이오, 인심은 불가량(不可量)이니, 우형(愚兄)이 사ᄅᆞᆷ을 과히 허ᄒᆞ던 ᄇᆡ 남이 붓그러온지라. 모일의 믹현당을 드ᄃᆡ니 참아 보지 못ᄒᆞᆯ 음비지ᄉᆡ(淫鄙之

1377)반악(潘岳) : 247~300. 중국 서진(西晉)의 문인(文人). 자는 안인(安仁). 권세가인 가밀(賈謐)에게 아첨하다 주살(誅殺)되었다. 미남이었으므로 미남의 대명사로도 쓴다.

1378)니두(李杜) : 당나라 때 시인 이백(李白: 701-762)과 두보(杜甫: 712~ 770).

1379)관포(管鮑)의 지긔(知己) : 관중(管仲)과 포숙(鮑叔)이 서로 마음이 통하는 친한 친구였음을 이르는 말. *관포지교(管鮑之交); 관중과 포숙의 사귐이란 뜻으로, 우정이 아주 돈독한 친구 관계를 이르는 말.

1380)공밍(孔孟) : 유교에서 성인(聖人)으로 추앙하는 공자(孔子)와 맹자(孟子)

事) 잇ᄂᆞᆫ지라. 이 거시 ᄒᆞᆫ갓 뎡시의 음황ᄒᆞ미 아니라, 우형의 쳐궁이 무상ᄒᆞ미라. 여러 날이 되도록 심신을 뎡치 못ᄒᆞ되, 부모긔도 고치 아닛는 바는 죵두(終頭)를 ᄎᆡ 보고 음【7】풍의 계집을 그 부형의게 잡히믈 기다리ᄂᆞ니, 현데 뎡시의 음비지ᄉᆞ를 드ᄅᆞᆷ이 엇더ᄒᆞ뇨?"

도위(都尉) 텽필(聽畢)의 대경ᄒᆞ여 왈,

"쇼데 감히 형장의 ᄉᆞ광지총(師曠之聰)을 하ᄌᆞ(瑕疵)ᄒᆞᆯ ᄇᆡ 아니오ᄃᆡ, '지ᄌᆞ(智者) 쳔녀(千慮)의 필유일실(必有一失)이오, 우ᄌᆞ(愚者) 쳔녀(千慮)의 필유일득(必有一得)이라.'[1381] 형장이 초에 연수(嫂)를 취ᄒᆞ시ᄆᆡ, 존당 부모의 불힝은 닐오도 말고, 일가족당(一家族黨)이 다 아연실망(啞然失望)ᄒᆞ여 누ᄃᆡ봉ᄉᆞ(累代奉祀)를 녕(領)ᄒᆞᆯ 종부(宗婦)의 그ᄅᆞ시 불가ᄒᆞ믈 닐ᄋᆞ시더니, 인연이 긔특ᄒᆞ여 뎡쉬(嫂) 입문ᄒᆞ시니, 효봉구고(孝奉舅姑)와 승슌군ᄌᆞ(承順君子)의 동긔우ᄋᆡ(同氣友愛)와 【8】친쳑돈목(親戚敦睦)이 흡연(洽然)이 셩ᄌᆞ의 풍을 니으시고, 셰쇽의 용우(庸愚)ᄒᆞ믈 버서시니, 존당 부모의 귀듕ᄒᆞ시믄 닐오도 말고, 종ᄉᆞ(宗社)의 대경(大慶)이 이밧게 업ᄉᆞ믈 쇼데 등이 열복(悅服)ᄒᆞᄂᆞᆫ ᄇᆡ러니, 오ᄂᆞᆯ날 형장 말ᄉᆞᆷ을 드ᄅᆞᄆᆡ 뎡수를 의심ᄒᆞ여 ᄒᆡ연 경악ᄒᆞᄂᆞᆫ 거시 아니라, 형장의 총명영달ᄒᆞ시미 이의 다ᄃᆞ라ᄂᆞᆫ ᄂᆡ도ᄒᆞ시믈 놀납고, 향일(向日)과 다ᄅᆞ시믈 ᄋᆡ둘나 ᄒᆞᄂᆞ이다. ᄌᆞ고로 군ᄌᆞ와 텰뷔(哲婦) 다쳔(多舛)ᄒᆞ여[1382] 쇼인(小人)이 현자(賢者)를 맛ᄂᆞᆫ지라[1383]. 수수(嫂嫂)의 졍녈슉혜(貞烈淑慧)ᄒᆞ신 셩힝이 비의불법(非義不法)은 몽니(夢裏)의도 ᄉᆡᆼ각지 아【9】닐 ᄇᆡ니, 그 ᄀᆞᆺ튼 음쳔지힝(淫賤之行)은 아이의 치의(致疑)[1384]ᄒᆞᆯ ᄇᆡ 아니라. 근간의 대뷔 뎡수를 미온ᄒᆞᄂᆞᆫ 빗치 계시나, 일시 ᄉᆡᆼ각기를 그릇ᄒᆞ시미오, 형장의 도리 조부모의 뎡수 미안(未安)ᄒᆞ시믈 졀민(切悶)ᄒᆞ실 ᄇᆡ 아니나, 그 아름다오믈 ᄇᆞᆰ히 지긔ᄒᆞ여 쳔만인이 ᄉᆞ지져도, 형장은 그 힝ᄉᆞ를 션복(善服)[1385]ᄒᆞ시고 허다참언(許多讒言)은 이외(耳外)[1386]로 드ᄅᆞ시ᄂᆞᆫ 거시 올커ᄂᆞᆯ, '증모(曾母)의 투져(投杼)'[1387]를 효측(效則)ᄒᆞ시고, '위문휘(魏文侯)[1388] 즁산방셔(中山榜書)[1389]를 졉[1390] 즁의 ᄀᆞᆷ초믈'[1391] 본밧지 아니시니, 뎡쉬 어ᄃᆡ로 조ᄎᆞ 원억(冤抑)ᄒᆞ

1381)지ᄌᆞ(智者) 쳔녀(千慮)의 필유일실(必有一失)이오, 우ᄌᆞ(愚者) 쳔녀(千慮)의 필유일득(必有一得)이라 : 지혜로운 사람의 천 가지 생각 가운데도 한 가지 실수는 있기 마련이오, 어리석은 사람의 천 가지 생각 가운데도 한 가지 쓸 만한 생각은 있기 마련이다.

1382)다쳔(多舛)ᄒᆞ다 : 운명 따위가 기구(崎嶇)하다. 세상살이가 순탄하지 못하고 까탈이 많다.

1383)맛다 : 마치다. 끝내다. 죽이다.

1384)치의(致疑) : 의심함. 의심을 둠.

1385)션복(善服) : 옳다고 여겨 따름.

1386)이외(耳外) : 귀 밖. 새겨서 듣지 않음.

1387)증모(曾母)의 투져(投杼) : 증자의 어머니가 증자가 사람을 죽였다는 헛된 소문을 듣고 베 짜던 북을 던지고 사건 현장으로 달려갔다는 고사를 말함.

1388)위문휘(魏文侯) : 중국 전국시대 위(魏)나라 임금. 이름은 도(都), 시호는 문(文)이다.

1389)즁산방셔(中山傍書) : 중산(中山) 정벌과 관련된 온갖 비방하는 글들. *중산(中山); 중국 강소성(江蘇省) 남경(南京) 북동(北東)쪽에 위치한 산 이름. 또는 지명.

1390)졉 : 협(篋). 상자.

믈 폭빅(暴白)ᄒᆞ리오. 수수(嫂嫂)의 익【10】회 ᄎᆞ악ᄒᆞ미니, 노련(魯連)[1392]의 강항(强項)홈과 안연(顏淵)[1393]의 쳥고ᄒᆞ믈 겸ᄒᆞ여, 공강(共姜)[1394]의 녈녈(烈烈)홈과, 태ᄉᆞ(太姒)[1395]의 유한(幽閑)ᄒᆞ며, 빅희(伯姬)[1396] 고집을 아오라, 직개(直槪)[1397]ᄒᆞ미 염시[1398]의 곳음을 압두(壓頭)ᄒᆞ시고, 결쳥(潔淸)ᄒᆞ시미 《왕가부∥양과부(梁寡婦)[1399]》의 코 버히믈 올히 넉이시니, 뎡쉬 텬질(天質)이 음쳔(淫賤)ᄒᆞ실진ᄃᆡ 궁항쳔녀

1391)위문휘(魏文侯) 즁산(中山) 방셔(謗書)를 졉 즁의 ᄀᆞᆷ초믈 : 전국시대에 위문후가 장수 악양(樂羊)으로 하여금 중산(中山)을 치게 하여, 악양이 3년 만에 중산을 빼앗고 돌아와 문후에게 자신의 공(功)을 자랑스럽게 늘어놓았다. 이에 문후는 말없이 상자 하나를 악양에게 건네주었다. 악양이 상자를 열어보니 그 속에는 그동안 조신(朝臣)들이 올린 자신을 비방한 문서들로 가득차 있엇다. 위문후는 그간 조신들의 온갖 비방에도 불구하고 3년이나 악양을 믿고 기다렸던 것이다. 악양은 부끄러워하며 승리의 공을 문후에게 돌렸다고 한다. 『전국책(戰國策)』에 나온다.

1392)노련(魯連) : 전국시대 제나라 선비 노중련(魯仲連)을 말함. 그가 조(曺)나라에 머물고 있을 때, 진(秦)나라가 조나라를 침공해 수도 한단(한단)을 포위하자 조나라를 위해 위(魏)나라를 설득해 진나라를 치게 함으로써 조나라를 위기에서 구해주었다. 이때 그가 '불의(不義)한 진(秦) 나라가 천하를 지배하여 황제 노릇하면 차라리 동해에 빠져 죽겠다'고 한 말이 『사기』 열전(列傳)에 전하고 있다.

1393)안연(顏淵) : '안회(顏回)'의 성(姓)과 자(字)를 함께 이르는 이름. *안회(顏回); 중국 춘추 시대의 유학자(B.C.521~B.C.490). 자는 자연(子淵). 공자의 수제자로 학덕이 뛰어났다.

1394)공강(共姜) : 위(衛)나라 희후(僖侯)의 아들 공백(共伯)과 결혼하였는데 남편이 뜻하지 않게 요절하자, 공강의 친정어머니는 젊어서 청상과부가 된 딸의 앞날이 걱정되어 딸에게 여러 번 개가(改嫁)를 종용하였다. 그러나 공강은 그 때마다 어머니의 종용을 거부하고 '백주(柏舟)'라는 시를 지어 끝까지 절의를 지켰다. 그녀의 기사는 『소학』 <명륜(明倫)>편에, 시 '백주(柏舟)'는 『시경』 <용풍(鄘風)>편에 나온다.

1395)태ᄉᆞ(太姒) : 중국 주(周)나라 문왕의 비(妃)로, 현모양처(賢母良妻)로 이름이 높다.

1396)빅희(伯姬) : 중국 춘추시대 魯(노)나라 宣公(선공)의 딸. 송나라 恭公(공공)에게 시집갔다가 10년 만에 홀로 됐다. 궁궐에 불이 났을 때 관리가 피하라고 했으나 부인은 한밤에 보모 없이 집을 나설 수 없다고 고집해서 결국 불속에서 타 죽었다. 『열녀전(烈女傳)』 <정순전(貞順傳)>'송공백희(宋恭伯姬)'조(條)에 기사가 보인다.

1397)직개(直槪) 올곧게 절개를 지킴.

1398)염시 : 미상. 다만 <완월회맹연>에 열부(烈婦) '념시[염시]의 곧음'이 네 차례나 검색되는 것을 보면 관련 고사가 있을 것 같아 <열녀전><소학><사기> 등 여러 DB자료들을 검색하여 보앗으나 찾지 못하였다. <완월>에 위 본문과 똑같은 표현이 보인다. 즉, "경강의 네 즁홈과 빅희의 고집ᄒᆞ믈 겸ᄒᆞ며 직기(直介)ᄒᆞ여 념시의 고드미 잇고 결쳥(潔淸)ᄒᆞ여 왕과부의 단비(斷鼻)ᄒᆞ믈 올히 넉이므로뼈…(<완월>권23;3쪽).

1399)양과부(梁寡婦) : 중국 전국시대 양(梁)나라의 과부. 얼굴이 예쁘고 행실이 아름다웠는데. 일찍 과부가 되었다. 나라의 귀인들이 다투어 혼인을 청하였으나 단호하게 거절하고 절의를 지켰다. 양나라 왕이 또 사신을 보내 맞아오게 하자, 칼로 자신의 코를 베어 흉한 얼굴이 되어 말하기를, "왕이 나를 구하는 것은 얼굴 때문인데, 이제 할비(割鼻)의 형을 가해 볼 것이 없으니 놓아 줄 수 없겠습니까?" 하였다. 이에 왕이 그 절개를 높이 사 '고행(高行)'이라는 호를 내리고 찬양하였다. 『중문대사전』(中華學術院刊) '고행(高行)'조. *본문의 '양가부'는 전거를 찾지 못하였다. <완월회맹연>에 위 본문과 비슷한 표현이 보이는데 여기에는 '왕과부'로 표기되어 있다. 즉. "경강의 네 즁홈과 빅희의 고집ᄒᆞ믈 겸ᄒᆞ며 직기(直介)ᄒᆞ여 념시의 고드미 잇고 결쳥(潔淸)ᄒᆞ여 왕과부의 단비(斷鼻)ᄒᆞ믈 올히 넉이므로뼈…(<완월>권23;3쪽). 이를 보면, '양가부'의 '가부'는 '과부'의 오기(誤記)로 보인다. 또한 <완월>의 '왕과부'도 위 '고행(高行)'조(條)의 '양과부'의 오기일 것으로 추정된다. 그러나 '단비'가 코를 벤 것이 아닌 팔을 벤 '단비(斷臂)'라면 당나라 왕응(王凝)의 처 이씨(李氏)가 정절을 지키기 위해 팔을 베었던 고사를 말한 것일 수 있어 단정할 수 없다.

(窮巷賤女)의 휵양(畜養)으로써, 남의 비ᄌᆞ(婢子)되ᄂᆞᆫ 참난간고(慘難艱苦)의 어이 일목(一目)을 ᄀᆞᆷ고, 반신불슈(半身不隨)ᄅᆞᆯ 칭ᄒᆞ여, 병인(病人)이믈 남이 알게 ᄒᆞ며, 또 요리의 당광(唐狂)1400)ᄒᆞᆫ 핍박(逼迫)을 단연(斷然)이 요동치 아냐, 산문(山門)의 불뎨(佛弟) 되지 아니코, 신톄발부(身體髮膚)ᄅᆞᆯ 온젼이 ᄒᆞ【11】여, 형장(兄丈)을 조ᄎᆞ 도라올 ᄇᆡ리 잇고? 형장이 뎡수(嫂)의 음일지ᄉᆞ(淫佚之事)ᄅᆞᆯ 열번 보시미 되어도, 그 간부놈과 수수의 ᄆᆡ골1401) 쁜 요괴ᄅᆞᆯ 잡지 아닌 젼은, 유죄무죄(有罪無罪)ᄅᆞᆯ 분변치 못ᄒᆞ시려니와 셰ᄉᆞᄅᆞᆯ 난측이니, 오수(吾嫂)의 특이지질(特異之質)과 슈츌지ᄉᆡᆨ(秀出之色)을 싀오재(猜惡者) 음해ᄒᆞ여 짐ᄌᆞᆺ 수시(嫂氏)의 귀령(歸寧)ᄒᆞᆫ ᄣᅢᄅᆞᆯ 승극(乘隙)ᄒᆞ고 형장 왕닉ᄒᆞ시ᄂᆞᆫ 바ᄅᆞᆯ 알아 음악지ᄉᆞ(淫惡之事)ᄅᆞᆯ 보시게 ᄒᆞ미니, 형장은 슉녀ᄅᆞᆯ 의심치 마ᄅᆞ시고 가지록 듕대공경(重待恭敬)ᄒᆞ샤 간인의 흉계ᄅᆞᆯ 맛치지 마ᄅᆞ쇼셔."

태위 뎡파의 슉연ᄒᆞᆫ 빗치이【12】셔 왈,

"우형이 뎡시ᄅᆞᆯ 만나미 여러 일월의 허심지긔(許心知己)1402)ᄒᆞᄂᆞᆫ ᄇᆡ로되, 오히려 그 흉음지ᄉᆞᄅᆞᆯ 목도ᄒᆞᄆᆡ 의심이 동ᄒᆞ여 ᄋᆡᄆᆡ턴가 쁫이 십분지일(十分之一)이여ᄂᆞᆯ, 현뎨ᄂᆞᆫ 수슉간 져ᄅᆞᆯ 알미 이 ᄀᆞᆺᄐᆞ니 뎡시 드ᄅᆞᆫ즉 감사ᄒᆞ리로다."

부매 ᄌᆡ삼 뎡쇼져의 명ᄒᆡᆼ녈절(明行烈節)을 닐ᄏᆞ라 태우의 본 바ᄂᆞᆫ 뎡시의 ᄆᆡ골 쁘인 간인의[이] 흉음지ᄉᆞ(凶淫之事)ᄅᆞᆯ ᄒᆡᆼᄒᆞ미라 ᄒᆞ니, ᄉᆡᆼ이 반신반의(半信半疑)ᄒᆞ여 말을 못ᄒᆞ더니, 이ᄂᆞᆯ 존당의 혼뎡을 파ᄒᆞᄆᆡ 도위 태우ᄅᆞᆯ 향ᄒᆞ여 ᄆᆡ현당을 가믈 권ᄒᆞ니, 【13】태위 미쇼 왈,

"현뎨와 광금장침(廣衾長枕)의 힐항(詰頏)ᄒᆞᄂᆞᆫ 즐거오믈 ᄇᆞ리고 ᄆᆞ음의 측ᄒᆞᆫ 곳으로 가고져 쁫이 업ᄉᆞᄃᆡ, 우형이 근간은 ᄒᆞᆫ 쥬견 업ᄉᆞᆫ 사ᄅᆞᆷ이 되여 졀졀이 아의 ᄀᆞᄅᆞ치믈 조촐 ᄲᅮᆫ이로다."

부매 왈,

"쇼뎨 엇지 감히 형장을 ᄀᆞ라치ᄂᆞᆫ 외월(猥越)ᄒᆞ미 이시리잇고? 다만 님군이 그ᄅᆞ시ᄆᆡ 신해 고간(固諫)ᄒᆞ고, 부형(父兄)이 ᄉᆡᆼ각지 못ᄒᆞ시ᄆᆡ ᄌᆞ뎨(子弟) 규졍(糾正)ᄒᆞ미 상ᄉᆡ(常事)라. 뎡수의 누언(陋言)이 쥬공(周公)1403)의 동관지참(同貫之讒)1404)을 당ᄒᆞᆷ과

1400)당광(唐狂) 법에 위반되고 사리를 분별 못함.

1401)ᄆᆡ골 : 매골. 사람의 모습 또는 형상.

1402)허심지긔(許心知己) : 허심지기지우(許心知己之友). 서로 마음을 허락하여 참되게 알아주는 친구.

1403)쥬공(周公) : 중국 주나라의 정치가. 문왕의 아들로 성은 희(姬). 이름은 단(旦). 형인 무왕을 도와 은나라를 멸하였고, 주나라의 기초를 튼튼히 하였다. 예악제도(禮樂制度)를 정비하였으며, ≪주례(周禮)≫를 지었다고 알려져 있다.

1404)동관지참(東關之讒) : 주공이 어린 조카 성왕(成王)을 섭정하자, 주공의 형 관숙(管叔)과 아우 채숙(蔡叔)이 주공이 장차 어린 조카를 해할 것이라는 유언비어를 퍼트려 모해하자, 2년 간 나라 동쪽[=동관(東關)]으로 피해 있었던 일을 말한다. 『서경』<周書>에 나온다. 그러나 이를 '동관지참(東關之讒)' 또는 '동관지액(東關之厄)'으로 부르고 있는 것은 본 작품과 <완월회맹연> 등의 우리고소설에서만 쓰고 있는 말이다. 사마천의 『사기』<魯周公世家>에서는 이 시기에 주공은 동쪽에 피해 있는 것이 아니라, 관숙·채숙과 은나라 왕족 무강(武庚) 등이 합세하여 반란을 일으켜, 2년 동안 군사를 이끌고 동

ᄀᆞᆺᄐᆞ니, 형장은 간인의 흉젹(凶跡)을 명찰(明察)ᄒᆞ샤 뎡수의 누얼을 신셜(伸雪)ᄒᆞ쇼셔."

태위 【14】미쇼ᄒᆞ고 날호여 협문으로 조ᄎᆞ ᄆᆡ현당의 니ᄅᆞ니, 일이 공교ᄒᆞ여 간인의 베프ᄂᆞᆫ ᄇᆡ 졀졀이 ᄀᆞ만ᄒᆞᆫ 즁 신능극악(神能極惡)ᄒᆞ여, 쳥션 요리(妖尼) 하태우의 ○[ᄆᆡ]현당으로 오믈 발셔 알고, 음악지셜(淫惡之說)을 미리 지어 틈을 엿던지라. 뎡쇼져ᄂᆞᆫ 태운뎐의셔 미처 오지 아닌 ᄉᆞ이, 쳥션요리 ᄒᆞᆫ낫 비됴(飛鳥) 되여 ᄆᆡ당의 드러가 흉셔를 연갑(硯匣) 우희 노코, 밧비 ᄂᆞ라나[가]니, 쳥사(聽舍)의 방노파와 여러 비직 이시되, 요리 입실ᄒᆞ되 흉셔를 더지믈 망연부지(茫然不知)러라. 태위 입실ᄒᆞᄆᆡ 뎡시 업고, 방즁이 젹뇨ᄒᆞ믈 인ᄒᆞ【15】여 쵹하의 셔쳡(書帖)을 ᄉᆞᆲ피더니, 믄득 연갑 우희 일봉 셔간이 잇거ᄂᆞᆯ, 게얼니 집어 보니,

"쇼쳡 뎡시ᄂᆞᆫ 마낭군 좌젼의 근이봉셔(謹而封書)라."

ᄒᆞ엿ᄂᆞᆫ지라. 필획이 찬난ᄒᆞ여 쥬옥(珠玉)을 헤쳐시나, 그 ᄉᆞ의(辭意) 흉참ᄒᆞ고 더러오며 음비ᄒᆞ고 궁흉ᄒᆞᆫ지라. 쵹화를 드러 살오고져 ᄒᆞ다가 다시 혜오되,

"뎡시 사ᄅᆞᆷ되오미 총명상쾌ᄒᆞ고 언(言)과 ᄉᆞ(事) 어긋나미 업ᄉᆞ며, 겸공근신(謙恭謹愼)ᄒᆞ여 쇼녀ᄌᆞ(小女子)의 젼도경망(顚倒輕妄)ᄒᆞ미 업ᄉᆞ니, 엇지 음흉지ᄉᆞ를 몸소 힝ᄒᆞ며 ᄒᆞ믈며 은밀지ᄉᆞ(隱密之事)를 사ᄅᆞᆷ이 알기 쉽게 아닐지라. 【16】임의 셔간을 일워 간부의게 보ᄂᆡ고져 ᄒᆞᆫ즉, 맛당히 젼ᄒᆞᆯ 사ᄅᆞᆷ을 맛져실 거시오, 미처 주지 못ᄒᆞ여시나, 경ᄃᆡ(鏡臺)와 상협(箱篋) 속에 깁히 간ᄉᆞᄒᆞ여시리니, 엇지 ᄂᆡ여 노핫다가 날노 ᄒᆞ야금 보게 ᄒᆞ미, 아마도 뎡시의 평일 쥬밀(周密)ᄒᆞᆫ 힝ᄉᆞ와 다란지라. 마낭군 자(者)ᄂᆞᆫ 엇더ᄒᆞᆫ 거시며, 셔ᄉᆞᄂᆞᆫ 쏘 엇진일인고? 아모커나 ᄒᆞᆫ번 셔ᄉᆞ를 보리라."

ᄒᆞ고, 피봉을 ᄯᅥ혀 ᄉᆞᆲ피니. ᄉᆞ의(辭意) 음참(淫僭)ᄒᆞ야, 뎡시 셔량(西涼)1405) 이실제 마가자로 유정ᄒᆞ되, 가슴 가온ᄃᆡ 쥬필(朱筆)을 머므러 부모 ᄎᆞᆺ기를 위ᄒᆞ여 냥정(兩情)을 일【17】우지 아냣다가, 신츈의 궁극히 ᄎᆞᄌᆞ 은정을 감격ᄒᆞ여 동방슈리(洞房繡裏)의 즐기ᄆᆡ, 비웅(飛熊)의 상셔(祥瑞)이셔 ᄐᆡ신지경(胎娠之慶)이 이시믈 ᄀᆞᆺ초 베플고, 항일의 서로 만나 황홀지정(恍惚之情)을 닐오지 못ᄒᆞ여셔, 몽셩 젹ᄌᆞ(敵子)의 셩이 갈호 ᄀᆞᆺ고 위인이 싀험강포(猜險强暴)ᄒᆞ니, 급급히 업시치 아냐셔ᄂᆞᆫ 그 해를 낭군과 쳡이 ᄒᆞᆫ가지로 밧으리라 ᄒᆞ엿고, 뎡국공이 은심(隱心)을 프지 아니미 통완ᄒᆞ니, 몽셩을 해ᄒᆞᆫ 칼긋ᄐᆡ 하노공 부부의 머리를 시험ᄒᆞ라 ᄒᆞ엿고, 필획(筆劃)이 슈발(秀拔)ᄒᆞ나 뎡쇼져의 슈젹(手迹)으로 만히 【18】다ᄅᆞ니, 태위 남필(覽畢)의 총명이 활연(豁然)이 열니이고, 신긔(神氣) 동ᄒᆞ여 ᄡᅵ다ᄅᆞᄆᆡ, 경긱의 뎡쇼져 해ᄒᆞ ᄂᆡ를 ᄉᆡᆼ각지 못ᄒᆞ니, 가연

정(東征)에 나서 이들을 토벌함으로써, 주나라를 안정시켜 반석 위에 올려놓고 있다.

1405)셔량(西涼) : 중국 오호십육국(五胡十六國)의 하나였던 서량(西涼)의 국토로, 지금의 감숙성(甘肅省) 서북부 돈황(燉煌) 지역을 말함. 서량은 400년에 한인(漢人) 이고(李暠)가 북량(北涼)으로부터 독립하여 세운 나라로, 감숙성(甘肅省)의 서북부 돈황(敦煌)에 도읍하였으나, 421년에 북량의 몽손(蒙孫)에게 패망하였다.

(可然) ᄌᆞᄎᆞ(咨嗟) 왈,

"ᄋᆡ(哀)라! 내 뎡시의 음힝을 친히 《보고‖보아시니》 텬하의 ᄒᆞᆫ 사ᄅᆞᆷ이 두 몸 될니 이시리오마는, 이 셔간 필젹은 결연이 뎡시의 슈즁으로 난 ᄇᆡ 아니니, 어인 일이 이리 요망(妖妄)ᄒᆞ여 날노 ᄒᆞ야금 측냥치 못ᄒᆞ게 ᄒᆞᄂᆞ뇨? ᄒᆞ믈며, 셔식 만히 ᄎᆞ례 업고, 문학(文學)의 근원이 아니니, 뎡시의 음힝이 나의 본 바 ᄀᆞᆺ틀진ᄃᆡ, 그 간부로 더브러 졉식합신(接腮合身)ᄒᆞᆯ ᄯᅴ의 어이 복경(福慶)【19】이 이시믈 닐ᄋᆞ지 못ᄒᆞ고, ᄀᆞᆺᄐᆞ여 셔ᄉᆞ(書辭)의 통ᄒᆞ며, 뎡시의 춍명이 ᄉᆞ광(師曠)의 지나고 언에(言語) 션망후실(先忘後失)ᄒᆞᆯ니 업ᄉᆞ니, 신츈의 마가재(馬哥者) 이라러실진ᄃᆡ 서로 얼골을 ᄃᆡᄒᆞ여 누년 회포를 펼 ᄇᆡ어늘, 필지어셔(筆之於書)ᄒᆞ야 음졍(淫情)을 이ᄃᆡ도록 베플니 이시리오. 다란 간부(姦夫)는 오히려 의심ᄒᆞ려니와, 마가쟈를 의심케 ᄒᆞ믄 실노 되지 못ᄒᆞᆯ 일이라. 뎡시 마가 탕ᄌᆞ의 욕을 피코져 반신불슈(半身不隨)와 일목병인(一目病人)이믈 남이 보게ᄒᆞ여, 마가 부ᄌᆡ 죄젹(罪謫)ᄒᆞᆫ 후 녀인만 잇는 ᄯᅴ 앙역(仰役)[1406]ᄒᆞ여시니, 마가의 얼【20】골도 본 일 업고, 도라올 긔약이 머지 아닌 고로, 방노파로 더브러 도망코져 ᄒᆞ던 바도 내 친히 드란 ᄇᆡ라. 연시 궁흉극악(窮凶極惡)ᄒᆞ나 교ᄉᆞ(狡詐)ᄒᆞᆫ 위인도 되지 못ᄒᆞ니, 젹인을 이ᄃᆡ도록 잡지 못ᄒᆞᆯ 거시오, 이곳은 더옥 뎡시 친당(親堂)이니 뎡시를 함졍의 너흘니 업ᄉᆞ니, 어ᄂᆡ 곳에 뉘 이셔 뎡시를 해ᄒᆞ미 이심(已甚)키의 밋첫ᄂᆞ뇨? 아니, 문양공쥐 초년 강악(强惡)으로 인심을 엇지 못ᄒᆞ여, 뎡시로ᄡᅥ 소싱이라 ᄒᆞ여 해ᄒᆞ는가?"

의식 요란(擾亂)ᄒᆞ더니, 이윽고 흉셔(凶書)를 소화ᄒᆞ고, 뎡시를 의심ᄒᆞ던 ᄇᆡ 만히 프러【21】져 ᄋᆡ미ᄒᆞᆫ가 넉이고, 그 해ᄒᆞᄂᆞ니를 ᄉᆡᆼ각지 못ᄒᆞ야 일심(一心)이 분완(憤惋)ᄒᆞᆫ 즁, ᄌᆞ긔 침금의 뎡시 간부와 동와(同臥)ᄒᆞ엿던 바는 긔 엇진 연괴고? 쳔ᄉᆞ만상(千思萬想)ᄒᆞᄆᆡ ᄆᆞ음을 뎡치 못ᄒᆞ여 심ᄉᆡ(心思) 요요(擾擾)ᄒᆞ더니, 홀연 향풍이 습습(習習)ᄒᆞ여 츄홍이 압흘 인도ᄒᆞ고 쇼졔 금년(金蓮)[1407]을 옴겨 실즁의 드러와 좌를 일우ᄃᆡ, 조금도 경황ᄒᆞ미 업서 안한유일(安閑悠逸)ᄒᆞ미 젼후 일양(一樣)이니, 태위 쇼져의 여ᄎᆞᄒᆞ믈 볼ᄉᆞ록 향일지ᄉᆞ(向日之事)를 측냥치 못ᄒᆞ여, ᄌᆞ로 쇼져를 보며 장탄ᄒᆞᆯ ᄲᅮᆫ이오, 말이 업더니, 야심ᄒᆞᄆᆡ 침금【22】을 펴고 상의 올으니, 쇼져의 신명ᄒᆞ미 엇지 태우의 긔ᄉᆡᆨ(氣色)을 모로리오. 스ᄉᆞ로 신상의 참뉘(慙累) 실녀시믈 지긔(知機)ᄒᆞ나, ᄒᆡᆼᄉᆡ(行事) 일월이 됴림(照臨)ᄒᆞᆫ ᄇᆡ니 구겁ᄒᆞ미 업고, 혜아리미 활달ᄒᆞ여 셩현도 ᄋᆡᆨ회(厄會)를 면키 어려오니 근심ᄒᆞᆯ ᄇᆡ 아니라.

쥬의를 뎡ᄒᆞᄆᆡ, ᄌᆞ긔 태우 만나미 엶픗ᄒᆞᆫ 셰월이 삼ᄌᆡ(三載)라. 서어(齟齬)ᄒᆞᆫ 신인과 다ᄅᆞ거늘, 안ᄌᆞ 새와 져의 눕기를 쳥ᄒᆞ믈 기다릴 ᄇᆡ 아니라 ᄒᆞ여, 텬연이 ᄌᆞ긔 침금의 고요히 누으나 의상을 불탈ᄒᆞ는지라.

1406)앙역(仰役) : 직접 주인의 명을 받아 노동력을 제공함. *앙역노비(仰役奴婢); 주인의 관리 하에 그 지시를 따라 직접적인 노동력을 제공하는 노비.

1407)금년(金蓮) : 금련보(金蓮步). 미인의 정숙하고 아름다운 걸음걸이를 비유적으로 이르는 말.

태위 흉셔롤 ᄒᆞᆫ번 본 후 의심이 만히 프러【23】져시나, 다만 ᄒᆞᆫ 사람이 두 몸 못 될 줄 혜아려 향일 ᄌᆞ긔 상우히 음난지ᄉᆞ(淫亂之事)ᄂᆞᆫ 어인 일인고? 망측 괴히ᄒᆞ나 쇼져의 타연ᄒᆞᆫ 긔ᄉᆡᆨ을 보미 ᄯᅩᄒᆞᆫ 묵연 졍ᄉᆡᆨ이러니, 날호여 왈,

"ᄌᆞ의 단엄졍직(端嚴正直)ᄒᆞ믈 보니, 젼일 힝ᄉᆞ롤 ᄉᆡᆼ각건ᄃᆡ 가히 ᄒᆞᆫ홉도다."

ᄒᆞ고 기리 ᄎᆞ탄ᄒᆞ믈 마지 아니ᄒᆞ니, 뎡시 그 긔ᄉᆡᆨ을 알고 긔운을 ᄂᆞᄌᆞ기 ᄒᆞ여 왈,

"군ᄌᆞᄂᆞᆫ 쇼쇼미ᄉᆡᆨ(小小微事)라도 은회(隱晦)ᄒᆞ실 ᄇᆡ 아니어ᄂᆞᆯ, 젼일 힝ᄉᆞ롤 닐ᄋᆞ샤 함호불셜(含糊不說)1408)ᄒᆞ시고 ᄎᆞ탄ᄒᆞ시니, 쳡이 그 무슴 연괴믈 아지 못ᄒᆞ거니와, 군ᄌᆞ의 활【24】달대되(豁達大道) 아니시며 총명달ᄉᆡᆨ(聰明達識)이 아니시믈 위ᄒᆞ여 깃거 아니ᄒᆞᄋᆞᆸᄂᆞ니, 쳡이 우용미암(愚庸迷暗)ᄒᆞ므로 평ᄉᆡᆼ 우락(憂樂)을 분변치 못ᄒᆞ오나, 녀ᄌᆞ의게 가뷔 하ᄂᆞᆯ이믄 아ᄋᆞᆸᄂᆞ니, 엇지 ᄊᆞ히 되여 하ᄂᆞᆯ 풍위(風威) 고로지 아니타 ᄒᆞ여 밧드지 아니며, 녀ᄌᆡ 되여 아뷔(我夫)1409) 용우ᄒᆞ믈 나모라ᄒᆞᄂᆞᆫ 난뉸패ᄉᆡᆨ(亂倫悖事)이실 거시라, 아냠ᄌᆞᆨᄒᆞᆫ 의심을 ᄒᆞ샤 ᄉᆡᆨ위불예(色威不豫)ᄒᆞ믈 두시ᄂᆞ니잇가?"

셜파의 ᄉᆞ긔(辭氣) 안졍ᄒᆞ고 안ᄉᆡᆨ이 화열ᄌᆞ약(和悅自若)ᄒᆞᄃᆡ ᄉᆡᆨᄉᆡᆨ 엄듕ᄒᆞ여 한월(寒月)이 셜봉(雪峯)의 바ᄋᆡᄂᆞᆫ 듯, 아릿다온 귀밋ᄎᆞᆫ 상운(祥雲)이 어ᄅᆡ고, 보ᄇᆡ로온 【25】신ᄎᆡ(身彩)ᄂᆞᆫ 혜왕(惠王)1410)의 됴승지쥐(趙城之珠) 광치 업ᄉᆞ믈 븟그리며, 어위ᄎᆞᆫ 도량과 놉흔 위의 사ᄅᆞᆷ으로 ᄒᆞ야금 경복(敬服)ᄒᆞ믈 결을치 못ᄒᆞᆯ ᄇᆡ니, 태위 텽파의 져 ᄀᆞᆺ튼 위인으로ᄡᅥ 그런 음흉ᄒᆞᆫ 인물노 밀위미 ᄌᆞ긔 ᄂᆞᆺ치 달호이고, 평일 허심(許心)ᄒᆞ미 ᄇᆡᆨ미인(百美人)을 모화도 뎡시 향ᄒᆞᆫ 졍은 변치 아니며, 연시 온가지로 작난ᄒᆞ나 원군위호(元君位號)ᄂᆞᆫ 뎡시의게 도라보ᄂᆡ려 뎡ᄒᆞᆫ ᄯᅳᆺ이러니, 불의(不意)에 음참지죄(淫僭之罪)롤 닐너 그 결쳥(潔淸)ᄒᆞᆫ ᄆᆞ옴을 더러이미 가치 아닌지라. 이의 흔흔(欣欣)이 우어 왈,

"셰간의 장부란 거시 과【26】연 괴로온 거시로다. ᄉᆡᆼ이 ᄇᆡᆨ우(百憂)롤 시러셔도 탄셕(歎惜)ᄒᆞ믈 부인다려 닐오미 업시 나모라니, 엇지 우읍지 아니리오. 그러나 하텬뵈 아니면 부인의 면칙(面責)을 감심(甘心)ᄒᆞᆯ 활냥(豁量)이 업ᄉᆞ리니, 부인이 나롤 무슨 일의 나모라 ᄒᆞ시ᄂᆞ뇨? ᄉᆡᆼ은 온갓 일을 이외(耳外)로 드ᄅᆞ나, 부인의 잉틱 삭수(朔數)나 알고져 ᄒᆞᄂᆞ니, 모로미 ᄌᆞ시 닐ᄋᆞ쇼셔."

쇼졔 져의 언ᄉᆡᆨ 단듕ᄒᆞ미 업고, 혈심으로 발홈도 아니라. 슌셜(脣舌)1411)이 무익ᄒᆞ여 ᄎᆞ탄ᄒᆞᆯ ᄲᅮᆫ이니, 태위 깃거아냐 다잡고 탄(歎)ᄒᆞᄂᆞᆫ 곡졀을 무ᄅᆞ니, 쇼졔 왈,

"부ᄌᆡ(夫子) 평일 【27】쳡을 ᄃᆡᄒᆞ야 심ᄉᆞ롤 ᄂᆡ외(內外)타 아니ᄒᆞ노라 ᄒᆞ시더니, 오

1408)함호불셜(含糊不說) : 마음 속에 품고 있는 생각을 입속에서 중얼거리며 분명하게 말하지 않음.

1409)아뷔(我夫) : 내 남편.

1410)혜왕(惠王) : 조혜왕(趙惠王). 중국 춘추시대 조(趙)나라의 왕. 당시 중국에 전래되던 유명한 보석인 화씨벽(和氏璧)을 빼앗아 손에 넣은 일로 인하여 화씨지벽(和氏之璧), 연성지벽(連城之璧), 조성지주(趙城之珠) 등의 고사와 함께 널리 이름이 전해지고 있다.

1411)슌셜(脣舌) : 입술과 혀를 아울러 이르는 말로, '수다스러움'을 비유적으로 이르는 말.

놀날 말솜은 단단이 진심이 아니라. 쳡이 부즈의 뜻을 일흘가 이돌나 ᄒᆞ미 아니로ᄃᆡ, 군즈의 쳐싀 미양 바른ᄃᆡ로 오리 직희지 못ᄒᆞ시고, 의싀 호란(胡亂)ᄒᆞ여 대도(大道)의 합(合)지 못ᄒᆞ시믈 그윽이 탄ᄒᆞᄂᆞ이다.”

태위 흔연 쇼왈,

“그ᄃᆡ 친정의 오리 이시ᄆᆡ 부녀의 능변을 효측ᄒᆞ여 사ᄅᆞᆷ 나모라 ᄒᆞ기ᄅᆞᆯ 닉엿도다.”

인ᄒᆞ여, 집슈연침(執手連枕)의 은의 박ᄒᆞ미 아니로ᄃᆡ, 두 사ᄅᆞᆷ이 다 의싀 쾌치 못ᄒᆞ여, 태우는 흉셔로 조ᄎᆞ 뎡시의 이ᄆᆡ 【28】 ᄒᆞ믈 ᄭᆡ다ᄅᆞᄆᆡ, 의심을 프러바리미 십분지팔귀나 ᄒᆞᄃᆡ, 다만 신여용(身與容)이 두 사ᄅᆞᆷ이 되지 못ᄒᆞᆯ 바ᄅᆞᆯ 의황난측(意遑難測)ᄒᆞ고, 쇼져는 하싱의 총명이 ᄌᆞ긔 명견(明見)만 못ᄒᆞ고, 허랑호일(虛浪豪逸)ᄒᆞ미 오히려 대군ᄌᆞ 경도의 나아가지 못ᄒᆞ여시믈 ᄎᆞ탄ᄒᆞ여, ᄌᆞ긔 누얼(陋孼)은 도로혀 탄치 아니니, 텬연상낭(天然爽朗)ᄒᆞ여 남ᄌᆡ 되여실진ᄃᆡ 엇지 《운긔 봉긔 ‖ 현긔 운긔》 등의 ᄂᆞ리미 이시리오.

대개 부부의 품질이 방불ᄒᆞ여 일목지화(一木之花)와 일슈싱금(一水生金)[1412] ᄀᆞᆺ트나, 쇼져는 신명특달ᄒᆞ미 하싱의 우히오, 겸ᄒᆞ여 녀ᄌᆞᆫ 고로 은침단 【29】 묵(慇沈端默)ᄒᆞ고 유슌화열ᄒᆞ여 이슌위정(以順爲正)을 공부ᄒᆞᄆᆡ, 가여불가(可與不可)의 승슌(承順)ᄒᆞ믈 웃듬ᄒᆞ여 무ᄉᆞ무려(無思無慮)히 어질기ᄅᆞᆯ 쥬(主)ᄒᆞᄂᆞᆫ 둧ᄒᆞᄃᆡ, 말솜이 발ᄒᆞᆫ즉 격졀정대(激切正大)ᄒᆞ미 태우의 호일(豪逸)ᄒᆞ믈 규정(糾正)ᄒᆞ니, 태위 ᄆᆞᄋᆞᆷ의 알오미 놉흔 스싱이라. 비록 닙긱(立刻)의 닐ᄋᆞ지 아니나 흠션경복(欽羨敬服)ᄒᆞ미 범연ᄒᆞᆫ 곳에 잇지 아니ᄒᆞᆫ지라. 이후로 의심을 만히 풀고 ᄆᆡ현당 왕닉ᄅᆞᆯ 예ᄉᆞ로이 ᄒᆞ나, 상상슈리(床上繡裏)의 여고금슬(如鼓琴瑟)[1413]의 졍을 펴미 업ᄉᆞ니, 이는 측ᄒᆞᆫ 뜻을 영영(永永)진탕(盡蕩)ᄒᆞ고 화락고져 【30】 ᄒᆞ미러라.

익셜. 상부 쇄・슉 냥(兩) 영의 공규폐륜(空閨廢倫)을 깁히 슬허ᄒᆞᄃᆡ, 태ᄉᆞ(太史)의 고집이 과인(過人)ᄒᆞᆫ 고로 녀(女)와 질(姪)을 일싱 심규(深閨)의 늙힐지언뎡, 하싱을 마ᄌᆞ 작소(鵲巢)[1414]의 깃드리ᄂᆞᆫ ᄌᆞ미ᄅᆞᆯ 보고져 아니ᄒᆞ니, 녀부인과 상싱 등이 능히 간치 못ᄒᆞ고 우민ᄒᆞ믈 마지 아니ᄒᆞ니라.

시의 표쇼져의 죵슉 집금오(執金吾)[1415] 표흠이 상태ᄉᆞᄅᆞᆯ 보고 죵질녀(從姪女)로ᄡᅧ 공연이 폐륜코져ᄒᆞᄂᆞᆫ 연고ᄅᆞᆯ 무ᄅᆞ니, 상공이 츄연 불낙 왈,

---

1412)일슈싱금(一水生金) : ‘같은 물에서 채취한 금’이라는 말로 여수생금(麗水生金)에서 온 말. *여수생금(麗水生金); 금은 여수(중국 운남성의 금사강을 말함)에서 난다.

1413)여고금슬(如鼓琴瑟) : 북과 가야금 비파가 서로 화음을 이루 듯 부부가 서로 화목 하는 것을 이름. =종고금슬(鐘鼓琴瑟).

1414)작소(鵲巢) : 까치집. ‘신방(新房)’을 비유적으로 표현한 말. 『시경』 <소남(召南)> 작소(鵲巢)편은 까치집에 비둘기가 들어가 사는 것처럼 여자가 시집가 남자의 집에서 가정을 이루고 사는 것을 노래하고 있다.

1415)집금오(執金吾) : ᄂᆞ금오(金吾). 중국 한나라 때에, 대궐 문을 지켜 비상사(非常事)를 막는 일을 맡아 보던 벼슬.

"쇼뎨 싱녀를 귀듕ᄒᆞ여 휵양(畜養)ᄒᆞ미 친녀의 더으더니, 불힝ᄒᆞ여 하몽셩의 광증이 아녀(兒女) 냥인의 젼졍을 아조 맛촌지라. 이제 하몽셩의 【31】 광증이 진졍ᄒᆞ여시나, 나의 쳔금 쇼녀로 탕ᄌᆞ(蕩子)의 부빈(副嬪) 삼으믈 참아 못ᄒᆞᆯ지라. 출하리 우리 슬하의 흐르ᄂᆞᆫ 셰월을 근심업시 보ᄂᆡ고져 ᄒᆞᄂᆞ니, 형은 고이히 넉이지 말나."

표공 왈,

"형이 하몽셩으로뻐 ᄒᆞᆫ낫 탕ᄌᆞ로 알아 셔랑을 삼지 아니코, 녕녀(令女)와 오질(吾姪)을 다 폐륜코져 ᄒᆞᄂᆞᆫ ᄯᅳᆺ이 엇진 ᄆᆞ음인지 쇼뎨 아지 못ᄒᆞ거니와, 질녀ᄂᆞᆫ 망죵형(亡從兄)의 일골육이라. 죵쉬(從嫂) 특츌ᄒᆞᆫ ᄉᆞ덕(四德)으로 쳥년요몰(靑年夭歿)ᄒᆞᆷ도 참지 못ᄒᆞᆯ 슬【32】프미어ᄂᆞᆯ, 형이 이제 그 일골육을 마ᄌᆞ 폐륜ᄒᆞ여 ᄉᆞ(嗣)를 졀(絶)코져 ᄒᆞ니, 이ᄂᆞᆫ 도로혀 수시(嫂氏)와 사죵(舍從)1416)을 져ᄇᆞ리고 질ᄋᆞ의 일싱을 그룻 ᄆᆡᆫ들면, 구텬타일(九泉他日)1417)의 형이 오형(吾兄)과 수수(嫂嫂)를 ᄃᆡᄒᆞᆯ ᄂᆞᆺ치 업ᄉᆞᆯ가 ᄒᆞᄂᆞ니, 몽셩이 불인픽힝(不仁悖行)이 ᄉᆞ류(士類)의 용납지 못ᄒᆞᆯ지라도, 브득이 사회1418)를 삼아, ᄯᆞᆯ노뻐 폐륜ᄒᆞᄂᆞᆫ 괴거(怪擧)를 못ᄒᆞ리니, ᄒᆞ믈며 몽셩이 한ᄃᆡ(漢代) 졔갈(諸葛)1419)과 당ᄃᆡ(唐代) 위징(魏徵)1420)을 불워 아니리니, 다란 일은 의논 말고 닙됴ᄉᆞ군(立朝事君)의 튱졀이 강개ᄒᆞ고 ᄯᅳᆺ이 상쾌ᄒᆞ여, 일즉이 어향(御香)을 ᄡᅩ여 셩춍【33】이 늉늉ᄒᆞ고, 사직(社稷)을 광보(匡輔)ᄒᆞᆯ 동냥지신(棟樑之臣)이라. 그 풍치ᄂᆞᆫ 닐ᄋᆞ지 말고 다만 곽분양(郭汾陽)의 팔ᄌᆞ(八子)1421)와 핑조(彭祖)1422)의 슈(壽)를 ᄡᅡ[ᄯᆞᆯ]올지라. 사죵(舍從)이 이셔 튁셔(擇壻)ᄒᆞ미 고산 ᄀᆞᆺᄐᆞ나, 하몽셩을 나모라 ᄒᆞ고 일골육을 폐륜치 아닐지라. 져의 광증이 그룻 형의 규녀를 져의 미희로 알아시나, 실셩발광지ᄉᆞ(失性發狂之事)를 졔긔ᄒᆞᆯ ᄇᆡ 아니니, 형은 고집지 말고 슌히 혼녜를 일우라."

태ᄉᆡ 금오(金吾)의 말이 올흔 줄 모로지 아니ᄃᆡ, 초에 녀와 질을 남의 직실노 도라보ᄂᆡ지 아니려ᄒᆞ엿고, 비록 실셩발광지ᄉᆞ를 칙망치 못ᄒᆞ나, 옥【34】ᄀᆞᆺ튼 냥교ᄋᆞ(兩嬌兒)를 좌우로 ᄭᅵ고 부담잡셜(浮談雜說)이 ᄉᆞᆺ지 아니턴 바를 싱각ᄒᆞ미, 분히ᄒᆞ니 엇지 됴흔 ᄂᆞᆺᄎᆞ로 옹셔(翁婿)의 의를 ᄆᆡ즐 ᄯᅳᆺ이 이시리오. 기리 탄왈,

---

1416)사죵(舍從) : 남에게 자기의 四寸兄弟를 겸손하게 이르는 말

1417)구텬타일(九泉他日) : 저승에서의 훗날.

1418)사회 : 사위.

1419)졔갈(諸葛) : 제갈량(諸葛亮). 181-234. 중국 삼국시대 촉한(蜀漢)의 정치가. 자 공명(孔明). 시호 충무(忠武). 뛰어난 군사 전략가로, 유비를 도와 오(吳)나라와 연합하여 조조(曹操)의 위(魏)나라 를 대파하고 파촉(巴蜀)을 얻어 촉한을 세웠다

1420)위징(魏徵) : 580-643. 중국 당나라 초기의 공신·학자. 자는 현성(玄成). 현무문의 변(變) 이후, 태종을 모시고 간의대부가 되었다. ≪양서≫, ≪진서≫, ≪북제서≫, ≪주서≫, ≪수서≫의 편찬에 관여하였다.

1421)곽분양(郭汾陽)의 팔ᄌᆞ(八子) : 곽분양의 여덟 아들. *곽분양(郭汾陽) : 곽자의(郭子儀). 697~781. 중국 당(唐)나라 중기의 무장(武將). 안녹산 사사명의 반란을 평정하고 토번을 쳐 큰 공을 세워 분양왕(汾陽王)에 올랐다. 수(壽)·부(富)·귀(貴)·다남자(多男子)의 인간적 복(福)을 다 누려, 오복(五福) 두루 누린 사람으로 유명하다.

1422)핑조(彭祖) : 전설적 인물로, 800세의 수(壽)를 누렸다 함.

"쇼뎨 평ᄉᆡᆼ 뎡ᄒᆞᆫ ᄯᅳᆺ을 곳치지 못ᄒᆞᄂᆞ니, ᄉᆡᆼ질녀(甥姪女)를 폐륜ᄒᆞ미 구원(九原)[1423]의 망ᄆᆡ(亡妹)를 볼 ᄂᆞᆺ치 업ᄉᆞ나, 쇼뎨 궁극ᄒᆞᆫ 졍니(情理)의 졔 일신이나 편키를 위ᄒᆞ여 브득이 폐륜ᄒᆞ미니, 이 ᄯᅩ 아녀와 질녀의 팔ᄌᆡ 무상ᄒᆞ여, 공규폐륜지인(空閨廢倫之人)으로 맛ᄎᆞ라 ᄒᆞ미라. 현마 엇지ᄒᆞ리오."

집금외 상태ᄉᆞ의 고집ᄒᆞ믈 ᄌᆡ삼 닐ᄋᆞ며, 죵질녀(從姪女)로ᄡᅥ 폐륜ᄒᆞ 【35】 미 만만 고이ᄒᆞ믈 대언(大言)ᄒᆞ여, 망형(亡兄)의 골육을 유발승(有髮僧)[1424]을 ᄆᆡᆫ다지 못ᄒᆞ리라 ᄒᆞ니, 상공이 표공의 ᄎᆞ언의ᄂᆞᆫ 고집지 못ᄒᆞ야 잠쇼 왈,

"형이 쇄영의 젼졍을 영화롭고져 ᄒᆞ나, 하ᄉᆡᆼ이 냥쳐를 가츈 바의 그 조강 연가지네 한악괴려(悍惡怪戾)ᄒᆞ니, 나의 쳔금쇼교(千金小嬌) 등으로ᄡᅥ 남의 안즁뎡(眼中釘)을 삼으리오. 형언으로 조ᄎᆞ ᄉᆡᆼ질녀의 인뉸은 출히려니와, 일ᄉᆡᆼ이 안한ᄒᆞ믄 우리 슬하 유발승(有髮僧)으로 맛ᄎᆞᆷ만 ᄀᆞᆺ지 못ᄒᆞ리니, ᄃᆡ하(地下)의 가 망ᄆᆡ(亡妹)를 볼 ᄂᆞᆺ치 업ᄉᆞᆯ가 ᄒᆞ노라."

표공 왈,

"타일 우락(憂樂)은 【36】 졔 운쉬라. 장뷔 브졀업시 잔 호의(狐疑)를 말고 뉵녜(六禮)를 구ᄒᆡᆼ(具行)ᄒᆞ라."

상공이 구졍(九鼎) ᄀᆞᆺᄐᆞᆫ 고집을 두루혀 표공의 말을 조ᄎᆞᆯᄉᆡ, 하승상을 보아 질녀를 폐륜치 못ᄒᆞ니, 브득이 셩혼ᄒᆞ믈 의논ᄒᆞ니, 하공이 비록 ᄋᆞ들의 호방을 통완ᄒᆞ나, ᄎᆞ혼(此婚)은 물니치지 못ᄒᆞᆯ ᄇᆡ니, 다만 표·상 두 쇼져의 일ᄉᆡᆼ이 욕됨과 태위 어린 나히 만ᄉᆡ 넘ᄢᅵ믈 닐ᄏᆞ라, 삼취ᄉᆞ실(三聚四室)이 불가ᄒᆞ나 바리노라 못ᄒᆞ니, 상공이 ᄯᅩ 쾌치 못ᄒᆞ나 마지 못ᄒᆞ여 길일냥신(吉日良辰)을 ᄐᆡᆨᄒᆞᄆᆡ, 공교히 두 쇼져의 길 【37】 긔(吉期)ᄒᆞᆫ 날이오, ᄎᆞ시 십월 초슌이니 겨유 수삼일이 격ᄒᆞ엿ᄂᆞᆫ지라.

길일을 하부의 통ᄒᆞ니, 초공이 부모긔 고ᄒᆞ고 비록 깃브지 아니나, 마지 못ᄒᆞ여 즁당의 돗글 여러 일가친쳑만 쳥ᄒᆞ고, 표·상 두 신부를 보려ᄒᆞᆯᄉᆡ, 초공이 뎡쇼져의 도라오믈 닐너, 가부(家夫)의 신취(新聚)ᄒᆞᄂᆞᆫ 연셕이 비록 즐겁지 아니나, 그 옷ᄉᆞᆯ 셤겨 슉녀의 덕을 다ᄒᆞ라 ᄒᆞ니, 졔왕이 쇼왈,

"아녜 비록 불초ᄒᆞ나 텬보의 표·상 두 부인을 취ᄒᆞ믄 결단ᄒᆞ여 싀오(猜惡)치 아니리니, 엇지 그 연셕을 즐겨 참예치 【38】 아니리오."

ᄒᆞ고 이의 쇼져를 ᄌᆡ촉ᄒᆞ여 도라보ᄂᆡ니, 뎡시 가부의 ᄌᆞ긔를 치의(致疑)하ᄂᆞᆫ 빗치 이심과, 하공 부부의 연고 업시 미온ᄒᆞᄂᆞᆫ 바를 헤아리ᄆᆡ, 구가로 도라가ᄂᆞᆫ 심ᄉᆡ 엇지 됴흐리오마ᄂᆞᆫ, 만ᄉᆞ를 타락(打落)[1425]ᄒᆞ고 괴로오믈 참아 단명ᄒᆞᆯ 징됴를 짓지 아니려 ᄒᆞ므로, 난안(難安)ᄒᆞᆫ 회포를 서리담아 됴흔 다시 존당 부모를 ᄇᆡᄉᆞ(拜辭)ᄒᆞ고, 하부의 도라와 존당 구고긔 뵈올ᄉᆡ, 새로운 ᄐᆡ도와 텬연ᄒᆞᆫ 셩덕 휘광이 볼ᄉᆞ록 긔이ᄒᆞ니, 뎡

1423)구원(九原) : 저승.
1424)유발승(有髮僧) : 머리를 깎지 않은 중. 결혼을 하지 않고 독신으로 사는 사람을 이르는 말.
1425)타락(打落) : 내려놓음.

국공 부뷔 젼일 춍명이 이시면 두굿기며 ᄉᆞ랑ᄒᆞ미 범연ᄒᆞ리오마【39】ᄂᆞᆫ, 진셩녕긔(眞性靈氣) 임의 미혼진(迷魂陣)의 아득ᄒᆞ여시므로, 뎡시의 이러틋 긔특ᄒᆞᆫ 명염슉완(名艶淑婉)이믈 아지 못ᄒᆞ고, 도로혀 ᄂᆡ외 《홀갈‖ᄒᆞᆫ갈》 ᄀᆞᆺ지 아닌가 의심ᄒᆞ믈 면치 못ᄒᆞ니, 엇지 젼일 ᄌᆞᄋᆡ(慈愛)ᄒᆞ던 본심이 이시리오. 뎡쇼졔 심하의 황공불안ᄒᆞ믈 니긔지 못ᄒᆞ야, 옥협(玉頰)의 슈란(愁亂)ᄒᆞᆫ 빗출 ᄯᅴ여시니 쳔교만염(千驕萬艶)이 겸발하여 보ᄂᆞᆫ 자로 ᄒᆞ야금 칭ᄋᆡ(稱愛)ᄒᆞ믈 결을치 못ᄒᆞᄂᆞᆫ지라. 명(明)ᄒᆞᆫ 구(舅)와 쳘(哲)ᄒᆞᆫ 존괴(尊姑) 엇지 그 식부(息婦)의 이러틋 긔특ᄒᆞ믈 아지 못ᄒᆞ리오. 초공이 불승가련(不勝可憐)ᄒᆞ여 이의 나아오라 【40】ᄒᆞ여 옥슈롤 잡고 운환(雲鬟)을 어라만져, 동군화풍(東君和風)[1426]을 니ᄅᆞ혀 무ᄋᆡᄒᆞ믈 친녀 ᄀᆞᆺ치 ᄒᆞ여 왈,

"현부(賢婦)ᄂᆞᆫ 상네지엽(常女之葉)[1427]이 아니라, 황가지손(皇家之孫)이며 쳔승의 만금교와(萬金嬌兒)로 고문셰덕(高門世德)과 녕지방향(靈芝芳香)이 엇지 범연ᄒᆞ리오마ᄂᆞᆫ, 초에 시운이 불니(不利)ᄒᆞ여 소ᄉᆡᆼ지친(所生之親)을 실산(失散)ᄒᆞ고 쳔녀(賤女)의 휵양(慉養)ᄒᆞ며 분쥬고초(奔走苦楚)ᄒᆞᆫ 고로 오문(吾門)의 쇽현(續絃)ᄒᆞ미 느ᄌᆞ나, 아등(我等)의 경듕홈과 오ᄌᆞ(吾子)의 듕대ᄒᆞ미 군ᄌᆞ 슉녀의게 엇지 범연ᄒᆞ리오마ᄂᆞᆫ, 표・상낭ᄋᆞ롤 취ᄒᆞᄂᆞᆫ 곡졀은 현뷔 ᄯᅩᄒᆞᆫ 모로지 아니리니, ᄭᆞᆺ다온 셩덕으로 【41】광망(狂妄)ᄒᆞᆫ 가부롤 도아 '쥬아(周雅)의 명풍(名風)[1428]'을 니어 젹인(敵人)을 화우ᄒᆞ여 '갈담(葛覃)의 화긔(和氣)'[1429]롤 상해오지 말나."

뎡국공이 뎡시롤 원비(元妃)로 닐ᄋᆞ믈 만분(萬分) 불열(不悅)ᄒᆞ여 왈,

"연시 ᄉᆡᆨ이 업ᄉᆞ나 덕이 이시미[니], 족히 고은 얼골을 당ᄒᆞ고, 겸ᄒᆞ여 닌벽(驎璧)[1430]을 갓초 두어시니, 원군(元君)의 셰권(勢權)이 태산(泰山)의 비길 ᄇᆡ로ᄃᆡ, 몽셩이 박ᄒᆡᆼ무신(薄行無信)ᄒᆞ고 원광이 며ᄂᆞ리 개과슈뎍(改過修德)ᄒᆞᆫ 어질믈 아지 못ᄒᆞ니, 엇지 가연(可憐)치 아니리오. 뎡시ᄂᆞᆫ 오직 번월(樊越)[1431]의 풍(風)을 《ᄯᆞ을‖ᄯᆞᆯ을》

1426)동군화풍(東君和風) ; 봄날의 온화한 바람. *동군(東君); 봄의 신. 또는 태양의 신. 음양오행에서, 동(東)을 '봄'에 대응시켜 봄을 맡고 있는 신을 나타낸 데서 유래한다.

1427)상네지엽(常女之葉) : 상민여자(常民女子)의 자녀.

1428)쥬아(周雅)의 명풍(名風) : 중국 주(周)나라 문왕의 비(妃)인 태사(太姒)의 부덕(婦德)과 같은 아름다운 덕(德)을 말함. 곧 태사는 현모양처(賢母良妻)로 문왕을 잘 내조하여 성군(聖君)이 되게 하였는데, 특히 남편의 많은 후궁들을 덕으로 잘 거느려 화목한 가정을 이룬 일로, 후대의 무수한 글들에 그녀의 부덕이 칭송되고 있다. *주아(周雅) : 『시경(詩經)』의 <소아(小雅)>편과 <대아(大雅)>편을 합하여 이르는 말. 소아와 대아는 주나라의 궁중음악 곧 아악(雅樂)을 정리해 놓은 것으로 주나라 왕실의 덕을 찬미한 것이 많다.

1429)갈담(葛覃)의 화긔(和氣) : 주(周)나라 문왕의 비(妃)인 태사(太姒)가 이루었던 '집안의 화목'을 말함. 갈담(葛覃)은 『시경』<주남(周南)>편에 나오는 시로, 주나라 문왕의 비인 태사가 아랫사람들에게 덕을 드리워 집안의 화평과 번성을 이룬 것을 칭송하는 내용임.

1430)닌벽(驎璧) : 기린(騏驎; 천리마)과 옥(璧; 아름다운 옥)을 아울러 이르는 말. 천리마는 재주가 뛰어난 '아들'을, 아름다운 옥은 용모가 빼어난 '딸'을 각각 상징한다.

1431)번월(樊越) : 중국 초나라 장왕(莊王)의 비(妃)인 번희(樊姬)와 소왕(昭王)의 비 월희(越姬). 둘 다 어진 마음으로 남편의 정사를 간(諫)해 덕행으로 유명하다.

쑨이라. 신인을 거누리미 소임이 아니니, 엇지 화(和)ᄒᆞ며 【42】불화(不和)의 당뷔(當付) 이시리오."

초공이 ᄇᆡ주(拜奏) 왈,

"하괴 맛당ᄒᆞ시나, 뎡시는 녀즁셩인이라. 수삼 개 젹인(敵人)을 족히 거리ᄶᅵ지 아니리니, 쇼ᄌᆞ의 미리 당부ᄒᆞ미 브졀업시 발ᄒᆞ여ᄉᆞ오나, 인심이 ᄒᆞᆫ갈 ᄀᆞᆺ지 못ᄒᆞ오니, 뎡현부의 셩ᄒᆡᆼ을 싀오(猜惡)ᄒᆞᄂᆞᆫ 무리 이실가 ᄒᆞ여, 비록 불합(不合)ᄒᆞᆫ 일이 이셔도 ᄆᆞ음을 편히 ᄒᆞ라 닐ᄋᆞ미로소이다."

윤승상 부인이 니어 ᄀᆞᆯ오ᄃᆡ,

"질부ᄂᆞᆫ 녀즁군왕(女中君王)이오 작즁봉황(雀中鳳凰)이라. 몽셩이 비록 용이(容易)키를 버서나시나, 오히려 안해를 밋지 못홀지라. 여러 사ᄅᆞᆷ【43】을 모화 가ᄂᆡ(家內) 슉쳥(淑淸)키를 엇지 괴필ᄒᆞ리오. 셕(昔)의 위(衛) 장강(莊姜)1432)이[과] 쥬(周) 션○[왕](宣王)○[비(妃)] 강후(姜后)1433)의 탈잠읍간(脫簪泣諫)1434)과 《초픠∥초비(楚妃)》 번희(樊姬)1435)의 불식현육(不食懸肉)1436)ᄒᆞᄂᆞᆫ 일 쑨이라. 장강(莊姜)으로 ᄒᆞ야금 관져(關雎)1437)를 ᄲᅡᆨᄒᆞ면 엇지 《다목∥다뭇1438)》 삼장(三章)1439)을 ᄯᅳ로지 못ᄒᆞ여시리오마ᄂᆞᆫ, '녹의황상(綠衣黃裳)의 탄(嘆)1440)'이 이시니, '미목변[반]혜(美目盼兮)오 교쇼쳔혜(巧笑倩兮)'1441)로 일윈 ᄇᆡ 아니라. 이제 질ᄋᆡ 덕ᄒᆡᆼ이 ᄉᆞ시(姒氏)1442)를

1432)장강(莊姜) : 중국 춘추시대 위(衛)나라 장공(莊公)의 처. 아름답고 덕이 높았고 시를 잘하였다.

1433)강후(姜后) : 중국 주나라 선왕(宣王)의 비(妃). 위엄 있는 풍모와 덕행을 갖춘 현부(賢婦)로 유명하다.

1434)탈잠읍간(脫簪泣諫) : 비녀를 빼 머리를 풀고 울며 간함.

1435)번희(樊姬) ; 중국 초(楚)나라 장왕(莊王)의 비(妃)로, 장왕이 수렵에 빠져 있자, 고기를 먹지 않고 간하여 왕의 마음을 돌리고, 직간하는 충신과 현자를 가까이 두게 했다. 이러한 내조로 초나라가 3년 만에 패자(霸者)가 될 수 있었다고 한다.

1436)불식현육(不食懸肉) : 고기를 먹지 않음. 초(楚)나라 장왕(莊王)의 비(妃) 번희(樊姬)가 수렵에 빠져 있는 장왕을 간(諫)하기 위해 금수(禽獸)의 고기를 먹지 않은 것을 말함. *현육(懸肉); 나무에 '매달아 놓은 고기'라는 말로, 잔칫상에 넘쳐나게 차려놓은 고기를 뜻한다. 은(殷)나라 마지막 임금인 주(紂)왕이 '술로 못을 이루고 고기를 매달아 숲을 만들어' 즐겼다는 주지육림(酒池肉林) 고사에서 유래한 말.

1437)관저(關雎) : 『시경(詩經)』 '주남(周南)'편에 실린 노래 이름. 문왕(文王)과 태사(太姒)의 사랑을 주제로 한 노래.

1438)다뭇 : ①더불어. 함께. ②다만.

1439)삼장(三章) : 『시경(詩經)』 <주남(周南)> '관저(關雎)'시를 말함. '관저(關雎)'시는 1장 4구, 2장 8구, 3장 8구로 되어 있어 모두 3장으로 되어 있다. 따라서 여기서 말하는 삼장은 <관저(關雎)>시를 달리 이른 말이다.

1440)녹의황상(綠衣黃裳)의 탄(嘆) : 첩이 총애를 받고 정실이 소박을 맞는 뒤바뀐 현실에 대한 탄식. '녹의황상(綠衣黃裳)'은 『시경(詩經)』 <패풍(邶風)> '녹의(綠衣)'시의 한 구절이다. 녹색은 간색(間色; 섞어 만든 색)이고 황색은 정색(正色; 순수한 색)이다. 따라서 녹색은 천한 사람 곧 첩(妾)을, 황색은 귀한 사람 곧 정실(正室)을 상징한다. 그런데 녹의황상(綠衣黃裳; 녹색 저고리에 황색치마 차림)은 간색인 녹색으로 상의(上衣) 곧 저고리를, 정색인 황색으로 하의(下衣)인 치마를 지어 입음으로써 상하·귀천이 바뀌었다. 비유로 말한다면, 첩이 정실의 상위에 있는 형국으로, 첩이 총애를 받고 정실이 소박을 맞고 있는 상황을 표현하고 있는 것이다.

1441)미목반혜(美目盼兮) 교쇼천혜(巧笑倩兮) : 아름다운 눈은 눈자위가 또렷하고(美目盼兮), 예쁘게 웃음

밋지 못홀가 넘녀로운 거시 아니라, 다만 몽셩이 문왕(文王)의 덕이 업술가 근심 되느니, 거거(哥哥)는 며느리룰 당부치 마르시고 ᄋᆞ돌을 경계ᄒᆞ샤, 슈신제가(修身齊家)의 일월의 【44】쳥광(淸光)이 잇게 ᄒᆞ쇼셔."

초공이 쇼왈,

"현ᄆᆡ지언(賢妹之言)이 졍합오의(正合吾意)1443)라. 현부의 긔특ᄒᆞ믈 모르지 아니ᄒᆞ며, 엇지 어즈러온 당부룰 미리 ᄒᆞ리오마는, 오릭 쩌낫다가 볼ᄉᆞ록 신신이이(新新異異)ᄒᆞ야 츌어범뉴(出於凡類)ᄒᆞ니, 그 어린 나히 몽셩 ᄀᆞᄐᆞᆫ 픠ᄌᆞ(悖者)룰 만나고 ᄯᅩ 젹인(敵人)이 좌우로 모히므로 위ᄒᆞ여 년셕(憐惜)ᄒᆞ여 닐ᄋᆞ미로다."

윤승상 부인이 부모의 뎡시 미흡ᄒᆞ시ᄂᆞᆫ 식위(色威)룰 인ᄒᆞ여, 짐즛 뎡쇼져의 긔특ᄒᆞ믈 언언이 칭션(稱善)ᄒᆞ여 조금이나 이련(愛憐)ᄒᆞ시기룰 ᄇᆞ라ᄃᆡ, 노공 부뷔 발셔 변심ᄒᆞᄂᆞᆫ 약이 장【45】부의 드러, 젼일 인ᄌᆞ혼 ᄆᆞ음이 업스므로, 뎌 뎡시 일홈이 금지옥엽(金枝玉葉)과 명문싱츌(名門生出)노 쳔승(千乘)의 녀지나, 궁항쳔녀(窮巷賤女)의 혹양을 밧고 만믹(蠻貊)의 자라시니, 외모는 옥 ᄀᆞᄐᆞ나 닉심은 즌흙 ᄀᆞᆺ고, 위치(位次) 놉ᄒᆞ나 힝실이 비루ᄒᆞ여 쳥의양낭(靑衣良娘)만도 못ᄒᆞ니라 ᄒᆞ야, 젼일 황홀이 ᄌᆞ이ᄒᆞ던 ᄯᅳᆺ이 몽니(夢裏)의도 업고, 마가의 졍인(情人)인가 측ᄒᆞ고 더러오믈 니ᄀᆡ지 못ᄒᆞ니, 뎡국공의 엄쥰(嚴峻)ᄒᆞ미 삭풍(朔風)1444) ᄀᆞᆺ고, 됴부인의 닝담혼 안식이 동일(冬日) ᄀᆞᆺ트니, 만흔 손ᄋᆞ의 자라니룰 두굿기고 어리니룰 가차(假借)ᄒᆞ여1445)【46】화긔 무루녹던 빅, 뎡시의 비알ᄒᆞ믈 당ᄒᆞ미, 삼츈혜풍(三春惠風)이 밧고여 동텬혼상(冬天寒霜)이 되어시니, 초공 곤계와 윤부인이 뎡시룰 위ᄒᆞ여 근심이 깁흘ᄲᅮᆫ 아니라, 부모의 변심ᄒᆞ시미 대단ᄒᆞ믈 우우민박(憂憂憫迫)ᄒᆞ더라.

날이 느즈니 태위 드러와 길복(吉服)을 닙을시, 뎡쇼졔 스스로 투긔 업스믈 자랑코져 ᄒᆞ미 업고, 태우의 의심ᄒᆞᄂᆞᆫ 빅 등한(等閑)혼 누얼이 아니믈 혜아리미, 즁인회좌(衆人會坐)의 나올 ᄆᆞ음이 업스ᄃᆡ, 다만 존고의 명을 밧드러 길의(吉衣)룰 친히 ᄒᆞ여 슉녀의 덕을 다ᄒᆞ니,

"이제 마즈 닙혀 【47】보ᄂᆡ여 탕긱으로 ᄒᆞ야금 현쳐의 셩심을 감복게 ᄒᆞ라."

쇼졔 존명이 이러ᄒᆞ니 거역지 못ᄒᆞ여 ᄌᆡ비슈명(再拜受命)ᄒᆞ니, 년보(蓮步)룰 두루혀 관복(官服)을 셤길시, 초옥 셤슈(纖手)의 녹금단영(綠錦團領)1446)을 밧드러 골홈을 ᄆᆡ고 ᄯᅴ룰 두루미, 즁목(衆目)이 쳠시(瞻視)컨ᄃᆡ, 식위(色威) 일양(一樣) 화열(和悅)ᄒᆞ여

띠면 그 얼굴이 어여쁘네(巧笑倩兮) 『시경(詩經)』 '衛風' 석인(碩人) 시에 나오는 구절이다.

1442)ᄉᆞ시(姒氏) : 태사(太姒). 중국 주(周)나라 문왕의 비(妃). 현모양처(賢母良妻)로 이름이 높다.

1443)졍합오의(正合吾意) : 내 생각과 꼭 같다.

1444)삭풍(朔風) : 겨울철에 북쪽에서 불어오는 찬 바람.

1445)가차(假借)ᄒᆞ다 : 정하지 않고 잠시만 빌리다. 편하고 너그럽게 대하다. 관용을 베풀다. 사정을 베풀다.

1446)녹금단영(綠錦團領) : 푸른색 비단으로 지은 예복. *단령(團領); 조선 시대에, 깃을 둥글게 만든 관복.

상운(祥雲)이 츈슈(春水)의 니러나고, 혜풍(惠風)의 빅일(白日)이 쐬엿는 듯, 팔즈아황(八字蛾黃)1447)은 츈산의 흔적을 옴기고, 빵셩봉안(雙星鳳眼)은 광치(光彩) 죠요(照耀)ᄒᆞ여 빅틱(百態) 진션진미(盡善盡美)ᄒᆞ며, 셩덕이 발어외모(發於外貌)ᄒᆞ니, 부부의 신장(身長)이 ᄂᆡ도ᄒᆞ나 안화풍위(顔華風威)【48】는 고하(高下)키 어려오니, 갓가이 딕ᄒᆞᄆᆡ 일월이 병명(幷明)ᄒᆞ며, 난봉(鸞鳳)이 상셔(祥瑞)를 짓는 듯, 남치(男彩) 발월(發越)ᄒᆞ고 녀뫼(女貌) 슉연(肅然)ᄒᆞ여, 부부의 거동이 ᄒᆞᆫ갈ᄀᆞᆺᄐᆞ니, 겸손ᄒᆞ믈 더을 ᄲᅮᆫ이오. 빵안이 ᄂᆞ죽ᄒᆞ여 관복(冠服)을 셤기ᄆᆡ, 쇼졔 텬연이 좌의 드ᄃᆡ 안상유열(安詳愉悅)ᄒᆞᆫ 거동이 조금도 불평ᄒᆞᄆᆡ 업서, 무ᄉᆞ무려(無思無慮)ᄒᆞ여 셰ᄉᆞ를 아는 둣 모로는 둣 흔흔(欣欣)이 즐겨홈도 업고, 초츌(超出)ᄒᆞ믈 ᄌᆞ긍(自矜)홈도 업서, 이이(怡怡)히 우슌(虞舜)1448)의 덕을 ᄯᆞ로고, 텬디 ᄀᆞᆺᄐᆞᆫ 도량이 영웅의 긔상을 겸ᄒᆞ여, 결군ᄉᆞ군ᄌᆞ(結裙士君子)1449)오, 계ᄎᆞ열장부(笄叉烈丈夫)1450)라.

초【49】공이 광미의 희긔 어릐여, 삼뎨와 믹져를 보아 희연 왈,

"ᄋᆞ부(兒婦)는 녀즁대현(女中大賢)이라. ᄌᆞ슌이 깁희를 엿고져 ᄒᆞ여 짐즛 길의(吉衣)를 셤기라 명ᄒᆞ더니, ᄋᆞ부의 활연ᄒᆞᆫ 덕되(德度) 시쇽 더러 온 징투(爭妬)로 의논ᄒᆞ리오마는, 금일 녀힝의 긔특ᄒᆞ미 ᄌᆞ별(自別)ᄒᆞ니, 엇지 녈셩(劣性)의 비기리오. 일노조ᄎᆞ 오ᄋᆞ(吾兒)의 ᄂᆡ조를 빗ᄂᆡ고, 광망(狂妄)ᄒᆞ믈 감화ᄒᆞ야, 이람(二南)1451)의 덕화(德化)를 니어 흥늉(興隆)ᄒᆞ믈 미리 알니로다."

뎡쇼졔 존구 말숨을 듯ᄌᆞ오니 더옥 황공ᄒᆞ여, ᄉᆡᆨ뫼(色貌) 가지록 공근ᄒᆞ니, 구고(舅姑) 슉당(叔堂)의 ᄋᆡ지(愛之)【50】홈과 만당(滿堂) 졔인(諸人)의 졔셩갈치(齊聲喝采)ᄒᆞ여 혜 달코 눈이 어리니, 쇼연시 그ᄉᆞ의도 황파 복향《의 말님‖두 심복(心腹)》과 청션 요리(妖尼)를 어더시니, ᄆᆞ옴의 든든ᄒᆞ미 금셰의 ᄉᆡᆼ불(生佛)을 만나고 ᄒᆞᆫ고(漢高)1452)의 냥평(良平)1453)을 갓촌 둣ᄒᆞ여, ᄀᆞ장 온슌컨 쳬ᄒᆞ여 즁인소시(衆人所視)의 불안ᄒᆞᆫ 거술 참으나, 태우의 텬일(天日) ᄀᆞᆺᄐᆞᆫ 풍치신광(風彩身光)을 ᄃᆡᄒᆞ여 뎡시 길복을 밧드니, 빅벽(百璧)이 상셔(祥瑞)를 토(吐)ᄒᆞ고 일월(日月)이 광휘(光輝)를 흘니는 둣, 부부의 상젹(相敵)ᄒᆞᆫ 긔질과 구고슉당과 만좌 갈치ᄒᆞ믈 보니, ᄉᆡ심(猜心)이 분분(紛紛)ᄒᆞ여 흉ᄒᆞᆫ 목ᄌᆡ(目眥)1454) 뒤록여 【51】좌(座)를 안졉(安接)지 못ᄒᆞ니, 즁쳬(衆

1447)팔ᄌᆞ아황(八字蛾黃) : 아름답게 화장한 눈썹과 얼굴. *팔자(八字); 눈썹. 팔(八)자 모양으로 생긴데서 쓴 말. *아황(蛾黃);예전에 여자들이 얼굴에 바르던 누런빛이 나는 분으로, 분바른 얼굴을 뜻함

1448)우슌(虞舜) : 순(舜)임금. 고대 중국의 전설상의 임금. 성은 우(虞)·유우(有虞). 이름은 중화(重華). 요의 뒤를 이어 천하를 잘 다스려 태평 시대를 이루었다.

1449)결군ᄉᆞ군ᄌᆞ(結裙士君子) : 치마 두른 사군자(士君子). 곧 여성 사군자.

1450)계ᄎᆞ열장부(笄叉烈丈夫) : 비녀 꽂은 열장부(烈丈夫). 곧 여성 열장부.

1451)이람(二南) : 시경(詩經)』의 <주남(周南)>편과 <소남(召南)>편을 아울러서 이르는 말. 모두 주나라 왕실의 덕화를 노래하고 있는 시들로 이루어져 있다.

1452)ᄒᆞᆫ고(漢高) ; 중국 한나라 고조(高祖) 유방(劉邦).

1453)냥평(良平) : 중국 한(漢)나라 고조(高祖)의 두 책사(策士)인 장량(張良)과 진평(陳平)을 함께 이르는 말.

座) ᄒᆡ연실쇼(駭然失笑)ᄒᆞ여 작인의 이상(異常)이 흉괴ᄒᆞ믈 아니 웃ᄂᆞ 니 업고, 구괴 시이불견(視而不見)이라.

연부인이 초공의 뎡시 기리믈 불열(不悅)ᄒᆞ여 ᄂᆡ다라 왈,

“뎡텬흥이 비록 하문의 은혜 ᄭᅵ치미 깁흐나, 오질(吾姪)이 당당이 몽셩의 원비(元妃)로 유ᄌᆞ유녀(有子有女)ᄒᆞᄃᆡ, 얼골이 빗나지 못ᄒᆞ믈 죄를 삼아 위(位)를 ᄂᆞᆽ초고져 ᄒᆞ미 가ᄒᆞ랴? 쥬종(周宗)1455)이 창셩(昌盛)ᄒᆞ믈 닐ᄋᆞ나, 실노 임ᄉᆞ(姙姒)의 얼골 고ᄋᆞ시더라 말을 듯지 못ᄒᆞ엿ᄂᆞ니, ᄌᆞ고로 미ᄉᆡᆨ이 나라흘 망ᄒᆞ고 문(門)을 상해오ᄂᆞᆫ 재 ᄒᆞ나 둘히 【52】 아니라. 고ᄃᆡ광실(高臺廣室)과 경궁요ᄃᆡ(瓊宮瑤臺)1456)의 계집이 ‘술노 못 술 ᄒᆞ고 고기로 수풀을 일우ᄂᆞᆫ 부귀’1457)를 장원(長遠)이 누리지 못ᄒᆞ고, 튱냥(忠良)을 살해ᄒᆞ여 님군의 실덕(失德)이 만민의[을] 장젹(戕賊)1458)ᄒᆞᄆᆡ, 텬하의 독뷔(毒夫) 되여 뎨업(帝業)을 속졀업시 망ᄒᆞ여, 명조이ᄉᆞ(鳴條異事)1459)와 의부(蟻附)1460) 유군(遺君)1461)이 다 ᄆᆡ달(妹妲)1462)노 비로ᄉᆞ미오. 은왕(殷王)1463)의 망(亡)홈과 부차(夫差)1464)의 불공ᄃᆡ텬지쉬(不共戴天之讐)1465) 다 미ᄉᆡᆨ이라. 고은 거시 무어시 그리 ᄀᆡ특ᄒᆞ뇨? ‘홍안(紅顔)은 다 박명(薄命)’1466)이라, 슉슉(叔叔) 곤계(昆季)ᄂᆞᆫ 취ᄉᆡᆨ경덕(取色輕德)이 ᄒᆞᆫ 무리 탕ᄀᆡᆨ(蕩客)이라.”

참정(參政) 등이 듯기를 다못ᄒᆞ여셔, 망측ᄒᆞ믈 니긔 【53】 지 못ᄒᆞ여셔 몸을 잡간 굽힐 ᄲᅮᆫ이라. 윤승상 부인이 함쇼(含笑) 왈,

---

1454)목ᄌᆡ(目眥) : 흘겨 뜬 눈.

1455)쥬종(周宗) ; 중국 주(周)나라 왕실.

1456)경궁요ᄃᆡ(瓊宮瑤臺) : 옥으로 장식한 궁전과 누대(樓臺)라는 뜻으로, 호화로운 궁전을 이르는 말.

1457)술노 못술 ᄒᆞ고 고기로 수풀을 일우ᄂᆞᆫ 부귀 : 중국 하(夏)나라 마지막 황제 걸(桀)과 그의 비(妃) 매희(妹喜)가 부귀(富貴)를 기울여 만들고 즐겼다는 ‘주지육림(酒池肉林)’을 이르는 말.

1458)장젹(戕賊) : 잔인하게 해치거나 무자비하게 쳐 죽임.

1459)명조이ᄉᆞ(鳴條異事) : 상(商)나라 탕왕(湯王)이 하(夏)나라 걸왕(桀王)을 치기 위해 하나라의 요충지인 명조(鳴條)라는 곳에서 걸왕(桀王)의 군사와 대치하고 있을 때, 갑자기 하늘에서 폭우가 쏟아져 걸왕의 군사들이 주왕을 버리고 도망쳐 버린 일.

1460)의부(蟻附) : 개미 떼처럼 한마음으로 임금을 따름.

1461)유군(遺君) : 임금을 버리고 달아남.

1462)ᄆᆡ달(妹妲) : 중국 하(夏)의 마지막 황제 걸(桀)의 비(妃)인 매희(妹喜)와 주(周)의 마지막 황제 주(紂)의 비(妃) 달기(妲己)를 함께 이르는 말.

1463)은왕(殷王) : 은나라 마지막 임금인 주왕(紂王)을 말함. 이름은 제신(帝辛). 주(紂)는 시호(諡號). 지혜와 체력이 뛰어났으나, 총희(寵姬) 달기(妲己)에게 현혹되어 주색을 일삼고 포학한 정치를 하다가 인심을 잃어 주나라 무왕에게 살해되었다

1464)부차(夫差) : 중국 춘추 시대 말기 오나라의 왕(B.C.?~B.C.473). 춘추 오패(五霸)의 한 사람으로, 아버지 합려(闔閭)가 월왕(越王) 구천(句踐)에게 패하여 죽자, 그 원수를 갚기 위하여 와신상담하다가 마침내 기원전 494년에 이를 이루었다. 뒤에 서시(西施)의 미색에 빠져 정사를 게을리 하다가 월나라 구천에게 패하여 자살하였다. 재위 기간은 기원전 496~기원전 473년이다

1465)불공ᄃᆡ텬지쉬(不共戴天之讐) : 하늘을 함께 이지 못할 원수라는 뜻으로, 이 세상에서 같이 살 수 없을 만큼 큰 원한을 가진 사람을 비유적으로 이르는 말.

1466)홍안박명(紅顔薄命) : 얼굴이 예쁜 여자는 팔자가 사나운 경우가 많음을 이르는 말.

"연 져(姐)의 고ᄉᆞ(故事) 닐ᄋᆞ시미 불학무식(不學無識)ᄒᆞᆫ 삼뎨로 ᄒᆞ야금 인ᄉᆡ(人事) 활연관통(豁然貫通)케 ᄒᆞ시나, 《쥬션강휘(周宣姜后)‖쥬션왕비강휘(周宣王妃姜后)》 탈잠규간(脫簪規諫)이 《셩왕‖션왕(宣王)1467)》으로 ᄒᆞ야금 즁흥(中興)의 창덕을 일위ᄃᆡ 식을 써려, 망국(亡國)ᄒᆞ미 업고, ᄂᆡ조의 공이 쳔츄(千秋)의 멸치 아냣ᄂᆞ니, 져져(姐姐)ᄂᆞᆫ 덕요(德曜)1468)의 거안(擧案)1469)을 효측(效則)고져 ᄒᆞ시나, 거게(哥哥) 냥빅난(梁伯鸞)1470)의 덕이 업ᄂᆞᆫ가, 져제 현검(賢儉)키를 직히지 못ᄒᆞ고, 발호(勃豪)ᄒᆞᆫ 긔운이 계시니, 사ᄅᆞᆷ이 남의 허물 닐오기ᄂᆞᆫ ᄇᆰ고 졔 허물을 알오믄 아득ᄒᆞ【54】니, 삼뎨(三弟)의 ᄆᆞ음에 져져를 불복ᄒᆞᄂᆞᆫ동 엇지 알니잇가?"

초공이 ᄆᆡ뎨를 향ᄒᆞ여 미쇼 왈,

"연시의 언ᄉᆞᄂᆞᆫ 날노 망측ᄒᆞ며 시(時)로 무힝(無行)ᄒᆞ니, 졀노 더브러 슈작ᄒᆞ미 산금야슈(山禽野獸)로 말ᄉᆞᆷᄒᆞᆷ ᄀᆞᆺ튼지라. 현ᄆᆡ 엇지 브졀업ᄉᆞᆫ 말을 슈고로이 ᄒᆞᄂᆞ뇨? 다만 일개 식츙(食蟲)으로 알아 칙망 말기로 공부ᄒᆞ나, 수슉간(嫂叔間) 녜뫼(禮貌) 삼엄ᄒᆞ거늘, 삼뎨를 향ᄒᆞ여 ᄒᆞᄂᆞᆫ 말이 망측ᄒᆞ니, 나히 만흘ᄉᆞ록 인ᄉᆡ 져러ᄒᆞᆫ지라, 내 실노 가졔(家齊)를 붓그리고, 져를 거워 그 입으로 조ᄎᆞ 무ᄉᆞᆷ ᄑᆡ언(悖言)이 날고? 미리【55】근심되여 ᄒᆞ노라."

일좨 다 우으ᄃᆡ, 참졍 등이 공슈(拱手)1471) 왈,

"쇼뎨 등이 총각지년이 ᄆᆡᆺ지 못ᄒᆞ여셔 존쉬(尊嫂) 입문ᄒᆞ시니, 우러라ᄂᆞᆫ 졍셩이 윤수 버금이라. 쇼뎨 등의 암ᄆᆡᄒᆞᆫ 소견을 ᄇᆰ히시며, 허물된 곳을 칙ᄒᆞ시미 예ᄉᆡ니, 쇼뎨 등이 엇지 불복ᄒᆞ미 이시리잇가? 수쉬 ᄉᆡᆼ각지 못ᄒᆞ시ᄂᆞᆫ 곳에 다ᄃᆞ라도, 쇼뎨 등이 간ᄒᆞᄂᆞᆫ 거시 ᄀᆞᆺ트여 비법이라 못ᄒᆞ리니, 슌냥쾌활(純良快活)ᄒᆞ사ᄃᆡ 오히려 ᄉᆞ졍을 금억(禁抑)지 못ᄒᆞ시니, 이 거시 흠ᄉᆡ라. 연시나 뎡시나 다 몽셩의 안해라, 일가의 츄앙ᄒᆞ【56】며 듕히 넉이미 엇지 고이ᄒᆞ미 이시리엇고마ᄂᆞᆫ, 위인의 아ᄅᆞᆷ다오믈 닐너 어질

1467)션왕(宣王) : 중국 주(周)나라 제11대 왕(BC828-782재위). 이름은 희정(姬靖). 관제를 정비하고, 선왕들의 유업을 계승하여 치적을 쌓았고, 변경의 위협을 제거하기 위해 북서쪽 변방지역의 이민족 서융(西戎) 등을 경략하고, 남동지역의 이민족 회이(淮夷)·형만(荊蠻)을 토벌하여 국세를 다시 일으켜 나라를 '중흥시켰다. 그러나 재위 후반기에 대신을 억울하게 죽여 백성의 원망을 샀고, 무력으로 노(魯)나라의 제후를 폐하여 제후들의 불만을 일으켰으며, 끊임없는 정벌로 국력을 탕진함으로써 주나라를 다시 망국의 길로 치닫게 하였다.

1468)덕요(德曜) : 맹덕요(孟德曜). 중국 후한 때 사람 양홍(梁鴻)의 아내. 이름은 맹광(孟光), 자(字)는 덕요(德曜). 추녀였으나 남편을 잘 현처로 이름이 알려졌고, 밥상을 눈썹 높이까지 들어 올려 바칠 정도로 남편을 지극하게 공경하였다는 '거안제미(擧案齊眉)' 고사로 유명하다.

1469)거안(擧案) : 거안제미(擧案齊眉). 밥상을 눈썹과 가지런하도록 공손히 들어 남편 앞에 가지고 간다는 뜻으로, 남편을 깍듯이 공경함을 이르는 말.

1470)냥빅난(梁伯鸞) : 양홍(梁鴻). 중국 후한(後漢) 때의 은사(隱士). 자는 백란(伯鸞). 처 맹광(孟光)의 고사(故事) '거안제미(擧案齊眉)'로 유명하다.

1471)공슈(拱手) : 절을 하거나 웃어른을 모실 때, 두 손을 앞으로 모아 포개어 잡음. 또는 그런 자세. 남자는 왼손을 오른손 위에 놓고, 여자는 오른손을 왼손 위에 놓는다. 흉사(凶事)가 있을 때에는 반대로 한다.

며 효슌ᄒᆞᆫ 자를 취ᄒᆞᆯ진ᄃᆡ, 뎡시 쳔ᄇᆡᆨ 인1472)의 ᄲᅱ여나미 이시니, 됴히 가도(家道)를 챵셩ᄒᆞ여 무궁ᄒᆞᆫ 영복을 누릴지라. 고로, 몽셩의 쳐복이 두터오믈 환심희열(歡心喜悅)ᄒᆞ미로소이다."

연부인이 초공의 말이 ᄌᆞ긔를 사ᄅᆞᆷ으로 아지 아니홈과, 참졍 등이 뎡시의 아ᄅᆞᆷ다오믈 다함 닐ᄏᆞ라, 언언이 태우의 원비로 밀위믈 분분통완(忿憤痛惋)ᄒᆞ나, 초공의 노를 동ᄒᆞᆯ가 두려 다시 말을 아니ᄒᆞ더라. 【57】

태위 존당부모 졔슉긔 하직고 허다 위의를 거ᄂᆞ려 상부의 다ᄃᆞ라니, 상어ᄉᆞ 운광의 삼곤계 만면 우음으로 신낭을 향ᄒᆞ여 왈,

"져 신낭이 이곳이 발이 설고 면목이 서어ᄒᆞ니, 옥상(玉床) 압희 잇그지 아니면 뎐안지녜(奠雁之禮)도 일우지 못ᄒᆞ리라."

ᄒᆞ니, ᄉᆡᆼ이 ᄯᅩᄒᆞᆫ 미미ᄒᆞᆫ 우음을 ᄯᅴ여 옥상의 홍안(鴻雁)을 뎐ᄒᆞ고, 텬디의 녜ᄇᆡ(禮拜)를 맛ᄎᆞᄆᆡ, 상ᄉᆡᆼ 등이 ᄑᆞᆯ 미러 좌의 들ᄉᆡ, 이ᄂᆞᆯ 하태우의 늠연ᄒᆞᆫ 신위와 쇄락ᄒᆞᆫ 풍광이 더옥 쳥월슈려(淸越秀麗)ᄒᆞ여 ᄲᅢ혀난 눈섭은 강산슈긔(江山秀氣)를 거두고, 긴 눈【58】은 빈발(鬢髮)을 ᄀᆞᄅᆞ치니, 일월의 졍화를 모화 늉쥰일각(隆準日角)1473)이 당당ᄒᆞᆫ 쳔승(千乘)의 긔상이라. 기량(器量)이 화홍(和弘)ᄒᆞ고 덕ᄒᆡᆼ이 슉연ᄒᆞ여, 군ᄌᆞ의 대도(大道)를 어더시니, 풍위(風威) 굉원(宏遠)ᄒᆞ여 영웅의 장긔(壯氣)를 아오라시니, 상공이 흉장(胸臟)이 비기셕(非其石)1474)이오 비기쳘(非其鐵)1475)이라. 비록 고집이 과인(過人)ᄒᆞ여 냥녀로ᄡᅥ 폐륜코져 ᄒᆞ여시나, 오ᄂᆞᆯ날을 당ᄒᆞ여 쳔금쇼교(千金小嬌)의 앙지일ᄉᆡᆼ(仰止一生)1476)ᄒᆞᄂᆞᆫ 군직 이러ᄐᆞᆺ 특이ᄒᆞ고 탈쇽(脫俗)ᄒᆞ니, 그 풍치용화를 처엄 보ᄂᆞᆫ ᄇᆡ 아니로ᄃᆡ 심니의 흡연이 귀듕ᄒᆞ믄 오ᄂᆞᆯ날이 뎐자와 ᄂᆡ도ᄒᆞ믄 인졍【59】상ᄉᆡ(人情常事)라. 희연(喜然)이 삼각슈(三角鬚)를 어라만지며 태우를 향ᄒᆞ여 왈,

"인연이 긔구ᄒᆞ고, 월하(月下)의 늙으니1477) 븕은 실을 ᄆᆡᄌᆞ미 실노 측냥치 못ᄒᆞᆯ 곳에 이셔, 쳔만 몽ᄆᆡ(夢寐)1478)의도 ᄉᆡᆼ각지 아냣던 바의, 군이 내집 동상(東床)이 되여 문난(門欄)의 광ᄎᆡ를 일위니, 불민ᄒᆞᆫ 녀(女)와 질(姪)노ᄡᅥ 군ᄌᆞ의 ᄇᆡ위(配偶) 외람ᄒᆞ믈 닛고 환ᄒᆡᆼ(歡幸)ᄒᆞ며 두굿거오믈 니긔지 못ᄒᆞᄂᆞ니, 녀ᄋᆞᄂᆞᆫ 부뫼 ᄡᅡᆼ존(雙存)ᄒᆞ여 텬늉의 경을 다ᄒᆞ니, 즁니(中裏)의 은결(隱結)ᄒᆞᆫ 지통이 업거니와, ᄉᆡᆼᄋᆞ(甥兒)1479)ᄂᆞᆫ 조상

1472)인 : 길. 길이의 단위. 한 길은 사람의 키 정도의 길이이다.

1473)늉쥰일각(隆準日角) : 코가 우뚝하여 높고 이마의 중앙의 뼈가 태양처럼 둥글고 두두룩함. 관상(觀相)에서 귀인의 상(相)을 이르는 말. *일각(日角); 관상에서, 이마 한가운데 뼈가 불거져 있는 일. 귀인이 될 관상(觀相)이라 함.

1474)비기셕(非其石) : 돌이 아님.

1475)비기쳘(非其鐵) : 쇠가 아님.

1476)앙지일ᄉᆡᆼ(仰止一生) : 일생을 우러러 사모함.

1477)월하(月下)의 늙으니 : 월하옹(月下翁). 월하노인(月下老人). 부부의 인연을 맺어 준다는 전설상의 늙은이. 중국 당나라의 위고(韋固)가 달밤에 어떤 노인을 만나 장래의 아내에 대한 예언을 들었다는 데서 유래한다. ≒월로(月老).

1478)몽ᄆᆡ(夢寐) : 잠을 자면서 꿈을 꿈. 또는 그 꿈.

부모(早喪父母)ᄒᆞ고 ᄒᆞᆫ낫 경의를 통ᄒᆞᆯ 동긔 잇지 아니ᄒᆞ니, 【60】 유시(幼時)로 간혈(肝血)1480)의 지통(至痛)이 응결ᄒᆞ여 일즉 즐기ᄂᆞᆫ 빗치 잇지 아니ᄒᆞ니, 내 참연ᄒᆞ믈 니긔지 못ᄒᆞᄂᆞᆫ 빅라. 텬보의 관인후덕(寬仁厚德)이 나의 구구ᄒᆞᆫ 부탁을 듯지 아냐도 녀ᄌᆞ의 일싱을 괴롭게 아니려니와, 싱ᄋᆞ(甥兒)의 슬픈 졍ᄉᆞ를 측은ᄒᆞ여, ᄋᆡᄌᆞ(睚眥)1481)의 실화(失和)를 두지말믈 ᄇᆞ라노라."

태위 몸을 굽혀 듯기를 다ᄒᆞᄆᆡ 니러 빅샤ᄒᆞᆯ ᄯᆞ름이라. 즁빈(衆賓)이 쾌셔(快婿) 어드믈 칭하ᄒᆞ니, 상태ᄉᆡ 화긔를 씌여 좌슈우응(左酬右應)ᄒᆞ믈 결을치1482) 못ᄒᆞ더니, 날이 느ᄌᆞᄆᆡ 신부의 상교(上轎)를 지쵹ᄒᆞ여 표・상 냥쇼져를 【61】 뎡1483)에 올닐ᄉᆡ, 이 쇼졔 평싱을 공규(空閨)의 유발승(有髮僧)으로 태ᄉᆞ와 녀부인 슬하를 ᄯᅥ나지 아닐가 ᄒᆞ엿다가, 몽니(夢裏)의도 싱각지 아닌 친ᄉᆡ(親事) 셩젼(成典)케 되믈 작일(昨日)의야 비로소 알고, 새로이 놀나며 붓그리고 슬프며 ᄋᆡ둘오믈 니긔지 못ᄒᆞ여, 표쇼져ᄂᆞᆫ 스ᄉᆞ로 죽어 인뉸을 모로고져 ᄒᆞ니, 상태ᄉᆡ 냥녀(兩女)의 위인을 아ᄂᆞᆫ 고로, 혼녜 다히1484) 말을 불츌구외(不出口外)ᄒᆞ고 범구(凡具)를 두 쇼졔 아지 못ᄒᆞ게 출히더니, 작일(昨日)은 님박(臨迫)ᄒᆞᆫ 고로 아조 긔이지 못ᄒᆞ여, 브득이 닐ᄋᆞ고 위로ᄒᆞ며 ᄉᆞ리로 경계ᄒᆞ믈 만단(萬端)【62】으로 ᄒᆞᄃᆡ, 표시(氏) 더옥 슬허 하싱의 작난을 평싱 신누(身累)를 삼으니, 상어ᄉᆞ 등이 ᄯᅩᄒᆞᆫ 가치 아니믈 닐ᄋᆞ며, 녀부인이 두 ᄯᆞᆯ을 직희여 안ᄌᆞ 혹ᄌᆞ 죽을가 겁ᄒᆞ니, 상쇼져ᄂᆞᆫ 슬프며 분ᄒᆞ나 굿ᄐᆡ여 죽을 ᄯᅳᆺ을 두지 아니ᄃᆡ, 표시ᄂᆞᆫ 광군(狂君)의 빅위 되지 말고 쳔ᄃᆡ하(泉臺下)의 망부모(亡父母)를 뫼실 ᄯᅳᆺ이 살 ᄀᆞᆺᄐᆞ니, 합문이 일노ᄡᅥ 우환을 삼아 져마다 《교∥표》시를 위로 ᄒᆞ며 죽으미 가치 아니믈 닐ᄋᆞ지 아닐 적이 업ᄉᆞ니, 표쇼졔 능히 목숨을 결치 못ᄒᆞ고, 부인 등과 시녀 양낭(養娘)의 잇글닌 빅 되【63】여 장소(粧梳)1485)를 일워 뎡의 올으ᄆᆡ, 옥협(玉頰)의 진쥐(眞珠) 년낙ᄒᆞ여 ᄭᅩᆺ송이를 줌으니, 상태ᄉᆡ 부뷔 참연비상(慘然悲傷)ᄒᆞ믈 니긔지 못ᄒᆞ여, 손을 잡고 과도ᄒᆞ믈 칙ᄒᆞ며 부힝(婦行)을 경계ᄒᆞᄆᆡ 친녀의 더으더라.

이 쇼졔 뎡의 들ᄆᆡ 하태위 금쇄(金鎖)를 가져 봉교(封轎)ᄒᆞᆯᄉᆡ, 상태ᄉᆡ 질녀의 뎡을 ᄀᆞ라쳐 왈,

"범ᄉᆡ ᄎᆞ례를 일ᄒᆞᆯ 거시 아니라. 비록 군의게ᄂᆞᆫ 뎨ᄉᆞ부실(第四副室)과 뎨삼부빈(第三副嬪)이 되ᄂᆞᆫ 빅나, 오히려 션휘(先後) 잇고, 임의 혼셔(婚書)의ᄂᆞᆫ 질ᄋᆞ(姪兒)를 삼취(三娶)로 녕존(令尊)긔 통ᄒᆞ여, 빙물(聘物)이 ᄒᆞᆫ날의 니ᄅᆞ나 밧【64】으믄 션후 잇게 ᄒᆞ엿ᄂᆞ니, 모로미 질ᄋᆞ의 뎡문을 몬져 줌으게 ᄒᆞ라."

1479)싱ᄋᆞ(甥兒) : 생질(甥姪). 누이의 아들을 이르는 말.
1480)간혈(肝血) : 간장과 심장을 함께 이르는 말. 깊은 마음 속.
1481)ᄋᆡᄌᆞ(睚眥) : ①눈 한번 흘겨보는 짧은 순간. ②흘겨보는 눈초리.
1482)결을ᄒᆞ다 : 한가하다. 여유가 있다. 틈을 내다..
1483)뎡 : 가마. 예전에, 한 사람이 안에 타고 둘이나 넷이 들거나 메던, 조그만 집 모양의 탈것.
1484)다히 : ①따위, 등속(等屬) ②쪽, 편, ③대로. ④처럼. 같이.
1485)장소(粧梳) : 단장(丹粧)을 하고 머리를 빗질하여 단정히 함.

하ᄉᆡᆼ이 상공의 지공무ᄉᆞ(至公無私)ᄒᆞ믈 항복(降服)ᄒᆞ여 표시의 뎡을 몬져 ᄌᆞᆷ으고, 미조ᄎᆞ[1486] 상쇼져의 뎡을 ᄌᆞᆷ으ᄆᆡ, 즉시 상마ᄒᆞ여 부즁의 도라오ᄆᆡ, 즁쳥(中廳)의 녜셕(禮席)을 졍졔ᄒᆞ고 쵹광이 명휘(明輝)ᄒᆞᆫᄃᆡ, 몬져 표쇼져로 더브러 합증[근]교ᄇᆡ(合巹交拜)[1487]ᄒᆞᆯᄉᆡ 신낭의 영풍쥰골(英風俊骨)을 새로이 닐을 ᄇᆡ 아니나, 신부의 셩ᄌᆞ혜질(聖姿慧質)이 완연이 쇽셰의 쒸여나 연화(蓮花)밧 사ᄅᆞᆷ이오, 그림 가온ᄃᆡ 신션이라. 옥모화안(玉貌花顔)이 사ᄅᆞᆷ의 눈을 놀ᄂᆡ니, 즁빈(衆賓)이 졍신【65】을 일코 눈을 옴기지 못ᄒᆞ더니, 독좌(獨坐)[1488]ᄅᆞᆯ 파ᄒᆞ고, 다시 상쇼져ᄅᆞᆯ 븟드러 녜셕의 합증[근]교ᄇᆡ(合巹交拜)ᄒᆞᄆᆡ, 녜필에 하태위 밧그로 나아가ᄆᆡ, 냥신뷔 조뉼(棗栗)을 밧드러 존당 구고긔 헌ᄒᆞᆯᄉᆡ, 진퇴유법(進退有法)ᄒᆞ니 이 진실노 명문ᄉᆡᆼ츌(名門生出)이오, 대가교훈(大家敎訓)으로, 텬질(天質)이 ᄲᅢ혀나고 덕셩이 유한ᄒᆞ믈 볼지니, ᄒᆞ나흔 ᄆᆞᆰ고 됴흐믈 젼쥬(專主)ᄒᆞ여 쇼상(瀟湘)[1489]의 쳥빙(淸氷)이 탁(濁)ᄒᆞ고, 화벽(和璧)[1490]이 틧글을 ᄡᅵᄉᆞᆫ ᄃᆞᆺ, 명월(明月)이 부상(扶桑)[1491]의 올으ᄆᆡ 광ᄎᆡ 휘요(輝耀)ᄒᆞᆫ ᄃᆞᆺ, 남훈뎐상(南薰殿上)[1492]의 화풍(和風)이 새로오며 ᄇᆡᆨ톄(百體) ᄀᆞ즉ᄒᆞ니, 흡연이 위후(衛后)[1493]의 ᄉᆡᆨ덕이 겸비【66】ᄒᆞ미니, 긔품(氣稟) 격되(格調) 다ᄅᆞᆯ지언뎡 그 아ᄅᆞᆷ다오믄 일목지화(一木之花)[1494]며 일슈ᄉᆡᆼ금(一水生金)[1495]이라.

좌우(左右) 졔셩갈치(齊聲喝采)ᄒᆞ여, 태우의 쳐복이 두터옴과 승상 부부의 무궁ᄒᆞᆫ 복덕을 닷토아 하례(賀禮)ᄒᆞ니, 초공과 윤부인이 좌슈우답(左酬右答)의 흔연 사례ᄒᆞ고,

---

1486)미조ᄎᆞ : 미조차. 뒤미처 좇아.

1487)합근교ᄇᆡ(合巹交拜) : 전통혼례에서 합근례(合巹禮)와 교배례(交拜禮)를 함께 이르는 말. *합근례(合巹禮); 전통혼례에서 신랑 신부가 혼인을 맹세하는 뜻으로 서로 술잔을 주고받아 마시는 의식. *교배례(交拜禮); 전통혼례에서 신랑신부가 서로에게 절을 하고 받는 의식.

1488)독좌(獨坐) : 독좌례(獨坐禮). 혼인례에서 대례(大禮)를 달리 이른 말. 즉 신랑과 신부가 대례를 행할 때 각각의 앞에 음식을 차려 놓은 독좌상(獨坐床)을 놓고 교배(交拜)·합근(合巹) 등의 의례를 행하는 것을 이르는 말이다.

1489)쇼상(瀟湘) : 소상강(瀟湘江). 중국 호남성(湖南省)에서 발원한 소수(瀟水)와 광서성(廣西省)에서 발원한 상강(湘江)이 호남성에 있는 동정호(洞庭湖)에서 만나 이루어진 강. 주로 호남성 동정호 지역을 일컫는 말로 경치가 아름답고 물이 맑기로 유명하다.

1490)화벽(和璧) : 명옥(名玉)의 일종. 전국시대 초(楚)나라 변화씨(卞和氏)의 옥(玉)으로, '완벽(完璧)', '화씨지벽(和氏之璧)' 등으로 불리기도 한다. 그 후 이 '화벽'은 조(趙)나라 혜문왕(惠文王)의 손에 들어갔으나, 이를 탐내는 진(秦)나라 소양왕(昭襄王)이 진나라 15개의 성(城)과 이 옥을 교환하자고 한 까닭에 '연성지벽(連城之壁)'이라는 이름이 붙기도 하였다.

1491)부상(扶桑) : 해가 뜨는 동쪽 바다.

1492)남훈뎐(南薰殿) : 중국 상고시대 순임금이 오현금(五絃琴)으로 남풍시(南風詩)를 타 백성들의 불만을 어루만져주던 전각.

1493)위후(衛后) : 중국 춘추시대 위(衛)나라 장공(莊公)의 처 댱강(莊姜). 아름답고 덕이 높았고 시를 잘하였다.

1494)일목지화(一木之花) : 한 나무에서 핀 꽃.

1495)일슈ᄉᆡᆼ금(一水生金) : 같은 물에서 건져 올린 금. 여수생금(麗水生金)에서 따온 말. *여수(麗水); 중국 양자강(揚子江) 상류인 운남성(雲南省)의 금사강(金砂江)을 이름. <천자문> '금생여수(金生麗水)'에서 말한 금(金)의 산지(産地)로 유명.

뎡국공과 됴부인이 비록 변심ᄒᆞ여 연시 흉상(凶狀) 밧 이듕ᄒᆞᄂᆞᆫ 재 업ᄉᆞ나, 손ᄋᆞ의 쳐복(妻福)이 두터워 졀셰명염(絶世名艶)이 이ᄀᆞᆺ치 모드믈 환힝(歡幸)ᄒᆞ여 냥신부의 옥슈(玉手)ᄅᆞᆯ 어라만져 칭찬 경ᄋᆡ(敬愛) 왈,

"신부ᄂᆞᆫ 명문의 ᄉᆡᆼ츌(生出)ᄒᆞ여 태ᄉᆞ공과 녀부인의 만금쇼괴(萬金小嬌)라. 아ᄅᆞᆷ다온 【67】 셩홰(聲華) 닌니(隣里)의 훤ᄌᆞ(喧藉)ᄒᆞ더니, 이제 우리 슬해(膝下)되니 용화긔질(容華氣質)이 듯던 바의 더은지라. 몽셩이 무ᄉᆞᆷ 복으로 이 ᄀᆞᆺᄐᆞᆫ 안해ᄅᆞᆯ 빵득(雙得)ᄒᆞᄂᆞ뇨? 표쇼부ᄂᆞᆫ 냥친이 구몰(俱沒)ᄒᆞ여 이ᄀᆞᆺᄐᆞᆫ ᄌᆞ미ᄅᆞᆯ 보지 못ᄒᆞ시미 슬프나, 상태ᄉᆞ ᄂᆡ외 친녀ᄀᆞᆺ치 ᄌᆞᄋᆡᄒᆞ시니, 몰신(沒身)토록 져바리지 말나."

ᄒᆞ니, 신뷔 다만 몸을 굽혀 명을 밧을 ᄯᆞᄅᆞᆷ이러라. 죵일 진환(盡歡)ᄒᆞ고 날이 져믈ᄆᆡ 졔빈(諸賓)이 각산기가(各散其家)ᄒᆞ고, 냥신부의 슉소ᄅᆞᆯ 뎡ᄒᆞ여 표시ᄂᆞᆫ 난취각으로 보ᄂᆡ고, 상시ᄂᆞᆫ 취일뎡으로 보ᄂᆡᄆᆡ, 쵹을 니어 초공 곤계 뎡 【68】 국공과 됴부인을 뫼셔 죵용이 말ᄉᆞᆷᄒᆞ다가, 밤이 깁흐믈 인ᄒᆞ여 초공이 친히 부모의 침금을 포셜ᄒᆞ고, 븟드러 상요(床褥)의 안침(安寢)ᄒᆞ시믈 쳥ᄒᆞᄆᆡ, 뎡국공과 됴부인이 의ᄃᆡ(衣帶)ᄅᆞᆯ 히탈ᄒᆞ여 침싊(寢睡) 안온(安穩)ᄒᆞ니, 초공 곤계 부모의 취침ᄒᆞ시믈 보고 물너 외루(外樓)의 나오ᄆᆡ, 태위 졔뎨로 더브러 부슉(父叔)을 시침(侍寢)ᄒᆞ고, 신방의 갈 ᄯᅳᆺ이 업거ᄂᆞᆯ, 북휘 우어[1496] 왈,

"ᄒᆞᆫ 몸이 두 신방을 다 슉직(宿直)기ᄂᆞᆫ 어려오나, ᄎᆞ례로 금야ᄂᆞᆫ 난취각의 가 지ᄂᆡ고, 명일은 취일뎡의 가 슉직ᄒᆞ미 올커ᄂᆞᆯ, 엇지 야심토 【69】 록 신방으로 향치 아닛ᄂᆞ뇨?"

태위 부복(俯伏) 텽명(聽命)이오, 답언이 업ᄉᆞ니, 초공 왈,

"아[1497]의 닐오미 올커ᄂᆞᆯ 엇지 응치 아니ᄒᆞᄂᆞ뇨? 태위 ᄌᆡᄇᆡ 고왈,

"쇼ᄌᆡ 고이ᄒᆞᆫ 병을 인ᄒᆞ여 표·상을 부득이 취ᄒᆞ여ᄉᆞ오나, 즁니(中裏)의 참괴ᄒᆞ오미 치신무지(置身無地)라. 장부의 ᄒᆡᆼᄉᆡ 쳥텬ᄇᆡᆨ일(靑天白日) ᄀᆞᆺᄐᆞ므로ᄡᅥ ᄉᆞᄅᆞᆷ의 시비ᄅᆞᆯ 취ᄒᆞ오미 한심 불ᄒᆡᆼ(不幸)ᄒᆞ니, 동방화쵹(洞房華燭)의 밧비 ᄃᆡ(對)코져 ᄯᅳᆺ이 업ᄉᆞᆸᄂᆞᆫ지라. 피ᄎᆞ의 년긔 방쇼(方少)[1498]ᄒᆞ고 쳥츈이 바야히오니, 동방(東方)의 ᄃᆡ홀 날이 만ᄉᆞ올지라. ᄋᆞ히 오히려 고인의 유취(有娶)ᄒᆞ던 ᄯᅵ 밋지 【70】 못ᄒᆞ여ᄉᆞ오니, 규방(閨房)의 침혹(沈惑)ᄒᆞ여 음난ᄒᆞᆫ 거죄 ᄒᆡᆼ실의 유해ᄒᆞ오니, 수삼년을 기다려 피ᄎᆞ의 나히 ᄎᆞ고, 쇼ᄌᆞ의 ᄆᆞ음을 ᄇᆞᆰ힌 후, ᄉᆞ실의 ᄃᆡᄒᆞ미 맛당ᄒᆞᆯ가 ᄒᆞᄂᆞ이다."

초공이 침음냥구(沈吟良久)의 왈,

"쇼인은 은악양션(隱惡揚善)ᄒᆞ여 말이 허물을 ᄀᆞ리오고, ᄌᆡ죄 덕을 니긔고져 ᄒᆞ나, 맛ᄎᆞᆷᄂᆡ 사졍(邪情)이 나타나 군ᄌᆞ의 슌일평담(純一平淡)ᄒᆞᆷ과 쇼인의 간힐능녀(奸詰能厲)ᄒᆞ미 기리 ᄂᆡ도ᄒᆞ고, 사ᄅᆞᆷ이 ᄌᆞ연 알아보ᄂᆞᆫ 도리 잇ᄂᆞᆫ지라. 네 지금의 ᄂᆡ외ᄅᆞᆯ 달니

1496)우어 : 웃으며. *우으다; 웃다. 우습다.
1497)아 : 동생. 아우.
1498)방쇼(方少) : 이제 한창 어린나이 임. 바야흐로 어린 나이임.

ᄒᆞ여 부형을 속이니, 내 실노 한심ᄒᆞᄂᆞ니, 네 광병(狂病)을 인【71】ᄒᆞ여 상가의 가작난지ᄉᆞ(作亂之事)ᄂᆞᆫ 다시 슌치(脣齒)의 올닐 ᄇᆡ 아니나, 너의 ᄯᅳᆺ이 호일탐ᄉᆡᆨ(豪逸貪色)ᄒᆞ여 ᄇᆡᆨ미인을 주어도 ᄉᆞ양치 아니리니, 하고(何故)로 수삼 년을 참아 나히 ᄎᆞ기를 기다려 고요히 견ᄃᆡ랴. 비록 졍대ᄒᆞᆫ ᄯᅳᆺ을 먹고져 ᄒᆞᆯ지라도, 신방을 븨오믄 녜 아니라. '군ᄌᆞᄂᆞᆫ 심야(深夜)의 더옥 삼간다' ᄒᆞ니, ᄒᆡᆼ실을 닥글 ᄲᅮᆫ이오, ᄉᆞᄉᆞ로 지예(知禮)ᄒᆞ며 졍대(正大)컨 쳬ᄒᆞ여 명예를 모호고져 말나."

태위 부복 텽명(聽命)의 슈괴(羞愧)ᄒᆞ며 경황젼뉼(驚惶戰慄)ᄒᆞ여 ᄇᆡ한(背汗)이 쳠의(沾衣)라. 옥면이 대홍(大紅)ᄒᆞ여 냥구묵연(良久默然)이러니. 【72】날호여 ᄌᆡᄇᆡ 청죄왈,

"불쵸 무상(無狀)ᄒᆞ와 젼후의 ᄒᆡᆼ실을 닥지 못ᄒᆞ오니, 엄훈의 명션(明善)ᄒᆞ시믈 져ᄇᆞ려ᄉᆞᆸᄂᆞᆫ지라. ᄉᆞᄉᆞ로 죄를 혜아리고 광망(狂妄)ᄒᆞ믈 ᄉᆡᆼ각ᄒᆞ오ᄆᆡ, ᄒᆡ연참측(駭然慙惻)ᄒᆞ믈 니긔지 못ᄒᆞ와 표・상을 취ᄒᆞ오나, 호발(毫髮)도 깃븐 ᄯᅳᆺ이 업ᄉᆞ온 고로, 소회(所懷)를 알왼 ᄇᆡ러니, 하괴(下敎) 당ᄎᆞ(當此)의 감히 주ᄒᆞᆯ 바를 아지 못ᄒᆞ리로소이다. 슈연(雖然)이나 ᄋᆞ히 표・상 냥인을 밧비 ᄃᆡᄒᆞ오ᄆᆡ, 쾌치 아니미 만ᄒᆞ니 엄젼의 시침ᄒᆞ믈 ᄇᆞ라ᄋᆞᆸᄂᆞ니, 복원 대인은 ᄋᆞ히 불민ᄒᆞᆫ 곳을 칙ᄒᆞ시【73】고, 규리(閨裡)의 권년(眷戀)ᄒᆞ여 시봉(侍奉)의 ᄐᆡ만ᄒᆞ믈 치죄(治罪)ᄒᆞ시고, ᄂᆡ루(內樓)의 침몰ᄒᆞ믈 명치 마ᄅᆞ쇼셔."

ᄒᆞ니, 초공의 신명(神明)키로도 ᄋᆞᄃᆞᆯ의 양광(佯狂)을 오히려 아지 못ᄒᆞ고, 그 말ᄉᆞᆷ이 ᄂᆡ외 ᄀᆞᄌᆞᆨ지 아닌 줄을 아나, 근간(近間)은 졈졈 침위(沈憂) 슉묵(肅默)ᄒᆞ야 군ᄌᆞ대도(君子大道)의 참예(參預)케 되여시믈 ᄒᆡᆼ열(幸悅)ᄒᆞ여, 각별 엄ᄒᆞᆫ ᄉᆞᄉᆡᆨ(辭色)을 뵈지 아니코, 다만 닐ᄋᆞᄃᆡ,

"범ᄉᆡ 고집ᄒᆞᆯ 거시 아니니, 네 금일 신방을 븨오믄 녜(禮)에 가치 아니니, 모로미 난취각의 드러가 밤을 지ᄂᆡ고, 명일은 ᄎᆡ일뎡의 가 밤을 지ᄂᆡ게 ᄒᆞ라."

태위 여러【74】번 욱이지 못ᄒᆞ여 ᄇᆡ샤슈명(拜謝受命)ᄒᆞ고, 부슉(父叔)이 침금의 나아가믈 보고, 이의 신방의 니ᄅᆞ니 쵹광(燭光)이 명휘(明輝)ᄒᆞᆫᄃᆡ 표쇼졔 단의홍군(單衣紅裙)1499)으로 좌를 일윗다가, 태위 드러오믈 보고 유모(乳母)와 보뫼(保姆) 쇼져를 븟드러 마ᄌᆞ니, 셤셤ᄒᆞᆫ 허리ᄂᆞᆫ 신뉴(新柳) 미풍의 휘드ᄂᆞᆫ 듯, ᄇᆞᆰ은 골격은 쳔ᄐᆡᆨ(川澤)의 어람이 틧글을 ᄢᅵ슨 듯, ᄂᆡᆼ담ᄒᆞᆫ 긔상은 셜니(雪裏)의 ᄆᆡ홰(梅花) 한풍(寒風)을 ᄃᆡᄒᆞ고, 고요ᄒᆞᆫ 화용(花容)은 텬홰(天花) 은하(銀河)를 빗겻ᄂᆞᆫ 듯, 뉵쳑을 다ᄒᆞᆫ 신장이 표일(飄逸)ᄒᆞ며 옥(玉) 무은 니마ᄂᆞᆫ 츄텬(秋天)의 반월(半月)이 걸닌 듯, 냥미아황(兩眉蛾黃)1500)은 ᄎᆡ필(彩筆)의 공을 【75】더으미 업시, 츈산(春山)의 흔젹을 옴겨시니, 아릿다온 ᄐᆡ도와 텬연ᄒᆞᆫ 긔질이 연화(煙火)1501)를 버서시나, 진ᄋᆡ(塵埃)의 물들미 업ᄉᆞ

1499)단의홍군(單衣紅裙) : 홑저고리와 붉은 치마 차림.
1500)냥미아황(兩眉蛾黃) : 두 눈썹과 분 바른 얼굴. *아황(蛾黃); 예전에 여자들이 얼굴에 바르던 누런빛이 나는 분으로, 여기서는 분바른 얼굴을 뜻함

니 녀ᄌᆞ의 쳥고슉연(淸高肅然)ᄒᆞᆫ 일셰일인(一世一人)[1502]이라. 태위 봉경(鳳睛)을 흘녀 잠간 보ᄆᆡ, 오ᄆᆡᄉᆞ상(寤寐思想)ᄒᆞ던 명염(名艶)을 ᄃᆡᄒᆞ니, 만심(滿心)이 반갑고 상태ᄉᆞ의 고집을 두루혀 친ᄉᆞ(親事)를 셩젼(成典)ᄒᆞ미 슌(順)ᄒᆞ믈 ᄇᆡᆨ분 환열ᄒᆞ나, ᄌᆞ긔 광병을 사름이 의심ᄒᆞᄂᆞᆫ가, 단단이 양광(佯狂)이 아니믈 남이 알게 ᄒᆞ려 ᄒᆞᄂᆞᆫ 고로, 조금도 흔열(欣悅)ᄒᆞᆫ 빗출 나타ᄂᆡ지 아니터라. 【76】

1501)연화(煙火) : 인연(人煙). ①인가에서 불을 때어 나는 연기라는 뜻으로, 사람이 사는 기척 또는 인가(人家)를 이르는 말. ②속세. 세속.
1502)일셰일인(一世一人) : 한 시대에 제일가는 사람.

윤하뎡삼문취록 권지삼십뉵

ᄎᆞ시 태위 ᄌᆞ긔 광병(狂病)을 사ᄅᆞᆷ이 의심ᄒᆞᄂᆞᆫ가 두려, 간간이 양광(佯狂)이 아니믈 남이 알게 ᄒᆞ려 ᄒᆞᄂᆞᆫ 고로, 조금도 흔열(欣悅)ᄒᆞᆫ 빗출 나타ᄂᆡ지 아냐, ᄉᆡᆨ위(色威) 엄졍ᄒᆞ며 족용(足容)이 완듕(緩重)ᄒᆞ여, ᄀᆡ호입실(開戶入室)의 위좌(危坐)ᄒᆞᄆᆡ, ᄑᆞᆯ 밀어 신부의 안ᄌᆞ믈 쳥ᄒᆞ니, 유뫼 쇼져의 좌ᄅᆞᆯ 먼니 일우고 퇴ᄒᆞᄂᆞᆫ지라. ᄉᆡᆼ이 냥구묵연(良久默然)이러니, 날호여 표시ᄅᆞᆯ 향ᄒᆞ여 침셕(寢席)의 편히 쉬믈 닐ᄋᆞ고, 이의 의건(衣巾)을 탈(脫)ᄒᆞ고, 상요의 나아가ᄃᆡ, 거지(擧止) 침온(沈穩)ᄒᆞ고 동용(動容)이 슉묵(肅默)ᄒᆞ여 【1】호일방탕(豪逸放蕩)ᄒᆞᆫ 거동이 힝혀도 잇지 아니ᄒᆞ니, 표시의 경쳥(輕淸)[1503] ᄂᆡᆼ담(冷淡)ᄒᆞ미 녀도(女道)ᄅᆞᆯ 다ᄒᆞ믄 ᄇᆡᆨ희(伯姬)[1504]ᄅᆞᆯ 효측ᄒᆞᆯ 쳥ᄒᆡᆼ(淸行)이로ᄃᆡ, 하ᄉᆡᆼ의 긔위(氣威) 졍엄(正嚴)ᄒᆞ고 동지(動止) 슉연ᄒᆞ믈 당ᄒᆞ여ᄂᆞᆫ, 곡졀업시 죽을 ᄯᅳᆺ을 발ᄒᆞ미 괴거(怪擧)키의 갓가온 고로, 오직 그림의 사ᄅᆞᆷᄀᆞᆺ치 호흡을 ᄂᆞᆺ초아, 쵹영지하(燭影之下)의 쇽졀업시 죵야(終夜)토록 봉안(鳳眼)이 미미(微微)ᄒᆞ니, 빗ᄂᆞᆫ 풍용(風容)이 가초 보암 즉ᄒᆞᄃᆡ, 태위 즁심의 ᄋᆡ련(愛憐)ᄒᆞᄂᆞᆫ 졍이 깁흐나, 것ᄎᆞ로 은근(慇懃)ᄒᆞᆫ 졍을 뵈지 아니려 ᄒᆞᄂᆞᆫ 고로, 구ᄎᆞ(苟且)치 아니려 고요히 ᄌᆞᆷ든 ᄃᆞᆺᄒᆞ【2】다가, 계명(鷄鳴)의 관소(盥梳)ᄒᆞ고 나아가니, 표쇼져의 유뫼 ᄀᆞ장 의아ᄒᆞ더라.

ᄎᆞ야(此夜)의 태위 부명을 밧드러 ᄎᆡ일뎡의 드러와 상시ᄅᆞᆯ ᄃᆡᄒᆞᄆᆡ, 션풍호질(仙風好質)이 찬연 슈려ᄒᆞ여, 부용(芙蓉)이 셩ᄀᆡ(盛開)ᄒᆞ고 하왕(花王)이 금분(金盆)의 빗겻ᄂᆞᆫ ᄃᆞᆺ, 유덕유슌(有德有順)ᄒᆞ여 복녹이 발어외모(發於外貌)ᄒᆞ고, 졍슌(貞純)ᄒᆞᆫ 현심(賢心)이 미목(眉目)의 어ᄅᆡ여시니, ᄒᆞᆫ 번 보ᄆᆡ 반가온 ᄯᅳᆺ이 ᄌᆞ연이 니러나니, 심긔(心氣) 화열ᄒᆞ여 흔흡(欣洽)ᄒᆞᆫ 졍을 니긔지 못ᄒᆞ나, ᄒᆞᆫ갈 ᄀᆞᆺ치 엄졍슉묵(嚴正肅默)ᄒᆞ믈 지어, 사ᄅᆞᆷ이 ᄌᆞ긔 양광(佯狂)이런 줄을 의심치 아니케 ᄒᆞ랴, 표·상 취ᄒᆞ믈 깃거 아니ᄒᆞ【3】ᄂᆞᆫ 다시, 남의 부인을 ᄃᆡᄒᆞᆫ 다시, 일언을 아니코 홀연이 일야ᄅᆞᆯ 지ᄂᆡ고, 효신(曉晨)의 나간 후ᄂᆞᆫ 발ᄌᆞ최 다시 표·상 냥쇼져 침실의 님치 아니코, 존당 즁회즁(衆會中)에 혹 만나미 이셔도, ᄂᆞᆺ빗치 엄졍ᄒᆞ고 봉졍(鳳睛)이 ᄂᆞ죽ᄒᆞ여 눈드러 ᄉᆞᆲ피미 업ᄉᆞ니, 표·

1503)경쳥(輕淸) : 날씨나 빛깔 따위가 맑고 산뜻함.

1504)ᄇᆡᆨ희(伯姬) : 중국 춘추시대 魯(노)나라 宣公(선공)의 딸. 송나라 恭公(공공)에게 시집갔다가 10년 만에 홀로 됐다. 궁궐에 불이 났을 때 관리가 피하라고 했으나 부인은 한밤에 보모 없이 집을 나설 수 없다고 고집해서 결국 불속에서 타 죽었다. 『열녀전(烈女傳)』 <정순전(貞順傳)>‘송공백희(宋恭伯姬)’ 조(條)에 기사가 보인다.

상 냥쇼져의 유뫼 불승의아(不勝疑訝)ᄒᆞ여 근심을 노치 못ᄒᆞ더라.

표・상 이 쇼졔 구가의 머므러 효봉구고(孝奉舅姑)ᄒᆞ고 승슌군ᄌᆞ(承順君子)ᄒᆞᄆᆡ, 표시ᄂᆞᆫ 만ᄉᆡ 순슌비약(順順卑弱)ᄒᆞ며, 녜도롤 잡으ᄆᆡ 침엄녈슉(沈嚴烈肅)ᄒᆞ여, 시쇽의 부잡(浮雜)ᄒᆞ믈 빈호지 아냐시니, 녀즁고ᄉᆡ(女中高士)오, 규합(閨閤)의 도ᄌᆡ(道者)어ᄂᆞᆯ, 상【4】쇼져ᄂᆞᆫ 품질이 화열(和悅)ᄒᆞ고 덕냥(德量)이 홍원(弘遠)ᄒᆞ여, 쇼ᄉᆞ롤 거리ᄭᅵ지 아니코, 녜롤 잡으미 청산을 압두ᄒᆞ고, 창숑(蒼松)을 약히 넉이ᄃᆡ, 화긔 욱욱(郁郁)ᄒᆞ고 언쇼(言笑) 상냥ᄒᆞ여, ᄃᆡ인졉물(對人接物)의 츈양(春陽)이 이이(怡怡)ᄒᆞ고, 호담낭변(豪談朗辯)[1505]이 ᄌᆞ공(子貢)[1506]의 후신(後身)이로ᄃᆡ, 불법(不法)의 말이 업고 셰쇽의 용우ᄒᆞ미 잇지 아냐, 할연(豁然)이 군ᄌᆞ(君子) 장부(丈夫)의 품격의, 슈복을 완젼이 타나시니, 인심의 붓조ᄎᆞ미 물이 동(東)으로 흐람 ᄀᆞᄐᆞ니, 존당구괴 냥식부(兩息婦)의 긔이ᄒᆞ믈 ᄋᆡ듕ᄒᆞ미 친녀로 감(減)ᄒᆞ미 업ᄉᆞ니, 냥인의 신셰 안헐(安歇)ᄒᆞ미 반셕 ᄀᆞᆺ다 흘 거시로【5】ᄃᆡ, 광망픽악(狂妄悖惡)ᄒᆞᆫ 연부인과 궁흉험괴(窮凶險怪)ᄒᆞᆫ 쇼연시 니롤 갈며 칼흘 겨러 믜워ᄒᆞ미 일일층츌(日日層出)[1507]ᄒᆞ니, 뎡쇼져의 신명예지(神明豫知)[1508]ᄒᆞ미 업거니, 엇지 공구(恐懼)치 아니리오.

표시ᄂᆞᆫ 더옥 츙년(冲年)의 이친(二親)을 여희고 간혈(肝血)의 슉결(宿結)ᄒᆞᆫ 지통이 일월이 오릴ᄉᆞ록 흉격의 밋쳣시니, 이 본ᄃᆡ 남다란 셩회(誠孝)라. 망부모(亡父母)롤 영모ᄒᆞᄂᆞᆫ 셜우미 인뉸셰ᄉᆞ(人倫世事)롤 몽니(夢裏)의도 ᄉᆡᆼ각지 아니터니, 원치 아닛ᄂᆞᆫ 친ᄉᆞ(親事)롤 일워, 한악(悍惡)ᄒᆞᆫ ○[연]부인은 존고의 어려오믈 다[더]ᄒᆞ여 질녀(姪女)의 젹인을 보칙여 맛고져 ᄒᆞ고, 쇼연시ᄂᆞᆫ 【6】슉모의 위셰롤 ᄶᅧ 표・상 등을 말지 비복ᄀᆞᆺ치 호령ᄒᆞ고 즐욕ᄒᆞ니, 상시ᄂᆞᆫ 분ᄒᆞ고 난안(赧顔)ᄒᆞ며 괴로오나, 넓이 혜아려 연부인 슉질의 망측ᄒᆞᆫ 거조롤 가쇼로이 넉이나, 표시ᄂᆞᆫ 비록 장어(長於)[1509]의 이친(二親)을 뫼셔 즐기지 못ᄒᆞ여시나, 상태ᄉᆞ 부부의 지듕ᄒᆞᄂᆞᆫ ᄌᆞᄋᆡ(慈愛)롤 밧아 쥬루화당(朱樓畵堂)의 호치(豪侈)히 자라시니, 일즉 사름의 불평지ᄉᆡᆨ(不平之色)과 강악ᄒᆞᆫ 소ᄅᆡ롤 듯지 못ᄒᆞ다가, 입어하문(入於河門)ᄒᆞ여 좌셕이 덥지 아냐셔, 연부인 슉질의 악악ᄒᆞᆫ 즐욕과 험악히 보칙믈 당ᄒᆞ니, 일마다 ᄌᆞ긔 신셰롤 슬허ᄒᆞ고, 흉ᄒᆞᆫ 욕이【7】망(亡) 부모긔 밋ᄎᆞ믈 통한분히(痛恨憤駭)ᄒᆞ여, 감히 존고 연부인을 원치 못ᄒᆞ나, 쇼연시긔 다ᄃᆞ라ᄂᆞᆫ 화(和)ᄒᆞᆫ 빗ᄎᆞ로 졉담(接談)ᄒᆞ미 업ᄉᆞ믄, 본심이 쳘옥 ᄀᆞᄐᆞᆫ지라 화긔롤 작위(作爲)치 못ᄒᆞ○[미]니, 윤부인이 냥식부의 심ᄉᆡ 편치 아닐 바롤 ᄋᆡ련(愛憐)ᄒᆞ야 ᄉᆞᆲ피기롤 등한이 아니ᄒᆞᄃᆡ, 연부인 슉질이 밤과 ᄂᆞᆺ에 틈을 타 보칙고 욕ᄒᆞ믄 능히 다

1505)호담낭변(豪談朗辯) : 말소리가 씩씩하고 명랑함.
1506)ᄌᆞ공(子貢) : 중국 춘추 시대 위나라의 유학자(?B.C.520~?B.C.456). 성은 단목(端木), 이름은 사(賜). 공문십철(孔門十哲)의 한 사람으로 언어에 뛰어났으며, 노나라와 위나라의 재상(宰相)을 지냈다.
1507)일일층츌(日日層出) ; 날로 거듭하여 일어남.
1508)신명예지(神明豫知) : 신령스럽고 이치에 밝으며, 일이 일어나기 전에 미리 앎
1509)장어(長於) : 자라남에 있어서.

아지 못ᄒᆞ고, 오직 뎡시 도라와 슬하의 이시니, ᄆᆞ음의 듕보를 어든 둧, 년ᄋᆡᄒᆞ믈 니긔지 못ᄒᆞ나, 뎡국공과 됴부인의 노ᄉᆡᆨ(怒色)이 날노 더으고, 미안지괴(未安之敎) 시로 ᄌᆞ즈니 뎡시 ᄒᆡᆼ【8】혀도 ᄂᆞᆺ빗출 곳치지 아니코, 조심ᄒᆞ미 여림박빙(如臨薄氷)ᄒᆞ여 셩뎡지시(省定之時)의 진퇴를 뎡치 못ᄒᆞ고, 쳐신이 극난 불안ᄒᆞ니, 윤부인이 위ᄒᆞ여 가슴이 《앏픈둧‖앏ᄑᆞᄒᆞ고》, ᄒᆞᆫ 허믈도 업시 존당의 미안ᄒᆞ시미 이 ᄀᆞᆺᄐᆞᆷ을 민민졀박ᄒᆞᄃᆡ, 감히 뎡시의 어질며 긔특ᄒᆞ믈 고치 못ᄒᆞ고, ᄒᆞᆫ갓 ᄆᆞ음만 불평ᄒᆞᆯ ᄲᅮᆫ이니, 쇼제 ᄌᆞ긔로 인ᄒᆞ야 존고의 우려ᄒᆞ시미 여ᄎᆞ 과도ᄒᆞ시믈 도로혀 민박ᄒᆞ여, 듀야로 시측(侍側)ᄒᆞ야 츈양(春陽)이 무루녹ᄂᆞᆫ 화긔와 유열ᄒᆞᆫ 말ᄉᆞᆷ으로 존고의 즐기시믈 요구ᄒᆞ고, ᄒᆡᆼ혀도 괴로온 회포를 나토【9】지 아니니, 부인이 더옥 취듕년ᄋᆡ(取重憐愛)ᄒᆞ여 친녀의 더으미 잇고, 금번 도라온 후 ᄉᆞ실의 도라보ᄂᆡ지 아냐 ᄎᆡ운각의 다리고 이시니, 쇼제 존고를 시침ᄒᆞ미 소원의 암합(暗合)ᄒᆞ여 몽니의도 ᄉᆞ침을 ᄉᆡᆼ각지 아니ᄒᆞ고, 태위 젼일과 ᄒᆡᆼ동이 젼후 두 사ᄅᆞᆷ이 되어, 표·상 ᄀᆞᆺᄐᆞᆫ 미인을 ᄡᅡᆼ취(雙取)ᄒᆞᄃᆡ, 부부의 흔연ᄒᆞ미 업서 여시ᄒᆡᆼ노(如視行路)[1510]ᄒᆞ고, 뎡시 도라완 지 여러 날이로ᄃᆡ ᄉᆞ실의 믈너가지 아니믈 답답히 넉이ᄂᆞᆫ ᄇᆡ 업서 단연 무려(無慮)ᄒᆞ니, 부뫼 도로혀 고이히 넉이고, 일개(一家) 의아ᄒᆞ여 그 ᄆᆞ음을 측냥치 못ᄒᆞ【10】더라.

표·상 이인이 뎡쇼져의 ᄇᆡᆨᄒᆡᆼ(百行) ᄉᆞ덕(四德)이 고왕금ᄂᆡ(古往今來)의 희한(稀罕)ᄒᆞ믈 보ᄆᆡ, 할연(豁然)이 굴하(屈下)ᄒᆞᆯ 뜻이 이셔, 말을 발치 아니나 ᄆᆞ음이 빗최고, 회포를 닐ᄋᆞ지 아니나 졍이 몬져 동(動)ᄒᆞ여, 피ᄎᆞ 젹인(敵人) 두 ᄌᆞ를 닛고 골육ᄀᆞᆺ치 ᄉᆞ랑ᄒᆞ고, 밋ᄂᆞᆫ ᄆᆞ음이 이시니, ᄌᆞ연 흠션ᄋᆡ복(欽羨愛服)ᄒᆞᄂᆞᆫ 뜻이 나니, 서로 ᄃᆡᄒᆞᆫ즉 흔연이 깃븐 빗출 ᄯᅴ여, 표·상이 뎡시의 셩ᄌᆞ현풍(聖姿賢風)을 흠경(欽敬)ᄒᆞ미, 안연(顔淵)[1511]이 부ᄌᆞ(夫子)[1512]를 우람 ᄀᆞᆺ고, 뎡시 이인을 ᄋᆡ경ᄒᆞ미 상군(湘君)[1513]의 녀영(女英)[1514] ᄀᆞᆺᄐᆞᆫ지라. 윤부인이 삼부의 슉덕현ᄒᆡᆼ(淑德賢行)을 볼ᄉᆞ록 연시의 흉픽ᄒᆞ믈 골【11】돌이 ᄋᆡ달나 ᄒᆞ나, 경계ᄒᆞ여 ᄀᆡ심슈덕(改心修德)ᄒᆞᆯ 위인이 아니오, 대연시 조ᄎᆞ 수년지ᄂᆡ(數年之內) 더 그룻되여 흉ᄒᆞᆫ 셩악이 졈졈 더ᄒᆞ니, 이의 태우 형뎨를 ᄃᆡᄒᆞ여 왈,

"내 엇지 네 부친 ᄀᆞᆺ치 고톄(固滯)로온 녜문(禮門)을 직희여 먹고시븐 거ᄉᆞᆯ 주리고, 두용직(頭容直)[1515]ᄒᆞ고 슈용공(手容恭)[1516]ᄒᆞ며 족용중(足容重)[1517]ᄒᆞ여 긴 셰월을

1510)여시ᄒᆡᆼ노(如視行路) : 길 가는 사람 보듯 함.

1511)안연(顔淵) : 안회(顔回). 자(字) 연(淵). 공자의 제자. 십철(十哲) 가운데 한 사람.

1512)부자(夫子) : 공자(孔子: B.C.551~B.C.479)를 높여 이르는 말.

1513)상군(湘君) : 순(舜)임금의 원비(元妃)인 아황(蛾皇)을 달리 이르는 말.

1514)녀영(女英) : 순(舜)임금의 차비(次妃). 원비 아황(蛾皇)의 동생. 달리 상부인(湘夫人)이라고도 한다.

1515)두용직(頭容直) : 머리는 곧고 바르게 세운 자세를 유지해야 한다. '구용(九容)' 가운데 하나. *구용(九容); 유가(儒家)에서 몸가짐을 바르게 갖기 위해 항상 지켜야 할 '아홉 가지 몸가짐'. 곧 족용중(足容重)·수용공(手容恭)·목용단(目容端)·구용지(口容止)·성용정(聲容靜)·두용직(頭容直)·기용숙(氣容肅)·입용덕(立容德)·색용장(色容莊)을 말함. 『계몽편(啓蒙篇)』<구용(九容) 구사(九思)>조(條)에 나온다.

보ᄂᆡ믈 녹녹(碌碌) 답답히 넉이ᄂᆞ니, 내 엇지 네 부친을 달마 술을 불음(不飮)ᄒᆞ며 넓은 냥(量)을 주리리오. 잡말 말고 ᄒᆞ로 서너 순(巡)[1518]식 다 각각 츌혀 오라."

태우 형뎨 ᄒᆞᆯ일업서 부인 명ᄃᆡ로 쥬찬을 나오ᄃᆡ, 팔【12】진경장(八珍瓊漿)[1519]과 화미진쉬(華味珍羞)[1520] 다 보듕익긔(補中益氣)[1521]ᄒᆞᆯ 거ᄉᆞᆯ 읏듬ᄒᆞ나, 모진 술을 참아 나오지 못ᄒᆞ여 겨유 두어 잔식 드리니, 부인이 술이 젹으믈 분ᄒᆞ여 혜션궁 시녀의 ᄂᆞᆺ치 ᄭᅵ쳐 바리고, 공쥬긔 젼어 왈,

"아황(娥皇) 녀영(女英)은 요텬ᄌᆞ(堯天子)의 ᄯᆞᆯ이로ᄃᆡ, 간이규례(簡易規例)[1522]ᄒᆞ여 대슌(大舜)의 대효(大孝)를 본밧아 상모(象母)[1523]를 효로 셤기고, 초공쥬(楚公主)[1524]는 빅셩의게 하가(下嫁)ᄒᆞ니, 귀쥐(貴主) 비록 만승지교왜(萬乘之嬌瓦)[1525]나, 내 몽닌의 어미로 이셔든 ᄃᆡ졉을 그리 못ᄒᆞᆯ 거시오, 우리 존당도 귀쥬만ᄒᆞᆫ 위호(位號)ᄂᆞᆫ 가져 겨시니, 쳡이 외람ᄒᆞ나 귀쥬긔ᄂᆞᆫ 몽닌을 닐을 거시아냐, 【13】친지(親知)의 졍이 이시니, 뫼ᄀᆞᆺ치 ᄲᅡ힌 쥬찬을 걸인(乞人)이 쳥ᄒᆞ다 이만치야 아니주리잇가? 쳡이 드ᄅᆞ니 귀쥬 셩덕(聖德)이 요슌우탕(堯舜禹湯)[1526]의 비긴다 ᄒᆞ더니, 엇지 일흠과 다ᄅᆞ뇨? 쳡을 말ᄌᆡ 궁ᄋᆞ(宮娥) 만치도 못 넉이시니, 쳡슈불민(妾雖不敏)이나 그윽이 불복(不服)ᄒᆞᄂᆞ이다."

공쥐 이 젼어를 듯고 도리의 안연(晏然)치 못ᄒᆞ여, 관픽(冠佩)[1527]를 업시ᄒᆞ고 히원당 뎐하(殿下)의 ᄂᆞ려 쳥죄ᄒᆞ니, 연부인이 쥬찬을 징식(徵索)고져 젼어를 슌(順)히 아니ᄒᆞᆫ ᄇᆡ나, 만승교왜(萬乘嬌瓦) 계젼(階前)의 쳥죄ᄒᆞ믈 보ᄆᆡ 놀납고, 초공이 이런 일을 알면 됴치 아닐 ᄇᆡ니, 【14】친히 ᄂᆞ리다라 븟드러 당의 올으믈 쳥ᄒᆞ고,

"향긱(向刻) 불호(不好)ᄒᆞᆫ 젼어ᄂᆞᆫ 부마를 미편(未便)ᄒᆞ여 위연(偶然)이 공쥬긔 밋ᄎᆞ

1516)슈용공(手容恭) : '구용(九容)' 가운데 하나로, 손놀림은 공손해야 한다.

1517)족용중(足容重) : '구용(九容)' 가운데 하나로, 발걸음은 묵직해야 한다.

1518)순(巡) : 번. 차례.

1519)팔진경장(八珍瓊漿) : 팔진지미(八珍之味)와 옥액경장(玉液瓊漿)을 함께 이르는 말로, 아주 잘 차린 음식상에나 갖춘다고 하는 여덟 가지 진귀한 음식과, 맑고 고운 빛깔과 좋은 향을 갖추어 신선들이 마신다고 하는 술을 뜻한다. *팔진지미는 순모(淳母), 순오(淳熬), 포장(炮牂), 포돈(炮豚), 도진(擣珍), 오(熬), 지(漬), 간료(肝膋)를 이르기도 하고 용간(龍肝), 봉수(鳳髓), 토태(兎胎), 이미(鯉尾), 악적(鶚炙), 웅장(熊掌), 성순(猩脣), 수락(酥酪)을 이르기도 한다.

1520)화미진쉬(華味珍羞) ; 사치하고 맛있는 음식과 진귀한 반찬.

1521)보듕익긔(補中益氣) : 몸의 장기(臟器)들의 기능을 보강해주고 원기를 북돋아줌.

1522)간이규례(簡易規例) ; 복잡하고 까다로운 법도를 간편하고 쉽게 고침.

1523)상모(象母) : 순(舜)임금의 이복동생인 상(象)의 어머니.

1524)초공쥬(楚公主) : ?

1525)만승지교왜(萬乘之嬌瓦) : 황제의 예쁜 딸. *교와(嬌瓦) : 예쁜 딸. '와(瓦; 실패)'는 바느질 도구의 하나로 여아(女兒)들의 흔히 가지고 노는 장난감이라는 점에서, '딸'을 상징하는 말로 쓰였다. 딸을 낳은 경사를 일러 '농와지경(弄瓦之慶)'이라 하는 것이 그 대표적인 예다.

1526)요슌우탕(堯舜禹湯) : 고대 중국의 성군(聖君)들인 요임금・순임금・우임금・탕임금을 함께 이르는 말.

1527)관픽(冠佩) : 머리에 쓴 관(冠)과 몸을 치장한 패물(佩物).

미라. 귀쥬는 허믈치 마른쇼셔.”

공쥐 망측흔 거동을 불승히연(不勝駭然)ᄒ딕 효슌(孝順)ᄒ고, 어그로오미 괴괴ᄒᄆᆯ 씨닷지 못ᄒ야 불효불민(不孝不敏)ᄒᄆᆯ 사죄ᄒ고, 셩덕을 칭샤ᄒ미 말ᄉᆷ이 단엄졀즁(端嚴截重)ᄒ여 슉ᄌᆞ인풍(肅姿仁風)의 할연츌셰(豁然出世)ᄒ니, 연시의 광잡(狂雜)ᄒ미나, 만승교와룰 간딕로 보치지 못ᄒ야, 슌슌(順順) 그룻ᄒᄆᆯ 닐쿳고 도라보닉니, 이후로 공쥐 쥬찬을 못밋츨 다시 ᄒ여 지극 조심ᄒ나, 죵시 【15】술을 태과(太過)이 보닉지 아니ᄒ니, 연부인이 술을 먹은즉 광잡히 굴믈 더ᄒᄂᆞᆫ 고로, 연시 취틱(醉態)룰 곳곳이 드러닉지 아니려 ᄒᄂᆞᆫ 쥬의니, 부매 비록 말을 아니나, 공쥬의 인현(仁賢)ᄒ미 ᄌᆞ긔 마ᄋᆞᆷ과 ᄀᆞᄐᆞᄆᆯ 흠복(欽服)ᄒ더라.

연시 다시 험악을 브리지 못ᄒ나, 미양 술이 젹으믈 흠ᄉᆞ(欠事)로 알아 태우룰 보치여 술을 드리라 ᄒ나, 태위 술을 나오지 아니코 시식(時食)과 향과(香果)룰 가져 연부인을 권ᄒ며, 술이 빅해무익ᄒᄆᆯ 고ᄒ더니, 뎡쇼졔 금번 도라오므로브터 연시 쥬찬 직촉을 심히 ᄒ고, 표·상 이인을 호【16】령ᄒ여 쥬찬을 씨로 나오지 아닛ᄂᆞᆫ다 수죄(數罪)ᄒ니, 표·상 이인이 황공졀민(惶恐切憫)ᄒ여 비ᄌᆞ로 ᄒ야금 픽산지믈(貝珊之物)1528)○[을] ᄀᆞ마니 프라, 쥬찬을 날마다 셩비(盛備)ᄒ여 연부인긔 헌(獻)ᄒᄃᆡ, 본부(本府)의 가 술을 가져오지 아니코, 연부인의 험악을 불츌구외(不出口外)ᄒ니, 유랑 시비 등이 쇼져의 ᄯᅳᆺ을 알아 연부인 셩악을 상부의 고치 못ᄒ더라.

연시 날마다 여러 ᄌᆞ부룰 호령ᄒ여 미란(迷亂)이 취(醉)키룰 그음ᄒ니, 술을 거후라고 화미진찬을 광복(廣腹)이 ᄎᆞ도록 나오미, 둔탁흔 긔뷔(肌膚) 더옥 장실(壯實)ᄒ고 비틱(肥澤)ᄒ여 즌흙을 닉여 기람을 칠【17】 흔 ᄃᆞᆺ, 운신(運身)키 어렵고, 작난이 비상ᄒ니, 태우와 부매졀민ᄒ고, 졔공지 일노써 큰 우환을 삼더니, 일일은 연부인이 혼뎡을 파ᄒ고 도라와, 혜션공쥬 쥬찬과 표·상 등의 드리ᄂᆞᆫ 쥬찬을 모도 먹으니, 미란이 취ᄒ야 모든 며ᄂᆞ리룰 브르니, 뎡·표·상 삼쇼졔 슈명(受命) 젼도(前導)ᄒ니, 브지불각(不知不覺)의 닉다라 치노라 흔 거시, 겻희셧ᄂᆞᆫ 뎡시ᄂᆞᆫ 광휘 아아(峨峨)ᄒ여 얼골을 ᄌᆞ시 보지 못ᄒ고, 상·표 두 쇼져ᄂᆞᆫ 눈이 마조치미, 좌슈로 표시의 운발(雲髮)을 트러잡고, 우슈로 상쇼져룰 후려 업지ᄅᆞ니1529), 냥인의 봉관(鳳冠)이 헤여지고 【18】 빈혜1530) 두 조각의 바아지니, 뎡시 표·상의 위틱ᄒᄆᆯ 보ᄃᆡ 능히 간ᄒ여 구휼 길이 업ᄉᆞ니, 년망이 탈줌(脫簪) 복지쳥죄(伏地請罪) 왈,

“쇼쳡이 불민(不敏)ᄒ여 죄에 경듕을 아지 못ᄒᄃᆡ, 표·상 이인은 새로 드러와 죄지으미 대단치 아니ᄒ온지라. 이 가온ᄃᆡ 쇼쳡의 불효(不肖)ᄒ오미, 우흐로 불효ᄒ고, 가온ᄃᆡ로 동녈(同列)을 죄에 ᄲᅡ지게 ᄒ오니, 존고의 셩명(聖明)ᄒ시므로써 쇼쳡을 다ᄉᆞ

1528)픽산지믈(貝珊之物) : 여자들이 몸치장을 하는 데 쓰는 조개껍질이나 산호(珊瑚) 따위로 만든 장신구(裝身具)들
1529)업지ᄅᆞ다 : 엎지르다. 엎어뜨리다.
1530)빈혜 : 비녀.

리시믈 ᄇᆞ라ᄂᆞ이다.”

연시 표・상 이인을 즛마으고져 ᄒᆞ다가, 뎡시의 청죄ᄒᆞ믈 듯고 과연ᄒᆞ여, ‘표・상 이녀ᄂᆞᆫ 처엄으로 드러와 동셔를 분변치 못ᄒᆞ거ᄂᆞᆯ, 뎡 【19】 네 ᄀᆞ라처 우리 슉질을 원망ᄒᆞᄂᆞ니, 표・상 이녀를 노코 뎡녀를 엄치(嚴治)ᄒᆞ여 위풍(威風)을 뵈리라’ ᄒᆞ여, 표시의 머리를 기둥의 ᄆᆡ딕잇고, 상시의 몸을 허위여 옥셜 ᄀᆞᆺ튼 살흘 ᄆᆡ여지게 ᄆᆡ치니, 븕은 피 낭ᄌᆞᄒᆞ믈 보고 노흐니, 상시ᄂᆞᆫ 오히려 인ᄉᆞ를 출혀 상(傷)ᄒᆞᆫ 몸을 싸ᄆᆡ고 죵용이 계에 ᄂᆞ려 청죄ᄒᆞ나, 표시ᄂᆞᆫ 두골이 ᄭᆡ여져 젹혈이 돌지어 흐ᄅᆞ고, 인ᄉᆞ를 바려 슈족이 어름 ᄀᆞᆺᄐᆞ니, 시녀 등이 황황이 구ᄒᆞᄃᆡ, 앏프며 놀납고 신셰의 욕된 일과 명도의 긔구ᄒᆞ믈 탄ᄒᆞ여, 일셩ᄋᆡ호(一聲哀號)의 긔운이 【20】 막히니, 오ᄅᆡ도록 ᄭᆡ닷지 못ᄒᆞᄃᆡ, 연시 본체도 아니코 시ᄋᆞ를 명ᄒᆞ여 큰 ᄆᆡ를 드리라 ᄒᆞ니, 부인의 유뎨(乳弟) 은셤은 위인이 툥직ᄒᆞᆫ지라. ᄆᆡ양 부인의 픽덕(悖德)을 간ᄒᆞ더니, ᄲᆞᆯ니 몸을 ᄲᅢ혀 나아가 삼공ᄌᆞ를 ‘드러오쇼셔’ ᄒᆞ니, 원ᄂᆡ 은셤이 몽징의 유뫼라. 공ᄌᆡ ᄆᆡ양 당부ᄒᆞ여 모친이 픽덕을 힝코져 ᄒᆞ시거든 ᄌᆞ긔의게 고ᄒᆞ라 ᄒᆞ엿ᄂᆞᆫ 고로, 셤이 공ᄌᆞ를 청ᄒᆞ미라.

몽징이 군죵(群從) 졔형으로 더브러 독셔의 흥이 놉핫더니, 힉원각의셔 드러오라 ᄒᆞ믈 듯고, ᄲᆞᆯ니 모친 침뎐의 드러오니, 【21】 부인이 술이 극취ᄒᆞᆫ 바의, 표・상 이쇼져를 ‘읆 쓰더 치고’1531) 쇼연시 도도아 왈,

“나라희 역신과 집의 발부(悖婦)ᄂᆞᆫ 그 죄악이 ᄒᆞᆫ가지라. 뎡녀의 흉음극악(凶淫極惡)ᄒᆞᆫ 죄 형육(刑戮)의 남지 못ᄒᆞᆯ 빈니, 엇지 젹은 달초(撻楚)1532)로 쇽(贖)ᄒᆞ리잇고?”

부인이 미급답(未及答)의, 몽징이 다ᄃᆞ라 이 광경을 보고, 년망(連忙)이 문왈,

“ᄌᆞ위(慈闈) 무슴 연고로 삼위 존수(尊嫂)를 이 경상(景狀)의 밋게 ᄒᆞ시니 잇고?”

부인이 몽징을 보고, 불힝ᄒᆞ며 분완ᄒᆞ믈 니긔지 못ᄒᆞ야 왈,

“뎡시 표・상 두 요괴년으로 더브러 연고 업시 나를 참욕(慘辱)ᄒᆞ고 질ᄋᆞ를 난타(亂打)ᄒᆞᆯᄉᆡ, 여뫼(汝母) 비록 【22】 용녈(庸劣)ᄒᆞᆫ 셩되(性度)나 엇지 분ᄒᆞ믈 잘 참으리오. 표녀를 밀치고 뎡・상 이녀를 잡아 ᄂᆞ리와 죄를 다ᄉᆞ리고져 ᄒᆞ노라.”

공ᄌᆡ 텽파의 정ᄉᆡᆨ 고왈,

“ᄌᆞ뎡(慈庭)이 비록 표ᄆᆡ(表妹)를 과ᄋᆡ(過愛)ᄒᆞ샤, 뎡・표・상 삼수(三嫂)를 작죄(作罪)ᄒᆞᆫ 일 업시 심야의 해코져 ᄒᆞ시나, 뎡수ᄂᆞᆫ 셩인이오, 표・상 이수(二嫂)ᄂᆞᆫ 당금(當今) 슉녀 현완(賢婉)이시라. 연수의 원을 맛쳐 참소ᄒᆞᄂᆞᆫ 누얼의 맛지1533) 아니리니, ᄌᆞ위ᄂᆞᆫ 불호(不好)ᄒᆞᆫ 거조를 긋치시고, 형의 몸이 종장(宗長)의 듕ᄒᆞ믈 가져 일가의 대망(大望)이며, 뎡・표・상 삼수ᄂᆞᆫ 샤ᄇᆡᆨ(舍伯)의 ᄇᆡ쳬를 빗닐 바로, 친쳑의 다 ᄒᆞᆫ가지로 【23】 츄복(推服)ᄒᆞ미, ᄇᆡᆨ시(伯氏)의 아ᄅᆡ 잇지 아니믈 ᄉᆡᆼ각ᄒᆞ샤, ᄒᆞᆫ갓 슈하인(手下人)이라 ᄒᆞ야, ᄀᆞᄇᆡ야이 넉이지 마ᄅᆞ쇼셔.”

1531)읆 쓰더 치고 : 옭아 물어뜯어 치고. 단단히 감아 물어뜯어 치고.
1532)달초(撻楚) : 회초리로 볼기나 종아리를 때림.
1533)맛지 : 마치지.

언필의 양낭(養娘) 시ᄋᆞ(侍兒)를 도라보아, 표쇼져를 편ᄒᆞᆫ 상의 뫼셔 슉소의 가 구호ᄒᆞ믈 ᄐᆡ만치 말나 ᄒᆞ고, 일변(一邊) 냥즁의 약을 ᄂᆡ여주며, 뎡쇼져를 향ᄒᆞ여 ᄌᆡ비 함누 왈,

"ᄌᆞ뎡의 실덕ᄒᆞ시미 이의 밋ᄎᆞ시ᄃᆡ, 쇼ᄉᆡᆼ이 능히 간(諫)치 못ᄒᆞ와, 존수 삼위로 ᄒᆞ야금 쳔금 존톄를 뎡즁(庭中)의 파쳔(播遷)ᄒᆞ게 ᄒᆞ오니 놀납고 ᄒᆡ연ᄒᆞᆫ 가온ᄃᆡ 쇼ᄉᆡᆼ의 허물이 듕ᄒᆞ믈 헤아리ᄆᆡ 존수긔 뵈올 ᄂᆞᆺ치 업서이다."

인ᄒᆞ【24】여, 부인을 ᄃᆡᄒᆞ여 고왈,

"ᄌᆞ뎡 말솜이 인ᄌᆞ의 참아 듯지 못ᄒᆞᆯ 말솜을 ᄒᆞ시니, 출하리 몸이 업서져 죄를 속ᄒᆞ미 맛당ᄒᆞ이다."

셜파의 실셩뉴쳬(失性流涕)ᄒᆞ믈 마지 아니니, 부인이 광망ᄑᆡ악(狂妄悖惡)ᄒᆞ나 몽징의 거동이 츄텬졔월(秋天霽月)1534) ᄀᆞᆺᄐᆞ니, ᄆᆞᄋᆞᆷ의 신이ᄒᆞ고 긔특ᄒᆞ믈 결을치 못ᄒᆞ야, 이의 ᄀᆞᆯ오ᄃᆡ,

"내 일시 분ᄒᆞ여 과거(過擧)를 ᄒᆡᆼᄒᆞ나, 너의 이ᄃᆡ도록 슬허ᄒᆞ믈 보니, 내 ᄆᆞᄋᆞᆷ의 됴치 아닌지라. 뎡시 등 극악지죄(極惡之罪)를 샤(赦)ᄒᆞ리니, ᄋᆞ히ᄂᆞᆫ 모로미 편히 안ᄌᆞ라."

공ᄌᆡ 눈물을 거두고 사례 왈,

"ᄌᆞ뎡이 정간(正諫)을 ᄉᆡᆼ각【25】ᄒᆞ시니, 모ᄋᆡᄌᆞ은(母愛子恩)1535)이 이 밧게 더으리잇가? 밤이 깁흐니 ᄌᆞ위(慈闈) 몬져 취침ᄒᆞ쇼셔. ᄋᆞ히 존수 상쳐를 뭇ᄌᆞᆸ고, 뎡·상 이수의 도라가시믈 보ᄋᆞᆸ고 물너 가리이다."

부인이 ᄋᆞᄌᆞ의 총명이 발셔 ᄌᆞ긔 ᄆᆞᄋᆞᆷ을 짐작고 닐ᄋᆞ민 줄 알고, 다시 증통(憎痛)을 니긔지 못ᄒᆞ야, '당(堂)의 올으ᄌᆞ' ᄒᆞ니, 공ᄌᆡ 업어 올니랴 ᄒᆞ고 모친을 노치 아니ᄒᆞ니, 부인이 거ᄌᆞᆺ 공ᄌᆞ의게 업히려 ᄒᆞᄂᆞᆫ 쳬ᄒᆞ고, 몽징이 잠간 눈 두를 ᄉᆞ이의, 급히 뎡쇼져긔 달녀드니, 쇼연시 청상(廳上)의 잇다가 슉뫼 ᄉᆡ훤이 ᄌᆞᆺ두다리지 못ᄒᆞᆯ가 착급ᄒᆞ여, 【26】ᄲᆞᆯ니 ᄂᆞ리다라 뎡쇼져의 ᄂᆞᆺ출 허위며, 두 발을 ᄯᅳ더 상한(常漢) 쳔인(賤人)의 젹인 난타ᄒᆞᄂᆞᆫ 사오나오믈 효측고져 ᄒᆞ니, 이리ᄒᆞᆯ 즈음의 연시 발셔 뎡시의 초옥미슈(楚玉美手)1536)를 무러ᄯᅳ더 ᄲᅧ 바아지고 가족이 상ᄒᆞ여 피흐ᄅᆞᄂᆞᆫ 바의, 부인이 큰 돌덩이를 어더 뎡시의 ᄃᆡ골노브터 ᄂᆞ리 ᄌᆞᆺ우리고져1537) ᄒᆞ니, 몽징이 창황망극(蒼黃罔極)1538)ᄒᆞ여 밧비 모부인을 븟드러 당의 올니고져 ᄒᆞ나, 뎡시를 지즐너1539) ᄯᅡ히

1534)츄텬졔월(秋天霽月) : 비가 갠 뒤, 맑은 가을 하늘에 떠오른 밝은 달.

1535)모ᄋᆡᄌᆞ은(母愛子恩) : 어머니가 자식을 사랑함과 자식이 그 은혜에 보답함.

1536)초옥미슈(楚玉美手) : 초나라 옥과 같은 아름다운 손. *초옥(楚玉); 중국 초(楚)나라 사람 변화씨(卞和氏)가 초산(楚山)에서 얻었다고 하는 명옥(名玉)인 화씨벽(和氏璧)을 말함.

1537)ᄌᆞᆺ우리다 : 'ᄌᆞᆺ(접사)+우리다'의 형태. 마구 휘둘러서 때리거나 치다. *우리다; =후리다. 휘둘러서 때리거나 치다.

1538)창황망극(蒼黃罔極) : 갑작스러운 일로 몹시 당황함

1539)지즐다 : 짓누르다. 내리누르다.

것구라치고 경긱에 맛고져 ᄒᆞ니, 공ᄌᆡ 참아 수수(嫂嫂)를 븟드지 못ᄒᆞ고, 용녁(勇力)을 다ᄒᆞ여 모친을 안아 쳥상의 【27】 올닐ᄉᆡ, 부인이 공ᄌᆞ의게 ᄶᅵ들녀1540) 쳥상의 올으나, 악쓰ᄂᆞᆫ 소ᄅᆡ와 뒤흔드ᄂᆞᆫ 거동이 ᄒᆡ악(駭愕)ᄒᆞ니, 공ᄌᆡ 머리를 두다려 피흐ᄅᆞ도록 간ᄒᆞ니, 부인이 ᄋᆞᄌᆞ의 두골이 상ᄒᆞᆷ을 보ᄆᆡ 잔잉ᄒᆞ고 놀나오믈 니긔지 못ᄒᆞ여, 다만 손으로 가ᄉᆞᆷ을 쳐 왈,

"내 긔츌(己出)이 져 요믈(妖物)들과 동심(同心)ᄒᆞ여 어미 셜워ᄒᆞᆷ을 아지 못ᄒᆞ믄, 하ᄂᆞᆯ이 나를 ᄆᆡ이 넉여 이러케 ᄒᆞ미라. 뎡녀 등을 내 아모리도 아니리니, 너ᄂᆞᆫ 각각 요물을 방으로 보ᄂᆡ고 나가 자라."

인ᄒᆞ여, 머리를 빠ᄆᆡ라 ᄒᆞ니, 공ᄌᆡ 읍혈(泣血) 왈,

"쇼ᄌᆞ의 머리 상【28】ᄒᆞ믄 여ᄉᆡ(例事)오, 수시 상쳐ᄂᆞᆫ 십분 경(輕)치 아니시니, 됴리ᄒᆞᆷ을 범연이 ᄒᆞ여ᄂᆞᆫ 큰 일이 나리이다."

언파의 계하(階下)를 도라보니, 뎡시 단졍이 니러나 죄를 기다리거ᄂᆞᆯ, 쇼연시 흉언난셜(凶言亂說)노 참욕(慘辱)ᄒᆞ며 드리다라 여러 번 박ᄎᆞ고 치려ᄒᆞᄃᆡ, 뎡시의 명광(明光)의 ᄌᆞ연 구쇽(拘束)ᄒᆞ여 분분ᄒᆞ니, 몽징이 졍ᄉᆡᆨ 왈,

"수수ᄂᆞᆫ 기리 하가 사ᄅᆞᆷ이 되고져 ᄒᆞ거든, ᄌᆞ위를 도도아 변을 이ᄅᆞ치 닐위지 마ᄅᆞ셤즉 ᄒᆞ거ᄂᆞᆯ, 조금도 회션기악(回善棄惡)ᄒᆞ믄 업고 핑ᄉᆞ괴ᄒᆡᆼ(悖事怪行)은 날노 더브시ᄂᆞ니잇가1541)? 사ᄇᆡᆨ(舍伯)의 셩되 녀ᄌᆞ의 투악을 용납ᄒᆞᆯ ᄇᆡ 【29】 아니라, 수싀 비록 '녀휘(呂后) 쳑희(戚姬)를 인톄(人彘) ᄆᆡᆫ들며 됴왕(趙王)을 짐살(鴆殺)ᄒᆞᄂᆞᆫ 악ᄒᆡᆼ'1542)을 됴히 넉이나, ᄇᆡᆨ시 한고(漢高)의 녀후(呂后)를 업시치 아니코 붕(崩)ᄒᆞᆷ을 효측지 아니리이다. ᄇᆞᆰᄂᆞᆫ 날에 이 소유를 모든ᄃᆡ 고ᄒᆞ련노라."

ᄒᆞ니, 연부인이 평ᄉᆡᆼ 두리ᄂᆞᆫ 자ᄂᆞᆫ 초공이○[니], ᄌᆞ긔를 염박ᄒᆞ여 면목불견(面目不見)ᄒᆞᄂᆞᆫ 변이 이실가 근심ᄒᆞ고, 쇼연시ᄂᆞᆫ 황파 복향의 경계를 드러, 아직 극악을 억졔

1540)ᄶᅵ들녀 : 껴들려. *껴들다 : 팔로 끼어서 들다.

1541)더브다 : 더하다. 더불다.

1542)녀휘(呂后) 쳑희(戚姬)를 인톄(人彘) ᄆᆡᆫ들며 됴왕(趙王)을 짐살(鴆殺)ᄒᆞᄂᆞᆫ 악ᄒᆡᆼ : 중국 한(漢)나라 고조(高祖)의 비(妃)인 여후(呂后)가 고조의 애첩 척부인(戚夫人)을 팔다리를 자르고 눈을 뽑는 혹형을 가해 흉한 꼴을 만들어, 측간에 처넣고 '인간돼지(人彘)'라 부르게 한 일과. 척부인(戚夫人) 소생의 왕자 조왕(趙王)을 독살한 일을 말함. *여후(呂后); BC241-180. 중국 한고조의 황후. 성은 여(呂). 이름은 치(雉). 고조를 보좌하여 진말(秦末)·한초(漢初)의 국난을 수습하였으나, 고조가 죽은 뒤 실권을 장악하여, 고조의 애첩인 척부인(戚夫人)과 척부인 소생 왕자 조왕(趙王)을 죽이는 등 포악을 일삼아, 측천무후(則天武后), 서태후(西太后)와 함께 중국의 3대 악녀로 꼽힌다. *척희(戚姬); 척부인(戚夫人). 중국 한 고조의 후궁. 고조의 사랑을 받아 아들 조왕(趙王)을 두었으나, 고조가 죽은 뒤, 여후(呂后)에게 조왕은 독살당하고, 그녀는 팔다리를 잘리고 눈을 뽑히는 악형을 당하고 '인간돼지(人彘)'로 학대를 받으며 측간에 갇혀 지내다 죽었다. *인체(人彘); '인간돼지'라는 뜻으로 중국 한(漢) 고조(高祖) 비(妃) 여후(呂后)가 고조의 애첩 척부인(戚夫人)을 팔다리를 자르고 눈을 뽑는 혹형을 가한 후, 측간에 처넣고 그녀를 지칭해 부르게 한 이름. *조왕(趙王); 이름 유여의(劉如意). 중국 한(漢)고조(高祖)와 척부인(戚夫人) 사이에 난 아들. 고조가 후계자로 삼고자 했을 만큼 사랑을 받았으나, 고조 사후 여후(呂后)에게 독살당했다.

ᄒᆞ고 대단괴거를 아냐, 좌우의 은정을 낫고고져 ᄒᆞᄂᆞᆫ지라. 금야 슉질의 히거(駭擧)를 존당이 드ᄅᆞ시면, 뎡국공 부부ᄂᆞᆫ 변심ᄒᆞ엿ᄂᆞᆫ 고로 【30】 오히려 대단이 죄치 아니려니와, 초공과 태우ᄂᆞᆫ 노를 발ᄒᆞᆫ즉, 슉질이 츌화(黜禍)를 당ᄒᆞ기 쉬울 거시니, 공ᄌᆞ의 저히ᄂᆞᆫ 줄 모ᄅᆞ고, 취즁 정말노 알고 비읍(悲泣) 왈,

"몽징아, 이 엇진 말고? 네 어미 평ᄉᆡᆼ의 우리 상공 동탕ᄒᆞᆫ 용화를 일일불견(一日不見)이면 여삼츄(如三秋)로 알거ᄂᆞᆯ, 네 내 ᄆᆞ음을 모로고 어미 믜워ᄒᆞᄂᆞᆫ 요물의 원을 맛쳐, 우리 슉질의 업ᄉᆞᆫ 죄를 존당의 고ᄒᆞ여, 날노 ᄒᆞ야금 츌뷔(黜婦)되게 ᄒᆞ려ᄒᆞᄂᆞᆫ다? 내 부모를 여히여도 견ᄃᆡ려니와, 네 부친은 일삭(一朔)만 ᄃᆡ치 못ᄒᆞ여도 내 하마 죽으리니, 네 【31】 나를 죽이고 이런 말을 말나."

공ᄌᆡ 쇼연시를 저이미오, 모친을 요동코져 《아니미러니∥ᄒᆞ미 아니러니》, 모명(母命)이 여ᄎᆞᄒᆞ믈 드ᄅᆞ니, 년망이 모친을 붓드러 청죄 왈,

"쇼ᄌᆡ 무상ᄒᆞ오나, ᄌᆞ위 흔단(釁端)을 엇지 엄안(嚴顔)의 ᄉᆞ못ᄎᆞ, 미안ᄒᆞ실 바를 일위리잇고? 연수의 ᄒᆞ시ᄂᆞᆫ ᄇᆡ, 묽은 가ᄂᆡ를 어ᄌᆞ러일 ᄲᅮᆫ아냐, ᄌᆞ위 ᄑᆡ덕(悖德)을 도아 삼위 수시를 보젼치 못ᄒᆞ게 되어시므로, ᄇᆞ득이 표ᄆᆡ의 투악을 고코져 ᄒᆞ미러니, ᄌᆞ위 이ᄀᆞᆺ치 ᄒᆞ시니 이ᄂᆞᆫ 다 쇼ᄌᆞ의 불쵸ᄒᆞᆫ 죄로 소이다. 슈연(雖然)이나, 연쉬 쇼ᄌᆞ의게ᄂᆞᆫ 예 【32】 ᄉᆞ 수시와 달나, 남ᄆᆡ지정(男妹之情)과 수슉(嫂叔)의 의(義)를 겸ᄒᆞ니, 일분이나 ᄉᆞ녀(士女)의 청정안상(淸淨安詳)ᄒᆞ미 이실진ᄃᆡ, 엇지 공경ᄒᆞ여 우럴미 범연ᄒᆞ리잇고마ᄂᆞᆫ, 눈으로 보고 귀로 듯ᄂᆞᆫ ᄇᆡ 다 한심ᄒᆞ니, 우리 표문 명풍을 픔슈(稟受)치 아냣ᄉᆞᆸᄂᆞᆫ지라. 표슉(表叔)의 안면을 져바리나, ᄇᆡᆨ시의 가ᄉᆞ를 어ᄌᆞ럽게 말과져 ᄒᆞ므로, 대의를 잡으ᄆᆡ 쇼졀(小節)을 거리ᄭᅵ지 아니○[려] ᄒᆞ옵더니, ᄌᆞ위 이러ᄐᆞᆺ ᄒᆞ시니, 쇼ᄌᆡ 죽을 일인들 구두(口頭)의 올니리잇고? 빌건ᄃᆡ 수수를 침소로 도라보ᄂᆡ샤 ,상쳐를 됴리케 ᄒᆞ쇼셔."

부인이 몽 【33】 징을 괴로이 넉이므로, 마지 못ᄒᆞ야 뎡・상 이쇼져를 물너가라 ᄒᆞ니, 이인이 사죄ᄒᆞ고 물너갈ᄉᆡ, 공ᄌᆡ 이수(二嫂)를 향ᄒᆞ여 절ᄒᆞ고, 침뎐의 가 안침(安寢)ᄒᆞ시믈 청ᄒᆞ고 자리의 모친의 누으시믈 권ᄒᆞᆫ 후, 시위ᄒᆞᆫ 비ᄌᆞ를 짓궤지 말나 ᄒᆞ고, 거름을 두루혀 표시 유모를 블너 수수의 인ᄉᆞ 출히신가 무ᄅᆞ니, 유뫼 이제야 겨유 ᄭᆡ여시믈 고ᄒᆞ니, 공ᄌᆡ 셔ᄌᆡ의 나와 그 상쳐의 붓칠 약을 주나, 태위 부친긔 시침ᄒᆞ니 말을 젼치 못ᄒᆞ고, 모친의 ᄉᆞ톄(事體) 모로고 망측홈과 쇼연시의 흉음ᄒᆞ미, 삼수시(三嫂氏) 【34】 를 보젼치 못홀가 념녜 번난ᄒᆞ여 즘을 일우지 못ᄒᆞ더라.

뎡・상 이쇼제 난취각의 니ᄅᆞ러 표시를 보니, 표시 혼절ᄒᆞ미 ᄭᆡ여시나 지극ᄒᆞᆫ 약질이 ᄉᆡᆼᄂᆡ 처엄으로 듕상ᄒᆞ니, 신ᄉᆡᆨ이 여회(如灰)ᄒᆞ여 앏픈 거ᄉᆞᆯ 참지 못ᄒᆞ고, 놀나오믈 니긔지 못ᄒᆞᄂᆞᆫ지라. 상시 《여∥표》시 이러ᄒᆞᄃᆡ 상쳐를 어라만질 ᄯᆞ름이오, 반졈 원(怨)ᄒᆞ미 업ᄉᆞ니, 뎡시 그 위인을 더옥 ᄋᆡ복(愛服)ᄒᆞᄃᆡ ᄯᅩᄒᆞᆫ ᄉᆞᄉᆡᆨ지 아니ᄒᆞ고, 공ᄌᆞ의 드려보ᄂᆡᆫ 바 약을 표시의게 ᄲᆞᄆᆡ고 손을 잡아 놀난 거ᄉᆞᆯ 진뎡홀 ᄲᅮᆫ이오, 상쳐의 대단ᄒᆞ믈 닐ᄋᆞ 【35】 지 아니ᄒᆞ니, 이ᄂᆞᆫ 존고의 실덕이 젹지 아니ᄒᆞᄆᆡ 비로ᄉᆞ미라. 삼인이

상딕(相對) 묵묵(黙黙)ᄒᆞ딕 그 거조를 언두의 비최여 흔ᄒᆞᄂᆞᆫ 뜻이 업ᄉᆞ니, 지셩지회(至誠至孝) 업ᄉᆞ면 이러키 어려온지라. 뎡시 표시를 당부ᄒᆞ여 됴리ᄒᆞ믈 닐ᄋᆞ고, 촉을 잡히고 칙운각의 도라오니, ᄋᆞ쇼져 등이 발셔 시녀 등을 보닉여, 연시 망측ᄒᆞ던 바를 듯고 쵸황절민(焦遑切憫)ᄒᆞ나, 몽징 공지 드러왓더라 ᄒᆞᄂᆞᆫ 고로, 삼형을 구ᄒᆞ리라 ᄒᆞ여 경히 기다리다가, 뎡시를 보고 반기며 깃거ᄒᆞ미 먼니 써낫던 동긔를 만난 둧ᄒᆞ나, 연시의 작 【36】 난ᄒᆞ던 바를 뭇지 아냐, 다만 뎡시의 일신을 두루 솗펴 손을 싸미여시믈 보고, 장쇼져 슉강이 ᄌᆞ긔 손으로써 뎡시의 손을 쥐고, 교뤼(交淚) 만뉴(萬流)ᄒᆞ여 왈,

"희원각 태태(太太) 실덕ᄒᆞ시믄 아등의 불쵸ᄒᆞ미 비로ᄉᆞ미어니와, 져제 이러틋 상ᄒᆞ여계시믈 보오미, 쇼데 불승경악ᄒᆞᆫ 바ᄂᆞᆫ ᄒᆞᆫ갓 져져의 손이 상ᄒᆞ시믈 앗길 ᄲᅮᆫ아니라, ᄌᆞ모의 실덕을 도도아 흉ᄒᆞᆫ 참쇠(讒訴) 브졀여류(不絶如流)ᄒᆞ니, 져져 등이 대효로써 밧으나, 가닉 화평ᄒᆞᆯ 길이 업술소이다."

뎡시 탄왈,

"텬하의 무불시뎌부뫼(無不是底父母)1543)시니 엇지 실덕ᄒᆞ 【37】 시미리오. 젼혀 아등이 셩회(誠孝) 쳔박(淺薄)ᄒᆞᆫ 연괴라. 삼공ᄌᆡ 고두(叩頭) 경간(正諫)의 피흐ᄅᆞ시니, 보기의 놀나온지라, 너모 과도ᄒᆞ신가 ᄒᆞᄂᆞ이다."

슉강 등이 텽미파(聽未罷)의 몽징이 상ᄒᆞ믈 앗기고 놀나, 연부인의 망측ᄒᆞᆫ 형상을 크게 ᄒᆞᆫ심ᄒᆞ고 익달나 ᄒᆞ나, 간(諫)ᄒᆞ여 고치지 못ᄒᆞᆯ 빈니, 일즉 아모 일도 간예치 아니ᄒᆞ더라.

소연시 공ᄌᆞ의 일장 칙언을 듯고 침소의 도라와, 죵야(終夜)토록 몽징을 즐욕ᄒᆞ미, 표・상・뎡 등 믜워홈 굿ᄐᆞ니, 황파 복향 왈,

"부인이 믹양 과격ᄒᆞᆫ 셩도(性度)를 긋치지 못ᄒᆞ므로, 큰 곳을 어ᄌᆞ러 【38】 이시니, 져근 분을 발ᄒᆞ야 투악(妬惡)ᄒᆞᆫ 일홈을 ᄌᆞ취ᄒᆞ시니, 쇼비 등이 민망ᄒᆞ믈 니긔지 못ᄒᆞᄂᆞ이다. 이제 ᄒᆞᄂᆞᆯ이 부인을 도으샤 쳥션 이승(異僧)을 만나시니, 이ᄂᆞᆫ 졔환(齊桓)1544)의 관듕(管仲)1545) 어드믹 더은지라. 본부 부인이 쳔방빅계(千方百計)로 쇼져의 젼졍(前程)을 영화롭게 ᄒᆞ시리니, 쇼제 이제 진유ᄌᆞ(陳孺子)1546)의 황금 ᄉᆞ만근(四萬斤)으로 초국군신(楚國君臣) 니간(離間)ᄒᆞ믈 효측ᄒᆞ여, 비ᄌᆞ 등으로 범ᄉᆞ를 맛지시고, 이슈

1543)무불시뎌부뫼(無不是底父母) : (자식을) 옳지 않은 데에 이르게 할 부모는 없다.

1544)졔환(齊桓) : 제환공(齊桓公). 중국 춘추 시대 제(齊)나라의 왕(?~B.C.643). 성은 강(姜). 이름은 소백(小白). 춘추오패(春秋五覇)의 한 사람으로 관중(管仲)을 등용하여 부국강병에 힘썼으며, 제후를 규합하여 맹주가 되고 패업(霸業)을 완성하였다.

1545)관듕(管仲) : 중국 춘추 시대 제나라의 재상(?~B.C.645). 이름은 이오(夷吾). 환공(桓公)을 도와 군사력의 강화, 상공업의 육성을 통하여 부국강병을 꾀하였으며, 환공을 중원(中原)의 패자(霸者)로 만들었다. 포숙아와의 우정으로 유명하며, 이들의 우정을 관포지교라고 이른다. 저서에 ≪관자(管子)≫가 있다.

1546)진유ᄌᆞ(陳孺子) : 진평(陳平). ? - BC178. 중국 한(漢)나라 때 정치가. 한 고조 유방(劉邦)를 도와 여섯 번이나 기발한 꾀를 내, 천하를 평정케 하였다.

가익(以手加額)[1547]ᄒᆞ여 일광텬하(一匡天下)[1548]ᄒᆞᄂᆞᆫ 쾌ᄒᆞ믈 보시고, 공ᄌᆞ와 쇼져롤 완농(玩弄)ᄒᆞ여 즐기믈 다ᄒᆞ시리니, 엇지 쥬군(主君)의 박졍을 흔ᄒᆞ여 【39】슈미(愁眉)롤 펴지 아니리오. 금야지ᄉᆞ(今夜之事)ᄂᆞᆫ 만만 그릇ᄒᆞ여 계시니, 뎡시 등이 쇼져롤 참욕(慘辱)ᄒᆞ고 군쥬(郡主)ᄭᆞ지 드노흐미 진짓 일이라도, 오히려 은악양선(隱惡佯善)ᄒᆞᄂᆞᆫ 무리ᄂᆞᆫ 적인의 허물을 내 입으로 남이 알게 아니ᄒᆞ야, 그 불인ᄒᆞ미 ᄌᆞ연 나타나게 ᄒᆞ거놀, 군쥬롤 도도시니, 뎡·표·상 등을 두다려 그 약간 혈츌(血出)ᄒᆞ미 남 듯기의 놀나올 ᄲᅮᆫ이오, 그 몸이 대단이 상치 아니코, 악명은 쇼져긔 도라지니, 져의 상ᄒᆞ미 무숨 해로오미 잇ᄂᆞ니잇고? 졀졀이 쇼졔 ᄉᆞᄉᆞ로 몸을 해ᄒᆞ시니, 비ᄌᆞ 골돌ᄒᆞ믈 니긔지 못ᄒᆞ리【40】로소이다.”

연시 고개롤 숙여 듯기롤 다ᄒᆞᄆᆡ, 탄왈,

“유모와 복향은 나의 ᄌᆞ방(子房)[1549]이로ᄃᆡ 내 능히 ᄒᆞᆫ고(漢高)[1550]의 통달ᄒᆞᆫ 지혜만 ᄀᆞᆺ지 못ᄒᆞ고, 과격ᄒᆞᆫ 셩도롤 참지 못ᄒᆞ니, 엇지 ᄋᆡ듧지 아니리오. 슉모의 말숨을 드ᄅᆞ니, 존구롤 일일불견여삼취(一日不見如三秋)[1551]라 ᄒᆞ시니, 남 듯기의ᄂᆞᆫ 념치 업다 ᄒᆞ려니와, 그 진실노 슌담(純淡)ᄒᆞᆫ 말숨이라. 내 하군의 풍치롤 깁히 혹ᄒᆞ여 조ᄎᆞ시나, 슉모의 유복을 ᄯᆞ로지 못ᄒᆞ여, 하군이 가엄(家嚴)의 관인(寬仁)ᄒᆞ믈 본밧지 아냐, 조강결발(糟糠結髮)의 유ᄌᆞᄉᆡᆼ녀(有子生女)ᄒᆞᆫ 듕졍(重情)을 아지 못ᄒᆞ여, 졈졈 【41】힝노(行路) ᄀᆞᆺ치 넉이니, 소견(所見)의 염박(厭薄)ᄒᆞ미 이 ᄀᆞᆺᄐᆞ니, 적인을 쇼졔(掃除)ᄒᆞ나 무숨 은졍을 ᄇᆞ라리오. 하군의 용뫼 듀야 눈 압희 삼삼ᄒᆞ고, 옥음봉셩(玉音鳳聲)이 귀에 징징ᄒᆞ야 그리오미 비길ᄃᆡ 업ᄉᆞ니, ○[약]수(弱水)[1552] 삼천니롤 ᄯᅥ나미 아니로ᄃᆡ, 일ᄐᆡᆨ지즁(一宅之中)의 이ᄀᆞᆺ치 그리고 능히 견ᄃᆡ랴? 뎡시 등을 무러 흔들고 가군(家君)의 거동을 ᄎᆡ보랴 ᄒᆞ고, 긴 셰월의 박ᄃᆡ 일양(一樣)이면, ᄒᆞᆫ번 칼흘 드러 하군을 시험ᄒᆞ고, 내 ᄯᅩ 죽으리라.”

복향이 가치 아니믈 간ᄒᆞ고,

“근간 태우의 거동이 고이ᄒᆞ여 뎡쇼져롤 듕치흠도 업고, 졀ᄃᆡ미인도 【42】무심무려(無心無慮)히 ᄎᆞᆺ지 아니코, ᄉᆞ실의 모드미 업ᄉᆞ니, 뎡쇼져의 음악흉ᄉᆞᄂᆞᆫ 친히 본 비

1547)이슈가익(以手加額) : 손을 이마에 대거나 얹고 생각함.

1548)일광텬하(一匡天下) : 어지러운 천하를 다스려 하나로 바로잡음.

1549)ᄌᆞ방(子房) : 장량(張良). BC ?-189. 중국 한나라의 정치가, 건국공신. 자는 자방(子房). 한 고조(高祖) 유방의 책사로 홍문연에서 유방을 구하고 한신을 천거하는 등, 유방이 한나라를 세우고 천하를 통일할 수 있도록 도왔다. 소하·한신과 함께 한나라 건국 3걸로 불린다.

1550)한고(漢高) : 한고조(漢高祖). 중국 한(漢)나라의 제1대 황제(B.C.247~B.C.195). 성은 유(劉). 이름은 방(邦). 자는 계(季). 시호는 고황제(高皇帝). 고조는 묘호. 진시황이 죽은 다음해 항우와 합세하여 진(秦)나라를 멸망시켰다. 그 뒤 해하(垓下)의 싸움에서 항우를 대파하여 중국을 통일하고 제위에 올랐다. 재위 기간은 기원전 206~기원전 195년이다.

1551)일일불견여삼취(一日不見如三秋) : '하루만 보지 않아도 삼년을 보지 못한 것 같다'는 말.

1552)약수(弱水) : 신선이 살았다는 중국 서쪽의 전설 속의 강. 길이가 3,000리나 되며 부력이 매우 약하여 기러기의 털도 가라앉는다고 한다.

니, 염박ᄒᆞ미 올커니와, 표·상 ᄀᆞᆺ튼 명염을 그러틋 무심무려(無心無慮)ᄒᆞ믄 실노 ᄉᆡᆼ각 밧기라, 아니 우리 쇼져의 복이냐?"

이러틋 문답ᄒᆞ야 밤이 깁헛더니, 새ᄇᆡᆨ 쳥션이 니ᄅᆞ러 쇼왈,

"빈되(貧道)1553) 작야를 연궁의 가 지ᄂᆡ니, 호부인 왈, '뎡시의 죄악을 임의 하부 존당과 태위 알오미 되어시니, 셜상가상(雪上加霜)으로 영영 츌거(黜去)ᄒᆞ여 뎡가로 보ᄂᆡ고, ᄯᅩ 다시 목숨ᄭᆞ지 맛고, ᄎᆞ례로 표·상을 업시ᄒᆞᄌᆞ ᄒᆞ시ᄃᆡ, 뎡시는 형셰 태산 【43】ᄀᆞᆺ치 무거오니, 비록 어려오나 빈되 신슐(神術)을 ᄒᆞᆫ번 움즉이면, 됴셕(朝夕)의 서ᄅᆞ즐 거시오, 표·상은 업시키 쉬오니이다."

연시 환희(歡喜)○○[ᄒᆞ여] 문계(問計)ᄒᆞᆫᄃᆡ, 쳥션이 호부인긔 의논ᄒᆞ엿노라 ᄒᆞ며, 유ᄌᆞ(幼子)를 죽여 뎡시를 서ᄅᆞᄌᆞ려1554) ᄒᆞ니, 연시 오히려 난안(難安)ᄒᆞ여 왈,

"요녀를 해코져 ᄒᆞ미 무숨 노ᄅᆞᄉᆞᆯ 못ᄒᆞ리오마는, 내 오히려 유ᄌᆞ로 ᄒᆞ야금 몸이 듕ᄒᆞ미 잇거ᄂᆞᆯ, 이제 유ᄌᆞ를 업시ᄒᆞ여셔는 내 더옥 살길이 업도다."

쳥션이 눈을 ᄀᆞᄂᆞ리 ᄠᅥ 긔긔(奇奇)히 우어 왈,

"아지못게라 유지 부인 ᄉᆡᆼ지(生子) 되ᄂᆞ냐?"

연시 왈,

"낸들 【44】타츌(他出)이믈 모로리오마는, 내 친ᄉᆡᆼᄋᆞ를 두지 못ᄒᆞ고 다만 이 ᄋᆞ히의긔 나의 ᄉᆡᆼ젼 의지와 ᄉᆞ후 졔향을 밧들미 달녓고, 하문 누ᄃᆡ봉ᄉᆞ(累代奉祀)를 녕(領)ᄒᆞᆯ ᄋᆞ히 저 ᄲᅮᆫ이니, 엇지 제 몸이 듕(重)치 아니며, ᄆᆞ음의 ᄇᆞ라미 친츌(親出)노 다라리오."

쳥션이 쇼왈,

"빈되 호부인과 의논ᄒᆞ여시니, 유지 부인 친츌이라도 대ᄉᆞ를 도모ᄒᆞ미 강보유ᄌᆞ(襁褓幼子)를 족히 도라보지 못ᄒᆞ려든, ᄒᆞ믈며 소가지엽(蘇家之葉)1555)이니 실은 남이라, 무어시 귀듕ᄒᆞ니잇고?"

연시 묵연ᄒᆞ더라.

명일 윤부인이 진부의 갓다가 도라와, 존당 신셩(晨省)【45】의, ᄒᆞ나 ᄲᅡ지니 업시 모드ᄃᆡ, ᄒᆞᆯ노 표시 불참ᄒᆞ니, 뎡국공 부뷔 아직 표·상의게는 증(症)을 발치 아냐시므로, 신셩 불참ᄒᆞ미 연괴 이시믈 알고, 시녀로 안부를 알아오라 ᄒᆞ니, 표시 유모 계홰 계하의 부복ᄒᆞ여 쇼졔 유질ᄒᆞ여 신셩 불참ᄒᆞ믈 알외니, 모다 병을 념녀ᄒᆞ나 다 무심ᄒᆞᄃᆡ, 북휘 태우를 도라보아 왈,

"네 힝ᄉᆡ 고이ᄒᆞ야, 표·상 이인을 존젼(尊前) 밧근 상ᄃᆡᄒᆞ는 일이 업고, 뎡질뷔 도라완지 날포1556)되ᄃᆡ, 뎡시 ᄆᆡ양 수수긔 시침ᄒᆞ야 듀야 물너나지 아니ᄒᆞᆫ다 ᄒᆞ니, 네

1553)빈되(貧道) : 도인이나 승려가, 덕(德)이 적다는 뜻으로, 자기를 낮추어 이르는 일인칭 대명사. ≒빈승(貧僧).
1554)서ᄅᆞᄌᆞ다 : 서릊다. 좋지 아니한 것을 쓸어 치우다.
1555)소가지엽(蘇家之葉) : 소씨 집안 자손이라는 말.

안해를 【46】갓초미 의식 황황(恍恍)ᄒᆞ야 능히 솔하(率下)[1557]ᄒᆞᆯ 길이 업서 그러ᄒᆞ미냐? 짐ᄌᆞᆺ 위풍을 자랑ᄒᆞ야 ᄆᆡ몰 싁싁고져 ᄒᆞ미냐? 아모 쥬의를 잡아실지라도, 표시 유질ᄒᆞ니 드러가 간병ᄒᆞ라.”

태위 관을 숙여 오리도록 말이 업ᄉᆞ니, 뎡국공 왈,

“노뷔(老父) 몽셩을 총명관홍(聰明寬弘)ᄒᆞᆫ가 ᄒᆞ엿더니, 연시를 가지록 박ᄃᆡᄎᆞ악(薄待嗟愕)[1558]ᄒᆞ여 조강결발(糟糠結髮)[1559]의 대의(大義)와 유ᄌᆞ즉불거지도(有子卽不去之道)[1560]를 아지 못ᄒᆞ고, 사ᄅᆞᆷ되오미 회션기악(回善棄惡)ᄒᆞᄂᆞᆫ 아람다오믈 ᄉᆡᆼ각지 아니ᄒᆞ니, 엇지 무식지 아니리오. 부뫼 ᄉᆞ랑ᄒᆞ면 견마(犬馬)라도 공경ᄒᆞᄂᆞ니, 친의를 여【47】러 번 역(逆)ᄒᆞ여 나의 닐오ᄂᆞᆫ 말이 몃번인동 알니오. 광ᄋᆞ도 ᄯᅩᄒᆞᆫ 몽셩 ᄀᆞᆺᄐᆞ여, 연시 그린 ᄀᆞᆺᄐᆞᆫ 유ᄌᆞ식(有子息)ᄒᆞᆫ 며ᄂᆞ리어ᄂᆞᆯ, 그 개과(改過)ᄒᆞ믈 모ᄅᆞ고 바리과져 ᄒᆞ니, 엇지 고이치 아니리오. 상활(爽闊)ᄒᆞᆫ ᄋᆞᄒᆡ 공연이 변ᄒᆞ여 표·상 ᄀᆞᆺᄐᆞᆫ 슉녀도 염박(厭薄)ᄒᆞ니, 이 ᄯᅩ 뉘 경계(警戒)를 드ᄅᆞ미냐?”

초공 부ᄌᆡ 황망이 피셕ᄌᆡ비(避席再拜)ᄒᆞ고 면관청죄(免冠請罪)ᄒᆞ니, 노공 왈,

“이 굿ᄐᆞ여 청죄ᄒᆞᆯ ᄇᆡ 아니니, 원광은 ᄋᆞ돌을 경계ᄒᆞ여 부부 후박(厚薄)을 고로게 ᄒᆞ고, 몽ᄋᆞᄂᆞᆫ 조강(糟糠)을 공경ᄒᆞ고 부실(副室)을 후ᄃᆡᄒᆞ라.”

초공이 태우를 보아 왈,

“연시 【48】십악대죄(十惡大罪)[1561]를 지엇다 ᄒᆞ여도 당ᄎᆞ시(當此時)ᄒᆞ여ᄂᆞᆫ 기과쳔션ᄒᆞ미 잇다 ᄒᆞ시니, 네 도리 존명을 승슌ᄒᆞᆯ ᄯᆞᄅᆞᆷ이라. 엇지 부졀업ᄉᆞᆫ 고집을 프지 못ᄒᆞᄂᆞ뇨? ᄒᆞ믈며 표·상은 너의게 외람ᄒᆞᆫ 안해어ᄂᆞᆯ, 임의 취ᄒᆞᆫ 후 박ᄃᆡᄒᆞ미 고이ᄒᆞ도다.”

태위 듯기를 맛ᄎᆞᄆᆡ, ᄌᆡᄇᆡ 왈,

“쇼ᄌᆡ 불힝이 연시를 만나온 고로, 그 참흉ᄒᆞᆫ 욕이 존당 부뫼긔 밋고, 극악ᄒᆞᆫ 원망이 긋칠 줄을 ○○○[모로믈] 모로므로, 왕부뫼(王父母) 념녀ᄒᆞ시미 이의 니ᄅᆞ시고, 젼후의 박ᄃᆡ치 말나 ᄒᆞ시미 여러 번이신지라. ᄋᆞᄒᆡ 불쵸무상(不肖無狀)ᄒᆞ오나, 【49】오세로브터 문ᄌᆞ를 힉독ᄒᆞ여 고셔를 ᄉᆞᆲ펴ᄉᆞ오니, 승슌위열(承順爲悅)은 효(孝)의 본(本)이라. 엇지 아지 못ᄒᆞ리잇고마ᄂᆞᆫ, 연가 발뷔(潑婦) 만악이 구비ᄒᆞ여도, 존당이 ᄉᆞ랑ᄒᆞ신 후ᄂᆞᆫ 쇼ᄌᆡ 경이 넉이지 못ᄒᆞ올 ᄇᆡ니, 왕부모 명을 밧드와 ᄉᆞ실의 ᄃᆡᄒᆞᄂᆞᆫ 거시, 승슌지되(承順之道) 맛당ᄒᆞ오ᄃᆡ, ᄋᆞᄒᆡ 비위(脾胃) 결증(潔症)이 죽어도 긋치지 못ᄒᆞ올 고로, 왕부모와 대인이 통쵹(洞燭)ᄒᆞ시리니, 어이 허언을 ᄉᆞ며 주ᄒᆞ리잇가. 져 연시 흉

1556)날포 : 하루가 조금 넘는 동안.
1557)솔하(率下) ; 아래 사람을 거느림.
1558)박ᄃᆡᄎᆞ악(薄待嗟愕) : 몹시 심하게 박대함.
1559)조강결발(糟糠結髮) : 조강지처(糟糠之妻). 원비(元妃). 원비로 맞아 결혼함.
1560)유ᄌᆞ즉불거지도(有子卽不去之道) : 아들을 둔 아내는 죄가 있어도 쫓아내지 않음.
1561)십악대죄(十惡大罪) : 조선 시대에, 대명률(大明律)에 정한 모반죄(謀反罪) 등, 열 가지 큰 죄.

상이 만고무비(萬古無比)라 닐너도, 셩질이 슉연ᄒᆞ여 녀ᄌᆞ의 풍완쳥졍(豊婉淸淨)ᄒᆞ미 ᄒᆡᆼ혀 일분이나 잇던들, 쇼【50】ᄌᆞ의 비위 그ᄃᆡ도록 상ᄒᆞ미 업ᄉᆞ올 거시오ᄃᆡ, 그 망측음악(罔測淫惡)ᄒᆞ오미 군ᄌᆞ의 졍시(正視)ᄒᆞᆯ ᄇᆡ 아니오, 언ᄉᆡ 극악흉ᄑᆡ(極惡凶悖)ᄒᆞ여, 냥인을 말ᄌᆡ 노복의 더으게 호령ᄒᆞ고, 구가ᄅᆞᆯ 욕ᄒᆞ미 합가(闔家)의 아니 밋ᄎᆞᆫ 곳이 업고, 존당 구고ᄅᆞᆯ 업ᄉᆞᆫ 것ᄀᆞᆺ치 ᄒᆞ고, ᄑᆡ악부도지언(悖惡不道之言)으로 욕ᄒᆞ오니, ᄋᆞᄒᆡ 그 ᄯᆡ ᄒᆡ원각 ᄌᆞ모의 노ᄅᆞᆯ 두리ᄌᆡ 아냐시면, 살쳐(殺妻)ᄒᆞᆫ 죄ᄂᆞᆫ 텬문(天門)의 밧아도, 연시ᄅᆞᆯ 결단ᄒᆞ여 업시ᄒᆞ여실 거시로ᄃᆡ, 능히 그 결단을 못ᄒᆞ고, 혼셔(婚書)ᄅᆞᆯ 불질너 의(義)ᄅᆞᆯ 끗고, 아조 거(去)ᄒᆞ오미 맛당ᄒᆞ오ᄃᆡ, ᄒᆞᆫ갈ᄀᆞᆺ치 존당 부【51】모의 관인지치(寬仁之治)ᄅᆞᆯ 보올 ᄲᅮᆫ이오, 쳐실의 다ᄃᆞ라ᄂᆞᆫ 임젼ᄌᆞ지(臨前自知)1562)ᄒᆞ미 업고져 ᄒᆞ여, 남의 집 부녀ᄀᆞᆺ치 다시 죄ᄅᆞᆯ 의논ᄒᆞ미 업습더니, 뜻밧게 ᄌᆞ녀(子女)ᄅᆞᆯ 빵ᄉᆡᆼ(雙生)ᄒᆞ오미 이시니, ᄌᆞ식의게 어미 년좌(連坐)ᄅᆞᆯ ᄡᅳ올 ᄇᆡ 아니온 고로 텬뉸ᄌᆞᄋᆡ(天倫慈愛)ᄅᆞᆯ 다ᄒᆞ고, 그 발부(潑婦)ᄅᆞᆯ 영일뎡의 ᄒᆞᆫ 구석에 멈음도 그 분의(分義)에 족ᄒᆞ거ᄂᆞᆯ, 오히려 과ᄒᆞ믈 아지 못ᄒᆞ고 가간에 흉교(凶狡)ᄅᆞᆯ 베퍼 존당 셩심(聖心)을 번거롭게 ᄒᆞ오니, 죄당만ᄉᆡ(罪當萬死)1563)로ᄃᆡ, 이 ᄯᅩ 쇼ᄌᆞ의 졔가(齊家) 못ᄒᆞ온 허믈이라. 군ᄌᆞ의 슉쳥(肅淸)ᄒᆞᆫ 가법을 도라보올 길이 【52】업ᄉᆞ온 고로, 져ᄅᆞᆯ 논죄치 아니코, ᄋᆞᄒᆡ 이목(耳目)이 병든 사ᄅᆞᆷ ᄀᆞᆺ치 ᄒᆞ옵ᄂᆞ니, 소회(所懷) 여ᄎᆞ(如此) 고로, 왕부(王父) 하교(下敎)ᄅᆞᆯ 봉승치 못ᄒᆞ옵ᄂᆞ니, 업ᄃᆡ여 죄ᄎᆡᆨ(罪責)을 ᄇᆞ라올 ᄲᅮᆫ이라. 다시 알외올 말ᄉᆞᆷ이 업습고, 표·상 이인은 쇼ᄌᆡ 광질(狂疾)노ᄡᅧ 무례ᄒᆞᆫ 가온ᄃᆡ 타문의 속지 못ᄒᆞᆯ 형셴 고로, 상공이 구ᄒᆞ고 존당 부뫼 허ᄒᆞ샤 녜로 마ᄌᆞ니, 월장규벽(越墻窺壁)의 음쳔(淫賤)ᄒᆞᆷ과 다라오ᄃᆡ, 쇼ᄌᆡ ᄆᆞ음이 광증(狂症)이 그ᄃᆡ도록 ᄒᆞ던 줄이 참괴ᄒᆞ고, 피ᄎᆞ의 년긔(年紀) 유튱(幼沖)키ᄅᆞᆯ 면치 못ᄒᆞᆫ 고로, 져기 나히 ᄎᆞ기ᄅᆞᆯ 기다리오미러니, 엄명이 ᄉᆞ【53】실(私室)의 모드믈 닐ᄋᆞ시나, 져 표·상 등이 연시의 죄악이 잇지 아니ᄒᆞ온지라. ᄋᆞᄒᆡ 엇지 쉬온 일도 고집건 체ᄒᆞ여 엄교(嚴敎)ᄅᆞᆯ 역ᄒᆞ리잇가?”

언파의, 다시 청죄ᄒᆞ여 연시ᄅᆞᆯ 예ᄉᆞ로이 ᄃᆡ치 못ᄒᆞᆯ 바ᄅᆞᆯ ᄌᆡ삼 주(奏)ᄒᆞᆫᄃᆡ, 북휘 뎡국공의 근ᄂᆡ 변심ᄒᆞ믈 민망ᄒᆞ여 날호여 주왈,

“ᄌᆞ고로 금슬후박(琴瑟厚薄)은 인녁으로 ᄒᆞᆯ ᄇᆡ 아니옵고, 몽셩이 연시로 ᄒᆞ야금 발셔 셩졍(性情)이 상(傷)ᄒᆞ와 광부(狂夫)의 밋쳐습던지라. 이제 그 ᄆᆞ음의 졀박히 슬흔 거ᄉᆞᆯ 힝ᄒᆞ다가, 다시 광증이 발키 쉽ᄉᆞ오니, 복원 【54】대인은 ᄋᆞᄒᆡ 고집이 이상(異常)ᄒᆞ믈 숣피오샤, 제 나히 ᄎᆞ고 혬이 난 후, 단장박명(斷腸薄命)을 잔잉히 넉여 스ᄉᆞ로 ᄎᆞᆺ게 ᄒᆞ시고, 아직 명치 마ᄅᆞ쇼셔. 연시의 팔ᄌᆞ(八字)로 닐너도, 셰간(世間)의 일괴(一塊)1564)ᄅᆞᆯ 탄(誕)치 못ᄒᆞ고 청츈의 ‘뎨셩(帝城)을 문희치ᄂᆞᆫ 우ᄅᆞᆷ’1565)이 폐ᄇᆡ(肺腑)

1562)임젼ᄌᆞ지(臨前自知) : 앞에 나가 스스로 알아봄.

1563)죄당만ᄉᆡ(罪當萬死) : 죄가 만 번 죽어 마땅함.

1564)일괴(一塊) : ‘한 덩어리’라는 말로, ‘하나의 못생긴 아이’, 또는 ‘하나의 피붙이 자식’의 뜻으로 쓴 비유적 표현.

니울고[1566] '삼종(三從)의 의탁(依託)'[1567]이 업서, 부모도 조식도 업시 혈혈무탁(孑孑無託)ᄒᆞ며, 고고무의(孤孤無依)ᄒᆞ야, 궁텬극원(窮天極遠)ᄒᆞᆫ 통(痛)이 골슈(骨髓)의 ᄉᆞ못ᄎᆞ나, 능히 명믹을 긋지 못ᄒᆞ야 구연시식(苟延視息)[1568]ᄒᆞᄂᆞᆫ 청상(靑孀)도 잇ᄉᆞᆸᄂᆞ니 몽셩이 비록 연시를 박ᄃᆡᄒᆞ나 근간의 위를 파월(播越)ᄒᆞ고 녜를 건【55】너지 아니ᄒᆞ미 잇ᄉᆞᆸᄂᆞ니, 당당ᄒᆞᆫ 쇼년 명부(命婦)의 존(尊)ᄒᆞ므로ᄡᅥ 긔동(奇童)과 옥녀(玉女)를 갓초 두어ᄉᆞᆸ고, 친당과 구가의 호샤극부(豪奢極富)ᄒᆞ미 만무일흠(萬無一欠)이라. 우연이 닐을진ᄃᆡ '유복(有福)' 두ᄌᆞ를 ᄉᆞ양치 아니ᄒᆞ오리니, 부부의 ᄉᆞᄉᆞ밀은(私私蜜恩)[1569]이 무ᄉᆞᆷ ᄃᆡᄉᆡ(大事)리잇고? 부졀업시 쵸조(焦燥)치 말믈 경계ᄒᆞ샤, 녀ᄌᆞ의 청한(淸閑)ᄒᆞᆫ 덕을 가지록 슈련케 ᄒᆞ쇼셔."

뎡국공과 됴부인이 비록 변심단(變心丹)의 쇠 갓ᄒᆞᆫ 긔운과 약ᄒᆞᆫ 심졍이 그릇되여 연시를 ᄉᆞ랑ᄒᆞ미 병되고, 뎡시를 통완(痛惋)ᄒᆞ미 죽일 듯ᄒᆞ나, 태우를 ᄉᆞ랑ᄒᆞ【56】며 듕히 넉이믄 젼후의 변치 아냐시니, 엇지 졀박히 넉이ᄂᆞᆫ 거ᄉᆞᆯ 위력으로 명ᄒᆞ여, ᄯᅩ다시 광증을 일위리오. ᄒᆞ물며 광분질쥬(狂奔疾走) 후로 그 ᄆᆞᄋᆞᆷ을 요동ᄒᆞᆫ즉, 질(疾)을 일월가 존당 부뫼 다 념녀ᄒᆞᄂᆞᆫ 고로, 그 ᄯᅳᆺ을 어긔고져 아니ᄒᆞᄂᆞᆫ지라. 됴부인이 탄왈,

"우리 비록 연시의 청츈단장(靑春斷腸)을 념녀ᄒᆞ나, 닐은 바, ᄋᆞ돌의 조촌 며ᄂᆞ리니, ᄉᆞ졍이 내 ᄌᆞ식을 몬져 보고, 후의 남의 ᄌᆞ식을 알니니, 셩ᄋᆡ 본ᄃᆡ 연시로 심긔(心氣) 상(傷)ᄒᆞ야 광병(狂病)이 낫던 거시니, 이제 네 연시 보기를 원치 아니미 ᄉᆞ갈(蛇蝎) ᄀᆞᆺᄐᆞ【57】니, 우리 어이 다시 권ᄒᆞ리오. 네 ᄆᆞᄋᆞᆷ의 ᄎᆞᆺ고 시븐 쳐실이나 빈빈이 ᄎᆞᄌᆞ 괴거(怪擧)를 말나."

뎡국공이 ᄯᅩᄒᆞᆫ 부인과 ᄀᆞᆺ치 다시 욱이ᄂᆞᆫ 일이 업ᄉᆞ니, 초공은 부모의 노병(老病)ᄒᆞ시믈 황황민박(惶惶憫迫)ᄒᆞ야 다시 잡 말ᄉᆞᆷ의 ᄯᅳᆺ이 업ᄉᆞᄃᆡ, 태우ᄂᆞᆫ 고집이 마ᄎᆞᆷᄂᆡ 연시를 ᄃᆡ치 말녀ᄒᆞ므로, 조부모의 명을 거역ᄒᆞ믈 미안ᄒᆞ여 ᄭᅮ짓고져 ᄒᆞ다가, 다시 ᄉᆡᆼ각ᄒᆞ미 연시의 핀악(悖惡)ᄒᆞ미 존당ᄭᆞ지 드노하 즐욕(叱辱)ᄒᆞᆫ 연고로, 태위 ᄯᅳᆺ을 결ᄒᆞ여 ᄉᆞ실의 ᄃᆡ치 아니려 ᄒᆞ미 고이치 아니ᄒᆞᆫ지라. 구ᄐᆡ여 칙지 아니코 다만 닐【58】오ᄃᆡ,

"네 존당 말ᄉᆞᆷ을 거역ᄒᆞ미 효슌(孝順)치 아니믈 인ᄒᆞ미라. 내 허물이 듕ᄒᆞ믈 혜아리고, 너를 치죄(治罪)치 아니ᄒᆞᄂᆞ니, 회과(悔過)ᄂᆞᆫ 셩인의 허ᄒᆞ신 ᄇᆡ라. 연시 ᄯᅩᄒᆞᆫ 토목

1565)뎨셩(帝城)을 문희치ᄂᆞᆫ 우롬 : '황성(皇城)이 무너지는 슬픔' 이라는 뜻으로, 붕성지통(崩城之痛) 곧 남편을 잃은 슬픔을 이르는 말.

1566)니울다 : 이울다. ①꽃이나 잎이 시들다. ②점점 쇠약하여 지다. ③빛이 약해지거나 스러지다.

1567)삼종(三從)의 의탁(依託) : =삼종지탁(三從之託). =삼종지도(三從之道). 예전에, 여자가 따라야 할 세 가지 도리를 이르던 말. 어려서는 아버지를, 결혼해서는 남편을, 남편이 죽은 후에는 자식을 따라야 하였다.

1568)구연시식(苟延視息) : 구차히 눈만 뜨고 숨만 쉬며 연명하고 있음.

1569)ᄉᆞᄉᆞ밀은(私私蜜恩) : 사사롭고 은밀한 사랑이나 은정(恩情).

(土木)이 아니니, 존당 은틱(恩澤)을 목욕감아 악을 바리고 어진듸 나ᄋᆞ미, 셰월이 포1570)되거든, 예ᄉᆞ로이 차ᄎᆞ 부부뉸의(夫婦倫義)를 폐치 말고 일부(一婦)의 함원(含怨)이 잇게 말나. 네 광증(狂症)을 인ᄒᆞ야 표·상 이쇼부(二少婦) 취ᄒᆞ미 참괴(慙愧)타 ᄒᆞ나, 군ᄌᆞ의 ᄯᅳᆺ이 '상불괴어텬(上不愧於天)ᄒᆞ고 하불작어인(下不怍於人)'1571)즉, 무슴 거리ᄭᅵ미 이시리오. 임의 내 ᄯᅳᆺ이 유심(有心)ᄒᆞ미 업시, 광질(狂疾)노ᄡᅧ 허물 【59】을 지은 거시야 현마 엇지ᄒᆞ며, ᄯᅩ 남이 무어시라 닐을고 슈괴(羞愧)ᄒᆞ여, 취ᄒᆞᆫ 안해도 ᄃᆡ치 못ᄒᆞᄂᆞᆫ 좀젓고1572) 피연(疲軟)ᄒᆞ미1573) 어이 가(可)ᄒᆞ리오. 너의 힝ᄉᆡ ᄇᆡᆨ일(白日) ᄀᆞᆺ틀진ᄃᆡ, 거셰(擧世) 시비(是非)ᄒᆞ나 족히 붓그러올 거시 업ᄉᆞᆯ 거시로ᄃᆡ, 대개 셩문덕힝(聖文德行)1574)이 ᄎᆞ지 못ᄒᆞ야셔 문ᄎᆡ덕승(文彩德勝)1575)ᄒᆞ고, ᄀᆡ운이 ᄀᆞᆺ지 못ᄒᆞ여셔 발양(發陽)ᄒᆞ믈 쥬ᄒᆞᄆᆡ, 경박ᄌᆞ(輕薄子)의 《갓갑고∥갓가우니》, 군ᄌᆞ 덕힝으로 ᄂᆡ외를 ᄒᆞᆫ갈ᄀᆞᆺ치 ᄒᆞ고 ᄯᅳᆺ을 온듕(穩重)이 ᄒᆞ여, 젼과(前過)를 바리며 새로이 슈힝(修行)ᄒᆞ여 그른 곳에 ᄲᅡ지지 말나."

태위 부복 문파(聞罷)의, ᄌᆡᄇᆡ 복디(伏地) 왈, 【60】

"명훈(明訓)을 폐부의 삭이리이다."

ᄒᆞ고 능히 다시 말을 못ᄒᆞ니, 이는 승상의 언언간간(言言間間)1576)이 ᄌᆞᄀᆡ 심폐를 ᄉᆞ못ᄂᆞᆫ ᄃᆞᆺᄒᆞ믈 황축젼뉼(惶蹙戰慄)ᄒᆞ미 한한(寒汗)이 쳠의(沾衣)ᄒᆞᆯ ᄯᆞ름이라. 참정이 쇼왈,

"이러나 져러나 질ᄋᆞ의 쳐복이 두터워, ᄡᅡᆼ미슉완(雙美淑婉)을 구ᄒᆞ지 아냐셔 취ᄒᆞ니, 광증이 오히려 유익던가 ᄒᆞ노라."

태위 유유시좌(儒儒侍坐)러니, 이윽고 좌를 파ᄒᆞᄆᆡ 표쇼져의 병을 뭇고져 ᄒᆞ여, 이의 몸을 두루혀 난취각으로 향ᄒᆞ다.

어시의 표쇼졔 본ᄃᆡ 작셩(作性)이 픔슈ᄒᆞᆫ ᄇᆡ, 향이온유(香而溫柔)1577)ᄒᆞ고 욱이다ᄉᆞ(郁而多思)1578)ᄒᆞ며 빙셜(氷雪)【61】ᄀᆞᆺ치 ᄆᆞᆰ은 ᄀᆡ질과, ᄭᅩᆺ치 발(發)ᄒᆞᄂᆞᆫ ᄃᆞᆺ, 텬ᄉᆡᆼ(天生)의 타난 방용덕질(芳容德質)이 이ᄀᆞᆺ치 쵸츌탁셰(超出卓世)ᄒᆞ므로, 홀노 조물(造物)의 니극지시(已極之猜)1579)와 시운(時運)의 《운폐∥옹폐(壅蔽)1580)》ᄒᆞ믈 면치 못ᄒᆞ

1570)포 : 거듭. *달포; 한 달이 조금 넘는 기간. =월여(月餘). *해포; 한 해가 조금 넘는 동안. =세여(歲餘).

1571)상불괴어텬(上不愧於天), 하불작어인(下不怍於人) : 위로 하늘에 부끄러움이 없고, 아래로 사람을 대하여 부끄러움이 없음..

1572)좀젓다 : 좀스럽다. 도량이 좁고 옹졸한 데가 있다.

1573)피연(疲軟) : 기운이 없고 나른함. 패기(覇氣)가 없음.

1574)셩문덕힝(聖文德行) : 훌륭한 문덕(文德)과 어질고 너그러운 행실.

1575)문ᄎᆡ덕승(文彩德勝) : 문장이 빛나고 덕이 뛰어남.

1576)언언간간(言言間間) : 말마다 사이사이에

1577)향이온유(香而溫柔) : 향기롭고 온유함

1578)욱이다ᄉᆞ(郁而多思) : 그윽하고 생각이 깊음.

1579)니극지시(已極之猜) : 지나치게 심한 시기(猜忌).

야, 어려셔 조별쌍친(早別雙親)ᄒᆞ고 죵션형뎨(宗鮮兄弟)[1581]ᄒᆞᄆᆡ, 그 외구(外舅) 상태ᄉᆞ의 거두워 은양(恩養) 교ᄋᆡ(嬌愛)ᄒᆞ미 친녀의 조금도 감치 아닌 고로, 아람다이 장셩ᄒᆞ믈 기다려 죵요로온 부셔(夫婿)ᄅᆞᆯ 어더 원앙(鴛鴦)의 쌍유(雙遊)ᄒᆞᄂᆞᆫ ᄌᆞ미ᄅᆞᆯ 보고, 망ᄆᆡ(亡妹)와 표공의 구원망녕(九原亡靈)[1582]을 위로코져 ᄒᆞ더니, 텬연(天然)이 지듕(至重)ᄒᆞ니 인녁의 밋출 ᄇᆡ 아니라. 표쇼져의 ᄀᆞᆺ다온 ᄌᆡ덕과 망월(望月) ᄀᆞᆺ튼 긔질【62】이며, 상쇼져의 빙옥(氷玉)ᄀᆞᆺ튼 품질이 한ᄆᆡ(寒梅) 상풍(霜風)의 향긔ᄅᆞᆯ 자랑ᄒᆞᄂᆞᆫ지라.

고(故)로 하태위 표・상 이쇼져의 ᄀᆞᆺ다온 셩화(聲華)ᄅᆞᆯ 드ᄅᆞᄆᆡ, 참아 사(赦)ᄒᆞ여 타문(他門)의 ᄉᆞ양ᄒᆞᆯ ᄯᅳᆺ이 업ᄉᆞ니, 절염가인(絶艶佳人)○[을] 힝혀 질족쟈(疾足者)의게 아일가 념녀ᄒᆞᄆᆡ, 궁극ᄒᆞᆫ 계괴 ᄭᅳᆺ치 누루기[1583] 어려온지라. 양광실셩(佯狂失性)ᄒᆞ여 쳔단괴ᄉᆞ(千端怪事)ᄅᆞᆯ 힝ᄒᆞ믈 능히 ᄒᆞ고, 상문규각(相門閨閣)을 ᄉᆞ못ᄎᆞ 방계곡경(方計曲境)으로 ᄀᆞᆺᄐᆞ여 냥개(兩個) 슉완미아(淑婉美兒)ᄅᆞᆯ 일위여, 실즁(室中)의 어○[ᄒᆞ](御下)[1584]ᄒᆞ니, 냥쇼졔 구문(舅門)의 도라오ᄆᆡ 존당 구고의 ᄋᆡ듕홈과 태우의 후ᄃᆡ(厚待) ᄀᆞ비얍지 아니니, 녀ᄌᆞ 평ᄉᆡᆼ【63】이 거의 안한(安閑)ᄒᆞ믈 어들 ᄇᆡ로ᄃᆡ, 슉녀가인(淑女佳人)의 시명(時命)이 《불슉‖불슌(不順)》ᄒᆞᆫ 연고로, 하늘이 각별 ᄌᆡ앙을 빌니시니, 존고 대연부인의 ᄉᆡ험포려(猜險暴戾)ᄒᆞ미 ᄒᆞᆫ갓 고모(姑母)의 어려온[1585] 폐(弊)로 ᄌᆞ부ᄅᆞᆯ 못견ᄃᆡ게 ᄒᆞᆯ ᄲᅮᆫ아니라, 질녀의 젹인은 미말쳔인(微末賤人)이라도 낫낫치 쇼졔ᄒᆞ야, 질녀로 ᄒᆞ야금 일ᄉᆡᆼ 탑(榻) 아ᄅᆡ 타인의 언식(偃息)ᄒᆞ미 업게 ᄒᆞ고, 하태우의 은ᄋᆡ금슬(恩愛琴瑟)을 독당(獨當)ᄒᆞ여 무흠(無欠)이 됴쾌져 ᄒᆞ므로, 뎡・표・상 삼쇼져ᄅᆞᆯ 아오로 서라즐 ᄯᅳᆺ이 잇ᄂᆞᆫ 고로, 흉픽험악(凶悖險惡)이 아니 밋ᄎᆞᆫ 곳이 업ᄉᆞ니, 표쇼져의 연연약【64】질(軟軟弱質)이 엇지 잘 보젼ᄒᆞ리오.

연부인 슉질의 극악ᄒᆞ미 상한쳔녀(常漢賤女)의 젹인 ○[헐]ᄯᅳᆺᄂᆞᆫ 힝실을 다ᄒᆞ고, 한녀후(漢呂后)의 쳑부인(戚夫人) 인톄(人彘)[1586] ᄆᆡᆫ드던 슈단을 다ᄒᆞ려 ᄒᆞ엿ᄂᆞᆫ지라. 만일 몽징 공ᄌᆞ의 지극ᄒᆞᆫ 효우공심(孝友恭心)으로 광악(狂惡)ᄒᆞᆫ 모친을 혈셩고간(血誠固諫)ᄒᆞ미 아니면, 뎡・표・상 삼쇼제 엇지 쳑희(戚姬)의 인톄지변(人彘之變)을 면ᄒᆞ여시리오마ᄂᆞᆫ, 힝혀 몽징공ᄌᆞ의 츌인지우(出人之友)로 크게 괴로오믈 면ᄒᆞ나, 뎡・상 이쇼져의 연연셜뷔(軟娟雪膚) 듀상ᄒᆞ여 보기의 놀나오나, 쇼져ᄂᆞᆫ 닐은 바 쳔히규량(天海揆

1580)옹폐(壅蔽) : 가로막힘. 막아서 가림. 막히고 가려짐.
1581)죵션형뎨(宗鮮兄弟) : 일가에 형제가 많지 않음.
1582)구원망녕(九原亡靈) : 저승에 있는 죽은 사람의 영혼.
1583)누루다 : 누르다. 물체의 전체 면이나 부분에 대하여 힘이나 무게를 가하다.
1584)어ᄒᆞ(御下)ᄒᆞ다 : 거느리다.
1585)어려오다 : ①어렵다. 하기가 까다로워 힘에 겹다. 어려오다>어렵다. ②어리석다. 슬기롭지 못하고 둔하다. 어려오다>어리다.
1586)인톄(人彘) : '인간돼지'라는 뜻으로 중국 한(漢) 고조(高祖)의 비(妃) 여후(呂后)가 고조의 애첩 척부인(戚夫人)을 팔다리를 자르고 눈을 뽑는 혹형을 가한 후, 측간에 처넣고 그녀를 지칭해 부르게 한 이름.

量)1587)이오, 태산지듕(泰山之重)으로, 구석1588)과 ᄀᆞ이 아으【65】라 ᄒᆞ여 지혜 홍대(弘大)ᄒᆞᆫ 바로, 초년 비고풍상(悲苦風霜)을 ᄌᆞ별(自別)이 경녁(經歷)ᄒᆞ엿ᄂᆞᆫ 고로, 이 ᄀᆞᆺ튼 변을 당ᄒᆞ나 만ᄉᆞ를 텬수(天數)와 명운(命運)의 부치고, 비고ᄋᆡ락(悲苦愛樂)을 모로ᄂᆞᆫ 사ᄅᆞᆷ ᄀᆞᆺ고, 상쇼져ᄂᆞᆫ 도량(度量)이 관홍인화(寬弘仁和)ᄒᆞᆫ 고로, 또ᄒᆞᆫ 존고의 험난과 쇼연시의 투악을 다ᄒᆞ여, 악악(惡惡)ᄒᆞᆫ 욕언을 드ᄅᆞ나 도로혀 긔괴(奇怪) 가쇼로이 녁여 텽이불문(聽而不聞)ᄒᆞ니, ᄌᆞ긔 신상의 유익ᄒᆞ미 이시나, 표쇼져ᄂᆞᆫ 본품텬질(本稟天質)의 징청결뵉(澄淸潔白)ᄒᆞ미 빙셜(氷雪) ᄀᆞᆺ튼 바로뻐, 어려서 조별부모(早別父母)ᄒᆞ고 외구(外舅) 부부의 교ᄋᆡ(嬌愛)를 씌여 장셩(長成)ᄒᆞ니, 다만 부모를 조【66】상(早喪)ᄒᆞ여 뉵아궁텬(蓼莪窮天)1589)의 슬프미 흠ᄉᆡ(欠事)나, 호치부귀(豪侈富貴) 즁 ᄉᆡᆼ장ᄒᆞ니, 비고ᄋᆡ락을 아지 못ᄒᆞ고, ᄎᆞ환말예(叉鬟末隸)의도 혈흔(血痕)이 님니(淋漓)ᄒᆞᄂᆞᆫ 장칙(杖責)과 상쳐를 보지 못ᄒᆞ엿다가, ᄌᆞ긔 하태우의 실즁의 도라와시나, 돌포 되지 아냐셔 연부인 슉질의 욕셜이 히괴망측ᄒᆞ여, 구텬야ᄃᆡ(九泉夜臺)의 안거(安居)ᄒᆞ신 망부모의 유령을 들먹여 욕언이 참측ᄒᆞᆯ 적은, 쉽고 분ᄒᆞ미 만검(萬劍)이 간위(肝胃)를 삭(削)ᄒᆞ고 쳔잉(千刃)이 골졀(骨節)의 ᄉᆞ못ᄂᆞᆫ ᄃᆞᆺ ᄒᆞ거ᄂᆞᆯ, 다시 잡아드려 두발(頭髮)을 ᄭᅳ들며, 셤신(纖身)1590)을 욱질너 즐욕난타지경(叱辱亂打之境)1591)의 【67】밋처, 연부인의 쥬졍(酒酊)으로 픽악을 겸ᄒᆞᆷ과 쇼연시 슉모를 도도아 흉픽ᄒᆞᆫ 투악을 나ᄂᆞᆫᄃᆡ로 ᄒᆞ니, 뎡・표・상 삼쇼졔 서로 ᄃᆡᄒᆞ여 심니(心裏)의 신셰(身勢) 계활(契活)을 늣길지언뎡, 감히 원언(怨言)이 연부인긔 밋지 아니ᄒᆞ니, 미직긔예(美哉其禮)1592)라! 삼부인○[의] 슉뇨명쳘(淑窈明哲)ᄒᆞ미 여ᄎᆞᄒᆞ더라.

ᄀᆞ장 야심ᄒᆞᆫ 후 뎡・상 이쇼졔 도라가니, 유아 등이 죵야토록 구호ᄒᆞ며 눈물이 비ᄀᆞᆺ트여 쇼져의 신셰를 슬허ᄒᆞ거ᄂᆞᆯ, 쇼졔 유모 시비 등의 비ᄋᆡ(悲哀)ᄒᆞ믈 보고 역시 슬허, 【68】뉴쳬탄식(流涕歎息) 왈,

"하ᄂᆞᆯ이 특별이 나 쇄영의게 젹앙(積殃)을 일편되이 ᄂᆞ리와, 호시(怙恃)1593)를 유시(幼時)의 빵별(雙別)ᄒᆞ고, 일누잔쳔(一縷殘喘)이 지우보명(至于保命)ᄒᆞ여 상가의 의탁ᄒᆞ미, 구슉(舅叔) 냥위의 은양무ᄋᆡ(恩養撫愛)ᄒᆞ시미 오히려 상ᄆᆡ의 지난 고로, 비고ᄋᆡ

1587)쳔히규량(天海揆量) : 하늘과 바다와 맞먹는 도량. 하늘과 바다처럼 넓은 도량.
1588)구석 : 모퉁이의 안쪽.
1589)뉵아궁텬(蓼莪窮天) : 어버이가 죽어서 봉양하지 못하는 효자의 애절한 마음이 하늘 끝에 닿음을 이르는 말. *육아지통(蓼莪之痛); 중국 전국시대 진(晋)나라 사람 왕부(王裒)가 아버지가 비명(非命)에 죽은 것을 슬퍼하여 일생 묘 앞에 여막(廬幕)을 짓고 살며 추모하였는데, 『시경』 <육아편(蓼莪篇)>을 외우며, 그 때마다 아버지를 봉양치 못하는 자신의 처지를 슬퍼하여 눈물을 흘렸다는데서 유래한 말. 육아(蓼莪) 시(詩)의 내용은 부모가 고생하며 나를 낳고 길러주신 은혜와 그 은혜를 갚지 못하는 효자의 슬픔을 표현하고 있다.
1590)셤신(纖身) ; 가늘고 약한 몸.
1591)즐욕난타지경(叱辱亂打之境) ; 꾸짖고 욕하며 어지러이 치는 경우.
1592)미직긔예(美哉其禮) : 아름답도다! 그 예(禮) 잡음이여.
1593)호시(怙恃) : 믿고 의지한다는 뜻으로, '부모'를 이르는 말.

락을 아지 못ᄒᆞ엿더니, 이제 구가의 도라와 쥬년(週年)이 못ᄒᆞ여셔 위험ᄒᆞᆫ 신셰 이러틋 ᄒᆞ니, 엇지 사라시미 죽음만 ᄀᆞᆺ지 못ᄒᆞᆯ 줄 알니오.”

유뫼 슬허 왈,

“쇼졔 만일 보젼치 못ᄒᆞ실진ᄃᆡ, 우리 노야와 부인의 후ᄉᆞ(後嗣)를 졀ᄒᆞ시미 되리니, ᄌᆡ텬지녕(在天之靈)이 명명지즁(冥冥之中)이시나, 엇【69】지 불효를 칙지 아니시리잇고? ᄒᆡ원각 부인이 비록 불인실덕(不仁失德)ᄒᆞ시나, 오히려 친괴(親姑) 아니시니 현마 어이ᄒᆞ며, 영일뎡 부인이 투악ᄒᆞ나 쇼졔 진실노 신셰 괴로오실진ᄃᆡ, 이의 계시지 아니미 무방ᄒᆞ실 거시니, 쳔비(賤婢)의 소견은 관기형셰(觀其形勢)ᄒᆞ여, 쇼져의 신상 흠질(欠疾)이 가복(可復)ᄒᆞ시믈 기다려, 여ᄎᆞ여ᄎᆞ 태노야(太老爺)와 태부인긔 알외여, 쥬군의 ᄂᆡ상(內相)은 연부인과 뎡부인이 계시니 우리 냥쇼져ᄂᆞᆫ 유뮈 불관ᄒᆞ믈 ᄋᆡ고(哀苦)ᄒᆞ샤, 냥쇼져의 몸을 ᄲᅢ혀 본부의 도라가샤 일왕일ᄂᆡ(日往日來)[1594]ᄒᆞ【70】샤 향신(香身)이 보젼ᄒᆞᆯ 도리를 ᄉᆡᆼ각ᄒᆞ쇼셔.”

쇼졔 함누 왈,

“유뫼 ‘도지기일(徒知其一)이오 미지기이(未知其二)’[1595]로다 신톄발부(身體髮膚)[1596]ᄂᆞᆫ 부모의 기치신 ᄇᆡ라. 나의 무죄ᄒᆞ미 빙옥ᄀᆞᄐᆞ나, 혈흔(血痕)이 님니(淋漓)ᄒᆞᄂᆞᆫ 혹형(酷刑)을 밧아, 유톄(遺體)를 상해오미 골육이 ᄡᅡ히 고이ᄂᆞᆫ 지경의 밋ᄎᆞ니, 엇지 불회 크지 아니며 구텬야ᄃᆡ(九泉夜臺)[1597]의 션부모(先父母)의 ᄌᆡ텬지녕(在天之靈)의 뵈오미 븟그럽지 아니리오. ᄉᆡᆼ아구로(生我劬勞)[1598]의 은혜ᄂᆞᆫ 분호(分毫)도 갑습지 못ᄒᆞ고, 도로혀 참악ᄒᆞᆫ 욕셜이 망친(亡親) 영위에 밋ᄎᆞ니, 불효를 니긔여 ᄲᅡ흘 곳이 업ᄉᆞ니, 내 엇지 홀노 셜【71】음과 ᄋᆡ돌오미 잘 업ᄉᆞ리오. 맛당히 어미 말을 조춤도 무던ᄒᆞᄃᆡ, 곳쳐 ᄉᆡᆼ각건ᄃᆡ 위양(渭陽)[1599] 냥위(兩位) 드ᄅᆞ실 니도 업고, 출하리 아이의 인눈을 뎡치 아님만 ᄀᆞᆺ지 못ᄒᆞ여, 임의 첫 뜻을 세우지 못ᄒᆞ여 {임의} 젹인죵가(適人從家)[1600]ᄒᆞᆫ 후ᄂᆞᆫ 이 의논이 만만불가(萬萬不可)ᄒᆞ고, 금일 이 경계를 당ᄒᆞᆫ 재 나 쁜 아니라, 내 감히 존고도 원ᄒᆞᆫ(怨恨)치 못ᄒᆞ려니와, 연시의 흉독픽 악ᄒᆞ미야 엇지 ᄒᆞᆫ되지 아니리오. 유모ᄂᆞᆫ 어즈러온 말노ᄡᅧ 나의 심간(心肝)을 요란케 말나.”

ᄒᆞ고, 유랑으로 ᄒᆞ야금 신셩의 불참ᄒᆞ믈 알외【72】믹, 졔인이 신셩을 파ᄒᆞ여 믈너가니, 태위 퇴ᄒᆞ여 난취각의 니ᄅᆞ니, 표쇼졔 비록 여ᄎᆞ(如此) 고경(苦境)이 가부의 타시 아닌 줄 알오ᄃᆡ, 져를 ᄃᆡᄒᆞ여 셕일ᄉᆞ(昔日事)를 ᄉᆡᆼ각ᄒᆞᄆᆡ, 날이 오릴ᄉᆞ록 븟그럽고

1594)일왕일ᄂᆡ(日往日來) ; 매일같이 가고오고 함.
1595)도지기일(徒知其一) 미지기이(未知其二) ; 하나만 알고 둘은 모름.
1596)신톄발부(身體髮膚) : 몸과 머리털과 피부라는 뜻으로, 몸 전체를 이르는 말.
1597)구텬야ᄃᆡ(九泉夜臺) : ‘땅 속 무덤’이라는 말로 죽은 뒤 넋 돌아가는 곳을 이르는 말.
1598)ᄉᆡᆼ아구로(生我劬勞) : 나를 낳고 수고하여 기름
1599)위양(渭陽) : 외삼촌을 달리 이르는 말. 『시경』 <진풍(秦風)> 위양이장(渭陽二章)의, ‘외삼촌을 위양(渭陽)에 보낸다’는 구절에서 유래한 말.
1600)젹인죵가(適人從家) : 한 남자에게 시집가서 그 집 사람이 됨.

분히(憤駭)ᄒᆞ미 극ᄒᆞ거ᄂᆞᆯ, 당ᄎᆞ지시(當此之時)ᄒᆞ여ᄂᆞᆫ 이러ᄐᆞᆺ 난잡(亂雜)ᄒᆞᆫ 가즁(家中)의 구ᄎᆞ(苟且)히 곡경(曲徑)1601)으로 ᄌᆞᄀᆡ 표죵ᄌᆞᄆᆡ(表從姊妹) 냥인을 다 일위여, 연부인 슉질의 모진 손시1602)의 너허 궤상육(机上肉)1603)을 민ᄃᆞᆯ 줄을 통원ᄒᆞ니, ᄌᆞ연 원ᄒᆞᆫ이 져의게 도라가ᄂᆞᆫ지라. 그 문병ᄒᆞ려 드러오ᄂᆞᆫ 줄 알ᄆᆡ, 상ᄃᆡᄒᆞ여 그 상쳐ᄅᆞᆯ 뵈올 일을 ᄉᆡᆼ각ᄒᆞ【73】ᄆᆡ 난연슈괴(赧然羞愧)ᄒᆞ니, 드러오ᄂᆞᆫ 줄이 도로혀 깃브지 아닌지라. 출하리 고통신음(苦痛呻吟)ᄒᆞ미 올흔 고로, 운환(雲鬟)을 금금(錦衾)으로 싸 향벽(向壁)ᄒᆞ여 누어 통셩(痛聲)이 미미ᄒᆞ더니, 태위 입실ᄒᆞ여 부좌졍닙(不坐正立)이어ᄂᆞᆯ, 유뫼 쇼져 와상(臥床) ᄀᆞ에 나아가 ᄂᆞᄌᆞᆨ이 고왈,

“쥬군이 ᄂᆡ림ᄒᆞ여 계시니, 쇼졔 비록 옥톄 불안ᄒᆞ시나 운동ᄒᆞ여 녜ᄅᆞᆯ 폐치 마ᄅᆞ쇼셔.”

쇼졔 텽미(聽未)의 마지 못ᄒᆞ여 이의 금금(錦衾)을 헤치고 소두(疏頭)ᄅᆞᆯ 거두워 니러 안ᄌᆞ나, ᄂᆞᆼ히 좌와(坐臥) 평안치 못ᄒᆞ야 금병(錦屛)을 의지ᄒᆞ나, ᄉᆞᄉᆡᆨ(辭色)이 심히 슈괴(羞愧)ᄒᆞ야 취미(翠眉)ᄅᆞᆯ ᄂᆞᆺ초고, 공【74】슈졍좌(拱手正坐)ᄒᆞ여시니, 태위 그 약질의 질이 니러시믈 드ᄅᆞᄆᆡ, 통셰 엇더ᄒᆞᆫ고, 증졍(症情)을 알고져 ᄒᆞ야, 이의 갓가이 나아가 집슈연바(執手連臂)ᄒᆞ여 빵광(雙光)을 흘녀 보ᄆᆡ, 표쇼졔 츈산(春山)이 졔졔(齊齊)ᄒᆞ고 아황(蛾黃)1604)이 ᄂᆞᄌᆞᆨᄒᆞ여 슈ᄉᆡᆨ(愁色)이 만안(滿顔)ᄒᆞ니, 그리지 아닌 뇽슈샤졔(龍鬚蛇蹄)1605)와 다ᄃᆞᆷ지 아닌 《옥부츄용 ‖ 옥부화용(玉膚花容)1606)》이 볼ᄉᆞ록 긔이ᄒᆞ여, 계궁(桂宮)1607)의 두렷ᄒᆞᆫ ᄃᆞᆯ이오, 낭원(閬苑)1608)의 웃고져 ᄒᆞᄂᆞᆫ 곳치라. 비록 뎡쇼져의 쳔교ᄇᆡᆨ미(千嬌百媚)1609)의 만ᄐᆡ쳔향(萬態天香)이 긔긔묘묘(奇奇妙妙)ᄒᆞᆫ 셩덕진화(聖德眞華)의 밋지 못ᄒᆞ나, 연녀 ᄀᆞᄐᆞᆫ 츄용누질(醜容陋質)노 비ᄒᆞᄆᆡ 텬디 우쥬간 ᄀᆞᄐᆞ니, 태위 새로【75】이 년셕흠ᄋᆡ(憐惜欽愛)ᄒᆞ믈 니긔지 못ᄒᆞ여, 그 병근위(病根位)ᄅᆞᆯ ᄌᆞ시 ᄉᆞᆲ피ᄆᆡ, 놀나오믈 ᄭᆡ닷지 못ᄒᆞᄂᆞᆫ 바ᄂᆞᆫ 곱고 에엿븐 얼골이 일야지간의 오목히 부어 몰나보게 되엿고, 두골을 깁으로 동혀시니 상흔(傷痕)이 대단ᄒᆞ믈 뭇지 아냐 알지라.

태위 대경(大驚) 의혹(疑惑)ᄒᆞ야 냥구 슉시(熟視)의 문왈,

“ᄌᆡ 오가(吾家)의 입현(入絃) 누삭(累朔)이라. 하마 신인(新人)을 면ᄒᆞ여시니, 이ᄃᆡ도

1601)곡경(曲徑) : 개인의 이익을 위하여 취하는 바르지 못한 방법.
1602)손시 : 솜씨.
1603)궤상육(机上肉) : 조상육(俎上肉). 도마에 오른 고기라는 뜻으로, 어찌할 수 없게 된 운명을 이르는 말.
1604)아황(蛾黃) : 예전에, 여자들이 발랐던 누런빛이 나는 분. 여기서는 ‘여자의 분바른 얼굴’을 뜻함.
1605)뇽슈샤졔(龍鬚蛇蹄) : 용의 수염과 뱀의 발굽.
1606)옥부화용(玉膚花容) : 옥 같은 피부와 꽃같이 아름다운 얼굴.
1607)계궁(桂宮) : 달 속에 있다고 하는 계수나무 궁전.
1608)낭원(閬苑) : 곤륜산(崑崙山)의 꼭대기에 있다는 신선이 산다고 하는 선계(仙界). =낭풍요지(閬風瑤池).
1609)쳔교ᄇᆡᆨ미(千嬌百媚) ; 온갖 아름다움.

록 과히 슈습ᄒᆞ미[1610] 불가ᄒᆞ도다. 연이나 ᄉᆡᆼ이 본ᄃᆡ 셩졍(性情)이 소탈(疏脫)ᄒᆞ여 규방의 죵요롭지 못ᄒᆞᆫ 고로 일즉 ᄉᆞ침을 ᄌᆞ로 ᄎᆞᆽ지 못ᄒᆞ노라."

ᄒᆞ더라.【76】

1610)슈습ᄒᆞ다 : 수삽(羞澁)하다. 몸을 어찌하여야 좋을지 모를 정도로 수줍고 부끄럽다.

윤하뎡삼문취록 권지삼십칠

ᄎᆞ시 태위 왈,

“ᄉᆡᆼ이 본ᄃᆡ 셩졍(性情)이 쇼탈(疎脫)ᄒᆞ여 규방의 죵요롭지 못ᄒᆞᆫ 고로 일족 ᄉᆞ침을 ᄌᆞ로ᄎᆞᆺ지 못ᄒᆞ엿거니와, 원간[1611] 쇼년 혈긔 방강(方强)ᄒᆞ시거ᄂᆞᆯ, 무ᄉᆞᆷ 질양(疾恙)이 그리 대단ᄒᆞ여 운보(運步) 못ᄒᆞ시기의 밋처시며, 두상(頭上)이 엇더ᄒᆞ여 동혀 계시뇨? 아니 두풍(頭風)[1612]이 심ᄒᆞ시냐?”

쇼졔 크게 슈괴(羞愧)ᄒᆞ야 면ᄉᆡᆨ(面色)이 홍예(紅霓)[1613]ᄒᆞᆯ ᄯᆞᄅᆞᆷ이오, 수히 ᄃᆡ치 못ᄒᆞ니, 유랑이 장외(帳外)의셔 바로 알외고져 ᄒᆞ나, 쇼져의 ᄯᅳᆺ을 아지 못ᄒᆞ여 유유민연(儒儒憫然)[1614]ᄒᆞ더니, 믄득 보니 젹은 ᄯᆞᆯ 필낭이 나히 【1】 오세오, 극히 영ᄆᆡᆨᄒᆞᆫ지라, 유랑이 눈을 ᄀᆞ니, 필낭이 어믜 눈츼를 알고 슈장(水漿)[1615]을 들고 드러가며, 태우ᄭᅴ 고 왈,

“작야(昨夜)의 쇼년 제부인이 ᄒᆡ원각 귀쥬(貴主) 부인ᄭᅴ 혼뎡(昏定)ᄒᆞ라 가 계시다가, 군쥬(郡主) 부인이 영일뎡 부인으로 더브러 뎡·상 이부인과 우리 부인을 여ᄎᆞ여ᄎᆞ 난타(亂打) 구욕(驅辱)ᄒᆞ시니, 뎡부인은 좌우슈각(左右手脚)이 다 상ᄒᆞ시고, 상쇼져ᄂᆞᆫ 일신만톄(一身萬體) ᄯᅳᆺ기인 ᄃᆞᆺ 상(傷)ᄒᆞ시고, 우리 쇼져ᄂᆞᆫ 더옥 약질이라, 연부인이 닛그러 머리를 기동의 ᄇᆞᄃᆡ이ᄌᆞ니, 두골이 ᄭᆡ여져 셩혈(腥血)이 님니(淋漓)ᄒᆞ고 혼졀(昏絶)ᄒᆞ여 긔ᄉᆡᆨ(氣色) 【2】 이 엄엄(奄奄)ᄒᆞ시니, 삼공지 엇지 알아시고 드러오샤 읍혈고간(泣血固諫)ᄒᆞ여, 삼쇼졔 겨유 맛기를 면ᄒᆞ시고, 각각 ᄉᆞ실노 도라오시니이다. 시고로 쇼졔 두골이 듕상ᄒᆞ여 동히시고 새도록 신음ᄒᆞ시고, 능히 운보(運步)치 못ᄒᆞ샤 신셩의 불참ᄒᆞ시고, 쥬군이 ᄂᆡ림ᄒᆞ시나 맛지 못ᄒᆞ여 계시니이다.”

셜파의 몸을 두루혀 장외로 도로 나아가니, ᄉᆞ오셰 유녀(幼女)의 말이나, ᄎᆞ셰(次序) 명ᄇᆡᆨᄒᆞ여 호발(毫髮)도 희미치 아닌지라. 태위 ᄇᆡ야흐로 ᄒᆡ원각 모친의 취후(醉後) 광심(狂心)이 발작ᄒᆞ여, 쇼연시의 청촉을 듯고 뎡·표·상 삼쇼져를 일 【3】 톄로 ᄌᆞᆺ두다려, 여ᄎᆞᄒᆞ믈 드ᄅᆞ니 놀납고 ᄎᆞ악ᄒᆞ믈 니긔지 못ᄒᆞ니, 졔 어린 나히 조별부모(早別父

1611)원간 : ①원래. ②워낙. 본디부터. ③워낙. 두드러지게 아주.
1612)두풍(頭風) : 머리 아픈 것이 오랫동안 치유되지 않고 수시로 발작하거나 멎는 증상.
1613)홍예(紅霓) : ①붉게 물들다. ②붉은 무지개.
1614)유유민연(儒儒憫然) : 민망하여 어떤 일을 곧바로 하지 못하고 미적거림
1615)슈장(水漿) : 마실 것.

母)ᄒᆞ고 외가의 의지ᄒᆞ여 자라나, ᄌᆞ가(自家)1616) 《실가∥시가(媤家)》의 쇽현(續絃)1617)ᄒᆞ여 셰월이 오릭지 못ᄒᆞ야셔 이런 괴란화변(壞亂禍變)을 일위여, 져의 신뉴(新柳) ᄀᆞᄐᆞᆫ 약질이 져듸도록 상ᄒᆞ믈 익련(哀憐) 참잔(慘殘)ᄒᆞ미 비길듸 업ᄉᆞ나, ᄉᆞ식(辭色)의 나타닉믄 ᄌᆞ위(慈闈)를 원망홈 ᄀᆞᄐᆞ니, 부부 ᄉᆞ졍이 비편(非便)ᄒᆞ나 모ᄌᆞ대륜(母子大倫)을 쏘ᄒᆞᆫ 손상치 못홀지라. 묵연 반향(半晌)의 쇼져의 좌우슈(左右手)를 잡아 간믹(看脈)ᄒᆞ기를 맛고, 물너 안ᄌᆞ 각별 말을 아니ᄒᆞ고 연갑(硯匣)을 【4】 열고 필묵을 나와, 그 병셰의 당(當)ᄒᆞᆫ 약을 일워, 유모를 주워 일직복(日再服)ᄒᆞ여 쓰기를 명ᄒᆞ고, 그 상흔(傷痕)을 ᄉᆞᆲ피고져 ᄒᆞ나, 제 과도히 슈괴(羞愧)홀 줄 혜아려 볼 의ᄉᆞ를 아니ᄒᆞ고, 다만 닐ᄋᆞ듸,

"츈풍(春風)이 불일(不一)1618)ᄒᆞ니 약질이 쵹상(觸傷)ᄒᆞ기 쉬오니, 질(疾)이 새로이 닐면 가경(可境)1619)이 더옥 어렵고, 존당과 녕슉(令叔) 냥위긔 이우(貽憂)를 증(贈)ᄒᆞ오미 젹은 듸 잇지 아니리니, 모로미 신듕됴보(愼重調保)ᄒᆞ쇼셔."

언필에 묵연경좨러니, 이의 오릭 머믈믹 져의 난연슈괴(赧然羞愧)홈만 더ᄋᆞ고, 오히려 병에 유해(有害)ᄒᆞ여 좌와(坐臥) 평상치 못홀 줄 혜 【5】 아려, 반향(半晑) 후, 즉시 니러 나올ᄉᆡ, 다만 유랑을 명ᄒᆞ여 쇼져의 병을 잘 됴셥(調攝)ᄒᆞ여 다시 실셥(失攝)지 말게 ᄒᆞ라 ᄒᆞ고, 밧그로 나아가니, 쇼졔 져의 나아가믈 도로혀 싀훤ᄒᆞ여, 다시 침셕(寢席)의 누어 신음(呻吟)ᄒᆞ믈 마지 아니니, 그 좌우 유아시비(幼兒侍婢) 등은 태우의 깁흔 ᄯᅳᆺ은 아지 못ᄒᆞ고, 긔ᄉᆡᆨ이 닝낙(冷落)ᄒᆞ믈 놀나며 의심ᄒᆞ고, 쇼져의 신셰(身勢) 계활(契活)1620)이 죵닉(終乃)의 쾌치 못홀가 슬허, 저마다 함쳬여우(含涕如雨)1621)ᄒᆞ믈 ᄭᆡ닷지 못ᄒᆞ니, 쇼졔 듯고 졍ᄉᆡᆨ 즐칙ᄒᆞ여 물니치니라.

ᄎᆞ일 윤부인이 진궁으로셔 도라와 바로 신셩(晨省)의 참예ᄒᆞ고 【6】 침소의 도라오니, 뎡·상 이쇼져와 슉강 등 녀ᄋᆡ 뫼셔 드러와 좌뎡ᄒᆞ믹, 뎡쇼졔 비록 옥슈(玉手)를 슈건으로 단단이 ᄡᅡ 남보기를 방비ᄒᆞ며, 상쇼졔 목이 ᄋᆞᆲ픈 ᄉᆞᄉᆡᆨ을 아니ᄒᆞ나, 윤부인의 춍명으로 냥부(兩婦)의 상쳐를 엇지 아지 못ᄒᆞ리오. 경문(驚問) 왈,

"뎡 현부(賢婦)는 손을 엇지 ᄡᅡ믹여시며, 상 식부(息婦)는 목이 엇지 져듸도록 듕상(重傷)ᄒᆞ여시며, 표 쇼부(小婦)는 일야지닉(一夜之內)의 무ᄉᆞᆷ 병이 그리 대단타 ᄒᆞᄂᆞ뇨?"

뎡·상 냥쇼졔 대경 황공ᄒᆞ여 진슈(螓首)1622)를 ᄂᆞᆺ초고 봉관(鳳冠)을 숙여 져슈부답(低首不答)ᄒᆞ고, 슉강쇼졔 ᄆᆞ득 옥안(玉顔)이 강개ᄒᆞ 【7】 여, 거야(去夜) 연부인 슉질

1616)ᄌᆞ가(自家) : ①자기(自己). 자기자체(自己自體). ②자기의 집.
1617)쇽현(續絃) : '거문고 줄을 잇는다.'는 뜻으로, '혼인(婚姻)'을 비유적으로 이르는 말.
1618)불일(不一) : 한결같이 고르지 아니함.
1619)가경(可境) : 병이 회복되는 상태에 듦.
1620)계활(契活) : 결활(契活). 삶을 위하여 애쓰고 고생함. *契; 맺을 계. 애쓸 결.
1621)함쳬여우(含涕如雨) : 빗줄기 같은 눈물을 머금음.
1622)진슈(螓首) : '매미의 머리'라는 뜻으로, 아름다운 용모를 이르는 말. 여기서는 '얼굴'을 뜻함.

의 픽악투한(悖惡妬悍)ᄒᆞ미 뎡·표·상 삼쇼져를 다 잡아다가 즛두다려, 삼쇼졔 다 참잔(慘殘)이 상ᄒᆞ여시믈 알외며, 만일 삼거거(三哥哥)의 구ᄒᆞ미 아니면, ᄉᆞᄉᆡᆼ이 만분 위틱ᄒᆞ○○[여시]믈 알외고, 표쇼져는 더옥 션연약질(嬋娟弱質)인ᄃᆡ 두골(頭骨)이 ᄭᅢ여져 {지어(至於)}혼졀엄식(昏絶奄塞)ᄒᆞ기의 밋처, 그 유랑 시녀ᄇᆡ 겨유 구ᄒᆞ여 도라가 능히 니지 못ᄒᆞ여, 인ᄒᆞ여 신셩의 불참ᄒᆞ믈 알외니, 윤부인이 본ᄃᆡ 연부인의 픽악홈과 쇼연시의 흉험싀투(凶險猜妬)ᄒᆞ믈 모로지 아니ᄒᆞ니, 새로이 놀나올 거시 업ᄉᆞ나, 【8】삼식부의 연연약질(軟軟弱質)이 그ᄃᆡ도록 듕상ᄒᆞ믈 놀나고, 몽징의 지셩현효(至誠賢孝)와 지우지ᄋᆡ(至友至愛)로ᄡᅥ, 그 모시(母氏)의 픽악ᄒᆞ믈 인ᄒᆞ여 ᄆᆞ음이 편치 《아니믈 위ᄒᆞ여‖아닐 바를 ᄉᆡᆼ각ᄒᆞ여》 ᄋᆡ셕ᄒᆞ니, ᄌᆞ연 안ᄉᆡᆨ이 불열ᄒᆞ믈 ᄭᆡ닷지 못ᄒᆞ니, 아황(蛾黃)1623)이 묵묵ᄒᆞ여 침ᄉᆞ(沈思) 반향(半晑)의 냥식부를 나호여 그 상처를 글어보ᄆᆡ, 뎡쇼져의 옥비셤싊(玉臂纖手) ᄀᆞ장 듕상(重傷)ᄒᆞ여 연연(軟軟)ᄒᆞᆫ 가족이 ᄡᅥ러지고 바아져 보기의 ᄀᆞ장 놀나온지라. 부인이 냥부의 상처를 보ᄆᆡ 참연(慘然) ᄋᆡ셕(哀惜)ᄒᆞ믈 니긔지 못ᄒᆞ여, 묵묵ᄒᆞ여 오ᄅᆡ 말을 못ᄒᆞ더니, 츄연탄식(惆然歎息) 【9】왈,

"현부 등은 고문대가(高門大家)의 현부모(賢父母)의 ᄉᆡᆼ훈(生訓)으로 ᄌᆡ용과 덕셩이 임강마 등(任姜馬鄧)1624)의 후셕(後席)을 니으미 븟그럽지 아니ᄒᆞ니, 당셰의 슉녜어늘, 홀노 홍안지해(紅顔之害)와 니극지싀(已極之猜)를 면치 못ᄒᆞ야, 여ᄎᆞ 참난변ᄋᆡᆨ(慘難變厄)이 ᄌᆞ즈니 엇지 텬의를 ᄒᆞᆫ치 아니리오. 이 곳 다 현부 등의 명운(命運)이 운톄(運滯)ᄒᆞ미니, 가지록 슈심공근(守心恭謹)ᄒᆞ야 연부인과 젹인(敵人)을 ᄒᆞᆫ치 말며, 젹은 일도 텬야(天也)며 명애(命也)믈 혜아려, 덕을 닥그며 힝실을 슈련ᄒᆞ라. 반다시 신명(神明)이 감동ᄒᆞ여 달슈영복(達壽榮福)이 죵닉(終乃)의 무흠(無欠)ᄒᆞ리라."

냥쇼졔 【10】복슈문파(伏受聞罷)의 슈명(受命) ᄌᆡ비(再拜)ᄒᆞᆯ ᄯᆞᄅᆞᆷ이니, 부인이 이의 뎡·상 냥부와 녀ᄋᆞ로 더브러 난취각의 가 문병ᄒᆞᆯᄉᆡ, 표쇼졔 존고의 친님ᄒᆞ시믈 블승황공(不勝惶恐)ᄒᆞ야 니불을 밀치고 마ᄌᆞ, 나ᄌᆞ긔 두골 동힌 거ᄉᆞᆯ 보실 바를 난안슈괴ᄒᆞ야 진슈(螓首)를 숙이고, 옥안(玉顔)이 홍예(紅霓)ᄒᆞ야 몸 둘 바를 아지 못ᄒᆞᄂᆞᆫ지라.

부인이 불승(不勝) ᄋᆡ듕연셕(愛重憐惜)ᄒᆞ여 년망(連忙)이 평신(平身)ᄒᆞ믈 닐ᄋᆞ고, 친히 나아가 옥슈를 잡아 ᄆᆡᆨ도(脈度)를 ᄉᆞᆲ피고, 일야지간(一夜之間)의 옥골화뫼(玉骨花貌) 초췌(憔悴) 수쳑(瘦瘠)ᄒᆞ여 몰나 보게 되여시믈 놀나고, 표시 본ᄃᆡ 부뫼 업서 【11】ᄌᆞ최 녕뎡고혈(零丁孤孑)1625)ᄒᆞᆫ 바로, ᄯᅩ 다시 신셰 위구(危懼)ᄒᆞᆫ 바를 앗기고

1623)아황(蛾黃) : 예전에 여자들이 얼굴에 바르던 누런빛이 나는 분으로, 여기서는 '분바른 얼굴'을 뜻함.

1624)임강마 등(任姜馬鄧) : 중국 주(周) 문왕(文王)의 모친 태임(太姙)과, 주(周) 선왕(宣王)의 비(妃) 강후(姜后), 동한(東漢) 명제(明帝)의 후비 마후(馬后), 동한(東漢) 화제(和帝)의 후비(后妃) 등후(鄧后)를 함께 이르는 말. 모두 어진 덕으로 이름이 높다.

참잔(慘殘)ᄒᆞ여, 옥비셤슈(玉臂纖手)ᄅᆞᆯ 어라만져 장탄(長歎) 왈,

“아부(我婦)ᄂᆞᆫ 지란약질(芝蘭弱質)노 오문(吾門)의 쇽현(續絃)ᄒᆞ연지 날이 오ᄅᆡ지 아니ᄒᆞ거ᄂᆞᆯ, 연부인의 무식불통ᄒᆞᆫ 심경으로 연쇼부의 질투픽악ᄒᆞ미 무식ᄒᆞᆫ 부인을 도도아 아부 등의 신상이 이러ᄐᆞᆺ 괴롭게 ᄒᆞ니, 아심(我心)이 엇지 불안치 아니리오. 이럴수록 아부ᄂᆞᆫ 가지록 쇼심(小心) 익익(益益)ᄒᆞ여 먼니 임ᄉᆞ(姙似)[1626]ᄅᆞᆯ ᄯᆞ로려 말고, 갓가이 뎡현부의 셩덕규힝(聖德規行)을 본밧으라.”

표쇼제 존고의 ᄋᆡ련(愛憐)ᄒᆞ시ᄂᆞᆫ 혜틱【12】을 엇지 아지 못ᄒᆞ리오. 슈명(受命) ᄇᆡ샤(拜謝)ᄒᆞ여 말숨이 만치 아니나, 근측(懇惻)ᄒᆞ여 우러ᄂᆞᆫ[1627] 정셩이 친싱 ᄌᆞ모의 감치 아니ᄒᆞ더라.

이윽고 부인이 녀부(女婦) 등을 거ᄂᆞ려 도라갈ᄉᆡ, 표쇼져 유모 황유랑을 불너,

“쇼져의 병을 지셩으로 구호ᄒᆞ여 수이 ᄎᆞ셩의 밋게 ᄒᆞ라.”

ᄒᆞ고, 정침(正寢)으로 도라가니 황유랑과 모든 시복(侍僕)[1628]이 다 부인의 셩덕인ᄌᆞ(聖德仁慈)ᄒᆞ시믈 ᄎᆞ탄(嗟歎)ᄒᆞ고, 일노조ᄎᆞ 표・상 냥쇼제 친고(親姑) 윤부인의 셩덕인ᄌᆞᄒᆞ시미 지어(至於) 연부인 ᄀᆞᄐᆞᆫ 우픽지인(愚悖之人)도 능히 진복(鎭服)ᄒᆞ야 화긔ᄅᆞᆯ 상해오미 업시 인션(引善)ᄒᆞ믈 【13】감탄ᄒᆞ여, 감히 연부인 실덕과 쇼연시의 픽악ᄒᆞ믈 ᄌᆞ긔 비ᄇᆡ(婢輩) 즁에 젼파(傳播)ᄒᆞ리 이셔 본부의 밋ᄎᆞ면, 이ᄂᆞᆫ 윤부인의 셩덕교화ᄅᆞᆯ 휴손(虧損)ᄒᆞ리라 ᄒᆞ여, 각각 시녀 ᄇᆡᄅᆞᆯ 당부ᄒᆞ여 힝혀도 이런 소식이 상부의 밋게 말나 ᄒᆞ니, 표상 냥쇼져의 시녀ᄎᆞ환비(侍女叉鬟輩) ᄯᅩᄒᆞᆫ, 초공과 윤부인의 관홍대도ᄒᆞᆫ 셩덕과 뎡쇼져의 쳔힝만덕을 앙지습복(仰之慴伏)[1629]ᄒᆞ엿ᄂᆞᆫ지라. 엇지 각각 쥬인의 명을 위월(違越)ᄒᆞ리오. 복슈(伏首) 청명(聽命)ᄒᆞ여 여츌일구(如出一口)ᄒᆞ니, 과연 상태ᄉᆞ 부즁이 【14】지근(至近)ᄒᆞᄃᆡ 이런 소식을 젼혀 모로더라.

윤부인이 정당의 도라와 약음(藥飮)과 미듁(糜粥)을 보ᄂᆡ여 병후ᄅᆞᆯ 됴보(調保)ᄒᆞ게 ᄒᆞ니라.

태위 난취각의 나아가 표쇼져의 병을 보고 외각(外閣)의 나오니, 졔뎨(諸弟) 다 셔헌(西軒)의 이시ᄃᆡ, 홀노 몽징이 업ᄂᆞᆫ지라. 태위 간 곳을 무란ᄃᆡ 부ᄆᆡ(駙馬) ᄃᆡ왈,

“삼뎨(三弟) 앗가 예 잇더니 신긔 불평ᄒᆞ다 ᄒᆞ고, 잠간 됴리(調理)ᄒᆞ련노라 ᄒᆞ고 독셔ᄌᆡ(讀書齋)로 나가니이다.”

태위 반다시 쟉야의 모부인으로 더브러 힐난(詰難)ᄒᆞ여 읍혈졍간(泣血正諫)ᄒᆞ다 ᄒᆞ더니, 상ᄒᆞ여 신긔 불평ᄒᆞ민 줄 알고 이의 독셔【15】ᄌᆡ의 니ᄅᆞ니, ᄎᆞ시 몽징공ᄌᆡ 작

1625)녕뎡고혈(零丁孤孑) : 가족이나 친척이 없고 살림이 보잘것없이 되어서 의지할 곳이 없고 외로움.
1626)임ᄉᆞ(姙似) : 중국 주(周)나라 현모양처(賢母良妻)인 문왕의 어머니 태임(太姙)과 무왕(武王)의 어머니 태사(太姒)를 함께 일컫는 말.
1627)우러다 : 우러르다.
1628)시복(侍僕) : 시녀(侍女)와 비복(婢僕)
1629)앙지습복(仰之慴伏) : 우러러 받들고 황송하여 심복함.

야의 모부인의 히거(駭擧)를 민망ᄒᆞ야, 아모조록 히거를 긋치시고 뎡·표·상 삼쇼져의 위틱ᄒᆞ믈 풀고져 ᄒᆞᄆᆡ, 능히 ᄌᆞ긔 몸을 앗기지 못ᄒᆞ여 혈셩고간(血誠苦諫)ᄒᆞᄆᆡ, 머리 ᄭᆡ여지고 피 흘너 옥면(玉面)의 쥬줄ᄒᆞ니1630), 연부인이 그제야 흉픽ᄒᆞᆫ 셩악(性惡)을 두루혀 삼쇼져를 노하 보ᄂᆡ니, 공ᄌᆡ 겨유 삼수를 구ᄒᆞ여 ᄉᆞ실노 도라가게 ᄒᆞ고, 밤든 후 셔ᄌᆡ의 나와 밤을 지ᄂᆡ나, 모친의 실덕이 갓득ᄒᆞᆫᄃᆡ 쇼연시 됴셕으로 도도아 괴변히ᄉᆡ(怪變駭事) 시시로 층츌ᄒᆞ믈 민박(憫迫) 【16】 초젼(焦煎)ᄒᆞ야 죵야토록 ᄒᆞᆫ잠을 겹목지 못ᄒᆞ더니, 계명을 응ᄒᆞ야 진방(辰方)1631)이 긔명(旣明)ᄒᆞᄆᆡ, 믄득 관계를 조ᄎᆞ며 부슉을 뫼셔 존당의 신셩(晨省)ᄒᆞ고 도라와 됴반을 나오려 ᄒᆞᄆᆡ, 심ᄉᆡ 분분ᄒᆞ니 식음(食飮)의 맛시 업ᄂᆞᆫ지라. 겨유 두어번 햐져(下箸)ᄒᆞ여 상을 물니고, 태화뎐의 나와 부슉을 시측(侍側)고져 ᄒᆞᄆᆡ 정신이 아득ᄒᆞᆫ지라. 드ᄃᆡ여 모든 형뎨를 ᄃᆡᄒᆞ야 신긔 불평ᄒᆞ믈 닐ᄏᆞᆺ고, 셔ᄌᆡ의 도라와 광슈(廣袖)로 ᄂᆞᆺ출 덥고 ᄉᆡᆼ각ᄒᆞ니, 일가 졔인이 새로이 모를 거ᄉᆞᆫ 아니로ᄃᆡ, 모친의 실덕이 날노 더음○[이] 다 【17】 쇼연시 드러온 타시라. 비분통히ᄒᆞ미 심두(心頭)의 큰 병이 될 ᄃᆞᆺ 시브니, 히음업시 향벽 잠와(潛臥)ᄒᆞ여 심위(心憂) 만단이나 ᄒᆞ니, 눈물이 비 ᄀᆞᆺ치 흐ᄅᆞ더니, 태위 이의 다ᄃᆞ라 삼뎨의 누어시믈 보고 나아가니, 공ᄌᆡ 빅형의 니ᄅᆞ시믈 보고 경동ᄒᆞ야 벼개를 밀고 니러 안ᄌᆞ며, 안슈(眼水)를 ᄡᅵᄉᆞ니, 태위 문왈,

"현뎨 구경지하(俱慶之下)1632)의 안항(雁行)이 번셩ᄒᆞ고 ᄉᆡᆼ어부귀(生於富貴)ᄒᆞ니, 무ᄉᆞ일 비고쳑쳑(悲苦慽慽)ᄒᆞ야 누흔(淚痕)이 만면(滿面)ᄒᆞ뇨?"

공ᄌᆡ 유유묵묵(悠悠默默)ᄒᆞ야 능히 ᄃᆡ치 못ᄒᆞ니, 태위 왈,

"우형(愚兄)은 아모리 ᄉᆡᆼ각ᄒᆞ여도 현뎨(賢弟)의 근 【18】 심ᄒᆞ믈 아지 못ᄒᆞ리로다. 자위 일즉 과음ᄒᆞ시고 간간이 실덕(失德)ᄒᆞ시믄, 인인(人人)의 소공지(所共知)라. 이 가즁상해(家中上下) 새로이 모로ᄂᆞ니 업ᄂᆞ니, 현뎨 근심ᄒᆞ고 슬허ᄒᆞ미 엇지 브졀업지 아니리오. 우형이 평일 현뎨로ᄡᅥ 인ᄌᆞ관홍ᄒᆞᆫ 장뷔 될가 ᄒᆞ엿더니, 일노 보건ᄃᆡ 실노 《조셥‖조석》경도(朝夕傾倒)1633)ᄒᆞ미 근어부인(近於夫人)이라. 남ᄌᆞ 힝신이 져러ᄒᆞ고 타일 무슴 지략으로 셥셰쳐신(涉世處身)1634)의 ᄉᆞ군보국(事君輔國)ᄒᆞ여 빅셩을 평안이 다ᄉᆞ리리오. 우형이 현뎨를 위ᄒᆞ여 차셕(嗟惜)ᄒᆞ노라."

공ᄌᆡ 복슈(伏首) 텽미(聽未)의 크게 ᄭᆡ다라, 사죄이고왈(謝罪而告曰), 【19】

"쇼뎨 모친의 실덕을 가즁이 모로리라 ᄒᆞᄂᆞᆫ 거시 아니라, 실노 연가 수시의 모친을 도도ᄂᆞᆫ 탓시라. 연쉬 본ᄃᆡ 타인과 달나 쇼뎨로 더브러 표죵ᄌᆞᄆᆡ지졍(表從姉妹之情)이

1630)쥬줄ᄒᆞ다 : 줄줄이 흐르다.

1631)진방(辰方) : 이십사방위의 하나. 정동(正東)에서 남으로 30도 방위를 중심으로 한 15도 각도 안의 방향이다.

1632)구경지하(俱慶之下) : 부모가 모두 살아 있는 기쁨 가운데 있음.

1633)조셕경도(朝夕傾倒) ; 아침저녁으로 변함.

1634)셥셰쳐신(涉世處身) : 세상을 살아가는 데 가져야 할 몸가짐이나 행동

이시니, 비록 용식지모는 다시 닐ㅋ를 거시 업ᄉᆞ나, 셩힝이나 져기 슌편(順便)ᄒᆞ여 질투픠악(嫉妬悖惡)지나 아니ᄒᆞ면, 모친인들 엇지 심졍이 그디도록 상ᄒᆞ여, 뎡・표・상 삼수를 못견ᄃᆡ게 ᄒᆞ시리잇가마ᄂᆞᆫ, 이런 일이 다 연수의 탓시니, 졈졈ᄒᆞ여 가화(家禍)의 빌믜 긋출 날이 업슬가 ᄌᆞ연 근심이 층쳡(層疊)ᄒᆞ미라. 엇지 새로이 근위(慬憂) 태과(太過)ᄒᆞ【20】미리잇고?"

태위 공ᄌᆞ의 지셩우ᄋᆡ(至誠友愛)를 감동ᄒᆞ여 집슈탄 왈,

"현데의 근심과 념녀도 그ᄅᆞ지 아니ᄒᆞ거니와, 하늘이 우형을 ᄂᆡ시고 또 연시를 ᄂᆞ리오샤믄, 각별 ᄌᆡ앙을 빌니시미라. 오늘날 새로이 근심ᄒᆞ미 또ᄒᆞᆫ 우읍지 아니리오. 만ᄉᆡ 텬야명야(天也命也)라, 현마 엇지ᄒᆞ리오."

ᄒᆞ고, 손을 닛그러 외헌의 나와 군죵졔데(群從諸弟)로 더브러 밤을 지ᄂᆡ니라.

ᄎᆞ시 영안궁 공쥬의 ᄉᆡᆼ일이 되니, 대연시 웅장셩식(雄裝盛飾)을 찬난이 ᄒᆞ고, 쇼연시로 더브러 나아가고져 ᄒᆞ여, 빵ᄋᆞ를 또ᄒᆞᆫ 치려(侈麗)히 셩장(盛裝)ᄒᆞ고, 혜션공쥬를 또 다려가고【21】져 공쥬를 보고 ᄒᆞᆫ가지로 가ᄌᆞ ᄒᆞ니, 혜션공쥬 왈,

"존당 구고의 명이 아니 계시니 엇지 가리잇고?"

연부인 왈,

"궁ᄋᆞ로 품ᄒᆞ라."

ᄒᆞ고, 바로 일취뎐의 니ᄅᆞ니, 상하 졔인이 대회ᄒᆞ여 신셩을 맛ᄎᆞᄆᆡ, 연부인이 쇼연시로 존당의 하직ᄒᆞ더니, 혜션궁 시ᄋᆡ 공쥬의 말솜으로 영안궁의 나아가믈 존당 구고긔 품달(稟達)ᄒᆞ니, 뎡국공과 됴부인이 미급답의, 초공이 믄득 화우(華宇)를 찡긔여 왈,

"옥쥐 외람이 필부(匹夫)의 슬하의 님ᄒᆞ연지 격셰츈취(隔歲春秋)니, ᄒᆞ마 구가(舊家)의 고법(古法)과 싀아비 권귀(權貴)를 슬히 넉이【22】ᄂᆞᆫ 뜻을 알녀든, 엇지 졸연이 연궁의 나아가기를 ᄇᆡ야ᄂᆞ뇨? 내 본ᄃᆡ 셩졍이 고이ᄒᆞ야 형셰 브득이 연궁의 칭옹칭셔(稱翁稱婿)ᄒᆞ나, 내 역시 연궁의 ᄌᆞ최를 드므리 ᄒᆞᄂᆞ니, 옥쥐 비록 영안 귀쥬(貴主)의 죵손지의(從孫之義) 이시나, '녀ᄌᆞ유힝(女子有行)의 죵부지녜(從夫之禮) 위대(爲大)'1635)ᄒᆞ믈 알진ᄃᆡ, 맛당이 구가 규법을 착졔(錯制)1636)치 아니ᄒᆞ미 올흐니, 엇지 연궁의 가리오."

안ᄉᆡᆨ이 ᄉᆡᆨᄉᆡᆨᄒᆞ고 말솜이 쥰졀ᄒᆞ니, 궁비(宮婢) 불승황공ᄒᆞᆫ 즁, 초공이 힝혀 공쥬의 연부의 가고져 ᄒᆞ미 스ᄉᆞ로 힝코져ᄒᆞ므로 알아시ᄂᆞᆫ가, 원민(冤悶)ᄒᆞ고 황숑(惶悚)ᄒᆞ믈【23】니긔지 못ᄒᆞ여, 황망이 고왈,

"연궁의 나아가고져 ᄒᆞ시미 우리 옥쥬의 ᄌᆞ젼(自專)ᄒᆞ시미 아니라, 희원각 군쥬(郡主) 부인이 ᄒᆞᆫ가지로 나아가믈 명ᄒᆞ시니, 옥쥐 감히 ᄌᆞ젼치 못ᄒᆞ여 존젼의 보품(報稟)

1635)녀ᄌᆞ유힝(女子有行) 죵부지녜(從夫之禮) 위대(爲大) : 여자의 행실은 남편의 예(禮)를 따름이 원칙임.
1636)착졔(錯制) : 법이나 원칙 따위를 혼란스럽게 만듦.

ᄒᆞ시미오, 이곳 옥쥬의 본의 아니시니이다."

초공이 텽미(聽未)의 본ᄃᆡ 혜션공쥬의 겸손비약(謙遜卑弱)ᄒᆞ믈 아ᄂᆞᆫ지라. 그 본의 아닌 줄을 본ᄃᆡ 짐작ᄒᆞᆫ ᄇᆡ라. 군쥬의 우픽광망(愚悖狂妄)ᄒᆞᆫ 예긔(銳氣)를 썩거, 다시 공쥬 다려갈 의ᄉᆞ를 ᄉᆡᆼ의치 못○○[ᄒᆞ게] ᄒᆞ려 ᄒᆞᄆᆞ로, ᄎᆞ게 우어 왈,

"궁인은 맛당히 내 말노ᄡᅧ 옥쥬긔 젼ᄒᆞ라. '빈계ᄉᆞ신(牝鷄司晨)1637)【24】은 불상(不祥)ᄒᆞᆫ ᄆᆡᆼ되(萌兆)로ᄃᆡ 만ᄉᆡᆼ(晩生)이 팔ᄌᆡ 긔구ᄒᆞ야, 연궁의 결연(結緣)ᄒᆞ야 군쥬를 ᄌᆡ실노 취ᄒᆞ니, 텬가지엽(天家枝葉)1638)을 ᄌᆞ긍(自矜)ᄒᆞ야 교우(驕傲)ᄒᆞ믈 너모ᄒᆞ여, 구가를 업누ᄅᆞ고 소텬(所天)을 항거(抗拒)ᄒᆞ기를 능ᄉᆞ로 알오ᄃᆡ, ᄉᆡᆼ이 용녈혼용(庸劣昏庸)ᄒᆞ야 능히 가졔어하(家齊御下)1639)의 불엄(不嚴)ᄒᆞᄆᆞ로, 쳐실이 ᄒᆞᆫ갓 강악(强惡)을 나ᄂᆞᆫ ᄃᆡ로 ᄒᆞ야 가장을 업ᄂᆞᆫ 것ᄀᆞᆺ치 ᄒᆞ나, ᄉᆡᆼ은 지극 용녈ᄒᆞᆫ 남ᄌᆡ라, 능히 긔승(氣勝)ᄒᆞᆫ 쳐실(妻室)을 졔어(制御)치 못ᄒᆞ거니와, 불초 미돈(迷豚) 등은 아비 혼용ᄒᆞ믈 담지 아냐시니, 져컨ᄃᆡ 옥쥬의 연궁 ᄒᆡᆼ거를 ᄌᆞ단(自斷)ᄒᆞ시미 ᄌᆞ못 불가ᄒᆞᆯ가 ᄒᆞ【25】ᄂᆞ이다."

언파의 긔위 한엄(寒嚴)ᄒᆞ여 동텬(冬天)의 한월(寒月)이 쇼쇼(昭昭)ᄒᆞᆫ 듯, 말ᄉᆞᆷ이 ᄉᆡᆨᄉᆡᆨᄒᆞ야 하일(夏日)의 두리오미 이시니, 궁ᄋᆡ 불승경구(不勝驚懼)ᄒᆞ야 도라가니, 연부인이 초공의 노ᄉᆡᆨ을 보ᄆᆡ 크게 겁ᄒᆞ야 눈을 ᄡᅳ먹이고, ᄂᆞᆺ갓출 지긋거려, 쥽벼시 ᄒᆞᆫ 모롱이의 섯더니, 궁인이 황황이 퇴ᄒᆞ여 도라가믈 보고, ᄇᆡ야흐로 ᄂᆞᆺ출 븕히고 왈,

"쳡이 비록 용녈(庸劣)ᄒᆞ나 상공이 황가국쳑(皇家國戚)과 권귀(權貴)를 ᄇᆡ쳑ᄒᆞ믈 아ᄂᆞ니, 엇지 혜션공쥬를 다려가고져 ᄒᆞ여시리잇가마ᄂᆞᆫ, 작셕의 혜션공쥐 쳡을 ᄃᆡᄒᆞ야 ᄒᆞᆫ가지로 연궁의 【26】가기를 쳥쵹(請囑)ᄒᆞ거ᄂᆞᆯ, 쳡이 상공의 ᄯᅳᆺ을 아지 못ᄒᆞ여 닐오ᄃᆡ,

"나ᄂᆞᆫ ᄌᆞ젼(自傳)치 못ᄒᆞ리니, 존당의 보품(報稟)ᄒᆞ여 만일 허락을 엇거든, ᄒᆞᆫ가지로 가ᄌᆞ ᄒᆞ여ᄉᆞᆸ더니, 이제 궁인을 보ᄂᆡ여 쳡을 가탁(假託)ᄒᆞ미라. 이ᄂᆞᆫ 공쥬의 허물이오, 쳡의 죄 아니로소이다."

초공이 ᄂᆡᆼ쇼(冷笑) 왈,

"텬가지엽(天家枝葉)은 본ᄃᆡ 나니마다 외월(猥越)ᄒᆞᆫ가 시브니, 부인이 혜션공쥬로 더브러ᄂᆞᆫ ᄒᆞᆫ가지 금지옥엽(金枝玉葉)의 동근긔ᄆᆡᆨ(同根氣脉)이니, 졍의(情誼) ᄌᆞ별ᄒᆞ여 ᄀᆞ만ᄀᆞ만ᄒᆞᆫ ᄉᆞ졍도 만흔가 시브니, 임의로 ᄒᆞᆯ지니 학ᄉᆡᆼ이 엇지 알니오."

연부【27】인이 대황대겁(大惶大怯)ᄒᆞ야, ᄌᆡ삼 그런 말ᄒᆞᆫ 일 업노라 발명ᄒᆞ고, 민망ᄒᆞ믈 니긔지 못ᄒᆞᄂᆞᆫ 거동이니, 좌위 실쇼ᄒᆞ고 북휘 참지 못ᄒᆞ여 쇼왈(笑曰),

"존쉬 굿ᄐᆡ여 져ᄃᆡ도록 겁(怯)ᄒᆞ실 거시 아니시니, 원간 ᄉᆞᄉᆞ(事事)의 우리 형장의

1637)빈계ᄉᆞ신(牝鷄司晨) : 암탉이 새벽을 알리느라고 먼저 운다는 뜻으로, 부인이 남편을 젖혀 놓고 집안일을 마음대로 처리함을 이르는 말.

1638) 텬가지엽(天家枝葉) : 황가지엽(皇家枝葉). 황실의 자손.

1639)가졔어하(家齊御下) : 집안일을 다스리고 아랫사람을 거느림.

뜻을 맛치고져 ᄒᆞ실진ᄃᆡ, 또ᄒᆞᆫ 부인ᄂᆡ ᄂᆡᄒᆡᆼ(內行)의 명ᄉᆞ경상(名士卿相)의 무리 ᄇᆡᄒᆡᆼ(陪行)홈도 불가ᄒᆞ니, 수쉬 남의 경(景)을 보고 남의 말도 드ᄅᆞ신들, 엇던 ᄂᆡᄒᆡᆼᄎᆞ(內行次)의 ᄌᆡ상ᄌᆡ녈(宰相宰列)이 호송ᄒᆞ더니잇고? 몽셩 몽징을 또ᄒᆞᆫ ᄇᆡᄒᆡᆼ(陪行)치 말나 ᄒᆞ시미 올흐니이다."

연부인이 경히 초공의 노【28】식을 민망ᄒᆞ여 ᄒᆞ더니, 북후의 ᄒᆞᄂᆞᆫ 말ᄉᆞᆷ을 듯고 년망(連忙)이 님써 닐ᄋᆞᄃᆡ,

"긔 무어시 어려오리잇고? 몽셩 몽징이 아니라타 현마 쳡의 모친의 ᄉᆡᆼ일 못지ᄂᆡ시리잇가? 군ᄌᆞ의 뜻이 가ᄋᆞ(家兒) 등을 다려가믈 슬희여 ᄒᆞ시ᄂᆞᆫ가 시브오니, 슉슉 말ᄉᆞᆷ이 올흐시니 아니 다려가려 ᄒᆞᄂᆞ이다."

북휘 미쇼(微笑)ᄒᆞ고 윤부인이 연부인의 광악(狂惡)ᄒᆞᆫ ᄒᆡᆼᄉᆞ를 볼ᄉᆞ록 한심이 넉이더라.

연부인이 태우와 부마를 도라보아 ᄇᆡᄒᆡᆼ(陪行)치 말나 닐ᄋᆞ고, 일변 시비로 ᄒᆞ야금 혜션궁의 긔별ᄒᆞ여, 공쥬ᄂᆞᆫ 연궁의 오지말【29】나 ᄒᆞ고, 존당의 하직ᄒᆞᆫ 후, 위의를 썰처 쇼연시로 더브러 금는ᄎᆡ교(金輪彩轎)의 올나 영안궁으로 향ᄒᆞ니, 좌우 제인이 그 분분(紛紛)ᄒᆞᆫ 거동과 언ᄉᆞ를 볼ᄉᆞ록 실쇼ᄒᆞ더라.

연부인 슉질이 영안궁의 나아가 공쥬긔 ᄇᆡ현ᄒᆞ니, 공쥐 집슈무ᄋᆡ(執手撫愛)ᄒᆞ여 탐탐이 반기니, 연부인 슉질이 일가친쳑(一家親戚)으로 더브러 좌셕의 나아가ᄆᆡ, 쇼연시 ᄌᆞ녀 ᄡᅡᆼᄋᆞ를 쥬취보옥(朱翠寶玉)과 금슈ᄎᆡ단(錦繡綵緞)으로 셩장(盛裝)ᄒᆞ여시니, 휘황찬난ᄒᆞ믄 닐ᄋᆞ도 말고, 냥ᄋᆞ의 쟉셩이질(作性異質)이 크게 비쇽(非俗)ᄒᆞᆫ지라.

ᄉᆡᆼ지오뉵삭(生之五六朔)이 ᄎᆞ지 못ᄒᆞ여시ᄃᆡ, 능히 【30】ᄒᆡᆼ보(行步)를 일우고져 ᄒᆞ고, 늉쥰일각(隆準日角)1640)의 구각(軀殼)이 셕대(碩大)ᄒᆞ고 월면단슌(月面丹脣)의 영형발췌(英形拔萃)1641)ᄒᆞ야 당당이 쳔승지귀(千乘之貴)1642)를 긔필(期必)ᄒᆞᆯ 상뫼(相貌)이시며, 녀ᄋᆞ 셩아의 옥모화협(玉貌花頰)1643)이 슉녀셩염(淑女盛艶)의 니ᄅᆞ니, 각각 유뫼 안아 좌즁의 노흐니 만당좌ᄀᆡᆨ(滿堂座客)이 처엄은 아모의 ᄉᆡᆼᄋᆡ(生兒)믈 아지 못ᄒᆞ더니, 밋 쇼연시의 동복ᄡᅡᆼᄉᆡᆼ(同腹雙生)ᄒᆞᆫ 바 ᄌᆞ녀 남ᄆᆡ라 ᄒᆞ믈 드ᄅᆞᄆᆡ, 좌즁이 크게 놀나 새로이 눈을 드러, 그 어미 츄용둔질(醜容鈍質)의 질투픽악(嫉妬悖惡)ᄒᆞᆫ 위인을 눈주어 보며, 그 ᄌᆞ녀의 초츌이[어]셰(超出於世)1644)ᄒᆞ믈 ᄉᆞᆯ펴, 져런 츄악ᄒᆞᆫ 어미 속으로 조ᄎᆞ 【31】이 ᄀᆞᆺ튼 긔ᄌᆞ긔녀(奇子奇女)를 ᄡᅡᆼ득(雙得)ᄒᆞ미 희귀(稀貴) 이상(異常)이 넉여, 하ᄋᆞ 냥인을 과찬(過讚)ᄒᆞ믈 마지 아니ᄒᆞ니, 일시의 연부인 슉질의 유복

1640)늉쥰일각(隆準日角) : 코가 우뚝하여 높고 이마의 중앙의 뼈가 태양처럼 둥글고 두두룩함. 관상(觀相)에서 귀인의 상(相)을 이르는 말.
1641)영형발췌(英形拔萃) : 영웅스러운 모습이 무리 가운데에서 특별히 뛰어남
1642)쳔승지귀(千乘之貴) : 제후의 존귀함.
1643)옥모화협(玉貌花頰) : 옥 같은 얼굴과 꽃처럼 아름다운 뺨.
1644)초츌어셰(超出於世) : 세상에서 비할 데 없이 뛰어남.

ᄒᆞ믈 칙칙(嘖嘖) 경찬(慶讚) 왈,

"대연부인과 쇼연부인이 용식지모ᄂᆞᆫ 과연 타인만 못ᄒᆞ시나, 유복(有福)은 남다ᄅᆞ시니, 하승상과 하태우ᄂᆞᆫ 만고의 무빵ᄒᆞᆫ 셩현군ᄌᆞ요, 금셰상의 밀위ᄂᆞᆫ 바 현상(賢相)으로, 물망ᄌᆡ덕(物望才德)과 관홍인션(寬弘仁善)이 쳔고의 희ᄒᆞᆫᄒᆞ시거ᄂᆞᆯ, 냥연부인이 능히 이ᄀᆞᆺ튼 군ᄌᆞ의 빈필이 되시고, 또 다시 년ᄉᆡᆼᄌᆞ녀(連生子女)ᄒᆞ시ᄆᆡ, 개개히 닌ᄋᆞ봉취(驎兒鳳雛)러니, 이제 쇼연시의 빵득(雙得) 남 【32】 녀ᄂᆞᆫ 더옥 긔특ᄒᆞ니, ᄎᆞ 냥ᄋᆡ 족히 닌봉(驎鳳)의 ᄌᆞ질과 셩녀의 유풍이 ᄀᆞ즉ᄒᆞ니, 진실노 연부인 슉질은 쳔쳔만만고(千千萬萬古)의 희한(稀罕)ᄒᆞᆫ 복인이로소이다."

ᄒᆞ니 연부인과 쇼연시 원ᄂᆡ ᄎᆞ 냥ᄋᆞ롤 신ᄉᆡᆼ 초로브터 윤부인이 다려다가, 《유ᄋᆞ‖유모》롤 턱ᄒᆞ여 ᄎᆡ원각 협실의셔 친히 양휵ᄒᆞ며, 일즉 영일뎡의 보ᄂᆡ지 아니ᄒᆞ믄, 쇼연시 셩되(性度) 질투한악(嫉妬悍惡)ᄒᆞ니, 그 ᄌᆞ네 비록 외뫼 그 어믜 불용누질(不容陋質)을 담지 아냐시나, 그 무지(無知)ᄒᆞᆫ 휵양(慉養)을 밧으ᄆᆡ, 유시(幼時)로 용우무지(庸愚無知)ᄒᆞ믈 달믈가 두려, 즉시 윤부인이 거두 【33】 워 기ᄅᆞ더니, 이ᄂᆞᆯ 연부인 슉질이 ᄎᆞ(此) 냥ᄋᆞ롤 다려다가 영안궁 대연의 상하듕빈(上下衆賓)에 자랑코져 ᄒᆞ여, 대연부인이 윤부인을 보ᄎᆡ여 냥ᄋᆞ롤 다려오미러라.

듕빈(衆賓)의 이러틋 과찬ᄒᆞ믈 보ᄆᆡ, 연시 슉질이 어린 우긔(愚氣) 발ᄒᆞ여, 흔흔이 웃고 하셩(賀聲)을 ᄉᆞ양치 아냐 왈,

"과연 녈위 존빈의 말솜이 올흐시니, 쳡 등이 엇지 ᄉᆞ양ᄒᆞ리잇고? 네브터 일ᄉᆡᆨ(一色) 소박(疎薄)은 《잇고‖잇스ᄃᆡ》 박ᄉᆡᆨ(薄色) 소박(疎薄)은 업더라 ᄒᆞ니, 그 말이 다 올턴 양ᄒᆞ여, 과연 쳡의 슉질이 얼골은 남만 못ᄒᆞ여도, 팔ᄌᆞᄂᆞᆫ ᄀᆞ장 됴턴가 ᄒᆞ야, 【34】 가뷔 옥인군ᄌᆞ 쁜 아니라, 또 ᄌᆞ궁(子宮)1645)이 무던ᄒᆞ야 ᄌᆞ녀롤 ᄉᆡᆼ산ᄒᆞ니, 요ᄒᆡᆼ 쳡 등의 불미ᄒᆞᆫ 용모ᄂᆞᆫ 담지 아냐 다 각각 졔 부친을 달마시니, 엇지 긔특지 아니리오. 이러므로 보ᄂᆞᆫ 사ᄅᆞᆷ마다 쳡등 슉질의 팔ᄌᆞ롤 닐ᄏᆞᄂᆞ니이다."

듕빈이 졔셩대하(齊聲大賀)ᄒᆞ여, 올흐시믈 닐ᄏᆞ라 의긔(義氣) 승승(乘勝)ᄒᆞ니, 두 아구지1646)의 춤을 흘니고, ᄌᆞ긔 유복을 못ᄂᆡ ᄌᆞ부ᄒᆞ며, 만반진슈(滿盤珍羞)1647)롤 광복(廣腹)이 ᄎᆞ도록 먹고, 술을 난만이 취ᄒᆞ니, 반셩반취(半醒半醉)ᄒᆞ여 봉관(鳳冠)을 수그리고 옥ᄎᆞ(玉釵)롤 기우리며, 금삼(錦衫)이 부졍(不正)ᄒᆞ고 난ᄃᆡ(鸞帶)1648)롤 프 【35】 러지게 ᄆᆡ여, 호긔승승(豪氣乘勝)ᄒᆞ야 쳔ᄐᆡ만상(千態萬象)의 우은 거죄(擧措) 불가형언(不可形言)이니, 좌긱이 눈을 기우려 져 거동을 실쇼(失笑)치 아니리 업ᄉᆞ니, 도로혀 굿삼아 보기로 쥬식(酒食)을 니ᄌᆞ미 되엿더라.

공쥐 녀ᄋᆞ의 광잡(狂雜)ᄒᆞᆫ 거동과 손녀의 어린 즈슬 보ᄆᆡ, 스ᄉᆞ로 듕긱(衆客)의 웃

1645)ᄌᆞ궁(子宮) : 점술에서 쓰는 십이궁의 하나. 자손에 관한 운수를 점치는 별자리이다.
1646)아구지 : 아가리. '입'을 속되게 이르는 말.
1647)만반진슈(滿盤珍羞) : 그릇마다 가득한 진귀하고 맛이 좋은 음식.
1648)난ᄃᆡ(鸞帶) : 난새를 수놓은 화려한 띠.

ᄂᆞᆫ 거동을 즘참(潛慙)1649)ᄒᆞ여 탄왈,

"녀와 손의 유복(有福)은 결비범인(決非凡人)이나, 손ᄋᆞᄂᆞᆫ 오히려 혬이 차지 못ᄒᆞ엿거니와, 녀ᄋᆞᄂᆞᆫ 나히 ᄎᆞ고 힝ᄉᆡ 신듕ᄒᆞᆯ 만ᄒᆞᄃᆡ, 본품(本稟)이 우람광망(愚濫狂妄)ᄒᆞᄆᆞᆫ 조금도 감치 아냐시니, 노뫼 녀와 손을 본 적마다 하학셩 부ᄌᆞ 보믈 븟그리노라."

대연【36】부인이 모친의 말을 드ᄅᆞᄆᆡ 믄득 노ᄒᆞ여, 구두다려1650) 왈,

"사ᄅᆞᆷ마다 교녀지심(嬌女之心)1651)은 ᄌᆞ별ᄒᆞ다 ᄒᆞᄃᆡ, 우리 부모의 인졍은 토목(土木) 금슈(禽獸)만도 못ᄒᆞ다." ᄒᆞ니, 공쥐 어히업서 묵연ᄒᆞ더라.

원간 대연부인이 초공으로 일일상니(一日相離)를 ᄀᆞ장 듕난(重難)이 넉이므로, 본부의 귀령(歸寧)ᄒᆞ여도 능히 수일도 머믈 적이 드믄 고로, 오ᄅᆡ 잇기 어려워 즉시 ᄇᆞᆰᄂᆞᆫ 날 도라오려 ᄒᆞᄂᆞᆫ지라.

쳥션 요리(妖尼) 이 ᄯᆡ를 타, 임의 호부인으로 계교를 맛ᄎᆞᄆᆡ, 복향으로 용간(用奸)ᄒᆞ라 ᄒᆞ엿ᄂᆞᆫ지라. 호부인이 이런 대ᄉᆞ의 ᄉᆞ단을 크게 니ᄅᆞ【37】혀 밋기를 삼기ᄂᆞᆫ 뎨일의 쇼고(小姑) 연부인이라. 이ᄂᆞᆯ 밤의 거즛 별ᄂᆡ(別來)1652)를 닐ᄋᆞ믈 닐ᄏᆞ라 핑계ᄒᆞ고, ᄒᆞᆫ 당에 머므러 말ᄉᆞᆷᄒᆞᆯᄉᆡ, 감언미ᄉᆞ(甘言美辭)로 어리고 미친 연부인을 농낙ᄒᆞ여 왈,

"희벽의 불용누질이 하태우 ᄀᆞᄐᆞᆫ 옥인군ᄌᆞ의 ᄂᆡ상(內相)이 되여 구가의 이만치나 부지ᄒᆞᄆᆡ, 닌봉옥슈(驎鳳玉樹) ᄀᆞᄐᆞᆫ ᄌᆞ녀를 빵득ᄒᆞ여 삼죵의탁(三從依託)의 쾌ᄒᆞᄆᆞᆫ, 다 부인의 질녀 ᄉᆞ랑이 긔츌(己出) ᄀᆞᄐᆞ여 그 평ᄉᆡᆼ을 영화로이 졔도ᄒᆞ미오, 진실노 녀ᄋᆞ의 복되미 아니니, 이 다 부인의 텬디 ᄀᆞᄐᆞᆫ 덕틱이라. 쳡의 모녜 부【38】인의 심은혜틱(深恩惠澤)을 감골명심(感骨銘心)치 아니며, 쳡이 엇지 ᄒᆞᆫ갓 형뎨동긔의 우ᄋᆡ와, 희벽이 골육친지의 슉질지졍 ᄲᅮᆫ이리오. 부인은 죵시 ᄋᆡ지년지(愛之憐之)ᄒᆞ여, 뎡·표·상 삼녀를 소졔(掃除)ᄒᆞ여 녀ᄋᆞ의 평ᄉᆡᆼ이 영화롭게 ᄒᆞ쇼셔."

연부인이 호부인의 감언미ᄉᆞ(甘言美辭)로 위쟈(慰藉)ᄒᆞ믈1653) 드ᄅᆞᄆᆡ 취후(醉後) 우긔(愚氣) 발작ᄒᆞ여 희희(喜喜)이 쇼왈,

"쇼뎨 진실노 질녀의 평ᄉᆡᆼ 신세를 아모조록 됴콰져ᄒᆞ므로, 오히려 쇼뎨 져머실 적은 구고와 가부의게 ᄒᆞᆫ번 입시람ᄒᆞ여 닷톤 일이 업더니, 질녀로 인ᄒᆞ여 죵죵 닷토【39】미 ᄌᆞ즈니, 실노 쇼뎨ᄂᆞᆫ 질녀를 친ᄉᆡᆼ 몽징이나 다ᄅᆞ지 아니ᄒᆞ게 ᄉᆞ랑ᄒᆞ건마ᄂᆞᆫ, 질녀ᄂᆞᆫ 오히려 쇼뎨의 ᄯᅳᆺ을 모로고 불공(不恭)ᄒᆞᆯ 적이 만흐니이다."

호부인이 낭쇼(朗笑)ᄒᆞ고, ᄃᆡ삼,

"녀ᄋᆞ의 우혹불통(愚惑不通)ᄒᆞ믈 아ᄂᆞ니, 부인의 관인 통달ᄒᆞ시므로 조금도 ᄀᆡ회(介

1649)즘참(潛慙) ; 남 몰래 부끄러워 함.
1650)구두다리다 : 중얼거리다. 중중거리다.
1651)교녀지심(嬌女之心) : 딸을 사랑하는 마음.
1652)별ᄂᆡ(別來) : 헤어진 뒤. 서로 헤어져 있던 사이에 있었던 일.
1653)위쟈(慰藉)ᄒᆞ다 : ①떠들썩하게 칭찬하다. ②떠들썩한 말로 위로하다. ③위로하고 도와주다.

懷)치 마ᄅᆞ시고, 마ᄎᆞᆷᄂᆡ 평ᄉᆡᆼ이 즐겁도록 졔도(濟度)ᄒᆞ쇼셔."

연부인이 흔흔낙낙(欣欣諾諾)히 우으며 허락ᄒᆞ더라.

명됴(明朝)의 연부인과 쇼연시 운산의 도라올ᄉᆡ, 호부인이 녀ᄋᆞ의 귀에 다혀 계교를 일일히 ᄀᆞ라치고, 다만 범ᄇᆡᆨ(凡百)의 일향(一向) 황파 복향과 【40】 쳥션의 말ᄃᆡ로 ᄒᆞ고, 아모 분ᄒᆞᆫ 일이 이셔도 함지잉지(含之忍之)ᄒᆞ여 슉모를 잘 셤기라 ᄒᆞ니, 연시 슌슌 슈명ᄒᆞ고 슉모와 ᄒᆞᆫ가지로 조부모와 부모 슉당 ᄌᆞᄆᆡ 형뎨를 하직ᄒᆞ고, 금뉸ᄎᆡ거(金輪彩車)의 위의 부려(富麗)ᄒᆞ여 하부의 도라와, 일취뎐의 드러가 존당 구고긔 뵈옵고 《실수‖실쇽》 업ᄉᆞᆫ ᄀᆡᆨ담(客談)[1654]이 부졀여류(不絶如流)ᄒᆞ여, 어제날 본부 셩연(盛宴)의 은영의 호대(浩大)ᄒᆞ심과 풍물의 장녀ᄒᆞ시믈 젼ᄒᆞᄆᆡ, 입이 ᄒᆞ나히믈 ᄒᆞᆫᄒᆞᄆᆡ, 좌위 그 거동을 보고 그 말을 드ᄅᆞᄆᆡ 긔괴히 넉이고, 단묵ᄒᆞᆫ 자ᄂᆞᆫ 귀 앏프믈 니긔지 못ᄒᆞ고, ᄋᆞ쇼(兒小)들 【41】 은 졀도(絶倒)ᄒᆞ믈 마지 아니ᄒᆞ더니, 믄득 호ᄉᆞ난상(胡思亂想)[1655]이 니러난지라.

응윤의 유뫼 급급히 드러와 보ᄒᆞᄃᆡ,

"ᄋᆞ공ᄌᆡ 늣도록 자다가 ᄭᆡ여 급히 울거ᄂᆞᆯ, 하 답답ᄒᆞ여 젓슬 물녀도 긋치지 아니ᄒᆞ거ᄂᆞᆯ, 겻ᄒᆡ 노힌 ᄎᆞ긔(茶器)의 복영ᄎᆞ(茯苓茶)[1656] 남은 거ᄉᆞᆯ ᄲᅥ너흐니 두어 번 밧아 먹더니, 홀연 두 눈을 직시(直視)ᄒᆞ고 급ᄒᆞᆫ 경긔(驚氣)이시니 알외외ᄂᆞ이다."

언미진(言未盡)의 좌위 실ᄉᆡᆨ대경(失色大驚)ᄒᆞ고 연부인 슉질이 급급히 닓ᄯᅥ나 ᄎᆔ원각으로 다ᄅᆞ니, 초공과 윤부인이며 북후와 참졍 등이 ᄯᅩᄒᆞᆫ 놀나 ᄒᆞᆫ가지로 ᄎᆔ원각의 나아가니, 태우와 【42】 부마ᄂᆞᆫ 됴당(朝堂)의셔 도라오지 아녓더라.

졔인이 ᄎᆔ각의 니ᄅᆞ러 손ᄋᆞ를 보니, 과연 냥안을 직시ᄒᆞ고 옥면이 쳥화(靑華)[1657] ᄀᆞᆺᄐᆞ여 ᄉᆞ말(四末)[1658]이 궐닝(厥冷)ᄒᆞ고 아관(牙關)[1659]이 긴급ᄒᆞ며 형ᄉᆡᆨ이 위위(危危)ᄒᆞᆫ지라. 이ᄂᆞᆫ 분명 경긔ᄒᆞ미 아니오, 독을 먹은 형상이니, 졔인이 대경ᄎᆞ악ᄒᆞ여 급히 그 ᄎᆞ완(茶碗)을 ᄂᆡ여 업치니, 프란 불ᄭᅩᆺ치 니러나ᄂᆞᆫ지라. 모다 쇼ᄋᆡ 독을 먹으미 분명ᄒᆞ믈 알ᄆᆡ 경히ᄒᆞ믈 니긔지 못ᄒᆞ고, 초공과 윤부인이며 북후 슉셩비 더옥 경악ᄒᆞ믈 니긔지 못ᄒᆞ니, 원간 손ᄋᆞ(孫兒)의 작셩이질(作性異質)이 텬명과 슈복을 【43】 장원(長遠)이 타난 ᄇᆡ니, 독슈(毒手)의 ᄌᆞ레이 맛출 념녀ᄂᆞᆫ 업ᄉᆞ나, 져 ᄉᆡᆼ지ᄉᆞ오삭(生之四五朔) 강보히ᄋᆞ(襁褓孩兒)의게 독ᄎᆞ(毒茶)를 나오미 크게 젹지 아닌 흉변이니, 그

1654)ᄀᆡᆨ담(客談) : 객설(客說). 객소리. 객쩍게 말함. 또는 그런 말.

1655)호ᄉᆞ난상(胡思亂想) : 몹시 뒤엉키어 어수선하게 생각함. 또는 그런 생각.

1656)복영ᄎᆞ(茯苓茶) : 복령(茯笭)을 달여 만든 차. *복령(茯笭); 구멍장이버섯과의 버섯. 공 모양 또는 타원형의 덩어리로 땅속에서 소나무 따위의 뿌리에 기생한다. 껍질은 검은 갈색으로 주름이 많고 속은 엷은 붉은색으로 무르며, 마르면 딱딱해져서 흰색을 나타낸다. 이뇨의 효과가 있어 한방에서 수종(水腫), 임질, 설사 따위에 약재로 쓰인다. 한국, 일본, 중국 등지에 분포한다.

1657)청화(靑華) : 중국에서 나는 푸른 물감의 하나. 복숭아꽃 빛깔과 섞어 나뭇잎과 풀을 그리는 데 많이 쓴다.

1658)ᄉᆞ말(四末) : '사지 말단'을 줄여 이르는 말. 두 손과 두 발을 말함.

1659)아관(牙關) : 입속 양쪽 구석의 윗잇몸과 아랫잇몸이 맞닿는 부분.

화익이 장춧 슉녀를 해ᄒᆞ려 ᄒᆞᄂᆞᆫ 흉심을 뭇지아냐 알지라. 면면이 ᄎᆞ악ᄒᆞ믈 니긔지 못ᄒᆞ나, ᄉᆞ이이의(事而已矣)1660)라.

좌우로 회싱단(回生丹)을 나와 온ᄎᆞ의 ᄀᆞ라 쇼ᄋᆞ의 입에 년ᄒᆞ여 드리오며, 슈족을 쥐물너 구호ᄒᆞ나, 본ᄃᆡ 간인이 획계(劃計)ᄒᆞ믈 공교히 ᄒᆞ야, 브ᄃᆡ 유ᄌᆞ를 참살(慘殺)ᄒᆞ야 죄를 ᄡᅳ이려 ᄒᆞ미러라. 쇼연시ᄂᆞᆫ 임의 알온 일이나, 일족 모ᄌᆞ지뉸(母子之倫)을 ᄆᆡᄌᆞ ᄉᆞ랑ᄒᆞ던 바로ᄡᅥ, 그 【44】엄연슈진(奄然壽盡)ᄒᆞᄂᆞᆫ 경식을 ᄃᆡᄒᆞ니, 비기셕(非其石)이며 비기쳘(非其鐵)이라. 더옥 죄를 남의게 ᄂᆞ리ᄡᅴ워 일장 대란을 비ᄌᆞ려 ᄒᆞ거니, 그 거동을[이] 오죽ᄒᆞ며, 연부인의 히괴망측지상(駭怪罔測之狀)이야 어이 측냥이 이시리오. 무숨 지통이나 만난 다시, 육듕둔탁(肉重鈍濁)ᄒᆞᆫ 만신(滿身)을 어ᄌᆞ러이 브ᄃᆡ이ᄌᆞ며, ᄂᆞ리다라락1661) 치다라락1662) 슉질의 히괴망측ᄒᆞ믈 어ᄃᆡ 비ᄒᆞ리오. 연부인이 슈산돈족(手散頓足)1663) 왈,

"알괘라, 알 일이로다. 'ᄆᆞᄋᆞᆷ 간ᄃᆡ 길 간 ᄃᆡ라.' ᄒᆞ니, 아모라도 질녀를 믜이ᄂᆞᆫ 재, 응윤의 어엿븐 목숨을 치독(置毒)ᄒᆞ미로다. 보ᄌᆞ 보ᄌᆞ, 응윤이 살면 모로거니와 죵시 【45】죽으면, 슈인(讎人)을 ᄎᆞᆺ고 ᄎᆞ자, ᄒᆞᆫ 칼에 죽일 거시니, 요인(妖人)아, 요인아, 흉인이 아모 달긔(妲己)1664)년인들 무ᄉᆞ홀가 넉이ᄂᆞ냐? 쇼ᄋᆞ만 죽거든 보아라, 무ᄉᆞᆫ 슈가 나ᄂᆞᆫ고. '살인자 식(死)'1665)라 ᄒᆞ니 어이ᄒᆞ리오."

초공이 화우(華宇)1666)를 ᄶᅵᆼ긔고, 좌우를 도라보아 몽징을 명ᄒᆞ여 왈,

"너희 모ᄌᆡ(母子) 이의 이셔 보므로 죽을 ᄋᆞ희 살 거시 아니오, 너희 모ᄌᆡ 업ᄉᆞ므로 살 ᄋᆞ희 죽을 거시 아니니, 여모(汝母)를 다려 히원각으로 가라. 그러치 아니면 여모(汝母)를 거즁(車中)의 내 친히 모라너허 연궁으로 보ᄂᆡ엿다가, ᄋᆞ환(兒患)이 낫거든 다려오리라."

공ᄌᆡ 역시 모부인 히거(駭擧)를 민망이 녀여, 【46】즉시 엄교(嚴敎)를 젼ᄒᆞ니, 연부인이 초공의 것모라1667) 거즁의 너허 본부로 보ᄂᆡ련노라 말을 ᄀᆞ장 겁ᄒᆞ여, 감히 ᄒᆞᆫ 말도 못ᄒᆞ고 ᄋᆞᄌᆞ의게 븟들녀 침소로 도라가니, 초공이 ᄯᅩ 황파 복향으로 쇼연시를 다려가라 ᄒᆞ니, 쇼연시 알며 짐즛 요악ᄒᆞ미 역시 괴로온 고로, 짐즛 구고의 명을

1660)ᄉᆞ이이의(事而已矣) : 이미 벌어진 일임. 또는 이미 끝난 일임.

1661)ᄂᆞ리다라락 : 내리달았다가. 위에서 아래로 달렸다가. 'ᄂᆞ리달+아+락'의 형태. *ᄂᆞ리달다; 내리닫다. 위에서 아래로 달리다. *-아; -았. 과거시제 선어말어미. *-락; -다가. 어말어미.

1662)치다라락 : 치달았다가. 아래서 위로 달렸다가. '치달+아+락'의 형태. *치달다; 치닫다. 아래서 위로 달리다. *-아; -았. 과거시제 선어말어미. *-락; -다가. 어말어미.

1663)슈산돈족(手散頓足) ; 손을 내젓고 발을 구르고 함.

1664)달긔(妲己) : 중국 은나라 주왕의 비(妃). 왕의 총애를 믿어 음탕하고 포악하게 행동하였는데, 뒤에 주나라 무왕에게 살해되었다.

1665)살인자 식(死) : 사람을 죽인 자는 사형에 처한다. 중국 한나라 고조의 약법삼장(約法三章) 가운데 한 장.

1666)화우(華宇) : 훤칠하고 아름다운 이마.

1667)것몰다 : 걷몰다. 거듬거듬 빨리 몰아치다.

승슌(承順)ᄒᆞᄂᆞᆫ 다시 황파 모녀의게 븟잡혀 영일뎡으로 도라가니, 이러구러 힐난ᄒᆞᆯ ᄉᆞ이 일식이 발셔 기우럿더라.

쇼ᄋᆡ 서너 식경(食頃)1668)이나 지난 후야, 비로소 숨을 통ᄒᆞ고 입으로 조ᄎᆞ 무수ᄒᆞᆫ 독을 토ᄒᆞ니, 독긔(毒氣) 방즁의 【47】 ᄀᆞ득ᄒᆞ더라. 년ᄒᆞ여 보미1669)와 삼다(蔘茶)ᄅᆞᆯ 나와 구호ᄒᆞ니, 쇼ᄋᆡ 졈졈 회운(回運)1670)ᄒᆞ여 ᄉᆡᆼ되(生道) 완연ᄒᆞ니 모다 깃거ᄒᆞ며, 어ᄃᆡ로셔 난 ᄎᆞᄅᆞᆯ 먹여 변이 난고, 무ᄅᆞ니, 일취 ᄃᆡ왈,

"ᄎᆞᄂᆞᆫ 남앗던 봉녕ᄎᆞᄅᆞᆯ ᄡᅥ너허ᄉᆞ오니, ᄎᆞ죵1671)의 독이 드럿습ᄂᆞᆫ 줄이야 엇지 몽ᄆᆡ(夢寐)읜들 ᄉᆡᆼ각ᄒᆞ여시리잇가? 다만 타인이 머므니 업서, 연부인 시녀 복향으로 더브러 밤을 지ᄂᆡ옵고, 아ᄎᆞᆷ의 취봉각 시녀 슈홍이 난두(欄頭)의 섯ᄂᆞᆫ 양을 보온 후ᄂᆞᆫ, 다란 의심된 일은 본 일이 업ᄂᆞ이다."

초공이 졈두(點頭)ᄒᆞ고 ᄇᆡ야흐로 날이 져므러 【48】 셕양이 되엿고, 쇼ᄋᆡ 회ᄉᆡᆼᄒᆞ여 시니, 졍당의 드러가 혼뎡ᄒᆞ고, 뎡국공과 됴부인긔 쇼ᄋᆡ 독을 먹어 하마면 위ᄐᆡ턴 바ᄅᆞᆯ 고ᄒᆞ니, 뎡국공이 대경ᄎᆞ악(大驚且愕)ᄒᆞ여 왈,

"가ᄂᆡ의 흉변(凶變) 요ᄉᆡ(妖邪) 여ᄎᆞᄒᆞ니 가히 괄시치 못ᄒᆞᆯ 거시니, 오ᄋᆞᄂᆞᆫ 장ᄎᆞᆺ 엇지코져 ᄒᆞᄂᆞ뇨?"

초공이 ᄃᆡ왈,

"유죄무죄간 곡직(曲直)을 분간ᄒᆞ려 ᄒᆞ오면, 연·뎡의 좌우ᄅᆞᆯ 츄문(推問)ᄒᆞᄆᆡ 나지 아니ᄒᆞ리이다."

뎡국공이 졈두 왈,

"녀언이 시얘(是也)라."

ᄒᆞ고, 도라 태우ᄅᆞᆯ 보아 왈,

"손ᄋᆡ 맛당이 연·뎡의 좌우ᄅᆞᆯ 각별 츄문ᄒᆞ여, 가ᄂᆡ의 이 ᄀᆞᄐᆞᆫ 흉변을 짓고져 ᄒᆞ 【49】 ᄂᆞᆫ 요인을 사획(査覈)하여 엄히 다ᄉᆞ리게 ᄒᆞ라."

태우와 부매 죵일토록 됴당(朝堂)의 잇다가 경히 갓 도라왓ᄂᆞᆫ지라. 흉변을 듯ᄌᆞ오ᄆᆡ 만심경히ᄒᆞ믈 니긔지 못ᄒᆞ여 ᄌᆡ비슈명ᄒᆞ니, 북휘 가연(慨然) 탄왈,

"흉변이 괴히(怪駭)ᄒᆞ여 고이ᄒᆞᆫ 죄얼(罪孼)이 뉘게 도라갈 줄 알니오. 현질은 모로미 슈악(首惡)의 단서(端緖)ᄅᆞᆯ ᄇᆞᆰ히 ᄎᆞᄌᆞ, 악인이 득시(得時)ᄒᆞ고 현인이 화에 ᄡᅥ러지게 말나."

태위 슈명ᄒᆞ고 이의 외당의 물너 나오니, 이러구러 날이 황혼의 밋쳣고 쵹을 ᄇᆞᆰ혓더라. 태위 금영(禁令)을 ᄂᆞ리와 ᄉᆞ예나졸(司隷羅卒)을 모호고, 영일뎡 【50】 시녀 황

1668)식경(食頃) : 밥 한 끼 먹을 동안.
1669)보미 : 미음(米飮). 입쌀이나 좁쌀에 물을 충분히 붓고 푹 끓여 체에 걸러 낸 걸쭉한 음식. 흔히 환자나 어린아이들이 먹는다.
1670)회운(回運) : 기운이 돌아옴.
1671)ᄎᆞ죵 : 찻종지. 찻잔.

파 복향과 취봉각 시녀 츄홍 등을 잡아 오라 ᄒᆞᄃᆡ, 다만 방노파ᄂᆞᆫ 뎡부 비ᄌᆡ 아니니 잡히지 말나 ᄒᆞ더라.

슈유(須臾)의 나졸이 졔녀를 잡아 뎡하(庭下)의 ᄭᅮᆯ니니, 취봉각 시녀 츄홍 등은 쳔쳔만만(千千萬萬) 몽상지외(夢想之外)라. 아모 죄에 당ᄒᆞᆯ 줄 아지 못ᄒᆞ여, 황황젼뉼(惶惶戰慄)ᄒᆞᆯ ᄯᆞᄅᆞᆷ이오, 영일뎡 시녀 황파 복향 등은 어ᄌᆞ러이 발작ᄒᆞ며, 요란이 부ᄅᆞ지져 원민(冤悶)ᄒᆞ믈 발악ᄒᆞ니, 거동이 십분 요악ᄒᆞᆫ지라. 태위 그 요악ᄒᆞ믈 더옥 대로ᄒᆞ여 복향 등을 몬져 저주워 간졍(奸情)을 츄문(推問)코져 ᄒᆞ더니, 믄득 ᄂᆡ당으로 조ᄎᆞ 화【51】광(火光)이 됴요(照耀)ᄒᆞ며 인셩이 훤하(喧譁)ᄒᆞ여 존당의 ᄌᆞᄀᆡᆨ(刺客)이 드럿다 ᄒᆞᄂᆞᆫ지라. 태위 크게 놀나 ᄉᆞ졸을 분부ᄒᆞ여 좌긔(坐起)를 멈츄고 ᄂᆡ당으로 향ᄒᆞ니라.

ᄎᆞ야의 졔부인이 다 슉소로 퇴ᄒᆞ니 오직 진부인이 졍히 존고를 시침ᄒᆞ려 ᄒᆞᆯᄉᆡ, 오히려 밤드지 아냐시므로 태부인도 의상을 그ᄅᆞ지 아냣더니, 믄득 일위 남ᄌᆡ 비슈를 ᄢᅵ고 드러오니, 진부인이 대경ᄒᆞ여 급히 좌우를 브ᄅᆞ니 그 남ᄌᆡ ᄯᅩᄒᆞᆫ 놀나 ᄃᆞ라나니, 좌우 시ᄋᆡ 화광을 ᄇᆞᆰ히고 ᄂᆡ당의 긔별ᄒᆞ미 된지라.

태위 드러와 존당의 놀나시믈 진졍ᄒᆞ고, 즉시 셔당【52】의 나와 다시 ᄉᆞ졸을 호령ᄒᆞ여, 몬져 복향을 올녀 ᄆᆡ니 복향이 원민ᄒᆞ믈 브ᄅᆞ지지ᄂᆞᆫ지라. 태위 대로ᄒᆞ여 ᄆᆡ마다 고찰ᄒᆞ야 염형츄문(嚴刑推問)ᄒᆞ니, 복향이 불급ᄉᆞ오장(不及四五杖)의 거ᄌᆞᆺ 하늘을 우러라 탄식 왈,

"슌텬자(順天者)ᄂᆞᆫ 창(昌)이오 역텬자(逆天者)ᄂᆞᆫ 망(亡)이라 ᄒᆞ미 허언이 아니로다."

인ᄒᆞ여 초ᄉᆞ(招辭) 왈,

"쳔비와[의] 연 쥬인(主人)의 불용누질(不容陋質)이 남다라신 연고로, 쥬군긔 실총(失寵)ᄒᆞ시믈 깁히 골돌ᄒᆞ여, 쇼공ᄌᆞ를 치독(置毒)ᄒᆞ여 죽이고, 무시(武氏)[1672]의 살ᄌᆞ(殺子)ᄒᆞᆫ 죄명을 왕황후(王皇后)[1673]의게 도라보ᄂᆡ려 ᄒᆞ던 계교로ᄡᅥ 힝ᄒᆞ미오나, 이곳 쥬인의 아【53】지 못ᄒᆞᄂᆞᆫ ᄇᆡ오, 쳔비 ᄉᆞᄉᆞ로 위쥬지졍(爲主之情)이 우리 쇼졔 뎡쇼져를 졀졔(切除)ᄒᆞ고, 우리 부인으로 ᄒᆞ야금 쥬군의 은총을 젼일(專一)ᄒᆞ여, 만일 부부 금슬이 화락ᄒᆞ여 여고관져(如翱關雎)[1674]ᄒᆞ실진ᄃᆡ 닌ᄋᆞ신월(麟兒新月)[1675] ᄀᆞᆺ튼

1672)무시(武氏) : 측천무후(則天武后). 당 고종의 황후(皇后). 자신의 딸을 직접 죽이고 그 죄를 정궁(正宮) 왕씨(王氏)에게 씌워 모살(謀殺)하고 황후가 되었다. 이후 태자 이충(李忠)을 폐위시켜 죽였고, 친자 이홍(李弘)·이현(李賢)을 차례로 태자로 책봉하였다가 둘 다 독살 한 후, 다시 친자 이철(李哲)로 태자를 삼았다, 고종이 죽자 태자 이철이 황위를 계승하여 중종에 즉위 하였으나 곧 폐위시키고 또 친자 이단(李旦)을 세워 예종(睿宗)에 즉위시켰으나 1년도 못되어 다시 폐위시켰다. 그후 스스로 제위에 올라 국호를 '주(周)'라 하고 자칭 성신황제(聖神皇帝)라 하였다.

1673)왕황후(王皇后) : 중국 당나라 3대 황제 고종의 비(妃)로, 당시 고종의 후궁이었던 소의(昭儀) 무조(武曌; 측천무후)에 의해 그녀의 딸을 살해했다는 누명을 쓰고 폐위되어 죽음을 당했다.

1674)여고관져(如翱關雎) : '까악 까악 하며 나는 저 물수리 새처럼.'이란 뜻으로, 부부가 서로 화락하는 것을 비유적으로 표현한 말. *관저(關雎); 『시경(詩經)』 '주남(周南)'편에 실린 노래 이름. 문왕(文王)과 태사(太姒)의 사랑을 주제로 한 노래. *부부가 서로 화합함을 뜻하는 '여고금슬(如鼓琴瑟)'과 같은

ᄌᆞ녀야 몃몃치 날 줄 알니잇가? 이러므로 공ᄌᆞ를 치독(置毒)ᄒᆞ야 쥬인의 강젹을 소졔(掃除)ᄒᆞ려 ᄒᆞ미니, 이 ᄯᅩᄒᆞᆫ 위쥬튱심(爲主忠心)이라. 셕(昔)에 조ᄆᆡᆼ덕(曹孟德)1676)이 무안(武安)1677)의 명쵹대졀1678)과 오관참장(五關斬將)1679)을 죄삼지 아냐시니, 복원 노야는 소비(小婢)의 위쥬튱심(爲主忠心)을 년측(憐惻)ᄒᆞ샤 ᄉᆞ죄(死罪)를 샤(赦)ᄒᆞ쇼셔."

ᄒᆞ엿더라. 태위 간파의 대로 왈,

"복향 요비(妖婢) 간【54】사ᄒᆞ여 실졍(實情)을 복쵸(服招)치 아니ᄒᆞ니, 엇지 분히(憤駭)치 아니리오."

호령이 늠늠ᄒᆞ고 위엄이 북풍한상(北風寒霜) ᄀᆞᄐᆞ니, 다시 ᄉᆞ예(司隷)를 호령ᄒᆞ여 ᄆᆡ마다 고찰ᄒᆞ니, 일장(一杖)의 가족이 무더나고, ᄌᆡ장(再杖)의 ᄲᅧ ᄲᅵ여지며, 경혈(頸血)1680)이 좌우의 ᄲᅮ리이니, 복향 간비(姦婢) 비록 대간대악(大奸大惡)이나 엇지 앏프믈 잘 견ᄃᆡ며, ᄒᆞ믈며 복향이 쇼연시의 유뎨(乳弟)로 자라기를 ᄀᆞ장 호치(豪侈)이 ᄒᆞ여, 연시를 뫼셔 연궁 금누화당(金樓華堂)의 ᄉᆡᆼ장(生長)ᄒᆞ니, 몸의는 나릉(羅綾)을 무거이 넉이고, 입의는 진슈(珍羞)를 염어(厭飫)ᄒᆞ여 부귀ᄌᆞ존(富貴自尊)ᄒᆞ미, 도장1681) 속에 귀쇼져나 다라지 【55】아니케 자라시니, 엇지 이런 위엄(威嚴)을 몽니(夢裏)의나 귀경ᄒᆞ여시며, 이런 혹형을 당ᄒᆞ여 보아시리오. 임의 《일치 ‖ 일쳑1682)》를 지나

표현일 수도 있다. 즉 금슬(琴瑟)과 관저(關雎)가 다 같이 '부부간의 화락(和樂)'을 뜻하는 말이기 때문에 '금슬'을 '관저'로 대치한 표현으로 볼 수도 있다는 것이다.

1675)닌ᄋᆞ신월(麟兒新月) : '인아(驎兒; 천리마)'나 '신월(新月; 초승달)'은 재주가 뛰어나고 용모가 아름다운 사람을 이르는 말.

1676)조ᄆᆡᆼ덕(曹孟德) : 조조(曹操). 삼국 시대 위나라의 시조(始祖)(155~220). 자는 맹덕(孟德). 황건적의 난을 평정하여 공을 세우고 동탁(董卓)을 벤 후 실권을 장악하였다. 208년에 적벽(赤壁) 대전에서 유비와 손권의 연합군에게 크게 패하여 중국이 삼분된 후 216년에 위왕(魏王)이 되었다. 권모술수(權謀術數)에 능하고 시문을 잘하였다

1677)무안(武安) : 관우(關羽)의 시호(諡號). 관우는 중국의 역대 황제에게 충의의 본보기였기 때문에 송·원·명·청에이르도록 여러 황제들에 의해 15차례나 시호가 봉해졌는데, 그 중 하나가 송(宋) 휘종(徽宗)이 1107년에 봉한 '무안왕(武安王)'이다. 또 도교에서는 관우를 신격화하여 관성제군(關聖帝君)아라 하여 무묘(武廟) 또는 관왕묘(關王廟)를 세워 제사를 받들고 있다. *관우(關羽); 중국 삼국 시대 촉한의 무장(?~219). 자는 운장(雲長). 장비·유비와 의형제를 맺고 적벽전에서 조조의 군대를 격파하는 등 많은 공을 세웠다. 뒤에 위나라와 오나라의 동맹군에게 패한 뒤 살해되었다.

1678)명쵹대졀(明燭大節) : 관우(關羽)가 하비성에서 유비의 가족들을 살리기 위해 조조에게 항복하여 조조의 군대와 함께 허도를 향해 가던 중, 조조가 관우와 유비 사이를 이간시킬 목적으로 관우와 유비의 부인들을 한 방에서 자도록 계략을 꾸몄으나, 관우가 유비의 부인들을 방에서 자게 하고 자신은 방밖에서 밤새도록 촛불을 밝히고 서서 부안들울 호위함으로써, 결의형제로서의 의리를 지킨 일을 말함.

1679)오관참장(五關斬將) : 조조에게 항복해 머물고 있던 관우가 유비가 살아 있음을 듣고 단기로 조조의 다섯 관문 장수들을 차례로 베고 유비에게 돌아간 일을 말한다. 뒤늦게 이 사실을 안 조조는 관우가 의리를 지켜 유비에게 돌아가는 것을 높이 사, 장졸들에게 관우를 무사히 돌아가도록 뒤쫓지 말 것을 명한다.

1680)경혈(頸血) : 목에서 흐르는 피.

1681)도장 : 규방(閨房). 도장방. 부녀자가 거처하는 방

1682)일쳑 : 한 바탕의 매질. *쳑 : 매질. 죄인을 신문할 때 공포감을 주어 자백을 강요할 목적으로 한바

믜, 뉴혈이 의상을 즘으고 쎄 씌여지니, 능히 견딕지 못ㅎ여 ㅂ야흐로 울며, 실초(實招)ㅎ는 쳬ㅎ고 초ᄉ(招辭) 왈,

"비ᄌ는 본딕 연궁 쇼속(所屬)이오, 연쇼져 유뎨로 튱의 부족ㅎ미 아니로딕, 우리 쇼졔 외모는 족히 인인(人人)의 소공지(所共知)니, 다시 닐을 거시 업거니와, 셩되 우픽허황(愚悖虛荒)ㅎ시나, 또 간교음난(奸巧淫亂)ㅎ시기는 버서낫는지라. ᄒᆞᆫ갓 쥬군(主君)의 실춍(失寵)ㅎ시믈 익달나 ㅎ시고, 뎡·표·상 삼쇼져 ᄀᆞᄐᆞᆫ 강【56】적이 모히나 조금도 함해(陷害)ᄒᆞᆯ 뜻이 업습거놀, 뎡쇼졔 본딕 셰딕의 희한ㅎ신 싀광ᄌ모(色光才貌)로 존문의 위금(委禽)[1683]ㅎ샤 존당의 ᄌ익ㅎ심과 노야의 은춍이 온젼ㅎ시딕, 흠ᄉ(欠事)는 희원각 쥬군 부인의 싀험(猜險)ㅎ신 호령이 실노 못견딕도록 보칙여, 괴로온 경계 무궁ㅎ고, 또 우리 부인이 용뫼 염미(艶美)치 못ㅎ시나, 능히 모해ᄒᆞᆯ 근졔(根際)[1684] 업는지라. 정히 조각과 긔회를 만나지 못ㅎ여 우민(憂悶)ㅎ시던 ᄎ, 마춤 비ᄌ(婢子) 우리 부인긔 득죄(得罪)ㅎ야 감히 안젼(眼前)의 ᄉ환(使喚)[1685]치 못ㅎ여, 난두(欄頭)의 나와 방황ㅎ옵다가, 연쇼졔 일취뎐으로 드러【57】가시믈 보옵고 ᄒᆞᆫ 모힉 섯습더니, 뎡쇼졔 비ᄌ의 울며 방황ㅎ{시}믈 보고 믄득 불너 침뎐으로 다려가 쥬식(酒食)을 먹이시고, 금보(金寶) 치단(綵緞)을 만히 주어 의ᄌ(衣資)와 ᄌ장(資粧)을 보틱라 ㅎ시고, 하 은근(慇懃) 후딕(厚待)ㅎ시니, 쳔ᄒᆞᆫ 뜻이 깁흔 쥬의 계신 줄은 아지 못ㅎ고, 젼일 쳔비 쥬인을 위ㅎ여 뎡부인긔 불슌ㅎ온 적도 만ᄉ오딕, 뎡쇼졔 조금도 개회치 아니시고, 후은을 끼치시믈 감격ㅎ여, 젼일을 사죄ㅎ온즉, 뎡쇼졔 흔연이 닐ᄋ시딕, '이럴수록 내 더옥 너의 위쥬튱심(爲主忠心)을 아름다이 넉이ᄂ니, 한고죄(漢高祖) 옹치(雍齒)【58】를 봉후(封侯)[1686]ㅎ고 뎡공(丁公)[1687]을 죽여시니, 내 엇지 너의 튱의에 비로슨 바를 칙ㅎ미, {엇지} 용녈치 아니리오.' ㅎ시고, ᄌ로 왕반(往返)ㅎ믈 닐ᄋ시며, 지극 은휼(恩恤)ㅎ시니, 쳔비 그 관홍(寬弘)ㅎ시믈 항복ㅎ여, 스ᄉ로 감

탕 가하는 매질. 또는 그러한 매질의 횟수를 세는 단위. '치'는 '笞(매질할 태)'의 원음, '태'는 그 속음(俗音)임.

1683)위금(委禽) : 기러기를 전하고 전안례(奠雁禮)를 행함. 곧 혼례를 올림.

1684)근졔(根際) : 근본적인 기회. 또는 때.

1685)ᄉ환(使喚) : ①심부름을 함. 또는 심부름을 시킴. ②관청이나 회사, 가게 따위에서 잔심부름을 시키기 위하여 고용한 사람.

1686)옹치봉후(雍齒封侯) : 한(漢)나라 고조(高祖; 유방)가 평소 가장 싫어했던 장수 옹치(雍齒)를 제후로 봉해, 여러 장수들의 논공행상(論功行賞)에 따른 불안을 진정시킨 계책을 이르는 말. *옹치(雍齒); 중국 한(漢) 고조 때의 장수. 고조에 의해 십방후(十方侯)에 봉해졌다. 그런데 그는 고조가 가장 미워하던 사람이었던 까닭으로, 그의 이름은 '늘 싫어하고 미워하는 사람. 또는 그런 관계'를 비유적으로 이르는 말로 쓰인다.

1687)뎡공(丁公) : 초(楚)나라 항우(項羽)의 장수. 한 고조 유방(劉邦)이 팽성(彭城) 전투에서 항우의 군대에 패해 위기에 처했을 때 초나라 장수로서 유방을 죽일 수 있었는데 죽이지 않고 도망가게 해준 일이 있었다. 뒤에 유방이 초나라를 멸망시키고 천하의 패자(覇者)가 되었을 때, 정공이 유방을 찾아가 몸을 의탁하려 하자 유방은 그를 "신하로서 충성을 다하지 않아 항우로 하여금 천하를 잃게 하였다." 하여 참형에 처해버렸다.

화ᄌᆞ복(感化自服)ᄒᆞ미 되어, 쥬인을 모ᄅᆞ시게 ᄎᆡ봉각의 빈빈이 왕ᄂᆡᄒᆞ오니, 뎡부인이 지극 후ᄃᆡᄒᆞ샤 드ᄃᆡ여 지긔상합(志氣相合)ᄒᆞ오니, 쇼비 참아 뎡쇼져의 은혜를 져바릴 뜻이 업ᄉᆞᆸᄂᆞᆫ지라. 이런 고로 도로혀 의앙지졍(依仰之情)이 오쥬(吾主) 연부인긔 지난 졍이 잇ᄉᆞᆸᄂᆞᆫ 고로, 슈화(水火)의 ᄉᆞ양치 아닐 뜻이 잇ᄉᆞᆸ더니, 이러틋 【59】ᄆᆡ즌 후의, 뎡쇼제 ᄇᆡ야흐로 심곡(心曲) 소회(所懷)를 닐ᄋᆞ시고, ᄒᆞᆫ 밤1688) 독약을 주시며 여ᄎᆞ여ᄎᆞᄒᆞ여, 만일 ᄋᆞ공ᄌᆞ 남ᄆᆡ와 쇼연부인과 대연부인 아오ᄅᆞ 죽이면, 공을 젹지 아니케 갑흘 ᄲᅮᆫ아니라, 셰셰히 도모ᄒᆞ야 일싱을 면쳔방냥(免賤放良)1689)ᄒᆞ여 연궁 ᄉᆞ환(使喚)을 면ᄒᆞ게 ᄒᆞ고, 노야긔 고ᄒᆞ야 누쳔금 ᄌᆡ물과 ᄌᆡ산을 진ᄇᆡ(進排)1690)ᄒᆞ여 평싱을 됴히 살게 ᄒᆞ리라 ᄒᆞ시니, 쳔비 드ᄅᆞᄆᆡ 심히 놀납고 즁난(重難)ᄒᆞ오나, 만일 거ᄉᆞ리온즉 슈은(受恩)과 지우(知友)를 져바리며, 또 뎡부인《을‖의게》 ᄆᆡ이ᄆᆡ, 노야긔 알외여 무슨 죄명의 얽힐 【60】줄을 아지 못ᄒᆞ와, 인ᄒᆞ여 슌죵ᄒᆞ미 되오니, 과연 작일 연궁 연셕의 가 ᄋᆞ공ᄌᆞ ᄋᆞ쇼져의 유모 등을 술을 만히 먹여 지우고1691) 용ᄉᆞ(用事)ᄒᆞ려 ᄒᆞᄋᆞᆸ다가, 힝혀 ᄉᆞ긔(事機) ᄑᆡ루(敗漏)ᄒᆞᆯ가 저허, 냥 유뫼 몬져 ᄋᆞ공ᄌᆞ 남ᄆᆡ를 다리고 본부로 오오니, 비ᄌᆡ 연부인긔 거ᄌᆞᆺ 몬져 《와‖가》 공자 남ᄆᆡ를 보호ᄒᆞ련노라 핑계하고, 몬져와 힝ᄉᆞᄒᆞ미니, 비ᄌᆞ의 죄ᄂᆞᆫ 슈ᄉᆞ난쇽(雖死難贖) 이오나, 또ᄒᆞᆫ 곳쳐 혜아리옵건ᄃᆡ, 하쳔(下賤)의 무지ᄒᆞᆫ 식견이 경듕(輕重)을 아지 못ᄒᆞ고, ᄒᆞᆫ갓 뎡부인 셰엄(勢嚴)1692)과 노야의 위권(威權)1693)을 두리미라. 복원(伏願) 노【61】야ᄂᆞᆫ 일누잔명(一縷殘命)을 용샤ᄒᆞ쇼셔."

ᄒᆞ엿더라.

태위 간필(看畢)의 요비(妖婢)의 간악요샤(奸惡妖邪)ᄒᆞ미 두세 번 변ᄉᆞ(變辭) 불측(不測)ᄒᆞ여 죵시 실초(實招)를 아니ᄒᆞ믈 대로대분(大怒大憤)ᄒᆞ야 셔안을 박ᄎᆞ고 크게 ᄭᅮ지져 왈,

"간악요비 가지록 변ᄉᆞ(變辭) 블측(不測)ᄒᆞ여 실최(實招) 업ᄉᆞ니 엇지 가히 용샤(容赦)ᄒᆞ리오. ᄉᆞ예ᄂᆞᆫ 힘을 다ᄒᆞ여 그 직초(直招)를 밧도록 혹형(酷刑)을 나오라."

복향이 앙앙(怏怏)이 소ᄅᆡ 질너 왈,

"쳔비 이제ᄂᆞᆫ 바로 알외여시니, 다시 무ᄉᆞᆷ 말ᄉᆞᆷ을 고ᄒᆞ리잇가? 비록 쳔참만육(天斬萬戮)ᄒᆞ기의 밋처도, {다}다시 알외올 말ᄉᆞᆷ이 업ᄂᆞ이다."

태위 익익(益益) 대로【62】ᄒᆞ여 경히 형벌을 ᄌᆡ쵹ᄒᆞ여 수ᄎᆞ의 밋ᄎᆞ니, 복향이 ᄉᆞ싱이 경히 위ᄐᆡᄒᆞ나, 텬디간(天地間) 별물요악(別物妖惡)이라. 죵시 실초를 아니ᄒᆞ더

1688)밤 : 쌈지. ①담배, 돈, 부시 따위를 싸서 가지고 다니는 작은 주머니. 가죽, 종이, 헝겊 따위로 만든다. ②담배나 바늘 따위를 담아 그 분량을 세는 단위.
1689)면쳔방냥(免賤放良) : 천민의 신분을 면하고 양민이 됨
1690)진ᄇᆡ(進排) ①물건을 나라에 바침. ②물품을 진상함. ③물품을 내어 줌.
1691)지우다 : 쓰러뜨리다. 눕히다.
1692)셰엄(勢嚴) : 세력. 권력이나 기세의 힘.
1693)위권(威權) : 위세와 권력을 아울러 이르는 말.

니, 믄득 안흐로 조추 우레 곳튼 소릭를 윈 골안이 드레며 연부인이 나와 고셩대즐 왈,

"즈긱이 졍당의 드러와 진뎨 듕상(重傷)ᄒᆞ여, 몽징이 즈긱의 흉셔 빠지온 거술 엇다 ᄒᆞ니, ᄉᆞ단(事端)과 곡직(曲直)이 십분 명빅ᄒᆞ거놀, 네 쏘다시 무어시 미흡ᄒᆞᆫ 일이 잇관ᄃᆡ, 복향을 다시 극형으로 져주고져 ᄒᆞᄂᆞ다?"

태위 ᄃᆡ왈,

"복향의 초ᄉᆡ 만만무거(萬萬無據)ᄒᆞᆫ 곳이 만솝고, 즈긱의 돌【63】입홈과 흉셔의 ᄉᆞ단이 명빅ᄒᆞ다 ᄒᆞ오니[나] 오히려 밋지 못ᄒᆞᆯ 곳이 만ᄉᆞ오니, ᄒᆞᆫ갓 요비(妖婢)의 궁흉요샤(窮凶妖邪)ᄒᆞ미 ᄆᆡ를 {못}견ᄃᆡ여 실초를 아니ᄒᆞ옵고, 불측ᄒᆞ미 여러 가지오니, 복초를 족히 밋어 경이(輕易)히 쳐결ᄒᆞ리잇가? 이러므로 그 실초를 ᄒᆞ도록 져주워 진짓 슈악(首惡)을 잡아 근본을 킈오미 맛당ᄒᆞ오니, 엇지 ᄒᆞᆫ갓 요비의 쳔빅가지로 변화ᄒᆞᄂᆞᆫ 사초(詐招)1694)를 밋ᄉᆞ와, 듕옥(重獄)을 모호히 결단ᄒᆞ여, 진짓 죄자(罪者)ᄂᆞᆫ 안연무ᄉᆞ(晏然無事)ᄒᆞ고 무죄재(無罪者) 만일 죄에 복(伏)ᄒᆞ오면, 엇지 원억지 아니ᄒᆞ리잇고? ᄒᆡᄋᆡ(孩兒) 암용【64】ᄒᆞ오나 임의 혜아리미 이시며, 왕부대야(王父大爺)와 대인의 명교를 밧즈와시니, 듕옥을 명뎡쳐치(明正處置)ᄒᆞ옵고져 ᄒᆞ옵ᄂᆞ니, 일노ᄡᅥ 즈위 셩녀를 허비ᄒᆞ실 빈 아니오니, 복원 태태ᄂᆞᆫ 이런 대ᄉᆞ의 간예(干預)치 마라시고, 물우셩녀(勿憂聖慮)ᄒᆞ샤 ᄉᆞ실의 도라가 안휴(安休)ᄒᆞ쇼셔. 쇼ᄌᆡ 맛당이 명졍기죄(明正其罪)ᄒᆞ야 원억ᄒᆞᆫ 경상(景狀)이 업게 ᄒᆞ리이다."

연부인 왈,

"불초ᄌᆡ 오히려 뎡가 요물의 ᄉᆡᆨ염(色艶)을 과혹(過惑)ᄒᆞ야 그 죄를 벗기고져 ᄒᆞᄂᆞᆫ 고로, 복향을 다시 츄문ᄒᆞ려 ᄒᆞ니 엇지 통ᄒᆡ(痛駭)치 아니리오. 초ᄉᆡ 십분 명빅ᄒᆞ니 일호(一毫) 희미ᄒᆞ미 업고, 【65】뎡가 요물 대악이 아니면 질ᄋᆞ를 그러틋 해ᄒᆞ리 업술지라. 내 이제 당당이 뎡녀를 ᄭᅳ어ᄂᆡ여, 복향으로 ᄃᆡ면질뎡(對面質正)ᄒᆞ리니, 불쵸ᄌᆞᄂᆞᆫ 나의 쳐치를 보라."

셜파의 금군(錦裙)을 썰치고 니러서니, 태위 모친의 움즉이ᄂᆞᆫ 바의 ᄒᆡ게(駭擧) 업지 아닐 바를 혜아려, 년망이 붓드러 왈,

"ᄋᆞᄒᆡ 무지불인(無智不仁)ᄒᆞ오나 불쇠 ᄌᆞ교(慈敎)를 대단이 거ᄉᆞᄅᆞ미 업솝ᄂᆞᆫ지라. 복향을 다시 뭇지 말과져 ᄒᆞ시면, 긋ᄐᆞ여 이심이 뭇지 아니ᄒᆞ오리니, 원컨ᄃᆡ 존톄를 ᄀᆞ빈야이 상해오지 마ᄅᆞ쇼셔."

연부인이 임의 몹쓸 셩【66】ᄉᆡᆨ(性息)1695)을 발ᄒᆞ여시니, 엇지 태우의 말을 드ᄅᆞ리오. 소ᄅᆡ를 질으고 태우를 밀치며 계에 ᄂᆞ리다라니, 태위 ᄒᆞᆯ일업서 노복을 츼우고 ᄂᆡ루 즁문ᄀᆞ지 드ᄅᆞ시믈 보고, 다시 나와 복향을 참형(慘刑)으로ᄡᅥ 실초를 밧으려홀식,

---

1694)사초(詐招) : 거짓 초사. *초사(招辭) : 조선 시대에, 죄인이 범죄 사실을 진술한 글.
1695)셩식(性息) : 성정(性情). 성질과 심정. 또는 타고난 본성.

놉흔 호령으로 쇠를 달호라 ᄒᆞ고, ᄉᆞ예를 ᄭᆞ지저 힘을 다ᄒᆞ라 ᄒᆞ며, 복향을 엄문 왈,

"너의 두번 초ᄉᆡ 다 ᄆᆡᆼ낭지ᄉᆡ(孟浪之事)[1696]오, 직최(直招) 아니라. 내 임의 간비(奸婢)의 사초를 명ᄇᆡᆨ히 아ᄂᆞ니, 이제나 직초(直招)를 알외여 혹형을 지리히 밧지 말나."

복향이 오히려 간독(奸毒)ᄒᆞᆫ 졍신【67】이 이셔 ᄃᆡ왈,

"뎡쇼져의 죄과를 다 고ᄒᆞ여시니, 이 밧근 고ᄒᆞᆯ 말ᄉᆞᆷ이 업서이다."

ᄒᆞ더니, 형벌을 다시 더으지 못ᄒᆞ여서 복향이 무ᄉᆞᆫ 소ᄅᆡ를 지ᄅᆞ고 진(盡)ᄒᆞᄂᆞᆫ 거동을 ᄒᆞ니, 태위 복향을 통ᄒᆡᄒᆞ미 고ᄃᆡ 일만 조각의 ᄡᅳ저, 그 머리를 버히고 슈족을 자ᄅᆞ고져 ᄒᆞ나, 향을 죽인즉 뎡쇼져의 누얼을 신ᄇᆡᆨᄒᆞᆯ 조각이 업ᄉᆞᆯ 고로, 아직 살오려 ᄒᆞ여 ᄉᆞ지노ᄌᆞ(事知奴者)로 ᄒᆞ야금 구호ᄒᆞ라 ᄒᆞ고, 몬져 복향의 초ᄉᆞ를 가져 ᄇᆡᆨ일뎡으로 향ᄒᆞ니, 이러틋 분난(紛亂)ᄒᆞᆯ 즈음에, 밤이 오경(五更)[1697] 북이 동ᄒᆞᄂᆞᆫ【68】지라.

연부인이 뎡쇼져를 ᄭᅳ어 복향으로 ᄃᆡ면을 식여 누욕(累辱)을 ᄒᆞᆫ업시 수죄(數罪)ᄒᆞ고, 일신을 난타ᄒᆞ여 분을 풀고, 다시 노공 부부의 쳐치를 보고져 ᄒᆞ여 분분이 ᄎᆔ원각의 니ᄅᆞ니, 윤부인이 존고 침당의셔 도라오지 아냣고, ᄋᆞ쇼져 등도 조모의 놀나시믈 황황ᄒᆞ여 다 일취뎐의 드러가고, 뎡쇼져ᄂᆞᆫ 거취 예ᄉᆞ사ᄅᆞᆷ과 달나 유ᄌᆞ를 짐살(鴆殺)코져 ᄒᆞᄂᆞᆫ 죄루를 시럿고, 구고의 명이 협실의 이셔 즁회즁(衆會中)에 나지 말나 ᄒᆞ엿ᄂᆞᆫ 고로, 감히 일취뎐의 나아가지 못ᄒᆞ고, ᄌᆞᄀᆡᆨ이 존당의 돌입ᄒᆞ여 됴부【69】인을 하슈(下手)코져 ᄒᆞ다가, 그릇 진부인을 상해오믈 드ᄅᆞ니, 신녕ᄒᆞᆫ 지식의 ᄌᆞ긔 누얼이 불우히 기ᄅᆞᆷ을 더으며, 눈 우ᄒᆡ 서리 쳠가ᄒᆞ믈 기리 탄ᄒᆞ여, 명되 궁험(窮險)ᄒᆞ믈 쳑연ᄒᆞ나, 이 본ᄃᆡ 창ᄒᆡ지심(蒼海之心)이라. 무심무려히 잔등(殘燈)을 ᄃᆡᄒᆞ엿더니, 홀연 벽녁 ᄀᆞᆺ튼 소ᄅᆡ로

"《요긔‖요괴(妖怪)》 달긔(妲己)[1698]년아!"

ᄒᆞ며, 연부인이 달녀드니, 쇼졔 몸을 움즉이며 사일츄광(斜日秋光)[1699]으로 연부인을 쳠망(瞻望)ᄒᆞᄆᆡ, 만면노ᄉᆡᆨ(滿面怒色)으로 드러오ᄂᆞᆫ 거동이 더욱 무서오ᄃᆡ, 쇼졔 불변안ᄉᆡᆨ(不變顔色)ᄒᆞ고 공경ᄒᆞᄂᆞᆫ 녜를 잡을 ᄲᅮᆫ이니, 늠연ᄒᆞᆫ 긔상이 ᄉᆡᆨ【70】ᄉᆡᆨ 녈슉(烈肅)ᄒᆞ여, 견자로 ᄒᆞ야금 송연(悚然)케 ᄒᆞ니, 져 광ᄑᆡᄒᆞᆫ 흉ᄒᆞᆫ 셩(性)이 녈화(熱火) ᄀᆞᆺ치 발ᄒᆞ엿거니, 브지블각에 무쇠 ᄀᆞᆺ튼 손으로 그 운발(雲髮)을 잡으니 ᄆᆡᆺ그러워 잡히지 아니나, 힘을 다ᄒᆞ여 벽에 브ᄃᆡ이져 옥 ᄀᆞᆺ튼 목을 트리쳐쥐고[1700] 고셩(高聲) 즐왈,

"요괴년이 하문 남녀를 다 뭇지라고져 ᄒᆞ여, ᄌᆞᄀᆡᆨ을 드려 존당을 범코져 ᄒᆞ니, 죄악

1696)ᄆᆡᆼ낭지ᄉᆡ(孟浪之事) : 전혀 믿을 구석이 없는 허망한 일.

1697)오경(五更) : 하룻밤을 다섯 부분으로 나누었을 때 맨 마지막 부분. 새벽 세 시에서 다섯 시 사이이다.

1698)달긔(妲己) : 중국 은나라 주왕의 비(妃). 왕의 총애를 믿어 음탕하고 포악하게 행동하였는데, 뒤에 주나라 무왕에게 살해되었다. 하걸(夏桀)의 비 매희(妺喜)와 함께 망국의 악녀로 불린다.

1699)사일츄광(斜日秋光) : 비스듬히 내려 뜬 가을 햇빛처럼 밝은 눈빛.

1700)트리쳐쥐다 : 틀어쥐다. 단단히 꼭 쥐다.

이 관영(貫盈)ᄒᆞ고 흉교간활(凶狡奸猾)ᄒᆞ미 만고(萬古)의 무비(無比)ᄒᆞ니, 네 비록 흉계 밀밀(密密)ᄒᆞ나, 텬일(天日)이 직상(在上)ᄒᆞ고 신명(神明)이 직방(在傍)ᄒᆞ니, 엇지 너의 흉음극악(凶淫極惡)을 도을 니 이시리오. 네 죄 【71】 를 새로이 닐ᄋᆞ지 아니나, 마가놈과 유졍ᄒᆞᆫ 일이 쇼연(昭然)ᄒᆞ고, 복향으로 모ᄉᆞ(謀事)ᄒᆞ미 분명ᄒᆞ거놀, 엇지 이미타 ᄒᆞ리오."

ᄒᆞ고, 폴을 닛그러 뎡ᄒᆞ(庭下)의 ᄂᆞ려오니, 뎡쇼졔 안연(晏然)이 고왈,

"이제 복향으로 ᄃᆡ면질뎡(對面質正)ᄒᆞᄂᆞᆫ 히괴(駭怪)ᄒᆞ미 이신 후, 쇼쳡의 죄를 붉히 알아시미 되리잇가? 스ᄉᆞ로 ᄉᆞ죄(死罪)를 밧ᄌᆞ올지언뎡, 복향으로 언힐징젼(言詰爭戰)ᄒᆞ여, 참혹(慘酷) 비아(卑阿)ᄒᆞᆫ 거조의 니ᄅᆞ지 못ᄒᆞ리로 소이다."

언파의 뜰 가온ᄃᆡ 굿이 업ᄃᆡ여시니, ᄑᆞ란 머리 산산(散散)ᄒᆞ여 ᄡᅡ 우ᄒᆡ ᄒᆞᆫ ᄣᅦ 거믄 구름이 덥히이고, ᄑᆞ란 안개 ᄀᆞ득ᄒᆞᆫ 돗, 신농(神龍) 【72】 이 오싀 닌갑(鱗甲)[1701]을 거ᄉᆞ린 돗, ᄀᆞᄂᆞᆫ 허리 묘묘(妙妙)ᄒᆞ여 잉틱(孕胎) 만월(滿月)ᄒᆞ여시ᄃᆡ, 셰쇼(細小)ᄒᆞ미 줌[1702] 안에 나지 못ᄒᆞ니, 고은 나뷔 화당(花壇)의 업ᄃᆡ엿ᄂᆞᆫ 돗, 긔묘ᄒᆞ믈 측냥치 못ᄒᆞ니, 연부인의 광픽(狂悖)ᄒᆞ므로도 손 슷치 플니니[이]고, 졍신이 황홀ᄒᆞ여 잠간 보믹, 무루녹은 귀밋촌 쳔틱(川澤)의 어람을 더러이 넉이니, 그 존귀ᄒᆞᆫ 몸이 파쳔(播遷)ᄒᆞ야 뜰 아릭 죄 기다리ᄂᆞᆫ 하쳔(下賤) 장확복부(臧獲僕夫)[1703]의 거동이 되여 죽은 다시 업ᄃᆡ여 숨소릭도 듯지 못ᄒᆞ고, 호발(毫髮)도 요동(搖動)치 아니니, ᄯᅩ 그 사랏ᄂᆞᆫ 줄을 ᄭᅵ닷지 못ᄒᆞᄂᆞᆫ지라.

쇼져의 시녀 츄 【73】 홍 등은 심신이 황황(惶惶)ᄒᆞ여 잡혀 나아가므로 인ᄒᆞ여, 쇼져를 뫼시지 못ᄒᆞ고, 방노픽 홀노 잇더니, ᄎᆞ경을 당ᄒᆞ여 비분통원(悲憤痛寃)ᄒᆞ믈 니긔지 못ᄒᆞ여, 믄득 통곡ᄒᆞ믈 참지 못ᄒᆞ고, 윤부인의 시ᄋᆞ 등이 잡혀가ᄂᆞᆫ 츄홍을 보나, 그 곡졀을 모로므로 함구묵연(緘口默然)이러니, 연부인이 쇼져를 ᄭᅳ드러 이 ᄀᆞᆺ치 흉픽히 굴기의 니ᄅᆞ러ᄂᆞᆫ, 망극ᄒᆞ믈 니긔지 못ᄒᆞ여, 썔니 슉강쇼져긔 고ᄒᆞ니, 쇼제 일취뎐 의셔 조모를 뫼셧다가 이 소식을 듯고, 황망이 취원각의 니ᄅᆞ믹, 뎡쇼져의 거동이 참불 【74】 잉견(慘不忍見)[1704]이오. 연부인이 노ᄒᆞᄂᆞᆫ 돗, 이상이 넉이ᄂᆞᆫ 돗, 고ᄃᆡ 무러 먹을 돗 죽이고져 ᄒᆞᄃᆡ, 이 ᄀᆞᆺ튼 사ᄅᆞᆷ을 죽이면 텬벌(天罰)을 닙을가, 그 ᄉᆞ이에 두려ᄒᆞ고 결(決)치 못ᄒᆞ여, ᄆᆞ음을 뎡치 못ᄒᆞᄂᆞᆫ 거동과, 뒤록이ᄂᆞᆫ 눈알과 지긋거리ᄂᆞᆫ 모양이 가관이러라.

쇼제 썔니 뎡쇼져의 헛튼 머리를 거두며 실셩비읍 왈,

"태태(太太)[1705] 엇진 연고로 뎡형을 이러톳 뎡하(庭下)의 죄인을 삼으샤, 일시의

1701)닌갑(鱗甲) : 악어, 거북 따위와 같은 동물의 비늘 모양의 딱딱한 껍데기.
1702)줌 : '주먹'의 준말.
1703)장확복부(臧獲僕夫) : 남녀종을 아울러서 이르는 말.
1704)참불잉견(慘不忍見) ; 참혹하여 차마 눈뜨고 볼 수 없음.
1705)태태(太太) : 예전에 '어머니'를 이르는 말.

맛고져 ᄒᆞ시ᄂᆞ니잇고? 만승의 위엄으로도 필부(匹夫)를 죽이ᄆᆡ 문의(問議)ᄒᆞ여 일국이 가살(可殺)이라 ᄒᆞᆫ 후에 죽여야 장ᄎᆞᆺ 후셰 시비를 【75】 면ᄒᆞᄂᆞ니, ᄒᆞ믈며 ᄌᆞ위ᄂᆞᆫ 규방의 슈션방젹(繡線紡績)을 ᄀᆞ음아ᄂᆞᆫ 부인으로, 우리 집이 쳘부셩ᄉᆡᆨ(哲婦聲色)을 구ᄒᆞ미 아녀, 녀ᄌᆞ의 ᄒᆡᆼ(行)을 취ᄒᆞ시ᄂᆞᆫ 고로, 슉셩 슉모 ᄀᆞᆺᄐᆞᆫ 부인도 스ᄉᆞ로 츌인지덕(出人之德)과 츌인지ᄒᆡᆼ(出人之幸)을 나타ᄂᆡ지 아니ᄒᆞ고, 평ᄉᆡᆼ의 쳥검(淸儉)키를 쥬ᄒᆞ샤, 졔뫼(諸母) 다 ᄒᆞᆫ가지로 겸손비약(謙遜卑弱)기를 웃듬ᄒᆞ시거ᄂᆞᆯ, ᄌᆞ위ᄂᆞᆫ 슌편(順便)ᄒᆞᆫ 가법과 녜모를 손상(損傷)ᄒᆞ시고, 존듕ᄒᆞ신 톄위와 어진 덕을 니ᄌᆞ샤, 실덕ᄒᆞ믈 ᄉᆡᆼ각지 아니시ᄂᆞ니잇가?"

셜파의 뎡소져를 붓드더라. 【76】

윤하뎡삼문취록 권지삼십팔

ᄎᆞ시 슉강쇼졔 셜파의, 뎡쇼져를 붓드러 즁계(中階)의 올으믈 쳥ᄒᆞ나, 쇼졔 요동치 아니ᄒᆞ니, 연부인이 슉강의 유법단일(有法單一)ᄒᆞ믈 괴로이 넉이ᄂᆞᆫ 거시 아니라, 가즁 졔인이 다 일취뎐의 드러간 ᄯᆡ를 타 뎡시를 핍박ᄒᆞ여, 외루로 다려다가 복향으로 면질(面質)ᄒᆞᄂᆞᆫ 욕을 당콰져 ᄒᆞ엿다가, 뎡시 죽기를 그음ᄒᆞ여 계에 부복ᄒᆞ고, 슉강이 ᄯᅩ ᄒᆞᆫ 울며 간ᄒᆞ믈 보ᄆᆡ, 분ᄒᆞ미 뎡시와 슉강을 즛두다려 분을 플고져 ᄒᆞ나, 이곳이 윤부인 침뎐【1】이니, 부인이 도라오다가 보면 무안(無顔)ᄒᆞᆯ지라. 스ᄉᆞ로 분을 참고 슉강을 ᄭᅮ지져 왈,

“여등이 뎡시 알기를 당금녀ᄉᆞ(當今女史)ᄀᆞᆺ치 ᄒᆞ여, 그 ᄒᆡᆼ실을 ᄇᆡ호고져 ᄒᆞ더니, 졈졈 그 음흉ᄒᆞ미 ‘곳비 길ᄆᆡ 드ᄃᆡ이ᄂᆞᆫ’ 환(患)을 면치 못ᄒᆞ니, 이제 존당을 시살(弑殺)코져 ᄒᆞᄂᆞᆫ 흉인을 위ᄒᆞ여, 져ᄀᆞᆺ치 슬허ᄒᆞ미 가ᄒᆞ냐? 그 죄를 의논ᄒᆞᆯ진ᄃᆡ, 녀후(呂后)1706)의 투악(妬惡)과 측텬(則天)1707)의 흉교(凶狡)ᄒᆞᄆᆡ 두 번 더은지라. 몽셩이 오히려 그 요ᄉᆡᆨ(妖色)을 과혹(過惑)ᄒᆞ여, 죄범(罪犯)이 원억ᄒᆞᆫ가 넉이고, 네 ᄯᅩ 오라비 ᄆᆞᄋᆞᆷ을 밧아, 요녀 두둔ᄒᆞ기를 못밋출 【2】 듯ᄒᆞ며, 나를 찰찰(察察)이 시비(是非)ᄒᆞ여 뎡녀의 불 ᄀᆞᆺᄐᆞᆫ 원망을 도도니, 이ᄂᆞᆫ 반다시 네 나의 긔출(己出)이 아닌 연괴라. 사ᄅᆞᆷ마다 네 외왕모(外王母) 뉴부인 ᄀᆞᆺ치 구밀복검(口密腹劍)ᄒᆞ고, 간활능교(奸猾能狡)ᄒᆞ믈 ᄇᆡ호지 못ᄒᆞ엿ᄂᆞ니, 나의 허물을 초공도 금치 못ᄒᆞ거든, 너 쇼ᄋᆡ 감히 시비ᄒᆞ랴?”

쇼졔 졍ᄉᆡᆨ 왈,

“태태(太太)의 말ᄉᆞᆷ이 ᄒᆞᆫ 말ᄉᆞᆷ도 법 되시미 업고, 쇼녀를 친ᄉᆡᆼ이 아니믈 닷토시고, 외왕모의 셕년 과실을 닐ᄏᆞ라 쇼녀로 ᄒᆞ야금 다시 간ᄒᆞᆯ 말ᄉᆞᆷ이 업게 ᄒᆞ시,니 외왕뫼 셕일 ᄒᆡᆼᄉᆞᄂᆞᆫ 엇더ᄒᆞ시던지, 후ᄉᆡᆼ(後生)이 【3】 아지 못ᄒᆞ나, 당금(當今)ᄒᆞ여ᄂᆞᆫ 그 어지라시믈 보온즉, 만무일흠(萬無一欠)이시니, 허물이 이시나 곳치시미 귀ᄒᆞ믄 셩교의 허

1706)녀후(呂后) : BC241-180. 중국 한고조의 황후. 성은 여(呂). 이름은 치(雉). 고조를 보좌하여 진말(秦末)·한초(漢初)의 국난을 수습하였으나, 고조가 죽은 뒤 실권을 장악하여, 고조의 애첩인 척부인(戚夫人)과 척부인 소생 왕자 조왕(趙王)을 죽이는 등 포악을 일삼아, 측천무후(則天武后), 서태후(西太后)와 함께 중국의 3대 악녀로 꼽힌다.

1707)측텬(則天) : 624-705. 당(唐)나라 고종의 황후 측천무후(則天武后). 이름 무조(武曌). 중국의 대표적인 여성권력자의 한 사람으로, 아들 중종(中宗)을 폐위하고 스스로 황위에 올라 국호를 ‘주(周)’로 고치고 성신황제(聖神皇帝)라 칭했다.

ᄒᆞ신 ᄇᆡ라. 태태 새로이 시비ᄒᆞᆯ ᄇᆡ 아니로소이다. 연이나 뎡형의게 ᄒᆞ시는 바는 ᄌᆞ위 크게 실덕ᄒᆞ시미니, 쇼네 엇지 태태를 의뫼(義母)라 ᄒᆞ여 ᄆᆞ음의 가치 아닌 바를 발셜치 못ᄒᆞ리잇고? ᄋᆞ히 불초ᄒᆞ나 삼위(三位) ᄌᆞ뎡(慈庭)을 셤기오ᄆᆡ, 일즉 간격ᄒᆞ미 호발도 업ᄂᆞ이다."

연부인이 쇼져의 평일 브드럽고 화열ᄒᆞ야, 일즉 단엄ᄒᆞᆫ 빗출 보지 못ᄒᆞ고, ᄒᆞᆫ갈ᄀᆞ치 온슌ᄒᆞᆯ ᄲᅮᆫ이오, 죵일 【4】 토록 사ᄅᆞᆷ이 뭇는 말이 업ᄉᆞ면 입을 여지 아니니, 도로혀 고이히 넉이다가, 금일 말솜이 이ᄀᆞᆺᄐᆞᆷ을 드ᄅᆞᄆᆡ, ᄌᆞ가를 업수히 넉이는가 분완(憤惋)ᄒᆞ고, 뎡시를 두둔ᄒᆞ미 혈심의 비로ᄉᆞᆷ을 믜이 넉여, 불연(勃然) 대ᄆᆡ(大罵) 왈,

"나히 이뉵(二六)이 ᄎᆞ지 못ᄒᆞᆫ 거시, 뎡가 요물에 음ᄒᆡᆼ악ᄉᆞ(淫行惡事)를 흠모ᄒᆞ여 ᄇᆡ호고져 ᄒᆞ니, 타일의 사ᄅᆞᆷ을 셤기ᄆᆡ, 반다시 변을 만나 온젼이 복을 누리지 못ᄒᆞᆯ 거시라. 일분이나 규슈의 결쳥(潔淸)ᄒᆞᆫ ᄆᆞ음이면, 져 음부찰녀(淫婦刹女)를 위ᄒᆞ여 이ᄃᆡ도록 아닐 거시로ᄃᆡ, 뉴뉴상죵(類類相從)으로 불인(不人)의 거 【5】 시, 타일 간부(間夫)를 유졍(有情)ᄒᆞᆯ 삭1708)시로다."

쇼졔 하쉬(河水) 머러 귀를 싯지 못ᄒᆞ고, ᄆᆞ음의 더러오미 창ᄒᆡ슈(蒼海水)로 일신을 싯고져 ᄒᆞ나 밋지 못ᄒᆞ니, 기리 탄식 왈,

"모친 말솜이 이ᄀᆞᆺᄐᆞ시니 쇼네 간ᄒᆞ여 그러히 넉이시믈 엇지 못ᄒᆞ고 ᄌᆞ위 실덕만 일위니 이 ᄯᅩ 쇼녀의 불초ᄒᆞ미로소이다."

연시 광망ᄒᆞᆫ 셩도를 다ᄒᆞ여 이 쇼져를 난타치 못ᄒᆞ고, 분을 서○[르]져1709) 말을 아니ᄒᆞ더니, 윤부인이 ᄉᆞ침(私寢)의 도라올ᄉᆡ, 계젼(階前)에 다ᄃᆞ라 이 경상을 보고 만분(萬分) ᄒᆡ괴(駭怪)ᄒᆞ나 곡직을 뭇지 아니ᄒᆞ니, 연부인 【6】 이 마조 ᄂᆡ다라 윤부인을 보며 션발졔인(先發制人)으로 슈산돈족(手散頓足) 왈,

"부인아! 부인아! 텬지간에 이런 변도 이시며, 뎡녀 ᄀᆞᆺᄐᆞᆫ 간음발부(奸淫悖婦)도 잇ᄂᆞ니잇가?"

부인이 침음(沈吟) 냥구(良久)의 왈,

"뎡현부의 죄명은 아모 곳에 밋처도, 구괴 우히 계시고 부ᄌᆡ(夫子) 계시니 강명(剛明)ᄒᆞᆫ 쳐치 계실지라. 부인과 쳡은 고모(姑母)의 졍으로ᄡᅥ 유죄무죄간 그 누얼(陋孼)이 참참(慘慘)ᄒᆞᆷ을 츄연(惆然)ᄒᆞ며 불ᄒᆡᆼ○[히] ᄒᆞᆯ ᄲᅮᆫ이니, 이러ᄐᆞᆺ 분난(紛亂)ᄒᆞᆯ 일이 아니라, 엇지 부도(婦道)의 고요 안졍ᄒᆞᆷ을 ᄉᆡᆼ각지 아니시ᄂᆞ뇨? 아지못게라, 존구(尊舅)의 명과 부ᄌᆞ의 명 【7】 이 엇더ᄒᆞ시관ᄃᆡ, 뎡현뷔 져ᄃᆡ도록 놀나온 경ᄉᆡᆨ으로 ᄃᆡ죄(待罪)ᄒᆞᄂᆞ뇨?"

언파의 《늠염‖늠연(凜然)》 불열(不悅)ᄒᆞ고, ᄉᆞᆨ연이 혜풍화긔(惠風和氣) 밧고여 ᄒᆞᆫ긔(寒氣)를 ᄯᅴ인 ᄃᆞᆺ, 엄연 ᄉᆡᆨᄉᆡᆨᄒᆞᆫ 거동이 사ᄅᆞᆷ으로 ᄒᆞ야금 불감앙시(不敢仰視)ᄒᆞᆯ 위풍

1708)삭 : 싹. 움트기 시작하는 현상 따위의 시초를 비유적으로 이르는 말.
1709)서릇다 : 거두다. 걷어치우다. 정리하다. 없애다. 죽이다.

이 이시며, 그 법다온 말ᄉᆞᆷ과 네듕ᄒᆞᆫ 위의ᄅᆞᆯ ᄃᆡ히ᄆᆡ, 불인 흉험재 참안슈치(慙顔羞恥)ᄒᆞ여 몸둘 ᄇᆡᄅᆞᆯ 아지 못ᄒᆞᄂᆞᆫ지라.

연부인의 우ᄑᆡ망측(愚悖罔測)ᄒᆞ므로도 윤부인을 깁히 긔경(起敬)ᄒᆞ여 ᄀᆞᄇᆡ야이 넉이지 못ᄒᆞ던 바로ᄡᅧ, 금일 불열ᄒᆞᆫ 빗출 ᄃᆡᄒᆞ여, 뎡시의 계하ᄃᆡ명(階下待命)ᄒᆞᄂᆞᆫ ᄉᆞ단이 【8】 뎡국공의 명이므로 아ᄂᆞᆫ 바ᄅᆞᆯ ᄀᆞ장 민민(憫憫)ᄒᆞ여, 오ᄅᆡ도록 말이 업더니, 날호여 ᄀᆞᆯ오ᄃᆡ,

"부인은 뎡시의 죄과ᄅᆞᆯ 듯지 못ᄒᆞ여 계시니잇가?"

윤부인이 졍ᄉᆡᆨ 왈,

"ᄋᆞ부(我婦)ᄂᆞᆫ 녀듕셩인(女中聖人)이라. 그 명도ᄅᆞᆯ 험난이 타난 바ᄅᆞᆯ ᄒᆞᆫᄒᆞᆯ 밧, 다ᄅᆞᆫ 일은 나모라 ᄒᆞᆯ 거시 업ᄉᆞ니, 죄명이 아모 곳에 밋처셔도, '증삼(曾參)의 살인'[1710]과 '쥬공(周公)이 동관(東關)의 머므라심'[1711] ᄀᆞᆺᄐᆞ니, 무ᄉᆞᆷ 의심될 일이 이시리오?"

연부인 왈,

"부인이 몽셩의 심ᄉᆞ ᄀᆞᆺᄐᆞ여, 뎡시의 밧 얼골이 슉연(淑然)ᄒᆞ므로ᄡᅧ, 안 ᄆᆞ음도 결졍(潔淨)ᄒᆞᆫ가 넉이시거니와, 극 【9】 악간흉(極惡姦凶)ᄒᆞᆷ과 흉독파측(凶毒叵測)[1712]ᄒᆞᄆᆞᆫ 텬디의 둘히 업ᄂᆞᆫ지라. 부인이 비록 ᄌᆞ부ᄅᆞᆯ ᄉᆞ랑ᄒᆞ시나, 져 뎡시의 간흉과 존당을 시살코져 ᄒᆞ며 존문을 뭇지라고져 ᄒᆞᆫ 후ᄂᆞᆫ, 그 원쉬 하늘을 ᄒᆞᆫ가지로 니지 못ᄒᆞᆯ 빈 줄을 ᄉᆡᆼ각지 못ᄒᆞ시ᄂᆞ니잇가?"

윤부인 왈,

"뎡시의 죄명이 비록 부월(斧鉞)의 님ᄒᆞᄆᆡ 밋처도, 부인과 나의 도리 부ᄌᆞ의 쳐치ᄅᆞᆯ 볼 쌘이라. 부인이 홀노 이ᄀᆞᆺ치 분분ᄒᆞᆯ ᄇᆡ 아니니, 모로미 쳡과 ᄒᆞᆫ가지로 입실ᄒᆞ사이다."

연부인이 복향의 초ᄉᆞᄅᆞᆯ 일일이 젼ᄒᆞ고, 뎡 【10】 시의 간활(奸猾)ᄒᆞ미 반다시 원통ᄒᆞ롸 발명ᄒᆞᆯ 거시니, ᄡᅥ어ᄂᆡ여 외루(外樓)의 가 복향과 면질ᄒᆞ려 ᄒᆞ던 바ᄅᆞᆯ 고ᄒᆞ니, 부인이 텽파의 더옥 참혹ᄒᆞ믈 니긔지 못ᄒᆞ여, 친히 뎡시ᄅᆞᆯ 닛그러, 니라혀 왈,

"누얼이 참참(慘慘)ᄒᆞ고 죄명이 망극ᄒᆞ나, 텬일(天日)이 ᄌᆡ상(在上)ᄒᆞ고 일월이 홍조(弘照)ᄒᆞ니, 현부의 인효덕ᄒᆡᆼ(仁孝德行)이 신명을 감동ᄒᆞᆯ지라. 현부의 텬디 ᄀᆞᆺᄐᆞᆫ 도량과 하ᄒᆡ(下海)ᄀᆞᆺᄐᆞᆫ ᄆᆞ음으로ᄡᅧ, 이ᄅᆞᆯ 모ᄅᆞᆯ 거시 아니로ᄃᆡ, 향ᄀᆡᆨ(向刻) 연부인의 실톄ᄒᆞ미 대단ᄒᆞ믈 인ᄒᆞ여 반다시 놀나시려니와, 져 부인의 언ᄉᆡᆨ 광망(狂妄) 【11】 ᄒᆞ믈 현

1710)증삼(曾參)의 살인(殺人) : 헛소문, 또는 잘못된 소문. 증자의 어머니가 증자가 사람을 죽였다는 헛된 소문을 듣고 베 짜던 북을 던지고 사건 현장으로 달려갔다는 고사 곧 '증모투저(曾母投杼)에서 유래된 말.

1711)쥬공(周公)이 동관(東關)의 머므라심 : 누군가를 해하기 위해 고의적으로 지어서 퍼트린 참언(讒言), 중국 주나라 때, 주공이 어린 조카 성왕(成王)을 섭정하자, 그의 형 관숙(管叔)과 아우 채숙(蔡叔) 등이 주공이 장차 어린 조카를 해할 것이라는 유언비어를 퍼트려 모해한 사건이 있었는데, 이 일로 주공이 2년 간 나라 동쪽[=동관(東關)]으로 피해 있었던 일을 말한다. 『서경』 <周書>에 나온다.

1712)흉독파측(凶毒叵測) : 흉악하고 독하기가 비할 데 없음.

뷔 ᄭᅴ다롤지라. 당치 아닌 죄과의 즐욕수죄(叱辱數罪)ᄒᆞ믄 불응텽이(不應聽耳)홈도 해롭지 아니ᄒᆞ니, 이 ᄀᆞᄐᆞᆫ 밍낭지언(孟浪之言)으로ᄡᅥ 나의 ᄆᆞ음을 놀납게 말고, 도로 협실의 드러가 존당 쳐결을 기다리라.”

쇼제 셩은을 사례ᄒᆞ고, 협실의 들기를 굿이 ᄉᆞ양 왈, ‘죄명이 망극ᄒᆞ고 누얼이 흉히(凶駭)ᄒᆞ니, 감히 고루치당(高樓彩堂)의 머므지 못ᄒᆞ올지라. 일간 하실(下室)1713)을 어더 셕고ᄃᆡ죄(席藁待罪)1714)홀 바룰’ 주ᄒᆞ니, 부인이 참담ᄒᆞ고 잔잉ᄒᆞ미 골졀이 녹ᄂᆞᆫ 둧, 항뉘(行淚) 비비(霏霏)ᄒᆞ여 ᄆᆞ음을 뎡치 못ᄒᆞ나, 쇼져의 청ᄒᆞᄂᆞᆫ ᄇᆡ ᄉᆞ리(事理)의 【12】 당연ᄒᆞ니, 욱여 협실의 드리미 무익ᄒᆞ여, 취운각 겻 ᄒᆞᆫ 간 비실(鄙室)을 갈히여 쇼져를 머물나 ᄒᆞᆫᄃᆡ, 쇼제 셩은을 감골(感骨)ᄒᆞ여 눈물을 먹음고 ᄉᆞᄇᆡ이퇴(四拜而退)1715)홀ᄉᆡ, 슉강쇼제 참아 ᄯᅥ나지 못ᄒᆞ여 ᄒᆞᆫ가지로 조ᄎᆞ니, 부인이 굿ᄐᆞ여 말니지 아니ᄒᆞ고, 다만 연시를 청ᄒᆞ여 입실ᄒᆞᄆᆡ, 기리 탄식ᄒᆞ고 눈물을 드리워 ᄀᆞᆯ오ᄃᆡ,

“쳡의 젹앙(積殃)이 듕ᄒᆞ여 이의 뎡시의게 그 죄 밋ᄎᆞ니, 븟그리고 슬허홀 ᄲᅮᆫ이라. 누고를 원ᄒᆞ리오. 다만 쳡이 부인의 힝ᄉᆞ를 고이히 넉이나, 이의 부인을 ᄃᆡᄒᆞ여 셜파(說破) 【13】 치 못ᄒᆞᆷ은 쳡의 언둔(言鈍)ᄒᆞ미라. 몽셩이 비록 부인의 긔츌이 아니나, 부인의 탈연비쇽(脫然非俗)1716)ᄒᆞ므로ᄡᅥ, 가부의 ᄌᆞ녀ᄅᆞᆯ 다 부인 친싱 ᄀᆞᆺ치 알아 타츌(他出)이믈 ᄉᆡᆼ각지 아닛ᄂᆞᆫ 거시 올흔 일이어놀, 부인의 ᄆᆞ음이 변ᄒᆞ고 연시를 사랑ᄒᆞᄆᆡ, 《ᄉᆞ젹‖ᄉᆞ졍(私情)》이 일편되여 뎡ᄋᆞ 등의게 밋지 못ᄒᆞ고, 비인졍(非人情)의 거죄 만코, 몽셩을 요란이 즐칙ᄒᆞ니, 빈계ᄉᆞ신(牝鷄司晨)의 외월(猥越)ᄒᆞ믈 ᄭᅢ닷지 못홀지라. 쳡이 외람이 군ᄌᆞ의 원위(元位)를 당ᄒᆞ여 ‘쥬람(周南)의 셩ᄉᆞ(盛事)1717)’를 효측지 못ᄒᆞ여 교홰 불힝ᄒᆞ므로, 부인의 광망우픽(狂妄愚悖)ᄒᆞᆫ 【14】 품도를 바리지 못ᄒᆞ고, 녜의를 잡지 못ᄒᆞ여, ᄋᆞ돌을 즐타ᄒᆞᄂᆞᆫ 호령이 즁문(中門) 밧글 넘고, 며나리를 욕ᄆᆡ(辱罵) 난타(亂打)ᄒᆞ여 가법(家法)을 난(亂)ᄒᆞ니, 이 거시 부인의 허믈이 아니라 쳡의 어지지 못ᄒᆞᆫ 연괴니, 내 엇지 몸소 과실이 듕(重)홈과 ᄀᆞᆺ지 아니리오. 쳡이 평싱 녀ᄌᆞ의 슬긔 장부의 지나, 냥인(良人)1718)을 찬조(贊助)ᄒᆞ며, ᄋᆞ돌을 창쥰(唱準)1719)ᄒᆞ

1713)하실(下室) : 작고 누추한 방.

1714)셕고ᄃᆡ죄(席藁待罪) : 거적을 깔고 엎드려서 임금이나 윗사람의 처분이나 명령을 기다리던 일. =석고대명.

1715)ᄉᆞᄇᆡ이퇴(四拜而退) : 네 번 절하고 물러남.

1716)탈연비쇽(脫然非俗) : 세속적인 집착을 털어버려 속세에서 벗어남.

1717)쥬람(周南)의 셩ᄉᆞ(盛事) : 중국 주(周)나라 문왕의 비(妃)인 태사(太姒)가 현모양처(賢母良妻)로 문왕을 잘 내조하여 성군(聖君)이 되게 하였는데, 특히 남편의 많은 후궁들을 덕으로 잘 거느려 화목한 가정을 이룬 일을 두고 이르는 말임. *주남(周南); 시경(詩經)』의 편명. 주로 주(周)나라 문왕과 문왕의 비(妃) 태사(太姒)의 덕을 칭송하는 노래들로 이루어져 있다.

1718)냥인(良人) : ①어질고 착한 사람. ②남편. 또는 아내. 즉 부부가 서로 상대를 이르는 말.

1719)창쥰(唱準) : ①잘못을 소리 내어 꾸짖고 바로잡음. ②소리를 내어 읽어 가면서 교정을 봄. 또는 그렇게 보는 교정. ③조선 후기에, 교서관에 속하여 인쇄 원고를 소리 내어 읽으면서 교정을 담당하던 잡직. 사준(司準)을 고친 것이다.

고, 노복을 치찰(治察)ᄒᆞ여, 호령이 즁문의 나믈 고이히 녁이나, 우용(愚庸)ᄒᆞ여 부인을 능히 ᄭᆡ닷게 못ᄒᆞ니, 어이 참괴치 아니리오. 져 뎡ᄋᆡ(鄭兒), 텬가지엽(千家之葉)1720)과 덕가지츌(德家之出)노 ᄇᆡᆨ【15】ᄒᆡᆼ(百行) ᄉᆞ덕(四德)1721)이 진실노 나와 부인의게 외람ᄒᆞᆫ 며ᄂᆞ리오, 셩ᄋᆞ의게 과분ᄒᆞᆫ 쳐실이라. ᄌᆞ모의 졍으로ᄡᅥ ᄋᆞᄃᆞᆯ의 ᄇᆡ쳬(配妻) 빗나믈 두ᄀᆞᆺ기며, 동ᄇᆡ(同輩)○[의] 아ᄅᆞᆷ다오믈 만만(萬萬) ᄒᆡᆼ심(幸心)ᄒᆞ미 올커ᄂᆞᆯ, 부인은 연ᄋᆞ의 투긔ᄅᆞᆯ 도아 뎡ᄋᆞᄅᆞᆯ 졀칙(切責) 구쇽(拘束)ᄒᆞ고, 상·표 이ᄋᆞᄂᆞᆫ 더옥 입현(入見)1722)ᄒᆞᆫ지 오ᄅᆡ지 아니커ᄂᆞᆯ, 광악ᄑᆡ려(狂惡悖戾)ᄒᆞ믈 갓초 뵈여 허실(虛失)을 지으미 젹은 곳에 이시미 아니로ᄃᆡ, 등하불명(燈下不明)1723)으로 다함1724) ᄭᆡ닷지 못ᄒᆞ고, 금일 ᄯᅩ 뎡시ᄅᆞᆯ 잇그러 복향 요비(妖婢)로 ᄃᆡ면질뎡(對面質正)을 식이련다 ᄒᆞ미, 그 무ᄉᆞᆷ 도리【16】뇨? 역비(逆婢)의 간흉(奸凶)ᄒᆞ미 녀군(女君)을 함지ᄀᆡᆼ참(陷之坑塹)ᄒᆞ기ᄅᆞᆯ 안연이 ᄒᆞ나, ᄋᆞ부의 어질고 ᄇᆞᆰ으믄 부ᄌᆞ와 몽셩이 ᄇᆞᆰ히 짐작ᄒᆞᆯ지라. 역비의 초ᄉᆞᄅᆞᆯ 밋을 ᄇᆡ 아니로ᄃᆡ, 일노조ᄎᆞ 뎡시 일택지상(一宅之上)의 머므지 못ᄒᆞ리니, 쳡은 슈족(手足)을 일흐며 이목을 병폐(幷廢)ᄒᆞᆷ ᄀᆞᆺᄐᆞ여, 참연ᄒᆞᆫ 심ᄉᆡ 측냥치 못ᄒᆞ리로소이다."

연부인이 듯기ᄅᆞᆯ 다ᄒᆞᄆᆡ, 일분 인심이 바로 동(動)ᄒᆞ여 경괴(驚怪)ᄒᆞᆫ 의ᄉᆡ 잇ᄂᆞᆫ지라. 어린다시 좌ᄅᆞᆯ 일워 눈을 그먹이고1725), ᄂᆞᆺ갓출 지긋지긋ᄒᆞ여1726) 말이 업더니, 날호여 사죄 왈,

"쳡이 【17】우암(愚暗)ᄒᆞ여 ᄭᆡ닷지 못ᄒᆞᄂᆞᆫ 바ᄅᆞᆯ, 부인이 이러ᄐᆞᆺ 교회(教誨)ᄒᆞ시니 엇지 감은치 아니리오. 다만 뎡시의 죄악이 등ᄒᆞᆫ(等閑)치 아니ᄒᆞ니, 인심의 통히ᄒᆞ믈 참지 못ᄒᆞ미오, ᄀᆞᆺᄐᆞ여 질ᄋᆞ의 젹인(敵人)이라 ᄒᆞ여, ᄆᆡ워 그리ᄒᆞᆫ ᄇᆡ 아니로소이다."

부인이 탄식고 ᄌᆡ삼 온용인ᄌᆞ(溫容仁慈)1727)키ᄅᆞᆯ 당부ᄒᆞ며, 울울이 빵미ᄅᆞᆯ ᄧᅵᆼ긔여 뎡쇼져의 화ᄋᆡᆨ(禍厄)을 슬허ᄒᆞ더라. 태위 복향의 초ᄉᆞᄅᆞᆯ 가져 조부긔 드리고 가졔어하(家齊御下)1728)의 무상(無狀)ᄒᆞ믈 청죄ᄒᆞ고, 복향 간비의 초ᄉᆞ 간사ᄒᆞ믈 닐ᄏᆞ라니, 뎡국공이 초공으로 ᄒᆞ야금 닑으라 ᄒᆞ【18】여 듯기ᄅᆞᆯ 다ᄒᆞᄆᆡ, 더옥 분히ᄒᆞ여 왈,

"텬디간 이런 음흉파측(陰凶叵測)ᄒᆞᆫ 일이 어ᄃᆡ 이시리오. 내 집이 하마 뎡녀로 ᄒᆞ여 업칠번ᄒᆞ다."

1720)텬가지엽(千家之葉) : 제후(諸侯)의 자손. *천가(千家); =천승(千乘). '제후(諸侯)'를 이르는 말.

1721)ᄉᆞ덕(四德) : 여자로서 갖추어야 할 네 가지 덕. 마음씨[婦德], 말씨[婦言], 맵시[婦容], 솜씨[婦功]를 이른다.

1722)입현(入見) : 여자가 시집와서 시집 어른들을 뵙는 일. 현구고례(見舅姑禮)를 말함.

1723)등하불명(燈下不明) : 등잔 밑이 어둡다는 뜻으로, 가까이에 있는 물건이나 사람을 잘 찾지 못함을 이르는 말.

1724)다함 ; 다만, 그저, 또한.

1725)그먹이다 : 끔벅이다. 눈을 감았다 떴다 하다.

1726)지긋지긋ᄒᆞ다 : 찡긋찡긋하다. 찡긋거리다.

1727)온용인ᄌᆞ(溫容仁慈) : 부드럽고 온화하며 어질고 사랑이 두터움.

1728)가졔어하(家齊御下) : 집안 일을 다스리고 아랫사람을 거느림.

ᄒᆞ고, 초공다려 왈,

"듁청의 늉은대혜(隆恩大惠)를 져바려 요란이 정장(呈狀)ᄒᆞ여 법부(法部)로 다ᄉᆞ리미, 뎡가 졔인을 ᄃᆡᄒᆞᆯ 안면이 도로혀 업ᄉᆞᆫ지라. 출하리 창빅을 청ᄒᆞ여 복향의 초ᄉᆞ를 뵈고, 기녀의 죄악이 만ᄉᆞ무셕(萬死無惜)이믈 닐너, ᄒᆞᆫ 그릇 독약으로ᄡᅥ 발부(悖婦)를 ᄉᆞᄉᆞ(賜死)ᄒᆞ여, 그 시슈(屍首)[1729]를 각각 ᄂᆡ지 아니미 은인의 덕을 져바리지 아니ᄒᆞᄂᆞᆫ 작시라."

ᄒᆞ니, 초공이 부친의 어【19】두오심과 인덕의 갓갑지 아닌 교령(敎令)이 이의 밋ᄎᆞ니, 입이 ᄢᅧ 말이 나지 아닛ᄂᆞᆫ지라. 관을 숙이고 뎡시의 죄명이 이 ᄀᆺᄐᆞ믈 앗기고 탄ᄒᆞᆯ ᄲᅮᆫ 아니라. 듁청의 늉셩대은(隆盛大隱)과 활ᄒᆡ지덕(闊海之德)을 일발(一髮)[1730]도 보○[답](報答)치 못ᄒᆞ고, 그 녀ᄌᆞ를 ᄌᆞ긔 집으로 조ᄎᆞ 참혹히 맛게 되여시믈 니긔지 못ᄒᆞ더니, 날호여, 니러 두번 절ᄒᆞ고 주왈,

"쇼ᄌᆡ 가졔어해(家制御下) 무상ᄒᆞ온 고로, 존당의 ᄌᆞ긱이 돌입ᄒᆞ오니, ᄉᆡᆼ각ᄒᆞᆯᄉᆞ록 심골이 경한ᄒᆞ믈 니긔지 못ᄒᆞ리로소이다. 복향 간비의 초ᄉᆡ, 처엄은 연시를 함지ᄀᆡᆼ【20】참(陷地坑塹)ᄒᆞ고, 후의ᄂᆞᆫ 뎡시를 ᄉᆞ죄(死罪)에 ᄲᅡ지오니, 그 흉음극악(凶淫極惡)ᄒᆞᆫ ᄯᅳᆺ을 측냥치 못ᄒᆞᆯ지라. 쇼ᄌᆞ의 미암혼용(迷暗昏庸)ᄒᆞ므로 연·뎡의 유죄무죄를 분변키 어렵ᄉᆞᆸ고, 역비의 초ᄉᆡ 어ᄂᆡ 거시 젹실ᄒᆞ믈 모ᄅᆞ오니, 이제 간비를 다시 츄문ᄒᆞ와 직초를 밧ᄉᆞᆸ고, 죵용이 의논ᄒᆞ와 뎡시를 쳐치ᄒᆞ미 늣지 아닐가 ᄒᆞᄂᆞ이다."

노공 왈,

"네 오히려 뎡녀를 ᄋᆡᄆᆡᄒᆞᆫ가 녁이고, 복향의 초ᄉᆞ를 밋지 아냐 의심ᄒᆞ거니와, 간비 쳐엄은 뎡시의 청으로ᄡᅥ 사초(詐招)를 올녀 제 쥬인을 해ᄒᆞ여시나, 나죵 초ᄉᆞᄂᆞᆫ 젼후ᄉᆞ【21】에(前後辭語) 십분 명빅ᄒᆞ여 호리(毫釐)도 희미ᄒᆞ미 업고, 다시 의심되미 업ᄂᆞᆫ지라. 츄홍 등과 방노파를 져쥬어 초ᄉᆞ를 밧으미 올흐ᄃᆡ, 복향은 다시 저주워 무롤 거시 업ᄂᆞᆫ가 ᄒᆞ노라."

초공이 복슈 냥구(良久)의 태우를 도라보아 왈,

"츄홍 등도 저주미 이시며 방노파도 ᄒᆞᆫ가지로 져주미 잇ᄂᆞ냐?"

태위 ᄃᆡ 왈,

"복향 간비를 몬져 츄문ᄒᆞ온 고로, 츄홍 등은 밋처 져주지 못ᄒᆞ고, 방노파ᄂᆞᆫ 뎡가 비ᄌᆞ 아니오, 근본이 냥인이온 고로 굿ᄐᆞ여 츄문(推問)치 아니려 ᄒᆞᄂᆞ이다."

초공 왈,

"내 방노파의 근본이 냥인(良人)이믈 ᄉᆡᆼ각지 못【22】ᄒᆞ엿더니, 너의 불통(不通)ᄒᆞ므로 오히려 혜아리미 잇닷다."

다시 노공긔 주왈,

1729)시슈(屍首) : 시체(屍體). 주검. 송장(送葬).

1730) 일발(一髮) : '머리칼 하나' 만큼의 극히 미세한 분량.

“간비 복향의 즈웅을 분변키 어렵다 홀 거시오되, 쇼즈의 우몽(愚夢)혼 식견의는 뎡시 식견이 경도협쳔(傾倒狹淺)호기의는 버서나오니, 엇지 원녀지식(遠慮之識)이 그리 쳔단(淺短)호와, 가즁 허다흔 복쳡 가온되 굿트여 연가 비즈를 결연호여, 대스를 도모호오리잇가? 복원 대인은 쳔만 관젼(寬典)을 드리오샤, 뎡식부를 친당으로 보닉오미 됴흘가 호닉이다.”

노공이 허호니, 됴부인이 심식 불호 【23】 호여 기리 탄왈,

“불힝이 고이흔 녀즈로 몽셩의 빅쳬(配妻)된 연고로, 변괴 충츌호고 뎡부 은덕을 져바리미 되어, 냥가의 지극흔 정분이 젼일 곳지 못홀가 실노 불평호고, 노뫼 뎡현부 되키를 참괴호닉니, 호믈며 녀우의 무안홈과 원광 등의 불안호미냐?”

뎡슉셩이 좌하의 뫼셧다가 존고의 말솜을 듯고, 믄득 피셕(避席) 주왈,

“쇼쳡이 오늘날 질녀의 흉참흔 죄루를 듯즈오믹, 경히호믈 참지 못호와 반다시 쥬륙(誅戮)의 당호믈 면치 못홀가 호여솝더니, 셩은(盛恩)이 관유(寬宥)호샤 믄득 흉음(凶淫) 【24】 일죄슈(一罪囚)를 샤(赦)호샤 친졍의 도라보닉고져 호시니, 양츈지튁(陽春之澤)이 ㄱ득호믈 사친(私親)과 가형(家兄)이 감은호오리니, 져졔 엇지 무안호시리잇가? 쇼쳡이 질녀의 무상호믈 인호와, 거야의 대인과 존고의 놀나시믈 업되여 싱각호오믹, 스스로 창황츅쳑(惝怳蹴惕)호옵더니, 하괴 이의 밋츠시니 더옥 황공호믈 니긔지 못호리로소이다.”

언파의, 온화흔 긔운이 비컨되 동군화풍(東君和風)이 니는 둣, 조금도 원(怨)호는 빗치 업스니, 됴부인이 새로이 익지듕지(愛之重之)호며, 쏘흔 탄식 왈,

“몽셩이 뎡시를 지취호믹 용화긔질(容華氣質)이 결비 【25】 범인(決非凡人)이라. 노모의 스랑호미 제 고모의 아릭 잇지 아냐, 당당이 가도(家道)를 창(昌)호믈 긔약홀가 호엿더니, 엇지 혜아림과 닉도호여 슉녀로 아던 빅 음악발뷔(淫惡潑婦) 될 줄 뜻호여시리오. 현부는 닉당의 현알(見謁)호는 씨를 당호여, 우리의 불안흔 뜻이 깁흐믈 주(奏)호라.”

슉셩비 셩덕을 칭샤호되, 하부인은 슬프며 익돌오믈 형상치 못호니, 초공이 모친의 불안호시믈 위로코져, 미미(微微)혼 우음으로 믹져(妹姐)를 도라보아 왈,

“내 이졔 식부(息婦)를 도라 보닉미, 창빅의 은혜를 져바리미 되나, 오히려 윤부의 셔 【26】 셕년(昔年)의 며느리 되졉호던 거조의 비홀진되, 오히려 인의(仁義) 업지 아니호니, 현믹 뉴부인의 빅악만흉(百惡萬凶)을 당호여 괴란을 측냥업시 격흔1731) 씨도 져되도록 슬허호미 업더니, 엇지 양질녀(養姪女)의 젼뎡이 즐겁지 못호믈 골돌이 비졀(悲絶)호여, 부모 면젼의 과도히 슬픈 빗출 뵈옵느뇨? 셕일의 현믹 창닌을 복즁의 너코, 뉴부인의 독슈를 만날 적 어이 오늘날이 이실 줄 긔필(期必)호여시리오마는, 하늘이 길인(吉人)을 닉믹 필경을 믹몰케 아니호는지라. 당금츠시(當今此時)호여는 현믹

1731)격다 : 겪다.

만복이 구젼(俱全)ᄒᆞ믈 ᄉᆞ【27】양치 아니리니, 녯날 일을 무슴 뎨긔(提起)ᄒᆞ리오."

하부인 왈,

"사ᄅᆞᆷ이 다 거거(哥哥)로ᄡᅥ 화홍장부(和弘丈夫)와 현인군ᄌᆞ(賢人君子)로 밀위나, 쇼ᄆᆡ는 실노 ᄲᅧ 일편(一偏)된 셩졍(性情)으로 아ᄂᆞ니, 엇지 아득ᄒᆞᆫ 옛일을 들추어 사ᄅᆞᆷ의 흔극(釁隙)을 못밋출 다시 닐ᄋᆞ시ᄂᆞ니잇고? 거게 남의 집 며ᄂᆞ리 거ᄂᆞ리미 박경타 ᄒᆞ시나, 쇼ᄆᆡ는 목금(目今) 거죄 ᄒᆡ연ᄒᆞ믈 니긔지 못ᄒᆞᆯ ᄲᅮᆫ 아니라, 진실노 졔뎡을 볼 ᄂᆞᆺ치 업도소이다."

언미진(言未盡)의 방노ᄑᆡ 뎡시를 븟드러 당하(堂下)의 복디(伏地)ᄒᆞ니, 보건ᄃᆡ 무식ᄒᆞᆫ 단장이 휘휘ᄒᆞ여 셜빈년험(雪鬢軟臉)[1732]의 일쳔가지 【28】고은 빗치 어ᄅᆡ여, 츄슈(秋水) ᄀᆞᆺ튼 봉안(鳳眼)이 미미히 ᄀᆞ늘고, 진사잉슌(辰砂櫻脣)[1733]이 잠연(潛然)ᄒᆞ니, 누얼이 비록 일신을 잠으고 죄명이 텬디의 용납지 못ᄒᆞ게 되어시나, 셩인긔ᄆᆡᆨ(聖人氣脈)과 대현유풍(大賢遺風)이 의의(依依) 슉경(肅靜)ᄒᆞ여 문명(文明)이 ᄀᆞᄌᆞᆨᄒᆞ니, 엄프시 '셩탕(成湯)이 하ᄃᆡ(夏臺)를 님ᄒᆞ고'[1734] '문왕(文王)이 뉴리(羑里)의 곤(困)ᄒᆞ신 ᄃᆞᆺ'[1735] 그 풍의골상(風儀骨相)이 임의 신ᄇᆡᆨ(伸白)을 기다리지 아냐셔 누얼이 지원극통(至冤極痛)ᄒᆞ믈 ᄡᅵ다ᄅᆞᆯ지라.

초공이 일견삼탄(一見三嘆)의 미위(眉宇) 츄연ᄒᆞ여, 좌우로 쇼져를 븟드러 올니라 ᄒᆞ니, 쇼졔 승당(升堂)ᄒᆞ믈 불안황공(不安惶恐)ᄒᆞ여 감히 명을 밧드지 못ᄒᆞ【29】니, 초공이 ᄌᆡ삼 올으믈 ᄌᆡ촉ᄒᆞ여 왈,

"금일이 현부의 도라가는 날이오, 내 너를 보ᄂᆡ는 졍을 잠간 닐ᄋᆞ고져 ᄒᆞᄂᆞ니, 현부의 도리 나의 닐ᄋᆞ믈 좃지 아니미 가치 아닌가 ᄒᆞᄂᆞ니, 모로미 당의 올나 ᄡᅥ나는 회포를 펴게 ᄒᆞ라."

쇼졔 엄구(嚴舅)의 명이 이의 밋처는 능히 ᄉᆞ양치 못ᄒᆞ여, 드ᄃᆡ여 승당 시립(侍立)ᄒᆞ니, 초공이 갓가이 좌를 명ᄒᆞ고 봉졍(鳳睛)을 흘녀 보기를 오ᄅᆡᄒᆞ미, 어라만져 탄식 왈,

---

1732)셜빈년험(雪鬢蓮臉) : 눈처럼 하얀 피부와 연꽃처럼 청순한 뺨. *臉의 본래 음은 '검'이다.

1733)진사잉슌(辰砂櫻唇) ; 주사(朱砂)와 앵두처럼 붉은 입술.

1734)셩탕(成湯)이 하ᄃᆡ(夏臺)를 님ᄒᆞ고 : 중국 고대에 은나라를 세운 탕(湯)임금이 하(夏)나라 걸왕(桀王)을 치기 전, 걸(桀)에 의해 '성탕(成湯)이 자신을 배반하려는 마음을 품고 있다'는 이유로 '하대(夏臺; 감옥)'에 갇혔던 일을 말함. *성탕(成湯); 탕왕(湯王)의 다른 이름. 중국 은나라의 초대 왕. 원래 이름은 이(履) 또는 대을(大乙). 박(亳)에 도읍을 정하고 국호를 상(商)이라 칭하였으며, 제도와 전례(典禮)를 정비하였다. 13년간 재위하였다. *하대(夏臺); 하나라의 감옥. 뒤에 감옥을 달리 이르는 말로 쓰였다.

1735)문왕(文王)이 뉴리(羑里)의 곤(困)ᄒᆞ신 ᄃᆞᆺ : 중국 주나라의 창건자인 문왕이 자신의 봉국(封國)인 주(周)에서 어진 정치를 베풀다가 참소를 받고, 주왕(紂王)에 의해 유리(羑里)라고 하는 곳의 감옥에 유폐 되었던 일. *문왕(文王); 중국 주나라 무왕의 아버지. 이름은 창(昌). 기원전 12세기경에 활동한 사람으로 은나라 말기에 태공망 등 어진 선비들을 모아 국정을 바로잡고 융적(戎狄)을 토벌하여 아들 무왕이 주나라를 세울 수 있도록 기반을 닦아 주었다. 고대의 이상적인 성인 군주의 전형으로 꼽힌다. *유리(羑里); 중국 하남성 탕음현에 있는 지명.

"ᄋᆞ부로써 참누악명(慘陋惡名)을 씨치믄 나의 어하지되(御下之道) 불명(不明)ᄒᆞ미오. 몽셩의 가졔(家齊) 무상(無狀)ᄒᆞᆫ 연괴라. 이제 역비의 초사 무【30】거ᄆᆡᆼ낭(無據孟浪)ᄒᆞ믈 모로ᄂᆞᆫ 거시 아니오, 현부를 해ᄒᆞᄂᆞᆫ 간인이 먼니 아니 이시믈 모로지 아니ᄃᆡ, 셩인도 오ᄂᆞᆫ 익을 면치 못ᄒᆞ니, ᄯᅩᄒᆞᆫ 시운이 불니ᄒᆞ고 익회(厄會) 비상ᄒᆞ므로 비로ᄉᆞ미니, 인녁으로 버서나지 못ᄒᆞᆯ지라. 시러금 간인의 흉계를 맛쳐 현부를 도라보ᄂᆡ여 길운(吉運)을 기다리ᄂᆞ니, ᄋᆞ부ᄂᆞᆫ 관홍대량(寬弘大量)이라. 화복이 관수(關數)ᄒᆞ믈 모로지 아니리니, 심녀를 허비치 말고 쳔금약질을 스ᄉᆞ로 보호ᄒᆞ야, 다시 됴히 모드믈 기다리라."

쇼졔 부복 문파(聞罷)의 ᄂᆞ족이 ᄌᆡᄇᆡ 샤왈(謝曰),

"불초 쇼쳡이 죄악이 지듕ᄒᆞ【31】와 강상(綱常)을 갓초 범ᄒᆞ오미, 임의 황텬(黃泉)의 진노ᄒᆞ시믈 밧ᄌᆞ와 여ᄎᆞ 망극ᄒᆞᆫ 변을 당ᄒᆞ오니, 비실(鄙室)의 업되여 존당 구고의 붉으신 쳐결을 기다려, 오직 관형(官刑)의 나아가 형뉵(刑戮)을 닙ᄉᆞ와도 감심(甘心)ᄒᆞ여 밧ᄌᆞ올가 ᄒᆞ엿습더니, 이제 존당 구고의 호ᄉᆡᆼ지덕(好生之德)이 죄인을 샤(赦)ᄒᆞ샤 어버의 집에 도라보ᄂᆡ시믈 닙ᄉᆞ와, 셩은이 일신의 넘씨오나, 죄명이 망극ᄒᆞ고 경ᄒᆞ오니, 황공ᄒᆞ와 진퇴를 뎡치 못ᄒᆞ리로소이다."

셜파의 츅쳑ᄌᆞ상(踧踖仔詳)ᄒᆞᆫ 거동이 ᄀᆞᆺ초 슬프고 어엿브며 뇨라졀【32】셰(裊娜絶世)ᄒᆞ여, 비컨ᄃᆡ, 반비(班妃)[1736] 합덕(合德)[1737]의 참소(讒訴)를 만나 너모 쳑쳑(慽慽)ᄒᆞ므로 의논치 못ᄒᆞᆯ지라. 빈빈(彬彬)ᄒᆞᆫ 대덕과 지극ᄒᆞᆫ 셩ᄒᆡᆼ이 인뉴의 특이ᄒᆞ니, 비록 싀호(豺虎) ᄀᆞᆺᄐᆞᆫ ᄆᆞᄋᆞᆷ과 ᄉᆞ갈(蛇蝎) ᄀᆞᆺᄐᆞᆫ ᄯᅳᆺ이라도, 츄연이 감동ᄒᆞ믈 참지 못ᄒᆞ려든, ᄒᆞ믈며 ᄉᆞ랑ᄒᆞᄂᆞᆫ 구고와 ᄋᆡ경ᄒᆞᄂᆞᆫ 슉당의 ᄆᆞᄋᆞᆷ을 닐을 ᄇᆡ리오.

윤부인이 ᄎᆔ원각으로 조ᄎᆞ 이의 나와 쇼져를 보ᄆᆡ, 목이 몌고 눈물이 압흘 ᄀᆞ리와 능히 ᄒᆞᆫ 말을 못ᄒᆞ고, 임·위·양 등 졔부인과 진부인이 ᄒᆞᆫ가지로 쇼져를 위별(慰別)ᄒᆞᄆᆡ, 저마다 ᄯᅥ나믈 앗기고 누얼을 【33】원억히 넉이미, 각각 몸에 당ᄒᆞᆫ ᄃᆞᆺ 하니, 진부인은 상쳐의 앏프믈 잇ᄂᆞᆫ지라. 쇼졔 ᄂᆞ족이 슉당의 셩은을 샤례ᄒᆞ니, 윤승상 부인이 그 운발을 쓰다듬으며 등을 어라만지고, 항뉘(行淚) 비비(霏霏)ᄒᆞ여 왈,

"《창창‖창천(蒼天)》이 무지(無知)ᄒᆞ고 디기(地氣) 망망(茫茫)ᄒᆞ나, 너의 큰 덕이 호호(浩浩)ᄒᆞ고 어진 ᄯᅳᆺ이 슉연ᄒᆞ므로써, 나죵이 ᄆᆡ몰치 아닐 ᄃᆞᆺᄒᆞ나, 당금 누얼과 죄명이 만니젼졍을 볼 거시 업고, 복션(福善)의 명응(冥應)이 쇼연(昭然)ᄒᆞᆯ 줄을 능히 긔필치 못ᄒᆞ니, 아으라ᄒᆞᆫ 장ᄂᆡᄉᆞ(將來事)를 엇지 알 길히 이시리오. 거거ᄂᆞᆫ 여견만니(如

1736)반비(班妃) : 중국 한(漢)나라 성제(成帝)의 후궁. 시가(詩歌)를 잘하여 성제의 총애를 받았으나 조비연(趙飛燕)·합덕(合德) 자매에게 참소를 당하여 장신궁(長信宮)에 있으면서 부(賦)를 지어 상심을 노래하였다.

1737)합덕(合德) : 조합덕(趙合德). 한나라 성제(成帝)의 후궁. 태생이 미천했으나 가무에 뛰어났던 미인으로 언니 조비연(趙飛燕)과 함께 성제의 후궁이 되어 총애를 받았으나, 성제가 죽은 뒤 합덕은 자살하고, 비연은 평제(平帝) 때 서민으로 내침을 받고 자살했다.

見萬里) ᄒᆞ시는 【34】 달식(達識)이 이시니, 현질의 익경을 깁히 념녀치 아니시려니와, 존당 태모의 통상ᄒᆞ심과 문양의 각골원울(刻骨怨鬱)ᄒᆞ시믈, 내 무ᄉᆞᆷ ᄂᆞᆾ추로 보오리오. 내 가히 현질의 도라가ᄂᆞᆫ 거ᄉᆞᆯ 머[멈]츄지 못ᄒᆞ고, 여러 가지로 슬프며 익ᄃᆞᆯ오믈 능히 참기 어려오니, 이 ᄆᆞᄋᆞᆷ을 엇지 진졍ᄒᆞ리오."

쇼졔 아미(蛾眉)를 ᄂᆞᆾ초아 감히 답지 못ᄒᆞ더니, 초공이 다시음 보듕ᄒᆞ믈 당부ᄒᆞ며, 참졍 등이 각각 말을 깃쳐, 심ᄉᆞ를 넓이ᄒᆞ여 부운 ᄀᆞᆺᄐᆞᆫ 누얼을 거리ᄭᅵ지 말고, 기리 쳔금옥질(千金玉質)을 보듕ᄒᆞ여 즐거이 도라올 ᄯᅢ 【35】 를 기다리라 ᄒᆞ니, 쇼졔 부복 문파(聞罷)의 ᄇᆡ샤ᄒᆞ여 늉은(隆恩)을 닐ᄏᆞᆺ고, 임의 거교를 ᄃᆡ후ᄒᆞ여시ᄆᆡ, 구고슉당의 하직을 고ᄒᆞᆯᄉᆡ, 초공이 다시 손을 잡고 왈,

"존당이 거야 놀나시미 듕ᄒᆞ고, 즉금 심ᄉᆡ 불호(不好)ᄒᆞ신 바의, 현뷔 도라가믈 고ᄒᆞ여 더옥 즐기지 아니믈 돕지 못ᄒᆞ리니, 모로미 존당을 향ᄒᆞ여 망ᄇᆡ(望拜)[1738]ᄒᆞ고 도라가라."

쇼졔 ᄇᆡ샤슈명(拜謝受命)ᄒᆞ고 몬져 존당을 우러라 네 번 망ᄇᆡᄒᆞᄆᆡ, 몸을 두루혀 구고 슉당의 ᄇᆡ례ᄒᆞ니, 초공의 구졍지심(九鼎之心)[1739]과 만균지듕(萬鈞之重)[1740]으로도 상연(傷然) 츌쳬(出涕)ᄒᆞ믈 면치 못ᄒᆞ야, 도 【36】 라 삼뎨와 윤승상 부인을 보아 기리 탄왈,

"우형이 듁쳥의 산은ᄒᆡ덕(山恩海德)을 져바리미 이의 밋ᄎᆞ니, 무ᄉᆞᆷ 면목으로 졔뎡을 ᄃᆡᄒᆞ리오. 몽셩의 복이 박ᄒᆞ고 가운(家運)이 불힝ᄒᆞ여, 현부를 능히 일튁지상(一宅之上)의 머물지 못ᄒᆞ야, 도라보ᄂᆡᄂᆞᆫ 졍이 참담ᄒᆞ니, '아심비셕(我心非石)이오, 아심비쳘(我心非鐵)'[1741]이라. 실노뼈 잔잉ᄒᆞ믈 참지 못ᄒᆞ리로다."

언미필에, 방노파 츄홍 등 이인을 블너 쇼져를 보호ᄒᆞ여 질(疾)을 일위지 말게 ᄒᆞ라 ᄒᆞ고, 몸을 니러 삼뎨로 더브러 밧그로 나가ᄆᆡ, 윤·경 이부인이 뎡시의 손을 잡아 읍【37】 읍뉴쳬(泣泣流涕)ᄒᆞ야, ᄯᅥ나ᄂᆞᆫ 슬프믈 억졔치 못ᄒᆞ고, 표·상 이쇼져와 슉당 등 제쇼괴(諸小姑) 혜션공쥬로 더브러 니졍(離情)이 《비결‖비졀(悲絶)》ᄒᆞ믈 참지 못ᄒᆞ야 상연(傷然) 타루(墮淚)ᄒᆞ니, 일좌의 비풍(悲風)이 쇼슬ᄒᆞ고 셰위(細雨) 몽몽(濛濛)ᄒᆞ야 다 각각 옥협(玉頰)을 적시니, 경식의 슬프믈 엇지 다 닐ᄋᆞ리오.

부마 등 제슉슉(諸叔叔)이 드러와 ᄇᆡ별ᄒᆞᆯᄉᆡ, 몽징공지 이 ᄯᅢ를 당ᄒᆞ여 ᄌᆞ긔의 ᄉᆞᄆᆡ로 조ᄎᆞ ᄯᅥ러진 흉셔(凶書)를 넌ᄌᆞ시 업시치 못ᄒᆞᆫ 익ᄃᆞᆯ오미, 미ᄉᆞ지젼(未死之前)의 닛지 못ᄒᆞᆯ ᄒᆞᆫ이 되고, 수수(嫂嫂)의 츌화(黜禍)를 ᄌᆞ긔 비저 닌 ᄃᆞᆺᄒᆞ여, 슬프고 뉘웃브미

1738)망ᄇᆡ(望拜) : 대상이 멀리 떨어져 있을 때 연고가 있는 쪽을 바라보고 절을 함. 또는 그렇게 하는 절.

1739)구정지심(九鼎之心) : 구정(九鼎)만큼이나 마음이 무거움. *중국 하(夏)나라의 우왕(禹王) 때에, 전국의 아홉 주(州)에서 쇠붙이를 거두어서 만들었다는 아홉 개의 큰 솥. 주(周)나라 때까지 대대로 천자에게 전해진 보물이었다고 한다.

1740)만균지듕(萬鈞之重) : 만균(萬鈞)이나 될 만큼 언행을 신중히 함. *균(鈞); 30근을 1균이라 함.

1741)아심비셕(我心非石), 아심비쳘(我心非鐵) ; 내 마음이 돌이 아니오, 쇠도 아니다.

견줄 【38】곳이 업ᄉᆞ니, 조급 과격ᄒᆞᆫ 셩졍의 스ᄉᆞ로 뉘읏브믈 죽어 닛고져 ᄒᆞ나 능히 못ᄒᆞ고, ᄒᆞᆫ갓 뎡쇼져 해ᄒᆞᄂᆞᆫ 흉인의 계교를 졀졀이 맛처, 가만ᄒᆞᆫ 가온ᄃᆡ 숡1742)의 우숨이 면간의 둘너시믈 졀치통완ᄒᆞ여, 브ᄃᆡ 간인의 흉모를 들혀ᄂᆡ여 뎡쇼져를 신셜코져 ᄒᆞ나, 망망ᄒᆞᆫ 장ᄂᆡᄉᆞ를 미리 뎡키 어려온지라. 슬픔과 참안(慙顔)ᄒᆞ믈 겸ᄒᆞ야, 뎡쇼져를 향ᄒᆞ여 피셕궤슬(避席跪膝) 왈,

“존수의 참누흉화(慘陋凶禍)ᄂᆞᆫ 근본이 간인의 작해오나, 기실은 쇼싱의 협조(狹躁)1743)ᄒᆞᆫ 쳔냥(淺量)과 불명ᄒᆞᆫ 혜아리미 암연(暗然)【39】이 마ᄃᆡ1744)를 ᄭᆡ치지 못ᄒᆞ온 연고로, 급화를 비저ᄂᆡ미 되오ᄃᆡ, 능히 위ᄒᆞ여 신ᄇᆡᆨ(伸白)ᄒᆞᆯ ᄌᆞ각을 엇지 못ᄒᆞ오니, 실노 존수긔 뵈올 면목이 업습고, 미셩(微誠)을 고ᄒᆞ오미 황공ᄒᆞ오나, 감히 청ᄒᆞ옵ᄂᆞ니 수수ᄂᆞᆫ 쳔금존톄(千金尊體)를 보듕ᄒᆞ샤 부운 ᄀᆞᄐᆞᆫ 누셜(陋說)의 심녀를 상해오지 마ᄅᆞ시면, 쇼싱이 불초무상(不肖無狀)ᄒᆞ오나 존수(尊嫂)를 위ᄒᆞ여 간인의 흉모를 발각ᄒᆞ미 조만간 이ᄉᆞ오리니, 존수의 셩덕인화(盛德仁和)로 복녹을 누리실지라, 신ᄇᆡᆨᄒᆞ미 언마 오리리잇가?”

쇼졔 쳑연(慽然) ᄉᆞ샤(謝辭)ᄒᆞ야 후의를 닐ᄏᆞᆺ【40】고, 존당 부모를 뫼셔 기리 안낙ᄒᆞ시믈 쳥ᄒᆞᆯᄉᆡ, 말숨이 만치 아니나 졀졀이 ᄃᆞᆺ타운 졍의 드러나고, 구구쳑용(區區慽容)으로 비ᄉᆞ고어(悲辭苦語)를 베프지 아냐, 화슌유열(和順愉悅)ᄒᆞ고 안졍단일(安靜端壹)ᄒᆞ야 어질미 나타나고, 규구(規矩)1745)와 쥰승(準繩)1746)이 좌우의 조ᄎᆞ시니, 부마 등 졔슉(諸叔)이 션탄(善歎)ᄒᆞ야 복션지니(福善之理) 도상(倒喪)1747)치 아닌즉, 그 누얼을 버ᄉᆞ미 머지 아닐 바를 서로 닐오고, 공경빅별(恭敬拜別)ᄒᆞᆫ 후 즉시 나가니, 윤부인이 좌우로 태우를 브ᄅᆞᄆᆡ, 태위 부진회주(不進回奏) 왈,

“거야 존당에 ᄌᆞᄀᆡᆨ이 돌입지변(突入之變)은 쇼ᄌᆞ의 가졔(家齊) 무상(無狀)ᄒᆞ오므로 조ᄎᆞ, 흉인의 작【41】난ᄒᆞ미 가변(家變)이 불가ᄉᆞ문어타인(不可使聞於他人)1748)이라. ᄋᆞ히 장ᄎᆞᆺ 유죄자(有罪者)를 지긔(知機)ᄒᆞ오나, 역비(逆婢)의 초ᄉᆡ 호란(胡亂)ᄒᆞ미 이셔, 진가(眞假)를 일이일(一二日)에 힉실(覈實)치 못ᄒᆞ올지라. 도라가ᄂᆞᆫ 재 진짓 범ᄒᆞ미 이시면, 죄당쥬륙(罪當誅戮)이로ᄃᆡ, 존당 부뫼 역비(逆婢)의 초ᄉᆞ를 밋지 아니샤, 관젼(寬典)을 쓰샤 됴히 도라보ᄂᆡ시니, 은틱이 늉셩ᄒᆞ신지라. ᄋᆞ히 도리 그 누얼을 신빅기 젼에 서로 ᄃᆡᄒᆞ오미 가치 아니ᄒᆞ오니, 시러금 ᄌᆞ교(慈敎)를 밧드지 못ᄒᆞ옵ᄂᆞ니,

---

1742)숡 : 삵. 살쾡이.
1743)협조(狹躁) : 성미가 너그럽지 못하여 좁고 성급하다.
1744)마ᄃᆡ : 대목. 때.
1745)규구(規矩) : 목수가 쓰는 그림쇠(規)와 자(矩)를 뜻하는 말로, 일상생활에서 지켜야 할 ‘법도’를 비유적으로 이르는 말.
1746)쥰승(準繩) : 목수가 평면의 경사를 재기 위하여 쓰는 수준기(準)와 먹줄(繩)을 뜻하는 말로, 일상생활에서 지켜야 할 ‘법도’를 비유적으로 이르는 말.
1747)도상(倒喪) : 전도(顚倒)되거나 없어짐.
1748)불가ᄉᆞ문어타인(不可使聞於他人) : 남이 알게 될까 두려움.

져의 거괴(車轎) 문을 난 후 드러가 역명(逆命)흔 죄를 샤흐리이다."

윤부인이 으즈의 말이 그【42】ㄹ지 아니믈 씨다라, 다시 브르지 아니흐고, 흔갓 슬프고 익들오믈 씌여 체뤼(涕淚) 년낙(連絡)흐야 늣기고, 숙셩비와 하부인은 금삼(錦衫)이 젓게 울어 말을 다시 일우지 못흐니, 쇼졔 존고의 셩은은 닐으도 말고, 혜션공쥬의 비범흔 긔질과 쇼고 등의 초군(超群)흔 위인이며, 표·상 냥인의 탁아(卓雅)흔 인물을 심심이복(深深愛服)흐야, 졍의(情誼) 골육의 감(減)치 아니흐던 바로, 금일 손을 난호미, 집이 장원(牆垣)을 년(連)흐고 문을 디흐여 도로의 요원흐미 아니로디, 후회 아득흐여, 당금 누얼노 볼진디, 싱젼의 다시 안항(雁行)의 【43】녈(列)을 ㄱ즉이흘 길이 업ᄉ니, 비록 텬디의 ㄱ업ᄉᆞᆫ 식견이나 엇지 비원흔 회푀 잘 업ᄉ리오.

이의 존고긔 빅례흐고, 금장쇼고(襟丈小姑)로 분슈(分手)흐야, 흔 우흠[1749] 진쥬(眞珠)를 화안(花顔)의 흣트며, 취미(翠眉)의 모운(暮雲)이 슈집(蒐集)흐야 비도쳑연(悲悼慽然)흐믈 씌여시니, 고은 틱도와 찬난흔 광염이 볼ᄉ록 눈을 옴기기 어려온지라. 윤부인과 숙당 졔부인이 히옴업시 몸을 움즉이믈 씨닷지 못흐야, 그 뒤흘 조ᄎ 계(階)에 ㄴ려 거교(車轎)의 들믈 볼시, 윤부인이 실셩오열(失性嗚咽) 왈,

"일노조ᄎ 후회를 뎡치 못흐ᄂ니, 【44】나의 그음업ᄉᆞᆫ 졍과 지향업ᄉᆞᆫ 심ᄉ를 엇지 비흘 곳이 이시리오. 으부는 지란(芝蘭) ㄱ튼 약질을 보듕(保重)흐야, 익운이 진흐고 길운이 도라와 누얼을 신뵉(伸白)흐고 다시 즐거이 못기를 기다리고, 무익히 심ᄉ를 상해오지 말믈 ㅂ라노라."

쇼졔 존고의 너모 이러틋 흐시믈 불안졀민(不安切憫)흐니, 불효를 더옥 슬허 심장이 타는 듯흐나, 작위화식(作爲和色)흐여 빅샤슈명흐고, 숙셩비와 하부인은 ᄌ로 볼 비로디, 실노뻐 '공쥬의 슬허흐믈 엇지 볼고?' 흐야, 심회 더옥 참연흐더라.

니졍(離情)의 슬프믈 참아 【45】거교의 올으미, 숙강 등의 결연흐믄 항녈(行列) 일흔 기력이 ㄱ트여 흘흘이 의지흘 디 업ᄉᆞᆫ 듯흐고, 혜션공쥐 쏘흔 흘연 비졀흐미 숙강 등의 ㄴ리지 아니커놀, 윤·경 두 부인과 숙당 졔부인은 손 가온디 긔보(奇寶)를 일흔 듯, 능히 심ᄉ를 지젹(止寂)[1750]지 못흐니, 하쳔비복(下賤婢僕)의 니ㄹ히 어진 부인이 누얼을 시러 도라가믈 슬허흐디, 연부인은 굿트여 비쳑(悲慽)흐미 업고, 쇼연시는 그 오히려 편히 친당으로 도라가믈 십분 통한흐야 흐더라.

방노픽 쇼져를 뫼셔 도라가믈 태우긔 고흐여 하직흐【46】니, 태위 오직 알패라 흘 ᄲᅮᆫ이나, ᄂ심의 숙녀의 셩ᄌ난질(聖姿蘭質)[1751]과 인효덕힝(仁孝德行)을 심복이경(心服愛敬)흐던 바로, 금도(今到) ᄎ별(此別)을 엇지 범연(凡然)흘 빅리오마는, 구구흐믈 ᄉ식지 아니흐니 사름이 그 ᄆ옴을 쏘흔 엿보기 어려온지라. 뎡쇼져의 거괴 문을 날시 쳬타빅여항(涕墮百餘行)[1752]이 졍히 오늘날을 닐을 빅로디, 오히려 고인(古人)의

1749)우흠 ; 움큼. 손으로 한 줌 움켜쥘 만한 분량을 세는 단위.
1750)지젹(止寂) : 산란한 마음을 멈추고 고요한 마음의 상태에 듦.
1751)셩ᄌ난질(聖姿蘭質) : 거룩한 자태와 난처럼 맑은 자질.

츌화(黜禍)를 블워ᄒᆞᆫ 그 죄명이 음흉극악지 아니ᄒᆞ미어ᄂᆞᆯ, 금에 뎡쇼져ᄂᆞᆫ 신상(身上) 참누악명(慘累惡名)[1753]이 창히연파(蒼海軟派)[1754]를 거훌너도 능히 씻기 어렵거ᄂᆞᆯ, 장부(丈夫)의 쉭쉭ᄒᆞᆫ 부리(府裏)[1755]의 다졍홈【47】과 ᄂᆡ도ᄒᆞ니, 은은연연(隱隱戀戀)ᄒᆞ여 구회대도(九回大道)[1756]의 하마입긔(下馬立起)[1757]ᄒᆞ여 져슈(低首)[1758]ᄒᆞ야 ᄆᆡᆼ셰(盟誓)ᄒᆞ미 업ᄉᆞᆫ 날ᄋᆞ도 말고, 피ᄎᆞ 얼골을[도] ᄃᆡ코져 아니ᄒᆞ니, 그 무ᄉᆞ[1759] 거ᄉᆡ 통원(痛寃)ᄒᆞᆫ 심회(心懷)를 위로ᄒᆞ리오마ᄂᆞᆫ, {쇼졔 고시의 탈군탈ᄉᆞ리긔신부쳥지계를 지모(智謀) 업시 녁이고, ᄇᆡ회고슈하의 ᄌᆞ과동남지를 가연(慨然) 탄셩(歎聲)ᄒᆞ여 그 협ᄋᆡ(狹隘) 불효(不孝)를 깁히 고이히 녁여시므로}[1760], ○○○[그러나] 오ᄂᆞᆯ날 ᄌᆞ긔 도라가기를 님ᄒᆞ여, 태위 ᄂᆞᆺᄎᆞ로 니별(離別)치 아니믈 실노 ᄡᅧ 맛당히 녁이고, 스ᄉᆞ로 명도(命途)의 긔궁(崎窮)홈과 ᄋᆡᆨ경(厄境)의 참참(慘慘)ᄒᆞ믈 혜아리ᄆᆡ, 슬허ᄒᆞ【48】여 밋출 길히 업ᄉᆞ믈 ᄭᆡ다라, ᄯᅩᄒᆞᆫ 거즁(車中)의 읍읍(泣泣)ᄒᆞ미 조금도 잇지 아니ᄒᆞ니, ᄌᆞ긔 안안(晏晏)타 홀거시로ᄃᆡ, 골돌이 ᄋᆡ둘나ᄒᆞ며 녹ᄂᆞᆫ 다시 슬허ᄒᆞ여 《창창∥창쳔(蒼天)》의 무지(無知)ᄒᆞ믈 기리 ᄒᆞᆫᄒᆞ고, 원앙(怨怏)ᄒᆞᆫ 셜우믈 견ᄃᆡ지 못ᄒᆞᄂᆞᆫ 바ᄂᆞᆫ 방노파와 츄홍 등이라.

쇼져의 거교(車轎)를 븟드러 도라오며, 분ᄒᆞᆫ(憤恨)ᄒᆞᆫ 눈물이 옷기술 적시고, 통앙(痛怏)ᄒᆞᆫ 음셩이 경열(硬咽)[1761]ᄒᆞ여 말을 일우지 못ᄒᆞ더니, 본부의 니ᄅᆞ러 쇼져의 거교를 바로 태원뎐 계하의 노흐니, ᄯᅴ에 뎡부의셔 월염쇼져의 죄명을 윤승상 부인이 쇼찰(小札)노 고ᄒᆞ믈 인【49】ᄒᆞ여 합문(闔門)이 다 알고, 슌태부인과 진부인은 ᄎᆞ악경ᄒᆡ(嗟愕驚駭)ᄒᆞ믈 니긔지 못ᄒᆞ고, 일노ᄌᆞᄎᆞ 월염의 만니젼졍(萬里前程)을 다시 의논홀 거시 업ᄉᆞ믈, ᄀᆞᆨ골참통(刻骨慘痛)ᄒᆞ여, 됴반을 물니치고 눈물을 ᄲᅮ려 슬허ᄒᆞ미, 쇼져의 죽은 소식을 드ᄅᆞ므로 일반이오, 문양공쥬ᄂᆞᆫ 스ᄉᆞ로 젹앙(積殃)이 듕ᄒᆞ여 녀ᄋᆞ의게 밋ᄎᆞ믈 새로이 붓그리고 슬허, 침뎐의 머리를 ᄲᅡ 읍읍탄셩(泣泣歎聲) 왈,

"슈원슈ᄒᆞᆫ(誰怨誰恨)이리오. 나의 불인극악(不仁極惡)던 화앙(禍殃)이 일녀(一女)의게 밋ᄎᆞ니, 하면목(何面目)으로 사람을 ᄃᆡᄒᆞ랴?"

ᄒᆞ여, 누쉬여우(淚水如雨)ᄒᆞ니 경ᄉᆡᆨ(景色)이 비졀(悲絶)ᄒᆞᄃᆡ, 【50】졔왕이 조금도 요동치 아냐, 이셩낙ᄉᆡᆨ(怡聲樂色)으로 조모와 모친을 위로 왈,

---

1752)쳬타ᄇᆡᆨ여항(涕墮百餘行) : 눈물이 백여 줄기나 되도록 흐름.
1753)참누악명(慘累惡名) : 참혹한 죄명에 연루됨.
1754)창히연파(蒼海軟派) 푸른 바다에 이는 잔물결.
1755)부리(府裏) : 부내(府內). 집안.
1756)구회대도(九回大道) : 아홉 굽이가 있는 큰 길.
1757)하마입긔(下馬立起) : 말에서 내려 선채로.
1758)져슈(低首) : 고개를 숙임.
1759)무ᄉᆞ : 무슨. 사물을 특별히 정하여 지목하지 않고 이를 때 쓰는 말.
1760){ } 내의 고시(古詩)에서 인용한 시구 "탈군탈ᄉᆞ리 긔신부쳥지 계 ....ᄇᆡ회고슈하 의 ᄌᆞ과동남지"의 출전은 물론 의미도 밝히지 못해, 현대어본에서는 { } 안의 문장 전체를 연문(衍文)으로 제외하였다.
1761)경열(硬咽) : 몹시 슬프거나 서러워서 목이 메도록 흐느껴 욺.

“월염은 복녹을 갓초 타난 ᄋᆞ히라. 비록 쳔죄만얼(千罪萬孽)을 시러도 ᄒᆞᆫ번 텬일(天日)을 보아 즐거오믈 다ᄒᆞ리니, 이써 져러ᄒᆞ미 그 ᄉᆡᆨ광(色光)의 해(害)를 면치 못ᄒᆞ미라. 필경이 ᄆᆡ몰치 아니ᄒᆞ오리니, ᄒᆞ믈며 ᄌᆞ의의 명셩ᄒᆞ미 며ᄂᆞ리 원억ᄒᆞ믈 알 거시오, 텬보의 광달(曠達)ᄒᆞ미 굿ᄐᆞ여 의심을 두지 아니ᄒᆞ오리니, 족히 근심되지 아니ᄒᆞ올지라. 죄뤼 아모 곳에 밋처셔도 ᄌᆞ의의 관인후덕(寬仁厚德)ᄒᆞ미 편히 도라보ᄂᆡᄂᆞᆫ 밧, 다란 거죄 업ᄉᆞ오리니, 쇼【51】지 월염의 신ᄉᆡᆼ지시(新生之時)의 실니(失離)ᄒᆞ여 십ᄉᆞ년을 ᄉᆞᄉᆡᆼ을 모로던 바로, 겨유 텬눈을 단원ᄒᆞ오나, 군ᄌᆞ의 즉시 우귀(于歸)ᄒᆞᆫ ᄇᆡ 되어 집에 머믄 날이 드므더니, 누얼(陋孼)의 빌믜로 녀ᄋᆡ 하부를 ᄯᅥ난즉, ᄌᆞ연 귀령(歸寧)이 될지라. 부녀 십ᄉᆞ년 상니(相離)ᄒᆞ엿던 졍을 펴오리니, 지은 죄괘 업ᄉᆞᆫ 후ᄂᆞᆫ 무ᄉᆞᆷ 두리오미 이시리오. 태모(太母)와 ᄌᆞ위(慈闈)ᄂᆞᆫ 물우(勿憂)ᄒᆞ시고, 져의 나죵이 영화로오믈 보쇼셔.”

태부인이 읍읍탄식 왈,

“월ᄋᆡ 소ᄉᆡᆼ지디(所生之地)를 일허 근본 셩시를 아득히 모를 ᄯᅴ에, 촌장(寸腸)을 살오미 그 엇더ᄒᆞ며, 비록 텬눈을 단【52】원(團圓)ᄒᆞᆫ 휘라도, 하몽셩의 직실노 연가 발부(潑婦)의 보ᄎᆡ이ᄂᆞᆫ 죵이 되여 ᄒᆞ로도 안한ᄒᆞ믈 엇지 못ᄒᆞ엿다가, 이제 참누악명(慘累惡名)을 무릅ᄡᅳ니, 연연ᄒᆞᆫ 장위(腸胃) ᄌᆡ되기를 면치 못ᄒᆞᆯ지라. 일노 조ᄎᆞ 감슈(減壽)ᄒᆞ여 즐거온 시졀을 못볼가 슬허ᄒᆞ노라.”

왕이 됴흔 말ᄉᆞᆷ으로 위로ᄒᆞ며, 녜부 등이 ᄆᆡ져의 누얼을 범연(凡然)이 아ᄂᆞᆫ 거시 아니로ᄃᆡ, 공쥬의 과상(過傷)ᄒᆞ믈 졀민ᄒᆞ여, 누의 복녹지상을 닐ᄏᆞ라 《호연∥호언(好言)》으로 위로ᄒᆞ며, 식반을 가져 진식(進食)ᄒᆞ시믈 쳥ᄒᆞᄃᆡ, 공쥐 금금(錦衾)으로 ᄂᆞᆺ줄 ᄡᅡ, 셔ᄌᆞ(庶子)[1762]의 말을 【53】듯지 아니ᄒᆞ고 늣겨 왈,

“녀ᄋᆞ를 신ᄉᆡᆼ지시(新生之時)로브터 졀졀이 참해(慘害)ᄒᆞ미 나의 사오나온 연괴니, 그 눌을 원(怨)ᄒᆞ리오. 이제 져의 죄명이 쥬륙(誅戮)을 면치 못ᄒᆞ리니, 나의 젹악(積惡)이 여산(如山)ᄒᆞ여 화얼(禍孼)이 녀ᄋᆞ의게 니ᄅᆞ니, 이 셜움을 살아 견딜 ᄇᆡ 아니라. 오슈완독(五雖頑毒)이나 저를 나의 젹악으로 죽이고, 어이 홀노 살아 영화를 구ᄒᆞ리오.”

언파의 호읍ᄒᆞ믈 마지 아니ᄒᆞ니, 병부 등이 우황(憂惶)ᄒᆞ믈 니긔지 못ᄒᆞ여 ᄇᆡᆨ단 위로ᄒᆞ며, 됴반을 나오지 아냣더니, 시ᄋᆡ(侍兒) 쇼져의 도라오믈 고ᄒᆞ니, 공쥐 녀ᄋᆞ【54】의 살기를 ᄇᆞ라지 아냣다가, 믄득 녀ᄋᆡ 도라오믈 드ᄅᆞ니 황망이 녜부 등을 다리고 상부로 나아가 ᄒᆞᆫ가지로 볼ᄉᆡ, 월염쇼졔 빗 업ᄉᆞᆫ 의상으로 즁계에 다ᄃᆞ라ᄆᆡ, 슌태부인이 몸이 절노 움즉이믈 ᄭᆡ닷지 못ᄒᆞ여 난간 압흐로 마조 나오시고, 공쥐 참지 못ᄒᆞ여 ᄂᆞ리다라 녀ᄋᆞ의 손을 잡고 실셩비읍(失性悲泣)ᄒᆞ니, 장쇼져 등 제인이 일시의 하당(下堂)ᄒᆞ며, 녜부 등이 공쥬를 븟드러 올으시믈 쳥ᄒᆞᄃᆡ, 공쥐 슬프믈 억졔치 못ᄒᆞᄂᆞᆫ지

1762)셔ᄌᆞ(庶子) : =중자(衆子). 맏아들 이외의 모든 아들.

라.

쇼제 모친의 과상(過傷)ᄒᆞ시믈 보ᄆᆡ, ᄌᆞ긔 불효ᄅᆞᆯ 슬허ᄒᆞ나 ᄉᆞ【55】ᄉᆡᆨ지 아니코, ᄂᆞ족이 모친의 올으시믈 쳥ᄒᆞ고 미조ᄎᆞ 승당ᄒᆞ여, 존당 부모 슉당의 녜ᄅᆞᆯ 다 일우지 못ᄒᆞ야셔, 태부인이 쇼져의 운발을 ᄡᅳ다담으며 누쉬여우(淚水如雨)ᄒᆞ야 말을 못ᄒᆞ고, 진부인이 쳑연 타루 왈,

"너의 명되 이ᄃᆡ도록 험혼(險昏)ᄒᆞ여 신ᄉᆡᆼ지시(新生之時)로브터 변ᄋᆡᆨ(變厄)을 격그미 이러타시 태심(太甚)ᄒᆞ뇨?"

쇼제 작위화ᄉᆡᆨ(作爲和色)ᄒᆞ여 ᄂᆞ족이 쳥죄 왈,

"쇼녀의 팔ᄌᆞ(八字) 긔구험난ᄒᆞ여, 《실ᄉᆡᆼ‖신ᄉᆡᆼ(新生)》초에 야양(爺孃)[1763]을 실니(失離)ᄒᆞ야, 누쳔니 궁향(窮鄕)의 뉴락(流落)ᄒᆞ여, 셩문지엽(聖門枝葉)으로 우ᄆᆡᆼ(愚氓)의 장어(長於)ᄒᆞ여, 문호(門戶)ᄅᆞᆯ 쳠욕(添辱)【56】ᄒᆞ고, 이제 여ᄋᆡᆨ(餘厄)이 미진ᄒᆞ여 참욕악명(慘辱惡名)을 시라미, 몸의 형뉵(刑戮)을 당ᄒᆞ나 죄ᄅᆞᆯ 다 쇽지 못ᄒᆞ올 ᄇᆡ니, 졀졀이 존당 부모긔 욕을 일위여 불효 ᄭᅵ치오미 비경(非輕)ᄒᆞ온지라. 구괴 비록 양츈 ᄀᆞᆺ튼 은ᄐᆡᆨ으로 샤ᄒᆞ여 도라보ᄂᆡ시나, 우리 부모존당은 욕녀(辱女)ᄅᆞᆯ 용샤치 말고, 죽여 죄ᄅᆞᆯ 졍히 ᄒᆞ시미 맛당ᄒᆞ온지라. 엇지 도로혀 과도히 슬허ᄒᆞ샤, 쇼녀의 죄ᄅᆞᆯ 더으시ᄂᆞ니잇고? ᄋᆞ히 명완무지(冥頑無知)ᄒᆞ여 당금 누얼과 죄명이 망극홈도 오히려 ᄭᆡ닷지 못ᄒᆞ오니, 만일 텬뉸ᄌᆞᄋᆡ를 거리ᄭᅧ 죽【57】이지 아니시면, ᄆᆡ당[1764] ᄒᆞᆫ 구석에 일ᄉᆡᆼ 기인(棄人)으로 ᄌᆞ쳐ᄒᆞ여, 존당부모(尊堂父母)ᄅᆞᆯ 봉시(奉侍)ᄒᆞ와 형뎨남ᄆᆡ 졍을 다ᄒᆞ미, 죵신의 남은 ᄒᆞᆫ이 업슬지라. 만시 하늘의 달녀시니, 우락길흉(憂樂吉凶)을 인녁으로 ᄒᆞᆯ ᄇᆡ 아니오니, 심ᄉᆞᄅᆞᆯ 상해오미 무슴 유익ᄒᆞ미 이시리잇고?"

셜파의 ᄉᆞ긔(辭氣) 안졍ᄒᆞ여 남다란 회포ᄅᆞᆯ 고치 아니니, 《조뷔‖조뫼》 아름답고 ᄉᆞ랑ᄒᆞ오믈 니긔지 못ᄒᆞ여, 집슈무마(執手撫摩)[1765] 왈,

"ᄋᆞ녀의 활냥대도(闊量大度)와 춍명ᄌᆞ혜(聰明慈惠)ᄒᆞ미 군ᄌᆞ와 장부ᄅᆞᆯ 압두ᄒᆞ니, 혼암ᄒᆞᆫ 한미[1766] 홍대(弘大)치 못ᄒᆞ므로, 엇지 타일 명복(命福)이 ᄀᆞ즉【58】ᄒᆞᆯ 바ᄅᆞᆯ ᄉᆡᆼ각ᄒᆞ리오. ᄒᆞᆫ갓 무익히 슬허ᄒᆞ여 ᄌᆞ위(慈闈) 비상(悲傷)ᄒᆞ시믈 돕ᄉᆞ올 ᄲᅮᆫ이라. ᄋᆞ녀ᄂᆞᆫ 누얼을 부운의 더지고, 화복(禍福)이 ᄯᅢ 이시믈 혜아려, ᄋᆡᆨ경이 진ᄒᆞ고 태운이 니ᄅᆞ기ᄅᆞᆯ 기다리라."

쇼제 ᄌᆡᄇᆡ 슈명ᄒᆞ고 날호여 부젼의 주왈,

"쇼녀의 죄뤼 쥬륙의 님ᄒᆞᆯ ᄇᆡ로ᄃᆡ, 구고의 홍은혜ᄐᆡᆨ(鴻恩惠澤)으로 편히 도라보ᄂᆡ시믈 닙ᄉᆞ오니, 살아시미 죽음만 ᄀᆞᆺ지 못ᄒᆞ오믈 모로지 아니ᄒᆞ오나, 구고와 부뫼 죽으믈 명치 아니시니, 쇼녜 ᄉᆞᄉᆞ로 형벌치 못ᄒᆞ오나, 감히 ᄂᆞᆺ출 드러 존당 회좌즁(會座中)에

1763)야양(爺孃) : 예전에, '부모'를 속되게 이르던 말
1764)ᄆᆡ당 : 당'명(堂名)'. 'ᄆᆡ현당을 이름.
1765)집슈무마(執手撫摩) : 손을 잡고 두루 어루만져 위로함.
1766)한미 : 할미. 늙은 여자가 손자, 손녀에게 자기 자신을 이르는 말.

즐거 【59】 오믈 무고흔 사룸 ᄀᆞᆺ치 못ᄒᆞ올지라. 미현당의 믈너가 흔낫 죄인으로 세월을 보ᄂᆡ고져 ᄒᆞᄂᆞ이다."

졔왕이 녀ᄋᆡ의 오복(五福)이 구젼(俱全)홀 상모ᄅᆞᆯ 밋어, 그 화익을 근심ᄒᆞᄆᆡ 업고, 조모와 모친의 슬허ᄒᆞ시믈 민박ᄒᆞ여, 더옥 우쉭(憂色)을 낫토지 아니ᄒᆞ더니, 녀ᄋᆡ 임의 츌거(黜去)ᄒᆞᄂᆞᆫ 형식으로 도라와 슬젼(膝前)의 졀ᄒᆞ믈 당ᄒᆞ야, 이ᄀᆞᆺᄐᆞᆫ 말을 드ᄅᆞᄆᆡ 즈연 심ᄉᆞ의 잔잉ᄒᆞᄆᆡ 요동ᄒᆞ여, 가월텬창(佳月天窓)[1767]의 모운(暮雲)이 히음업시[1768] 모히믈 씨닷지 못ᄒᆞ나, 부모의 비회(悲懷)ᄅᆞᆯ 돕지 못ᄒᆞ여 도로혀 【60】 혜풍화긔(惠風和氣) 아연(俄然)ᄒᆞ더니, 녀ᄋᆡ의 화셩유어로 존당부모ᄅᆞᆯ 위안ᄒᆞ믈 드ᄅᆞᄆᆡ, 관인인즈(寬忍仁慈)ᄒᆞᄆᆡ 즈긔 녀ᄋᆡ 아니면 이러치 못ᄒᆞᆯ지라. 심하(心下)의 더옥 이련(愛憐)ᄒᆞ여 집슈(執手) 위로 왈,

"ᄉᆞ시(事事) 텬애(天也)라. 즈고로 영웅군지 명(命)이 박ᄒᆞ고, 홍안박명(紅顔薄命)이 이시니, 엇지 홀노 너의 초셰(超世)흔 ᄌᆡ용(才容)으로 엇지 흔번 니극지싀(已極之猜)[1769]ᄅᆞᆯ 면ᄒᆞ리오. 여뷔(汝父) 실노 고쟈(古者) 셔젹(書籍)을 피람(披覽)ᄒᆞᄆᆡ, 위후(衛后) 장강(莊姜)[1770]이 신셰 계활(契活)을 너모 탄ᄒᆞ고, 가부의 단쳐(短處)ᄅᆞᆯ 이심(已甚)이 들츄기ᄅᆞᆯ 밋고, 반비(班妃)[1771] 장신궁(長信宮)의 깁부ᄎᆡ[1772]ᄅᆞᆯ 늣기믈 비아히 넉이며 탄셕ᄒᆞᄂᆞ【61】니, 오ᄋᆞᄂᆞᆫ 모로미 몸가지믈 빙옥ᄀᆞᆺ치 ᄒᆞ고, ᄠᅳᆺ 잡기ᄅᆞᆯ 어름ᄀᆞᆺ치 ᄒᆞ여, 마ᄎᆞᄂᆡ 텬도의 슌환ᄒᆞ믈 기다리고, 장강(莊姜) 반비(班妃)의 일뉴 되지 말나."

쇼졔 복슈텽교(伏首聽敎)의 ᄌᆡ비슈명(再拜受命)ᄒᆞᄆᆡ, 옥안(玉顔)이 즈약(自若)ᄒᆞ고 동지(動止) 안상(安詳)ᄒᆞ여 조금도 참연(慘然)ᄒᆞᄆᆡ 업스니, 윤·양·니·경 ᄉᆞ비(四妃) 심하(心下)의 참연 잔잉ᄒᆞᄆᆡ[1773] 친싱의 지ᄂᆞᆫ ᄆᆞᄋᆞᆷ이 이시니, 엇지 조금이나 당년 문양공쥬의 여앙(餘殃)이 긔녀의게 밋츤 유감흔 ᄠᅳᆺ이 이시리오.

왕이 겻 얼골이 타연(泰然)ᄒᆞ나 ᄂᆡ심은 이련지심(哀憐之心)이 층츌(層出)흔지라. ᄆᆞᄋᆞᆷ의 업슨 당시(唐詩)ᄅᆞᆯ 음영(吟詠)ᄒᆞ【62】니, 셩음이 쳥월(淸越)ᄒᆞ여 구쇼(九霄)[1774]의 ᄉᆞᄆᆞᆺᄂᆞᆫ듯 화긔 여일하니, 태부인이 눈물을 거두고 왈,

"텬흥의 듯고 시브지 아닌 고시 외옴과 월염의 안상흔 거동이 실노 ᄀᆞᆺᄐᆞᆫ 곳이 만흔

1767)가월텬창(佳月天窓) : 눈썹과 눈을 달리 표현한 말. *가월(佳月); 초승달처럼 아름다운 눈썹. *텬창(天窓) : '눈'을 달리 표현한 말.
1768)히음업시 : 하염없이. 시름에 싸여 멍하니 이렇다 할 만 한 아무 생각이 없이.
1769)니극지싀(已極之猜) : 지나치게 심한 시기(猜忌).
1770)위후(衛后) 장강(莊姜) : 중국 춘추시대 위(衛)나라 장공(莊公)의 처 댱강(莊姜). 아름답고 덕이 높았고 시를 잘하였다.
1771)반비(班妃) : 중국 한(漢)나라 성제(成帝)의 후궁. 시가(詩歌)를 잘하여 성제의 총애를 받았으나 조비연(趙飛燕)에게 참소를 당하여 장신궁(長信宮)에 있으면서 부(賦)를 지어 상심을 노래하였다.
1772)깁부ᄎᆡ : 비단에 살을 붙여 만든 부채.
1773)잔잉ᄒᆞ다 : 자닝하다. 애처롭고 불쌍하여 차마 보기 어렵다.
1774)구쇼(九霄) : 늑층소(層霄). 높은 하늘.

지라. 내 브졀업시 월으를 위ᄒᆞ여 슬허ᄒᆞᄂᆞᆫ가 ᄒᆞᄂᆞ니, 누얼의 잠긴 월으의 타연홈과 뚤의 츌화(黜禍)를 ᄀᆞ장 즐기ᄂᆞᆫ 텬흉의 ᄆᆞ음을 싱각컨ᄃᆡ, 나의 비상쳑쳑(悲傷慽慽)ᄒᆞ미 도로혀 다ᄉᆞ(多事)ᄒᆞ도다[1775)]."

왕이 계슈(稽首) 왈,

"ᄋᆞ히 비록 ᄌᆞ식을 ᄉᆞ랑치 아니ᄒᆞ오나, 그 신셰 편치 아닌 거술 어이 즐겨ᄒᆞ리잇고마ᄂᆞᆫ, 저의 명되 험난ᄒᆞᆫ 【63】거술 능히 호화케 민ᄃᆞᆯ 계괴 업ᄉᆞᆸᄂᆞᆫ지라. 다만 저의 상뫼 박쳔(薄賤)[1776)]치 아님과, 격되(格調) 용이치 아니믈 밋어, 필경 누얼을 신셜ᄒᆞ고 하가의 도라가 즐기믄, 츌화를 당치 아냣던 사ᄅᆞᆷ의셔 더을가 ᄇᆞ라ᄂᆞᆫ 비로소이다."

진공이 쇼왈,

"형장이 먼니 장ᄂᆡ를 혜아리샤 거울 비최 ᄃᆞᆺ하시니, 질녀의 젼졍을 념녀치 아니시나, 원간 셰상ᄉᆡ 뜻 밧게 ○○[일이] 만흐믄 하가의셔 ᄋᆞ질을 츌거(黜去)ᄒᆞ미라. 질ᄋᆞ의 무상ᄒᆞ미 죄루와 ᄀᆞᆺ틀진ᄃᆡ, 부월(斧鉞)[1777)]의 님ᄒᆞ고 뎡확(鼎鑊)[1778)]의 당ᄒᆞ여도 우리 ᄆᆞ음의 ᄒᆞᆫ 조각 앗【64】길 거시 업ᄉᆞ니, ᄒᆞᆫ갓 고이ᄒᆞᆫ 거시 나시믈 불힝이 넉일 ᄲᅳᆫ이로ᄃᆡ, 이는 그와 달나 져의 어질미 규측(閨側)의 셩범(聖範)이 되염즉ᄒᆞ고, ᄇᆡᆨ힝(百行)이 초셰(超世)ᄒᆞ니, 사ᄅᆞᆷ이 이목(耳目)이 병드지 아닌 재면, 아질(我姪)의 긔특ᄒᆞ믈 모로지 아닐 거시오, 아질(我姪)의 초셰탁아(超世卓雅)ᄒᆞᆫ 줄을 알고, 헛된 누얼을 물시(勿視)치 못ᄒᆞ여 츌거ᄒᆞᆫᄂᆞᆫ 거ᄉᆞᆫ, 인의(仁義)에 ᄒᆞᆯ ᄇᆡ 아니라. ᄌᆞ의의 쳐ᄉᆡ 이○[에] 당ᄒᆞ여ᄂᆞᆫ ᄀᆞ장 몽농(朦朧) 고이(怪異)ᄒᆞ거ᄂᆞᆯ, 형장이 ᄌᆡ삼(再三) ᄌᆞ의의 화홍관대(和弘寬大)홈과 인ᄌᆞ셩명(仁慈聖明)ᄒᆞ믈 닐ᄏᆞ라시니, 쇼뎨 가치 아니케 넉이ᄂᆞ이다."

왕이 잠【65】쇼 왈,

"ᄌᆞ의ᄂᆞᆫ 대현이라. 현뎨의 젹은 춍명과 엿튼 국냥(局量)으로 ᄌᆞ의의 쳐ᄉᆞ를 시비치 못ᄒᆞᆯ 거시오, 몽셩은 영걸이라. 너의 셕일 허랑 경박ᄒᆞ던 거조로 비치 못ᄒᆞ리니, 아녀를 편히 도라보ᄂᆡ미 지식이 명셩(明聖)ᄒᆞ여 화홍관대ᄒᆞ미라. 무어시 부족다ᄒᆞᄂᆞ뇨?"

진공이 쇼왈,

"형장이 친옹(親翁)을 편드ᄅᆞ시고, 사회[1779)]를 칭찬코져 ᄒᆞ샤, 쇼뎨의 셕년 허물을 새로이 닐ᄋᆞ시거니와, 그 ᄯᅴ 쇼뎨ᄂᆞᆫ 상셩발광(喪性發狂)ᄒᆞ여 혹쟈 그릇ᄒᆞᆫ 일이 이셔도, 존당부모ᄂᆞᆫ 가지록 양츈혜턱을 드리오샤, 양【66】시 ᄀᆞᆺ튼 불관ᄒᆞᆫ 인물도 ᄋᆡ이무지(愛而撫之)[1780)]ᄒᆞ시며 장이포지(獎而褒之)[1781)]ᄒᆞ시고 긔이지란(奇而芝蘭)[1782)]ᄒᆞ샤,

---

1775)다ᄉᆞ(多事)ᄒᆞ다 : 다사(多事)스럽다. 보기에 쓸데없는 일에 자주 간섭을 하거나 걱정을 하는 데가 있다.

1776)박쳔(薄賤) : 천박(淺薄)하고 미천(微賤)함.

1777)부월(斧鉞) : 도끼. 형벌기구의 하나.

1778)뎡확(鼎鑊) : 가마솥. 중국 전국(戰國) 시대에 죄인을 삶아 죽이던 큰 솥.

1779)사회 ; 사위.

1780)ᄋᆡ이무지(愛而撫之) : 사랑으로 어루만져 줌.

1781)장이포지(獎而褒之) : 칭찬하고 기림.

불초ᄋ[의] 사힝(邪行)을 단연(斷然)이 ᄋᆡ셕(哀惜)ᄒᆞ시므로, 쇼뎨 증분하믈 니긔지 못ᄒᆞᄂᆞᆫ 가온ᄃᆡ, 음악발부(淫惡潑婦)의 참간(讒諫)을 신쳥(信聽)ᄒᆞ야 과격지ᄉᆞ(過激之事)도 업지 아니커니와, 하ᄌᆞ의ᄂᆞᆫ 질녀를 ᄋᆡ이휼지(愛而恤之)ᄒᆞ미 우리 이친(二親)의 양시 ᄉᆞ랑ᄒᆞ시미 반을 밋지 못ᄒᆞ고, 몽셩이 헛된 누셜(陋說)노 조ᄎᆞ 질녀를 도라보ᄂᆡ미 만만불가(萬萬不可)ᄒᆞ고, 또 아 등이 ᄉᆞᄉᆞ로 닐ᄏᆞ를 일이 아니로ᄃᆡ, ᄌᆞ의와 몽셩이 형장을 예ᄉᆞ 친옹과 ᄀᆞᆺ치 아냠즉 ᄒᆞ니이다."

왕이 텽파의 【67】 탄왈,

"현데 ᄌᆞ의로 교도(交道)를 허ᄒᆞ미 관포(管鮑)1783)와 죵유(鍾兪)1784)의 지음(知音)이믈 ᄉᆞᄉᆞ로 닐ᄋᆞ더니, 금일지언(今日之言)을 드ᄅᆞᄆᆡ ᄌᆞ의를 모로미 심ᄒᆞ니, 이ᄂᆞᆫ 군ᄌᆞ의 뜻을 용인(庸人)1785)이 아지 못ᄒᆞ미라. 우형이 셰ᄐᆡ의 무리 비아(卑阿)1786)ᄒᆞ믈 통완ᄒᆞᄂᆞᆫ 밧재, 사ᄅᆞᆷ이 남의게 터럭긋만치 은혜를 끼치면, 남이 닐을 나외1787) 업시 ᄉᆞᄉᆞ로 닐ᄏᆞ라, ᄌᆞᄌᆞ손손(子子孫孫)이 알게ᄒᆞ고, 또ᄒᆞᆫ 활인대덕이 잇건 쳬ᄒᆞ여, 어질믈 자랑ᄒᆞᄂᆞᆫ 뉴ᄂᆞᆫ 실노 고이히 넉이ᄂᆞ니 현데 엇지 이런 야속ᄒᆞᆫ 말을 ᄒᆞᄂᆞ뇨? 우형이 ᄌᆞ의로 더브러 골【68】육 ᄀᆞᆺᄐᆞᆫ 졍의 예ᄉᆞ 인친(仁親)과 다란 연괴 이시며, 몽셩이 또 범연ᄒᆞᆫ 빙악(聘岳)과 달니 알 일이 이시리오. 현데ᄂᆞᆫ 아름답지 아닌 말을 다시 닐ᄋᆞ지 말나."

진공이 피셕 빅샤ᄒᆞ여 불민ᄒᆞ믈 샤죄ᄒᆞ더라.

월염쇼졔 퇴하여 ᄉᆞ실노 도라오ᄆᆡ, 츄홍 등을 명ᄒᆞ여 슈장(繡帳)을 것고, 뇽문셕(龍紋席)을 업시ᄒᆞ고, ᄒᆞᆫ 닙 초셕을 쓸고 좌를 일웟더니, 공쥐 다ᄃᆞ라 이 거동을 보고 더옥 슬허 븟들고 실셩뉴쳬(失性流涕)ᄒᆞ니, 쇼졔 마ᄎᆞᆷᄂᆡ 슬프믈 고치 아니ᄒᆞ고, ᄂᆞ죽이 위로하여, 누쳔니 ᄋᆡ각(崖角)의 ᄉᆞ싱을 모를 적도 【69】 오히려 견ᄃᆡ신 ᄇᆡ니, 이제 일ᄐᆡ지상의 부ᄌᆞ 모녜 진졍을 다ᄒᆞ여, 텬눈의 남은 ᄒᆞᆫ이 업ᄉᆞᆫ 후, 다란 일을 거리껴 슬허ᄒᆞ미 가치 아니믈 고ᄒᆞ여, 말솜이 신누(身累)와 죄명(罪名)을 모로ᄂᆞᆫ 사ᄅᆞᆷ ᄀᆞᆺᄐᆞ니, 공쥐 그 인효관대(仁孝寬大)ᄒᆞ믈 볼ᄉᆞ록, 누명의 잠기믈 각골비원(刻骨悲怨)ᄒᆞ니, 녜부 등이 공쥬를 위로ᄒᆞ며, ᄆᆡ데의 타연ᄌᆞ약ᄒᆞ미 지식이 통쳘(洞徹)ᄒᆞ미라 칭션(稱善)ᄒᆞ니, 공쥐 처엄은 녀ᄋᆡ 사지 못ᄒᆞᆯ 줄노 결단ᄒᆞ여, ᄉᆞᄉᆞ로 목숨을 긋처 녀ᄋᆞ의 죽으믈 보지 말고져 ᄒᆞ엿더니, 녀ᄋᆡ 도라 【70】와 이러틋 안상ᄒᆞ믈 보ᄆᆡ 비록 '츌화(黜禍)' 두 지

1782)긔이지란(奇而芝蘭) : 지란(芝蘭)처럼 기이하게 여김.

1783)관포(管鮑) : 관중과 포숙의 사귐을 이르는 말로, 우정이 아주 돈독한 친구 관계를 말함.

1784)죵유(鍾兪) : 중국 전국시대 초(楚)나라의 지음지기(知音知己)인 종자기(鍾子期)와 유백아(兪伯牙)를 함께 이르는 말. 유백아는 거문고의 명수였고, 종자기는 백아의 음악을 누구보다 잘 이해하였는데, 이러한 종자기가 죽자 백아는 거문고 줄을 끊고 다시는 거문고를 타지 않았다고 한다(伯牙絶絃). 『열자(列子)』 <탕문편(湯問篇)>에 나온다.

1785)용인(庸人) : =범인(凡人). 평범한 사람.

1786)비아(卑阿) : 격이 낮고 아첨을 잘함.

1787)나외 : 나위. 더 할 수 있는 여유나 더 해야 할 필요.

(字) 슬프고 ᄋᆡ달으나, ᄉᆞ경의 니ᄅᆞᄂᆞᆫ 변은 업ᄉᆞ믈 보ᄆᆡ, 졔ᄌᆞ와 녀ᄋᆞ의 관위ᄒᆞ믈 조ᄌᆞ 식음을 나오고, 분원참통(忿怨慘痛)ᄒᆞ믈 참으나, ᄌᆞ긔 초년 과악(過惡)이 녀ᄋᆞ의게 밋ᄌᆞ믈 새로이 뉘웃더라.

시시의 하부의셔 초공여(與)[1788] 윤부인이 취즁(就中) 과ᄋᆡ(過愛)ᄒᆞ던 며ᄂᆞ리ᄅᆞᆯ 참참ᄒᆞᆫ 누얼노 박부득이(迫不得已)[1789] 도라보ᄂᆡ고, 훌연(欻然)[1790] 참상(慘傷)ᄒᆞ믈 니긔지 못ᄒᆞ고, 초공은 실노 졔왕을 ᄃᆡᄒᆞᆯ 안면이 업서 깁히 붓그리ᄃᆡ, 부뫼 듯고져 아니시므로 닐ᄏᆞᆺ지 못ᄒᆞ여, 오직 뎡시ᄅᆞᆯ 도라보ᄂᆡ믈 【71】 고ᄒᆞ니, 노공 왈,

"요인(妖人)이 죄악인즉 만살무셕(萬殺無惜)이로ᄃᆡ, 은인의 녀ᄌᆡ믈 도라보아 무고ᄒᆞᆫ 사ᄅᆞᆷ의 귀령(歸寧) 일체(一體)로 편히 보ᄂᆡ니, 우리 집 쳐ᄉᆡ 그ᄅᆞ미 《업ᄂᆞᆫ지라∥업ᄂᆞ니라》."

ᄒᆞᆫᄃᆡ, 초공이 졍간(正諫) 왈,

"엄의(嚴意) 뎡시ᄅᆞᆯ 의심ᄒᆞ시미 이 ᄀᆞᆺᄐᆞ시나, 쇼ᄌᆞ의 박졀(迫切)ᄒᆞ오민즉, 변고(變故)의 츌쳐ᄅᆞᆯ 능히 닷지 못ᄒᆞᄋᆞᆸᄂᆞᆫ지라. 창ᄇᆡᆨ의 녀ᄌᆡ 결단ᄒᆞ여 상풍발뷔(常風悖婦)되지 아니ᄒᆞ오리니, 대인은 뎡연슉과 창ᄇᆡᆨ을 보셔도 쇼부(小婦)의 허물을 닐ᄏᆞᆺ지 마ᄅᆞ시고, 다만 역비(逆婢)의 초ᄉᆡ 요샤ᄒᆞ믈 신텽(信聽)ᄒᆞᄂᆞᆫ ᄇᆡ 업ᄉᆞ믈 ᄃᆡᄒᆞ시고, 【72】 쇼뷔 스ᄉᆞ로 황괴츅쳑(惶愧踧惕)ᄒᆞ여 비실(鄙室)의 ᄃᆡ명(待命)하ᄂᆞᆫ 경ᄉᆡᆨ이 불호(不好)ᄒᆞ고, 간샤(奸邪)의 졍젹(情迹)이 현착(顯著)[1791]지 못ᄒᆞ여시므로, 박부득이(迫不得已) 도라보ᄂᆡ여 그 ᄋᆡᆨ운(厄運)이 진(盡)ᄒᆞᆫ 후, 즐거이 못게 하믈 닐ᄋᆞ시미 맛당ᄒᆞᆯ가 ᄒᆞᄂᆞ이다."

노공이 본셩을 일허시므로, 뎡시ᄅᆞᆯ 츌거ᄒᆞ고 졔왕을 ᄃᆡᄒᆞ여 ᄂᆡ외ᄅᆞᆯ 달니 말ᄒᆞ기ᄅᆞᆯ 괴로이 넉이지 아냐, 타연이 그리 ᄃᆡᄒᆞ믈 닐ᄋᆞ니, 초공이 야야의 변심(變心) 상셩(喪性)ᄒᆞ시미 이 ᄀᆞᆺᄐᆞ믈 쵸민졀박(焦憫切迫)ᄒᆞ여 ᄒᆞ더니, 노공부뷔 뎡시ᄅᆞᆯ 도라보ᄂᆡᄆᆡ 거림ᄒᆞᆫ 거시 업서 분완ᄒᆞᆫ 거ᄉᆞᆯ 프러 바리고, 응【73】윤을 슬상(膝上)의 올녀 황홀이 긔ᄋᆡ(奇愛)ᄒᆞ미 인ᄉᆞᄅᆞᆯ 닛기의 밋ᄌᆞ니, 초공이 응윤의 비상ᄒᆞᆫ 작셩을 긔특이 넉이나, 혈ᄆᆡᆨ이 다ᄅᆡ이ᄂᆞᆫ 졍이 업ᄂᆞᆫ 고로 진졍으로 교ᄋᆡ(嬌愛)ᄒᆞ믄 셩ᄋᆞ의 지나미 업더라.

수일이 지난 후 복향을 올녀 다시 츄문(推問)코져 ᄒᆞᆯᄉᆡ, 요리의 변홰 불측ᄒᆞ여 임의 길ᄀᆞ에 ᄡᅳ러진 시신을 어더 ᄒᆞᆫ번 진언작법(眞言作法)[1792]ᄒᆞᄆᆡ 완연이 복향의 형뫼(形貌) 되ᄂᆞᆫ지라. 심야(深夜)ᄅᆞᆯ 당ᄒᆞ여 옥듕의 드리치고 복향의 죽엄을 녑히 ᄭᅧ 협실(夾室)의 와, ᄒᆞᆫ번 죽은 넉ᄉᆞᆯ 불ᄋᆞ며[1793] 뉴리호로(琉璃葫蘆)[1794] 【74】의 약물을 가져

1788)여(與) : 과. 둘 이상의 사물을 같은 자격으로 이어 주는 접속 조사.
1789)박부득이(迫不得已) : 일이 매우 급하게 닥쳐와서 어찌할 수 없이. ≒박어부득(迫於不得).
1790)훌연(欻然) : 어떤 일이 생각할 겨를도 없이 급히 일어나는 모양.
1791)현착(顯著) : 뚜렷이 드러남.
1792)진언작법(眞言作法) : 중이나 무당 등이 다라니(陀羅尼)를 외우고 법술을 행함. *다라니(陀羅尼); 범문(梵文)을 번역하지 아니하고 음(音) 그대로 외는 일. 자체에 무궁한 뜻이 있어 이를 외는 사람은 한없는 기억력을 얻고, 모든 재액에서 벗어나는 등 많은 공덕을 받는다고 한다.
1793)불ᄋᆞ다 : 부르다.

쇄골(碎骨)1795)ᄒᆞᆫ 다리의 쁨으ᄆᆡ, 요슐의 신이ᄒᆞ미 쇽인(俗人)은 살오며 죽이기를 제임의로 ᄒᆞᄂᆞᆫ지라, 엇지 복향 요비를 못살오리오. 요괴로온 도슐(道術)노 회ᄉᆡᆼ단(回生丹)1796)을 먹이지 아냐셔, 죽은 넉시 도라오고, 골육이 미란(糜爛)1797)ᄒᆞᆫ 거시 경긱의 완연(完然)ᄒᆞ며 신긔로오니, 복향이 니러 안ᄌᆞ 저를 살 곳에 일워여 죽은 넉술 블너 다시 도라오게 ᄒᆞ믈 감은ᄒᆞ미, 골졀이 녹는 ᄃᆞᆺᄒᆞ고 즐거오미 쳥텬(靑天)의 비등(飛騰)ᄒᆞᆫ ᄃᆞᆺᄒᆞᄃᆡ, 오히려 졍신을 출혀 말을 일우지 못ᄒᆞ더니, 황픽 연시를 닛그러 협실【75】의 드러와 복향의 사라나믈 보고, 즐거오믄 닐ᄋᆞ도 말고, 쳥션의 신긔로오믈 측냥치 못ᄒᆞ여, 년망(連忙)이 쳥션을 향ᄒᆞ여 머리를 두다리며 사례ᄒᆞ고, ○○[연시] 향의 손을 잡아 눈물을 흘녀 왈,

"ᄌᆞ고(自古) 튱신녈ᄉᆡ ᄒᆞ나 둘히 아니로ᄃᆡ, 너의 지극ᄒᆞᆫ 튱의ᄂᆞᆫ 쳔고(千古)를 녁상(逆上)ᄒᆞ여도 그 ᄧᅡᆨ이 업슬지라. 내 엇지 너를 복심시녀(腹心侍女)로 ᄃᆡ졉ᄒᆞ리오. 당당이 결약형뎨(結約兄弟)ᄒᆞ여 도원삼걸(桃園三傑)의 의(義)를 효측ᄒᆞ고, ᄉᆞᄉᆡᆼ고락(死生苦樂)을 일체로 ᄒᆞ리라."

하더라. 【76】

1794)뉴리호로(琉璃葫蘆) : 유리(琉璃)로 만든 호로병. *호로병(葫蘆甁); 호리병박 모양으로 생긴 병. 술이나 약 따위를 담아 가지고 다니는 데 쓴다.

1795)쇄골(碎骨) : 산산이 부서진 뼈. 또는 뼈가 산산이 부서짐.

1796)회ᄉᆡᆼ단(回生丹) : 죽은 사람을 살아나게 하는 신이한 약으로, 고소설에 흔히 등장하는 약류(藥類)의 하나.

1797)미란(糜爛) : 살이나 뼈가 죽처럼 문드러짐.

윤하명삼문취록 권지삼십구

(결권)

윤하뎡삼문취록 권지ᄉᆞ십

ᄎᆞ시 한님이 ᄌᆡᄇᆡ이샤(再拜而謝) 왈,

"ᄋᆞ히 엇지 ᄌᆞ위(慈闈)를 ᄉᆞ리 모ᄅᆞ시므로 밀위리잇가마ᄂᆞᆫ, ᄌᆞ젼을 님ᄒᆞ온즉 어린 의ᄉᆡ ᄆᆡ양 지극ᄒᆞ신 ᄌᆞᄋᆡ를 밋ᄌᆞ와, 두리오미 ᄌᆞ위ᄂᆞᆫ 엄위(嚴位)와 다ᄅᆞ신 고로 깁히 실언ᄒᆞ이다. ᄋᆞ히 근간 실인 등을 ᄎᆞᆺ지 못ᄒᆞ미, 가ᄉᆡ 슉청치 못ᄒᆞ믈 ᄌᆞ참(自懺)ᄒᆞ고, 죄쟈를 잡지못ᄒᆞ므로 상ᄃᆡ(相對)ᄒᆞ미 불쾌ᄒᆞ와, 요인의 간젹(奸跡)이 현누(現漏)ᄒᆞ여시니, 실졍을 슯펴 요인을 업시ᄒᆞᆫ 후 ᄉᆞ실(私室)의 못고져 ᄒᆞ미오, 다란 연괴(緣故) 아니오니 ᄌᆞ위ᄂᆞᆫ 이런 일의 【1】 셩녀를 허비치 마ᄅᆞ쇼셔."

부인이 침음 냥구의 왈,

"네 어미 혼암ᄒᆞ여 사ᄅᆞᆷ의 장단을 모로나, 일단 경근지의(敬謹之義)로 빈계ᄉᆞ신(牝鷄司晨)을 두려, 부인의 슬긔로 장부를 찬조(贊助)ᄒᆞ며 ᄋᆞᄃᆞᆯ을 창쥰(唱準)1798)ᄒᆞ여, 녀ᄌᆞ의 호령이 즁문 밧글 나믈 고이히 넉이니, 더옥 부ᄌᆞ(夫子)1799)의 가법 셰우미 슉졍(肅正)ᄒᆞ여, 비록 여등을 나흐나 감히 범ᄉᆞ를 알온 양ᄒᆞ미 업더니, 근간 실노 ᄆᆞ음의 이상ᄒᆞᆫ 일을 보ᄆᆡ 능히 참지 못ᄒᆞ야 닐ᄋᆞᄂᆞ니, 오ᄋᆡ(吾兒) 위인(爲人) ᄌᆡ략(才略)이 부족ᄒᆞ미 아니로ᄃᆡ, 본셩이 너모 쵸쥰(峭峻)1800)ᄒᆞ고 강위(强威) 태듕(泰重)ᄒᆞ여 【2】 사ᄅᆞᆷ 칙망이 미과(微過)의[를] 용납지 아니ᄒᆞ고, 긔운이 너모 세ᄎᆞ고 말ᄉᆞᆷ이 명ᄇᆡᆨᄒᆞ니, 교인(教人)의 온화ᄒᆞ미 부족ᄒᆞ고, 도량이 부족ᄒᆞ미 아니로ᄃᆡ, 기예(氣銳) 태승(太勝)ᄒᆞ여 너그러오믈 나타ᄂᆡ지 못ᄒᆞ고, 언ᄉᆡ(言事) 강확(剛確)ᄒᆞ므로 관대ᄒᆞ미 부족ᄒᆞ니, 군ᄌᆞ 덕힝의 부득즁되(不得中道)라, 사ᄅᆞᆷ이 비록 궤사부졍(詭詐不正)ᄒᆞ고, 군ᄌᆞ(君子) 쇼인(小人)과 현부(賢婦) 발뷔(潑婦) 다 ᄒᆞᆫ가지로 하ᄂᆞᆯ긔 밧ᄌᆞ온 명이라, 엇지 ᄇᆞᄃᆡ 업시ᄒᆞ고, ᄇᆞᄃᆡ 드러ᄂᆡ여야 군ᄌᆡ 되리오. 은혜로 화(和)ᄒᆞ고 덕으로 감(感)ᄒᆞ여, 원쉬(怨讐) 은혜 되고 ᄉᆞᄒᆡ(四海)를 형뎨 ᄀᆞᆺ치 ᄉᆞ랑ᄒᆞ며, 금슈(禽獸)도 사ᄅᆞᆷ ᄀᆞᆺ【3】치 ᄎᆡᆨ(責)ᄒᆞ여, 동이북적(東夷北狄)1801)이라도 부ᄌᆞ(夫子)1802) ᄀᆞᆺ치 은덕(恩德) 혜화(惠

1798)창쥰(唱準) : 잘못을 소리 내어 꾸짖고 바로잡음.
1799)부ᄌᆞ(夫子) : 남편을 높여 이르는 말.
1800)쵸쥰(峭峻) : 성질이 엄하고 급하여 아량이 없다.
1801)동이북적(東夷北狄) : ①중국의 동쪽과 북쪽에 사는 종족을 아울러서 이르는 말. ②예전에, 중국인이 중국의 동쪽과 북쪽에 살던 민족을 낮잡아 이르던 말.
1802)부ᄌᆞ(夫子) : 공자(孔子)를 높여 이르는 말.

化)를 ᄀᆞᆺ치ᄒᆞ여 ᄃᆡ졉ᄒᆞᆯ진ᄃᆡ, 군ᄌᆞ의 덕이 엇지 만ᄆᆡᆨ(蠻貊)[1803]인들 힝치 못ᄒᆞ리오. 슈신졔가(修身齊家)ᄂᆞᆫ 치국평텬하지본(治國平天下之本)이라. 네 몸이 팔쳑장부(八尺丈夫)로 두어 쳐실을 못거ᄂᆞ릴진ᄃᆡ, 무ᄉᆞᆫ ᄌᆡ덕으로 ᄉᆞ군보국(事君報國)ᄒᆞ여 녕명(英名)이 화이(華夷)[1804]의 진동ᄒᆞ며 군ᄌᆞ지되(君子之道) ᄀᆞᄌᆞᆨᄒᆞ믈 ᄇᆞ라리오. 은덕으로ᄡᅥ 거ᄂᆞ린죽, 거의 그ᄅᆞ믈 ᄇᆞ리고 필경 션도(善道)의 들 ᄇᆡ오, 져를 후ᄃᆡᄒᆞ나 네 션공(善功)[1805] 화공(禍功)[1806]이 되지 아니리니, 그 무ᄉᆞ 거ᄉᆡ 욕되여 일부(一婦)의 원흔이 장ᄎᆞᆺ 질(疾)을 일위고, 【4】 가즁 화긔를 손상ᄒᆞᄂᆞ뇨? 여뫼(汝母) 너 알오믈 이러케 아니ᄒᆞ엿더니, 구ᄋᆞ의게 박졀(迫切)ᄒᆞ믈 보ᄆᆡ 강협(强脅)ᄒᆞ미 심ᄒᆞ니, 부ᄌᆡ 명치 아니시ᄂᆞᆫ 바를 내 스ᄉᆞ로 닐ᄋᆞ미 불안ᄒᆞ나, 구ᄋᆞ의 정ᄉᆡ 남다ᄅᆞ고, ᄇᆞ란 ᄇᆡ 너 ᄲᅮᆫ이어ᄂᆞᆯ, 너모 박정ᄒᆞ믈 실노 덕 업게 넉이노라."

한님이 복슈문파(伏首聞罷)의 모친 경계를 탄복ᄒᆞ고, 문강·셩강의 나으믈 닐ᄋᆞ시나, 음악(淫惡)ᄒᆞᆫ 뉴로 ᄎᆡ워 거ᄂᆞ리믈 정도를 다ᄒᆞ여 덕화로 ᄒᆞ고져 ᄒᆞ시믈 ᄀᆞ장 올히 넉이나, ᄌᆞ긔 비위로 능히 더러온 정틱를 참기 어렵고, 부부의 정의(情誼) 흡【5】연(洽然)ᄒᆞᆯᄉᆞ록 젹인(敵人)을 업시코져 ᄒᆞ여, 간모(奸謀)를 힝ᄒᆞ믄 원례(遠慮)의 더을 고로, 오직 ᄇᆡ슈계슈(拜受稽首)ᄒᆞ여 화긔이셩(和氣怡聲) 왈,

"불쵸 비록 토목 ᄀᆞᆺᄌᆞ오나, 엄훈의 명셩(明聖)ᄒᆞ심과 ᄌᆞ교(慈教)의 지인(至仁)ᄒᆞ시믈 밧ᄌᆞ오니, 거의 픽광(悖狂)ᄒᆞ믈 면ᄒᆞ올지라. 셜ᄉᆞ 가ᄂᆡ의 불평투부(不平妬婦)의 무리이시나 ᄋᆞ히 힝실을 닥글 ᄲᅮᆫ이오, 됴흔 ᄌᆞ최를 가져 더러온 곳에 ᄲᅡ지지 아닐 ᄯᆞ름이라. 일시 화긔를 위ᄒᆞ여 정심(貞心)을 허러 바리믄, 가되 더옥 대란(大亂)ᄒᆞ여 평뎡(平定)ᄒᆞᆯ 긔약이 업ᄉᆞᆯ가 하ᄋᆞᆸᄂᆞ니, ᄌᆞ위ᄂᆞᆫ 명찰(明察)ᄒᆞ쇼셔."

부인 왈,

"ᄋᆞ히 【6】 고집이 여ᄎᆞ 즉, 약ᄒᆞᆫ 어미 다시 닐ᄋᆞ지 못ᄒᆞ나, ᄉᆞ실(私室) 츌입을 부졀업시 폐치 말고, 더옥 셜ᄆᆡ뎡은 아니갈 일이 업ᄉᆞ니, 금야ᄂᆞᆫ ᄋᆞ부(兒婦)와 한가지로 도라가라."

한님이 본ᄃᆡ 부모의 ᄯᅳᆺ을 역지 아냐 효슌키로 위쥬ᄒᆞ거ᄂᆞᆯ, 모명이 지ᄌᆡ지삼(至再至三)의 밋ᄎᆞ시ᄆᆡ, 위월(違越)치 못ᄒᆞ여 ᄇᆡ이슈명(拜而受命)ᄒᆞ고, 모친이 침상의 올으시믈 기다려 퇴ᄒᆞᆯᄉᆡ, 부인이 텰쇼져 유모로 쵹을 잡혀 쇼졔 몬져 가게 ᄒᆞ고, 한님을 미조ᄎᆞ[1807] 보ᄂᆡ니, 한님이 ᄯᅩ 즉시 가믈 괴로와 잠간 난두(欄頭)의셔 지졍여[1808], 셜ᄆᆡ뎡의 니ᄅᆞ러 쳥사의 【7】 셔 엶프시 드ᄅᆞ니, 실즁이 ᄀᆞ장 요란ᄒᆞ여 분난(紛亂)이 구ᄂᆞᆫ

1803)만ᄆᆡᆨ(蠻貊) : ①중국의 남쪽과 북쪽에 사는 종족을 아울러서 이르는 말. ②예전에, 중국인이 중국의 남쪽과 북쪽에 살던 민족을 낮잡아 이르던 말.
1804)화이(華夷) : 중국 민족과 그 주변의 민족을 함께 이르는 말..
1805)션공(善功) : 좋은 결과를 낳는 공덕.
1806)화공(禍功) : 재앙을 불러오는 공덕.
1807)미조ᄎᆞ : 미조차. 뒤이어.
1808)지졍이다 : 서성이다. 지체하다.

자ᄂᆞᆫ 가(假) 구시 난이니, 그 허령(虛靈)ᄒᆞ미 발셔 한님의 ᄌᆞ최 미뎡의 니를 줄 알고, 텰시 오기 젼 몬져 와 눈을 ᄀᆞᄂᆞ리 ᄯᅳ고 압흘 보며 폴흘 지어 단졍이 안ᄌᆞ시니, 직슉(直宿)ᄒᆞᄂᆞᆫ 비ᄌᆞ 등이 우읍기를 니긔지 못ᄒᆞ나, ᄯᅩᄒᆞᆫ 볼 만ᄒᆞ고 곡졀을 뭇지 아녀터니, 밋 텰시 입실ᄒᆞ미 난이 믄득 요수(搖首) 왈,

"금야ᄂᆞᆫ 내 예셔 자고져 ᄒᆞᄂᆞ니, 부인은 나의 침소의 가 밤을 지닉라."

텰시 음부(淫婦)의 상셩지언(喪性之言)을 드란 쳬 아니ᄒᆞ고, 안셔히 좌뎡ᄒᆞ니, 난이 텰시를 집어삼킬【8】 ᄃᆞᆺ 믜온 거슬 됴히 참고, 여러 일월의 광심(狂心) 곳 아니면 금야라도 미뎡의 오지 아니코, 침소의셔 간모와 흉계를 ᄒᆡᆼᄒᆞ여 빅가지로 해ᄒᆞ믈 도모ᄒᆞᆯ 거시로ᄃᆡ, 상시(常時) 은악양션(隱惡佯善)ᄒᆞ믈 일코, 한님 ᄉᆞ상ᄒᆞᄂᆞᆫ 졍(情)과 음심(淫心)이 간심(奸心)을 일윗ᄂᆞᆫ지라.

텰시 제 말을 드른쳬 아니코 텬연(天然) 졍좌(正坐)ᄒᆞ니, 블연 대로ᄒᆞ여 젹튝(積蓄)ᄒᆞᆫ 믜옴과 광심이 대발ᄒᆞ니 연갑(硯匣)을 드러 텰시의게 더지고, 즐욕 왈,

"네 불과 텰슈경 도젹놈의 ᄯᆞᆯ노셔 놉흔 양ᄒᆞ고, 나를 업수히 넉여 원군(元君)의 듕ᄒᆞᆷ믈 모르고 내 말을 이외(耳外)로 듯거니와, 【9】너의 교오방ᄌᆞ(驕傲放恣)ᄒᆞ미 포락일뉴(炮烙一類)로, 호춍(好寵)ᄒᆞ미 군ᄌᆞ로 ᄒᆞ야금 타쳐의 졍을 옴기지 못ᄒᆞ게 장악(掌握)의 잠가시니, 구고 존당이 요녀를 편이하여 나의 츄야오동(秋夜梧桐)[1809]과 츈연ᄌᆞ오(春燕慈烏)[1810]의 외로이 조으라, 남녀졍욕(男女情慾)과 부부지락(夫婦之樂)을 모로ᄂᆞᆫ 비고(悲苦)ᄒᆞᆫ 졍을 고렴치 아니ᄒᆞ니, 원망이 ᄀᆞᆨ골(刻骨)ᄒᆞᆫ지라. 너 요괴년을 버혀 존당 구고긔 뵈고, 내 당당ᄒᆞᆫ 원비(元妃)로 ᄉᆡᆨ염긔질(色艶氣質)이 너의 아ᄅᆡ 아니어늘, 군ᄌᆞ의[와] 구문(舅門)이 너만 ᄉᆞ랑ᄒᆞ고 나를 박ᄃᆡᄒᆞ믈 《업수히 넉이미라‖셜분(雪憤)ᄒᆞ리라》. 내 임의 잉분함증(忍憤含憎)ᄒᆞ미 오ᄅᆡ니, 미양 엇지 익익겸손(益益謙遜)【10】ᄒᆞ여, 너 찰녀발부(刹女悖婦)의 닝안멸시(冷眼蔑視)를 밧으리오. 결단코 널노뼈 상공긔 홀노 호춍(好寵)치 못ᄒᆞ게 ᄒᆞ리라."

텰시 념(念)밧게 연갑(硯匣)이 머리의 다질녀 봉관이 버서지고, 두골이 상ᄒᆞ여 혈츌(血出)ᄒᆞ믈 면치 못ᄒᆞ니, 앏프고 분ᄒᆞ믄 둘지오, 긔괴(奇怪)코 참측(慘測)ᄒᆞ믈 니긔지 못ᄒᆞ여 슈건으로 뉴혈(流血)을 삐스며, 기리 혀ᄎᆞ 왈,

"셰원인망(歲遠人亡)ᄒᆞ여 텬의무도(天意無道)ᄒᆞ미 구의(久矣)라. 거셰(擧世)의 녜뫼 쓸ᄃᆡ 업고 눈강(倫綱)이 픽망(敗亡)ᄒᆞ니 음뉴(淫類)와 광곤(光棍)[1811]이 이러ᄒᆞᆫ지라. ᄎᆞ인은 예ᄉᆞ 넘치로 ᄎᆡᆨ망치 못ᄒᆞ리라."

ᄒᆞ여, 단연부동(端然不動)ᄒᆞ니, 난【11】이 대경대로ᄒᆞ여 니○[롤] 갈고 폴흘 쏨ᄂᆡ여 쇼져의게 다라드러, 바로 상한쳔뉴(常漢賤類)의 젹인(敵人) ᄯᅳᆺᄂᆞᆫ 거조를 ᄒᆞ려 ᄒᆞ니, 유랑 비비 일시의 나아와 몸으로 텰시를 ᄀᆞ리오고 손으로 구시를 밀쳐 왈,

1809)츄야오동(秋夜梧桐): 오동잎이 지는 가을 밤. 쓸쓸함, 고독, 그리움 등의 정조를 드러내는 표현.
1810)츈연ᄌᆞ오(春燕慈烏): 봄날의 제비와 까마귀. 봄날에 흔히 눈에 띠는 새를 일컬은 말.
1811)광곤(光棍): 무뢰배(無賴輩). 무뢰한의 무리.

"부인이 아쥬(我主)의 동녈이시나 실덕실톄(失德失體)ᄒᆞ미 이 곳ᄐᆞ여, 아쥬를 상한쳔뉴(常漢賤流)ᄀᆞ치 두다리고져 ᄒᆞ신 후는, 비지(婢子) ○○[쥬욕]신ᄉᆞ(主辱臣死)[1812]를 싱각ᄒᆞ여 몸을 바려 쥬인의 위틱ᄒᆞ믈 ᄃᆡ(代)ᄒᆞ려 ᄒᆞᄂᆞ니, 부인은 죤듕ᄒᆞ쇼셔."

셜파의 좌로 밀고 우로 쑹긔쳐[1813] 압흐로 ᄯᅳ을고 뒤흐로 ᄯᅩ추 반호(半毫) 존경【12】ᄒᆞ미 업ᄉᆞ니, 난ᄋᆞ의 발악ᄒᆞᄂᆞᆫ 소릭 광잡(狂雜)ᄒᆞ여, 텰시를 참욕(慘辱)ᄒᆞ며 비ᄌᆞ를 ᄭᅮ지저 물니치며, 텰시를 드립ᄯᅥ 응무러[1814] ᄯᅳ드려 ᄒᆞ니, 텰시 한심괴히(寒心怪駭)ᄒᆞ믈 니긔지 못ᄒᆞ여 시ᄋᆞ를 칙왈,

"구부인이 비록 상셩(喪性)ᄒᆞ여 실톄(失體)ᄒᆞ미 만흐나, 여등의 쥬뫼(主母)라. 녜(禮)로ᄡᅥ간ᄒᆞ고 졍도로 고ᄒᆞ여, 텽납(聽納)지 아니ᄒᆞᆫ즉 긋칠 ᄯᆞ롬이라. 엇지 감히 만모(慢侮)ᄒᆞ여 이러틋 무례ᄒᆞ미 가ᄒᆞ리오. 나의 춍비(總婢)[1815] 어하지되(御下之道)[1816] 이러틋 불엄(不嚴)ᄒᆞ믈, 실노 사름 ᄃᆡᄒᆞᆯ ᄂᆞᆺ치 업서ᄒᆞ노라. 부인은 블이용(不貳容)[1817]이오, 의(義)【13】는 ○[불]역애(不逆也)[1818]라. 내 만일 어질미 신기(神祇)[1819]를 요동(搖動)ᄒᆞ고 졍대ᄒᆞ미 요ᄉᆞ(妖邪)를 물니칠진ᄃᆡ, 구부인이 비록 항우(項羽)[1820]의 용(勇)과 유모(劉某)[1821]의 사오나오믈 겸ᄒᆞ여 계셔도 나를 간ᄃᆡ로 해치 못ᄒᆞ실 거시오, 내 우암불민(愚暗不敏)ᄒᆞ미 구부인 독슈(毒手)를 밧암즉 ᄒᆞᆫ즉, 여등이 비록 구코져 ᄒᆞ나 내 능히 면치 못ᄒᆞᆯ 거시니, 모로미 요란치 말나."

셜파의 안뫼(顏貌) ᄉᆡᆨᄉᆡᆨᄒᆞ고 위의(威儀) 밍녈하니, 졔비ᄌᆞ 등이 블승황송ᄒᆞ여 잠간 물너서니, 난ᄋᆡ 분분이 셔안 우희 셔증(書鎭)을 드러 텰시를 난타코져 ᄒᆞ니, 쇼졔 비록 지【14】란약질(芝蘭弱質)이나, 구시의 분분이 ᄃᆞ라드ᄂᆞᆫ 거술 능히 졔어ᄒᆞ여, 슏연이[1822] 셔징(書鎭)을 앗고, 갓가이 오는 ᄃᆞᆺᄒᆞ면 밀쳐 바리니, 난ᄋᆡ 그 신긔히 늘나믈[1823] 당치 못ᄒᆞ여 헛되이 밀치이니, 두 무릅히 앏프고 몸이 갓블 ᄲᅮᆫ이니, 분노를 니긔지 못ᄒᆞ여 ᄒᆞᆫ갓 누욕(累辱)과 악셩(惡聲)으로 ᄭᅮ짓기를 마지 아냐, 한님의 츌인ᄒᆞᆫ

1812)쥬욕신ᄉᆞ(主辱臣死) : 임금이 치욕(恥辱)을 당하면 신하가 임금의 치욕을 씻기 위하여 목숨을 바친다는 뜻으로, 아랫사람이 윗사람을 도와 생사고락을 함께함을 이르는 말.

1813)쑹긔다 : 튕기다. 튕겨나가다. 밀쳐내다.

1814)응물다 : 윽물다. 힘주어 이를 꾹 마주 물다

1815)춍비(總婢) ; 여종들을 관리함.

1816)어하지되(御下之道) : 아랫사람들을 거느리는 도리.

1817)블이용(不貳容) ; 두 얼굴을 갖지 않음.

1818)불역애(不逆也) : 거스를 수 없음.

1819)신기(神祇) : 천신지기(天神地祇). 천신과 지기를 아울러 이르는 말. 곧 하늘의 신령과 땅의 신령을 이른다.

1820)항우(項羽) : 중국 진(秦)나라 말기의 무장(B.C.232~B.C.202). 이름은 적(籍). 우는 자(字)이다. 숙부 항량(項梁)과 함께 군사를 일으켜 유방(劉邦)과 협력하여 진나라를 멸망시키고 스스로 서초(西楚)의 패왕(霸王)이 되었다. 그 후 유방과 패권을 다투다가 해하(垓下)에서 포위되어 자살하였다.

1821)유모(劉某) : 미상(未詳). 항우(項羽)와 패권을 다퉜던 유방(劉邦)을 말함인 듯.

1822)슏연이 : ①홀연히. 갑자기. ②날쌔게. ③순순히. ④쉽게.

1823)늘나다 : ①날래다. 나는 듯이 빠르다. ②날렵하다, 재빠르고 날래다.

의푀(儀表) 저와 상젹(相適)ᄒᆞ고, 텰시는 우러라 ᄇᆞ라지 못ᄒᆞ리라 ᄒᆞ여, 망측지언(罔測之言)이 부졀여류(不絶如流)ᄒᆞ더니, 교란이 후창(後窓)으로 드러와 망담광셜(妄談狂說)을 듯고 히연ᄒᆞ믈 니긔지 못ᄒᆞ여, 눈물을 흘니【15】며 간ᄒᆞ여 침소로 도라가믈 청ᄒᆞ니, 난익 교란의 말인즉 다 신청ᄒᆞ나, 한님의 ᄌᆞ최 이의 니룰 줄 짐작고 누쉬여우(淚水如雨) 왈,

“내 텰가 요녀의 곳에 드러와 이러틋 홀니 업ᄉᆞᄃᆡ, 한님이 분명 금야의 이곳의 드러올 줄 아는 고로 텬션(天仙) ᄀᆞᄐᆞᆫ 풍위(風威)를 우러라 경회를 만일(萬一)[1824]이나 닐오고져 ᄒᆞ엿더니, 요음찰네(妖淫刹女) 군ᄌᆞ를 후려 제 방의 너코, 날 ᄀᆞᄐᆞ 니는 감히 군ᄌᆞ의 쳐실인 체를 못ᄒᆞ게 막잘나, 저 밧근 윤군의 ᄇᆡ톄(配妻) 업ᄉᆞᆫ 줄노 아는 일이 통완참분(痛惋慘憤)ᄒᆞ여, 잠간 이의 이셔 군ᄌᆞ 【16】입실(入室)을 기다리거늘, 어미는 내 뜻을 모ᄅᆞ고 ᄒᆞᆫ갓 즘자미 더ᄃᆡ믈 졀박히 넉이ᄂᆞ뇨?”

언필의 한님 ᄉᆞ상(思想)ᄒᆞ는 졍욕과 화열(火熱)이 가슴의 얽혀, ᄒᆞᆫ번 늣기는 소ᄅᆡ의 긔운이 막혀 형식(形色)이 위위(危危)ᄒᆞ니, 교란이 울며 븟드러 화츈누로 도라가니, 텰시 이 광경을 보고 상쳬 앏프믄 닛치니고, 음비참측(淫鄙慘測)ᄒᆞ믈 더러이 넉이는 즁, 한님의 인ᄌᆞ화홍(仁慈和弘)ᄒᆞ므로뻐 원부(怨婦)의 ᄒᆞᆫ이 이의 밋게ᄒᆞ믈 일편되이 넉이더라.

한님이 쳥사(廳舍)의셔 구시의 망측지셜(罔測之說)을 다 듯고, 그 혼도(昏倒)ᄒᆞ믈 알오ᄃᆡ, 비례(非禮)【17】의 얼골을 보지 아니려 도로 셔직로 나가고져 ᄒᆞ다가, 모교(母敎)를 역(逆)지 아니려 잠간 지졍여, 교란이 후창으로 다려가믈 알고, 날호여 드러오니 텰시 텬연이 니러 맛는지라. 한님이 ᄑᆞᆯ흘 드러 좌뎡ᄒᆞᄆᆡ, 촉하의셔 쥬역(周易)을 ᄉᆞᆲ피다가, 삼경(三更)이 지난 후, 시ᄋᆞ로 금침을 포셜ᄒᆞ라 ᄒᆞ고, 의ᄃᆡ를 글너 취침홀ᄉᆡ, 텰시를 향ᄒᆞ여 왈,

“ᄌᆡ 굿ᄐᆞ여 안ᄌᆞ 새올 ᄇᆡ 아니니 모로미 편히 쉬쇼셔.”

ᄒᆞ고 쾌히 줌드러 사ᄅᆞᆷ이 겻ᄒᆡ 이시며 업ᄉᆞ믈 아지 못ᄒᆞ더니, 옥쳠(玉簷)의 금계(金鷄) 새ᄇᆡ를 보ᄒᆞ고, ‘죵【18】각(鐘閣)의 누쉬(漏水) 진진(津津)[1825]ᄒᆞᄆᆡ’[1826] 즉시 니러 관소(盥梳)ᄒᆞ고 밧그로 나가ᄃᆡ, 굿ᄐᆞ여 쇼져로 말ᄒᆞᄆᆡ 업더라.

거야(去夜)의 슌희[1827] 한님이 텰시로 모드믈 알고 그 부부의 ᄉᆞ졍을 알고져 잠간 규시(窺視)ᄒᆞᄆᆡ, 가구시의 음비지언(淫鄙之言)과 광악(狂惡)ᄒᆞᆫ 거동을 볼 ᄲᅮᆫ이오, 한님과 텰시 은졍이 상합ᄒᆞ여 쇼년 부부의 ᄋᆡ이낙지(愛而樂之)ᄒᆞ믈 보지 못ᄒᆞ니, 가즁이 본ᄃᆡ 한님의 쉭쉭 슉엄ᄒᆞ믈 인ᄒᆞ여 부부지락이 흡연치 못ᄒᆞᆫ가 근심ᄒᆞ는지라. 슌희 원

1824)만일(萬一) : 만 가운데 하나 정도로 아주 적은 양.
1825)진진(津津) : 물건 따위가 풍성하게 많음. 물이 도도(滔滔)히 흐름.
1826)죵각(鐘閣)의 누쉬(漏水) 진진(津津)ᄒᆞᄆᆡ : 조선시대 종각에 타종시간을 알려주던 물시계, 곧 자격루(自擊漏)는 물의 흐름을 이용하여 스스로 소리를 나게 해서 시간을 알리도록 만들어졌다.
1827)슌희 : 진왕 윤광천의 첩(妾).

셩뎐의 드러가 좌위 고요ᄒᆞ믈 타, 거야 셜화ᄅᆞᆯ 고홀ᄉᆡ, 난ᄋᆡ 한님을 ᄉᆞ상ᄒᆞ미 【19】 발광(發狂)ᄒᆞᄆᆡ 밋처, 셜ᄆᆡ뎡의 니ᄅᆞ러 작난ᄒᆞ여 텰시의 머리 ᄡᅵ여짐과 구시 혼졀ᄒᆞ믈 일일히 고ᄒᆞ고, 한님이 부인 ᄃᆡ졉이 미흡ᄒᆞ믈 의아ᄒᆞ니, 위부인이 셕일 싀험극악(猜險極惡)ᄒᆞ던 거시 ᄒᆞ나토 업서, 결단(決斷) 업시 어질고 남달니 눅으러워1828) 심약ᄒᆞ미 과ᄒᆞ니, 사ᄅᆞᆷ의 궁측(窮惻)ᄒᆞᆫ 졍ᄉᆞᄅᆞᆯ 드ᄅᆞ면 ᄀᆞ장 비편(非便)ᄒᆞ야 능히 참지 못ᄒᆞᄂᆞᆫ 고로, 구시 비록 음쳔비아(淫賤卑阿)ᄒᆞᆫ 졍욕이 창물(娼物)의 더ᄒᆞ고, ᄉᆞ녀(士女)의 현쳘ᄒᆞ미 업ᄉᆞ나, 그 졍ᄉᆡ ᄀᆞ초 비량(悲凉)1829)ᄒᆞ여 ᄇᆞ라ᄂᆞᆫ ᄇᆡ 가부 ᄲᅮᆫ이어ᄂᆞᆯ, 창닌의 박졍ᄒᆞ미 【20】 여시ᄒᆡᆼ노(如視行路)요, 즁니(衆裏)의 ᄆᆡ이 넉이믈 짐작ᄒᆞᄆᆡ, 일부(一婦)의 함원(含怨)이 젹지 아닌 허물이오, 가ᄂᆡ(家內)의 화긔ᄅᆞᆯ 상ᄒᆡ와 불녕자(不逞者)1830)의 원독(怨毒)이 쳘텬(徹天)ᄒᆞ믈 불ᄒᆡᆼᄒᆞ야, 승상을 불너 구시의 광증이 창닌을 인ᄒᆞ여 비로ᄉᆞ믈 닐ᄋᆞ고, 탄왈,

"구시 츙년(沖年)의 ᄌᆞ모ᄅᆞᆯ 일코 '뉵아(蓼莪)의 통(痛)'1831)을 픔엇거ᄂᆞᆯ, 엄부ᄅᆞᆯ 원니(遠離)ᄒᆞ여 ᄉᆡᆼ니ᄉᆞ별(生離死別)의 심ᄉᆡ 상ᄒᆞ고, 가부의 박ᄃᆡ 태심ᄒᆞᆫ 고로 심녜(心慮) 과ᄒᆞ여, 상셩발광(喪性發狂)ᄒᆞᄆᆡ 니ᄅᆞ니, 구공이 졀역ᄒᆡ외(絶域海外)의셔 이 소식을 드ᄅᆞ면, 그 참달(慘怛)ᄒᆞ미 엇더ᄒᆞ며, 너의 며ᄂᆞ리 불ᄋᆡ(不愛)홈과 창【21】ᄋᆞ의 쳐ᄅᆞᆯ 염박ᄒᆞ믈 원치 아니리오. 네 본ᄃᆡ 인자함홍(仁慈含紅)ᄒᆞ미 남다란지라. 교인(敎人)ᄒᆞᄆᆡ 온듕후덕(穩重厚德)ᄒᆞ며 회과ᄎᆡᆨ션(悔過責善)키ᄅᆞᆯ ᄇᆞ라미 올커ᄂᆞᆯ, 구ᄋᆡ 제부(諸婦)의 츌인탁아(出人卓雅)ᄒᆞ믈 앙망치 못ᄒᆞ나, 창ᄋᆡ 예ᄉᆞ로이 ᄃᆡ졉홀진ᄃᆡ 그ᄃᆡ도록 상심발광(喪心發狂)튼 아닐지라. 너ᄂᆞᆫ 모로미 창ᄋᆞᄅᆞᆯ 경계ᄒᆞ여, 비록 구ᄋᆡ 허물이 이시나 넓이 용납ᄒᆞ여 원부(怨婦)의 ᄒᆞᆫ을 풀고, 잔잉ᄒᆞᆫ 녀ᄌᆞ의 괴질(怪疾)을 고렴ᄒᆞ여 수히 ᄎᆞ셩(差成)케 ᄒᆞ라."

승상이 공경 문파의 ᄌᆡᄇᆡ 주왈,

"쇼손이 우암(愚暗) 쇼홀(疎忽)ᄒᆞ여 일즉 ᄌᆞ부의 ᄉᆞᄉᆞ밀은(私私密隱)【22】과 셰쇄(細瑣)ᄒᆞ믈 알녀 아니ᄒᆞ옵ᄂᆞᆫ 고로, 구시의 광질(狂疾)이 듕홈과 창닌의 박쳐(薄妻)ᄒᆞ미 심ᄒᆞ믈 망연부지(茫然不知)올너니, 존명으로 조ᄎᆞ 창ᄋᆞ의 박ᄒᆡᆼ과 구시의 쳥한(淸閑)치 못ᄒᆞ믈 듯ᄌᆞ오ᄆᆡ, 불ᄒᆡᆼ우민ᄒᆞ믈 니긔지 못ᄒᆞ리로소이다. 다만 남ᄌᆡ라도 녀관(女款)1832)을 뉴련(留連)1833)ᄒᆞ여 ᄒᆡᆼ지(行止) 예ᄉᆞ롭지 못ᄒᆞᆫ즉, 음황무도(淫荒無道)키ᄅᆞᆯ

1828)눅으럽다 : 누그럽다. ①마음씨가 따뜻하고 부드러우며 융통성이 있다. ②몹시 추워야 할 날씨가 따뜻하다.

1829)비량(悲凉) : 슬프고 처량함.

1830)불녕자(不逞者) : 원한, 불만, 불평 따위를 품고서 어떠한 구속도 받지 아니하고 제 마음대로 행동하는 사람.

1831)뉵아(蓼莪)의 통(痛) : 육아지통(蓼莪之痛) : 어버이가 죽어서 봉양하지 못하는 효자의 슬픔을 이르는 말.

1832)녀관(女款) : 여성과의 육체적 관계를 맺는 행위. 또는 그 대상이 되는 여성.

1833)뉴련(留連) : 차마 떠나지 못함.

면치 못ᄒᆞ옵거ᄂᆞᆯ, ᄒᆞ믈며 녀ᄌᆞ 가부의 박ᄃᆡ를 ᄒᆞᆫᄒᆞ여 실셩발광(失性發狂)키의 밋ᄎᆞ미 니잇가? 쇼손이 구ᄋᆞ롤 보던 날, 이런 변을 짐작하여ᄉᆞ오나, 실노ᄡᅥ 측냥치 못ᄒᆞᆯ 바ᄂᆞᆫ 구공의 인명【23】대덕(仁明大德)으로 기네 그ᄃᆡ도록 음비쳔누(淫鄙賤陋)치 아니ᄒᆞ오리니, 비록 요슌지ᄌᆞ(堯舜之子) 불초타 ᄒᆞ오나, 구공의 ᄉᆡᆼ혹(生憍)인즉 그러치 아니ᄒᆞ오리니, 이상ᄒᆞ믈 결을치 못ᄒᆞ리로소이다.”

부인 왈,

“실노 불힝ᄒᆞ고 그 질(疾)을 일윈 근본이 불미ᄒᆞ나, 어룬의 도리 관대화홍(寬大和弘)ᄒᆞ믈 힘ᄡᅥ, 창ᄋᆞ롤 계칙(戒飭)ᄒᆞ고 됴히 ᄃᆡ졉하여 그 병을 구호키롤 명하라.”

승상이 ᄇᆡ샤슈명(拜謝受命)ᄒᆞ고 퇴ᄒᆞ여 셔루(書樓)의 나오ᄆᆡ, 한님 등 제ᄌᆞ(諸子) 시좌ᄒᆞ니, 승상이 침음냥구(沈吟良久)의 한님다려 왈,

“구시 유질(有疾)ᄒᆞ믈 대뫼 우(憂)ᄒᆞ시고, 너의 박쳐(薄妻)ᄒᆞ믈 젹불션(積不善)이【24】라 ᄒᆞ샤 불열ᄒᆞ시니, 인ᄌᆞ지되(人子之道) 효슌위열(孝順慰悅)이 읏듬이오, ᄒᆞ믈며 네 ᄆᆞ음의 불합ᄒᆞ나 네로 ᄃᆡ졉ᄒᆞ고, 덕으로 화ᄒᆞ며, 졍대키로 인도ᄒᆞ면, 회션기악(回善棄惡)ᄒᆞ미 어렵지 아닐지라. 여년(汝年)이 슈쇠(雖少)나 외람이 뇽방(龍榜)의 승은(承恩)ᄒᆞ여, ᄌᆞ최 경악(經幄)[1834]의 츌입ᄒᆞ니, 불ᄉᆞ(不似)ᄒᆞᆫ ᄌᆡ명(才名)이 됴야(朝野)의 나타나{니}, 진짓 덕이 업고 허명이 듕ᄒᆞ믈 불안ᄒᆞ거ᄂᆞᆯ, 태모의 밧비 넉이시믈 위월(違越)치 못ᄒᆞ고, 인연이 듕하믈 베오지 못ᄒᆞ여 고인의 유취(有娶)[1835]롤 기다리지 못ᄒᆞ고, 냥쳐(兩妻)롤 ᄀᆞ초미 되니, 범ᄉᆞ 과ᄒᆞ고 법의 지난지라. ‘거ᄇᆡᆨ옥(蘧伯玉)[1836]【25】의 ᄡᅵ다라믈’[1837] 효측(效則)지 못ᄒᆞ고 갈ᄉᆞ록 번화롤 구ᄒᆞ여 쳔ᄒᆞᆫ 곳의 니ᄅᆞ히 유졍(有情)ᄒᆞ니, ᄌᆡ앙이 니러나 간악ᄒᆞᆫ 비ᄌᆞ(婢子) 요인(妖人)을 작당(作黨)ᄒᆞ여 가ᄂᆡ(家內)○[롤] 쇼요(騷擾)ᄒᆞ미, 너의 졍실(正室)을 ᄀᆡᆼ참(坑塹)의 함닉(陷溺)ᄒᆞ미 아니면, 빈희(嬪姬)롤 구확(溝壑)의 모라 너흐니, 군ᄌᆞ의 슉연ᄒᆞᆫ 가법을 우러지 못ᄒᆞᆯ지라. 몸을 닥지 못ᄒᆞ고 가졔(家齊)롤 난(亂)케 ᄒᆞ며, 무ᄉᆞᆫ ᄌᆡ덕(才德)으로 ᄉᆞ군보국(事君輔國)ᄒᆞ여 신ᄌᆞ(臣子)의 직분을 다ᄒᆞ리오. 모로미 상심명찰(詳審明察)하여 비록 셰쇄(細瑣)치 아닐지언뎡 너모 흔열(欣悅)ᄒᆞᄆᆡ 갓갑지 말고, 화홍관대ᄒᆞᆯ지언뎡 너모 프러지지

1834)경악(經幄) : 경연(經筵). 고려・조선 시대에, 임금이 학문이나 기술을 강론・연마하고 더불어 신하들과 국정을 협의하던 일. 또는 그런 자리. 공양왕 2년(1390)에 서연을 고친 것으로 왕권의 행사를 규제하는 중요한 일을 수행하였다.

1835)유취(有娶) : 유취지년(有娶之年). 남자가 장가들 나이. 예전에 남자가 적법하게 장가들 수 있는 나이는 20세였다. ≪예기≫ <곡례편(曲禮篇)>에서, 공자가 스무 살에 관례를 한다고 한 데서 근거한다.

1836)거ᄇᆡᆨ옥(蘧伯玉) ; 중국 춘추시대 위나라 대부. 이름은 거원(蘧瑗). 일생 예(禮)를 실천하여 어진 행실을 닦았다. 공자는 거백옥을 평하여 ‘군자로다. 거백옥이여! 나라에 도가 있으면 벼슬에 나아가고, 도가 없으면 거두어 물러나는구나(君子哉 蘧伯玉 邦有道則仕 邦無道則可卷而懷之 -『논어』<위령공(衛靈公)>편)’ 하였다.

1837)거ᄇᆡᆨ옥(蘧伯玉)의 ᄡᅵ다라믈 : 거백옥이 50세 때 인생을 돌아보고 지난 49년간의 삶이 잘못되었음을 깨달았다고 한 것을 말함(故 蘧伯玉 年 五十而知四十九年非 『회남자(淮南子)』 원도훈(原道訓)). 50세를 ‘지비(知非)’라고 하는 것은 이 말에서 유래된 것이다.

말나. 정대(正大)【26】훈 거시 샤긔(邪氣)룰 니긔고, 덕(德)된 거시 요긔(妖氣)룰 붉혀 일진졍양(一陣正陽)이 피부간(皮膚間) 황황(恍恍)훈 거슬 씨쳐, 슈유(須臾)의 의표(擬表)1838) 쁘믈 혜아려 보라."

한님이 복슈궤슬(伏首跪膝)1839)ᄒᆞ여 부친 명교룰 앙복희열(仰服喜悅)ᄒᆞ고, 즈긔 총명이 남의 우희 이시나, 오히려 부친의 신명ᄒᆞ시믈 밋지 못ᄒᆞ여 지금 옥셕(玉石)을 붉히지 못ᄒᆞ믈 참황(慚惶)ᄒᆞ니, 면관돈슈(免冠頓首)ᄒᆞ여 가졔 무상ᄒᆞ믈 쳥죄ᄒᆞ고, 존당 명을 밧드러 구시 간병(看病)ᄒᆞ믈 디ᄒᆞ니, 승상이 평신ᄒᆞ믈 명ᄒᆞ고 다시 말을 아니니, 셰린이 부형의 말ᄉᆞᆷ을 드르니 크게 고이ᄒᆞ여, 슈유(須臾)의 의표(擬表) 쓴 비 【27】 그 뉘믈 싱각지 못ᄒᆞ고, 져의 졔개(齊家) 망측ᄒᆞ믈 혜아리미 즈참(自慚)ᄒᆞ니, 오리 부젼의 이셔 녕능의 요약을 먹지 아니므로 총명이 졈졈 도라와, 셜시 유한슉뇨(幽閑淑窈)ᄒᆞ던 바로 음ᄒᆡᆼ악ᄉᆞ(淫行惡事) 잇지 아닐 바룰 씨다라 져의 픠광(悖狂)을 만히 뉘웃츠나, 오히려 녕능의 작악(作惡)이믈 씨닷지 못ᄒᆞ고, 녕능이 슉녀쳘뷔(淑女哲婦) 아니믈 알지언뎡 그딕도록 음일흉교(淫佚凶狡)ᄒᆞ고 불측간활(不測奸猾)ᄒᆞ믈 아지 못ᄒᆞ니, 셰린이 범뉴(凡類)로 의논ᄒᆞᆫ즉 졍신이 츄슈(秋水)룰 헤치며 총명이 츌뉴(出類)ᄒᆞ나, 승상과 한님의 지명의견(至明意見)의 견조미 열【28】에 ᄒᆞ나흘 ᄯ로지 못ᄒᆞᆯ지라. 승상이 셰린의 상ᄒᆞ미 깁흐믈 앗기고 넘녀ᄒᆞ여, 찰녀의 곳에 보닉지 아니믈 위쥬ᄒᆞ여, 듀야(晝夜) 겻ᄒᆡ 두어 반킥도 믈너가라 아니코, 셜시와 녕능의 션악을 언두의 닐콧지 아니코, 오직 녀식(女色)을 관졍(關情)치 말믈 경계ᄒᆞᆯ ᄹᅥᆫ이니, 학ᄉᆞ 츠시ᄂᆞᆫ 셜시와 녕능을 타문(他門) 부녀와 ᄀᆞ치, 서로 디코져 아니ᄒᆞ되, 다만 셜시의 음비지ᄉᆞ(淫鄙之事)룰 난측(難測)ᄒᆞ여,

"그 쳥한슉뇨(淸閑淑窈)ᄒᆞ미 엇지 음흉대죄의 ᄲᅡ진고? 이 아니 귀신의 작희(作戱)ᄒᆞ미가? 사름의 ᄒᆡᆼ식 참아 엇지 그딕도록 젼휘 다란고?"

ᄒᆞ【29】여, 침식간(寢食間) 의아ᄒᆞᄂᆞᆫ ᄆᆞ음을 《드지∥거두지1840)》 못ᄒᆞ더라.

ᄎᆞ일 한님이 부모존당의 혼뎡을 파ᄒᆞ고 셔실의 도라와 담쇼ᄒᆞ더니, 위태부인 명으로 화츈누로 가라 ᄒᆞ니, 한님이 굿ᄐᆞ여 고식(苦色)이 업시 존명을 슌슈ᄒᆞ믈 디ᄒᆞ고, ᄒᆡᆼ보룰 게얼니 움죽여 취루의 니르니, 난이 거야(去夜)의 혼졀ᄒᆞ여 교란이 붓드러와 지셩구호ᄒᆞ여, 효신의 겨유 인ᄉᆞ룰 출히나 음욕화열(淫慾火熱)〇[이] 광증(狂症)을 일워 압히 거슬 산산이 바으고, 텰시와 화벽을 일만 조각의 ᄲᅥᄒᆞ라 죽이지 못ᄒᆞ믈 흔ᄒᆞ여, 입에 ᄀᆞ득ᄒᆞᆫ 【30】 말이 다 한님의 풍치 태산졔월(泰山霽月)1841) ᄀᆞᆺᄐᆞᆷ을 닐ᄏᆞᆯ니, 교란이 식쳥(食廳) 비즈ᄉᆡ게 쳥ᄒᆞ여 한님 식반 남은 거슬 가져와 난ᄋᆞ의게 먹기룰 권ᄒᆞ니, 한님의 먹던 비라 ᄒᆞ니, 믄득 한님을 디한 듯 환희ᄒᆞ여, 그릇식 ᄒᆞᆫ 낫츨 브치

1838)의표(擬表) : 거짓 탈. 가면(假面)
1839)복슈궤슬(伏首跪膝) : 무릎을 꿇고 머리를 숙임.
1840)거두다 : 하던 일을 멈추거나 끝내다.
1841)태산졔월(泰山霽月) : 비가 갠 날 태산 위에 떠 있는 밝은 달.

지 아니코 다 그러[1842] 먹은 후, 텰시 침소의 가 가져온 바 한님의 단의(單衣)를 닙고, 침건(寢巾)[1843]을 드리[1844] 그어[1845] 쁜 후, 입의 담지 못홀 음비지언을 무수부졀(無數不絶)[1846]이러니, 야심ᄒᆞ미 교란이 깃븐 우음으로 한님의 드러오믈 보ᄒᆞ며, 출하리 금금(錦衾)을 덥고 누어 병이 듕흔 쳬ᄒᆞ고, 【31】 광담망셜(狂談妄說)노 군ᄌᆞ의 비루(鄙陋)히 넉이믈 엇지 말나 ᄒᆞ니, 구시 만만 긔약 밧게 희보를 듯고 반갑고 깃브미 빗기[1847] 흔득이니[1848], 눅쳑신(六尺身)의 환흥(歡興)이 불불(勃勃)ᄒᆞ되, 또 근심되고 졀박ᄒᆞ여 능히 그 뜻을 예탁지 못ᄒᆞ고, 흔갈ᄀᆞᆺ치 ᄆᆡ몰ᄒᆞ여 남의녀졍(男意女情)이 합지 못홀가, 년니병톄(連理竝體)[1849]의 즐기믈 엇지 못홀가, 온갓 요음(妖淫)흔 졍욕(情慾)이 블니듯 ᄒᆞ고, 고ᄃᆡ 밋처 ᄂᆡ다를 듯ᄒᆞ고, 즉긱의 븟들듯, 허리를 안고 ᄉᆞ상지졍(思想之情)을 닐을듯, ᄇᆡᆨ가지 탕음(蕩淫)흔 의ᄉᆡᆨ 만가지나 요란(搖亂)ᄒᆞ니 능히 진뎡ᄒᆞ여 고요히 【32】 누엇지 못홀 듯ᄒᆞ나, 교란이 ᄌᆡ삼 누어시믈 쳥ᄒᆞ고, 한님의 인물이 어려오믈 저히니, 난ᄋᆡ 젼후 교란의 지교(指敎)로 조ᄎᆞ 대단이 실수ᄒᆞ미 업슨 고로, 광심욕화(狂心慾火)를 서리담고, 자라금(紫羅衾)을 머리ᄭᆞ지 쓰고 누어, 흔 편을 ᄀᆞ마니 들혀고 한님의 풍의(風議)를 반기고져 ᄒᆞ니, 교란이 ᄀᆞ장 민망이 넉이더라.

흔님이 즁당의셔 ᄇᆡ회ᄒᆞ다가 날호여 드러와, 난아의 누어시믈 ᄉᆞᆲ피미 업시 바로 셔안을 ᄃᆡᄒᆞ야 좌ᄒᆞ고, 눈을 ᄂᆞᆺ초와 즁용(中庸)을 소ᄅᆡ 업시 외오ᄃᆡ, 또흔 눈과 입을 동ᄒᆞ미 업서 이윽이 안ᄌᆞᆺ더니, 밤 【33】 이 삼경의 밋처ᄂᆞᆫ 잠간 누을 곳을 ᄉᆞᆲ펴 굿ᄐᆡ여 침금(枕衾)을 포셜ᄒᆞ라 아니ᄒᆞ고, 의ᄃᆡ(衣帶)를 그ᄅᆞ지 아냐 연갑을 비겨 ᄋᆞᆲ프시 졉목(接目)고져 ᄒᆞ나, ᄆᆡ양 몸이 이곳에 니ᄅᆞ면 만ᄆᆡᆨ호갈(蠻貊胡羯)[1850]의 드러, 젼육(膻肉)[1851]《난장‖낙장(酪漿)[1852]》을 먹은 듯○○[ᄒᆞ니], 어ᄃᆡ로 조ᄎᆞ 관흡(寬洽)홀 은ᄋᆡ를 베프며, 즘이 잘 오리오. ᄆᆡᆨᄆᆡᆨ[1853] 무언(無言)ᄒᆞ야 봉안(鳳眼)이 압흘 볼 ᄲᅮᆫ이러

1842)글다 : 끌다. 끌어 모으다.
1843)침건(寢巾) : 잠잘 때 머리에 두르거나 쓰는 헝겊 따위로 만든 두건.
1844)드리 : 들이. 들입다. 세차게 마구.
1845)그어 : 끌어. 끌어당겨. *'글+어'에서 'ㄹ'이 탈락된 형태. '그러' 또는 '글어'의 오기로 보인다.
1846)무수부졀(無數不絶) ; 수없이 끊임없이 함.
1847)빗기다 : 비끼다. 얼굴에 어떤 표정이 잠깐 드러나다.
1848)흔득이다 : 흔들리다.
1849)년니병톄(連理竝體) : 연리지병체화(連理枝竝體花). 남녀 사이에 혹은 부부 간에 애정이 깊은 것을 비유함. *연리지(連理枝) : 뿌리가 다른 나뭇가지가 서로 엉켜 마치 한 나무처럼 자라는 것으로 화목한 부부나 남녀 사이를 비유적으로 이르는 말. 당(唐)나라 시인 백거이(白居易)의 현종과 양귀비의 애달픈 사랑을 노래한 <장한가(長恨歌)>에서 "하늘에서는 비익조가 되기를 원하고 땅에서는 연리지가 되기를 원했네(在天願作飛翼鳥, 在地願爲連理枝)"라는 구절에서 나온 말임. *병체화(竝體花) : 한 뿌리에서 두 개의 꽃이 핀 꽃을 이르는 말로, 이 또한 남녀 사이에 혹은 부부 간에 애정이 깊은 것을 비유해서 쓰는 말이다..
1850)만ᄆᆡᆨ호갈(蠻貊胡羯) : 옛날 중국의 한족(漢族)을 둘러싸고 있던 변방 종족들인 만족(蠻族; 남방민족), 맥족(貊族; 북방민족), 호족(胡族; 흉노족), 갈족(羯族; 백인계열 종족)을 이르는 말.
1851)젼육(膻肉) : 누린내나는 고기.
1852)낙장(酪漿) : 소나 양의 젖. 여기서는 '신맛이 나는 음료'를 말함.

니, 난으의 음난광잡(淫亂狂雜)ᄒᆞ믄 사름의 념치 아닌 고로, 한님의 드러오믈 만금으로 밧고지 못홀 낙ᄉᆞ(樂事)로 ○○[아라] 흔흔열열(欣欣悅悅)ᄒᆞᆫ 즁, 니블 틈으로 그 풍치 신광(神光)을 보니, 휘요(耀輝)ᄒᆞᆫ 광휘와 신신(新新)ᄒᆞᆫ 【34】방용(芳容)이 이이(怡怡)1854)ᄒᆞ며, 북히(北海) 익연(曖然)1855)ᄒᆞ고 남명(南溟)1856)이 호호(浩浩)ᄒᆞ여 진익(塵埃)를 머므지 아니니, 유지불탁(流之不濁)1857)ᄒᆞ고 취지유일(吹之猶一)1858)ᄒᆞ여 왕왕불측(汪汪不測)1859)ᄒᆞᆫ 바는 그 금회(襟懷)1860)니, 누월(累月) ᄉᆞ상ᄒᆞ던 ᄆᆞ음이 반가오며 귀듕ᄒᆞ미 무궁ᄒᆞ여, 경긱의 몸이 사라지며 녹아져, 일신을 둘너 ᄒᆞᆫ가지 될 듯, 의식 극음극탕(極淫極蕩)ᄒᆞ니, ᄉᆞᄉᆞ로 니긔지 못ᄒᆞ여 어ᄌᆞ러이 교음(狡淫)ᄒᆞᆫ 틱도를 지어, 금금(錦衾) 속의셔 ᄉᆞ지(四肢)를 느리혀며 옥음(玉音)을 ᄀᆞᄂᆞ리 ᄒᆞ여, 신음ᄒᆞᄂᆞᆫ 형상이 위름(危懍)ᄒᆞ믈 뵈ᄃᆡ, 한님이 입을 열미 업시 싁싁 슉엄(肅嚴)ᄒᆞ니, 속졀업【35】시 동방실솔(洞房蟋蟀)1861)이 슬피 울고, 셔창(西窓)의 낙월(落月)이 빗최여 츄풍일셩(秋風一聲)의 원부(怨婦)의 익 일만 조각에 솟처지고, 욕화음졍(慾火淫情)이 진짓 사름을 ᄃᆡᄒᆞᄆᆡ 더옥 강잉치 못ᄒᆞ여 죽기를 그음ᄒᆞ고, 한님의 ᄒᆞᆫ번 친ᄒᆞ믈 어드면 그날 제 죽으나 여흔이 업술듯, 번연이 니러 볘개를 밀치고 니불을 헷처 한님의 침건을 쁜 《재∥치》 닓더나, 믄득 말ᄒᆞ고져 ᄒᆞᄆᆡ 경열ᄒᆞ여 소릐를 일우지 못ᄒᆞ고, 쳬뤼여우(涕淚如雨)ᄒᆞ여 옥안(玉顔)을 적실 ᄲᅮᆫ이러니, 날호여 나아가 념치인ᄉᆞ(廉恥人事)를 바리고 한님의 옥슈를 【36】붓드러, 실셩통읍(失性慟泣) 왈,

“쇼쳡이 불민ᄒᆞ나 군ᄌᆡ 당당이 빅냥정실(百兩正室)1862)노 마ᄌᆞ미 잇거놀, 텰시의 환혁(煥赫)ᄒᆞᆫ 부귀와 화벽의 춍권(寵權)을 만일(萬一)도 ᄇᆞ라지 못ᄒᆞ나, 구가합문(舅家闔門)의 불관(不關)이 넉임과, 군ᄌᆞ의 박ᄃᆡ 날노 더으고 시로 층가ᄒᆞ여, 이제ᄂᆞᆫ 면목도 불견이라. 혈혈부탁(孑孑無託)ᄒᆞᆫ 쳡신(妾身)이 장ᄎᆞᆺ 눌을 의탁ᄒᆞ리오. 고로 쳡의 일신이 초의 ᄌᆞ모를 상(喪)ᄒᆞ여 ‘뉵아(蓼莪)의 통(痛)’1863)이 오ᄂᆡ(五內)를 살오고, 가엄(家

1853)믹믹 ; 갑갑하고 답답함.
1854)이이(怡怡) : 반갑고 기쁨.
1855)익연(曖然) : 아득하고 희미함.
1856)남명(南溟) : 남쪽 바다.
1857)유지불탁(流之不濁) ; 물이 흘러도 흐려지지 않음.
1858)취지유일(吹之猶一) : 불어도 흔들림이 없이 한결같음.
1859)왕왕불측(汪汪不測) : 넓고 깊어 헤아릴 수 없음.
1860)금회(襟懷) ; 마음.
1861)동방실솔(洞房蟋蟀) : 신방에 있는 귀뚜라미.
1862)빅냥정실(百輛正室) : 백대의 수레로 맞아온 정실부인이라는 말. *빅냥(百輛) : ‘백대의 수레’라는 뜻으로, 『시경(詩經)』 「소남(召南)」편, <작소(鵲巢)>시의 ‘우귀백량(于歸百輛)’에서 유래한 말이다. 즉 옛날 중국의 제후가(諸侯家)에서 혼례를 치를 때, 신랑이 수레 백량에 달하는 많은 요객(繞客)들을 거느려 신부집에 가서, 신부을 신랑집으로 맞아와 혼례를 올렸는데, 이 시는 이처럼 혼례가 수레 백량이 운집할 만큼 성대하게 치러진 것을 노래하고 있다.
1863)뉵아(蓼莪)의 통(痛) : 육아지통(蓼莪之痛). 어버이가 죽어서 봉양하지 못하는 효자의 슬픔을 이르는 말.

嚴)을 만니(萬里)의 원별ᄒᆞ여 ᄀᆞᆨ골(刻骨)ᄒᆞᆫ 원ᄒᆞᆫ이 쳔ᄃᆡ(泉臺)1864)의 ᄌᆞ모를 뫼시고져 ᄒᆞ고, 사라 인뉸셰ᄉᆞ(人倫世事)를 참예치 말고져 ᄒᆞᄃᆡ, 존귀 니유【37】인을 보ᄂᆡ샤 극진이 ᄉᆡᆼ도를 지교(指敎)ᄒᆞ시고 표슉이 구구히 무양(撫養)ᄒᆞ시미 ᄌᆞ모의 졍과 엄부의 도를 다ᄒᆞ시니, 능히 일명을 ᄉᆞᆺ지 못ᄒᆞ고 구ᄎᆞ히 투ᄉᆡᆼ하여[나], 여홰(餘禍) 미진ᄒᆞ미 [여] 표슉을 마ᄌᆞ 여히고, 빙잔간초(憑孱艱楚)1865)ᄒᆞᆫ 형셰를 존문의 입현(入見)ᄒᆞ여, 인인(人人)이 능멸ᄒᆞ고 보니 마다 우이 넉여, 하쳔비ᄇᆡ(下賤婢輩)ᄭᆞ지 압두멸시(壓頭蔑視)1866)ᄒᆞ니, 쳡이 분원ᄒᆞ믈 긴 날의 참고 견딜 ᄇᆡ 아니로ᄃᆡ, 군ᄌᆡ ᄒᆞᆫ번 도라보믈 어더 남녀 경욕과 부부의 늗을 온젼ᄒᆞᆫ 후 ᄌᆞ문이ᄉᆞ(自刎而死)ᄒᆞ여, 텰시의 투긔를 맛치고 가즁의 쾌히 넉이믈 도으리니, 원【38】컨ᄃᆡ 군ᄌᆞᄂᆞᆫ 아직 ᄌᆞ모의 삼상(三喪)이 맛지 못ᄒᆞ믈 혐의치 말고, 부부대륜을 ᄇᆞᆰ혀 주쇼셔.”

셜파의 대곡(大哭)고져 ᄒᆞ다가 긋치고, 한님의 손을 굿이 븟드러 ᄑᆞᆯ을 어라만지며 츄음(醜淫)ᄒᆞᆫ 졍틱 불가형언(不可形言)이라. 한님이 무심히 누엇다가 이 관경(觀景)을 보ᄆᆡ, 측ᄒᆞ고 더러오믈 니긔지 못ᄒᆞ나, 부명이 슈유(須臾)의 의표(擬表) ᄡᅳ믈 혜아려 보라 ᄒᆞ시던 바를 ᄭᆡ쳐, 요음상셩지녀(妖淫喪性之女)를 잠간 ᄉᆞᄉᆡᆨ(辭色)을 허ᄒᆞ여 그 간모(奸模)를 젹발코져 ᄒᆞᄆᆡ, 노ᄒᆞᄂᆞᆫ 빗출 ᄀᆞᆷ초고 슈작(酬酌)고져 ᄒᆞ나, 입이 도아 말이 나지 아니ᄒᆞᄂᆞᆫ 고로, ᄒᆞᆫ갓 여취여치(如醉如痴)ᄒᆞ여 【39】묵연이 손을 음녀(淫女)의 냥슈(兩手)의 쥐이고, 거동을 치 보려ᄒᆞ니, 난ᄋᆡ ᄉᆡᆼ의 안ᄉᆡᆨ이 화열(和悅)ᄒᆞ믈 보고, 혹 스ᄉᆞ로 옥상슈리(玉床繡裏)의 친ᄒᆞᆯ 듯, 황황ᄒᆞᆫ 은졍과 발발ᄒᆞᆫ 욕홰(慾火) 언족이식비(言足以飾非)1867)ᄒᆞ며, 지족이다모(知足而多謨)1868)ᄒᆞᆫ 고로, 교음(狡淫) 호탕(浩蕩)ᄒᆞᆫ 거ᄉᆞᆯ 서리담고 단졍(端整) 온화(穩和)ᄒᆞᆫ 거ᄉᆞᆯ 작위(作爲)ᄒᆞ던 ᄇᆡ ᄒᆞ나토 업서, 광심(狂心)이 발작(發作)ᄒᆞ고 녈화(烈火) 치셩(熾盛)ᄒᆞ여 언에불셩셜(言語不成說)1869)ᄒᆞ여 망측츄비(罔測麤鄙)ᄒᆞᆫ 말과 괴ᄑᆡᆨ(乖悖)ᄒᆞᆫ 거동이 참아 긔록지 못ᄒᆞᆯ너라.

한님이 이 거동을 보지 말며, 더러온 말을 듯지 말고져 ᄒᆞ나, 그 말이 ᄎᆞ셰(次序) 업서 취즁진졍【40】소발(醉中眞情所發)1870) ᄀᆞᄐᆞ여, 구공을 혹 슉시(叔氏)1871)라 ᄒᆞ며 경공을 혹 대인(大人)이라 ᄒᆞ여 의심되미 만흐니, 이의 슈연(粹然)이1872) 우음을 머금고, 난아를 잇그러 편히 눕게 ᄒᆞ고 금침(衾枕)을 덥치고, ᄌᆞ긔 나금(羅衾) 우히 지즈리 눌너 난아를 슉시(熟視)ᄒᆞᆯᄉᆡ, 과연 그 ᄂᆞᆺ 우희 ᄒᆞᆫ 셰 긔운이 피부간에 ᄡᅵ이여,

---

1864)쳔ᄃᆡ(泉臺) : 저승.
1865)빙잔간초(憑孱艱楚) : 의지할 곳이 없고 가난하고 힘듦.
1866)압두멸시(壓頭蔑視) : 짓누르고 업신여김.
1867)언족이식비(言足以飾非) : 교묘(巧妙)한 말이 자기(自己)의 나쁜 점(點)을 꾸미기에 넉넉함
1868)지족이다모(知足而多謨) : 지혜가 넉넉하고 꾀가 많음.
1869)언에불셩셜(言語不成說) : 어불성설(語不成說). 말이 조금도 사리에 맞지 아니함.
1870)취즁진졍소발(醉中眞情所發) : 취한 가운데서 저도 모르게 진심을 말함.
1871)슉시(叔氏) ; 숙부. 작은 아버지.
1872)슈연(粹然)이 : 수연(粹然)히. 순수하게. 사람이 얼굴이나 마음이 꾸밈이 없고 순박하게.

형상이 사ᄅᆞᆷ의 ᄆᆡ골[1873]을 일워시니, 비컨ᄃᆡ ᄒᆞᆫ 조각 깁의 인형(人形)을 그려 무릅ᄡᅳ여시니, 진짓 형뫼 비쵠 거동이라. 슈유(須臾)의 이푀(異表) ᄡᅳ이미 아니면, 호마(狐魔)[1874]의 ᄇᆡᆨ골(白骨) ᄊᆡᆷ과 다로미 업ᄉᆞ니, 크게 경악ᄒᆞ여 ᄉᆞ경(四更)[1875] 계언(鷄言)[1876]이 분분토록 보기ᄅᆞᆯ 긋치지 아니【41】ᄒᆞ니, 사양(斜陽) 짓튼[1877] 볏치 만니 장강(萬里長江)을 부싀ᄂᆞᆫ[1878] ᄃᆞᆺ, 이곳 텬디의 별이(別異)ᄒᆞᆫ 정긔(精氣)와 일월의 광휘라. 진짓 정양지ᄆᆡᆨ(正陽之脈)으로 요불승덕(妖不勝德)[1879]이라.

음사지인(淫邪之人)이 요탄(妖誕)[1880]ᄒᆞᆫ 정긔ᄅᆞᆯ 비러 엇지 바로 ᄡᅩ이ᄂᆞᆫ 태양과 ᄂᆞ리 비최ᄂᆞᆫ 태공지하(太空之下)[1881]의 ᄆᆡ양(每樣) 요마(妖魔)[1882]로ᄡᅥ 속이믈 길게ᄒᆞ리오. 믄득 긔운이 사라져 안개 헤여지고, 물이 흐ᄅᆞᄂᆞᆫ ᄃᆞᆺ 완연이 본형이 드러나니, ᄀᆡ용(改容)의 신긔(神奇)ᄒᆞ미 정인(正人)의 유심슉시(有心熟視)[1883]ᄒᆞ믈 당ᄒᆞ니, 외면회단(外面回丹)[1884]이 업시 본상(本相)을 회복ᄒᆞ니, 대개 요약이 ᄒᆡ로심곡(海路深谷)[1885]의 변복(變覆)[1886]ᄒᆞᆫ 정긔로[를] 타난[1887] 풀이니, 곳 음화지초(陰火之草)[1888]【42】요, 환슐(幻術)노 작법(作法)ᄒᆞ여 환단(丸丹)ᄒᆞᆫ ᄇᆡ니, 사ᄅᆞᆷ이 ᄉᆞᆷ키미 약녁(藥力)이 골격의 편ᄒᆡᆼ(遍行)ᄒᆞ여 긔부(肌膚)[1889]의 셩긔(成器)[1890]ᄒᆞ여 그 본상(本像)을 ᄀᆞ리와 변형ᄒᆞ니, 사ᄅᆞᆷ이 무심ᄒᆞ여 ᄉᆞᆲ피지 못ᄒᆞᆯ ᄲᅮᆫ아니라, 진정(眞正) 군ᄌᆞ(君子) 아니면 그 긔운을 몰나 속ᄂᆞᆫ 재 만흔지라.

승상이 난ᄋᆡ 입현ᄒᆞ던 날 그 위인을 알아 불ᄒᆡᆼᄒᆞ미 깁흐ᄃᆡ, 오히려 간인(奸人)이 변형ᄒᆞ여 니ᄅᆞ믄 의심치 아니ᄒᆞ엿고, 품되(稟度) 사ᄅᆞᆷ을 ᄒᆞᆫ번 본 후 다시 유의ᄒᆞ여 보지

1873)ᄆᆡ골 : 몰골. 모습.
1874)호마(狐魔) : 마법(魔法)을 가진 여우.
1875)ᄉᆞ경(四更) : 하룻밤을 오경(五更)으로 나눈 넷째 부분. 새벽 1시에서 3시 사이이다.
1876)계언(鷄言) : 닭 울음소리.
1877)짓튼 : 짙은. *짙다 : 보통 정도보다 빛깔이 강하다.
1878)부싀다 : 빛이나 색채가 강렬하여 마주 보기가 어려운 상태에 있다.
1879)요불승덕(妖不勝德) ; 요괴로운 것은 바르고 어진 것을 이기지 못한다.
1880)요탄(妖誕) : 언행이 괴상하고 허무맹랑하다.
1881)태공지하(太空之下) : 하늘 아래. *태공(太空); 태허(太虛). 하늘.
1882)요마(妖魔) : 요망하고 간사스러운 마귀.
1883)유심슉시(有心熟視) ; 주의 깊게 자세히 들여다 봄.
1884)외면회단(外面回丹) ; 회면단(回面丹). 잉혈・개용단・도봉잠 등과 함께 한국고소설 특유의 서사도구의 하나. 개용단을 먹고 변용한 얼굴을 다시 제 모습으로 돌아오게 하는 약.
1885)ᄒᆡ로심곡(海路深谷) : 바닷길 속과 깊은 계곡 가운데.
1886)변복(變覆) : 뒤집혀 달라짐. 변형됨.
1887)타난 : 타고난. *타나다; 타고나다.
1888)음화지초(陰火之草) : 도깨비불을 내는 풀. 도깨비불; 밤에 무덤이나 축축한 땅 또는 고목이나 낡고 오래된 집에서 인 따위의 작용으로 저절로 번쩍이는 푸른빛의 불꽃. ≒귀화(鬼火)・음화(陰火)・인화(燐火).
1889)긔부(肌膚) : 사람이나 동물의 몸을 싸고 있는 살이나 살가죽.
1890)셩긔(成器) : 한 틀을 이룸

아니ᄒᆞ던 ᄇᆡ라. 비록 ᄌᆞ시 ᄉᆞᆲ피지 아니나 안광이 일월지명(日月之明)을 거두워시므로[1891] 원근을 ᄉᆞᆲ피미 ᄌᆞ연 신【43】명ᄒᆞ여, 구시롤 수월을 두고 보ᄆᆡ 결탄코 진짓 얼골이 아닌 바롤 ᄭᆡ다라 의괴(疑怪)ᄒᆞ나, 스ᄉᆞ로 젹발ᄒᆞ미 괴로워, ᄋᆞᄌᆞ의 정양지긔(正陽之氣) 족히 요샤(妖邪)롤 발각(發覺)ᄒᆞᆯ지라.

금일 알아들을 만치 닐으미러니, 구시의 슈연긔려(粹然奇麗)ᄒᆞ며 교교쇄락(皎皎灑落)ᄒᆞ여 동뎡츄월(洞庭秋月)[1892]이 녹파(綠波)롤 ᄇᆞᆰ힌 ᄃᆞᆺ, 광잡(狂雜)ᄒᆞᆫ 즁이나 ᄂᆡᆼ담ᄒᆞᆫ ᄐᆡ되 곤옥(崑玉)[1893]이 교결(皎潔)ᄒᆞ고 셜ᄆᆡ(雪梅) 암향(暗香)을 토ᄒᆞᄂᆞᆫ ᄃᆞᆺ, 승졀별이(勝絶別異)ᄒᆞᆫ 골상(骨相)이 밧고여, 표묘염미(縹緲艶美)[1894]ᄒᆞᆫ 얼골이라. 션빈(鮮鬢)[1895]이 교결(皎潔)ᄒᆞ나 은연이 부졍(不淨)ᄒᆞ고, 아미(蛾眉)ᄂᆞᆫ 초월(初月)이 셤농(纖瓏)ᄒᆞ나 살긔(殺氣) 어리고, 냥목(兩目)이 별 ᄀᆞᆺ【44】ᄐᆞ나 음홰(陰禍) 나타나니 불길ᄒᆞ미 ᄆᆡ달(妹妲)[1896]의셔 잠간 나으나, 음흉교활ᄒᆞ믄 측텬(則天)[1897]의 아ᄅᆡ 아니라. 고소ᄃᆡ(姑蘇臺)[1898]의셔 부차(夫差)롤 좀으던 셔시(西施)의 후신이 아니면, 마외역(馬嵬驛)[1899]의셔 뉵군(六軍)의 잇글니던 태진(太眞)[1900]의 졍혼(精魂)이라.

한님이 음녀롤 취ᄒᆞ던 날브터, 작위화식(作爲和色)으로 외친ᄂᆡ소(外親內疏)롤 웃듬ᄒᆞ고, 혹 밤을 지ᄂᆡᄂᆞᆫ 날도 비례(非禮)의 거동(擧動)을 눈드러 보미 업고, 그 살셩(殺星)[1901]을 범ᄒᆞᆫ 소ᄅᆡ 음흉교활(淫凶狡猾)ᄒᆞ믈 알오ᄃᆡ 귀에 머믈이 업서, 혹ᄌᆞ 슈작ᄒᆞᄂᆞᆫ ᄯᅢ라도 눈을 다란 곳에 보ᄂᆡ고, ᄆᆞ옴의 업ᄉᆞᆫ 슈작과 졍의 업ᄉᆞᆫ 말을 【45】발ᄒᆞ여, ᄂᆡᆼ박(冷薄)ᄒᆞᆫ 빗출 뵈지 아니ᄒᆞ나, ᄒᆞᆫ번 유의ᄒᆞ여 ᄉᆞᆲ피미 업고, 힝혀도 년침환흡

1891)거두다 : 한데 모으다. 얻다.
1892)동뎡츄월(洞庭秋月) : 소상팔경(瀟湘八景) 가운데 하나. 중국 동정호(洞庭湖) 위에 뜬 맑은 하늘의 가을 달의 모습. 또는 맑은 가을 하늘 아래 둥근 달이 밝게 비추는 동정호의 광경.
1893)곤옥(崑玉) : 중국 전설상의 산인 곤륜산(崑崙山)에서 난다고 하는 아름다운 옥
1894)표묘염미(縹緲艶美) : 어렴풋이 보일 듯 말 듯 드러나는 아름다움.
1895)션빈(鮮鬢) : 곱게 땋아 올린 귀밑머리. *귀밑머리; 이마 한가운데를 중심으로 좌우로 갈라 귀 뒤로 넘겨 땋은 머리.
1896)ᄆᆡ달(妹妲) : 중국 하(夏)의 마지막 황제 걸(桀)의 비(妃)인 매희(妹喜)와 주(周)의 마지막 황제 주(紂)의 비(妃) 달기(妲己)를 함께 이르는 말. 둘 다 포악한 여성의 대표적 인물로 꼽힌다.
1897)측텬(則天) : 624-705. 당(唐)나라 고종의 황후 측천무후(則天武后). 이름 무조(武曌). 중국의 대표적인 여성권력자의 한 사람으로, 아들 중종(中宗)을 폐위하고 스스로 황위에 올라 국호를 '주(周)'로 고치고 성신황제(聖神皇帝)라 칭했다.
1898)고소ᄃᆡ(姑蘇臺) : 춘추 시대에 오왕(吳王) 부차(夫差)가 월(越)나라에서 얻은 미인 서시(西施)를 거처하게 하기 위해, 지금의 중국 강소성(江蘇省) 오현(吳縣) 고소산(姑蘇山)에 지은 대(臺)의 이름.
1899)마외역(馬嵬驛) : 중국 섬서성(陝西省) 흥평(興平) 서쪽에 있는 역명(驛名). 당(唐) 현종(玄宗)이 안녹산(安祿山)의 난(亂) 때, 양귀비와 함께 피난하다가 이 역(驛)에 서 군사들에게 책망을 당하고, 양귀비를 목매어 죽게 한 곳.
1900)태진(太眞) : 양귀비(楊貴妃). 당나라 현종(玄宗)의 비(妃)(719~756). 이름은 옥환(玉環). 도교에서는 태진(太眞)이라 부른다. 춤과 음악에 뛰어나고 총명하여 현종의 총애를 받았으나 안녹산의 난 때 죽었다.
1901)살셩(殺星) : 사람의 운명과 수명을 맡아 그 사람을 빨리 죽게 한다는 흉한 별.

(連枕歡洽)ᄒᆞᆫ 졍이 업다가, 오ᄂᆞᆯ날 비록 금금(錦衾)을 ᄉᆞ이 두나 완연(完然) 졉톄(接體)ᄒᆞ여 보기를 심상(尋常)이 아니ᄒᆞ니, 한님의 졍빅(精魄)이 텬디의 양수(讓受)ᄒᆞ고 긔운(氣運)이 태양의 교의(敎義)[1902]ᄒᆞ믈 인ᄒᆞ여, 졍양지긔(正陽之氣) 요사(妖邪)ᄒᆞᆫ 긔운을 살와 바려, 의픠(擬表) 삭젼(削剪)ᄒᆞ고 진면(眞面)이 교츌(交出)[1903]ᄒᆞ니, 한님이 평ᄉᆡᆼ '유졍유일(惟精惟一)ᄒᆞ여 윤집궐즁(允執厥中)'[1904]ᄒᆞ니, 동(動)ᄒᆞᄂᆞᆫ 양(樣)과 난(亂)ᄒᆞᄂᆞᆫ 의ᄉᆡ 업ᄉᆞᄃᆡ, 변(變)을 만나 사ᄅᆞᆷ의 얼골이 반야지간(半夜之間)의 변ᄒᆞᄂᆞᆫ 양(樣)을 보【46】니, 아연(啞然) ᄎᆞ악(嗟愕)ᄒᆞ믈 니긔지 못ᄒᆞ여, 즉시 니러 안ᄌᆞ 머리를 숙이고 요황난측(妖荒難測)[1905]ᄒᆞ니, 시(時)의 난ᄋᆡ 한님의 지즐너 누ᄅᆞ믈 당ᄒᆞ여 일노조ᄎᆞ '년니(連理)의 즐김'[1906]과 '병톄(竝體)의 친(親)[1907]ᄒᆞ미 될가, 환ᄒᆡᆼ(歡幸)ᄒᆞᆫ ᄯᅳᆺ이 쳥텬(靑天)의 비등(飛騰)ᄒᆞ여, 쾌활ᄒᆞ미 운우를 헤치고 명월(明月)을 본 ᄃᆞᆺ, 대한칠년(大旱七年)[1908]의 감위(甘雨)ᄂᆞ린 ᄃᆞᆺ, 약수삼쳔니(弱水三千里)[1909]의 쳥됴(靑鳥)[1910]를 만난 ᄃᆞᆺ, 은하 동녁의 우셩(牛星)[1911]을 일윈 ᄃᆞᆺ, 희츌망외(喜出望外)로 만가지 깃브미 뉵쳑(六尺) 몸을 ᄌᆞᆷ으고, 쳔가지 깃브미 심경녕ᄃᆡ(心境靈臺)를 요동ᄒᆞ고, 환희ᄒᆞ여 츈픙희휘(春風喜雨) 흡연ᄒᆞᆫ ᄃᆞᆺ, 슈미(愁眉)를 【47】쎨치고 잉슌을 열어 호치(皓齒) 교영(嬌影)ᄒᆞᄆᆡ 미ᄒᆞᆫ 우음을 비왓트니[1912], 황홀ᄒᆞᆫ ᄌᆞ틔 금불(金佛)이 도라셜 ᄃᆞᆺ, 삭총[1913] ᄀᆞᆺ튼 셤슈(纖手)로 한님의 화벽(和璧)[1914]ᄀᆞᆺ튼 얼골을 우희고[1915], 스ᄉᆞ

1902)교의(敎義) : 가르침. 교시(敎示).

1903)교츌(交出) : 교대하여 나옴.

1904)유졍유일(惟精惟一) 윤집궐즁(允執厥中) : 오직 정성을 다하고 한결같이 하여 그 중심을 잡고 나아감. 서경(書經)』 <우서(虞書)> 대우모편(大禹謨篇)에 나온다. 堯曰, 人心惟危, 道心惟微, 惟精惟一 允執厥中.; 요임금이 말씀하기를, 인심은 위태하고 도심은 미약하니, 오직 정성을 다하고 한결같이 하여야 진실로 그 중심을 잡고 나아갈 수 있다

1905)요황난측(妖荒難測) : 요사스럽고 황당하기가 이루 헤아릴 수 없음.

1906)년니(連理)의 즐김 : 연리지락(連理之樂). 부부가 화합하는 즐거움. '연리(連理)'는 연리지(連理枝) 곧 두 나무의 가지가 서로 맞닿아서 결이 서로 통한 것을 뜻하여 화목한 부부나 남녀의 사이를 비유적으로 이르는 말.

1907)병톄(竝體)의 친(親) : 병체지친(竝體之親). 남녀 사이에 혹은 부부 간에 친(親)을 이룸. '병체(竝體)'는 병체화(竝體花) 곧, 한 뿌리에 두 개의 꽃이 피어난 것으로, 남녀 사이에 혹은 부부 간에 애정이 깊은 것을 비유함.

1908)대한칠년(大旱七年) : 7년의 가뭄.

1909)약수삼쳔니(弱水三千里) : 사람이 건널 수 없는 강. 신선이 살았다는 중국 서쪽의 전설 속의 강. 길이가 3,000리나 되며 부력이 매우 약하여 기러기의 털도 가라앉는다고 하여, 속인(俗人)은 건너지 못한다고 한다.

1910)쳥됴(靑鳥) : 반가운 사자(使者)나 편지를 이르는 말. 푸른 새가 온 것을 보고 동방삭이 서왕모의 사자라고 한 한무(漢武)의 고사에서 유래한다.

1911)우셩(牛星) : 견우직녀 설화에서 견우가 산다고 하는 별. 칠월칠석날 저녁이면, 까마귀와 까치가 은하수에 다리를 놓아 두 연인을 만나게 해준다고 한다.

1912)비왓다 : 뱉다. 토(吐)하다.

1913)삭총 : 삶총. 살괭이의 꼬리털.

1914)화벽(和璧) : 명옥(名玉)의 일종. 전국시대 초(楚)나라 변화씨(卞和氏)의 옥(玉)으로, '완벽(完璧)', '화

로 쥬순(朱脣)을 졉ᄒᆞ여 냥협(兩頰)을 다히고져 ᄒᆞ여, 요음ᄒᆞᆫ 졍욕을 측냥치 못ᄒᆞ더니, 한님의 긔ᄉᆡᆨ이 졈졈 달나지며 몸을 두루혀[1916] 안즌 바의, 긔운이 늠늠(凜凜)ᄒᆞ고 츄상이 녈녈(烈烈)ᄒᆞ여 안ᄉᆡᆨ이 당당ᄒᆞ니, 츄텬이 엄엄(嚴嚴)ᄒᆞᆫᄃᆡ 한풍이 니러는 듯, 셜빙(雪氷)이 참참(參參)[1917]ᄒᆞᆫᄃᆡ 서리를 더은 듯, 크게 비(比)ᄒᆞᄆᆡ 만매(萬馬) 징분(爭奔)ᄒᆞ고 쳔군(千軍)이 호위ᄒᆞ여,【48】셤삭(閃爍)ᄒᆞᆫ 칼과 ᄉᆡᆨᄉᆡᆨᄒᆞᆫ 도치 위엄을 빗ᄂᆡ는 듯, 좌(左)의는 긔치(旗幟) 잇고 우(右)의는 부월(斧鉞)이 버럿는 듯, ᄇᆞ라ᄆᆡ 악연(愕然) 송구(悚懼)ᄒᆞ고 경의황망(驚疑慌忙)ᄒᆞ야 아모리 ᄒᆞᆯ 줄 모ᄅᆞ니, 감히 치와다 볼 의ᄉᆡ 업ᄉᆞᄃᆡ 참아 샤(赦)치 못ᄒᆞ며 ᄉᆞᆺ지 못ᄒᆞ믄, 그 이상(異常)ᄒᆞᆫ 풍도와 긔특ᄒᆞᆫ 거동이라. 오히려 쳠망(瞻望)ᄒᆞ는 졍욕이 인ᄉᆞ를 일헛더니, 한님이 구시의 얼골이 변ᄒᆞ여 반야지간(半夜之間)의 다란 ᄉᆞ름이 되믈 목도(目睹)ᄒᆞᄆᆡ, 만심(滿心)이 경히ᄎᆞ악(驚駭嗟愕)ᄒᆞᆯ ᄲᅮᆫ아니라, 즁심의 불열(不悅)ᄒᆞᄆᆡ ᄀᆞ득ᄒᆞ여, 혜오ᄃᆡ,

“군ᄌᆞ(君子)의 곳에는 요괴로온 ᄌᆞ최 비최지 못【49】ᄒᆞ며, 졍인(正人)의 압히는 샤특(邪慝)ᄒᆞᆫ 일이 어란기지 못ᄒᆞ거놀, 내 위인의 군ᄌᆡ 되지 못ᄒᆞ며 졍대치 못ᄒᆞ므로, 이런 요사(妖邪)를 취ᄒᆞ여 졀졔를 밧고 이시ᄃᆡ, 간졍(奸情)이[을] 발각ᄒᆞ믈 더ᄃᆡ여, 오늘날 엄교로 조ᄎᆞ 졍신을 다ᄒᆞ여 이제 간졍을 ᄭᆡ쳐 본면(本面)이 도라오니, 이는 반다시 간음(奸淫)ᄒᆞᆫ 녀ᄌᆡ 흉심으로 구시를 업시ᄒᆞ고, 요괴로온 약을 마서 구시의 용모를 비러 내 총명을 업수히 넉이미라. 임의 변용ᄒᆞᆫ 후, 함구묵묵(緘口黙黙)ᄒᆞ여 요물을 다ᄉᆞ리지 아니미 불명ᄒᆞ니, 존당의 신셩(晨省) 후 ᄎᆞ인의 【50】유모 시ᄋᆞ를 다ᄉᆞ려 간모를 무라리라.”

ᄒᆞ고, ᄆᆡᆼ셩(猛聲)으로 시ᄋᆞ(侍兒)를 브ᄅᆞ니, 시녀ᄇᆡ 일즉 한님의 긔상이 엄졍ᄒᆞ믈 인ᄒᆞ여, 평ᄉᆡᆼ의 불감앙시(不敢仰視)ᄒᆞ고 송연(悚然)ᄒᆞ다가, 금야의 부ᄅᆞ는 소ᄅᆡ를 듯고 혼불부톄(魂不附體)ᄒᆞ여 황망응명(遑忙應命)ᄒᆞ니, 한님이 유인 초벽을 블너 화평이 닐ᄋᆞᄃᆡ,

“구부인이 유질(有疾)ᄒᆞ니 ᄯᅥ나지 말고 구호ᄒᆞ라. 내 신셩 후 ᄉᆡᆼ각ᄒᆞ여 결단ᄒᆞᆯ 일이 이시리라.”

ᄒᆞ고, 이의 ᄉᆞᄆᆡ를 ᄯᅥᆯ처 셔루(書樓)로 나아가니, 음녀의 경쳔(輕賤)ᄒᆞᆫ 심니(心裏)의는 져 군ᄌᆞ의 하히대량(河海大量)을 아지 못ᄒᆞ고, 혹 터럭 ᄭᆞᆺ치나 【51】인졍이 이셔, 져의 병세 비경(非輕)ᄒᆞ믈 근심ᄒᆞ는가 넉이니, 엇지 간뫼 셰셰히 발각ᄒᆞ여 죄에 모라너흘 줄 몽ᄆᆡ(夢寐)의나 ᄉᆡᆼ각ᄒᆞ리오. 져를 닛그러 편히 누일 적 ᄉᆡᆨ위(色威) 화열(和悅)ᄒᆞ니, 반다시 이셩(二姓)의 친(親)을 일워, 만복(萬福)의 원(源)과 ᄉᆞ상지졍(思相之情)을 펴리라 ᄒᆞ여 황홀ᄒᆞ다가, 홀연 츈양(春陽)의 화창(和暢)ᄒᆞᄆᆡ 《밧고져 ‖ 밧고여》

씨지벽(和氏之璧)' 등으로 불리기도 한다.

1915)우희다 : 움키다. 손가락을 우그리어 물건 따위를 놓치지 않도록 힘 있게 잡다.

1916)두루혀 : 돌려 *두루다 : 돌리다. 돌이키다.

1917)참참(參參) : 들쑥날쑥한 모양. 들어가기도 하고 나오기도 하여 가지런하지 않은 모양.

삭풍열일(朔風烈日)1918)의 단엄(端嚴)ᄒᆞ미 되니, 하일지위(夏日之威)1919) 삼엄ᄒᆞᆫ 즁, 풍용(風容)이 더옥 긔특ᄒᆞ니, 음심(淫心)이 대발(大發)ᄒᆞ여 그 신셩(晨省)을 파ᄒᆞ고 도라오기ᄅᆞᆯ 기다리ᄆᆡ, 가지록 위위(危危)ᄒᆞᆫ 증졍(症情)【52】을 지으려 나금(羅衾)으로 머리ᄅᆞᆯ ᄡᅡ고 향벽ᄒᆞ여 잔잉1920)ᄒᆞᆫ 통셩을 발ᄒᆞ니, 드ᄅᆞ미 ᄋᆡ원(哀怨)ᄒᆞ고 참상(慘傷)ᄒᆞᆫ지라.

니유인이 비록 한님의 긔쉭을 슈상(殊常)이 넉이고, 구시 거동이 젼·후 두 사ᄅᆞᆷ이 되여 규슈로 이실 적과 ᄂᆡ도ᄒᆞ믈 의괴(疑怪)ᄒᆞ나 그 얼골을 보지 아냐시므로, 반야간(半夜間) 구시 밧고여 경시 되여시믈 ᄭᆡ닷지 못ᄒᆞ고 구호ᄒᆞᆯ ᄲᅮᆫ이러라.

한님이 셔당의 나와 졔뎨로 더브러 소셰ᄅᆞᆯ 맛고, 몬져 슉부긔 야ᄅᆡ(夜來) 존후ᄅᆞᆯ 뭇ᄌᆞᆸ고, 관셰(盥洗)ᄅᆞᆯ 밧드러 왕과 승상이 관소(盥梳)ᄒᆞᆫ 후, 다시 남후의 니【53】ᄅᆞ시믈 기다려 승상이 친히 부친 관소ᄅᆞᆯ 나오고, 한님 등이 조부 금침을 거더 상의 ᄲᅡᄒᆞᆫ 후, 남휘 관소ᄅᆞᆯ 맛고 ᄌᆞ질 졔손을 거ᄂᆞ려 원셩뎐의 문후ᄒᆞ니, 태부인이 일긔 냥ᄉᆡᆼ(凉生)1921)ᄒᆞ믈 닐ᄏᆞ라 입실ᄒᆞ믈 닐ᄋᆞ니, 남휘 ᄌᆞ손을 거ᄂᆞ려 뫼서 안ᄌᆞᄆᆡ, 뎡·진·남·화 ᄉᆞ비(四妃)와 하·장 이부인이 녀부(女婦)1922)ᄅᆞᆯ 거ᄂᆞ려 조·뉴 이부인을 뫼셔 이의 니ᄅᆞ러시ᄃᆡ, 오직 가구시와 녕능이 상ᄉᆞ괴질(相思怪疾)노 ᄯᅥᄯᅥ 신혼셩졍(晨昏省定)을 폐ᄒᆞᄂᆞᆫ지라.

상을 나와 남ᄌᆞ·녀인이 진식(進食)ᄒᆞ고 물닌 후, 태부인이 한님【54】다려 구시의 질통ᄒᆞᄂᆞᆫ 곳을 무ᄅᆞ니, 한님이 복슈 ᄃᆡ왈,

"쇼손의 힝식 졍대치 못ᄒᆞ와 요네 변용ᄒᆞ여 속이믈 ᄭᆡ닷지 못ᄒᆞ고, 여러 일월의 간음찰녀(姦淫刹女)의 ᄭᅬ에 ᄲᅡ지오니, 불명무지(不明無知)ᄒᆞ오미 ᄃᆡ인(對人)ᄒᆞᆯ ᄂᆞᆺ지 업도소이다."

태부인이 경문(驚問)ᄒᆞᆫᄃᆡ, 한님이 이의 구시 얼골이 밧고인 소유ᄅᆞᆯ 일일이 고ᄒᆞ니, 승상은 젼에 짐쟉ᄒᆞᆫ ᄇᆡ라. 새로이 놀나미 업ᄉᆞ나 좌즁 제인이 경악 왈,

"셰간(世間)의 여ᄌᆞ 요악ᄒᆞᆫ 변이 만흐니 인심을 난측(難測)이라. 네 장ᄎᆞᆺ 엇지 쳐치코져 ᄒᆞᄂᆞ뇨?"

한님이 궤고(跪告) 왈,【55】

"ᄋᆞ히 덕이 샤긔(邪氣)ᄅᆞᆯ 졔어치 못ᄒᆞ고 졍긔(精氣) 요졍(妖精)을 알아보지 못ᄒᆞ와 음악요녀(淫惡妖女)ᄅᆞᆯ 취ᄒᆞ연지 누월(累月)이로ᄃᆡ, 거야의 비로소 그 간흉을 알아ᄉᆞ오나, 쳐치ᄅᆞᆯ ᄌᆞ젼(自專)ᄒᆞᆯ ᄇᆡ 아니오니, 존명을 기다려 다ᄉᆞ리고져 ᄒᆞᄂᆞ이다."

1918)삭풍열일(朔風烈日) : 겨울철에 북쪽에서 불어오는 찬바람과 여름날 뜨겁게 내리쬐는 태양.
1919)하일지위(夏日之威) : '여름날의 해와 같은 위엄'이라는 뜻으로, 위엄이 높은 것을 비유적으로 이르는 말.
1920)잔잉ᄒᆞ다 : 자닝하다. 애처롭고 불쌍하여 차마 보기 어렵다.
1921)냥ᄉᆡᆼ(凉生) : 기후가 찬바람이 나 서늘함.
1922)녀부(女婦) : 딸과 며느리.

왕이 그 온듕경대ᄒᆞ믈 두굿기나 짐즛 닐오ᄃᆡ,

"반야간 사ᄅᆞᆷ이 엇지 변ᄒᆞ여 슈유(須臾)1923)의 교졍(巧情)1924)이 드러날 ᄇᆡ리오. 여ᄎᆞᄒᆞᆫ 대변(大變)이 이실진ᄃᆡ 군ᄌᆡ 일시도 졍시(正視)ᄒᆞᆯ ᄇᆡ 아니라. 즉시 유모 시ᄋᆞ를 츄문(推問)ᄒᆞ미 올커ᄂᆞᆯ, 네 거동은 ᄀᆞ장 예ᄉᆞ로 아는 듯ᄒᆞ여, 신셩(晨省)을 맛춘 후 무ᄅᆞ시【56】믈 인ᄒᆞ여 고ᄒᆞ니, 쳐ᄉᆡ 몽농ᄒᆞ여 강ᄆᆡᆼ지각(强猛之覺)이 어이 업ᄂᆞ뇨?"

승상이 쇼왈,

"형장이 어이 고이히 넉이시ᄂᆞ뇨? 졔 도리 존당의 고ᄒᆞ고, 비록 불명ᄒᆞ나 아븨 명을 기다려 간졍(奸情)을 다ᄉᆞ리미 올흐니, 쇼뎨는 칙지 아닛ᄂᆞ이다."

위태부인 왈,

"가닉에 요혹지ᄉᆡ(妖惑之事) 이시ᄆᆡ, ᄲᆞᆯ니 구시라 ᄒᆞ는 거ᄉᆡ 좌우를 츄문ᄒᆞ여 ᄇᆞᆰ히 알게 ᄒᆞ라."

승상이 ᄇᆡ슈(拜受) 왈,

"하교ᄃᆡ로 ᄒᆞ리이다."

뉴부인이 셕년의 간모흉계를 힝ᄒᆞᆯ 적 여의개용단(如意改容丹)1925)을 가져 여러 사ᄅᆞᆷ을 변용ᄒᆞ여 보아시므로 요약의 변화를 알오ᄃᆡ 외【57】면회단(外面回丹)이 업시 본형이 회복ᄒᆞ믈 측냥치 못ᄒᆞ고, 새로이 셕년 ᄌᆞ긔 악ᄉᆞ를 ᄉᆡᆼ각ᄒᆞ여 심골이 경히ᄒᆞ믈 니긔지 못ᄒᆞ니, ᄉᆞᄉᆡᆨ이 변ᄒᆞᆯ ᄯᆞᄅᆞᆷ이오, 구시 변용ᄒᆞ믈 시비치 못ᄒᆞ는지라.

승상이 ᄌᆞ안(慈顔)을 우러라 즐기지 아니시믈 ᄭᆡ다라, 믄득 화셩유어(和聲柔語)로 위열(爲悅)ᄒᆞ믈 다ᄒᆞ여 흔연이 말ᄉᆞᆷᄒᆞᆯᄉᆡ, 한님이 학ᄉᆞ로 더브러 외당의 나와, ᄉᆞ예(司隷)를 호령ᄒᆞ여 구시의 유모 교란을 잡아 뎡하(庭下)의 갓가이 ᄭᅮᆯ니라 ᄒᆞ고, 이윽이 숙시ᄒᆞ니, 냥안졍광(兩眼正光)이 ᄒᆞᆫ빵 됴마경(照魔鏡)1926)을 빗최는 듯, ᄯᅩ 의피(擬表)1927) 여【58】젼ᄒᆞ여 《진명 ‖ 진면(眞面)1928)》이 도라오니, 임의 ᄐᆞᆼ근냥슌ᄒᆞᆫ 안유랑이 아니오, ᄯᅩ 상뫼 예ᄉᆞ롭지 아냐 츄풍의 우는 여의1929) ᄆᆡ골이라.

계하(階下)의 수풀 ᄀᆞᄐᆞᆫ 장확(臧獲)1930)이 황괴의아(惶愧疑訝)ᄒᆞ믈 마지 아니니, 학ᄉᆡ ᄎᆞ경을 보ᄆᆡ 경히(驚駭) 난측(難測)ᄒᆞ여 왈,

---

1923)슈유(須臾) ; 잠깐 사이. 얼마 되지 않는 매우 짧은 동안.

1924)교졍(巧情) : 거짓된 정태(情態) 또는 형상(形狀).

1925)여의개용단(如意改容丹) : =개용단(改容丹). 잉혈·회면단·도봉잠 등과 함께 한국고소설 특유의 서사도구의 하나. 이 약을 먹으면 자기가 되고자 하는 사람과 얼굴을 비롯해서 온몸이 똑같은 모습으로 둔갑(遁甲)하게 된다. 한국고소설에서는 악격인물(惡格人物)들이 이 약을 선격인물(善格人物)을 모해하는 도구로 사용하여 다양한 사건들을 만들어낸다,

1926)됴마경(照魔鏡) : 마귀의 본성을 비추어서 그의 참된 형상을 드러내 보인다는 신통한 거울. ≒조요경(照妖鏡).

1927)의피(擬表) : 거짓 탈. 가면(假面).

1928)진면(眞面) : 본 얼굴.

1929)여의 : 여우.

1930)장확(臧獲) : 종. 장(臧)은 사내종을, 획(獲)은 계집종을 말함. =비복(婢僕).

"셰ᄉᆞ를 가히 아지 못ᄒᆞᆯ ᄇᆡ어니와, 텬하의 엇지 변용ᄒᆞᄂᆞᆫ 요괴로오미 이시리오. 아지못게라. ᄎᆞ인의 노쥬(奴主) 하쳐츌(何處出)1931)이완ᄃᆡ, 여러 일월의 남의 용모를 비러 형상을 속이며, 가ᄂᆡ를 어ᄌᆞ러인 ᄇᆡ 되니잇고?"

한님이 쇼왈,

"셰간의 변용단(變容丹)1932)이 이셔 사ᄅᆞᆷ을 해ᄒᆞ며 【59】 속이믈 드러시나, 우형(愚兄)은 혜오ᄃᆡ, 군ᄌᆞ의 곳에ᄂᆞᆫ 요샤(妖邪) 침범치 못ᄒᆞ리라 ᄒᆞ엿더니, 우형의 불명무식ᄒᆞ미 군ᄌᆡ 되지 못ᄒᆞᄂᆞᆫ 고로, 이제 요샤(妖邪)ᄒᆞᆫ 괴ᄉᆞ(怪事)를 당ᄒᆞ니 엇지 한심치 아니리오."

셜파의 ᄉᆞ예를 명ᄒᆞ여 교란을 올녀 ᄆᆡ고, 정셩(正聲) 엄문 왈,

"너희 노쥬 변용ᄒᆞᄂᆞᆫ 약을 비러시믄 구구삼셜(區區三說)이라도 발명치 못ᄒᆞ려니와, 거야의 네 쥬뫼(主母) 임의 본형을 드러ᄂᆡ여 남의 얼골 비러시믈, ᄆᆡ암1933)의 허믈 벗ᄃᆞᆺ ᄒᆞ엿거ᄂᆞᆯ, 네 ᄯᅩ 경ᄀᆡᆨ의 형용이 밧【60】고이니, 이ᄂᆞᆫ 반다시 구쇼져 노쥬를 업시ᄒᆞ고, 너희 그 쟈리를 아ᄉᆞ미라. 모로미 괴로온 형벌을 밧지 말고, 젼젼흉ᄉᆞ(前前凶事)를 일일히 알외여 죄를 더으지 말나."

교란이 스ᄉᆞ로 제 얼골은 보지 못ᄒᆞ나, 발셔 안파(安婆)1934)의 형모(形貌)를 벗고 본상(本相)을 회복ᄒᆞ믈, 모든 장확의 ᄉᆞ어(辭語)와 한님 형뎨의 문답으로 조ᄎᆞ ᄭᆡ다라니, 망극ᄒᆞ미 《쳔니‖쳔디》 아득ᄒᆞ고 일월이 무광ᄒᆞᆫ ᄃᆞᆺ, 고ᄃᆡ 죽어 븟그림과 셜우믈 닛고져 ᄒᆞ나 능히 슈족을 음즉이지 못ᄒᆞ니, 츌ᄒᆞ리 혀를 무러 벙어리 되고져 ᄒᆞ나, 삼촌 혀를 【61】 급히 버힐 길이 업ᄉᆞᆫ지라. ᄒᆞᆫ갓 눈물이 오월쟝슈(五月長水)1935) ᄀᆞᆺ트여 하ᄂᆞᆯ을 우러라 탄ᄒᆞ고, ᄯᅡ흘 굽어 늣겨 ᄒᆞᆫ 말을 아니니, 한님이 대로ᄒᆞ여 ᄉᆞ예(司隷)를 지쵹ᄒᆞ야 형장(刑杖)을 나오며 츄문ᄒᆞᆯᄉᆡ,

"ᄎᆞᄉᆡ(此事) 져근 변이 아니니, 네 만일 젼젼간모(前前奸謀)를 고치 아니면, 내 ᄯᅩ 요ᄃᆡ(饒貸)1936)치 아니리니, 네 쥬모로 더브러 법부(法部)로 보ᄂᆡ리라."

이리 닐ᄋᆞ며 ᄆᆡ마다 고찰ᄒᆞ여 수ᄎᆞ(數次)의 밋ᄎᆞ니, 골육이 후란(朽爛)ᄒᆞ고 셩혈(腥血)이 님니(淋漓)ᄒᆞ니, 혈육지신(血肉之身)이 능히 견ᄃᆡ지 못ᄒᆞᆯ ᄲᅮᆫ아니라, ᄯᅩ다시 유확(油鑊)1937)의 참측(慘測)ᄒᆞᆫ 형벌을 더으려【62】ᄒᆞ믈 보니 참아 못ᄒᆞᆯ ᄇᆡ라. 교란이 크게 울고 지필(紙筆)을 구ᄒᆞ여 쵸ᄉᆞ를 ᄡᅧ 올닐ᄉᆡ, ᄉᆡᆼ각ᄒᆞᄃᆡ,

"우리 비쥬(婢主)의 죄 크고 허물이 만흐나, 녕능군쥬의 셜부인 해ᄒᆞᄂᆞᆫ 간악ᄒᆞ미 이시니, 이 즁 녕능의 악ᄉᆞ를 베퍼, 윤부 샹하졔인(上下諸人)으로 ᄒᆞ야금 악쟈(惡者) 오

1931)하쳐츌(何處出) : '어느 곳 출신인가?'라는 말.
1932)변용단(變容丹) : =개용단(改容丹). 여의개용단(如意改容丹).
1933)ᄆᆡ암 : 매미.
1934)안파(安婆) : 안씨노파(安氏老婆). 곧 구소저의 충비(忠婢) '안 유랑'을 말함
1935)오월쟝슈(五月長水) : 오월의 장맛비.
1936)요ᄃᆡ(饒貸) : 너그러이 용서함.
1937)유확(油鑊) : 끓는 기름 가마솥. 옛날에 죄인을 끓는 기름 솥에 넣어 삶아 죽일 때 쓰던 형벌기구.

쥬(吾主) 밧게 쏘 이시믈 알게 ᄒᆞ리라.”

의ᄉᆡ 이의 밋ᄎᆞ니, 녕능과 난아의 젼후 흉교를 다 긔록ᄒᆞ여 올니ᄆᆡ, 한님이며 학ᄉᆡ ᄒᆞᆫ가지로 볼ᄉᆡ, 쇼ᄉᆡ 대강 ᄀᆞᆯ와시ᄃᆡ,

“쳔비 교란은 본ᄃᆡ 경부 양낭(養娘)이오, 쥬모ᄂᆞᆫ 경추밀 일네라. 구참졍부인은 우리 션노【63】야(先老爺) ᄌᆞᄆᆡ(姊妹)시고, 구쇼져ᄂᆞᆫ 곳 오쥬 경쇼져로 둉○[형]뎨간(從兄弟間)1938)이라. 쥬군(主君)1939) ᄌᆡ시의 셩되(性度) 일편되샤, 텬뉸ᄌᆞᄋᆡ(天倫慈愛)와 부녀의 지극ᄒᆞᆫ 졍이 믄득 슉질의 졍만 ᄀᆞᆺ지 못ᄒᆞ여, 구쇼져 슉아를 과도히 ᄉᆞ랑ᄒᆞ시고, 오쥬(吾主)를 증염ᄒᆞ샤 ᄆᆡ양 구쇼져의 긔이ᄒᆞ믈 닐ᄋᆞ시며, 범ᄉᆞ를 ᄯᆞ라 그 열에 ᄒᆞ나만 ᄇᆡ화도 당금 열녀쳘뷔(烈女哲婦) 되리라 ᄒᆞ시니, 오쥐 깁히 분앙싀ᄋᆡ(憤怏猜睚)ᄒᆞ여 도로혀 부녀간 지극ᄒᆞᆫ 졍이 살아지고, 그ᄋᆞᆨ이 살해ᄒᆞᆯ ᄠᅳᆺ도 업지 아냐, ᄌᆞ연 원이 구쇼져의게 젹츅(積蓄)ᄒᆞ미 되엿더니, 일이 공교【64】ᄒᆞ여 구참졍부인이 기셰ᄒᆞ션지 오ᄅᆡ지 아냐, 구노얘 만니 ᄉᆡ외(塞外)에 젹거(謫居)ᄒᆞ시니, 쥬군이 구쇼져를 다려오샤 ᄌᆞ모의 죵용ᄒᆞᆫ ᄌᆞᄋᆡ와 엄부의 황홀긔ᄋᆡ(恍惚奇愛)ᄒᆞ시믈 겸ᄒᆞ여, ᄌᆞ못 구구히 ᄉᆞ랑ᄒᆞ시미 날노 더으시니, 오쥐 대ᄒᆞᆫ(大恨)ᄒᆞ여 구쇼져 모해ᄒᆞᆯ 계교를 듀ᄉᆞ야탁(晝思夜度)ᄒᆞ올 ᄎᆞ, 모일의 한님이 등과ᄒᆞ여 계지(桂枝)1940)로 츄밀노야(樞密老爺)긔 ᄇᆡ현ᄒᆞ시니, 이 시의 션노애 환휘 비경(非輕)ᄒᆞ샤 스ᄉᆞ로 니지 못ᄒᆞᆯ 줄 알아시고 말숨을 ᄭᅵ치고져 ᄒᆞ실ᄉᆡ, 부인과 쇼져 외당의 나가신 ᄶᅢ라. 협실노 피ᄒᆞ여 계【65】시더니, 한님의 풍치를 엶프시 여어 보시고, 황홀ᄒᆞ여 젹강션ᄌᆞ(謫降仙子)믈 만만 칭ᄋᆡᄒᆞ시더니 불힝ᄒᆞ여 쥬군이 맛ᄎᆞᆷᄂᆡ 기셰ᄒᆞ시니, 쇼제 뉵아지통(蓼莪之痛)이 범연ᄒᆞ미 아니로ᄃᆡ, 대계를 운동ᄒᆞ여 스ᄉᆞ로 평ᄉᆡᆼ이 빗나기를 ᄉᆡᆼ각ᄒᆞ시ᄆᆡ, 념치를 닛고 쥬군의 녕구(靈柩)를 붓드러 공ᄌᆡ 절강(浙江)으로 향ᄒᆞ신 후, 구쇼져 비쥬(婢主)를 여ᄎᆞ여ᄎᆞ 암약(瘖藥)을 먹여 업시ᄒᆞ고, 쇼져와 쳔비 구쇼져 노쥬의 형뫼(形貌) 되여 말을 펴지오ᄃᆡ, 경쇼져 노쥬ᄂᆞᆫ 일야간 거쳬 업다 ᄒᆞ고, 공ᄌᆡ 목쥬(木主)를 밧드러 도라오【66】ᄆᆡ, 부인이 쇼져의 간 곳업ᄉᆞ믈 닐너 슬허ᄒᆞ시ᄂᆞᆫ 쳬ᄒᆞ고, 구쇼져로 모녀의 의를 ᄆᆡᄌᆞ믈 닐ᄏᆞ라, 괴로이 구참졍부인 초긔(初朞)니ᄅᆞ믈 기다려, 한님이 뉵녜(六禮)로 맛ᄌᆞ 오시니, 오쥬의 낙ᄉᆡ(樂事)이 밧게 업ᄉᆞᄃᆡ, 쳘부인이 몬져 입현ᄒᆞ샤 덕힝이 오쥬의 우희 계시며, 졍당(正堂)과 상공의 ᄃᆡ졉ᄒᆞ시미 오쥬의게 세번 더은 바의, 벽낭이 비록 빈희(嬪姬)○[이]나, ᄉᆡᆨ광긔질(色光氣質)이 셰ᄃᆡ의 무쌍ᄒᆞ고, 옥동을 ᄲᅡᆼᄉᆡᆼᄒᆞ여 상공의 춍ᄋᆡᄒᆞ시미 졍실과 다라지 아니시니, 오쥐 귀부(貴府)의 입현ᄒᆞ시ᄆᆡ 상공의 후ᄃᆡᄒᆞ【67】시믈 못 엇고, 죵젹이 서의(齟齬)ᄒᆞ며 ᄉᆞ고무친(四顧無親)ᄒᆞ니, 텰부인 밧 다란 젹인의 유무는 모로실

1938)둉형뎨간(從兄弟間) : 사촌형제간.

1939)쥬군(主君) : ‘주인’을 높여 이르는 말.

1940)계지(桂枝) : 계수나무 가지. 계수나무는 매우 귀한 나무로 인식되어 사람들의 영광과 성공을 드러내는 뜻으로 쓰였다. 조선시대에 임금이 과거급제자에게 하사한 ‘어사화(御賜花)’도 종이로 만든 계수나무 꽃이었다. 위 본문에서 ‘계지를 꺾다’는 ‘과거에 급제하다’는 뜻을 나타낸 말이다.

비로ᄃᆡ, 마초아 녕능군쥬로 ᄒᆞᆫ번 보시ᄆᆡ 졍의 지극ᄒᆞ샤, 죵용ᄒᆞᆫ ᄯᆡ를 타 밤으로ᄡᅥ ᄂᆞᆽ 출 니으샤, 서로 젼졍(前程)이 즐겁기를 도모ᄒᆞ실ᄉᆡ, 쳥진관 봉암도군 뎨ᄌᆞ 쳥원암 니고(尼姑) 쳥션법ᄉᆞ를 쳔금으로 녜단(禮緞)ᄒᆞ여1941) 오ᄆᆡ, 이 ᄒᆞᆫ낫 ᄇᆡᆨ의관음(白衣觀音)1942)이라. 안ᄌᆞ 쳔니를 ᄉᆞ못고 과거 미ᄅᆡᄉᆞ를 모를 거시 업ᄉᆞ며, 신ᄒᆡᆼ법슐(神行法術)이 만고무비(萬古無非)ᄒᆞ여 사ᄅᆞᆷ의 화복길흉(禍福吉凶)과 슈요장단(壽夭長短)을 임의로 ᄒᆞ며, 온갓 【68】 단약(丹藥)이 ᄀᆞ득ᄒᆞ여 사ᄅᆞᆷ의 ᄆᆞᄋᆞᆷ을 밧고며 후박(厚薄)을 임의로 ᄒᆞᄂᆞ니, 금은필ᄇᆡᆨ(金銀疋帛)을 앗기지 아닌즉 거의 소원을 일우ᄂᆞᆫ지라. 녕능군쥬ᄂᆞᆫ 셜부인을 함지깅참(陷地坑塹)ᄒᆞ여 학ᄉᆞ 상공의 은ᄋᆡ 녕능의게 도라져1943) 신ᄒᆡᆼ도슐(神行道術)을 힘닙으ᄆᆡ 밋처시ᄃᆡ, 오직 오쥬의 ᄯᅳᆺ을 지금 일우지 못ᄒᆞᄆᆞᆫ, 상번쟤(上番者)1944) 텰부인 시녀를 여ᄎᆞ여ᄎᆞ 격동ᄒᆞ여 부인 허물을 낫토고, 벽낭의 방자(放恣)ᄒᆞᆷ을 합문이 다 알게 ᄒᆞ엿더니, 부인이 일양 안졍단묵(安靜端默)ᄒᆞ샤, 가벽낭의 욕셜을 드ᄅᆞ며 그 방ᄌᆞ무거(放恣無據)ᄒᆞᆫ 셔【69】찰을 보시ᄃᆡ, 분호(分毫) 요동ᄒᆞ여 분분이 셩죄(成罪)1945)ᄒᆞ미 업고 여일ᄒᆞ시니, 일노 조ᄎᆞ 졍당 뉴부인이 벽낭을 불너 보시고, 위인긔질을 황홀긔ᄋᆡ(恍惚奇愛)ᄒᆞ시ᄂᆞᆫ지라. 쥬인이 벽낭 해ᄒᆞ미 도로혀 유익ᄒᆞ미 되엿ᄂᆞᆫ지라. 듀야 통ᄒᆞᆫᄒᆞ여 다시 쳥션의 요계(妖計)를 일워 ᄉᆞ후(伺候)ᄒᆞᄂᆞᆫ 츈옥을 여ᄎᆞ여ᄎᆞ 다ᄅᆡ여 벽을 함닉(陷溺)고져 ᄒᆞᆯᄉᆡ, 짐즛 오쥬와 텰부인을 일톄로 해(解)ᄒᆞ여, 벽낭의 간교극악(奸巧極惡)ᄒᆞᆷ을 ᄀᆞᆺ초 나타ᄂᆡᄃᆡ, 노야의 쳐치ᄒᆞ시미 관젼(寬典)을 드리오샤 벽낭을 죽이지 아니실 ᄲᅮᆫ 아【70】냐, 양희를 맛져 보ᄂᆡ시미 젼혀 벽을 구코져 ᄒᆞ시미니, 오쥬와 쳥션이 의논ᄒᆞ여, 옥의 심지 굿지 못ᄒᆞ니 살나둔 후ᄂᆞᆫ 후환이 비경ᄒᆞᆯ ᄲᅮᆫ아니라, 노얘 다시 츄문ᄒᆞ실 거시므로, 급히 독약을 가져 업시키ᄂᆞᆫ 말이 나지 아니미라 ᄒᆞ여, 옥의 변이 나므로브터 쥬군이 셜ᄆᆡ뎡과 화취루의 죵젹을 쓧ᄎᆞ시니, 오쥐 본ᄃᆡ 쥬군의 텬양지풍(天陽之風)을 흠복ᄒᆞ여 구쇼져를 업시ᄒᆞ고[미], 일시 구ᄎᆞ(苟且)간음(姦淫)ᄒᆞᆷ을 알오ᄃᆡ, 일ᄉᆡᆼ(一生) 대군ᄌᆞ를 우러라 영복이 완젼키를 위ᄒᆞ미러니, 쥬군의 박【71】졍ᄆᆡ몰ᄒᆞ시미 ᄒᆡᆼ노 ᄀᆞᆺᄐᆞ샤, 남녀 졍욕과 금슬지낙(琴瑟之樂)을 나토지 아니시니, 오쥐 여취여광(如醉如狂)ᄒᆞ여 침식이 불안이러니, 졈졈ᄒᆞ여 병을 일워여 시금(時今)의 니ᄅᆞ러ᄂᆞᆫ 상셩발광(喪性發狂)ᄒᆞ여[미] 되어시니, 쳔비 도셕의 근심ᄒᆞ여 듀야 간ᄒᆞᄃᆡ 능히 뎡치 못ᄒᆞ니, 이ᄂᆞᆫ ᄒᆞᆫ갓 오쥬의 음욕이 남다를 ᄲᅮᆫ아니라, 상공 풍치 셰ᄃᆡ의 무젹(無敵)ᄒᆞ신 연괴니, 금일을 당ᄒᆞ여 쇽졀업시 젼ᄉᆞ를 뉘웃ᄎᆞ나 밋출 길이 업고, 쥬군의게 원망이 도로혀 도라가ᄂᆞᆫ지라. 인인이 다 제 몸에 복녹이 장원코져

1941)녜단(禮緞)ᄒᆞ다 : 예단(禮緞)을 보내다. 예물을 보내다. *예단(禮緞) : 예물로 보내는 비단.

1942)ᄇᆡᆨ의관음(白衣觀音) : 삼십삼 관음의 하나. 흰옷을 입고 흰 연꽃 가운데 앉아 있는 모습이다.

1943)도라지다 : 돌아서다. 향하고 있던 쪽에서 반대 방향으로 방향을 바꾸어 서다. *여기서는 영능을 박대하던 마음이 바뀌어 친애하는 마음으로 돌아섰다는 말임.

1944)상번자(上番者) : '앞 번 사람', '앞의 사람', '앞에 든 사람'. 여기서는 '청선법사'를 대신 이른 말.

1945)셩죄(成罪) : 죄를 삼음. 죄를 얽음.

【72】 ᄒᆞ믄 뭇지 아냐 알 일이니, 오쥐 비록 쳥고ᄒᆞᄆᆡ 버서나나, 의ᄉᆞᆫ즉 용이치 아니코 녹녹지 아냐, 일즉 고셔ᄅᆞᆯ ᄃᆡᄒᆞ야 영웅 쥰걸이 칼을 잡고 각각 명쥬(明主)ᄅᆞᆯ 도아 풍진(風塵)을 ᄆᆞᆰ히고, 입공쳥ᄉᆞ(立功靑史)ᄒᆞᆫ 곳에 다ᄃᆞ라ᄂᆞᆫ, ᄉᆞᄉᆞ로 심ᄉᆡ 용약(勇躍)ᄒᆞ여 남ᄌᆡ 되지 못ᄒᆞ믈 슬허ᄒᆞ고, 모시(毛詩)ᄅᆞᆯ 외와 문왕(文王)이 ᄉᆞ시(姒氏)1946)로 금슬우지(琴瑟友之)의 죵고낙지(鐘鼓樂之)ᄒᆞ여 팔ᄇᆡᆨ년 긔업(基業)을 열믈 만만흠탄(萬萬欽歎)ᄒᆞ야, 샹(常)히 위언(爲言)의 ᄉᆞᄉᆞ로 임ᄉᆞ지덕(姙姒之德)1947)을 효측지 못ᄒᆞᆯ진ᄃᆡ, 찰하리 무시(武氏)1948)의 경신(敬信) 쾌활(快活)ᄒᆞ믈 본 밧으미 맛당타 하여, 의ᄉᆡ 그 【73】 릇 든 ᄇᆡ나, 본셩인즉 상낭춍혜(爽朗聰慧)ᄒᆞ니, 쥬군이 젼과ᄅᆞᆯ 용셔ᄒᆞ시고 은혜로 후ᄃᆡᄒᆞ시면 ᄀᆡ과칙션ᄒᆞ리이다.”

ᄒᆞ엿더라

한님 형데 보기ᄅᆞᆯ 맛ᄎᆞᄆᆡ, 분ᄒᆞ믈 니긔지 못ᄒᆞ여 왈,

“뎐하의 여ᄎᆞ 음악발뷔 이시니, 포ᄉᆞ(褒姒)1949) ᄆᆡ달(妹妲)1950)을 홀노 악다 ᄒᆞ리오.”

인ᄒᆞ여 초ᄉᆞᄅᆞᆯ 존당의 드려 쳐치ᄒᆞᆯ 바ᄅᆞᆯ 뭇ᄌᆞ오려 ᄒᆞᆯᄉᆡ, 학ᄉᆡ 왈,

“죄녀ᄅᆞᆯ 져주ᄂᆞᆫ 바에 쇼뎨다려 ᄒᆞᆫ가지로 보라 ᄒᆞ시믈 의아ᄒᆞ나, 감히 곡직을 뭇ᄌᆞᆸ지 못ᄒᆞ엿더니 초ᄉᆞ즁 녕능의 악ᄉᆡ 나타나니, 간당이 일심이 되여 흉계ᄅᆞᆯ 도모【74】ᄒᆞᆫ ᄇᆡ, 통완ᄒᆞ믈 니긔지 못ᄒᆞᆯ ᄲᅮᆫ이라. 쇼뎨 오ᄅᆡ 연뮤즁(煉霧中)의 이셔, 부모 ᄉᆡᆼ휵ᄒᆞ신 몸을 상해오고, 엄교(嚴敎)의 명셩(明聖)ᄒᆞ심과 ᄌᆞ교(慈敎)의 지극ᄒᆞ시믈 져바려, 젼후 광망픽악ᄒᆞᆫ 힝ᄉᆡ 텽문(聽聞)의 한심ᄒᆞ고, 그릇 조강(糟糠)의 졍결ᄒᆞ믈 의심ᄒᆞ여 누월이 되엿더니, 오ᄂᆞᆯ날 비로소 ᄭᆡ닷고 녕능의 흉교(凶狡)ᄒᆞ믈 드란지라 이제 맛당히 녕능의 좌우ᄅᆞᆯ 다ᄉᆞ려 그 초ᄉᆞ와 ᄒᆞᆷ게 존당의 주ᄒᆞ고 쇼뎨의 불명무식ᄒᆞ믈 쳥죄코져 ᄒᆞᄂᆞ이다.”

한님이 침음냥구(沈吟良久)의 왈,

“교란의 초ᄉᆞᄅᆞᆯ 존당의 고ᄒᆞ오미 밧브거【75】니와, 너의 ᄯᅳᆺ이 녕능의 좌우ᄅᆞᆯ 다ᄉᆞ

1946)ᄉᆞ시(姒氏) : 태사(太姒). 중국 주(周)나라 문왕의 비. 현모양처(賢母良妻)로 추앙되는 인물.

1947)임ᄉᆞ지덕(姙姒之德) : 중국 주(周)나라 현모양처(賢母良妻)인 문왕의 어머니 태임(太姙)과 그의 비(妃) 태사(太姒)의 덕을 함께 일컫는 말.

1948)무시(武氏) : 측천무후(則天武后). 당 고종의 황후(皇后). 자신의 딸을 직접 죽이고 그 죄를 정궁(正宮) 왕씨(王氏)에게 씌워 모살(謀殺)하고 황후가 되었다. 이후 태자 이충(李忠)을 폐위시켜 죽였고, 친자 이홍(李弘)·이현(李賢)을 차례로 태자로 책봉하였다가 둘 다 독살 한 후, 다시 친자 이철(李哲)로 태자를 삼았다, 고종이 죽자 태자 이철이 황위를 계승하여 중종에 즉위 하였으나 곧 폐위시키고 또 친자 이단(李旦)을 세워 예종(睿宗)에 즉위시켰으나 1년도 못되어 다시 폐위시켰다. 그후 스스로 제위에 올라 국호를 ‘주(周)’라 하고 자칭 성신황제(聖神皇帝)라 하였다.

1949)포ᄉᆞ(褒姒) : 중국 주(周)나라 유왕의 총희(寵姬)로 웃음이 없었다. 유왕이 그녀를 웃게 하기 위해 거짓 봉화를 올려 제후들을 소집하였다가, 뒤에 외침(外侵)을 받고 봉화를 올렸으나 제후들이 모이지 않아 왕은 죽고 포사는 사로잡혔다고 한다.

1950)ᄆᆡ달(妹妲) : 중국 하(夏)의 마지막 황제 걸(桀)의 비(妃)인 매희(妹喜)와 주(周)의 마지막 황제 주(紂)의 비(妃) 달기(妲己)를 함께 이르는 말.

리고져 ᄒ면 잠간 지졍이리라."

학ᄉᆡ 즉시 졔복(諸僕)을 명ᄒ여 녕능의 좌우ᄅᆞᆯ 일시의 다 잡아, 결박ᄒ여 ᄃᆡ하(臺下)의 ᄭᅮᆯ니고, 몬져 심복시녀ᄅᆞᆯ 츄문ᄒᆞᆯᄉᆡ, 형장(刑杖)을 쥰츠(峻次)ᄒᆞ며1951), ᄯᅩ 교란의 초ᄉᆞᄅᆞᆯ 닐너 실ᄉᆞ(實事)ᄅᆞᆯ 츄문ᄒᆞ니, 이 ᄶᅵ 녕능의 비ᄌᆡ 다 셜궁 소속이라, 비록 마지 못ᄒᆞ여 ᄒᆡᆼ악(行惡)을 동심(同心)ᄒᆞ나, 진짓 졔 쥬인은 아니오, 녕능의 인물이 강악포려(强惡暴戾)ᄒᆞᆷᄅᆞᆯ 깁히 원망ᄒᆞ더라. 【76】

1951)쥰츠(峻次)ᄒᆞ다 ; 매나 형장(刑杖)을 엄히 치다.

윤하뎡삼문취록 권지ᄉ십일

ᄎ시 영능의 비ᄌ 다 셜궁 소속이라. 비록 마지 못ᄒ여 힝악(行惡)을 동심(同心)ᄒ나 진짓 제 쥬인은 아니오, 녕능의 인물이 강악표려(强惡慓戾)1952)ᄒ여 원망이 깁더니, 금일 불시의 범 ᄀ튼 아역(衙役)1953)이 족불니지(足不離地)1954)ᄒ게 ᄭ어다가 위엄으로 다ᄉ리려 ᄒ니, 혼불부톄(魂不附體)1955)ᄒ야 ᄉ오장(四五杖)이 못ᄒ여셔 일시의 복초(服招) 왈,

"쳔비 등은 본릭 셜궁 ᄉ환(使喚)으로 쥬인 녕능군쥬는 녀급ᄉ ᄎ녜라. 녀급ᄉ 부인이 셜왕 뎐하(殿下) 이종(姨從)1956)이시더니, 녕능군쥐 엇진 연괸지 노야(老爺) 풍신 【1】을 ᄉ모ᄒ야, 녀노애 누ᄎ 구혼(求婚)ᄒ시딕, 상국(相國) 대노애 허치 아니시니, 군쥐 밍셰ᄒ고 타문의 가지 아니코, ᄉ상지질(思相之疾)을 일워 죽게 되니, 부인이 셜왕긔 근졀이 청ᄒ시믜 드딕여 허락ᄒ샤 군쥬 위호(位號)와 ᄉ혼됴지(賜婚朝旨)를 어더 노야를 마ᄌ시니, 녀시 즐기미 비길딕 업ᄉ나, 오히려 후딕(厚待)ᄒ시미 족ᄒᆫ 줄 모로시고, 셜부인이 상두(上頭)의 거ᄒ여 원위의 존즁ᄒ믈 누리시고, 일가의 취듕(取重)ᄒ시미 감히 군쥬의 ᄇ랄 빅 아니라. 군쥐 싀투(猜妬)를 니긔지 못ᄒ여 해ᄒᆯ 긔틀을 여으딕, 됴흔 계교【2】를 엇지 못ᄒ더니, 마초아 청암ᄉ 청션니고를 맛ᄂ니, 됴화(造化)가 쳔고(千古)의 드믄지라. 군쥐 밧들며 셤기미 놉흔 스싱ᄀ치 ᄒ여, 젹국(敵國)을 소졔(掃除)ᄒ고 노야 은춍을 온젼이 엇기를 원ᄒ니, 요리(妖尼) 운동ᄒ는 빅 신긔ᄒ여, 셜부인을 여ᄎ 여ᄎ 함지깅참(陷之坑塹)ᄒ고, 변심단(變心丹)을 ᄡ 쥬군(主君)의 ᄆ옴을 그룻 민다라, 셜부인을 원슈ᄀ치 믜워ᄒ시며 군쥬의게 침닉(沈溺)ᄒ엿더니, 대노애 쥬군의 변심ᄒ시믈 우려ᄒ샤, 닉루(內樓)의 ᄌ최를 씃게 ᄒ시고, 듀야 면젼의 두시니 군쥐 쥬군의 그림ᄌ는 딕치 못ᄒ【3】시고, 일월(日月)이 오릭니 ᄉ졍이 근졀ᄒᆯ 쌘 아니라, 대노야 쳐ᄉ(處事)를 원ᄒ시미 골졀의 ᄉ못ᄎ, 듀야 분원(忿怨)을 니긔지 못ᄒ여

1952)강악표려(强惡慓戾) ; 몹시 악하며 독살스럽고 사나움.

1953)아역(衙役) : =아노(衙奴). 수령이 지방 관아에서 사사롭게 부리던 사내종. 여기서는 높은 벼슬아치 집에서 사사로이 부리는 사내종.

1954)족불니지(足不履地) : 발이 땅에 닿지 않는다는 뜻으로, 몹시 급하게 달아나거나 걸어감을 이르는 말.

1955)혼불부톄(魂不附體) : 정신이 몸에 붙어있지 않다는 뜻으로, 몹시 놀라 넋을 잃음을 이르는 말. =혼비백산(魂飛魄散).

1956)이종(姨從) : 이종사촌(姨從四寸). 이모의 자녀를 이르는 말.

다시 니고로 동심모계(同心謀計)코져 ᄒᆞ오나, 요리(妖尼) 대노야 일월지명(日月之明)과 경당부인 셩명지감(聖明之鑑)을 능히 긔망홀 길히 업서, 궁모극계(窮謀極計)를 긋치니, 군쥐 더욱 울울불낙(鬱鬱不樂)ᄒᆞ여 장ᄎᆞᆺ 음홰(陰火) 셩ᄒᆞ여 병을 일윈지라. 비ᄌᆞ 등은 이 밧게 다시 고홀 ᄇᆡ 업서이다.”

학ᄉᆡ 듯기를 맛ᄎᆞᄆᆡ, ᄌᆞ긔 변심(變心)ᄒᆞ엿던 바와, 셜시 원억(寃抑)히 죄에 ᄲᅡ지오믈 ᄒᆡ연(駭然)ᄒᆞ나, 오히려 쇼ᄉᆡ(小事)오, 녕능이 셜왕녀【4】도 아닌 거시 졀졀이 ᄌᆞ가를 속여 가란을 지으믈 참분통ᄒᆡ(慘忿痛駭)ᄒᆞᄂᆞᆫ 즁, 녀네라 ᄒᆞ니, 이 반다시 모월의 녀방이 ᄌᆞ긔를 근졀이 쳥ᄒᆞ여 진취(盡醉)○[케] ᄒᆞᆫ 후, 압히셔 ᄉᆞ후(伺候)ᄒᆞ라 ᄂᆡ여 보ᄂᆡ엿던 요음찰녜(妖淫刹女)라. 처엄 ᄌᆞ긔 년유미약(年幼微弱)으로 알아, ᄆᆡᆼ낭지셜(孟浪之說)노 두루다혀 위력으로 혼인(婚姻)코ᄌᆞ ᄒᆞ다가, ᄇᆡᆨ부 위풍과 부공의 ᄆᆡᆼ녈ᄒᆞ믈 보고 무류히 도라가, 다시 인연을 일울 길 업ᄉᆞ니 흉밀간계(凶密奸計)로 셜왕의게 보ᄂᆡ여, ᄌᆞ긔 ᄌᆡ실(再室)을 삼으ᄃᆡ, ᄌᆞ긔(自己) 불명(不明)ᄒᆞ미 일야(一夜)를 동실(同室)ᄒᆞᆫ 요녀를 능히 알아보지 못ᄒᆞ고, 힘【5】힘이 그 모계(謀計)의 ᄲᅡ져 상활(爽闊)ᄒᆞᆫ 본셩을 일코, 조강현쳐(糟糠賢妻)를 참아 못홀 말과 광망(狂妄)ᄒᆞᆫ 거조로 즐타구욕(叱咤毆辱)ᄒᆞ던 ᄇᆡ, 뉘웃출 ᄲᅮᆫ 아니라, ᄌᆞ긔 퓌악불명(悖惡不明)ᄒᆞᆫ 허물이 젹지 아니니, 엄부(嚴父) 존ᄉᆞ(尊師)의 명훈(命訓)을 져바렷ᄂᆞᆫ지라. 당ᄎᆞ시(當此時)ᄒᆞ여 스ᄉᆞ로 참황슈괴(慘荒羞愧)ᄒᆞ미 ᄃᆡ인(對人)홀 ᄂᆞᆺ치 업ᄉᆞ니, 손으로 ᄊᆞᄒᆞᆯ 처 녀셩(厲聲) 왈,

“형장의 경가녀 만나시미 쇼뎨의 녀가 발부(悖夫) 만남과 다르지 아니ᄃᆡ, 녀녀ᄂᆞᆫ 젼젼죄악(前前罪惡)과 간음(奸淫)이 경녀의 더으미 잇ᄂᆞᆫ지라. 결단코 무ᄉᆞ히 도라보ᄂᆡ지 아니리니 쇼뎨 불명무식(不明無識)ᄒᆞᆫ 허물【6】이 이셔도, 음악요인(淫惡妖人)을 법부(法府)로 보ᄂᆡ여 명졍기죄(明正其罪)ᄒᆞ미 올흐니이다.”

한님이 미쇼 왈,

“아이 녕능 취ᄒᆞ던 날 그 불힝을 ᄭᆡ닷지 못ᄒᆞ고, 금일 그 간모악ᄉᆞ(奸謀惡事)를 듯고, 비로소 죄 태다(太多)ᄒᆞ믈 아니 식견(識見)의 쳔박ᄒᆞ미 여ᄎᆞ(如此)ᄒᆞ도다. 녕능의 젼후 죄괘(罪過) 비록 음흉간할[활](淫凶奸猾)ᄒᆞ나, 오히려 경가 음녀로 비ᄒᆞ면 슌젼(純全)ᄒᆞ미 잇ᄂᆞ니, 그 얼굴은 변ᄒᆞ미 업시 오문(吾門)의 오고, ᄯᅩ 지친(至親)을 살해ᄒᆞ미 업시 계교(計巧)로ᄡᅥ 혼인을 일워시니, 지뫼(智謀) 완젼ᄒᆞ고 견식(見識)이 통쾌(痛快)ᄒᆞ거니와, 경녀ᄂᆞᆫ 죵뎨(從弟)를 독살ᄒᆞ고 스ᄉᆞ로 그 혼【7】인을 아ᄉᆞ1957) 홀 ᄲᅮᆫ 아니라, 부ᄌᆞ 텬뉸(天倫)이 그 엇더ᄒᆞ관ᄃᆡ 부상(父喪)의 망극ᄒᆞ믈 아지 못ᄒᆞ여, 기부(其父)를 겨우 장(葬)ᄒᆞ며 사름을 조ᄎᆞ 남의 셩명을 비러 여러 일월의 안연평상(晏然平常)ᄒᆞ니, 죄악이 텬디의 관영(貫盈)ᄒᆞ여 엇게 우희 머리를 보젼치 못ᄒᆞ고, 슈족을 이(離)ᄒᆞ여 만고멸뉸(萬古滅倫) 슈악(首惡)의 흉음발부(凶淫潑婦)를 징계ᄒᆞ미 맛당ᄒᆞ니, 현뎨 엇지 녕능을 경녀의 더은 죄라 ᄒᆞᄂᆞ뇨?”

1957)아ᄉᆞ : 앗아. 빼앗아. 앗다; 빼앗다.

셜파의 시노(侍奴)로 교란과 녕능의 시녀를 다 직희라 ᄒᆞ고, 학ᄉᆞ의 ᄉᆞᄆᆡ를 닛그러 존당의 드러가 난의 초ᄉᆞ와 녕능의 일을 【8】 알외여 쳐치홀 바를 뭇ᄌᆞ오니, 태부인으로브터 ○○○[합문(閤門)이] 녀·경 냥요(兩妖)의 흉음극악지ᄉᆞ(凶淫極惡之事)를 드르ᄆᆡ 경히참악(驚駭慘惡)ᄒᆞ믈 니긔지 못ᄒᆞᄂᆞᆫ 바의, 승상이 참연(慘然) 왈,

“경츄밀의 어질므로뻐 기녀의 극악ᄒᆞ미 쥬문(周門)1958)의 관치(管蔡)1959)로 방불ᄒᆞ니, 가히 ᄎᆞ셕(嗟惜)ᄒᆞ고, 구공의 일녀 ᄉᆞ랑이 텬눈 밧게 ᄌᆞ별ᄒᆞ여 님힝의 쳔만 부탁ᄒᆞ던 ᄇᆡ라. 경부인 초긔(初忌) 지나기를 기다려 거두워 친녀 ᄀᆞᆺ치 무휼(撫恤)ᄒᆞ믈 언약ᄒᆞ엿더니, 나의 불명ᄒᆞ미 원녜(遠慮) 업서, 구ᄋᆞ의 화변을 몽니의도 ᄉᆡᆼ각지 못ᄒᆞ여, 져런 요물을 슬하 【9】 의 두어 누월(屢月)의 ᄭᆡ닷지 못ᄒᆞ엿더니, 근간 우연이 눈이 요인의 신상의 미쳐, 피부간 요사ᄒᆞᆫ 긔운이 호ᄆᆡ(狐魅)1960)의 ᄆᆡ골(魅骨)○[을] ᄲᆞᆷ ᄀᆞᆺᄐᆞ믈 의아ᄒᆞ더니, 오ᄂᆞᆯ날 발각(發覺)ᄒᆞ여 간비의 초ᄉᆞ를 보니, 경녀의 죄악이 쥬륙(誅戮)의 당ᄒᆞ고, 구ᄋᆞ의 참ᄉᆞᄒᆞ미 인심의 통졀ᄒᆞᆫ지라. 구공으로 ᄒᆞ야금 이 소식을 드ᄅᆞᆯ진ᄃᆡ ᄉᆡ외(塞外)의셔 슬허ᄒᆞᄂᆞᆫ 심장이 ᄌᆡ되믈 면치 못홀 ᄇᆡ라. 경 녀(女)의 흉음(凶淫) 대죄와 녀 녀(女)의 요악ᄒᆞᆫ 죄ᄅᆞᆯ ᄉᆞᄉᆞ로이 쳐치ᄒᆞ미 불가ᄒᆞ고, 법부의 보ᄂᆡ미 맛당ᄒᆞᄃᆡ, 참아 못ᄒᆞᄂᆞᆫ 바ᄂᆞᆫ 그 부형 【10】 과 교계(交契) ᄃᆞᆺ겁거ᄂᆞᆯ, 그 정대인명(正大仁明)ᄒᆞ믈 알고, 일녀ᄅᆞᆯ 그ᄅᆞᆺ 둔 연고로 욕이 야ᄃᆡ(夜臺)1961)의 밋게 못ᄒᆞ리니, 스ᄉᆞ로 몽농키ᄅᆞᆯ 취ᄒᆞ여 경녀ᄅᆞᆯ 도라보ᄂᆡ며, 녀녀ᄅᆞᆯ 졀혼니이(絶婚離異)ᄒᆞ여 영영 ᄭᅳᆺᄎᆞ리니, 창닌은 오히려 취ᄉᆡᆨ탕음(取色蕩淫)ᄒᆞᆫ 허믈이 젹거니와, 셰린은 요녀(妖女) 초면이 아니로ᄃᆡ, 고혹취광(蠱惑醉狂)ᄒᆞ미[여] 암연이 ᄭᆡ닷지 못ᄒᆞ여시니, 불명ᄒᆞ미 이목(耳目)이 병드나 다ᄅᆞ지 아니코, 요약(妖藥)을 마셔 셩졍(性情)을 변ᄒᆞ며, 간참(奸讒)을 드러 현쳐의 셩덕명ᄒᆡᆼ(聖德明行)을 모ᄅᆞ며, 아비 경계(警戒)와 어미 교훈을 귀 밧그로 ᄃᆞᆺ고, 션ᄇᆡ ᄒᆡᆼ 【11】 실과 군ᄌᆞ의 덕은 부운(浮雲)의 더져, 듀야 간음찰녀ᄅᆞᆯ 겻지어 음악누ᄒᆡᆼ(淫惡陋行)이 불가ᄉᆞ문어타인(不可使聞於他人)1962)이라. 금일 간녀의 악ᄉᆡ 《발악∥발각》ᄒᆞᄆᆡ 참괴치 아니랴?”

학ᄉᆡ 엄교(嚴敎)ᄅᆞᆯ 드ᄅᆞᄆᆡ 대참황괴(大慘惶愧)ᄒᆞ여 ᄒᆞᆫ갓 면관쳥죄(免冠請罪)라. 남휘 평신ᄒᆞ믈 닐오고 승상다려 왈,

“네 ᄯᅳᆺ이 경공을 져바리지 말고져 ᄒᆞ니 여ᄎᆞ즉, 녀·경 냥녀ᄅᆞᆯ 다 편히 도라보ᄂᆡ미

1958)쥬문(周門) : 주나라 국성(國姓)의 가문 곧 주나라 왕실을 뜻하는 말..
1959)관치(管蔡) : 중국 주나라 문왕(文王)의 아들이자 무왕(武王)의 동생인 관숙(管叔)과 채숙(蔡淑)을 함께 이르는 말. 무왕(武王)이 죽고 형제 가운데 주공(周公)이 무왕의 어린 아들 성왕(成王)을 도와 섭정을 하자, 역심(逆心)을 품고 반란을 일으켰다가, 관숙은 죽음을 당하고 채숙은 추방당했다.
1960)호ᄆᆡ(狐魅) ; 여우도깨비. 곧 여우의 형상을 한 도깨비. *도깨비; 동물이나 사람의 형상을 한 잡된 귀신의 하나. 비상한 힘과 재주를 가지고 있어 사람을 홀리기도 하고 짓궂은 장난이나 심술궂은 짓을 많이 한다고 한다
1961)야ᄃᆡ(夜臺) : ‘무덤’을 달리 이르는 말
1962)불가ᄉᆞ문어타인(不可使聞於他人) : 남이 알게 할 수 없음.

가ᄒᆞ랴?"

승상이 ᄃᆡ왈,

"냥녀의 죄ᄂᆞᆫ 당당이 쥬륙(誅戮)이오나, 쇼직 참아 망우(亡友)의 일녀로ᄡᅥ 형벌을 당케 못ᄒᆞ리로소이다."

남휘 침음냥구(沈吟良久)의 왈,

"ᄉᆞ문현【12】ᄆᆡᆨ(士門賢脈)과 명문화엽(名門花葉)을 관부 형벌을 당ᄒᆞ게 못홀 ᄇᆡ어니와, 일노조ᄎᆞ 음악찰녜(淫惡刹女) 오가(吾家) 쳐ᄉᆡ 몽농ᄒᆞ믈 업수히 넉여 작악(作惡)ᄒᆞ미 이실가 두리노라."

승상이 미급ᄃᆡ(未及對)의 왕이 ᄃᆡ왈,

"아이 너모 인약(仁弱)기로 강ᄆᆡᆼ지단(强猛之斷)이 업서, 쳐ᄉᆡ 도로혀 부인녀ᄌᆞ와 ᄀᆞᆺ트여 장부의 쾌ᄉᆡ(快事) 업ᄉᆞᆫ지라. 쥬공(周公)이 셩인이 아니시리오마ᄂᆞᆫ 관치(管蔡)를 버히시고, 공부ᄌᆞ(孔夫子)1963) 소뎡모(少正卯)1964)를 참(斬)ᄒᆞ여 계시니, 셩인도 당당ᄒᆞᆫ ᄉᆞ죄자ᄂᆞᆫ 명을 빌니지 아냐 계신지라. 경공이 현뎨로 교되(交道) 깁흘ᄉᆞ록 기녀의 음악을 다ᄉᆞ려 쾌히 죽【13】여 경가의 붓그러오믈 풀고, 구시 참ᄉᆞᄒᆞᆫ 원을 갑흐리니, 살인자를 살호믄 '한고(漢高)의 법'1965)이니 현뎨ᄂᆞᆫ 모로미 경가 별물(別物)을 일긔(一器) 짐쥬(鴆酒)1966)로 그 명을 긋처 죄를 만의 ᄒᆞ나히나 속ᄒᆞ고, 공산(空山)의 장(葬)ᄒᆞ여 법부로 보ᄂᆡ지 아니미 경공을 져바리지 아니미오, 그 시슈(屍首)를 온젼케 ᄒᆞ미 응당ᄒᆞᆫ 덕이 되지 아니랴?"

승상이 피셕(避席) ᄃᆡ왈,

"형장 말ᄉᆞᆷ이 지극 맛당ᄒᆞ시나, 쇼뎨 혼암(昏暗)ᄒᆞ믄 인명을 참아 ᄀᆞᄇᆡ야이 죽이지 못홀 ᄇᆡ오, 쥬공이 관치(管蔡) 죽이심과 공ᄌᆞ 소뎡묘(少正卯)를 참ᄒᆞ시믄 다ᄅᆞ미 잇ᄂᆞ니, 【14】이ᄂᆞᆫ 국가를 위ᄒᆞ미오 ᄉᆞᄉᆞ를 위ᄒᆞ미 아니어ᄂᆞᆯ, 당금 경·녀 냥인의 죄 만ᄉᆞ무셕(萬死無惜)이오나 흉역을 범ᄒᆞ미 아니오니, 엇지 경션(輕先)이 죽이미 가ᄒᆞ오며, 경녜 구시 해ᄒᆞᆫ 죄를 닐오면 '살인자 살(殺人者 殺)'이 당연ᄒᆞ오나, 텬니(天理)의 뉸회(輪回)ᄒᆞ미 ᄉᆞᆲ피미 이ᄉᆞ오리니 복션지니(福善之理)1967)를 혜아리건ᄃᆡ, 구공이 일녀의

1963)공부ᄌᆞ(孔夫子) : 공자(孔子). 공자(孔子). 중국 춘추 시대의 사상가·학자(B.C.551~B.C.479). 이름은 구(丘). 자는 중니(仲尼). 노나라 사람으로 여러 나라를 두루 돌아다니면서 인(仁)을 정치와 윤리의 이상으로 하는 도덕주의를 설파하여 덕치 정치를 강조하였다. 만년에는 교육에 전념하여 3,000여 명의 제자를 길러 내고, 《시경》과 《서경》 등의 중국 고전을 정리하였다. 제자들이 엮은 《논어》에 그의 언행과 사상이 잘 나타나 있다.

1964)소뎡모(少正卯) : 중국 춘추 말기 노(魯)나라 대부. 당시 노나라의 사구(司寇) 벼슬에 취임한 공자에 의해 '험하고 편벽되며 거짓된 말'로 세상을 어지럽힌다는 이유로 처형당했다.

1965)한고(漢高)의 법 : 중국 한(漢)나라 고조의 '약법삼장(約法三章)'을 말함. *약법삼장(約法三章); 중국 한(漢)나라 고조가 진(秦)나라의 가혹한 법을 폐지하고 이를 세 조목으로 줄인 것. 곧 사람을 살해한 자는 사형에 처하고, 사람을 상해하거나 남의 물건을 훔친 자는 처벌한다는 것이다.

1966)짐쥬(鴆酒) : 빈독(鴆毒)을 섞은 술. *짐독(鴆毒); 짐새의 깃에 있는 맹렬한 독. 또는 그 기운.

1967)복션지니(福善之理) : 착한 사람에게 복을 내리는 하늘의 이치.

영효(榮孝)를 밧을듯 ᄒᆞ오니, 쇼뎨 궁극ᄒᆞᆫ ᄉᆡᆼ각이 혹ᄌᆞ 구시 어ᄂᆡ 곳에 보젼ᄒᆞ미 잇ᄂᆞᆫ가 ᄒᆞᄂᆞ이다."

셜파의 ᄉᆞᄉᆡᆼ(死生)을 몰나 참연ᄒᆞ고 경츄밀 ᄉᆡᆼ츌(生出)이 난아 ᄀᆞᆺ튼 거시 이시믈 ᄎᆞ셕ᄒᆞ여 츄【15】연불낙(惆然不樂)ᄒᆞ니, 그 지극ᄒᆞᆫ 셩덕이 갈ᄉᆞ록 호대(浩大)ᄒᆞ여 사ᄅᆞᆷ이 그란 악ᄉᆞ롤 힝ᄒᆞ여 죄에 ᄲᅡ지믈 이 ᄀᆞᆺ치 깃거 아니ᄒᆞᄂᆞᆫ지라. 좌즁 남ᄌᆞ 여인이 다 녀・경을 통히ᄒᆞ며, 셜쇼져의 누얼(陋孼) 신빅(伸白) ᄒᆞ미 명경(明鏡) ᄀᆞᆺ고 화벽의 죄뤼(罪累) 쾌히 버ᄉᆞ믈 흔ᄒᆡᆼ(欣幸)ᄒᆞ여, 위・뉴 두 부인과 구패 개쇼(開笑)ᄒᆞ믈 마지 아니며, 한님의 총명달식(聰明達識)을 칭찬ᄒᆞ여 발간젹복(發奸摘伏)[1968]이 신명ᄒᆞ믈 닐ᄏᆞᆺ고, 학ᄉᆞ의 누월 막혓던 흉금이 오늘날 활연관통(豁然貫通)ᄒᆞ믈 닐ᄏᆞ라며 쾌열환희(快悅歡喜)ᄒᆞ다가, 승상의 불열ᄒᆞ믈 보고 녕능【16】공 부인이 문왈,

"현뎨 ᄆᆡ양 셜 질부(姪婦)의 누명 벗기지 못ᄒᆞ믈 ᄋᆡ달나 ᄒᆞ더니, 금일 흉인의 간뫼 발각ᄒᆞ여 셜질부의 죄루 신빅이 쾌ᄒᆞ며, 비록 미쳔(微賤)ᄒᆞ나 벽의 닐히 ᄋᆡᄆᆡᄒᆞ믈 신빅ᄒᆞ고, 유죄재(有罪者) 벌 밧으믈 하고(何故)로 불열ᄒᆞᄂᆞ뇨?"

승상이 사왈,

"쇼뎨 승안위열(承顔慰悅)ᄒᆞ믈 아지 못ᄒᆞ여 존젼의 화긔를 일허, 져져의 고이히 넉이시믈 당ᄒᆞ니, 불초ᄒᆞ믈 ᄭᆡ닷괘이다. 셜ᄋᆞ의 누얼 신빅ᄒᆞ미 깃브지 아니미 아니오, 요인을 츌거(黜去)ᄒᆞᄆᆡ 창・셰 냥ᄋᆞ의 가되(家道) 슉졍(肅正)ᄒᆞᆯ 바룰 쾌【17】치 아니미 아니로ᄃᆡ, 불열ᄒᆞᄂᆞᆫ 바ᄂᆞᆫ, 창ᄋᆞ 등의 풍용(風容)이 남다란 고로 요악음녜(妖惡淫女) 여ᄎᆞ 작악ᄒᆞ여 간뫼(奸謀) 발각ᄒᆞᄆᆡ, 그 작ᄉᆞ롤 불힝코 원독(怨毒)이 ᄆᆡ치일 바룰 ᄉᆡᆼ각ᄒᆞ니 괴로온지라. 쇼뎨 위엄과 덕이 업서 불현(不賢)ᄒᆞᆫ 사ᄅᆞᆷ을 감화치 못ᄒᆞ며, 냥ᄋᆡ 슈신졔개(修身齊家) 졍(整)치 못ᄒᆞ여, ᄒᆞ나흔 비록 ᄋᆡᄉᆡᆨ침닉(愛色沈溺)ᄒᆞ미 업ᄉᆞ나, 그 투악간힐(妬惡奸詰)ᄒᆞ믈 위덕(威德)으로 졔어치 못ᄒᆞ고, ᄒᆞ나흔 불명취광(不明醉狂)ᄒᆞ여 샤ᄉᆡᆨ(邪色)의 고혹(蠱惑)ᄒᆞ고 슉녀롤 함뎡의 너흐니, 그 가졔(家齊)ᄂᆞᆫ 더옥 닐을 거시 업ᄉᆞᆫ지라, 엇지 불힝치 【18】아니리오. ᄒᆞ믈며 구ᄋᆞ의 참화(慘禍) 만나미 경녀의 극악ᄒᆞ미로ᄃᆡ, 기실은 창ᄋᆞ의 풍치 용쇽(庸俗)지 아닌 연괴라. 창ᄋᆡ 비록 공ᄆᆡᆼ(孔孟)[1969]의 도덕이 이셔도 얼골이 슈미(秀美)치 아니면, 경녜 변용(變容)ᄒᆞ여 삼상(三喪)[1970]을 맛지 아니코 념치를 바려 도라오지 아녀시리이다."

셕부인이 냥쇼 왈,

1968)발간젹복(發奸摘伏) : 숨겨져 있는 정당하지 못한 일을 밝혀냄.

1969)공ᄆᆡᆼ(孔孟) : 공자와 맹자를 아울러 이르는 말. *공자(孔子); B.C.551~ B.C.479. 중국 춘추 시대의 사상가・학자. 이름은 구(丘). 자는 중니(仲尼). 노나라 사람으로 여러 나라를 두루 돌아다니면서 인(仁)을 정치와 윤리의 이상으로 하는 도덕주의를 설파하여 덕치 정치를 강조하였다. 유학의 창시자이며 성인(聖人)으로 존숭(尊崇)된다. *맹자(孟子); 중국 전국 시대의 사상가(B.C.372~B.C.289). 자는 자여(子輿)・자거(子車). 공자의 인(仁) 사상을 발전시켜 '성선설(性善說)'을 주장하였으며, 인의의 정치를 권하였다. 유학의 정통으로 숭앙되며, '아성(亞聖)'이라 불린다.

1970)삼상(三喪) : 삼년상(三年喪). 초상(初喪), 소상(小祥), 대상(大祥)을 통틀어 이르는 말.

"오데(吾弟) ㄱ치 근심 만코 다ᄉᆞ(多事)ᄒᆞ니야 다시 이시랴? 이제 냥녀의 악ᄉᆡ 발각ᄒᆞᄆᆡ, 현부의 누월 익미ᄒᆞᆫ 죄ᄅᆞᆯ 신셜(伸雪)ᄒᆞ고 악인을 다ᄉᆞ리미 쾌ᄒᆞᆯ ᄇᆡ어ᄂᆞᆯ, 도로혀 궁극ᄒᆞᆫ 념녀와 심ᄉᆞᄅᆞᆯ 허비ᄒᆞ니 엇지 이상치 아니리오."

왕 왈, 【19】

"샤뎨(舍弟) 텬셩이 인약(仁弱)ᄒᆞ므로 내 졍도로 딤약ᄉᆞᄉᆞ(鴆藥賜死)ᄒᆞ라 말을 듯고, 오히려 회포ᄅᆞᆯ 동(動)ᄒᆞ여 음악간녀(淫惡奸女)를 위ᄒᆞ여 근심이 여ᄎᆞᄒᆞ도다."

조태비 졍ᄉᆡᆨ 왈,

"현불초간(賢不肖間) 희텬이 인명 쳐살(處殺)을 어려히 넉이미어ᄂᆞᆯ, 형이 되여 인의(仁義)로 ᄀᆞ라치지 아니코 살육을 권ᄒᆞ미 불가ᄒᆞ니, 경녀 죽일 의논을 긋치고 밧비 도라보ᄂᆡ여 요악ᄒᆞᆫ ᄌᆞ최를 머므ᄅᆞ지 말고, 셜ᄋᆞ의게 누명 신ᄇᆡᆨᄒᆞᆷ을 닐어 샤명(赦命)을 젼ᄒᆞ미 올치 아니랴?"

남휘 념슬(斂膝) 왈,

"존수(尊嫂)의 말ᄉᆞᆷ이 맛당ᄒᆞ시니, 냥손(兩孫)이 각각 악녀(惡女)ᄅᆞᆯ 【20】 도라보ᄂᆡ고, 녕능의게 빙(聘)ᄒᆞᆫ 바 진쥬와 혼셔(婚書)ᄅᆞᆯ 불질너 니이졀혼(離異絶婚)ᄒᆞᄂᆞᆫ 뜻을 뵈고, 구시의 빙물(聘物)이 경가 찰녀(刹女)의게 간셥지 아니니, 오직 ᄎᆞᄌᆞ 간ᄉᆞᄒᆞ엿다가1971), 혹ᄌᆞ 구시 살미 이실진ᄃᆡ 진짓 임자의게 보ᄂᆡ미 가ᄒᆞ도다."

한님 형뎨 녀·경을 욕살지심(欲殺之心)이 급ᄒᆞ나, 존당이 호ᄉᆡᆼ지덕(好生之德)을 드리워 브ᄃᆡ 살오고져 ᄒᆞ시니, ᄉᆞᄉᆞ 소견을 세우지 못ᄒᆞ고 오직 슈명ᄒᆞᄆᆡ, 다시 뭇ᄌᆞ와 왈,

"교란 간비 흉모극악(凶謀極惡)이 그 쥬인의 흉ᄉᆞᄅᆞᆯ 도아 요승(妖僧)을 다려와시니, 악ᄉᆡ 더욱 통완(痛惋)ᄒᆞᆫ지라, 교란과 요리(妖尼)를 잡아 【21】 참(斬)ᄒᆞ미 엇더ᄒᆞ니잇고? 노쥬(奴主)를 다 도라보ᄂᆡ면 경녀의 간뫼 아직 긋칠니 업서, 반다시 심산궁곡(深山窮谷)의 요리ᄅᆞᆯ ᄎᆞᄌᆞ 환슐(幻術)ᄒᆞ여 풍화를 어ᄌᆞ러일 거시니, 교란을 죽여 우익(羽翼)이나 업시코, 요리 굴혈(窟穴)을 ᄎᆞᄌᆞ 죵용이 타살(打殺)ᄒᆞ려니와, 요리 발셔 일이 발각ᄒᆞᆷ을 알고 피ᄒᆞ오리니, 엇지ᄒᆞ리잇고?"

승상 왈,

"ᄎᆞᄉᆞᄂᆞᆫ 아직 밧브지 아니니 날회고, 몬져 녀·경을 도라보ᄂᆡᄃᆡ, 영영 오문(吾門)을 다시 ᄇᆞ라지 못ᄒᆞ게 ᄒᆞ라."

한님 형뎨 슈명(受命)ᄒᆞ고 나와 교란을 다시 엄형ᄒᆞᆯᄉᆡ, 난이 임의 젼젼 악ᄉᆞᄅᆞᆯ 직고(直告)ᄒᆞ여【22】시니, 다시 무를 거시 업서 형장(刑杖)을 면ᄒᆞ고, 쥬모ᄅᆞᆯ ᄯᆞ라가 긔모비계(奇謀秘計)ᄅᆞᆯ ᄉᆡᆼ각ᄒᆞ여, 윤문(尹門)을 다 함해(陷害)ᄒᆞ고, 다시 풍되(風度) 걸출(傑出)ᄒᆞᆫ 남ᄌᆞᄅᆞᆯ 어더 난아의 금슬지낙(琴瑟之樂)과 운우지졍(雲雨之情)을 쾌히 보고져 ᄒᆞ엿더니, 뜻밧게 다시 독형(毒刑)을 당ᄒᆞ니 앏프믈 능히 견ᄃᆡ지 못ᄒᆞ여, 당치 아

1971)간ᄉᆞᄒᆞ다 : 간수하다. 물건 따위를 잘 거두어 보호하거나 보관함.

닌 일이라도 고ᄒᆞ면 치기를 날휠가 ᄒᆞ여 위태부인긔 시침ᄒᆞ다가, 금은필빅(金銀匹帛)을 도적ᄒᆞ여 닉고, 짐짓 츈○[옥]을 식여 죄를 화벽의게 밀워과, 경부 호부인이 문원공ᄌᆞ를 못견ᄃᆡ게 보치며, 긔용즙물(器用什物)과 【23】 노비젼답(奴婢田畓)을 세세히 파라 난아의 젼졍(前程)을 위ᄒᆞ여 부터긔 발원(發願)ᄒᆞ라 쳥션을 준 바와, 경공 상츌시(喪出時)의 념빙(殮殯)1972)홀 의ᄉᆞ는 아니코 구쇼져와 공ᄌᆞ 해홀 ᄯᅳᆺ만 착급ᄒᆞ여, 금빅(金帛)을 주고 ᄌᆞᄀᆡᆨ(刺客)을 어더 공ᄌᆞ를 히코져 ᄒᆞ다가 ᄌᆞᄀᆡᆨ이 도로혀 공ᄌᆞ 보호ᄒᆞ미 되믈 고홀ᄉᆡ, 그 입을 움즉이는 바에 호시와 난아의 간상(奸狀)이 만ᄉᆞ무셕(萬死無惜)이오, 교란의 도은 비 쥬륙ᄒᆞ염 즉ᄒᆞ니, 한님이 더욱 분노ᄒᆞ여 급히 혹형(酷刑)을 나와, 장하(杖下)의 맛ᄎᆞᄆᆡ 죽엄을 ᄡᅥ어 닉치고, 다란 비ᄌᆞ는 다 쥬인의 간악을 아지 못ᄒᆞ고 구쇼져 【24】 로 알아 조ᄎᆞᆫ 빈니, 무죄라 ᄒᆞ여 형벌을 더으지 아니코, 녕능의 시ᄋᆞ는 더욱 녕능의 근본과 악ᄉᆞ를 직고(直告)ᄒᆞ여 다ᄉᆞ릴 죄 업ᄉᆞᆫ지라.

각각 쥬인의게 도라가게 ᄒᆞ니, 한님이 이의 유인을 불너 경시 협ᄉᆞ(篋笥)를 뒤여 구시긔 빙(聘)ᄒᆞᆫ 바 혼셔와 진쥬를 어더닉고, 여ᄎᆞ여ᄎᆞ 닐너 오문의 간셥지 아니니 밧비 도라가라 ᄒᆞ고, 학ᄉᆞ는 친히 녕능의 침소의 가 수죄(數罪)ᄒᆞ여 닉치려 홀ᄉᆡ, 시시(是時)의 녕능이 쳥션의 흉모간계와 요슐신힝(妖術神行)을 힘닙어 셜시를 함지ᄀᆡᆼ참(陷地坑塹)1973)ᄒᆞ고, 학ᄉᆞ와 온젼ᄒᆞᆫ 은ᄋᆡ를 홀노 밧아 즐【25】길가 ᄒᆞ더니, 엄구(嚴舅)의 명셩(明聖)ᄒᆞ시미 저의 심통을 ᄢᅦ쳐 보고, 학ᄉᆞ의 깁히 상(傷)ᄒᆞ믈 알아, 영영 ᄌᆞ최를 ᄉᆞᆺ고 듀야 셔실(書室)의 머물게 ᄒᆞ니, 학ᄉᆡ 효슌(孝順)ᄒᆞ미 부명을 슌슈(順受)ᄒᆞ여 ᄌᆞ힝ᄌᆞ유(自行自由)ᄒᆞ미 업ᄉᆞ니, 요약을 먹언 지 오ᄅᆡᄆᆡ 총명이 예 ᄀᆞᆺ고 ᄯᅳᆺ이 상쾌ᄒᆞ여, ᄒᆞᆫ번도 구ᄎᆞ히 ᄎᆞᆺ는 일이 업ᄉᆞ니, 녀녀의 흉독ᄒᆞᆫ 원ᄒᆞᆫ이 쳘골(徹骨)ᄒᆞ더니, 홀연 학ᄉᆞ의 명이라 ᄒᆞ고 좌우 시녀를 족불니디(足不履地)케 잡아가니, 황황ᄒᆞᆫ 심신을 뎡치 못ᄒᆞ나, 더브러 말ᄒᆞ 리 업고 눌다려 하ᄉᆞ(何事)믈 뭇지 못ᄒᆞ니, 다【26】만 놀난 ᄆᆞ음을 뎡치 못ᄒᆞ여 냥안(兩眼)을 경도(傾倒)히 뒤룩여 안ᄉᆡᆨ이 변ᄒᆞ더니, 홀연 화취루로 조ᄎᆞ 쳐졀ᄒᆞᆫ 곡셩(哭聲)이 들니니, ᄭᆡ니 니러 구시를 보아 혹ᄌᆞ 연고를 아는가 우는 일을 무르려 젼도(顚倒)히 화취루의 니르ᄆᆡ, ᄎᆞ시 가구시 히참ᄒᆞᆫ 경ᄉᆡᆨ과 황황ᄒᆞᆫ ᄆᆞ음을 ᄯᅩ 엇지 닐오리오.

한님이 니유인을 불너 져 보호ᄒᆞ믈 닐오고 나가시니, 반다시 신셩(晨省) 후 ᄯᅩ 오리라 ᄒᆞ여, 즐기는 흥이 ᄌᆞ연 냥익(兩翼)이 ᄋᆞ솟이믈 면치 못ᄒᆞ며, 군ᄌᆞ의 관홍인ᄌᆞ(寬弘仁慈)ᄒᆞ믈 ᄀᆞᆨ골감은(刻骨感恩)ᄒᆞ여[고], 병이 듕ᄒᆞ여 군ᄌᆡ 친히 【27】 구호ᄒᆞ는 경ᄉᆞ를 어드려 ᄒᆞ고, 거야(去夜)의 그ᄃᆡ도록 알는 톄를 아니터면 일침지하(一枕之下)의 친ᄒᆞ믈 어들던가? 온가지로 혜아려 인심은 지령(至靈)1974)이라. 금일 대변을 당홀 거

1972)념빙(殮殯) : 염빈(殮殯). 시체를 염습하여 관에 넣어 안치함.

1973)함지깅참(陷地坑塹) : 땅을 파고 구덩이에 묻는다는 말로, 남을 해하기 위해 은밀하게 계략을 짜놓고 이에 걸려들기를 기다려 죄를 씌우는 행위.

1974)지령(至靈) : 지극히 신령스러움.

시민 즐거온 둧 슬픈 둧, 금니(衾裏)로 늧츨 ᄀ리오고 누엇더니, 홀연 교란과 졔녀(諸女)룰 쥬군(主君)이 부르신다 ᄒ니, 범 ᄀᄐ 장확(臧獲)이 사슬을 가지고 즁문 밧게 셔시믄 모르고, 교란 등이 즉시 나아가니, 경시 그윽이 싱각ᄒᄃᆡ 군지 나의 병을 넘녀ᄒ여 구호ᄒᆯ 바룰 긔걸ᄒ려는가[1975], 각ᄉᆡᆨ(各色) 넘녜 ᄀ초[1976] 나, 니유인ᄃ려 그 연고룰 알아달【28】나 ᄒᄃᆡ, 유인이 난이 니블 열므로 조ᄎ 그 용뫼 다ᄅ믈 보고 놀나, 셜니 붓들고 문왈,

"상공이 날노뻐 간병ᄒ라 ᄒ시나 얼골을 보지 못ᄒ엿더니, 이 엇진 일이니잇고? 아지 못거이다. 작야의 상공이 쇼져 얼골을 보시니잇가?"

난이 더욱 경아(驚訝) 왈,

"유인이 엇지 나룰 보고 이ᄃᆡ도록 놀나ᄂᆞ뇨? 거야의 상공이 나룰 ᄃᆡᄒ여 얼골을 ᄉᆡ로이 시비ᄒᆞᆷ믈 듯지 못ᄒ엿ᄂᆞ니, 어ᄃᆡ 엇더ᄒ여 보기의 놀나오뇨?"

유인이 총명영달(聰明怜達)ᄒ미 타류(他類)의 ᄶᆡ여ᄂᆞᆫ지라. 한님 언ᄂᆡ(言內)에 신셩 후 결단ᄒᆯ 일이 잇다 ᄒ【29】던 줄 싱각고, 이 가온ᄃᆡ 변홰 이시믈 알아, 믄득 달니 ᄃᆡ왈,

"쇼져 용뫼 슈쳑ᄒ여 젼후 다ᄅᆞᆫ 사ᄅᆷ갓치 되어계시니, 질환(疾患)의 비경(非輕)ᄒᆞᆷ믈 알지라. 원간 어ᄃᆡ가 엇더ᄒ여 이ᄃᆡ도록 ᄒ시니잇고?"

난이 쳐연(悽然) 탄식고 병이 깁흐믈 ᄃᆡᄒ고, 교란이 나아간 지 오ᄅᆡ니 나아가 보아 달나 ᄌᆡ삼 쳥ᄒ니, 유인 왈,

"상공이 반다시 쇼져 환후룰 넘녀ᄒ여 유아(幼兒)룰 불너, 무ᄉ 일을 분부ᄒ여 쇼져룰 구호ᄒ자 ᄒ시미니, 가보아 무엇ᄒ리잇고?"

언에 여ᄎᄒ나 놀남과 흉괴ᄒᆞᆷ믈 결을치 못ᄒ여, ᄌᆞ연 ᄉᆞᄉᆞᆨ【30】이 다ᄅ고 ᄌᆞ로 난아룰 찰시(察視)ᄒ니, ᄌᆞ못 긔ᄉᆡᆨ이 고이ᄒᆞᆫ지라. 난이 ᄯ오ᄒᆞᆫ 심신이 경황ᄒ여, 셔안(書案) 우ᄒᆡ 거울을 드러 빗최미, 구쇼져의 ᄇᆡᆨ미쳔광(百美千光)과 찬난ᄒᆞᆫ 용뫼 밧고여 졔 본상이 완연ᄒ니, 놀납고 망극ᄒᆞᆷ믈 어ᄃᆡ 비ᄒᆞ며, 사ᄅᆷ마다 부모상(父母喪)을 만나〇[면], 텬디 혼흑(天地昏黑)ᄒ고 일월이 무광(無光)ᄒ여, 기리 ᄋᆡ극(哀極)ᄒ여 촌장(寸腸)이 사라지고 골졀(骨節)이 녹아지나, 흉음(凶淫)ᄒᆞᆫ 난아는 뉵아지통(蓼莪之痛)도 닛고, 윤한님긔 도라올 욕심이 불 ᄀᆞᄐ여, 싱ᄂᆡ(生來) 셜우믈 아지 못ᄒᆞᆫ 비라, 타는 둧ᄒᆞᆫ 셜움과 바아는 둧ᄒᆞᆫ 《날나오믈∥놀나오믈》 겨ᄀ그【31】미 업다가, 윤문의 입현(入見) 후 한님의 ᄌᆞ최룰 희망ᄒ여 간위(肝胃) 니울기의 밋고, 텰부인을 업시치 못ᄒ여 의ᄉ 분분ᄒ니, 일시도 안한(安閑)ᄒᆞᆷ믈 엇지 못ᄒ엿다가, 금일의 면회단(面回丹) 마시미 업시 본상(本相)이 회복ᄒ니, 이 ᄀᆞᄐᆞᆫ 셜움과 망극ᄒ믄 효ᄌ효녜(孝子孝女) 부모룰 일시의 ᄡᅡᆼ망(雙亡)ᄒ미라도, 이의셔 더으지 못ᄒᆯ지라. 놀나오미 쳥텬ᄇᆡᆨ일(靑天白日)의

[1975] 긔걸ᄒᆞ다 : 당부하다. 시키다. 명령하다.
[1976] ᄀ초 : 갖추. 고루 있는 대로.

벽녁(霹靂)이 일신을 분쇄(粉碎)ᄒᆞᄂᆞᆫ 듯, 혼빅이 장ᄎᆞᆺ 운소(雲霄)의 ᄡᅳ지 못ᄒᆞ고 일신(一身)을 의지치 못ᄒᆞ여, 텬디를 도라 ○○[보아] 지향(指向)ᄒᆞᆯ디 업ᄉᆞᆫ 듯ᄒᆞ니, ᄒᆞᆫ소릐를 크게 【32】ᄒᆞ고 식경이나 엄홀(奄忽)ᄒᆞ여 인ᄉᆞ를 모ᄅᆞ니, 유인이 약을 드리워 구호ᄒᆞ여 겨유 정신을 슈습ᄒᆞᄆᆡ, ᄉᆞᄉᆞ로 간뫼 발각ᄒᆞ여 일이 크게 됴치 아닐줄 알고, ᄎᆞᆯ하리 발광ᄒᆞ여 무궁ᄒᆞᆫ 붓그러옴과 ᄋᆡ돌오믈 닛고, 사ᄅᆞᆷ이[의] ᄎᆡᆨ망○○[ᄒᆞ믈] 업시 ᄒᆞ려 쥬의를 뎡ᄒᆞᄆᆡ, 통곡을 시작ᄒᆞ여 광언망셜(狂言忘說)이 불가형언(不可形言)이라. 유인이 참측(慘惻)ᄒᆞ여 무언이러니, 믄득 녕능이 놀난 ᄆᆞᄋᆞᆷ을 지향 못ᄒᆞᄂᆞᆫ 경상(景狀)으로, 이의 다ᄃᆞ라 난아의 형모를 보고 대힉(大駭)ᄒᆞ여, 니유인다려 문왈,

“져 울며 구으ᄂᆞᆫ 쇼졔 의상(衣裳)은 구형(舊形)【33】이로ᄃᆡ, 얼골은 다ᄅᆞ니 엇진 연괴뇨?”

유인 왈,

“쳔비 우암(愚暗)ᄒᆞ여 조화 만흔 부인의 일과 변용ᄒᆞᄂᆞᆫ 묘리(妙理)ᄂᆞᆫ 모로ᄂᆞ니, 쇼져ᄂᆞᆫ 구쇼져긔 무ᄅᆞ쇼셔.”

녕능이 묵연이 도라가고져 ᄒᆞ더니, 교란 등 업ᄉᆞ믈 고이히 녁여 간곳을 무ᄅᆞᄆᆡ, 벽이 한님의 불너가므로 ᄃᆡᄒᆞ니, 녕능이 ᄎᆞ언을 드ᄅᆞᄆᆡ, 구시와 져의 간뫼 발각ᄒᆞ믈 �다라, 하늘을 우러라 탄식고 도라올ᄉᆡ, ᄒᆞᆫ갓 심ᄂᆡ에 ᄉᆡᆼ각ᄒᆞᄃᆡ,

“오슈일녀ᄌᆞ(吾雖一女子)1977)나, 지뫼(智謀) 유여(有餘)ᄒᆞ고 ᄌᆡ풍(才風)이 탁초(卓超)ᄒᆞ니, 이제ᄂᆞᆫ 임ᄉᆞ(姙似) 번월(樊越)1978)의 현슉ᄒᆞ믈 효측(效則)고져 ᄒᆞ나, 처엄에 【34】글너시니, ᄎᆞᆯ하리 한(漢) 녀후(呂后)와 당(唐) 측천(則天)을 법(法)밧아, ᄒᆞᆫ번 ᄯᅳᆺ을 일워 윤가 남녀를 멸ᄒᆞ고 ᄉᆞᄉᆞ로 즐겨, 나의 오늘날 곤(困)ᄒᆞ믈 일장츈몽(一場春夢)을 삼아, 한고죄(漢高祖) 항적(項籍)1979)의 《교위‖교의(交椅)1980)》 압히 절ᄒᆞ던 일을 효측ᄒᆞ리니, 긔 무어시 놀납고 붓그러오리오. 아모커나 일이 되여감과 윤ᄌᆞ의 쳐치를 보리라.”

ᄒᆞ여 ᄯᅳᆺ 잡기를 흉히 ᄒᆞᄆᆡ, 도로혀 타연ᄒᆞ여 남의 일 ᄀᆞᆺ치 안안(晏晏)이 좌뎡ᄒᆞ더니, 믄득 학ᄉᆡ 만면 노긔(怒氣)로 드러와 쳥상(廳上)의 고좌(高座)ᄒᆞ고 녕능의 유모를 호령ᄒᆞ여 혼셔(婚書) 빙물(聘物)을 어더ᄂᆡ라 ᄒᆞ니, 녕능이 【35】즉시 진쥬와 혼셔를 ᄂᆡ여 더지며 ᄂᆡᆼ쇼 왈,

“이런 보화(寶貨)를 어ᄃᆡ 가 어더보와시리오. 내 ᄯᅩ 구구히 머물고져 아닛노라.”

1977)오슈일녀ᄌᆞ(吾雖一女子) : ‘내 비록 일개 여자에 불과하지만.’의 뜻.

1978)번월(樊越) ; 중국 초나라 장왕(莊王)의 비(妃)인 번희(樊姬)와 소왕(昭王)의 비 월희(越姬). 둘 다 어진 마음으로 남편의 정사를 간(諫)해 덕행으로 유명하다.

1979)항적(項籍) : 항우(項羽). 중국 진(秦)나라 말기의 무장(B.C.232~B.C.202). 이름은 적(籍). 우는 자(字)이다. 숙부 항량(項梁)과 함께 군사를 일으켜 유방(劉邦)과 협력하여 진나라를 멸망시키고 스스로 서초(西楚)의 패왕(霸王)이 되었다. 그 후 유방과 패권을 다투다가 해하(垓下)에서 포위되어 자살하였다.

1980)교의(交椅) : 의자(倚子).

학식 어이업서 즉시 쇼화(燒火)ᄒᆞ고 졔녀를 명ᄒᆞ여 녕능을 계(階)에 ᄂᆞ리오라 ᄒᆞ니, 녕능이 소ᄅᆡ 질너 왈,

"내 비록 녀ᄌᆞ나 윤부 ᄎᆞ환(叉鬟)이 아니어니, 윤학식 엇지 감히 황실지친(皇室之親)을 하당즐욕(上堂叱辱)ᄒᆞ리오. 내 원간 박졍낭(薄情郎)의 픽광(悖狂)ᄒᆞᆫ 거동을 피ᄒᆞ여, 본궁의 가 일싱을 유발승(有髮僧)을 ᄌᆞ쳐ᄒᆞ여 괴로은 셰ᄉᆞ(世事)를 모로고져 ᄒᆞᄂᆞ니, 도라가라 ᄒᆞᆯ진ᄃᆡ 즉긱에 갈지라. 하고로 음부 셜【36】시 ᄃᆡ졉ᄀᆞᆺ치 ᄒᆞᄂᆞ뇨?"

학식 말마다 이 ᄀᆞᆺᄐᆞ여 조금도 구겁(懼怯)지 아니믈 통히ᄒᆞ여, 곳 죽일 ᄃᆞᆺ 좌우를 크게 호령ᄒᆞ여,

"녕능을 계(階)에 ᄂᆞ리지 못ᄒᆞ면, 시녀의 머리를 버히리라."

ᄒᆞ니, 졔시녜 불승경황(不勝驚惶)ᄒᆞ여 녕능의 간독(奸毒)ᄒᆞ믈 도라보지 못ᄒᆞ고, 일시의 젼후좌후로 ᄭᅳ드러 겨우 ᄂᆞ리와 계뎡(階庭)의 ᄂᆞ리ᄆᆡ, 학식 소ᄅᆡ를 가다듬아 젼후극악지죄(前後極惡之罪)를 닐을ᄉᆡ, 셩음이 웅위(雄威)ᄒᆞ고 긔상이 참엄쥰상(斬嚴峻霜)[1981]ᄒᆞ여 ᄒᆞᆫ조각 인졍이 머므지 아니니, 녕능이 비록 대간대악(大奸大惡)이나 저의 근본이 녀가 녀진 줄 학식 오히려 모로ᄂᆞᆫ가【37】넉이다가, 그 수죄(數罪)ᄒᆞᄂᆞᆫ 바의 젼젼(前前) 간음지ᄉᆞ(姦淫之事)와 극악지죄(極惡之罪) 셰셰히 드러나니, 엇지 븟그러오미 적으리오. ᄒᆞ물며 혼셔(婚書)를 불질ᄋᆞ며 빙물을 ᄎᆞᄌᆞ, 니이졀혼(離異絶婚)ᄒᆞ믈 닐너 다시 ᄇᆞ랄 거시 업ᄉᆞ니, 칼ᄀᆞᆺ치 모진 ᄆᆞ음과 ᄉᆞ갈(蛇蝎)ᄀᆞᆺ치 독ᄒᆞᆫ 쓧이 학ᄉᆞ와 일문(一門)을 고ᄃᆡ 삼키지 못ᄒᆞ미 통완(痛惋)ᄒᆞᆫ지라. ᄒᆞᆫ갓 가슴의 부홰[1982] 넘노라 말을 못ᄒᆞ더니, 학식 수죄를 다 ᄒᆞᄆᆡ ᄒᆞᆫ낫 듁교(竹轎)를 가져오라 ᄒᆞ여 계에 노코, 셜궁의셔 온 시ᄋᆞᄂᆞᆫ 다 조ᄎᆞ가ᄃᆡ ᄒᆞᆫ숫도 셜궁 긔물을 머물지 말고, 셜왕의게 젼어(傳語)ᄒᆞ여, 녀가 음녀를【38】ᄌᆞ긔게 도라보ᄂᆡ여 가ᄂᆡ를 어ᄌᆞ러이고, 늎긔를 산난(散亂)ᄒᆞ여 일이 망측ᄒᆞ믈 ᄀᆞᆺ초 닐ᄏᆞ라, ᄎᆞ후 영영(永永) 니이(離異)ᄒᆞ믈 닐너, 셜궁 시녀를 호령ᄒᆞ여 녕능을 듁교(竹轎)의 올녀 밧비 가라 ᄒᆞᆯᄉᆡ, 녕능이 가슴을 어라만져 녕원[1983]이 ᄠᅱ노ᄂᆞᆫ 거ᄉᆞᆯ 굿게 뎡ᄒᆞ나, 학ᄉᆞ의 옥면호풍(玉面豪風)을 ᄇᆞ라보ᄆᆡ 새로이 황홀ᄒᆞ믈 억졔치 못ᄒᆞ여, 믄득 교음(嬌淫)ᄒᆞᆫ ᄐᆡ도로 견요(肩腰)를 아숆이며[1984] ᄀᆞᆯ오ᄃᆡ,

"군ᄌᆞ의 가졔(家齊) 반다시 일월(日月)이 ᄒᆡᆼ도(行道)ᄒᆞᆷ ᄀᆞᆺᄐᆞᆯ 거시어ᄂᆞᆯ, 그ᄃᆡᄂᆞᆫ 두어 녀ᄌᆞ를 거ᄂᆞ리ᄆᆡ ᄋᆡ증(愛憎)이 편벽ᄒᆞ여, ᄒᆞ나흘 ᄋᆡ(愛)ᄒᆞᄆᆡ ᄒᆞ나【39】흘 박(薄)ᄒᆞ고, ᄒᆞ나흘 ᄂᆡ치ᄆᆡ ᄒᆞ나흘 존(尊)ᄒᆞ여 가ᄉᆞ의 요란ᄒᆞ미 텬문(天聞)[1985]의 한심ᄒᆞᆫ지라. 그ᄃᆡ 나를 ᄒᆞᆯ노 음악(淫惡)다 ᄭᅮ짓거니와, 그ᄃᆡ 군ᄌᆡ 아니어니 내 능히 슉녀 되기 쉬오

1981)참엄쥰상(斬嚴峻霜) : 매우 엄중하고 가파르고 차가움..
1982)부화 : 부아. 노엽거나 분한 마음.
1983)녕원 : '염통' 또는 '심장(心臟)'을 달리 이르는 말.
1984)아숆이다 : 알랑거리다. 아양 떨다. 남의 비위를 맞추거나 환심을 사려고 비굴하게 아첨을 떠는 짓이나 말.
1985)텬문(天聞) : 하늘이 들음.

랴? 오명(吾命)이 긔구ᄒᆞ여 모일의 부친이 그ᄃᆡ를 쳥ᄒᆞ여 날노ᄡᅧ 서로 보게 ᄒᆞ시니, 년유약질(年幼弱質)노ᄡᅧ 남녀의 졍욕(情慾)과 뉸긔의 일듕(逸中)[1986]ᄒᆞ믈 오히려 아지 못ᄒᆞ고, ᄒᆞᆫ갓 부명(父命)을 슌슈ᄒᆞ여 그ᄃᆡ로 일야를 지ᄂᆡᄆᆡ, 그ᄃᆡ 부형을 면욕(面辱)ᄒᆞ여 다시 인연을 ᄇᆞ라지 못ᄒᆞ게 ᄒᆞ므로, 부뫼 나의 공규폐륜(空閨廢倫)을 참아 보지 못ᄒᆞ여, 셜궁의 양녀로 도라【40】보ᄂᆡ여 ᄉᆞ혼은지(賜婚恩旨)를 어더 군ᄌᆞ를 셤기니, 가긍(可矜)ᄒᆞ미[1987] 견ᄌᆞ(見者)로 ᄒᆞ야금 슬피 넉일지언뎡 믜올 일이 업거늘, 군이 하고(何故)로 이 ᄀᆞᆺ치 진노(震怒)ᄒᆞᄂᆞ뇨? 혼셔를 불지ᄅᆞ고 니이졀혼(離異絶婚)ᄒᆞ믈 닐으거니와, 군ᄌᆞ 일언은 쳔년불ᄀᆡ(千年不改)[1988]어늘, 그ᄃᆡ 이 당즁(堂中)의셔 언약ᄒᆞᄃᆡ ‘ᄌᆡ텬원작비익됴(在天願作比翼鳥)와 ᄌᆡ디원위년니지(在地願爲連理枝)’[1989]로 텬황디로(天荒地老)[1990]ᄒᆞ나 변치 아니리라 ᄒᆞ더니, 미급팔구삭(未及八九朔)에 ᄆᆞᄋᆞᆷ을 변ᄒᆞ고 ᄯᅳᆺ을 곳치미 이 ᄀᆞᆺᄐᆞ니, 젼후지언(前後之言)이 ᄂᆡ도ᄒᆞᆫ지라. 쳡이 비록 쥬실삼모(周室三母)[1991]의 덕이 이셔도, 군ᄌᆞ의 덕이 이러ᄒᆞᆫ 후는 가히 ᄒᆡ올 ᄇᆡ【41】업ᄉᆞ니 ᄎᆞᄒᆞᆫ(此恨)은 미ᄉᆞ지젼(未死之前)의 풀니지 아니ᄒᆞ리로다.”

셜파의 일ᄡᅡᆼ명목(一雙明目)의 쥬뤼(珠淚) 요동ᄒᆞ니, 효셩(曉星)이 츄슈(秋水)의 빗쵠 ᄃᆞᆺ, 옥안홍협(玉顔紅頰)의 근심을 ᄆᆡᄌᆞᄆᆡ 틔되(態度) 묘려ᄒᆞᄃᆡ, 윤학ᄉᆡ 발셔 놉흔 셩이 쳘골ᄒᆞᄆᆡ, ᄆᆡ온 분이 층쳡ᄒᆞ여 고ᄃᆡ 즛바ᄋᆞ지 못ᄒᆞ미 통ᄒᆞᆫᄒᆞ니, 엇지 그 말을 귀에 머므러 드ᄅᆞ리오. 줌미(蠶眉)를 거ᄉᆞ리고 봉안(鳳眼)을 놉히 ᄲᅧ 가지록 호령ᄒᆞ여 음교찰녀(淫狡刹女)를 듁교(竹轎)의 언ᄌᆞ라 ᄒᆞ니, 졔시녜 녕능을 ᄡᅧ드러 교ᄌᆞ의 너흐ᄃᆡ, 두어 교부(轎夫)를 직촉ᄒᆞ여 ᄲᅡᆯ니 셜궁으로 향ᄒᆞ라 ᄒᆞ고, 감히 존【42】당의 하직을 고치

1986)일듕(逸中) : 중도(中道)에서 벗어남..

1987)가긍(可矜)ᄒᆞ다 : 불쌍하고 가엾다.

1988)쳔년불ᄀᆡ(千年不改) : 천년이 지나도록 고치지 않음.

1989)ᄌᆡ텬원작비익됴(在天願作比翼鳥), ᄌᆡ디원위년니지(在地願爲連理枝) : 하늘에서는 비익조 되기를 원하고 땅에서는 연리지 되기를 원하네. 唐 현종과 양귀비의 사랑을 노래한 당(唐)나라 시인 백낙천(白樂天)의 시 <장한가(長恨歌)>에 나오는 구절이다. *비익조(比翼鳥): 중국 전설에 나오는 눈과 날개가 하나뿐인 상상의 새다. 그러나 암수가 한 쌍이 되어 몸을 합치면 멋지고 아름다운 온전한 새로 변신해 밝은 두 눈과 힘찬 두 날개로 하늘을 날 수 있다. *연리지(連理枝) : 뿌리가 다른 두 나무의 가지가 서로 엉켜 마치 한 나무처럼 자라는 나무.

1990)텬황디로(天荒地老) : ‘하늘이 황무지가 되고 땅이 늙는다’는 뜻으로, ‘오랜 시간의 흐름’ 또는 ‘오랜 시간이 흐른 뒤의 어느 때’를 비유적으로 이르는 말.

1991)쥬실삼모(周室三母) : 주나라 왕실의 세 어머니. 곧 태강(太姜), 태임(太妊), 태사(太姒)를 말함. 태강(太姜)은 태왕(太王)의 아내이며 왕계(王季)의 어머니인데, 바르고 솔직하게 자식을 이끄니 과실이 있지 아니하였고, 태왕이 일을 계획할 때나 자리를 옮길 때는 꼭 태강과 의논하여 일을 처리하였다. 태임(太妊)은 왕계의 아내로 문왕을 낳았는데, 태임의 성품은 곧고 성실하여 오직 덕으로써 행동하였다. 태임이 문왕을 임신하였을 때 눈으로는 나쁜 것을 보지 않았고, 귀로는 음란한 소리를 듣지 않았으며, 입으로는 오만한 말을 하지 않았다. 이로써 문왕은 태어나면서부터 지덕(知德)이 뛰어났다. 태사(太姒)는 문왕의 아내로 무왕(武王)을 낳았다. 태사는 어질고 도리에 밝았는데, 주왕실에 들어와 시할머니 태강과 시어머니 태임을 공경하였고, 아침저녁으로 힘써 부도(婦道)를 다하였다. 이들 <周室三母>는『烈女傳』에 나온다.

못ᄒᆞ게 직촉ᄒᆞ여 도라 보ᄂᆡ나, 학ᄉᆡ 심니의 통완ᄒᆞᆷ을 오히려 프지 못ᄒᆞ고, ᄌᆞ긔 실셩ᄒᆞ여 셜시를 즐욕 구타ᄒᆞ던 ᄇᆡ, 깁히 뉘웃고 참괴ᄒᆞᆷ을 니긔지 못홀 ᄲᅮᆫ 아니라, 부모의 ᄇᆞᆰ은 교훈을 밧드지 아니코 요ᄉᆡᆨ(妖色)을 침닉ᄒᆞ여, 간참(奸譖)을 신텽(信聽)ᄒᆞ던 일이 ᄌᆞ긔 ᄆᆞ음이나 괴이코 ᄋᆡ달오믈 니긔지 못ᄒᆞ여, ᄎᆞ환으로 녕능의 침소를 ᄡᅳᆯ녀 요괴로은 틧글을 다 업시ᄒᆞ라 ᄒᆞ고, 난두(欄頭)의 비겨 좌우로 셜쇼져 유모를 부르라 ᄒᆞ여, 계하의 다ᄃᆞ라ᄆᆡ 늠연(凜然)이 닐오ᄃᆡ,

“가ᄂᆡ의 요인이 작얼(作孼)ᄒᆞ므로 인【43】ᄒᆞ여, 네 쥬인이 누월을 죄루의 이셔 쳐신이 평상(平常)치 못ᄒᆞᆫ지라. 이제 요인의 젼젼악ᄉᆡ 발각ᄒᆞ고 네 쥬모의 누얼(陋孼)을 신ᄇᆡᆨᄒᆞ미 희미치 아니ᄒᆞ니, 네 맛당히 부인긔 내 명을 젼ᄒᆞ여, ‘금일노 브터 존당긔 문후를 폐치 말고 즁회즁(衆會中)의 나믈 평일ᄀᆞᆺ치 ᄒᆞ쇼셔’, ᄒᆞ라.

유랑이 쇼져의 신누를 셜원(雪寃)ᄒᆞ미 이 ᄀᆞᆺ치 쾌ᄒᆞᆷ을 환열ᄒᆞ나, 학ᄉᆞ의 긔상이 엄위ᄒᆞ고 늠연ᄒᆞ여 조금도 구구(區區)ᄒᆞᆷ을 보지 못ᄒᆞ니, 그윽이 흔ᄒᆞᄂᆞᆫ 의ᄉᆡ 잇고, 즉금 쇼져 질양(疾恙)이 긔동(起動)ᄒᆞ야 존당 신혼셩졍(晨昏省定)도 참예홀 길히 업ᄉᆞᆫ 고【44】로, 다만 쇼져의 질환이 비경(非輕)ᄒᆞ여 즁회 즁 날 길이 업ᄉᆞᆷ을 고ᄒᆞ니, 학ᄉᆡ 날호여 닐오ᄃᆡ,

“질(疾)이 이신즉 됴리ᄒᆞ여 ᄎᆞ셩(差成)ᄒᆞᆫ 후 니러 단여도 늣지 아니니, 오직 신누(身累) 셜원(雪冤)홈만 젼ᄒᆞ고, 거쳐 의식(衣食)을 평상이 ᄒᆞ여 누셜(縲絏)1992) 즁에 잇던 바와 다ᄅᆞ게 ᄒᆞ라.”

셜파의 밧그로 나아가니, 유랑이 ᄯᅩᄒᆞᆫ 부용각으로 도라오니라.

이ᄯᅦ 난아의 도라가ᄂᆞᆫ 경ᄉᆡᆨ이 참측(慘惻)ᄒᆞ여 녕능의 츌화의 세번 더은지라. 바야흐로 실셩발광(失性發狂)ᄒᆞᆫ 톄ᄒᆞ여, 거ᄌᆞᆺ 우음과 슬픈 우룸이 긋칠 줄을 아지 못ᄒᆞ더니, 초벽이 한님의 브르믈 인ᄒᆞ【45】여, 셔루(書樓)의 나갓다가 드러와 난아를 니ᄅᆞ혀 안치고 ᄂᆡᆼ안슉시(冷眼熟視)ᄒᆞ며 소ᄅᆡ를 녈녈이 ᄒᆞ여 왈,

“우리 한님 상공이 빙ᄎᆡ(聘采) ᄇᆡᆨ냥으로 구쇼져를 마ᄌᆞ오미오, 쇼져ᄂᆞᆫ 아ᄂᆞᆫ ᄇᆡ 잇지 아닌지라. 불힝ᄒᆞ여 구 쇼졔 독슈(毒手)의 해를 만나시ᄆᆡ 우리 상공긔 인연이 긋처거늘, 쇼졔 ᄇᆞ졀업시 남의 형모(形貌)를 빌고 셩(姓)을 니어, 부상삼년(父喪三年)의 인ᄌᆞ지도(人子之道)를 폐ᄒᆞ고, 쳔만고(千萬古)의 듯지 못ᄒᆞ던 간모극계(奸謀極計)로 한님을 셤기시나, 우리 상공이 음비(淫鄙)ᄒᆞᆫ 정젹과 간흉○[ᄒᆞᆫ] 심슐을 ᄇᆞᆰ히 ᄉᆞᆲ피샤, 외면회단을 시험ᄒᆞ미 업시 의【46】푀(擬表)○[를] 삭졀(削絶)ᄒᆞ고 진면(眞面)을 회복ᄒᆞ니, 쇼졔 비록 말숨을 의진(儀秦)1993)의게 빌고, 계교를 냥평(良平)1994)의게 무러도, 우리 부즁의 머므실 도리 업슬 ᄲᅮᆫ 아니라, 유텬디(有天地) 후에 눈상(倫常)이 두렷ᄒᆞ여, 가

1992)누셜(縲絏) : ‘죄인을 묶는 노끈’이라는 뜻으로, 죄인의 신분에 있음을 나타내는 말.

1993)의진(儀秦) : 중국 전국 시대의 세객(說客)인 장의(張儀)와 소진(蘇秦)을 아울러 이르는 말. =소장(蘇張).

1994)냥평(良平) : 중국 한(漢)나라 때의 책사(策士) 장량(張良)과 진평(陳平)을 함께 이르는 말.

히 참지 못홀 거슨 즈텬즈(自天子)로 지어셔인(至於庶人)희[이] 텬뉸지친(天倫之親)과 부즈지졍(父子之情)이어늘, 쇼제 엄상(嚴喪)을 당흐여 뉵아(蓼莪)를 슬허흐는 우룸이 업고, 외로온 즈당(慈堂)의 '셩(城)을 문흐치는 지통(至痛)'1995)을 위로치 아니샤, 츄밀 노야의 장스(葬事)를 겨우 지나며 우리 부즁의 도라오시니, 불효(不孝) 멸뉸(滅倫)이 이의 더으미 업고, 셰상의 속이지 【47】못흐며 긔이지 못홀 거슨 사롬의 얼골과 셩명이어늘, 쇼제 친지의 졍으로뻐 구쇼져를 참독(慘毒)히 해흐고, 규슈의 몸으로 외간 남즈의 풍치를 혹(惑)흐여 구추히 남의 셩명을 빌고, 형모를 밧고와 음흉대죄를 스스로 지으시니, 벌을 의논흐미 뉼뎐(律典)이 장츳 어닉 곳에 밋출 줄을 알니오마는, 우리 노애 츄밀 션노애(先老爺)로 교계(交契) 불범(不凡)흐시므로뻐, 참아 쇼져를 법부의 보닉여 관형(官刑)의 업딕고, 쥬륙(誅戮)의 당흐믈 보지 못흐샤 됴히 도라 보닉시나, 유죄무죄간(有罪無罪間)에 【48】경부 쇼져는 우리게 간셥지 아니니, 임의 한님긔 부부지명(夫婦之命)이 업슨즉, 졍당의 식부지의(息婦之義) 업순 고로, 다시 얼골 볼 의(義) 업다 흐샤, 하직지 말고 바로 도라가라 흐시느니, 쇼져는 젼젼(前前) 핀흉악스(悖凶惡事)와 음교불인지죄(淫狡不仁之罪)를 스스로 싱각흐며, 우리 노야의 그져 도라보닉시는 거시 빅골(白骨)이 《부육‖부휵(復慉)》흐고 고목이 부엽(復葉)흐는 덕화를 감골(感骨)흐고, 원망치 마르실지어다."

이리 닐으며 협스(篋笥)를 치여 혼셔(婚書)와 빙물(聘物)을 어드나 간 곳이 업스니, 경부로 조추온 시으 등을 딕흐여 빙물을 어딕 두엇는고 무란딕, 【49】다 아지 못흐므로 딕흐더니, 으시비 일인 왈,

"우리 쇼졔 본딕 혼셔와 빙물을 일헛노라 흐더니, 이제 싱각컨딕 구쇼졔 엇다가 곱초앗는가 흐노라."

난익 으시녀의 입을 쥐여질으며 왈,

"내 구시 아니완딕 네 이런 말을 흐는다? 니유인이 공연이 나를 참죄(慘罪)로 얽으니 이 어인 일이뇨?"

인흐여 통곡흐다가, 다시 교란을 불너 달나 흔딕, 니유인 왈,

"교유모의 시신을 발셔 쓰어 닉치고, 혼빅은 반다시 몹쁠 일을 만히 흔 탓스로, 죽어도 됴흔 곳에 가지 못흐여 풍도디옥(風濤地獄)의 드러시리니, 쇼제 【50】기용(改容)흐는 신긔와 사롬 모해흐는 직릉(才能)으로 승텬입디(昇天入地)흐여 능히 졍신치혼빅(淨身治魂魄)1996)흐고 어즈러이 구지 마르쇼셔."

난익 교란의 죽으믈 드르미 썌슷가지 녹는 듯흐여, 진졍으로 셜우미 궐부지상(厥父之喪)1997)의 더은지라. 흔번 손을 드러 가슴을 치고 크게 통곡흐미, 누쉬(淚水) 만항

1995)셩(城)을 문흐치는 지통(至痛) : 붕성지통(崩城之痛)을 말함. 곧 성이 무너질 만큼 큰 슬픔이라는 뜻으로, 남편이 죽은 슬픔을 이르는 말.
1996)졍신치혼빅(淨身治魂魄) : 몸을 정결히 하고, 마음을 잘 다스림. *혼백(魂魄) : 넋. 마음. 정신.
1997)궐부지상(厥父之喪) : 그 아버지의 상(喪). *궐(厥); =기(其)

(萬行)이러니, 위태부인이 샹히 져를 불상이 넉이미 잇던 바를 싱각ᄒᆞ여, 하직을 고홀 즈음에, 경ᄉᆞ를 슬피 고ᄒᆞ여, 혹ᄌᆞ 머므ᄂᆞᆫ 다힝ᄒᆞ미 이실가 ᄒᆞ여, 븟그러온 ᄂᆞᆺ출 드러 헛튼 머리를 거드며 존당의 하직ᄒᆞ렷노라 ᄒᆞ니, 유인이 븟들【51】고 드러가지 말나 홀 즈음에, 호람후 명이 이셔 경녀 도라보ᄂᆡ기를 직촉ᄒᆞ고, 서로 볼의 업ᄉᆞ니 다려오지 말나 ᄒᆞ여, 초벽을 ᄉᆔ지져 경녀를 쏄니 교ᄌᆞ의 너허 보ᄂᆡ라 ᄒᆞ니, 초벽이 참아 인심의 휘모라 너치 못ᄒᆞ더니, 호람후의 명이 이 ᄀᆞᆺᄐᆞ므로 ᄒᆞᆫ낫 헌 교ᄌᆞ의 거믄 보를 덥허, 교부(轎夫)를 직촉ᄒᆞ여 어셔 가라 ᄒᆞ며, 경부로셔 조ᄎᆞ온 시녀ᄂᆞᆫ 난아의 경ᄃᆡ 상협(箱篋)을 서라져 가지고 뒤흘 ᄯᆞ롤ᄉᆡ, 난ᄋᆡ 교즁의 ᄀᆞ마니 안ᄌᆞ지 못ᄒᆞ여, 보흘 들먹이며[1998] ᄂᆞᆺ출 ᄂᆡ와다 노상을 보며, 통곡이 긋【52】치면 광언지셜(狂言之說)이 니어 참측ᄒᆞᆫ 거동이 바ᄅᆞ보기 어려오니, 녕능의 도라가ᄂᆞᆫ 힝ᄉᆡᆨ은 도로혀 고요 안정ᄒᆞ여 부즁 사ᄅᆞᆷ밧게 아ᄂᆞ니 업ᄉᆞᄃᆡ, 난아의 긔괴지셜(奇怪之說)과 광망요픿지형(狂妄妖悖之形)의 견줄 ᄇᆡ 아니러라.

윤부의셔 경・녀 냥요를 영영 츌거ᄒᆞ고, 이ᄌᆞ의 가ᄂᆡ 슉청홀 바를 힝희ᄒᆞ여, 뉴부인이 하・장 이부인을 도라보아 왈,

“셜시 오ᄅᆡ 누얼의 ᄲᆞ져 약질이 심녀를 허비ᄒᆞ미 만흐리니, 현부 등이 가 위로ᄒᆞ고, 금일 신ᄇᆡᆨ이 쾌ᄒᆞ믈 닐오미 올흘가 ᄒᆞ노라.”

하・장 이부인이 ᄇᆡ샤 슈명ᄒᆞ고 부용각【53】을 향홀ᄉᆡ, 녕능공 부인이 승상을 도라보아 왈,

“현뎨 각별이 연ᄋᆡ(憐愛)ᄒᆞ고 귀듕ᄒᆞ던 며ᄂᆞ리 누얼을 버ᄉᆞ미, 청경(淸鏡)을 닷그며 어름의 틔 업슴 ᄀᆞᆺᄐᆞ니, 심니(心裏)의 즐기미 무궁홀 거시로ᄃᆡ, 도로혀 범홀(泛忽)ᄒᆞ여[1999] 젼일 그 신누를 참연ᄒᆞ여 ᄒᆞ던 ᄢᅵ로 다ᄅᆞ뇨?”

승상이 쇼이ᄃᆡ 왈(笑而對曰),

“ᄋᆞ부(我婦)ᄂᆞᆫ 녀즁군ᄌᆞ(女中君子)로 ᄇᆡᆨ힝이 특이ᄒᆞᄃᆡ, 졔 명이 긔박ᄒᆞ여 앙지일ᄉᆡᆼ(仰之一生)홀 소텬(所天)이 남ᄀᆞᆺ지 못ᄒᆞ니, 쇼뎨 그 일ᄉᆡᆼ을 위ᄒᆞ여 ᄎᆞ셕ᄒᆞ고, 녀ᄌᆞ 신상의 악명을 시ᄅᆞ미 음힝의 더을 거시 업거ᄂᆞᆯ, 셜ᄋᆡ 광부를 만난 연고로 누얼이 【54】참참(慘慘)ᄒᆞ니 쇼뎨 이룰 더욱 슬피 넉이ᄂᆞᆫ ᄇᆡ러니, 이제 셜원(雪冤)이 쾌ᄒᆞ니 엇지 깃브미 젹으리잇고마ᄂᆞᆫ, 그윽이 ᄉᆡᆼ각건ᄃᆡ ᄋᆞᄇᆡ 셩탕(成湯)[2000] 하ᄃᆡ(夏臺)[2001]와 문왕(文王)의 뉴리지ᄋᆡᆨ(羑里之厄)[2002]을 그만ᄒᆞ여 《젿‖ᄡᅧ힐[2003]》 거시 아니라, 셰

1998)들먹이다 : 무거운 물체 따위가 들렸다 내려앉았다 하다. 또는 그렇게 되게 하다.

1999)범홀(泛忽)ᄒᆞ다 : 데면데면하여 탐탁하지 아니하다.

2000)셩탕(成湯) : 탕왕(湯王). 중국 은나라의 초대 왕. 원래 이름은 이(履) 또는 대을(大乙). 박(亳)에 도읍을 정하고 국호를 상(商)이라 칭하였으며, 제도와 전례(典禮)를 정비하였다. 13년간 재위하였다

2001)하ᄃᆡ(夏臺) : 하나라의 감옥. 뒤에 감옥을 달리 이르는 말로 쓰였다. 하(夏)나라 걸(桀) 왕이 성탕(成湯)이 자신을 배반하려는 마음을 품고 있다고 하여 ‘하대(夏臺; 감옥)’에 가두었던 일이 있다.

2002)뉴리지ᄋᆡᆨ(羑里之厄) : 중국 주나라의 창건자인 문왕이 자신의 봉국(封國)인 주(周)에서 어진 정치를 베풀다가 참소를 받고, 주왕(紂王)에 의해 하남성 탕음현에 있는 유리(羑里)라고 하는 곳의 감옥에 유

ᄋᆞ의 광악(狂惡) 무지(無知)ᄒᆞ미 현쳐를 녜ᄃᆡ(禮待)홀 줄 모로{리}니, 쇼뎨 졍히 셜ᄋᆞ의 익운이 진(盡)치 못ᄒᆞᆫ 거ᄉᆞᆯ 근심ᄒᆞ여, ᄆᆞ음이 다 ᄋᆞ부의게 이시니, 나의 ᄎᆞ부 편ᄋᆡᄒᆞ믈 젼후의 변ᄒᆞᆯ 길 업ᄉᆞ니이다."

진왕이 쇼왈,

"아의 근심 만흐미 본ᄃᆡ 그러ᄒᆞ거니와, 셜시의 ᄉᆡᆨ염(色艶)이 셰린을 만나지 아녀도 초년 고상은 이실 ᄃᆞᆺᄒᆞ니, 엇지 【55】 구ᄐᆞ여 셰린의 탓ᄉᆞᆯ 삼으리오."

승상 왈,

"셜ᄋᆞ의 풍ᄉᆡᆨ(風色)이 슈미(秀美)ᄒᆞ여 초년의 홍안지해(紅顔之害)ᄂᆞᆫ 면치 못ᄒᆞ려니와, 셰린 ᄀᆞᄐᆞᆫ 탕ᄌᆞ를 만나지 아냐시면, 그ᄃᆡ도록 참누(慘累)를 무릅ᄡᅳ지 아니ᄒᆞ리이다."

왕이 쇼왈,

"일시 누얼이 비록 그러ᄒᆞ나 구괴 원억ᄒᆞ믈 ᄇᆞᆰ히 알아 현부셩녀(賢婦聖女)로 칭ᄋᆡ(稱愛)ᄒᆞ니, 광부의 부운 ᄀᆞᄐᆞᆫ 의심이 무슘 대ᄉᆡ리오."

승상 왈,

"그러ᄒᆞ이다마ᄂᆞᆫ 셜ᄋᆞ의게 그 광뷔 웃듬이니, 쳔만인이 위ᄒᆞ여 누얼을 신ᄇᆡᆨᄒᆞ여도 광뷔 ᄋᆡᄆᆡ타 아닌 후ᄂᆞᆫ, 쳐신이 예ᄉᆞ롭지 못ᄒᆞ리이다."

녕능공 부인이 웃고 셰린을 【56】 도라보아 왈,

"현질이 이제나 셜시의 원억ᄒᆞ믈 ᄭᆡ닷거냐?"

학ᄉᆡ 복슈(伏首) ᄃᆡ왈,

"쇼질이 비록 불명 무지ᄒᆞ오나 엇지 이ᄃᆡ도록 ᄭᆡ닷지 못ᄒᆞ리잇고? 향ᄀᆡᆨ(向刻)의 녕능 요녀를 츌거ᄒᆞ고, 셜시의 《유ᄋᆞ‖유모》를 불너 쳐신을 예ᄉᆞ로이 ᄒᆞ라 닐넛ᄂᆞ이다."

구ᄐᆡ 눈을 흘긔여 왈,

"가히 긔신(氣神) 됴코 ᄂᆞᆺ갓 ᄃᆞᆺ거온 사ᄅᆞᆷ이로다. 낭군이 그런 말을 셜쇼져 유모다려 닐오기 븟그럽지 아니랴?"

학ᄉᆡ 복슈 궤슬(跪膝)ᄒᆞ여 존젼이라 희언(戲言)을 발치 아니ᄒᆞ니, 도헌 웅닌이 참지 못ᄒᆞ여 쇼왈,

"몬져 사명(赦命)을 젼ᄒᆞ기ᄂᆞᆫ 부부(夫婦)의 되 군신 ᄀᆞᄐᆞ【57】므로ᄡᅥ, 셜쉬 죄루즁 쳐신이 예ᄉᆞ롭지 아닐 거시므로, 신원(伸寃)ᄒᆞ믈 알게 ᄒᆞ여 관픽녜복(冠佩禮服)으로 져를 ᄃᆡ좌져 ᄒᆞ미오, 져의게 불명 픽광(悖狂)ᄒᆞᆫ 죄ᄂᆞᆫ 미조ᄎᆞ 드러가 고두ᄇᆡᆨ비(叩頭百拜)ᄒᆞ여 그ᄅᆞ믈 샤○[죄]홀 《즈음‖거시니》, 이 곳 무인심얘(無人深夜)○[리]라. 조모의 ᄇᆞᄌᆞ런ᄒᆞ시므로 달징의 사죄ᄒᆞᄂᆞᆫ 인ᄉᆞ를 듯지 못ᄒᆞ리잇가?"

폐 되었던 일.

2003)써히다 : 떼다. 떼어내다. 떨어지다.

학시 잠쇼 왈,

"형장은 경·쥬 이수(二嫂)긔 고두빅빈(叩頭百拜)ᄒᆞ여 샤죄ᄒᆞ실 일이 잇ᄂᆞᆫ지 모ᄅᆞ거니와, 쇼뎨ᄂᆞᆫ 본셩이 강밍(强猛)ᄒᆞ믈 일치 아녓ᄂᆞ니, 셜ᄉᆞ 젼일 실톄ᄒᆞ미 이신들 엇지 쳥죄이샤(請罪而赦)ᄒᆞᄂᆞᆫ 뇌잔(劳孱)ᄒᆞ미2004) 이시리잇가?"

도헌이 쇼왈,

"군【58】ᄌᆞ의 가제(家齊) 일월 ᄀᆞᄐᆞ믄 너의 능히 아지 못ᄒᆞ리니, 나의 슉연(肅然)ᄒᆞᆫ 가졔를 네 어이 시비홀다?"

구픠 입을 비젹여 왈,

"노인이 죽지 아녓ᄂᆞ니, 도헌과 학ᄉᆞᄂᆞᆫ 가졔를 닐오지 말나. 노인이 경·쥬 이부인과 셜쇼져 평싱이 안한치 못ᄒᆞᆫ[홀] 바를 위ᄒᆞ여 근심ᄒᆞᄂᆞ이다."

졔싱이 다 미미ᄒᆞᆫ 쇼안으로 도헌과 학ᄉᆞ를 보아 긔롱(譏弄)코져 ᄒᆞ나, 부모 면젼이라 긴 말을 아니 ᄒᆞᄃᆡ, 이이(怡怡)ᄒᆞᆫ 화긔 더욱 새로와 츈풍이 화란(花欄)의 만홰방창(萬化方暢)홈 ᄀᆞᄐᆞ니, 존당 부뫼 두굿기고 아름다오믈 니긔지 못ᄒᆞ더라.

하·장 이부인이 부【59】용각의 니ᄅᆞ러 셜시를 볼ᄉᆡ, 시에 셜쇼제 잉틱 만월(滿月)ᄒᆞ여 질양이 침엄(沈嚴)ᄒᆞ니, 긔운이 위위(危危)ᄒᆞᄃᆡ 존당 구고의 셩녀(聖慮)를 두려, 식음을 ᄭᅬ로 나오고 ᄌᆞ보지도(自保之道)를 극진이 ᄒᆞ여, ᄯᅳᆺ 잡기를 쳥졍 한가히 ᄒᆞ나, ᄶᅵᆨᄶᅵᆨ 신누를 싱각ᄒᆞ면 ᄌᆞ긔 빙심옥결지힝(氷心玉潔之行)이 그림의 ᄯᅥᆨ이 되여시믈 슬허ᄒᆞ더니, 홀연 학시 유모를 불너 누얼이 원억ᄒᆞ믈 닐너, 쳐신을 평상이 ᄒᆞ라 ᄒᆞ믈 드ᄅᆞᄆᆡ, 츄말(麤末)2005)의 깃븐 의ᄉᆞ도 업고 학ᄉᆞ를 깁히 ᄒᆞᆫ홀 ᄯᅳᆺ도 업서, 잠연이 입을 여지 아니ᄒᆞ고, 고요히 눈을 【60】ᄀᆞᆷ아 회포를 아지 못ᄒᆞᄂᆞᆫ 사ᄅᆞᆷ ᄀᆞᄐᆞ니, 시녀 등은 도로혀 답답ᄒᆞ여 녕능과 구시 홈게 츌화(出禍)보믈 고ᄒᆞ고, 쇼져의 신원(伸寃)이 거울 ᄀᆞᄐᆞ믈 흔연(欣然) 쾌희(快喜)ᄒᆞᄃᆡ, 쇼져ᄂᆞᆫ 맛ᄎᆞᆷᄂᆡ 말을 아니 ᄒᆞ더니, 냥존고(兩尊姑)의 친님(親臨)ᄒᆞ시믈 당ᄒᆞ여, 연망(連忙)이 병톄를 움ᄌᆞᆨ여 마줄ᄉᆡ, 방즁의 ᄒᆞᆫ낫 초셕(草席)과 푸란 뵈장(帳)2006)이 오히려 누얼의 잠겨심 ᄀᆞᄐᆞ니, 하·장 이부인이 츄연년셕(惆然憐惜)2007)ᄒᆞ여, 이의 그 손을 잡아 겻히 안치고, 운발(雲髮)을 쓰다듬아 왈,

"현부의 슉덕현힝(淑德賢行)으로 광부(狂夫)의 의심을 만나 죄즁의 이시니, 우리 그 원【61】억ᄒᆞᆫ 줄 모ᄅᆞ지 아니나, 셰ᄋᆞ의 의심을 풀 길히 업서 ᄒᆞᆫ갓 참연 ᄋᆡ셕홀 ᄲᅮᆫ이러니, 오ᄂᆞᆯ날 거울 ᄀᆞᆺ치 신셜ᄒᆞ니 우리ᄂᆞᆫ 아이2008)브터 아ᄂᆞᆫ 일이니, 새로이 더 깃블 거시 업ᄉᆞᄃᆡ, 셰ᄋᆡ 일노조ᄎᆞ ᄭᆡ다라미 되니 엇지 깃브지 아니리오. 이제조ᄎᆞ 죄쳐(罪

2004)뇌잔(劳孱)ᄒᆞ다 : 노잔(劳孱)하다. 수고롭고 잔약(孱弱)하다.
2005)츄말(麤末) : '거친 가루.' 또는 '굵은 가루'라는 말로, '가루'처럼 아주 작은 것을 이르는 말..
2006)뵈장(帳) : 베로 만든 휘장. *뵈; 베. 삼베. 삼실로 짠 천.
2007)츄연년셕(惆然憐惜) : 슬프고 가엾음.
2008)아이 : 아예. 처음. 전적으로.

處)ᄒᆞ여 녜복(禮服)을 나오지 아니미 불가ᄒᆞ니, 금일노브터 거쳐복ᄉᆡᆨ(居處服色)을 곳치고 병을 됴리ᄒᆞ여 수히 낫게 ᄒᆞ라."

쇼제 부복문파(俯伏聞罷)의 ᄌᆡ비ᄒᆞ여 셩덕을 샤례ᄒᆞ니, 효슌(孝順)ᄒᆞᆫ 말ᄉᆞᆷ은 녜도의 ᄉᆞ못고 간략ᄒᆞᆫ 졀조(節操)ᄂᆞᆫ 힝실의 극진ᄒᆞ거ᄂᆞᆯ, 강질(强疾)ᄒᆞ【62】여 온화ᄒᆞᆫ 안ᄉᆡᆨ으로 공경 시좌(侍坐)ᄒᆞ니, 졍화(精華)ᄒᆞᆫ 긔상과 넓은 도량이 셩자긔ᄆᆡᆨ(聖者氣脈)이라.

누명을 신셜ᄒᆞᆷ도 깃브미 업고, 녀녀의 츌화ᄅᆞᆯ 드러도 착ᄒᆞᆫ 톄ᄒᆞ여 ᄎᆞ셕(嗟惜)ᄒᆞ미 업고, 안안유일(安安悠逸)ᄒᆞᆫ 거동이 심상평담(尋常平澹)ᄒᆞ여 셰렴(世念)과 진욕(塵慾)을 모ᄅᆞᆷ ᄀᆞᄐᆞ니, 부인이 더욱 아ᄅᆞᆷ다오믈 니긔지 못ᄒᆞ여, 어라만져 ᄋᆡ듕ᄒᆞ믈 친녀의 더으게 ᄒᆞ고, 시녀ᄅᆞᆯ 명ᄒᆞ여 초셕(草席)과 쳥포장(青布帳)을 거더 앗고, 깁장(帳)[2009] 과 금병(錦屛)을 나오며, 화셕(花席)을 예ᄉᆞ로이 베퍼 쇼져의 거쳐ᄅᆞᆯ 편케 ᄒᆞ고, 식음을 권ᄒᆞ여 먹인 후 ᄌᆡ삼 됴리【63】ᄒᆞ믈 닐으고, 져녁 문안 ᄶᅵᆨ 되여시니 존당을 향ᄒᆞᆯ ᄉᆡ, 쇼져ᄂᆞᆫ 오직 존명을 승슌ᄒᆞᆯ ᄲᅮᆫ이오, ᄌᆞ가의 긔운이 능히 존당 신혼셩뎡(晨昏省定)도 ᄒᆞᆯ 길 업ᄉᆞ므로, 아직 병을 됴리ᄒᆞᄃᆡ 심ᄉᆡ 조금도 흔희쾌열(欣喜快悅)ᄒᆞ미 업서 묵연이러니, 명일 승상과 진왕이 친히 니ᄅᆞ러 병을 보고, 셜원(雪冤)이 쾌ᄒᆞ믈 닐너 ᄆᆞ옴이 안온케 ᄒᆞ고, 수히 ᄎᆞ셩ᄒᆞ라 ᄒᆞ니, 쇼제 불승황공감은(不勝惶恐感恩)ᄒᆞ여 오직 슈명ᄇᆡ샤(受命拜謝)○[ᄒᆞᆯ] ᄯᆞᄅᆞᆷ이러니, 호람후와 조・뉴 이부인이 위태부인을 뫼셔 친히 와 보시고, 그 질양을 념녀ᄒᆞ여 아직 니【64】러 단니지 말나 ᄒᆞ고, 잉틔 만월ᄒᆞ믈 깁히 두굿기니, 쇼제 도로혀 불안 황공ᄒᆞ여, 존당구고의 양춘혜턱(陽春惠澤)을 갑흘 바ᄅᆞᆯ 아지 못ᄒᆞ니, 승상이 그 편히 됴리키를 위ᄒᆞ여 위・조 이태비와 호람후ᄅᆞᆯ 뫼셔 존당으로 도라와, 화벽의게 샤명을 ᄂᆞ리와 아직 양희로 더브러 봉션당으로 도라오라 ᄒᆞ고, 죵용히 방샤ᄅᆞᆯ 뎡ᄒᆞ여 주려 ᄒᆞᆯᄉᆡ, 뉴부인이 빵ᄋᆞ의 작셩(作成)을 닛지 못ᄒᆞ여 벽이 양희로 더브러 봉션당의 못기ᄅᆞᆯ 기다려, 빵ᄋᆞᄅᆞᆯ 다려오라 ᄒᆞ여 볼ᄉᆡ, 그 ᄉᆞ이 녕형발췌(英形拔萃)[2010]ᄒᆞ여 션셰(先世)의 봉황(鳳凰)이【65】오 명시(明時)[2011]의 긔린이라. 냥ᄋᆡ ᄒᆞᆫ갈ᄀᆞᆺ치 츌어기류(出於其類)[2012]ᄒᆞ고 발호기췌(拔乎其萃)[2013]ᄒᆞ여, 완연이 협태산이초북히(挾泰山以超北海)[2014]ᄒᆞᆯ 긔상으로, 능히 거ᄅᆞᆷ을 옴기며 말을 ᄇᆡ화 스ᄉᆞ로 아비ᄅᆞᆯ 브ᄅᆞᄂᆞᆫ지라.

이의 원셩뎐의 낫 문안을 당ᄒᆞ여, 남ᄌᆞ녀인이 졔회(齊會)ᄒᆞᆫ 바의 뉴부인이 냥ᄋᆞᄅᆞᆯ 다려오니, 진왕과 승상이 냥ᄋᆞᄅᆞᆯ 보ᄆᆡ 새로이 이상ᄒᆞ믈 견을치 못ᄒᆞ여, ᄒᆡ음업시 봉졍츄광(鳳睛秋光)이 빵ᄋᆞ의 ᄧᅳᆫ드믈 면치 못ᄒᆞ고, 위태부인은 십분 황홀ᄒᆞ니, 그 어믜 위

2009)깁장(帳) 비단으로 만든 휘장. *깁; 비단.
2010)녕형발췌(英形拔萃) : 영웅스런 모습이 무리 가운데에서 특별히 뛰어남.
2011)명시(明時) :문명이 발달하여 평화로운 세상.
2012)츌어기류(出於其類) : 그 무리 가운데서 뛰어남.
2013)발호기췌(拔乎其萃) : 그 무리 가운데서 빼어남.
2014)협태산이초북히(挾泰山以超北海) : 태산을 옆에 끼고 북해를 건너 뜀.

나ᄌᆞ믈 ᄋᆡ달나 ᄒᆞᄂᆞᆫ 빗치 잇더니, 빵ᄋᆡ 아비 브ᄅᆞᄂᆞᆫ 소ᄅᆡ를 【66】듯고, 셕부인이 쇼왈,

“ᄎᆞᄋᆡ 실노 긔특다.”

ᄒᆞ고, ᄀᆞ로 안아 니러나 한님의 겻ᄒᆡ 노흐며, 손으로 한님을 ᄀᆞ라쳐,

“이거시 네 아비라.”

ᄒᆞ니, 빵ᄋᆡ 현현(顯顯)이 알아듯ᄂᆞᆫ ᄃᆞᆺ홀 ᄲᅮᆫ 아니라, 텬뉸지친(天倫之親)의 그음업ᄉᆞᆫ 졍의ᄂᆞᆫ 우미ᄒᆞᆫ 범용쇽ᄌᆞ(凡庸俗者)라도 알오미잇거든, ᄎᆞ 냥ᄋᆞ의 긔이ᄒᆞ므로 텬셩지친(天性之親)을 ᄭᆡ닷지 못ᄒᆞ리오. 믄득 반기며 즐기ᄂᆞᆫ ᄉᆞᄉᆡᆨ이 ᄀᆞ득ᄒᆞ여 희셩(喜聲)이 낭낭ᄒᆞ며, ᄶᅬᆯ니 한님의 옷기ᄉᆞᆯ을 붓드니, 신됴(神鳥) 쇼호(少昊)2015)를 하례(賀禮)ᄒᆞ며 즁화(中華)2016)를 위상(遊翔)ᄒᆞᄂᆞᆫ ᄃᆞᆺ, 긔운이 호호발양(浩浩發揚)ᄒᆞ여 만니장ᄒᆡ(萬里長海)의 연운(煙雲)을 �리치니 【67】늉쥰일각(隆準日角)의 뇽미봉졍(龍眉鳳睛)이 한님의 유시(幼時) 모양이라.

승상의 단엄(端嚴)홈과 하부인 침음(沈吟)ᄒᆞ므로도 혹ᄋᆡ경듕(惑愛敬重)ᄒᆞ미 요동ᄒᆞ여 져부ᄌᆞ의 거동을 ᄉᆞᆲ필ᄉᆡ, 한님이 빵ᄋᆞ를 볼ᄉᆡ 엇지 텬뉸의 졍이 ᄌᆞ연이 동ᄒᆞ믈 잘 참으리오마ᄂᆞᆫ, ᄌᆞ긔 츈광(春光)이 삼오(三五)를 당ᄒᆞ여 졍실(正室) 소ᄉᆡᆼ이라도 그ᄃᆡ도록 귀듕ᄒᆞ믈 드러ᄂᆡ지 아닐 ᄇᆡ어ᄂᆞᆯ, ᄒᆞ물며 존당 즁회즁(衆會中)을 님ᄒᆞ여 쳔산(賤産)을 엇지 가ᄎᆞ(假借)2017)ᄒᆞ리오. 슉모의 가져오시믈 진졍으로 민망ᄒᆞ여, 빵ᄋᆞ의 옷기ᄉᆞᆯ을 붓들기의 다ᄃᆞ라ᄂᆞᆫ 괴로오미 극ᄒᆞᄃᆡ, 부모지젼(父母之前)【68】이므로 소ᄅᆡ를 못ᄒᆞ고, 오직 눈을 ᄂᆞᆺ초와 빵ᄋᆞ를 보지 아니며 화긔를 변치 아니나, 빵ᄋᆡ ᄌᆞ긔 손을 붓들고 졈졈 ᄉᆞᄆᆡ를 다ᄅᆡ기의 밋쳐ᄂᆞᆫ 염고(厭苦)ᄒᆞᄂᆞᆫ ᄉᆞᄉᆡᆨ을 지으니, 빵ᄋᆡ 졍히 한님의 광슈(廣袖)를 다ᄅᆡ다가 믄득 그 긔상을 보고 서운이 소ᄆᆡ를 노하바리ᄃᆡ, 참아 옷기ᄉᆞᆯ을 노치 못ᄒᆞ여셔 단단이 븟들고, ᄂᆞᆺ촐 구버 ᄡᅡ흘 볼 ᄲᅮᆫ이니, 그 거동의 긔이ᄒᆞ미 삼ᄃᆡ원슈(三代怨讐)2018)와 ᄇᆡᆨ년대쳑(百年大隻)2019)이라도 어엿브믈 참지 못홀 ᄇᆡ로ᄃᆡ, 한님이 시쳠(視瞻)이 여일(如一)ᄒᆞ여 ᄀᆞ장 괴로이 넉이니, 셕부인이 ᄭᅮ지져 왈,

“네 쳔산(賤産)을 【69】져러케 괴로이 넉이면 아이의 화벽을 유졍치 말 법은 잇거니와, 임의 삼긴 거ᄉᆞᆯ 그ᄃᆡ도록 ᄆᆡ몰○[코] 박히 구ᄂᆞ뇨?”

셜파의 빗난 과실을 드러 다ᄅᆡ여 오라 ᄒᆞ나 빵ᄋᆡ 고개를 흔드러 응치 아니니, ᄠᅴ에 만목(萬目)이 다 냥ᄋᆞ의 거동으로ᄡᅥ 관경(觀景)을 삼아, 져마다 웃ᄂᆞᆫ 입이 버러 한님

2015)쇼호(少昊) : 중국 태고 때에 있었다는 전설상의 임금. 황제의 아들로 이름은 현효, 금덕이었고, 천하를 다스리게 되었으므로 호를 금천씨(金天氏)라고 부른다. 가을을 다스리는 신으로 알려져 있다.

2016)즁화(中華) : 세계 문명의 중심이라는 뜻으로, 중국 사람들이 자기 나라를 이르는 말. 주변국에서 중국을 대접하여 이르는 말로도 쓰인다

2017)가ᄎᆞ(假借) : 편하고 너그럽게 대함. 가까이 함. 사정을 보아줌. 관용을 베풂.

2018)삼ᄃᆡ원슈(三代怨讐) : 아버지, 아들, 손자의 세 대에 걸친 원수. 아주 오랜 세월 동안 맺어온 원수 사이.

2019)ᄇᆡᆨ년대쳑(百年大隻) : 백년 곧 일생토록 잊지 못할 원수.

의 ᄌᆞ궁(子宮)이 비상ᄒᆞ여 쳔산이 져 ᄀᆞᆺᄐᆞ니, 타일 경실 소ᄉᆡᆼ은 텬상인간(天上人間)을 통ᄒᆞ여 둘 업ᄉᆞᆫ 거시 되리라 ᄒᆞ더니, 한님이 날호여 경낭을 불너 냥ᄋᆞ를 아ᄉᆞ라 ᄒᆞ고, 슉모긔 고왈,

"슉모의 톄위 존듕ᄒᆞ시미 지극ᄒᆞ시거ᄂᆞᆯ, 엇지 【70】 벽의 쳔ᄋᆞ를 친히 안으샤 위의를 일흐시ᄂᆞ니잇고? 쇼질이 취광탕음(醉狂蕩淫)ᄒᆞᆫ 허물을 면치 못ᄒᆞ와 불긴(不緊)ᄒᆞᆫ 쳔산을 일죽 두미 되오나, ᄉᆞᄉᆞ로 쥬쳐치[2020] 못ᄒᆞ와 괴로으믈 니긔지 못ᄒᆞᄋᆞᆸ거ᄂᆞᆯ, 슉뫼 엇지 그거ᄉᆞᆯ ᄉᆞ랑치 아닛ᄂᆞᆫ다 칙ᄒᆞ시ᄂᆞ니잇고?"

셕부인이 미급답(未及答)의 호람휘 냥ᄋᆞ를 안아오라 ᄒᆞ여, ᄉᆞᆯ하의 ᄀᆞ로 안치고 슉시(熟視) 냥구의 왈,

"결비쳔츌(決非賤出)이오, 분명 귀인지ᄐᆡ교(貴人之胎敎)라. 태임(太姙)의 문왕(文王)을 ᄉᆡᆼᄒᆞ시ᄂᆞᆫ ᄐᆡ교를 법ᄒᆞ여시니, 아마도 벽의 근본이 상한쳔뉴(常漢賤流)[2021]와 다란지라. 창ᄋᆡ 쥬쳐를 어려웨라 ᄒᆞ【71】니, ᄎᆞᆯ하리 냥ᄋᆞ를 내 겻ᄐᆡ 둘 거시라."

ᄒᆞ고, 좌우로 양희를 브르라 ᄒᆞ니, 양희 벽으로 더브러 봉션당의 도라와시나 감히 다시 현알치 못ᄒᆞ엿더니, 브르시ᄂᆞᆫ 명을 니어 원셩뎐의 다ᄃᆞ라 즁계(中階)의셔 ᄇᆡ례(拜禮) 복알(伏謁)ᄒᆞ니, 위태부인과 호람휘 승당ᄒᆞ믈 명ᄒᆞ여, 심당(深堂)의 계고(繫錮)[2022]홈과 고쵸(苦楚) 비상ᄒᆞ믈 위유(慰諭)ᄒᆞ고, 화벽의 쌍ᄋᆞ를 그 ᄉᆞ이 병 업시 보호ᄒᆞ여 특이ᄒᆞ미 쇽ᄌᆞ와 ᄂᆡ도ᄒᆞ믈 닐ᄏᆞ라, 삼ᄇᆡ향온(三杯香醞)으로ᄡᅥ 죄 업시 심당의 계고홈과 쌍ᄋᆞ를 보(保)ᄒᆞᆫ 바를 상ᄉᆞ(賞賜)ᄒᆞ니, 양희 황공ᄒᆞ미 넘ᄭᅵ고 【72】 감은ᄒᆞ미 극ᄒᆞᄆᆡ, 도로혀 감히 술을 마시지 못ᄒᆞ니, 호람휘 권ᄒᆞ여 압히셔 먹이고, 뉴부인이 벽의게 쥬찬을 보ᄂᆡ여 누월 옥니고초(獄裏苦楚)를 위로ᄒᆞ니, 양희 ᄇᆡᄇᆡ이샤(百拜而謝)ᄒᆞ고 퇴홀ᄉᆡ, 승상이 양희를 ᄃᆡᄒᆞ여 왈,

"화벽이 임의 냥ᄌᆞ(兩子)를 두어시니 형세 ᄇᆞ리지 못홀지라. 일간 쇼당(小堂)을 주어 쳐소를 뎡홀 거시로ᄃᆡ, ᄉᆡᆼ각ᄂᆞᆫ ᄇᆡ이셔 소(所)를 명치 아니코 아ᄌᆞ미와 ᄒᆞᆫ가지로 잇게 ᄒᆞᄂᆞ니, 아직 창ᄋᆞ의 빈희(嬪姬) 녜로 존당과 우리게 뵈ᄂᆞᆫ 녜를 날회여, 브ᄅᆞ지 아닌 젼 현알치 말나 ᄒᆞ쇼셔."

양희 슈명(受命) ᄇᆡ【73】샤(拜謝)ᄒᆞ니, 승상이 역ᄇᆡ(亦拜)러라. 양희 도라와 호람후의 말ᄉᆞᆷ과 승상의 명을 젼ᄒᆞ여, 냥ᄋᆞ의 긔이ᄒᆞ미 아모ᄃᆡ ᄂᆡ여 노하도 견자(見者)로 칭찬 불이(不已)ᄒᆞ믈 닐너, 환희ᄒᆞ믈 마지 아니ᄒᆞᄃᆡ, 화벽은 즁니(中裏)[2023]의 얽힌 지통이 골슈의 ᄉᆞ못ᄂᆞᆫ 슬프미라. 듀듀야야(晝晝夜夜)의 근본 셩시와 부모 모로ᄂᆞᆫ 셜우미 층쳡(層疊)홀 ᄲᅮᆫ이오, 인간 만ᄉᆡ 부운(浮雲)의 이셔 ᄌᆞᄋᆡ(慈愛)홀 줄도 모르고, 죄명 신ᄇᆡᆨ(伸白)홈도 깃거ᄒᆞ미 업ᄉᆞ니, 엇지 양희의 즐겨ᄒᆞ믈 도아 환열ᄒᆞ미 이시리오. ᄉᆞ

2020)쥬쳐ᄒᆞ다 : 주체하다. 짐스럽거나 귀찮은 것을 능히 처리하다.
2021)상한쳔뉴(常漢賤流) : 상민(常民)과 천민(賤民)을 함께 이르는 말.
2022)계고(繫錮) : 죄인을 묶어 가두어 둠.
2023)즁니(中裏) : 마음 가운데.

스로 산금야슈(山禽野獸)의 더은 무지(無知)ᄒᆞ미 이시믈 슬허, 밤이면 졉목(接目)【74】지 못ᄒᆞ고 ᄀᆞ마니 벽을 쳐 명도(命途)를 탄ᄒᆞ고, 침식이 불평ᄒᆞ여 화용이 초췌ᄒᆞ니, 양희와 빵셤이 위ᄒᆞ여 근심되믈 니긔지 못ᄒᆞ여, ᄆᆡ양 됴흔 말솜으로 위로ᄒᆞ며 보ᄒᆞᄒᆞ나, 질셰(疾勢) 침듕ᄒᆞ니 양희 졀민(切憫)ᄒᆞ더니, 일일은 향원뎐 압히셔 한님을 만나 화벽의 질(疾)이 비경(非輕)ᄒᆞ믈 고ᄒᆞ며, ᄒᆞᆫ번 위로ᄒᆞ미 업ᄉᆞ믈 고ᄒᆞ며 노ᄒᆞᆫᄃᆡ, 한님이 미쇼 왈,

"원간 인욕(人慾)이 무궁ᄒᆞ여 족ᄒᆞᆫ 줄 모로ᄂᆞᆫ도다. 벽이 처엄에 죄루(罪累)를 시러 옥니(獄裏)의 계고(繫錮)ᄒᆞ여실 적도 병이 이시믈 듯지 못ᄒᆞ엿더니, 녯 곳에 【75】안거(安居)ᄒᆞᄆᆡ 졈졈 부귀를 ᄉᆞ모ᄒᆞ여, 쇼당(小堂)이 괴로오믈 슬피 넉이ᄆᆡ 질을 일위미라. 그 병을 보아 나을 거시 아니오, ᄇᆡᆨ약(百藥)을 시험ᄒᆞ여도 졔 ᄆᆞᄋᆞᆷ을 이의 넓이ᄒᆞᄂᆞᆫ 밧게 당졔(當劑) 업ᄉᆞ니, 아ᄌᆞ미ᄂᆞᆫ 벽의 게 젼ᄒᆞ여 너모 복 업시 구지 말나 ᄒᆞ쇼셔. 져의 근본 셩시 모르기도 ᄆᆡ양(每樣) 아닐 거시니, 현아 그 부뫼들 ᄒᆞᆫ번 ᄎᆞᄌᆞ리잇가?"

양희 노왈,

"상공이 무신박졍(無信薄情)ᄒᆞ이다. 벽낭이 원억히 계고(繫錮)ᄒᆞ엿던 바를 ᄉᆡᆼ각지 아니ᄒᆞ시ᄂᆞ니잇가?"

ᄒᆞ더라.【76】

윤하뎡삼문취록 권지ᄉᆞ십이

ᄎᆞ시 양희 노왈,

"상공이 무신박졍(無信薄情)하이다. 벽낭이 원억히 계고(繫錮)ᄒᆞ엿던 바를 비편치 아냐, ᄒᆞᆫ번 ᄂᆾᄎᆞ로 위로ᄒᆞ미 업고, 봉션당의 도라온 거ᄉᆞᆯ 극진ᄒᆞᆫ 영화로 알아시니, 젼일 밋던 ᄇᆡ 아니로소이다."

한님이 쇼왈,

"아ᄌᆞ미 브ᄃᆡ 나ᄅᆞᆯ 일위여 벽을 뵈려ᄒᆞ미 ᄀᆞ장 슈상ᄒᆞ여, 벽이 나의 뭇지 아닛ᄂᆞᆫ 거ᄉᆞᆯ ᄒᆞᆫᄒᆞ여 질을 일윔 ᄀᆞᆺᄐᆞ니, 엇지 고이치 아니리잇고? 그러나 벽의 쳐소ᄅᆞᆯ 뎡치 아니시미, 졔게 극히 다ᄒᆡᆼᄒᆞᆫ 일이라. 나의 ᄌᆞ최ᄅᆞᆯ 아직 ᄇᆞ라지 말고, 쇼당 뎡【1】키도 원치 말고 ᄀᆞ마니 이시라 ᄒᆞ쇼셔."

셜파의 밧그로 나가니, 양희 다시 청치 못ᄒᆞ고 화벽을 보고 한님의 말을 젼ᄒᆞ니, 벽이 탄식 무언(無言)이로ᄃᆡ 승상이 절노뼈 한님의 빈희(嬪姬) 녜로 모든 ᄃᆡ 뵈믈 명치 아닛ᄂᆞᆫ 바ᄅᆞᆯ 기리 혜아려 감은ᄒᆞᄃᆡ, 호발(毫髮)도 부귀ᄅᆞᆯ 구ᄒᆞᄂᆞᆫ 의ᄉᆡ업서, 오직 텬눈이 단원(團圓)ᄒᆞ여《야양‖야야》의 좌젼(座前)의 절ᄒᆞ믈 엇고, 셩명(姓名)을 어드면 ᄉᆞ무여ᄒᆞᆫ(死無餘恨)이라. 그밧 바랄 일이 업고, 일일(一日)도 면식(面識)이 나지 아니ᄒᆞ니 엇지 숨을 일울 거시 이시리오마ᄂᆞᆫ, 심ᄉᆡ 지향 업ᄉᆞ믈 인ᄒᆞ여 ᄉᆞ몽비몽간(似夢非夢間)의 ᄆᆡ【2】양 친ᄉᆡᆼ부모(親生父母)ᄅᆞᆯ ᄎᆞᄌᆞ 근본 셩시ᄅᆞᆯ 알오미 되니, 부친이라 ᄒᆞ리 오국군(吳國君)이라 ᄒᆞ여 텬됴(天朝)의 오ᄅᆡ 머므지 아니코 도라가니, 슬프며 훌연(欻然)ᄒᆞ여 오열비읍(嗚咽悲泣)ᄒᆞ미, ᄂᆡᄎᆞ2024) 울믈 인ᄒᆞ여 ᄉᆞᄉᆞ로 ᄭᆡ치미 될 ᄲᅮᆫ 아니라, 태우의 계실(繼室) 오공쥬 엄시로 동긔(同氣)라 ᄒᆞ며, 분명히 정을 닐오며 회포ᄅᆞᆯ 펴나가 ᄭᆡ칠 젹이 ᄌᆞᄌᆞ니, 쳐황(悽惶)ᄒᆞᆫ 심ᄉᆞ와 통상(痛傷)ᄒᆞᆫ 회포ᄅᆞᆯ 닐을 곳이 업서, 연연(軟軟)ᄒᆞᆫ 장위(腸胃) 사라지믈 면치 못ᄒᆞ더라.

윤학ᄉᆡ 셜쇼져의 병세 비경ᄒᆞ여 누얼을 버ᄉᆞ미 쾌ᄒᆞᄃᆡ, 능히 긔동(起動)ᄒᆞ여 존당구고긔 신혼셩뎡【3】도 참예치 못ᄒᆞ믈 념녀ᄒᆞᄃᆡ, 부모 명이 드러가 구호ᄒᆞ라 ᄒᆞ미 업ᄉᆞᆫ 고로, ᄒᆞᆫ갈ᄀᆞᆺ치 셔헌의셔 부조(父祖)ᄅᆞᆯ 시침ᄒᆞ더니, 호람휘 승상다려 왈,

"셰ᄋᆡ 셜시의 죄뤼(罪累) 옥ᄀᆞᆺ치 버ᄉᆞ믈 보ᄃᆡ 드러가 위로ᄒᆞᆯ 의ᄉᆡ 업ᄉᆞ니, 너의 닐오미 업ᄉᆞᆫ 연괴냐? 져의 셩이 박ᄒᆞ미냐?"

2024)ᄂᆡᄎᆞ : 내처. 어떤 일 끝에 더 나아가.

승상이 복슈 딕왈,

"쇼직 쇼활(疎闊)ᄒᆞ와 ᄌᆞ부의 못거지를 닐오지 못ᄒᆞ여ᄉᆞᆸ더니, 엄교로 조ᄎᆞ 셰린의 부용각 츌입 아니ᄒᆞᆷ을 ᄭᆡ닷ᄉᆞᆸᄂᆞ니, 금일노 브터 드러가 셜ᄋᆞ의 병을 보라 ᄒᆞ샤이다."

호람휘 오히려 그 금슬이 흡연치 【4】 못ᄒᆞᆫ가 념녀ᄒᆞᆫ딕, 승상이 그러치 아니믈 고ᄒᆞ고 학ᄉᆞ롤 불너 면젼의 니ᄅᆞ믹, 이의 ᄀᆞᆯ오딕,

"셜ᄋᆞ의 누명을 버ᄉᆞ미 쾌ᄒᆞ니 모르미 부용각의 드러가 그 병을 보라."

학ᄉᆡ 지빅 슈명ᄒᆞ고 퇴ᄒᆞ여 부용각의 니ᄅᆞ믹, 셜쇼졔 일신빅히(一身百骸)2025)를 괴로이 신음ᄒᆞ여 침금의 의지ᄒᆞ엿더니, 유랑이 싱의 니ᄅᆞᆷ을 고ᄒᆞ니, ᄆᆞ음의 엇지 노호옴과 ᄒᆞᆫ(恨)호오미 잘 업ᄉᆞ리오마ᄂᆞᆫ, 이 본딕 텬하대량(天下大量)으로 녀ᄌᆞ의 도리 닝연(冷然) 교우(驕傲)ᄒᆞ미 가치 아니믈 아ᄂᆞᆫ 고로, 일양 네의를 의장(倚仗)ᄒᆞ여 그르미 져의게 이실지언【5】뎡 ᄌᆞ가ᄂᆞᆫ 그ᄅᆞᆷ을 짓지 말고져 ᄒᆞ므로, 앏픈 거ᄉᆞᆯ 강잉(强忍)ᄒᆞ여 죵용히 침금을 밀치고 텬연이 긔동ᄒᆞ여 마ᄌᆞ딕, ᄉᆞ긔 안뎡ᄒᆞ며 네뫼 슉연ᄒᆞ여 늠연ᄒᆞᆫ 위의ᄂᆞᆫ 츄텬(秋天)이 아으라 ᄒᆞ고, 슈려(秀麗)ᄒᆞᆫ 용화(容華)ᄂᆞᆫ 계슈(桂樹)의 명월이 광치를 흘니며, 향긔로온 ᄌᆞ질은 옥계(玉溪)의 지란(芝蘭)이 광풍을 만ᄂᆞᆫ 듯, 아황(蛾黃)2026)이 ᄉᆞ월(斜月)2027)ᄒᆞ여 텬디의 탈쇽(脫俗)ᄒᆞ고, 옥안이 소쇄(瀟灑)ᄒᆞ여 연진(煙塵)2028)이 《불보 ‖ 불부(不附)2029)》ᄒᆞ니, 은정의 흔흡(欣洽)ᄒᆞ미 ᄌᆡ기즁(在其中)이로딕, ᄌᆞ긔 광픽지ᄉᆡ(狂悖之事) 향전(向前)ᄒᆞ니, 깃븐 ᄉᆞᆨ과 됴흔 말이라도 나지 아니나, 녀ᄌᆞ의게 위【6】엄을 일치 아니려 구ᄎᆞ히 다셜(多說)ᄒᆞ미○○[업서], 젼일을 뉘웃고 이제를 ○[치]샤(致辭)치 아니ᄒᆞ고, 늠연 정좌ᄒᆞ여 묵연냥구(默然良久)의 ᄑᆞᆯ홀 드러 쇼져의 안ᄌᆞ물 쳥ᄒᆞ여 왈,

"존당 부뫼 ᄌᆞ의 유질ᄒᆞᆷ을 념녀ᄒᆞ시미 근졀ᄒᆞ시니, 아지못게라 질셰 ᄒᆞ여(疾勢何如)오."

언흘(言訖)에 상상(床上)의 나아가 밤을 지ᄂᆡ나, 쇼져로 ᄒᆞ야금 질을 됴리ᄒᆞ미 유해케ᄒᆞ여, 그 안ᄌᆞ 새오믈 알은 쳬 아니ᄒᆞ고 슉연ᄒᆞ니, 유ᄋᆞ 등이 ᄀᆞ마니 슬허ᄒᆞ고 흔ᄒᆞᆷ 마지 아니ᄒᆞ더라.

뎨오야(第五夜)2030)의 셜쇼졔 앏프믈 니긔지 못ᄒᆞ여 셔안 머리에 지혀 잠간 졉【7】목ᄒᆞ믹, 학ᄉᆡ ᄭᆡ여보고 원비(猿臂)를 느리혀 ᄀᆞ빅야이 븟드러 상에 올으며 왈,

"가즁이 ᄌᆞ(子)로ᄡᅥ 텬연담박(天然淡泊)ᄒᆞᆷ을 닐오더니, 이제 다시 보믹 만히 텬연치 못ᄒᆞᆫ지라. 그딕 어제 온 신뷔(新婦) 아니오, 겸ᄒᆞ여 질이 잇거ᄂᆞᆯ 뉘 칙망ᄒᆞᆯ 거시라, 그

2025)일신빅히(一身百骸) : 한 몸과 몸을 이루고 있는 모든 뼈라는 뜻으로, '온몸'을 말함.
2026)아황(蛾黃) : 여자의 분바른 얼굴.
2027)ᄉᆞ월(斜月) : 서쪽 하늘에 기울어진 달. 또는 지는 달.
2028)연진(煙塵) : 연기와 먼지를 아울러 이르는 말. 또는 연기처럼 일어나는 먼지
2029)불부(不附) : 붙지 않다. 묻지 않다.
2030)뎨오야(第五夜) : 오경(五更). 하룻밤을 다섯 부분으로 나누었을 때 맨 마지막 부분. 새벽 세 시에서 다섯 시 사이이다.

디 침금의 자기를 못ᄒᆞᄂᆞ냐? 젼일의 싱이 취ᄒᆞ며[여] 요인의 곳에 단닐 제, 그디 후뎡의셔 나를 붓드러 와시니, 내 비록 일반지덕(一半之德)2031)을 필보(必報)ᄒᆞ미 붉지 못ᄒᆞ나, 그 공으로써 오늘 갑하 써금2032) 그디를 편히 쉬게 ᄒᆞ리라."

셜파의 동금졉체(同衾接體)ᄒᆞ며 은졍이 황연(恍然)ᄒᆞ【8】디, 쇼져는 앏프미 인ᄉᆞ를 바려 능히 슈족을 거두지 못ᄒᆞ니, 싱이 심하의 우례(憂慮) 근졀홀 ᄲᅮᆫ 아니라, 그 ᄉᆞ지빅히(四肢百骸)를 이상이 앏프미, ᄌᆞ가의 난타구욕(亂打毆辱)ᄒᆞᆫ 허믈이라, 뉘웃는 ᄒᆞᆫ(恨)이 미ᄉᆞ지젼(未死之前)의 풀닐 길히 업서, 년셕(憐惜)ᄒᆞ믈 니긔지 못ᄒᆞ나, 언두의 닐ᄏᆞ라미 업더라.

위태부인이 빅희빈 등을 보ᄂᆡ여 셜시와 싱의 긔식을 탐지ᄒᆞ라 ᄒᆞ며, 야간ᄉᆞ어(夜間私語)를 탐텽ᄒᆞ라 ᄒᆞ디, 조금도 구구ᄒᆞ믈 뵈지 아니타 ᄒᆞᄆᆡ, 도로혀 싱의 강항(强項)ᄒᆞ믈2033) ᄆᆡ이 넉이며 셜시의 하ᄒᆡ 대량(河海大量)을 더욱 친이ᄒᆞ여, 학ᄉᆞ를 본적마다【9】그 병을 구호ᄒᆞ여 쳠가(添加)ᄒᆞ미 업게ᄒᆞ라 당부ᄒᆞ더라.

화표(話表), 션시(先是)의 동오왕 엄빅경이 보원(寶元) 이년2034) 츄팔월긔망(秋八月旣望)의 입됴(入朝)ᄒᆞ여 옥궐(玉闕)의 산호빅무(山呼拜舞)2035)ᄒᆞᄆᆡ, 텬심이 크게 반기샤 농안(龍顔)이 이열(怡悅)ᄒᆞ시고 옥음(玉音)이 화평ᄒᆞ샤, 만니구치(萬里驅馳)를 위유(慰諭)ᄒᆞ시고, 치국지졍(治國之政)과 만민지ᄉᆞ(萬民之事)를 의논ᄒᆞ신디, 왕이 임의 동오의 군(君)ᄒᆞ여 번신(藩臣)의 서의(齟意)ᄒᆞ미2036) 잇고, 텬됴 졍ᄉᆞ를 간예(干預)치 못ᄒᆞ는 고로, 오직 무ᄅᆞ시믈 당ᄒᆞ면 요슌(堯舜)의 덕과 광무(光武)2037)의 졍(政)으로써 만방을 거ᄂᆞ리시므로 디ᄒᆞ고, 향온(香醞)을 밧ᄌᆞ와 취키의 밋첫【10】더니, 셕양의 파됴(罷朝)ᄒᆞ시거늘, 오왕이 퇴ᄒᆞ여 빅형 태ᄉᆞ 부(府)로 도라올식, 쵹농(燭籠)과 홰불이 됴요(照耀)ᄒᆞ여 도상(道上)을 붉히고, 월광이 여듀(如晝)ᄒᆞ여 원근의 빗최니, 왕이 만셩인가(萬姓人家)를 도라보아 셕ᄉᆞ(昔事)를 반기는 가온디, ᄌᆞ긔 홀노 오국의 군(君)ᄒᆞ여 고토(故土)를 바리믈 감상ᄒᆞ여, 쳔승(千乘)의 부귀를 부운 ᄀᆞᆺ치 넉이ᄆᆡ, 안식이 쳑연(慽然)ᄒᆞ믈 ᄯᅴ엿더니, 우연이 죵각(鍾閣)과 십ᄌᆞ○[가](十字街)를 둘너보다가, 길ᄀᆞ에 면뫼(面貌) 만창(滿瘡)ᄒᆞ고 헌옷시 살흘 ᄀᆞ리오지 못ᄒᆞ여 걸인의 모양으로, 츄풍(秋

2031)일반지덕(一半之德) : 배우자의 덕. 부부를 '한 몸'이라 할 때, 남편 또는 아내는 그 '절반'이기 때문에 배우자를 '일반(一半)'이라 한 것임. *일반(一半); 절반(折半).

2032)써금 : 써. 하여금. *써; 써. 하여금. *써; '그것을 가지고', '그것으로 인하여'의 뜻을 지닌 접속 부사. 한문의 '以'에 해당하는 말로 문어체에서 주로 쓴다.

2033)강항(强項)ᄒᆞ다 : 올곧아 여간하여서는 굽힘이 없다.

2034)보원(寶元) 이년 : 중국 송(宋)나라 인종 17년, 서기 1039년. 보원(寶元)은 송(宋) 인종(仁宗)의 4번째 연호

2035)산호빅무(山呼拜舞) : 나라의 중요 의식에서 신하들이 임금의 만수무강을 축원하여 두 손을 치켜들고 만세를 부르고 절하던 일.

2036)서의(齟意)ᄒᆞ다 : 서먹하다. 낯이 설거나 친하지 아니하여 어색하다.

2037)광무(光武) : 광무제(光武帝). B.C.6-A.D.57. 중국 후한(後漢)의 제1대 황제. 본명은 유수(劉秀). 왕망의 군대를 무찔러 한나라를 다시 일으키고 낙양에 도읍하였다. 재위 기간은 25~57년이다.

風)의 냥닝(涼冷)ᄒᆞᆷ을 슬히 녁여 응승그리고 뒤도라서ᄂᆞᆫ 거동이, 【11】아마도 눈이 닉은 듯ᄒᆞᆫ 고로, ᄉᆞ일쌍광(斜日雙光)을 유심히 흘녀 보ᄆᆡ, 비록 그 면뫼 만창ᄒᆞ고 의복이 남누 고이ᄒᆞ여 젼후의 다란 사ᄅᆞᆷ이 되어시나, 십삼년을 힘뻐 구식(求索)ᄒᆞ여 ᄎᆞᆺ기롤 일야(日夜)의 원ᄒᆞ던 관학 흉인을 엇지 모ᄅᆞᆯ 길히 이시리오.

이의 하리(下吏)롤 명ᄒᆞ여 길ᄀᆞ의 면뫼 만창ᄒᆞᆫ 걸인을 잡아오ᄃᆡ, 굿ᄐᆞ여 즈레 상히 오지 말나 ᄒᆞ고, 팔마금눈(八馬金輪)2038)을 밧비 모라 태ᄉᆞ부의 니ᄅᆞ니, 이놀 태ᄉᆞ와 츄밀은 ᄌᆞ질과 친쳑을 거ᄂᆞ려 수십니졍(數十里程)의 가, 왕을 몬져 반겨 삼년일됴(三年一朝)2039)의 이ᄀᆞᆺ치 상봉ᄒᆞᄂᆞᆫ 거【12】시 의의(依依)ᄒᆞ여2040) ᄭᅮᆷ결 ᄀᆞᆺ고, 훌훌ᄒᆞ여2041) 심회 요동ᄒᆞᆷ만 서로 닐너 잠간 회포롤 펴고, 왕은 바로 옥궐을 향ᄒᆞᄆᆡ, 태ᄉᆞ공은 츄밀노 더브러 졔족(諸族)과 ᄌᆞ질을 거ᄂᆞ려 도라오나, 날이 어둡기의 밋도록 왕이 궐뎡(闕廷)의셔 물너오미 업ᄉᆞᆷ을 굼거이 녁여, 지당(池塘)의 산보ᄒᆞ여 왕을 기다릴ᄉᆡ, 윤태우부인 엄시 누월을 유질(有疾)ᄒᆞ여 운산의 가지 못ᄒᆞ고 ᄇᆡᆨ부 부즁(府中)의 잇더니, 금일 부왕의 입됴(入朝)ᄒᆞ시믈 당ᄒᆞ여, 깃븜과 반가오믈 견줄 곳이 업ᄉᆞᄆᆡ 슬픈 심ᄉᆡ 동ᄒᆞ여, 오국으로 도라갈 적을 님ᄒᆞ여 내 장【13】ᄎᆞᆺ 이 심ᄉᆞ롤 엇지 진뎡ᄒᆞ리오.

여러 가지로 ᄆᆞᄋᆞᆷ이 밋출 듯ᄒᆞᄆᆡ 병톄롤 안와(安臥)치 못ᄒᆞ여, 죵일토록 외헌(外軒)으로 통ᄒᆞᆫ 문을 우러라 착급히 ᄇᆞ라ᄂᆞᆫ 효심이 쵸갈(焦渴)ᄒᆞᆯ 듯○○○[ᄒᆞ더니], 임의 날이 저므러 밤이 된 후 왕의 위의 문에 다ᄃᆞ라니, 쇼졔 능히 참지 못ᄒᆞ여 ᄇᆡᆨ부긔 외헌을 다 칆오쇼셔 ᄒᆞ고, ᄲᆞᆯ니 ᄂᆡ셔헌의 나와 부왕을 ᄇᆡ견(拜見)ᄒᆞᆯᄉᆡ, 밋처 왕의 승당ᄒᆞᆷ을 기다리지 못ᄒᆞ여 계젼(階前)의셔 ᄇᆡ례롤 다 ᄒᆞᄆᆡ, 뇽포(龍袍)롤 븟들고 부안(父顔)을 우러라 효녀의 반기ᄂᆞᆫ 졍이 셰상 만물을 궁계(窮計)ᄒᆞ나 견줄 곳이 업ᄉᆞᆯ【14】지라. 모비(母妃)롤 영모(永慕)ᄒᆞ미 즁니(中裏)의 은결(隱結)ᄒᆞᆫ 병이 되어시나, 부왕의 반기시ᄂᆞᆫ 심ᄉᆞ롤 헛트라지 못ᄒᆞ여 유열ᄒᆞ므로 부왕을 뫼셔 승당ᄒᆞᄆᆡ, 왕이 녀ᄋᆞ의 셤슈(纖手)롤 잡고 봉안(鳳眼)의 신쳔(辛泉)이 어ᄅᆡ여, 기리 탄왈,

"오ᄋᆡ ᄌᆞ모의 회즁(懷中)을 ᄯᅥ나며 아비 슬상(膝上)의 강보ᄋᆞ(襁褓兒) ᄀᆞᆺ치 ᄌᆞ익ᄒᆞᆷ을 엇지 못ᄒᆞ연지 삼년의, 반다시 그리ᄂᆞᆫ 회푀 질(疾)을 일윈가 ᄒᆞ엿더니, 념녀 밧게 나지 아녀 이의 와 오ᄅᆡ 유질ᄒᆞ엿더라 ᄒᆞ니, 통셰 엇더ᄒᆞ뇨?"

쇼졔 영모ᄒᆞ던 하회(下懷)2042)롤 고ᄒᆞ려 ᄒᆞᄆᆡ, 부안을 우럴ᄉᆞ록 모비의 음용(音容)이 아득ᄒᆞᆷ을 【15】슬허 가ᄉᆞᆷ이 막히니, 능히 말을 일우지 못ᄒᆞ고 ᄒᆞᆫ갓 부왕의 손을 밧들고, 만니 ᄒᆡᆼ역(行役)을 무ᄉᆞ히 ᄒᆞ시믈 닐ᄏᆞ라, 존후(尊候)롤 뭇ᄌᆞ올 ᄲᅮᆫ이로ᄃᆡ, 말

2038)팔마금눈(八馬金輪) : 여덟 마리 말이 끄는 화려한 수레.
2039)삼년일됴(三年一朝) : 번국(藩國)의 제후가 3년에 한번 씩 본국에 입조해 황제를 조알(朝謁)하는 일.
2040)의의(依依)ᄒᆞ다 : 기억이 어렴풋하다.
2041)훌훌ᄒᆞ다 : 세월 따위가 덧없이 흘러가 허전하다.
2042)하회(下懷) : 주로 편지글에서, 웃어른에게 자기의 심정이나 뜻을 낮추어 이르는 말.

이 모후긔 밋고져 ᄒᆞᆷ이, 경열(哽咽)ᄒᆞ여 불셩쳘(不成綴)2043)ᄒᆞ니 스ᄉᆞ로 긋치고, 무ᄒᆞᆫ이 깃브미 형용치 못ᄒᆞ니, 왕이 역시 그 머리를 쓰다듬으며 태ᄉᆞ긔 고왈,

"ᄌᆞ녀 ᄉᆞ랑이 너모 구구ᄒᆞ여 주을들기를2044) 면치 못ᄒᆞᄃᆡ, 텬눈의 소ᄉᆞᄂᆞᆫ 친과 부ᄌᆞ의 지극ᄒᆞᆫ 졍으로뻐 만니이국(萬里異國)의 난호이미 되여, 슬하의 둘 길히 업ᄉᆞᄆᆡ 더욱 비편(非便)ᄒᆞᆫ ᄆᆞᄋᆞᆷ을 니긔지 못ᄒᆞᄂᆞ니, 형【16】장이 창ᄋᆞ로뻐 ᄋᆞ둘을 삼아계시거니와, 또 션혜롤 ᄯᆞᆯ노 《알아쇼셔∥알아샤》, 져의 우러라ᄂᆞᆫ ᄆᆞᄋᆞᆷ이 만니의 잇ᄂᆞᆫ 부모롤 닛게 ᄒᆞ쇼셔."

태ᄉᆞ공은 지극히 어질고 공졍무ᄉᆞ(公正無私)ᄒᆞ여, 츄밀의 ᄌᆞ녀와 션혜롤 ᄌᆞ긔 친녀 친ᄌᆞ로 알아 간격이 업ᄉᆞᄃᆡ, 최부인이 간험질독(姦險嫉毒)ᄒᆞ여 《모후∥공》의 됴흔 뜻을 밧지 아니코 ᄆᆡ워ᄒᆞ미 원슈의 죵뉴(種類)로 《알아∥아ᄃᆡ》, 태식 평싱 《의심히∥ᄆᆞᄋᆞᆷ이》 ᄉᆞ곡(邪曲)ᄒᆞᆫ 뉴(類)의 잇지 아니ᄒᆞ므로, 그 부인이 슉네 아니며 쳘뷔(哲婦)아니믈 알지언뎡 그ᄃᆡ도록 악착ᄒᆞ믄 모르고, 금에 오왕이 이ᄀᆞᆺ치 쳥ᄒᆞ믈 드ᄅᆞᄆᆡ【17】깃거 아녀 왈,

"현데 아니 취ᄒᆞ엿ᄂᆞ냐? 슈불인박덕(雖不仁薄德)이나 우형이 두 아2045)의 ᄌᆞ녀 ᄉᆞ랑은 나의 ᄌᆞ식으로 다ᄅᆞ지 아니ᄒᆞ니, 엇지 귀듕ᄒᆞ미 범연ᄒᆞ리오. 이런 말은 족히 발치 아념즉 ᄒᆞ도다."

왕이 ᄇᆡ슈(拜手)2046) 샤례ᄒᆞ고 ᄯᅩ 골오ᄃᆡ,

"쇼데 오늘날 황셩을 드ᄃᆡᄆᆡ 두 형장긔 죵용히 졍을 고치 못ᄒᆞ고, ᄌᆞ녀의 졍을 펴지 못ᄒᆞ여셔, 사름 치기 너모 급ᄒᆞ나, 관학 흉한을 여러 셰월의 ᄌᆞ최롤 심방ᄒᆞ나 ᄎᆞᆺ지 못ᄒᆞ엿더니, 향긱(向刻)2047) 십ᄌᆞ가의셔 만나 잡아와시나[니], 흉한을 ᄒᆞᆫ번 져준즉 월혜의 【18】거쳐롤 알거시오, 그 거쳐롤 아ᄂᆞᆫ 날은 ᄉᆞᄉᆡᆼ(死生)을 알아, 만일 살아시미 이신즉 텬눈이 단원ᄒᆞ여 산 ᄂᆞ출 반기미 잇고, 셜ᄉᆞ 죽어실지라도 ᄇᆡᆨ골을 ᄎᆞᄌᆞ 됴흔 뫼히 장(葬)ᄒᆞ고 졍을 다ᄒᆞ여, '층봉(層峰)의 우롬'2048)을 효측(效則)ᄒᆞᆯ지언뎡, 'ᄌᆞ하(子

2043)불셩쳘(不成綴) : 말이나 글 따위를 이어가지 못함.

2044)주을들다 : 주접 들다. 몸치레나 행동이 구차하고 너절하다.

2045)아 : 아우.

2046)ᄇᆡ슈(拜手) : 두 손을 맞잡고 공손히 절함.

2047)향긱(向刻) : 아까, 조금 전.

2048)층봉(層峰)의 우롬 : 당 나라 시인 한유(韓愈)의 층봉지통(層峰之慟)을 말함. 즉, 한유는 당 헌종(唐憲宗) 14년 이부시랑(吏部侍郞)으로서, 당시 헌종이 불교에 빠져 불골(佛骨; 석가의 진신사리)을 궁중에 들여오려 하자 <논불골표(論佛骨表)>를 올려 이를 비판하였다가 헌종의 노여움을 사, 조주자사(潮州刺史)로 좌천되어 가족과 함께 임지로 쫓겨났었다. 이 때 층봉역(層峰驛)에 이르러 12살난 딸이 병으로 죽자, 역 근처에 있는 산에다 초빈(草殯)을 하여 두었다가, 그 5년 뒤 다시 상경하는 길에 딸의 시신을 수습하여 선산으로 이장한 일이 있었다. 이때 그는 딸의 죽음이 자신의 죄 때문이라 하여, 슬피 통곡하며 제문 <제나녀문(祭女拏女文)>과 시(詩) <유제역량(留題驛梁)>을 짓고 애통하였는데, 이를 한유의 '층봉역의 통곡'이라는 뜻의 '층봉지통(層峰之慟)'이라 부른다. *한유(韓愈); 중국 당나라의 문인·정치가(768~824). 자는 퇴지(退之). 호는 창려(昌黎). 당송 팔대가의 한 사람으로, 변려문을 비판하고 고문(古文)을 주장하였다. 시문집에 ≪창려선생집≫ 이 있다

夏)의 상명(喪明)'2049)을 본밧지 아니리니, 이제 녀ᄋᆞᄅᆞᆯ 드려보ᄂᆡ고 관학 흉한을 져주어 알고져 ᄒᆞᄂᆞ이다."

태ᄉᆡ 왈,

"가히 ᄒᆞᆫ ᄯᆡᄅᆞᆯ 어긔오지 못ᄒᆞ리니 ᄎᆞᆺ지 못ᄒᆞ여ᄂᆞᆫ ᄒᆞᆯ 일 업거니와, 흉한을 잡은 후 조ᄎᆞ 늣추리오."

왕이 이의 녀ᄋᆞᄅᆞᆯ 잠간 드러가라 ᄒᆞ여, 쇼제 ᄂᆡ【19】루로 향ᄒᆞᄆᆡ, 왕이 하리ᄅᆞᆯ 불너 향ᄌᆞ 십ᄌᆞ가의셔 잡아온 걸인을 올니라 ᄒᆞ고, 일변 형벌 긔구ᄅᆞᆯ 베플ᄉᆡ, 관학 흉인이 월혜쇼제ᄅᆞᆯ 윤부 빵셤의게 오십금을 밧고 ᄑᆞᆯ아 은젼을 낭즁(囊中)의 ᄀᆞᆷ초고, ᄉᆞᄉᆞ로 ᄌᆞ최ᄅᆞᆯ 깁히 ᄀᆞᆷ초아 심산벽쳐(深山僻處)로 쥬류(周遊)ᄒᆞᆯ ᄲᆞᆫ 아니라, 오왕이 한의 얼골을 그려 ᄎᆞᆺᄂᆞᆫ 소문이 이시므로 학이 잡힌즉 사지 못ᄒᆞᆯ 줄 알아, 얼골의 만창(滿瘡)ᄒᆞᄂᆞᆫ 약을 바라고 흉괴ᄒᆞᆫ 모양으로 경ᄉᆞ의 올나와, 날마다 십ᄌᆞ가의셔 음식을 비러 년명(延命)ᄒᆞ고, 밤이면 【20】아모 집 기ᄉᆞᆰ이나 안ᄌᆞ 새오니, 신셰(身勢) 명도(命途)ᄅᆞᆯ 닐을 거시 업ᄂᆞᆫ지라. 월혜쇼져ᄅᆞᆯ ᄑᆞᆫ 거시 ᄆᆡ양 잇지 못ᄒᆞ여 후회ᄒᆞ나, 엷픗ᄒᆞᆫ ᄉᆞ이 뉴리힝걸(流離行乞)이 십년 밧기로ᄃᆡ, 경ᄉᆞ의 올나오믄 겨유 수년이 되엿ᄂᆞᆫ지라.

그 근본이 칠신위나(漆身爲癩)2050)ᄒᆞ여 지씨(智氏)2051)를 위ᄒᆞᆫ 튱셩이 아니오, 쳔고 흉한극악이 듯ᄂᆞᆫ 쟈와 아ᄂᆞᆫ 쟈ᄂᆞᆫ 뼈흐러 죽이고져 ᄒᆞ리니, 장ᄎᆞᆺ 텬디의 용납ᄒᆞᆯ 곳이 업ᄉᆞᆯ지라. 졈졈 쇼연(昭然)ᄒᆞ믈 ᄭᆡ다라 죽기ᄅᆞᆯ 님ᄒᆞ나 시쉬(屍手) 온젼치 못ᄒᆞᆯ가 두리더니, 오ᄂᆞᆯ 쳔만긔약지 못ᄒᆞᆫ 오왕의 위의ᄅᆞᆯ 【21】만나, 왕의 츄슈졍신(秋水精神)과 일월지명(日月之明)이 져의 변형(變形)ᄒᆞᆫ 거동을 보ᄃᆡ ᄉᆞ못 알아, 하리로 ᄒᆞ야금 잡아오니, 진실노 유ᄉᆞ지심(有死之心)ᄒᆞ고 무ᄉᆡᆼ지긔(無生之氣)ᄒᆞ여 져주지 아냐셔 반죽엄이 되엿더니, 형위지하(刑威之下)의 다ᄃᆞ라ᄆᆡᄂᆞᆫ 일장(一杖)을 더은 ᄇᆡ 업시 믄득 ᄀᆞᆯ오ᄃᆡ,

"쇼복(小僕)의 죄ᄅᆞᆯ ᄉᆞᄉᆞ로 아ᄋᆸᄂᆞ니 뎐하ᄂᆞᆫ 형벌을 날회시고, 쇼져의 거쳐ᄅᆞᆯ ᄎᆞᄌᆞ쇼셔."

2049)ᄌᆞ하(子夏)의 상명(喪明) : 상명지통(喪明之痛). 눈이 멀 정도로 슬프다는 뜻으로, 아들이 죽은 슬픔을 비유적으로 이르는 말. 옛날 중국의 공자의 제자 자하(子夏)가 아들을 잃고 슬피 운 끝에 눈이 멀었다는 데서 유래한다

2050)칠신위나(漆身爲癩) : 몸에 옷 칠을 하여 문둥병자로 변신한 것을 이르는 말로, 옛날 중국의 예양(豫讓)이라는 사람이 자신의 능력을 알아주고 중용해 준 지백(智伯)이라는 사람의 원수를 갚기 위해 자신의 몸에 옷 칠을 하여 문둥병자의 모습이 되고, 숯을 삼켜 벙어리가 되어(呑炭爲啞) 지백의 원수인 조양자(趙襄子)를 죽여 복수를 하려 했던 고사에서 유래한 말. *예양(豫讓); 중국 춘추시대 진(晉)나라 자객. 자신의 능력을 알아주고 중용해준 친구 지백(智伯)의 원수를 갚아주기 위해 몸에 옷 칠을 하여 문둥병자의 모습이 되고, 숯을 삼켜 벙어리가 되어 친구의 원수인 조양자(趙襄子)를 죽이려다 실패하고 죽임을 당했다. 사기(史記)』<자객열전>에 그의 전(傳))이 실려있다.

2051)지씨(智氏) : 중국 춘추시대 진(晉)나라의 권신 지백(智伯)을 말함. 지백은 같은 나라 권신인 조양자(趙襄子)와 원수 사이였다. 자객 예양(豫讓)이 그를 위해 조양자를 죽이려다가 실패하고 죽임을 당한 이야기가 『사기(史記)』<자객열전(刺客列傳)> 예양(豫讓)전에 실려 있다.

왕이 관학을 통흔ᄒᆞᄂᆞᆫ ᄆᆞ음이 졍히 칼을 드러 그 머리를 버히고, 그 장부(臟腑)2052)를 헷쳐 간(肝)을 회(膾)코져 뜻이 이시ᄃᆡ, 관학의 말이 이 ᄀᆞᆺᄐᆞ니 학을 【22】 죽인 후는 더욱 녀ᄋᆞ의 ᄉᆞ싱거쳐(死生居處)를 알 길히 업술지라. 이의 졍셩(正聲) 엄문(嚴問) 왈,

"나의 ᄎᆞ녀(次女)를 도적ᄒᆞ여 업시흔 바는 죄상이 만살무셕(萬殺無惜)이로ᄃᆡ, 혹ᄌᆞ 어ᄂᆡ 곳의 무ᄉᆞ히 자라믈 어더 몸이 쳔비(賤卑)흔 지경의 님치 아녀시면, 너의 일명을 용납ᄒᆞ여 관뎐(寬典)을 드리오리니2053) 모르미 쇼져의 ᄉᆞ싱거쳐(死生居處)를 ᄇᆞᆰ히 알외여 다시 긔망ᄒᆞᄂᆞᆫ 죄를 더ᄋᆞ지 말나."

관학이 주왈,

"쇼복이 초에 불통(不通) 무상(無常)ᄒᆞ와 오파(婆)의 일편 되오미, 졔ᄌᆞ식의 주려 죽을 바를 ᄉᆡᆼ각지 아니ᄒᆞ고, 두 쇼져를 보호휵양(保護畜養)ᄒᆞ【23】여 ᄌᆞ최 ᄒᆡᆼ여도 ᄒᆡᆼ각(行閣)의 님치 아니ᄒᆞ오니, 쇼복이 음식을 ᄣᆡ에 먹지 못ᄒᆞ고 의복을 시졀의 어더 걸치지 못ᄒᆞᄂᆞᆫ 졀박ᄒᆞ믄 예ᄉᆡ오, ᄌᆞ식이 주려 죽게 하믈 보오ᄆᆡ, 원망이 우흘 범ᄒᆞ고 ᄆᆡ오미 오파의게 ᄀᆡᆨ골ᄒᆞ여, 두쇼져 가온ᄃᆡ ᄒᆞ나흘 업시ᄒᆞ여, 쇼져 업시흔 죄를 오파로 ᄒᆞ야금 당ᄒᆞ고, 쇼복의 통앙(痛怏)흔 ᄆᆞ음을 풀고져ᄒᆞ와, 모월일(某月日)의 ᄎᆞ쇼져를 도적ᄒᆞ여 옥누항 윤총지 계실(繼室) 장부인 시녀의게 여ᄎᆞ 여ᄎᆞ 오십금을 밧고 ᄑᆞ라숩ᄂᆞ니, 이제 ᄉᆡᆼ각건ᄃᆡ ᄎᆞ쇼졔 만고(萬古)【24】의 무비(無比)흔 작품(作稟)이시고, 빵셤이라 ᄒᆞ리 하류의 무드지 아닌 위인이라, 반다시 쇼져를 잘 보호ᄒᆞ여 무ᄉᆞ히 자라시믈 어더시리니, 명일의 쇼복을 압세워 윤부의 가 빵셤을 보게 ᄒᆞ시면, 쇼져 ᄎᆞᆺ기는 이 가온ᄃᆡ 이시리이다."

왕이 밋처 말을 못ᄒᆞ여셔 안흐로 조ᄎᆞ 오픠 ᄂᆡ다라 관학을 보고 췌읍 왈,

"그ᄃᆡ 만일 뜻 잡기를 예ᄉᆞ로이 ᄒᆞ여실진ᄃᆡ 져ᄃᆡ도록 흉참흔 앙화(殃禍)는 밧지 아녀시리니, 그 뉘 타시며, 뉘 죄리오. 그러나 계집의 ᄆᆞ음으로ᄡᅧ 그ᄃᆡ 죽으믈 안연(晏然)치 못ᄒᆞ여 ᄉᆞ싱을 흔가지【25】로 결ᄒᆞ려니와, 다만 뭇ᄂᆞ니, 그ᄃᆡ 빵낭의게 ᄎᆞ쇼져를 ᄑᆞᆯ제 근본 셩시를 닐오지 아녓더냐?"

관학이 오파의 긔뷔(肌膚) 풍염(豊艶)홈과 의푀(儀表) 부호ᄒᆞ믈 보건ᄃᆡ, 또 아릐 귓거시 요지(瑤池)의 왕모(王母)로 더브로 부부지명(夫婦之命)이 이심 ᄀᆞᆺᄐᆞ니, 져의 궁흉극악(窮凶極惡)이 실노 오파도 ᄃᆡ홀 ᄂᆞᆺ치 업시[서], 붓그러옴과 뉘웃브미 고ᄃᆡ 죽어 모로고져 시븐지라. 눈물을 흘니고 오ᄅᆡ 말을 못ᄒᆞ더니, 날호여 한숨지고 ᄎᆞ쇼져를 빵셤의게 ᄑᆞ던 연유를 십분 명ᄇᆡᆨ이 닐오니, 오픠 듯기를 다ᄒᆞᄆᆡ 의심 업시 화【26】벽이 ᄎᆞ쇼졔라. 슬프고 ᄋᆡ돌오믈 니긔지 못ᄒᆞᄂᆞᆫ 즁, 깃브고 쾌ᄒᆞ미 교집(交集)ᄒᆞᄆᆡ, 하늘을 우러라 탄ᄒᆞ고, 또흔 우어 왈,

---

2052)장부(臟腑) : 오장과 육부, 곧 내장(內臟)을 통틀어 이르는 말. 곧 간장, 심장, 폐장, 신장, 비장의 오장과 대장, 소장, 위, 쓸개, 방광, 삼초(三焦)의 육부를 이른다.

2053)드리오다 ; 드리우다. 아래로 늘어지다. 또는 그렇게 되게 하다

“피창(彼蒼)이 엇지 그듸도록 망망(茫茫)ᄒᆞ여, 흉인 관학의 작악(作惡)으로, 우리 쇼져 장어(長於)의 흔이 만코, 십ᄉᆞ 츈광의 빅우(百憂)를 빅불니 시ᄅᆞ샤 허다 고상(苦狀)을 당ᄒᆞ시며, 대쇼졔 일턱지상(一宅之上)의셔 능히 아지 못ᄒᆞ시며, 나의 우민불미(愚悶不美)[2054]ᄒᆞ미 ᄉᆞ오삭(四五朔) 밧드러 유즙(乳汁)을 나오던 쇼져를 아지 못ᄒᆞ여, 일죽 빵낭다려 근본을 ᄌᆞ셔히 뭇지 못ᄒᆞ엿더니, 오늘날 그듸를 만나 쇼져의 거쳐를 드ᄅᆞ미 졍신이 여취【27】여치(如醉如痴)ᄒᆞ여 ᄯᅩ흔 말을 일우기 어려운지라.

이의 왕이 이윽이 묵묵이러니, 냥구(良久)의 오파다려 문왈,

“윤한님의 측실(側室)[2055] 밧게 나지 아니리라 ᄒᆞ미 누를 니름고? 모로미 붉히 고ᄒᆞ라.”

오픠 윤부 장부인 시녀 빵셤의 어더 기ᄅᆞ다 ᄒᆞᄂᆞᆫ 바 화벽이 윤한님 측실이 되어, 발셔 냥개 옥닌(玉驎)을 싱ᄒᆞ여시ᄃᆡ, 즉금 죄루 즁의 ᄲᅡ져 옥니(獄裏)의 계고(繫錮)ᄒᆞ믈 ᄀᆞᆺ초 고ᄒᆞ고, 쇼졔 화벽을 흔번 보므로 능히 ᄆᆞ음을 뎡치 못ᄒᆞ여, 위ᄒᆞ여 슬허ᄒᆞ고 참아 닛지 못ᄒᆞᄃᆡ, 이의 와 누월(累月)을 유질(有疾)ᄒᆞ미 인연ᄒᆞ【28】여 벽의게 졍을 일월 길히 업서, 듀듀야야(晝晝夜夜)의 참연ᄒᆞ미, 모르ᄂᆞᆫ 가온ᄃᆡ 동긔년지(同氣連枝)[2056]의 혈믹(血脈)이 상응흔 졍이런 줄 낫낫치 알외여, 일흔 쇼졔 화벽밧게 나지 아니믈 주ᄒᆞ니, 왕이 만균지듕(萬鈞之重)과 구뎡지심(九鼎之深)으로도, 이ᄶᅴ를 당ᄒᆞ여ᄂᆞᆫ ᄌᆞ못 요양(擾攘)ᄒᆞ여 아모라타를 못ᄒᆞ니, 흔갓 긴 슈염과 풍화흔 면모의 항뉘연낙(行淚連落)ᄒᆞ여 이 형긔 고왈,

“관학 흉한이 쇼뎨 부녀로 원슈 니러실ᄲᅮᆫ 아니라, 일흔 ᄯᆞᆯ의 명되 긔구ᄒᆞ미 젼혀 쇼뎨의 젹악(積惡)으로 비로ᄉᆞ미라. 이제 오염[2057]이 윤창닌의 쇼희를 【29】분명이 관학의 픈 ᄋᆞ히며 쇼뎨의 일흔 ᄯᆞᆯ만 넉이거니와, 긘들 젹실ᄒᆞ믈 어이 알니잇가? ᄒᆞ물며 쇼뎨 일흔 녀식은 족장(足掌)의 칠흑지(七黑者) 분명ᄒᆞ고, 가슴의 화엽(花葉)의 허믈이 잇던 거시니, ᄎᆞᆺ기를 당ᄒᆞ여 이거시 증퍼(證票)되려니와, 흉한이 내 ᄋᆞ히를 인가 쳔비의게 ᄑᆞ라 근본 셩시도 닐ᄋᆞ미 업ᄉᆞ니, 뉘 졍셩으로 보흑(保畜)ᄒᆞ여 장셩(長成)키의 니ᄅᆞ게 ᄒᆞ여시리잇고? 발셔 죽으미 되어시리이다.”

태ᄉᆞ와 츄밀이 흠게 ᄀᆞᆯ오ᄃᆡ,

“오염의 말이 희미치 아니ᄒᆞ니, 날이 붉기를 기다려 관학을 압세【30】워 운산의가 일의 진가(眞假)를 알지라도, 몬져 질녀를 불너 뭇ᄂᆞᆫ 거시 올흔지라. 현뎨ᄂᆞᆫ 부졀업시 상도(傷悼)치 말고 관학을 ᄂᆞ리와 가도고, 질녀를 다시 나오라 ᄒᆞ여, 부모슉질이 흔당 가온ᄃᆡ셔 졍을 닐오게 ᄒᆞ라.”

2054)우민불미(愚悶不美) : 어리석고 깨닫지 못하여 일을 잘 처리하지 못함.
2055)측실(側室) : 첩(妾).
2056)동긔년지(同氣連枝) : 형제자매. *연지(連枝); 한 뿌리에서 난 이어진 가지라는 뜻으로, 형제자매를 비유적으로 이르는 말.
2057)오염 : 오파의 이름.

왕이 슈명ᄒᆞ여 관학을 ᄂᆞ리와 가도고, 하리 노ᄌᆞ를 다 물리친 후, 쇼져를 불너 관학의 ᄒᆞ던 말과 오파의 고ᄒᆞ던 바를 닐너, 윤창닌의 쇼희 원간 빵셤의 어더 기란 녀진가 무ᄅᆞ니, 엄시 부왕을 ᄇᆡ견(拜見)ᄒᆞ여 밋쳐 영모ᄒᆞ던 하졍(下情)과 반기ᄂᆞᆫ 졍을 펴지 못ᄒᆞ여셔, 관학을 【31】 저주고져 ᄒᆞ믈 인ᄒᆞ여 드러가나, 심신이 ᄌᆞ로 요란ᄒᆞ여 능히 뎡키 어렵더니, 부슉(父叔)이 다시 브ᄅᆞ시ᄂᆞᆫ 명을 니어 나와, 일흔 동긔를 ᄎᆞ줄 바를 환심열지(歡心悅之)ᄒᆞ고, 유랑의 혜아림 ᄀᆞᆺᄐᆞ여 화벽 밧게 나지 아니믈 알아, ᄌᆞ긔 너모 말이 업고 몽농(朦朧)ᄒᆞᆫ 연고로 양희와 빵셤의게 벽을 어더 기란 곡졀을 ᄇᆰ히 뭇지 못ᄒᆞ고, 그 가ᄉᆞᆷ의 화엽지흔(花葉之痕)과 족장(足掌)의 칠흑ᄌᆞ(七黑者) 유무를 ᄯᅩ 무ᄅᆞ미 업ᄉᆞᆫ지라. 이ᄂᆞᆯ 부왕의 착급(着急)히 초조ᄒᆞ시믈 쾌히 위로치 못ᄒᆞ니, 스ᄉᆞ로 우암미렬(愚暗微劣)ᄒᆞ믈 닐ᄏᆞᆺ고, 화벽의 【32】 ᄉᆡᆨ광긔질(色光氣質)이 쳔ᄃᆡ(千代)의 무비(無比)ᄒᆞ던 바와, 그 죄루(罪累)의 잠겨시믈 보ᄆᆡ, 젼일의 알오미 업시 ᄆᆞᄋᆞᆷ의 참연ᄒᆞ고 잔잉ᄒᆞ미, 칼흘 삼킨 ᄃᆞᆺ, 돌을 먹음은 ᄃᆞᆺ, 못닛ᄂᆞᆫ 졍이 슌식간의 노히지 아니ᄒᆞᄃᆡ, 구가(舅家) 법녕이 엄슉ᄒᆞ고 ᄌᆞ긔 이의 와 유질ᄒᆞ연지 누월이 되고, 능히 벽의게 졍을 통ᄒᆞ미 어려워 지금 비편ᄒᆞ미 깁흐믈 고ᄒᆞ니, 왕이 이형을 ᄃᆡᄒᆞ여 왈,

"동긔연지(同氣連枝)의 혈ᄆᆡᆨ이 다ᄅᆡ이ᄂᆞᆫ 졍이 모ᄅᆞᄂᆞᆫ 가온ᄃᆡ, 몬져 ᄆᆞᄋᆞᆷ이 동ᄒᆞ믈 ᄭᆡ닷지 못ᄒᆞᄂᆞ니, 젼자의 쇼뎨 츌졍(出征)ᄒᆞ여 실 적, ᄇᆡᆨ시(伯氏) 질환 【33】 이 위듕ᄒᆞ시믈 비록 듯지 못ᄒᆞ여시나, 홀연 심동(心動)ᄒᆞ여 슈족(手足)이 ᄯᅥᆯ니믈 면치 못ᄒᆞ엿더니, 반ᄉᆞ(班師)ᄒᆞ여 드ᄅᆞᄆᆡ 과연 형장이 위질(危疾)을 지나여 계신지라. 이제 녀ᄋᆡ 심약(心弱)ᄒᆞ미 극ᄒᆞ나, 공연이 윤창닌의 쇼희를 위ᄒᆞᆫ ᄆᆞᄋᆞᆷ이 그러ᄐᆞᆺ 병되지 아니ᄒᆞ리니, 쇼뎨의 초조 갈망(渴望)ᄒᆞᄂᆞᆫ ᄆᆞᄋᆞᆷ은 녀ᄋᆞ의 말노조ᄎᆞ 창닌의 쇼희 나의 녀인가 ᄒᆞᄂᆞ이다."

이형이 맛당ᄒᆞ믈 닐ᄏᆞᆺ고, 이 밤 새기를 기다려, 명일의 부녀슉질(父女叔姪)이 상봉ᄒᆞᄂᆞᆫ 희ᄉᆡ(喜事)이실가 희망ᄒᆞᄆᆞ로, 왕이 능히 슉침홀 의ᄉᆡ 업서 ᄌᆞ녀를 압히 【34】 안치고 이형을 뫼셔 죵용히 담화홀ᄉᆡ, 지극ᄒᆞᆫ 셩우(誠友)와 쳬쳬ᄒᆞᆫ[2058] ᄌᆞᄋᆡ 말ᄉᆞᆷ마다 낫타나니, 엄공ᄌᆞ 창과 윤부인 션혜 부왕을 뫼셔 영모ᄒᆞ던 졍을 잠간 알외고, 모후의 글월을 밧드러 손에 놋치 못ᄒᆞ니, 동동ᄒᆞᆫ 셩효(誠孝)와 쵹쵹ᄒᆞᆫ 졍셩이, 증션ᄉᆡᆼ(曾先生)[2059]의 대효를 니을지라. 반야(半夜) 되도록 부왕이 취침치 아니시믈 졀민ᄒᆞ여 ᄂᆞ죽이 안침(安寢)ᄒᆞ시믈 쳥ᄒᆞ니, 왕이 답왈,

"밤마다 자기ᄂᆞᆫ ᄆᆡ양(每樣)이어니와, 이형을 뫼셔 여등(汝等)을 압히 두니, 동긔의 졍과 ᄌᆞᄋᆡ를 다ᄒᆞ믄 ᄆᆡ양 엇지 못홀 노라시 【35】 라. ᄒᆞ물며 일흔 ᄋᆞ희를 ᄎᆞ줄 긔미가 이시니, ᄎᆞ야를 어셔 새과져 ᄒᆞᄂᆞᆫ ᄆᆞᄋᆞᆷ이 더욱 ᄌᆞᆷ이 오지 아닛ᄂᆞᆫ지라. 여등은 나의

2058)쳬쳬ᄒᆞ다 : 행동이나 몸가짐이 너절하지 아니하고 깨끗하며 트인 맛이 있다.

2059)증션ᄉᆡᆼ(曾先生) : 증자(曾子)를 이르는 말. *증자(曾子); 이름은 삼(參), 자는 자여(子輿). 중국 노나라의 유학자. 공자의 덕행과 사상을 조술(祖述)하여 공자의 손자인 자사(子思)에게 전하였다. 후세 사람이 높여 증자(曾子)라고 일컬었으며, 저서에 ≪증자≫, ≪효경≫ 이 있다.

자지 아닛는 거술 조금도 넘치 말나."
ᄒᆞ고, 이의 태ᄉᆞ와 츄밀긔 고왈,
"이위(位) 형장이 침슈(寢睡)를 폐ᄒᆞ시미 셩톄 불안ᄒᆞ실 ᄇᆡ오, 창ᄋᆡ 졀민ᄒᆞᄂᆞᆫ ᄆᆞᄋᆞᆷ이 극ᄒᆞ니, 안휴(安休)ᄒᆞ시미 가ᄒᆞᆫ가ᄒᆞᄂᆞ이다."
태ᄉᆞ와 츄밀 왈,
"현뎨ᄂᆞᆫ 만니를 구치(驅馳)ᄒᆞ여 온 ᄇᆡ로ᄃᆡ 반기ᄂᆞᆫ 졍이 늉흡(融洽)ᄒᆞ고, 일흔 ᄋᆞᄒᆡ를 ᄎᆞᄌᆞᆯ가 희망ᄒᆞᄂᆞᆫ 의ᄉᆡ 츄야(秋夜)의 긴 거술 괴로이 넉이니, 우형 등이 집의 편히 잇던 바로 【36】 ᄒᆞ로밤을 자지 못ᄒᆞ미 무ᄉᆞᆷ 대ᄉᆡ리오. 서로 회포를 베퍼 동방이 긔빅(旣白)기를 기다리고져 ᄒᆞ노라."
왕이 샤례ᄒᆞ고 회포를 펼ᄉᆡ, 츄밀공이 질녀를 향ᄒᆞ여 화벽이 죄루의 ᄲᅡ진 연고를 무러, 혹ᄌᆞ 왕의 ᄎᆞ별시 젹실ᄒᆞ여도 창닌의 쇼희(小姬)된 ᄂᆞᄌᆞᆷ과 죄루의 잠긴 불힝ᄒᆞᆷ을 겸ᄒᆞ여시니, 비록 텬뉸이 단원ᄒᆞ여도 그 신셰 영화롭게 ᄒᆞᆯ 묘칙이 업ᄉᆞᆷ을 탄셕ᄒᆞ여 슬허ᄒᆞ니, 윤태우 부인이 함누(含淚) 왈,
"즁부(仲父)의 념ᄒᆞ시ᄂᆞᆫ ᄇᆡ 맛당ᄒᆞ시니, 져 화벽이 일흔 아일진ᄃᆡ 그 젼졍을 영【37】화롭게 ᄒᆞᆯ 모칙이 업ᄉᆞ니, ᄒᆞᆫ갓 명도를 탄ᄒᆞᆯ ᄯᆞᄅᆞᆷ이로소이다. 다만 존당 태부인이 그 탁아(卓雅)ᄒᆞᆫ 긔질과 특츌ᄒᆞᆫ 위인을 ᄀᆞ장 경ᄋᆡ(敬愛)ᄒᆞᄂᆞᆫ 빗치 겨샤, 여ᄎᆞ 여ᄎᆞ 죄명을 당ᄒᆞ여시ᄃᆡ 지극히 보젼ᄒᆞᆯ 바를 ᄉᆡᆼ각ᄒᆞ샤, 심당(深堂)의 ᄂᆞ리오시나 양희빈과 ᄡᅡᆼ셤을 맛져 보ᄆᆡ미 되어시니, 이 반다시 지감(知鑑)의 ᄇᆞᆰ으시미 벽으로ᄡᅧ 범연이 아지 아니시미라. 일젼의 드르니 한님부인 구시와 학ᄉᆞ 지실 녕능군쥬 ᄒᆞᆷ게 츌화를 만나다 ᄒᆞ니, 이 가온ᄃᆡ 죄루를 신셜ᄒᆞᆫ가 ᄒᆞᄃᆡ, 쇼질의 미【38】암혼용(迷暗昏庸)ᄒᆞ미 범ᄉᆞ의 힘ᄡᅥ 알녀ᄒᆞ미 업서, 다만 셜시의 신원ᄒᆞᆷ만 알고, 화벽의 신원을 뭇지 못ᄒᆞ엿ᄂᆞ이다."
원간, 즁닌 쳐 엄시ᄂᆞᆫ 츄밀공 녀ᄌᆡ니, 진궁의 잇고 이의 오지 아녀시ᄃᆡ, 셩졍이 단묵ᄒᆞ여 구가의셔 ᄒᆞᄂᆞᆫ 일을 호부간(好否間) 닐오미 업ᄉᆞ므로, 츄밀 형뎨 셜시 신누 버ᄉᆞᆷ을 깃거 왈,
"명ᄋᆡ 참누(慘累)의 ᄲᅡ지믈 잔잉ᄒᆞᄃᆡ, ᄆᆡ져의 셩졍이 남다란 고로, 일즉 ᄆᆡ져를 ᄃᆡᄒᆞ여 그다히2060) 말을 못ᄒᆞ고, ᄒᆞᆫ갓 즁심의 차악ᄒᆞᆯ ᄲᅮᆫ이러니, 이제 쾌히 신원ᄒᆞ미 되니 엇지 깃브지 아니리오. 다만 여【39】등의 말 업ᄉᆞ미 너모 답답ᄒᆞ여, 운혜 취운산의 ○○○[이셔도] 셜ᄋᆞ의 신원도 우리 즉시 모르니 도로혀 불민(不敏)ᄒᆞ도다."
엄시 ᄃᆡ왈,
"ᄇᆡᆨ부와 즁뷔 쇼녀 등을 암용타 칙ᄒᆞ시ᄃᆡ, 다만 죵뎨 셜뎨의 신원을 알아시게 아니믄, 두 대인이 깃브믈 인ᄒᆞ여 ᄉᆔᆨ모긔 셜뎨의 지난바 신누를 알게 ᄒᆞ시며, 즉금 신원(伸寃)을 치하ᄒᆞ다가 혹ᄌᆞ ᄉᆔᆨ뫼 불평ᄒᆞᆫ ᄉᆞ단을 니ᄅᆞ혀실가 ᄒᆞ미니이다."

2060)다히 : 「조사」처럼, 같이

낭공이 쇼왈,

“그러도 ᄒᆞ거니와, 너모 말 업ᄉᆞᆫ 거시 흠신가 ᄒᆞ노라.”

이러틋 담화ᄒᆞ여 금계(金鷄) 새ᄇᆡ를 고ᄒᆞ니, 창과 졔공지 민망ᄒᆞ여 삼대【40】인의 안휴ᄒᆞ시믈 쳥ᄒᆞ되, 삼곤계(三昆季) 듯지 아니코, 다만 윤태우 부인을 드려보ᄂᆡ여 쉬라 ᄒᆞ니, 쇼졔 부왕의 우려를 돕지 아니려, 퇴ᄒᆞ여 슉소로 도라오나 엇지 졉목ᄒᆞᆯ의ᄉᆡ 이시리오. 부왕을 우럴ᄉᆞ록 모비를 영모ᄒᆞ미 근졀ᄒᆞ여, ᄒᆞᆫ갓 글월을 어라만져 빵셩(雙星)의 쥬뤼(走淚) 년낙ᄒᆞ여 옥빈(玉鬢)을 젹실 ᄲᅮᆫ이니, 오ᄅᆡ 겻히셔 위ᄅᆞᄒᆞ며 ᄎᆞ쇼져 ᄎᆞᆺ기를 희망ᄒᆞ더라.

동방이 긔ᄇᆡᆨ(旣白)ᄒᆞ미 왕이 관셰(盥洗)ᄒᆞ고 운산으로 향ᄒᆞᆯᄉᆡ, 하리로 ᄒᆞ야금 관학을 잇그러 뒤흘 조ᄎᆞ라 ᄒᆞ고, 술위를 굴녀 진궁의 니【41】ᄅᆞ니, 시에 진왕 곤계 듁화헌의 잇더니, 동오왕의 닐러시믈 듯고 즉시 드러오믈 쳥ᄒᆞ여, 빈쥬(賓主) 녜필(禮畢)에 반기ᄂᆞᆫ 미위(眉宇) ᄒᆞᆫ연ᄒᆞ여, 진왕이 몬져 말ᄉᆞᆷ을 펴왈,

“대왕이 작일 입됴(入朝)ᄒᆞ시믈 알오되, 쇼뎨 맛ᄎᆞᆷ 신긔 불안ᄒᆞ여 문외에 밋지못ᄒᆞ고, 미돈(迷豚) 셩닌이 항쥬(杭州) 션영(先塋)의 졀ᄉᆞ(節祀) 지ᄂᆡ려 ᄎᆞᄋᆞ 웅닌으로 더브러 ᄂᆞ려가시므로, 대왕의 ᄒᆡᆼ거를 영졉지 못ᄒᆞ니, 졍히 녕ᄇᆡᆨ시 태ᄉᆞ부로 나아가 상견코져 ᄒᆞ엿더니, 만니 ᄒᆡᆼ역의 구치(驅馳)ᄒᆞ신 바로 누쳐(陋處)의 욕님(辱臨)ᄒᆞ시니, 후은(厚恩)이 다감(多感)ᄒᆞ나 불안ᄒᆞᆷ도 업지 아니토소이다.” 【42】

“승상이 니어 만니 ᄒᆡᆼ역○[을] 무ᄉᆞ히 ᄒᆞ믈 닐ᄏᆞ라니, 오왕이 흔연 답샤(答謝)ᄒᆞ고, 이의 죵용히 담화ᄒᆞᆯᄉᆡ, 웃고 왈,

“달문과 달보ᄂᆞᆫ 항쥬 갓다 ᄒᆞ거니와, 달평은 이실 ᄃᆞᆺᄒᆞ거ᄂᆞᆯ 효문이 엇지 불너뵈지 아니시ᄂᆞ뇨?”

진왕 곤계 즉시 창·셰 냥닌을 브ᄅᆞ려 ᄒᆞ거ᄂᆞᆯ, 오왕이 쇼왈,

“냥형이 쇼뎨로 더브러 년인지분(連姻之分)의 두터옴만 아니라, 셰의(世誼) 교분(交分)이 불범(不凡)ᄒᆞ니, 엇지 셩장치 못ᄒᆞᆫ ᄋᆞᄃᆞᆯ인들 못 볼 일이 이시리오. 모로미 다 불너 구경케 ᄒᆞ쇼셔.”

진왕이 ᄃᆡ왈,

“대왕이 누츄ᄒᆞᆫ 돈견(豚犬)2061)을 보고져 ᄒᆞ신즉, 엇지 명을 밧드【43】지 아니리잇고?”

이의 졔공ᄌᆞ를 ᄒᆞᆷ게 나오라 ᄒᆞ니, 슈유(須臾)의 한님이 죵데(從弟) 삼십인과 기뎨 뉵인을 거ᄂᆞ려 츄진응명(趨進應命)ᄒᆞ니,

진왕 왈,

“동오왕이 니ᄅᆞ샤 여등을 보고져 ᄒᆞ시니 현알ᄒᆞ라.”

한님 등이 일시의 궤복텽명(跪伏聽命)ᄒᆞ여, 다시 니러 오왕긔 ᄌᆡᄇᆡᄒᆞᆯᄉᆡ, 읍쥬여립

2061)돈견(豚犬) : ‘개·돼지’라는 의미이나, 자신의 아들을 남에게 낮추어 이르는 말임.

(揖奏如立)2062)의 옷기슬기2063) ᄀ죽혼지라. 오왕이 스스로 몸을 움죽이믈 씌닷지 못
ᄒ여, 믄득 니러 답비ᄒ니, 진왕 곤계 가치 아니믈 닐너 왈,

"형이 셰범(世範)2064)과 연인지졍(連姻之情)2065)이 각별ᄒ믈 앗가 닐ᄋ더니, 이제
믄득 ᄋ희 등을 보미 그 졍을 밧아 통가슉질(通家叔姪)의 두【44】 터온 졍을 소(疎)
히 ᄒ니, 젼일 밋던 빅 아니라. ᄒ믈며 창·셰ᄂ 수년 젼 본 빅라. 과례(過禮)ᄅ 《더
으미∥더을 비》 업거ᄂᆯ, 엇지 고쳬(高體)혼 네ᄅ 다ᄒᄂ뇨?"

셜파의 졔ᄌ(諸子)ᄅ 명ᄒ여 안ᄌ믈 닐오니,

졔싱이 먼니 궤슬뎡좌(跪膝正坐)ᄒ여 국궁진췌(鞠躬盡瘁)2066)ᄒ니, 오왕이 진왕곤계
의 말을 답지 못ᄒ고 졔싱을 보ᄂ 놋치 여치(如痴)ᄒ여 다시옴 슯필시, 기러기 항녈
(行列)을 길게 벗쳐 화담(和淡)혼 긔상이 대상(臺上)의 넘뗘고, 슈일(秀逸)혼 풍쳐 면
젼(面前)의 가득ᄒ니, 개개히 화벽슈쥐(和璧秀珠)2067)라. 덕되(德道) 빈빈ᄒ여 승당입
실(升堂入室)이[의] 넉넉ᄒ고 팔치(八彩) 영영(盈盈)ᄒ여 긔상이 쥰미(俊邁)ᄒ니, 【4
5】 ᄎ례로 머리 지은 재 곳 한님 창닌이라. 기ᄎ(其次)ᄂ 셰린이오, 봉닌, 졍닌과 웅
닌이 졔공ᄌ뉴(諸公子類)의 뛰여나더라.

오왕이 슉시냥구(熟視良久)의 활연(豁然)이 숨을 길게 쉬고, 돈연(頓然) 경복ᄒ여 진
왕곤계의 복녹(福祿)이 둣터옴과, 졔윤(諸尹)의 탁이(卓異)ᄒ미 졈졈 더은 바ᄅ 하례ᄒ
여, 불셰긔린(不世驥驎)이 이ᄀ치 셩ᄒ믈 진졍으로 불워ᄒ니, 진왕 곤계 당치 못ᄒ믈
ᄉ샤ᄒ더라. 오왕이 홀연 탄식 왈,

"쇼뎨 싱셰의 젹앙(積殃)이 듕ᄒ여 여러 ᄌ녀ᄅ 망(亡)ᄒ고, 지존재(只存子)2068) 이
ᄌ이녀(二子二女)나, ᄎᄋ(次兒)ᄂ 샤빅(舍伯)의 계후(繼後)2069)ᄒ여 동오의 도라보닉
지 아니시【46】고, 장녀ᄂ 존문(尊門)의 입현(入見)ᄒ미 다시 오국의 도라올 긔약이
업ᄉ니, 슬ᄒ(膝下) 젹막ᄒ여 다만 일ᄌ 뿐이라. ᄎ녀ᄅ 일헌지 거의 십삼년이로ᄃᆡ, ᄉ
싱존망(死生存亡)을 망연부지(茫然不知)ᄒ니 출하리 '층봉(層峰)의 우름'2070)을 둠만

2062)읍쥬여립(揖奏如立) : 읍(揖)하고, 아뢰고, 서 있는 등의 일상의 행동거지를 이르는 말.

2063)옷기슭 : 옷자락. 옷섶.

2064)셰범(世範) : 세의(世誼). 대대로 사귀어온 정.

2065)연인지졍(連姻之情) : 사돈 간의 정.

2066)국궁진췌(鞠躬盡瘁) : 몸을 굽혀 예(禮)를 다하느라 애씀. *진췌(盡瘁); 몸이 여위도록 마음과 힘을
다하여 애씀.

2067)화벽슈쥐(和璧秀珠) : 이름난 옥과 빼어난 구슬처럼 출중한 영재(英材)들임.

2068)지존재(只存子) ; 지금 살아있는 아들.

2069)계후(繼後) : 양자를 들여 대를 잇게 함. 또는 그 양자.

2070)층봉(層峰)의 우름 : 당 나라 시인 한유(韓愈)의 층봉지통(層峰之慟)을 말함. 즉, 한유는 당 헌종(唐
憲宗) 14년 이부시랑(吏部侍郎)으로서, <논불골표(論佛骨表)>를 올려 헌종의 숭불(崇佛)을 비판하였다
가, 조주자사(潮州刺史)로 좌천되어 가족과 함께 임지로 쫓겨났다. 이 때 층봉역(層峰驛)에 이르러
12살난 딸이 병으로 죽자, 역 근처에 있는 산에다 초빈(草殯)을 하여 두었다가, 그 5년 뒤 다시 상경
하는 길에 딸의 시신을 수습하여 선산으로 이장한 일이 있었다. 이때 그는 딸의 죽음이 자신의 죄 때
문이라 하여, 슬피 통곡하며 제문 <제나녀문(祭女拏女文)>과 시(詩) <유제역량(留題驛梁)>을 짓고 애

ᄀᆞᆺ지 못ᄒᆞ여, 여러 셰월의 통졀(痛切)ᄒᆞ믄 ᄉᆞ문지엽(士門技葉)으로ᄡᅥ 누쳔ᄒᆞᆫ 곳에 ᄯᅥ러져 조션(祖先)을 쳠욕(添辱)ᄒᆞ미 무궁ᄒᆞᆫ가 슬프미 가업더니, 쟉일(昨日) 텬힝으로 오ᄋᆞ롤 도적ᄒᆞᆫ 흉인을 잡아 일장을 더으미 업시 그 말이 여ᄎᆞ여ᄎᆞᄒᆞ여, 존부 시녀 빵셤의게 오십금을 밧고 ᄑᆞᆯ미 젹실ᄒᆞ니, 쇼데 흉인을 잡아 【47】이의 니ᄅᆞ럿ᄂᆞᆫ지라. 만일 빵셤으로 관학 흉인을 ᄃᆡ케ᄒᆞ면, 쇼녀의 ᄉᆞ싱을 거의 짐작ᄒᆞᆯ ᄇᆡ오, 쇼데 ᄯᅩ 녀식을 일흔 년월을 모ᄅᆞ지 아닛ᄂᆞᆫ ᄇᆡ오, 빵셤이 녀식을 사미 이실진ᄃᆡ 그 ᄯᅴ 일을 ᄭᅴ칠지라. ᄒᆞ물며 녀식의 몸 가온ᄃᆡ 표젹(表迹)이 이셔, 비록 자라도 흐리지 아닐지라. 빵셤을 불너ᄂᆡ면 허실(虛實)을 알가 ᄒᆞᄂᆞ이다.”

진왕곤계 텽파(聽罷)의 심동ᄉᆡᆨ변(心動色變)ᄒᆞ여, 즉시 셔동(書童)을 명ᄒᆞ여 빵셤을 밧비 브ᄅᆞ라 ᄒᆞ고, 오왕을 향ᄒᆞ여 왈,

“대왕이 이 진실노 완(緩)ᄒᆞ신 셩졍(性情)이로다. 만일 녀ᄋᆞ롤 ᄎᆞᆺ즐 긔미 이셔 이【48】의 니ᄅᆞ러실진ᄃᆡ, 한훤(寒暄) 젼(前) 셤을 불너 발셔 무ᄅᆞ실 거시어ᄂᆞᆯ, 엇지 브졀업슨 셜화와 남의 돈견(豚犬)을 불너 구경ᄒᆞ고, 최후의 이말을 발ᄒᆞ시ᄂᆞ뇨?”

오왕이 녀ᄋᆞ ᄎᆞᆺ즐 ᄆᆞᄋᆞᆷ이 급ᄒᆞᄆᆡ, 도로혀 위회(慰懷)ᄒᆞᆯ 도리롤 ᄉᆡᆼ각ᄒᆞ여, 제윤을 다 불너 그 영풍(英風)을 구경ᄒᆞ고, 한님을 그윽이 ᄉᆞᆲ피ᄂᆞᆫ ᄯᅳᆺ이, 평ᄉᆡᆼ 처엄으로 보ᄆᆡ ᄀᆞ마니 죄오ᄂᆞᆫ ᄆᆞᄋᆞᆷ이, ᄌᆞ긔○○[녀ᄋᆡ] 빵셤의 어더 기른 ᄇᆡ 녀ᄋᆡ 되어, 쳔ᄒᆞᆫ 가지의 깃드리지 아니코, 출하리 한님의 소셩(小星)이 되엿ᄂᆞᆫ ᄇᆡ 월혜○○○[로 갓ᄐᆞ]므로 혜아리니, 기졍(其情)이 쳐의(悽矣)러라.

셤이 승상의 브ᄅᆞ시ᄂᆞᆫ 명을 【49】드ᄅᆞᄆᆡ, 즉시 나오니 승상이 평ᄉᆡᆼ ᄂᆡ당 시녀롤 알은 쳬ᄒᆞᄂᆞᆫ 일이 업고, 외헌으로 불너ᄂᆡ미 업ᄉᆞ므로, 금일 브ᄅᆞᄆᆡ 셤이 나와 계젼의 복명ᄒᆞ니, 오왕이 관학을 불너 갓가이 세우고, 스ᄉᆞ로 난두(欄頭)의 나와 셤을 보고 관학을 ᄀᆞ라쳐,

“능히 알아볼 소냐?”

ᄒᆞᆫᄃᆡ, 관학의 형용이 젼후 다란 사ᄅᆞᆷ이 되여시므로 즉시 ᄭᅴ닷지 못ᄒᆞ여 머뭇기롤 오ᄅᆡᄒᆞ다가, 주왈,

“쳔비 ᄎᆞ인(此人)의 거동이 잠간 ᄂᆡᆨ은 듯ᄒᆞ오나, 얼골이 ᄂᆡ도ᄒᆞ오니 젼일 아던 ᄇᆡ라 ᄒᆞ지 못ᄒᆞ올지라. 그 소ᄅᆡ나 드ᄅᆞ면 거의 ᄭᅴ【50】다ᄅᆞᆯ가 ᄒᆞᄂᆞ이다.”

오왕이 관학으로 ᄒᆞ야금 소ᄅᆡᄒᆞ여 셤을 듯게ᄒᆞ라 ᄒᆞ니, 학이 믄득 셤을 ᄃᆡᄒᆞ여 녜(禮)ᄒᆞ고 왈,

“내 형뫼(形貌) 고이ᄒᆞ여시므로 유랑이 아지 못ᄒᆞ시ᄂᆞᆫ가 ᄒᆞᄂᆞ이다.”

셤이 비로소 ᄂᆞᆺ빗ᄎᆞᆯ 곳치고 왈,

“군이 십여년 젼에 어린 ᄯᆞᆯ을 가져 ᄑᆞᆯ던 엄부 장확이냐?”

학이 손벽 쳐 왈,

통하였는데, 이를 한유의 '충봉역의 통곡'이라는 뜻의 '층봉지통(層峰之慟)'이라 부른다.

"유랑이 능히 내 소릭를 알아듯고 십여년 젼 ᄋᆞ쇼져 ᄑᆞ더 말을 몬져 닐ᄏᆞ라니 이 반다시 우리 쇼져를 보호ᄒᆞ여 길너시리니, 유랑은 밧비 닐ᄋᆞ쇼셔."

셤이 믄득 경식 왈,

"군이 엇지 젼후지언(前後之言)을 이리 다ᄅᆞ게 ᄒᆞᄂᆞ뇨? 초(初)에 군이 【51】유녀를 가져 니ᄅᆞ러 날다려 ᄉᆞ라 ᄒᆞᄃᆡ, ᄋᆞ쇼제라 닐ᄋᆞ미 업시 군의 녀ᄌᆡ라 ᄒᆞ니, 내 눈으로 수ᄎᆞ 그ᄃᆡ를 보미 이시나, 과연 군의 셩명을 모ᄅᆞ던 ᄇᆡ라. 다만 유녀의 긔질이 비상ᄒᆞ믈 경복(敬服)ᄒᆞ여 오십금을 주고 산 후, 다시 기다려 군의 셩명이나 알고져 ᄒᆞ더니, 군이 영영 족젹(足迹)을 긋ᄎᆞ니 유녀를 보호ᄒᆞ여 기ᄅᆞ나, 셩시(姓氏) 근파(根派)를 모ᄅᆞᄂᆞᆫ ᄇᆡ 되어, 그 슬허ᄒᆞ믈 참아 못볼 ᄲᅮᆫ 아니라, 표쥰(表俊)[2071]ᄒᆞᆫ 작셩(作性)이 결비쳔인(決非賤人)이니, 내 ᄒᆡᆼ각(行閣)의 두어 쳔히 기ᄅᆞ믈 앗겨, 희빈 양시긔 드려 휵양(慉養)ᄒᆞ여 십여 셰의 【52】우리 상공 한님 소셩(小星)을 삼앗ᄂᆞ니, 군이 이제 ᄎᆞᄌᆞ 니란 ᄯᅳᆺ이 이실지라. 모ᄅᆞ미 근본(根本) 셩시(姓氏)를 ᄇᆞᆰ히 닐너 사ᄅᆞᆷ으로 ᄒᆞ야금 소ᄉᆡᆼ지디(所生之地)를 알아, 텬눈(天倫)의 막힌 셜우미 업게ᄒᆞ라."

학이 미급답의 오왕이 밧비 문왈,

"아지못게라 너의 오십금을 허비ᄒᆞ여 사 기란 ᄋᆞᄒᆡ 몸 가온ᄃᆡ 무슴 표젹이 잇ᄂᆞ냐?"

셤 왈,

"가슴 가온ᄃᆡ 화엽(花葉)의 허물이 분명ᄒᆞ고, 족장의 흑ᄌᆞ(黑子)[2072] 닐곱이 잇더이다."

오왕이 듯기를 다 못ᄒᆞ여셔 심신이 황홀(恍惚)ᄒᆞ고 흉금이 막힐 듯ᄒᆞ니, 손으로 난간을 치고 봉안(鳳眼)의 신쳔(辛泉)이 어ᄅᆡ여 쳑【53】연 태식(太息) 왈,

"심지(甚哉)라! 관학 흉한이 날노ᄡᅧ 무슴 원쉬완ᄃᆡ, 나의 골육을 가져 저의 더러온 ᄌᆞ식이라 ᄒᆞ여 셤의게 금을 취ᄒᆞ뇨? 션재(善哉)라! 셤이 쳥의(靑衣)에 쳔ᄒᆞ므로ᄡᅧ 강보쇼녀(襁褓小女)를 일안(一眼)의 알아 은화(銀貨)를 앗기지 아님과, 누쳔(陋賤)ᄒᆞᆫ 곳에 바리지 아니코 지극히 무양(撫養)ᄒᆞ미, 탁셰(濁世)의 병드지 아닌 지감(知鑑)이라. 우리 부녜 ᄎᆞ은(此恩)을 능히 갑지 못ᄒᆞᆯ지라. 엇지 그몸이 남의 소셩(小星)의 굴ᄒᆞ믈 ᄒᆞᆫᄒᆞ리오."

이의 승상을 향ᄒᆞ여 왈,

"쇼뎨 불명ᄒᆞ여 져 일개 한자(漢子)[2073]를 감화치 못ᄒᆞ여, 그 작인(作因)[2074]《이‖으로》 골육을 실니(失離)ᄒᆞ미, 쇼녀(小女)로 【54】ᄒᆞ야금 쳔녀(賤女)의 ᄯᅧ러져 비록 일뉘(一縷) 보젼ᄒᆞ나, 존부 ᄎᆞ환항(叉鬟行)을 ᄎᆡ오나, ᄒᆡᆼ각(行閣) 외 쳔만인(千萬人)을

2071)표쥰(表俊) : 외모가 준수(俊秀)함.
2072)흑ᄌᆞ(黑子) : 흑색 점.
2073)한자(漢子) : '사내'를 낮잡아 이르는 말
2074)작인(作因) : 원인이 되는 행위를 함.

피치 못홀 빅어늘, 샹국의 교화덕셩(敎化德性)이 져 양낭의 밋처, 하류쳔식(下類賤息)의 우용(愚庸)ᄒ미 잇지 아니코, ᄌ비현심(慈悲賢心)이 비속탁아(非俗卓雅)ᄒ니, ᄒᆞᆫ갓 셤의 은혜 감골ᄒ믄 닐ᄋ지 말고, 군ᄌ의 교화와 셩인의 비복을 감화ᄒ미 져 ᄀᆞᆺᄐᆞᆷ을 싱각ᄒ니, 쇼뎨 관학의게 통ᄒᆞᆫ(痛恨)이 도라가지 아녀, 스ᄉ로 박덕불인(薄德不仁)이 참괴(慙愧)ᄒᆞᆫ지라. ᄉ부(士夫)2075)의 지엽(技葉)이 쳔녀의 ᄡ러지고 텬눈이 실(失)히ᄒ여 십삼년을 닐으미 되엿더니, 오늘【55】날 비로소 싱존ᄒᆞᆷ을 알아, 부녜단원(父女團圓)의 즐거오믈 펴고져 ᄒ나, 제 발셔 소셩의 모쳠(冒添)ᄒ엿다 ᄒ니, 샹국이 엄졍ᄒ시므로 쇼녀의 유해지ᄉ(有害之事)를 용납ᄒ실 빅 아니라. 혹ᄌ 쇼녀를 퇴(退)ᄒ샤 틱하(宅下)의 머므ᄅ지 아니실진ᄃ, 쇼뎨 ᄉ졍(私情)이 착급(着急)ᄒ나 샤명젼(赦命前)의 감히 보기를 ᄇ라지 못ᄒ리로소이다.”

셜파의 항뉘(行淚) 년낙(連落)ᄒ여 호슈(皓鬚)를 젹시니, 셜셜ᄒ미2076) ᄀ장 간위(肝胃)2077)를 녹이려 ᄒ니, 승상이 위ᄒ여 ᄂᆞᆺ빗ᄎᆞᆯ 곳치고 ᄉ샤 왈,

“ᄃ왕의 닐ᄋ시ᄂ 빅 희텬의 불감당(不敢當)일ᄲᅮᆫ 아니라, 쇼뎨의 가ᄋ 창닌이 수【56】년젼에 남식 잇던가 시브ᄃ, 쇼뎨 아득히 아지 못ᄒ엿더니, 금년의야 비로소 알아미 되여 샤곤(舍昆)2078)이 미돈(黴豚)2079)의 남ᄉ(濫事)를 다ᄉ리시ᄃ, 져의 방탕ᄒᆞᆫ 허물이오, 녀인의 타시 아니라 ᄒ여, 굿ᄐ여 알은 톄ᄒ미 업더니, 미돈의 슈신졔개(修身齊家) 무상ᄒ여 불힝이 고이ᄒᆞᆫ 녀ᄌ를 취ᄒᆞᆫ 연고로, 규문(閨門)이 평안치 못ᄒ여 투악(妬惡)이 발ᄒ미 쇼쇼(小小) 괴란(怪亂)이 업지 아니터니, 금일의 괴ᄉ(怪事) 발각ᄒ여 악인을 츌거(黜去)ᄒ미, 무죄자(無罪者)를 샤빅의 빈희를 맛지고, 비록 무명시(無名氏) 쇼녀의 소싱이나, 빵틱(雙胎) 냥ᄌ(兩子)를 두어 작셩이 츌【57】뉴(出類)ᄒ니, 샤빅과 희텬이 샹(常)히2080) 닐오ᄃ,

“그 싱ᄌ를 보아도 결단코 쳔녜 아니니, 필연 ᄉ문지엽(士門之葉)이라 ᄒ여 그 부모를 ᄎᆽ지 못ᄒᆞᆷ을 탄셕(歎惜)ᄒ더니, 오늘날 대왕의 만금교ᄋ(萬金嬌兒)믈 아오니, 대왕부녀의 단원ᄒᆞᆷ을 잔잡아 하례코져ᄒ나, 쏘ᄒᆞᆫ 참괴(慙愧)ᄒ미 업지 아니니, 명문지엽(名門之葉)과 쳔승귀교(千乘貴嬌)를 오ᄅ 쳔ᄒᆞᆫ 뉴(類)의 굴ᄒᆞᆷ을 뉘웃거늘, 대왕은 엇지 과도ᄒᆞᆫ 말솜으로 쇼뎨○[의] 붓그리믈 더으시ᄂ뇨? 녕녜(令女) 양시 쳐소의 이시니, 대왕이 엇지 보기를 더ᄃ시리오. 맛당히 ᄎ부 셜시의 침당의 드러가샤, 녀ᄋ와 질【58】녀를 ᄒᆞᆫ가지로 보시려니와, 쇼뎨 부ᄌᄂ 녕ᄋ의 근본을 알아시니, 빅냥뉵녜(百輛六禮)2081)로 맛기 젼은 보지 못ᄒ리니, 대왕은 부녜 상봉(相逢)후 길신(吉辰)을 갈

2075)ᄉ부(士夫) : 사대부(士大夫). 벼슬이나 문벌이 높은 집안의 사람.
2076)셜셜ᄒ다 : 활달하고 시원시원하다.
2077)간위(肝胃) : 간과 위를 함께 이른 말로 ‘마음’을 비유적으로 표현한 말.
2078)샤곤(舍昆) : 남에게 자기의 형을 겸손하게 이르는 말. =사형(舍兄). =사백(舍伯).
2079)미돈(黴豚) : ‘어리석은 돼지’라는 뜻으로, 남에게 자기의 아들을 낮추어 이르는 말. =가아(家兒). 돈아(豚兒).
2080)샹(常)히 : 항상. 보통. 늘.

히여 곳쳐 대례(大禮)를 일우고, 녕녀(令女)의 수년 빈실(嬪室)의 곤(困)턴 바를 ᄡᅵᄉᆞ쇼셔."

오왕이 미급답(未及答)의 진왕이 말을 니어 칭하ᄒᆞ고, 젼일 ᄉᆡ치믈 늣게 ᄒᆞ야 쳔승귀교(千乘貴嬌)를 금ᄎᆞ(金釵)2082)의 오ᄅᆡ 굴ᄒᆞ믈 ᄋᆡ돌나 ᄒᆞ며, 빵ᄋᆞ의 긔이ᄒᆞᆷ과 그 어미 츌뉴ᄒᆞ믈 닐ᄏᆞᆺ고, 당금 한님 가ᄉᆞ(家事) 편치 못ᄒᆞ여 구시ᄂᆞᆫ 여ᄎᆞ여ᄎᆞ 취치 못ᄒᆞ고, 텰시ᄂᆞᆫ 초에 ᄌᆞ실노 취ᄒᆞ여 ᄇᆡᆨᄒᆡᆼ(百行)이 구비【59】ᄒᆞᄃᆡ, 임의 ○[원]위(元位)○[를] 뎡치 못ᄒᆞᆫ 즈음이니, 기의(旣爲) 한님이 비록 빙ᄎᆡ(聘采) ᄇᆡᆨ냥(百兩)의 취ᄒᆞᆫ ᄇᆡ 아니미 아니나, 치발(齒髮)이 니지 못ᄒᆞ여셔 상봉ᄒᆞ여시나 처엄으로 녕녀를 만나시니, 이ᄂᆞᆫ 곳 조강(糟糠)이오, 겸ᄒᆞ여 냥ᄌᆡ 이셔 옥슈경지(玉樹瓊枝)2083) ᄀᆞᆺᄐᆞᆯ ᄲᅮᆫ 아니라, 다란 부인은 아직 ᄌᆞ식을 두미 업고, 창ᄋᆡ 몬져 난 바로 계부 종장(宗長)을 뎡치 아니코, 부졀업시 다란 부인의 소ᄉᆡᆼ을 기다려 형데 ᄎᆞ례를 어긔워, 아오로ᄡᅥ 종ᄌᆞ(宗子)를 삼고 형으로ᄡᅥ 무용지인(無用之人)을 삼으미, 괴란(乖亂)2084)ᄒᆞᆫ 변(變)이믈 닐ᄏᆞ라, 엄시의 근본이 명문지엽(名門之葉)과 쳔【60】승지녀(千乘之女)로 닐오지 말고, 향속(鄕俗) 한미ᄒᆞᆫ 녀ᄌᆡ라도, 그 셩시를 안 후ᄂᆞᆫ 창닌의 상원비(上元妃)를 삼으려 ᄒᆞ던 바를 닐너, 금일 태ᄉᆞ부로 다려가 쇽쇽히 길월냥신(吉月良辰)을 ᄐᆡᆨᄒᆞ여, 뉵네(六禮)를 구ᄒᆡᆼ(俱行)ᄒᆞ믈 닐ᄏᆞ를ᄉᆡ, 말ᄉᆞᆷ이 의리의 당연ᄒᆞ여 듯ᄂᆞᆫ 쟈로 ᄒᆞ야금 다란 의논이 업슬ᄲᅮᆫ 아니라, 엄시를 빵셤이 알아본 명감(明鑑)과 원대ᄒᆞᆫ 지식(知識)이 쇽인(俗人)의 ᄇᆞ라지 못ᄒᆞᆯ 바ᄂᆞᆫ 닐오지 말고, 죄루 즁의도 양희와 빵셤을 주어 보호케 ᄒᆞᆫ ᄇᆡ, 덕이 두터오니, 오왕의 활냥대도(闊量大度)의 장뷔나, 엇지 녀ᄋᆞ의 일신명되(一身命途) 쳔【61】ᄒᆞ던 거술 ᄀᆞᄇᆡ야이 ᄒᆞᆫᄒᆞ며, 진왕과 승상의 지극ᄒᆞᆫ 후의를 밧드지 아니리오. 이의 ᄑᆞᆯ흘 드러 샤례 왈,

"엄ᄇᆡᆨ경이 무ᄉᆞᆫ 사ᄅᆞᆷ이완ᄃᆡ 대왕과 상국의 이ᄀᆞᆺᄐᆞᆫ 덕의(德義)를 감골치 아니리오. 맛당히 명을 밧들녀니와, 쇼네 하류쳔녀(下流賤女)의 휵양(慉養)으로ᄡᅥ 범ᄇᆡᆨ(凡百)이 용우비아(庸愚卑阿)ᄒᆞ리니, 제 엇지 감히 달평의 ᄂᆡ상(內相)을 참예ᄒᆞ여 원위(元位)를 당ᄒᆞ리오. ᄎᆞᄉᆞ의 다ᄃᆞ라ᄂᆞᆫ 여란 복이 손(損)ᄒᆞ고, 원간 사ᄅᆞᆷ이 지극히 쳔(賤)ᄒᆞ다가

2081)ᄇᆡᆨ냥뉵네(百輛六禮) : 육례(六禮)의 예절 절차를 갖추고 수레 백량(百輛)의 성대한 의전(儀典)으로 혼례를 치름을 이르는 말. *백량(百輛); '백대의 수레'라는 뜻으로, 『시경(詩經)』「소남(召南)」편, <작소(鵲巢)>시의 '우귀(于歸) 백량(百輛)'에서 유래한 말이다. 즉 옛날 중국의 제후가(諸侯家)에서 혼례를 치를 때, 신랑이 수레 백량에 달하는 많은 요객(繞客)들을 거느려 신부집에 가서, 신부을 신랑집으로 맞아와 혼례를 올렸는데, 이 시는 이처럼 혼례가 수레 백량이 운집할 만큼 성대하게 치러진 것을 노래하고 있다. *육례(六禮); 전통혼례의 여섯 가지 의례. 납채(納采), 문명(問名), 납길(納吉), 납폐(納幣), 청기(請期), 친영(親迎)을 이른다.

2082)금ᄎᆞ(金釵) : ①금비녀. ②첩(妾)을 달리 이르는 말. *형차(荊釵); '가시나무로 만든 비녀'란 뜻으로, 자기의 아내를 남에게 낮추어 일컫는 말.

2083)옥수경지(玉樹瓊枝) : 재주가 빼어나게 뛰어난 사람을 비유해서 이르는 말. 옥수(玉樹)나 경지(瓊枝)는 다 같이 '재주가 뛰어난 사람'을 이르는 말이다.

2084)괴란(乖亂) : 사리에 어그러져 어지러움.

불의(不意)에 존귀(尊貴)ᄒᆞᆫ 것도 길되(吉兆) 아니니, 쇼뎨의 ᄇᆞ라믄 달평의 부빈(副嬪) ᄒᆞᆫ 자리를 허【62】ᄒᆞ여, 그 일싱을 안뎡이 지ᄂᆡ고져 ᄒᆞᄂᆞ니, 외월(猥越)ᄒᆞᆫ 의ᄉᆞ를 ᄂᆡ지 아닛ᄂᆞ이다."

진왕이 함쇼(含笑) 왈,

"대왕은 진실노 잔 곡졀이 만흔 셩픔이로다. 임의 부녜 상봉 희ᄉᆡ(喜事) 긔특(奇特)ᄒᆞ니 몬져 녕녀를 보아 깃브믈 펴고, 조초[2085] 아둥의 의논을 드러 녕녀를 빙치(聘采) ᄇᆡᆨ냥(百輛)으로 도라보닐 ᄯᆞ름이라. ᄒᆞ물며 신낭신뷔 서어ᄒᆞᆫ 부부간이 아니라, 발셔 싱싱의 길흘 여러 슬상의 닌벽(驎璧)[2086]을 유희ᄒᆞ니, 원앙(鴛鴦)이 녹슈(綠水)의 놀고 비취(翡翠) 연지(蓮池)의 깃드리믈 어드리니, 져의 가ᄉᆞ(家事)ᄂᆞᆫ 부뷔 녜로 모든 후 져희 ᄊᆡ둣도록 ᄒᆞ리라. 대왕의 념【63】녀ᄒᆞᆫ[ᄒᆞᆯ] ᄇᆡ며, ᄯᅩᄒᆞᆫ 창닌다려 부빈 ᄒᆞᆫ 자리를 빌니라 청ᄒᆞᆯ ᄇᆡ리오. ᄒᆞ물며 아둥이 창닌의 남ᄋᆞ를 칙ᄒᆞ고 녕녀를 두호ᄒᆞ미 업ᄉᆞ니, 형이 무어ᄉᆞᆯ 감격다 ᄒᆞ고 샤례를 일위ᄂᆞ뇨? 쇼뎨 언단(言端)이 서어ᄒᆞ고, 형의 셩졍을 잠간 알므로 늉은대혜(隆恩大惠)를 칭샤치 못ᄒᆞ나, ᄆᆞ음의 감골ᄒᆞ미야 노형(老兄) ᄒᆞᆫ 사ᄅᆞᆷ 아ᄅᆡ 아니라."

승상이 ᄯᅩ 불감ᄒᆞ믈 샤례ᄒᆞ며, 손ᄋᆞ(孫兒) 냥인의 ᄎᆞ례를 어긔오지 못ᄒᆞᆯ 바로, 엄시 임의 원위밧 나지 아닐바를 닐ᄏᆞᆺ고, 셰린 즁닌을 도라보아 왈,

"여둥이 맛당히 존빈을 밧드러 부용【64】각의 드러가 녀부(女婦)로 ᄒᆞ야금 알현케 ᄒᆞ라."

냥싱이 슈명ᄒᆞ고 니러나ᄆᆡ, 오왕이 ᄯᅩ 녀ᄋᆞ를 볼 ᄯᅳᆺ이 급ᄒᆞ여 ᄲᆞᆯ니 니러날ᄉᆡ, 한님의 손을 잡고 왈,

"텬늒을 단원ᄒᆞ여 부녜 얼골 반길 ᄆᆞ음이 급ᄒᆞ여, 달평의 지극ᄒᆞᆫ 덕의를 샤례치 못ᄒᆞ거니와, 우리 부녀로 ᄒᆞ야금 오ᄂᆞᆯ날 상봉ᄒᆞᄂᆞᆫ 희ᄉᆡ 이시ᄃᆡ, 거릿ᄭᅵᆫ 근심이 업게 ᄒᆞ믄 달평의 주미라. 녀식이 비록 죽지 아냐시나 달평의 거두미 업던들, 그 쳔누ᄒᆞ미 장ᄎᆞᆺ 엇더ᄒᆞ리오. 고로 내 너의 은혜를 감골ᄒᆞ노라."

한님이 공경 손사(遜辭)ᄒᆞ나 화벽의 근본【65】이 너모 혁혁 존귀ᄒᆞ믈 도로혀 깃거 아냐, 혜오ᄃᆡ, 내 절노 더브러 만나던 날브터 만일 부모를 ᄎᆞ즌죽, 문지고하(門地高下)[2087]ᄂᆞᆫ 의논 말고 원위로 놉히려 ᄒᆞ엿더니, ᄀᆡ약지 아닌 명문화엽(名門花葉)을 모ᄅᆞ고 져의 귀부(貴富)에 ᄯᆞᄅᆞ여 그런가 넉일지라. 엇지 나의 ᄯᅳᆺ을 빗최리오. 너모 부귀 훤혁(烜赫)ᄒᆞ믈 깃거 아니ᄒᆞ나, 오ᄂᆞᆯ날 근본 셩시를 쾌히 알아 저로 ᄒᆞ야금 텬늒이 나믄 ᄒᆞᆫ이 업고, 빵ᄋᆞ의 작셩을 져바지리 아냐, 당당ᄒᆞᆫ 졍실 소싱으로 힝세ᄒᆞᆯ 바를 만심흔희(滿心欣喜) ᄒᆞ더라.

오왕이 셰린 둥으로 부용각의 니ᄅᆞ니 즁【66】닌 쳐 엄시 이의와 셜시로 더브러

2085)조초 : 좇아. 따라. 뒤따라.
2086)닌벽(驎璧) : '천리마와 아름다운 옥'이란 뜻으로로 '재주가 빼어난 아들'을 비유적으로 이르는 말.
2087)문지고하(門地高下) : 대대로 내려오는 그 집안의 사회적 신분이나 지위의 높고 낮음..

하당영지(下當迎之)홀시, 오왕이 반기는 늣추로 냥질(兩姪)을 보니, 냥인이 의장을 소담(素淡)이 ᄒᆞ고 보혜(寶鞋)를 ᄭᅳ어 마ᄌᆞ니, 예약경홍(禮若驚鴻)2088)이오 침약유룡(沈若遊龍)2089)이라.

왕이 희긔 완연ᄒᆞ여 승당ᄒᆞ니 이 쇼졔 ᄌᆡᄇᆡ(再拜)ᄒᆞ고 별ᄂᆡ존후(別內尊候)를 뭇ᄌᆞ오니, 오왕이 좌슈로 셜시의 손을 잡고, 우슈로 엄시의 손을 잡아 왈,

"슉질지정(叔姪之情)이 엇지 부녀(父女)의 감(減)ᄒᆞ리오마는, 여등이 각각 부가(夫家)의 이셔 수히 반기지 못ᄒᆞ니, 우슉의 친히 오믄 십삼년 막혓던 부녀지졍(父女之情)을 풀고져 ᄒᆞᄂᆞ니, 여등은 골육지친(骨肉之親)이 이의 이시【67】믈 아ᄂᆞ냐?"

이 쇼졔 경아(驚訝)ᄒᆞ여 뭇ᄌᆞ온ᄃᆡ, 오왕이 일흔여ᄋᆞ 월혜 윤한님 소셩(小星)이 되여 이의 이시믈 대강 닐ᄋᆞ고, 쌜니 빵셤을 불너 녀ᄋᆞ를 다려오라 ᄒᆞ니, 셜·엄 이쇼졔 텽미파(聽未罷)의 대경대열(大驚大悅)ᄒᆞ여, 일튁지상(一宅之上)의 골육지친이 머므ᄃᆡ, 피ᄎᆞ(彼此) 아득히 아지 못ᄒᆞ여 졍을 펴지못ᄒᆞᆫ ᄋᆡ다ᄅᆞ믄 닐오도 말고, 화벽의 위회(位號) 한님의 금ᄎᆞ지녈(金釵之列)의 이셔 명문화엽(名門花葉)이 욕되고, 쳔승지녀(千乘之女)의 일일도 당치못홀 ᄇᆡ믈 슬허 눈물을 머금고, ᄉᆞᄉᆞ로 몸이 니는 줄 ᄭᆡ닷지 못ᄒᆞ여 왈,

"쇼질 등이 몬져 지【68】친의 졍을 붉히고 다려오리이다."

왕 왈,

"둘히 다 나간즉 빈 방의 심ᄉᆡ 무류ᄒᆞ니, ᄒᆞ나흔 머믈나."

셜시는 도로 안고, 엄시 쌜니 봉션당의 니르니, 시(時)의 엄쇼졔 화벽이 일병(一病)이 침엄(沈嚴)ᄒᆞ여 통셰 졈졈 더으ᄃᆡ, 셰월만 흐ᄅᆞ고 부모를 ᄎᆞᆺ지 못ᄒᆞ여 근본 셩시도 모ᄅᆞ는 인즁금쉬(人中禽獸)될가 망극통졀(罔極痛切)ᄒᆞ니, ᄌᆞ긔 윤한님의 장니(掌裏)의 잇는 몸이 아니면, 출하리 녀화위남(女化爲男)ᄒᆞ여 녹발(綠髮)이 은ᄉᆞ(銀絲)되기를 그음ᄒᆞ여 부모를 ᄎᆞᆺ고져 ᄒᆞ나, 능히 임의치 못ᄒᆞ야 심담(心膽)이 촌활(寸割)ᄒᆞ니, 출하리 몸이 스러져 셜우믈 닛고져 ᄒᆞ는 가온ᄃᆡ, 【69】몽됴(夢兆)는 밤마다 심신(心身)을 요동(搖動)ᄒᆞ니, ᄌᆞ긔 부친이라 ᄒᆞᄂᆞ 니를 몽즁의 만나본즉, 당당ᄒᆞᆫ 위의와 뇽ᄌᆞ봉질(龍姿鳳質)의 탁월ᄒᆞᆫ 의표(儀表)로 덕이 츌어외모(出於外貌)ᄒᆞᆫ 재(者), ᄆᆡ양 ᄌᆞ긔를 븟드러 녀ᄋᆡ(女兒)라 칭ᄒᆞ며 십삼년을 영영(永永) 실니(失離)ᄒᆞ여 죽은가 통도(痛悼)ᄒᆞ던 바를 닐너, 서로 슬허ᄒᆞ다가 ᄭᆡ친즉 남가일몽(南柯一夢)이라. ᄌᆞ연 심회(心懷) 요동(搖動)ᄒᆞ여 슬프미 층가(層加)ᄒᆞ더니, 오늘날을 당ᄒᆞ여 빵셤이 밧그로셔 드러와 만면희긔(滿面和氣)로 즐거온 소ᄅᆡ 젼도급거(顚倒急遽)2090)ᄒᆞ야, 동오왕의 즉금 관학을 다리고 와 녀ᄋᆞ를 ᄎᆞᄌᆞ 텬눈을 단원코져 ᄒᆞ는 바의, 【70】관학이 도적ᄒᆞ여다가 져의게 오십금을 밧고 푼 쇼져는 곳 벽낭이오, 벽낭은 곳 동오왕의 귀쥬(貴主) 엄시라 ᄒᆞ여, 오왕

2088)예약경홍(禮若驚鴻) : 예(禮)를 차림이 놀란 기러기 같다는 말.
2089)침약유룡(沈若遊龍) : 침착하기가 노는 용(龍)과 같다는 말.
2090)젼도급거(顚倒急遽) : 엎어지고 넘어지며 몹시 서둘러 급작스러운 모양.

이 쇼져 신상표젹(身上表迹)을 무러 가슴의 화엽지흔(花葉之痕)과 족쟝칠흑ᄌᆞ(足掌七黑子)를 듯고 의심 업시 ᄌᆞ긔 쳔금쇼교(千金小嬌) 줄 알고, 통도비졀(痛悼悲切)ᄒᆞ던 바를 갓초 젼ᄒᆞᄆᆡ, 스ᄉᆞ로 즐겨 춤출 듯, 쳔가지 즐거옴과 만가지 깃브미 모양 업기의 밋ᄎᆞ니, 하놀을 우러라 쇼져의 부모 ᄎᆞᄌᆞ믈 샤례ᄒᆞ고, 좌우로 다힝ᄒᆞ믈 젼ᄒᆞ니, 그 거동이 실셩홈 ᄀᆞᄐᆞ여 도로혀 아모란 상(狀)이 업서시니, 엄시 또 셤의 입을 ᄇᆞ라 그 말이 진짓 【71】 말이믈 ᄭᆡ닷지 못ᄒᆞ고, 심신이 요요(遙遙)ᄒᆞ여 젼후 곡졀을 뭇고져 ᄒᆞ나, 양희 겻ᄒᆡ 이셔 ᄎᆞ언을 듯고 즐기미 셤으로 일반이라.

오왕의 ᄒᆞ던 말을 무러 쇼졔 의심 업시 동오국군 녀ᄌᆞ믈 알고, 믄득 몸을 니러 절ᄒᆞ여 왈,

"쇼져의 존귀ᄒᆞ시미 일국 군왕의 만금쇼괴(萬金小嬌)시로ᄃᆡ, 시운(時運)이 부졔(不齊)ᄒᆞ여, 초년 명되(初年命途) 험흔(險釁)ᄒᆞ시미 셰상의 업ᄉᆞᆫ 경계를 당ᄒᆞ신지라. 쳡이 ᄆᆡ양 쇼져의 만고무비(萬古無比)ᄒᆞ신 셩덕광휘(聖德光輝)를 우러라, 고금을 역상(曆象)ᄒᆞ여도 쇼져 ᄀᆞᄐᆞᆫ 작품(作稟)이 업ᄉᆞ믈 혜아려, 나죵이 존귀로오실 줄 지 【72】 긔(知機)ᄒᆞ여시나, 엇지 오왕 뎐하 쳔금농쥬(千金弄珠)시믈 뜻ᄒᆞ며, 오늘날 텬눈이 단원ᄒᆞ실 바를 ᄉᆡᆼ각ᄒᆞ여시리잇가? 이 젼혀 쇼져의 달효지셩(達孝之誠)이 샹텬(上天)을 감동ᄒᆞ샤, 단원(團圓)의 합(合)이 이ᄀᆞᆺ치 ᄲᆞ라도소이다."

엄시 년망(連忙)이 ᄇᆡ샤 왈,

"쳡이 삼ᄉᆡᆼ(三生)의 젹악(積惡)이 특듕(特重)ᄒᆞ야 징벌이 강보(襁褓)의 화란(禍亂)이 텬눈을 실니ᄒᆞ여 소ᄉᆡᆼ지디(所生之地)를 모ᄅᆞ미 되니, 인뉴(人類)의 참예(參預)치 못홀 바는 닐오도 말고, 금슈(禽獸)의도 날 ᄀᆞᄐᆞ 니 업거놀, 희빈과 은뫼(恩母) 휵양ᄒᆞ샤, 십삼년 두터온 은덕이 일신의 덥혓ᄂᆞᆫ지라. 근본을 모ᄅᆞᄂᆞᆫ 죄인이 몬져 인눈 【73】 을 참예키를 당ᄒᆞ여, 엇지 일누(一縷)를 ᄭᅳᆺ지 못ᄒᆞ여시리오마ᄂᆞᆫ, 참아 은모와 희빈의 덕의를 져바리지 못ᄒᆞ여, 오놀날ᄭᆞ지 투ᄉᆡᆼ(偸生)ᄒᆞ더니, 은모의 젼ᄒᆞᄂᆞᆫ 말을 듯건ᄃᆡ, 심신이 황홀ᄒᆞ여 인간 소식과 진짓 말이믈 ᄭᆡ닷지 못ᄒᆞ거놀, 희빈이 엇지 이러ᄐᆞᆺ 과례로ᄡᅥ 지극ᄒᆞᆫ 친ᄋᆡ지의(親愛之義)를 도로혀 소(疎)히 ᄒᆞ시ᄂᆞ니잇고? 쳡이 셜ᄉᆞ 텬눈을 단원ᄒᆞ여 야야(爺爺)의 좌하(座下)의 졀ᄒᆞ믈 엇고, 근본이 쳔비(賤卑)키의 갓갑지 아닐지라도, 의모와 희빈을 ᄇᆞ라ᄂᆞᆫ 경은 젼후 변치 아니리니, 쳥컨ᄃᆡ 【74】 날 보믈 ᄒᆞᆫ갈ᄀᆞᆺ치 ᄒᆞ쇼셔."

말이 맛지 못ᄒᆞ여셔, 엄쇼졔 시녀로 더브러 벽을 향ᄒᆞ여 ᄂᆞ즉이 절ᄒᆞ고, 밧비 집슈(執手) 오읍 왈,

"쇼뎨ᄂᆞᆫ 츄밀ᄉᆞ 엄공의 계네(季女)니, 져져로 더브러 죵형ᄆᆡ간(從兄妹間)이오, 계부(季父) 오왕의 쟝네(長女) 태우 슉슉(叔叔) ᄌᆡ실이시니, 져져와 동ᄐᆡ장ᄋᆡ(同胎長兒)[2091]라. 동긔연지(同氣連枝)[2092]와 골육지친(骨肉之親)이 일ᄐᆡᆨ즁(一宅中)의 머믈미

2091)동ᄐᆡ장ᄋᆡ(同胎長兒) : 같은 어머니의 태(胎) 속에서 태어난 쌍둥이 가운데서 먼저 태어난 아이.

그 몃 셰월이리오마는, 피ᄎᆡ 아득히 ᄭᆡᄃᆞᆺ지 못ᄒᆞ여, 동긔의 ᄌᆞ별ᄒᆞᆫ 졍을 ᄭᆡ치지 못ᄒᆞ니, 이 ᄯᅩᄒᆞᆫ 져져의 시운(時運)이 부졔(不齊)ᄒᆞᆫ 연괴라. 금일 계뷔 부녀의 뉸(倫)을 ᄇᆞᆰ히샤 텬셩의 친을 다 ᄒᆞ【75】고져 ᄒᆞ시ᄆᆡ, 쇼뎨 등이 비로소 골육지친(骨肉之親)이믈 알아 슬프고 다힝ᄒᆞ미 교극(交戟)[2093]ᄒᆞ니, 이 심회(心懷)를 다 펴지 못ᄒᆞᆯ지라. 계뷔 즉금 셜뎨 침소의 계샤 져져를 기다리시ᄂᆞ니, 져져는 ᄲᆞᆯ니 현알(見謁)ᄒᆞ샤, 텬뉸(天倫)의 남은 ᄒᆞᆫ이 업게 ᄒᆞ쇼셔.”

엄시 죵뎨(從弟)의 말을 드ᄅᆞᄆᆡ 비로소 동오왕이 ᄌᆞ긔 부친이믈 ᄭᆡ다라나, 심신(心身)이 의황(疑遑)ᄒᆞ니 도로혀 측냥치 못ᄒᆞ고, 취요(醉擾)[2094]ᄒᆞ여 진실ᄒᆞ믈 아지 못ᄒᆞ더라. 【76】

2092)동긔연지(同氣連枝) : 같은 부모에게서 태어난 형제자매남매. *동기(同氣); 형제와 자매, 남매를 통틀어 이르는 말. *연지(連枝); 한 뿌리에서 난 이어진 가지라는 뜻으로, 형제자매를 비유적으로 이르는 말.

2093)교극(交戟) : 창을 엇갈리게 맞댄다는 뜻으로, ‘싸움’을 이르는 말.

2094)취요(醉擾) : 취하여 어지러움.

윤하뎡삼문취록 권지ᄉᆞ십삼

ᄎᆞ시 화벽이 엄시 죵뎨(從弟)의 말을 드ᄅᆞᄆᆡ, 비로소 동오왕이 ᄌᆞ긔 부친이믈 ᄭᆡ다ᄅᆞ나, 심신(心身)이 의황(疑遑)ᄒᆞ니, 도로혀 측냥치 못ᄒᆞ고 취요(醉擾)ᄒᆞ여 진실ᄒᆞ믈 아지 못ᄒᆞ니, ᄒᆞᆫ갓 엄소져의 손을 잡고 효셩빵광(曉星雙光)의 징패(澄波) 징동(爭動)ᄒᆞ여, 능히 소ᄅᆡᄅᆞᆯ 일우지 못ᄒᆞ다가, 날호여 가ᄉᆞᆷ을 어라만져 긔운을 ᄂᆞ리오고, 셤을 향ᄒᆞ여 왈,

"셰간의 부모ᄅᆞᆯ ᄯᅥ나고 ᄌᆞ식을 일흔 재 ᄒᆞ나 둘히 아니나, 은뫼 나ᄅᆞᆯ 어더 기ᄅᆞᄆᆡ 오왕뎐해 녀ᄋᆞ 일흐실 시졀의 일월을 긔록【1】ᄒᆞ여 닛지 아니실 ᄃᆞᆺᄒᆞ니, 다시 알아오라."

셤이 돈슈 왈,

"쇼져ᄂᆞᆫ 실노 의심도 만흐셔이다. 모년 월일의 관학이 쇼져ᄅᆞᆯ 다려 나의게 오십금을 밧고 ᄑᆞ랏거ᄂᆞᆯ, 이제 오왕 뎐해 관학을 잡아 젼후ᄉᆞᄅᆞᆯ ᄇᆰ히 알아시고, 나ᄅᆞᆯ 불너 학과 ᄃᆡ질(對質)ᄒᆞ여 의심이 업ᄉᆞᆯ ᄲᅮᆫ 아니라, 족쟝칠흑ᄌᆞ(足掌七黑子)와 가ᄉᆞᆷ의 화엽지흔(花葉之痕)이 쇼져밧게 ᄯᅩ 뉘 이시며, 학이 쇼져ᄅᆞᆯ 다려다가 주거ᄂᆞᆯ 길너시니, 금(今)의 의심업시 되엿거ᄂᆞᆯ 엇지 현알ᄒᆞ믈 지지(遲遲)ᄒᆞ시ᄂᆞ니잇고?"

엄시 ᄯᅩ 닐오ᄃᆡ,

"져져ᄂᆞᆫ 궁극ᄒᆞᆫ 념녀ᄅᆞᆯ 마라【2】시고 텬뉸지졍(天倫之情)을 다ᄒᆞ쇼셔."

쇼졔 헛튼 운발(雲髮)을 ᄯᅳ리치고 의상(衣裳)을 녀ᄆᆡ여, 즉시 죵뎨로 더브러 부용각의 나아올ᄉᆡ 빵셤이 죵후(從後)ᄒᆞ니라. 엄쇼졔 화벽으로 더브러 부용각의 니ᄅᆞ니, 셜쇼졔 즁계의 ᄂᆞ려 서ᄅᆞ 닛그러 지친동긔(至親同氣)의 졍을 닐오며, ᄒᆞᆫ가지로 승당ᄒᆞᄆᆡ 셰린 즁닌은 밧그로 나아가고, 왕이 몸이 니ᄂᆞᆫ ᄉᆡ 업시 난두의 비겨 기다리미 ᄀᆞᆫ졀ᄒᆞᆫ지라. 쇼졔 ᄲᆞᆯ니 승당ᄒᆞ여 부왕 슬하의 ᄌᆡᄇᆡᄒᆞ고, 톄읍실셩(悌泣失性)ᄒᆞ믈 ᄭᆡ닷지 못ᄒᆞ니, 오왕이 그 졀ᄒᆞ믈 미처 기다리지 못ᄒᆞ야 ᄲᆞᆯ니 집슈무ᄋᆡ(執手撫愛)ᄒᆞ고, 【3】편편(翩翩)ᄒᆞᆫ 광슈(廣袖)로 경영(瓊英)2095)ᄒᆞᆫ 셰신(細身)을 나오여2096) ᄲᆞᆯ니 졉면(接面)ᄒᆞᄆᆡ, 영웅의 긔상이 셜셜(屑屑)ᄒᆞ고2097) 장부의 항뉘(行淚) 비비(霏霏)ᄒᆞ니, 실셩뉴체

2095)경영(瓊英) : ①옥의 일종. ②'매화'를 달리 이르는 말. ③옥이나 꽃처럼 아름다운 것을 이르는 비유적 표현. 여기서는 '옥처럼 꽃처럼 아름답다'는 뜻.

2096)나오여 : 나아오게 하여,

2097)셜셜(屑屑)ᄒᆞ다 : 자잘하다. 잘게 부서지다. 자질구레하다. 구차하다.

(失性流涕)ᄒᆞ여 말솜을 일우지 못ᄒᆞᆯ식, 쇼졔 옥슈로 부왕의 광슈를 븟들고, 엄안을 우러라 기리 익읍뉴체(哀泣流涕) 왈,

“불초익(不肖兒) 션셰 죄악이 심듕(深重)ᄒᆞ여 강보의 친싱지디(親生之地)를 실산(失散)ᄒᆞ옵고, 쳔누(賤陋)이 싱장ᄒᆞ오미, 일누잔쳔(一縷殘喘)2098)이 능히 보젼ᄒᆞ와 지우금일(至于今日)의 엄안을 뵈오니, 셕식(夕死)나 무ᄒᆞᆫ(無恨)이로소이다.”

옥셩(玉聲)이 낭연(朗然)ᄒᆞ고 틱되 졀승(絶勝)ᄒᆞ여 광염이 찬난ᄒᆞ니, 왕이 블승익련ᄒᆞ여 다 【4】 만 어라만져 위로ᄒᆞ며, 밧게 거장(車帳)을 슈습ᄒᆞ여, 나려 태ᄉᆞ부로 가려ᄒᆞᆷ믈 닐오고, 즉시 외당의 나와 제공으로 더브러 니별ᄒᆞᆯ식, 왕이 빵ᄋᆞ(雙兒)를 어라만져 그 영형셕대(英形碩大)ᄒᆞᆷ믈 ᄉᆞ랑ᄒᆞ나, 한님이 봉안이 시슬(視膝)2099)ᄒᆞ여 숣피지 아니ᄒᆞ니, 왕이 쇼왈,

“부ᄌᆞ텬셩은 인지샹졍(人之常情)이라. 달평의 믹몰ᄒᆞ미 고이ᄒᆞ도다.”

호람휘 쇼왈,

“손익 아직 삼오(三五)를 넘지 못ᄒᆞᆫ 바로, 즉금 혼녜를 의논ᄒᆞᄂᆞᆫ 신낭이 되여 ᄌᆞ식을 교무(交撫)ᄒᆞ미 가증(可憎)ᄒᆞᆯ가 ᄒᆞ노라.”

오왕이 크게 웃고, 빵ᄋᆞ를 슬상의 올니며 왈,

“아모 인ᄉᆞ 모로ᄂᆞᆫ 가온ᄃᆡ도 【5】 텬셩이 유동(流動)ᄒᆞ여 각별 ᄯᅥ로고져 ᄒᆞ나, 여뷔(汝父) 인졍이 업서 ᄌᆞ익 져근지라. 너희 십년을 그리ᄒᆞ고 안ᄌᆞ셔도 그 아비 눈드러 보믈 엇지 못ᄒᆞᆯ지라. 어셔 가ᄌᆞ.”

ᄒᆞᆫᄃᆡ, 호람휘 왈,

“대왕이 빵ᄋᆞ 모ᄌᆞ를 긔특이 상봉ᄒᆞᆫ 바로, 인졍이 ᄌᆞ연 금일은 모ᄌᆞ를 다려 가려니와, 혹ᄌᆞ 길일이 더딜진ᄃᆡ 빵ᄋᆞ를 오릭 존부의 두지 못ᄒᆞ리니, 수히 도라보ᄂᆡ라.”

왕이 명ᄃᆡ로 ᄒᆞᆷ믈 닐캇고, 이의 녀ᄋᆞ를 직촉ᄒᆞ며 빵ᄋᆞ를 다려 도셩으로 드러갈식, 진왕 곤계 명일 회샤(回謝)ᄒᆞᆷ믈 닐캇고, 한님 군죵형데 하당 빅 【6】 송(拜送)이러라.

엄쇼졔 월혜 셜·엄 이쇼져로 졍회를 펴지 못ᄒᆞ고, 부왕이 거장(車帳)의 올으믈 직촉ᄒᆞ니, 양희를 총총이 비별(拜別)ᄒᆞ고, 셜·엄으로 손을 난흘식, 결연(缺然)ᄒᆞᆷ믈2100) 닐ᄏᆞ라 수히 도라오믈 원ᄒᆞ고, 빵셤이 장부인긔 엄시를 다려 셩ᄂᆡ로 드러가믈 알외니, 부인이 화벽의 근본이 혁혁ᄒᆞᆷ과 죵형의 녀ᄌᆞ믈 더욱 든든코 깃거, 빵셤으로 ᄒᆞ야금 엄시긔 젼어 왈,

“고부(姑婦)의 은의(恩誼)로 닐오지 말고, 지친(至親)의 ᄌᆞ별ᄒᆞᆫ 졍으로 몬져 얼골을 보고져 ᄒᆞ나, 셜니 도라가ᄂᆞᆫ 힝거(行車)를 더ᄃᆡ오지 못ᄒᆞ여 후회(後會) 【7】 쉬오믈 닐캇고, 존당 위태부인으로브터 뉴부인이 화벽의 근본이 혁혁ᄒᆞ믈 만심 희열ᄒᆞ여, ᄯᅩ ᄒᆞᆫ 말솜을 브쳐 텬뉸이 단원ᄒᆞᆫ 희ᄉᆞ(喜事)를 치하ᄒᆞ고, 빅냥대례(百輛大禮)2101)로 도

2098)일누잔천(一縷殘喘) : 한 가닥 실오라기처럼 남아 있는 가녀린 목숨.
2099)시슬(視膝) : ①시선이 무릎을 향함. 시선이 무릎을 향하도록 눈을 내려 뜸. ②시선을 단정히 가짐.
2100)결연(缺然)ᄒᆞ다 : 섭섭하다. 서운하다.

라오ᄂᆞᆫ 션풍아ᄐᆡ(仙風雅態)ᄅᆞᆯ ᄯᅴᄒᆞᆯ 거시므로, ᄉᆞᄉᆞ로이 보지 못ᄒᆞ미 결연ᄒᆞᄆᆞᆯ 닐너 위무(慰撫)ᄒᆞ미 극진ᄒᆞ고, 합문상해(闔門上下) 흔흔환열(欣欣歡悅)ᄒᆞ여 한님의 가ᄉᆞᆼ(家事) 셩젼(成全)케 되ᄆᆞᆯ, 서로 닐너 힝심치 아니리 업ᄉᆞᆫ지라.

엄쇼제 졍당 젼어(傳語)와 장부인 젼어ᄅᆞᆯ 공경ᄒᆞ여 듯ᄌᆞᆸ고, 졍당을 우러러 망ᄇᆡ(望拜)ᄒᆞ고, 거교(車轎)의 올ᄋᆞ믜, 경낭 등이 뒤ᄒᆞᆯ 좃고 오왕이 【8】호ᄒᆡᆼ(護行)ᄒᆞ여 엄태ᄉᆞ 부ᄅᆔᆼᄋᆡ 니ᄅᆞ니, 관학이 몸 우ᄒᆡ ᄉᆞ죄(死罪)ᄅᆞᆯ 시러시나 쇼져의 싱존ᄒᆞᄆᆞᆯ 쳔만 쾌열(快悅)ᄒᆞ여, 몬져 태ᄉᆞ부의 도라와 왕의 부녜 상봉ᄒᆞ여 도라오ᄂᆞᆫ 소유(所由)ᄅᆞᆯ 고ᄒᆞ여시므로, 쇼져의 거교(車轎) 문에 다ᄃᆞ라니 일가 상해(一家上下) 환셩이 믈 ᄭᅳᆯ ᄐᆞᆺᄒᆞ여 힝심(幸心)이 극의(極矣)니, 슉질형뎨 졍을 닐을 거시 이시리오.

왕이 밧비 쇼져의 거교ᄅᆞᆯ 압셰워 ᄂᆡ쳥의 드러오믜, 윤태우 부인이 황망이 거장(車帳)을 들고, 월혜쇼져의 손을 잡아 승당ᄒᆞ믜, 두 슉부모와 졔죵(諸從)이며, 엄공ᄌᆞ 창이 좌우젼후로 븟드러 슬 【9】프믜 교극(交極)ᄒᆞ니, ᄭᅮᆷ인가 의아ᄒᆞ고, 야ᄃᆡ(夜臺)2102)의 도라간 사ᄅᆞᆷ을 일원 ᄃᆞᆺ 황홀ᄒᆞ미 극ᄒᆞ니, 상봉희ᄉᆡ(相逢喜事) 즐거온 거시 젹으미 아니로ᄃᆡ, 지난 바ᄅᆞᆯ 혜아려 코ᄒᆡ ᄉᆡ고 간상(艱狀)을 ᄉᆡᆼᄎᆞᆯ ᄭᆡᄃᆞᆺ지 못ᄒᆞ니, 두 슉부와 졔죵이 장부의 셕장(石腸)이나 촌촌참연(寸寸慘然)ᄒᆞ니, 영웅의 눈물이 ᄀᆞ비야이 ᄯᅥ러지고, 군ᄌᆞ의 긔상이 셜셜(屑屑)ᄒᆞ여 일장오읍(一場嗚泣)ᄒᆞᄆᆞᆯ 마지 아니니, ᄒᆞ믈며 션혜 쇼져의 악ᄒᆞᆫ 심졍과 아의 참잔(慘殘)ᄐᆞᆫ 형상을 목도ᄒᆞ여, ᄌᆞ긔 당치 아닌 사ᄅᆞᆷ으로 알젹도 참졀ᄒᆞ미 심곡의 ᄆᆡ쳣던 비오, 동긔년지(同氣連枝)의 지 【10】극ᄒᆞᆫ 셩우(誠友)로ᄡᅥ 일ᄐᆡᆨ지ᄂᆡ(一宅之內)의 여러 셰월을 지닌 비로ᄃᆡ, 서로 ᄭᆡᄃᆞᆺ지 못ᄒᆞ여 졍을 펴지 못ᄒᆞ고, 금일 텬우신됴(天佑神助)ᄒᆞ여 긔특이 상봉ᄒᆞᄆᆞᆯ 어드나, 모비(母妃) 슬하의 졀ᄒᆞᄆᆞᆯ 엇지 못ᄒᆞ고, 강보의 실니ᄒᆞ여 남의 문하(門下) 쳥의양낭(靑衣養娘)에 혹양을 《밧듬∥받음》과 허다 간익(艱厄)을 격그믈 ᄉᆡᆼ각ᄒᆞ니, 오열비읍(嗚咽悲泣)ᄒᆞ여 소ᄅᆡ 나믈 ᄭᆡᄃᆞᆺ지 못ᄒᆞ고, 창이 ᄯᅩ흔 울물 면치 못ᄒᆞ더니, 왕이 이ᄋᆞᄅᆞᆯ 가로안고 ᄌᆞ녀의 우룸을 긋치라 ᄒᆞ며, 냥형 부부긔 고 왈,

"쇼뎨 월ᄋᆞᄅᆞᆯ 아조 실니(失離)ᄒᆞ여 ᄉᆞᄉᆡᆼ을 미가분(未可分)이러니, 오ᄋᆞ의 복되 【11】믜 타문 비ᄌᆞ의 혹양(慉養)을 밧으나 몸을 쳔누(賤陋)ᄒᆞᆫ ᄃᆡ 바리지 아녀, 긔특이 대현(大賢)을 상봉ᄒᆞ여 이런[러]ᄒᆞᆫ ᄡᅡᆼ벽(雙璧)을 두어시니, '삼죵(三從)의 의탁(依託)'2103)이 잇ᄂᆞᆫ지라. 쇼뎨 월ᄋᆞ의 평ᄉᆡᆼ을 다시 넘녀ᄒᆞᆯ 거시 업ᄉᆞ니, 이 즐거오믈 엇지 ᄡᅥ 언어로 다 ᄒᆞᆯ 비리잇고? 녀ᄋᆞᄅᆞᆯ ᄎᆞᄌᆞ 텬눈이 단원ᄒᆞ고, 부녜 즐거온 얼골노 ᄯᅱᄒᆞ니, 관학이 통흔(痛恨)ᄒᆞᆫ 거시 풀닐 ᄲᅮᆫ 아니라, 덕문(德門) 하ᄇᆡ(下輩)ᄂᆞᆫ 그 쥬인의 교화ᄅᆞᆯ 인ᄒᆞ여, 쳥의(靑衣)에 혼용무식(昏庸無識)ᄒᆞᄆᆞᆯ 버서나 지감이 명쳘ᄒᆞ고, 의긔 과인

2101) 빅냥대례(百輛大禮) : 수레 백대의 위의(威儀)를 갖춘 성대한 혼례.

2102) 야ᄃᆡ(夜臺) : 무덤. 저승.

2103) 삼죵(三從)의 의탁(依託) : 삼종지탁(三從之託). 예전에, 여자가 따라야 할 세 가지 도리를 이르던 말. 어려서는 아버지를, 결혼해서는 남편을, 남편이 죽은 후에는 자식을 따라야 하였다.

ᄒᆞ믈 보건ᄃᆡ, 관학 ᄒᆞᆫ자(漢子)의 궁흉극악(窮凶極惡)ᄒᆞ【12】미 제 죄 아니오 나의 실덕이 크며, 교홰 힝치 못ᄒᆞᆯ시2104) 탁연(卓然)2105)ᄒᆞᆫ지라. ᄌᆞ고로 학2106)쟈(者)를 샤(赦)ᄒᆞ여 죽이지 아니려 ᄒᆞᄂᆞ이다."

태ᄉᆞ와 츄밀부뷔 슬프믈 뎡(定)ᄒᆞ여, 비로소 눈을 드러 쇼져 모ᄌᆞ를 보며, 좌즁이 ᄒᆞᆫ가지로 찰시(察視)ᄒᆞᄆᆡ, 이 믄득 텬디슈ᄆᆡᆨ(天地秀脈)을 온젼이 거두워 일월정화(日月精華)를 즈레 아ᄉᆞ시니, 만고를 역상(曆象)ᄒᆞ고 금셰의 광구(廣求)ᄒᆞ나 이 ᄀᆞᆺ튼 풍용긔질(風容氣質)이 잇지 아닐지라. ᄒᆞᆫ갓 안뫼(顔貌) 쇄락(灑落)ᄒᆞᆯ ᄲᅳᆫ 아니오, 덕긔(德氣) 현셩(見成)ᄒᆞ고 품질(稟質)이 녕신(靈神)ᄒᆞ니, ᄐᆡ셩(胎成)ᄒᆞ미 일개 부인이로ᄃᆡ, 호호(浩浩)ᄒᆞ여 텬디쥬장(天地主掌)을 어【13】더시며, 의의(猗猗)ᄒᆞ여 물(物)의 조화를 가져시며, 경운오ᄎᆡ(慶雲五彩) 됴요(照耀)ᄒᆞ니, 그 어질미 신명(神明)을 방블(彷彿)ᄒᆞᆫ지라.

빵ᄋᆞ의 닌봉ᄌᆞ질(麟鳳姿質)과 뇽표일안(龍豹一眼)이 ᄌᆞ연 그 부(父)를 습(襲)ᄒᆞᄆᆡ, 쇽ᄋᆞ(俗兒)와 ᄂᆡ도ᄒᆞ니, 즁목(衆目)이 대경(大驚) 참지(參之)2107) 왈,

"져 이ᄋᆡ(二兒) '쥬종(周宗)의 창셩'2108)ᄒᆞ믈 긔약ᄒᆞ리니, 관학 ᄒᆞᆫᄌᆞ(漢子)의 작해(作害)ᄒᆞ미 도로혀 ᄇᆡᆨ년가연(百年佳緣)을 완젼ᄒᆞᆯ 길ᄉᆡ(吉事)랏다."

인ᄒᆞ여, 빵ᄋᆞ를 돌녀가며 슬상(膝上)의 교무(交撫)ᄒᆞ고 쇼져의 션풍아ᄐᆡ(仙風雅態)를 눈주어 정신이 취요(醉擾)ᄒᆞ니, 입마다 칭찬ᄒᆞ고 눈주어 쇼져 모ᄌᆞ를 우러라 완경(玩景)을 삼아시니, 오왕이 쾌ᄒᆞ고 깃【14】브미 ᄀᆞ득ᄒᆞ여, 호람후와 진왕 곤계의 ᄒᆞ던 말을 일일히 젼ᄒᆞ고, 수히 녜를 일우고져 ᄒᆞ던 바를 이형긔 고ᄒᆞ니, 태ᄉᆞ와 츄밀이 더욱 깃거 왈,

"월혜ᄂᆞᆫ 임의 창닌의 가인(佳人)이라. 져집 말ᄌᆡ 부실(副室)노 마ᄌᆞ려 ᄒᆞ여도 우리 도리의 염고(厭苦)치 못ᄒᆞ리니, ᄒᆞ믈며 당당ᄒᆞᆫ 원군(元君)으로 취ᄒᆞ미냐. 맛당히 길일을 ᄐᆡᆨᄒᆞ여 뉵녜(六禮)를 일우라."

왕이 흔흔 응ᄃᆡᄒᆞ고 쇼이ᄃᆡ왈(笑而對曰),

"녀ᄋᆞ의 풍용긔질이 용쇽(庸俗)지 아닌들, 윤가 ᄎᆞ환 항(行)을 면ᄒᆞ여 창닌의 소셩이 되엿던 바로, 불의에 원비(元妃) 되미 엇지 외람치 【15】아니리잇고? 쇼뎨 창닌으로ᄡᅥ 셩현 긔상(氣像)을 셩닌을 당치 못ᄒᆞᆯ가 ᄒᆞ엿더니, 금일 보건ᄃᆡ 수년 ᄉᆞ이 언건굉위(偃蹇宏威)ᄒᆞ미 더으고, 침듕단묵(沈重端默)ᄒᆞ여 대현군ᄌᆞ의 위의 ᄀᆞᄌᆞ시니, 아모

2104)-ㄹ시 : (예스러운 표현으로) 추측한 내용을 나타내는 말 뒤에 붙어, '분명하다' 따위의 말의 주어가 되게 하는 연결 어미. '-ㄹ 것이', '-ㄴ 것이'에 가까운 뜻이다. ='-ㄹ 것이'.

2105)탁연(卓然) : 매우 분명함. 확연함. 여럿 가운데서 빼어나게 우뚝함.

2106)학 : '관학'을 말함.

2107)참지(參之) : 가담하다. 참여하다. 함께하다.

2108)쥬종(周宗)의 창셩 : 중국 주(周) 나라 왕실의 태임(太姙)과 태사(太姒)가 문왕(文王), 무왕(武王)과 같은 성군(聖君)을 낳아 주나라 왕실을 창성케 한 것처럼, 화벽의 두 아들이 윤씨 가문을 창성케 할 것이라는 말. *주종(周宗); 중국 주나라 왕실을 이르는 말.

리 보아도 셩닌만 못ᄒᆞᆫ 곳이 업ᄉᆞᆫ지라, 쾌희(快喜)ᄒᆞ미 측냥업서이다.”

냥공이 맛당ᄒᆞ믈 닐ᄏᆞᆺ고, 모다 빵셤을 불너 쇼제 흑양ᄒᆞᆫ 은혜를 셩히 닐ᄏᆞᆺ고 찬양ᄒᆞ니, 셤이 도로혀 불안 황송ᄒᆞ믈 니긔지 못ᄒᆞ더라.

윤태우 부인과 엄공직 슬프믈 참고, 비로소 월혜쇼져의 통도(痛悼)ᄒᆞ믈 위로ᄒᆞ고, 동긔의 졍을 펼【16】시, 남ᄆᆡ 삼인의 면목이 서로 방블ᄒᆞ여, ᄃᆡᄒᆞ여 화벽(和璧)2109)이 셔ᄋᆡ(瑞靄)를 토ᄒᆞ고, 혜쥐(慧珠)2110) 상광(祥光)을 ᄡᅴ엿ᄂᆞᆫ ᄃᆞᆺ, 고하(高下)를 뎡치 못ᄒᆞᄃᆡ, 션혜쇼져ᄂᆞᆫ 뇨뇨(姚姚)ᄒᆞᆫ 긔질이 교결쳥아(皎潔淸雅)ᄒᆞ믈 겸ᄒᆞ여 쇄연(灑然)이 진ᄐᆡ(塵態)를 버ᄉᆞᄆᆡ, 타연(泰然)ᄒᆞ여 혜셩(慧性)이 난슉(爛熟)ᄒᆞ며 담연(淡然)ᄒᆞᆫ 거동이 도즁션(圖中仙)2111) ᄀᆞᄐᆞ니, 너모 《슉긔∥쇽긔(俗氣)》를 머므지 아니ᄒᆞ미, 표연이 우화(羽化)ᄒᆞᆯ ᄃᆞᆺᄒᆞᄃᆡ, 월혜쇼져ᄂᆞᆫ 화ᄒᆞᆫ 긔운이 만홰(萬花) 방농(方濃)ᄒᆞᆫ ᄃᆞᆺ, 규구쥰승(規矩準繩)2112)이 좌우의 ᄀᆞᄌᆞᆨᄒᆞ니, 엄연(儼然)ᄒᆞᆫ 군왕(君王)이라. 풍용덕질이 션화쇼져긔 더으미 잇고, 창의 경앙경일지풍(景仰擎日之風)2113)이 【17】만니장히(萬里長海) ○[의] 완완블낙(緩緩不落)ᄒᆞ여 일ᄇᆡᆨ진ᄋᆡ(一百塵埃)를 �고 교요(皎曜) ᄂᆞᄌᆞᆨᄒᆞ여, 남녀의 작품(作稟) 긔셩(氣性)이 잠간 ᄀᆞᆺ지 아닐지언뎡, 풍용어셩(風容語聲)이 만히 방불ᄒᆞ니, 오왕과 태ᄉᆞ공은 이 남ᄆᆡ 삼인을 압히 두ᄆᆡ, ᄉᆞᄉᆞ로 먹지 아니나 ᄇᆡ 브ᄅᆞ고, 두굿거옴과 아름다오미 웃ᄂᆞᆫ 입을 주리지 ○[못]ᄒᆞ거ᄂᆞᆯ, 츄밀 부부의 깃그미 친녀를 일헛다가 긔특이 ᄎᆞᄌᆞᆷ ᄀᆞᄐᆞ여, 귀듕ᄒᆞᆫ 졍을 니긔지 못ᄒᆞᄃᆡ, 홀노 살2114)흘 결어2115) 바로 창을 �고져 ᄒᆞ며, 불인(不仁)ᄒᆞᆫ 심지 월혜 ᄎᆞᄌᆞ믈 깃거 아니ᄆᆞᆫ, 태ᄉᆞ 부인 최시라.

질녀 냥인은 ᄌᆞ긔게 【18】간셥지 아니니 ᄆᆡ온 일이 업ᄉᆞᄃᆡ, 창의 동긔믈 통ᄒᆞᆫᄒᆞ고, 그 작셩긔질이 ᄌᆞ긔 이녀의 ᄇᆡ승(倍勝)ᄒᆞ믈 ᄆᆡ이 넉이니, 고ᄃᆡ 삼인을 분쇄코져 ᄠᅳᆺ을 품고, 것ᄎᆞ로 어진 빗출 두어 쇼져를 탐탐(耽耽) 귀듕(貴重)ᄒᆞ며 무궁히 년ᄋᆡ(憐愛)ᄒᆞ미 친녀의 더으니, 윤태우 부인은 그 교식(矯飾)ᄒᆞ미 이 ᄀᆞᄐᆞ믈 근심되이 넉이나, 오히려 ᄌᆞ긔 남ᄆᆡ를 므러너흘고져2116) ᄒᆞᄂᆞᆫ 바를 ᄭᆡ닷지 못ᄒᆞᄃᆡ, 월혜쇼제 사일츄광(斜日秋光)2117)을 엷프시 흘니ᄂᆞᆫ 바의 ᄭᆡᄃᆞᆺ지 못ᄒᆞᆯ 일이 업ᄉᆞ므로, 최부인이 결단ᄒᆞ

2109)화벽(和璧) : 명옥(名玉)의 일종. 전국시대 초(楚)나라 변화씨(卞和氏)의 옥(玉)으로, ‘완벽(完璧)’, ‘화씨지벽(和氏之璧)’ 등으로 불리기도 한다. 그 후 이 ‘화벽’은 조(趙)나라 혜문왕(惠文王)의 손에 들어갔으나, 이를 탐내는 진(秦)나라 소양왕(昭襄王)이 진나라 15개의 성(城)과 이 옥을 교환하자고 한 까닭에 '연성지벽(連城之壁)'이라는 이름이 붙기도 하였다.

2110)혜쥐(慧珠) : 『법화경(法華經)』에 나오는 귀한 보배. 즉 ‘어떤 장자가 아들의 옷에 값을 따질 수 없는 매우 귀한 보배 구슬을 넣어 주었는데, 이 아들이 이 사실을 모르고 구걸하며 다녔다.’는 이야기가 있다.

2111)도즁션(圖中仙) : 그림 가운데 있는 신선.

2112)규구쥰승(規矩準繩) : ①목수가 쓰는 ‘그림쇠, 자, 수준기, 먹줄’을 통틀어 이르는 말. ②일상생활에서 지켜야 할 법도.

2113)경앙경일지풍(景仰擎日之風) : 하늘을 우러르며 솟아오르는 태양과 같은 풍채.

2114)살 : 화살.

2115)결다 : 갈다. 날카롭게 날을 세우거나 표면을 매끄럽게 하기 위하여 다른 물건에 대고 문지르다.

2116)므러너흘다 : 물어뜯다. *너흘다; 물어뜯다. 씹다.

여 됴흔 사름이 아니오, 그 미우의 살긔(殺氣) 어릭여【19】시며, 혜 모질믈 보건딕 사름이 그 해를 만날 줄 짐작ᄒᆞ여, 그으이 공구(恐懼)ᄒᆞ며 창을 위ᄒᆞ여 ᄆᆞ음이 불쾌ᄒᆞ더라.

날이 어두오ᄆᆡ 촉을 니어 부ᄌᆞ형뎨 야심토록 텬뉸을 단원ᄒᆞ믈 깃그며, 빵ᄋᆞ를 어라만져 ᄋᆡ듕ᄒᆞ더니, 공지 두 부친 취침ᄒᆞ시믈 청ᄒᆞ여 뫼셔 밧그로 나가니, 윤태우부인이 월혜쇼져를 잇그러 침소로 도라와, 모비 서찰을 뵈여 슈젹(手迹)이나 알게ᄒᆞ며 일장을 새로이 통도비졀ᄒᆞ여, ᄋᆡ뤼(哀淚) 죵힝(縱橫)ᄒᆞ여 보협(輔頰)2118)을 젹실 ᄲᅮᆫ이러니, 션혜쇼졔 스ᄉᆞ로 가ᄉᆞᆷ을 어라만져 【20】슬프믈 진뎡ᄒᆞ고, 누얼을 신셜ᄒᆞᆫ 연유를 무ᄅᆞ니, 쇼졔 미급답에, 빵셤이 젼후 곡졀을 ᄒᆡ비(該備)2119)히 고ᄒᆞ여, 구시라 ᄒᆞᄂᆞᆫ ᄇᆡ 경가 간녜(奸女)오, 녕능이라 ᄒᆞᄂᆞᆫ ᄇᆡ 녀가 요인(妖人)이믈 주ᄒᆞ고, 간인의 죄악이 발각ᄒᆞᄆᆡ, 쇼져의 신셜이 쾌ᄒᆞ믈 닐ᄏᆞ라ᄆᆡ, 대쇼졔 기리 탄왈,

“아뎨(我弟) 명되 강보(襁褓)로브터 험흔긔구(險釁崎嶇)ᄒᆞ여, 거셰(去歲) 화란이 갓초 비상ᄒᆞᆯᄉᆞ록, 양셔모와 그딕 은혜 산고ᄒᆡ활(山高海闊)ᄒᆞ니, 금셰의 다 갑지 못ᄒᆞᆯ지라. 맛당히 ᄎᆞᄉᆡᆼ(次生)의 갑기를 ᄉᆡᆼ각ᄒᆞ노라.”

빵셤이 불감ᄒᆞ믈 닐ᄏᆞᆺ고, 오파ᄂᆞᆫ 관학이 【21】사지 못ᄒᆞᆯ진딕 ᄒᆞᆫ가지로 죽기를 결ᄒᆞ엿다가, 오왕이 아직 그 죄를 다ᄉᆞ리지 아닐 ᄲᅮᆫ 아니라, 샤(赦)ᄒᆞᆯ 의논이 이시므로 잠간 ᄆᆞ음을 뎡ᄒᆞ나, ᄎᆞ쇼져를 보ᄆᆡ 스ᄉᆞ로 몸 우히 ᄉᆞ죄를 지은 ᄃᆞᆺ, 붓그려 말을 못ᄒᆞ고, ᄒᆞᆫ갓 슬허ᄒᆞᆯ ᄯᆞᄅᆞᆷ이니, ᄎᆞ쇼졔 형의 ᄀᆞ라치므로 유뫼(乳母)란 바를 알아 도로혀 위로ᄒᆞ더라.

냥쇼졔 연침(連枕)ᄒᆞ여 서로 손을 잡고 살흘 어라만져 귀듕ᄒᆞᆯᄉᆞ록, ᄌᆞ모를 ᄉᆡᆼ각고 눈물이 봉침(鳳枕)2120)을 젹시니, ᄎᆞ쇼졔 왈,

“쇼뎨 비록 윤부 ᄎᆞ환항(叉鬟行)을 면치 못ᄒᆞ여실지라도, 인뉸셰ᄉᆞ(人倫世事)를 출【22】히지 아냐실진딕, 명뉸(命倫)이 단원(團圓)ᄒᆞᄂᆞᆫ 날이라도 본국의 도라가, 모비(母妃)를 뫼셔 반의(斑衣)2121)에 즐거오믈 다ᄒᆞᆯ ᄲᅮᆫ 아니라, ᄒᆞᆫ 조각 신뉘(身累) 업ᄉᆞ니 사름을 ᄃᆡᄒᆞ나 붓그러오미 업ᄉᆞᆯ 거시로딕, 명도의 긔구ᄒᆞᆷ과 시운(時運)의 다험(多險)ᄒᆞ미 나히 미처 이뉵(二六)이 다ᄃᆞᆺ지 못ᄒᆞ여셔, 몸이 쳔잉깅참(千仞坑塹)2122)의 ᄲᅥ러져 잇더니, 이제 텬뉸(天倫)이 단원(團圓)ᄒᆞᆯᄉᆞ록 쇼뎨의 무지명완(無知冥頑)ᄒᆞ미 지금 사랏ᄂᆞᆫ ᄇᆡ, ᄂᆞᆺ치 달호이고 말이 막히니, 창ᄒᆡ연파(滄海漣派)2123)를 다 거ᄒᆞᆯ너 ᄲᅵᆺ고져

2117)사일츄광(斜日秋光) : 비스듬히 내려쬐는 가을 햇빛. 또는 그러한 햇빛 같은 눈빛..
2118)보협(輔頰) : 뺨.
2119)ᄒᆡ비(該備) : 넉넉히 갖춤.
2120)봉침(鳳枕) : 봉황의 모양을 수놓은 베개.
2121)반의(斑衣) : ‘색동옷을 입는다.’ 는 뜻으로, 부모를 기쁘게 하여 효도를 다함을 이르는 말. 중국 춘추 시대 초(楚)나라 사람 노래자(老萊子)가 일흔 살에도 색동옷을 입고 부모 앞에서 어린아이 짓을 하여 부모를 기쁘게 하였다는 고사(故事)에서 유래하였다.
2122)쳔잉깅참(千仞坑塹) : 천 길이나 되는 깊은 구렁텅이.

ᄒᆞ나 능히 못ᄒᆞᆯ 신뉘어ᄂᆞᆯ, 대인의 ᄠᅳᆺ을 보오미 쇼뎨로ᄡᅥ 예【23】ᄉᆞ 사ᄅᆞᆷ의 즐거온 신세ᄀᆞᆺ치 닐으샤, 새로이 녜ᄅᆞᆯ 베피 운산으로 도라보ᄂᆡ고져 ᄒᆞ시니, 일마다 쇼뎨의 ᄇᆞ라ᄂᆞᆫ ᄇᆡ 아니라. ᄒᆞ믈며 텰부인이 빙ᄎᆡ(聘采) ᄇᆡᆨ냥(百輛)으로 도라온 바의, 셩ᄒᆡᆼ(性行)이 뇨됴유한(窈窕幽閑)ᄒᆞ믄 쇼뎨 젼셜(傳說)의 듯ᄂᆞᆫ ᄇᆡ오, 져제 ᄇᆞᆰ히 알아실지라. 쇼뎨 무ᄉᆞᆷ 념치로 져ᄅᆞᆯ 두고 원군(元君)의 자리ᄅᆞᆯ 어(御)ᄒᆞ여, 져로 더브러 '하풍(下風)의 시(視)[2124]ᄅᆞᆯ 감심ᄒᆞ라 ᄒᆞ리잇가? 실노 셰렴(世念)이 머므지 아니코 만ᄉᆡ 뜬구름이라, 참아 칼과 노흘 가져 목숨을 긋지 못ᄒᆞ나, 인뉴(人類)의 츙수(充數)키ᄅᆞᆯ 원치 아닛ᄂᆞ니, 대인이 심ᄉᆞ(心思)ᄅᆞᆯ 【24】굽어 ᄉᆞᆲ피실진ᄃᆡ, ᄒᆞᆫ낫 술위의 시러 가시미 가ᄒᆞ고, 혹ᄌᆞ 머므라실지라도 운산의 도라보ᄂᆡ지 아니시미 ᄒᆡᆼ심(幸心)이라. 쇼뎨 일신을 가져 부모긔 불회 무궁ᄒᆞ고, 스ᄉᆞ로 괴롭고 슬프미 죵신(終身)의 ᄒᆞᆫ가지리니, 져져ᄂᆞᆫ 법다이 녀필죵부(女必從夫)와 션왕녜제(先王禮制)로 원부모형뎨(遠父母兄弟)ᄒᆞᄂᆞᆫ 슬픔 ᄲᅮᆫ이라. 져제 나의 심ᄉᆞᄅᆞᆯ 통쵹(洞燭)ᄒᆞ실진ᄃᆡ 야야긔 힘ᄡᅥ 간ᄒᆞ여 새로운 뉵녜의 블ᄉᆞ(不似)ᄒᆞᆫ 원군(元君) 두 ᄌᆞᄅᆞᆯ 드노치 말고, 본국으로 다려가샤 모녜 얼굴을 알아 평ᄉᆡᆼ 남은 ᄒᆞᆫ이 업게 ᄒᆞ쇼셔."

쇼제 쳑연 탄왈, 현뎨의 인【25】뉸셰ᄉᆞ(人倫世事)ᄅᆞᆯ 모ᄅᆞ고져 ᄒᆞ민들 엇지 고이ᄒᆞ리오마ᄂᆞᆫ, 일이 발셔 ᄠᅳᆺᄀᆞᆺ지 못ᄒᆞ니 만ᄉᆡ 텬명(天命)이라. 인녁(人力)으로 밋출 ᄇᆡ 아니오, 존당구고(尊堂舅姑)의 명을 역(逆)ᄒᆞ여 미온(未穩)이 넉이시미 무어시 유익ᄒᆞ리오. ᄒᆞ물며 대인이 ᄉᆞ졍(私情)을 버금ᄒᆞ시고 대의ᄅᆞᆯ 잡으시므로ᄡᅥ 웃듬ᄒᆞ시니, 현뎨 이 일노 쇄두뉴혈(碎頭流血)[2125]ᄒᆞ여 ᄋᆡ걸ᄒᆞ나 결단코 찰납(察納)지 아니시리니, 출하리 냥가 친의(親意)ᄅᆞᆯ 슌ᄒᆞᆯ ᄯᆞᄅᆞᆷ이라. 범ᄉᆞ의 이러틋 간위(肝胃)ᄅᆞᆯ 슬어[2126] 단명(短命)ᄒᆞᆯ 징됴ᄅᆞᆯ 닐오미 ᄯᅩᄒᆞᆫ 불통(不通)치 아니랴. 쇼제 상심비도(喪心悲悼)ᄒᆞ여 죵야토【26】록 읍읍타루(泣泣墮淚)ᄒᆞᄂᆞᆫ 가온ᄃᆡ나, 형뎨 침금(枕衾)을 갓가이 ᄒᆞ여 옥슈(玉手)ᄅᆞᆯ 년(連)ᄒᆞ고 화싀(花顋)ᄅᆞᆯ 겹ᄒᆞ여 지우지졍(至友之情)을 다ᄒᆞᄆᆡ, ᄌᆞ모(慈母)의 금니(衾裏) 아ᄅᆡᄅᆞᆯ 사모ᄒᆞ나, 오히려 흉장의 막힌 거시 트인 ᄃᆞᆺ 괴로이 신음ᄒᆞ던 거시 풀녀, 탐탐(貪貪)ᄒᆞᆫ 수회(愁懷)ᄅᆞᆯ 베풀고, 날이 새ᄆᆡ 왕이 드러와 ᄎᆞ녀ᄅᆞᆯ 황홀 귀듕ᄒᆞ미 인ᄉᆞᄅᆞᆯ 일키의 갓가온지라.

냥쇼제 뫼셔 말ᄉᆞᆷᄒᆞᆯᄉᆡ, 션혜쇼제 텰시ᄂᆞᆫ 뇨됴(窈窕)ᄒᆞᆫ 셩덕과 온슌ᄒᆞᆫ 인물을 닐ᄏᆞ라, 져ᄅᆞᆯ 두고 월혜로ᄡᅥ 원비(元妃)로 도라보ᄂᆡ미 가치 아니믈 주ᄒᆞ고, ᄎᆞ쇼제 부왕【27】을 뫼셔 본국으로 도라가믈 ᄋᆡ걸ᄒᆞ여, 비록 부녜 상봉ᄒᆞ나 모녜 얼골을 모ᄅᆞ믄 젼휘(前後) 다ᄅᆞ지 아니믈 닐너 졍ᄉᆞ(情私)ᄅᆞᆯ ᄋᆡ걸ᄒᆞᄆᆡ, 말ᄉᆞᆷ이 ᄀᆞᆫ졀ᄒᆞ고 셩회(誠孝) 동쵹(洞燭)[2127]ᄒᆞ야, 셕목(石木)을 요동(搖動)ᄒᆞ며 ᄉᆡᆼ쳘(生鐵)을 녹일 거시로ᄃᆡ, 왕이

2123)창히연파(滄海漣派) : '넓고 큰 바다의 잔물결'이란 뜻으로, '넓고 큰 바닷물 전체'를 이르는 말.
2124)하풍(下風)의 시(視) : 사람이나 사물의 수준 또는 질을 일정 수준보다 낮게 여김.
2125)쇄두뉴혈(碎頭流血) : 머리를 부수어 피를 흘림.
2126)슬다 : 쓿다. 거친 쌀, 조, 수수 따위의 곡식을 찧어 속꺼풀을 벗기고 깨끗하게 하다.

ᄉᆞ리 그러치 아니믈 닐너, ᄌᆞ긔ᄂᆞᆫ 오쟉 승상의 말을 조ᄎᆞᆯ ᄲᅮᆫ이오, ᄉᆞ정과 소견을 발치 못ᄒᆞ믈 닐ᄏᆞ라, 무익ᄒᆞᆫ 일에 심녀ᄅᆞᆯ 상ᄒᆡ오지 말나 위로ᄒᆞ더니, 하리 진왕곤계 니ᄅᆞ시믈 고ᄒᆞ니, 왕이 낭녀ᄅᆞᆯ 드려보ᄂᆡ고 이의 드러오믈 청ᄒᆞ여 서로 볼ᄉᆡ, 진왕곤계 다시 옴 명뉸(命倫)【28】이 단원(團圓)ᄒᆞ믈 칭ᄒᆞ고, 손ᄋᆞᄅᆞᆯ ᄂᆡ여오라 ᄒᆞ여 슬상의 교무(交撫)ᄒᆞ며 길일을 ᄐᆡᆨᄒᆞᆫ가 무ᄅᆞ니, 오왕이 미처 결을치 못ᄒᆞᆷ과 낭녀의 ᄒᆞ던 말을 젼ᄒᆞ고, 쇼녀로ᄡᅥ 한님의 부실 ᄒᆞᆫ자리ᄅᆞᆯ 허ᄒᆞ라 ᄒᆞ니, 승상이 미쇼 왈,

“어제 임의 의논을 뎡ᄒᆞ여시니 다시 곳칠 ᄇᆡ 아니오, 텰시로ᄡᅥ 가ᄋᆞ의 원위ᄅᆞᆯ 뎡치 아니믄 임의 ᄌᆡ실노 취ᄒᆞᆫ 연괴라. 초취(初娶)코져 ᄒᆞ던 구ᄋᆞ의 ᄉᆞᄉᆡᆼ(死生)을 뎡치 못ᄒᆞ고, 녕녀ᄂᆞᆫ 발셔 골육을 ᄭᅵ치고, 가ᄋᆡ(家兒) 네로 만나지 못ᄒᆞ여시나, 실은 제인을 취키 젼에 상봉ᄒᆞ믈 인ᄒᆞ여 조강(糟糠)[2128]을 【29】닐오미라. 대왕이 엇지 ᄉᆞ쇼호의(些少狐疑)ᄅᆞᆯ ᄉᆡᆼ각ᄒᆞ여 졍일(精一)ᄒᆞ신 긔상(氣像)을 일흐시ᄂᆞ뇨?”

진왕이 ᄯᅩᄒᆞᆫ 상의ᄒᆞ여 돗 우히셔 ᄐᆡᆨ일(擇日)ᄒᆞᄆᆡ 지격일삭(只隔一朔)이니 오히려 더ᄃᆡ믈 ᄒᆞᆫᄒᆞ더라.

진왕이 식부(息婦)를 나오라 ᄒᆞ여 동긔 상봉ᄒᆞ믈 칭하ᄒᆞ며,

“근간(近間)은 질셰(疾勢) 엇더ᄒᆞᆫ고?

무란ᄃᆡ, 쇼졔 부복텽교(仆伏聽教)의 긔이ᄌᆡᄇᆡ(起而再拜)ᄒᆞ고 츅쳑(踧惕)ᄒᆞ믈 씌여 공경ᄒᆞ니, 진왕 왈,

“몸을 조심ᄒᆞ여 병셰 쾌ᄎᆞᄒᆞᆫ 후 도라오라.”

ᄒᆞ고, 오왕곤계로 더브러 담화ᄒᆞ다가 날이 느ᄌᆞᄆᆡ 도라가니라.

오왕이 관학의 ᄉᆞ죄(死罪)ᄅᆞᆯ 쳑탕(滌蕩)ᄒᆞ여 아【30】이의 다ᄉᆞ리지 아니ᄒᆞ니, 학이 도로혀 아모리 ᄒᆞᆯ 바ᄅᆞᆯ 아지 못ᄒᆞ더라.

ᄌᆡ셜. 윤부의셔 엄쇼져ᄅᆞᆯ 텬뉸이 단원ᄒᆞ고 문벌이 훤혁(喧赫)ᄒᆞ여, 한님의 ᄇᆡ쳬(配妻) 맛당ᄒᆞ믈 존당 위태부인과 호람후부뷔 만심 환열ᄒᆞᄂᆞᆫ 바의, 진왕과 승상이 동오왕을 회샤(回謝)ᄒᆞ고, 그 ᄯᅳᆺ이 겸퇴(謙退)ᄒᆞ믈 위쥬(爲主)ᄒᆞ고 길일을 즐겨 ᄐᆡᆨ뎡치 아니커늘, 져의 ᄐᆡᆨ일ᄒᆞ여 보(報)키ᄅᆞᆯ 기다리지 못ᄒᆞ여 돗 우히셔 길월냥신(吉月良辰)을 갈ᄒᆡᄆᆡ 지격일월(只隔一月)ᄒᆞ믈 ᄀᆞᆺ초 고ᄒᆞ고, 위·조 이태비와 호람후부뷔 더욱 깃브믈 니긔지 못【31】ᄒᆞ여 왈,

“만ᄉᆡ ᄯᅳᆺᄒᆞ여 ᄉᆡᆼ각지 아닌 일이 만흐니, 도시 텬연(天然)과 팔ᄌᆞ(八字)밧게 나지 아닌 일이 만흔지라. 오왕의 녀ᄌᆡ 빵셤의 휵양을 밧음도 이ᄉᆡ(異事)오, 창닌이 취실 젼

2127)동촉(洞屬) : 동동촉촉(洞洞屬屬). 공경하고 조심함. 부모를 섬기고 공경하는 마음이 지극함. 『예기(禮記)』 <제의(祭義)>편의 “洞洞乎屬屬乎如弗勝 如將失之. 其孝敬之心至也與(공경하고 조심하는 태도가 마치 이기지 못하는 것 같고 잃지 않을까 조심하는 것 같아, 그 효경하는 마음이 지극하기 그지없다.)”에서 온 말.

2128)조강(糟糠) : 조강지처(糟糠之妻). 지게미와 쌀겨로 끼니를 이을 때의 아내라는 뜻으로, 몹시 가난하고 천할 때에 고생을 함께 겪어 온 아내를 이르는 말. ≪후한서≫의 <송홍전(宋弘傳)>에 나오는 말이다.

에 몬져 소셩으로 거둠도 텬뎡 긔연으로 미즈, 창ᄋᆡ의 가시 이졔야 일워, 츠례를 뎡ᄒᆞ리로다."

한상셔 부인 우시 낭낭이 웃고 텰시를 도라보아 닐오디,

"져 긔질덕셩이 무어시 부죡ᄒᆞ야, 감히 질ᄋᆡ의 원군을 ᄇᆞ라지 못ᄒᆞ고, 엄시로뻐 상원비(上元妃)를 삼아, 하풍(下風)의 시(視)를 감심케 되니, 녀ᄌᆞ되온 팔지 흔흡지 아니랴?"

하승상 부인이 【32】함쇼 왈,

"현뎨는 브졀업슨 말노 사름의 심스를 요동케 말나. 그리 아냐도 흉장의 만검(萬劍)을 서려 구곡(九曲)이 촌단(寸斷)ᄒᆞᆷ믈 씌닷지 못ᄒᆞᄂᆞ니라."

녕능공 부인이 탄왈,

"현뎨 등은 ᄆᆞ음이 그음업시 즐거오믈 인ᄒᆞ여, 사름을 촉슈(促壽)[2129]키를 위쥬ᄒᆞ거니와, 아뫼라도 텰시의 경계를 당ᄒᆞ면 일분 흔(恨)호온 의시 업지 아닐가 ᄒᆞᄂᆞ니, 하뎨 스스로 도량이 너라믈 자랑ᄒᆞ며, 우뎨 여러 젹인을 덕셩으로 거ᄂᆞ려 태스(太似)의 풍이 이시믈 ᄌᆞ부ᄒᆞ거니와, 하승상과 한상셔의 디졉이 돈연(頓然) 무심ᄒᆞ고, 몬져 취흔 바를 ᄀᆞ【33】리와 계실노 칭ᄒᆞ고, 잉희(媵姬)[2130]를 도도와 원군(元君)을 홀진디, 결단ᄒᆞ여 냥뎨 쵸스(焦思)ᄒᆞ여 발셔 일이 나시리니, 엇지 텰질의 담연무려(淡然無慮)ᄒᆞ믈 우러라 ᄇᆞ라리오."

냥부인이 낭연 대쇼 왈,

"텰시 우리게도 질부오, 져져긔도 질뷔니, ᄀᆞᆺᄐᆞᆫ 슉질의 졍이 다를 거시 업스디, 대져 형의 텰시를 스랑ᄒᆞ시믄 십분 이상흔지라. 소뎨 등이 비록 특이흔 일이 업스나, 텰시만 못흘 일은 업슬 빈니, 져졔 엇지 쇼뎨 등을 이ᄀᆞᆺ치 하ᄌᆞ히시ᄂᆞ니잇고? 져져는 텰시로뻐 하히지량(河海之量)으로 밀위시거니와, 시【34】방 투심(妬心)이 ᄀᆞ득ᄒᆞ야 복통(腹痛)을 니긔지 못ᄒᆞᄂᆞᆫ 거동이로소이다."

졔왕비 의녈(義烈)이 잠쇼 왈,

"두 아온[2131] 가히 험피(險詖)ᄒᆞ고, 셕져는 텰시를 편들미 과도ᄒᆞ니, 아모 말도 공논(公論)이 못 되리로다. 내 보믹는 텰질이 심니(心裏)의 분흔(憤恨)을 품어시나, 것인스[2132]를 잡아 ᄉᆡᆨ위안상(色威安詳)ᄒᆞ디, 대강 안광(眼光)의 노긔(怒氣)를 씌이미 젼일과 다르도다."

호람휘 대쇼 왈,

"텰 아뷔(兒婦) 아셩(亞聖)[2133]이 아니로디, 장창(臧倉)[2134]의 무리 헐기를 이러툿

2129)촉슈(促壽) : 죽기를 재촉하다시피 하여 수명이 짧아짐.

2130)잉희(媵姬) : 잉첩(媵妾). 예전에, 귀인에게 시집가는 여인이 데리고 가던 시첩(侍妾). 주로 신부의 질녀와 여동생으로 충당하였다.

2131)아온 : 아우는.

2132)것인스 : 겉으로 드러내는 인사(人事). 겉치레로 하는 인사.

ᄒᆞ니, 엇지 통ᄒᆞᆫ치 아니리오. 너희 다 각각 부정ᄒᆞᆫ 심슐노뼈 가부의 방외년낙(房外宴樂)을 싀투(猜妬)ᄒᆞ고, 젹인(敵人)을 만나【35】면 죽으량으로2135) 알믹, 나의 ᄋᆞ부를 이러틋 의심ᄒᆞᄂᆞ니라."

한상셔 부인이 ᄃᆡ왈,

"텰시 젹인(敵人)을 싀투ᄒᆞ미 아니라 당금 형셰 아모 ᄆᆞ음이라도 불평ᄒᆞ믈 면치 못ᄒᆞᆯ 거시므로, 쇼질 등이 위로코져 닐ᄋᆞ미오, 조금도 해ᄒᆞᄂᆞᆫ ᄆᆞ음이 아니올너니, 슉당이 이ᄀᆞᆺ치 그릇 알아시니 원민(怨憫)ᄒᆞ나, 발명(發明)ᄒᆞ미 브졀업ᄉᆞ온 고로, 다시 말솜을 아닐 ᄯᆞᄅᆞᆷ이로소이다."

승상이 함쇼ᄒᆞ고 텰시를 도라보니, 봉관(鳳冠)을 숙이고 션메(仙袂)2136)를 정히 지어 뎨ᄉᆞ항녈(娣姒行列)2137)의 좌를 일워시니, 아황(蛾黃)이 ᄂᆞ즉ᄒᆞ고 담연(淡然)ᄒᆞ여 문견(聞見)을 듯【36】ᄂᆞᆫ 둧 마ᄂᆞᆫ 둧, 됴흔 긔질과 닝담ᄒᆞᆫ 틱되 소월(素月)이 옥누(玉樓)의 한가ᄒᆞᆫ 둧, 츄상(秋霜)의 지란(芝蘭)이 방향(芳香)이 욱욱(郁郁)ᄒᆞ고 쳥아(淸雅)ᄒᆞ니, 승상이 ᄋᆡ련(愛憐)ᄒᆞ믈 니긔지 못ᄒᆞ야, 화연(和然)이 웃고 좌즁의 고왈,

"쇼뎨의 며ᄂᆞ리ᄂᆞᆫ 셰쇽의 만히 버서난 ᄋᆞ히라. 셕져제 그 위인을 잠간 알아시고 그 밧근 능히 아지 못ᄒᆞ시니, 오직 이 싀아비 지긔(知機)ᄒᆞᆯ ᄲᅮᆫ이라. 다시 칭찬ᄒᆞ여 무엇ᄒᆞ리잇가? 다만 하져져와 뎡져져 며ᄂᆞ리의ᄂᆞᆫ ᄋᆞ부를 밋ᄎᆞ 리 흔치 아닐가 ᄒᆞᄂᆞ니, 우믹 ᄯᅩᄒᆞᆫ 텰ᄋᆞ를 하ᄌᆞ코져 ᄒᆞ거니와 그 위인이 ᄋᆞ부를 밋ᄎᆞᆯ 날이 머【37】럿ᄂᆞ니이다."

의녈비와 하부인이 낭쇼 왈,

"현뎨 본ᄃᆡ 침일단묵(沈一端默)ᄒᆞ야 말이 헛되지 아니터니, 며ᄂᆞ리를 기ᄅᆞ믹ᄂᆞᆫ2138) 도로혀 부허(浮虛)ᄒᆞ기의 갓갑도다. 우리 졔부ᄂᆞᆫ 개개히 슉녀 명염(淑女名艶)이오, 쳘부현완(哲婦賢婉)이니, 엇지 져 용상(庸常)코 포려(暴戾)ᄒᆞᆫ 텰시만 못ᄒᆞᆯ니 이시리오."

진왕이 쇼왈,

"두 져제 텰질을 이러틋 하ᄌᆞᄒᆞ시고 각각 며ᄂᆞ리를 칭찬ᄒᆞ시거니와, 쇼뎨ᄂᆞᆫ 불초ᄒᆞᆫ 여러 ᄋᆞ둘을 두엇다가 혹ᄌᆞ 하져의 슉녀미부(淑女美婦) 연시 ᄀᆞᆺᄐᆞᆫ 거솔 어들가 듀야

2133)아셩(亞聖) : 유가(儒家)에서 맹자(孟子)를 달리 이르는 말. *맹자(孟子); 중국 전국 시대의 사상가(B.C.372~B.C.289). 자는 자여(子輿)·자거(子車). 공자의 인(仁) 사상을 발전시켜 '성선설(性善說)'을 주장하였으며, 인의의 정치를 권하였다. 유학의 정통으로 숭앙되며, '아성(亞聖)'이라 불린다.

2134)장창(臧倉) : 중국 전국시대 노(魯)나라 총신(寵臣). 노(魯) 나라 평공(平公)이 맹자를 만나 보려 하는데, 맹자가 상례(喪禮)를 전(前; 부친상)과 후(後; 모친상)를 달리 한 것을 비난하여, 맹자를 만나는 것을 막은 일이 있다. 『맹자(孟子)』 <양혜왕하(梁惠王下)편에 나온다

2135)죽으량으로 : 죽을 것으로.

2136)션메(仙袂) : 신선의 옷소매. 또는 가벼운 옷소매. 중국 당나라 때 시인 백거이(白居易)의 <장한가(長恨歌)> 風吹仙袂飄飄擧(바람이 일어 신선의 소매 표표히 들리네)에 나온다.

2137)뎨ᄉᆞ항녈(娣姒行列) : 동서(同壻)의 항렬(行列). 제사(娣姒); 형제의 아내 가운데 손아래 동서와 손위 동서.

2138)기ᄅᆞ다 : 기리다.

근심되여 ᄒᆞᄂᆞ니, 그런 쳘부명염【38】이야 우리 말지 ᄎᆞ환(叉鬟)이라타 아니 승당(承當)ᄒᆞ리잇가?"

하부인이 낭쇼 왈,

"며ᄂᆞ리 잘 엇노라 하 유복컨쳬 말나. 열다ᄉᆞᆺ ᄋᆞ돌의 ᄒᆞᆫ 놈이 두세식 엇ᄂᆞᆫ 안해를 다 긔특이 엇ᄂᆞᆫ가 두고 보리라."

왕이 대쇼 왈,

"못엇다 져져의 며ᄂᆞ리 슉녀현부 연시의셔야 작히 빅승○○[치 못]ᄒᆞ리잇가? 두고 보쇼셔."

구패 믄득 닉다라, 소시로브터 엄·경·쥬 등의 긔특ᄒᆞᆷ믈 칭찬ᄒᆞ며, 텰·셜 등의 뇨됴완혜(窈窕婉慧)ᄒᆞ미 하·뎡 이부 며ᄂᆞ리로ᄂᆞᆫ 당ᄒᆞ 리 업ᄉᆞ믈 닐ᄏᆞ라니, 의녈비 잠쇼 왈,

"우리 졔뷔 이 좌즁의 못지 아녓거니와,【39】조·장·한·화 등은 ᄒᆞᆫ층이라도 텰질의 우히 이시리니, 그 무스 거시 창닌의 안해만 못ᄒᆞ니잇고? 실노 원통ᄒᆞᆫ 말도 듯거이다."

호람휘 쇼왈,

"현질이 져만 원통홀진ᄃᆡ 맛당히 지감이 ᄇᆞᆰ은 자의게 원상(原狀)2139)을 하라. 우리 며ᄂᆞ리와 네 며ᄂᆞ리를 다 뵈여 뉘 나은고 무러보라."

의녈비 함쇼 ᄃᆡ왈,

"장·조 등 졔부ᄂᆞᆫ 녀즁셩인(女中聖人)이니 그 긔특ᄒᆞᆷ은 지자(知者)를 기다리지 아녀셔 쇼질이 ᄇᆞᆰ히 아ᄂᆞ이다."

호람휘 쇼왈,

"장·조 등이 아모리 긔특ᄒᆞ야도 나의 텰·셜 등 냥 ᄋᆞ부(兒婦)를 밋지 못ᄒᆞ리라."

의녈【40】이 닷토와 골오ᄃᆡ,

"계뷔 조시ᄂᆞᆫ 구경도 못ᄒᆞ여 계시니 그 긔특ᄒᆞᆷ믈 아지 못ᄒᆞ시거니와, 장시로 닐은들 엇지 텰·셜의 낫지 아니ᄒᆞ리잇가?"

승상이 쇼왈,

"져졔 하 착급ᄒᆞ야 ᄒᆞ시니 쇼데 소견ᄃᆡ로 고ᄒᆞ리이다. 조질은 우리 냥부의셔 ᄒᆞᆫ 층이 나을 거시오, 장질은 팔ᄌᆡ 긔특이 유복ᄒᆞ야 일즉 대현을 빅ᄒᆞ니 녀ᄌᆞ의게 지아비 ᄀᆞᄐᆞᆫ 거시 잇ᄂᆞ니잇가? 고로 보ᄃᆡ 복되미 셜ᄋᆞ부의셔 낫고, 위인은 더 낫지 못ᄒᆞ니이다."

윤비 미쇼 왈,

"현데 말이 가쇠(可笑)로다. 우리 졔부와 ᄎᆞ좌즁 졔질【41】뷔 가부(家夫)를 만나미, 뉘 장시만 못ᄒᆞ며, 어늬 ᄋᆞ히 현긔만 못ᄒᆞ리오?"

2139)원상(原狀) : 음(音)은 '원장(原狀)'임. 맨 처음에 낸 소장(訴狀)을 이르는 말.

승상이 ᄃᆡ 왈,

"의용문ᄎᆡ(儀容文彩)야 혹 현긔만ᄒᆞ닌 둘 아니 이시리잇가마ᄂᆞᆫ, 그 도덕 셩힝을 밋ᄎᆞ리 업고, 쇼뎨의 며ᄂᆞ리로 닐너도 셜ᄋᆡ 엇지 뉴유(類類)의 셩범(聖範)이 되염즉지 아니 ᄒᆞ리잇고마ᄂᆞᆫ, 가부를 그룻 만나니 그 팔ᄌᆡ 죵시히 장질을 밋츨 길히 업고, 표질(表姪) 조아ᄂᆞᆫ 가부를 만나미 비록 장시만 못ᄒᆞ나, 운긔 셰간의 특초(特超)ᄒᆞᆫ 위인이니, 그 평ᄉᆡᆼ이 영화롭다 홀거시로ᄃᆡ, 다만 ᄋᆞ부 셜ᄋᆡ 불힝이 셰린을 ᄇᆡ【42】ᄒᆞ니 일ᄉᆡᆼ이 괴로올지라. 쇼뎨 실노ᄡᅧ 셜ᄋᆞ를 앗기ᄂᆞ이다."

하부인과 의널 등 졔부인이 ᄀᆞᆯ오ᄃᆡ,

"이ᄂᆞᆫ 현뎨의 의논이 일편되도다. 향일(向日)의 셰린이 그룻 요인(妖人)을 만난 연고로, 일시 셜질을 괴롭게 ᄒᆞ나, 근일의 뉘웃ᄂᆞᆫ 뜻이 지극ᄒᆞ니, 셜질의 평ᄉᆡᆼ이 무ᄉᆞ일노 남만 못ᄒᆞ리오."

승상 왈,

"두고 보시면 아니 알아시리잇가? 셰ᄋᆞ의 인물이 마ᄎᆞᆷᄂᆡ 쳐실의게 슌편치 못ᄒᆞ리이다."

좌즁이 승상의 말솜을 고이타 ᄒᆞ야, 셜시를 너모 ᄋᆡ듕ᄒᆞᄆᆡ ᄋᆞ들을 나모라미 태과(太過)타 ᄒᆞᄃᆡ, 구패 승상【43】의 말솜이 맛당ᄒᆞ믈 닐ᄏᆞ라니, 원ᄂᆡ 구파ᄂᆞᆫ 학ᄉᆞ의 광긔픽ᄉᆞ(狂氣悖事)를 슌슌히 보며 드럿고, 근간 비록 뉘우ᄎᆞ미 이시나 맛ᄎᆞᆷᄂᆡ 그룻ᄒᆞ물 셜시의게 닐오미 업서, ᄉᆡᆨᄉᆡᆨ 엄쥰ᄒᆞ미 날노 더으믈 통한ᄒᆞ미러라.

시시의 셜쇼졔 잉틱 만월ᄒᆞ여 일개 옥동을 ᄉᆡᆼᄒᆞ니, 이 진실노 사직(社稷)의 대보(大寶)요, 국가의 졍상(禎祥)이며 죵ᄉᆞ의 경홰(慶華)요 윤시의 긔린(騏驎)이라. ᄒᆡ파(海波)의 금가마괴 2140)홀연이 ᄡᅥ러진ᄃᆞᆺ, 일쳑(一隻) ᄇᆡᆨ옥(白玉)2141)이 경운(慶雲)과 셔ᄎᆡ(瑞彩) 어ᄅᆡ여 우름 소ᄅᆡ 홍종(洪鐘)2142)을 치ᄂᆞᆫ ᄃᆞᆺᄒᆞ니, 하・장 이부인이며 졔 슉뫼 다 부용【44】각의 모다 산모를 구호ᄒᆞᄆᆡ, 강보를 가져 ᄋᆞ히를 거두고, 신ᄋᆞ(新兒)의 작셩(作性)이 이 ᄀᆺᄐᆞᆷ을 불승희열ᄒᆞ여 깃브믈 니긔지 못ᄒᆞ고, 존당 위・조 이태비와 호람후 부뷔 만심환희ᄒᆞ고, 승상이 각별 두굿기며 지극 힝열(幸悅)ᄒᆞ야 삼일이 계유 지나기를 기다려, 위태부인을 뫼시고 호람후 부부를 밧드러, 부용각의 니ᄅᆞ러 신손(新孫)을 볼ᄉᆡ, 그 작셩긔질(作性氣質)이 승어뷔(勝於父)오, 젼습(傳襲)되미 호리(毫釐)2143)도 승상의 신ᄉᆡᆼ시와 다ᄅᆞ미 {호리도} 업ᄂᆞᆫ지라. 골쉬(骨秀)2144) 쳔틱(川澤)의 어름을 ᄢᅦ서시며 형산(衡山)2145)의 벽ᄇᆡᆨ(璧白)2146)을 탁마(琢磨)ᄒᆞᆫ【45】ᄃᆞᆺ, 봉안빵광

2140)금가마괴 : 금까마귀. '해'를 달리 이르는 말. 태양 속에 세 개의 발을 가진 까마귀가 있다는 전설에서 유래한다.

2141)ᄇᆡᆨ옥(白玉) : '하얀 옥'이라는 뜻으로, '갓난 아이'를 비유적으로 이르는 말.

2142)홍종(洪鐘) : 큰 종.

2143)호리(毫釐); 길이의 단위. 매우 적은 분량을 비유적으로 이르는 말. 1호는 1리(釐)의 10분의 1로 약 0.303mm에 해당한다.

2144)골쉬(骨秀) : 골격이 빼어남.

(鳳眼雙光)이 골슈(骨秀)의 늉쥰일각지상(隆準日角之相)2147)이라.

위태부인과 호람후 부부며 승상이 만심 흔힝ᄒᆞ여 년망이 히ᄋᆞ(孩兒)를 안아 긔이ᄒᆞ믈 닐ᄏᆞᆺ고, 다시 깃븐 밧자ᄂᆞᆫ 셜시 지란(芝蘭) 약질노, 참참ᄒᆞᆫ 죄루 즁의 이셔 심녀를 허비ᄒᆞ미 극ᄒᆞ니, 분만ᄒᆞ미 근심될가 ᄒᆞ엿더니, 긔운이 셕셕ᄒᆞ고 졍신이 안한(安閑)ᄒᆞ야, 존당의 친님ᄒᆞ시믈 블승황공ᄒᆞ여 니러 마ᄌᆞ 뫼시ᄆᆡ, 녜를 잡으미 산후(産後) 허약ᄒᆞᆫ 긔운 ᄀᆞᆺ지 아니ᄒᆞ니, 승상이 환열ᄒᆞ믈 니긔지 못ᄒᆞ여 집슈 왈,

"현뷔 이 ᄀᆞᆺᄐᆞᆫ 녕ᄌᆞ를 【46】 나하 존당의 희열ᄒᆞ시믈 닐위미 지극ᄒᆞᆫ 효될 ᄲᅮᆫ 아니라, 산후 질이 업ᄉᆞ미 만힝이라. 모ᄅᆞ미 가지록 조심ᄒᆞ야 삼칠(三七)2148) 젼의 니러 단닐 의ᄉᆞ를 말나."

인ᄒᆞ여 반깅(飯羹)을 가져오라 ᄒᆞ여 그 먹ᄂᆞᆫ 수를 보고, 편히 쉬기를 위ᄒᆞ야 태부인과 호람후 부부를 뫼셔 졍당으로 도라가니, 쇼졔 비로소 신ᄉᆡᆼᄋᆞ(新生兒)를 ᄉᆞᆲ피ᄆᆡ 작셩(作性)의 비범ᄒᆞ믈 환열(歡悅)ᄒᆞ나, 나힌즉 삼오(三五)를 넘지 못ᄒᆞ여시므로 ᄉᆞ랑을 나토미 슈치ᄉᆞ(羞恥事) ᄀᆞᆺᄐᆞ여, 오직 무심무려히 볼 ᄲᅮᆫ이러니, 학ᄉᆡ 드러오ᄆᆡ 쇼졔 금니(衾裏)를 미러 안 【47】 셔히 마ᄌᆞ니, 학ᄉᆡ 날호여 좌를 뎡ᄒᆞ고 쇼져의 편히 쉬기를 쳥ᄒᆞ고 신ᄋᆞ를 보니, 진실노 소망의 과의(過矣)니, 소시의 ᄉᆡᆼᄋᆞ와 엄시의 ᄡᆞᆼᄋᆞ의 ᄂᆞ리지 아니ᄒᆞ니, 학ᄉᆡ 비록 년쇼ᄒᆞ나 부ᄌᆞᄂᆞᆫ 텬ᄉᆡᆼ지친(天生之親)이라. 신ᄉᆡᆼ의 골격이 용상(庸常)ᄒᆞ여도 오히려 믜온 거시 업ᄉᆞ려든, ᄒᆞ물며 그 작셩이질(作成異質)이 슈형긔이(秀形奇異)ᄒᆞ미리오.

일견(一見)의 환희대열(歡喜大悅)ᄒᆞ야, 만면 츈풍이 경운셔치(慶雲瑞彩)를 닛그러, 광미ᄃᆡ샹(廣眉大顙)2149)의 즐기ᄂᆞᆫ 긔운이 ᄀᆞ득ᄒᆞ니, 함쥬단슌(含珠丹唇)2150)의 호치(皓齒) 찬연ᄒᆞ여 슉시냥구(熟視良久)의 왈,

"ᄉᆡᆼᄋᆞ의 【48】 쟉인이 이러틋 비쇽(非俗)ᄒᆞ니, 이 밧 깃브미 업도다."

인ᄒᆞ여 쇼져의 손을 잡아 ᄆᆡᆨ도(脈度)를 ᄉᆞᆲ필ᄉᆡ, 삭총2151) ᄀᆞᆺᄐᆞᆫ 셤슈(纖手)와 초옥 ᄀᆞᆺᄐᆞᆫ ᄑᆞᆯ이 셤셰ᄒᆞ고 광윤(光潤)ᄒᆞ야, 흰 빗치 오ᄉᆡᆨ(五色) 션메(仙袂)의 됴요ᄒᆞᄃᆡ, '남뎐(藍田)2152) 《반벽‖빅벽(白璧)》 지환(白璧指環)'2153)을 오히려 ᄭᅵᆫ《ᄌᆡ‖치》 이시니,

2145)형산(衡山) : 중국의 오악(五岳)의 하나인 남악(南岳).으로, 호남성(湖南省) 형양시(衡陽市) 북쪽 40km 지점에 있는 산.

2146)벽빅(璧白) : 백벽(白璧). 흰 색깔을 띤 옥.

2147)늉쥰일각지상(隆準日角之相) : 코가 우뚝하여 높고 이마의 중앙의 뼈가 태양처럼 둥글고 두두룩한 얼굴로, 관상(觀相)에서 귀인의 상(相)을 이르는 말.

2148)삼칠(三七) : 삼칠일(三七日). 아이가 태어난 후 스무하루 동안. 또는 스무하루가 되는 날. 대개는 이날 금줄을 거둔다. =세이레.

2149)광미ᄃᆡ샹(廣眉大顙) : 넓은 눈썹과 큰 이마.

2150)함쥬단슌(含珠丹唇) : '구슬을 머금은 듯한 붉은 입술'이라는 뜻으로, '둥글고 붉은 입술'을 이르는 말.

2151)삭총 : 삵총. 살쾡이의 꼬리털.

2152)남뎐(藍田) : 중국(中國) 섬서성(陝西省)에 있는 산 이름으로 옥의 명산지.

학시 스스로 지환(指環)을 벗겨 왈,

"이 거슬 아니 쎠도 신상의 해 업슬 거시어늘 엇지 소셩(蘇醒)2154)흔 사름궁치 장
염(粧匳)을 궁초앗느뇨?"

말노조ᄎ 봉졍(鳳睛)을 흘녀 그 용화를 다시 숣피민, 놉고 됴흔 틱되 금당부용(金塘
芙蓉)2155)이 남풍춰우(南風驟雨)의 쳥향(淸香)을 비왓는 듯, 향셜(香雪)이 어리고 명월
【49】이 농의(弄凝)2156)ᄒ여 명광(明光)을 흘리는 듯ᄒ니, 윤셰린의 ᄆᆞᆷ이 '비기쳘
(非其鐵)이며 비기셕(非其石)'2157)이라. 일시 요인의 작해로 인ᄒ여 광망(狂妄)흔 거죄
이시나, 당ᄎ지시(當此之時)ᄒ야 뉘웃는 쯧이 아니 밋츨 곳이 업슨 바의, 쇼져의 빙힝
쳐시(冰行處事) ᄆᆞᆷ의 ᄀᆞ득히 항복(降服)되고 흡흡히 아름다오니, 엇지 황홀흔 은의
를 잘 금억(禁抑)ᄒ리오마는, 본딕 져 위인을 ᄀᆞ비야이 넉이지 못ᄒ므로, 구구(區區)히
침혹ᄒ야 위의를 일치 아니려 ᄒ여, 녕능을 닉치고 이곳에 왕닉흔 후로는, 흔낫 묵묵
흔 군지되여 언셜(言說)흠도 업【50】고, 즁니(中裏)의 ᄀᆞ득흔 졍을 발치 아니ᄒ는 비
러니, 이날 참지 못ᄒ여 '년기슬집기슈(連其膝執其手)2158)의 ᄌᆞ연 황홀ᄒ여, 어린다시
그 ᄂᆞᆺ츨 우럴고 말을 못ᄒ니, 쇼졔 부덕을 지극히 ᄒ여 조금도 함흔은노(含恨隱怒)ᄒ
미 업슨 듯ᄒ나, 즁심의 흔조각 금셕이 된 노호옴은 싱젼의 풀닐 길이 업고, 싱의 갓
가이 딕흠 곳 당ᄒ면, ᄌᆞ연 심신이 몬져 놀나오나, 침연단듕(沈然端重)ᄒ미 ᄯᅩ 남다란
고로, 일쪽 싴위(色威)를 변ᄒ미 업슨지라.

ᄂᆞ즉이 손을 쌔히고 물너 안ᄌᆞ니, 안화(顏和)의 유열(愉悅)흠과 거지(擧止)의 안상
(安詳)ᄒ미 텬연(天然) 온【51】공(溫恭)ᄒ야 ᄆᆞᆷ 속에 거리씬 거시 업슨 듯ᄒ니, 슉
묵(肅黙)흔 위의와 졍엄(正嚴)흔 긔상인죽 ᄉᆞ군ᄌᆞ(士君子) 의녈장부(義烈丈夫)의 쳘옥
단심(鐵玉丹心)이 이시니, 부월(斧鉞)이 압힉 잇고 뎡확(鼎鑊)이 좌우의 이시나, 위엄
으로 가히 져히지 못홀 거시오, 소진(蘇秦)2159) ᄌᆞ공(子貢)2160)의 구변(口辯)이 이시
나, 슌셜(脣舌)노뻐 달닉지 못홀지라.

학시 져 ᄆᆞᆷ을 ᄯᅩ 엇지 지긔(知機)치 못ᄒ리오마는, 원간 쓰리쳐 왕ᄉᆞ를 알은 체
아니려 ᄒ므로, 짐줏 미미히 웃고 그 무릅흘 침(枕)ᄒ야 누으며 왈,

"년일 존젼(尊前)의 시측ᄒ야 허리 곳으니 잠간 앏흐기를 진뎡ᄒ여 가리라."

쇼【52】졔 텽미(聽未)의 통흔(痛恨)ᄒᆞᆷ을 니긔지 못ᄒ나 ᄉᆞ싴지 아니ᄒ고, 옥안이

2153)남뎐빅벽지환(藍田白璧指環) : 중국 남전산(藍田山)에서 나는 백옥(白玉)으로 만든 가락지.
2154)소셩(蘇醒) : 중병을 치르고 난 뒤에 다시 회복함.
2155)금당부용(金塘芙蓉) : 아름답게 가꾼 연못에 피어난 연꽃. *금당(金塘); 연꽃이나 버드나무 등을 심
 어 아름답게 가꾼 연못.
2156)농의(弄凝) ; 희롱(戲弄)함.
2157)비기쳘(非其鐵) 비기셕(非其石) : 쇠도 아니고 돌도 아님.
2158)년기슬 집기슈(連其膝執其手) : 무릎을 서로 맞대고 손을 잡음.
2159)소진(蘇秦) : 중국 전국 시대의 유세가(遊說家). 산동 6국의 합종(合從)을 설득, 진(秦)에 대항했다.
2160)ᄌᆞ공(子貢) : 중국 춘추 시대 위나라의 유학자(?B.C.520~?B.C.456). 성은 단목(端木), 이름은 사
 (賜). 공문십철(孔門十哲)의 한 사람으로 언변에 뛰어났으며, 노나라와 위나라의 재상(宰相)을 지냈다.

닝담ᄒᆞ며 츄픽 ᄂᆞ즉ᄒᆞ여, 좌를 물녀 안ᄌᆞ니 학ᄉᆡ 미쇼 왈,

“부인이 슈존(雖尊)ᄒᆞ나 ᄉᆡᆼ의 슈ᄒᆡ(手下)요, ᄉᆡᆼ이 슈광(雖狂)ᄒᆞ나 부인의 모쳠냥인(冒添良人)2161)이라. ᄌᆞ고로 부부존비(夫婦尊卑) 군신일톄(君臣一體)니, 님군이 유패(有悖)나 신해 질원(疾怨)ᄒᆞ미 업ᄂᆞ니, 부인의 쵸쥰닝녈(峭峻冷熱)ᄒᆞ미 가히 부녀의 경부지되(敬夫之道) 가ᄒᆞ냐?”

쇼제 심하(心下)의 그 긔벽(氣癖) 됴흐믈 닝쇼ᄒᆞ나, 셜만(褻慢)ᄒᆞ믄2162) 가치 아니ᄒᆞ니 인ᄒᆞ여 강잉(强忍) 샤례 왈,

“쳡이 불혜(不慧)ᄒᆞ오니, 군ᄌᆞ지젼의 득죄 여산(如山)ᄒᆞ온지라. 복원 군ᄌᆞ【53】는 우몽(愚蒙)ᄒᆞ믈 용샤ᄒᆞ쇼셔.”

말숨이 십분 화평ᄒᆞ니, 학ᄉᆡ 다시 억늑(抑勒)2163)ᄒᆞᆯ 말이 업서 역쇼(亦笑)ᄒᆞ고, 이윽이 침상의 비겻다가 밧그로 나아가니라.

셜쇼졔 일칠일(一七日) 후 산긔(産氣) 여상ᄒᆞ니 존당구괴 깃브믈 니긔지 못ᄒᆞ고, 궁즁 상하의 환셩이 여류ᄒᆞ더라. 셜쇼져의 슌산ᄉᆡᆼ남(順産生男)ᄒᆞᆫ 소식이 본부의 밋ᄎᆞ니 그 모친 엄부인이 쳔금쇼교(千金小嬌)를 셩인(成姻)ᄒᆞᄆᆡ ᄉᆞ랑이 ᄌᆞ못 병된지라. 만일 윤상부 시녀비를 만난즉 윤부 인심셰도를 무러 ᄌᆞ못 분분ᄒᆞ더니, 셜쇼졔 ᄌᆞ부인 셩정을 익이 아는 고로 좌우 유·ᄋᆞ비(乳·兒輩)2164)를 분부ᄒᆞ여, 일즉 구가ᄉᆞ젹(舅家事蹟)을 현누(顯漏)치 아니ᄒᆞ니, 졔녜 쏘ᄒᆞᆫ 부인 텬품을 아【54】는 고로, 일일히 쇼져의 명을 봉승(奉承)ᄒᆞ더니, 쇽어(俗語)의 ‘듀어(晝語)는 문됴(聞鳥)ᄒᆞ고, 야어(夜語)는 문셔(聞鼠)ᄒᆞᆫ다’2165) ᄒᆞ니, ‘무족지언(無足之言)이 비쳔니(飛千里)라’2166). 녕능 공쥬 신취시(新娶時)의는 몰나시나, 그 츌화지시(出禍之時)는 요악(妖惡)이 만셩ᄉᆞ셔(萬姓士庶)의 편ᄒᆡᆼ(遍行)ᄒᆞ여시니, 엄부인이 엇지 ᄒᆞᆯ노 듯지 못ᄒᆞ여시리오.

본ᄃᆡ 부인의 용ᄉᆡᆨ지뫼(容色才貌) 낫브미 업ᄉᆞᄃᆡ, 투악(妬惡)의 과도ᄒᆞ믄 본품이니, 가히 닐은 바 투긔의 션봉이오 새음2167)의 대장이라. 초에 윤학ᄉᆞ를 보ᄆᆡ 그 풍치【55】를 아름다이 넉이나, 녀ᄌᆞ의게 슌편(順便)ᄒᆞᆯ 인물이 아니라 ᄒᆞ여, 복야(僕射)의 튁셔(擇婿) 그릇ᄒᆞ믈 원망ᄒᆞ고, 쏘 윤ᄌᆡ 녕능을 취ᄒᆞ니 비록 ᄉᆞ혼(賜婚)ᄒᆞ시믈 인ᄒᆞ나,

---

2161)모쳠냥인(冒添良人) : 외람하게 양인(良人)의 자리를 차지하고 있음. *모첨(冒添)하다; 외람하게 차지하다. 욕됨을 무릅쓰다. *양인(良人) : ①부부가 서로 상대를 이르는 말. ②어질고 착한 사람. ③양민(良民).

2162)셜만(褻慢)ᄒᆞ다 : 하는 짓이 무례하고 거만하다.

2163)억늑(抑勒) : 이치나 조건에 맞지 아니하게 강제함.

2164)유·ᄋᆞ비(乳·兒輩) : 유모와 아시비(兒侍婢)의 무리.

2165)듀어(晝語)는 문됴(聞鳥)ᄒᆞ고, 야어(夜語)는 문셔(聞鼠)ᄒᆞᆫ다 : ‘낮말은 새가 듣고 밤 말은 쥐가 듣는다.’는 뜻으로, 아무도 없는 데서도 말을 항상 삼가고 조심해야 한다는 말.

2166)무족지언(無足之言)이 비쳔니(飛千里)라 : ‘발 없는 말이 천리 간다.’는 뜻으로 소문이라는 것은 부지불식간에 퍼지는 것이므로 말을 조심해야 한다는 말.

2167)새음 : 샘. 시새움. 남의 처지나 물건을 탐내거나, 자기보다 나은 처지에 있는 사람이나 적수를 미워함. 또는 그런 마음.

심심불열(深深不悅)ᄒᆞ야 녀ᄋᆞ의 신셰ᄅᆞᆯ 념(念)ᄒᆞᄃᆡ, 쇼졔의 참측ᄒᆞᆫ 누얼은 젼연부지(全然不知)ᄒᆞ므로, 각별 ᄉᆞ단을 니ᄅᆞ혀미 업더니, 비록 지난 일이나 쳔금 쇼교의 원앙ᄒᆞᆫ 누얼과 지금의 괴로오믈 드ᄅᆞᄆᆡ, 념원2168)이 뛰놀고 냥안(兩眼) 빵등(雙燈)이 뇨리(搖離)2169)ᄒᆞ야 노홉고 분ᄒᆞ믈 참을 길이 업ᄉᆞᆫ지라.

몬져 곡직(曲直)을 ᄌᆞ셔히 알고 일을 ᄂᆡ려ᄒᆞ여, 급급히 쇼져의 유모ᄅᆞᆯ 블【56】너 빵미ᄅᆞᆯ 거ᄉᆞ리고 녀셩엄문(厲聲嚴問) 왈,

"여등이 블튱무상(不忠無狀)ᄒᆞ여 나의 만금쇼교(萬金小嬌)ᄅᆞᆯ 밧드러 젹ᄌᆞ(賊子)의 곳에 가 무한ᄒᆞᆫ 누셜과 측냥 못ᄒᆞᆯ 변고ᄅᆞᆯ 당ᄒᆞᆫᄃᆡ, 조금도 우황(憂惶)ᄒᆞ미 업서 날노ᄒᆞ야금 알게 아니ᄒᆞ니, 내 임의 녀ᄋᆞᄅᆞᆯ 맛칫ᄂᆞᆫ지라. 무ᄉᆞ 거ᄉᆞᆯ 족히 두리며 또 젹앙(積殃)되여 녀ᄋᆞ의게 유해될가 근심ᄒᆞ리오. 젼후곡졀을 직고치 아니면 즉ᄀᆡᆨ의 여등 쳔녀(賤女)ᄅᆞᆯ 촌참(寸斬)ᄒᆞ리라."

셩음이 쳘옥(鐵玉)을 ᄭᆡ치ᄂᆞᆫ ᄃᆞᆺᄒᆞ고, 노긔 발발(勃勃)ᄒᆞ야, 보기의 사ᄅᆞᆷ을 죽일ᄃᆞᆺ 시븐지라. 복부ᄎᆞ환(僕夫叉鬟)이 본【57】ᄃᆡ 부인을 두리미 쥬군의 더은지라. 쇼져의 유뫼 부인이 알고 뭇ᄂᆞᆫ 거ᄉᆞᆯ 긔망(欺罔)ᄒᆞ다가 쇽졀업시 죽을 ᄲᅮᆫ이오, 유익ᄒᆞ미 업ᄉᆞᆯ 거시므로, 이의 윤학ᄉᆡ 녕능을 침혹(沈惑)ᄒᆞ엿던 바로브터, 쇼져ᄅᆞᆯ 누셜(縷紲)의 모라너허 뎐일을 못보게 ᄒᆞ다가, 녕능의 악ᄉᆡ 발각ᄒᆞᄆᆡ 쇼져ᄅᆞᆯ 예ᄉᆞ로이 ᄃᆡ졉ᄒᆞ믈 일일히 고ᄒᆞ니, 엄부인이 텽미파(聽未罷)의 난간을 박ᄎᆞ고 분긔 엄ᄋᆡ(奄碍)ᄒᆞ야 것구러지니, ᄯᆡ에 셜복아ᄂᆞᆫ 그 슉모 남학ᄉᆞ 부인 별셰ᄒᆞᆫ 흉음을 듯고 장ᄌᆞ로 더브러 금능(金陵)2170) 남부로 ᄂᆞ【58】려갓고, 아ᄅᆡ로 냥 셜ᄉᆡᆼ은 입번(入番)ᄒᆞ야시므로 부인의 과도ᄒᆞ믈 닐오리도 업서, 졔뷔(諸婦) 븟드러 구호ᄒᆞ며 ᄋᆞ쇼져 등과 슈족을 쥐물너 구환(救患)ᄒᆞ니, 이윽고 부인이 졍신을 출혀 눈을 ᄯᅥ보ᄆᆡ, 분긔 오히려 팅듕(撐中)ᄒᆞ여 윤문을 무ᄒᆞᆫ 참욕ᄒᆞ고, 좌우로 필연을 가져오라 ᄒᆞ여 왈,

"윤가 젹츄(賊醜)ᄅᆞᆯ 쾌히 욕ᄒᆞ야 분긔ᄅᆞᆯ 풀니라."

ᄒᆞ고, 일장 셔간(書簡)을 일워 시ᄋᆞᄅᆞᆯ 명ᄒᆞ여 윤부인의 닐러 학ᄉᆞᄅᆞᆯ 주고오라 ᄒᆞ니, 윤아(尹衙) 시동(侍童)이 밧아 학ᄉᆞ긔 나오니, 이ᄯᆡ 학ᄉᆞ 셔헌(書軒)의 이셔 고셔(古書)ᄅᆞᆯ 피열(披閱)【59】ᄒᆞ더니 밧아보니[ᄆᆡ], 이곳 엄부인 셔간이라. 아니보미 불가ᄒᆞ여 ᄀᆡ간ᄒᆞ니, 기셔의 왈,

"부부ᄂᆞᆫ 오륜(五倫)이 두렷거ᄂᆞᆯ, 경박재(輕薄子) 무고히 나의 쳔금 ᄋᆞ(兒)ᄅᆞᆯ 박ᄃᆡᄒᆞ야 단장(斷腸)○○[ᄒᆞᄂᆞᆫ] ᄇᆡᆨ두시(白頭詩)2171)ᄅᆞᆯ 읇고, 장문부(長門賦)2172)ᄅᆞᆯ ᄂᆞᆺ겨 공

2168)념원 : '염통' 또는 '심장(心臟)'을 달리 이르는 말.

2169)뇨리(搖離) : 요란(搖亂). 어수선하고 야단스러움

2170)금능(金陵) : 중국 춘추 전국 시대에 있었던 초나라의 읍. 지금의 난징(南京)에 해당한다.

2171)단장ᄇᆡᆨ두시(斷腸白頭詩) : 애끓는 마음으로 백두시(白頭詩)를 읊음. *백두시(白頭詩); 중국 전한(前漢) 때 사마상여(司馬相如)의 처 탁문군(卓文君)이 남편이 첩을 얻으려 하자 남편의 변심을 야속해하는 마음을 시로 읊어 남편의 마음을 돌이켰다는 시, <백두음(白頭吟)>을 말함.

2172)쟝문부(長門賦) : 중국 한(漢)나라 무제(武帝) 때의 시인 사마상여(司馬相如)가, 당시 장문궁(長門宮)

규(空閨) 폐인(廢人)이 되니, 윤가 노젹(奴賊)[2173]이 며ᄂᆞ리를 참누(慘累)의 함닉(陷溺)ᄒᆞ미 졔 한미 위녀와 양모 뉴녀 냥흉의 ᄌᆞ부를 보ᄎᆡ던 심슐을 니으니, 닐은바 ᄃᆡᄃᆡ 악죵별물(惡種別物)의 연인(緣因)[2174] 못홀 거시라. 초에 상공이 도적으로ᄡᅥ 동상(東床)을 면뎡(面定)ᄒᆞ고 도라와 나를 ᄃᆡᄒᆞ여 깃브믈 닐오ᄃᆡ, 아심(我心)이 홀연 【60】 녕신(靈神)ᄒᆞ여[2175] 흉적간사(凶賊奸邪)로 연혼(連婚)키를 깃거 아냐더니, 엇지 뜻과 다ᄅᆞ미 이시리오. 네 집은 ᄉᆞ족 녀ᄌᆡ 죵부취가(從夫娶嫁) 후의 다시 사름을 셤겨, 동으로 마ᄌᆞ며 셔흐로 ᄂᆡ고, 남으로 드리며 북으로 친ᄒᆞᄂᆞᆫ 음쳔파측지ᄒᆡᆼ(陰賤叵測之行)이 잇ᄂᆞᆫ지 모ᄅᆞ거니와, 오문(吾門)은 ᄂᆡ외에 복시(服侍)ᄒᆞᄂᆞᆫ ᄎᆞ환도 그런 더러온 ᄒᆡᆼ실이 업ᄂᆞ니, '초국의 귤이 졔나라ᄒᆡ 가미 감ᄌᆡ(柑子)[2176]된다'[2177] ᄒᆞ엿거니와, 원간 진짓 보ᄇᆡ와 극진이 됴흔 거ᄉᆞᆫ 더러온ᄃᆡ 바리므로 빗출 일치 아닛ᄂᆞ니, 고로 초 《은‖옥(玉)》이 니토(泥土)의 무치나 ᄒᆞᆫ번 ᄡᅢ혀ᄂᆡ미 그 고은 빗출 【61】 상ᄒᆡ오미 업고, 명쥬(明珠) 구확(溝壑)[2178]의 ᄲᅥ러지나 상광셔ᄎᆡ(祥光瑞彩) ᄒᆞᆫ번 건지미 녜 ᄀᆞᆺᄐᆞ니, 본질의 아름다옴과 ᄒᆡᆼ실의 고결ᄒᆞ믈 어이 윤가 남녀, 대쇼, 젹인(敵人)의게 무들미[2179] 이시리오. 녀식의 평싱을 아조 마ᄎᆞ 적츄(賊酋)의 바리믈 당홀지언뎡, 참아 원슈 흉적의 곳에 두지 못홀지라. 구구히 머믈고져 아니ᄒᆞᄂᆞ니 금일이라도 쾌히 도라보ᄂᆡ라. 내 당당이 공규(空閨)의 폐륜지인(廢倫之人)을 삼으나, 그 녀ᄒᆡᆼ(女行)의 결쳥(潔淸)ᄒᆞ믈 신명의 질(質)ᄒᆞ리리니, 한셩○[뎨](漢成帝)[2180] 반비(班妃)[2181]의 《츄풍을 ᄌᆡᄇᆡᄒᆞ야 환션을‖환션(紈扇)[2182]을 ᄌᆡᄇᆡ(再褙)[2183]ᄒᆞ야 츄풍(秋風)을》 늣기고, 장신궁(長信

에 유폐되어 있던 무제의 비(妃) 진아교(陳阿嬌)로부터, 그녀가 다시 무제의 총애를 얻을 수 있도록, 자신의 처지를 형상화한 노래를 지어 무제의 마음을 돌이키게 해 달라는 청을 받고, 지어주었다는 시.

2173)노젹(奴賊) ; 남을 욕하여 이르는 말. 도적놈.

2174)연인(緣因) : 인연(因緣). 사람들 사이에 맺어지는 관계 또는 관계를 맺음.

2175)녕신(靈神)ᄒᆞ다 : 신령(神靈)하다. 신기하고 영묘하다.

2176)감ᄌᆡ(柑子) : 감자(柑子)나무의 열매. 귤보다 작고 향기와 신맛이 강하다. 나무는 운향과에 속한 상록 활엽 소교목으로 높이는 2미터 정도이고, 밑동에서 가지가 나누어지며, 잎은 작고 날개가 없다. 6월에 흰 꽃이 피며, 우리나라의 제주도와 중국 남부, 일본에 분포 한다

2177)초국의 귤이 졔나라ᄒᆡ 가미 감ᄌᆡ(柑子) 된다 : 이 속담은 '초나라 귤이 제나라로 가면 탱자 된다.'는 말로 더 많이 쓰이고 있다. 환경에 따라 귤이 감자(또는 탱자)로 변한다는 뜻으로, '사람이나 사물이 환경과 조건에 따라 나쁘게 변하는 것'을 비유한 말이다. 『'안자춘추(晏子春秋)』에 나오는 말로, 제나라 재상 안영(晏嬰)이 초나라에 사신으로 가 초 왕에게 한 말, 곧 '귤이 회수 남쪽에서 자라면 귤이 되지만 회수 북쪽에서 나면 탱자가 되며, 잎만 비슷할 뿐 열매는 맛이 다르다(橘生淮南則爲橘, 生于淮北則爲枳, 葉徒相似, 其實味不同)'고 한 말에서 유래되었다. *안영(晏嬰); 중국 춘추 시대 제나라의 정치가(?~B.C.500). 자는 평중(平仲). 영공(靈公)·장공(莊公)·경공(景公)의 3대를 섬기면서 재상을 지냈다. ≪안자춘추≫는 그의 언행을 후세의 사람이 기록한 것이다

2178)구확(溝壑) : 도랑. 구렁.

2179)무들다 : 물들다.

2180)한셩뎨(漢成帝) : 중국 전한(前漢)의 제9대 황제(BC 33~7 재위). 이름은 유오(劉驁). 원제(元帝)의 아들이다. 사치스러운 생활을 했으며, 술과 여자에 빠져 조비연(趙飛燕)과 조합덕(趙合德)을 총애했다.

2181)반비(班妃) : 중국 한(漢)나라 성제(成帝)의 후궁. 시가(詩歌)를 잘하여 성제의 총애를 받았으나 조비연(趙飛燕)에게 참소를 당하여 장신궁(長信宮)에 있으면서 부(賦)를 지어 상심을 노래하였다.

宮)[2184] 고단[2185]을 당【62】ᄒᆞ미 그 《ᄉᆡᆼ계 ‖ ᄉᆡᆼ셰(生世)》의 슬프나, ᄉᆞ후의 유의(留意)ᄒᆞ믈 어드니 엇지 《포질 ‖ 포달(褒妲)[2186]》과 녀무(呂武)[2187]의 궁흉악착(窮凶齷齪)ᄒᆞᄆᆡ 견줄 ᄇᆡ리오. 뉴(類) 뉴(類)를 좃고 물이 물을 ᄯᆞᄅᆞᄂᆞ니, ᄋᆞ녀를 보ᄂᆡ고 네 평ᄉᆡᆼ 부인 녀녀를 마ᄌᆞ 무협(巫峽)의 ᄒᆡᆼ운우(行雲雨)[2188]를 지어 양ᄃᆡ(陽臺)[2189]의 츈풍낙(春風樂)을 당ᄒᆞ라.”

ᄒᆞ엿더라. 학ᄉᆡ 쳔만녀외(千萬慮外)에 이런 참혹 흉셔를 당ᄒᆞ니, 어이 분노를 견ᄃᆡ여 ᄂᆞ리 보리오마ᄂᆞᆫ, 안녁(眼力)이 누항구하(屢行驅下)[2190]ᄒᆞ므로 ᄒᆞᆫ번 ᄀᆡ간(開看)ᄒᆞᄆᆡ 쳣줄을 보노라 ᄒᆞᆫ 거시 발셔 ᄉᆞᆺ 줄을 ᄂᆞ리본지라. 경ᄀᆡᆨ(頃刻)의 놉흔 셩이 쳘텬(徹天)ᄒᆞ니 엇지 부부의 뉸(倫)을 【63】도라 ᄉᆡᆼ각ᄒᆞ며, 어ᄂᆡ 결을에 조강불하당(糟糠不下堂)[2191] 유ᄌᆞ식불거(有子息不去)[2192]를 혜아리리오. 노발(怒髮)이 지관(指冠)ᄒᆞ며 목ᄌᆡ(目眥) 진녈(瞋裂)ᄒᆞ여 문을 박ᄎᆞ고 왈,

“이 셔간을 가져온 놈을 잡아드리라.”

ᄒᆞᆫ즉, 발셔 가고 업다 ᄒᆞᄂᆞᆫ지라. 분연이 닓ᄯᅥ나 부용각의 드러와 텽즁(廳中)의 고좌(高坐)ᄒᆞ고, 시노(侍奴)를 호령ᄒᆞ여 형벌 긔구를 셩히 베픈 후, 쇼져의 유ᄋᆞ(乳兒)[2193]를 다 잡아ᄂᆡ라 ᄒᆞ니, 유랑 보모ᄂᆞᆫ 셜부의 가 도라오지 아냣고, 시녀 등만 명을 응ᄒᆞ여 계하의 부복ᄒᆞᄆᆡ, 학ᄉᆡ 노긔 엄열(嚴烈)ᄒᆞ야 능히 긴 셜화(說話)로뻐 수죄(數罪)를 못ᄒᆞ고 다만 존당구고를 【64】참욕(慘辱)ᄒᆞᆫ 발부 악인의 죄를 만의 그 ᄒᆞ나흘 ᄃᆡᄒᆞ여 마ᄌᆞ라 ᄒᆞ고, 셜부로셔 쇼져 조ᄎᆞ온 시녀 칠팔인을 일시의 형장 일ᄎᆞ식을 각별 엄장(嚴杖)ᄒᆞᆯᄉᆡ, 위풍이 규규(赳赳)ᄒᆞ야 청상(廳上)이 ᄂᆞᆯ니고 호령이 엄엄(嚴嚴)ᄒᆞ야 북

2182)환션(紈扇) : 흰 비단으로 살을 붙여 만든 부채.
2183)ᄌᆡ비(再褙) : 벽지 따위의 종이를 바를 때에, 초배지를 바르고 그 위에 종이를 덧바름. 여기서는 한 번 바른 것이 훼손되었거나 하여 다시 발랐다는 의미.
2184)장신궁(長信宮) : 중국 한(漢)나라 때 장락궁 안에 있던 궁전. 한(漢) 성제(成帝)의 후궁 반첩여(班婕妤)가 이곳으로 물너나 시부(詩賦)로 마음을 달랬던 곳이다.
2185)고단 : 처지가 좋지 못해 몹시 힘듦.
2186)포달(褒妲) : 중국 주(周)나라 유왕의 총희(寵姬) 포사(褒姒)와 주(周)의 마지막 황제 주(紂)의 비(妃) 달기(妲己)를 함께 이르는 말. 둘 다 미모로 권력을 농단한 포악한 여성의 대표적 인물로 꼽힌다.
2187)녀무(呂武) : 중국의 대표적인 여성권력자인 한(漢)나라 고조(高祖)의 황후 여후(呂后) 여치(呂雉?-BC108)와 당(唐)나라 고종의 황후 측천무후(則天武后) 무조(武曌 : 624-705).
2188)무협(巫峽)의 ᄒᆡᆼ운우(行雲雨) : ‘무산(巫山)의 협곡에서 운우(雲雨)의 정을 통한다.’는 말로, 중국 초(楚)나라 양왕(襄王)이 꿈에 무산(巫山)에서 신녀(神女)를 만나 운우(雲雨)의 정을 나눴다는 고사를 말함.
2189)양ᄃᆡ(陽臺) : 중국 초(楚)나라 양왕(襄王)이 꿈에 무산(巫山)에서 신녀(神女)와 비밀스레 하룻밤을 즐겼다는 누대의 이름.
2190)누항구하(屢行驅下) : 한 눈에 여러 줄을 몰아쳐 읽어내려 감.
2191)조강불하당(糟糠不下堂) : 조강지처불하당(糟糠之妻不下堂). 가난하고 천할 때에 고생을 함께 겪어 온 아내는 집 밖으로 내쫓거나 내보내서는 안 된다는 말.
2192)유ᄌᆞ식불거(有子息不去) : 자식을 둔 아내는 쫓아내서는 안 된다는 말.
2193)유ᄋᆞ(乳兒) : 유모와 시아(侍兒)를 함께 이른 말.

풍이 녈녈(烈烈)ㅎ니, 집장시뇌(執杖侍奴) 막불젼뉼(莫不戰慄)ㅎ야 제 머리를 버혀 드리라 ㅎ여도 수양홀 쯧이 업고, 제 시녜 상혼낙담(喪魂落膽)ㅎ여 불근십여장(不近十餘杖)[2194]의 발셔 죽엄이 되여 아모란 줄을 모름 궂트여시딕, 학亽의 분뇌 열화(熱火) 궂트여 다 각각 일츳식 더은 후, 비록 긋치나 오히려 히발(解勃)[2195]치 【65】아니ㅎ고, 본부시녀 운지·녈영 등을 호령ㅎ야 쇼져를 미러 ᄂᆞ리오라 ㅎ니, 씨에 셜시 분산ㅎ연지 오일이오, 각별 신음ㅎᄂᆞᆫ 곳이 업셔 졍신과 긔운이 여상(如常)ㅎ나, 이 지란(芝蘭) 궂튼 약질이오, 쏘 학亽의 급흔 노와 놉흔 셩음의 다ᄃᆞ라는 젹상(積傷)흔 사ᄅᆞᆷ이 되여, 상히 져의 불예(不豫)[2196]ㅎ믈 당ㅎ야 잠간 냥목(兩目)을 빗기 쓸만ㅎ여도, 황황숑구(惶惶悚懼)ㅎ야 그런 거시 아니라, ᄆᆞ음의 그 거동이 무셥고 놀나와 싀호亽갈(豺虎蛇蝎)궂치 넉이던 바의, 졔시녀를 일시의 잡아닉여 즁형을 더ㅇ고, 쏘 ᄌᆞ긔를 즁 【66】계로 ᄂᆞ리오라 직쵹이 셩화 궂트믈 드ᄅᆞ믹, 필유괴란(必有怪亂)ㅎ야 대거조(大擧措)를 힝코져 ㅎ믈 짐작ㅎ믹, 심긔 쏘 엇지 안한(安閑)ㅎ며, 팔ᄌᆞ의 괴로오미 가히 슬프지 아니타 ㅎ리오마는, 텬디현슈(天地懸殊)ㅎ믹 음양(陰陽)의 조홰 다란지라. 아모 일이 이셔도 ᄌᆞ긔는 부부의 도에 어긘 사ᄅᆞᆷ이 되지 말고져 홀 ᄲᅮᆫ 아니라, 학亽의 거동이 근간은 침엄슉묵(沈嚴肅黙)기를 공부ㅎ야 광픽(狂悖)히 구던 모양이 아니므로, 금번 분뇌 발ㅎᆷ은 별단 스괴 이시믈 혜아려, 이의 관픽(冠佩)를 업시 ㅎ고 금년(金蓮)[2197]을 ᄂᆞ죽이 옴겨, 운지·녈영 【67】을 조ᄎᆞ 즁계의 ᄂᆞ리믹, 집장(執杖)ㅎ던 노ᄌᆞ 등이 졔시녀를 히박(解縛)지 못ㅎ여시므로 이의 잇더니, 밧비 퇴ㅎ야 즁문 밧그로 나가더라.

씨의 학亽의 분뇌 셜시라도 죽일 듯, 능히 통완ㅎ믈 억졔치 못ㅎᄂᆞᆫ 바의, 쇼졔 텬연이 즁계에 ᄂᆞ리믈 조ᄎᆞ 잠간 눈을 드러보건딕, 오직 팔치(八彩)[2198] 온ᄌᆞ(溫慈)ㅎ여 근심ㅎ고 두리는 거동이 조금도 업스나, 쏘 방ᄌᆞ교즁(放恣驕重)ㅎ미 잇지 아냐, 텬연 슌담(順淡)ㅎ여 거리씬 거시 업순 듯ㅎ니, 이 팃도와 이 풍의를 딕ㅎ야 여텬디무궁(如天地無窮)흔 은의(恩愛)를 버혀 도라보닉미 실노 졀 【68】박흔 노라시로딕, 인ᄌᆞ지도(人子之道)의 그 참욕을 참고 노분을 니겨 됴히 부부의 도를 출히믄, 능히 못홀ᄲᅮᆫ 아니라 분뇌 츙격ㅎ니, 엇지 이런 말을 수다히[2199] 베플니오.

이의 뎡즁(庭中)의 일승(一乘) 빗 업순 교ᄌᆞ를 노코, 들기를 직쵹ㅎ야 왈,

2194)불근십여장(不近十餘杖) : 형장(刑杖)이 십여장(十餘杖)에도 가까이 이르지 못함.

2195)히발(解勃) : 발발(勃勃)한 기운을 누그러뜨림.

2196)불예(不豫) : 기뻐하지 않음. 언짢게 여김.

2197)금년(金蓮) : 금으로 만든 연꽃이라는 뜻으로, 미인의 예쁜 걸음걸이를 비유적으로 이르는 말. 중국 남조(南朝) 때 동혼후(東昏侯)가 금으로 만든 연꽃을 땅에 깔아 놓고 반비(潘妃)에게 그 위를 걷게 하였다는 고사에서 유래한다.

2198)팔치(八彩) : 눈에서 나는 광채. '팔채(八彩)'는 팔(八)자 모양의 '화장한 눈썹에서 나는 광채'를 뜻하는 말로, 여기서는 눈빛을 대신 나타낸 것이다.

2199)수다히 : 수다스럽게. *수다: 쓸데없이 말수가 많음. 또는 그런 말.

"학싱이 불힝ᄒᆞ야 한악(悍惡)ᄒᆞᆫ 녀ᄌᆞ를 만난 연고로 참욕(慘辱)이 존당 부모긔 밋ᄎᆞ니, 젼일의 부부지눈(夫婦之倫)을 온젼이 ᄒᆞ던 ᄇᆡ 엇지 한심치 아니리오. 일노조ᄎᆞ 부부의 되 변ᄒᆞ야 원쉬 니러ᄂᆞ니, 모로미 ᄲᆞᆯ니 도라가 일죵(一種) 그 모교(母敎)를 슌ᄒᆞ야, 이 셰린을 흉【69】악대적을 나토아 죽도록 도모ᄒᆞ라."

쇼제 싱의 말이 이의 밋ᄎᆞᆷ을 드ᄅᆞᄆᆡ 반다시 그 모친이 일을 비져ᄂᆡ여시믈 지긔ᄒᆞᄆᆡ, 능히 죄의 경듕(輕重)과 일의 곡직(曲直)을 뭇지 못ᄒᆞ고, 운환(雲鬟)2200)을 숙이고 션빙(鮮鬢)2201)을 ᄂᆞᆺ초와 명을 드를 ᄯᆞᄅᆞᆷ이오, ᄃᆡ답을 일우지 못ᄒᆞ니, 옥안(玉顔)이 담담(淡淡)ᄒᆞ야 쥬식(朱色)2202)이 취영ᄒᆞ며 ᄐᆡ되 졀승ᄒᆞ니 학ᄉᆡ 볼ᄉᆞ록 졍신이 어리고 긔운이 현요(眩擾)ᄒᆞ야 ᄉᆞᄉᆞ로 황홀ᄒᆞᆫ 의ᄉᆡ 니러나ᄃᆡ 혹ᄌᆞ 지지ᄒᆞ다가 존당이 알아시고 머므시ᄂᆞᆫ ᄌᆞ음이면 ᄌᆞ긔 분을 프지 못ᄒᆞ고 엄부인【70】의 방죵(放縱)ᄒᆞᆫ 긔운이 더욱 긔탄홀 ᄇᆡ 업ᄉᆞᆯ가 념녀ᄒᆞ야 다시 ᄌᆡ쵹 왈,

"존당 부뫼 비록 ᄌᆞ를 과듕 년ᄋᆡᄒᆞ시던 ᄇᆡ나, ᄒᆞᆫ 조각 셩의(聖意)를 밧드오미 업시 참욕을 일위니, ᄌᆡ ᄂᆞᆺ 우ᄒᆡ 쇠가죽을 무릅뻐셔도 감히 하직을 고치 못홀 ᄲᅮᆫ 아니라, 그 흉셔(凶書) 대개(大槪)를 우리 군죵형뎨(群從兄弟) 참아 입의 담아 닐오지 못홀 ᄇᆡ오, 냥 대인이 ᄯᅩ 불평ᄒᆞ실 마ᄃᆡ니, 그ᄃᆡ의 죄를 논ᄒᆞᄆᆡ 눈이 장ᄎᆞᆺ 무어ᄉᆡ 비ᄒᆞ리오마ᄂᆞᆫ, 나의 용녈ᄒᆞ며 불초ᄒᆞ미 오히려 젼일 부부지의를 뉴련(留連)ᄒᆞ야, 이제 【71】비록 졀의(絶義)ᄒᆞ여 도라보ᄂᆡ나 죄에 맛당ᄒᆞᆫ 눈을 ᄡᅳ지 못ᄒᆞ고, 비ᄌᆞ를 ᄃᆡ신ᄒᆞ야 약간 형벌을 더으나 죄를 닐오려 ᄒᆞᄆᆡ 무겁고 크거ᄂᆞᆯ, 벌을 의논ᄒᆞ니 ᄀᆞ빗얍고 우은지라. 그 무ᄉᆞᆷ 징계(懲戒)되리오. 츌뷔(出婦) 원간 ᄌᆞ식을 다려가미 업ᄂᆞ니, 유ᄋᆡ(乳兒) 난지 일칠(一七)이 못ᄒᆞ나, 내 이셔 유모를 드려 보호 휵양ᄒᆞ리니, 도라가믈 더ᄃᆡ지 말고 ᄲᆞᆯ리 교즁의 들지어다."

셜파(說罷)의 운ᄌᆡ · 녈영으로 ᄒᆞ야금 쇼져를 븟드러 교즁의 올니라 ᄒᆞ고, 일변 노ᄌᆞ 등을 불너 시녀 등을 ᄒᆡ박(解縛)ᄒᆞ야, 형벌의 【72】남은 목숨이 졔 쥬인을 조ᄎᆞ 도라가고, 이의 다시 오지말나 ᄒᆞ야, 호령이 뇌뎡(雷霆) ᄀᆞᆺ고 긔상이 참엄(斬嚴)ᄒᆞ야 ᄲᆞᆯ리 가기를 거듭 ᄌᆡ쵹ᄒᆞᄆᆡ, ᄒᆞᆫ 조각 인졍이 머므지 아냐 만일 명을 어길진ᄃᆡ 사ᄅᆞᆷ의 머리를 시험코져 ᄒᆞ미, 창승(蒼蠅)의 목숨을 단졀홈 ᄀᆞᆺ치 넉이ᄂᆞᆫ 거동이 보기의 ᄀᆞᆺ초 두리오니, 운ᄌᆡ · 녈영 등이 황황이 쇼져를 븟드러 교즁(轎中)의 올니고, 졔시녜 듕형여싱(重刑餘生)으로, 혹ᄌᆞ 인ᄉᆞ를 출히ᄂᆞᆫ 뉴도 잇고, 엄홀(晻忽)ᄒᆞ여 아모란 줄도 모ᄅᆞᄂᆞᆫ 뉴도 잇ᄂᆞᆫ 거ᄉᆞᆯ, 아오로 ᄭᅳ어 원문 밧그로 ᄂᆡ쳐 셜부【73】로 가라ᄒᆞ고, 노ᄌᆞ를 ᄌᆡ쵹ᄒᆞ야 교ᄌᆞ를 메라 ᄒᆞ야, 젼문(前門)으로 힝치 말고 원문으로 가라 ᄒᆞ고, ᄲᆞᆯ니 셜부의 드리치고 오라, 분부ᄒᆞ기를 맛ᄎᆞᄆᆡ, 신싱ᄋᆞ의 유모 쇼취를 명ᄒᆞ야 ᄋᆞᄌᆞ를 보호ᄒᆞ

2200)운환(雲鬟) : 여자의 탐스러운 쪽 진 머리
2201)션빙(鮮鬢) : 선빈(鮮鬢). 곱게 땋아 올린 귀밑머리. *귀밑머리; 이마 한가운데를 중심으로 좌우로 갈라 귀 뒤로 넘겨 땋은 머리.
2202)쥬식(朱色) : 붉은 색.

믹 태만치 말나 ᄒᆞ고, 거름을 두루혀 바로 존당의 도러오믹, ᄇᆡ야흐로 남ᄌᆞ녀인이 셩녈(成列)ᄒᆞ야 낫 문안을 파(罷)치 아냣더니, 학ᄉᆡ 드러와 승당치 아니코 즁계(中階)의셔 면관히ᄃᆡ(免冠解帶)ᄒᆞ고 고두청죄(叩頭請罪)ᄒᆞᆫᄃᆡ, 즁좌 경의(驚疑)ᄒᆞ믈 마지아니ᄒᆞ고, 호람휘 밧비 문기고(問其故)ᄒᆞ니, 학ᄉᆡ ᄇᆡ이주(拜而奏) 왈,

"쇼【74】손이 불힝ᄒᆞ와 그릇 한악(悍惡)ᄒᆞᆫ 녀ᄌᆞ를 만나온 연고로, 흉언난셜(凶言亂說)의 참욕(慘辱)이 존당을 범ᄒᆞ오니, 이 ᄯᅩ 쇼손이 슈신졔가(修身齊家)를 무상이 ᄒᆞ온 탓시라. 몬져 한쳐(悍妻)를 츌거ᄒᆞ오믹, 인ᄌᆞ지도(人子之道)의 이런 흉셔를 보고 능히 참지 못ᄒᆞ와, 셜가 한악ᄒᆞᆫ 녀ᄌᆞ를 몬져 츌거ᄒᆞ옵고, 쇼손은 당하의셔 죄를 기다릴 ᄲᅮᆫ이로소이다."

셜파의 엄부인 셔간을 ᄂᆡ여 태린으로 ᄒᆞ야금 드러라 ᄒᆞ니, 위태부인으로브터 호람후 부부와 부모숙당이며 군죵형뎨, 학ᄉᆞ의 말을 듯고 경히(驚駭)ᄒᆞ【75】믈 니긔지 못ᄒᆞ야, 위태부인이 그 셔간을 호람후로 ᄒᆞ야금 ᄂᆞ리 닑으라 ᄒᆞ야, 임의 즁좌(衆座) ᄒᆞᆫ가지로 드ᄅᆞ믹 불승히연(不勝駭然)ᄒᆞ고, 면면차악(面面嗟愕)ᄒᆞ야 ᄉᆞ식(辭色)을 변치 아니 리 업ᄉᆞᆫ지라.

승상이 믄득 돗글 피ᄒᆞ여 지ᄇᆡ 청죄 왈,

"쇼지 교ᄌᆞ어하(敎子御下)를 무상이 ᄒᆞ와, 셰린의 불쵸광망(不肖狂妄)ᄒᆞ미 실노 져 엄부인의 셔ᄉᆞ(書事)로 다ᄅᆞ지 아니ᄒᆞ온지라. 녀가 요물(妖物)을 결연(結緣)ᄒᆞ미 졀졀이 셰린의 불민불찰(不敏不察)ᄒᆞᆫ 죄로소이다."

ᄒᆞ더라.【76】

윤하명삼문취록 권지ᄉᆞ십ᄉᆞ

ᄎᆞ시 승상이 믄득 돗글[2203] 피ᄒᆞ야 ᄌᆡ비 청죄 왈,

"쇼ᄌᆡ 교ᄌᆞ어하(教子御下)[2204]ᄅᆞᆯ 무상이 ᄒᆞ와 셰린의 불쵸 광망(狂妄)이 실노 져 엄부인의 셔ᄉᆞ(書辭)로 다ᄅᆞ미 업ᄂᆞᆫ지라. 녀가 요물(妖物)을 결연(結緣)ᄒᆞ오미 절절이 셰린의 불민불찰(不敏不察)ᄒᆞᆫ 죄ᄋᆞᆸ거ᄂᆞᆯ, 가간의 두어 녀ᄌᆞᄅᆞᆯ 거ᄂᆞ리ᄆᆡ ᄋᆡ증(愛憎)이 편벽ᄒᆞ야 슉녀로 ᄒᆞ야금 참누(慙累)의 ᄲᅥ러치ᄃᆡ 인심의 측은(惻隱)ᄒᆞ믈 아지 못ᄒᆞ고, 스ᄉᆞ로 죽이지 못ᄒᆞ믈 ᄒᆞᆫᄒᆞᄆᆡ 즐욕ᄑᆡᆨ언(叱辱悖言)이 긋칠 날이 업던지라. 범간(泛看)[2205] 부인의 긔량(器量)과 ᄉᆡᆨ【1】견(識見)이 총명(聰明) 훤달(畕達)[2206]ᄒᆞ여 홍대(弘大)ᄒᆞ미 쉽지 못ᄒᆞ니, 긔위(氣威) 다 편ᄋᆡᆨ(偏阨)기의 갓갑ᄉᆞ온지라. 셜복야 부인이 비로소 그 ᄯᆞᆯ의 ᄋᆡᆨ경을 알아, 비록 지난일이나 지정(至情) 소ᄌᆡ(所在)로ᄡᅧ 셰린을 욕ᄒᆞ오ᄆᆡ, 쇼ᄌᆞᄅᆞᆯ ᄉᆞ지ᄌᆞ믄 일분도 그ᄅᆞ미 업ᄉᆞ오ᄃᆡ, 존당을 범ᄒᆞ온 ᄇᆡ 인ᄌᆞ의 듯ᄌᆞ오미 놀납ᄉᆞ온지라. 이 전혀 셰린 ᄑᆡᆨᄌᆞ(悖子)ᄅᆞᆯ 교훈치 못ᄒᆞᆫ 허물이 쇼손의 타시라. 불최(不肖) 엄위(嚴威)의 다ᄉᆞ리시믈 밧ᄌᆞᆸ고, 버거 셰린 ᄑᆡᆨᄌᆞᄅᆞᆯ 다ᄉᆞ리온후, 셜청원의 압ᄒᆡ 가ᄉᆡᄅᆞᆯ 져 ᄑᆡᆨᄌᆞ로ᄡᅧ ᄋᆞ부의 일ᄉᆡᆼ이 괴【2】로오믈 샤(謝)ᄒᆞ고, 쇼ᄌᆡ 인ᄒᆞ여 며ᄂᆞ리ᄅᆞᆯ 다려오고져 ᄒᆞᄂᆞ이다."

호람휘 미쳐 답지 못ᄒᆞ여셔, 위태부인이 셜시의 츌화(黜禍)ᄅᆞᆯ 슬허 빵체(雙涕)[2207]ᄅᆞᆯ 드리워 ᄀᆞᆯ오ᄃᆡ,

"셜가 엄부인이 분두(忿頭)의 ᄉᆡᆼ각지 못ᄒᆞ고 희텬을 욕ᄒᆞ믄 그ᄅᆞ거니와, 노모의 불인극악(不仁極惡)을 닐오믄 헛말이 아니라. 셰월이 오릴ᄉᆞ록 노모의 사오나오믈 ᄉᆡᆼ각ᄒᆞᄆᆡ 심골(心骨)이 경한(驚寒)[2208]ᄒᆞ니 엇지 남의 시비ᄅᆞᆯ 면코져 ᄒᆞ리오. ᄌᆞ식이 용누(庸愚)ᄒᆞ여도 부모지심(父母之心)인즉 그 전정을 즐겁과져[2209] ᄒᆞᆯ 거시어ᄂᆞᆯ, ᄒᆞ물며 셜ᄋᆞ부(兒婦)의 쵸쥰탁아(超俊卓雅)[2210]ᄒᆞᆫ 【3】셩ᄒᆡᆼ긔질(性行氣質)이냐? 엄부인이 관

2203)돗글 : '도ᇧ+ᄋᆞᆯ'의 연철표기. 도ᇧ : 돗. 돗자리. 자리.
2204)교ᄌᆞ어하(教子御下) : 자녀를 가르치고 아랫사람을 통솔하는 일.
2205)범간(泛看) : 눈여겨보지 않고 데면데면하게 봄.
2206)훤달(畕達) : 모든 알에 밝히 통달함.
2207)빵체(雙涕) : 두 눈에서 흐르는 눈물.
2208)경한(驚寒) : 마음이 놀랍고 오싹함.
2209)-과져 : -고자. 어떤 행동을 할 의도나 욕망을 가지고 있음을 나타내는 연결 어미.
2210)쵸쥰탁아(超俊卓雅) : 재주가 매우 뛰어나고 용모가 또한 매우 아름다움.

대치 못흔 셩졍(性情)으로뻐 통앙(痛怏)ᄒ고 분히(憤駭)ᄒ믈 참지 못ᄒ야 이 셔찰을 셰ᄋᆞ의게 보니ᄆᆡ니, 스스로 내집 녯 허믈이 듕ᄒ고 금쟈(今者) 셰ᄋᆞ의 그르믈 혜ᄋᆞ려, 그 ᄭᅮ짓고 욕흔 바를 감슈홀 ᄯᆞ름이오, ᄋᆞ부의게 벌이 밋지 아닐 거시어ᄂᆞᆯ, 분산(分産)ᄒ연지 일칠일(一七日)이 못ᄒᆞ여셔 급급박튝(急急迫逐)ᄒ여, 그 몸이 샹홀 바를 념(念)치 아니ᄒ니 인ᄌᆞ(仁者)의 덕이 아니라. 노뫼 아부의 도라가믈 아지 못ᄒ여 그 얼골을 보지 못흔 빈, 더욱 훌연(欻然)²²¹¹코 슬픈지라. 희텬이 노모의 【4】 ᄯᅳᆺ을 밧아 며느리를 수히 다려올진딘 이만 깃브미 어딘 이시리오."

호람휘 날호여 굴오딘,

"사름이 지극히 버히지 못ᄒ며 샤(捨)치못홀 바ᄂᆞᆫ 부ᄌᆞ모녀의 근근체체(懃懃棣棣)²²¹²흔 졍이라. 혜식(慧識)이 통달ᄒ고 학문이 광막(廣漠)ᄒ여 고금을 ᄉᆞ못ᄎᆞ며 활냥대되(豁量大道)²²¹³ 쟝부의 풍을 가진 재라도, 시인지졍(時人之情)²²¹⁴의 다ᄃᆞ라ᄂᆞᆫ 일편 된 거죄(擧措) 잇기를 면치 못ᄒᆞᄂᆞ니, ᄒᆞᆫ믈며 부인 녀ᄌᆞ의 젼도(顚倒) 편협(偏狹)ᄒᆞ미 압뒤를 미처 싱각지 못ᄒᆞ미냐? 엄부인의 셔시 고이ᄒ나 젼혀 ᄉᆞ졍(私情)의 비로ᄉᆞ²²¹⁵, 그 ᄯᆞᆯ의 누얼(陋孼)을 통【5】앙(痛怏)ᄒᆞ미 말슴을 갈히지 못ᄒᆞ미니, 죡히 칙망ᄒᆞ며 결을²²¹⁶ 빈 아니오, 글노²²¹⁷ 인ᄒᆞ여 너의 죄를 쳥ᄒᆞ미 고이흔지라. 모로미²²¹⁸ 평신ᄒᆞ라."

도라, 학ᄉ다려 닐오딘,

"네 악모(岳母)의 셔시(書辭) 비록 과도ᄒ나, 네 도리ᄂᆞᆫ 우리다려 뭇고, 범ᄉᆞ(凡事)를 ᄌᆞ젼(自專)치 말미 올커ᄂᆞᆯ, ᄒᆞᆫ믈며 안해를 거(擧)ᄒᆞ미²²¹⁹ 그 엇더흔 대ᄉᆞ(大事)라 쇼리히²²²⁰ 결단ᄒᆞ뇨? 셜ᄋᆞ뷔 너의 광망턴 바를 원망ᄒᆞ여, 짐즛 그 모친을 시겨 너를 욕ᄒᆞ미 이실지라도, 네 싱각기를 넓이ᄒᆞ야 눈긔의 듕홈과 유ᄌᆞ식불거(有子息不去)²²²¹를 ᄱᅵᆼ다라, 덕화(德化)를 【6】 가져 거ᄂᆞ리고, 위의(威儀)로 구쇽(拘束)홀 거시어ᄂᆞᆯ, 젼일 광ᄉᆞ(狂事)와 금일 거조를 어룬이 업ᄉᆞᆷ ᄀᆞᆺ치ᄒ니 불승한심(不勝寒心)ᄒᆞ나, 그란 일마다 듕쟝(重杖) 더으믈 보기 슬히여 오직 ᄋᆞ부를 다려올 ᄲᅮᆫ이오, 네 죄를 다ᄉᆞ리지 아니 ᄒᆞᄂᆞ니, ᄎᆞ후나 온듕(穩重)ᄒᆞ믈 힘쁘라."

2211)훌연(欻然) : ①갑작스러움. ②갑작스럽게 떠나거나 어떤 일이 일어나, 다하지 못한 일로, 마음속에 섭섭하거나 허전한 구석이 있음.

2212)근근체체(懃懃棣棣) : 정성스럽고 은근함.

2213)활냥대되(豁量大道) : 매우 넓고 큰 도량.

2214)시인지졍(時人之情) : 그때그때마다 닥쳐서 나타나는 사람의 정.

2215)비로ᄉᆞ다 : 비롯하다. 시작하다.

2216)결으다 : 겨루다. 다투다

2217)글노 : 그것으로.

2218)모로미 ; 모름지기.

2219)거(去)ᄒ다 : 출거(黜去)하다. 아내를 강제로 내쫓다.

2220)쇼리히 : 솔이(率爾)히. 경솔하게. 말이나 행동이 신중하지 못하고 가볍게.

2221)유ᄌᆞ식불거(有子息不去) : 자식을 둔 아내는 쫓아내서는 안된다는 말.

학식 부복(仆伏) 문파(聞罷)의, 존당의 과ᄋᆡ(過愛)ᄒᆞ시ᄂᆞᆫ 말ᄉᆞᆷ이 그 도라오미 더ᄃᆡ지 아닐지라. 엄부인이 ᄌᆞ긔를 참욕(慘辱)ᄒᆞ고 존당을 구욕(驅辱)ᄒᆞᆫ ᄒᆞᆫ을 프지 못ᄒᆞᆯ가 ᄒᆞ야 ᄌᆡ비 왈,

"쇼손이 ᄌᆞ젼ᄒᆞᆫ 죄ᄂᆞᆫ 밧ᄌᆞ오려니와, 셜시ᄂᆞᆫ 경이(輕易)히 문의 드리지 못ᄒᆞ올지라. 쇼숀이 젼자의 【7】광망ᄒᆞᆫ 거조ᄂᆞᆫ 이ᄉᆞ와도, 셜시ᄂᆞᆫ 다시 용납지 못ᄒᆞ리로소이다."

좌위 그 말이 인ᄌᆞ의 도리 당연ᄒᆞ믈 묵연ᄒᆞ고, 뉴부인이 기리 탄왈,

"나의 악ᄒᆡᆼ이 우흐로 존고긔 실덕을 도와 불효를 ᄭᅵ치옵고, 아ᄅᆡ로 ᄌᆞ손의게 붓그러오믈 일위니, 젼젼 죄과를 혜아릴진ᄃᆡ 터럭을 ᄲᅢ혀도 궁진치 아닐지라. 어이 엄부인의 셔싀 과도타 ᄒᆞ리오. 다만 희텬을 욕ᄒᆞ미 ᄉᆡᆼ각지 못ᄒᆞᆫ ᄇᆡ어니와, 셰간의 날ᄀᆞᆺᄐᆞᆫ 것도 ᄌᆞ부의 셩효를 의지ᄒᆞ야 화당(華堂)의 호사극부(豪奢極富)를 누리니, 져 엄부인이 일시 【8】실톄ᄒᆞ야 이셰간을 보ᄂᆡ미 무ᄉᆞᆷ 대죄라, ᄒᆞᆫ 허물이 업ᄉᆞᆫ 셜ᄋᆞ를 츌거ᄒᆞ리오. 나의 불인(不仁)ᄒᆞ미 하·셕 이부의 죄를 지으미 ᄒᆞᆫ두 일이 아니로ᄃᆡ, 하학셩과 셕두봉이 굿ᄐᆡ여 냥녀를 거(去)치 아닌지라. 셰린은 모로미 노치 말고 ᄋᆞ부를 수이 마ᄌᆞ오라."

승샹이 믄득 이셩화ᄉᆡᆨ(怡聲和色)으로 주왈,

"셜식뷔 명되 험흔(險釁)[2222]ᄒᆞ야 ᄑᆡᄌᆞ를 ᄇᆡ(配)ᄒᆞ니, 그 일ᄉᆡᆼ이 괴로오믈 쇼지 ᄆᆡ양 ᄎᆞ셕ᄒᆞ옵던 ᄇᆡ라. 이 ᄀᆞᆺᄐᆞᆫ 풍ᄑᆡ(風波) 아니라도 ᄯᅩ 무ᄉᆞᆷ ᄉᆞ단(事端)이 이셔 그 ᄆᆞ음이 불평ᄒᆞᆯ넌동 엇지 알니잇고? 셜복야 부인의 셔ᄉᆞᄂᆞᆫ 편익【9】ᄒᆞᆫ 녀지 분두(忿頭)의 ᄉᆡᆼ각지 못ᄒᆞ미니, 족가(足枷)ᄒᆞᆯ[2223] 거시 업거ᄂᆞᆯ, 《엇ᄌᆞ‖엇지》 이제 ᄌᆞ위(慈闈) 셕ᄉᆞ(昔事)를 닐ᄏᆞ라샤 호연(皓然)ᄒᆞ신[2224] 덕화(德化)로ᄡᅧ 요원ᄒᆞᆫ 지난 일의 존하(尊下)[2225] 겸손ᄒᆞ시ᄂᆞᆫ 말ᄉᆞᆷ이 도로혀 위의를 일흐시ᄂᆞ니잇고? ᄋᆞ부를 친졍으로 도라보ᄂᆡ미 근친일톄(近親一體)오, 츌화(黜禍)의 영영 ᄆᆡ연ᄒᆞ미[2226] 업ᄉᆞ오리니, ᄌᆞ뎡(慈庭)은 관심(寬心) 물녀(勿慮)ᄒᆞ쇼셔. 조강불하당(糟糠不下堂)[2227]이오 유ᄌᆞ식불게(有子息不去)라. ᄒᆞ물며 ᄋᆞ부의 덕ᄒᆡᆼ이 완젼ᄒᆞ야 광부의 불인을 ᄒᆞᆫ(恨)ᄒᆞ미 업시 이슌위졍(理順爲正)[2228]ᄒᆞ미 즁니(中理)[2229]를 불슌(不順)ᄒᆞ미 업고, 존젼(尊前)의셔 ᄎᆡᆨ(責)이 견마(犬馬)의 밋지 【10】아닐ᄲᅮᆫ 아니라, 그 ᄉᆞ실의셔도 조심ᄒᆞ고 삼가미 ᄒᆞᆫ가지니, 고쟈(古者) 녈녀슉완(烈女淑婉)의 아ᄅᆡ 아니온지라. 장강(莊姜)[2230]의 녹의황샹지탄(綠衣

2222)험흔(險釁) : 몹시 위태롭고 흠이 많음.
2223)족가(足枷)ᄒᆞ다 : 도망치지 못하도록 발에 족가(足枷; 차꼬)나 족쇄(足鎖; 쇠사슬) 따위를 채우다. 아랑곳하다. 참견하다. 다그치다. 탓하다. 따지다.
2224)호연(皓然)ᄒᆞ다 : 아주 희다. 아주 명백하다.
2225)존하(尊下) : 귀하(貴下). 듣는 이를 높여 이르는 이인칭 대명사.
2226)ᄆᆡ연ᄒᆞ다 ; 매몰차다. 인정이나 싹싹한 맛이 없고 쌀쌀맞다.
2227)조강불하당(糟糠不下堂) : 조강지처불하당(糟糠之妻不下堂). 가난하고 천할 때에 고생을 함께 겪어 온 아내는 집 밖으로 내쫓거나 내보내서는 안 된다는 말.
2228)이슌위졍(理順爲正) : 도리를 따라 바르게 행함.
2229)즁니(中理) ; 이치나 도리에 맞거나, 맞는 일.

黃裳之嘆)[2231]과 반비(班妃)[2232]의 장신궁(長信宮)[2233] 고단을 효측(效則)ᄒᆞᆯ 무복지인(無福之人)도 아니오니, ᄯᅵᄌᆞ의 미친 셩이 ᄀᆡ 무어시 관겨ᄒᆞ리잇가?"

진왕이 잠쇼(潛笑) 왈,

"셰린이 대쇼범ᄇᆡᆨ(大小凡百)을 ᄌᆞ젼ᄒᆞ와 안해를 거(去)ᄒᆞ미 그 져근 일이 아니로ᄃᆡ, 고ᄒᆞ미 업고, 홍대(弘大)치 못ᄒᆞᆫ 부인의 ᄒᆞᆫ장 족가치 못ᄒᆞᆯ 셔간을 가지고, 불공ᄃᆡ텬지쉬(不共戴天之讎)[2234]나 졀치(切齒)ᄒᆞᄂᆞᆫ 다시 셔도ᄂᆞᆫ 거동이 과연 밋첫거ᄂᆞᆯ, 아[2235]은 며ᄂᆞ리 칭찬으로 만ᄉᆞ를 ᄂᆡ【11】ᄌᆞ니, 네 부ᄌᆞ의 모양이 ᄯᅩᄒᆞᆫ 우읍도다."

인ᄒᆞ여 학ᄉᆞ의 올으믈 명ᄒᆞ니, 승상이 형장의 말ᄉᆞᆷ으로 조ᄎᆞ ᄯᅩᄒᆞᆫ 미미히 웃고, 호람휘 학ᄉᆞ의 올으믈 년ᄒᆞ여 ᄌᆡ쵹ᄒᆞ니, ᄉᆡᆼ이 조부와 ᄇᆡᆨ부의 명을 거역지 못ᄒᆞ야 ᄀᆞ득이 두리온 거ᄉᆞᆯ 무릅ᄡᅥ 곤계(昆季) 항(行)의 나아가니, 승상이 다시 이러타 말을 아니ᄒᆞ고, 구파ᄂᆞᆫ 눈물이 ᄲᅥ러지믈 ᄭᅵ닷지 못ᄒᆞ야 왈,

"노쳡이 ᄇᆡ야흐로 ᄀᆡᆼ반(羹飯)[2236]의 온ᄂᆡᆼ(溫冷)을 맛초와 ᄇᆡᆨ시 등으로 들니고 부용각으로 향코져 ᄒᆞ거ᄂᆞᆯ, 낭군이 엇지 그ᄃᆡ도록 급히 ᄶᅩᄎᆞ시ᄂᆞ뇨? 그ᄃᆡ 젼후의 슈【12】녀를 져바리미 태심ᄒᆞ니 《한셩∥한셩제(漢成帝)[2237]》의 무도(無道)홈과 쟝공(莊公)[2238]의 어두오믈 겸ᄒᆞ엿도다."

하·셕·우등 졔슉뫼 말을 니어 탄식고, 셜시를 위ᄒᆞ야 슬피 넉이미 ᄉᆡᆼ의 과격ᄒᆞ믈 칙ᄒᆞᄃᆡ, 하·장 이부인과 뎡·진 등 졔비(諸妃)ᄂᆞᆫ 다만 이목(耳目)으로 숑아(竦訝)ᄒᆞ여[2239] 셜시를 잔잉히 넉일지언뎡, 학ᄉᆞ의 과격ᄒᆞ믈 닐ᄋᆞ미 업서 범ᄉᆞ의 간셥지 아님

2230)장강(莊姜) : 춘추전국시대의 위(衛)나라 장공(莊公)의 아내. 얼굴이 매우 아름답고 부덕이 높았다. 후에 장공에게 버림받아 절의를 지키며 백주시(柏舟詩)를 읊어 자신에 비유했다.

2231)녹의황샹지탄(綠衣黃裳之嘆) : 첩이 총애를 받고 정실이 소박을 맞는 뒤바뀐 현실에 대한 탄식. '녹의황상(綠衣黃裳)'은 『시경(詩經)』<패풍(邶風)> '녹의(綠衣)'시의 한 구절이다. 녹색은 간색(間色; 섞어 만든 색)이고 황색은 정색(正色; 순수한 색)이다. 따라서 녹색은 천한 사람 곧 첩(妾)을, 황색은 귀한 사람 곧 정실(正室)을 상징한다. 그런데 녹의황상(綠衣黃裳; 녹색 저고리에 황색치마 차림)은 간색인 녹색으로 상의(上衣) 곧 저고리를, 정색인 황색으로 하의(下衣)인 치마를 지어 입음으로써 상하·귀천이 바뀌었다. 비유로 말한다면, 첩이 정실의 상위에 있는 형국으로, 첩이 총애를 받고 정실이 소박을 맞고 있는 상황을 표현하고 있는 것이다.

2232)반비(班妃) : 중국 한(漢)나라 성제(成帝)의 후궁. 시가(詩歌)를 잘하여 성제의 총애를 받았으나 조비연(趙飛燕)·합덕(合德) 자매에게 참소를 당하여 장신궁(長信宮)에 있으면서 부(賦)를 지어 상심을 노래하였다.

2233)장신궁(長信宮) : 중국 한(漢)나라 때 장락궁 안에 있던 궁전. 한(漢) 성제(成帝)의 후궁 반첩여(班婕妤; 班妃)가 이곳으로 물너나 시부(詩賦)로 마음을 달랬던 곳이다.

2234)블공ᄃᆡ텬지쉬(不共戴天之讎) : 하늘을 함께 이지 못할 원수라는 뜻으로, 이 세상에서 같이 살 수 없을 만큼 큰 원한을 가진 사람을 비유적으로 이르는 말.

2235)아 : 아우. 동생.

2236)ᄀᆡᆼ반(羹飯) : 국과 밥을 아울러 이르는 말.

2237)한셩제(漢成帝) : 중국 전한(前漢)의 제9대 황제(BC 33~7 재위). 이름은 유오(劉驁). 원제(元帝)의 아들이다. 사치스러운 생활을 했으며, 술과 여자에 빠져 조비연(趙飛燕)과 조합덕(趙合德)을 총애했다.

2238)쟝공(莊公) : 중국 춘추시대 위(衛)나라 임금. 제(齊)나라 여인 장강(莊姜)을 아내로 맞았으나 아들이 없자, 희첩들을 총애하며 장강을 박대하였다.

ᄀᆞᆺᄐᆞ니, 조태비 탄식고 하·장을 도라보아 왈,

"셜ᄋᆡ의 츌홰(黜禍) 실노 원앙(怨怏)ᄒᆞ미 극ᄒᆞᆫ지라. 엄부인의 젼도(顚倒) 냥협(量狹)ᄒᆞ미 셜ᄋᆡ의 죄 아니니, 수히 마즈오미 올치 아니ᄒᆞ랴?"

이부인【13】이 피셕(避席) 비왈(拜曰),

"셜시의 갓초 풍파ᄅᆞᆯ 당ᄒᆞ오미 지극히 잔잉ᄒᆞ2240)오나,, 셰린이 측은ᄒᆞ미 업고, 셜ᄉᆞ 오라 ᄒᆞ시ᄂᆞᆫ 명을 나리오시나, 셜시ᄂᆞᆫ 범빅(凡百)의 녜의ᄅᆞᆯ 의쟝(倚仗)ᄒᆞ옵ᄂᆞ니, 셰린의 광망(狂妄)ᄒᆞᆷ을 수히 넉이지 아니ᄒᆞ고, 소텬(所天)이믈 공경ᄒᆞ여 존당 명을 위역(違逆)고져 ᄒᆞ미 아니라, ᄌᆞ연이 불안ᄒᆞ고 황민(惶憫)ᄒᆞ야 능히 나아오지 못ᄒᆞ오리니, 십년을 그음ᄒᆞ나 셰린이 브르지 아니ᄒᆞᆫ즉, 이의 니르지 못ᄒᆞ리이다."

호람휘 왈,

"연즉 셰린이 수히 쳥ᄒᆞᆯ니 업ᄂᆞ니, 셜ᄋᆡ뷔 우리 브르믈 좃지 아니【14】ᄒᆞ랴?"

진왕이 ᄃᆡ왈,

"셜시 네법이 삼엄(森嚴)ᄒᆞᆫ 녀ᄌᆡ니 반다시 그러ᄒᆞ리이다."

하승샹 부인이 쇼왈,

"셰간의 괴로온 거슨 환뷔(鰥夫)라. 셰린이 남활(濫闊)ᄒᆞ고 방약(放若)ᄒᆞᆫ 의시 셜질을 거(去)ᄒᆞ나, 졀식묘염(絶色妙艶)을 갓초 모화 즐기믈 다코져 ᄒᆞ옵ᄂᆞ니, 존당과 ᄉᆞ뎨 부부ᄂᆞᆫ 져놈의 심슐을 맛치지 마르시고, 셜시ᄅᆞᆯ 영영히 다려오지 마르샤 져로 ᄒᆞ야곰 괴로오믈 ᄌᆞ심이 겻거, 필경 셜질을 쳥ᄒᆞᄂᆞᆫ 말이 혜 달키의 밋게 ᄒᆞ쇼셔."

호람휘 쇼왈,

"네 일ᄋᆞ지 아니ᄒᆞᆫ들 우리 엇지 셰린으로 ᄒᆞ야곰 타인을 【15】다시 취케 ᄒᆞᄂᆞᆫ 거 죄 잇게 ᄒᆞ리오마ᄂᆞᆫ, 다만 셰ᄋᆞ의 괴롭기ᄅᆞᆯ 위ᄒᆞᆫ즉, 우리 셜ᄋᆡᄅᆞᆯ 그리ᄂᆞᆫ 탄(嘆)이 깁흘가 ᄒᆞ노라."

우부인 왈,

"일시 그리ᄂᆞᆫ 거시야 아니 참으리잇가? 셰린을 폐륜ᄒᆞ야 동ᄌᆞ로 두엇ᄂᆞᆫ 양으로 《알아시면∥알게 하면》, 셜시ᄂᆞᆫ 츌부 두 ᄌᆡ(字) 《괴롭지∥괴로올지언졍》, 친졍의셔 영낙(榮樂)이 광부(狂夫)로 화락(和樂)ᄒᆞ미 열번 더 즐거오려니와, ○○○[셰린은] 의복의 한셔(寒暑)ᄅᆞᆯ 맛초지 못ᄒᆞ고, ᄃᆡ긱(待客)의 쥬찬(酒饌)이 만부(萬復)2241) 구간(苟艱)ᄒᆞ야 ᄌᆞ모(慈母)의게 쳥ᄒᆞ여[며] 수시(嫂氏)의게 빌고, 슉당의게 어더, 환부(鰥夫)의 괴로오미 날노 더은 바의, 독쳐(獨處)ᄒᆞᄂᆞᆫ 심시 졈졈 더【16】ᄒᆞ야 미치기의 니르리라."

진왕이 쇼왈,

2239)숑아(竦訝)ᄒᆞ다 : 놀라고 의아(疑訝)해 하다.

2240)잔잉ᄒᆞ다 ; 자닝하다. 애처롭고 불쌍하여 차마 보기 어렵다.

2241)만부(萬復) : '만(萬)'에 만을 다시 더한다는 뜻으로, '만만(萬萬)'을 달리 표현한 말. *만만(萬萬); 아주, 몹시, 매우. 느낌의 정도가 헤아릴 수 없을 만큼 큼.

“져져(姐姐)와 ᄆᆡ데(妹弟) 질부의 셜ᄒᆞᆫ(雪恨)을 위ᄒᆞ여 질ᄌᆞ를 지극히 괴롭과져 ᄒᆞ니, 셜복애 드ᄅᆞ면 ᄀᆞ장 감격ᄒᆞ야 ᄒᆞ리로다. 그러나 남ᄋᆡ(男兒) 일녀ᄌᆞ(一女子)를 위ᄒᆞ여 슈졀(守節)ᄒᆞᆯ 거시 아니니, 셜시 진실노 작죄(作罪)ᄒᆞ미 이셔, ᄒᆞᆫ번 가ᄆᆡ 도라오지 못ᄒᆞᆯ ᄉᆞ단(事端)이 이실진ᄃᆡ, 셰ᄋᆡ 엇지 환부의 괴로오믈 긴 셰월의 당ᄒᆞ리오. 쾌히 슉녀명염(淑女名艶)을 마ᄌᆞ, 져의 풍ᄎᆡ(風彩)를 져바리지 아니려니와, 이ᄂᆞᆫ ᄉᆞ셰(事勢) 그러치 아냐, 졔 ᄆᆞ음의 아모리 깃브지 아냐도 무죄ᄒᆞᆫ 녀ᄌᆞ를 오ᄅᆡ 파【17】쳔(播遷)[2242]치 못ᄒᆞ리니, 그 환부의 괴로오미 언마 ᄉᆞ이리오. 다만 져져와 우ᄆᆡ(妹)의 말이 슉녀의 브드러온 ᄯᅳᆺ이 아니라. 져런 ᄆᆞ음을 가져시면 소텬(所天)을 졔어ᄒᆞ믈 잘ᄒᆞ려니와 빈계(牝鷄)[2243]의 외월(猥越)ᄒᆞ미 업지 아닐가 두리노라.”

우부인은 낭쇼(朗笑)ᄒᆞ고, 하부인이 츄파(秋波)[2244]를 흘녀 왈,

“심의(甚矣)라! 광뎨(弟)의 한악(悍惡)홈과 쳐실의게 싀호(豺虎) ᄀᆞᆺ트미 ᄌᆞ연이 자라ᄂᆞᆫ 졔ᄋᆞ(諸兒)로 ᄒᆞ야금 ᄇᆡ호미 되어, ᄒᆞ나토 쳐ᄌᆞ의게 온듕ᄒᆞᆫ ᄋᆞ히 업ᄉᆞᆫ지라. 셜복야 부인이 오히려 현뎨의 쇼년 광픽ᄉᆞ(狂悖事)를 모ᄅᆞ므로 욕ᄒᆞ기를 【18】낭쟈히 ᄒᆞ지 아냣거니와, 금자 이 말을 드ᄅᆞ면 반다시 참욕난셜(慘辱亂說)노 ᄭᅮ지ᄌᆞ리니 조심ᄒᆞ라. 다만 셩닌이 긔특이 소공의 온양인ᄌᆞ(溫良仁慈)ᄒᆞᆫ 덕의를 ᄇᆡ화, 쳐실의게라도 화슌ᄒᆞ미 지극ᄒᆞᆫ가 ᄒᆞᄂᆞ니, 광뎨 소·엄 등으로ᄡᅥ 빈계의 외월ᄒᆞ미 이실가 념녀ᄒᆞ리라.”

진왕이 화연(和然) 쇼왈,

“져졔 하형의 ᄋᆡᄃᆡ(愛待)ᄒᆞ며 화슌(和順)ᄒᆞ믈 자랑코져 ᄒᆞ시ᄆᆡ, 구ᄎᆞ히 셩닌부부 화락의 슉연졍담(肅然情淡)[2245]ᄒᆞ믈 닐으시고, 내 며ᄂᆞ리로ᄡᅥ 빈계의 외월ᄒᆞ믈 념녀ᄒᆞᆫ다 ᄒᆞ시거니와, 져져부부로셔ᄂᆞᆫ 셩닌부부【19】의 대도(大道)를 밋기 어려온지라. 닐은 바, 쇼아(小雅)[2246]ᄂᆞᆫ 원비이불난(怨誹而不亂)[2247]ᄒᆞ고 국풍(國風)[2248]은 호ᄉᆡᆨ이불음(好色而不淫)[2249]ᄒᆞ니, 내 ᄋᆞ히 소·엄 등으로 금슬(琴瑟)[2250]의 낙(樂)이 대아(大雅)[2251]의 노ᄅᆡ를 화ᄒᆞ야 관져(關雎)의 시를 지엄즉ᄒᆞ니, 엇지 져져(姐姐) 부부의 용

2242)파천(播遷) : 임금이 도성을 떠나 다른 곳으로 피란하던 일.
2243)빈계(牝鷄) : 암탉.
2244)츄파(秋波) : 가을 물결처럼 맑은 눈.
2245)슉연졍담(肅然情淡) : 고요하고 엄숙하며 다정하면서도 욕심이 없고 맑음.
2246)쇼아(小雅) : ≪시경≫의 한 편의 이름. 작은 정사(政事)에 관한 일을 노래한 정악(正樂)으로, ≪시경≫ 305편 중 74편을 이른다.
2247)원비이불난(怨誹而不亂) : 원망하고 비방하되 말이 어지럽지 않음.
2248)국풍(國風) : 중국에서, 가장 오래된 시집인 ≪시경≫ 중에서 민요 부분을 통틀어 이르는 말. 정풍(正風)과 변풍(變風)이 있으며 정풍은 주남(周南)·소남(召南)에 실려 있는 25편의 작품을 이르며, 변풍(變風)은 국풍(國風) 가운데 패풍(邶風)에서 빈풍(豳風)에 이르는 열세 나라의 노래 135편 이르는 말로 모두 160편(篇)으로 이루어져 있다. 왕과 어진 사람의 덕을 찬양하는 내용으로 백성들을 널리 교화하는 것을 목적으로 한다.
2249)호ᄉᆡᆨ이불음(好色而不淫) : 여색을 좋아하되 음란하지 않음.
2250)금슬(琴瑟) : ①거문고와 비파를 아울러 이르는 말. ②'금실'의 원말로, 부부간의 사랑을 이르는 말.
2251)대아(大雅) : ≪시경(詩經)≫의 한 편명(編名). 큰 정치를 노래한 정악(正樂)으로 모두 31편(編)으로

상(庸常)ᄒᆞ므로 비기리오. 그러나 ᄌᆞ의 형이 져져긔그리 만만치 못ᄒᆞᆫ가? 져제 우리를 ᄃᆡᄒᆞ야는 가군의 화슌ᄒᆞ미 져져를 엄ᄒᆞᆫ 상뎐(上典)[2252]ᄀᆞᆺ치 밧들믈 자랑ᄒᆞ시다가도, 잇다감 하부의 가 져져와 ᄌᆞ의 형이 ᄒᆞᆫ가지로 좌를 일워실 ᄯᅢ 본즉, 져져의 져 긔운이 소삭ᄒᆞ야 외구츅쳑(畏懼踧踖)[2253]【20】ᄒᆞᆫ 거동이, 시쳡(侍妾)이 엄ᄒᆞᆫ 쥬군(主君)을 뫼심ᄀᆞᆺ더이다."

하부인이 대쇼ᄒᆞ고 왕을 ᄭᅮ지져 남ᄆᆡ 일장(一場)을 환쇼(歡笑)ᄒᆞ니, 존당이 ᄯᅩᄒᆞᆫ 우음을 먹음더라.

ᄎᆞ일 장부인이 하부인으로 더브러, 부용각의 니ᄅᆞ러 유ᄋᆞ를 보고 쇼ᄎᆔ를 당부ᄒᆞ야 조심 보호ᄒᆞ믈 닐을ᄉᆡ, 심니의 크게 즐겨아냐 셜부 엄부인의 젼도ᄒᆞ믈 ᄒᆞᆫᄒᆞ고, ᄋᆞᄌᆞ의 쳐치 ᄯᅩ 그도록 놀나온 거죄 아니므로 능히 광망무식다 칙지 못ᄒᆞ고, ᄒᆞᆫ갓 셜시의 ᄋᆡᆨ운이 진치 아니ᄒᆞ믈 ᄎᆞ셕(嗟惜)ᄒᆞᆯ ᄲᅮᆫ이오, 승상은 오ᄌᆞ의 분노를 더으【21】지 아니려 짐즛 셜시 츌거ᄒᆞ믈 크게 미온ᄒᆞᄂᆞᆫ ᄉᆡᆨ을 지으나, 엄부인의 셔ᄉᆡᆨ 만만 한심ᄒᆞ니, ᄌᆞ긔라도 셰린의 경계를 당ᄒᆞ여신즉, ᄉᆞ셰 마지 못ᄒᆞ야 셜시를 아직 도라보닐 밧게 다란 쳐치 업술 거시오, 그러치 아니면 상업ᄉᆞᆫ 셔ᄉᆡᆨ라 ᄒᆞ여, 아이의 ᄀᆡ간(開看)을 아니ᄒᆞ고 도로 ᄂᆡ여주어실 거시로ᄃᆡ, 학ᄉᆡᆨ 'ᄉᆞ광(師曠)의 총(聰)'[2254]과 '니루(離婁)의 명(明)'[2255]이 아니어니, 그 악모의게 잇다감 ᄇᆡ견ᄒᆞ미 이시나 어이 그ᄃᆡ도록 측냥못ᄒᆞᆯ 인물이믈 ᄊᆡ다라며, ᄯᅩ 셜공 부ᄌᆞ 나간 ᄯᅢ를 타 흉셔로ᄡᅧ 【22】즐욕ᄒᆞᆯ 줄이야 ᄯᅳᆺᄒᆞ여시리오. 셜쇼져를 향ᄒᆞᆫ 은졍이 산비ᄒᆡ박(山卑海薄)ᄒᆞ나, 분ᄒᆞ고 통완ᄒᆞ미 부부의 졍을 버혀 박츅ᄒᆞ믈 ᄒᆞᆫ조각 인졍이 머므지 아님 《ᄀᆞᆺᄐᆞ니‖ᄀᆞᆺ티 ᄒᆞ니》, 엄부인의 셩졍이 고이흠도 ᄯᅩ 쇼져의 ᄋᆡᆨ운을 응ᄒᆞ미러라.

시시(是時)의 셜쇼제 학ᄉᆞ의 셩화ᄀᆞᆺ치 박츅하믈 인ᄒᆞ야 능히 존당구고긔 하직을 고치 못ᄒᆞᆯ ᄲᅮᆫ 아니라, 학ᄉᆞ의 수죄ᄒᆞᄂᆞᆫ 말이 그 모친을 크게 분노ᄒᆞ미니, 쇼제 ᄯᅩᄒᆞᆫ 모부인의 이상ᄒᆞᆫ 셩질을 아ᄂᆞᆫ지라. 반다시 긔형괴ᄉᆡ(奇形怪事)이시믈 짐쟉ᄒᆞᄆᆡ, 【23】붓그러온 ᄂᆞᆺ출 드러 존당구고 면젼(面前)의 님ᄒᆞᆯ ᄆᆞ음이 업ᄉᆞᆫ 고로, 다만 어린 다시 교즁의 올흐ᄆᆡ, 교뷔(轎夫) 원문으로 조ᄎᆞ ᄂᆞᄂᆞᆫ 다시 힝ᄒᆞ야 본아(本衙)의 도라오ᄆᆡᄂᆞᆫ, 듕형여ᄉᆡᆼ(重刑餘生)의 졔시ᄋᆡ 져마다 반죽엄이 되어, 혹 사ᄅᆞᆷ의게 븟들니며, 혹 막ᄃᆡ를 집허 신고히 뒤흘 조ᄎᆞ 니ᄅᆞ니, 그 모양이 슈참(羞慚)ᄒᆞ믈 엇지 비ᄒᆞᆯᄃᆡ 이시리오. 힝각의 잇던 양낭(養娘)이 몬져 드러가 쇼져의 도라옴과 뒤흘 조ᄎᆞᆫ 시ᄋᆞ의 경상이 고이ᄒᆞ믈 엄부인긔 알외고, 미조ᄎᆞ 쇼져의 교ᄌᆡ ᄂᆡ쳥의 님ᄒᆞᄆᆡ, 엄부인【24】이 마조

이루어져 있다.

2252)상뎐(上典) : 예전에, 종에 상대하여 그 주인을 이르던 말.

2253)외구츅쳑(畏懼踧踖) : 몹시 두려워하고 조심하는 모양.

2254)ᄉᆞ광(師曠)의 총(聰) : ᄉᆞ광지총(師曠之聰). 사광(師曠)은 춘추시대 진나라 음악가로, 소리를 들으면 이를 분별하여 길흉을 정확히 점쳤다 하여, 소리를 잘 분별하는 것을 말함.

2255)니루(離婁)의 명(明) : 니루지명(離婁之明). 눈이 매우 밝음을 비유적으로 이르는 말. 중국 황제(黃帝) 때 사람인 이루가 눈이 밝았다는 데서 나온 말이다.

ᄂᆞ리다라 거장을 들치고 녀ᄋᆞ롤 붓드러 실셩대곡(失性大哭) 왈,

"적츄(賊酋) 픽지(悖子) 너롤 엇지ᄒᆞ야 도라보ᄂᆡ더뇨? 녀ᄋᆡ 비록 적ᄌᆞ(賊子)의 박츅을 당ᄒᆞ나, 내 집의 무ᄉᆞ히 도라오미 영홰라. 이제 엇지 적ᄌᆞ의 안해로라 ᄒᆞ야 져의 픽악흔 호령을 두리며, 흉참흔 고함을 밧으리오. 출하리 심규(深閨)의 머리털 잇ᄂᆞᆫ 듕이 되어, 우리 슬하의 평싱을 안한(安閑)이 지ᄂᆡ고, 적츄의 집을 다시 싱각지 말나. 윤희텬 간적(奸賊)과 장시 요괴년들이 날노 더브러 무숨 원쉬완ᄃᆡ, 쇼적(小賊) 셰린을 ᄀᆞ라쳐 【25】 내 ᄌᆞ식을 이ᄃᆡ도록 괴롭게 ᄒᆞᄂᆞ뇨? 창텬(蒼天)이 쇼쇼(炤炤)ᄒᆞ샤 숣피미 붉은지라. 오늘노브터 윤가 간적의게 앙화(殃禍)롤 ᄂᆞ리와, 져희 부ᄌᆞ형데 머리롤 동시(東市)[2256]의 달고 슈족(手足)을 구쥐(九州)[2257]의 이(離)ᄒᆞ야 빅골도 ᄯᅡ 속에 드지 못ᄒᆞ리라."

인ᄒᆞ여, 폴을 쏌ᄂᆡ며 발을 구ᄅᆞ고 니롤 갈아 윤부합문 졔인을 즐욕(叱辱)ᄒᆞ미 악악난셜(惡惡亂說)이 참아 듯지 못ᄒᆞᆯ 빅라. 쇼졔 갓득 심신이 황난(慌亂) 취요(醉擾)[2258] ᄒᆞᆯ 쁜 아니라 모친이 구가롤 공연이 즐욕ᄒᆞ미 능히 듯지 못ᄒᆞᆯ 말이라. 놀납고 슬프며 한심코 긔괴ᄒᆞ믈 니긔 【26】 지 못ᄒᆞ야 츄파의 ᄋᆡ루(哀淚)롤 먹음고 기리 탄식 왈,

"모친이 우리 구고의 늉은혜틱(隆恩惠澤)이 쇼녀 일신의 져ᄌᆞ시믈 아지 못ᄒᆞ시고 즐욕ᄒᆞ미 이의 미ᄎᆞ시니, 윤군이 만일 드롤진ᄃᆡ, 쇼녀롤 관형(官刑)의 밀쳐 부월의 쥬(誅)롤 밧아도 오히려 분을 다 프지 못ᄒᆞᆯ쁜 아니라, 쇼녀 일신이 창텬의 진노ᄒᆞ시믈 만날지라. 태태(太太) 불쵸ᄋᆞ(不肖兒)롤 슬하의 두고져 ᄒᆞ시미, 도로혀 쇼녜 텬앙(天殃)을 면치 못ᄒᆞ리로소이다. 아지못거이다! 무숨 연고로 모친의 윤ᄌᆞ(尹子) 절치(切齒)ᄒᆞ시미 이의 밋ᄎᆞ시니잇고?"

엄부인이 더욱 【27】 대로ᄒᆞ야 녀셩대믹(厲聲大罵) 왈,

"너희 음비(陰庇)ᄒᆞ며 구ᄎᆞ(苟且)ᄒᆞ미 오히려 윤셰린 적츄의 《화지풍 뉴지용‖화지용(花之容) 뉴지풍(柳之風)[2259]》을 닛지 못ᄒᆞ야, 그 참누(慙累) 흉얼(凶孼)을 몸 우희 시러 노코 노흡고 분흡은 아지 못ᄒᆞ여 오히려 권년(眷然)ᄒᆞ니, 엇지 측ᄒᆞ고 더럽지 아니리오. 네 실노 공규(空閨)의 단장(斷腸)을 슬히ᄒᆞ거든 아모리면 오죽ᄒᆞ랴. 맛당히 션풍도골(仙風道骨)의 인인군ᄌᆞ(仁人君子)롤 틱ᄒᆞ여 너의 일싱을 영화롭게 ᄒᆞ리니, 다시 역ᄌᆞ(逆子) 흉인(凶人)을 싱각지 말나."

쇼졔 텽파(聽罷)의 하쉬(河水)[2260] 머러 냥이(兩耳)롤 씻지 못ᄒᆞ믈 흔ᄒᆞ니, 기리 늣

2256)동시(東市) : 동쪽에 있는 시장. 옛날 중국의 수도 장안(長安)에서 죄인을 처형(處刑)하던 장소. 이 때문에 '형장(刑場)'의 뜻으로 쓰임 .

2257)구쥐(九州) : 중국 고대에 전국을 나눈 9개의 주. 요순시대(堯舜時代)와 하(夏)나라 때에는 기(冀)·연(兗)·청(靑)·서(徐)·형(荊)·양(揚)·예(豫)·양(梁)·옹(雍)이었다.

2258)취요(醉擾) : 취하여 어지러움.

2259)화지용(花之容) 뉴지풍(柳之風) : '꽃 같은 얼굴'과 '버들 같은 풍채'라는 뜻으로 아름다운 얼굴과 날씬한 몸매를 가리킴.

2260)하쉬(河水) : 황하강의 물. 황하강(黃河江); 중국 서부에서 북부로 흐르는 강. 중국에서 두 번째로

겨 모친의 실덕이 【28】 다단(多端)ᄒᆞ심과, ᄌᆞ긔를 '상님(桑林)의 쳔인(賤人)'[2261]ᄀᆞᆺ치 ᄒᆞ라 ᄒᆞ시믈 망측(罔測) 괴ᄒᆡ(怪駭)ᄒᆞ여 셩안(星眼)의 ᄋᆡ뤼(哀淚) 죵ᄒᆡᆼ(縱行)ᄒᆞ니, 부인이 녀ᄋᆞ의 ᄆᆞᄋᆞᆷ이 ᄌᆞ긔 ᄯᅳᆺ과 ᄂᆡ도ᄒᆞ믈[2262] 더욱 노ᄒᆞ야 분뇌 복밧치니, 엇지 밋처 산긔(産氣) 허약ᄒᆞ믈 념녀ᄒᆞ리오. ᄑᆡ악난셜(悖惡亂說)이 더욱 ᄭᅳᆺ지 아니ᄒᆞ고, 신손(新孫)을 아니 보ᄂᆡ더라 ᄒᆞ믈 조금도 거리ᄭᅵ지 아니ᄒᆞ야, 왈,

"적츄 흉역을 결연(結緣)홈도 금작ᄒᆞ니[2263] 그 ᄢᅵ 밧아 무어ᄉᆡ ᄡᅳ리오. 유ᄋᆞ를 아니 보닐ᄉᆞ록 쥬쳐[2264] 어ᄌᆞ럽지 아니ᄒᆞ야 ᄀᆞ장 맛ᄃᆞᆰᄒᆞ고[2265] 무던ᄒᆞᆫ 일이로다."

ᄒᆞ니, 쇼져ᄂᆞᆫ 모친의 【29】 ᄒᆞᄂᆞᆫ 말마다 한심 괴ᄒᆡᄒᆞ야 다시 말을 아니ᄒᆞ고, 방즁의 슈장(繡帳)과 금병(錦屛)을 서라져[2266] 믈니친 후, 스ᄉᆞ로 빗 업ᄉᆞᆫ 자리를 취ᄒᆞ야 고요히 누으ᄆᆡ, ᄉᆞ지ᄇᆡᆨᄒᆡ(四肢百骸)[2267] 앏프며 허한(虛汗)이 물 흐르ᄃᆞᆺ ᄒᆞ고 쳔쵹(喘促)[2268]ᄒᆞ미 심ᄒᆞᄃᆡ, 굿ᄐᆞ여 앏프믈 닐ᄏᆞᆺ지 아냐, 담연(澹然)이 입을 닷치고 형데를 ᄃᆡᄒᆞ나 오ᄅᆡ 그리던 회포를 펴지 아니ᄒᆞ니, ᄆᆡᆼ시 등 삼인과 ᄋᆞ쇼져 등이 겻히셔 눈물을 ᄲᅮ리고, 모친의 실덕을 ᄋᆡ달와 ᄒᆞ며 쇼져의 신셰를 슬허ᄒᆞ나, 엄부인의 분뇌 ᄇᆡ야흐로 녈화(烈火) ᄀᆞᆺᄐᆞ므로, 그 실언실 【30】 덕(失言失德)ᄒᆞ시ᄂᆞᆫ 바를 능히 간치 못ᄒᆞ더라.

션시(先是)의 윤한님 폐실(弊室) 경시 일신(一身) 졍상(情狀)과 셩인의 ᄒᆞᆫ빵 됴마경(照魔鏡)[2269] ᄀᆞᆺᄐᆞᆫ 안광(眼光)의 능히 음사(淫邪)ᄒᆞᆫ 악녁(惡力)과 요탄(妖誕)ᄒᆞᆫ 졍긔를 온젼치 못ᄒᆞ야, 의표(儀表)가 삭졀(削絶)ᄒᆞ고 진면(眞面)이 나타나니, 외면회단(外面回丹)이 업시 본상(本相)을 회복ᄒᆞᄆᆡ, 교란의 입으로 조ᄎᆞ 젼젼악ᄉᆡ(前前惡事) 셰셰히 발각ᄒᆞ미 되어, 급급히 ᄶᅩᄎᆞ믈 당ᄒᆞ니, 쳔ᄉᆞ만상(千思萬想)ᄒᆞ나 머믈 도리 업ᄉᆞ므로, 비록 대담대악(大膽大惡)이나 ᄇᆞᆺ그러옴과 망극ᄒᆞ미 텬디 혼흑(昏黑)[2270]ᄒᆞ고, 일월이 망망(茫茫)ᄒᆞᆫᄃᆞᆺ, 출하리 양광 【31】 실셩(佯狂失性)ᄒᆞ야 사ᄅᆞᆷ의 지졈(指點)ᄒᆞ여 ᄉᆞ짓ᄂᆞᆫ 바를 아ᄂᆞᆫᄃᆞᆺ 모ᄅᆞᄂᆞᆫᄃᆞᆺ, 졔 ᄒᆡᆼᄉᆞ(行事)의 음할간교(淫黠奸巧)[2271]홈과 흉험극악(凶險極

큰 강으로 청해성(青海省)의 아합랍달합택산(雅合拉達合澤山)에서 시작하여 화북평야를 흘러 발해만(渤海灣)으로 들어간다. 황토와 뒤섞인 누런 강물로 이루어져 있다. 중·하류는 중국 문명의 요람지로서 유명하다. 길이는 5,464km

2261)상님(桑林)의 쳔인(賤人) : 뽕밭에서 뽕잎을 따는 평민이나 천민 계층의 부녀자를 이름.

2262)ᄂᆡ도ᄒᆞ다 : 매우 다르다. 판이(判異)하다.

2263)금작ᄒᆞ다 : 끔찍하다. 정도가 지나쳐 놀랍다.

2264)쥬쳐 : 주체. 짐스럽거나 귀찮은 것을 능히 처리함.

2265)맛ᄃᆞᆰᄒᆞ다 : 마땅하다. ①행동이나 대상 따위가 일정한 조건에 어울리게 알맞다. ②흡족하게 마음에 들다.

2266)서릇다 : 거두어 치우다. 좋지 않거나 방해가 되는 것을 쓸어 치우다

2267)ᄉᆞ지ᄇᆡᆨᄒᆡ(四肢百骸) : 팔 다리와 온몸을 이루고 있는 모든 뼈.

2268)쳔쵹(喘促) : 숨을 몹시 가쁘게 쉬며 헐떡거림.

2269)됴마경(照魔鏡) : 마귀의 본성을 비추어서 그의 참된 형상을 드러내 보인다는 신통한 거울. ≒조요경(照妖鏡).

2270)혼흑(昏黑) : 어둡고 몹시 캄캄함.

惡)ᄒᆞ믈 남이 족가(足枷)ᄒᆞ며 칙망ᄒᆞᆯ 거시 업게ᄒᆞ려 ᄒᆞ야, 교즁(轎中)의셔 긔형괴히(奇形怪駭)의 거동으로 즁인(衆人)의 우음을 일위고, 밋 집에 다다ᄅᆞᄆᆡ 쳥즁(廳中)의셔 뒤구을고 통곡ᄒᆞ며 손벽을 두다려 여지업ᄉᆞᆫ 광인(狂人)의 모양을 다ᄒᆞ니, 호시 쳔만녀외(千萬慮外)의 이 경상(景狀)을 당ᄒᆞ니, 본ᄃᆡ 불인악ᄉᆞ(不仁惡事)를 힝ᄒᆞ미 태심ᄒᆞᆫ 난아의 본상이 도라와, 홀난(焜爛)[2272]ᄒᆞᆫ ᄌᆞᄐᆡ와 공교ᄒᆞᆫ 형뫼 미치게 구ᄂᆞᆫ 가온ᄃᆡ도, 【32】 묘묘졀셰(妙妙絶世)ᄒᆞ미 극진ᄒᆞᆯ지언뎡 구쇼져 슉아의 쇄연(灑然)ᄒᆞᆫ 풍의(風儀)와 휘요(輝耀)ᄒᆞᆫ 광ᄎᆡ 아니라.

반다시 악ᄉᆡ 발각ᄒᆞ여시믈 짐작ᄒᆞᄆᆡ, 놀나오미 쳥텬(晴天)의 벽녁(霹靂)을 만나 일신을 분쇄(粉碎)ᄒᆞᆷ ᄀᆞᆺᄐᆞ니, 담이 ᄯᅥ러지고 숨이 ᄎᆞ, 녀ᄋᆞ의 이 ᄀᆞᆺᄐᆞᆫ 모양으로 도라온 곡졀을 뭇지 못ᄒᆞ고, 역시 ᄂᆡ다라 오읍(嗚泣)ᄒᆞᄆᆡ 통흉운졀(痛胸殞絶)ᄒᆞ믈 면치 못ᄒᆞ니, 경공 ᄌᆡ녀 ᄎᆞ(此)의 잇다가 드러와 죵ᄆᆡ(從妹)를 보고져 ᄒᆞᆫ 거시 믄득 ᄉᆞᄉᆡᆼ거쳐(死生居處)를 모ᄅᆞ던 난ᄋᆡ라. 크게 경악의괴(驚愕疑怪)ᄒᆞ고 비창(悲愴)ᄒᆞ여 역시 븟드러 일장통곡(一場慟哭)의, 겨유 심신 【33】 을 뎡ᄒᆞ여 좌우를 도라보아 곡직(曲直)을 무ᄅᆞ니, 난아를 조ᄎᆞ 윤부의 갓던 시녜 져히ᄡᅵ[2273] 구시로 알고 셤기던 바를 통앙분히(痛快憤駭)ᄒᆞᄂᆞᆫ지라. 엇지 공ᄌᆞ의 무ᄅᆞ믈 당ᄒᆞ야 움치고[2274] 긔일[2275] 거시 이시리오.

일시의 악ᄉᆡ 발각ᄒᆞ믈 주(奏)ᄒᆞ야 져히 등이 경쇼져를 구쇼져로 알고 조ᄎᆞ 갓던 바를 ᄒᆞᆫ(恨)ᄒᆞ며 진짓 쥬인의 원통이 죽은 바를 슬허, 구부 시ᄋᆞᄂᆞᆫ 다 통곡ᄒᆞ며 호부인 모녀를 원망ᄒᆞᄂᆞᆫ 말이 조금도 휘비(諱秘)[2276]ᄒᆞ미 업고, 난아의 심복은 불과 수삼 인인 고로 교란의 죽으믈 죵용히 고ᄒᆞ【34】ᄆᆡ, 윤한님이 쇼져를 유심(有心)히 찰시(察視)ᄒᆞᄆᆡ, 외면회단(外面回丹)[2277]을 먹으미 업시 본상을 회복ᄒᆞ므로, 교란을 져주어 젼젼(前前) 간모악ᄉᆡ(奸謀惡事) 표표(表表)[2278] 일일(一一)히 드러나ᄆᆡ, 쇼져를 즉시 도라보ᄂᆡ던 바를 주ᄒᆞ니, 호시의 망극ᄒᆞ믄 모양ᄒᆞ야 닐을 거시 업ᄉᆞ니, ᄒᆞᆫ갓 흉히(胸垓)의 만검(萬劍)이 결니며[2279] 구곡(九曲)[2280]이 촌단(寸斷)ᄒᆞ니, 입으로 하ᄂᆞᆯ을 브ᄅᆞ고 손으로 ᄯᅡ흘 두다리나, 기실(其實)[2281]은 ᄌᆞ작지얼(自作之孼)[2282]이라. 사ᄅᆞᆷ을 탓

2271)음할간교(淫黠奸巧): 음란하고 교활하며 간사함.
2272)홀난(焜爛) : 혼란(焜爛). 어른어른하는 빛이 눈부시게 아름다움.
2273)-ᄡᅵ : -째. '그대로', 또는 '전부'의 뜻을 더하는 접미사.
2274)움치다 : 움츠리다. 몸이나 몸의 일부를 몹시 오그리어 작아지게 하다.
2275)긔이다 : 기이다. 어떤 일을 숨기고 바른대로 말하지 않다.
2276)휘비(諱秘) : 휘지비지(諱之秘之). 남을 꺼려 우물쭈물 얼버무려 넘김.
2277)외면회단(外面回丹) ; 회면단(回面丹). 잉혈・개용단・도봉잠 등과 함께 한국고소설 특유의 서사도구의 하나. 개용단을 먹고 변용한 얼굴을 다시 제 모습으로 돌아오게 하는 약.
2278)표표(表表) : 눈에 띄게 두드러짐.
2279)결니다 : 결리다. '결다'의 사동사. 풀어지거나 자빠지지 않도록 서로 어긋매끼게 끼거나 걸치다.
2280)구곡(九曲) : 구곡간장(九曲肝腸). 굽이굽이 서린 창자라는 뜻으로, 깊은 마음속 또는 시름이 쌓인 마음속을 비유적으로 이르는 말.
2281)기실(其實) : 실제의 사정. 사실.
2282)ᄌᆞ작지얼(自作之孼) : 자기가 저지른 일 때문에 생긴 재앙.

ᄒᆞ며 신명(神明)을 원ᄒᆞᆯ 거시 업ᄉᆞ니, ᄒᆞᆫ조각 인심일진ᄃᆡ 엇지 붓그럽고 놀나오미 경긱(頃刻)의 죽고져 시브지 아【35】니리오마ᄂᆞᆫ, 궁흉극악(窮凶極惡)ᄒᆞᆫ 심슐이 졈졈 싀랑(豺狼)의 더으고, 독ᄉᆞ의 더은지라.

녀ᄋᆞ의 츌홰(黜禍) 문원 공ᄌᆞ의 타시 아니로ᄃᆡ, 흉독한 분을 가져 풀 곳이 업서 졸연이 넓떠나 문원의 머리ᄅᆞᆯ 잡아 기동의 브드이즈며 고셩대ᄆᆡ(高聲大罵) 왈,

"녀ᄋᆞ의 만니젼졍(萬里前程)을 일시의 마ᄎᆞ 타일을 다시 닐오며 볼 거시 업시되니, 유유텬디(悠悠天地)의 이 원억과 셜우믄 싸흘 곳이 업ᄉᆞ려니와, 네 간악○[ᄒᆞᆫ] 쇼인의 사오나온 심흉(心胸)은 ᄒᆞᆫ 누의 일싱이 그ᄅᆞᆺ되믈 용약쾌희(踴躍快喜)ᄒᆞ야, 듯고 시브지 아닌 말은[을] 뭇기ᄅᆞᆯ 【36】못밋출 ᄃᆞᆺᄒᆞ니, 교란이 죽고 누의 닉쳐와든 네 ᄆᆞ음의 무어시 그리 됴흐뇨?"

공ᄌᆡ 눈으로 ᄆᆡ져(妹姐)의 ᄒᆡ이(駭異)ᄒᆞᆫ 거동을 보며, 귀로 젼젼(前前) 요모악ᄉᆞ(妖謀惡事)[2283]ᄅᆞᆯ 드ᄅᆞᄆᆡ, ᄉᆞᄉᆞ로 ᄂᆞᆺ치 달호이고[2284], 심지(心志) 요요(搖搖)ᄒᆞ야 무궁ᄒᆞᆫ 붓그러옴과 측냥못ᄒᆞᆯ 슬프미 흉장(胸臟)이 ᄢᅴᄂᆞᆫ ᄃᆞᆺᄒᆞ니, 일자(一者)ᄂᆞᆫ 션인(先人)의 쳥명덕화(淸明德化)ᄅᆞᆯ ᄆᆡ져로 인ᄒᆞ야 츄락(墜落)ᄒᆞ믈 각골통도(刻骨痛悼)ᄒᆞ고, 이자(二者)ᄂᆞᆫ 죵ᄆᆡ(從妹)의 셩ᄌᆞ난질(聖資蘭質)이 독슈(毒手)의 해ᄅᆞᆯ 밧아 초목과 ᄀᆞᆺ치 스러지믈 참연비졀(慘然悲絶)ᄒᆞ야, ᄉᆞᆺᄉᆞᆺ치 션인 유교(遺敎)ᄅᆞᆯ 져바리고, 구공의 만니ᄒᆡ외(萬里海外)의셔 지극【37】히 ᄇᆞ라ᄂᆞᆫ 바ᄅᆞᆯ ᄉᆞᆺ쳐 도로혀 셔하지탄(西河之歎)[2285]을 기치미 ᄌᆞ하(子夏)의 상명(喪明)을 본밧기의 밋ᄎᆞ믈 붓그리고 셜워ᄒᆞ며, 삼자(三者)ᄂᆞᆫ 일ᄆᆡ의 젼졍을 아조 맛ᄎᆞ 볼거시 업시되니 지극ᄒᆞᆫ 셩우(誠友)로ᄡᅥ 그 간악요사ᄒᆞ미 죽으ᄆᆡ 가ᄒᆞ고, 사라시미 브졀업ᄉᆞ믄 오히려 ᄭᆡ닷지 못ᄒᆞ고, 위ᄒᆞ야 ᄋᆡ듧고 슬프미 ᄌᆞ가의 젼졍을 맛ᄎᆞᄆᆡ셔 감치 아니니, 일마다 부친이 아니 계시므로 모친이 일을 그ᄅᆞᆺᄒᆞ야 이의 밋ᄎᆞ믈 통할(痛割)ᄒᆞ야, 실셩장통(失性長慟)의 만항뉘(萬行淚) 쳠금(沾衾)ᄒᆞ믈 ᄭᆡ닷지 못ᄒᆞ더니, 모친이 ᄌᆞ긔 머리ᄅᆞᆯ 【38】브드잇고 ᄉᆞ짓ᄂᆞᆫ 말을 드ᄅᆞᄆᆡ, 새로이 한심괴ᄒᆡ(寒心怪駭)[2286]ᄒᆞ야 기리 탄식고 왈,

"ᄌᆞ뎡이 젼후의 일을 ᄉᆡᆼ각지 못ᄒᆞ시ᄆᆡ 져의 화란을 일위시니, 슈원슈ᄒᆞᆫ(誰怨誰恨)이리잇고? 불쵸 무상(無狀)ᄒᆞ와 ᄌᆞ위의 실덕(失德)을 간치 못ᄒᆞ옵고, 션인의 유교(遺敎)ᄅᆞᆯ 져ᄇᆞ려 구ᄆᆡ의 ᄉᆞ화(死禍)ᄅᆞᆯ 건지지 못ᄒᆞ오니, 디하인간(地下人間)[2287]의 죄부(罪負)[2288]ᄒᆞ미 ᄀᆞ득ᄒᆞ온지라. 사라셔 사ᄅᆞᆷ을 ᄃᆡᄒᆞᆯ ᄂᆞᆺ치 업ᄉᆞᆯ뿐 아니라, 구슉의 부ᄌᆞᄅᆞᆯ

2283)요모악ᄉᆞ(妖謀惡事) : 요사(妖邪)한 방법으로 꾸민 악한 일.

2284)달호다 : 붉히다. 달구다. ①성이 나거나 또는 부끄러워 얼굴이 붉어지다. ②분위기나 사상, 감정 따위를 고조시키다.

2285)셔하지탄(西河之歎) : 자식을 잃은 탄식. '서하의 탄식'이라는 뜻으로, 공자(孔子)의 제자인 자하(子夏)가 서하(西河)에 있을 때 자식을 잃고 너무 슬피 운 나머지 소경이 된 고사에서 온 말.

2286)한심괴ᄒᆡ(寒心怪駭) : 정도를 너무 벗어나, 기가 막히고 해괴망측함.

2287)디하인간(地下人間) : 지하(地下)와 인간(人間), 곧 저승과 이승을 함께 이른 말.

2288)죄부(罪負) : 죄를 짊어짐.

보지 못홀 거시오, 죽어 션인을 뵈올 ᄂᆞᆺ치 업ᄉᆞ니, 실노 유명텬디(幽明天地)2289)의 용납홀 ᄇᆡ 업ᄉᆞ온지라. 이 슬픔【39】과 븟그러오믈 장ᄎᆞᆺ 무스2290) 곳에 비ᄒᆞ리잇가?"

셜파의 통읍(慟泣)ᄒᆞ믈 마지 아니니, 난ᄋᆡ 쏘ᄒᆞᆫ 미친 체ᄒᆞ고 문원을 즛두다려 흉독을 풀고져 ᄒᆞᄆᆡ, 드리다라 문원을 돌노 두다리며 니로 무러쓰더 왈,

"너 요괴놈 곳 아니면 내 어이 이리 되어시리오."

ᄒᆞ고, 광담망셜(狂談妄說)을 긋치지 아니니, 공직 실노 죽어 괴롭고 슬프믈 닛고져 ᄒᆞ나 참아 죵ᄉᆞ(宗嗣)를 복멸(覆滅)치 못ᄒᆞ야, 부인모녜 쳔만가지로 죽이기를 계교(計巧)ᄒᆞ나 ᄌᆞ긔는 살 도리를 궁극히 ᄉᆡᆼ각ᄒᆞᄂᆞᆫ지라. 기리 탄식 왈,

"져제 【40】 처엄 일을 그릇ᄒᆞ시나, 곳치미 귀타ᄒᆞ믄 셩교(聖敎)의 허ᄒᆞ신 ᄇᆡ라. 엇지 그 가다듬아 ᄉᆞ녀(士女)의 쳥한(淸閑)ᄒᆞᆫ 덕의 나아가믈 ᄉᆡᆼ각지 아니시고, 도로혀 광긔(狂氣) 괴ᄉᆞ(怪事)로 텬셩의 춍오(聰悟)ᄒᆞ믈 일허 계시니잇가?"

인ᄒᆞ여, 구쇼져의 죽으믈 슬허 일장을 다시 통곡ᄒᆞ고, 그 시톄도 ᄎᆞᄌᆞᆯ 길히 업ᄉᆞ믈 통도(痛悼)ᄒᆞ야, 칼흘 삼키며 돌을 먹음은 ᄃᆞᆺ, 구공 부ᄌᆞ의게 긔별홀 말이 업서 모로미2291) 홀 바를 아지 못ᄒᆞᄂᆞᆫ지라. 호시와 난ᄋᆡ 젼일은 오히려 삼가고 조심ᄒᆞᄂᆞᆫ ᄇᆡ, 쇼아를 업시ᄒᆞᆫ 소문이 드러날가 【41】 두리다가, 당ᄎᆞ시(當此時)ᄒᆞ여ᄂᆞᆫ 간모흉식 쾌히 드러나니, 임의 교란이 죽고 난ᄋᆡ 도라오ᄆᆡ, 그 불인극악ᄒᆞᄆᆡ 만셩(滿城)의 거의 다 알게 될 거시므로 다시 조심홀 거시 업ᄉᆞ며, 비록 은악양션(隱惡揚善)ᄒᆞ여도 사ᄅᆞᆷ이 어지리 넉여 볼 니 업ᄉᆞ므로, ᄎᆞᆯ하리 사오납기를 위쥬홀 거시라 ᄒᆞ야, 난아ᄂᆞᆫ 실셩발광지인(失性發狂之人)으로 ᄎᆡ우쳐 두고, 호시ᄂᆞᆫ 날마다 셩악을 발ᄒᆞ야 문원을 난타ᄒᆞ며 온가지로 조로고 보ᄎᆡ여 죽이기를 결단ᄒᆞ고, 사ᄅᆞᆷ이 업슨 곳의ᄂᆞᆫ 모녜 머리를 맛초아 신셰를 회복○[홀] 길히 ᄎᆞᄉᆡᆼ의 슷【42】처시믈 슬허홀ᄉᆡ, 난ᄋᆡ 스ᄉᆞ로 니를 갈아 왈,

"쇼녜 윤군을 위ᄒᆞᆫ 졍셩인즉 노위(蘆葦)2292)ᄀᆞᆺ치 ᄆᆡ치고 반셕(磐石)ᄀᆞᆺ치 무거오니, 졔 나를 박히 ᄒᆞᄆᆡ 한셩(漢成)2293)과 위장(衛莊)2294)의 더은[을]지라도, 쇼녀의 뜻인즉 변홀 길히 업ᄉᆞ니, 지원(至願)이 화벽 요녀와 쳘가 간인을 업시ᄒᆞ여 통앙ᄒᆞ믈 풀고, 죵용히 됴흔 모칙(謀策)을 인ᄒᆞ여 져의 ᄒᆞᆫ번 도라보믈 어드면, 쇼녜 그늘 죽으나

2289)유명텬디(幽明天地) : 저승과 이승, 하늘과 땅을 함께 이르는 말.
2290)무스 ; 무슨. 사물을 특별히 정하여 지목하지 않고 이를 때 쓰는 말.
2291)모로미 : 모름지기. 사리를 따져 보건대 마땅히. 또는 반드시.
2292)노위(蘆葦) : 갈대. 볏과의 여러해살이풀. 높이는 1~3미터이며, 잎은 길고 끝이 뾰족하다. 줄기는 단단하고 속이 비어 있으며 발, 삿자리 따위의 재료로 쓴다.
2293)한셩(漢成) : 한성제(漢成帝). 중국 전한(前漢)의 제9대 황제(BC 33~7 재위). 이름은 유오(劉驁). 원제(元帝)의 아들이다. 사치스러운 생활을 했으며, 한 때 반첩여(班婕妤)를 사랑하였으나, 뒤에 술과 여색에 빠지면서 그녀를 장신궁(長信宮)에 유폐시ㅣ고, 조비연(趙飛燕)과 조합덕(趙合德)을 총애했다.
2294)위장(衛莊) : 위장공(衛莊公). 중국 춘추시대 위(衛)나라 임금. 제(齊)나라 여인 장강(莊姜)이 아름답고 시를 잘하여 왕후로 맞아 사랑하였으나, 아들을 두지 못하자, 희첩(姬妾)을 두어 아들을 얻은 뒤로는, 희첩을 총애하며 장강을 박대하였다.

남은 흔이 업스올지라. 초에 윤가의 니르믹, 윤군이 나를 위흐지 아니흐나, 쏘 염박(厭薄)흐미 업고, 쏘 나를 어지 다 닐오지 아니나, 사오납【43】다 흐지 아니니, 거의 실가(室家)2295)로 의(依)흐믈2296) 어더 듕궤(中饋)2297)를 칙○[임](責任)홀 빅어놀, 텰네 몬져 드러와 직용(才容)이 초군(超群)흐므로, 존당구고의 亽랑이 온젼흐고 슉당의 칭익흐미 되어시딕, 진왕 흉인이 《쥬룬건쳬∥어룬인 체》 흐고, 위언(爲言) 왈, '흐느흔 몬져 빙(聘)흐고2298) 흐느흔 몬져 취(娶)흐야시니, 션후 ᄎ례를 의논홀 거시 업다' 흐야, '몬져 싱ᄌ(生子)흐ᄂ 니로 원비(元妃)를 뎡흐미 올타' 흐니, 호람후 농판2299)과 승상 혼용(昏容)2300)은 범빅(凡百)의 진왕의 말을 다 올타 흐고, 쇼녀로 흐야금 원위를 존(尊)치 아녓더니, 일이 졈졈 불힝흐야 의【44】외에 본형이 드러나니, 유모를 져주어 허다 간뫼(奸謀) 발각흐니, 이 븟그러오미 다시 돗출 드러 사름을 딕홀 빅리잇고? 만고(萬古)를 역상(歷想)흐니, 지亽지용(至死智勇)2301)《도∥이면》 죽을 곳에 니르러도 혹 살미 잇고, 험흔 곳에 니르러○○[도 혹] 존(存)흔다 흐니, 쇼네 엇지 그도곤 듕흔 거술 어드리오. 고로 슉아의 얼골을 비러 윤문의 도라가나 명되 박흐야 금슬은졍(琴瑟恩情)의 흡연흐믈 엇지 못흐야 비홍(臂紅)이 완젼흐니 실은 규슈로 다르미 업순지라. 이제 다시 윤군으로 은졍을 브라미 서의흐나2302) 젹지(賊子) 맛춤닉 뼈 각박불인재(刻薄不人者)2303) 아【45】니라. 됴흔 긔회로 도라가면 믹연2304)치 아니리니, 이제는 변용흐는 약으로뼈 져의 조심경(照心鏡) 안광(眼光)을 속이지 못흐리니, 섈리 긔계(奇計)를 비러 텰녀를 서랏고, 화벽을 업시흐야, 윤군의 닉뎡(內庭)이 실허(悉虛)2305)흐믹 금슬(琴瑟)의 줄이 곡됴(曲調)의 올으지 못홀 즈음의는, 쇼네 나아가면 옛말의 닐은 바, '박탁쥐(薄濁酒)라도 승다탕(勝茶湯)이요, 취[츄]쳐악쳡(醜妻惡妾)도 승공방(勝空房)이라'2306) 흐니, 윤직 흡연이 못녁이나 굿틱여 물니치든 아니리니, 쇼녀는 만亽를 쇼졔(掃除)흐고 텰녀와 화벽만 업시키만 위쥬(爲主)흐느니, 모친은 묘계(妙計)를 싱각흐【46】쇼셔."

2295)실가(室家) : 가실(家室). 남 앞에서 '아내'를 점잖게 이르는 말

2296)의(依)하다 ; 무엇에 의거하거나 기초하다. 또는 무엇으로 말미암다

2297)듕궤(中饋) : =주궤(主饋). 안살림 가운데 음식에 관한 일을 책임 맡은 여자.

2298)빙(聘) : 납빙(納聘). 신랑의 집에서 신부의 집으로 혼인을 구하는 의례로 흔히 푸른 비단과 붉은 비단 등을 보내는 폐백을 뜻함. 납채(納采) 또는 납폐(納幣)라고도 함.

2299)농판 : ①실없는 사람. ②'멍청이'의 전라도 방언.

2300)혼용(昏容) : '어리석은 용모'라는 뜻으로 '어리석은 사람'을 낮잡아 이르는 말

2301)지亽지용(至死智勇) ; 죽을 위기에 처하여서 지혜와 용기를 발휘함.

2302)서의흐다 : 서어(齟齬)하다. ①틀어져서 어긋나다. ②익숙하지 아니하여 서름서름하다. 여기서는①의 의미로 '맞지 않다' '마땅하지 않다'는 뜻.

2303)각박불인재(刻薄不人者) : 모질고 사람답지 못한 사람.

2304)믹연 : =매몰. 인정이나 싹싹한 맛이 없고 쌀쌀맞음.

2305)실허(悉虛) ; 모두 비어 있음.

2306)박탁쥐(薄濁酒)라도 승다탕(勝茶湯)이요, 츄쳐악쳡(醜妻惡妾)도 승공방(勝空房)이라 : 아무리 맛없는 술이라도 차(茶)보다는 낫고, 추처 악첩도 없는 것보다는 낫다.

호시 기리 늣겨 왈,

"네 비록 닐오지 아니나 내 엇지 너의 신세를 회복고져 ᄒᆞᄂᆞᆫ ᄆᆞ음이 일시 한가ᄒᆞ믈 어드리오. 쳔〈만상(千思萬想)ᄒᆞ여도 너를 다시 윤가의 도라보닐 계괴 업슬ᄲᅮᆫ 아니라, 텰녀ᄂᆞᆫ 공후(公侯)의 쇼교(小嬌)2307)로 승상○[의] 〈랑ᄒᆞᄂᆞᆫ 며ᄂᆞ리오, 한님의 듕대ᄒᆞᄂᆞᆫ 부인이라. 무슴 계교로 져의 태악(泰岳) ᄀᆞᆺ튼 형셰를 거우며2308) 화벽이 ᄯᅩᄒᆞᆫ 쳔네(賤女)나 발셔 한님의 총희되여, 냥ᄌᆞ(兩子)를 두ᄆᆡ, ᄀᆞᄇᆡ야온 형셰 아니라. 이 과모(寡母)의 쇠잔(衰殘)ᄒᆞᆫ 형셰로 엇지 졔어ᄒᆞ리오. 더욱 교란이 죽으ᄆᆡ 너와 내 슈족(手足)을 일흠 【47】 ᄀᆞᆺ튼지라, 우익(右翼)이 업〈니 눌노 더브러 계교를 뎡ᄒᆞ리오. 네 쳥션을 사괴여 불〈(佛事)를 착실이 위ᄒᆞ미 효험이 업고, 츈화를 만나 도라오ᄃᆡ 쳥션이 와 보도 아니ᄒᆞ니, 쇽졀업순 직물만 허비ᄒᆞ고 내 집은 동히슈(東海水)로 부싄2309) 둣ᄒᆞ니, 뉘 무어〈로 우리 모녀를 도으리오? 이 마ᄃᆡ를 싱각ᄒᆞᄆᆡ 더욱 슬프미 비길 곳 업〈니, 궁극ᄒᆞᆫ 념녀 문원을 아직 죽이지 말고 두엇다가 네 부친 삼긔(三忌) 지나기를 기다려 아모 부민(富民)의게 장가드려 은금을 내 ᄆᆞ음것 후린 후 죽이고 시브ᄃᆡ, 【48】 그놈이 하 간독완포(奸毒頑暴)2310)ᄒᆞ니 졈졈 자라면 죽이기 더 어려올가, 심신이 요요(搖搖)ᄒᆞ야 참아 뎡치 못ᄒᆞ리로다."

난익 읍왈(泣曰),

"모친 말솜이 맛당ᄒᆞ셔이다. 우리 빈한ᄒᆞ야 인심 취합(聚合)이 어려오니 쇼네 아모리면 오죽ᄒᆞ리잇가? 텰녀와 화벽 업시ᄒᆞ미 읏듬이니, 쇼네 ᄂᆞᆽ그리오ᄂᆞᆫ 네를 바리고 〈〈로 변형ᄒᆞ야, 윤가 근쳐의 가 냥요물(兩妖物)의 소문을 알며, 청월암의 가 법〈(法師)를 보아 신셰를 회복ᄒᆞ기를 도모ᄒᆞ야, 쳥션이 돕지 아니커든 봉암진인긔 비러 냥녀를 서랏고져 ᄒᆞᄂᆞ이다."

경 【49】 언간(停言間)의 ᄒᆞᆫ 킈 크고 섬서ᄒᆞ며2311), 나귀 ᄲᅣᆷ의 거유2312) 니마의 냥안(兩眼)의 벽경(碧睛)2313)이 니러ᄂᆞᆫ 재 들어와 ᄀᆞᆯ오ᄃᆡ,

"쳔비 불튱ᄒᆞ오나 ᄒᆞᆫ 조각 위쥬 튱심(爲主忠心)이 잇습ᄂᆞ니, 쇼비 녯말을 잠간 듯ᄌᆞ오니 한고후(漢高后)2314)ᄂᆞᆫ 한지만승국뫼(漢之萬乘國母)2315)로ᄃᆡ 심이긔(審食其)2316)

2307)쇼교(小嬌) : 어린 딸.

2308)거우다 : 집적거려 성나게 하다.

2309)부싀다 : 부시다. 그릇 따위를 씻어 깨끗하게 하다.

2310)간독완포(奸毒頑暴) : 간악하고 포악함

2311)섬서ᄒᆞ다 : 지내는 사이가 서먹서먹하다

2312)거유 : 거위. 오릿과의 새. 크기와 색깔이 다른 여러 품종이 있으며, 목이 길고 헤엄은 잘 치나 잘 날지는 못한다.

2313)벽경(碧睛) : 푸른 눈동자.

2314)한고후(漢高后) : 중국 한(漢) 고조(高祖) 유방(劉邦)의 비(妃) 여후(呂后). 성은 여(呂). 이름은 치(雉). 고조를 보좌하여 진말(秦末)·한초(漢初)의 국난을 수습하였으나, 고조가 죽은 뒤 실권을 장악하여, 심이기(審食其; 전한 초의 정치가, 개국공신)를 사통(私通)였고 고조의 애첩인 척부인(戚夫人)과 척부인 소생 왕자 조왕(趙王)을 죽이는 등 포악을 일삼아, 측천무후(則天武后), 서태후(西太后)와 함께 중

를 〻통(私通)ᄒᆞ엿ᄂᆞ니, 쇼졔 ᄒᆞᆫ번 ᄠᅳᆺ을 옴겨 권귀(權貴)를 셤기시면 텰시와 화벽을 믓지라고 관기〻셰(觀其事勢)2317)ᄒᆞ야 윤한님긔 도라가, 됴히 ᄃᆡ졉ᄒᆞ거든 머믈고 불연즉 쾌히 도라와 졔윤을 탕멸(蕩滅) 셜분(雪憤)ᄒᆞ미 깃브지 아니리잇가? 《담금 ‖ 당금(當今)》 황친의 셰엄(勢嚴)2318)이 【50】셜왕만ᄒᆞ니 업〻온지라. 하부마 직실 우시의 연고로 일시 텬노를 만나 침폐(侵廢)ᄒᆞ여시나, 본ᄃᆡ 상춍(上寵)이 이시니 쇼졔 잠간 셜왕을 셤기시미 올흐니이다."

호시 모녜 놀나 보니 이곳 말직 시비 상츈이라. 호시ᄂᆞᆫ 그러히 넉이ᄃᆡ 난ᄋᆡ 귀를 막아 왈,

"그ᄃᆡ 계교 불연불가(不然不可)ᄒᆞ다. 하쉬(河水) 머러 냥이(兩耳)를 씻지 못ᄒᆞ믈 ᄒᆞᆫᄒᆞ노라. 내 초의 윤군을 보ᄆᆡ 풍ᄎᆡ 신광이 금고를 기우려도 ᄃᆡ두ᄒᆞ리 업술ᄲᅮᆫ 아니라, 슈학어엄〻부(受學於嚴師傅)2319)ᄒᆞ고 훈〻어현부형(訓辭於賢父兄)2320)ᄒᆞ야 뉵힝(六行)2321)이 찬연《의 ‖ ᄒᆞ고》 구덕(九德)2322)이 【51】풍성ᄒᆞ니, 내 실노 져의 비쳡지녈(婢妾之列)이라도 츙수(充數)ᄒᆞ야 은졍을 어드면 만승국모(萬乘國母)의셔 더으게 영화로이 넉이고, ᄒᆞᆫ번 졍을 ᄆᆡᄌᆞᄆᆡ 부월(斧鉞)의 쥬(誅)ᄒᆞ여도 ᄒᆞᆫ이 업술 거시로ᄃᆡ, 지금의 비홍(臂紅)2323)이 완젼ᄒᆞ믈 셜워ᄒᆞ고, 져의 곳에 다시 도라갈 모칙을 엇지 못ᄒᆞ야 슬허ᄒᆞᄂᆞ니, 내 이 ᄆᆞ음으로 반악(潘岳)2324)이 다시 살고 두목지(杜牧之)2325) ᄉᆡᆼ환(生還)ᄒᆞ여 나의 일ᄉᆡᆼ을 편히 ᄒᆞ기를 ᄆᆡᆼ셰ᄒᆞ여도, 눈을 드러 ᄉᆞᆲ피지 아닐거시오, 텬샹옥황상뎨(天上玉皇上帝) 향안젼(香案前) 샹션(上仙)을 삼는다 ᄒᆞ여도, 윤한님긔 ᄆᆡ치【52】고 뭉킨 졍을 억졔키 어려온지라. ᄒᆞ믈며 녀ᄌᆞ의 졀의란 거시 효(孝)의 세번 더으니, 내 엇지 상님(桑林)의 쳔녀(賤女)ᄀᆞᆺ치 타의(他意)를 두리오. ᄉᆡᆼ젼의 져 군ᄌᆞ의

국의 3대 악녀로 꼽힌다.

2315)한지만승국뫼(漢之萬乘國母) : 한(漢)나라의 황후.

2316)심이긔(審食其) : ? ~ 기원전 177년. 전한 초의 정치가로, 패(沛) 땅 출신. 개국공신으로 벽양후(辟陽侯)에 봉해졌다. 한고조의 집사(執事)로서 고조 사후(死後) 여후(呂后)의 총애를 받았고 승상에까지 올랐다.

2317)관기〻셰(觀其事勢) : 일이 되어 가는 형세를 살핌.

2318)셰엄(勢嚴) : 세력. 권력이나 기세의 힘.

2319)슈학어엄〻부(受學於嚴師傅) : 엄격한 스승의 문하에서 학문을 배움.

2320)훈〻어현부형(訓辭於賢父兄) : 어진 부형에게서 말과 행실에 대한 가르침을 받음.

2321)뉵힝(六行) : 여섯 가지의 덕행(德行). 효도, 형제 우애, 친족 화목, 외척 친목, 친구 간의 믿음, 구휼을 이른다.

2322)구덕(九德) ; 아홉 가지의 덕. 충(忠), 신(信), 경(敬), 강(剛), 유(柔), 화(和), 고(固), 정(貞), 순(順)을 이른다.

2323)홍(臂紅) : 팔에 있는 붉은 점이라는 뜻으로 '앵혈'을 말함.

2324)반악(潘岳) : 247~300. 중국 서진(西晉)의 문인(文人). 자는 안인(安仁). 권세가인 가밀(賈謐)에게 아첨하다 주살(誅殺)되었다. 두목지(杜牧之)와 함께 중국 최고의 미남자로 일컬어지며, 미남자의 대명사로도 쓴다.

2325)두목지(杜牧之) : 803~852. 이름은 두목(杜牧). 당나라 만당(晩唐)때 시인. 미남자로, 두보(杜甫)에 상대하여 '소두(小杜)'라 칭하며, 두보와 함께 '이두(二杜)'로 일컬어지기도 한다.

도라보믈 ᄇᆞ라ᄂᆞ니, 사라셔 져의 경을 엇지 못ᄒᆞ면, 죽어 영ᄇᆡᆨ(靈魄)이 윤군의 신상(身上)을 ᄯᆞ로고져 ᄒᆞᄂᆞᆫ ᄇᆡ라. 그ᄃᆡᄂᆞᆫ 모로미 고이ᄒᆞᆫ 의논을 ᄂᆡ지 말고, 나ᄅᆞᆯ 위ᄒᆞ야 체탐(諦探)2326)이 되어, 취운산 진궁 닌가(隣家)의 가 소식을 ᄌᆞ로 알아오라."

상츈이 ᄌᆡᄇᆡ칭도(再拜稱道) 왈,

"쇼제 초에 윤부로 도라가시미 정도(正道)ᄅᆞᆯ 일허시나, 놉흔 절개신즉 고자(古者) 녈부절【53】녀(烈夫節女)의 ᄂᆞ리미 업ᄉᆞ니, 쇼비 쳔견을 다시 번○○[득이]지 못ᄒᆞ올지라. 오직 명을 밧드러 쇼져의 ᄒᆞ고져 ᄒᆞ시ᄂᆞᆫ 바ᄅᆞᆯ 돕고, 교란의 나죵이 업시 쇼져 젼졍을 맛고2327) 죽으믈 효측지 아니리이다."

난ᄋᆡ 문득 니러 절ᄒᆞ여 왈,

"그ᄃᆡ의 튱의 지혜 갓초 ᄲᅢ혀나믈 우리 모녜 일즉 ᄭᆡ닷지 못ᄒᆞ미 불명토다. 젼일의 그ᄃᆡᄅᆞᆯ ᄃᆡ졉ᄒᆞ미 은혜ᄅᆞᆯ 드리온 ᄇᆡ 업거ᄂᆞᆯ, 그ᄃᆡ '모슈(毛遂)의 ᄌᆞ쳔(自薦)'2328)을 효측ᄒᆞ야 박덕불인(薄德不仁)의 나ᄅᆞᆯ 셤기고져 ᄒᆞ니, ᄎᆞ은(此恩)을 ᄉᆡᆼ셰(生世)의 다 갑지 못ᄒᆞᆯ ᄇᆡ라. 엇지 ᄒᆞᆫ갓 노쥬(奴主)로 【54】《친‖칭(稱)》ᄒᆞ야 각별ᄒᆞ믈 닐오리오. 금일노브터 그ᄃᆡ 알오믈 모친 버금으로 ᄒᆞ리라."

상츈이 황망히 난아ᄅᆞᆯ 붓들고 ᄇᆡᆨᄇᆡ이샤(百拜以謝)2329)ᄒᆞ야 황공ᄒᆞ믈 닐ᄏᆞᆺ고, 이ᄂᆞᆯ노브터 취운산의 왕ᄂᆡᄒᆞ야 진궁 닌가(隣家)의 가 소문을 알고져 ᄒᆞᄃᆡ, 윤부 법녕(法令)이 엄ᄒᆞ여 안말이 밧게 나미 업고, 밧말이 안흘 ᄉᆞ못ᄎᆞ미2330) 업ᄉᆞ니, 닌가의셔 어이 소식을 ᄌᆞ시 알니오. 다만 합개(闔家) 녕안(寧安)ᄒᆞᆷ만 알 ᄲᅳᆫ이러니, 일일은 쳔승국군의 휘휘황황(輝輝煌煌)ᄒᆞᆫ 위의로 화교옥뉸(華轎玉輪)2331)을 압세워 셩ᄂᆡ로 향ᄒᆞᄂᆞᆫ 바의, 윤부 비【55】ᄌᆡ 뒤흘 조ᄎᆞᆺᄂᆞᆫ지라.

상츈이 그 아뫼 줄을 아지 못ᄒᆞ야 역시 먼 비ᄎᆞ로 뒤흘 조ᄎᆞ 엄태ᄉᆞ 부즁으로 들믈 보고, 윤태우 부인인가 ᄒᆞ야, '거교 즁의 든 부인이 뉜고?' 뭇고져 ᄒᆞᆯᄎᆞ, 힝각 비복의 니ᄅᆞ히 십분 환희ᄒᆞ야 ᄯᅱ놀며, '긔특다' ᄒᆞ믈 드ᄅᆞᄆᆡ, 고이히 녁여 곡절을 무란즉, 제인이 자랑 겸ᄒᆞ여 즐거온 말을 베프ᄂᆞᆫ 바의, 동오왕 ᄎᆞ네(次女) 윤부 빵셤의 휵양을 밧아 윤한님 소셩(小星)2332)이 되어, 빵티의 두 ᄋᆞᄃᆞᆯᄀᆞ지 나ᄒᆞᆫ 후, 동오왕이 관학을 ᄎᆞᄌᆞ 오ᄂᆞᆯ날의 부녜 상봉【56】ᄒᆞ야 텬뉸을 단원ᄒᆞᆯ ᄲᅳᆫ 아니라, 윤부의셔 빙ᄎᆡ(聘采)2333) ᄇᆡᆨ냥(百輛)2334)으로 마ᄌᆞ 가려ᄒᆞ믈 ᄀᆞᆺ초 닐너, ᄇᆞᆰ히 알게 ᄒᆞ고, ᄯᅩ ᄀᆞᆯ오ᄃᆡ,

---

2326)체탐(諦探) : 적의 형편이나 지형 따위를 정찰하고 탐색함. 또는 그러한 일을 하는 사람.

2327)맛다 : 마치다. 끝나다. 끝장나다.

2328)모슈(毛遂)의 ᄌᆞ쳔(自薦) : 자기가 자기를 추천함. 중국 춘추 전국 시대에 조나라 평원군이 초나라에 구원을 청하기 위하여 사신을 물색할 때에 모수가 스스로를 추천하였다는 데서 유래한다.

2329)ᄇᆡᆨᄇᆡ이샤(百拜以謝) : 백번 절하여 사례(謝禮)함.

2330)ᄉᆞ못ᄎᆞ다 : 사무치다. 통(通)하다. 깊이 스며들거나 멀리까지 미치다.

2331)화교옥뉸(華轎玉輪) : 화려하게 치장한 가마와 수레.

2332)소셩(小星) : 첩(妾)을 달리 이르는 말. 『시경(詩經)』 <소성(小星)> 시는 첩(妾)이 본처가 조금도 자신을 질투하지 않는 것을 고맙게 여기는 내용으로, '소성(小星)이 첩을 이르는 말이 된 것'은 이에서 유래된 것이다.

“아등이 마마로 더브러 젼일의 알오미 업ᄉᆞᄃᆡ, 우리 동오왕 뎐하의 부녜상봉(父女相逢)ᄒᆞ시믈 세상의 희한ᄒᆞᆫ 경실ᄉᆡ, ᄆᆞᄋᆞᆷ의 즐거오믈 인ᄒᆞ야, 길히 지나ᄂᆞᆫ 사ᄅᆞᆷ의게 다 자랑을 ᄒᆞ미라.”

ᄒᆞ니, 상츈흉인이 듯기를 다 못ᄒᆞ여셔 놀납고 분ᄒᆞ미 ᄀᆞ득ᄒᆞᄃᆡ, ᄂᆞᆺ빗출 변치 아니코 역시 긔특ᄒᆞ믈 닐ᄏᆞ라, 연고 업시 엄부 ᄒᆡᆼ각의셔 날을 져므ᄅᆞ고 월ᄉᆡᆨ을 씌여 도라【57】와, 호시 모녀를 ᄃᆡᄒᆞ여 화벽의 근본이 혁혁 존귀홈과, 부녜 상봉ᄒᆞ야 즐기미 무궁ᄒᆞᆫ 바를 일일히 고ᄒᆞ여, 윤한님이 빙ᄎᆡ ᄇᆡᆨ냥으로 마ᄌᆞ 가려 ᄒᆞ믈 갓쵸 젼ᄒᆞ니, 호시와 난ᄋᆡ 듯기를 다 못ᄒᆞ여셔 영원(蠑蚖)[2335]이 쒸놀고 오장(五臟)의 불이 니ᄂᆞᆫ지라. 분ᄒᆞ고 믜오미 극ᄒᆞᄆᆡ 긔운이 막힐듯 ᄒᆞ야 오ᄅᆡ도록 말을 못ᄒᆞ고, 면ᄉᆡᆨ(面色)이 죽은 ᄌᆡ(者) ᄀᆞᆺ더니, 난ᄋᆡ 블연이 ᄂᆞᆲ써나며 ᄀᆞᆯ오ᄃᆡ,

“하늘이 그ᄃᆡ를 ᄂᆡ여 나의 신셰를 회복게 ᄒᆞ엿ᄂᆞ니, 엇지 족히 근심ᄒᆞ리오. 내 졸연(猝然)이 긔묘【58】ᄒᆞᆫ ᄭᅬ를 ᄉᆡᆼ각ᄒᆞ니, 그ᄃᆡ 나를 여ᄎᆞ 여ᄎᆞᄒᆞ여 엄부의 일위면, 내 거의 화벽의 모ᄌᆞ 삼인을 서랏고, 솜씨를 남겻다가 텰네 졔 집에 귀근(歸覲)ᄒᆞᄂᆞᆫ ᄯᆡ를 타, 마ᄌᆞ 업시ᄒᆞ미 묘ᄒᆞ고 쾌치 아니랴? 냥요(兩妖)를 업시ᄒᆞᆫ 후ᄂᆞᆫ ᄌᆞ연이 윤가의 도라가미 기리 쉬오리라.”

상츈이 복ᄉᆞ(服事) 칭션(稱善) 왈,

“쇼져의 지혜묘산(智慧妙算)이 이러틋 긔특ᄒᆞ시니, 엇지 신셰를 회복지 못ᄒᆞᆯ가 근심ᄒᆞ리잇가? ᄒᆞ물며 쇼비ᄂᆞᆫ 진궁의 왕ᄂᆡᄒᆞᆫ ᄇᆡ 업고, 넒이 단니미 업시 ᄒᆡᆼ각(行閣) 밧글을 써나지 아냐시니, 남이 【59】 날노써 경부 시녜믈 모ᄅᆞᄂᆞᆫ지라. 쇼져를 뫼셔 이 계교를 ᄒᆡᆼᄒᆞ미 올흐니이다.”

호시ᄂᆞᆫ 오히려 맛당히 못넉여 왈,

“녀ᄋᆡ 화벽을 업시코져 ᄒᆞ미 발분망식(發憤忘食)[2336]ᄒᆞᄆᆡ 밋처시믄 몸이 쳔ᄒᆞ며 일이 위ᄐᆡᄒᆞ믈 도라 ᄉᆡᆼ각지 못ᄒᆞ거니와, 만일 그리코 갓다가 불ᄒᆡᆼᄒᆞ여 발각ᄒᆞᄂᆞᆫ 일 곳 이시면 ᄒᆞᆫ갓 녀ᄋᆞ와 상츈이 사지 못ᄒᆞᆯᄲᅮᆫ 아니라, 문호(門戶)의 욕이 비경(非輕)ᄒᆞ리니, 이런 경위(輕危)ᄒᆞᆫ 일을 헤아리지 아니코, 수히 ᄒᆡᆼᄒᆞᆯ ᄇᆡ 아니라. 상츈은 모ᄅᆞ미 조심ᄒᆞ고 녀ᄋᆞᄂᆞᆫ 다시 상냥(商量)ᄒᆞ야 【60】 보라.”

난ᄋᆡ 왈,

2333)빙ᄎᆡ(聘采) : 빙물(聘物). 납채(納采). 혼인례에서 정혼이 이루어진 증거로 신랑 집에서 신부집에 보내는 예물.

2334)ᄇᆡᆨ냥(百輛) : ‘백대의 수레’라는 뜻으로, 『시경(詩經)』 「소남(召南)」 편, <작소(鵲巢)>시의 ‘우귀(于歸) 백량(百輛)’에서 유래한 말이다. 즉 옛날 중국의 제후가(諸侯家)에서 혼례를 치를 때, 신랑이 수레 백량에 달하는 많은 요객(繞客)들을 거느려 신부집에 가서, 신부을 신랑집으로 맞아와 혼례를 올렸는데, 이 시는 이처럼 혼례가 수레 백량이 운집할 만큼 성대하게 치러진 것을 노래하고 있다.

2335)영원(蠑蚖) : 도롱뇽목 영원과의 동물을 통틀어 이르는 말. 몸은 가늘고 길다. 세로로 납작한 긴 꼬리를 가지고 있으며 네발은 짧고 물갈퀴가 있다. 붉은배영원 따위가 있다.

2336)발분망식(發憤忘食) : 끼니까지도 잊을 정도로 어떤 일에 열중하여 노력함.

“모친 말솜도 맛당ᄒᆞ시이다 커니와, 쇼네 윤군의 조심경 안광을 버서나지 못ᄒᆞ야 본상을 공연이 드러닉미 되어시나, 져 엄가의 뉘 윤군 ᄀᆞᄐᆞ 니 잇다 ᄒᆞ시ᄂᆞ니잇가? ᄎᆞᄉᆞᄂᆞᆫ 조금도 념녀치 마ᄅᆞ시고 쇼녀의 ᄒᆞᄂᆞᆫ 양만 보쇼셔.”

호시 ᄀᆞ장 깃거 아니ᄒᆞ나, 난익 발셔 뜻을 결ᄒᆞ야, ᄂᆡ촌 다름2337)으로 브듸 화벽 모ᄌᆞ를 서라ᄌᆞ려 뎡ᄒᆞ엿ᄂᆞᆫ지라. 능히 말니지 못ᄒᆞ야 다만 위틱타 홀 ᄲᅮᆫ이로듸, 난익 올히 넉겨 듯지 아니코, 온가지로 상츈을 ᄀᆞ라쳐 명일 엄부의 가 홀 말을 닐ᄋᆞ고, 괴【61】로이 밤이 새기를 안ᄌᆞ 기다려, 명일 됴식후(朝食後), 상츈이 다시 엄부의 나아가ᄂᆞᆫ 상(狀)을 십분 향야(鄕野)2338)히 ᄒᆞᄆᆡ, 갓득 고이ᄒᆞᆫ 형모의 우어 뵈기와 향틱(鄕態)2339) 잇기를 어이 ○[다] 닐오리오.

이의 엄부 힝각(行閣)2340)의 가 고개를 트리치고2341) 곳곳이[의] 식뎡(食鼎)2342)을 보아 그윽이 무스거솔2343) 먹고져 ᄒᆞᄂᆞᆫ 모양이니, 엄부 시녀 등이 우어2344) 왈,

“작일 왓던 사ᄅᆞᆷ이 ᄯᅩ 왓거니와, 어듸가 져런 싀싀ᄒᆞ고2345) 됴흔 옷술 어더 닙엇ᄂᆞ뇨?”

상츈이 탄왈,

“본듸 걸인이 이시리잇가? 쳡도 초(初)의ᄂᆞᆫ 쳐쥐(處州)2346) 화음현의 이셔, 의식의 구간(苟艱)ᄒᆞᆫ 일이 업【62】서 계활(契活)2347)이 넉넉ᄒᆞ더니, 원슈시졀(怨讐時節)2348)을 만나 가뷔(家夫) 구외2349)에 죄를 어더 죽고, 장셩ᄒᆞᆫ ᄋᆞ들이 니어 죽으ᄆᆡ, 구외의셔 가장(家莊)2350)을 젹몰(籍沒)ᄒᆞ야 촌토(寸土)도 남지 아니코, 승미(升米)도 주지 아니ᄒᆞ니, 향니(鄕里)의 보젼ᄒᆞ야 이실 길히 업서, 경ᄉᆡ(京師) 번화지디(繁華之地)요, 의긔에 사ᄅᆞᆷ이 만흐믈 듯고, 어린 ᄯᆞᆯ을 닛그러 수월 젼의 겨유 올나왓ᄂᆞ이다 마ᄂᆞᆫ, 쥬착(住着)홀 곳이 업서 민망ᄒᆞ고 내 몸은 아모리 어더 먹으며 닙으나 근심되지 아니ᄒᆞ듸, ᄯᆞᆯᄌᆞ식이 금년이 이뉵의 만ᄉᆡ 실노 긔특ᄒᆞ나 제 아직 나히 어려 사ᄅᆞᆷ을 셤길 ᄶᅵ【6

2337)다름 : 달음. 달리는 일. 어떤 행동의 여세를 몰아 계속함.
2338)향야(鄕野) : 촌스럽고 천박함. 향암(鄕闇)되고 야(野)함. 겉치레를 하지 아니하여 촌스럽고 예의범절에 익숙지 않음.
2339)향틱(鄕態) : 촌티. 시골 사람의 세련되지 못하고 어수룩한 모양이나 태도.
2340)힝각(行閣) : 행랑(行廊). 대문간에 붙어 있는 방. 또는 예전에, 대문 안에 죽 벌여서 지어 주로 하인이 거처하던 방.
2341)트리치다 : =트리혀다. 틀다. 방향이 꼬이게 돌리다.
2342)식뎡(食鼎) ; 밥솥. 밥을 짓는 솥.
2343)무스거솔 : 무엇을. *무스거; ‘무엇’의 함경도 방언.
2344)우어 : 웃어.
2345)싀싀ᄒᆞ다 : 씩씩하다. 엄숙하다.
2346)쳐쥐(處州) : 중국 절강성(浙江省)에 있는 주명(州名)
2347)계활(契活) : 살아가는 일. 생활.
2348)원슈시졀(怨讐時節) ; 원한이 맺힐 정도로 피해를 많이 입은 험난한 때
2349)구외 : =구의. 관가(官家). 관청(官廳). 관아(官衙). *구실; 관아의 임무.
2350)가장(家莊) : 가사(家舍)와 장원(莊園), 곧 집과 땅을 함께 이르는 말.

3】 는 되지 못ᄒᆞ엿고, 남의 집 고공(雇工) 노라ᄉᆞᆫ 죽여○[도] 원치 아니니, 쥬쳐 어ᄌᆞ러워 아모리 ᄒᆞᆯ 줄 모ᄅᆞ니, 더욱 셜워ᄒᆞᄂᆞ이다."

엄부 시녀 등이 최부인의 포한(暴悍)ᄒᆞ믈 인ᄒᆞ여, 범간 신임이 어려워 심복이 아닌 뉴는 각각 몸을 버서나고져ᄒᆞᆯ ᄲᅮᆫ 아니라, 어린 ᄌᆞ식을 ᄢᅧ 앙역(仰役)2351)의 너키를 ○○[살흘] ᄡᅡᆨ는 ᄃᆞᆺ 슬허ᄒᆞᄂᆞᆫ ᄇᆡ라. 그 듕 션ᄆᆡ란 양낭(養娘)2352)이 상츈의 겻ᄒᆡ 나아 안ᄌᆞ며 소ᄅᆡ를 ᄂᆞᆺ초와 왈,

"마마(媽媽)2353)의 녀ᄌᆞ 남의 집 고공되기를 원치 아닛ᄂᆞᆫ다 ᄒᆞ거니와, 우리 ᄀᆞᄐᆞᆫ 사ᄅᆞᆷ의 양녀(養女) 되기도 즐겨 아니ᄒᆞ【64】랴?"

상츈이 탄왈,

"쳡이 여러 ᄌᆞ식을 다 죽이고 다만 져 ᄒᆞᆫ 몸이 나마시니 모녀의 지극ᄒᆞᆫ 졍으로ᄡᅥ 엇지 참아 남의 양녀 주기를 됴하ᄒᆞ리오마는, 나의 궁극ᄒᆞᆫ 형셰 ᄒᆞᆫ ᄌᆞ식을 거둘 길히 업ᄉᆞ니 마마ᄀᆞᄐᆞᆫ 어진 사ᄅᆞᆷ의 거두워 ᄌᆞ식 삼으믈 어드면 도로혀 깃브다 ᄒᆞ리로소이다."

션ᄆᆡ ᄎᆞ언을 듯고 대열ᄒᆞ여 인ᄒᆞ야 상츈의 손을 잇그러 드러와 소ᄅᆡ를 ᄂᆞ즉이 ᄒᆞ여 왈,

"마마 향니의셔 호의호식(好衣好食)ᄒᆞ던 바를 드ᄅᆞ니 내 ᄆᆞ음이 츄연ᄒᆞ여, 사ᄅᆞᆷ의 팔ᄌᆡ 처엄이 됴흐나 나죵이 져리 험구【65】ᄌᆞ미 업서, 다만 일녀를 두어 나흐며 즉시 졔 조뫼(祖母) 다려가 기라미 되엿더니, 근간의 쥬인이 앙역의 드리믈 직촉ᄒᆞ시니, 오네(吾女) 년긔 십삼의 ᄇᆡ혼 거시 업ᄉᆞᆫ지라. 마ᄆᆡ ᄯᆞᆯ을 다려다가 나를 주ᄃᆡ, 소문을 번거히 ᄂᆡ지 말면, 내 모녀의 졍을 ᄆᆡᄌᆞ 범ᄇᆡᆨ의 극진 무휼ᄒᆞ믈 친녀의 더으게 ᄒᆞᆯ 거시오, 녀군(女君)이 앙역으로 드리라 ᄒᆞ셔도 나히 어리므로 핑계ᄒᆞ야 즉시 드리지 말녀니와, 셜ᄉᆞ 앙역을 ᄒᆞ여도 소임이 한헐(閑歇)ᄒᆞ여 불과 셰ᄉᆞ를 밧들며, 여ᄅᆞᆷ의 창승(蒼蠅)을 놀니고, 겨울의 장(帳)을 지울2354) 【66】ᄲᅮᆫ이라. 고로 화당(華堂)의 진슈미찬(珍羞美饌)을 염어(厭飫)ᄒᆞ미 되리니, 마매 다리고 단니는 바의 비ᄒᆞᆯ진ᄃᆡ, 우믈 아ᄅᆡ 개고리 변ᄒᆞ여 여의쥬를 어든 뇽(龍)이 되어, 풍운을 졔작ᄒᆞᄂᆞᆫ 형셰를 ᄭᅵᆷ ᄀᆞᄐᆞ니, 마마는 익이 ᄉᆡᆼ각ᄒᆞ여 금일이라도 날이 어둡거든, 남이 모ᄅᆞ게 넌ᄌᆞ시 다려오라."

상츈이 이 말을 드ᄅᆞᄆᆡ 졀졀이 소원의 합ᄒᆞ물 환심희열(歡心喜悅)ᄒᆞᄃᆡ, 거즛 쳑연ᄒᆞᆫ ᄉᆞᄉᆡᆨ(辭色)을 지어 왈,

"마마의 ᄌᆞ인관후(慈仁寬厚)ᄒᆞ미 실노 ᄌᆞ식을 의탁ᄒᆞ염즉 ᄒᆞᄃᆡ, 다만 앙역 두지 놀납도다. 오ᄋᆡ 남의 고공 되기는 죽기【67】로ᄡᅥ ᄉᆞ양ᄒᆞ거니와, 귀ᄐᆡᆨ은 하 번화 부귀

2351)앙역(仰役) : 직접 주인의 명을 받아 노동력을 제공함. *앙역노비(仰役奴婢); 주인의 관리 하에 그 지시를 따라 직접적인 노동력을 제공하는 노비.
2352)양낭(養娘) : 여자 종. 주로 혼인한 여종을 일컫는다.
2353)마마(媽媽) : ①나이 든 하녀. ②벼슬아치의 첩을 높여 이르는 말. ③마마; 임금과 그 가족들의 칭호 뒤에 쓰여, 존대의 뜻을 나타내던 말. ④'천연두'를 일상적으로 이르는 말.
2354)지우다 : 아래로 떨어뜨리거나 놓다.

ᄒᆞ시니, 말지 ᄎᆞ환이 되여도 신세 영화로울가 ᄇᆞ라노니, 마마ᄂᆞᆫ 말과 일을 ᄀᆞᆺ치 ᄒᆞ여, 내 ᄌᆞ식의 일싱이 괴롭지 아니케 ᄒᆞ실진ᄃᆡ, 쳡이 즉긱이라도 다려다가 드리기롤 어려워 아니ᄒᆞ리로소이다."

션ᄆᆡ 대열ᄒᆞ여 즉시 협ᄉᆞ의 은ᄌᆞ 칠팔냥과 ᄇᆡᆨ포 열필을 ᄂᆡ여주어 왈,

"마마의 싱계 구간ᄒᆞᆫ가 시브니, ᄎᆞ물(此物)이 ᄉᆞ쇼(些少)ᄒᆞ나 오륙삭 냥ᄌᆞ(糧資)ᄂᆞᆫ 넉넉ᄒᆞᆯ 거시오, 마마의 상이 보기의 향야(鄕野)ᄒᆞ니, 이 ᄇᆡᆨ포롤 ᄲᅥ 옷솔 곳치ᄃᆡ 경픔(京品)[2355]으로 ᄒᆞ라."

인ᄒᆞ여 ᄯᆞᆯ을 【68】 다려오라 당부ᄒᆞ믈 간졀이ᄒᆞ니, 상츈이 은ᄌᆞ○[와] ᄇᆡᆨ포롤 밧고 후덕(厚德)을 만만 칭샤ᄒᆞ니, 션ᄆᆡ 다시 호쥬셩찬(好酒盛饌)으로ᄡᅥ ᄃᆡ졉ᄒᆞ고, 날이 어두운 후 쇼녀롤 다려오라 ᄒᆞ니, 상츈이 슌슌 응답ᄒᆞ고 ᄉᆡᆼ니 도라와, 난아롤 보고 수말(首末)을 일일히 고ᄒᆞ니, 난ᄋᆡ 졔몸이 쳔누비아(賤陋卑阿)[2356]ᄒᆞ야 졈졈 고이ᄒᆞᆫ 곳에 ᄲᅡ지ᄂᆞᆫ 바ᄂᆞᆫ ᄭᆡ닷지 못ᄒᆞ고, 엄쇼져 모ᄌᆞ롤 서러졸 의ᄉᆡ 칼ᄀᆞᆺᄐᆞᄆᆡ, 엄부ᄎᆞ환 되기롤 가연이 염치아녀, 이의 다시 ᄀᆡ용단(改容丹)을 삼켜 일개 슈미단아(秀美端雅)ᄒᆞᆫ ᄎᆞ환의 형뫼 되어, 황혼의 상츈 【69】 으로 더브러 호부인긔 하직ᄒᆞ고 엄부로 향ᄒᆞᆯᄉᆡ, 호시 즁문(中門) 밧가지 나와 당부ᄒᆞᄂᆞᆫ 말이, 다 '일을 쥬밀이 ᄒᆞ여 본적이 ᄑᆡ루ᄒᆞ미 업게ᄒᆞ라' ᄒᆞ고, 난아ᄂᆞᆫ '념녀 말믈' 쳥ᄒᆞ고 ᄉᆡᆼ니 엄부의 니ᄅᆞ니, 션ᄆᆡ ᄇᆞ야흐로 문 밧긔셔 기다리다가, 상츈의 니ᄅᆞ믈 보고 대희ᄒᆞ야 마ᄌᆞ드려, 쵹을 ᄇᆞᆰ히고 난아롤 보건ᄃᆡ, 용뫼 졀세ᄒᆞ고 ᄐᆡ되(態度) 묘염(妙艶)ᄒᆞ야 상한쳔뉴(常漢賤類)의 희한(稀罕)ᄒᆞᆫ 긔물(奇物)이라. 크게 ᄉᆞ랑을 ᄲᅩ다 일안(一眼)의 황홀ᄒᆞᆯ ᄲᅮᆫ 아니라, 일노ᄡᅥ ᄌᆞ식이라 ᄒᆞ야 앙역의 드린즉, 졔 ᄌᆞ식 【70】 은 ᄌᆞ연이 몸을 버서나ᄂᆞᆫ 거시 되믈 환열대희ᄒᆞ야, 화미옥식(華味玉食)[2357]으로ᄡᅥ 먹기롤 권ᄒᆞ고, 어린 나히 슉셩(夙成) 특이(特異)ᄒᆞ믈 만구(滿口) 칭찬(稱讚)ᄒᆞ야, 상츈의 불미(不美)ᄒᆞᆫ 긔질노ᄡᅥ 져런 긔녀(奇女) 두어시믈 도로혀 이상이 넉인ᄃᆡ, 상츈이 희희히 웃고 왈,

"마마ᄂᆞᆫ 나롤 여럽시[2358] 넉여 보지 말나. 내 긔물(器物)은 대ᄉᆞ롭지 아냐도, ᄌᆞ식은 나흔즉 출출(出出)[2359] 긔특ᄒᆞ야, 죽은 ᄋᆞᄒᆡ들은 이 ᄯᆞᆯ의셔 더 낫더니라.

션ᄆᆡ 무궁히 칭찬ᄒᆞ고 난아롤 ᄃᆡᄒᆞ여 왈,

"내 잇ᄂᆞᆫ 곳이 비록 힝각이나 ᄒᆞᆫ편 구석을 당ᄒᆞ여 ᄀᆞ장 유벽(幽僻) 【71】 ᄒᆞ고, 장뷔(丈夫) 남경 대고(大賈)로 일년의 두어번식 왕ᄂᆡᄒᆞ니, 다란 남ᄌᆞ의 ᄌᆞ최 비최ᄂᆞᆫ 일이 업ᄉᆞᆫ지라. 너ᄂᆞᆫ 장신(藏身)ᄒᆞ믈 범연이 말나. 내 녀ᄋᆞ의 일홈이 언잉이니, 널노ᄡᅥ 내 ᄯᆞᆯ을 ᄃᆡ(代)ᄒᆞᄆᆡ, 일홈을 언잉이라 ○○[ᄒᆞ여], 남이 의심치 아니케 ᄒᆞ노라."

2355)경픔(京品) : 서울 사람으로서의 품격.
2356)쳔누비아(賤陋卑阿) : 천하고 더러우며 비굴하고 아첨함.
2357)화미옥식(華味玉食) ; 맛 좋은 반찬과 하얀 쌀밥.
2358)여럽다 : 열없다. ①좀 겸연쩍고 부끄럽다. ②어설프고 짜임새가 없다.
2359)출출(出出) : 낳는 족족. 낳는 대로 다.

난익 욕되고 더러오믈 참고 슌슌 슈명ᄒᆞ니, 션미 ᄉᆞ랑이 과도ᄒᆞ야 친녀의 감치 아니터라. 이 밤의 상츈이 난아로 더브러 ᄒᆞᆫ가지로 지닉고, 명일 상츈이 도라갈ᄉᆡ 회두졉이(回頭接耳)[2360]ᄒᆞ야 잇다감 오믈 닐오ᄃᆡ, '독(毒)을 ᄀᆞᆺ초 어더오라' ᄒᆞᄃᆡ, 션미는 눈치【72】도 모로더라.

상츈이 션미를 향ᄒᆞ여 'ᄯᆞᆯ을 편케ᄒᆞ라' 쳥ᄒᆞ고 도라가니, 션미 난아 밧들기를 슈즁(手中)의 신긔로운 구슬ᄀᆞᆺ치 ᄒᆞ여 온가지로 ᄆᆞ음을 즐겁게 ᄒᆞ고, 아모도 얼골을 뵈지 아냐 장신을 각별이 시기니, 난익 ᄯᅩᄒᆞᆫ ᄆᆞ음이 편ᄒᆞᄃᆡ, ᄒᆡᆼ각의 두고 안히 드러가지 아니믈 답답히 넉이더라.

일일은 션미 나와 기리 탄식고 왈,

"네 팔ᄌᆡ 앙역을 면치 못ᄒᆞ라 ᄒᆞ엿ᄂᆞᆫ가, 젼일에 녀군이 내 ᄯᆞᆯ 언잉을 압히셔 신임케 드리라 ᄒᆞ시ᄃᆡ, 내 ᄯᆞᆯ의 유츙(幼沖)ᄒᆞ믈 주(奏)ᄒᆞ야, 일이 년이나 지나【73】거든 앙역의 드리믈 쳥ᄒᆞ나, 녀군이 ᄆᆡ양 다려오라 ᄒᆞ시더니, 금일은 쥬군이 졍녕 엄교ᄒᆞ시ᄃᆡ, 질녀 윤한님 부인 대례를 일우시ᄂᆞᆫ 바의, ᄋᆞ시녀 오륙인을 뎡ᄒᆞ야 쇼져를 뫼셔 윤부로 향케 ᄒᆞ여시니, 그 가온ᄃᆡ 언잉도 드리라 ᄒᆞ시니, 내 너를 어더 졍히 모녜(母女) 아니믈 ᄭᆡ닷지 못ᄒᆞ더니, 급히 ᄯᅥ날 일이 심히 슬픈지라. 네 ᄯᅳᆺ이 엇더ᄒᆞ뇨?"

난익 ᄎᆞ언을 드ᄅᆞᄆᆡ, 더욱 가슴의 만검(萬劍)이 침노홈 ᄀᆞᆺᄐᆞ나, ᄉᆞᄉᆡᆨ(辭色)을 변치 아니코 ᄂᆞ즉이 ᄃᆡ왈,

"팔ᄌᆡ 긔구험흔(崎嶇險釁)ᄒᆞ야 친【74】모의 슬하를 ᄯᅥ나고, ᄯᅩ 양모의 ᄌᆞ익도 온젼이 밧지 못홀지라. 슬허ᄒᆞ나 하ᄂᆞᆯ이 나를 ᄆᆡ이 넉이ᄂᆞᆫ 거ᄉᆞᆯ 현마 엇지 ᄒᆞ리잇고? 다만 나의 쥬인 엄쇼졔 어지지 아니ᄒᆞ면, 그 비ᄌᆡ(婢子) 되어 어이 견ᄃᆡᆯ고? 근심 되도소이다."

션미 난아의 귀에 다혀 ᄀᆞᆯ오ᄃᆡ,

"우리 녀군 최부인은 과연 어지지 못ᄒᆞ시니, 네 앙역홀진ᄃᆡ 《그음∥근심》이 업지 아니려니와, 쥬군의 질녀 윤한님 부인될 쇼져ᄂᆞᆫ 아등이 지ᄂᆡ여 보든 아냐시ᄃᆡ, 그 긔특ᄒᆞ며 어진 거시 밧 얼굴의 나타《낫∥나 잇》고, 오왕 뎐하의 장후 낭낭【75】이 남달니 어지라시니, 그 ᄯᆞᆯ이 ᄂᆞᆯ 달마 사오나올가 시브뇨? 녜로브터 현금턱목(賢禽擇木)[2361]과 냥신턱쥬(良臣擇主)[2362] 잇ᄂᆞ니, 네 팔ᄌᆡ 남의 ᄎᆞ환 되ᄂᆞᆫ 거시 불상ᄒᆞᄃᆡ, 어진 쥬인을 어드니, 일ᄉᆡᆼ이 괴롭지 아닐거시오, 윤한님이란 ᄇᆡ, 시임승상(時任丞相) 황태부(皇太傅)의 장ᄌᆡ오, 진왕의 질(姪)이니, 그 부귀 엇지 닐을 거시 이시리오. 네 엄쇼져를 뫼셔 튱셩을 다ᄒᆞ면, 아모ᄃᆡ로 가도 번화(繁華) 극부(極富)ᄒᆞ야 곤궁ᄒᆞᆫ 일이 업ᄉᆞ리라."

난익 듯ᄂᆞᆫ 말마다 녕원(蠑蚖)이 쒸놀고 분(憤)ᄒᆞ여 ᄒᆞ더라. 【76】

2360)회두졉이(回頭接耳) : 머리를 돌려 귀에 댐.
2361)현금턱목(賢禽擇木) : 착한 새는 나무를 가려서 앉는다.
2362)냥신턱쥬(良臣擇主) : 어진 신하는 임금을 가려서 섬긴다.

윤하뎡삼문취록 권지ᄉᆞ십오

ᄎᆞ시 난ᄋᆡ 듯ᄂᆞᆫ 말마다 녕원(蠑蚖)이 쒸놀고 분(憤)ᄒᆞ나, 의심을 일월가 두려 ᄉᆞᄉᆡᆨ(辭色)지 아니코, 다시 무러 왈,

“모친이 나ᄅᆞᆯ 어ᄂᆡ 날노 앙역의 드려 ᄉᆞ환코져 ᄒᆞ시ᄂᆞ뇨?”

션ᄆᆡ 왈,

“쥬군(主君) 교명(敎命)이 우명일(又明日)노 드리라 ᄒᆞ시니, 거역ᄒᆞ다가ᄂᆞᆫ 죽을지라. 네 만일 남의 비ᄌᆡ 되기ᄅᆞᆯ 괴탄(愧歎)ᄒᆞ며 장ᄂᆡ 말을 그ᄅᆞᆺᄒᆞ야, 언잉의 ᄃᆡ신인 줄을 드러ᄂᆡᆯ진ᄃᆡ 불힝이 그밧게 업ᄉᆞ리니, 아이의 내 ᄯᆞᆯ노 앙역을 드리리라.”

난ᄋᆡ 탄 왈,

“내 임의 양모의 ᄉᆞ랑ᄒᆞᄂᆞᆫ 정을 감【1】격ᄒᆞᄂᆞ니, 타일의 셜ᄉᆞ 내몸의 아모 괴로운 일이 이신들, 엇지 부졀업ᄉᆞᆫ 말을 ᄒᆞ여 양모긔 죄칙이 밋게 ᄒᆞ리잇고? 이런 일은 근심치 마라시고, 쥬군의 교(敎)ᄅᆞᆯ 밧드러 나ᄅᆞᆯ 우명일의 드리쇼셔.”

션ᄆᆡ 대열(大悅)ᄒᆞ나 수히 써날 바ᄅᆞᆯ 슬허ᄒᆞ더라.

우명일의 션ᄆᆡ 난아ᄅᆞᆯ 잇그러 쥬군 ᄂᆡ외(內外)의 현셩(現成)ᄒᆞ니, 태ᄉᆞᄂᆞᆫ 굿ᄐᆡ여 ᄌᆞ시 보지 아니ᄒᆞ고, ᄋᆞ시비 뉵인을 뎡ᄒᆞ여 월혜쇼져의게 신임케 ᄒᆞ고, 최부인은 언잉의 졀셰긔묘ᄒᆞ믈 보ᄆᆡ 월혜쇼져 주기ᄅᆞᆯ 심히 앗겨ᄒᆞᄃᆡ, 태ᄉᆡ 발셔 뎡ᄒᆞ【2】여시니, 본ᄃᆡ 것[2363]인ᄉᆡ(人事) 유여(裕餘)ᄒᆞ므로 앗기ᄂᆞᆫ 빗ᄎᆞᆯ 나토지 아니코, 션ᄆᆡ로 ᄒᆞ야금 뉵시ᄋᆞᄅᆞᆯ 쇼져 잇ᄂᆞᆫ 방으로 보ᄂᆡ라 ᄒᆞ고, ᄯᅩ 젼어(傳語)ᄒᆞ야 비록 만ᄉᆞ의 무심무흥(無心無興)ᄒᆞᆫ 가온ᄃᆡ나, 시ᄋᆞ 등을 압히셔 소임을 뎡ᄒᆞ야 각각 ᄌᆡ조ᄅᆞᆯ 보라 ᄒᆞ니, 시시의 엄쇼져 월혜 몽니의도 ᄇᆞ라지 아닛ᄂᆞᆫ 대례ᄅᆞᆯ 굿ᄐᆡ여 일우기로 뎡ᄒᆞ야, 길일이 졈졈 갓가와 일망(一望)이 격ᄒᆞ니, 부왕은 인간 경ᄉᆡ(慶事) 이의 지나미 업ᄉᆞᆫᄃᆞᆺ 환희 대열ᄒᆞ여, 신낭 마ᄌᆞᆯ 긔구(器具)ᄅᆞᆯ 쥰비ᄒᆞ며 웃ᄂᆞᆫ 입을 주리지 못ᄒᆞᄃᆡ, 쇼져ᄂᆞᆫ 실노 ᄲᅧ 원이【3】아니오, 일노 조ᄎᆞ 모비(母妃)긔 뵈올 시졀이 업ᄉᆞ믈 더욱 슬허, 우우(憂憂)히 슈미(愁眉)ᄅᆞᆯ 펴지 못ᄒᆞ고, ○[음]식(食)을 도라[2364] ᄂᆞ리오지[2365] 못ᄒᆞ야, 침금의 몸을 바려시니 윤태우 부인이 겻히셔 위로ᄒᆞ며 보호ᄒᆞ야 무익ᄒᆞᆫ 심녀ᄅᆞᆯ 허비치 말나 ᄒᆞᄃᆡ,

---

2363)것- : 겉-. 실속과는 달리 겉으로만 그러하다는 뜻을 더하는 접두사
2364)돌다 : 일정한 범위 안에서 차례로 거쳐 가며 전전하다.
2365)나리오다 : 내려가다. 음식물이 소화되다.

쇼제 초에 윤한님 쇼셩(小星)으로써 이제 다시 원비로 도라갈 바롤 불안ᄒᆞ며 황괴ᄒᆞ믄, 근본 셩시도 모롤 ᄯᅴ 부부늎의롤 몬져 출히믈 참누(慙累)로 알아 새로이 슬허ᄒᆞ며 흔ᄒᆞ믈 마지 아니니, 냥 슉뷔 불통(不通)ᄒᆞ믈 닐너 ᄆᆞᄋᆞᆷ을 ᄡᅳ지 말나ᄒᆞ나, 쇼제 남다란 회【4】픠(懷抱) 능히 심긔(心氣) 안한(安閑)ᄒᆞ믈 엇지 못ᄒᆞ더니, 이늘 션ᄆᆡ 늒시ᄋᆞ롤 거ᄂᆞ려 계하의 세우고, 최부인 말ᄉᆞᆷ을 쇼져긔 젼ᄒᆞᄆᆡ, 쇼제 공경ᄒᆞ야 듯ᄌᆞᆸ고 ᄂᆞ죽이 회답ᄒᆞ야 존교(尊敎)롤 봉승(奉承)키로 말ᄉᆞᆷᄒᆞ나, 실노 비ᄌᆞ 등도 불너보고져 ᄯᅳᆺ이 업서, 늒시ᄋᆡ 계하의 이시ᄃᆡ 지게롤 열어 알은 체 아니ᄒᆞ고, 도로 향벽(向壁)ᄒᆞ야 누으니, 대엄시(大嚴氏) 졔시녀롤 드러오라 ᄒᆞ여 각각 나흘 뭇고, 부모와 동ᄉᆡᆼ이 이시며 업ᄉᆞ믈 무롤ᄉᆡ, 눈이 언잉의게 밋처ᄂᆞᆫ 그 용ᄐᆡ 졀미ᄒᆞ고 톄질(體質)이 긔묘ᄒᆞ나, 결단ᄒᆞ야 냥슌ᄒᆞᆫ 위【5】인이 아니므로 ᄭᅴ다라, ᄀᆞ장 깃거아냐, 날호여 닐오ᄃᆡ,

"네 션ᄆᆡ의 ᄯᆞᆯ이라 ᄒᆞᄃᆡ, ᄒᆞᆫ곳도 어미롤 달므미 업도다."

인ᄒᆞ여 장외(帳外)의 나가 이시라 ᄒᆞ니, ᄎᆞ쇼제 그 형의 ᄒᆞᄂᆞᆫ 말을 드롤 ᄲᅮᆫ이오, 졔시녀의 얼골을 보지 아녓더니, 이늘 셕식(夕食)후 오왕이 드러와 냥녀롤 ᄃᆡᄒᆞ여, '셕반을 예ᄉᆞ로이 먹은가' 무ᄅᆞ며, ᄲᅡᆼᄋᆞ롤 슬상(膝上)의 올녀 황홀ᄒᆞᆫ ᄉᆞ랑이 졍신을 일키의 갓갑더니, 날호여 ᄀᆞᆯ오ᄃᆡ,

"녀ᄋᆡ ᄲᅡᆼᄋᆞ롤 좌우의 품어 줌이 편치 아니 ᄒᆞ리니, ᄒᆞᆫ ᄋᆞ히란 ᄲᅡᆼ셤을 주어 품고 자라 ᄒᆞ라."【6】

쇼제 슈명 빅샤홀 ᄯᆞ롬이러니, 이윽고 왕이 니러 나올ᄉᆡ, ᄲᅡᆼᄋᆞ롤 오히려 안흔《직‖치》니러셔며 왈,

"내 다리고 나갓다가 드려 보ᄂᆡ리라."

ᄒᆞ고《나아가니‖나가니》, 경시 난ᄋᆡ 장 밋히셔 엄쇼져롤 쳠망ᄒᆞ며 ᄲᅡᆼᄋᆞ롤 보니, 광휘(光輝) 팔ᄎᆡ(八彩)[2366]의 영영(盈盈)ᄒᆞ여 미우(眉宇)의 둘너시니, ᄇᆡᆨ일(白日)이 즁텬(中天)ᄒᆞᆫ 듯ᄒᆞ더라.

난ᄋᆡ 잠간 물너 졍당의 드러가니, 최부인이 뉴리호(琉璃壺)의 술과 셩찬화미(盛饌華味)롤 외당으로 ᄂᆡ여보ᄂᆡᄃᆡ, 오왕이 셕반을 부실이 ᄒᆞ엿다 ᄒᆞ여, 쥬찬이나 나오시믈 쳥ᄒᆞᄂᆞᆫ지라. 난ᄋᆡ 술병을 들고 나【7】오며, ᄀᆞ마니 금낭의 독약(毒藥)을 ᄂᆡ여 술병의 너흐니라.

ᄎᆞ일 마ᄎᆞᆷ 엄츄밀은 관부(官府)의셔 밤을 지ᄂᆡᄂᆞᆫ ᄲᅵ오, 엄태ᄉᆞᄂᆞᆫ 본ᄃᆡ 일작불음(一勺不飮)이라. 왕이 쇼년의ᄂᆞᆫ 졀음(節飮)ᄒᆞ기롤 각별이 ᄒᆞ여 수삼ᄇᆡ롤 넘기미 업던 ᄇᆡ라[나], 쥬량(酒量)인즉 두쥬(斗酒)롤 ᄉᆞ양치 아닐 ᄇᆡ오, 비록 수업시 거후로나 쥬담(酒談)ᄒᆞ며 광잡(狂雜)히 굴미 업ᄉᆞ므로, 오국의 도라간 후로브터 심회롤 븟칠 곳이 업서 쥬량이 반이나 ᄎᆞ기롤 그음ᄒᆞ야 먹던 ᄇᆡ라. 금야의 최부인이 ᄂᆡ여보ᄂᆡᆫ 바롤 난

2366)팔ᄎᆡ(八彩) : 눈에서 나는 광채. '팔채(八彩)'는 팔(八)자 모양의 '화장한 눈썹에서 나는 광채'를 뜻하는 말로, 여기서는 눈빛을 대신 나타낸 것이다.

홀 사름이 업ᄉᆞ니, 스ᄉᆞ로 【8】 드러 거후라고 안쥬를 하져(下箸)ᄒᆞ야 두어 그ᄅᆞ슬 맛보지 못ᄒᆞ여셔, ᄉᆞ지(四肢) 져리고 정신이 혼미ᄒᆞ야 긔운이 아득ᄒᆞ니, 미처 상을 물닐 ᄉᆞ이를 참지 못ᄒᆞ여 무릅 우히 안쳣던 빵ᄋᆞ를 ᄂᆞ리오고, 상을 압히 노흔 《지∥치》 구러지니 면식이 여회(如灰)ᄒᆞᆫ지라.

어시의 엄공ᄌᆞ 창이 부왕을 뫼셧다가 이러ᄐᆞᆺ 불의에 혼도(昏倒)ᄒᆞ니, 창황ᄒᆞ여 밧비 븟드러 구호ᄒᆞᄃᆡ, 왕이 인ᄉᆞ를 출히지 못ᄒᆞ니, 태식 ᄯᅩᄒᆞᆫ 경심ᄎᆞ악ᄒᆞ여 밧비 츄밀의 ᄎᆞᄌᆞ 위를 불너 간ᄆᆡᆨ(看脈)게 ᄒᆞᆫ즉, 엄한님이 대경ᄒᆞ여 【9】 눈을 두려시 ᄯᅳ고 왈,

"계뷔 반다시 치독(置毒)ᄒᆞᆫ 거ᄉᆞᆯ 나와 계신가 ᄒᆞᄋᆞᆸᄂᆞ니, 밧비 히독(解毒) 당제를 일위여 구호ᄒᆞᆯ밧 다란 계괴 업ᄂᆞ이다."

원ᄂᆡ 한님의 의술이 고명(高明)ᄒᆞᄆᆡ, 태식 그말을 조ᄎᆞ 즉시 히독약을 ᄡᅳ며 이 쇼져를 불너 ᄒᆞᆫ가지로 구호ᄒᆞᆯᄉᆡ, 츄밀의 장ᄌᆞ 시랑이 이ᄋᆞ(二兒)를 안아 ᄂᆡ당 시ᄋᆞ를 주어, 드러가 잘 직오라 ᄒᆞ니, 언잉이 임의 빵ᄋᆞ를 여엇ᄂᆞᆫ2367)지라. 이의 즉시의 밧아 드러가ᄂᆞᆫ 톄ᄒᆞ고 햐슈(下手)ᄒᆞ려 ᄒᆞᆯᄉᆡ, 왕의 혼도(昏倒)ᄒᆞ믈 인ᄒᆞ여 합문 상해(上下) 소요ᄒᆞ여 물긇 ᄐᆞᆺᄒᆞ니, 최부인 간【10】독ᄒᆞ므로도, 심신이 경월ᄒᆞ야 좌를 안졉(安接)지 못ᄒᆞ거니, 기여(其餘)를 닐오리오. 쇼졔 이 소식을 듯고 창황ᄒᆞ야 ᄶᅩᆺ니 셔직의 나온즉, 왕이 혼혼(昏昏)ᄒᆞ미 낫지 못ᄒᆞ고, 빵이 업ᄂᆞᆫ지라. 쇼엄시(小嚴氏) 창황망조(惝怳罔措)2368)ᄒᆞ미 냥ᄋᆞ의 념불급(念不及)2369)ᄒᆞ나, 신녕(神靈)ᄒᆞᆫ 심ᄂᆡ(心內) 홀연 의심이 니러나, 오파다려 왈,

"어미ᄂᆞᆫ 드러가 빵ᄋᆞ를 ᄎᆞᄌᆞ 유모로 더브러 다리고 이시라."

오픠 미급답의 엄시랑 왈,

"내 앗가 냥ᄋᆞ를 드려보ᄂᆡ엿더니 현ᄆᆡ 못보냐?"

대엄시 경아 왈,

"거게 빵ᄋᆞ를 어ᄂᆡ 비ᄌᆞᄒᆞ여 보ᄂᆡ신고? 쇼ᄆᆡ 등이 침소로셔 이리 나오【11】ᄃᆡ 보지 못ᄒᆞ엿ᄂᆞ이다."

시랑이 본ᄃᆡ 소활(疎豁)ᄒᆞᆫᄃᆡ, 창황즁(蒼黃中) 냥ᄋᆞ를 시ᄋᆞ(侍兒)를 맛져시나, 그 뉘런 줄 아지 못ᄒᆞ야, 침음 왈,

"냥ᄋᆞ의 거동이 심히 자고져 ᄒᆞ거ᄂᆞᆯ, 내 즉시 ᄂᆡ당 시녀를 불너 가로2370) 안겨 보ᄂᆡᄃᆡ, 얼골을 유의(留意)치 아냐시니 아뫼런 줄 모로거니와, 반다시 잘 직오리니 물념(勿念)ᄒᆞ라."

대엄시 오파를 직촉ᄒᆞ야 드러가 보라 ᄒᆞ고, 부왕을 구호ᄒᆞᆯᄉᆡ, 왕이 ᄀᆞ장 이윽ᄒᆞᆫ 후

2367)여으다 : 엿보다. 남이 보이지 아니하는 곳에 숨거나 남이 알아차리지 못하게 하여 대상을 살펴보다.
2368)창황망조(惝怳罔措) : 너무 당황하거나 급하여 어찌할 줄을 모르고 갈팡질팡함.
2369)념불급(念不及) : 생각이 무엇에 미치지 못함.
2370)가로다 : 나란히 하다. *가로; 나란히.

몸을 소소와[2371] 씨며, 입을 버려 무수흔 독슈(毒手)를 토흐미 모진 니 코흘 거스리니, 이 쇼져와 공지 이 변(變) 지은 자를 싱각지 【12】 못흐야, 흉히(凶駭)흐믈 측냥치 못흐고, 부왕의 긔운이 엄엄(奄奄)흐믈 초황(焦遑)흐야 눈물이 년낙(連落)흐믈 씨둣지 못흐니, 태시 위로 왈,

"음식의 독이 이셔 아이[2372] 위틱키의 밋츨 번 흐니, 흉히 추악(嗟愕)흐미 심골경한(心骨驚寒)흐나, 즉금은 싱도를 어더시니 무익히 슬허흘 일이 아니라, 여등 엇지 슬허흐느뇨? 아이 나은 후 쥬찬 가음아던[2373] 시ᄋ를 엄문ᄉ획(嚴問査核)흐리니, 내 집에 실노 이런 흉참흔 변이 이시믄 몽미(夢寐) 밧기라."

공지 강잉흐여 눈물을 씃고[2374], 부왕을 붓드러 년흐여 회구(回嘔)[2375]흐는 독흔 물을 【13】 밧아닌 후, 다시 약음을 드리워 겨유 진정흐미, 비로소 ᄌ녀를 어라만져 과도히 초조치 말나 흐며, 태ᄉ를 향흐여 왈,

"쇼뎨 술을 즐기는 고로 놀나온 거조를 형장(兄丈)긔 뵈오니, 스스로 삼가지 못흐믈 츄회(追悔)흐나 밋지 못흐리로소이다."

태시 오히려 경악(驚愕)흔 빗츨 뎡치 못흐여 왈,

"현뎨 과음(過飮)흠도 죵시 신상의 질을 일월 비오, 유익흐미 업거니와, 오늘날 변괴는 실시녀외(實是慮外)[2376]라. 우형의 집 쥬찬이 흐마 현뎨를 위틱○[케] 홀 줄 몽니(夢裏)의나 씃흐○○[엿으]리오. 아이 잠간 나은 후, 시녀를 츄【14】문흔즉 간졍(奸情)을 알너니와, 작변(作變)의 한심흐미 아모의 소작(所作)이라도, 우형을 죽이고져 흐느니 몬져 현뎨를 시험흐려 흐미니, 엇지 통히치 아니리오."

왕이 이연(罹然)[2377] 되왈,

"형장이 하쳔 삼쳑동(三尺童)의도 은혜를 드리오시느니, 쇼뎨 이의와 또 함졍(陷穽)[2378]흔 일이 업거늘, 뉘 우리 곤계(昆季)를 믜워○[해] 치독(置毒)흐리잇고? 흐물며 시녀의 무리 ᄉ죄를 범흐여 참형을 밧고져 아니 흐리니, 결단코 비ᄌ비(婢子輩)의 작용이 아니라. 형장은 명찰(明察)흐샤 원억흐미 업게 흐쇼셔."

태시 더욱 의괴망측(疑怪罔測)흐여 답왈,

"추셰 비【15】 비 작악이 아니오, 뉘 흐다 흐나뇨?"

왕 왈,

<hr>

2371)소소다 : 솟구치다.
2372)아이 : ①아이. 자식(子息) ②아우. 남동생. ③아이(俄而). 조금 있다가. 이윽고. ④아예, 전적으로. 여기서는 ①-④ 중 ②의 '동생'을 뜻하는 말로 쓰임.
2373)가음알다 : 관장(管掌)하다. 다스리다.
2374)씃다 : 닦다. 훔치다. 지우다.
2375)회구(回嘔) ; 도로 토해냄.
2376)실시녀외(實是慮外) : 참으로 뜻밖의 일임.
2377)이연(罹然) : 근심스럽게.
2378)함졍(陷穽) : 남을 해치거나 해로운 곳에 빠지게 함.

"내 의심인즉 어딕로셔 우리 곤계를 각별 믜워ᄒᆞᄂᆞᆫ 요졍(妖精)이 드러와 이 변을 지은가 ᄒᆞᄂᆞ이다."

태식 왈,

"아니라. 어닉 대담이 쳔문만호(千門萬戶)를 ᄉᆞ못ᄎᆞ[2379] ᄇᆞ딕 닉루의 가 쥬찬을 보고 독을 너흐며 가즁상쾌(家中上下) 폐밍(廢盲)이 아니어니, ᄂᆞᆺ 모ᄅᆞᄂᆞᆫ 사ᄅᆞᆷ이 술에 독을 둘 제, 엇지 잠잠ᄒᆞ리오. 반다시 간흉(奸凶)ᄒᆞᆫ 비빅 악역지의(惡逆之意)를 두미라. 엇지 그 흉완(凶頑)ᄒᆞ믈 비길 곳이 이시리오."

왕이 지삼 불연(不然)ᄒᆞ믈 고ᄒᆞ나, 태식 시녀 등을 다 죽이기를 그음ᄒᆞ여 간졍을 알녀 ᄒᆞ더라.

난의 엄시【16】랑의 주ᄂᆞᆫ 바 빵ᄋᆞ를 밧아, 임의 합문(閤門)이 황황(遑遑)ᄒᆞᆫ 쎠를 당ᄒᆞ엿거니, 뉘 져의 간흉극악을 유의ᄒᆞ야 슯필 재이시리오. 스ᄉᆞ로 하ᄂᆞᆯ을 우러라 샤례ᄒᆞ야, ᄒᆞᆫ번 긔계(奇計)를 발ᄒᆞ믹, 요종(妖種)을 ᄡᅳ리치믹[2380] 흔흔쾌열(欣欣快悅)ᄒᆞ니 엇지 인명쳐살(人命處殺)[2381]을 조금이나 거리끼며, 녀후(呂后)[2382]의 됴왕(道王)[2383]을 딤살(鴆殺)[2384]홈과 녀희(驪姬)[2385]의 신싱(申生)[2386]을 함해(陷害)ᄒᆞ미 참아 못홀 악ᄉᆡ(惡事)믈 씌치리오.

빵ᄋᆞ를 ᄀᆞ로 안고 후뎡(後庭)을 향ᄒᆞ며, 그 작셩의 긔이ᄒᆞ믈 더욱 믜이녁여 혼ᄌᆞ말노 ᄭᅮ지져 왈,

"요괴년의 ᄌᆞ식이 삼기기나 범연ᄒᆞ여시면 그려【17】도 뮙기나 이딕도록 아닐지라. 곱고 됴흔 얼골이 학상션동(鶴相仙童)[2387]ᄀᆞᆺ틀 ᄲᅮᆫ 아니라, 앙앙(昂昂)[2388]ᄒᆞ고 셕대

2379)ᄉᆞ못ᄎᆞ다 : 사무치다. 통(通)하다.
2380)ᄡᅳ리치다 : 쓸어버리다. 뿌리치다.
2381)인명쳐살(人命處殺) : 사람의 목숨을 함부로 끊어 죽게 하다
2382)녀후(呂后) : BC241-180. 중국 한고조의 황후. 성은 여(呂). 이름은 치(雉). 고조를 보좌하여 진말(秦末)·한초(漢初)의 국난을 수습하였으나, 고조가 죽은 뒤 실권을 장악하여, 고조의 애첩인 척부인(戚夫人)과 척부인 소생 왕자 조왕(趙王)을 죽이는 등 포악을 일삼아, 측천무후(則天武后), 서태후(西太后)와 함께 중국의 3대 악녀로 꼽힌다.
2383)됴왕(趙王) : 이름 유여의(劉如意). 중국 한(漢)고조(高祖)와 척부인(戚夫人) 사이에 난 아들. 고조가 후계자로 삼고자 했을 만큼 그의 사랑을 받았으나, 고조 사후 여후(呂后)에게 독살을 당했다.
2384)딤살(鴆殺) : 짐(鴆)새의 독(毒)를 먹여 사람을 죽임. 짐(鴆)새; 중국 남방 광둥(廣東)에서 사는, 독이 있는 새. 몸의 길이는 21~25cm이며, 몸은 붉은빛을 띤 흑색, 부리는 검은빛을 띤 붉은색, 눈은 검은색이다. 뱀을 잡아먹는데 온몸에 독기가 있어 배설물이나 깃이 잠긴 음식물을 먹으면 즉사한다고 한다.
2385)녀희(麗姬) : 중국 진(晉)나라 헌공(獻供)의 총비(寵妃). 자신의 아들을 태자로 삼기 위하여, 태자 신생(申生)을 참소하여 자살케 하였다.
2386)신싱(申生) : 진(晉) 나라 헌공(獻公)의 태자로, 헌공의 총비(寵妃)인 여희(麗姬)가 자신의 아들을 태자로 삼기 위하여 그를 참소하자, 이를 변백(辨白)하지도 않고 자살해 버렸다. 이로써 후세에 '융통성 없는 우직한 사람'의 전형으로 일컬어졌다.
2387)학상션동(鶴相仙童) : 학(鶴)과 같은 고결한 얼굴을 가진 선경(仙境)에 사는 아이.
2388)앙앙(昂昂) : 높고 빼어난 모양.

(碩大)ᄒᆞ며 쥰ᄆᆡ(俊邁)ᄒᆞ고 특초(特超)ᄒᆞ며 웅위(雄偉)ᄒᆞ미 졔아비 형모형톄(形貌形體)와 요괴년의 염ᄐᆡ염용(艷態艷容)을 온젼이 달마시니, 이것들을 이ᄯᆡ의 서랏지 아니면 업시ᄒᆞᆯ 시졀이 업ᄉᆞ리로다."

ᄒᆞ며, 급급히 년뎡(蓮亭)2389)을 향ᄒᆞᆯᄉᆡ, 이ᄋᆡ(二兒) 비록 ᄉᆡᆼ지칠삭(生之七朔) ᄒᆡᄋᆡ(孩兒)나 그 신명긔이(神明奇異)ᄒᆞ미 부모의 문명덕질(文明德質)을 타나고, 텬디조화(天地調和)와 일월졍긔(日月精氣)를 거두엇ᄂᆞᆫ지라. 뎨곡(帝嚳)2390)이 나며 일흠을 닐오던 신긔ᄒᆞᆷ과, 노ᄌᆞ(老子)2391)의 삼셰의 텬【18】수(天數)를 통ᄒᆞᄂᆞᆫ 이상ᄒᆞ믈 겸ᄒᆞ엿ᄂᆞᆫ지라. 난ᄋᆡ 안고 오며 ᄭᅮ지ᄌᆞ믈 듯고, 믄득 몸을 뒤틀며 난아를 밀고 스ᄉᆞ로 ᄯᅱ여 ᄂᆞ리고져 ᄒᆞ니, 난ᄋᆡ 더욱 ᄆᆡ이 넉여 모진 손톱으로 빵ᄋᆞ의 얼골을 젹이니2392), 연ᄒᆞᆫ 가죽이 손의 무더나며 젹혈이 돌지어2393) 흐ᄅᆞᄂᆞᆫ 바의, 냥ᄋᆡ(兩兒) 호셔(縞絮)2394) ᄀᆞᆺ튼 셤슈(纖手)로 서로 상ᄒᆞᆫ ᄂᆞᆺ출 어라만져, 형은 아의 ᄂᆞᆺ출 우희고2395) 아은 형의 상쳐를 달호고2396) 크게 울어 모친을 불너 왈,

"이 사오나온 사ᄅᆞᆷ이 우리를 죽이려 ᄒᆞ니, 모친아! 어서 와 보쇼셔."

ᄒᆞ고 ᄋᆡᄋᆡ(哀哀)히 울거ᄂᆞᆯ, 난ᄋᆡ 힘ᄡᅥ 년지(蓮池)의 드리【19】치고 오니, 이ᄯᆡ 츄팔월(秋八月) 회간(晦間)2397)이오, 여러 날 비온 ᄭᅳᆺ치라. 엄부 년지가 져근 시ᄂᆡ를 통ᄒᆞ여시니, 사ᄅᆞᆷ이 ᄒᆞᆫ번 ᄲᅡ지ᄆᆡ 어린 ᄋᆞ히를 닐오지 말고 장대ᄒᆞᆫ 어룬이라도, 물 헤음ᄒᆞᄂᆞᆫ2398) 슐이 업ᄉᆞᆫ 후ᄂᆞᆫ, 쇽절업시 죽기를 면치 못ᄒᆞᆯ지라. 난ᄋᆡ 이ᄋᆞ를 년지의 드리치고 거ᄅᆞᆷ을 두로혀며, 홀연 광풍(狂風)이 대작(大作)ᄒᆞ고 굴근 빗발이 ᄲᅳ리ᄂᆞᆫ 바의, 뇌뎡(雷霆)이 진동ᄒᆞ야 산악을 울히ᄂᆞᆫ 듯ᄒᆞ니, 심신이 대황(大惶)ᄒᆞ야 비록 대간대악(大奸大惡)이나 온몸이 ᄯᅥᆯ니믈 ᄭᆡ닷지 못ᄒᆞ야, 능히 ᄒᆡᆼ보(行步)를 일우지 못【20】ᄒᆞ다가, 겨유 움즉여 쇼져 침소의 도라올ᄉᆡ, 엄부시녀 옥진 금월의[이] ᄋᆞ돌이[을], ᄒᆞ

2389)년뎡(蓮亭) : 연꽃을 구경하기 위하여 연못가에 지어 놓은 정자.

2390)뎨곡(帝嚳) : 중국 전설상의 오제(五帝) 가운데 한 사람으로 전욱의 아들이고 요(堯)임금의 아버지라고 전한다. 전욱)의 뒤를 이어 박(亳) 땅에 도읍을 정하였으며, 흔히 고신씨(高辛氏)라고도 한다. 태어나면서 자신의 이름을 말하였고, 현명하여 먼 일을 알았으며 미세한 일도 살폈고 만민에게 급한 것이 무엇인 줄을 알았다고 한다.

2391)노ᄌᆞ(老子) : 중국 춘추 시대의 사상가(?~?). 성은 이(李). 이름은 이(耳). 자는 담(聃)·백양(伯陽). 도가(道家)의 시조로서, 상식적인 인의와 도덕에 구애되지 않고 만물의 근원인 도를 좇아서 살 것을 역설하고, 무위자연을 존중하였다.

2392)젹이다 : 긁적이다. 할퀴다. 손톱이나 뾰족한 물건으로 긁어 상처를 내다.

2393)돌지다 : '돌+지다'의 형태. 솟아나다. 돌돌 흐르다. 똘[도랑]을 이루다. *돌; '똘[도랑]'의 옛말. *-지다: '여울지다' '방울지다' 따위의 말에서처럼, '그런 성질이 있음' 또는 '그런 모양임'의 뜻을 더하고 형용사를 만드는 접미사.

2394)호셔(縞絮) : 하얀 솜.

2395)우희다 : 움키다. 움켜쥐다. 손가락을 우그리어 물건 따위를 잡거나 쥐다.

2396)달호다 : 다루다. 가죽 따위를 매만져서 부드럽게 하다.

2397)회간(晦間) : 그믐께.

2398)헤음ᄒᆞ다 ; 헤엄치다.

나흔 거년 셰말(歲末)의 나고, ᄒᆞ나흔 금년 졍월의 난 바로, 각각 ○[그] 어미 찬션
(饌膳)을 가음더니, 오왕이 음식의 독을 인ᄒᆞ여 혼도(昏倒)ᄒᆞ미, 져히 비록 이미ᄒᆞ나
당당이 ᄉᆞ죄를 면치 못홀 량으로 ○○[아라], 망극ᄒᆞ미 텬디 어둡고 원통ᄒᆞ미 가슴의
만검(萬劍)을 쏘존 듯 ○○[ᄒᆞ야], ᄌᆞ식도 거두쳐 지올 ᄯᅳᆺ이 업셔 우즁(雨中)의 바려두
니, 두 쳔ᄋᆞ(賤兒) 울며 바즈니니2399), 난이 엄시ᄀᆞ지 셔랏고 도라가려, 아직 사ᄅᆞᆷ의
이목을 ᄀᆞ리와 대단흔 변(變)○[을] 비즈믈2400) 【21】 남이 모로게 ᄒᆞ려, 옥진 금월
의 ᄌᆞ식을 거두워 우름을 다리고, 여의기용단(如意改容丹)2401)을 먹일시, ᄀᆞ마니 ᄲᅡᆼᄋᆞ
의 얼골되기를 축원ᄒᆞ니, 경긱의 용누비쳔(庸陋卑賤)흔 ᄋᆞ히, ᄲᅡᆼᄋᆞ의 긔이흔 골샹(骨
相)이 되니, 늉쥰일각(隆準日角)2402)의 단봉냥안(丹鳳兩眼)2403)이 츄슈졍신(秋水精神)
을 능만(凌慢)ᄒᆞ고, 용화긔질(容華氣質)이 텬디졍화(天地精華)를 거두어, 갓초 ᄲᅢ혀난
샹뫼(相貌) 호발(毫髮)도 다ᄅᆞ미 업ᄉᆞ니, 난이 스스로 약녁(藥力)이 신긔ᄒᆞᆷ믈 탄칭 왈,

"뉘 신(神)의 지감(知鑑)을 가져 냥ᄋᆞ를 옥진 금월의 천칭이믈 알니오. 텬하의 신통
긔이흔 거슨 기용단(改容丹)이로디, 홀【22】노 윤군의 눈을 속이지 못ᄒᆞ야, 나는 슉
아의 얼골을 쟝구히 가지지 못ᄒᆞ니, 엇지 흔홉지 아니리오. 엄가 요녜 비록 총명이 ᄉᆞ
광(師曠) ᄀᆞᆺ트여도 윤군의 신긔흔 안총(眼聰)은 밋지 못ᄒᆞ리니, 속졀업시 ᄲᅡᆼᄋᆞ를 물에
드리친 줄 모르고, 옥진 금월의 ᄋᆞ둘을 궐ᄌᆞ(厥子)2404)로 알아 귀듕ᄒᆞ다가, 윤군이 보
는 날 진면(眞面)이 드러나면 그제야 망극(罔極)ᄒᆞ미 텬디(天地) 어두오믈 면치 못ᄒᆞ
리라."

징기라오믈2405) 니긔지 못ᄒᆞ야 ᄀᆞ로 안고○…결락24자…○[닉당으로 돌아와, ᄲᅡᆼᄋᆞ
를 ᄲᅡᆼ셤을 주며, 시랑의 말을 젼ᄒᆞ여 왈]2406),

"비록 황황쇼요즁(遑遑騷擾中)2407)이나 달닉여 잘 지오라" ᄒᆞ시더이다.

셤이 급히 밧으나2408) 냥이 다 옷슬 벗【23】겨 젹신(赤身)이라. 놀나 왈,

"ᄋᆞ공ᄌᆞ 옷슬 네 엇다가 두고 이리 벗겨 왓ᄂᆞ다?"

난이 옥진 등 쳔흔 슈지(手才)로 지은 옷슬 닙혀신즉, 쇼졔 의아ᄒᆞ고 금월 등이 제

2399)바즈니다 : 바장이다. 부질없이 짧은 거리를 오락가락 거닐다.
2400)비즈다 : 빚다. 어떤 결과나 현상을 만들다.
2401)여의기용단(如意改容丹) : 자기 마음대로 얼굴을 바꿀 수 있다는 요약(妖藥). =개용단(改容丹).
2402)늉쥰일각(隆準日角) : '우뚝한 코'와 '이마 한가운데 불거져 있는 뼈'라는 말로, 관상에서 '귀인의 상'
 을 이른다. *융준(隆準); 우뚝한 코. =융비(隆鼻). *일각(日角); 관상에서, 이마 한가운데 뼈가 불거져
 있는 일. 귀인의 상(相) 또는 천정(天庭)의 왼쪽 이마를 이르기도 한다.
2403)단봉냥안(丹鳳兩眼) : 목과 날개가 붉은 봉황의 두 눈.
2404)궐ᄌᆞ(厥子) : =기자(其子). 그 아들.
2405)징기랍다 : 쟁그랍다. 남의 실패를 시원하게 여기며 고소해하다. =징그랍다.
2406)원문에 결락이 있어 문맥이 연결되지 않고 있다. 따라서 그 정확한 내용은 알 수 없으나, 전후 문맥
 을 살펴 그 최소한의 서사요건을 갖춰 위와 같이 결락을 보완하였다.
2407)황황쇼요즁(遑遑騷擾中) : 놀라거나 다급한 일을 당하여 어찌할 바를 몰라 허둥대며 소란스러움.
2408)밧다 : 받다.

즈식은 간곳업고 옷슨 빵이 닙엇다 ᄒᆞ여, 요란(擾亂) 분분(紛紛)이 구는 일이 이실가 ᄒᆞ여, 짐즛 냥으의 나말ᄀᆞ지 다 벗겨 ᄇᆞ리고 젹신(赤身)으로 다려 왓더니, 셤의 말을 듯고 변식 왈,

"이(二) 공즈의 옷시 이시며 업스믈 내 엇지 알니오. 외당의셔 지오려고 벗겨다가 드려보닉신지, 젹신으로 주시니 나는 치마로 빠왓ᄂᆞ니, 마매 나를 못밋거든 나가 알아 【24】 보쇼셔."

정언간(停言間)의 오픽 드러와 빵으를 ᄎᆞᄌᆞ니 빵셤 왈,

"냥공지 외당으로셔 갓 드러와시나 옷슬 다 버서시니 고이토다."

오픽 경 왈,

"시랑 상공겨오셔, 냥공지 자고져 ᄒᆞ거늘 닉당 ᄉᆞ후ᄒᆞᄂᆞᆫ 시으를 불너 맛젓노라 ᄒᆞ시니, 결단코 옷슬 벗기지 아냐계실 빅오, 셜ᄉᆞ 벗겨실지라도 보닉실제 닙혀 보닉실 거시니, 반다시 다려오던 으히 ᄉᆞ이의셔 벗겻도다."

난익 소릭를 놉혀 왈,

"구마믹 의심이 실노 이상ᄒᆞ이다. 내 그리타 공즈의 옷슬 벗겨 술 사먹을 거시라 이리 못밋ᄂᆞ니잇가? 우리는 그런 못쁠 노【25】릇○[은] 빅호지 아냣ᄂᆞ니, 원컨딕 더러 ᄀᆞᄅᆞ치쇼셔."

오픽 분노ᄒᆞ야 믄득 냥으를 만지다가, 난아의 냥협(兩頰)을 두어번 즛울혀2409) 왈,

"네 어미 션믹도 내게 이리 불공치 못ᄒᆞ려든, 네 쇼익 엇지 말을 삼가지 아니코 소릭를 나는 딕로 질으ᄂᆞ뇨? 셔헌의셔 공지 옷슬 벗긴 지[치] 주실지라도, 네 일분 조심셩 곳 이시면 옷슬 ᄎᆞᄌᆞ 닙혀 올 빅어늘, 그런 풍우즁(風雨中) 젹신(赤身)으로 다려 오미 올흐냐?"

난익 무심결 냥협(兩頰)을 브플게2410) 마ᄌᆞ니, 앏프믄 닐으도 말고 분ᄒᆞ미 비길곳 업ᄉᆞ나, 장ᄎᆞᆺ 대계(大計)를 힝ᄒᆞ야 냥【26】으를 죽여시니, 브딕 엄시를 마ᄌᆞ 죽이려 참분통히ᄒᆞ믈 참아, 쌈을 붓우희고2411) 동뉴(同類) 냥교다려 왈,

"후원 년뎡(蓮亭)의 물이 념뻐 쒸노는 고기 ᄀᆞ득이 평디의 나왓ᄂᆞ니, 그딕 날노 더브러 못ᄀᆞ에 가 큰 고기를 주어오미 엇더ᄒᆞ뇨?"

냥괴 불과 십수셰 어린 거시라. 한유(閒遊)ᄒᆞ믈 됴화 풍우즁(風雨中) 후뎡의 가믈 불염(不厭)ᄒᆞ고, 고기를 낙가올가 ᄀᆞ장 흔흔(欣欣)ᄒᆞ야 즉시 난아의 치마를 잡아 가ᄌᆞ ᄒᆞ니, 난익 일마다 쐬에 합ᄒᆞ믈 흔힝ᄒᆞ야, 이의 교의 손을 잡고 밧비 후뎡의 니ᄅᆞ러, 고기를 엇는 체ᄒᆞ고 못【27】ᄀᆞ에 갓가이 나아가니, 냥괴 ᄯᅩᄒᆞᆫ ᄯᆞ라서니, 난익 뒤흐로셔 믹이 밀치고 불너 왈,

---

2409)즛울히다 : 마구 휘둘러서 때리거나 치다. '즛(접사)+울히다'의 형태. *즛; 짓. '마구' '몹시'의 뜻을 더하는 접두사. *울히다; '우리다' '후리다'의 옛말로 '휘둘러서 때리거나 치다'의 뜻.

2410)브풀다 : 부풀다. 살가죽이 붓거나 부르터 오르다.

2411)붓우희다 : 감싸다. 가리다.

“낭교야 어이 그리 깁히 드러가ᄂᆞᆫ다?”

ᄒᆞ니, 낭괴 속졀업시 물에 잠기나 뉘 알아 구ᄒᆞ리오. 난익 교ᄅᆞᆯ 물에 밀치고 기용단을 삼켜 낭교의 얼골이 되니라.

ᄎᆞ시 쇼엄시 부왕의 긔운이 잠간 나으므로 물너 ᄉᆞ침의 도라오니, 시녀 등이 ᄃᆡ후ᄒᆞ엿더라. 대엄시 몬져 빵익 자ᄂᆞᆫ가 무ᄅᆞ니, 오픽 잠드러시믈 고ᄒᆞ니, 쇼엄시 쵹을 ᄇᆞᆰ히고 냥ᄋᆞᄅᆞᆯ ᄌᆞ시 보니 완연이 본상(本相) 진면(眞面)이 도라오니, 엄시 ᄎᆞ경【28】을 보ᄆᆡ 안ᄉᆡᆨ이 변이(變異)ᄒᆞ고, 대엄시ᄂᆞᆫ 대경통읍(大驚慟泣) 왈,

“현뎨야! 이 엇진 변괴뇨?”

쇼엄시 뉴톄 왈,

“쇼뎨 귀신의 지감(知鑑)이 업거니, 그 힝흉자(行凶者)ᄅᆞᆯ 엇지 알아보리잇가? ᄉᆡᆼ각건ᄃᆡ, 엄위긔 독슈(毒手) 나온 재 이 변을 지으미니, 이ᄂᆞᆫ 불인(不人) 질투(嫉妬)의 무리, 나의 누얼은 신셜ᄒᆞ고 져의 젼젼악ᄉᆡ(前前惡事) 발각ᄒᆞ야 구가(舅家)의 졀의ᄒᆞ여시므로, ᄆᆡᆺ친 노긔 쇼ᄆᆡ의게 일편 되이 도라져2412), 구슈(仇讐)로 마련ᄒᆞ미 잇ᄂᆞᆫ 바의, 무ᄉᆞᆷ 노ᄅᆞᆺ술 못ᄒᆞ리잇고? 의심이 이 밧게 나지 아니ᄂᆞ이다. 연(然)이나 이ᄋᆡ(二兒) 슈화(水火)의 드지 아냐시면 【29】칼끗히 맛ᄎᆞ실지라. 엇지 참연치 아니리잇고? 연이나 져졔(姐姐) ᄇᆡᆨ부모 ᄉᆞ급(賜給)ᄒᆞ신 바 뉵(六) 시ᄋᆞ(侍兒)ᄅᆞᆯ 다 친견ᄒᆞ시니잇가?”

“대엄시 내 불너 셩명 무ᄅᆞᆯ제 현뎨 누어시나 듯지 아니냐?”

쇼졔 오파로 뉵 시ᄋᆞᄅᆞᆯ 다 부ᄅᆞ라 ᄒᆞ니, 오픽 즉시 뉵 시ᄋᆞᄅᆞᆯ 부ᄅᆞ니 ᄉᆞ 시ᄋᆞᄂᆞᆫ 잇고, 언잉과 낭교ᄂᆞᆫ 업거ᄂᆞᆯ, 오픽 냥녀ᄅᆞᆯ 년ᄒᆞ여 불을ᄉᆡ, 이ᄯᅢ 가(假) 낭괴 짐즛 언잉이 년지의 ᄲᅡ지ᄂᆞᆫ 셜화로 ᄒᆞᆫ장 글을 ᄡᅧ, 쇼져 침누(寢樓) 창압히 븟치고 ᄇᆡ회ᄒᆞ더니, 오파의 브ᄅᆞ믈 듯고 ᄃᆡ답고 나아오니, 픽 ᄭᅮ짓고 왈,

“언잉은 【30】어ᄃᆡ 가뇨?”

괴 답 왈,

“나ᄂᆞᆫ 마ᄎᆞᆷ 졍당의 갓던 거시어니와 언잉의 거쳐야 엇지 알니잇고? 기모(其母)다려 무ᄅᆞ쇼셔.”

ᄒᆞ며 오더니, 창 압히 글 ᄡᅳᆫ 됴희ᄅᆞᆯ ᄀᆞᄅᆞ쳐 경망이 닐ᄋᆞᄃᆡ,

“져 거시 슈상ᄒᆞᆫ 거신가 시브더이다.”

오픽 ᄯᅦ혀가지고 ᄒᆞᆫ가지로 드러가니, 이 쇼졔 ᄒᆞᆫ가지로 보ᄆᆡ, 언잉이 죽ᄂᆞᆫ ᄉᆞ연이라. ᄒᆞ여시ᄃᆡ, ‘졍당의 우연이 갓다가 최부인 명으로 술을 쥰의 너흘지언뎡, 희미ᄒᆞᆫ 죄도 업ᄉᆞ오ᄃᆡ, 오왕 뎐해 혼도ᄒᆞ시니 졔 능히 사지 못할 고로 출하리 년뎡의 ᄲᅡ져 죽으믈’ 갓초 베펏더라.

ᄎᆞ쇼졔 【31】즉시 오 시ᄋᆞᄅᆞᆯ 다 불너 안치고, 눈을 드러보ᄆᆡ ᄉᆞ녀ᄂᆞᆫ 예ᄉᆞ 하류 인픔(人品)이나, 낭교의 다ᄃᆞ라ᄂᆞᆫ ᄀᆞ장 이상ᄒᆞᆫ지라. ᄉᆔᆨ시(熟視) 수긱(數刻)2413)의 흡연이

2412)도라지다 : 돌아서다. 생각이나 태도가 다른 쪽으로 바뀌다.

요ᄉᆞ지긔(妖邪之氣) 흣터지고, 음악(淫惡)ᄒᆞᆫ 진면(眞面)이 누연(漏然)2414)이 드러나게 되니, 쇼졔 스ᄉᆞ로 난연(赧然) 졀민(切憫)ᄒᆞ여, 진짓 냥괴 익슈ᄒᆞ고 쳔금 빵ᄋᆡ 슈ᄉᆞ(水死)ᄒᆞ믈 ᄉᆡᆼ각컨ᄃᆡ, 참연ᄒᆞ여 빵셤을 불너 기리 탄식고 왈,

"은모(恩母)와 유뫼(乳母) 시ᄋᆞ를 거ᄂᆞ리고 슌시군(巡視軍)을 다려 죵용히 년뎡 하류의 가 빵ᄋᆞ의 시신이나 어더오라."

ᄒᆞ니, 오파와 빵셤 등과 졔시의 일시의 난아의게 다라드러 요동치 【32】못ᄒᆞ게 븟들고, 쇼져긔 고왈,

"이 요네 변용(變容)ᄒᆞ여 드러와 작악(作惡)이 무궁ᄒᆞ고 뎐해(殿下) 듕상(重傷)ᄒᆞ시니, 이제 밧비 태ᄉᆞ 노야긔 고ᄒᆞ여 냥교 요녀를 엄형 츄문ᄒᆞ면, 이 공ᄌᆞ 거쳐와 ᄎᆞ녀의 변용ᄒᆞ고 드러와 앙역ᄒᆞᄂᆞᆫ 곡졀을 아올지니, 언잉 요괴년도 냥공ᄌᆞ(兩公子)를 다려오ᄃᆡ, 옷슬 다 벗겨 젹신(赤身)으로 다려와시니, 또 냥교와 동모ᄒᆞ여 거즛 죽은 톄ᄒᆞ여 어ᄃᆡ로 도쥬ᄒᆞᆫ가 ᄒᆞᄂᆞ이다."

대쇼졔 올히 넉여 이의 옥의 가도고져ᄒᆞ니, ᄎᆞ쇼졔 불가ᄒᆞ믈 닐콧고, 오파 등을 ᄌᆡ촉ᄒᆞ여 냥ᄋᆞ의 시신을 ᄎᆞᄌᆞ라 【33】ᄒᆞ니, 시시의 난ᄋᆡ 졔 얼골이 본환(本還)ᄒᆞ믈 ᄭᆡ치니, 만심이 도시담(都是膽)2415)이나 엇지 경악지 아니리오. ᄒᆞᆫ소ᄅᆡ를 급히 질ᄋᆞ고 분긔 엄ᄋᆡᄒᆞ여 것구러지니, ᄎᆞ쇼져 경냥으로 구호ᄒᆞ여 이윽고 졍신을 출히ᄆᆡ, ᄎᆞ쇼졔 져를 노하 보ᄂᆡ고져 ᄒᆞᄂᆞᆫ 뜻이 이시믈 혜아려, 믄득 공교ᄒᆞᆫ 의ᄉᆡ 말을 ᄭᅮ며 아직 큰 화를 버서 다라나고져 ᄒᆞ여, 이의 기리 눈물 지고2416) ᄎᆞ쇼져를 향ᄒᆞ여 ᄇᆡᆨᄇᆡ 고두 왈,

"쳔인(賤人)이 무지ᄒᆞ여 쇼져의 신명예덕(神明睿德)을 아지 못ᄒᆞ고, 변용ᄒᆞᄂᆞᆫ 약을 먹어 본젹을 긔망코져 ᄒᆞ오미 ᄉᆞ죄(死罪)라. 엇지 【34】감히 버서나고져 ᄒᆞ리잇고마ᄂᆞᆫ, 쇼져의 ᄇᆞᆰ은 덕홰 일월 ᄀᆞᆺᄐᆞ시니 쳔인의 지원극통(至冤極痛)을 ᄉᆡᆼ각ᄒᆞ샤 잔쳔(殘喘)을 빌니시면, 당당이 함호결초(銜環結草)2417)의 만(萬)○[의] 일(一)을 보○[답](報答)ᄒᆞ리이다."

인ᄒᆞ여, 졔 근본이 항쥐 호가의 셔녀(庶女)로, 젹뫼(嫡母) 극악ᄒᆞ여 용납지아냐 믄득

2413)수ᄀᆡᆨ(數刻) : 2, 3 각. * 각(刻) : 시간의 단위. 1각은 약 15분 동안으로, 본래 시헌력(時憲曆)을 채택하기 이전에 하루의 100분의 1이 되는 14분 24초 동안을 나타내던 단위였다.

2414)누연(漏然) ; 비밀이 드러나듯 드러남.

2415)도시담(都是膽) : 매우 담이 크고 뻔뻔함.

2416)지다 : 물 따위가 한데 모여 모양을 이루거나 흐르다.

2417)함환결초(銜環結草) : '남에게 입은 은혜를 꼭 갚는다' 의미를 가진 '함환이보(銜環以報)'와 '결초보은(結草報恩)'이라는 두 개의 보은담(報恩譚)을 아울러 이르는 말로, '남에게 받은 은혜를 살아서는 물론 죽어서까지도 꼭 갚겠다'는 보다 강조된 의미가 담긴 뜻으로 쓰인다. 두 보은담의 유래를 보면, '함환이보'는 중국 후한 때 양보(楊寶)라는 소년이 다친 꾀꼬리 한 마리를 잘 치료하여 살려 보낸 일이 있었는데, 후에 이 꾀꼬리가 양보에게 백옥환(白玉環)을 물어다 주어 보은했다는 남북조 시기 양(梁)나라 사람 오균(吳均)이 지은 『속제해기(續齊諧記)』의 고사에서 유래하였다. 또 '결초보은'은 중국 춘추 시대에, 진나라의 위과(魏顆)가 아버지가 세상을 떠난 후에 서모를 개가시켜 순사(殉死)하지 않게 하였더니, 그 뒤 싸움터에서 그 서모 아버지의 혼이 적군의 앞길에 풀을 묶어 적을 넘어뜨려 위과가 공을 세울 수 있도록 하였다는 『춘추좌전』 <선공(宣公)>15년 조(條))의 고사에서 유래한 말이다

창모의게 금을 밧고 풀고져 ᄒᆞ거늘, 맛참 몸이 창누의 ᄢᅥ러지지 못ᄒᆞ여 심복 양낭으로 더브러 도쥬 상경ᄒᆞ미, 낭교 ᄃᆡ신의 드러오오믄, 쇼져 덕화롤 흠모ᄒᆞ여 빅년을 장ᄃᆡ하(粧臺下)의 신임(信任)코져[2418] 교모(母)[2419]의게 청ᄒᆞ여 앙역고져 ᄒᆞ미오, 언잉의 슈ᄉᆞ(水死)와 이 공【35】ᄌᆞ 거쳐ᄂᆞᆫ 영영 모ᄅᆞ믈 고ᄒᆞ여, 간활흉교(奸猾凶狡)ᄒᆞᆫ 언에 물 흐ᄅᆞ듯 ᄒᆞ니, ᄎᆞ쇼졔 미급답(未及答)의 대쇼졔(大小姐) 왈,

"이제 교모롤 불너 제 ᄌᆞ식을 곰초고 ᄉᆞ부가 셔얼(庶孼)을 가져 앙역으로 드린 죄롤 무ᄅᆞ미 가ᄒᆞ다."

난ᄋᆡ 교모ᄂᆞᆫ 얼굴도 모ᄅᆞ거니, 만일 불너 무른즉 허무밍낭ᄒᆞᆯ지라. ᄀᆞ장 경겁ᄒᆞᄃᆡ, 츄연(惆然) ᄃᆡ왈,

"쳔인이 일신 의지롤 못ᄒᆞ여 존부 ᄎᆞ환(叉鬟) 되믈 ᄌᆞ원ᄒᆞ고, 교의 ᄃᆡ신(代身) 되믈 근쳥ᄒᆞᆫ 빈니, 교모의 죄 아니니이다. ᄎᆞ쇼졔 텽파의 하 어이업서, 묵연 탄왈, 내 불명ᄒᆞ여 비ᄌᆞ로 알아 근본(根本) 년치(年齒)도 뭇지 【36】아니ᄒᆞ고 둔 연고로, 일이 이ᄀᆞᆺ치 어ᄌᆞ러워 하마 그ᄃᆡ 쳔역(賤役)을 당ᄒᆞ미 오릴 번ᄒᆞ니, 엇지 놀납고 한심치 아니리오. 현낭(賢娘)이 니친쳑기고향(離親戚棄故鄕)[2420]ᄒᆞ여 상경ᄒᆞᆯ 작시면, 그 비원(悲怨)ᄒᆞ믈 츄연(惆然)ᄒᆞᄂᆞ니, 몸을 ᄲᅢ혀 도라갈 곳이 잇거든, ᄲᆞᆯ니 나가고 머므지 말나. 날이 붉으면 알 니 만코 요란ᄒᆞ리라. 난ᄋᆡ ᄀᆞ득이 감은(感恩)ᄒᆞᆫ ᄉᆞ싴(辭色)을 지어 빅비(百拜) 샤은(謝恩)ᄒᆞ고, ᄀᆞ마니 물너나 ᄂᆡ원(內園)으로 조ᄎᆞ 운데(雲梯)[2421]롤 노하 황망히 월장(越墻)ᄒᆞ여 ᄲᆞᆯ니 본부로 향ᄒᆞ니라.

대쇼졔 요녜(妖女) 먼니 가믈 기다려 ᄎᆞ쇼져롤 ᄃᆡᄒᆞ여 왈,

"우형(愚兄)이 미암(迷暗)ᄒᆞ나 현ᄆᆡ의 【37】쳐치 슌편ᄒᆞ도다."

ᄎᆞ쇼졔 묵연 탄식이러라.

시시(是時)의 윤한님이 친우 화문범의 등과(登科) 《경화연∥경하연(慶賀宴)[2422]》을 입번(入番)ᄒᆞᆫ 연고로 참예치 못ᄒᆞ엿더니, 화부의셔 다시 야연(夜宴)을 베퍼 즐길ᄉᆡ, 화참졍이 승상긔 글을 븟쳐 한님 보ᄂᆡ믈 청ᄒᆞᄃᆡ, 태뷔(太傅) 가라 명ᄒᆞ니, 한님이 화부의 와 참연(參宴)ᄒᆞᆯᄉᆡ, 초경(初更)을 쾌히 즐기고 야심(夜深)ᄒᆞ미 각각 취슉(就宿)ᄒᆞᆯᄉᆡ, 윤한님이 심신이 믄득 경각(警覺)ᄒᆞ고 ᄯᅩ 여측(如厠)이 급ᄒᆞᆫ지라. 셔동으로 촉을 잡히고 여측ᄒᆞ고 도라오더니, 이 원즁(圓中) 년뎡(蓮亭)이 엄부 년뎡과 상통ᄒᆞ엿ᄂᆞᆫ지라. ᄒᆞᆫ 줄【38】기 급ᄒᆞᆫ 비 ᄽᅩ다져시니, 슈파(水波) 흉용(洶湧)ᄒᆞ고 풍셩(風聲)이 요란ᄒᆞ미, ᄇᆞ람결의 은은이 쇼ᄋᆞ(小兒)의 늣기ᄂᆞᆫ 소ᄅᆡ와 호모지셩(呼母之聲)[2423]이 들니니,

2418)신임(信任)ᄒᆞ다 ; 시중(侍中)들다. 옆에서 직접 보살피거나 심부름을 하다.
2419)교모(母) ; 시비 낭교의 모(母)를 이르는 말.
2420)니친쳑기고향(離親戚棄故鄕) : 친척을 이별하고 고향을 떠남.
2421)운데(雲梯) : 높은 사다리.
2422)경하연(慶賀宴) ; 경사스러운 일을 치하(致賀)하기 위해 여는 연회.
2423)호모지셩(呼母之聲) : 어머니를 부르는 소리.

한님이 심동삭지(心動索之)[2424]ᄒᆞ여 셔동을 다리고 급히 년뎡 사변(沙邊)의 니ᄅᆞ러 보니, 셔광(瑞光)이 몽몽(濛濛)ᄒᆞ여 흑야(黑夜)를 ᄇᆞᆰ히ᄂᆞᆫ 곳에, ᄒᆞᆫ 조각 널닙[2425]히 살ᄲᅡ다시 ᄂᆞ려오며, 두 ᄋᆞ히 서로 안고 ᄯᅥ오니, ᄋᆡ셩(哀聲)이 쳐졀(凄切)ᄒᆞᆫ지라.

ᄲᆞᆯ니 셔동으로 냥ᄋᆞ를 거두워 올니니, 냥ᄋᆡ 거의 진ᄒᆞᆯ ᄃᆞᆺᄒᆞᆫ 즁, ᄌᆞ시 보니 이곳 ᄌᆞ가의 쳔금 빵옥(雙玉)[2426]이라. 불승경악(不勝驚愕)ᄒᆞ여 급히 져즌 옷슬 벗기고, 셔동으로 ᄒᆞ야금 뎡관인(官人) ᄒᆡᆼ각(行閣)의 【39】가 잘 ᄌᆡ오라 ᄒᆞ니, 원ᄂᆡ 승상의 군관 뎡훈이 화부 시ᄋᆞ 년향을 위쳡(爲妾)ᄒᆞ여 이ᄂᆞᆯ 마ᄎᆞᆷ 화부 ᄒᆡᆼ각의 와 밤을 지ᄂᆡ므로, 빵ᄋᆞ를 그곳으로 보ᄂᆡ려 ᄒᆞ니, 이ᄋᆡ(二兒) 한님이 져를 다려가지 아니믈 보고 새로이 모친을 불너 슬허ᄒᆞ니, 한님이 참아 {참아} ᄯᅥᆯ치지 못ᄒᆞ여 셔실(書室)로 가기를 닐오니, 냥ᄋᆡ 비로소 우롬을 긋치ᄂᆞᆫ지라.

드ᄃᆡ여 셔ᄌᆡ의 니ᄅᆞ니 하부ᄆᆡ(駙馬) 한님을 기다리다가 그 더ᄃᆡ믈 무라니, 한님이 손으로 빵ᄋᆞ를 ᄀᆞ라쳐 왈,

"물의 ᄶᅥᆺᄂᆞᆫ 두 ᄋᆞ히를 다려오노라 ᄒᆞ니 ᄌᆞ연 그 ᄉᆞ이 더ᄃᆡ도다."

부【40】ᄆᆡ 한님의 ᄋᆞᄃᆞᆯ인 줄 모로나, 그 작셩의 특초(特超)ᄒᆞ믈 만분 경ᄋᆡᄒᆞ여, 문기고(問其故) ᄒᆞᆫᄃᆡ, 한님이 이ᄋᆡ(二兒) 엄시 빵ᄉᆡᆼ(雙生)이믈 답ᄒᆞ고, 여ᄎᆞ여ᄎᆞ 년지의 ᄶᅥ시ᄃᆡ ᄌᆞ긔ᄂᆞᆫ ᄋᆡᆨ슈ᄒᆞᆫ 곡졀을 모ᄅᆞ믈 닐오니, 부ᄆᆡ 유ᄋᆞ의 작품(作稟)[2427]을 만구칭션(萬口稱善)ᄒᆞ며, 한님이 이의 와 밤을 지ᄂᆡ미 빵ᄋᆞ를 ᄉᆞ디(死地)의 구ᄒᆞᆯ ᄶᅵ믈 닐너 치하ᄒᆞ고, 자리를 편히 ᄒᆞ여 한님의 겻히 누이나, 한님은 불열(不悅)ᄒᆞ더라.

이윽고 효계창명(曉鷄唱明)[2428]ᄒᆞᄆᆡ 화탐홰(探花)[2429] 비로소 니러나 부친긔 문후코져 대셔헌으로 향ᄒᆞ고, 부마와 한님이 ᄯᅩ 쇼셰(梳洗)ᄒᆞᆯᄉᆡ, 냥【41】ᄋᆡ 믄득 ᄭᆡ여 니러안ᄌᆞ니, 부ᄆᆡ 거두쳐 안고 이윽이 년ᄋᆡᄒᆞ다가 날호여 엄부로 보ᄂᆡ미 맛당ᄒᆞ믈 닐오니, 한님이 드ᄃᆡ여 셔동과 두어 ᄋᆞ히로 냥ᄋᆞ를 다려 엄부의 가, '작야의 물에 ᄶᅥᆺᄂᆞᆫ 거ᄉᆞᆯ 다ᄒᆡᆼ이 구ᄒᆞ여 그 사라시믈 알아시게 잠간 보ᄂᆡᄂᆞᆫ ᄯᅳᆺ'을 고ᄒᆞ라 ᄒᆞ니, 하리 등이 슈명ᄒᆞ여 냥공ᄌᆞ를 밧드러 엄부로 향ᄒᆞᆯᄉᆡ, 시(時)의 오파 빵셤이 슌시군(巡視軍)을 ᄶᅧ 이ᄋᆞ(二兒)를 어드ᄃᆡ 그림ᄌᆞ도 보지 못ᄒᆞ고, 냥교ᄂᆞᆫ 비록 죽엄이 다 되여시나 오히려 년뎡 ᄒᆞᆫ 모ᄒᆡ 《브ᄃᆡ칫ᄂᆞᆫ지라‖브ᄃᆡ쳐 잇ᄂᆞᆫ지라》. 건져ᄂᆡ여 기모(其母)【42】를 주어 구호ᄒᆞ라 ᄒᆞ고, 물줄기 통ᄒᆞᆫ 곳을 심셰(審細)히 ᄉᆞᆲ펴, 화부 문, 시ᄂᆡ 압ᄀᆞ지 밋ᄎᆞ니,

2424)심동삭지(心動索之) : (무엇에) 마음이 움직여 (그것을) 찾아 나섬.
2425)널닙 : 널빤지. 판판하고 넓게 켠 나뭇조각. =나무판자 *널; =널빤지. =나무판자.
2426)빵옥(雙玉) : '쌍둥이 옥동자(玉童子)' 곧 '쌍둥이 사내아이'를 비유적으로 이르는 말.
2427)작품(作稟) : 작인(作人)과 품질(稟質)을 함께 이르는 말. *작인(作人); 사람의 됨됨이나 생김새. *품질(稟質); 타고난 자질(資質)
2428)효계창명(曉鷄唱明) : 새벽에 닭이 울어 날이 밝았음을 알림.
2429)탐화(探花) : 과거 최종시험인 전시(殿試)의 3등 급제자를 이르는 말. 1등은 장원(壯元), 2등은 해원(解元)이라 한다. 그런데 고소설에서는 전시(殿試)의 2등 합격자를 이르는 해원(解元)과 혼용되어 쓰이기도 한다.

그스이 ᄀ장 더딘지라.

오파 빵셤이 착급초조(着急焦燥)ᄒ더니, 홀연 화부 후문으로 조ᄎ 홰불이 붉아오며 한님 셔동 녕지와 두어 하리 이ᄋ(二兒)를 밧드러 나오ᄂ지라. 오파 빵셤이 황홀 대경ᄒ여 쏠니 문왈,

"이 거시 상시(常時)냐? 쑴이냐? 이 공ᄌ를 다려 어ᄃ로 가ᄂ뇨?

녕지 왈,

"향긱(向刻)[2430] 공ᄌ 여ᄎ여ᄎ 널조각의 의지ᄒ여 시ᄂ의 써시니, 쥬군이 여측ᄒ시다가 나오샤 냥공ᄌ를 보시고 건져ᄂ 【43】 시니이다."

셤 등이 희불ᄌ승(喜不自勝)ᄒ여 밧비 폴흘 버려 이ᄋ(二兒)를 오라 ᄒ니, 냥ᄋ(兩兒) 쏘ᄒ 반겨 즉시 오파 빵셤의게 옴겨 안기니, 냥인이 쇼져의 기다리미 초갈(憔渴)ᄒ믈 싱각고 밧비 도라올식, 녕지 엄부의 니ᄅ러 오왕 뎐하긔 한님 젼어(傳語)를 알외여지라 ᄒ니, 엄츄밀 《냥ᄌ‖댱ᄌ(長子)》 시랑과 공ᄌ 창이 나와 젼어(傳語)를 드를식, 첫말은 예스 문후ᄒᄂ 젼어오, 버금 말은 ᄀ장 경악(驚愕)ᄒ여 빵ᄋ(雙兒)의 닉슈지변(溺水之變)을 고ᄒ고, 겨유 구ᄒ여 살믈 어더시니 날이 붉기를 기다려 운산으로 보ᄂ쇼셔 ᄒ엿 【44】 ᄂ지라.

시랑과 공지 대경대희(大驚大喜)ᄒ고, 오왕이 오히려 긔운이 여상(如常)치 못ᄒ여 니러 안지 못ᄒ나, 이 젼어를 엷프시 드ᄅ미 대경ᄎ악ᄒ여 왈,

"여등이 밧비 드러가 녀ᄋ를 보와 빵손의 봉변ᄒ 곡졀을 뭇고, 달평이 구ᄒ여 살와 닌 바를 ᄌ시 닐ᄋ라."

태식 젼도히 몸을 움즉여 니블을 밀고 니러 안ᄌ며, 냥안이 두렷ᄒ여 왈,

"내 집의 엇지 여ᄎ지변(如此之變)[2431]이 잇ᄂ고?"

ᄒ며, 빵ᄋ를 바로 셔현(書軒)으로 드리라 ᄒ니, 빵셤 등이 나려 노흐니, 오왕과 태식 냥ᄋ를 압히 안쳐 면뫼(面貌) 잔 【45】 잉히[2432] 상ᄒ여시믈 ᄎ악(嗟愕) 경히(驚駭)ᄒ여, 앗기ᄂ ᄆ음이 스스로 살이 엷프믈 ᄭ닷지 못ᄒ여, 셤 등다려 냥ᄋ의 닉슈지변(溺水之變)을 무ᄅ니, 셤 등이 언잉 낭교의 괴흉(怪凶) 요ᄉ(妖邪)를 주(奏)ᄒ니, 오왕이 윤한님의 젼어를 회답ᄒ고 셔동을 물닌 후, ᄂ문(內門)을 열어 이쇼져(二小姐)를 나오라 ᄒ니, 이쇼졔 빵셤 등의 급고(急告)ᄒ믈 조ᄎ 냥ᄋ 싱존을 듯고 만분 희열ᄒ나, 한님의 알오믈 그윽이 불열(不悅)ᄒ더니, 부명으로 셔헌의 나오니, 왕과 태식 문왈,

"빵셤 등의 말을 드르니 작일 앙역(仰役)의 ᄲ힌 비ᄌ 등 【46】 이 변을 지어, 냥ᄋ를 년지(蓮池)의 드리치고, 형모(形貌)를 밧고아 요악지ᄉ(妖惡之事) 갓초 나타나다 ᄒ니, 아지못게라![2433] 어ᄂ 비ᄌ 그런 악ᄉ를 힝ᄒ미 되엿ᄂ고?"

2430)향긱(向刻) : 아까, 조금 전.
2431)여ᄎ지변(如此之變) : 이와 같은 변고(變故).
2432)잔잉ᄒ다 : 자닝하다. 애처롭고 불쌍하여 차마 보기 어렵다.

대쇼졔 몬져 딕ᄒᆞ여, 언잉이 물에 드러 죽노라 ᄒᆞᆫ 상셔(上書)와, 가(假) 낭교 변용지식(變容之事)며, 옥진 금월의 싱취(生雛)2434) 완연이 빵ᄋᆞ의 얼굴이 되어, 방즁의 두엇던 바를 일일히 고ᄒᆞ고, ᄆᆡᄆᆡ(妹妹)2435) 보기를 이윽이 ᄒᆞᄆᆡ, 믄득 본상(本相)을 환복(還復)ᄒᆞ여 진면(眞面)이 완연(完然)ᄒᆞ믈 알외고, ᄎᆞ쇼졔 좌를 ᄲᅥ나 청죄 왈,

"불초(不肖) 쇼녀(小女)의 연고로 대인이 짐쥬(鴆酒)2436)를 나오샤 존톄(尊體) 위【47】경(危境)의 밋ᄎᆞ시고 냥ᄋᆡ ᄉᆞ디(死地)의 ᄲᅥ러지나, 암ᄆᆡᄒᆞ여 ᄭᆡᄃᆞᆺ지 못ᄒᆞ와 변을 졔방(除防)치 못ᄒᆞ니, 셩효의 쳔박홈과 ᄌᆞᄋᆡ의 부족ᄒᆞ미 인뉴(人類)의 츙수(充數)치 못홀 죄인이라. 변용ᄒᆞᆫ 요녀를 엄젼(嚴前)의 츄문(推問)ᄒᆞ시믈 청코져 ᄒᆞ오ᄃᆡ, 어린 소견의 싱각건ᄃᆡ, 복부ᄎᆞ환뉴(僕夫叉鬟類)ᄂᆞᆫ 결단코 ᄉᆞ죄를 ᄌᆞ힝치 아닐지라. 겸ᄒᆞ여 가닉의 악착ᄒᆞᆫ 인물이 업ᄉᆞ니, 이 변(變)을 공연이 지을 재 잇지 아니ᄒᆞ오ᄃᆡ, 쇼녀의 불초불민(不肖不敏)ᄒᆞ오미 모ᄅᆞᄂᆞᆫ 즁 믜이미 등한(等閑)치 아닌 고로, 쳔만 싱각지 아닌 바의 불녕【48】지인(不逞之人)2437)이 변용ᄒᆞ고 드러와 쇼녀 믜온 ᄆᆞᄋᆞᆷ을 이ᄋᆞ(二兒)의게 옴기고 대인긔 짐쥬를 나온비 되오니, 만일 츄문(推問)ᄒᆞ여 그 말이 졈졈 어ᄌᆞ럽고, 근본이 시녀 ᄎᆞ환과 닉도ᄒᆞ온즉, 쳐치 난안ᄒᆞ여 초에 아니 드롬만 ᄀᆞᆺ지 못ᄒᆞ리니, 출하리 슌히 도라보닉미 우몽불민(愚蒙不敏)ᄒᆞᆫ 일홈을 취홀지언뎡, 요란홀 ᄉᆞ단은 업습ᄂᆞ니, 간인이 다시 흉계(凶計)를 획(畫)ᄒᆞ고 녕(獰)2438)을 뵈ᄂᆞᆫ 일이 이셔도, 쇼녀의 다ᄉᆞ릴 ᄇᆡ 아니니이다."

왕이 ᄎᆞ언을 고요히 듯고 스ᄉᆞ로 혜아려, 녀ᄋᆞ의 원대(遠大)ᄒᆞᆫ 긔상과 통연(洞然)ᄒᆞᆫ 혜【49】식(慧識)으로ᄡᅥ 일이 난안(赧顔) 절박(切迫)지 아닌즉, ᄉᆞ죄인(死罪人)을 가연이 노흘니 업ᄉᆞᄃᆡ, 발셔 민달(敏達)ᄒᆞᆫ 총심(聰心)이 알믈 붉게 ᄒᆞ여 ᄎᆞ환ᄇᆡ(叉鬟輩) 아니믈 ○○[아라] 됴히 도라보닉믈 ᄭᆡ치니, 《맛치∥마침》 경시믈 아든 못ᄒᆞ나 임의 경시 불인홈과 츌화 소유를 대강 드럿ᄂᆞᆫ지라, 몸이 규녀(閨女)로 이실 제도 외간남ᄌᆞ의 풍치를 황홀대혹(惶惚大惑)ᄒᆞ야, 종데(從弟)를 살(殺)ᄒᆞ고 그 셩명과 형모를 비러 윤한님을 조ᄎᆞᆫ 재, ᄒᆞ물며 츌화(黜禍)를 만나 젼졍을 도모ᄒᆞ여 신셰를 회복고져 ᄒᆞᄆᆡ 무슴 ᄆᆞᄋᆞᆷ이 못나리오. 악악간독(惡惡奸毒)이 발【50】ᄒᆞᄆᆡ, 념치(廉恥) 인ᄉᆞ(人事)를 바리고, 몸이 시녀항(侍女行)을 피치 아녀, 궁모곡계(窮謀曲計)로 앙역(仰役)○[을] 일홈ᄒᆞ고 드러와 작변(作變)ᄒᆞᆫ가 의심이 발ᄒᆞᄆᆡ, 녀ᄋᆡ 됴히 도라보닉믈 ᄀᆞ장 아름다이 넉여, 녀ᄋᆞ를 어라만져 함쇼 왈,

---

2433)아지못게라! : '모르겠도다!' '모를 일이로다! '알지못하겠도다!' 등의 감탄의 뜻을 갖는 독립어로 작품 속에서 관용적으로 쓰이고 있다.

2434)싱취(生雛) : '막 알에서 부화한 병아리'라는 뜻으로, '갓난아이'를 비유적으로 표현한 말.

2435)ᄆᆡᄆᆡ(妹妹) : '여동생'을 달리 이르는 말.

2436)짐쥬(鴆酒) : 짐독(鴆毒)을 섞은 술. *짐독(鴆毒); 짐새의 깃에 있는 맹렬한 독. 또는 그 기운.

2437)불녕지인(不逞之人) : 원한, 불만, 불평 따위를 품고서 어떠한 구속도 받지 아니하고 제 마음대로 행동하는 사람.

2438)녕(獰) ; 영악(獰惡)함. 모질고 사나움.

“녀ᄋᆡ 홍원(弘遠)ᄒᆞᆫ 지량(智量)과 특달(特達)ᄒᆞᆫ 식견이, 실노 말쇽(末俗) 범뉴(凡類)의 밋출ᄇᆡ 아니라, 여뷔 비록 불명(不明)ᄒᆞ나 오ᄋᆞ의 혜아림과 변용ᄒᆞ여 온 작변자(作變者)의 근본도 거의 짐작ᄒᆞᄂᆞ니, 만일 도라보ᄂᆡ미 업던들 그 쳐치 난안(赧顔)홈과 일의 불힝ᄒᆞ믈 엇지 비(比)홀 거시 이시리오. 션【51】ᄋᆞᄂᆞᆫ 지극히 어질고 은은(隱隱)ᄒᆞ여 부도(婦道)를 어든 ᄋᆞ히로ᄃᆡ, 오히려 아의 신명특달(神明特達)ᄒᆞ믄 밋지 못ᄒᆞ리니, 엇지 깃브고 아름답지 아니리오. 피창(彼蒼)[2439]이 복녹(福祿)으로 우(祐)ᄒᆞ리니 깁히 갑흐미 이실가 ᄒᆞ노라.”

쇼졔 츄연이 ᄂᆞᆺ빗출 곳치고 ᄃᆡ 왈,

“불초녜 십ᄉᆞ년을 근본○[과] 셩시를 몰나 텬뉸(天倫)을 실히(實害)ᄒᆞᆫ 죄인이러니, 이제 겨유 텬뉸이 단원(團圓)[2440]ᄒᆞ여 엄졍(嚴庭)의 무ᄎᆡ(舞彩)[2441]를 깃드리나[2442] ᄌᆞ안(慈顔)을 뫼와[2443] 모녀의 정을 펼 긔약이 업고, 불초녀의 연고로 엄위(嚴威) 짐쥬(鴆酒)를 나오샤 위경(危境)을 당ᄒᆞ시미 한【52】심골경(寒心骨硬)[2444]ᄒᆞ와, 스ᄉᆞ로 몸을 일ᄇᆡᆨ 번 죽여 속죄(贖罪)코져 ᄒᆞ나 밋지 못ᄒᆞ올지라. 변용ᄒᆞᆫ 요녀를 노하 보ᄂᆡ미 몽농(朦朧) 불민(不敏)ᄒᆞ오믈 모ᄅᆞ지 아니ᄒᆞ오나, 일이 슌편(順便)키를 위ᄒᆞ오미라. 야얘(耶耶) 불초녀(不肖女)의 혼용(昏庸) 소암(疏暗)[2445]ᄒᆞ믈 칙지 아니시고, 이러틋 과장(誇張)ᄒᆞ시니, 불승경황(不勝驚惶)ᄒᆞ여 감히 당치 못ᄒᆞᄂᆞ이다.”

태식 ᄎᆞ쇼져의 손을 잡고 칭찬블이(稱讚不已)[2446]ᄒᆞ니, 쇼졔 불감당(不堪當)이믈 닐캇더니, 이윽고 동방이 긔ᄇᆡᆨ(旣白)ᄒᆞ미 왕이 냥녀를 드러가라 ᄒᆞ니라.

윤한님이 됴참(朝參) 후 운산으로 가는 길히 엄부【53】의 니ᄅᆞ러, 오왕 곤계(昆季)를 ᄇᆡ견(拜見)ᄒᆞ고 작야(昨夜)를 화부의 머므ᄃᆡ, 왕의 혼도ᄒᆞ믈 몰낫더니, 회답 젼어(傳語)로 조ᄎᆞ 비로소 알고 오믈 닐ᄏᆞ라 긔운을 무ᄅᆞ니, 왕이 굿ᄐᆞ여 대단치 아니믈 닐오고, 태식 거야(去夜) 변고를 갓초 젼ᄒᆞ여, ‘질ᄋᆞ(姪兒)의 신명(神明)ᄒᆞ미 아니런들, 비ᄌᆞ 쳔츌노ᄡᅧ 냥ᄋᆞ(兩兒)로 알고, 변형(變形)ᄒᆞᆫ 요녀(妖女)의 본형(本形)도 회복지 못ᄒᆞᆫ 바롤’ 닐ᄏᆞ라, 그 요녀를 츄문(推問)코져 ᄒᆞᆫ 즉, 질ᄋᆡ 발셔 됴히 도라보ᄂᆡ여 무롤 곳이 업게 ᄒᆞ고, 근본이 ᄎᆞ환복뷔(叉鬟僕夫) 아니므로 참아 ᄉᆞ디(死地)의 너치 못ᄒᆞᆫ 뜻을 【54】빗최여, 비록 경시라 닐오지 아니나 언단이 슈상ᄒᆞ니, 한님의 신총(神聰)으로 빵ᄋᆞ(雙兒) 닉슈지화(溺水之禍) 만나는 날 발셔 간음발부(姦淫潑婦)의 독쉬(毒手)

2439)피창(彼蒼) : 저 푸른 하늘.

2440)단원(團圓) : 가정이 원만함. 이산(離散)했던 가족이 서로 만나 원만한 가정을 이룸.

2441)무ᄎᆡ(舞彩) : 색동옷을 입고 춤을 춤. 중국 춘추시대 노래자(老萊子)가 70세의 나이로 어버이를 기쁘게 해드리기 위해 색동옷을 입고 어린아이처럼 재롱을 부려 부모를 웃게 해 드렸다는 고사(故事)에서 유래한 말.

2442)깃드리다 ; 깃들이다. 새가 보금자리를 만들어 그 속에 들어 살다. 사람이 어디에 살다.

2443)뫼다 : 모시다.

2444)한심골경(寒心骨硬) : 몹시 놀라 마음이 서늘하고 뼈가 굳는 것 같음.

2445)소암(疏暗) : 서투르고 어시석음.

2446)칭찬블이(稱讚不已) : 칭찬하기를 그치지 않음.

믈 혜아려 의심이 도라지던ᄃᆡ, 엄공의 말이 쏘 이 ᄀᆞᆺᄐᆞ니 엇지 ᄭᆡ닷지 못ᄒᆞ리오마ᄂᆞᆫ, 알은 톄 아니ᄒᆞ고, 쇼져의 쳐치를 션(善)히 넉이고, 그 안광의 요마(妖魔)를 쾌히 빗쵀ᄂᆞᆫ 붉으미 오히려 ᄌᆞ가의 세번 더으믈 ᄉᆞᄉᆡᆨ(辭色)지 아니코, 묵연뎡좌(正坐)러니, 이윽고 태ᄉᆞ 삼곤계(三昆季)를 하직고, 빵셤을 불너 냥ᄋᆞ를 다려 운산으로 도라오라 ᄒᆞ니, 셤이 ᄃᆡ왈,

“공ᄌᆞ를 뫼셔【55】가미 어려온 ᄇᆡ 아니라, 면뫼 놀나이 되여시니 잠간 낫기를 기다려 본부로 가고져 ᄒᆞ노이다.”

한님 왈,

“존당이 브ᄃᆡ 금일 다려오믈 닐오시니 엇지 역명ᄒᆞ리오. ᄒᆞ물며 그 면뫼 상ᄒᆞ여시나, 년지(蓮池)의도 죽지 아냐시니, 운산의 나오므로 상ᄒᆞ여 위ᄐᆡᄒᆞᆯ 니 업ᄉᆞ니, 잡말 말고 다려오라.”

셤이 슈명ᄒᆞ고, 한님이 도라간 후, 시랑 등이 드러와 쇼져를 ᄃᆡᄒᆞ여 한님의 ᄒᆞ던 말을 젼ᄒᆞ여 고ᄒᆞ니라.

태ᄉᆡ 쥬찬 가음아던 시녀를 다ᄉᆞ리지 아니코, 다만 언잉의 죄를 삼으나, ‘잉이 발셔【56】슈ᄉᆞ(水死)타’ ᄒᆞ여, ‘무를 곳이 업다’ ᄒᆞ고, 션ᄆᆡ도 물시(勿視)ᄒᆞ니, ᄆᆡ의 다ᄒᆡᆼᄒᆞ미 무비(無比)ᄒᆞ고, 낭교ᄂᆞᆫ 기뫼(其母) 지셩 구호ᄒᆞ여 겨유 살ᄆᆡ, 언잉이 져를 물의 밀치ᄆᆡ 싸지던 바를 닐너, 비록 죽엇다 ᄒᆞ나 믜오믈 니긔지 못ᄒᆞ니, 쇼졔 원간 가(假)언잉을 급히 ᄂᆡ여보ᄂᆡ므로 가즁이 그 곡졀을 아지 못ᄒᆞ고, 옥진 금월의 ᄌᆞ식도 각각 기모를 주나, 굿ᄐᆞ여 변용ᄒᆞᄂᆞᆫ 말을 아니므로, 태ᄉᆞ 곤계와 시랑 등 밧근 알니 업더라.

이ᄂᆞᆯ 오파·빵셤이 냥ᄋᆞ를 다려 운산으로 오니라.

션시의 텰쇼【57】졔 잉ᄐᆡ 만월ᄒᆞ여 일개 녀ᄋᆞ를 ᄉᆡᆼᄒᆞ니, 존당구고의 두굿기며 힝희ᄒᆞ미 만ᄂᆡ(晚來) 손ᄋᆞ를 처엄 본 ᄃᆞᆺ, 합문 제인의 환셩(歡聲)이 분분ᄒᆞ여 상하의 깃븐 빗치 무ᄅᆞ녹으니, 엇지 녀ᄋᆡ라 ᄒᆞ여 츄발(秋髮)[2447]이나 불관이 넉이리오. 냥 존괴(尊姑) 산실(産室)의 친님(親臨)ᄒᆞ여 구호ᄒᆞᄂᆞᆫ 도리 지극ᄒᆞ니, 텰시 감은황공(感恩惶恐)ᄒᆞ믈 니긔지 못ᄒᆞ더니, 명일 한님이 도라와 존당 부모긔 알현ᄒᆞ고, 야ᄅᆡ(夜來) 존후를 뭇ᄌᆞ오니, 태부인이 웃고 답 왈,

“우리 신긔(神氣)ᄂᆞᆫ 일야지간(一夜之間) 더 못ᄒᆞᆫ 일이 업고, 텰ᄋᆡ 지란약【58】질(芝蘭弱質)노 분만(分娩)을 무ᄉᆞ히 ᄒᆞ고, 일개 옥녀(玉女)를 ᄉᆡᆼᄒᆞ며 슈츌특이(秀出特異)ᄒᆞᆫ 작셩(作性)이 부풍모습(父風母襲)이라 ᄒᆞ니, 너의 ᄌᆞᄋᆡ지복(慈愛之福)[2448]을 치하ᄒᆞ노라.”

호람휘 니어 ᄀᆞᆯ오ᄃᆡ,

2447)츄발(秋髮) : 추호(秋毫). ①가을철에 털갈이하여 새로 돋아난 짐승의 가는 털. ②매우 적거나 조금인 것을 비유적으로 이르는 말.

2448)ᄌᆞᄋᆡ지복(慈愛之福) ; 아랫사람에게 도타운 사랑을 베풀어 그 보답으로 얻은 복.

"텰ᄋᆡ 쳥슈연약(淸秀軟弱)ᄒᆞ미 풍젼(風前)의 븟치일 ᄃᆞᆺᄒᆞ니 혹ᄌᆞ 산휵(産畜)의 위ᄐᆡᄒᆞᆯ가 깁흔 념녀러니, 거야(去夜)의 슌산(順産)ᄒᆞ고, 녀ᄋᆡ 작셩(作性)이 긔이타 ᄒᆞ니, ᄒᆡᆼ열(幸悅)ᄒᆞ믈 니긔지 못ᄒᆞᄂᆞ니, 우리 친히 ᄉᆡᆼᄋᆞ(生兒)ᄅᆞᆯ 보고 산모의 긔운을 ᄉᆞᆲ피고져 ᄒᆞ나, 슈졸(羞拙)[2449]ᄒᆞᆫ ᄋᆞᄒᆡ 불안ᄒᆞᆯ가 일칠일(一七日)이 지나믈 기다려보고져 ᄒᆞᄂᆞ니, 네 모ᄅᆞ미 산실의 가 녀ᄋᆞ(女兒)ᄅᆞᆯ 보고 【59】 ᄋᆞ모(兒母)[2450]ᄅᆞᆯ 구호ᄒᆞ여 약을 알아 ᄡᅳ게 ᄒᆞ라."

한님이 텰시의 슌산ᄒᆞ믈 깃거ᄒᆞ고, 이의 빵ᄋᆞ의 작야 봉변ᄉᆞ(逢變事)로브터 엄부 괴란(怪亂)이 니럿던 바ᄅᆞᆯ 고ᄒᆞ니, 존당과 승상 곤계 ᄎᆞ악 왈,

"간인의 독ᄉᆔ(毒手) 유ᄋᆞᄅᆞᆯ 그러ᄐᆞᆺ 해ᄒᆞ니, 냥ᄋᆡ 장슈(長壽)ᄒᆞᆷ 곳 아니런들 너ᄅᆞᆯ 만나지 못ᄒᆞᆯ낫다."

인ᄒᆞ여, 오왕이 짐쥬로 위ᄐᆡ턴 바ᄅᆞᆯ ᄎᆞ악ᄒᆞ며, '변용ᄒᆞ고 드러와 작악(作惡)ᄒᆞ던 시녀ᄅᆞᆯ 엇지 쳐치ᄒᆞᆫ고?' 무ᄅᆞ니, 한님이 ᄃᆡ 왈,

"그 작변ᄒᆞᆫ 시ᄋᆞᄅᆞᆯ 아이의[2451] 무ᄅᆞ미 업서 여ᄎᆞ 여ᄎᆞᄒᆞ여 ᄂᆡ여보ᄂᆡ다 ᄒᆞ니, 몽농【60】ᄒᆞ미 극ᄒᆞ더이다."

진왕이 졈두(點頭) 왈,

"쳐치ᄅᆞᆯ ᄀᆞ장 경이(輕易)히 ᄒᆞ여시니, '몽농' 두 ᄌᆞᄂᆞᆫ 맛당커니와, ᄎᆞᄉᆞ의 작악이 낭ᄑᆡᆨᄒᆞᆯᄉᆞ록 긋칠 길 업ᄂᆞ니 너의 가ᄉᆡ 편치 못ᄒᆞᆯ가 두리노라."

호람휘 왈,

"엄부 변괴 오문(吾門) 쳔니구(千里駒)[2452]ᄅᆞᆯ 맛출번 ᄒᆞ니, 경참(驚慘)ᄒᆞ나, 이의 ᄡᆞ라와 작변치 못ᄒᆞᆫ 후ᄂᆞᆫ 창ᄋᆞ의 가ᄉᆞ(家事)의 간셥지 아닐가 ᄒᆞ노라."

왕이 ᄃᆡ왈,

"하괴(下敎) 맛당ᄒᆞ시나 오왕을 짐쥬(鴆酒)로 위ᄐᆡ케 ᄒᆞᆷ도 엄가 변괴 아니오, 일흔 ᄯᆞᆯ을 ᄎᆞ즌 효험(效驗)이라. 악인의[이] 간독(奸毒)을 죵시(終是) 곳치지 아니리니, 사ᄅᆞᆷ이 다 엄시의 【61】경신특이(敬信特異)[2453]ᄒᆞ믈 밋기[2454] 어렵고, 심원(心源)[2455]의 홍대(弘大)ᄒᆞ미 잇기 어렵ᄉᆞ오니, 만일 흉교(凶狡)의 궁모곡계(凶謀曲計)ᄅᆞᆯ ᄉᆞ못보지[2456] 못ᄒᆞᆯ진ᄃᆡ 그 손의 족히 맛출 ᄇᆡ오, 유ᄋᆞ 등은 더욱 두리오니, 창ᄋᆞ의 가ᄉᆡ 엇지 편키ᄅᆞᆯ 긔필ᄒᆞ리잇가?"

존당이 왕의 말을 조ᄎᆞ 우려ᄒᆞ믈 마지 아니ᄒᆞ니, 승상이 ᄯᅩᄒᆞᆫ 짐작ᄒᆞ여 헤아리미

2449)슈졸(羞拙) : 부끄럼을 잘 타고 고지식함.
2450)ᄋᆞ모(兒母) : 신생아와 산모를 함께 이르는 말.
2451)아이의 ; 이예. 전적으로. 또는 순전하게.
2452)쳔니구(千里駒) : =천리마(千里馬). 뛰어나게 잘난 자손을 칭찬하여 이르는 말.
2453)경신특이(敬信特異) : 행동을 경건히 하며 말을 믿음이 있게 함이 보통 사람보다 훨씬 뛰어남.,
2454)밋다 : 및다. 미치다. 공간적 거리나 수준 따위가 일정한 선에 닿다.
2455)심원(心源) : 불교에서, 모든 법(法)의 근원이라는 뜻에서 '마음'을 이르는 말.
2456)ᄉᆞ못보다 : 꿰뚫어보다. *ᄉᆞ못다; 사무치다. 어떤 일의 내용이나 본질을 꿰뚫어 잘 알다.

거울○[을] 빗쵬 곳트나, 우식(憂色)을 낫토지 아냐, 왈,

"변용ᄒᆞ고 작난ᄒᆞᆫ 재 그 뉘믈 친히 못보와시니 엇지 의심으로ᄡᅥ 밀위믈 분명ᄒᆞ리잇가? 다만 엄ᄋᆞ의 신명특달(神明特達)ᄒᆞ미 셩인지감(聖人之鑑)이라. 【62】 지셩지덕(至誠至德)의 슉뇨명염(淑姚明艶)을 간ᄃᆡ로 요슐(妖術)노 시험치 못ᄒᆞ리니, 허무불측(虛無不測)ᄒᆞᆫ 화(禍)ᄂᆞᆫ 버서날가 깃거ᄒᆞᄂᆞ이다."

뉴부인이 탄 왈,

"광질은 유복ᄒᆞ여 ᄉᆞᄌᆞ(四子) 취실(娶室)ᄒᆞᄃᆡ 며ᄂᆞ리 개개히 현숙ᄒᆞ여 가간의 요란ᄒᆞᆫ 일을 보지 못ᄒᆞ거ᄂᆞᆯ, 희ᄋᆞᄂᆞᆫ 냥ᄌᆞ(兩子)의 다ᄉᆞᆺ 며ᄂᆞ리ᄅᆞᆯ 어드ᄃᆡ, 녀·경 곳튼 거시 이셔 창·셰 이ᄋᆞ(二兒)의 가ᄉᆡ(家事) 편치 못ᄒᆞ여, 츌지(黜之)이후도 작난(作亂)이 ᄭᅳᆺ지 못ᄒᆞᆯ가 시브니, 엇지 불힝치 아니리오. ᄒᆞ믈며 셜ᄋᆡ 그 ᄌᆞ모의 일시 과격ᄒᆞᆫ 셔ᄉᆞ(書辭)로 츌화ᄅᆞᆯ 만나시니, ᄉᆡᆼ각ᄒᆞᆯᄉᆞ록 ᄋᆡᆨ회(厄會) 이 【63】 상ᄒᆞ도다."

승상이 위로 왈,

"쇼ᄌᆞ의 불초박덕(不肖薄德)이 형장의 관인(寬仁)ᄒᆞ믈 우러지 못ᄒᆞ여, 가졔어하(家齊御下)2457)의 사ᄅᆞᆷ을 들염즉지 아니커ᄂᆞᆯ, 엄·텰·셜 삼뷔 외람ᄒᆞᆫ 며ᄂᆞ리오, 창·셰 이ᄋᆞ의 과람ᄒᆞᆫ 쳐진 고로 ᄌᆡ앙이 니러 불녕ᄌᆞ(不逞者)2458)의 작ᄉᆡ(作事) 이의 밋ᄎᆞ나, 깁흔 근심은 아니오, 셜ᄋᆞ의 츌화ᄂᆞᆫ 더욱 가쇼롭고, 쇼ᄌᆡ 친히 가 다려오고져 ᄒᆞ오ᄃᆡ 셜공이 아직 도라오지 못ᄒᆞ여ᄉᆞᆸ고, 엄부인이 셰린을 통완졀치ᄒᆞᄋᆞᆸᄂᆞᆫ 지경의 셰린의 아비ᄅᆞᆯ 고마와 ᄒᆞᆯ니 업ᄉᆞᆸᄂᆞ니, 만일 며ᄂᆞ리ᄅᆞᆯ 다리라 【64】 갓다가, ᄋᆞ둘을 그ᄅᆞᆺ 나흠과 ᄀᆞ라치믈 무상이 ᄒᆞ엿다 ᄒᆞ올진ᄃᆡ 쇼ᄌᆡ 난안졀박(赧顔切迫)ᄒᆞ미 몸 둘 곳이 업ᄉᆞᆯ ᄇᆡ오, 셜ᄋᆞ로 ᄒᆞ야금 참황슈괴(慙惶羞愧)ᄒᆞ믈 돕지 못ᄒᆞ오리니, 죵용히 다려오미 늣지 아니ᄒᆞ리이다."

태부인이 한님을 도라보아,

"셜ᄆᆡ뎡의 가 약이나 긔걸ᄒᆞ라2459)."

한님이 슈명ᄒᆞ고 셜ᄆᆡ뎡의 가 유ᄋᆞᄅᆞᆯ 불너 부인의 산후 긔운을 무ᄅᆞ니, 유뫼 긔운이 녕안(寧安)ᄒᆞ시믈 고ᄒᆞ여 말ᄉᆞᆷᄒᆞ니, 한님이 심니(心裏)의 깃브나 ᄉᆞᄉᆡᆨ지 아니코, 다만 '별증(別症)이 잇거든 존당의 고치 말고 ᄌᆞ긔의 【65】 게 알게ᄒᆞ라' ᄒᆞ고, 즉시 나아가니라.

이ᄂᆞᆯ 오파와 빙셤이 냥(兩) 공ᄌᆞᄅᆞᆯ 밧드러 니ᄅᆞ니, 존당과 호람후 부ᄌᆡ며, 조·뉴 이부인이 황홀(恍惚) 연ᄋᆡ(憐愛)ᄒᆞᄂᆞᆫ 즁, 명셩(明聖)ᄒᆞᆫ 면뫼 잔잉히2460) 상ᄒᆞ여시믈 앗기고 놀나 ᄉᆞ랑이 비ᄒᆞᆯ ᄇᆡ 업더라

2457)가졔어하(家齊御下) ; 집안을 잘 다스리고 아랫사람을 잘 통솔함

2458)불녕ᄌᆞ(不逞者) : 원한, 불만, 불평 따위를 품고서 어떠한 구속도 받지 아니하고 제 마음대로 행동하는 사람.

2459)긔걸ᄒᆞ다 : 시키다, 당부하다. 신칙(申飭)하다.

2460)잔잉ᄒᆞ다 : 자닝하다. 애처롭고 불쌍하여 차마 보기 어렵다.

태우와 어ᄉᆡ 항쥐 션셰(先世) 묘소의 졀ᄉᆞ(節祀)를 지ᄂᆡ고, 계츄삭일(季秋朔日)의 비로소 상경ᄒᆞ여 존당 부모와 슉당의 뵈알ᄒᆞ니, 합문(闔門) 졔인(諸人)이 반기고, 태부인이 슬하의 안쳐 그ᄉᆞ이 가즁ᄉᆞ를 닐너 녕능과 가구시 근본을 닐너 말숨ᄒᆞ니, 냥인이 녀·경의 음【66】흉간악(淫凶姦惡)을 괴히(怪駭) 참측(慙惻)ᄒᆞ더라.

이적의 문하시랑 셔찬은 명문고벌(名門高閥)노 조괘농방(早掛龍榜)ᄒᆞ여 ᄉᆞ류(士類)의 명식(明識)으로 학문의 유여홈과 지개(志概) 쳥결(淸潔)ᄒᆞ미 급장유(汲長孺)2461)의 풍치(風彩) 이시니, 상춍(上寵)이 지극ᄒᆞ고 됴얘(朝野) 공경ᄒᆞᄃᆡ, ᄌᆞ궁(子宮)2462)이 험난ᄒᆞ여 부인 뉴시 슉뇨완혜(淑姚婉惠)ᄒᆞ나 십여 ᄌᆞ녀를 몰슈(沒數)2463)히 단슈요졀(短壽夭折)ᄒᆞ믹, 'ᄌᆞ하(子夏)의 상명(喪明)'2464)을 효측(效則)ᄒᆞ여, ᄌᆞ녀를 브ᄅᆞ지져 혈뉘(血淚) 비 ᄀᆞᆺᄐᆞ니, 만ᄉᆞ의 유의ᄒᆞᄂᆞᆫ 빈 업ᄂᆞᆫ지라. 졔족(諸族)이 ᄃᆡᄒᆞ여 과도ᄒᆞ믈 닐오며, 누ᄃᆡ봉ᄉᆞ(累代奉祀)를 긔남(奇男)을 갈희여 계후(繼後)2465)ᄒᆞ라 권ᄒᆞ니, 셔공이 계후【67】홀 쓰이 ᄉᆞ연(捨然)ᄒᆞ여, 다시 참쳑(慘慽)을 당홀가 두리나, ᄌᆞ긔 종장(宗長)의 듕ᄒᆞ믈 인ᄒᆞ여 후ᄉᆞ(後嗣)를 아니 념녀치 못ᄒᆞ여, 죵데 젼임 태쥐 ᄌᆞᄉᆞ 셔뎡의 장ᄌᆞ 태우를 계후ᄒᆞ니, 범범ᄒᆞᆫ 위인과 속틱문한(俗態文翰)이, 셔공의 태산교악(泰山喬嶽)2466) ᄀᆞᆺᄐᆞᆫ 쓰의 ᄒᆞᆫ조각 합ᄒᆞ미 이시리오마ᄂᆞᆫ, 우의 쳐 화시 고왕금ᄂᆡ(古往今來)의 드믄 셩녀(聖女) 쳘부(哲婦)로 냥개 옥동을 싱ᄒᆞ여, 냥ᄋᆡ 긔이(奇異)ᄒᆞ미 옥슈경지(玉樹瓊枝)2467)로 비(比)치 못홀지라.

일노조ᄎᆞ 문호를 창대홀가 듕히 브라, 우를 계후홀 ᄲᅮᆫ 아니라, 우의 싱모 뉴시 셔공 부인과 동포져【68】미(同胞姐妹)2468)라. 여러가지로 우를 계후ᄒᆞ미 친싱 ᄀᆞᆺᄐᆞ여 각별ᄒᆞᆫ 고로, 누ᄃᆡ봉ᄉᆞ를 화시로 님(臨)케ᄒᆞ고, 공의 부부 냥인이 냥숀을 장니보옥(掌裏寶玉) ᄀᆞᆺ치 알아 귀듕과ᄋᆡ(貴重過愛)ᄒᆞ미 인ᄉᆞ를 잇기의 갓갑고, 부인이 ᄯᅩ 셔 ᄌᆞᄉᆞ(刺史) 일녀 셩혜를 다려와 친녀 ᄀᆞᆺ치 ᄉᆞ랑ᄒᆞ여 귀듕ᄒᆞ더니, ᄌᆞ식 탐남(貪婪)2469)으로 불치(不治)2470)ᄒᆞ고 도라온 후로, 친우붕당(親友朋黨)이 사ᄅᆞᆷ으로 알오미 업ᄉᆞ니, ᄌᆞ식

2461)급장유(汲長孺) : 한(漢) 무제(武帝) 때의 정치가. 급암(汲黯). 장유(長孺)는 그의 자. 바른말을 잘하여 황제도 그를 꺼려할 정도였다. 황제의 철권통치에 맞서 백성에 대해 선정을 베풀 것을 직언하다 회양 지방 수령으로 좌천되었는데, 그 곳에서 선정을 베풀어 백성들의 존경을 받았다.

2462)ᄌᆞ궁(子宮) : ①점술에서 쓰는 십이궁의 하나. 자손에 관한 운수를 점치는 별자리이다. ②자녀의 운수.

2463)몰슈(沒數) ; 수량의 전부. 몰수히; 모두 다.

2464)ᄌᆞ하(子夏)의 상명(喪明) : 공자의 제자 자하(子夏)가 아들을 잃고 슬피 운 끝에 눈이 멀었다는 고사(故事)를 말함.

2465)계후(繼後) : 양자로 대를 잇게 함. 또는 그 양자.

2466)태산교악(泰山喬嶽) : 태산처럼 높고 큰 산.

2467)옥슈경지(玉樹瓊枝) : 재주가 빼어나게 뛰어난 사람을 비유해서 이르는 말. 옥수(玉樹)나 경지(瓊枝)는 다 같이 '재주가 뛰어난 사람'을 이르는 말이다.

2468)동포져ᄆᆡ(同胞姐妹) : 한 부모에게서 태어난 자매(姉妹).

2469)탐남(貪婪) : 재물이나 음식을 탐냄.

2470)불치(不治) : ①나라가 잘 다스려지지 아니함. ②선정(善政)을 베풀지 못함.

녀ᄋᆞ 셩혼ᄒᆞ미 어려올가 ○○[ᄒᆞ여], 죵뎨(從弟)의게 보ᄂᆡ여 가랑(佳郞)을 구ᄒᆞᄂᆞᆫ 빅, 제 ᄯᆞᆯ이믈 알게 말고 친녀로 닐ᄏᆞ라 혼인 길이 낫게2471) ᄒᆞ라 ᄒᆞ나, 합의(合意)ᄒᆞᆫ 곳이 업【69】서 여러 일월을 텬연(遷延)ᄒᆞ다가, 일일은 윤어ᄉᆞ 웅닌이 셔공을 부형 친우라 ᄒᆞ여 한가ᄒᆞᆫ ᄯᅵ를 타 빅알(拜謁) 문후ᄒᆞ니, 셔공이 반겨 잠간 머므러 가믈 청ᄒᆞᆫ 듸, 어ᄉᆡ 역(逆)지 못ᄒᆞ여 잠간 안ᄌᆞ니, 셔공이 셩혜의 빵을 유의(留意)ᄒᆞ고 쇼왈,

"군○[의] 년(年)이 슈쇠(雖少)나 쳥운의 명망이 ᄀᆞ득ᄒᆞ니, 반다시 교목셰가(喬木世家)2472)의 유녀지(有女子) 동상(東床)을 갈구ᄒᆞ여 문난의 광치를 일위고져 ᄒᆞ리니, 초취(初娶)ᄂᆞᆫ 어됴윤(御兆尹)2473) 경공의 교왜(嬌兒)믈 알거니와, 그 밧 여러 부인으로 실즁의 번화를 취ᄒᆞ미 잇ᄂᆞ냐?"

어ᄉᆡ 흠신(欠身) 듸왈,

"쇼【70】ᄉᆡᆼ이 미렬(微劣)ᄒᆞᆫ 위인으로 외람이 셩쥬의 은틱을 힘닙ᄉᆞ오나, 합하(閤下)의 셩히 닐ᄏᆞ라시믈 엇지 당ᄒᆞ리잇고? 연이나 인연의 미이믈 면치 못ᄒᆞ와, 조강을 두고 태ᄌᆞ쇼ᄉᆞ(太子少師) 쥬공의 녀를 ᄯᅩ 취ᄒᆞ미 되오니, ᄉᆞᄉᆞ로 불안ᄒᆞ믈 니긔지 못ᄒᆞᄂᆞ이다."

셔공이 답왈,

"군은 과겸(過謙) 말나. 엇지 두 부인 ᄲᅮᆫ이리오. 타일 반다시 칠부인과 십이 금ᄎᆞ(金釵)2474)를 ᄀᆞᆽ초리라."

어ᄉᆡ 불감(不堪)ᄒᆞ믈 손샤(遜辭)ᄒᆞ고 하직고 도라가니, 공이 ᄌᆞᄉᆞ로 의논ᄒᆞ고 진왕긔 구혼ᄒᆞ여ᄂᆞᆫ 허치 아닐 줄 짐작ᄒᆞ여, 텬문(天門)의 ᄉᆞ혼(賜婚)을 쳥ᄒᆞ여 브듸 셩혜【71】로 어ᄉᆞ의게 도라보ᄂᆡ고져 홀ᄉᆡ, 상이 셔공을 춍우(寵遇)ᄒᆞ시므로 그 쳥ᄒᆞᄂᆞᆫ 바를 조ᄎᆞ샤, 어ᄉᆡ 젼뎐(殿前)의 시위(侍衛)ᄒᆞᆫ ᄯᅵ를 타, 문하시랑 셔찬의 녀를 뎨삼부인으로 마ᄌᆞ라 ᄒᆞ시니, 어ᄉᆡ ᄌᆡ삼 고ᄉᆞ(固辭)ᄒᆞ듸 상이 불윤(不允)ᄒᆞ시고, 윤·셔 냥가의 셩녜(成禮)를 ᄌᆡ촉ᄒᆞ시니, 셔부ᄂᆞᆫ 발셔 쳥ᄒᆞ고 기다리던 빅라, 환힝(歡幸)ᄒᆞ믈 니긔지 못ᄒᆞ듸, 윤부의셔ᄂᆞᆫ 진왕이 ᄀᆞ장 불힝ᄒᆞ고 불열(不悅) 왈,

"웅의 어린 나히 냥쳐이ᄌᆞ(兩妻二子)를 두어 반졈 부족ᄒᆞ미 업거ᄂᆞᆯ, ᄉᆡᆼ각 밧 ᄉᆞ혼은 엇지오? 혹ᄌᆞ 불녕지인(不逞之人)을 만날진듸 경·【72】쥬의 신셰를 망히오고, 가간(家間)의 괴란(怪亂)을 니ᄅᆞ혀리니, 엇지 불힝치 아니리오."

ᄒᆞ더니, 어ᄉᆡ 됴당(朝堂)으로셔 도라와 존당부모긔 알현ᄒᆞᄆᆡ, 왕이 정ᄉᆡᆨ 왈,

"ᄉᆞ혼 은영(恩榮)이 황감(惶感)ᄒᆞ나 만ᄉᆡ 과분ᄒᆞ여 열은 복의 지나거ᄂᆞᆯ, 네 그 외람

2471)낫다 : 나다. 길, 통로, 따위가 생기다.

2472)교목셰가(喬木世家) : 여러 대에 걸쳐 중요한 벼슬을 지내 나라와 운명을 같이하는 집안을 말함.

2473)어됴윤(御兆尹) : '경조윤(京兆尹)'을 달리 이르는 말. '어조(御兆)' 와 '경조(京兆)'는 다같이 '임금이 살면서 다스리는 경역(境域)'을 뜻하는 말로 '서울'을 가리키며, 윤(尹)은 그 으뜸 벼슬을 이르는 말이다. 조선 시대에, 서울인 한성부의 으뜸 벼슬은 '한성부판윤(漢城府判尹)' 또는 달리 '경조윤(京兆尹)'이라 하였고, 품계는 정이품이었다. =경조윤(京兆尹), 한성부판윤(漢城府判尹).

2474)금ᄎᆞ(金釵) : ①금비녀. ②첩(妾)을 달리 이르는 말.

ᄒᆞ믈 모ᄅᆞ고 셩교(性敎)를 슌슈(順受)ᄒᆞ니 그 엇진 일이뇨?"

어시 피셕부복문파(避席俯伏聞罷)2475)의 오직 ᄌᆡᄇᆡ(再拜) 계슈(稽首)2476) 왈,

"엄훈(嚴訓)이 이러치 아니시나, 불초ᄋᆡ(不肖兒) 외람과분(猥濫過分)ᄒᆞ믈 모ᄅᆞ리잇가마ᄂᆞᆫ, 능히 ᄉᆞ양ᄒᆞ여 엇지 못ᄒᆞ니이다."

승상은 위로ᄒᆞ고 왕은 묵연ᄒᆞ더라.

명일 셔부의셔 길일(吉日)을 보(報)【73】ᄒᆞ니, 불과 수슌(數旬)이 격ᄒᆞ고, 공교히 엄부 길일과 ᄒᆞᆫ 날이라. 왕이 쇼왈,

"샤뎨 춍부(冢婦) 맛ᄂᆞᆫ 연셕(宴席)이 초초(草草)2477)치 못ᄒᆞ여 ᄌᆞ연 셩연(盛宴)이 되려니와, 나ᄂᆞᆫ 옹ᄋᆞ의 뎨삼 부빈 맛ᄂᆞᆫ 녜 그ᄃᆡ도록 셩(盛)치 아닐너니, 길일이 공교ᄒᆞ여 ᄒᆞᆫ 날이니, 두 신부 맛ᄂᆞᆫ 졀ᄌᆈ(節操)2478) ᄌᆞ연 셩연(盛宴)이 되리로다.

뉴부인이 쇼왈,

"현질이 쳔승부귀(千乘富貴)2479)로 며ᄂᆞ리 보ᄂᆞᆫ 연셕(宴席)이 쳥한(淸閑)ᄒᆞᆫ ᄌᆡ상(宰相)의 구간(苟艱)ᄒᆞᆫ 형셰와 ᄀᆞᆺ지 아닌지라. 모ᄅᆞ미 쥬육(酒肉)을 넉넉이 셜판(設-)ᄒᆞ여2480)여 두 신부 맛ᄂᆞᆫ 녜(禮) 군핍(窘乏)지 아니케 ᄒᆞ라."

왕이 함쇼(含笑) ᄃᆡ왈,

"근슈교의(謹受敎義)오【74】나, 아이2481) 비록 쳥검졀ᄎᆞ(淸儉切磋)ᄒᆞ나, 작위 일존(一尊)ᄒᆞ여 봉읍소산(封邑所産)이 불쇼(不小)ᄒᆞ오니, 춍부(冢婦)2482)보ᄂᆞᆫ 연셕을 긔귀(器具) 부족ᄒᆞ여 쥬육(酒肉)을 셜판치 못ᄒᆞ도록 ᄒᆞ리잇가마ᄂᆞᆫ, 계뫼(季母)2483) 유ᄌᆞ(猶子)2484)로뻐 연ᄎᆞ범물(宴次凡物)2485)을 명ᄒᆞ시니, 유지 핍폐(乏弊)ᄒᆞ오나 엇지 셩비(盛備)치 아니리잇고?"

셜파의 슉질이 서로 웃고, 태부인이 셔시의 현불초(賢不肖)를 몰나 념녀ᄒᆞ더니, 납빙일(納聘日)의 일개(一家) 정당의 모다 쵹깁2486)을 나와 혼셔(婚書)를 쓰고, 승상이 시ᄋᆞ로 하부인긔 명쥬(明珠)를 ᄎᆞᄌᆞ니, 부인이 즉시 한님을 불너 왈,

---

2475)피셕부복문파(避席俯伏聞罷) : 자리를 옮겨서 엎드려 웃어른의 말씀을 다 듣고 난 뒤.
2476)계슈(稽首) : 머리가 바닥에 닿도록 몸을 굽혀 공손히 절함.
2477)초초(草草) : 몹시 간략함. 갖출 것을 다 갖추지 못하여 초라함.
2478)졀ᄌᆈ(節操) : ①절개와 지조를 아울러 이르는 말. ②법도에 맞고 바른 규모.
2479)쳔승부귀(千乘富貴) : 천승국왕의 부귀. *천승(千乘); 병거(兵車) 천 대를 갖출 힘이 있는 나라라는 뜻으로, 제후가 다스리는 나라를 이르는 말
2480)셜판(設-)ᄒᆞ다 : 판을 열다. 성대하게 음식을 갖추어 잔치나 모임 따위를 열다. *판; 일을 벌이는 자리. 또는 그 장면.
2481)아이 : 아우. 동생.
2482)춍부(冢婦) : ①정실(正室) 맏아들의 아내. ②종자(宗子)나 종손(宗孫)의 아내. 곧 종가(宗家)의 맏며느리를 이른다. =종부(宗婦).
2483)계뫼(季母) : 아버지의 막내아우의 아내.
2484)유ᄌᆞ(猶子) : 자식과 같다는 뜻으로, '조카'를 달리 이르는 말.
2485)연ᄎᆞ범물(宴次凡物) ; 연석(宴席)에 쓰이는 여러 가지 물건들.
2486)쵹깁(蜀-) : 중국 촉(蜀) 지방에서 생산되는 비단. 촉(蜀)은 중국에서 비단의 산지로 유명하다.

"네 젼일 명쥬로 독셔ᄒᆞᄂᆞᆫ 등쵹(燈燭)을 【75】 ᄃᆡ(代)ᄒᆞ노라 ᄒᆞ고, 구가의 빙신(聘信)2487)을 못ᄒᆞ게 ᄒᆞ더니, 이졔ᄂᆞᆫ 물(物)이 그 진짓 님ᄌᆞ를 만낫ᄂᆞᆫ지라. ᄒᆞ물며 너의 독셰(讀書) 젼일과 다ᄅᆞ니, 그만ᄒᆞ여 가져오라."

한님이 납빙일의 반다시 명쥬를 ᄎᆞᄌᆞ실 줄 알고, 수일 젼의 빵셤다려 닐너 가져오라 ᄒᆞ여, 셔실(書室) 궤즁(櫃中)의 두엇더니, 응명(應命)ᄒᆞ여 드리니, 장부인은 빵셤의 고ᄒᆞ므로 명쥬를 엄시긔 ᄎᆞᄌᆞ온 바를 아ᄂᆞᆫ지라. 잠쇼 왈,

"ᄎᆞ물(此物)이 엄시긔 두번 도라가ᄂᆞᆫ도다."

ᄒᆞ더라. 【76】

2487)빙신(聘信) : 납빙(納聘)곧 납폐를 할 때 결혼신물(結婚信物)로 보내는 물건.

최 길 용

문학박사

전북대학교 겸임교수

전북대학교 인문학연구소 전임연구원

◉ 논 문

〈연작형고소설연구〉외 500여편

◉ 저 서

『조선조연작소설연구』 등 14종

교주본 **윤하뎡삼문취록 2**

초판 인쇄 2015년 4월 5일
초판 발행 2015년 4월 20일

교 주 | 최길용
펴 낸 이 | 하운근
펴 낸 곳 | 學古房

주 소 | 서울시 은평구 대조동 213-5 우편번호 122-843
전 화 | (02)353-9908 편집부(02)356-9903
팩 스 | (02)6959-8234
홈페이지 | http://hakgobang.co.kr/
전자우편 | hakgobang@naver.com, hakgobang@chol.com
등록번호 | 제311-1994-000001호

ISBN 978-89-6071-493-9 94810
978-89-6071-491-5 (세트)

값 : 250,000원(전5권)

이 도서의 국립중앙도서관 출판시도서목록(CIP)은 서지정보유통지원시스템 홈페이지(http://seoji.nl.go.kr)와 국가자료공동목록시스템(http://www.nl.go.kr/kolisnet)에서 이용하실 수 있습니다. (CIP제어번호: CIP2015011706)

■ 파본은 교환해 드립니다.